当代中国的基本建设

CONTEMPORARY CHINA: CAPITAL CONSTRUCTION I

（上）

當代中國出版社
Contemporary China Publishing House
2020年·北京

图书在版编目(CIP)数据

当代中国的基本建设 /《当代中国》丛书编辑委员会编 . -- 北京 : 当代中国出版社 , 2020.6
(《当代中国》丛书)
ISBN 978-7-5154-0945-0

Ⅰ . ①当…　Ⅱ . ①当…　Ⅲ . ①基本建设 – 概况 – 中国 – 现代　Ⅳ . ① F123.6

中国版本图书馆 CIP 数据核字（2019）第 163915 号

出 版 人　曹宏举
责任编辑　宗　边
特约编辑　陈立旭
责任校对　康　莹
印刷监制　刘艳平
装帧设计　创世禧图文
出版发行　当代中国出版社
地　　址　北京市地安门西大街旌勇里 8 号
网　　址　http: //www. ddzg. net　邮箱：ddzgcbs@sina. com
邮政编码　100009
编 辑 部　（010）66572264　66572154　66572132　66572180
市 场 部　（010）66572281　66572161　66572157　83221785
印　　刷　北京润田金辉印刷有限公司
开　　本　787 毫米 × 1092 毫米　1/16
印　　张　78.25 印张　1152 千字
版　　次　2020 年 6 月第 1 版
印　　次　2020 年 6 月第 1 次印刷
定　　价　560.00 元（上下册）

ISBN 978-7-5154-0945-0

9 787515 409450

建設規模要与國力
相适應

陈云

要在提高投资效
益上多下功夫

薄一波
一九八五年四月十八日

《当代中国的基本建设》（上）

作　者

（按章节顺序排列）

第一编　第一、二章　秦　文

第三章　秦　文　马万福

第四章　田椿生　孔永新

第五章　秦　文

第六章　秦　文　李扬举

第七、八、九章　秦　文

第二编　第十章　宣祥鎏　李燕秋　王宝成　胡　瑛　赵盖城　谢文元　高慧敏

第十一章　王志华　范　政　仇方英　刘荣华　陈志谦　赵文山　林洪枢

第十二章　叶伯初　崔广录　张载养　汪雅言　安迪先　鲁　平　张则华　闵宗煜　张石光　应嘉祥　王希才　杨贤豪　张怀清　黄九光　张长安　谭永康　盛树义　奚健男　戴冶龙

《当代中国》丛书再版说明

《当代中国》丛书作为新中国成立以来第一套大型当代中国国史和国情丛书，是新中国国史研究领域的标识性作品。该丛书以无可辩驳的史实客观呈现了新中国成立以后近40年我们党带领全国人民所取得的社会主义建设的伟大成就，是改革开放前后两个时期有机衔接的忠实记录。

《当代中国》丛书是20世纪80年代初胡乔木同志提议，经中共中央书记处批准，由中宣部向全国部署，交由中国社会科学院规划和编辑出版，是新中国成立后由中央组织的首次大规模编写中华人民共和国历史的工程。《当代中国》丛书共150卷，208册，约1亿字，3万幅珍贵历史图片。丛书内容广泛，几乎涵盖新中国成立以来各条战线、各个地区社会主义革命和社会主义建设事业的发展过程、辉煌成就。按内容区分，有部门（行业）卷、地方卷、专题卷，还有不限于某个部门或某个方面的综合卷。

1999年6月30日，《当代中国》丛书完成总结大会在北京人民大会堂召开，时任中共中央总书记、国家主席江泽民，国务院总理朱镕基，副总理李岚清等党和国家主要领导同志亲切会见了与会代表。江泽民总书记对丛书的完成表示热烈祝贺和高度评价，同时发表重要讲话。他指出：《当代中国》丛书为研究有中国特色社会主义的伟大事业的发展进程、经验和规律，为在广大干部和群众中开展爱国主义、集体主义、社会主义思想教育，提供了丰富的史料和生动的教材。大家应该充分运用这部丛书的科研成果，为资政育人服务，为推进改革开放和现代化建设服务。同年，《当代中国》丛书荣获第四届中国国家图书奖荣誉奖。

由于本丛书第一版时间久远，版本陈旧，且至今市面无存，为服务广大读者，我们推出了该丛书的新版本。目前再版这套丛书，既是向2019年新中国成立70周年奉献的一份厚礼，也是向2020年全面建成小康社会和2021年中国共产党成立100周年敬献的贺礼。

本次再版的总体原则是在尊重史实和时代语境的前提下，保持丛书既有框架和内容，个别调整体例、订正错讹。本次再版，我们邀请专业人员对各卷英文目录做了全面修订，使之更加准确、简洁。我们还提升了用材、装帧质量，务使该丛书以更好的面貌呈现给广大读者。

本次再版得到了中国社会科学院哲学社会科学创新工程和当代中国研究所的鼎力支持与帮助，在此谨表诚谢。

2019年，习近平总书记对在“不忘初心、牢记使命”主题教育中学习党史、新中国史作出重要指示。我们真诚希望，通过本丛书再版，能为全国广大读者增添一套新的、更为全面系统的学习教材，起到进一步传承红色基因、坚定理想信念的作用，做到知史爱党、知史爱国。

当代中国出版社

2019年12月

总　　序

中华人民共和国，作为一个伟大的社会主义国家，屹立于世，已经整整35个春秋。

当此之际，我们决定把30多年来的历史经验，分门别类，加以总结，编纂成书，陆续付梓，以献给这一伟大事业的创业者和建设者，献给行将参加到这一事业中来的一代又一代新的建设者，献给全国各族同胞和世界上一切关心我们事业的朋友们。

在中华民族5000多年的文明史上，我们当代的历史——中华人民共和国的历史，是最辉煌的篇章。这个时期，中国大地上社会的发展，历史的进步，各项事业的兴旺，人民的团结，都是空前的。我们并不满足于既有的初步成就，并不想以此矜夸于人，但是我国人民通过30多年的实践，确实重新建立了充分的民族自信。实践本身向全世界宣告，有着古老文明的中华民族，在中国共产党领导下，恢复了和勃发着青春的活力，她完全有能力在比较短的时间内，扎扎实实，以比较高的速度，迎头赶上，跻身于世界先进民族之林。

中华人民共和国的历史，是一部艰苦卓绝的社会主义创业史。其所以艰苦卓绝，一则是由于我们的基础太差，起点太低；二则是由于我们没有经验。如何把一个贫困落后的半殖民地半封建的旧中国改造和建设成为一个富强先进的社会主义新中国，不仅在我国的历史发展中是前无古人的创新之举，而且在世界范围内也无成例可援。我们固然可以参考和借鉴别人的经验，但从根本上来说，却只有靠我们自己运用马克思列宁主义的普遍真理，独立地认识和分析中国的特殊国情，以无畏的革命创造精神和严格的科学态度，找出一条中国化的建设社会主义的道路。只有这样，振兴中华的大业才会事半功倍，卓有成效。在革命战争年代，我们把马克思列宁主义普遍真理和中国革命具体实践相结合，形成了适合中国情况的科学的指导思想，即毛泽东思想。是否坚持马克思列宁主义普遍真理和中国革命具体实践相结合，是决定新民主主义革命成败的关键。新中国成立以来的历史实践表明，这同样是决定我国社会主义事业成败的关键。30 多年来，中国人民为此贡献了智慧，付出了劳动，备尝了失误的苦痛和成功的欢欣。党的十一届三中全会以后，我们总结过去正反两方面的丰富经验，坚持和发展马克思列宁主义、毛泽东思想，逐步制定和完善各方面的方针政策，在探索建设有中国特色的社会主义的道路上，有许多新的创造，取得了重大的成就。在 1982 年党的第十二次全国代表大会上，邓小平同志提出："把马克思主义的普遍真理同我国的具体实际结合起来，走自己的道路，建设有中国特色的社会主义，这就是我们总结长期历史经验得出的基本结论。"建设有中国特色的社会主义，这是一个实践的过程，又是我们的认识不断提高和深化的过程，这是我们的出发点，又是我们的奋斗目标。我们完全可以自豪地说，沿着这条道路前进，通过全体共产党人和各族人民脚踏实地的艰苦奋斗，把我们的祖国建设成为一个高度文明、高度民主的社会主义的现代化强国，是指日可待的。

社会主义中国的历史还在发展。我们有责任把我国走过的道路和取得的经验，介绍给全国各族人民，介绍给世界人民。我国人民必能从中吸取到爱国主义和社会主义的可贵教益，国外一切关心中国的人也能够由此增进对社会主义新中国的了解。这就是我们编撰出版这套《当代中国》丛书的主要目的。

《当代中国》丛书，将遵循实事求是的科学的态度，不虚美，不掩过，用可靠的事实资料，如实地写出新中国30多年的建设史，为世人为后代留下一部科学的信史。我们深信，只要把30多年建设的成功和挫折的经验，运用马克思列宁主义、毛泽东思想——加以科学的总结，那就会使之成为传诸后世的国宝。

当然，任何珍贵的历史经验，都不应变成妨碍人们继续前进的沉重负担。我们不仅不能重复过去的错误，也不能为成功的经验所束缚，而故步自封。历史经验的可贵，在于提供给人们继续前进的力量，在于给人们研究和解决新问题以智慧。现在，为了实现社会主义现代化，全面进行经济改革和技术革命的历史任务，已经提上了议事日程。这些在新的历史条件下面临的重大的新课题，显然是不可能从既往的历史经验中找到现成答案的。我们的任务在于，正确运用历史经验，从中得出规律性的认识，以便用科学性和革命性紧密结合的革新精神，去迎接我国社会主义现代化建设的新高潮。

《当代中国》丛书编辑委员会

1984年5月3日

序　言

《当代中国的基本建设》一书，经过4年多的准备和编写修改，终于和大家见面了。这是新中国成立以来第一部全面反映中国基本建设成就和经验的书，它的问世是一件值得庆贺的事。作为一名曾经从事基本建设事业的工作者，我十分感谢编著者们做了这件有意义的工作。

新中国的经济建设，是在旧中国遗留下来的一穷二白的废墟上开始进行的。作为国民经济的一个重要方面，基本建设在发展社会主义生产力中起到了巨大的作用。经过30多年的艰苦努力，建立了门类比较齐全、有一定技术水平、规模比较宏大的工业生产体系和国民经济体系。50年代建设的鞍钢、长春第一汽车制造厂、新安江水电站，60年代开发建设的大庆油田、胜利油田、成昆铁路，70年代以后引进国外先进技术建设的上海宝山钢铁总厂、武钢一米七轧机工程、平朔露天煤矿、陡河电厂、大化肥工程、大化纤工程，以及大型港口工程。30多年来，成千上万新建的工矿企业遍布祖国大地，许多工业部门从无到有、从小到大发展起来，结束了旧中国经济不能独立的历史。科技、文化、教育、医疗卫生、体育等设施的建设取得了很大成绩，居民住宅和人民生活条件不断改善，城市建设日新月异，出现了一派欣欣向荣的景象。与此同时，基本建设队伍迅速发展壮大起来。全国勘察设计队伍和建筑施工队伍从零星分散、力量薄弱，发展成拥有1900多万职工，具有一定管理经验和技术水平的社会主义建设主力军。这支建设大军披荆斩棘，转战南北，用自己的勤劳和智慧装点祖国的锦绣河山，和全国人民一起建设了社会主义大厦；并开始进入国际建筑市场，承包了许多国家和地区的建设工程。

当我们回顾30多年来走过的历程时，深切感到，基本建设是国民经济的重要组成部分。国民经济的发展，不论是顺利的时候还是出现较大曲折的时候，都是和基本建设规模是否适当密切联系在一起的。我们建设了一大批具有先进水平的工程项目，已成为国家经济建设的骨干企业。我们也确有不少重点工程建设搞得好，前期工作做得比较充分；决策时留有余地，符合建设规模同国力相适应的原则。这批重点工程建设，至今还被当作基本建设速度快、效益好的楷模。而几次建设规模的膨胀和盲目建设、重复建设造成的恶劣影响，至今还在某种程度上影响着国民经济建设。正是经历了这些成功的和失败的探索，逐步总结了经验，形成了符合中国国情的进行基本建设的重要原则，这是基本建设方面取得的巨大精神财富。认识和掌握这些原则，会使我们今后在建设中少走弯路，更顺利地前进。

基本建设规模要和国力相适应，这是积 30 多年正反两方面经验得出的结论，是基本建设最根本的原则。早在 1957 年，陈云同志就把这个问题作为经济稳定不稳定的界限提出来了。但是，在一个很长的时间里，这项重要原则却没有得到很好的贯彻，建设规模超过国力可能的情况反复发生。国民经济中几次大的压缩、调整都是出现在建设规模膨胀之后，妨碍了国民经济应有的进展。这可以说是基本建设中最深刻的教训了。然而，时至今日，建设规模与国力相适应的问题在实际工作中仍然没有得到很好的解决，经济的发展还在为投资规模的膨胀所困扰。因此，我们在任何时候，都切不可忘记这个用昂贵的代价换来的经验。

回顾基本建设事业的发展过程，我们深切感到，坚持基本建设程序，做好建设项目从准备阶段到实施阶段每一个环节的工作，尤其是做好决策前的前期工作，对于提高基本建设投资效益有着特殊重要的意义。一个基本建设工程本身就是一个复杂的社会系统工程，需要进行多方面的工作，其中有些是前后衔接的，有些是左右配合的，有些是互相交叉的，因此要有充分的准备和严格的行动规范。科学的基本建设程序是基本建设过程及其规律性的反映。违反这个规律，就会受到历史的惩罚。在过去几十年中，许多项目的建设违反了这个程序，匆忙决策，仓促上马，形成了边勘察、边设计、边施工的“三边”工程，给经济建设带来了严重的损失浪费。近年来，我们不断地完善充实基本建设程序，逐步建立了严格的前期工作制度和项目决策制度，先断后谋或不谋而断开始被先谋后断、多谋善断所代替。基本建设管理正在走上科学化、制度化和法律化的轨道。

大力提高经济效益，力争用有限的资金办更多的事，这是基本建设工作的出发点和归宿。过去30多年的基本建设，走的是以高速度为中心的路子，由于没有解决好速度和效益的关系，单纯强调依靠大量投入财力、物力、人力来保证速度，而没有把注意力放在提高投资效益上，造成建设中的大量浪费；工期长、造价高、效益差成为基本建设中的顽症，最终不但没有达到加快建设速度的目的，反而影响了经济发展的速度。正如陈云同志讲的：搞建设，真正脚踏实地、按部就班地搞下去就快，急于求成反而慢，这是多年来的经验教训。可喜的是，提高基本建设投资效益问题，正在越来越被基本建设战线的同志们所认识。中共十一届三中全会以后，我们从理论上、实践上开始把基本建设工作的重点转移到提高投资效益上来，特别是全面改革基本建设管理体制，把竞争机制转入建设领域，在基本建设的全过程推行招标投标制和各种承包责任制，充分发挥基本建设战线广大职工的积极性和创造性，使他们真正成为建设活动的主人，关心基本建设的投资效益。现在，争取投资效益根本好转和全面提高的基本条件已经具备，只要我们坚韧不拔，加快改革的步伐，就一定能够实现基本建设工期短、质量好、投资省、效益高的目的。

新中国的基本建设已经走过了36年的历程，这是一个不断探索、不断前进的历程，尽管曾经出现过曲折以至失误，但是我们仍然取得了辉煌的成绩，积累了丰富的经验，为实现2000年的战略目标打下了基础。《当代中国的基本建设》一书忠实地记载和反映了这个过程中成功的经验和失败的教训，写出了新中国基本建设事业发展的特点。参加编写工作的同志们大都是长期从事基本建设实际工作和理论研究的同志，他们不但对基本建设事业有着比较全面的了解，更有着对这个事业的深厚感情。因此，他们力求通过丰富的史料、准确的数据反映出新中国基本建设的全貌，正确评价基本建设各个发展时期的经验教训。通观全书，不仅可以对新中国基本建设事业的发展有一个全面的了解和认识，而且会从中获得一些有益的启示。

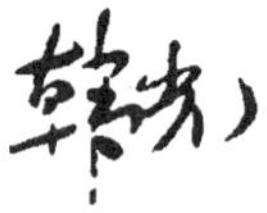

目录

第二编
地区的基本建设

Contents

Part Two

Regional Capital Construction

第一编

基本建设36年综述

在社会主义条件下，国家为了保证社会再生产，特别是扩大再生产的顺利进行，并且不断提高人民群众的物质与文化生活水平，有计划、有目的地投入一定的财力、物力、人力，通过建设形成固定资产的全过程就是基本建设。

基本建设按其用途分为生产性建设和非生产性建设两大类。基本建设投资的资金来源有多种渠道，从总体上看，可以分为国家预算直接安排的投资和国家预算外安排的投资两大类。

中国社会主义的基本建设是从中华人民共和国成立后开始起步的。经过了六个五年计划的建设，在旧中国遗留下来的废墟上，建立起了独立的比较完整的工业体系和国民经济体系，为四化建设提供了强大的物质技术基础；同时，经过不断的探索和实践，逐步总结并初步掌握了符合中国国情的进行基本建设的主要经验和重要原则，取得了巨大的成就。本编将综合叙述这些成就和经验。

第一章
医治战争创伤恢复工农业生产
（1949—1952 年）

1949 年到 1952 年是国民经济恢复时期，也是中国社会主义基本建设的起步阶段。当时中华人民共和国刚刚成立，国家财政经济还有困难，加上抗美援朝战争的负担，能够用于基本建设的资金有限。因此，这一阶段的基本建设规模较小，基本建设的主要任务是医治战争创伤，为全面恢复生产服务，并有重点地作好大规模建设的准备工作。

第一节　改组和调整经济为有计划地进行基本建设奠定基础

（一）原有基础薄弱，战争破坏严重

中国国土面积约 960 万平方公里。人口总数约占全人类的 1/4。中国国土辽阔，物产众多，资源丰富，有文字记载的历史近五千年，曾是世界上经济、文化最发达的国家之一。但是，19 世纪 40 年代鸦片战争以后，由于外国的侵略和本国封建地主阶级、官僚资产阶级的反动统治，中国逐渐沦为一个经济文化落后、人民生活极端贫困的半殖民地半封建国家。

旧中国从清朝李鸿章、张之洞办洋务起，经过一个多世纪的积累，到 1949 年，按人民币折算，工业固定资产不过 124 亿元，加上其他部门的固定资产也多不了多少。旧中国遗留下来的全部家底，还不到新中国 1985 年一年内全民所有制单位新增固定资产的 1/8。

旧中国是典型的农业国。近代工业在工农业总产值中只占 10% 左右。主要工业品解放前最高年产量，钢只有 92.3 万吨，原煤只有 6188 万吨，电不到60亿度。比较发达的纺织业，棉布最高年产量不过27.9亿米，加上进口的棉布及农民自纺自织的土布，人均消费量才5米多一点。这些为数不多的近代工业又大部分是由帝国主义和仰赖帝国主义的买办资本建立起来的，带有强烈的殖民地烙印。首先，轻重工业结构畸形，轻工业占全部工业的70%多，重工业不到30%。其次，工业布局极不合理，主要集中在东北和沿海少数城市。以纺织工业为例，仅上海、青岛、天津三大城市的纺锭，就占全国的75%。再次，工业的生产和销售都强烈地依赖帝国主义，沿海工业比较集中的城市和广大内地之间经济联系十分薄弱。如上海的火柴工业，木柴、磷、氯化钾、蜡等原材料都是美国的，中国只提供劳动力；上海的棉纺厂一向依靠美棉、印棉；重工业则多数是采矿业或生产初级原料的工厂，没有自己独立的机器制造业，仅有一些从事修理和装配的工厂；钢铁生产，矿石多于生铁，生铁多于钢，钢多于钢材，大量原材料和初级产品被运到日本去加工。

旧中国的交通运输也极为落后。从开始修建铁路起，73年间只修了2.2万公里；公路也只有10万多公里，而且大多偏集于东北和沿海地区。占全国土地面积3/5的西南、西北地区，铁路、公路很少，交通闭塞。旧中国虽然素称农业国，但农业生产条件很差，长期停滞在中世纪的落后状态。新中国成立前最高年产量，粮食只有2774亿斤，棉花不到1700万担。在相当长时期内，粮食不够吃，棉花不够用。沿海城市每年大量进口小麦和大米，1946年至1949年，全国纱厂用棉半数依靠进口。

人民共和国成立前夕，就是这样落后薄弱的工农业和交通运输业的生产基础，也由于日本帝国主义对中国发动的侵略战争和国民党政府发动的内战而遭到了严重的破坏。1949年，重工业生产仅是历史最高水平的30%，轻工业和农业是70%左右。工矿设备或被破坏，或被运走。经过工人“护厂斗争”保留下来的也大多残破不堪。1949年10月中华人民共和国成立时，钢铁工业勉强能修复生产的，只有7座高炉、12座平炉、22座小电炉，生产能力所剩无几。发电设备总数仅剩114.6万千瓦左右（东北68万千瓦，关内46.6万千瓦），只占原有设备总量的47%，即一半以上的发电能力已毁于战乱。农村耕畜比战前减少17%，主要农具和肥料都减少30%，江岸河堤常年失修，水旱灾害频繁。交通运输遭受的破坏更为严重。铁路有上万公里的线路、3200多座桥梁和200多座隧道遭到严重破坏。津浦、京汉、粤汉、陇海、浙赣等主要线路，几乎没有一条可以通车，机车有1/3无法行驶。1949年能勉强通车的铁路只有1.1万公里。公路在解放战争中抢修了2.6万公里，但1949年年底勉强能通车的只有8万公里。海运，华北海轮全部被劫走，上海留下可航行的轮船总载重能力只有14.5万吨，蒋介石集团还在封锁、骚扰大陆沿海港口。航空，民航所有飞机、驾驶员、器材，全部被劫往香港。1949年，中国现代化运输的货物周转量只有229.6亿吨公里，仅及1936年的52.7%。

进行建设所必需的地质勘探、勘察设计、建筑安装力量更是极其微薄。1949年，全国只有200多个地质人员和10台钻机，地质调查资料寥寥无几；勘察设计和建筑安装工作只有人数很少、劳动手段极为简陋落后的少数土木、建筑设计事务所和一些零星、分散的私人营造业。

（二）改组、调整经济，统一财政，集中财力、物力进行最必需的建设

中华人民共和国成立后，面对旧中国遗留下来的烂摊子，要巩固政权，恢复经济，就必须对旧的经济基础进行改组和调整，完成新民主主义革命，建立社会主义经济制度。

1. 没收官僚资本，修复被破坏的残旧设备和其他设施，迅速恢复生产

中国人民要自力更生地进行经济的恢复和建设，首先必须废除帝国主义在中国的特权，没收官僚资本。

废除帝国主义经济特权，就是废除帝国主义过去强迫签订的包括经济条款在内的一切不平等条约，接管帝国主义长期霸占的海关，收回中国在关税及管理海关事业方面的自主权，统制对外贸易和实行外汇管理，取消帝国主义利用进出口的不等价交换和特惠的关税条件攫取高额利润的特权。

官僚资本是在帝国主义扶持下，以蒋介石、宋子文、孔祥熙、陈果夫和陈立夫四大家族为代表的大官僚，凭借他们所控制的国家政权和武装力量，横征暴敛，巧取豪夺，搜刮了大量资财而逐渐形成的。抗日战争胜利后，又接收了日伪的企业和资财，加上美帝国主义的“援助”和兼并民族资本，搜

刮人民财富，其经济势力更加急剧地膨胀起来，成为中国历史上最大的垄断集团。新中国成立前夕，官僚资本约占全国工业资本的66%左右，占全国工矿、交通运输业固定资产的80%，控制着全国的金融机构和铁路、公路、邮电、航空运输以及44%的轮船吨位，还有十几个贸易公司。

废除帝国主义经济特权和没收官僚资本，是作为接管城市的重要任务之一，随着解放战争的进程在全国范围内展开的。到1949年年底，人民政府没收的工业企业共达2885个，拥有产业工人75万多人。在广大工人的支持下，这些企业迅速修复了被破坏的机器设备，复工复业。东北地区1948年年底全部解放后，到次年4月，即有191个企业开工，9月份达243个，12月份增至307个。受到严重破坏的鞍山钢铁厂（简称鞍钢）和本溪钢铁厂（简称本钢）也比预期提前开工生产。天津接收的36个工厂和3个发电所，在5个月内不仅恢复了原有产量，而且有不少工厂超过了国民党时期的最高生产水平。

接收官僚资本企业并恢复生产，使国营经济直接掌握了全国一半以上的燃料、动力、工业原料和将近1/2的棉纱产量，控制了全部铁路和大部分现代交通运输企业，控制了绝大部分银行业务和国内外贸易。这样，在新中国创立之初，人民政府不仅在城市基本清理了帝国主义、蒋介石政权的经济基础，开始对资本主义所有制进行社会主义改造，解放了生产力，而且这部分最为集中的、最大的和最主要的资本转到人民政府手里，就使国营经济掌握了全国的经济命脉，从而为有计划地进行经济建设奠定了重要的物质基础。

2. 完成土地改革，促进城乡经济的恢复和发展

农业是国民经济的基础。中华人民共和国成立时，在约有1.6亿人口的老解放区，土地改革已经完成，社会秩序已经安定，经济建设工作已经走上轨道。特别是东北，已经开始了有计划的经济建设。但在有3.1亿人口的新解放区，土地改革问题没有解决，封建势力仍然顽固存在，严重阻碍着农村经济的恢复。

1950年6月，中央人民政府颁布了《土地改革法》，广大新解放区普遍开展了土地改革运动。到1952年年底，全国土地改革基本完成。土地改革的完成极大地调动了广大农民发展生产的积极性。1950年至1952年，逐年农业

总产值分别比上年增长了17.8%、9.4%和15.2%。农村的土地改革运动基本上铲除了长期盘踞在农村的封建奴役制度，解放了生产力，巩固了国营经济的领导地位，促进了城乡经济的恢复和发展。

3. 统一财政经济，集中财力、物力，不失时机地进行最必需的建设

新中国成立伊始，国家财政经济状况处于极端困难的境地。以1949年9月为基数，人民币的发行额到1949年11月增加约100倍，到1950年2月增加到270倍。

1950年3月，政务院通过并颁布了《关于统一国家财政经济工作的决定》。全国各地认真贯彻中央统一财政经济工作的精神，严格执行有关决定，很快就取得了巨大成绩。到1950年年底财政收支就从上年的巨额赤字到接近平衡。同时，由于初步统一了财政收支，可以集中机动地进行调度。当年，国家在经济十分困难、财政尚有赤字的情况下，首先集中力量保证了解放海南岛与舟山群岛战役的胜利；同时挤出10.4亿元投资，重点进行了水利、铁路及钢铁等恢复工程的建设。

正当全国人民满怀信心，克服重重困难，在极其艰苦的条件下医治战争创伤，进行和平建设的时候，1950年6月，朝鲜发生内战，美帝国主义悍然出兵朝鲜，并公然派遣舰队，阻扰中国人民解放台湾。10月，美国侵略军占领朝鲜平壤，并向中国边境推进，严重威胁中国安全。在国际主义和爱国主义精神鼓舞下，全国各民族、各阶层人民掀起了轰轰烈烈的抗美援朝、保家卫国运动，并组织中国人民志愿军，于10月下旬渡过鸭绿江，与朝鲜人民军并肩战斗。

抗美援朝战争的发生，对中国基本建设事业的影响是很大的。首先，战争加重了对中国经济的压力。战争开始后，军费和与战争有关费用的支出迅速增加，财政支出中的一半首先用于保证战争的需要，用于建设的投资不得不大大削减。其次，打乱了基本建设原来的部署，不得不削减和平建设的投资以保证建设军事工业的需要。从1951年起，对沿海地区和东北地区南部的经济建设投资作了压缩和调整，部分工厂分迁到东北北部地区，原来计划投资建设的民用项目推迟了，一些原拟在调整中转产民品的军工企业，也都迅

速恢复了军品生产。

在近3年的抗美援朝的战争中，中国人民志愿军在战场上英勇战斗，很快扭转了战争的形势。在国内的经济恢复和建设上，也没有松懈。1951年2月，中共中央以《政治局扩大会议要点》的党内通报形式向全党发出号召，要求省、市级以上干部都按照“三年准备，十年计划经济建设”的战略部署抓紧工作，以迎接大规模建设的到来。尽管当时困难很多，但是，由于全国的财政收支得到了初步统一，在中共中央和政务院的统筹安排下，量力而行，发扬艰苦奋斗的精神，不失时机地进行了最必需的建设。以后，朝鲜战局开始缓和，边打边谈判，出现了朝鲜战争可能结束但要准备拖延的局面。国内物价已稳定，市场开始繁荣。1952年财政支出虽然以继续应付战争和稳定市场为基点，但开始逐步增加了对工业、农业、交通建设的投资。预算安排上转为建设第一位，军事第二位，行政第三位，出现了“边打、边稳、边建”的局面。

1950年到1952年，财政收入由65.2亿元增加到183.7亿元，预算内基本建设投资也由10.4亿元增加到27.11亿元。3年内国家预算内用于基本建设的投资共达66.72亿元，占同期财政收入的17.3%；加上地方自筹资金，三年内共完成基本建设投资78.4亿元①。建设的重点一是水利，一是铁路交通；并为解决当时十分短缺，而又是恢复生产必不可少的动力和原材料，安排了一批电力、煤炭、钢铁工业项目，这些重工业项目主要安排在东北地区，大多是恢复和扩建遭到严重破坏的原有工业企业。

第二节　水利工程和铁道的修复和建设

水利工程和铁道的修复和建设成为3年经济恢复时期基本建设的重点，这是由全面恢复生产的需要决定的。在当时中国这样一个贫穷落后的大国里，全面恢复生产，首先要恢复农业生产。而当时恢复农业生产的主要关键在于水利。由于国民党统治时期，山林遭到破坏，河堤失修，水患连年不断，危

① 基本建设投资和建设项目，除另有说明者外，只包括全民所有制单位，下同。

害严重，1949 年全国水灾面积达 1.2 亿亩，其中淮河水灾面积即达 4000 余万亩，灾民 1300 多万人。因此，防治水旱灾害，抓紧淮河、黄河等几条主要河流的治理已成为当时恢复发展农业的迫切要求。同时，全面恢复生产，需要以交通的畅通，特别是铁路运输的畅通为保证。而旧中国遗留下来的却是一个交通运输瘫痪、堵塞的烂摊子，因此，必须重点加以解决。

1950 年至 1952 年 3 年中，国家用于水利建设的投资共约 7 亿元，占预算内基本建设投资的 10%，占全部基本建设投资的 8.9%。对全国 2.4 万多公里的重要堤防，绝大部分进行了整修。对一些水灾比较严重的河流，如淮河、沂河、沭河、永定河、大青河、潮白河等，开始了全流域的治理。在长江、黄河流域兴建了一些有效的防御工程。

3 年中，1950 年全国水利工程完成土方达 4.19 万立方米，其中防洪排水工程占全部工程量的 96%，全国大小河流的堤防，绝大部分进行了培修，重要险工得到了加强。在少数历年遭受洪水的地区，如苏北沂河及沭河流域、河北潮白河流域，开始了根治工程。灌溉方面，1950 年恢复和增加了水田 300 余万亩。1951 年，根据蓄泄并重的方针，新中国第一个全流域多目标的治水工程——根治淮河工程正式开工，7 月即胜利完成第一期工程，减轻了淮河流域水灾的经常威胁，并为淮河流域水利资源的全面开发打下了基础。1949 年至 1952 年，苏北和山东人民修建了长达 180 多公里的沂河新道和长达 69 公里的沭河新道，使长期水患严重的沂河、沭河流域连续两年农业丰收。1952 年完成的荆江分洪工程，在 1954 年长江出现特大洪水时，对保障长江中下游人民的安全起了重要的作用。在治理水患的同时，防止旱灾的工作也着手进行。三年中共修建现代化的灌溉工程 358 处，其中较大型的如引黄（河）灌溉济上（河）工程部分完工，扩大灌溉面积达 48 万亩。蓄水 22 亿立方米的官厅水库也于 1951 年 10 月破土动工，以着手改善首都地区的用水问题。据不完全统计，3 年内直接参加水利工程的人员有 2000 万人左右，完成土方 17 亿多，相当于巴拿马运河工程量的 10 倍或苏伊士运河工程量的 23 倍。

1950 年至 1952 年，国家预算内投资用于交通运输建设的投资共 17.7 亿元，占同期国家预算内总额的 26.7%，占同期全部基本建设投资的 22.6%。

3年内，除了修复原有铁路8000多公里外，在西南、西北和广西边疆地区新修并完工的铁路有三条：（1）地处南部边疆的来睦线（广西的来宾到睦南关），长403公里。这条铁路解放前修了13年未修成，解放后只花了1年多时间，于1951年10月完工。（2）四川人民盼了半个世纪未能兴修的成渝线（成都到重庆），长505公里。1950年6月动工，只用两年就建成通车。（3）穿越西北崇山峻岭的天兰线（甘肃的天水到兰州），长335公里。1952年10月胜利通车，使陇海线延伸到了西北重镇兰州。成渝、天兰线的建成为西南、西北地区工农业的发展和人民生活的提高创造了有利条件。在此期间，在西北地区开始动工修建的主要铁路干线还有宝成线（陕西宝鸡至四川成都）、兰新线（甘肃兰州至新疆乌鲁木齐）等。同时，重修了一些原已废弃的旧线约600公里。到1952年年底，全国铁路通车里程达24518公里，超过新中国成立前最高年份10%左右。

在重点修复铁路的同时，还积极进行了航运、公路和民用航空的恢复和建设。从1951年7月起经过15个月的努力，塘沽新港于1952年10月胜利开港。从此万吨巨轮可直接停靠码头，华北以及西北地区的物产可以通过海运运往东北、华东、华南，并有力地促进了对外贸易的发展。新建公路3846公里，主要分布在交通不发达地区，如西南的康藏线、青藏线、西北的新兰线、西宁黄河沿线等。四川刚解放①，人民政府就着手修建康藏（原西康省康定至西藏的拉萨）公路。这条公路绝大部分处于海拔3000—4000米的荒僻高原上，有的地段高达5000米以上，气候酷冷，空气稀薄，人烟稀少，施工十分困难。但为沟通汉藏人民的联系，巩固祖国边疆，解放军施工部队和汉藏民工不畏艰险，奋战在世界屋脊上。1952年11月，康定至昌都一段正式通车。经过三年的恢复和建设，全国公路通车里程由1949年的80768公里增加到1952年的126675公里，超过了1949年前最高水平。民用航空解放初没有正式的航线，到1952年已建立了3123公里。载重汽车由1949年的3.2万辆增加到1952年的4.4万辆，轮驳船载重量由1949年的37万吨增

① 1949年11月四川全省解放。

加到53万吨，大都超过了新中国成立前的最高水平。

第三节　集中力量恢复与建设东北地区的重工业

东北的工业是日俄战争后开始发展的，“九一八”事变后，辽宁南部以矿冶工业为主体的重工业急剧膨胀，在东北南部形成了一个以重工业为主体的工业城市集群。东北的工业主要在辽宁，而辽宁的工业又有80%左右集中在沈阳、抚顺、本溪、鞍山、大连。中华人民共和国成立时，按照原有设备能力计算，全国炼铁能力，东北占71%；炼钢能力，东北占91%；轧钢能力，东北占50%；发电设备容量，东北占30%；各项主要化工如酸碱等工业以及机器工业，东北占的比重都很大。但是，东北工业的构成具有明显的矿物原料供应和军事工业基地的性质，带有极为强烈的殖民地烙印。部门间互不协调，机械工业比重很小，只能修配，不能制造；原材料工业采掘、冶炼、加工之间互不配套，生产和原料脱节。日用轻工产品的自给率很低。抗日战争胜利后，由于日本帝国主义和国民党的破坏，苏军的拆迁，东北工矿、企业的装备散失、破坏比重高达70.8%，比关内严重得多。

1948年冬东北全境解放时，全国还在打仗。当时估计解放战争还要打3年，为了使东北的经济恢复工作先走一步，战争一经结束即能成为全国经济建设的后盾，早在1947年冬，中共中央就决定了对东北采取特殊政策。允许东北有独立的外汇，1948年发行人民币统一全国币制时，允许东北地区暂时使用东北银行发行的地方流通券（1951年4月1日起限期以人民币兑换收回），使东北地区的建设不受解放战争、物价波动、货币贬值的影响。而且，从1948年开始，东北的经济恢复工作就得到了苏联专家的帮助。在全国财政经济状况十分困难的情况下，中共中央和政务院又明确决定东北为中国工业恢复和建设的重点地区，要尽可能地集中财力、物力、人力支持东北工业的恢复和建设。

50年代初期，中国受帝国主义的军事包围，经济封锁和物资禁运，国家财政经济状况又比较困难，为了尽快恢复经济，进行工业上最必需的建设，在自力更生的前提下，当时只能争取社会主义国家的援助。1949年12月毛泽东主席访问苏联，与斯大林商谈政治、经济合作和中国利用苏联资金、技术进行社会主义建设等重大问题。1950 年 2 月 14 日，在莫斯科签订《中苏友好同盟互助条约》的同时，签订了苏联向中国提供贷款的协定。在重大项目的建设问题上，苏联政府表示愿意分期分批帮助中国设计，提供成套设备和主要建设物资。

1950 年第一批确定由苏联援助的项目共 50 个，它们是第一个五年计划（简称“一五”计划）156 项重点建设项目中的一部分，这些项目是针对中国刚解放不久，恢复经济急需首先恢复的煤炭、电力等能源工业，钢铁、有色、化工等原材料工业以及机械工业和国防军工而确定的。在执行中，由于情况的变化，撤销了 1 个项目，合并了 2 个项目，实际建设的项目为 47 项。这 47 项中，除了西安、乌鲁木齐、郑州、重庆和太原 5 个电站，山西大同和长治各 1 个煤矿矿井建设项目，以及 3 个军工项目等不在东北外，其余 36 个项目都集中安排在东北建设。(见表 1)

第一批苏联援建项目情况表

表 1

	项目总数	其中：按建设性质分		其中：按地区分	
		改扩建	新建	东北	关内
一、能源工业					
1. 煤炭工业	10	5	5	8	2
2. 电力工业	11	5	6	6	5
二、原材料工业					
1. 钢铁工业	3	2	1	3	
2. 有色金属工业	3	1	2	3	
3. 化学工业	5		5	4	1
三、民用机械加工	7	2	5	7	
四、国防军工	7	7		4	3
五、造纸工业	1		1	1	
合　计	47	22	25	36	11

东北 36 个项目中，改扩建的项目有：鞍山钢铁公司、本溪钢铁公司、抚顺铝厂、丰满水电站、抚顺电站、阜新电站、吉林电站、大连电站、沈阳风

动工具厂、沈阳电缆厂，以及4个军工企业，共14个项目；续建的项目有：阜新海州露天煤矿、鹤岗东山一号立井、鹤岗兴安台十号立井、辽源中央三号立井、阜新平安五号立井等5个煤炭项目，新建的项目有：齐齐哈尔特殊钢厂、吉林铁合金厂、哈尔滨铝加工厂（一期）、吉林氮肥厂、吉林电石厂、吉林染料厂、吉林电极厂、阜新新邱一号立井、鸡西城子河九号立井、鹤岗兴安台选煤厂、富拉尔基电站、哈尔滨量具刃具厂、哈尔滨锅炉厂、哈尔滨电表仪器厂、沈阳第一机床厂、长春第一汽车厂、佳木斯造纸厂等17个项目。在第一批苏联援建项目中，重大项目比较集中在东北。但其中不少仍属于恢复东北基础工业方面在1945年8月15日抗日战争胜利后失散了的装备。

当时，中国设计力量不足，技术人员缺乏。与确定第一批苏联援建项目相适应，1950年毛泽东主席和周恩来总理在苏时聘请了第一批16个苏联设计组。朝鲜战争爆发后，为了建设东北北部地区工业基地，中国政府又聘请了第二批3个苏联设计组，第三批23个苏联设计组是1951年聘请的。从1950年到1951年，中国政府共聘请了42个苏联设计组，其中30个工作安排在东北地区。

朝鲜战争爆发后，考虑到国防安全，沿海地区工业建设的投资大大缩减，东北地区的工业布局也作了调整，1950年11月开始，沈阳（当时中国最大的兵器工业基地）、丹东等城市的20多个军工、机械、轻纺工业企业搬迁到黑龙江省的哈尔滨、北安、齐齐哈尔等地区。在投资的部门安排上，增加了军工建设的投资，除战略搬迁、进行技术改造和扩建一批原有兵器工厂外，还把东北地区几个民用工厂改建为坦克修理厂、把被破坏的飞机修理厂改扩建为喷气式飞机修理厂。1950年东北工业基本建设投资总额超额完成计划3.6%。阜新海州露天煤矿、鹤岗东山一号立井、辽源中央三号立井3个重大续建项目开始破土动工。1951年，丰满水电站、阜新电站等重大扩建工程也都先后动工。

1951年年底，朝鲜战局有所缓和。国家不失时机地加快了东北一批重点项目的建设。鞍山钢铁公司大规模扩建、抚顺铝厂第一期扩建工程、抚顺电站扩建工程、沈阳风动工具厂改扩建工程、阜新平安五号立井续建工程、鹤岗兴安台十号立井续建工程，以及新建富拉尔基电站的工程都在 1952 年先后破土动工。第一批苏联援建的其他项目，也都抓紧了建设前期的准备工作，其中绝大部分于 1953 年先后破土动工。

1950 年至 1952 年，全国累计完成的工业基本建设投资总额中，东北地区占一半多。

第四节　建立基本建设管理制度和管理机构

1949 年东北首先开始有计划地进行基本建设。具体的基本建设管理制度和办法的逐步建立，也是首先从东北开始的。1950 年 3 月，东北人民政府设立了人民经济计划委员会，比较系统地制定了一批规定、办法和条例，为建立新的基本建设计划管理体制和有计划地组织重点建设，提供了有利条件。1950 年 4 月东北人民政府计划委员会、工业部等部门颁发了《基本建设暂行管理条例》，规定了基本建设工程必须按照计划、设计、材料供应、施工和工程竣工与决算的工作程序来进行，规定了上述各个工作环节上的具体内容和各有关计划、设计、施工单位的责任制。1951 年到 1952 年年初，又陆续为加强设计、施工和基本建设的领导颁发了一系列有关规定、指示和条例，反复强调和明确规定，基本建设部门必须树立经济核算思想，建立经济核算制度，明确了固定资产与流动资金区别管理的办法。这就为建立全国性的集中管理的基本建设体制进行了准备。

全国的工业、交通基本建设控制数字，1951 年起由中央财经委员会（简称中财委）编制并由中财委对基本建设进行集中统一的管理。各部门从 1951 年起也逐步建立了从上到下的计划管理和基本建设管理。1951 年 3 月，中财委发布了《基本建设工作程序暂行办法》，这是中国第一个全国性的基本建设管理办法。《办法》对基本建设工程按其规模大小，分为甲、乙、丙三类，对其年度计划（包括设计工作计划和施工工作计划），分别规定不同的审查核准程序；设计工作分为初步设计、技术设计及施工详图 3 个步骤，依次进行；建设单位应根据批准的设计来拟定施工计划，经核准后，方能开工；各单位在每项工程竣工时，应编具工程决算，并依照技术设计图样及说明进行验收；

全部工程完工后要进行总的复验，移交生产部门时，应当办理交接手续。这个办法试行后，在总结三年基本建设工作经验的基础上，经过补充、修订为《基本建设工作暂行办法》，于1952年1月9日由中财委主任陈云签署命令颁发。

《基本建设工作暂行办法》特别强调了有计划地集中管理的重要性，并规定了以下各项原则、纪律、程序和制度，主要是：区分建设单位为“限额以上”和“限额以下”项目；以中央为主的对于设计文件的审核及批准程序，各项设计文件批准后，建设单位不得擅自变更；财务预算和基本建设计划的编制、审核和批准系统及自上而下地颁发控制数字和编制计划草案的程序；由专业银行按照计划监督拨款；执行基本建设计划的定期报告制度与检查制度、分级负责的工程验收制度；等等。《基本建设工作暂行办法》的发布，不仅对纠正当时基本建设工作中的缺点、提高工作效率十分必要，而且对即将到来的有计划的经济建设，也有着极其重要的影响。这是一部比较完整的，30多年来一直作为中国基本建设计划管理、经济技术和施工管理的基本依据和原则的法规文件。

在此期间，各部门还根据大规模经济建设即将到来的客观形势，从1951年起逐步组建了地质勘探与设计施工队伍，并从1952年起决定健全重工业部所属鞍山黑色冶金设计公司、钢铁总局设计公司、有色金属总局设计公司、化学工业总局设计公司、建筑材料工业总局设计公司、直属土建设计公司等6个单位，建立钢铁、有色金属、化学工业、建筑材料工业及土木建筑等5方面的设计机构，以加强设计力量，提高设计水平。经济领导工作的重点逐步转移到基本建设上来。1952年11月15日，中央人民政府决定成立国家计划委员会，统一管理全国国民经济建设计划，下设基本建设联合办公室，主管设计施工、城市建设和基本建设计划的执行，为有计划地进行经济建设作好组织准备。

第五节　原有生产基础的恢复和加强

经过1950年到1952年三年的恢复和建设，工业方面，重点进行了鞍山、本溪等钢铁公司，抚顺、阜新煤矿等大型骨干企业的恢复和改造，新增生产能力，炼铁 76.4 万吨，炼钢 55.7 万吨，轧钢 33.6 万吨，煤炭开采 1564 万吨。交通运输方面，修复铁路 1 万多公里，公路 3 万多公里，新建铁路 1200 多公里，公路 3846 公里。铁路货运量增加 1.4 倍，公路货运量增加 0.7 倍。其他方面，新建国营农场 2336 个，其中机械化农场 50 个，拥有拖拉机 1532 自然台，联合收割机 283 台，载重汽车 229 辆。全国城镇新建住宅 1462 万平方米。3 年计划投资 53.7 亿元，实际完成 78.4 亿元；新增固定资产 59 亿，固定资产交付使用率 75.3%。国民经济各部门得到了全面恢复和发展。1952 年工农业生产达到和超过了新中国成立前的最高水平。社会总产值由 1949 年的 557 亿元，增加到 1952 年的 1015 亿元，按可比价格计算，增长 80% 多；国民收入由 1949 年的 358 亿元，增加到 1952 年的 589 亿元，按可比价格计算，增长 70% 左右。

3 年间，农业生产条件有了相当变化。首先，耕地面积由 1949 年的 14.6 亿亩，增加到 1952 年的 16.2 亿亩。其次农田水利基本建设有了很大发展，3 年内共兴建了大小渠道 14 万条，塘、堰、坝 120 万处，水井 140 万眼，安置抽水机 2 万马力；对全国 2.4 万多公里的主要河流堤防，绝大部分进行了培修，对水灾较严重的河流开始了全流域的根本治理，全国水灾面积由 1949 年的 1.2 亿亩，降低到 1952 年的 200 多万亩。此外，农业生产技术条件也有了初步改善，农用拖拉机、农业技术推广站、牲畜配种站、牲畜兽医站、气象台站都有了较大的增长。农业生产条件的改善，使中国主要农产品接近、达到或超过了解放前的最高年产水平。1952 年同解放前最高年相比，农业总产值超过 18.6%，粮食（不包括大豆）超过 11.3%，棉花超过 53.6%，大牲畜超过 6.5%，猪超过 14.3%，羊接近新中国成立前最高水平。农业生产的恢复和发展给工业建设提供了资金积累。1949 年到 1952 年农业累计提供的国民收入占同期国民收入的 63.5%。

工业生产迅速恢复，生产资料的生产得到了优先发展。1952 年工业总产值比 1949 年增长 144.9%，年均递增 34.8%，比战前最高年 1936 年增长 22.3%；生产资料生产增长最快，1952 年比 1949 年增长了 228%，年均递增

48.5%。1952年，生铁产量达193万吨、钢135万吨、成品钢材106万吨、原煤6650万吨、发电量73亿度、金属切削机床1.37万台、棉纱65万吨、棉布38.3亿米、机制纸及纸板37万吨，都达到和超过了新中国成立前的最高水平。同时，由于对原有企业的生产技术、工艺流程进行了初步改革，工业技术水平有了提高。旧中国一根钢轨，一吨优质材，都要从国外进口。1952年中国钢铁企业不仅已能生产多种普通钢板、钢材，而且能够生产机械工业急需的某些优质工具钢、薄钢片，以及铁道建设需用的钢轨。1952年7月建成的全长530公里的成渝铁路，使用的就是中国自己生产的钢轨。旧中国为数不多的机械企业，实际上绝大部分搞修配，而经过短短的3年恢复和建设，中国机械工业已经可以制造成套的纺织机械、多种工作母机、矿山设备和3000千瓦发电机组等等。治理淮河工程中重达1400多吨的整套钢铁闸门等都是中国自己制造的。

工业内部结构也有了变化。现代工业在全部工业中的比重，由1949年的17%，上升到1952年的64.2%。重工业的比重由26.4%上升到35.6%。其中钢铁工业所占比重由1.8%上升到4.9%，机械制造工业由1.7%上升到5.2%。

总之，经过3年恢复和建设，中国的工农业，特别是工业中的生产资料部门已经初步具备了有计划地开展大规模经济建设的一定的承受能力。

第二章
建立工业化的初步基础
（1953—1957 年）

1953 年至 1957 年是中华人民共和国成立后国民经济发展的第一个五年计划时期，也是中国有计划地大规模基本建设的开始。

在贫穷落后的中国开始有计划地进行大规模建设是前所未有的新工作。当时，中国的工业基础十分薄弱，技术力量严重不足，又缺乏大规模建设的组织管理经验。但是，由于建设方针、投资规模、投资结构的安排大体上符合国情、国力；加上举国上下同心同德，集中一切力量支援大规模的经济建设，各级领导十分关心基本建设，注意调查研究，定期督促检查，及时发现问题，及时予以纠正；并且得到了苏联和各人民民主国家经济技术上的援助；因此，这一时期的建设进展顺利，建设进度较快，投资效果较好。5 年间先后动工建设的、为工业化奠定基础的一批现代化大型骨干项目，到 1957 年年底，已有 40% 左右建成投产，为中国的工业化建设建立了初步基础。

第一节　建设的总体安排

一、重点建设方针的确定

经过 1950 年至 1952 年国民经济的全面恢复，特别是工农业的恢复和发展，各项社会改革的完成，人民民主专政的巩固，国防力量的增长，国家财政经济状况得到了根本好转。1952 年年底，经济工作的重点开始从恢复生产和进行生产改革转移到基本建设方面。1952 年 11 月，中共中央和政务院发出了“把基本建设放在一切工作的首位”的号召。

当时，从社会生产力发展的水平来看，中国仍然是世界上最贫穷、最落后的国家之一。1952 年工农业生产虽然已经达到并超过了解放前的最高水平，但是，解放前的水平是一个极端落后的水平。1952 年中国的工业总产值在社会总产值中的比重只占 1/3 左右，特别是重工业产值在全国工业总产值中仅占 35.6%，轻工业产值占 64.4%，其中纺织工业和食品工业即占全国工业总产值的一半以上。重工业的薄弱和落后还表现在许多基础部门没有建立起来，机械工业缺乏制造能力，国防工业还很落后。

要在中国建立社会主义，就必须改变这种落后状况。列宁曾强调指出，建立社会主义社会的真正的、唯一的基础只有一个，就是大工业。如果“没有高度发达的大工业，那就根本谈不上社会主义，而对于一个农民国家来说就更加谈不上社会主义了”。[①] 因此，改变中国经济落后的唯一正确途径，就是逐步实现社会主义工业化，建立一个独立的比较完整的工业体系，把国民经济从落后的技术基础上转移到现代化的技术基础上，以奠定社会主义制度在中国胜利的物质基础。同时，考虑到当时抗美援朝战争还未结束，国际形势比较紧张，为了保卫国家的独立和安全，建立巩固的国防更是当务之急。

在原有工业基础极端薄弱的条件下，实现国家的工业化、建立巩固的国防，首先必须依靠新的工业，特别是重工业的基本建设。因此，中共中央和政务院果断决策，把有限的力量集中起来，重点建设重工业中的基础工业和国防工业。1952 年，中共中央在《关于编制“一五”计划中若干应注意的问题》的指示中明确指出：工业化的速度首先决定于重工业的发展，因此必须以发展重工业为大规模建设的重点，以有限的资金和建设力量首先保证重点工业的基本建设。特别是确保那些对国家起决定作用的，能迅速增强国家工业基础的主要工程的完成。一些次要的、可以推迟的建设必须推迟，一切对国家不起重要作用的工程投资必须削减，盲目铺摊子的现象必须克服。

“一五”计划期间，5 年累计实际完成的重工业基本建设投资 212.79 亿

---

① 列宁：在俄共（布）第十次全国代表会议上《关于粮食税的报告》。《列宁全集》第 32 卷，人民出版社 1958 年第 1 版，第 399 页。

元，占同期全部基本建设投资总额 588.47 亿元的 36.1%，占工业基本建设投资 250.26 亿元的 85%。重工业中，冶金、机械、国防工业以及相应的能源工业等部门实际完成的投资占重工业投资的 90% 多。

二、合理利用原有工业基础，开始新的工业基地的建设

旧中国工业的地区分布极不合理，充分反映了半封建半殖民地的经济特征。新中国成立后的 3 年经济恢复时期中，由于基本建设规模较小，投资重点是保证生产的迅速恢复，因此，建设的布局改变不大。1952 年工业仍然主要集中在东北和沿海几个主要城市。

为了迅速建立中国社会主义工业化的基础，合理配置生产力，“一五”计划期间工业建设的主要部署，首先是合理利用东北、上海和其他沿海城市的工业基础，特别是集中力量加强了以鞍山钢铁联合企业为中心的东北重工业基地的建设。5 年累计，东北地区工业基本建设投资占全国工业基本建设投资总额的 40% 左右；出于国防安全的考虑，上海等近海城市除安排少量改扩建项目外，主要依靠原有企业的挖潜改造，充分发挥其以轻纺工业、机械工业为主体的综合性工业基地的作用；从而使东北和沿海工业基地迅速成为支援全国建设的重要基地。与此同时，把决定在关内新建的一批重点骨干项目及其配套项目都部署到京广铁路沿线及其以西地区，加强华北、中南和西北、西南地区新工业基地的建设，使中国的工业建设向西跨到了包头、兰州、成都等地。“一五”计划安排的 694 个限额以上新建和改扩建的工业建设项目中，有 472 个分布在京广线沿线及其以西地区。

在具体安排上，老基地的建设以利用原有基础的改扩建为主，新基地的建设以新建为主。“一五”计划期间，东北和沿海地区基本建设投资总额中，改扩建占 75%，新建只占 25%；华北、中南、西南、西北地区的建设投资中新建占的比重都超过 60%。

为了给新工业基地的建设准备条件，“一五”计划期间，资源勘探和交通运输建设等与工业建设密切相关的先行部门，5 年累计完成的投资中，内地分别占 75.5% 和 60% 多。

经过5年的建设，到1957年年底，以鞍钢为中心的东北工业基地已基本建成，并开始了以武汉钢铁公司（简称武钢）和包头钢铁公司（简称包钢）为中心的华中和华北工业基地的建设；西南、西北地区的钢铁工业、石油工业基地的建设，也在积极地进行。经过5年的建设，许多过去工业基础较为薄弱的城市，已逐步成为新兴的工业城市，如哈尔滨、长春、包头、兰州、西安、太原、郑州、洛阳、武汉、湘潭、株洲、重庆、成都、乌鲁木齐等。随着新工业基地的建设，交通运输线也逐渐向内地延伸，除西藏外，各省、市、自治区都已铺设了铁路。中国不合理的生产力布局情况，得到了初步改善。

三、项目建设以集中为主

为了集中力量尽快地建设起一批工业基地，“一五”计划期间，建设项目在安排上以集中为主。骨干项目及与之配套的项目，在建设时间和地点上集中安排，同步建设，有利于建成后企业间的互相配合、互相协作，便于统一安排区域性的公用工程和生活设施，综合利用资源，以尽快形成综合生产能力，提高劳动生产率。5年间，全国基本建设投资总额中，由中央各部统一安排、集中建设的项目投资占80%左右；工业基本建设投资中所占的比重更大，达88%；其中苏联援建的“156”项重点建设项目和与之配套建设的140多项限额以上的工业建设项目实际完成投资就占五年内全部工业基本建设投资的一半以上。建设项目的高度集中安排，有效地加快了工业基地的建设和新兴工业城市的形成。与此同时，也适当地在各地分散建设了一些地方工业。

建设项目的集中与分散还与项目的规模大小有关。一般来讲，大中型项目，设备完善，技术先进，是国民经济和工业体系中的骨干；小型项目虽然技术经济条件较差，但投资少，建设快，就地取材，有利于工农结合，城乡结合。“一五”计划期间，为尽快建立起中国工业化的基础，大中型项目的建设投资在全部基本建设投资中占一半以上，工业建设中所占比重更高，达73.2%。

第二节 优先建设基础工业和国防工业

一、冶金工业和机械工业是重工业建设的重点

冶金工业和机械工业是国民经济各部门中两个极为重要的基础工业部门，是发展国民经济、实现国家工业化和国防现代化的物质、技术基础。[①] “一五”计划期间，冶金工业和民用机械工业累计完成基本建设投资85亿元，占同期整个工业基本建设投资总额的34%左右，占重工业投资的40%左右；其中冶金工业完成投资46.61亿元，机械工业38.47亿元。

冶金工业主要包括钢铁工业和有色金属工业两大部门。钢铁工业是现代工业的基础。旧中国遗留下来的钢铁工业十分薄弱，主要集中在东北，仅鞍钢的生产能力就占全国钢铁生产能力的一半多。鞍钢是在日伪统治时期建成的，技术装备差，内部各生产环节互不协调。“一五”计划期间，按照逐步形成370万吨钢的综合生产能力的要求，集中力量对鞍钢进行了总体改造。5年间，用于鞍钢的大规模改扩建投资达15.5亿元，占同期钢铁工业实际完成的基本建设投资总额29.6亿元的52%。5年内，鞍钢新增炼铁能力127万吨、炼钢能力184万吨、轧钢能力131万吨，分别占同期全国钢铁工业新增生产能力的37.5%、65.3%、82.5%，成为全国钢铁供应的主要基地。1955年鞍钢生产的钢材供应了全国2000多个生产和基本建设单位的需要。“一五”计划期间，鞍钢向国家提供的利润和税收累计已超过了同期的建设投资。

与此同时，经过几年认真的调查研究和几十个方案的分析比较，最后确定在武汉青山和内蒙古包头分别建设武钢和包钢两个大型综合性钢铁基地，并先后于1955年8月、1957年7月开始动工。这两个基地的建设使中国钢铁工业的地区分布由东部沿海向中部地区推进了一大步。此外，对马鞍山、重庆、太原等地的钢铁企业进行了调整和扩建，迅速提高了它们的生产能力。

“一五”计划期间，为满足国防工业对钢材的特殊需要，在黑龙江新建了

① 广义地说机械工业包括民用机械工业和国防军事制造工业（简称国防工业）两大部分。“一五”计划期间，这两部分都是重工业建设的重点。为了叙述的方便，国防工业的建设将在下面另设一段加以阐述。这里指的机械工业仅包括民用机械工业。下同。

齐齐哈尔特殊钢厂，1953年5月动工，1957年10月建成投产。为增加优质钢材的生产能力，改建了本溪钢铁公司、抚顺钢厂、大连钢厂、大冶钢厂等中小企业，开始了海南铁矿、吉林铁合金厂、上海硅钢片厂、锦州铁合金厂钒钛车间等工程的建设。

经过5年的建设，钢铁工业新增铁矿开采能力1643.4万吨、炼焦能力329.1万吨、炼铁能力338.6万吨、炼钢能力281.6万吨、轧钢能力158.8万吨。1957年生铁产量达594万吨、钢535万吨、成品钢材415万吨，提前完成了“一五”计划，赢得了钢产量平均年递增32%的高速度。旧中国只能生产100多种碳素钢，到1957年，生产的钢材品种已达4000余种，钢材的自给率达到了86%。过去不能生产的钢轨、无缝钢管、各种大型钢材、薄板和合金钢等，均已开始生产。

有色金属是发展国民经济、国防工业、科学技术的基础材料和战略物资。常用的钢材中，含有有色金属的钢种占80%。国防现代化更是离不开有色金属。在飞机的结构材料中，铝合金和钛合金占很大比重；雷达、导弹、原子反应堆、人造地球卫星等尖端产品，则需要二三十种有色金属和稀有金属。中国有色金属资源十分丰富，开发也是世界上最早的国家，但旧中国有色金属工业建设十分缓慢，到解放前夕，已沦为以卖矿砂原料为主的半殖民地性质的工业。“一五”计划时期，有色金属工业在恢复生产的基础上，开始了大规模建设。5年累计完成基本建设投资17.02亿元；占同期冶金工业全部投资的36.5%。

“一五”计划时期，有色金属工业根据“多出铜、早出铝”的建设方针，首先完成河北寿王坟铜矿的采矿、选矿工程和安徽铜官山的采矿、选矿、冶炼工程的建设，然后开始西北白银有色金属公司、西南东川铜矿两个铜生产基地的建设，同时新建铜和铜合金加工厂——洛阳有色金属加工厂，从而奠定了中国铜冶炼工业基础，并使铜的电解能力和压延能力逐步适应机器制造业的需要。

铝工业则以完善东北铝厂和铝矿的建设为主，继续进行华北地区铝的开发。特别是东北轻合金加工厂、吉林炭素厂、抚顺铝厂（二期）和山东铝厂的建设，使中国有了一个从原料采掘到加工的完整的铝加工工业，有力地配合了航空工业的建设。东北轻合金加工厂是苏联援建的第一座现代化的铝加工厂，设计采用了当时苏联最新科研成果，选取最新工艺装备和最先进的生产流程。一期工程完成投资3.27亿元，设计年生产能力铝材3万吨。1952年动工，1958年建成投产。东北轻合金加工厂的建成投产，为航空工业的发展提供了所需的铝合金材料。山东铝厂是中国经过试验探索，自己设计、自己制造设备、自己施工建设的第一个氧化铝厂，1952年动工，1954年7月正式投产。此后，逐步形成了从铝矿开采，提炼氧化铝、电解金属铝到铝加工一套完整的生产体系。山东铝厂的建成投产，揭开了中国氧化铝工业的第一页。“一五”计划期间，该厂经过二期建设，氧化铝年生产能力达到13.7万吨，在工业建设急需铝的困难时期，山东铝厂独立承担了全国铝厂所需的全部氧化铝的生产任务。

其他有色金属工业的建设。铅锌工业，除进一步提高原有矿山采选能力外，于“一五”计划末期，开始着手西南和中南地区铅锌工业的建设。云南会泽铅锌矿、昆明冶炼厂、湖南桃林铅锌矿和株洲冶炼厂等大中型项目相继开工或进行施工准备。钨矿建设以实现机械化生产和扩大生产能力为目标，新建了江西大吉山、岿美山、西华山钨矿，并先后对画眉坳、盘古山等江西一批老钨矿进行了改扩建。湖南的瑶岗仙、湘东、湘西钨矿和广东的石人璋钨矿也同时进行了新的建设。锡工业，主要是对云南锡业公司进行了全面改造，改变落后的生产方式，实现机械化作业。扩建工程从1953年开始，“一五”计划期间，建成了日处理矿石2700吨能力的机械化选矿厂和年产锡1.65万吨的个旧冶炼厂，并对其他几个老采选厂进行了技术改造和扩建。随着一批骨干工程的先后建成，云南锡业公司逐步成为一个采选冶配套，各项生产辅助设施完善，以产锡为主的大型联合企业。“一五”计划期间开工建设的还有杨家杖子钼矿、株洲硬质合金厂等重点建设项目。杨家杖子钼矿，1956年动工，1958年建成投产，设计能力为年产钼精矿4700吨。株洲硬质合金厂是生产技术比较先进的硬质合金和冶炼钨、钼、钽、铌等稀有金属的新型企业，设计规模为年产硬质合金500吨，1955年动工建设，1957年建成投产。

经过五年建设，有色金属工业在大大增加生产能力的同时，建立起了一些新的工业部门，改变了中国有色金属工业体系残缺不全和互不配套的落后状况。重点建设的铜、铝工业，5 年间，铜新增采选能力各 218.7 万吨、冶炼能力 0.7 万吨、电解能力 1.9 万吨；铝新增铝氧生产能力 12 万吨，电解铝能力 3.9 万吨。

“一五”计划期间重工业建设的另一个重点是机械工业。在现代化大生产条件下，机械工业的产品数量、质量和技术水平，在很大程度上决定着其他部门的技术水平和生产能力。旧中国的机械工业，基本上是一些机械修配工业，而且数量很小。1936 年机械工业产值只占工业总产值的 8.8%，其中机器制造工业只占 2.2%，而且，主要集中于华东和东北地区。新中国成立后，经过 3 年恢复性的建设，不少企业开始从修配转向制造，并开始了部分“一五”计划期间重点建设项目的施工前准备工作，其中少数已开始动工。但整个说来，机械工业的基础仍然很薄弱。“一五”计划期间，为改变这种落后状况，使机械工业能尽快为实现中国工业化从技术上提供装备，机械工业以制造冶金矿山设备、发电设备、运输机械设备、金属切削机床等部门为建设重点，并适当发展电机、电工器材设备、炼油化工设备和农业机械等的制造。建设的部署是充分利用原有工业基地的条件，大力发展机械工业，尽快制造大批设备供应全国建设需要；同时，在工业基础薄弱的地区开始逐步建立一些机械工业。5 年累计机械工业完成投资 38.47 亿元，在同期各工业部门的投资完成额中仅次于冶金工业，占第二位。投资的地区分配以东北、中南、华东和华北地区为重点，这 4 个地区在全部机械工业投资中的比重分别为 48.8%、17.9%、13.4%和 12.8%。西北和西南地区分别占 4.2%和 2.9%。投资的部门分配以制造冶金矿山设备、运输设备和大型铸锻件的重型和通用机械部门占的比重最大，约占全部机械工业投资的 1/3 强。

5 年间先后建设的主要骨干项目。在重型矿山设备方面，新建富拉尔基和太原 2 个重型机器厂、洛阳矿山机械厂和沈阳风动工具厂；改扩建沈阳和抚顺 2 个重型机器厂，沈阳和太原 2 个矿山机械厂，大连工矿车辆厂和起重机厂等。

在电站设备方面，重点新建了哈尔滨电机厂、汽轮机厂和锅炉厂，改建了上海电机厂、汽轮机厂和锅炉厂；并相应地在西安围绕高压输变电器材设备新建了一些项目，在哈尔滨建设了电表仪表厂、电炭厂、绝缘材料厂，在沈阳建设了电缆厂、变压器厂、高低压开关厂等，以及建设了湘潭电机厂直流电机车间。

在交通运输设备方面，主要是集中力量新建了长春第一汽车制造厂和北京汽车附件厂，并新建和改扩建了一些机车车辆厂和造船厂。与此相适应，新建了洛阳轴承厂，改扩建了哈尔滨轴承厂和大连瓦房店轴承厂。

机床工业方面，重点新建了武汉重型机床厂、齐齐哈尔第一机床厂和北京第一机床厂，改扩建了沈阳第一和第二机床厂、上海机床厂、无锡机床厂、南京机床厂和济南第一机床厂等。为配合机床工业的发展，新建了哈尔滨量具刃具厂、成都量具刃具厂及郑州砂轮厂等。

农业机械方面，新建了洛阳拖拉机厂、南昌拖拉机厂和鞍山拖拉机厂等。

通用机械方面，改建了兰州通用机械厂、杭州通用机械厂等，并新建了兰州石油化工机械厂。

仪表工业方面，开始建设了西安仪表厂。

“一五”计划期间机械工业施工的大中型项目有111个，同期建成投产的53个。随着这批项目的建设，到1957年年底，中国有了载重汽车、高炉、平炉、焦炉设备、汽轮发电设备、拖拉机、精密仪表、石油机械和电讯设备等几十个过去没有的、行业比较齐全的制造系统，并开始试制了一批新产品，从而建立了中国机械制造能力的初步基础，使机械设备的自给能力从新中国成立前的20%左右，提高到60%多。机械工业的地区布局也有了较大变化。除了有计划地在沈阳—大连地区原有机械工业基础上形成了以重型机械和机床工业为中心的基地，在上海形成了以三大动力厂和上海机床厂为中心的电站设备和精密机床基地外，还同时建设了几个机械工业的新基地：以哈尔滨三大动力厂为中心的电站设备基地，以洛阳拖拉机厂为主的农业机械基地，兰州炼油化工设备基地，以及以西安开关整流器厂、西安电瓷厂、西安绝缘材料厂、西安电子电容器厂为中心的高压输变电设备基地。西安电工基地的各厂相继在1958年到1960年建成投产后，发展成为输变电成套设备的研究和制造中心，被誉为“西安电工城”。

化学工业是极为重要的原材料工业部门。“一五”计划期间，由于国家财力有限，用于化学工业的基本建设投资较少，共13.61亿元，仅占工业基本建设投资的5.4%，占重工业投资的6.4%。在具体安排上，为了支援农业和配合国防军事工业的需要，有限的投资主要集中用于化肥和基本化学工业的建设。先后动工新建了吉林以煤、焦和煤焦油副产品为原料的，由化肥厂、染料厂、电石厂和热电厂组成的化工基地；太原以煤和炼焦副产品为原料，由化工厂、肥料厂、制药厂和热电站组成的化工基地；以及兰州以粮食酒精为原料逐步过渡到以石油化工副产品为原料，由肥料厂、合成橡胶厂和热电站组成的化工基地；此外，还新建和改建、扩建了一批生产化肥和基本化工原料的项目。5年内，化学工业施工的大中型项目38个，同期建成投产10个。1957年年底吉林化工区全部建成投产，兰州和太原化工区先后开工建设。“一五”计划期间，化学工业新增生产能力，硫酸29.2万吨。纯碱19.2万吨、烧碱8.1万吨、合成氨13.7万吨、化肥9.2万吨、农药2.1万吨。

二、国防工业的建设处于比较突出的地位

中国开始建设近代国防军事工业已有100多年的历史。鸦片战争以后，外商为适应帝国主义侵略政策的需要，开始在中国沿海通商口岸建设船舶修造厂；清朝办“洋务”，也在沿海少数几个城市建设了一些军火厂、造船厂，制造枪炮弹药和舰艇。辛亥革命后，建设了规模较大的沈阳兵工厂和太原兵工厂。国民党建立南京政权后，主要依靠外购武器。100多年中，中国的国防军工建设支离破碎，发展十分缓慢。新中国成立时，只能生产为数不多、质量不高的简单产品，如步枪、机枪、子弹、手榴弹等轻武器和120毫米迫击炮和炮弹。航空工业只有十来个简陋的飞机修理装配小厂。船舶工业萎缩不振，依靠修理各类船舶，勉强维持。电子工业主要是无线电修配厂和一些私营的弄堂小厂。核工业和航天工业更是空白。主要原材料如炮钢、工具钢、钢板、黄铜板和制造无烟火药用的硫酸等，配套件如电子器件、柴油机零件

以及大的电动机等都要依赖进口。中华人民共和国成立后，首要任务是医治战争创伤，进行和平建设。但抗美援朝战争爆发后，为适应战争的需要，在“一五”计划的安排中，国防工业的建设不得不处于比较突出的地位。以后，国际形势逐步缓和，1956 年开始有计划地放慢了国防军事工业建设的步子，压缩了 20 多个生产常规武器的军事工业建设项目，缩减了 5 亿多基本建设投资，用以加强冶金工业、机械工业和化学工业等基础工业的建设，并决定开始创建制造原子弹、导弹、遥控装置、远程飞机等国防尖端工业部门。

“一五”计划期间，国防工业实际完成的基本建设投资 30 多亿元，约占全部工业基本建设投资的 12%，占重工业投资的 14% 左右。① 为了能尽快提高军队的装备水平和战斗能力，国防工业的建设重点首先是制造常规武器的兵器工业，其次是航空工业和电子工业。5 年内，兵器工业实际完成的投资占国防工业总投资的 44. 1%，航空工业占 27. 7%，电子工业占 17. 3%，船舶工业占 6. 3%；核工业和航天工业的建设，“一五”计划末期才开始起步，因此，在此期间完成的投资所占比重很小。

“一五”计划期间，兵器工业的建设以试制和生产苏联制式武器为目标，一方面加速原有企业的技术改造，另一方面新建了一批骨干项目。

原有企业技术改造，主要是将一批原来无固定产品方向的一揽子工厂改造为专业制式化产品的工厂，加快榴弹炮、野炮、冲锋枪、机枪及其配套弹药的试制，并确定了 39 个工厂为技术改造的对象，其中炮厂及其弹药厂是技术改造的重点。在改造中采用了较先进的工艺调整生产线，增加了部分较先进的装备，如炮件热处理、多种焊接设备、多种大型精密机加工设备、理化计量和靶场鉴定等成套检测仪器。39 个兵工厂的技术改造，从 1952 年下半年开始，到 1955 年上半年基本完成，只用了 3 年多时间，投资 4. 7 亿元。到 1955 年年末，先后完成了 35 种制式武器弹药的试制，有的难度还比较大，如 122 榴弹炮。它的试制成功得到了毛泽东主席的嘉奖。原有企业的技术改造，

① 由于军事工业生产多数是“科研生产型”的生产方式，生产和科研无法截然分开，因此军事工业的建设投资中，包括了上述两个方面的投资。

做到了投资省、速度快、效果好。

与此同时，围绕建设一个比较完备的常规武器制造体系，新建了一批现代化骨干项目。这批新建项目包括：高炮、航空炮、中型坦克、炮弹及引信、炸药、发射药、光学仪器、水中武器及防毒面具厂等。它们主要分布在华北、西北等省区的大中城市附近，多数靠近钢铁、煤炭能源基地，交通运输方便，一般来说都具有良好的建厂条件。这批兵工骨干企业，经过 1952 年至 1954 年的准备，1955 年全面开展施工，建设速度比较快，到 1957 年年底已完成计划投资的 70%。建成投产的有航空炮、炮弹厂、坦克发动机厂，其他新建骨干项目也大多于此后一两年间建成投产。因此，到 60 年代初期，兵器工业已不仅能独立生产半自动步枪、冲锋枪、前膛炮等轻型武器，而且开始具备生产大口径地面火炮、高炮、中型坦克、大口径炮弹等一整套重型武器装备的生产能力；不仅为陆军提供了武器弹药，还为空军、海军提供了部分机载武器和水中武器装备。这就填补了中国常规兵器工业生产的空白，从根本上改变了兵器工业支离破碎、只修不造的局面。在地区布局上，在华北、西北形成了新的兵器工业基地，兵器工业的重点也逐步由沿海移至西北地区。

“一五”计划期间还集中力量重点建设了航空和电子两个原来基础最薄弱的新兴工业部门。

由于空军在现代化战争中的重要作用，航空工业是新中国国防工业建设的重点部门之一。为适应抗美援朝战争和航空建设的需要，1950 年在周恩来总理亲自主持下制定了航空工业先修理、后制造、再自行设计的建设方针。从 1951 年下半年起，把从国民党政府那里接收过来的 18 个工厂调整为 11 个工厂，把 80% 的人员和 70% 的设备集中于几个歼击机、轻轰炸机和教练机修理厂，并对工厂进行了适当的改建、扩建，形成了一定的修理能力，以满足抗美援朝战争的需要。“一五”计划期间，航空工业的建设方针是由修理过渡到制造，重点安排了一批包括飞机、发动机、附件、电器、仪表等各种门类的制造和修理的新建和改扩建项目。5 年间，这些建设项目，按照生产、新机试制的进度要求，按建设的可能条件梯次展开，1954 年把中南地区的一对主机厂摆在优先建设地位，1955 年东北地区的歼击机厂和发动机厂的建设进入高潮，迅速形成歼击机试制能力。1956 年西北地区两个主要辅机厂当年就完成了两厂总投资的 80%。集中财力、物力分批分期有重点地进行项目建设，投资效果发挥快。初级教练机和歼 - 5 歼击机分别于 1955 年、1956 年试制成功，投入批量生产。航空工业的高速度发展，使中国成为当时少数几个能够制造喷气式飞机的国家之一。毛泽东主席为此亲自签发了嘉勉信。歼 5 飞机的制造成功，无论从飞机的性能来看，还是从新建工厂的工艺、装备、技术水平来看，都属于当时世界上的先进水平。这标志着中国航空工业已从旧中国落后的机械加工工业基础上，较顺利地进入了用现代化的工艺方法生产先进机种的行列。

中国航空工业从成套引进、仿制苏联制品开始，并以较快的速度发展，是符合中国的具体情况的。但是，要真正做到独立自主，自行研制和改进产品及工艺，则必须建立自己的科研机构。由于航空科研手段的装备和技术极端复杂，所以“一五”计划时期，还只能先从最急需的方面着手，第一步先建立材料、工艺、飞机、情报四个研究所，并利用沈阳主机厂的条件，在两个工厂中分别建立飞机和发动机设计室。1957 年又抽调了一批技术干部，组成仪表设计室，并在有关辅机厂分别建立降落伞、飞机附件和航空电器 3 个设计室。这些科研机构在“一五”计划期间都刚开始搭架子，真正的建设和完善是在“二五”计划期间进行的。

重点建设的另一个基础最薄弱的新兴工业部门——电子工业。3 年恢复时期，为适应抗美援朝战争的急需和改善整个部队电子装备的需要，着重对老厂进行了恢复性建设。在此期间，自行设计和仿制的通讯机、报话机等，在战争中发挥了作用。“一五”计划时期，电子工业基本建设的任务是，重点建设电子基础工业和一些缺门工业。安排的建设项目主要是无线电基础项目和军工急需配套的项目，主要是制造电子管、磁控管、电阻电容等无线电元器件、多种雷达、指挥仪、坦克电台、飞机电台、无线电广播发射机等的工厂。这批项目的建设速度较快，用 1 年半到 3 年就分别建成投产，一般为 2 年左右。这批项目的建成投产和原有企业改建、扩建工程的完成，使中国电子工业的生产能力和技术水平有了较大的提高。在军事电子装备方面，通讯电台、雷达已开始具备制造能力，并开始用部分整机装备部队；在民用产品方面，广播电台所需小型收讯管和各种发射管，已具备生产能力，收音扩音设备基本国产化，科研、教学及国民经济各部门使用的仪表仪器和电子工业专用设备，也部分能自行生产。同时，还开始了电子计算机的开发工作，1958 年研制成了第一台电子管计算机。“一五”计划时期是电子工业奠定基础的重要时期，在中国电子工业史上占有重要的地位。

船舶工业的建设，限于财力、物力、人力，投资较少，为了把有限的投资用于急需，“一五”计划期间船舶工业主要围绕苏联转让仿制的五种军用舰艇，集中力量对几个老船厂进行改建、扩建，同时进行必要的新厂筹建工作。根据 1953 年中苏签订的有关协定，由苏方负责提供中型常规动力鱼雷攻击潜艇、木质鱼雷快艇、蒸汽轮机动力护卫舰、柴油机动力猎潜艇和基地扫雷艇等 5 种舰艇（简称“五型”舰艇）在中国进行装配仿制的全面技术协作。这“五型”舰艇的建造分别安排江南造船厂、沪东造船厂、武昌造船厂、芜湖造船厂和广州造船厂等几个老厂承担。为此，“一五”计划期间对上述各厂进行了相应的改建、扩建。在改建、扩建过程中，普遍新建或改建了舾装码头，改进了船台、滑道、起重运输设备和各种加工设备。经过改建、扩建，这些老厂的工艺制造技术水平有了很大的提高，焊接造船取代了陈旧的铆接造船，分段装配取代了落后的散装式造船。到 1957 年，基本实现了转让的“五型”舰艇从装配仿制到批量生产，为自行制造中小军用战斗舰艇打下了基础。同时民用船舶的制造和修理能力也得到了提高。

“一五”计划后期还开始了核工业和航天工业这两个新兴尖端国防科技工业部门的创建。1955 年 1 月，毛泽东提出中国必须发展核能事业。核工业建设从 1955 年建设科研试验装置——小功率原子反应堆开始，到 1958 年进行大规模工业建设。核工业建设初期，苏联政府曾给予中国技术援助。航天工业 1956 年开始组建火箭和导弹的科研机构，并向苏联提出了给予援助的要求。经过多次谈判，于 1957 年 7 月，中苏才签订了协议，由苏联帮助中国设计四项工程和仿制两个型号的导弹。由于苏联在同意援助中国研制导弹时就有保留，所以苏方提供的初步设计的任务、规模和工艺都有缺陷，在组织设计、施工、试验过程中，暴露出了不少问题。1959 年下半年苏联撕毁协议，撤退专家，停止供应技术资料和设备器材，迫使中国的核工业和航天工业的创建工作只能自力更生，在克服重重困难中进行。

“一五”计划期间比较突出地对国防工业进行重点建设，对于迅速奠定国防工业的基础，独立自主地进行武器装备的科研和生产，具有决定性的作用。同时，对于促进民用工业的建设，提高技术水平，也发挥了重要的作用。在 1959 年国庆十周年的盛大阅兵典礼中，受阅军队全部用国产的新式武器装备。从此，中国军队的武器装备走上了立足国内制造的新阶段。

三、能源工业进行了较大规模的建设

现代化大生产的特点决定了能源工业的发展已成为工业和国民经济发展的物质基础和条件。1949 年中国原煤产量只有 3243 万吨；石油 12 万吨，其中天然石油仅 7 万吨；发电量 43 亿度，其中水电 7 亿度，全国发电设备容量只有 185 万千瓦。当时煤矿分布偏集沿海少数几个省，而且技术装备差，生产极不稳定。电力工业偏集华东和东北等地城市。石油工业除东北有一点人造石油外，天然石油的开采仅有一个规模很小、解放时又破坏严重的玉门石油矿。能源工业远远不能满足生产和生活的需要，广大农村普遍使用植物性燃料，如木材、农作物杆叶等。1949 年各种燃料动力资源的比重，水力约占 0.2%，原油占 0.1%，原煤占 17.3%，三者合计仅占 17.6%；而植物性燃料却占 82.4%。这充分说明了当时中国能源工业的极端落后。经过 3 年经济恢复，到 1952 年年底，全国煤矿已有 83% 恢复生产，并对 32 处矿井进行了技术改造，提高了原煤的生产能力；电力工业在修复残旧发电设备的基础上，充分发挥原有设备的潜力，在基本上没有增加设备的情况下，增加了发电量。但是，整个能源工业极端落后的面貌并没有得到改变，很不适应大规模建设的需要。因此，“一五”计划期间，在重点建设冶金工业、机械工业等基础工业的同时，对能源工业进行了大规模建设。5 年累计投资 71.4 亿元，占全部工业基本建设投资的 28.5%，占同期重工业投资的 33.6%；其中煤炭工业投资 29.68 亿元，电力工业投资 29.78 亿元，石油工业投资 11.98 亿元。

“一五”计划期间，煤炭工业的建设重点是恢复改建和扩建原有矿区（包括在原有矿区新建矿井），以迅速增加煤炭产量。同时根据已经探明的煤炭资源储量情况，积极开发了一些新矿区。在建设部署上，首先以为钢铁工业服务的炼焦煤基地为主。5 年内，配合鞍钢、本钢建设的有鸡西、鹤岗、双鸭山、抚顺等矿；配合武钢新建的有平顶山、鹤壁、潞安等矿；配合包钢新建的有包头、轩岗、石嘴山等矿；为满足太钢和京津唐钢铁厂扩建需要，并支援鞍钢、武钢、上钢，重点扩建了开滦、大同、峰峰、淮南、新汶等矿。与此同时，还重点建设了一批动力、化工用煤和城市居民用煤的基地，如阜新、铜川、阳泉、焦作等矿区。

在此期间，全国施工建设的煤矿总设计能力中，中央大矿占 80% 强，地方中小矿占 20% 弱。先后开工建设的新矿区共 12 个。矿井的建设和投资分配比较集中于东北和华北。这是因为，第一，东北和华北老矿区最多。1952 年这两区的原煤产量就占全国总产量的 67%，因此，为加强老矿区而建设的新井也比较多。第二，这两个地区是“一五”计划期间国家工业建设的重点，把煤矿建设重点放在这里有利于减少远距离运输。第三，两区的资源情况比较清楚，而且又位于当时交通干线附近，运输问题较易解决。在两区中，仅就新建大中型矿井的部署看，又以华北为最多，占同期全国新建大中型矿井设计能力的 35.2%（东北占 19.4%）。这是因为华北煤炭资源丰富，探明储量占全国第一位，品种齐、质量好，是作为全国煤炭基地来建设的。开发华北煤田的经济效果也较好。“一五”计划期间，吨煤生产能力需要的投资，如果以华北为 100，则东北为 145，中南 135，华东 110。华北老矿区在河北，但资源条件不如山西、内蒙古。“一五”计划期间，为就近支援太钢、包钢的建设，并为武钢、鞍钢准备更充分的炼焦煤供应基地，新矿区较多地建设在山西和内蒙古。与此同时，为了减少长途运输，提高缺煤地区的煤炭自给率，在武汉大冶地区、广东珠江三角洲以及成都、重庆、兰州、西安、咸阳等市的附近地区也适当安排了一些投资，重点扩建了一批老矿区，并开辟了一些新矿区。在此期间，还改扩建和新建洗（选）煤厂 24 处。

5 年内，煤炭工业新增煤炭开采能力 6637 万吨，洗选原煤能力 2275 万吨。1957年原煤产量达1.31亿吨，比1952年增加了近1倍。

在煤炭工业大规模建设的同时，电力工业加快了建设的步伐。“一五”计划时期，电力工业的建设以火电为主，建设的安排采取加强原有基地和建设新基地同时进行的方针。一方面，配合全国工业基地的建设，加强了东北、华北、中南、华东电力工业的建设。5年内共安排了新建、扩建项目61个，主要是在东北新建吉林、富拉尔基热电站，扩建丰满、抚顺、阜新等电厂；在华北新建包头、太原等热电厂；在中南新建青山（武汉）、洛阳、郑州等热电厂和株洲电厂；在华东新建望亭电厂、南定热电厂和上犹、梅山等水电厂。另一方面，为了给以后新建工业基地作好准备和开发西部地区，在西南、西北新建和改扩建了15个电厂，主要是在西南新建重庆电厂、成都热电厂、狮子滩水电站等；在西北新建兰州、鄠县、坝桥等热电厂。技术政策上强调了大电力系统、大中型项目和大容量机组的建设。“一五”计划期间，开始建设并陆续投产单机容量2.5万千瓦的中温中压机组和供热机组，以及单机容量5万千瓦的高温高压机组。5年内，电力工业施工的大中型项目共162项，建成投产80项，同期新增发电设备容量247万千瓦，超过计划20%。1957年发电量达193亿度，为1953年的2.64倍，基本上满足了“一五”计划期间生产和建设的需要。

石油工业，由于1949年石油地质勘探能力极为薄弱，1年钻井进尺不过4500米，资源情况不清。“一五”计划期间首先加强了石油地质勘探工作，先后在新疆准噶尔盆地发现了以克拉玛依为中心的几个油田，在柴达木盆地发现了冷湖油田和几个含油区。这一时期，石油工业的建设，人造石油以开发辽宁、吉林油页岩资源，改建、扩建抚顺石油加工厂为重点；天然石油以开发以玉门油田为中心的西北地区为重点。5年内，新增石油开采能力131.2万吨，石油加工能力114.7万吨。1957年原油产量达146万吨，比1952年44万吨的产量提高了不少，在当时石油严重不足的情况下，起了一定作用。但是，由于西北几个油田产量不高，而且远离东部工业建设的重点地区，原油东运困难较多，因此，当时国家急需的石油一半以上仍要依靠进口，主要从苏联进口。

第三节　国民经济其他部门的建设

一、大力加强交通运输、地质资源勘探和建筑业的建设

交通运输、地质资源勘探和建筑业都是与大规模建设密切相关的先行部门。“一五”计划期间，这三个部门实际完成的基本建设投资达 126.05 亿元，相当于全部工业基本建设投资的一半还多，占同期全部基本建设投资的 21.5%，是 1949 年以后各个经济建设时期中占有比重最高的一个时期。其中地质资源勘探投资 14.36 亿元，建筑业投资 21.54 亿元，交通运输建设投资 90.15 亿元。

探明矿产资源是正确确定工业建设的先决条件。“一五”计划期间，大力发展了地质勘探工作，5 年内，钻探总进尺达 1289.8 万米，相当于中华人民共和国成立前半个世纪钻探总进尺的 75 倍多，其中机械岩芯钻探 1037.3 万米，坑探 145.8 万米，开始改变过去地质勘探跟不上建设需要的情况。到 1957 年年底，已探明中国煤炭储量约 544 亿吨，铁矿储量约 56 亿吨，石油、有色金属、稀有金属等储量也有很大增加。

1949 年，全国建筑业仅 10 万余人，技术装备很差，只能承担一些零星分散、修修补补的工程。“一五”计划期间，经过大力建设，聚集力量，培养人才，从国内外购置大批机械设备，从农村招收大批工人，从中国人民解放军抽调 8 个师集体转业，组建了许多新的建筑企业，承担了“一五”计划时期繁重的建筑安装任务。到 1957 年年底全国已拥有国营建筑企业 649 个，职工 223.7 万人。其中建筑工程部系统的国营建筑企业 307 个，职工 69.6 万人，冶金、煤炭、电力、交通、铁道等部门各种专业施工企业 342 个，职工 154.1 万人。1957 年年底独立的勘察设计单位共 198 个，职工 15.2 万人。经过 5 年建设，建筑业新增固定资产 19.9 亿元。到 1957 年年底，已拥有挖掘机 413 台、能力 20313 立方米，推土机 700 台、能力 53489 马力，卷扬机 5419 台、能力 27792 吨，载重汽车和自卸汽车 12995 台、能力 59505 吨，混凝土搅拌机 3623 台、能力 2784 立方米，以及其他各种机械和运输设备，已从 1949 年的肩挑人抬开始进入到车子化、卷扬机化。5 年间，建筑安装企业完成的工作量

中，生产性建设所占比重逐年增加，建筑业已从一般民用建筑转向规模巨大，结构复杂的工业、交通等生产性的建设。在此期间，为保证重点工程的建设，建筑业拥有的机械和运输设备主要供应重点工程使用，冶金、煤炭、电力、交通、铁道等5个部门所属的专业性建筑安装企业拥有的主要建筑机械数量占全国的比重是：起重机76%，挖掘机87.4%，混凝土搅拌机61.5%，运输汽车78.6%。5年内，建筑业的广大职工团结一致，艰苦奋斗，以较快的速度和较高的质量，胜利地完成了飞机、汽车、新式机床、冶金和矿山设备制造厂等新型厂矿企业的建设任务，为改变中国贫穷落后的面貌做出了贡献。同期，勘察设计力量也有了很大的增长。到1957年年底，已能自行设计一些比较大型的技术复杂的工程，如年产150万吨钢的钢铁联合企业，年产250万吨原煤的煤矿，年产7.5万吨合成氨的化肥厂，设备总容量100万千瓦的水电站，65万千瓦的火电站等。这就为尔后自力更生、独立自主地进行大规模建设奠定了基础。

交通运输是工农业生产发展的重要条件，没有现代化的运输，要进行大规模的经济建设是不可能的。铁路运输是中国运输业的主导和骨干。“一五”计划期间交通运输基本建设投资总额中，铁道投资达59.16亿元，占65.6%；公路26.21亿元，占29%，邮电4.78亿元，占5.3%。

“一五”计划期间，国家整个建设安排是一方面充分发挥东北、上海等老工业基地的作用，另一方面把长江以北，包头、兰州以东地区作为新的工业基地进行重点建设。因此，交通运输的建设，也相应地对哈大（哈尔滨—大连）、京沈（北京—沈阳）、京包（北京—包头）、京汉（北京—武汉）、陇海线中段、石太线东段及同浦线作了技术改造。同时，配合包钢建设，修建了丰沙线、包兰线。为开发西部资源，发展地区经济，新建了兰新线、宝成线以及川藏、青藏等公路；此外，对沿海其他干线也相应地进行了技术改造，不但加强了原有的交通线路，而且开始了大量新线路的建设，特别在交通闭塞的西北、西南地区。

5年内，新建铁路33条，恢复铁路3条，新建和修复铁路干线、复线、支线和企业专用线共达9300多公里。同期，穿越高山峻岭的宝成铁路（宝鸡—成都 668 公里）和鹰厦铁路（鹰潭—厦门 732.4 公里），贯通南北的武汉长江大桥（全长 1670.4 米），以及集二铁路（集宁—二连浩特 335.8 公里）都在解决了一系列技术难题后建成通车。1957 年年底，铁路通车里程达到 29862 公里，比 1952 年增加 22%。公路建设也有大幅度增加，1957 年通车里程达 25 万多公里，比 1952 年增加 1 倍。穿越世界屋脊的康藏、青藏、新藏公路，克服了重重困难建成通车。经过五年建设，1957 年内河航运里程达 14.4 万公里，空运线路达 2.64 万公里，分别比 1952 年增长 28.5% 和 101.5%。1956 年 5 月 20 日，中国民航飞机在号称“世界屋脊”的西藏高原上成功地完成了北京—拉萨的试航。首都机场于 1955 年 6 月开始动工建设。1957 年电信线路长度比 1952 年增长 137.4%，并已基本上达到乡乡通邮。“一五”计划期间，交通运输建设的规模较大，基本上适应大规模建设的需要，起到了先行作用。

二、轻工业重点加强了纺织、制糖、造纸工业的建设

“一五”计划期间，轻工业建设的重点是纺织工业，制糖工业和造纸工业。这 3 个部门的投资总计 23.86 亿元，占同期全部工业基本建设投资的 9.5%，占全部轻工业投资 37.47 亿元的 63.7%，其中纺织工业 15.98 亿元，制糖工业 4.09 亿元，造纸工业 3.79 亿元。

五年间施工的大中型纺织工业项目共 73 个，建成投产 49 个，重点是棉纺织工业。“一五”计划期间，棉纺织工业的建设原则是原料供应从依赖进口到基本立足国内；建设方针是大分散、小集中，即从全国范围来说，各省、市、自治区只要具备资源、市场等条件，都可以建设一些纺织厂，就一个省、市、自治区来说，则强调集中财力、物力、技术力量，建好几个工业基地。5 年内，棉纺织的建设规模达 300 万锭左右，除扩建和修复一部分纺锭外，新建棉纺锭全部安排在接近原料及消费市场的京广线沿线及其以西地区，并从上海搬迁了一部分设备到这些地区建厂，从而初步形成了北京、石家庄、邯郸、郑州、西安等新兴纺织工业基地。从建设项目的隶属关系看，在此期间兴建的项目中，中央与地方之比为 4∶6。5 年内先后建成投产新增生产能力共

计棉纺锭201万枚，相当于解放前60年间设备能力总计的40%。但是由于5年间棉花产量出现“两丰两歉一平”的局面，1957年棉花产量仅比1952年增长26%，原棉供应不足，影响到棉纺织工业设备开工不足，5年平均棉纺锭和织布机设备利用率仅为75%左右，低于1952年。1957年棉纱产量465万件(48.4万吨)，棉布50.5亿米，分别比1952年增加28.7%和31.9%，在当时居世界第三位，仅次于美国和苏联，但人均水平还很低。与此同时，为多方面发掘纺织原料，化纤工业也于“一五”计划期间随着中国第一个大型化纤厂——保定化学纤维厂的动工建设而开始起步。

毛、麻、丝等纺织工业也进行了适当的建设。在新疆、内蒙古等主要产毛地区新建了毛纺织工业，并加强了天津、上海、北京等老基地的建设，大量生产国内市场适销的大众化呢绒和毛线。同时改扩建了一批缫丝厂和丝织厂。麻纺织工业的建设则以生产麻袋等包装材料的黄麻纺织为主，逐步提高麻袋自给率，以适应国民经济发展的需要。

中国人口众多，对食糖需要量大。为逐步改变依赖进口的局面，“一五”计划期间，在广东、广西、福建3省集中建设了近30个大中型以甘蔗为原料的糖厂，并先后在黑龙江和内蒙古动工新建了以甜菜为原料的糖厂。5年内，新增机制糖生产能力62万吨，其中以甘蔗为原料的占80%多。1957年机制糖产量达86万吨，比1952年增长近1倍。

造纸工业也是轻工建设中的一个主要部门。“一五”计划期间，首先为满足大规模建设需要，与水泥工业建设配套安排了设计规模为年产5万吨水泥袋纸的重点建设项目——佳木斯造纸厂，1953年动工，1957年建成投产，实际完成投资9613万元，占5年间造纸工业全部投资的25.4%。同时为满足文化生活等用纸需要，新建了广州造纸厂等一批项目。5年内，新增机制纸和纸板的生产能力共25万吨。1957年产量达91万吨，比1952年增长近1.5倍。

三、继续抓紧水利建设

“一五”计划期间，国家用于农业方面的基本建设投资继续集中使用于水利建设。5年总计国家用于水利建设的投资达25.51亿元，占同期全部基本建设投资的4.3%，占农林水利气象投资41.83亿元的61%，平均每年超过5亿元。此外，集体和个人对水利建设还有大量投工、投料。5年共完成土石方工程约76亿立方米，除了对全国绝大部分河流的堤防进行培修外，主要是集中力量对水患严重的淮河、长江、黄河水系继续进行治理，并开始了对海河水系的治理。

毛泽东1951年5月题词："一定要把淮河修好"。淮河水系在恢复时期初步治理的基础上，"一五"计划时期继续贯彻中下游统一规划，统一领导，蓄泄并筹，以达根治目的的方针。相继建成了梅山、佛子岭、南湾、薄山、白沙、板桥等水库和三河闸，使治淮工作又前进了一大步。位于安徽省大别山区的佛子岭水库，蓄水量5亿立方米。1952年1月动工，1957年8月顺利建成，当年雨季就拦蓄住了淮河支流淠河每秒5100立方米的洪峰，发挥了显著的作用。

长江水系，全面加固了沿江堤坊，在恢复时期修建了荆江大堤和分洪设施的基础上，在汉江下游修建了杜家台分洪闸，这些工程对于保护武汉等长江中游地区起到了重要作用。

遵照1952年毛泽东"要把黄河的事情办好"的指示，黄河水系除全面加固堤防外，积极准备进行全面治理，三门峡水利枢纽工程于1957年4月开始施工。

海河水系，在海河的主要支流之一永定河上修建了官厅水库，巨大的拦河堤斩断了永定河的巨流，并在其他支流上相应修建了水库，治理了这条多次泛滥成灾的有害河，保卫了河北平原和北京、天津两大城市的安全。

在国家集中力量兴建骨干项目的同时，农民兴修的小型农田水利工程也有很大的发展。1950年到1957年8年中，农民共新建渠道塘坝410万处，水井606万眼，新增水车171万部，抽水机2.6万部。5年间，共扩大灌溉面积1.1亿亩，平均每年增加2200多万亩。这些水利建设，对于防洪蓄水，减轻水旱灾害的威胁，促进农业生产，发挥了巨大的作用。

四、文教、卫生、科研设施的建设

"一五"计划期间，在大规模进行经济建设的同时，积极地展开了文教、卫生、科研事业的建设。五年合计共完成投资44.56亿元，占同期全部基本建设投资的7.6%。

根据社会主义建设的需要，1953年进行了高等院校的院系调整，集中师资和设备加强工科、师范、医药、农林等院系，并在此基础上，开始了文教设施的大规模建设，除了国民经济各部门分别根据本部门的需要有针对性地建设了一批高等院校和中等专科学校外，教育部门集中力量扩建和新建了一批高等、中等院校和小学。36年中，这一时期新建的高等院校最多，而且为了改变过去不合理的布局，新建院校几乎都在京广线沿线及其以西地区。首都北京是全国的文化中心，新建的高等院校也最多，有北京航空学院、钢铁学院、石油学院、地质学院、矿业学院、体育学院、林学院、农业机械化学院、中央民族学院等10余所。其他各地新建的院校有新疆医学院、华中工学院、武汉测绘学院、武汉水利学院、成都电讯工程学院、重庆医学院、西安交通大学、西安动力学院、西安建筑工程学院等。

高等院校从1953年院系调整后的181所，增加到1957年的229所，新增48所；经过五年的建设，中等专业学校、普通中学、小学也有了很大的发展。

同期，为适应建设的需要，新建了大量科研机构。1957年全国科研机构已达580多个，研究人员2.8万人，比1952年增加了2倍多。此外，出版、广播、电影、戏剧等文化艺术事业都有了很大的发展。城乡居民的医疗、卫生条件也有了很大改善。1957年医院、疗养院已拥有床位36.4万张，比1949年增长3倍多，达到县县有医院，多数乡有诊所。

五、城市建设

旧中国工业主要集中在沿海，为数不多的近代工商城市也主要分布在沿海，而且，同样带有严重的殖民地烙印。城市中好的建筑物和近代化的市政设施都集中在过去外国侵略者和少数统治阶级的居住区，广大劳动人民则挤在狭窄肮脏的街巷和矮小破旧的房屋里。城市基础设施十分落后，环境卫生很差。新中国成立后，3年恢复时期限于财力，只能对一些主要城市的公共基础设施进行部分恢复性的修建工作。随着大规模经济建设的开始，“一五”计划期间采取了有重点地进行城市建设的方针，并按当时工业建设的比重和城市建设的重要性对全国城市进行了分类。第一类为重点进行工业建设的城市，有北京、包头、大同、齐齐哈尔、大冶、兰州、成都、西安等 8 个城市；第二类为工业建设比重较大、需要改建的城市，有沈阳、鞍山、抚顺、本溪、吉林、哈尔滨、太原、武汉、石家庄、邯郸、郑州、洛阳、湛江、乌鲁木齐等 14 个城市；第三类为工业建设比重不大，可以逐步进行改建的城市，有天津、唐山、大连、长春、佳木斯、上海、青岛、济南、南京、杭州、重庆、内江、昆明、贵阳、广州、湘潭、襄樊等 17 个城市；第四类是除上述 39 个城市以外的城市，一般采取维持的方针，可按实际情况进行一些修建工作。这样分类，有利于集中财力、物力，有重点地进行城市建设。同时，针对城市建设中出现的盲目性和无计划性以及“一五”计划时期一批新工业基地的建设，突出强调了必须同工业建设相配合，做好城市规划工作，必须按规划进行城市建设。

经过五年建设，全国新建 39 个城市，大规模扩建 54 个城市，新建和扩建了许多工人镇。5 年内，国家用于城市公用事业的投资为 14.43 亿元，加上国民经济各部门用于建设职工住宅和城市公用事业的投资，共达 60 亿元左右，占同期全国基本建设投资总额的 11% 左右。这些投资主要以配合太原、包头、西安、兰州、洛阳、武汉、成都、北京、大同、沈阳、鞍山、长春、吉林、哈尔滨、齐齐哈尔、郑州、石家庄、株洲等 18 个城市的工业建设为重点，兼顾其他城市，基本上适应了“一五”计划时期以 156 项为中心的工业建设和生产的需要，并在一定程度上改善了城市人民的生活条件，成绩是比较显著的。

第四节　苏联和各人民民主国家的经济技术援助

要在经济极端落后的基础上尽快地把中国建设成为一个社会主义的工业化强国，首先必须充分利用本国的财力、物力、人力，调动一切积极因素，艰苦奋斗。同时，还要根据需要与可能争取外援。中华人民共和国成立初期，由于帝国主义的军事包围、经济封锁和物资禁运，援助只能来自苏联和东欧各人民民主国家。“一五”计划期间，苏联和东欧各国，特别是苏联对中国的经济技术援助，对于迅速提高中国的工业技术水平，尽快建立比较完整的工业体系起了重要的作用。

一、供应成套设备是经济技术援助的主要形式

中国从1950年开始同苏联签订了第一批委托苏联设计、成套供应设备的苏联援助中国建设的中苏协议书（简称苏联供应成套设备建设项目中苏协议书，下同）。根据国民经济恢复和建设的需要，第一批苏联供应成套设备的建设项目主要是煤炭、电力等能源工业，钢铁、有色、化工等基础工业和国防工业的项目，共50项。后来抗美援朝战争爆发，为了巩固国防，取得战争的胜利，1953年，以国防军事工业及其有关的配套项目为重点，与苏联签订了第二批苏联供应成套设备建设项目中苏协议书，共91个项目。1954年10月又与苏联签订了第三批苏联供应成套设备建设项目中苏协议书，引进能源工业和原材料工业等项目共15项，并决定扩大原定141项成套设备项目的供应范围。至此与苏联签订的援建项目共计达到156项，以后通称156项。1955年3月又与苏联签订了新的中苏协定，协定包括军事工程、造船工业和原材料工业等建设项目，共16项；随后通过口头协议又增加2个项目。由于对项目进行增减和拆、并等调整，到"一五"计划末期，苏联援建项目共计为166项。① 以后，1958年和1959年中国又与苏联先后签订了几个由苏联供应成套设备进行项目建设的中苏协定，共计有100多个建设项目。整个50年代与苏联签订协定由苏联帮助中国建设的成套设备建设项目共计304项，单独车间和装置64项。

1960年苏联单方面撕毁合同，中苏签订协定的304项供应成套设备的建设项目全部建成的只有120项，基本建成的29项，废止合同89项，由中国自力更生自行续建的66项。64项单独车间和装置，建成的29项，废止合同35项。

50年代，中国和东欧各国先后签订协定引进成套设备建设项目116项，完成和基本完成108项，解除义务8项；单项设备88项，完成和基本完成81

---

① 周恩来总理1959年10月6日发表的《伟大的十年》和1959年4月13日国家统计局发表的"一五"计划执行结果公报都已说明为166项。均见同一天《人民日报》。

项，解除义务 7 项。（见表 2）

表 2

	成套设备项目（项）			单项设备（项）		
	合计	完成和基本完成	撤销	合计	完成和基本完成	撤销
民主德国	39	37	2	15	14	1
捷　　克	32	29	3	32	26	6
波　　兰	24	22	2	7	7	—
罗马尼亚	9	9	—	12	12	—
匈 牙 利	10	9	1	16	16	—
保加利亚	2	2	—	6	6	—
总　　计	116	108	8	88	81	7

苏联和东欧各国帮助建设的项目，规模都是比较大的。如苏联帮助新建和扩建的鞍山、武汉、包头三大钢铁联合企业，长春第一汽车厂，武汉重型机床厂，哈尔滨汽轮厂，兰州炼油化工设备厂，洛阳第一拖拉机制造厂等；德意志民主共和国帮助建设的西安仪表厂，郑州砂轮厂；捷克斯洛伐克帮助建设的辽宁电站，影片洗印厂；波兰帮助建设的新中国糖厂和佳木斯糖厂等。

引进的这些成套设备都是当时比较先进的。例如，苏联在帮助建设长春第一汽车厂的过程中，曾动员了好几个设计部门的专家，综合了苏联国内各厂的建设经验，并结合中国的具体情况，设计出了最新的汽车制造厂。该厂的许多设备当时在苏联也是最先进的。当时，苏联和东欧各国都派遣了优秀的技术专家来中国实地收集设计基础资料并且具体指导建筑安装。同时还接受中国实习生前往学习先进技术和现代化企业的管理经验。这一期间苏联和东欧各国到中国工作的技术专家达 8000 多人，为中国培养的技术人员和管理干部达 7000 多人。

苏联和东欧各国帮助中国建设的工业项目，不仅提供了企业所需的机器设备，而且从勘察地质、选择厂址、收集设计资料、进行设计、指导建筑、安装和开工运转、供应新产品的技术资料，一直到新产品制造出来，都给予了全面的、系统的帮助。同时，在建设过程中，凡是中国能够生产的设备，能够进行的设计，都主动提出由中国自行解决，以促进中国设计能力的提高和生产的进一步发展。

1950 年到 1959 年，引进苏联技术设备投资共计 76.9 亿旧卢布（折合人民币 73 亿元），其中，1950 年至 1952 年完成 2.4 亿旧卢布，占 3.2%；1953 年至 1957 年完成 44 亿旧卢布，占 57.1%，1958 年至 1959 年完成 30.5 亿旧卢布，占 39.6%。同期，引进东欧各国技术设备投资共计 30.8 亿旧卢布（折合人民币 29.3 亿元）。引进的成套设备项目几乎都是为建立中国社会主义工业化基础所必需的重工业项目。从苏联和东欧各国引进的全部成套设备项目中，重工业项目分别占 97% 和 80%，主要是基础工业和国防军事工业项目。从投资构成看，从苏联引进的技术设备投资总额中，能源工业占 34.3%，冶金工业占 22%，机械工业占 15.7%，化学工业占 7.9%，国防军事工业占 12% 左右。以上合计占 92% 左右；"一五"计划期间实际完成的 44 亿旧卢布中，能源工业占 28.6%，冶金工业占 22%，机械工业占 18.5%，化学工业占 7.8%，国防工业约占 14% 左右，以上合计占 91% 左右。这些项目形成了中国 50 年代工业建设的核心。"一五"计划中就明确规定五年计划的基本任务之一是："集中主要力量进行以苏联帮助我国设计的 156 个建设单位为中心的，由限额以上的 694 个建设单位组成的工业建设，建立我国的社会主义工业化的初步基础。"① "一五"计划期间施工建设的 700 多个大中型工业项目中，从苏联引进的占 147 个，加上与之配套建设的国内设计的 140 多个项目，5 年内实际完成投资占全部工业基本建设投资的 50% 左右。同期，东欧各国帮助中国建设的 108 个成套设备项目中，有 64 个开始动工兴建。到 1957 年止，苏联和东欧各国帮助中国建设的项目，全部和部分投产的分别为 68 个和 27 个。随着这些项目的建成投产，形成了中国第一批大型现代化企业，大大增强了中国重工业和国防军事工业的能力，填补了一批生产技术领域的空白，初步建立了独立自主、自力更生发展国民经济的工业技术基础，并且，取得了建设大型现代化项目的初步经验。"一五"计划期间各基础工业部门（煤炭

① 《中华人民共和国发展国民经济的第一个五年计划（一九五三——一九五七年）》，人民出版社 1955 年第 1 版，第 16 页。

工业和化学工业除外）和国防军事工业新增的生产能力中，有70%—80%是苏联援建的156项提供的，如炼铁、炼钢、轧钢能力等；有的行业甚至是100%，如炼铝和汽车制造等。基础工业和国防工业生产能力的大幅度提高，增强了中国的经济实力，为工业化提供了初步的物质基础。同时，随着这批项目的建成投产，改变了中国钢铁工业生产品种单一，有色金属工业只采不炼，机械工业和国防军工制造能力极低的局面。过去不能生产和制造的高级合金钢、矽钢片、复合不锈钢板、无缝钢管、喷气式飞机、坦克、大口径火炮、警戒雷达、汽车、载重量万吨的海轮，容量2.5万千瓦的成套火力发电设备和1.25万千瓦的水力发电设备，容积1513立方米的高炉设备、联合采煤机以及新型机床等都能够自行生产了。

二、科学技术合作和贷款

苏联和东欧各国还通过和中国科学技术合作和给予中国优惠建设贷款的形式，帮助中国的社会主义建设。

在科学技术合作方面，1954年10月中国同苏联签订了科学技术合作协定。以后中国又同东欧各国分别签订了科学技术合作协定。到1959年，中国从苏联和东欧各国获得了4000多项技术资料。苏联提供的主要是冶炼、选矿、石油、机车制造和发电站等建设工程的设计资料；制造水轮机、金属切削机床等的工艺图纸；生产优质钢材、真空仪器等工业产品的工艺资料。东欧各国提供的主要是工业各部门和卫生、林业、农业等方面的技术资料。这些先进的技术资料，对提高中国工农业的技术水平和新产品的生产有着重大的意义。而且，在相互提供技术资料时，采取的是互相支援的优惠办法，不按专利对待，仅收取复制资料的成本费用。

中国1956年制订的发展科学技术的12年远景规划，也得到了苏联的合作与帮助。议定了一批两国共同进行研究的和苏联帮助进行研究的重大科学技术项目。在掌握尖端科学技术、和平利用原子能方面，苏联也给予了一定的援助。

援助还表现在长期低息贷款方面。1950年2月中国和苏联签订了第一个贷款协定，金额为 12 亿旧卢布（折 3 亿美元），年利率 1%，10 年内偿还。随后在 1951 年至 1955 年，又先后与苏联签订了 10 次贷款协定，年利率为 2%，偿还期 2 至 10 年。中国从 1950 年至 1955 年向苏联贷款总额为 56.6 亿旧卢布（折合人民币 53.7 亿元）。到 1964 年，比协定规定提前 1 年，偿清全部贷款本息，共付利息 5.8 亿多旧卢布（折合人民币 55.5 亿元）。这些贷款主要用于经济建设、抗美援朝和偿付苏联移交物资的费用等方面。

第五节　集中力量保证重点建设

为了集中力量保证以 156 项为中心的重点建设，“一五”计划时期，采取了一系列有效的措施。

一、广泛地进行宣传和动员

从 1952 年 11 月 18 日《人民日报》发表社论《把基本建设放在首要地位》开始，一个时期内各级宣传机构对基本建设的重要意义，存在的困难和应当全力以赴支持以 156 项为中心的建设等，进行了大量的宣传和动员。与此同时，各部门、各省、市、自治区的党、政领导机关也都高度重视基本建设，并在各种场合广泛讲解以 156 项为中心的建设关系到国家的命运和工业化的速度，强调必须克服一切困难，按期建成，并动员全党和全体人民积极参加和配合基本建设工作，要求各项工作都要围绕这一中心进行；提出国营工厂要保证基本建设的材料供应，定期交货，保证质量规格，并且组织好私营工厂为基本建设服务；劳动部门要做好劳动力调配工作；城市建设和交通运输要很好配合基本建设的要求；商业部门要保证基本建设材料和职工生活用品的供应；卫生部门要加强基本建设单位的医务工作，协同工会检查工地安全卫生状况，督促和协助他们改善；财政金融部门要做好资金和财政监督；公安部门要做好工程单位的保卫工作；文艺部门要为基本建设职工服务，满足他们的文化娱乐需要。号召每一个共产党员、每一个公民都要用不同的方法，保证国家基本建设任务的实现。基本建设部门的职工更要努力克服困难，保证全面完成国家给予的光荣而又艰巨的任务。“一五”计划期间，在这种社会气氛下，以156项为代表的基本建设人人皆知，家喻户晓。广大干部和群众都以能参加艰苦的建设行列，能为国家的基本建设事业出力为荣。基本建设战线的广大职工，虽然生活艰苦，任务繁重，但都能以苦为荣，充满了职业的自豪感。全国上下同心同德，各条战线全力以赴、服从大局，把人、财、物迅速集中使用于保证重点工程的建设。所有这些汇集成了一股巨大的力量，有力地保证了以156项为中心的基本建设的顺利进行。

二、建立集中统一的基本建设管理体制和聚集相应的财力、物力、人力

在当时中国经济、技术还相当落后的情况下，要完成"一五"计划所安排的大规模的建设，建立集中统一的基本建设管理体制十分必要。"一五"计划期间基本建设的投资和项目的安排，都主要集权于中央。建设项目，绝大部分直属中央各部直接管理，投资和任务由中央各部直接安排，地方工业和城市建设也分别由城市建设部和各地区工业部直接安排。这期间，大型项目由国家建设委员会（简称国家建委）审核，报国务院[①]批准，中型项目由中央各主管部或省、市、自治区审批，小型项目由各部或省、市、自治区自定审批程序。在大中小型项目的划分界限上控制较严。基本建设投资总额中，国家预算内投资占90.3%，自筹资金只占9.7%，国家预算内投资，用于中央直属项目部分占79%，用于地方项目占21%。

为了加强对基本建设的管理，据1954年9月全国人民代表大会第一届第一次会议（简称全国人大一届一次会议）通过的中华人民共和国国务院组织法的规定，1954年11月正式成立了国家建设委员会。国家建委的主要任务是："根据党中央和国务院规定的方针政策，国家批准的计划，组织以工业为重点的基本建设计划的实现，从政治上、组织上、经济上、技术上采取措施，保证国家基本建设，特别是156个单位工程建设的进度、质量，并力求经济节省。"为了加强对基本建设投资的管理，1954年9月9日，政务院224次会

---

① 中华人民共和国成立后，1949年10月1日召开中央人民政府委员会第一次会议，10月21日中央人民政府政务院成立。1954年9月15—28日召开了第一届全国人民代表大会第一次会议，通过了《中华人民共和国宪法》。按宪法规定，自第一届人大第一次会议起，原政务院改名国务院。

议通过《关于成立中国人民建设银行的决定》。同年10月1日，中国人民建设银行总行（简称建行）正式成立。

与此同时，人民政府又以极大的努力集中了建设所必需的财力、物力和人力。首先是集中财力。“一五”计划期间，中国虽然和苏联政府签订了几项贷款协定，但数额很小，5年内总用款额折合人民币为36.4亿元左右，仅占5年财政收入总和的2.7%。建设资金主要依靠国内自力更生解决。5年中，国家财政收入总计1354.9亿元，占同期国民收入的1/3左右。用于基本建设拨款506.4亿元，占同期财政支出总计的40%。当时，中国工业还不发达，建设资金的筹措在很大程度上依靠农业。财政收入中直接间接来自农业的部分（如农业税、以农业为原料的轻工业提供的收入、工农业产品交换价值的剪刀差等）占有重要的地位。在开始大规模建设时期，广大农民为支援建设做出了重大贡献。此外，国家还通过发行公债筹集建设资金。从1954年到1957年，先后发行4次国家经济建设公债，实际发行额27.5亿元。在集中有限的财力用于重点建设的同时，中共中央和国务院反复强调了必须节约使用，反对浪费，并针对性地批评了“宽打窄用”“建设经验不足浪费点不可避免”“浪费是小事”等错误思想。

其次，集中物力。项目要建成，不仅取决于资金，更重要地取决于材料设备的供应。钢材、水泥、木材等基建物资是工程建设的物质基础，它们的价值一般要占建筑安装工程成本的60%，还要加上设备。156项的全套设备虽然主要由国外供应，但配套设备和其他一些中小型项目的设备制造都需要由国内自行承担。针对这种情况，“一五”计划期间，优先上了一批急需的机械制造项目，以配合重点建设的需要。使机器设备的自给能力由1949年的20%左右提高到60%左右。同时，加强了对设备、物资的集中管理，实行对重要生产资料在全国范围内的统一平衡分配制度。按照生产资料在国民经济中的重要程度，划分为国家统一分配物资（简称统配物资），如钢材、铜、铝、铅、锌等黑色和有色金属材料和木材，水泥、煤炭、汽车、金属切削机床、工业锅炉等；国务院各部门统一分配物资（简称部管物资）和地方管理物资（也称三类物资）；实行分类管理。中央和省、市管理的国营企业、公私合营企业等生产的产品，凡属统配和部管物资，均纳入国家物资分配计划。对于企业生产和建设需要的统配、部管物资，基本上是按企业的隶属关系，即按条条为主的体制进行分配。1953 年，统配和部管物资共 227 种，其中统配物资 112 种，部管物资 115 种。以后这两部分的物资分配目录逐年扩大。1957 年增加到 532 种，其中统配物资 231 种，部管物资 301 种。156 项需要的主要建筑材料和由国内承担制造的设备、器材均由国家和有关部门直接分配和供应。5 年中，基本建设总共消耗钢材 560 万吨、木材 39400 万立方米、水泥 1989 万吨，分别占 5 年内国内生产总量和总消耗量的 44.3% 和 38%，36% 和 37.8%，75.8% 和 86.3%。5 年中，国家通过上述种种措施集中掌握的统配和部管物资，占这些物资总资源的比重，逐步达到 70%—90%，这就保证了国家有限的物力，能够重点使用于重点建设方面。

再次，集中调配技术力量，加强人才培养。1952 年全国国营工业（包括重工业部、燃料部、一机部、二机部、轻工部、纺织部等 6 个部），运输（铁路部、交通部、邮电部等 3 个部），以及地质、建筑工程系统中，见习技术员以上的技术人员仅 14.8 万人，占本系统职工总数 330 万人的 4.5%。其中工业生产部门占 4.3%，基本建设部门约占 8%。大规模的建设需要大量技术人才，根据中苏双方协议 156 项设计上的分工一般是新建项目初步设计，技术设计和 80% 的施工图设计由苏方承担，其余 20% 的施工图设计和老厂改扩建项目的初步设计、施工图设计由中方承担。重大的改扩建项目，如鞍钢等在协议上另有具体规定。设备制造方面，中方约承担 30%—50% 左右。此外还有 156 项以外的建设项目的勘探、设计和设备制造，任务十分繁重。技术力量不足的状况十分严重，特别是缺乏地质勘探和设计人员。为此，中共中央和国务院在下决心从各条战线抽调上万名优秀干部，加强工业部门和重点建设项目的领导的同时，决定让没有从事技术工作的工程技术人员回到技术工作岗位，并通过高等院校加快培养（除高中毕业生升学外，还从党政机关、军队、人民团体里，抽调了几万名合格人员升入高等院校），选派留学生、实习生以及成套派出人员到苏联和东欧各人民民主国家学习等种种措施，加快技术人才的培养，并且依靠原有企业抓紧培养和输送了一批批技术人才。例如，上海从1950年到1956年年初，向全国各重点建设单位输送技术工人6.3万余人，工程技术人员5400余人，此外还代为培训了8000余名艺徒。与此同时，还聘请苏联专家来华帮助中国进行建设项目的设计，中方派技术人员配合。这么做既加快了设计进度，又培养了中国自己的设计人员，提高了自行设计的能力。经过采取上述种种措施后，"一五"计划期间，中国的建设队伍，特别是勘探、设计力量迅速成长壮大，分散的技术力量逐步集中，地质勘探工作开始改变过去跟不上建设需要的情况，设计力量也有很大增长。"一五"计划期间成长起来的这一大批技术人才，不仅当时基本上保证了建设的需要，而且成为后来建设中的骨干力量。

三、严格按基建程序办事

3年恢复时期，由于建设前期工作，特别是勘察设计工作没有跟上，造成了一些建设项目的失误。有的煤矿矿井建设，因为资源没有勘察清楚，被迫报废；有的工厂因设计不周，中途改变设计，造成重大损失。"一五"计划期间，结合恢复时期的实践经验，加强了建设项目的前期工作管理，制订了一套科学管理的规章制度。这些规章制度规定，没有进行勘察（包括地质、水文、地震、气象、资源等），或没有对原材料、燃料、动力、供水、排水、交通运输、生产力的合理配置等条件做出调查，就不能进行设计，而没有设计就不能施工。工程完工后还要经过验收合格（按照设计文件所规定的内容逐项全面检验），才能交付使用。如果验收不合格，甲方拒绝签收，银行不予结算付款。这一环扣一环反映基本建设客观规律的程序，任何人也不能违背。156项是建设的重点，这些项目的建设在国务院统一领导下，更是严格按基建程序办事。这些项目从一开始就十分注意交通、能源、材料供应的同步建设以及协作配套关系的建立。例如，当时在洛阳、西安、兰州等地选择厂址就是由政务院领导人带队，国家计委、一机部、二机部、铁道部、电力部、卫生部、纺织部、冶金部等部门和有关地区负责人参加，组成选择厂址的联合小组。实地考察，综合考虑行业、企业配套、轻重工业间的关系、男女工比例、原材料、供水、供电、铁路枢纽站、职工生活福利设施、学校等因素后，结合城市规划再由各部在指定的地区具体确定各厂的厂址。第一汽车制造厂厂址的确定就是经过对最初提出的北京、石家庄、太原、西安等方案的讨论研究，综合考虑了一个年产3万辆汽车的工厂不仅需要大量电力，还需要大量钢材、木材和配套项目，以及运输能力后认为，这些条件当时上述各地都不具备，即使马上新建，也得若干年，时间上也来不及。因此，方案对比结果，从建设条件和争取时间上看，中国的第一个汽车厂只能建在东北，最后确定在长春市建设。项目的计划任务书经国务院批准后，按照中苏双方的设计分工协议，分别负责完成。大型项目实行三段设计，即初步设计、技术设计和施工图设计。项目的建设前期工作按要求完成后，根据建设要求，考虑各种可能条件，编制工程的建设总进度，制定年度建设计划，安排投资。在物资保证上，主要设备由苏联成套供应，一般设备按协议由中方承担的，由国内组织供应，建筑材料实行“包工包料”的包建制。工程施工，除有的部有专业施工和安装队伍，由本部有关工程局或工程公司总承包外，大部分由当时建筑工程部总承包。为保证156项施工任务的完成，建筑工程部在建设项目集中的地区组成建工局或工程公司。而建设项目的主管部门则在这些地区相应设立了总甲方办公室或地区办事处，负责协调各个建设项目的有关水源、电源、铁路专用线、公路、通讯以及生活区的勘测设计和建设工作。在建设中各级领导、管理人员、科技人员都认真学习建设知识，努力实践，严格按基本建设程序办事，建立了建设项目总设计师责任制。对工程质量设有监督检查机构。设计严格遵守规范标准，讲求质量。施工严格按工程顺序进行，先地下后地上，按设计技术要求和施工规范施工。例如，有的厂址在黄土高原，属湿陷性大孔土地区；有的厂址地下有大批古墓，地基处理复杂，但施工中都采取措施，保证了质量，没有发生过重大质量事故。为取得经验，稳步前进，先试点，后推广，由点到面，不断探索，积累经验。并且注意了在项目建设的同时积极做好生产准备工作。苏联援建的156项，多数项目重要岗位上的生产技术人员，如总工程师、车间主任、关键工段长都在项目建设的同时就成套派往苏联对口工厂进行培训实习。由于采取了上述一系列措施，使当时的建设工作进行得有条不紊。项目建设的前期准备工作时间可能长一点，但一旦开工，基本上都能保质、保量，按期建成投产，并能迅速达到设计能力。“一五”计划期间，90 万—150 万吨的煤矿矿井，建设工期一般为 4 年至 4 年半，100 万吨炼油厂两年半，3 万辆汽车制造厂和 5 万吨合成氨厂 3 年左右，5 万—10 万千瓦容量的电厂两年一期；像鞍钢这样大规模的大型改扩建工程，时间最长也就 8 年。这在当时设计、施工、设备材料配套水平较低，组织管理缺乏经验的情况下，速度是比较快的。这和当时大家都重视按基本建设程序办事，有一个有力的领导班子并严格各环节上的责任制有着密切的关系。

第六节　主要经验和工作中出现的问题

1953 年至 1957 年是新中国成立后各个历史时期中基本建设成效最为卓著的时期之一。5 年累计完成基本建设投资总额 588. 5 亿元，相当于 6 亿两黄金（按当时的比价），规模是空前的，总的安排也是得当的。尽管当时刚刚开始进行大规模建设，缺乏建设经验，但由于各级领导谦虚谨慎、实事求是、虚心好学、尊重科学，发现问题能及时纠正，因而取得了较好的成绩。

5 年间，基本建设的总规模大体同国家的财力、物力相适应，投资的经济效益较好。因此，在建设速度较快的情况下，人民生活依然得到了逐步的改善。建设的总体安排基本协调，投资的分配注意了重点建设和全面安排相结合，在投资较多地集中于重工业（占全部基本建设投资的三分之一强，低于以后各个五年计划时期）的同时，相应地发展了交通运输业、建筑业、轻工业和农业等，使国民经济各主要部门基本上得到协调发展。在项目建设上注意了相互间的同步配套和比较严格的监督管理，有利于缩短工期和尽快形成综合生产能力，投资的社会经济效益较好。在这个时期中，还培养了一大批勘察设计、工程施工技术骨干和基本建设各环节上的管理干部，积累了宝贵的建设经验。这些都为以后各个时期建设事业的发展打下了良好的基础。

5 年间，在取得巨大成就的同时，基本建设工作中也存在一些不足之处。

首先，在年度基本建设投资的安排上出现了 1955 年和 1956 年的偏小偏大。

1953年、1954年农业连续2年遭受旱涝灾害，使1954年、1955年轻工业生产受到了较大的影响，1954年比上年只增长14.3%，1955年仅维持上年水平。由于当时中国轻工业生产在工农业总产值中占一半多，因此轻工业发展的快慢就在很大程度上影响着整个工业的发展速度。农业的歉收和轻工业的减产又在很大程度上影响了整个国民收入和积累基金的增长。1955年年初预计1955年财政收入将比上年减少4亿元，支出将增加2.4亿元，因此在制定1955年计划时，提出了要严格控制基本建设的规模和标准，以保持建设规模同国力的平衡。1955年基本建设规模安排偏小。这1年，由于大幅度地削减了非生产性建设的投资，加上基本建设计划下达晚、变动多，执行结果没有完成计划。全年实际完成基本建设投资100.4亿元，仅比上年增加1.4亿元，增长1.3%，其中预算内投资93.6亿元，比上年增长12.3%，增长幅度较小。

由于1955年削减非生产性建设投资，以及没有完成基本建设投资计划，带来了钢材、水泥、木材等重要建筑材料过剩的问题。1955年9月，根据上半年计划执行情况，国家计委提出，到年底将积压水泥120万吨、玻璃100万箱、木材连同历年结余将达1300万立方米，生铁、铸铁管、各种钢材、烧碱、粘土耐火材料等的积压部分将分别占当年产量的12%，其中铸铁管达29%，粘土耐火材料达42%。这种过剩，本来只是一种暂时现象，但由于缺乏经验，加上对以后的发展估计不足，把一时的物资过剩当作一种比较长期的趋势，因而，1955年下半年采取了减价出口、减产等办法。这显然是不恰当的。到了1956年就开始出现了物资供不应求的紧张状况。

1956年是“一五”计划中的第四个年头，不少骨干项目，特别是苏联援建的156项中的许多项目进入施工高峰，需要加快建设速度。同时，1955年农业生产又是1953年以来最好的1年。农业丰收以及上年财政、物资结余，加上社会主义改造取得了巨大的胜利，客观上为加快建设速度创造了良好的条件。因此，1956年有必要也有可能把建设规模定得大一点。同时，吸取1955年的经验教训，从1956年起开始建立了预备项目制度，即建设项目在列入年度计划之前就做好一切可能的准备，当国家财力、物力、施工力量有余时，可以及时追加上去，进行建设。但是，1956 年的建设规模从计划的制订到执行，都存在着急躁冒进的倾向。这和当时的政治气氛有关。1955 年 7 月中共中央召开了省、市、自治区党委书记会议，把党内在农业合作化时间与步骤上的不同意见当作右倾思想来批判，助长了急躁冒进情绪。特别是 1955 年 10 月召开的中共七届六中全会，在毛泽东主席的主持下从反对农业合作化问题上的“右倾保守”，引申到经济建设、文化建设等各个方面；把具体问题上的不同意见提到路线高度进行批判，把稳步前进说成是右倾错误。会后，各方面都开展了反右倾。在这种形势下，1956 年 1 月召开了第三次全国计划会议，按照反对“右倾保守思想”的精神，制定了 1956 年的基本建设计划，建设规模定大了。

与此同时，国民经济的某些部门也出现了齐头并进和急于求成的倾向。基建项目不断追加。1956 年 2 月第一次全国基本建设会议上，把原定“一五”计划期间限额以上 694 个工业建设项目，追加到 745 个；5 年内建成的工业项目由 455 个追加到 477 个。同年 6 月，限额以上的工业项目又增加到 800 多个，计划建成项目增加到 500 多个。1956 年基本建设投资中国家预算内投资部分，也相应由 1955 年 10 月中共中央批准国家计委《关于一九五六年国民经济计划的控制数字的报告》中提出的 112 亿元增加到 147 亿元，增长 31%。加上自筹资金，1956 年完成基本建设投资总额 155.3 亿元。比上年增加 55 亿元，成为 5 年中年度完成投资最多的 1 年。由于基建规模过大，造成两个问题。

1. 国家预算内基本建设投资增长的速度超过了财政收入增长的速度。1956 年国家预算内的基本建设投资比上年增加了 53.5 亿元，增长 57%，而同期财政收入只比上年增加了 15.4 亿元，增长 5.7%，造成资金供应紧张。加上其他方面的原因，1956 年出现了财政赤字 18.3 亿元。财政赤字引起了货币投放的增加和市场物资供应的紧张，从而造成了国民经济各方面相当紧张的局面。

2. 基本建设投资总额的增长超过了生产资料生产的增长速度。1956 年基建投资总额达 155.3 亿元，比上年增长 54.7%，而以生产生产资料为主的重工业生产只增长了40%，从而引起了钢材、木材和若干机械设备供应的紧张，工程建设出现了停工、窝工现象。1956年4月份由于建筑材料和设备供应不足而未能如期开工的项目，占同期应开工项目的1/5。

建筑材料和设备供应紧张的问题，在1956年基本建设计划执行不久就出现了。一季度计划要求完成全年工作量的18%，实际完成不到13%，而且不少工地出现停工待料现象。物资供应的紧张，由于1955年钢材、木材、水泥等储存不够，规定出口的数量较大而失去周转余地；同时，又由于1956年不切实际地安排了大量双轮双铧犁和锅驼机的生产，占用钢材过多（达20万吨左右，结果形成大量积压）而有所加剧。当时，不少部门还在要求追加投资，铺新摊子。1956年4月上旬，中共国家计委党组就此向国务院作了反映。

周恩来、陈云及时发现了经济建设中的急躁冒进倾向，在中共中央的领导下，采取了果断而稳妥的措施，压缩投资规模，进行项目排队，短缺的物资要首先保证重点项目的需要。同时及时统一了中共党内、党外的认识，迅速着手纠正经济建设中出现的偏差。

1956年6月，召开了第一届第三次全国人民代表大会，国务院向大会提出了几个经济工作的报告，在肯定成绩的基础上指出，在反对保守主义的同时，必须反对急躁冒进的倾向。急躁冒进并不能帮助社会主义事业，而只能招致损失。会议明确指出，克服急躁冒进是经济建设中亟待解决的问题。这次会议对动员和纠正急躁冒进倾向起了重要的作用。

1956年11月，周恩来在中共八届二中全会上，作了《一九五七年度国民经济发展计划和财政预算的控制数字》的报告。他指出，1956年的计划总的说是打冒了，与1955年比，基建增长太快，于是各方面都紧张。重点失其为重点，大家抢器材，应该用的没有用，不应该用的用了。同时他明确指出：1957年的计划要在“保证重点，适当压缩”的方针下考虑安排，对基本建设规模作适当压缩，以适应国家财力、物力的可能。全会一致同意周恩来的报告。

1957年1月，陈云在中共中央召开的省、市、自治区党委书记会议上，作了《建设规模要和国力相适应》的报告，着重总结了1956年纠正冒进倾向的经验，指出，国家建设规模的大小，必须和财力、物力相适应，这是经济稳定不稳定的界限；提出了为防止经济建设规模超过国力必须处理好几个方面的关系。同时，明确提出了“纠正保守比纠正冒进要容易些”① 的观点。

1956年经济建设中的急躁冒进倾向，由于发现及时，措施有力，自觉进行局部调整，很快得到纠正。实践证明，1956年的反冒进是正确的，取得良好的效果，保证了1957年经济建设的顺利进行。

其次，建设的总体安排基本协调，但也有不足之处。

农轻重比例不协调的苗头在“一五”计划执行过程中已开始出现。农业基础薄弱，不能适应经济发展的需要，不得不对粮食、棉花、食油等主要农产品实行统购统销政策。轻工业生产也常因农业歉收，缺乏农产品原料而开工不足，影响生产潜力的充分发挥。在中央和地方的关系上，这一时期强调了在经济力量比较弱的时候，必须集中使用资金，办成几件大事，重视了中央建设事业的发展，国家预算内投资中80%左右集中于建设中央各部所属的项目，建设起了一批大型骨干项目，效果是显著的，但由于对地方建设的投资安排较少，地方建设事业发展缓慢。

在沿海和内地的关系上，也作了大体适应的安排，注意了把新建的骨干项目安排在京广线沿线及其以西地区，使中国的工业布局向西推进了一大步，这无疑是对的。但与此同时，对沿海原有工业基地的利用很不够，其作用没有得到充分发挥。5年内基本上没有什么投资。对近代工业比较集中的上海市，5年内国家投资仅12.28亿元，只占同期全国基本建设投资总额的2.08%，比同期上海市上缴国家的固定资产折旧费还少。天津、青岛两市，原有轻纺工业基础较好，机械工业也有一定基础，但也没有充分利用，建设处于停滞状态。

再次，厉行节约运动中一些过头做法给生产性和非生产性建筑物留下了后遗症。

1955年7月，中共中央发布了《关于厉行节约的决定》，对当时存在的

---

① 《陈云同志文稿汇编》（1956—1962年），人民出版社1980年第1版，第45页。

生产性建设脱离国家经济水平，盲目追求漂亮装饰，一些工厂的福利设施如俱乐部、礼堂、休养所、运动场、绿化工程等办得过多过好，以及建设中的急于求成，不按基建程序办事，盲目备料，仓促施工等现象进行了批评。并要求在基本建设中除了新建的主要厂房、主要设备和其他主要的生产性工程及技术性工程应按现代化技术的标准进行设计、施工、安装并保证其进度和质量外，其他次要的和附属的各种建筑工程能削减者应当削减，不能削减者，也应该降低设计标准和工程造价；非生产性的建设必须严格控制。《规定》提出，从1955年下半年到1957年，基本建设（生产用的必需设备和国外设计的厂房除外）造价和各种费用，在1954年削减10%的基础上再削减15%—20%。从此，一个群众性的节约运动在全国基本建设战线普遍开展起来了。据1955年对3280项较大的建设单位的统计，节约的投资额达10亿元之多，相当于1955年实际完成的基本建设投资总额中国家预算内投资的11.6%。非生产性建设的投资在全部基本建设投资总额中的比重，从1954年的33.9%，下降为24.2%。当时，基本建设中确实存在浪费严重的现象，但在厉行节约运动中也出现了一些过头的做法。一些生产厂房建筑标准过分降低，非生产性建筑出现了“四不要”，即不用钢材、木材、水泥等主要建筑材料建设建筑物，以及用竹筋代替钢筋浇筑楼板等不讲科学的做法，这给不少生产性和非生产性建筑物留下了后遗症，其中不少建成后不久就成为危房。同时，运动中对“民族形式”“复古主义”进行了延续不断的过头批判，以致在以后相当长的时期内，非生产性建设的设计工作创新不够，基本上是全国统一套用几个定型的标准设计，造成非生产性的建筑物几乎到处一个模样。特别严重的是，由于当时认识和宣传上的片面性，对于当时城市规划和城市建设中的所谓“规模过大、标准过高、用地过多、求新过急”（简称“四过”）作了延续两年而又过头的批判，并提出了极易作片面理解的“先工业、后城市”的原则，以致在以后相当长一段时间里，城市建设指标和设计标准的合理性受到影响，形成城市基础设施建设与工业建设脱节，并造成了城市基础设施的“欠账”。

“一五”计划时期基本建设中出现的这些问题，各级领导都十分重视，及时进行了总结，并根据这个时期建设的实践经验，对中国工业化的道路和基本建设必须遵循的重要原则进行了有益的探索。

在“一五”计划提前超额完成的大局已成可能的情况下，1955 年年底，刘少奇分别听取了中央一些工业部门的汇报。1956 年 2 月起，毛泽东用一个半月的时间听取了中央 34 个部的汇报，进行了系统的调查研究。在此基础上，经过中共中央政治局的几次讨论，由毛泽东集中概括为正确处理十大关系，并先后于 1956 年 4 月在中共中央政治局扩大会议上、5 月在最高国务会议上作了报告（这就是后来公开发表的毛泽东《论十大关系》一文），探索适合中国国情的建设社会主义的新道路，报告提出了建设的几个重要原则。它们主要是：（1）重工业和轻工业、农业的关系。重工业是建设的重点，必须优先发展，但决不能因此忽视生活资料尤其是粮食的生产。因此，要适当调整重工业和农业、轻工业的投资比例，更多地发展农业、轻工业。（2）沿海工业和内地工业的关系。为平衡工业发展的布局，内地工业必须大力发展，但同时必须充分利用和发展沿海工业，以支持内地工业的建设。（3）国家、生产单位和生产者个人的关系。三者必须兼顾，不能只顾一头。（4）中央和地方的关系。应当在巩固中央统一领导的前提下，扩大一点地方的权力，给地方更多的独立性，让地方办更多的事情，发挥地方的积极性。（5）中国和外国的关系。一切民族、一切国家的长处都要学，但是，必须有分析有批判地学，不能一切照抄，机械搬运。[①] 9 月，中国共产党第八次全国代表大会召开。大会决定把党的工作重点转到社会主义建设上来，并继续坚持 1956 年 5 月中共中央提出的既反保守又反冒进即综合平衡中稳步前进的建设方针。会上周恩来详尽地论述了这个方针，指出：“应该根据需要和可能，合理地规定国民经济的发展速度，把计划放在既积极又稳妥可靠的基础上，以保证国民经济比较均衡地发展”，“应该使重点建设和全面安排相结合，以便国民经济各部门能够按比例地发展”，“增加后备力量，健全物资储备制度”，“正确处理经济

---

① 《论十大关系》，《毛泽东文集》第 7 卷，人民出版社 1999 年 6 月第 1 版，第 23—44 页。

和财政关系”等。[①] 薄一波在发言中，还试图根据中国的实践经验，探求建设规模与国力相适应、保持经济稳定发展的若干具体数量界限，提出：积累部分在国民收入中的比重，不低于20%或略高一点；国家预算收入在国民收入中的比重，不低于30%或略高一点；国家预算支出中基本建设支出的比重，不低于40%或略高一点。[②]

这些探索，对及时纠正1956年出现的急躁冒进倾向和调整、压缩1957年的建设安排都起了积极的作用，从而保证了“一五”计划得以提前超额完成，并使1957年成为新中国成立以后经济工作效果最好的年份之一。

---

① 《中国共产党第八次全国代表大会文献》，人民出版社1957年2月第1版，第117—121页。

② 《中国共产党第八次全国代表大会文献》，人民出版社1957年2月第1版，第223—226页。

第三章

“大跃进”中的建设及其失误

（1958—1960 年）

1958 年到 1960 年是第二个五年计划的头 3 年，也是“大跃进”的 3 年。

1958 年 3 月中共中央政治局提出、5 月中共第八次全国代表大会第二次会议通过了“鼓足干劲，力争上游，多快好省地建设社会主义”的总路线，并对在此之前已经提出的“大跃进”口号作了完全的肯定。此后，国民经济各部门的生产指标迅速地一再拔高，生产上超越可能的高指标逼迫着基本建设的规模越来越大，“大跃进”的浪潮席卷全国。

在当时中国人口多、底子薄、现代工业起步晚的情况下，提出高速度地进行社会主义工业化的建设，尽管一系列口号和指标都远远超出了客观可能，是不切实际的，但是由于它反映了广大人民群众迫切要求改变中国经济文化落后状况的普遍愿望，也由于中国共产党和毛泽东本人在广大干部和群众中的崇高威望，因此受到了全国人民的广泛支持，从而使国家能够史无前例地、迅速地动员了空前规模的人力、物力和财力投入建设，出现了从 1958 年到 1960 年持续 3 年的全国性的“大跃进”。3 年中，基本建设规模急剧膨胀，由于急于求成，不讲科学，造成的损失浪费是巨大的，但也确实建成了一批项目，取得了一定的建设成就，同时留下了灾难性的恶果。

第一节　基本建设管理体制和建设方针的改变

“一五”计划后期，为了更好地进行社会主义建设，在认真总结经验的基础上，开始了对适合中国国情的社会主义建设新道路的探索，总结了经验，提出了基本建设中应该遵循的重要原则。但是，从1958年起，建设中“左”的指导思想开始占了上风。

事情还得从1956年的纠正急躁冒进倾向（以后被简称为“反冒进”）说起。对1956年的纠正急躁冒进倾向，从一开始就存在着不同的看法。到1957年1月在中共中央召开的省、市、自治区党委书记会议上，毛泽东对“反冒进”明确提出了批评，指出：“反冒进”的结果出了个右倾。9月，在中共中央扩大的八届三中全会上，他进一步批评说：去年1年扫掉了三个东西，一个是多快好省，一个是农业发展纲要，一个是促进委员会。讲话还否定了中共八大关于政治报告决议中关于国内的主要矛盾已经是“先进的社会主义制度同落后的社会生产力之间的矛盾”① 的提法，认为主要矛盾仍然是无产阶级同资产阶级的矛盾，社会主义道路同资本主义道路的矛盾。紧接着，在1958年1月召开的中共中央政治局杭州会议、南宁会议、3月的成都会议，直到5月中共八大第二次会议上，对“反冒进”的批判，调子越来越严厉。1957年经济发展速度比1956年稍慢了一点（工农业总产值1956年比上年增长了16.5%），1957年比上年增长了7.9%；基本建设投资实际完成额1957年比1956年减少了7.7%；事实上，这是经济建设速度趋向正常的表现，就以此为据，指责“反冒进”给六亿人民泄了气，打击了六亿人民的积极性，使经济发展出现了“马鞍形”；“反冒进”是“方针性错误”，是“政治问题”，是“非马克思主义的”，等等。这样连续不断、逐步升级地批判“反冒进”，其结果是在思想上批掉了实事求是，在政治上批掉了民主作风，在经济建设上批掉了量力而行和综合平衡，造成了政治生活和经济生活中“左”比右好、宁“左”勿右的强烈气氛。这就不可避免地使建设上急躁冒进、盲目追求高速度的“左”倾思想急剧膨胀起来，前一段经过认真总结和探索后提出的建设中应遵循的重要原则也就难以贯彻实行了。

建设指导思想上的急躁冒进、盲目追求高速度，在当时，其理论依据有两条。一条是片面强调人的主观能动作用，提出“要防止见物不见人的偏向，

① 《中国共产党第八次全国代表大会文献》，人民出版社1957年2月第1版，第810页。

即只看到现有的物质条件，看不到伟大的群众主观能动性和创造性”，[①] 认为“我国在工农业生产方面赶上资本主义大国，可能不需要从前所想的那样长的时间了”，因为“六亿人口是一个决定的因素”，“穷则思变，要干，要革命”。[②] 号召“破除迷，解放思想，敢于革命”。[③] 另一条是把平衡划分为“消极平衡”和“积极平衡”两种，主张留缺口的“积极平衡”，强调“平衡是暂时的，有条件的。不打破平衡，那是不行的”[④]。“有一些人被这种跃进所造成的国民经济迅速发展中的不平衡状态吓呆了”，“必须反对庸俗的平衡论，或均衡论，反对消极平衡的方法。从庸俗的平衡论思想束缚中解放出来，我们也就敢于跃进了”[⑤]

1958 年 5 月中共八大二次会议通过的“鼓足干劲，力争上游，多快好省地建设社会主义”的总路线正是在上述情况和气氛中酝酿、制定和通过的，因此不可避免地带有主观主义和浓厚的“左”的色彩。正如 1981 年 6 月中共十一届六中全会通过的《关于建国以来党的若干历史问题的决议》中指出的，“1958 年，党的八大二次会议通过的社会主义建设总路线及其基本点，其正确的一面是反映了广大人民群众迫切要求改变我国经济文化落后状况的普遍愿望，其缺点是忽视了客观的经济规律”。[⑥]

中共八大二次会议在通过总路线的同时，还做出决议号召全党全国人民努力奋斗，争取提前实现农业发展纲要；争取 15 年或者更短的时间内，在主要工业产品产量方面，赶上和超过英国。会后，突出鼓吹了高速度，提出“速度是总路线的灵魂”，“速度问题是建设路线问题，是我国社会主义事业的根本问题”，“快，这是多快好省的中心环节。”[⑦] 1958 年开始的全国性的“大

---

① 1958 年 3 月 3 日中共中央《关于开展反浪费、反保守运动的指示》。

② 毛泽东：《介绍一个合作社》（1958 年 4 月 15 日），《毛泽东著作选读》甲种本，人民出版社 1964 年 5 月第 1 版，第 518—519 页。

③ 1958 年 3 月中共中央政治局成都会议上毛泽东的讲话。

④ 1956 年 11 月中共八届二中全会毛泽东的讲话。

⑤ 1958 年 2 月 28 日《人民日报》社论《打破旧的平衡，建立新的平衡》。

⑥ 《中国共产党中央委员会关于建国以来党的若干历史问题的决议》，人民出版社，1981 年 7 月第 1 版，第 18—19 页。

⑦ 1958 年 6 月 21 日《人民日报》社论《力争高速度》。

跃进”运动就是在这种气氛下发动起来的。1958 年 5 月中共八大二次会议上，毛泽东在谈到“大跃进”时批评了一些不同意指标过高的意见，说现在从中央到地方都还有一部分“观潮派”“秋后算账派”。他要求各个山头、村落，各个机关、部队、工厂、合作社，都要插红旗，拔白旗。从此，各行各业的生产指标不断拔高，一个全国性的“大跃进”运动迅速掀起。以后，在执行中，“大跃进”带来的一系列问题有所暴露，中共中央和毛泽东也有所觉察，并且从 1959 年 4 月开始着手进行调整，“压缩空气”，削减指标。但是，自 1959 年 8 月中共八届八中全会，即庐山会议揭发批判了实际上不存在的所谓以彭德怀为首的右倾机会主义反党集团后，由于反右倾斗争的压力，经济建设上“左”比右好、宁“左”勿右、唯“左”是从的歪风进一步盛行。1959 年 10 月进一步提出了要“在 1958 年到 1960 年 3 年“大跃进”的基础上，争取我国的主要工业产品产量用比十年还短的时间赶上英国”。全国性的“大跃进”运动一直持续到 1960 年下半年，直至国民经济陷入日益严重的困境才告结束。3 年中，生产上的高指标逼迫着基本建设大干快上。这一时期基本建设无论在建设的方针、方法上，还是在管理体制上，与“一五”计划时期相比，都有较大的改变。

一、管理权限的下放

实现全国性的“大跃进”，当时的设想主要是依靠地方，认为中国长期以来都是中央集权，地方没有权，妨碍了生产力的发展。1958 年 1 月中共中央政治局南宁会议上提出，要求各省、市、自治区的地方工业产值，在 5 至 10 年内超过本地的农业产值；要求各地在 5 至 8 年内实现农业发展纲要四十条，提出苦战 3 年使大部分地区的面貌基本改观。同年 3 月，在中共中央政治局成都会议上，又把地方工业产值超过农业产值的期限从 5 年至 10 年改为 5 年至 7 年，并进一步要求在 7 年内（争取 5 年内）基本上实现全国农业机械化和半机械化。6 月初决定把全国划分为东北、华北、华东、华南、华中、西南、西北 7 个协作区，要求协作区尽快地分别建立大型工业骨干基地和经济中心，形成若干个具有比较完整的工业体系的经济区域。后来又进一步要求，除了协作区外，凡有条件的省，也都应该建立比较独立的但是情况不同的工业体系。这就更加加大了地方兴建工业的任务和责任。1958 年 8 月在北戴河召开的中共中央政治局扩大会议上，提出了更高的工业建设指标，明确提出各省市自治区党委要把注意重心从农业转到工业上来。

为了实现这些目标，首先是 1957 年冬至 1958 年春全国动员了 6000 万—7000 万人大修农田水利。其次，大批下放工业企业。1958 年 4 月提出，6 月初再次督促，各工业部门以及部分非工业部门所管理的企业，除了一些重要的、特殊的和试验性质的企业仍归中央继续管理以外，其余企业原则上一律下放给地方管理。这样，从 1958 年 6 月初到 6 月 15 日，在不到半个月内，轻工、纺织、冶金、机械等 9 个工业部门就匆匆忙忙下放了 880 多个单位。这次下放把中央各部门所属的 80% 的企业、事业单位都下放给了地方管理。事实证明，由于大型企业的供销关系涉及全国各地区、各部门，下放给所在省、市、自治区后，地方很难管起来，这种做法是不成功的。最后，允许各省、市、自治区自行发放地方建设公债，筹措建设资金。同时，1958 年 6 月月底还决定，从 1958 年起劳动力的招收、调剂，由各省市自治区自行负责，不必经中央劳动部门同意和纳入国家计划统一管理。

与此相适应，基本建设管理体制也进行了改革。

1. 计划管理实行两本账制度。为了调动地方的积极性，1958 年开始实行计划管理两本账制度，即国家编制两套全国性计划，第一套是必成的计划，称为第一本账；第二套指标高于第一套，是期成计划，称为第二本账。各省、市、自治区也有两本账，国家的第二套计划是省、市、自治区的第一本账，即地方的必成计划；第二本账是地方编制的高于第一本账的期成的计划。实行这个办法以后，实际上省以下的各级机构都纷纷依此类推，编制了两本计划，指标也就越来越高。计划管理两本账的办法本来是针对生产的，但在实际执行中，也用到了基本建设计划上。从而使基本建设投资计划层层加码，投资规模急剧膨胀。1958 年预算内投资计划，国家第一本账是 145 亿元，第二本账增加到 175 亿元；1960 年预算内投资计划，国家第一本账是 325 亿元，第二本账增加到 382 亿元。而实际完成的投资额又都超过了第二本账。

2. 下放基本建设项目的管理和审批权限。首先是基本建设的标准、规范的编制、审定权限随着1958年2月国家建委的撤销①，决定下放给国务院有关部和各省、市、自治区。其次，下放建设项目的审批权限。1958年4月中共中央《关于协作平衡的几项规定》中决定：地方兴办限额以上的建设项目，除了提出简单的计划任务书报中央批准外，其他设计和预算一律由省、自治区、直辖市批准，某些与中央企业没有协作关系，产品不需全国平衡的限额以上建设项目，其计划任务书也可先经省、自治区、直辖市批准，再报中央有关部门备案。② 9月，进而明确规定，中央只审批年产钢100万吨以上、年产煤1000万吨以上、火电站20万千瓦以上的建设项目，以及协作区工业体系规划和贯穿几个省、自治区的铁路干线和河流规划，除此以外的大部分大中型建设项目都由地方、各部自行审批决定后报国家计委、国家建委备案。同时，规定还简化了对设计任务书的要求。③

3. 下放财权，扩大地方和企业对基本建设投资的决策权和调剂权。在这方面主要采取了三个措施：第一，下放财权。从1958年起实行各省、市、自治区地方财政“以收定支，五年不变”的管理体制，允许地方根据自己的地方财政收入，自行安排基本建设投资规模，并列入地方预算支出。第二，从1958年起，在国营企业实行利润留成制度，由各部各自计算确定本部门的留成比例，基本上5年不变。企业利润留成所得，规定大部分用于发展生产。第三，实行基本建设投资包干办法。即在保证不降低生产能力、不推迟交工日期、不突破投资总额和不增加非生产性建设比重的条件下，将经年度计划和国家预算核定的基本建设投资额交由各有关建设部门和单位统一掌握，自行安排，包干使用。建设部门和建设单位，在既定的投资总额范围内，有权因地、因事制宜，修改设计定额，调剂建设项目，在项目之间调剂使用资金。

---

① 1958年2月人大一届五次会议通过，撤销国家建委。同年9月，中共中央通知成立中共中央建设委员会，10月，全国人大常委会根据国务院的建议，决定成立国家建设委员会。因此，二届国家建委具有双重性质，既属中共中央，又属国务院。

② 1958年4月5日中共中央《关于协作平衡的几项规定》。

③ 1958年9月24日中共中央、国务院《关于改进限额以上基本建设项目设计任务书审批办法的规定》。

资金如有结余，可留给建设部门和建设单位另行使用，主要用在生产建设上。

这些措施较大幅度地扩大了地方和企业的财权，加上当时大部分建设项目下放给地方管理，从而使预算内基本建设拨款中地方部分占的比重从“一五”计划时期的21%迅速地提高到“二五”计划时期的56.8%，其中1958年到1960年占的比重还高于此数。同时，由于企业大量下放，实行利润留成制度后，使基本建设投资总额中自筹资金占的比重也从“一五”计划时期的不到10%迅速增加到1958年至1960年的20%多。

应该说，这些措施是有利于调动地方和企业搞好基本建设积极性的。但是，由于当时仅强调了调动地方和企业积极性的一面，放松了计划的宏观管理和综合平衡，这就为各地扩大建设规模、随意上项目开了方便之门。投资包干办法只强调结余留给建设部门和建设单位，没有同时强调投资超支不补；因此只有权利，没有责任。在基本建设资金使用上，只强调群众监督，放松了专业监督（撤销了建设银行）。其结果是国家对基本建设投资放弃管理，下面各行其事，基本建设中的浮夸虚报、乱上项目成风，投资规模失去控制，损失浪费严重。

4. 改变基本建设物资分配体制。先是实行在全国统一计划下，以地区管理和地区平衡为主的物资调拨制度，即中央除统一分配少数主要原材料外，其余下放给省、市、自治区或专区、县（市）分配。供销工作也改由地方为主组织进行。这样，1958年中央统配、部管物资较之1957年减少了70%，原来的供应渠道大部分都被打乱。执行结果，物资分散，调度不灵，基本建设材料缺口大，供需矛盾十分突出。从1959年起，物资分配体制又改为：按行业、按用途分项核算，由中央部归口审查，物资分配部门负责综合平衡并统一向省市自治区下达分行业、分用途的分配指标。建设项目所需统配、部管物资从施工单位改为由建设单位向主管部门申请，物资分配指标按项目隶属关系下达，并从原来的施工单位包工包料改为由建设单位负责订货采购、供应施工企业使用。在材料分配不足的情况下，这种方法依靠建设项目所隶属的部门和地区去自行努力和调剂（换句话说，去挤占别的用途的物资）是起了一定的作用。但是，物资分散、调度不灵的问题并没有得到解决。而且由于物资分配环节增多，加大了物资的社会库存。基本建设物资材料的供需矛盾由于建设规模大大超越了社会生产的可能，虽然一再挤占生产和维修用材，但仍然得不到解决，反而随着基本建设规模的急剧膨胀而日趋紧张。

二、“以钢为纲”建设方针的提出

钢铁工业的建设，从“一五”计划开始就受到重视。“一五”计划期间，重工业的建设重点就是钢铁工业和机械工业。而“以钢为纲”建设方针的提出则是“大跃进”的产物。如前所述，“大跃进”的浪潮席卷全国后，各行各业都提出了各自的高指标，对钢铁的需求量也迅猛增长。钢铁工业，在原来十分薄弱的基础上，经过“一五”计划期间的建设，1957 年钢产量已达到 535 万吨，生铁产量 594 万吨；1957 年年底生产能力炼钢达到 648. 5 万吨，炼铁达到 695. 3 万吨。应该说，建设的速度是相当快的。但是，和 1958 年春各行各业要实现“大跃进”的需求相比，差距还非常大。当时认为，钢产量的不足，妨碍了整个国民经济的发展。抓住了钢铁，就能把机械、电力、煤炭、交通运输等都带动起来，农业的机械化也就有指望了。在这种气氛下，从 1958 年春开始，经过反复酝酿、计算、拔高，到 1958 年 8 月在北戴河召开的各省、市、自治区领导和各大钢铁厂领导都参加的中共中央政治局扩大会议上，经过紧张的讨论，正式确定 1958 年钢产量指标为 1070 万—1150 万吨，比 1957 年翻一番。

1958 年要实现钢铁生产翻番任务，是超越客观实际可能的。首先，时间不够。从提出任务到年底只剩 4 个月了。钢产量 1 至 8 月份累计生产了 450 万吨，和任务相比，只完成了年度计划的 1/3 多一点。其次，翻番任务和钢铁工业本身的生产能力严重不协调，不论采矿、炼铁、炼钢、轧钢，都存在矛盾。再次，交通运输、煤炭、电力等部门的生产，也都与钢铁翻番的需求有很大距离。在这种情况下，为了强制推行这一不可能实现的高指标，提出了“以钢为纲”全面跃进的建设方针。要求：（1）各部门、各地区都要把钢铁的生产和建设放在首要地位。钢铁工业生产和建设所需要的设备、材料、动力、人力，等等，其他工业部门要全力支持。一要主动放弃或降低本部门的需要，给钢铁工业让路；二要根据钢铁工业的需要，把本部门不能生产的或产量不足的部分迅速建设起来。实现一马当先，万马奔腾，“以钢为纲”，全面跃进。(2) 迅速追加投资，扩大建设规模。原有生产能力完不成高指标规定的任务，只能依靠扩大建设规模来提高生产能力。为加快建设，除了不断追加预算内基建投资外，地方和企业用发行公债、挪用流动资金、挪用各种经费、摊入成本等种种手段千方百计拼凑自筹资金，投入建设，导致建设规模急剧膨胀。(3) 商业、银行等都要无条件地支持“以钢为纲”，全面跃进。商业要“生产什么，收购什么”，银行则要放手贷款，支持全面“大跃进”，等等。

1958年8月北戴河会议的召开，是1958年经济发展中的一个转折点。从此，一个全民的“以钢为纲”的建设高潮在全国掀起。1959年、1960年又连续搞了两年高指标，都是在这个建设方针的指导下进行的。

三、采取群众运动——“全民大办”的方法加快建设速度

1958年9月以后，在指标高、时间短，正规的厂矿生产能力有限，铁矿开采、钢铁冶炼、运输能力都不可能达到要求的情况下，为完成“苦战四个月，为钢产量翻番而奋斗”的任务，只能求助于抢建小型项目（后与“小土群”相应被称为“小洋群”），但小型项目也是需要一定的建设条件的，如钢板、设备、配套条件，等等，而这些在当时也都有限，即使各行各业、各方面都停车让路，或全力以赴、加快生产予以保证，抢建还是赶不上需要。但钢铁翻番在当时已不是生产任务、建设任务，已经变成了政治任务，不完成不行。由于中国古代就有小土炉生产铁的经验，于是在这种情况下，土法上马，全民大办也就应运而生。尽管小土炉的建设也是需要一定条件的，但在当时已顾不得了，很快就在全国范围内掀起了一个空前规模的“全民大炼钢铁运动”，全国几千万人一起上阵，大搞“小（小高炉）、土（土法炼铁、炼钢）、群（群众运动）”。一时之间，田野、街道、机关、学校，到处都是“小土群”的建设工地。同时，根据大炼钢铁和国民经济“大跃进”的需要，地质、煤炭、电力、机械、交通、邮电、教育、文化、卫生等各行各业也都

采取了“全民大办”的方法加快建设。这种由“以钢为纲”带动起来的一系列“全民大办”把“大跃进”运动推向了高潮。采用群众运动的办法加快建设速度也就成为了3年“大跃进”时期基本建设的一个时代特征。

第二节　以钢铁为中心的重工业建设

1958年至1960年3年“大跃进”累计完成基本建设投资总额达1007.41亿元[①]，为“一五”计划时期五年累计完成的基本建设投资总额的172.2%。3年中基本建设在“以钢为纲”的建设方针指导下，突出了以钢铁为中心的重工业建设。3年累计重工业完成的基本建设投资为545.72亿元，占同期基本建设投资总额的54.2%，占同期工业基本建设投资611.42亿元的89.3%；分别比“一五”计划时期重工业所占的相应比重提高了18.1%和4.3%。

同期，钢铁工业累计完成基本建设投资117.36亿元，占重工业基本建设投资总额的21.5%，比“一五”计划时期占13.9%的比重提高了7.6%。如果加上在全国范围内无偿占用的投入“大炼钢铁运动”中的人力、物力、财力投资，钢铁工业3年累计完成的基本建设投资总额则远不止此数。

一、“一马当先”的钢铁工业建设

1958年至1960年，钢铁工业累计完成的基本建设投资为“一五”计划时期5年累计完成的基本建设投资29.59亿元的四倍左右。3年中钢铁工业的建设承受着巨大的压力，取得了成就，也付出了高昂的代价。

1957年春夏之交，在总结“一五”计划期间钢铁工业建设经验的基础上，冶金工业部根据中国的具体条件，为充分发挥中央和地方办钢铁的两个积极性，提出了“二五”计划期间的“三大、五中、十八小”的建设方案。“三大”指的是把“一五”计划期间开始建设的、年产能力在300万吨钢以上的3个大型钢铁项目——鞍钢、武钢、包钢续建完成。按照当时的投资可能、

---

① 此投资额仅包括列入统计数中的。3年中由于“全民大办”基本建设，无偿占用的人力、物力、财力投资均未列入统计，下同。

重型设备的制造能力、交通运输条件和已探明储量的大型矿山等条件，集中力量把这三大钢厂建设起来已非易事。截止到1957年，三大钢厂中，除鞍钢已具有一定规模，1957年已生产钢291.2万吨（占当年全国钢产量的54.4%）以外，武钢、包钢的第一期工程（设计能力均为年产150万吨钢）的主体工程项目1957年7月才正式动工建设，建设任务还很艰巨。因此，大型项目已不能再作安排。“五中”指的是把已有一定基础的太原钢铁公司、重庆钢铁公司、安徽马鞍山钢铁公司、石景山钢铁公司（后改名为首都钢铁公司），有重点地在“一五”计划期间已经进行初步改、扩建的基础上，进一步扩建为年产能力50万—100万吨钢的中型钢铁厂，同时在湖南新建中型规模的湘潭钢铁厂。“十八小”指的是年产能力在10万—30万吨钢的小型钢铁厂，为发挥地方建设钢铁工业的积极性，根据当时已探明的铁矿和煤矿资源的分布状况，从沿海到内地逐步展开建设，计划新建18个小型钢铁厂。它们是：河北邯郸、山东济南、山西临汾、江西新余、江苏南京、广西柳州、广东广州、福建三明、安徽合肥、四川江油、新疆八一、浙江杭州、湖北鄂城、湖南涟源、河南安阳、甘肃兰州、贵州贵阳和吉林通化等钢铁厂。

这个方案对钢铁工业的建设起了指导作用。但也受到了1958年至1960年以大炼钢铁为中心的“大跃进”的冲击，延缓了建设进度；由于种种原因，有的项目建设陷于停顿状态，如包钢等。

1958年8月钢铁产量当年要翻番的任务仓促决定以后，随着大办“小土群”和浮夸风的刮起，大型和中型钢铁厂的建设受到了冲击。主要表现是：1. 由于当时建设资金、设备制造能力都迅速转向小型项目，使正在建设中的大中型钢铁厂，特别是中型钢铁厂，在这些方面得不到应有的保证，建设受到一定的影响。2. 在产量的压力下，建设中的大中型钢铁厂如鞍钢、武钢、包钢、太钢等，为了突击产量，挪用建设资金、设备、材料和建设力量，也仓促兴建了一批小高炉、小转炉等，影响了自身的建设进度。而以后的事实证明，仓促建设起来的这些设备都没有存在的价值，最后不得不拆除或改作他用。3. 为了高产，拼设备，设备损坏严重，给以后的建设留下了隐患。

1959年钢产量继续维持高指标（年初公布为1800万吨，5月提出修改为

1300 万吨）。而小土炉生产不出铁水的问题在 1958 年年底已经暴露出来。因此，1959 年钢铁工业基本建设的主攻方向，已由“小土群”转向“小洋群”，并抓紧了“三大”、“五中”的建设和抢建各省市自治区的中小型钢铁厂（数量已从“十八小”发展到 34 个，规模也有了变化）。

1960 年钢产量指标又回升到 1800 万吨。但同时明确规定要的是好钢好铁（即质量合格的钢、铁），而且要能够轧制成材的。“小洋群”生产的生铁质量不能保证，耗能又多，煤炭也供应不上，因此，1960 年钢铁工业基本建设的主要力量已集中到大中型建设项目上。

3 年中，钢铁工业大中型建设项目尽管受到了“大跃进”的冲击，但始终没有停止建设，特别是经过后两年的奋斗，上海建成了一批转炉，形成了近 300 万吨的炼钢能力。天津建成近百吨炼钢能力，北京建设了北京钢厂和北京特殊钢厂，也有几十万吨炼钢能力。石景山钢铁公司建成 30 吨转炉炼钢厂，鞍钢建成了第三炼钢厂。武钢 2 座高炉、5 座平炉也陆续建成。太钢、重钢、唐钢和一批特殊钢厂都扩大了生产能力。各省市自治区的地方钢铁厂，建设得快的也初步形成了炼铁、炼钢和轧钢能力。这和 1958 年钢产量翻番主要依靠“小土群”的情况相比，已有很大不同。这是钢铁工业在这一时期取得的主要建设成就。

二、为各部门实现“大跃进”提供设备和燃料、动力的机械工业和能源工业的建设

机械工业是为国民经济提供技术装备的部门。从 1958 年“以钢为纲”，全面跃进开始以后，机械工业就被推到了矛盾的焦点上。以钢铁工业为首的国民经济各部门要实现“大跃进”，但生产能力普遍不足，因此，纷纷向机械工业部门提出要求。从 1958 年起的 3 年中，各部门需要的机械产品成倍增长，数量大，品种多，时间要求急。这使机械工业处于全面紧张状况，即使生产上日夜赶制，也远远满足不了需要，因此，只好大上基本建设项目，加快建设进度，依靠新增加的生产能力来满足各部门的需要。

1958 年 6 月，占中央直属企业总数 84% 的企业已被下放给地方管理，同

时明确要求各省市自治区都要建立自己的工业体系。在这种情况下，机械工业要增加新的生产能力，只能主要依靠地方各自安排的为数众多的机械工业基本建设项目。“一五”计划期间，民用机械工业的在建项目总数不过100多项，1958年到1960年就激增至2000多项，其中大中型项目多达200多个。这些大中型项目中，“一五”计划期间开始建设的续建项目只占31项，其余都是在此期间新开工的，而且绝大多数都是地方的建设项目。各省市自治区都要兴建自己的钢铁厂，相应地也都要建设自己的重型机器厂、冶金设备厂或矿山设备厂。3年中在建的这类大中型项目中，除了8项（第一、第二重机厂和太原、沈阳、马鞍山、宜都等重型矿山设备厂等）直属第一机械工业部管理以外，各省市自治区自行安排的同类建设项目就多达38个。在地方安排建设的这些项目中，仅1000吨以上的水压机就安排了15台。制造发电设备的建设项目也是如此，大多数省市自治区都各自安排了一套。建设规模急剧膨胀起来。而且，因为急于求成，建设项目的安排往往只抓主机，忽视配套，只管建设，不问需要，结果项目开工建设的很多，却都形不成综合生产能力，发挥不了作用。

1958年到1960年机械工业累计完成基本建设投资103.33亿元，相当于“一五”计划期间五年累计完成投资38.47亿元的268.6%，增长近1.7倍。3年中建成的大中型项目31个，基本上都是“一五”计划期间开始建设的续建项目，新开工的大中型项目除保定变压器厂基本建成外，其余都未建成。建成投产的重大项目有生产能力为年产机床380台的武汉重型机床厂，年产各种机床4497台、总重量1.6万吨的洛阳第二机床厂，年产汽轮发电机60万千瓦的哈尔滨电机厂汽轮发电机车间，年产电机11万千瓦的湘潭船用电机厂，年产高中压锅炉4080吨的哈尔滨锅炉厂，年产汽轮机60万千瓦的哈尔滨汽轮机厂一、二期工程，年产滚珠轴承1000万套的洛阳滚珠轴承厂，年产滚珠轴承650万套的哈尔滨滚珠轴承厂，年产矿山机械设备2万吨的洛阳矿山机械厂，年产轧机、炼钢、炼铁设备6万吨的富拉尔机重机厂，年产石油设备1.5万吨的兰州石油机械厂，年产化工设备2.5万吨的兰州炼油化工机械厂，年产各种绝缘材料6000吨的西安绝缘材料厂，年产电刷及炭素制品100吨的哈尔滨炭刷厂、年产电力电容器100千伏安6.1万只的西安电力电容器厂，年产拖拉机1.5万台的洛阳拖拉机厂等。这批“一五”计划期间就开始建设的骨干项目的建成投产，使机械工业的制造能力大大增强。在中华人民共和国国庆十周年时，已经能生产多种新式重型机床，2500吨的锻造水压机，采煤和炼焦的成套设备，1500多立方米的大型高炉设备，喷气式飞机，坦克，各种火炮，各种汽车、拖拉机，载重量5000吨的海轮，7.25万千瓦的水力发电设备和5万千瓦的火力发电设备，全套纺织、造纸和制糖的设备。中国自力更生装备国民经济各部门的能力显著提高。同时，这批骨干项目的建成投产，也使“一五”计划中部署的一些机械工业生产基地得以形成，如西安、兰州等，而且还随着一批新开工项目的建设，华北的保定，华东的合肥和杭州，中南的郑州等地正在逐步形成新的机械工业生产基地。

“大跃进”的形势，对能源的需求量也急剧膨胀。由于当时能源构成中，石油占的比重还不大，能源的需求压力主要集中在煤炭开采上。3年中，为了满足炼焦、炼钢、发电等需要，煤炭工业基本建设规模急剧扩大。1958年到1960年3年内，开工建设了河北邯郸、邢台，山西晋城、西峪、霍县，内蒙古乌达，宁夏桌子山、石炭井，辽宁铁法、沈北、南票、平庄，吉林舒兰、延边、和龙，黑龙江勃利，浙江长广，安徽淮北、宿车，福建漳平、邵武、龙岩，江西丰城、乐平、上新，山东官桥、莱芜、肥城，湖北松宜，湖南涟邵、韶山，广东坪石，广西抚绥、南宁，四川广旺、绵竹，贵州六枝、水城，云南宣威，新疆哈密等40个新矿区。3年中新开工建设的矿井共1360处，设计生产能力31972万吨，其中大约3/4在老矿区，1/4在新矿区。3年的开工能力相当于“一五”计划期间开工能力7357万吨的4.2倍。其中仅1958年1年，就开工矿井和露天矿623处，年设计能力17800万吨。煤炭工业的基本建设队伍也从1957年的24.8万人急速扩大到1960年的75.6万人。

为了加快建设速度，上述这些正规矿井在建设过程中打破常规，推行了边勘探、边设计、边施工的“三边”交叉作业；打破了地质勘探的规范要求，大大简化地质报告；设计也强调简化、快速；投产则强调简易投产。这些做法为以后的生产和建设留下了种种恶果。但是，即使如此，仍然赶不上需要。

从1958年9月起，一个声势浩大、规模空前的“全民大办煤炭”高潮在全国出现，到年底全国已建立起了10万多个小煤窑。

同时，为了适应大办钢铁的急迫形势，除了“一五”计划时期已开始建设的大中型洗煤厂续建工程外，煤炭工业部还在短短几天内仓促定点建设232个与小焦炉配套的简易洗煤厂，并突击设计，突击施工。3年中，这类简易洗煤厂开工建设了170个，后来大部分报废。在铁路和煤矿进行大协作中还建设了滑坡煤仓，同样由于不从实际情况出发，盲目大搞，也造成了很大的损失浪费。

1958年至1960年，煤炭工业累计完成基本建设投资62.52亿元，相当于“一五”计划时期五年累计完成额29.68亿元的210.6%，增长了1.1倍。3年中全部建成的骨干项目几乎全部是“一五”计划时期开始建设的大中型项目。主要有：生产能力为年采煤60万吨的阜新新邱一号立井，年采煤75万吨的鸡西城子河九号立井，年采煤90万吨的平顶山二号立井，年采煤60万吨的通化湾沟立井，年采煤300万吨的抚顺西露天矿，年产原煤180万吨的京西、峰峰2个煤矿，以及鹤岗兴安台、山西潞安、淮南谢家集、峰峰和双鸭山5个洗煤厂等。3年累计新增煤炭开采能力13574万吨，洗煤能力8830万吨，分别比“一五”计划时期五年累计增加31.1倍和12倍。

3年中，煤炭工业建设的新纪录不断涌现。（1）创造了一批快速勘探、快速设计、快速建井的典型。如设计能力150万吨的平顶山一矿只用24个月建成投产，设计能力90万吨的峰峰薛村矿只用17个月建成投产，设计能力60万吨的徐州大黄山一号井21个月建成投产。这些矿井的投产尽管是简易投产，遗留了一些需要以后逐步加以解决的问题，但建井速度是创纪录的，这也反映了当时广大基本建设职工高涨的社会主义建设积极性。与此同时，为了图快而盲目搞“三边”施工的矿井，也有不少是开工后又被迫停工或缩小规模，改变井型的。如湖北鄂南地区在三年“大跃进”中，开工建设的矿井有30多处，最后只有一个小井维持开采，其余全部停工报废。（2）标志着中国建井和采煤技术新发展的全国第一个水力化矿井——开滦唐家庄矿也是在此期间，于1958年10月1日建成投产的。建设水力化矿井，发展水力采煤，是加快煤炭工业建设的一条途径。但从1958年年底起不切实际地提出1959年水采量要达到5000万吨，1962年要达4亿吨（占当年全国煤炭总产量的60%）后，事情就开始走向反面。根据这个高指标，基本建设盲目安排了新建一批水力化矿井，并把一些在建矿井也中途改为水采。而结果真正能坚持水采的矿井寥寥无几。旱改水、水改旱，不仅延误了建设进度，也浪费了大量建设资金。（2）在地质专业人员的辛勤劳动和广大人民群众的探矿、报矿积极性相结合下，完成了中国有史以来第一幅全国煤田预测图。新探明的煤炭储量达270多亿吨，发现了辽宁沈北，山东曲阜、汶上、长清、齐河，江苏丰沛等10多个隐伏煤田和昌潍地区含量丰富的五图油页岩矿。

电力工业是提供动力的主要部门。各行各业都“跃进”，缺电情况在1958年已经出现，电力工业面临着如何加快建设的紧迫问题。3年中发电量的指标一再拔高，装机容量指标也随之高涨。1958年到1960年3年累计完成电力工业基本建设投资77.69亿元，新增发电装机容量750.3万千瓦；分别比“一五”计划时期五年累计完成额和新增额增加1.6倍和2倍[①]。尽管有的发电机组是简易投产[②]，但是在这么短的时间里，装机容量增长幅度这么大是史无前例的。3年中，不仅建成了装机15万千瓦的阜新热电站，装机7.5万千瓦的洛阳热电站，装机5万千瓦的成都热电站，装机11.2万千瓦的武汉青山热电站，装机10万千瓦的兰州热电站、吉林热电站、北京热电站和装机达66.25万千瓦的新安江水电站、装机为42.25万千瓦的丰满水电站等一批“一五”计划期间开工建设的重要水、火电项目。同时，在1958年1月提出的电力工业“水主火从”的建设方针指导下，还开工兴建了不少大型水电项目，主要有：装机90万千瓦的丹江口水利枢纽，装机29.97万千瓦的富春江七里垄水电站，装机44.75万千瓦的拓溪水电站，装机35.2万千瓦的盐锅峡水电站和装机122.5万千瓦的刘家峡水电站等。建设中，在加快速度，缩短施工

① 1958—1960年新增发电机容量中包括了很大一部分是简易投产的能力，因此，和“一五”计划时期的数字相比，口径上不完全一致。

② 电力工业简易投产的三类标准是：（1）按正常规定完成72小时试运转后报投产；（2）机组转起来了即可报投产；（3）更甚者，只要机、炉、电的大型设备就位就报投产。这是当时为了多报产量而不切实际地提出的浮夸标准。

周期方面也创造了新纪录。拓溪水电站是一个大容量的大型水电站，1958 年 7 月开工，1962 年 1 月即正式向湘中电网送电，从开工到第一台机组发电仅用了 3 年半，施工中采用了土洋结合的方法，平均每千瓦造价只有 350 元。这是“大跃进”中，广大基本建设职工发挥干劲和才智昼夜奋战取得的，它表现了中国人民要求摆脱一穷二白面貌的强烈愿望。

但是，由于急于求成，这一时期水电建设中不顾条件，过早地上了一批大型项目，前期准备不足，工程地质等方面出现问题较多，最后不得不被迫下马。这批下马的水电站共有 24 个，其中 1958 年下半年动工的 19 个，1959 年动工的 4 个，1960 年动工的 1 个。总装机容量达 867.8 万千瓦，造成损失近 6 亿元。24 项中，仅吉林白山水电站（装机容量 90 万千瓦）、湖南镇水电站（装机容量 17 万千瓦）和安徽陈村水电站（装机容量 15 万千瓦）在以后的年代中重新恢复建设，挽回了一些损失。此外，简易投产，不顾工程质量降低造价等也都为工程建设留下了严重的后果。

3 年中，尽管电力工业建设已尽量加快速度，但仍然赶不上需要，在迫不得已情况下，只好“全民办电”。一切可利用的动力资源都挖掘出来，简易的土设备也迅速制造出来。但是，这种不计经济效果、大量浪费资源的做法是不能持久的，这方面的损失浪费就更大了。

石油工业是当时中国能源工业中的薄弱环节。经过“一五”计划期间的努力，到 1957 年止已初步勘探和开发建设了克拉玛依油田、冷湖油田和四川石油、天然气油田，并扩建了玉门油田，但是，连同人造石油产量在内，1957 年全国原油产量仍然仅有 146 万吨，缺油的状况依然十分严重，国内耗用的原油和成品油基本上还要依靠进口。要摆脱石油工业的落后面貌，根本的出路是要大力开展勘探工作，寻找和拿下大油田。同时，根据当时的情况，确定了石油工业的建设方针是天然石油和人造石油并举。

1958 年到 1960 年 3 年中，天然石油工业的建设，一方面在前几年集中力量开展西北地区的勘探并取得一定成果的基础上，扩大已开发的油田的建设。另一方面，从 1958 年年初开始，调集勘探力量重点转向松辽平原。经过一年多的努力，到 1959 年冬初步探明大庆（即原黑龙江省大同镇）地区是一个面积达2000多平方公里的有利于含油的构造带，在其南部还基本探明了一个含油面积约200平方公里的油田。据此，1960年2月中共石油工业部党组向中共中央提出在这个地区“集中石油系统一切可以集中的力量，用打歼灭战的办法，来一个声势浩大的大会战”。中共中央批准了这个建议，并决定从中国人民解放军当年退伍兵中动员3万人参加开发大庆地区新油田的工作。国务院立即部署各部和东北地区，大力支援松辽地区的石油大会战。1960年，4万多人的勘探队伍实行从南到北大转移，集中50多部钻机，在北部的高产地带全面展开勘探。同时，为争取时间和速度，勘探、建设、生产三个阶段交叉进行。1960年共打井339口，证实了大庆长垣各构造连片大面积含油，中心高产区面积在500平方公里以上，而且当年就开辟生产试验区，当年生产原油97万吨，为大庆油田以后的大规模建设奠定了基础。

3年中，人造石油工业的建设也得到了加强。1958年在广东茂名新建了采用先进技术的页岩油厂。在其他页岩油厂也采取新技术，进行了改扩建。到1960年，全国人造石油产量已提高到101.6万吨，产量在当时处于世界领先地位。

炼油工业也得到了相应的建设。除改扩建老的7个炼油厂外，新建了上海、冷湖、克拉玛依等炼油厂。“一五”计划期间开始建设的兰州炼油厂的建成投产，使中国当时的炼油技术提高到了一个新水平。

1958年至1960年，石油工业累计完成基本建设投资17.86亿元，相当于“一五”计划时期五年累计完成额的149%；新增天然石油开采能力501.3万吨、石油加工能力389.4万吨、天然气开采能力14.1亿立方米，分别为1957年已达到的生产能力的2.9倍、1.6倍和2000倍。1960年全国原油产量达520万吨，比1957年增长了2.6倍，天然气产量达10.4亿立方米，比1957年增长了1300多倍。加工原油的能力不仅大大提高，能生产的品种也由1957年的几十种增加到1960年的300多种。与此同时，上海、宝鸡、兰州等石油机械制造基地也相应建立起来，石油工业已开始形成为专业配套、初具规模的新兴工业部门。

在此期间，在有的油田（主要是克拉玛依）开发中，出现过急于求成，前期准备不足就投入开发，结果不得不边开发边调整的教训；在玉门、新疆、四川等油田为追求高产，盲目放大油嘴，致使油层压力下降，导致部分油井停喷停产，给油田的开发建设带来后患的教训。大庆油田的开发建设，吸取了这些教训，从一开始就强调要把人们的革命干劲引导到掌握第一手资料上，引导到搞好科学研究掌握油田地下客观规律上，强调了"三老、四严"作风。[①] 因此工作做得比较扎实。

三、为急剧膨胀的建设规模提供建筑材料的建材工业的建设

建筑材料是进行基本建设的重要物质基础，主要包括钢材、木材、水泥、玻璃以及建筑工程需用的各种墙体材料等。基本建设规模急剧膨胀，对建筑材料的需用量也随之急剧增长。钢材、木材、水泥（简称三大材）是建筑材料中最主要的材料，1958 年到 1960 年 3 年累计基本建设耗用量分别高达 877 万吨、4410 万立方米和 2983 万吨，分别相当于"一五"计划期间五年累计基本建设耗用量的 156.6%、111.9% 和 150%。3 年累计基本建设耗用的钢材、木材、水泥分别占同期国内消耗总量的 31.6%、36.5% 和 88.4%。根据新中国成立后采用产品法划分工业部门的原则，钢材和木材分别属冶金工业和森林工业。建材工业包括的范围则是除钢材、木材以外品种繁多的各种非金属建筑材料和非金属矿产品[②]。其中不少产品的建设都适宜于因地制宜，分散进行。

1958 年到 1960 年，由于对建筑材料需求量的激增，建材工业压力很大。由于钢材、木材供应紧张，1958 年 4 月又提出了要加快发展代钢、代木的水泥制品。这样，水泥的供需矛盾成为当时建材工业建设中的一个突出问题。3 年中，除了"一五"计划时期已经开始建设的几个大中型水泥项目外，又同时新开工了一批大中型水泥建设项目，使在建的大中型水泥项目增加到 34 个。而且采取种种措施加快了建设速度。到 1960 年年底，共有 10 个大中型

① "三老"是指当老实人、说老实话、做老实事；"四严"就是严格的要求、严密的组织、严肃的态度、严明的纪律。

② 本书中凡涉及建材工业的论述，均按此口径。

水泥建设项目建成投产①，它们主要是“一五”计划期间开始建设的成套引进国外设备的大型项目，其中包括当时全国最大的四川江油水泥厂和陕西耀县水泥厂。但是，这些大中型项目的加快建设远不能满足急剧高涨的对水泥的紧迫需求。在这种情况下，“小水泥”应运而生。

“小水泥”指的是小型水泥建设项目。3 年中，“小水泥”建设经历了一个从土到洋、逐步定型的发展过程。土法生产水泥，首先是河南偃师县诸葛乡搞起来的，河北满城县和武安县也有土法生产水泥的经验。在水泥供需矛盾十分紧张的情况下，1958 年 3 月第一次全国水泥工作会议上，推广了偃师县诸葛乡土法生产水泥的经验，6 月在全国水泥生产促进会上进一步要求全国各省市自治区和国民经济各部门都要着手建设水泥厂。此后，在短短几个月里全国就建设起 37 万多个小土立窑、7000 多个小土水泥厂，同时还建成了土洋结合的小水泥厂 280 多个②。但是由于土法生产技术落后，产品质量不能保证，多数产品达不到建筑上的要求；因此，建材工业部门很快组织力量拿出了第一代年产 3 万吨的小水泥厂的定型设计，并相应安排制造了 200 套立窑设备，迅速分配给各省市自治区，积极进行了引导。到 1958 年年底，全国年产 1 万—3. 2 万吨的小洋水泥厂已建成投产 579 个，总生产能力达到 634 万吨。以后又经过淘汰、改型，“小水泥”的建设由土法转向洋法，不同程度地采用了各种机械设备。3 年中，依靠“小水泥”的建设，全国水泥产量有了大幅度的提高。1959 年比 1958 年水泥产量增长部分中，有 62% 是由“小水泥”提供的。到 1960 年，“小水泥”的产量已达 463 万吨，占当年全国总产量 1565 万吨的 25. 6% 。“小水泥”是在“大跃进”的高指标下逼出来的，与大中型水泥建设项目相比，技术落后、物资消耗大、产品成本高、质量差、水泥标号低，但是在大中型水泥厂的能力尚不能满足建设需要，而“小水泥”的产品还能适用于一般性建筑时，“小水泥”建设就具有了一定的生命力。而

① 10 个项目中，江山、巢湖、吉林松江、贵州、庐山等 5 个水泥厂是简易投产。投产时，原料和辅助材料的矿山，相配套的水、电、道路都尚未建成，都是采用临时的。因此，统计上水泥生产能力上去了，当时的水泥产量也提高了，但不能持久，而且为以后的建设留下了大量后遗症。

② 土洋结合指的是除土窑外，还有一些机械设备，不完全是土办法。

且，在以后的岁月里，“小水泥”的技术水平也逐步有所提高，产品质量也有改善。在长达30年的过程中，“小水泥”的生产能力一直在全国水泥总生产能力中占有一定的地位。到1985年“小水泥”的产量已占全国总产量的79%。“大跃进”中“小水泥”的兴起在中国水泥建设史上是一件具有历史意义的事。

3年中，平板玻璃及其他建筑材料的建设速度也比较快，特别是新建了哈尔滨玻璃纤维厂和一批水泥制品厂，开始了新型建筑材料的建设。

1958年到1960年建材工业累计完成基本建设投资22.18亿元，相当于“一五”计划期间五年累计完成额6.33亿元的350.4%，增长了2.5倍；其中水泥建设完成投资11.54亿元，占同期建材工业完成投资额的52%，比“一五”计划期间五年累计完成投资额增长3.2倍。3年累计，水泥新增生产能力1142.2万吨，比“一五”计划期间新增生产能力261.2万吨，增加了3.3倍，相当于1957年年底水泥生产能力781万吨的146.2%。同期，平板玻璃等的生产能力也有较大幅度的增加。

第三节　交通运输的相应建设

全民大炼钢铁，各行各业齐“跃进”，铁路、公路、水路、航空等部门都出现了异常紧张的局面，不少物资积压在产地，在交通沿线的站、场，铁路各站、线严重堵塞。为解决矛盾，1958年到1960年交通运输的建设规模也相应有了较大幅度的扩大。

一、铁道建设依然是交通运输建设中的重点

1958年至1960年新建铁路干线，除“一五”计划期间开始建设的续建工程兰新线、川黔线、包兰线、内昆线（内江—昆明北站）、天兰线部分路线的改建等10项工程外，1958年又新开工了贵昆（贵阳—昆明北站）、成昆（成都东站—昆明西站）、湘黔（田心—贵定）、昆一（昆明——平浪）、川豫（青白江—信阳）、兰青（河口南—西宁）、侯西（侯马—阎良）、三茂（西南—茂名）、皖赣（芜湖火龙岗—贵溪）、沙大（沙河街—大冶）、平襄（平顶

山—襄樊）、玉福（玉山—福州马尾）、金温（金华—温州）、张华（郭磊庄—集宁南）、大保（保定南站—上北泉）、新泰（新喻—泰和）、甘武（宁夏甘塘—甘肃武威）及海南岛环线等18项，1959年、1960年又相继新开工了其他干线8条。3年中，新建干线建设项目多达36项。西北、西南地区仍然是这一时期铁道建设的重点。

同期，新建铁路支线、桥梁的项目和规模也在不断增加。著名的南京长江大桥1959年开始动工建设。铁路枢纽建设，除“一五”计划期间开始建设的续建工程13项外，又新开工了齐齐哈尔、牡丹江、吉林、长春、本溪、大连、济南、芜湖、南京、上海、株洲、广州、柳州、贵阳、昆明、重庆、兰州等17个项目，总计达30项。

3年累计，铁道建设完成基本建设投资90.42亿元，相当于“一五”计划期间五年累计完成额59.16亿元的152.8%，占同期完成的交通运输邮电基本建设投资总额143.26亿元的63.1%。3年内新增铁路正线铺轨里程4198公里，其中干线2768公里，支线1430公里；新增复线正线铺轨里程2761公里。同期新建铁路交付营业里程5405.5公里，新建复线交付营业里程3069公里。3年累计完成的正线铺轨里程中支线和复线都较“一五”计划期间五年累计完成额有较大幅度的增加，分别增长了1.2倍和2倍；干线则仅相当于“一五”计划期间累计完成额的65.6%，即2/3左右。3年间，铁道建设首先抢建了为厂矿服务的支线和工业比较集中地区的复线建设。在铁路抢建中还动员了沿线不少民工参加，加快了建设速度。铁路枢纽的建设也取得了较好的成就，北京枢纽的北京站舍大楼，包括高架候车厅，建筑面积达46700平方米，宏伟壮丽，仅7个月时间就建成了。但是，由于急于求成，建设的摊子铺得太大，从1960年年底开始，陆续对已上马又不急需的项目作了调整。在铁路干线中全部停工项目达15项，部分停工11项；支线停工20项，部分停工17项；枢纽建设停工23项。据初步统计，停建的侯西、川豫、杭长（杭州康桥线路所—长兴）、青藏等干线，当时已投资23630万元，部分停建的内昆、成昆、川黔、滇黔、兰青、詹东（九府坟—东观，后改至修文，并改名为“太焦铁路”）等干线，已投资134610万元，停建的支线已投资共约

18000 万元。停建使这些投资形成积压，有的已造成损失浪费。

二、公路、水运和民用航空的建设

在铁路运输十分紧张的情况下，加快公路建设成为解决物资积压问题的一条捷径。1958 年提出了“依靠地方，依靠群众，普及为主”的建设方针。3 年中，依靠国家投资建设的有路面的公路累计新增 33572 公里，而依靠“全民大办”建设的简易公路也达几万公里。这些公路虽然标准低、质量差，有的仅是土路，但在当时动员各种交通工具如骡马大车、手推车、拖拉机、自行车等齐上阵投入运输的情况下，这些简易公路还是起了很大作用。其中不少经过以后的整修改造，基本上都保留了下来。

水运建设中，内河航运里程虽然增长不多，但拥有的驳船却大为增加。沿海港口，如秦皇岛、塘沽、上海、黄埔、湛江等都进行了扩建，动工兴建了十几个万吨深水泊位，3 年累计新增沿海港口吞吐能力 1409 万吨，相当于“一五”计划期间 5 年累计新增能力 835 万吨的 168.7%。

3 年中，南宁、昆明、成都、贵阳等机场先后开始建设，民航通航里程新增 1 万多公里，1960 年客运量较 1957 年增长了 2 倍多。

1958 年到 1960 年累计公路、水运、航空等交通事业完成基本建设投资 45.82 亿元，相当于“一五”计划时期 5 年累计完成投资 26.21 亿元的 174.8%。

三、邮电通信建设

3 年中，邮电通信建设也有了相应的发展。长途电话电路、载波机、传真机、市内电话和农村电话用户等都有较大增长。1958 年到 1960 年邮电通信累计完成基本建设投资 7.02 亿元，相当于“一五”计划时期五年累计完成投资 4.78 亿元的 146.9%；新增长途电缆 103 皮长公里、长途明线线条 152208 对公里新增长途明线线条为“一五”计划时期五年累计新增 77772 对公里的 195.7%。

第四节　水利建设

3 年“大跃进”中水利建设的规模是空前的，也超过了到 1985 年为止的以后 20 多年中的任何一个历史时期。1955 年制定的《全国农业发展纲要（草案）》（简称农业 40 条）中要求在 12 年内基本上解决一般性的水旱灾害，但是，1958 年在“大跃进”形势的推动下，这个目标改为要在 5 年内实现。有的省区还提出要在 1 至 2 年内实现。于是一些远景规划中的建设项目，甚至仅仅是设想的建设项目，都被列到日程上，提前开工；一些原来没有规划过的工程也仓促上马。以大型水库为例，1958 年以前全国只建设了 23 座（包括尚未建成的续建工程在内），而 1958 年到 1960 年 3 年中就有 270 余座同时动工，以致到 20 多年后的 1985 年大型水库工程（包括已建成的和未完工程）中有 2/3 都是在此期间开工建设的。与此同时，在 1958 年 8 月提出的水利建设“以小型为主、群众自办为主、以蓄为主”的“三主”建设方针指导下，3 年中水利建设还开展了“全民大办”运动。

1958 年到 1960 年水利建设 3 年累计完成基本建设投资 75.95 亿元，相当于“一五”计划期间五年累计完成额的 297.7%，增加近 2 倍。其中还没有包括各省市自治区在“全民大办”中投入水利建设的大量劳动投资。据初步统计，“大跃进”3 年中各省区年均投入水利建设的劳动力一般达到占本省区农业劳动力总数的 20%—30%，最多的达 80%。（见表 3）

表 3

省　区	河南	山东	山西	陕西	甘肃	湖北	广东	宁夏	内蒙古	青海	北京
投入水利建设劳动人数（万人）	900	830	420	260	200	120	82	26	22	20	16

各省区投入水利建设的劳动基本上是无偿的或报酬很低，不仅口粮和生活用具，甚至工具和部分材料都要由施工队伍带来。这些都未计入水利建设投资额中，全部由地方和群众自行负担。如果把这些都计入，3 年累计完成的水利建设投资总额将大大增加。

由于这一时期水利建设项目甚多，本节仅就 3 年中动工兴建的主要大型水利项目的建设情况分述如下。

一、大型水利枢纽的建设

3年中，动工修建的大型水利枢纽达200多座，而且规模也是“一五”计划时期不可比拟的。“一五”计划时期水库库容在1亿立方米以上者寥寥无几；而这3年中修建的水库，库容在10亿立方米以上的比比皆是，且是在全国全面展开，各流域都有。

（一）海河流域。

“一五”计划期间，海河流域的水利建设主要着力于河道治理，大型工程较少。大型水库只修建了官厅水库和陡河水库。在“大跃进”的3年中，海河流域兴建的库容在1亿立方米以上的水库就有19座。其中超过10亿立方米的有8座，它们是：密云、岗南、黄壁庄、王快、西大洋、横山岭、岳城、于桥。除密云水库为直属中央的建设项目外，其余均为地方项目。这些水库都是规划中根治海河和海河五大支流的控制性水库。

密云水库（库容43.75亿立方米）是根治海河的主要组成部分。1958年元月周恩来总理亲自到工地，决定提前开工。到1960年9月主体工程基本完成。总工期只有两年。同年10月，京密引水渠（长55.47公里）开工，并于1961年3月完工，开始向北京送水。密云水库在建设过程中顶住了当时的浮夸风，把住了工程质量关，是当时建设的大型水利枢纽中建设效果和经济效益最好的一个。但也未能完全避免“大跃进”的影响，基本上还是“三边”工程，有的建筑物布置不当，建成后尾工延绵20年不断。

海河流域库容在10亿立方米以上的其他各个水库都建在河北省。这几个水库由于受浮夸风的影响，大坝建设工期虽短，但质量问题严重。岗南、岳城、王快、西大洋、黄壁庄等都发生了土坝裂缝漏水和其他问题。其中尤以岳城水库为严重，1960年（即施工的第二年）就发生了大规模滑坡，裂缝之宽可以跳进人去，在当时国内已建的大型土坝中，是最严重的事故。这些水库由于仓促上马，前期工作不够，工程质量问题较多，尾工拖了几十年，有的直到80年代还在加固。大坝质量处理的建设投资已远远超出了修建时的投资，有的库在以后的年月里还不得不连续放空。但是由于这些水库都是“一五”计划时期规划的项目，选点基本正确，因此都保存了下来。并且，由于这些水库的建设，在1963年河北洪水暴发时，拦蓄了来水量的46%，对保障天津市和津浦路起了重大作用；而且对下游广大地区提供了一定的灌溉和供水效益，对易涝易旱的冀中南地区逐步建成为粮棉生产基地起了积极的作用。

此外，在北京地区还建设了十三陵、怀柔水库等骨干水源工程。当时，毛泽东和中央其他领导人，以及北京市的广大干部、职工先后曾有30多万人到十三陵水库工地参加劳动，对全国产生了一定的影响。

（二）黄河流域。

除三门峡水利枢纽工程已于“一五”计划后期开工外，刘家峡、青铜峡、渡口堂（后改在三盛公）、桃花峪等原规划在1962年以后建设的大型水利枢纽也都提前于1958年先后开工。甚至远景规划中的盐锅峡、八盘峡、位山等枢纽，也都提前上了马。大河上下，全面开花。但是作为治黄重要组成部分的支流水库，在此期间却修建不多，仅在泥沙相对较少的汾河、伊河上建了汾河及陆浑水库，工程规模相对较小。

这些大型枢纽都是具有综合效益的，但也各有侧重。刘家峡、盐锅峡以发电为主，青铜峡则以灌溉为主。1960年1月刘家峡枢纽胜利截流，1960年2月青铜峡枢纽拦河坝合龙截流。这批项目由于上得急，建设前期准备不足，边勘探、边设计、边施工，而且又都是采取土法上马，土洋结合进行施工，结果是工程建设中问题不断，工程打打停停。青铜峡的大坝主体工程直到1969年才完成土建。

（三）长江流域。

“一五”计划期间长江治理的重点是防洪排涝，建设项目主要是修堤、湖泊治理及建分洪工程等。1958年3月中共中央政治局成都会议决定，长江流域的水利建设以三峡为主体进行规划，汉江丹江口枢纽为一期工程。因此，1958年丹江口工程首先开工，并于当年9月胜利截流。其他建设项目主要安排在长江一些次要的支流上。库容在10亿立方米以上的枢纽主要有：拓溪、白莲河、富水、漳河、鸭河口、陈村、花凉亭等。在这一系列工程中，较有影响的枢纽是丹江口、拓溪和陈村，后二者均以发电为主。

二、大型灌溉工程

3 年中，随着大型水利枢纽的建设，灌区也向大型、超大型发展。比如淮河中游各库促成了淠史杭灌区，三门峡枢纽孕育了下游引黄灌区，宁夏、内蒙古河套等古老的灌区，也因青铜峡、三盛公等枢纽的修建而大大扩展。3 年中出现了几个 500 万亩以上的超大型灌区建设工程。一般的大、中、小型灌区建设，由于大多由地方采取群众运动的办法兴建，因而更是遍地开花。

（一）淠史杭灌区工程。

这是淠河、史河、杭埠河 3 个相邻灌区的总称，是中国最大的灌区之一。它位于大别山区、江淮丘陵，纵横安徽、河南的 12 个县市，面积达 1.3 万多平方公里。千百年来，这个地区由于严重缺水，荒岗绵延，土地贫瘠，人民生活困苦。灌区工程包括总干、分干渠以及上千座中小型反调节水库，工程于 1958 年开始动工，由地方组成指挥部，以民工为主，土法施工，分期开发，分期受益。由于工程浩大，也限于财力、物力、人力，工程打打停停，直到 80 年代初，列入国家重点续建项目，抓紧尾工建设。

（二）河套灌区（内蒙古巴盟黄河灌区）和三盛公枢纽。

这一灌区由内蒙古西部的保尔套勒盖、后套、三湖河 3 个灌区组成。这里原是秦汉时代的古灌区，1959 年为了解决这一地区天旱引水难，汛期全部劳力要投入防洪的问题，决定把原规划在黄河渡口堂建设的引水枢纽，改建于三盛公，同年开工，1961 年建成。相应的总干渠、总排水渠以后相继建成投产，效果较好。

（三）引洮上山工程。

引洮工程原来是甘肃定西地区为解决当时经常性的 2 至 4 年一遇的旱灾而提出的，建设规模并不大。但是在“大跃进”的形势下，工程规模越来越大，成为当时闻名全国的“共产主义”工程。计划灌溉的范围步步升级，扩展到洮河以东、黄河以南、马连河以西、泾渭河以北的广大区域。整个工程包括：自甘肃岷县洮河古城水库（土坝高 42 米，库容 3 亿立方米）引水上山，经会宁县的华家岭等分水岭，通过宁夏的西吉，到甘肃庆阳的董志原，途经23个县，总干渠长1400公里，14道分干渠总长2500公里，引水流量150—170立方米/秒，年引水量28亿立方米。规模如此巨大的工程，仅经过1个多月的草测，3个月的准备，于1958年6月就动工了。很快就集中了11万人上工地，最多时达17万人。原计划两年完工，但在实际施工中由于工程的艰巨和意想不到的地形地貌上的问题，加上投资、设备、材料以及技术准备的不足，最后不仅工程难以为继，连民工生活都无法维持，最终不得不于1961年6月下马停建。3年间耗费6000多万民工，国家投资1.6亿元，一亩地也没浇上，已施工部分有的当年就被山洪冲毁。这是中国水利建设中的一个值得记取的教训。

（四）黄河下游引灌工程和花园口、位山枢纽。

“一五”计划期间在黄河下游修建了人民胜利渠和打渔张灌区，收到较好效果。“大跃进”3年中，急于求成，未经认真研究就同时在黄河下游堤防段内的花园口、位山、洛口、王旺庄4处兴建灌溉航运枢纽，在黄河两岸修建共产主义渠、东风渠、红旗渠、人民跃进渠（以上在河南）、菏泽刘庄人民驯黄闸、寿张位山引黄闸、沾化韩家墩引黄闸（以上在山东）。由于建设安排有灌无排，也无沉沙设施，这些工程很快就造成黄河下游大面积土地盐碱化和河渠淤塞，严重的还形成沼泽绝产。最后，花园口、位山枢纽被迫扒除，洛口、王旺庄枢纽报废；除“一五”计划时期建设的人民胜利渠和打渔张灌区继续引水外，其余都于1962年停灌，并进一步拆除了阻水工程，疏浚了排水河道，恢复灌区的自然生态和河道流势，渠系建筑大部分报废，造成损失约5.6亿元。这是中国水利建设中浪费损失最大的一项。

（五）都江堰灌区与鱼嘴枢纽。

都江堰是中国最古老的大型灌区，以其高超的水工技术闻名中外。它是以鱼嘴（分水堤）、飞沙堰（泄洪道）、宝瓶口（进水口）三大工程为主体。这些工程历尽沧桑，和所有的古灌区一样，也面临着岁修工程量大和水量控制困难等问题。1958年四川省决定兴建鱼嘴枢纽，同年7月土法上马，以80%民工和20%职工义务劳动方式进行施工。由于仓促上马，规划、设计中失误很多，施工中质量事故频频发生，结果不得不于1961年3月停工，总投资4650万元和1800万劳动日，等于虚掷。

三、治淮工程与河网化建设

3年“大跃进”中，治淮的大型工程主要有河网化工程，临淮岗枢纽工程和蚌埠闸等。3年中耗资不少，成效较小。河网化大部分失败了，临淮岗工程半途而废，蚌埠闸建成而无用。

河网化是贯彻当时“以蓄为主”方针，利用河道蓄水的措施。做法是在淮北地区，包括江苏、山东、河南、安徽4省，除整修原有河道外，再增挖与之垂直的骨干河道，使之纵横成网。4省中安徽省的建设规模最大，自1957年冬兴建农田水利高潮中已开始，到1959年修了河网3000万米，完成土方43亿立方米，涵闸1万处。作为骨干的新河，均为横截原有河道而成。这些河网在1959年连旱100天时曾对抗旱起过作用，但有效益的河网最多不超过1/2。而1960年降雨并不大，就已积涝成灾。结果只得被迫全面停工，河网运河被平毁，恢复耕地。作为河网的重要枢纽临淮岗工程也于1962年停建。

综观“大跃进”3年中的水利建设，规模宏大，建设速度快，建成了一批大中型水库和大批小型水利工程，完成土石方达1000多亿立方米；较多地扩大了灌溉面积，提高了抵抗水、旱灾害的能力，取得了一定成绩。特别是千百万翻身农民在中国共产党的号召下，离开家园，长期奋战在水利工地上，他们为了改天换地，昼夜苦干，涌现出不少英雄模范人物和可歌可泣的动人事迹，有的还为此献出了生命。这是中国水利基本建设史上十分壮丽的一幕。但是，由于当时建设的指导思想上“左”的错误倾向严重，浮夸成风，不从实际出发，盲目决策、盲目施工，致使这一时期动土兴建的项目，除少数能按期建成，并取得一定效益外，多数项目则有在以后调整中停缓建的，有建成或半建成后又被炸毁或扒开的，也有勉强续建，但工程拖延数十年而一直未能竣工发挥效益的。3年“大跃进”中水利建设留下的经验和教训是十分深刻的。

第五节　“全民大办”和“五小成群”

基本建设采取群众运动的办法“全民大办”，是3年“大跃进”时期开创的。它涉及范围之广，动员群众之多，发展速度之快，都是空前的。“全民大办”既包括在大中型企业中发动群众突击建设，迅速增加生产能力，也包括动员群众大办土的、洋的各种类型的小型建设项目。本节叙述的主要是后者。

3年中，掀起了两次“全民大办”高潮。

第一次高潮是在1958年夏秋之间。自1958年年初起，随着“大跃进”气氛的日渐浓厚，地方办工业任务的日益加重，全国各省市自治区均已先后加快了地方小型工业项目的建设，建设单位也已由年初的主要是地、县两级，逐步扩展到乡、社、队；动工兴建的项目数量也从几百、几千、几万而至几十万个。8月，中共中央正式决定当年钢产量要翻番，一切工作要“以钢为纲”。时间紧、任务大，各方面现有的生产能力相应都有很大缺口，在这种情况下，一个以大炼钢铁为中心的“全民大办”高潮迅速形成。以炼铁的小高炉、小土炉为例，1至8月，全国已有几百万人投入建设，8个月已累计建成炼铁的小高炉、小土炉24万座，到9月已投产6万多座（主要是小土炉）。9月开始，情况就不同了，为了争取时间实现当年钢产量翻番，全民齐动员，从中央到地方，各行各业，机关干部、街道居民、工人、农民、学生都迅速投身到大炼钢铁运动中。“小土群”成千上万地建设起来。为了满足它们对矿石、焦炭等的要求，成千上万的人涌到山里找矿、开矿，找煤、挖煤，没有煤就砍树烧木炭炼铁。城市的机关、工厂、学校全部动员起来，有的在外面找个地方建设小铁厂、小钢厂，有的就在机关、工厂、学校的院子里建起土炉子，炼钢炼铁。仅9月，全国就有5000多万人分赴矿山和来到炉旁，当月动工建设的土高炉、小高炉激增至60多万座。10月以后，投入炼钢炼铁的人数就更多了。田野、山岗、街道，到处都在建土炉、炼钢铁。

与此同时，浮夸风也越刮越盛。8月27日河南鲁山县首次放了日产1067吨铁的“大卫星”，当时已知其中不少是土炉子烧出来的烧结铁（烧结铁不是铁），但仍然大加报道、表扬。接着，从未炼过铁的贵州金沙县也放了日产

250 吨铁的“卫星”，河南又放日产 1.8 万吨铁的“大卫星”。10 月，河南放了日产钢 2 万多吨的“大卫星”，超过了当时鞍钢的日产量。10 月底，全国“小土群”、“小洋群”的最高日产量已上涨到钢 10.7 万吨。浮夸风席卷全国，一些对此略表怀疑的人受到了严厉的批评。

相应地，地质、煤炭、电力、机械、交通运输的建设也都同时展开了“全民大办”。1958 年 9 月，全国就有几百万人奔赴深山找矿；2000 万人背着镢头、带上锅灶，深入崇山峻岭建设小煤窑；几百万人投入交通运输建设。据 17 个省区的不完全统计，从 1958 年 9 月起到年底，先后共建设了小炼铁、炼钢炉 60 多万个，小煤窑 5.9 万个，小型发电站 4000 多个，小水泥厂 9000 多个，农具修理、制造厂 8 万多个。此外，还建设了大批土化肥厂、粮食加工厂、榨油厂、制糖厂和缝纫机厂等。

同期，全国各地还动员了人民公社大约 20% 的畜力车、人力车，30% 的木帆船，参加大炼钢铁的运输，完成的货运量，约占当年全部货运量的 20% 左右。并组织了大量农村劳动力参加铁路、公路建设。1958 年全国新建的公路中，由人民公社修建的约占 2/3。仅在京广、津浦铁路沿线的人民公社，就有 150 万人先后参加了复线工程的修筑，共完成 2700 多公里。此外，如前所述，1958 年 1 年内先后还有 7000 万人，最多时达 1 亿人参加了水利建设。

第二次“全民大办”的高潮是在 1960 年上半年。这次高潮是在 1959 年 8 月中共中央八届八中全会揭批了实际上不存在的以彭德怀为首的“右倾反党集团”后掀起的。1959 年上半年曾一度调整压缩过的高指标，至此再次拔高，而且由于反右倾的压力，各部门、各省市自治区的高指标、浮夸风进一步发展了。当时，为了完成这些高指标，办法仍然只有一个，还是发动群众，“全民大办”，加快“小土群”、“小洋群”的建设。提出，在全国 2000 个左右的县、市中，有煤铁资源的占 3/4，其中已建立起钢铁基点的只占 2/3。因此，要求在 1960 年全国所有的有煤铁资源的县、市，至少要建起一个以煤铁为中心的“小土群”、“小洋群”基点，有条件的人民公社也要尽量多建采煤、采矿、炼铁“小土群”。1960 年年初还提出要使小煤窑、小铁矿、小高炉、小转炉、小铁路“五小成群”，并在有条件的地方建起小有色金属矿、小化工、小水泥、小水电等项目。从而又一次掀起了“全民大办”的高潮。1960 年 5 月还强调，在基本建设方面必须坚决贯彻大中小结合，以中小为主，特别是以“小洋群”为主的方针，要明确树立发展“小洋群”是中国加速社会主义建设的一个长期战略方针。据初步统计，1960 年 7 月，21 个省市自治区共有职工 1820 万人，其中“小洋群”占 686.6 万人，“小土群”占 318 万人，两者合计 1004.6 万人，占职工总数的 55.2%，可见，“小洋群”、“小土群”在当时已占有相当大的比重。

但是，这次高潮已远不如 1958 年夏秋之间的第一次高潮了。这次是在经过 1958、1959 年两年折腾，国民经济元气大伤而未恢复的情况下进行的。特别是农业，1958 年因为青壮年劳动力基本上都被抽调去“大办”，丰产而未能丰收，1959 年又大面积受灾，成灾面积达 2 亿亩，占耕地总面积的 1/8，粮食大幅度减产。在这种情况下还要坚持“全民大办”，实际上已成强弩之末。这次高潮，一是规模上已远不如 1958 年那次了；二是群众的积极性已大为下降，多数已成为应付压力的表面文章了。到 1960 年 7 月，国民经济全面紧张和各部门间比例严重失调的迹象已十分明显，“全民大办”已难以为继。

这里应该指出的一点是，3 年中能够两次掀起规模宏大的“全民大办”高潮，人民公社化运动①是起了重要作用的。因为，当时各种“大办”，无一不是通过人民公社，依靠大规模地甚至是无偿地调用农村的人力、物力和财力去进行的。

第六节　轻工业和城市建设等非生产部门成为建设中的薄弱环节

一、轻工业建设的“让路和跃进”

1958 年至 1960 年 3 年累计轻工业完成基本建设投资共 65.7 亿元，占同期工业基本建设投资总额的 10.7%，其中纺织工业累计完成基本建设投资 16.59 亿元，仅占 2.7%，大大低于“一五”计划期间分别占 15% 和 6.4% 的

① 人民公社化运动是 1958 年 8 月《中共中央关于在农村建立人民公社问题的决议》作出后发动起来的。从 1958 年夏季开始，短短几个月里，全国 74 万多个农业合作社就改组为 2.6 万多个人民公社，参加公社的农民有 1.2 亿多户，占全国各民族总农户数的 99% 强。

比重。“一五”计划时期轻工业基本建设投资从执行结果看已明显偏低，毛泽东在《论十大关系》中就曾明确指出：“我们现在的问题，就是还要适当地调整重工业和农业、轻工业的投资比例，更多地发展农业、轻工业。”① 又说“我们现在发展重工业可以有两种办法，一种是少发展一些农业、轻工业，一种是多发展一些农业、轻工业。从长远观点来看，前一种办法会使重工业发展得少些和慢些，至少基础不那么稳固，几十年后算总账是划不来的。后一种办法会使重工业发展得多些和快些，而且由于保障了人民生活的需要，会使它发展的基础更加稳固。”② 而三年“大跃进”中在轻重工业的建设安排上却正是采取了前一种办法。

3 年中，轻工业各部门的建设投资少，建设所必需的物资、材料也得不到基本保证。为了保钢，轻工业各部门的生产和建设被迫“停车让路”。从 1958 年下半年开始，分配给轻工业各部门生产和建设用的钢材大大减少；原已签订的供应轻工设备的合同大多被承制单位——机械工业部门和企业撤销了。交通运输也因运力有限，只能优先安排重工业的运输任务，轻工业各部门生产和建设的急需物资常常被积压在产地、车站，产品也运不出去。生产和基建的职工也大量被抽调去大炼钢铁，许多生产日用陶瓷的窑炉，被迫改产耐火材料，甚至直接用来冶炼钢铁。但是，轻工业各部门在“停车让路”的情况下，仍然想方设法要实现“大跃进”，加快建设速度。

3 年中，轻工业各部门加快建设速度的办法主要是两条，一是在人民公社大办轻、纺工业；一是在工业原料供应十分紧张的情况下，积极建设以农产品为原料的小型项目。1958 年，轻工业部提出了在人民公社大办轻工业和“有啥办啥，要啥办啥”的方针，并采取了一系列急于求成的办法。1958 年秋，在轻工业部派出干部的督促下，山东高唐县 40 天内办起了 1000 多个工厂，接着又推广此经验，要求江苏宿迁、浙江海宁、安徽临泉、福建莆田、河南遂平、湖北麻城、湖南平江、广西玉林、江西鄱阳、广东番禺等 10 个

① 《毛泽东文集》第 7 卷，人民出版社 1999 年 6 月第 1 版，第 24 页、第 25 页。

② 《毛泽东文集》第 7 卷，人民出版社 1999 年 6 月第 1 版，第 24 页、第 25 页。

县，也要在40天内建起200个社办工厂。3年中，这种脱离实际的“小土群”发展很快，可最终能坚持下来的则寥寥无几。纺织工业建设也因为急于求成，布点很多，盲目建厂。结果由于资金、设备、材料过于分散，到1959年只建成一个西北国棉七厂，其余大部分在建项目，从1960年下半年开始被迫停建。社办工厂昙花一现，只有极少数能坚持办下来。分散在各家各户的土布织造，补充了“洋布”的供应不足。

3年间，由于轻工业各部门的建设采取了上述种种措施，加上生产上大力开展技术革新和技术革命（尽管这些成果有虚报成分，而且多数也未能坚持下来，可是在当时还是提高了产量），使轻工业总产值在1958、1959两年中，都能较上年有较大幅度的增长。但是由于当时轻工业生产80%以上的原料依赖农业提供，因此，1959年全国农业大面积受灾后，粮食和经济作物全面减产，棉花、烟叶等轻工业原料来源锐减。1960年轻工业各部门普遍开工不足，轻工产品产量急剧下降。以棉纱和食油为例，1960年比1957年生产能力分别增加了31%和4%，但农业能提供的棉花和油料却分别下降了36%和54%。到1961年棉纺工业的开工率只有52.5%，制糖、卷烟、罐头等工业的开工率只达20%—35%。农业和轻工业生产的大幅度下降，造成了人民生活和市场供应上的严重困难。

二、忽视城市建设等必要的非生产性建设

1958年到1960年，基本建设投资主要集中使用在生产性建设上，3年累计生产性建设完成基本建设投资达866亿元，占同期基本建设投资总额的86%，比“一五”计划期间五年累计完成额增长近1.2倍。而同期非生产性建设投资仅完成141.4亿元，只相当于“一五”计划期间五年累计完成额的72.9%。3年间，投资过多地集中于生产性建设，忽视了必要的非生产性建设。“一五”计划期间非生产性建设原已过分压缩，而“大跃进”的3年中更为严重。特别是在此期间，各省市自治区都热衷于为接待贵宾，兴建高标准的楼、堂、馆、所，据不完全统计耗费的投资达20亿元左右，相当于3年累计完成的非生产性建设投资的14%。同期，城镇住宅建设投资仅完成37.72

亿元，年均完成投资只有12.57亿元，比1957年完成投资12.82亿元还少几千万元。城市基础设施的投资、文教科研及卫生设施的投资、商粮贸的建设投资都微乎其微，这不能不影响到城市建设和人民生活，并为以后的建设留下了困难。

这个时期，非生产性建设中值得提出的是，为庆祝中华人民共和国成立10周年，1958年4月到1959年9月在首都北京建设了人民大会堂、中国革命博物馆和中国历史博物馆、革命军事博物馆、全国农业展览馆、北京新火车站、迎宾馆、民族文化宫、北京工人体育馆、华侨大厦和民族饭店“十大建筑”。这些建筑规模大，结构复杂，功能要求严，艺术标准高，装饰工程多。它们全部由中国设计人员自行设计，并在广大建筑工人的努力下，在1年多的时间里先后高质量地建成。首都“十大建筑”以其造型新颖、美观、各具特色，并较好地体现了中国的民族风格，成为中国50年代建筑设计中的杰出代表而载入史册。

第七节　得与失及其主要经验教训

3年“大跃进”动员了空前规模的人力、物力、财力，展开了史无前例的热气腾腾的建设，其间虽有巨大的损失浪费和问题，但由于建成了一批“一五”时期开工的大型项目续建工程等，也取得了一定的建设成就。

（一）建成了一批生产能力。

1958年到1960年3年累计基本建设新增固定资产702.33亿元，相当于“一五”计划期间五年累计新增额的152.6%。3年中施工建设的大中型项目达2148个，相当于“一五”计划期间施工项目的155.2%。据1964年统计，截止到1964年重工业各主要部门累计新建的大中型项目中，有2/3是在这3年中开工建设的。3年中建成投产的大中型项目共510个，相当于“一五”计划期间建成投产的大中型项目总数的85.7%。此外，还有部分建成投产的大中型项目近1000个，比“一五”计划期间增加近1倍。“一五”计划期间开工建设的“156”项骨干项目的续建工程，除三门峡水利枢纽和1个军工项目外，全部在此期间建成投产，“一五”计划期间动工兴建的其他大中型项目也基本上都在此期间建成投产。

由于“一五”计划时期动工的大型骨干项目等的建成投产，3 年中主要产品的生产能力有较快的增加，重工业的主要产品新增生产能力尽管有的是简易投产，未能真正形成综合生产能力，但总的说，与“一五”计划期间五年累计新增生产能力相比，都有成倍或几倍的增加。（见表 4）

1958—1960 年累计新增生产能力

表 4

	单位	1958—1960 年累计新增生产能力	1953—1957 年累计新增生产能力	后三年为前五年的%
1. 铁矿开采	万吨	2177	1643.4	132.5
2. 炼　焦	万吨	1109	329.1	337
3. 炼　铁	万吨	1339	338.6	395.5
4. 炼　钢	万吨	1254	281.6	445.3
5. 轧钢（一次精轧）	万吨	686.3	158.8	432.2
6. 铜采矿	万吨	1149.7	218.7	525.7
7. 铜冶炼	万吨	9.2	0.7	1314.3
8. 铜电解	万吨	10	1.9	526.3
9. 铝电解	万吨	8	3.9	205.1
10. 煤炭开采	万吨	13574	6376	212.9
11. 天然石油开采	万吨	501.3	131.2	382
12. 石油加工	万吨	389.4	114.7	339.5
13. 发电机组容量	万千瓦	750.3	246.9	303.9
14. 化学肥料	万吨	60.13	9.24	650.8
15. 化学农药	万吨	7.06	2.1	336.2
16. 水　泥	万吨	1141.2	261.3	436.7
17. 化学纤维	万吨	0.53	0.50	106
18. 棉纺锭	万锭	287.4	201.0	143
19. 机制糖	万吨	106.1	62	171.1
20. 新建铁路正线铺轨里程	公里	4198	4861	86.4
21. 新建复线铺轨里程	公里	2761	894	308.3
22. 沿海港口吞吐量	万吨	1409	835	168.7
23. 新建公路	公里	33572	83403	40.3

（二）在改革基本建设管理体制方面进行了大胆的探索。

3 年“大跃进”中，针对“一五”计划期间基本建设管理权限过分集中的状况，为调动地方积极性，在下放管理权限方面进行了大胆的探索。经济发展到一定阶段，管理权限过分集中就会束缚生产力的发展，适当放权是必要的。但是，当时的建设指导思想在“左”的错误倾向影响下，放权过急、过多，放权后宏观管理又没有跟上。问题出现后，虽然也曾经强调过在扩大地方管理权限的同时，必须实行统一计划、分级管理、加强协作、共同负责的原则，强调过在财政金融方面，不准用银行贷款和流动资金进行基本建设等等，但是，在当时“大跃进”的气氛下，这些强调很难贯彻，收效甚微。这一时期下放基本建设管理权限的实际结果是为基本建设规模失控提供了便利。不过，尽管如此，3 年中在基本建设管理体制方面进行的大胆探索仍给以后的改革提供了正、反两方面的经验和教训。

3 年“大跃进”在取得上述成就的同时，付出了昂贵的代价，不仅在当时造成了巨大的损失浪费，并为以后的建设留下了严重的后遗症。3 年“大跃进”中的主要失误是：

1. 夸大主观能动作用，建设规模超越了国力的可能。从财力上看，1958 年到 1960 年 3 年累计完成基本建设投资总额 1007 亿元，占同期国民收入总额的 28.3%，比“一五”计划时期占 14.6% 提高了近 1 倍。同期基本建设拨款占国家财政支出总额中的比重由“一五”计划时期的 37.6%，提高到 54.8%。3 年累计的国民收入总额比“一五”计划时期少 475 亿元，而基本建设投资却增加了 418.9 亿元。特别是 1960 年在国民收入比上年减少 2 亿元的情况下，基本建设投资却增加了近 40 亿元。3 年中财政赤字逐年增多，3 年财政赤字共达 169.4 亿元。不少地方为了扩大建设规模，挪用企业流动资金、设备维修费、银行信贷资金和农业、手工业维持正常的费用去搞基本建设，有的甚至把党费、工会费都拿来搞投资。据统计，3 年间银行发放的工商企业流动资金贷款增加 500 多亿元，其中相当一部分信贷资金被挪用搞了财政性投资，最后迫使财政又拿出几百亿元来处理遗留问题。

建设规模过大，超过了国力的可能还表现在积累和消费的安排上。1958 年积累率猛增至 33.9%，1959 年达 43.8%，成为新中国成立以来最高的一年，1960 年在国民收入比上年减少的情况下，仍达 39.6%，大大超过了“一五”计划时期积累率平均为24.2%和1957年24.9%的比例。这几年新增的国民收入中新增的积累占的比重，1957年为1/3，1958年达4/5强，1960年甚至超过了当年新增的国民收入，还侵占了正常的消费。在人口逐年增加的情况下，这必然造成人民生活的严重下降，甚至吃饭、穿衣都得不到保证。在积累的使用上，3年间生产性积累的平均比重达90.26%，1960年高达97.2%，远远超过了“一五”计划时期的59.8%。而且积累主要是用于基本建设，3年平均基本建设占积累总额的比重高达69.24%，“一五”计划时期只占55.1%。这就不仅使当时人民的消费水平急剧下降，而且还限制了近期内的提高。这样的安排已超出了保证正常的社会再生产必须遵循的最低限度。

过大的建设规模也超越了国家物力的实际可能。3年间物资可供量的平均增长速度为：钢材38.9%、木材14%、水泥31.6%，都低于同期基本建设投资额平均增长40.6%的速度。物资供应十分紧张，即使挤掉了应当用于生产和维修的材料，还有许多项目因缺乏物资和资金而不能全部建成投产。

3年中基本建设职工增加了4000多万人，吃商品粮的人口急剧增加；同时在“全民大办”钢铁、矿山、水利、交通运输中，又空前规模地大量抽调农村劳动力，严重地影响了农业生产，这些都大大超越了当时国力所能承受的范围。

2. 国民经济各部门建设的畸形发展，社会再生产陷入困境。

（1）由于对农业形势的判断失误，工业建设规模安排过大、过急，造成了经济上的极大被动。3年“大跃进”中，农业上的浮夸风也助长了这种判断失误。1958年夏收中，小麦亩产量几天之间就从千斤上升到万斤，秋收中稻子的亩产更是从万斤上升到了10万斤。当时，这些浮夸不但有名有姓，还有照片，闹哄哄地真像是到了“粮食无处放”的程度了。当然农业生产上这股越刮越猛的浮夸风是上面压出来的、批评出来的。但是，据此采取的一系列加重农业负担的做法，却导致了十分严重的后果。3年中职工队伍迅速扩大，3年净增城镇人口1550万人，各种建设都从农村抽调青壮年劳动力，最多时几乎近1亿，还有名目繁多的“全民大办”无偿地调用农村的人力、物力、财力，等等。这就使农业生产力的两个主要方面，生产工具和劳动力的积极性都受到了严重的损伤。仅就动员农民突击短途运输来说，3年中由于车、船、畜力的损坏就使农村的木帆船减少18%，畜力车减少25%，驮力减少70%。大量地、无偿地调用农村的人、财、物，造成了事实上的对农民的剥夺，严重地挫伤了农民的生产积极性。

1960年和1957年相比，按不变价格计算，工业总产值增长了1.3倍，而同期农业总产值却下降了22.7%。最严重的是粮食问题。3年中，粮食产量从1958年的4000亿斤下降到1959年的3400亿斤，进而又下降到1960年的2870亿斤。1960年的粮食产量不仅比1957年减少了1031亿斤，而且低于1951年的水平。但是在大刮浮夸风的当时，粮食征购却从1957年的960.8亿斤增加到1958年、1959年和1960年的1175.2亿斤、1348.2亿斤和1021亿斤；粮食征购量占当年产量的比例也由24.6%，分别增加到29.4%、39.7%和35.6%。高征购使农村留粮急剧减少，公社食堂化又造成粮食吃用上大手大脚，加剧了农民生产和生活的困难。由于粮食不足，销售大于征购，国家粮食库存1960年比1957年减少了230亿斤。即使如此，全国城镇人口中仍缺2400万人的口粮（按人均每年500斤计算）。由于粮食供应紧张，连锁反应为国家挤农民，口粮挤饲料，粮食挤经济作物，经济作物的减产又使轻工业因缺乏原材料而开工不足。农业、轻工业的大幅度减产，造成市场供应十分困难。这些困难又反过来进一步影响了工人和农民的生产积极性，经济陷入困境。

粮食减产有天灾的因素，但根本原因还是在于“左”的政策对农业生产力的严重破坏和农民劳动积极性的严重挫伤。1959年因受灾造成粮食减产约200亿—300亿斤，1960年因受灾造成粮食减产300亿—400亿斤，天灾造成的粮食减产在减产总额中均只占1/3左右。

（2）由于片面强调“以钢为纲”，造成国民经济各部门间的比例关系严重失调。如前所述，3年间为了保钢，轻工业和非生产部门的建设、生产都是在“停车让路”的前提下进行的，已成为经济发展中的薄弱环节。与钢铁生产直接相关的采矿工业、煤炭工业、机械工业、电力工业、交通运输部门等尽管加快了建设，仍然不能满足需要，特别是采掘工业更为落后。1960年机械化半机械化炼钢能力已达1700万吨，而相应的采矿能力只能满足70%的要求。其他部门也是如此。3年中各部门为了保钢，靠拼设备、拼资源，靠大办耗料多、质量差的小型建设项目，靠违反科学的简易投产来突击增产。为保钢，挤掉了其他的需要，3 年平均原煤总产量中，钢铁冶炼用煤的比重由 1957 年的 11% 上升到 28.1%，生活用煤由 43.4% 下降到 18.1%，交通运输用煤由 7.5% 下降到 5.9%。3 年中，有的虽然挤上去了，可是后果严重，资源由于强化开采，浪费严重；设备由于超负荷运转，损坏严重；矿山采掘比例严重失调。国民经济各部门间比例关系严重失调，生产难以为继。1960 年重点铁矿已有大约 30%—40% 的生产能力不能发挥作用，重点煤矿的产量也于 1960 年 7 月开始直线下降。由于燃料动力的不足，大批工矿企业停工、停产，不少地区发生砍伐树木、拆烧旧屋以致抢煤事件。社会再生产的循环陷入困境。

3. 主观愿望要高速度地进行基本建设，结果造成了极大的损失浪费，留下了极为严重的后遗症。

3 年间，为了求多，基本建设战线拉得过长；为了求快，建设采取“三边”，投产是“简易投产”。同期，按照报投产的能力计算，造价也较低。这种形式上的“多快好省”，在当时造成了极大的浪费损失，更给以后的建设留下了许多困难。

（1）基本建设摊子越铺越多。施工中的大中型项目，1958 年为 1587 个，比 1957 年增加了 595 个；1959 年为 1361 个；1960 年进一步增加到 1815 个。县以上兴建的小型项目，1959 年全国建成的就有 5 万个，1960 年施工的达 7 万个。县以下的小型项目更是无控制地兴建。计划外项目大量增加，1960 年全国施工的计划外大中型项目就有 380 个，占施工项目总数的 20% 多；小型项目更多，占的比重更大。摊子越铺越多，分散了人力、物力、财力，导致为全国补短、补缺的国家急需的重点骨干项目的建设得不到保证，不能如期建成。同时，大量财力、物力分散在各个项目上，积压在建设过程中而不能及时形成生产能力。许多建成的项目也由于设备不配套和相关的项目未能同步建成而不能发挥效益。1960 年新增的发电装机容量中，有 1/3 以上的机组因缺乏配套设备发电出力不足；冶金系统建成投产的大中型项目中，轧机不配套的占 30%，高炉不配套的占 50%，平炉和矿山不配套的占 80% 多。这就为以后建设中的填平补齐造成了极大的负担。

（2）工程质量事故频频发生。1958 年下半年杭州半山钢铁厂发生严重工程质量和工伤事故，12 月，国家建委在这里召开了全国基本建设工程质量现场会议。但是，这种趋势并没刹住。以机械工业系统为例，据不完全统计，3 年中重大工程质量事故就达 900 多起，1960 年 1 年中机械工业部直属项目用于返工加固的直接费用就达 30 万元之多。建筑工程部所属系统，1960 年 1 至 3 季度发生质量事故 6968 次，其中结构倒塌事故 68 次，比 1959 年同期增加 30%。1960 年全国平均工程成本因此比上年约提高了 1%。没有构成事故的质量隐患更是普遍存在，为以后的加固、返修增加了许多困难。

（3）简易投产是当时的普遍方式。如前所述，有的部门已简易到主要设备就位就报投产，而事实上并未形成生产能力。有的尾工还十分庞大，以致在以后长达数 10 年中不断地修修补补，不断地配套填平，累计投资往往早已超出了当年的投资。

（4）由于建设规模过大、战线过长，加上“三边”等其他原因，3 年中造成的损失和浪费是十分巨大的。据到 1960 年为止的不完全统计，3 年中基本建设工程报废、停建、返工加固、推倒重来以及其他损失就达 220 亿元，占 3 年累计基本建设投资总额的 21.8%。煤炭工业 3 年中开工建设新矿井 1360 多处，设计能力 3.2 亿吨，后来力不从心，大批停建，规模缩小到 1.3 亿吨；同期由于资源不清，建成后不能移交生产或达不到设计标准的还有 3840 万吨能力。机械工业在此期间停建的 315 个“半拉子”工程，停建时建成的面积已达 400 多万平方米，其中厂房 177 万平方米，但因没有设备，只好停工。同期钢铁工业报废和不能利用的固定资产就有 50 亿元，如果加上对小钢铁亏损的补贴，损失和浪费就更大了。这里还没有包括“全民大办”和“小土群”的大量损失和浪费。

上述这些都是基本建设方面的有形损失，更为严重的是社会生产力遭到一次大损伤，使整个社会再生产陷入困境，以致以后用了几年时间才逐步恢复到“大跃进”前的水平，而工人、农民、知识分子的生产积极性所受到的挫伤，恢复的时间则用了更长的时间。这些损失是无法以数字来统计和表现的。

第四章
基本建设的第一次调整
（1961—1964 年）

3 年“大跃进”，经济工作上的高指标、瞎指挥，使整个经济陷入困境。1961 年 1 月，中共八届九中全会决定对国民经济实行以调整为中心的“调整、巩固、充实、提高”的方针（简称“八字方针”）。基本建设是调整的重点。这是新中国成立以后，基本建设的第一次全面调整。

国民经济调整从 1961 年开始，到 1965 年止，历时 5 年。其间，根据国内外形势，1964 年春提出了要加强战略后方的建设，下半年基本建设的重点开始转移，1965 年后方建设全面展开。为了叙述的方便，1965 年的基本建设情况将在下一章中展开。

第一节　调整基本建设的主要措施

1961 年 1 月中共八届九中全会决定对国民经济实行以调整为中心的“八字方针”后，由于对当时经济困难的形势认识和估计不足，对调整的方针贯彻不力，1961 年在基建规模的安排上虽然已经有所压缩，但还是超过了当时国力的可能。1961 年 8 月中共中央在庐山召开工作会议，1962 年 1 月中共中央在北京召开扩大的工作会议（通称七千人大会，省、地、县三级领导人都参加了），统一了认识，即：基本建设规模一定要从实际出发，必须坚决后退，而且要退够。1962 年，基本建设规模坚决压缩了下来。

为了贯彻基本建设调整的方针，采取了一系列措施。

一、坚持综合平衡，建设规模要和国力相适应

要使建设规模同国家财力、物力相适应，必须坚持综合平衡。因此，在此期间强调了国家在编制计划、安排资金和分配物资时，坚持先简单再生产，后扩大再生产；先安排市场和当年生产，有余力时再安排基本建设；基本建设的安排上先填平补齐，保证已建生产能力的发挥，后安排新建项目。在综合平衡的方法上，坚持按短线平衡，留有余地，不留缺口。

二、调整投资方向，促使国民经济各部门间严重失调的比例关系逐步缓解

根据中共中央和国务院提出的以农业为基础，工业为主导的发展国民经济的总方针，压缩重工业的投资，增加对农业的投资，并把重工业建设的重点转到补配套、补缺门上；同时，加强采掘工业、支农工业和铁路交通的建设，逐步把工业的生产和建设调整到与农业提供粮食和原料的可能性相适应，同工业本身提供原料、材料、燃料和动力的可能性相适应的程度。

三、加强基本建设的集中统一管理

针对“大跃进”时期基本建设管理过度分散、建设规模失控、忽视综合平衡等问题，在管理体制上加强集中统一。

首先，加强对基本建设计划和建设项目审批权限的集中统一管理。从1961 年秋开始，把前 3 年下放过多的基本建设计划管理权限陆续收归中央。1962 年 5 月国务院先后颁发了《关于加强基本建设计划管理的几项规定》《关于编制和审批基本建设设计任务书的规定》《关于基本建设设计文件编制和审批办法的几项规定》，明确要求：（1）一切基本建设必须纳入国家的统一计划，各地区、各部门一律不准在计划外乱上项目，国家计划必须坚决执行，不许层层加码。（2）加强项目审批权限的管理。中央部直属的大、中型建设项目的设计任务书，一律由国务院批准；地方大、中型项目中的重大项目由国务院批准，其余的大中型项目由国家计委批准。小型建设项目设计任务书，按隶属关系分别由中央主管部门和省、直辖市、自治区批准，并报国家计委

备案。对于正在建设的大中型项目，凡设计任务书未经批准或已经批准需要修改者，都要按规定补做、补报、补批。

其次，实行基本建设资金的高度集中统一管理。基本建设资金不再由地方财政包干，改为中央财政专项拨款。中国人民建设银行根据国家计划统一管理基本建设资金。对中央级建设单位，建设银行经办行按总行、分行抄转的基本建设计划拨款；对地方级基本建设，由总行对地方专案拨款。1963 年 12 月，中共中央、国务院发出《关于加强基本建设拨款监督工作的指示》，要求建设银行“要严格按照国家基本建设计划拨款，严格按照基本建设程序拨款，严格按照国家批准的预算拨款，严格按照工程进度拨款”。此外，严格控制并减少了部门、地方、企业的预算外资金；从调低国营企业利润留成比例，到取消了利润留成办法。

与此同时，物资管理也加强了集中统一，上收一部分物资管理权。国家统配和部管物资种类由 1959 年的 132 种增加到 1961 年的 503 种，1964 年达到 592 种，高于“一五”计划时期的集中程度。国家和主管部门不仅要管一、二类物资，还要管一部分三类物资。这对当时集中必要的物力，保证重点项目的需要起到了重要作用。

第二节　控制投资规模

“大跃进”时期，基本建设规模急剧膨胀，成为整个国民经济的一个沉重的包袱。不减轻这个大包袱，使之与国力相适应，调整国民经济的任务就无法完成。因此，调整基本建设的首要任务就是要压缩建设规模。

一、量力而行，压缩过大的规模

根据中共八届九中全会精神，1961 年安排的基本建设计划较上年作了较大的压缩，最后调整的计划预算内基本建设投资为 129 亿元，比上年实际完成数减少了 258 亿元。实际执行结果，1961 年基本建设投资由 1960 年的 388.69 亿元，猛降到 127.42 亿元，相当于 1960 年 1/3 左右。1962 年预算内基本建设计划投资进一步压缩到 68 亿元，比上年计划下降 47.3%，比上年实际完成下降46.6%。执行结果，仅完成60.25亿元，仅及1960年的20%。基本建设拨款占财政支出的比重由1960年的54.2%，降到1961年的30%和1962年的18.2%。基本建设规模压到这样低的水平是1953年以后所未有的。在当时国民经济处于十分困难的情况下，基本建设作这样大幅度的压缩和后退，是必要的。以后的实践证明，正是采取了这样的果断措施，才使国民经济获得复苏恢复的现实可能。

经过1961、1962年的大步后退，度过了国民经济最困难的时期，在国民经济出现转机的基础上，从1963年起继续进行后3年调整。1962年基本建设投资规模达到“谷底”，从1963年开始，投资规模有所回升，逐步走入正轨。（见表5）

基本建设投资额、积累率及基建拨款占财政支出的比例

表5

年　份	基本建设投资额（亿元）		积累占国民收入使用额比例（%）	基建拨款占财政支出比例（%）
		其中国家预算内		
1961	127.42	93.87	19.2	30.0
1962	71.26	60.25	10.4	18.2
1963	98.16	84.69	17.5	23.6
1964	144.12	123.96	22.2	31.0

国家在压缩预算内基本建设投资的同时，也加强了对预算外投资的控制和管理，防止用预算外资金乱上计划外项目，扩大投资规模，冲击国家计划。“大跃进”时期，由于计划、资金使用权下放，预算外投资不断增多。1961年计划外的大中型项目仍占当年施工的大中型项目的20%，许多楼堂馆所在1961年并没有停缓下来。为此，中共中央和国务院决定，从1962年开始，大中型建设项目要报中共中央批准，地方小型项目由中共中央派出机构，各中央局[①]批准。各部直属小型项目由国家计委批准；建设单位向生产企业订购设备必须持有建设银行开具的设备签证，建设单位不得用银行贷款搞基本建设；必须做到资金、物资、施工力量三落实，才能批准动工建设；计划外工程，

① 1961年中共中央为了加强集中统一的领导，在各大区成立了中共中央的派出机构：中共中央华北局、东北局、华东局、中南局、西南局和西北局。

尤其是楼堂馆所，不论已经施工到哪一部位，一律停止施工；企业利润留成继 1961 年降低留成比例后，从 1962 年起取消这一制度，企业所需的四项费用①，恢复由国家财政拨款的办法。这就控制了地方和企业预算外资金的来源。与此同时，对预算外资金实行了“纳、减、管”的办法进行整顿，有的纳入预算，有的减少数额，都要加强管理，取得了好的效果。通过以上这些措施，有效地控制了预算外投资，大大压缩计划外基本建设规模。自筹基本建设投资由 1960 年的 87 亿元降到 1961 年的 33. 6 亿元。1962 年又进一步降到 11 亿元。自筹投资占全部投资的比重由 1960 年的 22. 6%，降为 1962 年的 15. 5%。（见表 6）

基本建设投资中国家预算内投资和自筹投资比例的变化

表 6

年　份	投资总额（亿元）	国家预算内投资（亿元）	比　重	自筹投资（亿元）	比　重
1961	127. 42	93. 87	74. 7	33. 55	26. 3
1962	71. 26	60. 25	84. 5	11. 01	15. 5
1963	98. 16	84. 69	86. 3	13. 47	13. 7
1964	144. 12	123. 96	96. 0	20. 16	14. 0

除了在计划、项目、资金等方面采取紧缩政策，国家对基本建设材料、设备的供应和基本建设职工人数也实行了相应的缩减措施。对材料的分配改变了“大跃进”时期基本建设可以优先分得的办法。改进后的原则是，“先把农业、市场这一头定下来，然后再看有多少材料搞工业。工业也要首先照顾维修、配套，能够维持简单再生产。满足了当年生产方面的需要，再搞基本建设。有多大余力，就搞多少基本建设”。② 按照这一原则，在保证农业、市场和简单再生产需要的前提下，供应基本建设的材料数量大大减少。用于基本建设的钢材、木材、水泥三大材中，钢材消费量由 1960 年的 323 万吨降到 1961 年的 123 万吨，1962 年又降到 73 万吨，仅为 1960 年的 22. 6%；木材消费量由 1960 年的 1475 万立方米，降为 1961 年的 553 万立方米，1962 年又降

① 四项费用即技术组织措施费、新产品试制费、零星固定资产购置费、劳动安全保护费。

② 陈云：《陈云同志文稿选编》人民出版社 1981 年 11 月第 1 版，第 210 页。

为349万立方米，是1960年的23.7%；水泥消费量由1960年的1316万吨降到1962年的308万吨，是1960年的23.4%。基本建设所用钢材、木材、水泥占生产、建设总消费量的比重，也由1960年分别占30.2%、37.8%和91.1%，降为1962年的16.6%、16.5%和68.6%。

根据中共中央精简职工的精神，基本建设战线的职工人数由1960年年末的639万人减到1961年年末的359万人，1962年年末又减为216万人，仅为1960年的1/3左右。国家腾出了较多的物资和劳动力支援农业生产，支援原材料、燃料工业，支援原有企业的设备维修和改造，在一定程度上延缓了人民生活水平的下降。

二、压缩在建规模，停建大量项目

仅仅压缩年度投资规模而不压缩在建总规模，不减少施工项目个数，只能使投资分散在众多的建设项目上，拖长建设项目的建设工期，使许多重要的工程不能如期建成，发挥投资效果。这么做，基本建设规模过大的包袱是难以甩掉的。因此，调整时期国家采取了“双管齐下”的方针，在减少年度投资的同时，坚决地大量停建在建项目，压缩在建总规模。

1960年，全国施工的大中型项目有1815个，小型项目更多。要大量停建项目，哪些项目该停，哪些项目不该停，必须兼顾国民经济的需要和可能、目前利益和长远利益，进行慎重、合理的安排。当时，确定在建项目停建的原则是：（1）当年勉强上马或工程进度缓慢，所需投资、材料和设备较多，而下年度又无力续建，或设备、材料不落实的项目，停止施工。（2）建成后原材料、燃料、电力和运输等无保证，没有条件正常生产的项目立即停工。（3）计划外用自筹资金或上年结余进行的基本建设项目，其中非生产性建设除校舍、职工宿舍等项目外，一律停止施工；特别是楼、堂、馆、所，不论建到什么程度，都要停止施工。（4）没有设计任务书，或虽有设计任务书和设计文件但尚未批准的不准施工。（5）地方上认为应当停建的项目，允许立即停止施工。

按照以上原则，1961年全国停建了406个大中型项目，当年施工的大中型项目由上年的1815个压缩到1409个，1962年又进一步压缩到1003个。当时，停建项目较多的是钢铁工业和与钢铁工业相联系的部门。例如，原一机部系统1960年计划内在建项目有500多个，1962年压缩到107个，4/5的项目停建了。煤炭工业在“大跃进”期间为保钢铁“元帅”，不顾客观条件，盲目扩大建设规模，3年开工新井1360处，设计能力3.2亿吨。由于力不从心，调整时期不得不大批下马，建设规模由1961年年初的568处、设计能力1.8亿吨，压缩到1962年年底的88处、设计能力4.042万吨。（见表7）

调整时期基本建设施工和全部建成投产的大中型项目数

表7

年　份	施工项目（个）	全部建成投产项目（个）
1960	1815	177
1961	1409	46
1962	1003	25
1963	1017	26
1964	1143	40

对确定继续施工的项目，也不是平均使用力量，而是区别对待，保证重点，按照轻重缓急，安排施工先后顺序，有计划有步骤地进行建设。当时采取的具体办法是缩、慢、并、简、结、保。缩，即打破原来设想的建设规模，根据新的形势重新考虑，建设规模能缩小的要坚决缩小。慢，即按原规划建设，在原料、动力有困难，或投产后不能正常发挥生产能力的情况下，放慢建设速度，分几步走。并，为避免重复建设，相同的项目能够合并的，要合并起来。简，有些小厂简易投产没有危险的，能简就简，节约资金。结，已建到最后阶段，只需少量投资和材料，甚至什么都不需要即可收尾建成的项目，允许结尾建成。保，对煤矿、铁矿等生产矿井的延伸，配套工程，当年可以投产的化工、轻工、支农项目，国防和国家急需的项目，必须集中财力、物力保证如期投产，发挥效益。

三、减少损失，做好停建项目的善后工作

随着在建总规模的压缩，大批项目下了马。到1962年5月，全国陆续停

建的大中型项目有1000多项，停建的小型项目为数更多。停建下来的“半拉子”工程的价值达数百亿元，各建设单位积存的设备价值近50亿元，仅水利电力部系统积存的发电设备就有310万千瓦。做好停建项目的善后工作，尽量减少由于项目停建而带来的损失，成为当时一项十分重要的工作。1961年5月25日，中共中央批准了国家计委和中共财政部党组联合拟定的《关于停建项目的处理方法》，对处理停建项目的人员、材料、设备及工资支出和工程维护费等问题，都规定了具体原则，对作好停建项目的维护工作起了重要作用。但在实际执行过程中，仍然出现了有些停建工程的设备维护和材料保管无人负责，任其损坏、腐蚀；有的借停建维护之名、行续建之实，进行计划外的基本建设；有的对停建持观望态度，不撤机构，不收摊子。针对这种情况，1962年5月27日，国务院批准了《国家计划委员会、财政部关于停建项目处理办法的补充规定》，要求所有停建项目，必须按长期停建处理，下决心“收摊子”，不要再犹豫观望。要根据节约的原则，作好停建项目的防水、防塌、防锈等工作。严禁借维护之名进行计划外的基本建设。此后，各部门、各单位重视了停建项目的维护工作，采取了相应的措施。

1961年4月，中共中央批转了国家计委、国家经委、财政部《关于迅速清理和调剂使用停建、缓建项目结存的设备、材料的报告》。据此，中央各部门和各省、市、自治区以及各建设单位，都陆续成立了专门机构，负责处理停建项目的材料和设备，使这些物资及时用到国家确保的工程上，发挥作用，尽量减少停建给国民经济带来的损失。同时，对基建战线缩短后精简下来的职工也作了较为妥善的安排。

第三节　调整投资方向

国民经济调整的另一个重要任务，就是要调整“大跃进”时期被大大扭曲了的经济比例关系，包括积累与消费的比例，国民经济各部门之间以及各部门内部的比例，等等。这些比例关系的调整，一方面要依靠工业企业的关停并转，在全国范围内实现工业大改组和工业内部结构的大调整；另一方面，则须通过调整基本建设投资方向，压缩非重点项目的投资，把国家的主要财力、物力用于保重点、补短线，促进国民经济各项经济比例逐步趋向合理。因此，1961 年提出了基本建设投资的分配要按“农、轻、重，吃、穿、用”排队的方针。

调整初期对投资结构的调整主要是压缩重工业投资，加强农业、支农工业、轻工业和满足出口需要工业的建设，如农田水利、农业机械、农药、化肥、人造纤维、合成脂肪酸等以及原料和燃料工业。在调整后两年，投资重点除了仍继续保持前两年的不变外，又进而调整了部门内部的投资结构，注意了填平补齐、成龙配套，使各部门的综合生产能力尽快形成，并得到充分发挥。

一、弥补薄弱环节，加快农业、支农工业和轻工业的建设

“大跃进”时期片面发展重工业，1959 年和 1960 年又两年连续遭受自然灾害，农业生产的发展受到很大影响。为了尽快恢复农业生产，贯彻国民经济以农业为基础的方针，国民经济各部门制定的计划和措施，都把支援农业放在第一位，并计划通过基本建设逐步建立起一个为农业生产服务的完备的工业体系。

（一）促进农业恢复和支农工业的建设。

为了迅速恢复和发展农业生产，除了各行各业大力支援外，国家还对农业增加了直接投资。当时，国家一方面大力压缩基本建设投资规模，另一方面尽可能地安排农业投资。农业投资占基本建设投资的比重有较大提高。“大跃进”时期，农业投资占基本建设投资的比重平均为 10.3%，调整时期上升为 17.8%，其中 1963 年达到 23%。各地区也优先安排农业投资。例如，湖北省 1958 年至 1960 年农业投资占基本建设投资的比重为 15.9%，调整时期增加到 37.9%，其中 1962 年高达 49.5%。当时，农业投资主要用于大中型农田水利和电力工程及原有农田水利工程的维修、配套。比如：

广东省珠江三角洲电力排灌网是一个区域性排灌系统，东起东江上游河源县，西至西江中游高要县，北达北江中游清远县，南抵南海岸边，包括 23 个县（市），纵横 200 多公里，四期工程于 1963 年 10 月完成，共建成 2562

个电力排灌站，总装机容量达18余万千瓦。这些电力排灌站星罗棋布在田间，控制了586万多亩农田的排水和灌溉，使经常受到内涝、干旱严重威胁的760多万亩耕地中，有580万亩可用电力排灌。

江都排灌站是当时开始建设的规模最大的电力排灌站。它连接长江与淮河两大水系，包括4座大型电力排灌站，装有大型电机、水泵各33台，总装机容量49800千瓦，设计抽水能力为400秒/立方米。与它配套的还有12座节制闸、5座船闸、2条输水干河，是一项实行跨流域调度，远距离输水，发挥灌溉、排涝、排洪、发电、调节航运水位、提供城乡工业和生活用水等综合效益的工程。该站从1961年开始兴建。当时，国内技术力量薄弱，没有国外资料借鉴，更无现成图纸参考。建设者们按照“统一规划、分期分批实施”的要求，做一项成一项，使有限的资金尽快发挥效益。1963年建成第一抽水站，及时发挥了当年排涝的作用。1965年第二抽水站建成，完成了与其配套的涵闸工程，使引水和排涝都达到设计流量128秒/立方米的要求。在1965年里下河排涝和1966、1967年抗旱中该排灌站都发挥了显著作用。

到1965年，全国农用排灌动力机械达907.4万马力，比1957年增加了851万马力，增长15倍；灌溉面积达3305.5万公顷，比1957年增加571.6万公顷，增长20.9%。

在增加农业投资的同时，还加强了支农工业（主要是农机制造、化肥和农药工业）的建设。基本建设投资中用于支农工业投资比重不断上升。此外，1961年和1962年，中国人民银行还发放了农业贷款18亿元，长期无息贷款6亿元，帮助有困难的生产队购买化肥、农药、耕畜和农具等。1961年至1965年，农业机械工业投资占机械工业投资的比重由“大跃进”时期年平均11.7%上升为23.2%，其中1963年达到28.5%。国家分配给农机制造的钢材占全国钢材产量的比重也由“大跃进”3年平均为3.0%，上升到1961年4.4%和1962年的4.7%。

“大跃进”时期，农机工业“以拖拉机为纲”，重主机，轻维修配件，布点太多，规模过大，品种单一，内部比例极不协调。调整时期，确定农机工业的建设方针是：小农具和半机械化农具第一，配套和维修第一，保证质量第一。同时，组织专业化协作，缩减主机保证配套；缩减制造能力，加强维修能力。对1960年计划中的72个大中型项目，1961年停缓建了35个，其中1960年计划内的19个拖拉机厂停建了10项。保留续建并维持原建设规模的只有天津拖拉机厂1项，其余项目均压缩建设规模。其中仅第一拖拉机制造厂、长春拖拉机厂等5项的建设规模就由1960年计划的6.6万台压缩到2.83万台。在压缩主机厂建设规模的同时，加强了老厂的技术改造。同时，对配件厂的建设也进行了调整。计划内的16个大中型专业配件厂只保留了蚌埠拖拉机附件厂，开封拖拉机电机电器厂，渌口内燃机配件厂，石家庄拖拉机配件厂，无锡油泵油嘴厂和南昌齿轮箱厂等9个项目。由于收缩战线集中力量打歼灭战，渌口内燃机配件厂、无锡油泵油嘴厂等5项工程都在1964年和1965年先后建成投产，其余4项工程1966年全部建成投产。这些配件厂的逐步建成，缓和了拖拉机配件紧张状况，促进了农机工业内部结构的改善。

在此期间，加速氮肥工业的建设也是支援农业的重要任务之一。1962年到1964年3年内，每年新增20万—25万吨合成氨生产能力。1961年至1964年，化肥和农药投资占化学工业投资的比重由“大跃进”时期的年平均38.8%上升为46.0%，保证了许多大中型化肥厂的建设，并陆续建设了一批小型化肥厂。如开工新建了河南开封化肥厂、浙江化肥厂、广东化肥厂、上海吴泾化肥厂等8个大型化肥厂；扩建了南京化学公司、大连化学公司所属化肥厂等7个化肥厂。到1964年先后建成投产的化肥厂还有广东番禺氮肥厂、四川温江专区氮肥厂、广州氮肥厂、开封化肥厂等。1965年上半年又有28个制造化学肥料的建设工程投入生产，其中属于大中型的有12个。1965年，全国化肥产量达到172.6万吨，是1960年40.5万吨的4.26倍；农药产量达19.3万吨，比1960年增长20%。供应给农村的化肥也由1960年的316.4万吨（标准量）上升到1965年的972万吨（标准量），增长了1倍多。

经过这一时期的调整和建设，1965年同1962年相比，农用大中型拖拉机由5.5万台增至7.26万台，增长32%；农用载重汽车由8239辆增至11063辆，增长34.3%；农业用电由16.1亿度增至37.1亿度，增长130.4%，大大促进了农业生产的恢复和发展。

（二）加快轻工业的建设。

“大跃进”时期，在“以钢为纲”的口号下，轻工业被迫“停车让路”，手工业集体经济又多被平调，生产遭到严重挫折。1961 年 1 月，毛泽东在中共八届九中全会上指出，一定要缩短重工业和基本建设战线，延长农业和轻工业战线。同年 2 月，李先念在全国轻工业厅、局长会议上讲话强调：“要有重点、有步骤地拉长轻工业战线。轻工业战线总的说是要拉长。但是要加分析，有些由于设备有余的行业，应该缩短，然后才能把缺门拉长”。这期间，尽管轻工业投资在基本建设投资和在工业投资中所占比重都有所下降，但由于对有限投资进行合理调度，优先保证国家计划规定的产品生产的需要，保证名牌优质产品的需要，保证重点地区和重点企业的需要，停建了一批原料无保障、产品不急需的项目，投资的使用效果得到提高。轻工业仍然得到较快的发展。以造纸工业为例，1957 年全国有造纸企业 164 个，“大跃进”中发展到 1500 个左右。调整中，只保留了 500 个较好的企业，其余一律关停并转。到 1964 年，机制纸及纸板的产量由 1961 年的 110 万吨增到 145 万吨。

同时，为了改变轻工业产品的原料结构，减少对农业原料的依赖，加强了以工业品为原料的轻工产品生产能力的建设。1958 年至 1960 年，轻工业投资中用于以工业品为原料的产品的投资占 39.6%，1961 年上升为 43.6%，1962 年达到 64.4%。以工业品为原料的轻工产品，如自行车、缝纫机、手表、日用五金、塑料、铝制品、合成洗涤剂等得到较快发展。在此期间，天津合成洗涤剂厂、上海制皂厂皂用合成脂肪酸车间等项目的建成投产，使中国的合成洗涤剂与合成脂肪酸工业由试制进入工业生产阶段。1965 年，合成洗涤剂的产量达 3 万吨，是 1961 年的 2.7 倍。手表工业发展也很快。1962 年 12 月，年产手表均为 12 万只的北京手表厂和天津手表厂建成投产后，手表产量逐年上升，1965 年产量达 93.5 万只，是 1960 年的近 2 倍。手表的品种也增加了。如上海原来只有 17 钻手表一种，1965 年已经有了日历手表、27 钻手表等多种品种。这一时期，依靠中国自己的力量，吸取国外技术，在南京、新乡、吉林、上海、杭州等地建设了一批中型粘胶纤维工厂。此外，还先后从国外引进维纶、腈纶的成套工艺技术，建成了北京维尼纶厂和兰州化纤厂，为中国的化纤工业奠定了基础。1965 年缝纫机产量比 1960 年增长了 40% 。轻工业部门自办工业原材料和农产品原料基地的效果也很好。轻工业产品的原料来源发生较大变化。1957 年，以工业品为原料的轻工业产值占轻工业产值的比重为 18.4% ，1962 年上升到 26.8% ，1965 年为 28.3% 。

二、调整重工业内部结构，加强基础工业建设

重工业是“大跃进”时期突出发展的部门。重工业不仅在整个国民经济中所占比重过大，形成“重工过重”的状况，而且内部比例极不合理，燃料、原材料等基础工业很薄弱，加工工业畸形发展。采掘、采伐行业只抓产量，强化开采，忽视开拓、掘进，剥离欠账严重。从 1961 年起，针对这一情况，调整了重工业内部的投资分配。

（一）增加采掘、采伐工业投资，加强薄弱环节的建设。

调整时期，大幅度提高了采伐、采掘工业的投资比重。在重工业投资中，采掘工业所占比重由“大跃进”时期的平均 21.5% 提高到 1961 年的 38.7% 和 1962 年的 45.3% 。森林工业投资在基本建设投资中的比重由“大跃进”时期平均 1.3% ，上升为调整时期的 3.22% ，其中 1963 年达到 4.1% 。增加的投资优先解决采掘、采伐工业简单再生产的资金需要，主要用于采掘、采伐工业的开拓、延伸工程，补偿报废的生产能力，维修损坏的机器设备。此外，国家还采取了一系列措施，加速采掘、采伐工业的恢复和发展。例如在基本建设投资计划中专门设置了“维持现有生产水平的投资”的指标，并且要求逐项说明所维持的生产水平、内容和投资额、维持现有水平投资中用于补偿报废生产能力的投资等。从 1962 年起，森林采伐和矿山开采行业先后采取按生产产量从生产成本中提取费用的办法，用于矿山开拓和延伸、森林采伐运材道路延伸、河道整治及有关的工程设施等维持再生产的投资。

从 1961 年开始，煤炭工业重点加强现有矿井的开拓、延伸掘进和巷道的维修，对简易投产的新井进行配套补齐。对 78 处设计能力为 6300 万吨采掘比例严重失调的老矿井加强开拓延伸，完成了数十万米的井巷工程，填平补齐了 58 处设计能力为 2800 万吨的简易投产矿井。此外，各地还注意对小煤

井进行技术改造，弥补薄弱环节，提高了煤炭产量，延长了煤井寿命。京西矿务局在“大跃进”的3年中，原煤产量增长2.4倍，掘进进尺增长1.4倍，采掘比例出现失调。1961年，矿务局集中主要力量加强开拓掘进工作。很快使采掘比例发生了变化。年初平均每采1000吨煤掘进进尺为31.43米，到9月底每采1000吨煤掘进进尺提高到38.04米。到10月底分别超额2.07%和10.54%完成前10个月的采煤和掘进计划，有效地增加了开拓煤量和准备煤量。经过几年的努力，到1965年年底，煤炭部1.4亿吨的开拓欠账基本还清。

森林采伐工业的投资重点是用于采伐区修筑道路。新建的森林铁路和运材公路，大都连结原有线路，通向未曾开伐过的原始森林，使伐区木材尽快外运。1963年，全国森林采伐工业施工的建设工程就有40多项，仅东北的大小兴安岭和长白山林区，就有5条森林铁路同时施工。到当年7月底，已在林区内部筑成了900多公里运输木材的窄轨铁路和公路，修建了1100多公里铁路和公路的路基。南方林区修起了70多个山溪闸坝和20多座河埂。这些工程的建设，为森林工业的采伐和运输创造了有利条件。1965年，木材产量达到3978万立方米，比1961年增加1784万立方米。

从1961年下半年开始，利用加工工业在调整中大踏步后退的有利时机，采掘采伐行业集中力量加强掘进、开拓与剥离工程，经过几年的努力，终于归还了“大跃进”时期的欠账。到1965年，除非金属矿山外，其他矿山，如煤矿、金属矿、化学矿山、辅助材料矿等都先后达到采掘（采剥）比例基本正常。矿井的回采、掘进、提升、排水、通风、供电、排矿、筛分、井上井下运输等设备，按照矿井的综合生产能力，逐步填平和补齐。

当时，工业内部比例失调还表现为生产能力不协调，设备不配套，有些部分过分突出，有些部分极为薄弱。如1960年，电力系统新增装机容量1300万千瓦，但其中有215万千瓦由于工程不配套、设备制造质量差、设备失修等原因发不了电，综合出力只有1085万千瓦。冶金系统大中型项目中，轧机不配套的占30%，高炉占50%，平炉和铁矿山占80%。调整时期，国家强调重工业内部要在现有数量的基础上，加强薄弱环节，填补缺门，完成配套，维护设备。在基本建设投资安排上，着重用于现有生产能力的扩大和现有工程的成龙配套、填平补齐上。如机械工业把投资集中用于发展化肥设备、精密机床、炼油设备、国防军工配套设备及原子能设备、仪器仪表等缺门短线产品。农机工业则缩减拖拉机主机的建设规模，保证配件厂的建设，把有限的人力、物力和财力集中使用，加速了几个农机配件厂的建设。电力工业集中力量，增加配套，提高工程质量，填平补齐了200多万千瓦的机组设备，使已有的1300万千瓦设备基本实现安全、满发、稳发。

此外，国家还拨出专款，用于上海、北京、天津、沈阳等城市老企业设备更新欠账和铁路机车、汽车、锅炉、柴油机等更新欠账，收到显著效果。1961年至1962年，各工业部门的机械维修设备都增加了。其中煤炭部增加了1093台，林业部门增加了481台，冶金部门增加了1500台。汽车、拖拉机、内燃机配件生产和一般设备的维修已基本满足了需要。到1964年年底，工业企业内部的生产能力绝大部分已经填平补齐，成龙配套，设备损坏失修的情况已经改善。金属矿山的设备完好率达到80%左右，一般的设备完好率达到85%—90%，载重汽车完好率1965年达到86.2%。

为了提高整个工业的技术水平，填补缺门，1961年至1963年间从国外引进了14个成套设备项目和最新的石油化工技术。1963年至1964年，又批准冶金、精密机械、电子工业等100多个项目向国外考察、询价和相机签约。1964年至1965年，机械工业从日本、法国等国引进了液压件、电动气动量仪、重型汽车3个成套项目，并引进玻璃电极、微电机等7项技术和设备。这些采用先进技术设备的项目先后建成投产，对国民经济的调整发挥了重要作用。中国的化肥、化纤、塑料、合成洗涤剂以及电子工业等新兴工业，都在调整时期打下了初步基础。

（二）加快燃料、原材料工业建设。

燃料、原材料工业是国民经济、特别是重工业的基础。1960年前，重工业中冶炼、化工等工业发展很快，燃料、原材料工业的建设跟不上发展的需要，成为薄弱环节。从1961年开始，国家用很大力量加快燃料、原材料工业的建设，其中矿山建设和石油建设的发展尤为显著。

1963 年，全国施工的大中型矿山有 160 多处，分别属于煤炭、冶金、化工、石油和建筑材料等工业部门，很大一部分上半年就建成投产。

煤矿是这一时期建设的重点，国家预算内投资中煤炭工业投资占的比重由“大跃进”3 年平均 5. 5% 提高到 1961 年到 1965 年平均占 9. 1%。5 年中平均每年施工的大中型项目有 100 个左右，建成的大中型项目平均为 18 个。调整初期，煤矿建设主要是加强现有煤井的掘进和维修，弥补采掘欠账。在此基础上，调整的后三年国家有计划地进行了大中型煤矿（井）的建设。1963 年，全国施工的大中型新煤井有 67 处，大多数分布在煤炭产量较少的华东、中南、西北各省。1964 年至 1965 年，新开煤井 37 处，设计生产能力 2078 万吨，建成投产矿井 65 处，设计生产能力 1709 万吨。山东新汶煤矿协庄二号井，是中国自己设计、施工、制造全套设备的大型现代化矿井，经过 4 年多的建设，于 1962 年 12 月 25 日正式移交生产。生产运输系统全部机械化，成为中国当时最大的现代化煤井之一。鹤岗兴安台二号立井、大同鹅毛口立井、铜川王石凹立井、峰峰通顺三号立井、平顶山二号立井等大中型煤井也都是在这一时期建设的。大规模的煤矿建设，保证了原煤产量的稳步增长，1965 年，原煤产量为 2. 32 亿吨，接近 1958 年的水平。

1963 年建设的有色金属和黑色金属矿山有 60 多个重点工程，包括铁矿、锰矿、镁矿、铜矿、铝矿、锡矿、铅锌矿等国民经济发展急需的矿种。这些矿山的建设，促进了冶金工业，特别是有色金属工业的发展。有色金属矿山在“大跃进”时期元气大伤，生产发展极不平衡，致使 1961 年有色金属的产量比 1960 年下降了 50%。调整时期国家对有色金属工业投资的增加和矿山建设的发展，使有色金属工业迅速恢复和发展。到 1965 年，产量已超过了历史最好水平。

非金属矿山建设发展也很快。1963 年建设的硫铁矿有 14 个，中国自己设计和建设的第一个硫化铁选矿厂——向山硫化铁选矿厂，第一期工程于同年 9 月竣工，每年能处理 40 万吨原矿，生产过程全部自动化。建设的磷矿有湖北荆襄磷矿和贵州开阳磷矿。其中荆襄磷矿第一期工程年内投产，年产磷矿石 60 万吨。这个磷矿是中国自行设计和施工的，全部采矿设备由国内制造。湖北黄石的华新水泥厂、河北唐山的启新水泥厂和南京中国水泥厂等都建设了新的石灰石矿山，为发挥现有水泥厂的设备潜力提供主要原料。

石油工业是60年代初起飞的工业，在1960年开发的基础上，调整时期国家又安排大量投资，1961年至1965年，石油工业投资占工业投资的比重平均为7.44%，最高的1963年达到8.7%。其中大庆油田投资占石油工业投资的比重五年平均为47.9%，最高达66.9%。在大庆油田的开发建设中，建设者们发扬了艰苦创业的精神，王进喜就是他们的杰出代表。

随着大庆油田的开发，石油产量以平均每年23.5%的速度递增。1961年至1965年，大庆油田产量占全国石油产量的比重都超过50%，最高达73.7%。1963年12月，新华社奉命庄严宣告：中国石油产品已经基本自给。“中国人民使用洋油的时代，即将一去不复返了”。此后，又开发了胜利油田和大港油田，到1965年石油产量已达1131万吨。

石油工业的发展除了国家大量直接投资外，也得到各行各业的支持。1964年至1965年，机械工业先后试制成功了5套炼油设备，被誉为“五朵金花”，即催化裂化、延迟焦化、铂重整、尿素脱脂、催化剂制造，促进了炼油工业发展。1965年又建成了大庆石油化工总厂和南京炼油厂。到1965年，石油加工能力达到1412万吨，是1960年的2.3倍。中国工业和国防建设所需的石油产品，无论数量上还是品种上都实现了全部自给。

第四节　基本建设调整的成效

1964年12月，周恩来在三届人大一次会议上所作《政府工作报告》中指出：“经过调整，工业和农业的关系比较协调了，工业内部的关系也比较协调了，工业支援农业的能力进一步加强了，企业内部的生产能力绝大部分已经填平补齐，成龙配套，设备损坏和失修的情况已经改善”。报告庄严宣布：现在“调整国民经济的任务已经基本完成，工农业生产已经将要进入新的发展时期”。报告提出，1965年要继续完成国民经济调整工作中某些尚未完成的任务，为1966年开始的第三个五年计划建设作好准备。

一、国民经济主要比例关系比较协调

基本建设的调整，促进了国民经济主要比例关系的改善。国民经济主要生产部门、生产与消费、生产环节之间的相互关系开始协调，为国民经济的持续发展奠定了良好基础。

（一）积累和消费的比例趋向合理。

1964 年，积累率由 1959 年的 43.8% 下降到 22.2%，低于 1957 年的 24.9%，4 年平均积累率为 17.3%，国民收入使用额中用于消费比例的提高，使人民得以休养生息。人民生活水平较前两年有了提高。随着积累率下降，基本建设拨款占财政支出的比重由“大跃进”时期平均 50% 左右降为 1964 年的 31.0%，建设规模基本与国家的财力、物力相适应。调整的结果，使财政状况大为好转。“二五”计划时期，国家财政赤字达 172 亿元（以后复核认定），而在调整的后 3 年中，财政收大于支 10 亿元，而且还清了全部外债。货币由巨额投放转为大量回笼。

（二）农、轻、重比例进一步改善。

调整时期，由于强调以农、轻、重为序来安排国民经济，农业、轻工业、重工业比例发生了很大变化。农业、轻工业、重工业投资比重 1965 年为 14.6%、4.1% 和 48.0%。1963 年农业投资比重曾达 24%，是新中国成立以来最高的。同“大跃进”时期农、轻、重三者的投资比例相比，投资结构有了很大变化。农业投资比重提高，促进了农业的恢复和发展。农业总产值占工农业总产值的比重由 1960 年的 21.8% 提高到 1965 年的 37.3%；重工业产值在工农业总产值中的比重由 52.1% 下降为 30.4%。轻工业发展也很快，轻工业产值在工农业总产值中的比重由 1960 年的 26.1% 上升为 1965 年的 32.3%；轻工业产值占工业总产值的比重由 1960 年的 33% 提高到 1965 年的 51.6%。这是自 1958 年以来轻工业产值比重第一次超过重工业。农、轻、重三者的关系达到基本协调。

（三）投资效果提高。

投资规模的压缩，投资结构的调整，促进了国民经济各部门比例的协调，也使投资的经济效果不断提高。固定资产交付使用率逐步上升，1965 年达到

93.6%，远远高于1960年的68.8%，达到历史最好水平。大中型项目建成投产率1965年达到22.9%，大大超过1960年的9.8%，仅次于历史最好水平的1957年（26.4%）。每百元投资增加的国民收入，“一五”计划时期为54元，“大跃进”时期降为31元，1965年提高到123元，是“大跃进”时期的近4倍。每百元积累增加的国民收入，“一五”计划时期为32元，“大跃进”3年平均为24.5元，1961年降到-115元，1964年和1965年提高到63元和61元，也达到历史最好水平。全民所有制建筑业全员劳动生产率1965年达3091元，超过1957年水平。（见表8）

调整时期部分经济效益指标变化情况

表8

年份	每百元积累增加的国民收入（元，按当年价格计算）	固定资产交付使用率（%）	大中型项目建成投产率（%）	全民所有制工业企业全员劳动生产率（元，按不变价格计算）
1961	-115	74.5	3.3	4161
1962	-73	79.0	2.5	4797
1963	42	81.9	2.6	6078
1964	63	82.8	3.5	7300

（四）基本建设成效显著。

调整时期大幅度压缩投资，5年投资仅为“大跃进”3年的58.4%。但由于加强管理，集中使用资金，使有限的建设资金充分发挥了作用。5年全部建成投产的大中型项目有426项，部分建成投产的项目1163项。1961年至1965年，基本建设新增产品生产能力：铁矿开采388.8万吨，炼钢99.5万吨，铜采矿328.3万吨，煤炭开采3738万吨，化学肥料132.46万吨，化学农药4.33万吨，发电机组容量328.8万千瓦，汽车制造7643辆，拖拉机制造3215台，原木采运341.1万立方米，水泥254.5万吨，自行车48.2万辆，新建铁路正线铺轨里程2456公里，沿海港口吞吐量615万吨，新建公路16204公里。这些新增加的生产能力，大大加强了国家的经济实力，促进了生产力的恢复和发展。

1965年，全国全民所有制工业企业的固定资产原值达1040亿元，比1957

年增长了2倍。工业生产能力也迅速增长。同1957年相比，主要工业产品的生产能力都有较大幅度增长。其中原油开采增长6.5倍，原煤开采增长74%，炼铁增长69%，炼钢增长1倍，发电设备装机容量增长2.25倍，水泥增长1.38倍，硫酸增长近3倍，棉纺锭增长29%，机制纸及纸板增长57.9%，机制糖增长84%，缝纫机和自行车分别增长3.2倍和1倍。全部工业的机械装备水平进一步提高，全国工业企业机床和锻压设备拥有量分别增长1.4倍和1.1倍。机械工业有些产品的性能、质量已接近或达到世界先进水平。

二、现代化建设的物质技术基础有所加强

经过5年调整，在应该暂时后退的方面作了必要的后退，在应当而且能够继续前进的方面又不失时机地积极前进，从而取得了可喜的成就。建成了一批重要的项目，改建、扩建了一批厂（矿），工业生产能力增加，产品产量和质量提高，工业生产大部分技术经济指标在1965年前后达到历史最好水平。新兴工业部门迅速发展，新产品、新品种不断涌现。

冶金工业根据国民经济的需要，加强薄弱环节的建设，发展了大量的新产品、新品种，基本适应国民经济各部门调整生产后对冶金工业的要求。这一时期，加快了有色金属工业的建设，1961年到1965年完成的基本建设投资由“大跃进”时期占冶金工业投资的-20%提高到40%左右，保证了一批有色金属矿山的建设。建成的白银有色金属公司、洛阳有色金属加工厂等，都是后来中国有色金属工业的骨干企业。1965年，有色金属的产量超过了历史最高水平，采掘效率、选冶回收率、加工成品率、资源综合利用水平等主要技术经济指标都创造了历史最高纪录。

从1962年5月起，在国外停止对中国出口火车车轮和轮箍的情况下，经过8个部，21个省、直辖市，8个设计院，162个设备制造厂和8个施工队伍的通力协作和建设，集中力量自力更生建设的马鞍山车轮轮箍厂，终于在1963年11月18日试轧成功第一个国产轮箍。1964年7月29日，又成功地轧出了第一个整体车轮，填补了中国轮箍和车轮工业的空白，结束了进口车轮、轮箍的历史。

经过调整，到1964年，能够生产的钢的品种已达900多种，钢材品种达9000多种，钢材自给量超过95%。钢铁、钢材产量1965年分别达到1223万吨和881万吨。中国机械制造所需金属材料已基本立足于国内；制造汽车、拖拉机所需的近2000种钢材，除少数品种外已能自给，制造万吨远洋轮和2.5万吨氮肥设备所用1000多种钢材，也绝大部分由国内生产供应。

机械工业发展了新品种，提高了成套能力，形成了冶金设备、采矿设备、电站设备、电器与电气材料、石油化工设备、船舶、飞机、机车、汽车、轴承、金属切削机床、工具、通用机械、轻纺机械、工程机械、仪器仪表等十几个基本行业，组成门类比较齐全的机械制造体系。5年中共发展新产品4000多种，其中不少是大型关键产品。如2.5万吨合成氨设备1961年先后在上海吴泾、浙江衢州安装投产后，到1964年已累计生产10套；同时还研制成年产5万吨合成氨及11万吨尿素的成套设备，1966年在石家庄化肥厂安装投产。

1961年开始了9套大型设备的制造，它们是：30000吨压力模锻水压机、12000吨压力卧式挤压水压机、辊宽2800毫米热轧铝板机、辊宽2800毫米冷轧铝板机、直径80—200毫米轧钢管机、辊宽2300毫米冷轧薄板机、辊宽700毫米20辊带钢轧机、1000吨压力油压机、直径2—80毫米轧钢管机。这些设备大部分在1967、1969年制造完工，其中12000吨锻造水压机于1962年6月在上海重型机器厂试车完毕投入试生产，标志着中国重型机器制造能力达到了新的水平。成套炼油设备，特别是1964、1965年5套炼油装置的试制成功，推动了石油工业的发展。这一时期，精密机床的研制生产发展较快。到1965年，中国能制造的精密机床已达7大类30种。

这一时期发展的还有10万千瓦成套火电设备、10万千瓦成套水电设备、黄河牌8吨载重汽车等重大新产品。60年代中期，机床品种达540种，主要机器设备的自给率已达90%。

能源工业形成了煤炭、石油、电力三足鼎立的能源结构。长期靠进口的石油经过几年的油田开发建设实现了生产自给，炼油和石油化工工业得到相应发展。随着山西晋城、安徽淮北、河南焦作、鹤壁和平顶山等几十个煤炭企业的建设，已逐步形成一个包括地质、设计、施工、洗选等比较完整的现代采煤工业。电力工业也组成水电火电相结合、大中小型电站相配合的电力工业体系，全国大部分地区实现了联网，为国民经济的顺利发展提供了动力保证。

化学工业除加快发展化肥、农药等产品外，建立了自己的石油化学工业。1964 年从西欧引进技术，在兰州化学工业公司动工兴建高压聚乙烯、聚丙烯、丙烯腈等装置，成为中国第一个石油化工基地。到 1965 年年底，全国石油化工主要产品生产能力为：乙烯 5000 吨，合成橡胶 1.5 万吨，塑料 3000 吨。另有在建的生产能力：乙烯 3.6 万吨，高压聚乙烯 3.4 万吨，聚丙烯 5000 吨，合成纤维 1 万吨，合成酒精 2.5 万吨，合成氨 10 万吨等。新兴的石油化工工业在调整中迈出了可喜的步伐。

电子工业、原子能工业、航天工业都在这一时期得到发展，成为国民经济中重要的工业部门。中国从 60 年代初开始生产原子能设备，只用两三年时间就于 1964、1965 年研制出第一套原子能反应堆和核原料加工设备以及核物理试验设备，为中国独立自主地发展原子能工业做出了贡献。原子弹的研制是从 1961 年 7 月开始的，在研制过程中，攻克几千个技术难关，进行上千次科学试验，研制了 2 万多台关键设备，终于在 1964 年 10 月 16 日成功地爆炸了第一颗原子弹，次年 5 月 14 日又爆炸了第二颗原子弹。这是中国原子能工业进入新阶段的标志。这一阶段，国家对电子工业的发展也很重视，1963 年至 1965 年 3 年中共投资 5.29 亿元，新开工建设项目 57 个，建成投产 38 个，其中有 22 个是大中型骨干企业。同时，注意发挥原有基础，对一些老厂进行了重点改造，形成初具规模的电子工业。1965 年，电子工业完成新产品定型项目 760 多项，已能生产各种雷达、广播电视发射设备、电视中心设备、无线电通信设备、原子射线仪器、各种气象仪器、水声设备、电话交换机、电子计算机、电视机等。

此外，建筑材料、轻工、纺织等工业也增添了不少新的门类和品种。造船业、交通运输业得到相应发展。这一时期，中国已能自己设计制造万吨级远洋货轮。从 1963 年起，还注意适当解决职工住房不足，文教卫生设施不足的矛盾。1963 年至 1965 年，非生产性建设投资比重由“二五”时期的 13.2% 提高到 17%。

三、内地工业基础薄弱的状况有所改善

经过 5 年的调整，在充实和加强沿海工业基地的同时，在广大内地和后方加快了工业建设。

沿海地区，开发建设了松辽油田后，东北重工业基地更加强大和完整；华东地区发展了冶金、煤炭工业，充实了机械、化学工业，开始建立了重工业的基础。在上海、江苏、辽宁、广东、黑龙江等省市已建起了一批化学纤维厂，标志着一个新兴的工业部门的产生。上海已成为制造氮肥设备的重要基地，有 100 多家工厂分工协作，共同生产氮肥设备。

在缺少工业的广大内地和边疆省、自治区，新建了不同规模的现代工业，除西藏外全国各省、直辖市、自治区都有了铁路。在缺煤的西北、西南和华东地区新建了几十处煤矿，逐步改变了煤炭生产集中于华北、东北地区的状态。广大内地已形成了武汉、湘潭、开封、洛阳、郑州、重庆、成都、昆明、贵阳、西安、兰州等 10 多个新的机械工业基地。轻纺、化工、建材等工业也注意充分利用各地资源，建起了一些骨干企业。铁路的建设有力地促进了内地和边远省份经济的发展。继兰青线（兰州至西宁）建成之后，兰新线（兰州至乌鲁木齐）又与陇海线相连接，使广大西北腹地与沿海地区连结起来。西北地区川黔线全线通车并与成渝铁路正式接轨后，沟通了广西、贵州、四川三省区的联系，西南丰富的自然资源得到开发利用。

通过这几年建设，在广大内地形成了不少工业中心，以武汉、包头为中心的钢铁基地，山西、内蒙古、河南的煤炭基地，兰州的石油化工中心，成都、重庆的钢铁机械基地等。1949 年以前的新疆，连用一根螺丝钉都需要外地供应。到 1965 年，已初步建设起现代化工业基础，能生产 1000 多种工业品；现代化纺织工业的建设，使新疆市场需要的棉布大部分已能自给。内蒙古自治区已建成比较完整的畜产品加工工业。在盛产皮毛的内蒙古，过去只生产羊毛，看不到毛衣；只生产皮片，买不到鞋靴。随着两座现代化毛纺织

厂、4 座大型皮革厂、4 座机械化乳品厂、2 座大型肉类联合加工厂以及许多中小型畜产品加工厂的建设，内蒙古面貌发生了很大变化，成为中国重要的畜产品加工基地。

经过 5 年的努力，到 1965 年，基本建设调整随着整个国民经济调整任务的胜利完成而告圆满结束。国民经济各部门开始协调发展，工农业生产水平已超过 1957 年的水平。1965 年，全国工农业总产值为 1984 亿元，其中，农业总产值 590 亿元，工业总产值 1394 亿元，同 1957 年相比，工农业总产值增长 59%，其中农业增长 10%，工业增长 98%。社会生产力已恢复并超过了 3 年“大跃进”前的水平。调整取得了预期的效果。

第五章

加强战略后方的建设

(1965—1975年)

经过1961年至1963年的三年国民经济调整和1964年的巩固,1965年经济发展出现了好势头,从1966年起中国进入国民经济发展的第三和第四个五年计划时期。1965年至1975年,既是国际形势由紧张到逐步缓和的时期,又是国内政治生活大动乱时期,即"文化大革命"时期。

这一时期基本建设的重点是从战备出发,加强战略后方(简称三线[①])和地方自成体系的建设。基本建设投资几乎一半用于三线地区和各省、区战略后方的建设。受资源条件限制,石油工业的基本建设主要集中在东部和沿海地区。1973年起,随着国际形势的逐步缓和,加强了沿海地区新兴石油化学工业和港口建设,沿海地区的投资逐步有所增加。

由于这一时期的基本建设是在积极备战和"文化大革命"的大动乱中进行的,因此,既取得了重大成就,也留下了比较严重的后遗症。

本章主要叙述这一时期战略后方建设的加强和地方自成体系的建设,东部和沿海地区[②]石油、石油化学工业以及港口的建设情况将放在下一章中叙述。

---

① 中共中央和毛泽东主席从当时战略需要出发,根据战略位置的不同,将中国各地区划分为一、二、三线。三线地区是全国的战略大后方,简称"三线"。三线地区包括四川、贵州、云南、陕西、甘肃、青海、宁夏等七省的全部或大部分地区,以及河南、湖北、湖南、山西的西部地区。由于统计数字分不开,文中涉及三线地区的数据,均按以上11个省、自治区的全省,区数字计算,下同。

② 沿海地区包括:广西、广东、上海、江苏、浙江、福建、山东、北京、天津、河北、辽宁11个省、市、自治区。全国除沿海11省、市、自治区及台湾省外统称为内地。内地18个省、市、自治区从战略位置上一部分属二线地区,一部分属三线地区。中国台湾省属沿海地区。本文涉及沿海地区的统计数据中暂未计入,下同。

第一节　重大决策的转变

一、迅速集中力量加强战略后方的建设

60 年代初期，国际形势比较紧张。1960 年中苏关系破裂，苏联在中苏边界地区部署重兵；蒋介石在美国的支持下，叫嚣“反攻大陆”；美国侵略越南的战争步步升级。

1964 年 5 月，毛泽东在听取国家计委关于编制“三五”计划（1966 年至 1970 年）的汇报时提出：制订计划要考虑打仗，要搞三线基地，一、二线也要搞点军事工程。以后，进一步提出了要准备打仗，要吸取二次世界大战的教训，立足于“大打”、“早打”、“打核战争”。8 月，中共中央书记处召开会议，讨论研究三线建设问题。会上，毛泽东强调指出，要准备帝国主义可能发动侵略战争。现在工厂都集中在大城市和沿海地区，不利于备战。工厂可以一分为二，要抢时间迁到三线去。各省都要建立自己的战略后方，不仅工业交通部分要搬迁，而且学校、科学院、设计院都要搬迁。成昆、川黔、滇黔这三条铁路要抓紧抓好，钢轨不够，可以拆其他线路的。根据这一指示精神，会议决定：首先集中力量建设三线，在人力、物力、财力上给予保证。新建项目都要摆在内地，现在就要搞勘察设计，不要耽误时间。沿海能搬的项目要搬迁；两年内不能见效的续建项目一律缩小建设规模；沿海所有部门要求增加的投资一律“顶住”。做出了迅速加强三线建设的决策。

加强战略后方建设是中国社会主义经济建设中的一个重大决策。这一决策是建立在对当时战争爆发的可能性和紧迫性作了比较严重的估计的基础上。因此，在具体安排上带有比较强烈的临战气氛。

1. “三五”计划的建设方针，从 1964 年年初提出的“解决吃穿用，加强基础工业，兼顾国防和突破尖端”，转变为“积极备战，以国防建设第一，加快三线建设，逐步改变工业布局”。1965 年建设的指导思想，明确规定为“争取时间，大力建设战略后方，防备帝国主义发动侵略战争”，“基本建设要集中力量建设三线。要采取多快好省的办法，在我国纵深地区建立起一个工农结合的，为国防和农业服务的，比较完整的战略后方基地”。

2. 从1964年下半年开始，在中共中央、国务院的直接部署下，建立了从国务院、中共中央西南局、西北局到三线各省的强有力的指挥系统。1965年4月再次决定成立国家建委。[①] 明确规定其主要任务之一是：切实抓好西南、西北战略基地和一、二线后方基地的建设及重点项目的建设。

3. 从1964年下半年开始，各部门领导亲自带队到三线地区选择新建项目的厂址，同时利用三线地区的原有小厂或3年调整时期停缓建的工程，迅速开始了各行各业（包括高等院校和科研机构）从沿海到内地的搬迁工作。

4. 在重点建设全国战略后方的同时，强调各省、市、自治区也要自力更生，尽快把自己的战略后方建设起来，形成各地区的轻兵器工业的生产基地。并鼓励各省、市、自治区要相应地积极建设钢铁厂、煤矿、电站、机械厂、化肥厂等（简称“五小”工业项目），以增强各自为战的能力。

5. 1965年8月，国家建委召开全国搬迁工作会议，明确提出，搬迁工作必须立足于帝国主义发动侵略战争，从准备大打早打出发。对搬迁项目要实行大分散、小集中的原则，少数国防尖端项目，要按照“靠山、分散、隐蔽”的原则建设；有的还要进洞。

从1965年开始，基本建设的重点转到了战备方面，形成了1965年到1966年三线和各省、区战略后方的第一次建设高潮。1966年下半年毛泽东发动了“文化大革命”。这场政治大动乱首先从上层建筑开始，然后影响到经济基础。自1967年起，由于“文化大革命”的冲击，国民经济的发展受到了严重的限制和破坏，特别是1967年和1968年，情况尤为严重，经济指挥和管理机构基本上瘫痪，国民经济的发展失去控制，处于无计划状态。[②] 三线建设也受到了影响。由于大串连和武斗等造成的交通阻塞，使许多三线建设必需

① 此次成立的为三届国家建委。二届国家建委于1958年9月成立，1961年1月与国家计委合并。

② 1967年的年度计划安排，是在1966年年底召开的全国计划、工交会议上讨论的，中共中央和国务院一直没有审批。鉴于局势混乱，会议提出可以分地区、分行业，甚至一个厂一个厂地布置任务。但直到1967年2月下旬，除上海外，其他地区均没有布置安排。同时，统计机构瘫痪，一些基本统计资料提供不出来。形势极度混乱，1968年的年度计划无法制订，这一年成为中国建立计划经济制度以来，唯一没有国民经济计划的年份。

的物资运不进去，三线不少重要工程和基地的建设只好停工。由于各行各业停工停产“闹革命”，国民经济各部门的生产全面衰退，三线建设必须的钢材和重要物资供应不上，只好压缩粮食的进口，腾出外汇进口必要的材料物资。但总的说来，由于得到中共中央和国务院的直接关怀，加上基本建设战线广大职工中的多数能够坚守岗位、克服困难、艰苦奋斗，三线工程建设大体上还能继续进行。

二、抢时间、争速度加快战略后方和各地区自成体系的建设

1969年3月中苏边界发生了争端。6月，林彪提出“用打仗的观点，观察一切，检查一切，落实一切”。据此，林彪一伙把持下的军委办事组①提出了庞大的1970年至1972年国防工业建设计划（简称“大军工”规划，下同），要求在3年内，在10个地区建立起武器装备配套和能各自独立作战的国防军事工业生产能力，并声称“什么比例不比例，打仗就是比例”。10月，林彪发布了所谓“第一号命令”，调动全军进入紧急战备状态，造成战争即将爆发的紧张气氛。在这种气氛下制订的1971年到1975年发展国民经济的第四个五年计划，更加突出强调“备战”，提出了“要与帝修反抢时间，争速度”。计划要求，大力加强国防建设，狠抓战备，集中力量建设全国的战略后方；建立不同水平、各有特点、各自为战、大力协同的经济协作区；同时要高速度发展钢铁工业，许多地县都要建立小矿山、小铁厂、小钢厂，形成大中小结合，星罗棋布的钢铁工业布局；粮食不足的省、区要尽快做到粮食自给有余，扭转南粮北运。实际执行中，受“大军工”规划影响，从1969年起就不顾国民经济的综合平衡，大上军工项目。1969年国防工业投资较上年猛增1.36倍，1970年至1972年，3年间国防工业投资达91.23亿元，占同期工业基本建设投资总额的16%左右，这3年是1949年至1985年36年中国防工业完成基本建设投资比重最高的3年。相应地，民用各工业部门为完成翻番

① 1967年为加强对国防工业的生产和建设的领导，成立了军委国防工业领导小组，统管全国国防工业的生产和建设。林彪当时是中共中央副主席，军委办事组由当时总参谋长黄永胜、空军司令吴法宪、海军司令李作鹏、总后勤部部长邱会作等主持。

任务，也到处铺摊子、建项目。地方小型工业项目的建设蓬勃兴起，建设规模不断扩大，形成了继1958年以后的第二次建设高潮。这几方面的综合作用，造成了1970年、1971年基本建设投资规模的急剧膨胀，加上“文化大革命”的破坏作用，国民经济又一次陷入了困境。1971年9月林彪反革命集团垮台后，中共中央副主席周恩来主持中共中央日常工作，顶住“四人帮”的压力，调整了建设的步伐。提出在加强经济建设的基础上加强国防工业的建设，从1972年开始控制基本建设规模，并着手调整地方小型工业企业的建设。1973年7月，国家计委根据中共中央和国务院的指示，对原订的“四五”计划作了修改，降低了一些高指标，强调要把农业放在第一位。对于三线建设则仍然强调要尽快建设起来，沿海地区的工业要把支援三线建设作为首要任务。同时，总结了林彪一伙搞独立的大军工体系的教训，对国防工业的管理体制作了较大的调整。1973年9月，国务院、中央军委决定撤消了军委国防工业领导小组，成立国务院国防工业办公室。

三、恢复中断多年的成套设备和新技术的引进

在周恩来主持中央日常工作期间，坚持排除极“左”思潮的影响，同毛泽东一起制定了正确的外交方针，外交工作取得了一系列重大进展。1971年10月，中华人民共和国在联合国的合法席位得到恢复；1972年2月，中美两国发表上海联合公报，宣布两国开始走向关系正常化；1972年9月，中日正式建立外交关系。这些外交成就，对缓和亚洲紧张局势和维护世界和平产生了积极的影响。

国际关系的改善，为中国开展对外经济技术交流创造了有利条件。在周恩来主持下，1972年开始恢复中断多年的成套设备和新技术的引进工作。1973年经毛泽东、周恩来批准集中进口了一批成套设备和单机，开始有计划地动工建设一批具有70年代先进技术水平的重大骨干项目，加速新兴石油化学工业和基础工业的发展。但是，江青一伙却有意制造事端，矛头直指周恩来总理。他们诬蔑向国外买船是“崇洋媚外”，是“修正主义路线”，成套设备进口是“卖国主义”等等，致使一些已经谈判好的引进项目被迫推迟。

第二节　战略后方各项建设全面铺开

加强战略后方基地的建设，开始时重点是西南的四川、贵州、云南和西北的陕西、甘肃，以后逐步扩展到中南的河南、湖北、湖南的西部地区。这8个省土地面积236.04万平方公里，占全国总面积的1/4，其中耕地面积4.9亿亩左右，占全国耕地面积1/3左右；人口4亿左右，占全国人口的40%。这些省在“一五”和“二五”计划期间虽然进行了一些工业建设，但与东北和沿海地区比较，交通闭塞，工业基础薄弱，经济落后。但是，这些省的水力、木材、矿产资源丰富，发展工农业生产的潜力很大。

早在1956年，毛泽东在《论十大关系》中，讲到沿海工业和内地工业的关系时就明确指出：“我国全部轻工业和重工业，都有约70%在沿海，只有30%在内地。这是历史上形成的一种不合理的状况。沿海的工业基地必须充分利用，但是，为了平衡工业发展的布局，内地工业必须大力发展”，同时指出，“新的工业大部分应当摆在内地，使工业布局逐步平衡，并且利于备战，这是毫无疑义的。”①

1965年至1975年,11年间三线地区共完成基本建设投资1269.67亿元,占同期全国基本建设投资总额2919.6亿元的43.5%;其中国家预算内投资1119.4亿元,占同期全部国家预算内投资总额2489亿元的45%;工业基本建设投资767.6亿元,占同期全部工业基本建设投资1608.4亿元的47.7%。同期三线地区重点建设的8省共计完成投资1112.9亿元,占三线地区全部投资的87.7%,其中工业基本建设投资670.6亿元,占三线地区工业基本建设投资总额的87.4%。8省的基本建设投资主要集中用于中央各部所属的骨干项目(简称中央项目)的建设。11年合计,中央项目的投资约占全部投资的77%,工业基本建设投资中,中央项目占的比重更高一些,约达80%。

1965年开始，从东北和沿海地区陆续向三线地区迁入了一大批重要企业，同时抽调了工程技术人员、管理干部和技术工人，利用三线地区的各种资源，

① 《毛泽东文集》第7卷，人民出版社1999年第6版，第26页。

有计划、有步骤地以铁路建设为先导，以国防工业建设为重点，钢铁、煤炭、电力和机械、化学工业的建设相互配合，经过1965年和1969年到1971年两次建设高潮，克服了重重困难，11年间在三线地区动工建设了门类比较齐全的各种工业项目。逐步形成了一批新工业基地，包括以输变电设备、电工器材、棉纺织为主体的关中工业区，以大型水电站、有色金属、石油化工为主体的兰州工业区，以机械、天然气、化工、大型水电站为主体的成渝工业区，以攀枝花钢铁公司为中心的攀西工业区，以及东川易门铜基地、个旧锡基地、昆明开阳磷基地、六盘水煤基地等。国防工业也在川南、川北、陕南、中原等地形成了各有特点的工业基地。所有这些大大促进了三线各省的经济繁荣和社会进步，初步展开了中国的工业布局，取得了一定的成就。

一、川黔、贵昆、成昆、湘黔、襄渝铁路的建设

交通闭塞是阻碍内地经济发展的一个突出问题。三线建设开始前，西南地区与外界联接的铁路干线在四川省仅有成渝和宝成铁路与陇海铁路相接；在贵州省仅有黔桂铁路与湘桂铁路相接。区内各省之间没有铁路干线联接，没有形成铁路干线骨架，交通运输处于十分落后的状况。为改变这一状况，三线地区1965年至1975年累计完成的交通运输邮电基建投资占同期三线地区基本建设投资总额的20%左右，其中铁路建设投资占70%多。

三线建设首先从修建铁路开始。1964年8月，中共中央、国务院决定：成昆铁路要快修，川黔铁路和贵昆铁路要快上，同时安排了湘黔铁路和襄渝铁路的建设。通过这五条铁路的建设，不仅可以使川、黔、滇三省铁路联成一体；而且可以形成川、黔、滇、鄂、湘5省的铁路运输网。加上已经建成通车的成渝、宝成和黔桂铁路，使整个西南地区与华中地区之间有了湘黔和襄渝两条钢铁通道，与西北和华南地区之间也各有一条钢铁通道，即宝成和黔桂铁路。这样就能根本改变中国历史上比较闭塞的西南地区内部及向外交通运输的落后状况，从而为这一地区矿产资源的开发和加强工业的建设创造前提条件。

遵照中共中央、国务院的决定，1964年9月，由当时中共中央西南局第

一书记李井泉主持，组成了铁道兵、铁道部和有关部门主要领导人参加的西南铁路建设总指挥部。下设工地指挥部、技术委员会和地方支援铁路修建委员会，统一领导铁道建设工作。

西南铁路建设总指挥部的工地指挥部，根据成昆、川黔和贵昆3条铁路干线的前期工作进展情况，本着统筹全局、力争主动、全面铺开、有所侧重和集中力量打歼灭战的原则，具体部署了先取川黔再取贵昆，后会战成昆的施工计划。并在加快修建川黔、贵昆铁路的同时，抓紧成昆铁路的施工准备和关键工程的前期施工。

川黔铁路（重庆至贵阳）运营里程463公里，成昆铁路（成都—昆明）1096公里，贵昆铁路（贵阳至昆明）639公里，湘黔铁路（湘潭至贵阳）878公里，襄渝铁路（襄樊至重庆）842公里，共计运营里程3885公里。这5条铁路干线曾分别在1956年、1958年做过一些施工前准备工作，有的已经铺轨上百公里。以后由于国民经济出现了严重困难，不得不压缩基本建设投资，60年代初期，陆续停止了这几条铁路干线的建设，余留了大量工程。

这五条铁路干线的建设工程十分艰巨，要分别穿越贵州省的大娄山、四川省的大凉山和川陕交界的大巴山等崇山峻岭，跨过长江、嘉陵江、金沙江、雅砻江、乌江、源江、汉水等许多条大江、河谷。沿线地质构造复杂，地形陡峻艰险，施工条件极为恶劣。尤其是成昆、襄渝铁路更为艰巨。

成昆铁路由川西平原的岷江流域上行，越小相岭，下至金沙江河谷，再溯龙川江上行至滇中高原。全线有700多公里线路穿越川西南和滇北山地，而大渡河、金沙江两岸又分布着数百米高的陡崖峭壁，工程异常艰巨，尤其是牛日河、丝水河、龙川江3条河谷，河床自然坡度较大，铁路线路必须展长以克服地势高差。为此，成昆铁路在建设中设置了6处展线地段，其间线路迂回盘绕，上下穿插，桥隧相连，工程密集。全线桥梁、隧道总延长占线路总长的70%，长度在2公里以上的隧道有34座，6公里以上的有2座，其中沙木拉打隧道长6379米，是当时全国铁路上最长的隧道。金沙江大桥主跨192米，为当时全国铁路上跨度最大的钢梁桥。此外，车站间有桥梁、有隧道，也是全国铁路车站中所少见的。

襄渝铁路横贯鄂、陕、川三省，由汉江流域过大巴山进入渠江、嘉陵江流域，线路在仙人渡、旬阳、紫阳三跨汉江，在北碚跨嘉陵江，以5公里多长的隧道穿过大巴山，沿线河流密布，山势起伏，桥梁隧道工程密集，桥梁隧道总延长占线路长度的44%，工程之艰巨仅次于成昆铁路。

修建这五条铁路，国家共投资82亿元，占36年国家预算内用于新建铁路累计基本建设投资总额的20%左右。修建过程中，云集了中国地质专家和铁路、隧道、桥梁等建筑专家参与勘察设计，先后组织和动员了铁道兵、铁路员工、民兵和民工共210多万人参加施工，共开挖土石方2.5亿多立方米；架设大中型桥梁延长线258.3公里；完成隧道工程751公里，占全国1985年年底已建成的铁路隧道总长的80%，其中最长的乌斯河关通、沙木拉达、大巴山隧道等分别长6公里左右。这样艰巨复杂的铁路建设，不仅在中国是创举，在世界铁路建设史上亦属罕见。这五条铁路的建设，前后经过9年的艰苦奋战，分别在1965年7月建成了川黔线，1966年3月建成了贵昆线，1970年7月建成了成昆线，1972年10月建成了湘黔线，1973年10月建成了襄渝线。建设工期最短，投资最省的川黔线，只花了11个月，平均每公里造价128万元。工程最艰苦，工期最长，投资最高的成昆、襄渝线，花了5年多时间，平均每公里造价352.7万元。五条铁路干线的建设，较大地改变了西南地区交通闭塞的状况，发挥了国民经济的先行作用，不仅是为战备所需，而且从全国铁路网的布局，从开发西南，建设内地，从为实现四个现代化[①]的建设服务来说也是非常必要的。

二、国防工业的建设

三线建设的一个重要指导思想是要加强备战，改善中国国防工业布局，建立战略后方基地。因此，加强国防工业的建设是三线建设中的一个重要组成部分。

---

① 四个现代化，指的是现代化的农业、现代化的工业、现代化的国防和现代化的科学技术；是周恩来总理1964年12月21日在全国人民代表大会三届一次会议上的《政府工作报告》中提出的。

三线的国防工业建设，主要集中在四川、贵州、陕西省和豫西、鄂西、湘西地区进行。四川省原来仅有国民党留下的7个兵工厂，“一五”、“二五”计划期间对它们进行了改造和扩建，同期还新建了电子、航空等20多个工业企业。陕西省在“一五”、“二五”计划期间也建设了一些电子、兵器工业项目。贵州省和豫西、鄂西、湘西地区的国防工业项目则全部都是在此间新建的。三线地区的国防工业建设，首先是建设以重庆为中心的常规兵器工业基地，接着展开了四川和贵州的电子工业基地的建设；四川和陕西等地区的战略武器科研生产基地的建设；贵州、陕西和鄂西地区的航空工业基地的建设以及沿长江中上游的船舶工业科研生产基地的建设。并于1976年建成了中国第一个自行设计、自制设备、自行建设的卫星地面试验站。

三线的国防工业建设由于任务艰巨，时间要求紧，建设过程中采用了分别确定老厂对口包新建厂，按隶属关系由各部从包建厂指定抽调负责人，组成成套的新厂建设班子，并立即到建设现场工作。设计院、勘测公司相应派出大批人员进驻现场。各个项目建设地点经初选后，即由各部、局和省、地负责人共同复查，现场定点。为了加快建设进度，节约建设资金，有些厂利用了调整期间停建缓建的地方项目厂址。在选择厂址中，为了对空隐蔽，有的非尖端科研项目也进了山洞。厂址经批准后，勘察设计人员到建设现场搞设计，并由有关领导到现场审查，然后迅速组织施工。在施工过程中，取消了过去甲方、乙方的承发包制度，成立了由筹建厂、地方领导机关、施工单位、设计单位、物资部门共同参加的现场工程指挥部，统一领导和管理，统一指挥现场施工，统一组织物资供应。这种“条块结合”实行“五统一”、①“四到现场”② 的做法，在当时对减少相互扯皮，加快建设进度在一定程度上起了作用。同时，由于得到各级地方政府和农民的大力支援，征购土地、迁移居民，纠纷较少；参加建设的民工，以能当“三线建设战士”为荣，建设

① “五统一”，即由现场工程指挥部实行统一领导、统一思想、统一计划、统一组织、统一核算。

② “四到现场”，即现场定厂址、现场设计、现场审定设计，以及设备、材料等物资，由物资部门发送到施工现场。

工作进展比较顺利。但由于建设初期要求过急，对隐蔽的要求过高（如要达到飞机在空中看不清等），项目布局过于分散，选址进山太深，以及建筑标准压得过低①等，给建设和以后的生产和生活带来了不少困难。后期开始有所克服，并在项目建设中注意了采用一些新工艺、新技术，在设计水平和工程质量上较前有所提高。

1965年至1975年，国家用于三线地区国防工业和科研基本建设投资累计达200余亿元，占同期三线地区基本建设投资中预算内投资总额的18.6%，占同期工业基本建设投资的1/4强。先后建成了297个工厂、42个研究院（所），形成了年工业产值130亿元的生产能力。

重点进行三线建设前的1964年，三线地区的国防工业只能生产一般的轻兵器、电子元器件、雷达通信导航设备和一般的歼击机等。经过1965年至1975年的建设，重兵器、坦克车辆、高级歼击机和战略武器等逐步形成生产能力。到1975年年底，三线地区的兵器工业的生产能力已几乎占全国的一半，航空工业生产能力占全国的2/3。核工业从无到有，得到了全面发展，新兴科技—宇航工业也得到了飞速的发展，电子工业建成了微波导航、低空警戒、潜艇攻击、大中型炮瞄、跟踪等雷达及一些尖端电子产品的生产能力，填补了空白，对国防建设和尖端科学的发展做出了贡献。同时，在三线地区还建设了战略武器的科研、生产、试验等基地。继1964年10月成功地爆炸了第一颗原子弹后，1967年6月爆炸了第一颗氢弹，1969年9月又首次成功地进行了地下核试验。在空间技术方面，1966年10月第一次进行了发射导弹核武器的试验，1970年4月成功地发射了第一颗人造地球卫星，1975年11月按预定计划回收卫星成功。为飞机、导弹、卫星、航天飞行器、火箭、舰艇等研制服务的、面向全国的大型空气动力试验研究基地也是在此期间，在三线地区建成投入使用的。经过11年的建设，三线地区国防工业的固定资产原值和净值，主要产品的生产能力、技术力量和设备水平等都已超过一、二线

① 1966年2月中共中央西南局召开西南三线建设会议，在总结西南三线建设经验的基础上提出，要发扬延安、大庆精神搞“干打垒”（不用钢筋、混凝土），每平方米造价40元。不仅民用建筑搞，厂房建筑也搞。从此，糊豆沙（卵石、白灰、沙子）在一般性的国防建设项目中得到了广泛使用。

地区。这就从根本上改变了中国武器装备的生产原来主要靠一、二线的局面，大大改善了国防工业的生产布局。这对于加速国防现代化的建设，对于巩固国防都具有极为重要的战略意义。

三、国民经济其他部门的建设

三线建设的重点是国防工业。为满足国防工业的建设和生产对各种钢材、有色金属材料、化工原料、大型铸锻件、精密设备、仪器仪表以及燃料动力等的需要，在加强国防工业建设的同时，相应加强了冶金、能源、化工、机械等各部门的建设。

1964 年，三线地区这些工业部门的生产基础还十分薄弱。当时，三线地区稍具规模的钢铁厂仅有重庆钢铁公司等少数几个厂。生铁总产量仅 41. 5 万吨左右（不包括武钢和太原钢铁厂的产量，下同），钢和钢材各 60 万吨左右，在全国总产量中只分别占 4%—8%。基本化工原料的生产基础也很薄弱。原煤和发电量虽然分别占全国当年产量的 40. 7% 和 21% 左右，但原煤产量中 60% 以上集中在山西和河南两省，重点建设的西南、西北地区，1964 年仅生产原煤 2200 多万吨，发电量仅 72 亿度左右，只分别占全国总产量的 9. 7% 和 12. 8% 左右。机械工业（仅包括民用部分）经过“一五”、“二五”两个五年计划时期的建设，虽然在三线地区逐步形成了西安、兰州、洛阳、太原等新的机械工业基地，但到 1964 年年底止，机械工业的主要生产能力仍然集中在沿海地区，特别是一些重要的、关键产品的生产能力。

从战备和要在三线地区建立起以国防工业为中心、门类齐全的战略后方工业基地出发，从 1964 年下半年开始，采取了从沿海内迁，利用原有基础（包括已有工业企业和已停缓建的半拉子工程）进行改建扩建和新建等 3 种不同形式，对上述各基础工业部门和机械工业有计划地加强了建设。1965 年到 1975 年，三线地区，特别是其中重点建设的 8 个省，工业基本建设投资中 95% 左右集中用于重工业各部门（包括国防工业）的建设。

（一）原材料工业的建设。

1965 年至 1975 年，冶金、化工、建材等原材料工业部门累计投资达 260

多亿元，占同期三线地区全部工业投资的1/3强。其中，冶金工业投资最多，占全部工业基本建设投资的22%左右，冶金工业中钢铁工业投资占一半以上。

三线地区建设钢铁工业有着优越的条件。一是铁矿石储量较大，初步探明储量占全国总储量的37%，主要分布在四川、湖北、云南，尤以四川西部的钒钛铁矿储量最多。二是水能资源、煤炭资源和冶炼钢铁的辅料资源丰富。三是有一定的钢铁工业基础，“二五”计划期间开工建设，以后又停缓建的甘肃酒泉钢铁厂（简称酒钢）、河南舞阳钢铁厂（简称舞钢）和四川成都无缝钢管厂等都已做了大量的建设前期工作。

1964年下半年，为了加强三线地区钢铁工业的建设，冶金工业部成立了西南、西北地区两个指挥部。建设重点在四川。其中攀枝花钢铁基地又是重点中的重点。四川钢铁工业的建设，主要是围绕新建攀枝花钢铁公司（简称攀钢）、攀枝花冶金矿山公司（简称攀矿）、长城钢厂、成都无缝钢管厂和扩建重庆钢铁公司、重庆特殊钢厂等8个重点项目，以及成都钢铁厂、威远钢铁厂、达县钢铁厂等6个地方钢铁项目展开的。

1964年5月，中共中央决定集中力量在四川西部攀枝花建设中国的后方钢铁基地。攀钢工程是全部依靠中国自己的力量，自行设计、自造设备的大型钢铁联合企业。攀枝花—西昌地区有储量丰富的磁铁矿，这种矿还含有钒、钛、钴、镍等20多种共生金属。中共中央、毛泽东主席对攀枝花建设做了一系列重要指示。其中心思想是，为改善中国工业的战略布局，作好战备，要尽快在中国纵深的攀枝花—西昌地区建设起一个新的大型钢铁工业基地，并且一定要把它建设好。为贯彻中共中央的战略决策，从1964年下半年起，国务院10个部调动了5万多名职工以及铁道兵部队，并从对口支援攀钢建设的鞍钢、武钢、重钢等大型企业抽调了大批工程技术人员、干部、工人，形成十万建设大军，在荒山野岭中，开始了艰苦卓绝的创建工作。全国人民，特别是川、滇两省人民从人力、物力上给予大力支援。在成昆铁路没有建成前的1966年至1970年期间，国家组织了辽宁、山西、河南、河北、安徽5省的1500辆载重汽车，承担从成都等地向施工现场运输设备器材、物资及生活资料等繁重的运输任务。1965年到1975年，国家为建设攀枝花钢铁基地共投资接近40亿元，其中攀钢、攀矿完成投资26亿多元。初步建成了以钢铁工业为中心，包括钢铁、煤炭、电力、交通、机械、化工、林业、建材、邮电、民用建筑、城市公用事业等相互配套、协调发展的综合性工业基地。形成了一座新兴的工业城市——渡口市。攀钢按计划实现了1970年出铁，1971年出钢，1974年出钢材的目标。一期工程于1974年基本建成投产，形成生产能力为铁矿采选1350万吨、炼铁160万—170万吨、炼钢150万吨、钢材110万吨。

经过11年的建设，四川省除初步建成攀枝花钢铁基地外，还相继建成了以重庆钢铁公司、重庆特殊钢厂为主体的，包括市属地方钢铁企业在内的重庆钢铁基地和以成都无缝钢管厂、长城钢厂（在原江油钢铁厂基础上，由上海第五钢厂分迁来的特殊钢厂）等企业为骨架的，包括成都钢铁厂等地方钢铁企业的成都地区新钢铁产区。长城钢铁厂的建成，成为当时三线地区较大的、以生产军工用多种特殊钢材和不锈钢带板、管材为主的重要生产基地。

与此同时，贵州的六盘水地区，在建设煤炭基地的同时，建设了主要生产优质生铁的水城钢铁厂，并在陕西新建了略阳钢铁厂等规模较小的钢铁企业。改扩建了昆明钢铁公司、贵阳特殊钢厂、陕西钢厂、甘肃酒泉钢铁厂和相应的一批铁矿、铁合金厂、耐火材料厂、钢铁制品厂、冶金机械修配厂等重点企业。完成的迁建工程还有西宁特殊钢厂、西北炭素厂、宁夏石咀山金属制品厂优质钢丝绳和针布网车间、西安金属制品厂优质钢丝及精密合金车间等。

三线地区有色金属资源储量丰富，探明储量中镍占全国储量的90%，锑占80%，钴占73%，铜、铝、锡、铅锌、钒钛、钼等均占50%左右，钨占35%。11年间，三线地区除对原有的云南个旧锡矿、东川和易门铜矿、四川西昌地区会东铅锌矿、拉拉铜矿、甘肃白银有色金属公司以及郑州铝厂、贵州铝厂等进行一些改建扩建外，重点建设了铜和铝的加工工业，特别是为满足航空工业建设的需要，加强了铝加工工业的建设，主要建设项目是内迁和新建了西北铜加工厂、兰州连城铝厂、兰州铝厂、冥河铝镁冶炼加工厂、西北铝加工厂和重庆西南铝加工厂。

西南铝加工厂是为国防工业提供大规格、新品种铝合金加工制品的现代化大型企业，是当时全国有色金属工业的重点建设项目。一期工程设计年产铝合金材 2.45 万吨。1965 年动工建设，1966 年为贯彻“以隐蔽为中心”的方针，放弃了原定方案和已平整好的厂址，迁入山沟，重新建厂，全厂各车间分散布置在 10 多公里的范围内。参加建设的全体人员发扬了艰苦奋斗的精神，顶住了“文化大革命”的破坏干扰，1969 年熔铸生产线建成投产，到 1971 年全厂基本建成，成为当时全国唯一可以生产军用大型铝锻件的企业，为国防军工和国民经济做出了贡献。

三线化学工业的建设，重点是为国防军工配套的重水、炸药、树脂、橡胶、医药，以及为农业服务的化肥和其他化工项目。建设布局的重点在四川、贵州、云南等省。与军工配套的化工项目主要安排在四川。1965 年至 1975 年，四川化学工业累计投资 17 亿元左右，占同期三线地区全部化学工业基本建设投资总额的 24% 左右。主要建设项目有生产重水的化工厂，上海分迁来的主要研究为军工产品配套的高分子合成化工原材料的化工研究院，与军工配套建设的内江四川硫酸厂、重庆长江橡胶厂和合江天然气化工厂等。经过 11 年的建设，初步形成了以生产染料、合成橡胶、甲醇等化工产品为主的重庆综合化工基地，以生产基本化工原料为主的川南化工基地和成都化肥基地。贵州、云南则主要进行了化学矿、化工原料和化肥工业的建设。加强三线建设开始后，贵州、云南加快了磷矿的建设，两省合计磷矿石产量从 1964 年的 29.17 万吨，猛增至 1975 年的 378 万吨，成为全国磷矿石的主要供应基地，并为两省“五五”、“六五”计划期间发展磷化工和磷肥工业奠定了基础。同时，新建了与三线地区军工建设配套的贵州有机合成厂、贵阳轮胎厂、昆明轮胎厂等项目。加上三省地方小氮肥厂的蓬勃发展，其中仅四川一省就建设了近百套小氮肥装置，形成了 1950 年以后贵州、四川化学工业建设最大的一次高潮。

此外，在三线地区还新建了陕西硫酸厂、河南焦作轮胎厂、第二胶片厂、湖北应城化工厂、东风轮胎厂、荆襄磷矿、湖南岳阳化工总厂、益阳橡胶机械厂等一系列大中型项目，紧密配合了三线地区国防工业建设的需要。

与此同时，三线地区的森林工业和建材工业也有较大发展。1965 年至 1975 年，新建了贵州水城、四川峨嵋等大中型水泥厂和嘉陵玻璃厂等，加强了西南、西北地方建材工业的建设。森林工业继重点开发大兴安岭林区以后，1965 年，按照国家计委批准的《金沙江林区原则开发方案》和三线建设的部署，建设重点转到金沙江林区。金沙江中游林区，地跨川、滇两省，森林资源丰富。以后，受“文化大革命”的冲击，1968 年林区下放云南省和四川省，由地方负责续建。1965 年至 1975 年金沙江林区累计完成基本建设投资 5 亿元左右，新增木材年生产能力 100 万立方米左右。同时，先后建设了一批规模较大的综合性木材加工厂和林业化学工业项目。

（二）能源工业建设。

能源工业是三线建设中的一个重点建设部门，1965 年至 1975 年累计投资约 210 亿元，占同期三线地区全部工业基本建设投资的 28% 左右。由于受资源的限制，三线地区能源工业建设的重点是煤炭和电力工业，石油工业占的比重很小。

11 年间，煤炭工业除了继续山西原有煤炭基地的建设外，先后以西南地区的六盘水矿区和西北地区的陕西渭北为中心的煤炭基地为重点，集中力量进行了建设。

“六盘水”是贵州省的六枝、盘县、水城地区的简称。这个地区煤炭探明储量达 150 亿吨，其中 90% 可用于炼焦。1964 年 8 月，煤炭工业部确定三线地区煤炭基地的建设以六盘水为重点。1965 年 1 月，煤炭工业部西南煤矿建设指挥部在六枝成立，六盘水矿区大规模建设开始。在此之前，六盘水煤田的开发早已进行，并已开工建设了几处矿井，但在国民经济调整期间大部分停建。这次上马，采取了大会战形式，从华北、华东、东北等老矿区成建制地抽调了近 10 万人的基本建设队伍，从全国煤炭系统调集了约 50 万吨材料、设备，以保证建设的急需。1966 年进入建设高潮，以后因受“文化大革命”的冲击，加上入黔铁路中断，施工必须的物资运不进来，建设速度下降，工程打打停停。1971 年有的施工队伍又陆续调回原来的老矿区，六盘水矿区建设受到一定影响。到 1972 年年底，六盘水矿区建设规模已达 22 处，设计能力1186万吨；建成投产的矿井15处，设计能力715万吨，建成投产的洗煤能力530万吨，还有相应的生产配套设施和生活福利设施。1975年生产原煤300万吨左右，占当年贵州省原煤产量1104万吨的27%左右；它的建设与四川渡口煤矿基地一起保证了攀钢、成昆铁路和三线地区工农业生产和建设对煤炭的需要。六盘水矿区于1984年全部建成投产，当年产原煤715.2万吨，外调出省300多万吨，使贵州成为长江以南唯一的煤炭调出省。

以陕西渭北为中心的西北煤炭工业基地的建设，开始于1970年。当时，煤炭工业部与石油、化工两部已合并为燃料化学工业部。燃化部抽调了原煤炭部直属的几个施工队伍和煤炭基建工程兵支队，集中力量进行了以渭北为中心的西北煤炭基地的建设。到1975年，先后开始扩建和新建的矿区，有铜川、蒲白、澄郃、韩城、镇巴5个。矿井生产能力建设总规模最大时达到42处，1282万吨，相当于全国同期矿井生产能力建设总规模的23.4%。从1970年到1975年，6年间先后建成投产的矿井有7处，增加原煤生产能力537万吨。

与此同时，贺兰山煤炭基地的建设也有较快的发展。宁夏石炭井矿区在1966年到1975年的10年内，建成投产矿井6处，露天矿1处，设计能力585万吨，成为西北五省（自治区）生产能力仅次于铜川的第二大矿区。

11年间，上述主要矿区的建设，加上其他一些零星煤矿的建设，使三线西北地区各省（区）的原煤产量从1964年的900万吨左右提高到1975年的2000万吨左右。

此外，河南省扩建了平顶山焦煤矿，新建了鹤壁煤矿。云南省扩建了禄丰一平浪煤矿、宣威羊场煤矿、开远小龙潭煤矿。四川新建了珙县、芙蓉、华莹山、广旺煤矿，扩建了重庆松藻、南桐、天府和永荣煤矿。

经过11年的建设，三线地区原煤产量由1964年的8367.2万吨，增加到1975年的2.12亿吨，占同期全国煤炭增长总额2.67亿吨的47.9%。由于煤矿建设工期较长，到1975年年底三线地区还有一定的在建规模，这就为以后煤炭开采能力的增长创造了条件。随着煤炭新基地的建设，三线地区逐步形成了六盘水市、铜川市、平顶山市、焦作市、鹤壁市等以煤炭开采和煤炭化工为中心的新兴工业城市。

电力工业的建设。三线地区水能资源丰富，可用于开发水电的资源达3.4亿千瓦，占全国水能资源的一半。其中尤以四川、云南、贵州为最，湖北、湖南、甘肃、陕西次之。随着三线地区煤炭工业的发展，电力工业建设采取了火、水电并举，大中小型结合的方针。

1965年至1975年11年间，先后在黄河建成了位于甘肃省的刘家峡、八盘峡两个水电站，在乌江筹建了位于贵州省的乌江渡水电站，在大渡河建设了位于四川省乐山的石泉水电站及四川汶川映秀湾水电站和石门水电站等。同时，与各工业基地的建设同步配套建设了32座"靠山、分散、隐蔽"式的火力发电厂，总容量达543.4万千瓦。其中有四川省的内江白马火电厂、宜宾豆坝火电厂、华莹山火电厂、渡口火电厂，贵州省的清镇火电厂、水城火电厂，云南省的宣威火电厂，陕西省的秦岭（一期工程）、渭河、韩城、略阳火电厂，甘肃的永昌、甘谷火电厂等。位于长江三峡西陵峡出口处的中国到80年代止最大的水电站——葛州坝水电站（装机总容量271.5万千瓦），也是在此期间于1970年年底正式动工兴建的。后因规划设计出现了一些重大的技术问题，1972年暂停施工。经国务院批准，1974年10月又正式复工。11年间，三线地区年发电量由1964年的149.7亿度，增加到1975年的635.6亿度；并相应架设了高压输电线路和变电设施，形成了西南、西北、中南地区的大电网，为新建加工工业提供了一定的电力保证。

石油工业的建设，三线地区的重点在四川省。1965年至1975年，国家对四川省石油天然气开采投资近12亿元。投资方向主要是气田勘探建设。天然气的产量从1964年的9.22亿立方米增加到1975年的37.09亿立方米，供应了重庆、泸州、自贡、成都等工业基地的建设用气。

（三）机械工业建设。

机械工业经过"一五"、"二五"两个五年计划的建设，在三线地区逐步形成了几个新基地，建成了一批新项目，但多集中于少数大城市，许多产品，特别是一些重要、关键产品的生产能力还是缺门。加强三线建设开始后，从战备出发，按照尽快使三线地区机械工业的生产能力结合二线的生产能力能够基本接近当时一线的水平，迅速生产当时一线能生产的品种和成套设备的要求，在三线地区按专业化协作和军民结合的原则进行了机械工业的建设。从 1964 年下半年起，开始了大规模的企业搬迁（把一线企业一分为二或整个搬迁到三线地区）和三线基地的建设。1966 年到 1970 年是三线机械工业建设的高潮时期，整个建设一直延续到 1979 年。1965 年至 1975 年 11 年间，三线地区机械工业累计完成基本建设投资 74.5 亿元，占同期三线全部工业基本建设投资的 9.7%；占同期全国机械工业基本建设投资总额的 66.5%；其中，1965 年到 1970 年全国机械工业的基本建设投资基本上都集中使用于三线地区，6 年累计三线地区的投资占全国的 83%，1971 年到 1975 年有所下降，占 57.1%。

为了抢时间，从 1964 年下半年到 1965 年，第一批 49 个项目从沿海迅速搬迁到三线地区，这些项目大多数是利用三线地区原有小厂或“大跃进”时期遗留下来的停缓建工程为立足点，用“三老带三新”（老基地支援新基地、老厂支援新厂、老工人带新工人）的方式对口包建。沿海老厂把支援三线作为光荣的政治任务，人员和设备择优选拔。由于全国支援，搬迁工作进行得非常顺利，多数工厂一两个月内就搬迁完毕，一般性产品很快在新的基地组织了生产，并逐步进行了扩建。但一些技术要求较高的攻关产品的生产能力搬迁后受各种条件的影响，大大延缓了发挥作用的时间。1965 年到 1975 年，机械工业从沿海地区向三线地区搬迁的工厂、研究所、设计院共达 241 个，内迁职工 6 万多人，设备 1.8 万台，在三线地区建成了 200 多个项目。这是机械工业历史上一次空前规模的生产力大转移。

与此同时，机械工业在三线地区进行了大规模的新建。11 年间建成投产的大中项目共有 124 个，竣工建筑面积 1720 万平方米，安装机床 2.5 万台，锻压设备 4200 台。由于大批项目的建成投产，三线地区机械工业的生产能力增长很快，拥有的职工人数、固定资产原值和机床数占全国机械工业总额中的比重，均从 1964 年年底占不到 1/5 增加到 1975 年的占 1/3 以上；三线地区机械工业的总产值占全国的比重，也从 1964 年占 1/5 左右上升到 1975 年占 1/4 左右。随着这一时期开工建设项目的先后投产和逐步达到设计能力，到

1979年止，三线地区主要机械产品的生产能力已大体相当于1965年机械工业的全国水平。

四川省的机械工业基本上是这一时期建设起来的。1964年四川机械工业的固定资产不到6亿元，1965年到1975年，国家累计投资20多亿元，从东北和沿海地区迁入121个单位，组成82个工厂、5个研究所，内迁设备5400台，迁入职工2.8万多人，并新建了一大批项目。东方电机厂、东方汽轮机厂、东方锅炉厂三大动力厂，德阳第二重机厂、长江起重机厂、长江挖掘机厂、江油矿山机械厂等一大批大中型骨干企业都是在此期间建设起来的。同时进行了重庆大足重型汽车制造和仪器、仪表基地的建设。形成了四川门类比较齐全、技术装备比较先进的机械工业体系。

陕西的机械工业，在“一五”、“二五”计划期间，主要建设了电力机械制造工业，但配套能力很差。1965年到1975年，从北京、上海、山海关等地分迁了重型汽车制造厂、机床厂、轴承厂、微电机厂和桥梁厂等15个企业，新建了工具、油泵油嘴、钢丝绳、拖拉机、内燃机、邮电器材、铁路信号等项目。到1975年年底，陕西省机械工业生产的金属切削机床已由1964年的399台增加到7313台，内燃机由4000马力增加到41.4万马力，全省机械工业产值也由10亿元左右增加到30.1亿元，成为三线地区重要的机械工业基地。

在此期间，在湖北省十堰市开始了第二汽车制造厂的建设，并逐步进行了贵州、鄂西、豫西地区的机械工业建设。

经过11年的建设，在三线地区逐步形成了重庆、成都、汉中、鄂西、贵阳、天水、西宁等新的机械工业基地，形成了为数众多的小城镇，有效地改善了中国机械工业的布局。

（四）其他部门的相应建设。

为了战备的需要，在此期间，非工业部门的建设也重点转移到三线。

商业部门加强了三线后方仓库（包括石油库、冷藏库等）的建设。并且提出在三线建库的库址选择上要隐蔽、分散，一般在同一城市不要集中在同一地区建大库，仓库面积一般不超过1万平方米，在有条件的地方可挖些土窑洞或山洞仓库。石油库的建设要由过去以建地上的明库为主，改为以建地下或半地下隐蔽库为主。并从战时储备和加强防卫的需要出发，扩大石油库单项建设规模。1965年到1975年，商业部门在三线或靠近三线的二线地区17个省、市、自治区建设了100多个部属储备性仓库，投资0.8亿元，建筑面积达86亿平方米。三线地区石油库的总量也有较大增长。但其中相当部分布局不合理，平时不能充分发挥作用。1974年9月经国务院批准，追加石油库的建设投资，重点解决二级站和石油中转调运设施不足。这批石油库到1980年左右基本建成投产，储油能力不足的状况才有所好转。

广播电视事业的建设也从1966年开始重点转向三线地区。11年间建成投产的大中型项目或相当于大中型的项目共15项，主要包括：播控中心、微波线路、对国内外广播的中波和短波发射台、物资仓库和广播车队等。建设地点大多在偏僻地区或山区，条件艰苦，选用的设备和元器件都是中国自己生产的，并且采用了一些新技术、新工艺。1973年5月中央电视台还正式进行了彩色电视试播。这一时期的建设促进了中国广播电视技术的发展。

高等院校也根据中央关于三线建设的战略决策，从一线到三线进行了有计划的内迁。同时，由于“文化大革命”的冲击，撤销了一批政法、财经院校，合并了一批农林院校。11年中，高等院校基本建设投资近5亿元，主要耗用于大搬迁、大裁并。由于当时大动乱的政治局面，大部分院校的三线校舍未能全部建成。内迁高等院校在紧急搬迁中，搞得校无定址、人无定居、教无定所，图书资料、仪器设备和原有校舍家具等破坏损失严重；已建成的部分校舍，也陆续于1978年后交地方办学用。这一时期高等院校的大搬迁尽管从总体上说是得不偿失，但对促进三线地区的智力开发仍然起了一定作用。

第三节　各省区自成体系的建设

根据各省区都要建设自己的战略后方和尽快实现主要产品自给，打起仗来不要靠中央，要靠地方自力更生的决策，1965年至1975年，在加强三线建设的同时，各省、市、自治区都加强了地方自成体系的建设。为了加强地方项目的建设（包括三线地区11个省、区的地方项目），这一时期基本建设投资总额中地方项目的投资比重有了较大幅度的增长。中央各部还从 1966 年起采取部直供项目[①]的形式加强对地方建设项目的支持。1965 年到 1966 年两年合计全国基本建设投资总额 389 亿元中，中央各部所属项目完成投资为 237.8 亿元，占 61.1%；地方项目完成投资 132.4 亿元，占 34%。1971 年到 1975 年五年合计全国基本建设投资总额 1763.9 亿元中，中央各部所属项目完成投资 482.5 亿元，占 27.4%；部直供项目完成投资 356.7 亿元，占 20.2%；地方项目完成投资 841 亿元，占 47.7%[②]；5 年间隶属地方的建设项目完成投资占全部投资中的比重高达 67.9%。

一、地方军工项目的建设

各省、区战略后方建设，通称“小三线”建设。“小三线”建设是以地方军工项目为主，并相应进行钢铁、机械、煤炭、电力、交通运输等地方工业交通项目的建设。根据 1965 年国家批准的“小三线”建设规划，地方军工建设以轻武器及其弹药为主，约有 20 多个品种，全国分为 17 小片进行，投资约占整个“小三线”建设投资的 30%。地方军工项目的建设，由省军区及省、市、自治区政府根据国家批准的建设规模，自行组织选厂定点、设计、施工。整个建设工作和建成后的生产经营均由地方负责。由于发挥了地方的积极性，各行各业都来支援，加上规模都比较小，所以建设速度普遍较快，一般一年左右就可以建成一个工厂，迅速形成生产能力。许多项目建成投产后还很快超过了设计能力。在建设过程中，由兵器工业部门负责提供产品工艺的典型设计，指令有关产品对口厂调配技术领导干部、工程技术人员和关键工序的技术工人，并提供生产所需技术资料和专用设备。截至 1980 年，“小三线”建成投产的常规武器制造项目共 268 个，职工 28 万人，主要设备 4

① 现行制度中的部直供项目，是指在地方项目中有一部分项目在基本建设计划安排上，由各部和省、市、自治区共同商定，由部下达，在建设过程中所需投资和存在问题，由国务院各有关部直接安排和解决。部直供项目是管理体制改革中的一种过渡形式。

② 仅包括全国城市建设系统完成的基本建设投资额。中央项目和地方项目投资之和不等于全部投资，因为还有特殊专项投资未计入。这项投资 1965—1966 年合计 18.72 亿元，1971—1975 年合计 83.58 亿元。1967—1970 年四年缺中央项目和地方项目分列的统计数字。

万台，累计完成基本建设投资32亿元。

二、江南九省的煤矿建设

湖南、湖北、广东、广西、江苏、浙江、江西、福建、安徽9省（简称江南9省）是中国工业比较有基础的省、自治区，但长期以来缺煤严重。1965年9省合计原煤产量仅3071万吨，其中除安徽产量过1000万吨外，其余8省均仅年产几百万吨。浙江和福建1965年原煤产量分别只有32万吨和60万吨。为了增强各地自力更生进行建设的能力和迅速扭转北煤南运的局面，煤炭工业在重点建设三线地区的六盘水矿区和以渭北为中心的煤炭基地的同时，从1966年开始加强了江南九省的煤炭建设。

1966年5月，煤炭部在湖南株洲建立了湘赣煤田地质会战指挥部，开始大规模资源勘探工作，来自山西、河南、山东、辽宁、黑龙江、江西等省的煤田地质勘探队伍约5000余人，为探明湖南、江西的煤炭储量做了大量工作。随着资源勘探工作的进展，矿井建设逐步铺开。“三五”计划期间，除对原有资兴、萍乡等一些老矿区进行扩建外，江西英岗岭，安徽马鞍山、湖南白河、福建永定、广东梅县、梅田、四望障，广西红茂、罗城等一批新矿区也陆续开始兴建。

1969年全国计划会上又进一步提出：“基础工业要重点安排江南九省的煤炭建设，充分发动群众，大搞小煤矿，力争奋战三五年，改变北煤南运的局面”的建设方针。从此，进一步加强了江南9省煤炭资源的勘探和开发。“四五”计划期间，集中了全国煤炭系统40%的地质勘探力量，共37个勘探队，2.6万多人，开动318个钻机，全面加强江南9省的煤炭地质勘探工作。“四五”计划期间的头四年，即1970年至1974年，共探明可供建井的工业储量54亿吨，相当于1970年前21年9省探明储量的47%。新探明了广东连阳，湖南坪塘，江苏云亭、花山、白泥丁，江西花鼓山、清江等一批新煤田。1973年9月，在湖南韶山召开了江南9省小煤窑生产建设经验交流会。1974年11月，在湘潭召开了南方9省地质工作交流会，及时总结经验，推动生产建设工作。

施工方面，除积极发展地方力量外，从华北老矿区抽调了一部分技术力量较强的专业化队伍，支援重点矿区的建设。还有14个基本建设工程兵连参加苏南矿区建设。在基本建设投资的安排和物资供应上，也优先给予保证。"四五"计划期间，全国煤炭工业系统累计完成基本建设投资96.6亿元中，用于江南九省区的共达40.1亿元，占41.5%。由于人力、物力、财力的保证，江南九省的煤矿基本建设发展很快。"四五"计划期间，开工建设的新矿区有江苏丰沛、福建永安、安徽潘集3个，加上"三五"计划期间开工的共达10余个矿区。到1975年年底止，建成投产矿井300余处，设计能力3836万吨。九省的煤炭产量也由1965年的3071万吨，增加到1975年的8105万吨，增长1.6倍，在全国原煤总产量中的比重也由1965年的13.2%上升到1975年的16.6%。江南煤炭建设的重点省——湖南省，1974年年末全省县以上煤矿（年生产能力3万吨以上的矿井）共有157处，设计能力1651万吨，比1966年增加1028万吨，增长1.7倍；特别是1970年至1974年的5年内，建成投产井56处，设计能力772万吨，超过1966年年年末全省煤矿生产能力的总和。

但是在江南9省的煤矿建设中，由于要求急，任务重，工作中盲目性和瞎指挥比较严重，加上江南煤田资源储量少而分散，（到1971年累计探明储量仅占同期全国总储量的1.4%）地质构造复杂，矿床岩溶水和瓦斯都很大，在建设过程中的损失浪费是惊人的。例如1970年被作为当年设计、当年施工、当年投产样板推广的湖南省连部观山矿井，设计能力21万吨，耗用投资721.4万元，投产八年总共产煤9.2万吨，吨煤生产成本高达103元。1974年在长沙召开的全国设计革命经验交流会议上，还曾不适当地推广"四边三当年"（边勘探、边设计、边施工、边生产和当年设计、当年施工、当年投产）的做法，完全打乱了基本建设程序和规范的要求，结果是勘探的储量大部分落空，设计方案靠领导拍板，施工不管质量，投产不问效益。有的地方甚至要求基层单位"有啥交啥，交啥接啥，不得以任何借口不交，不得以任何借口不接"。造成了煤炭建设上又一次大批矿井简易投产，遗留问题很多。

三、地方小型工业项目的建设

为增强地方的自力更生能力，为农业生产服务，为地方军工的生产和建设配套，1965 年至 1975 年，各省、市、自治区采取了种种措施积极进行了地方各类小型工业项目的建设。

当时，中国粮、棉生产还不能自给，一部分人民口粮不足，衣被甚少。从备战、备荒出发，必须尽快把农业搞上去。1966 年 3 月，毛泽东在给刘少奇的信中针对农业机械化搞了 10 年成效不大的状况，明确指示：农业机械化要以各省、市、自治区自力更生为主；并提出，为了农业机械化，要为地方争一部分机械制造权。[①]《一九六六年工业交通工作纲要》也强调指出："地方工业应当把为农业服务放在第一位"，要"积极发展地方的钢铁厂、煤矿、电站、机械厂、化肥厂等'五小'企业"。同时，随着地方军工建设的加强，也相应要求加强地方"五小"工业项目的建设。

为了调动地方自力更生进行建设的积极性，1965 年 11 月国务院批转了几个有关规定，提出从 1966 年开始，国家预算内基本建设投资安排的地方工业基本建设，大中型项目由中央安排，小型项目由中央各有关部会同有关地方具体安排，此类项目节约的投资归地方调剂使用。地方自筹资金进行的基本建设，由省、市、自治区自行安排，其中大中型项目报国家计委审批。地方农牧业、农业机械站和修理网、农垦、林业、水利、气象、水产、交通、商业、银行、高教、卫生、文化、广播、体育、科学、城市建设 18 个部门的投资，划归地方统筹安排，中央各部不再下达建设项目和投资指标。同时，为了扶持地方小型钢铁企业的建设和发展，规定在一定时期内，国家对小钢铁厂的产品给予免税照顾。允许地方自行规定产品的出厂价格，如有营业亏损，有关省、市、自治区在保证完成国家财政任务的前提下，可以从地方财政收入中给予补贴。为了增强地方自力更生进行建设的能力，1966 年年初还酝酿过将中央各部、委所属企业、事业单位下放地方管理。以后由于"文化大革命"的冲击，经济状况急剧恶化，地方"五小"工业项目虽然有所建设，但

① 见 1966 年 3 月 12 日毛泽东给刘少奇的信。

未能形成高潮。

1970年，在林彪一伙把持下，更加突出备战，并进一步强调地方要尽快实现主要产品自给。1972年2月制定的“四五”计划纲要中强调提出，“四五”计划期间，在集中力量加快三线建设的同时，要在全国建立10个不同水平、各有特点、各自为战、大力协同的经济协作区。每个协作区都要有步骤地建设冶金、国防、机械、燃料动力、化学等工业，同时建设比较强大的农业、轻工业和比较发达的交通运输业。农业要以粮为纲，全面发展；粮食不足的省、区要尽快做到粮食、油料自给有余，扭转南粮北调。各省、市、自治区都要建立自己的小煤矿、小钢铁厂、小有色金属厂矿、小化肥厂、小电站、小水泥和小机械厂等，形成自己的工业体系。除少数产品由于受资源限制外，一般轻工业产品都要根据各自的条件，尽可能做到省、自治区自给。1970年的计划，明确规定要大力发展农业，加快农业现代化的进程，积极发展“五小”工业，尽快做到县县有农机修造厂；并着手进行建立经济协作区的试点工作。接着各部门召开了一系列会议，部署了各个行业的发展。不少部门都提出了五年内产量翻番的口号和建设安排。冶金部提出五年内钢的生产能力达5000万吨，基本建成三线钢铁基地，并在各经济区建立起比较完整、不同水平和各具特点的钢铁工业体系，同时积极支援各省、市、自治区中小钢铁企业的建设。煤炭部提出原煤产量要翻番。水电部提出1972年实现“发电能力翻一番，全国县县都有电”，1975年发电能力超过英国、联邦德国。轻工业部提出五年内主要轻工产品产量翻一番，一般产品实现省、自治区自给等等。各行各业提出的翻番任务，最后都落实到加快地方“五小”工业项目的建设上。为了加快地方“五小”工业项目的建设，各方面对地方“五小”工业项目的建设给予了大力支持。首先，从国家预算内基本建设投资中，五年共安排了80亿元专项资金，由省、市、自治区掌握重点使用，以扶植地方工业的建设。其次，规定了新建的县办“五小”企业，在两三年内所得的利税，60%可以留给县；对于暂时亏损的“五小”企业，经省、市、自治区批准，可以由财政给予补贴，或者一定时期内减税免税；对资金确有困难的“五小”企业，银行或信用社要给以贷款支持。

地方“五小”工业项目的建设，由于规模较小，能就地取材，投资少，见效快，在国家的大力扶植下，1970年遍地开花，蓬勃兴起。这一年，全国有近300个县、市动工兴建小钢铁厂，有20多个省、市、自治区动工兴建手扶拖拉机厂、小型动力机械厂和各种小型农机具厂、配件厂，有90%左右的县建设了自己的农机修造厂。化肥厂，除按规划新建和扩建32个中型厂外，小氮肥厂发展更为迅速。1970年国务院决定上海市每年组织生产100套小化肥成套设备，支援全国小氮肥厂的建设，江苏、浙江、山东、河北、广东等省也都先后自己制造小氮肥设备，进一步加快了小氮肥厂的建设步伐。据不完全统计，1970年地方小钢铁厂的炼钢能力比上年增长1.5倍，生铁产量增长1.8倍；小化肥厂生产的氮肥和合成氨，比上年增长60%—70%；小水泥厂、小化肥厂的产量已占全国水泥、化肥总产量的40%。南方各省的煤炭产量比上年增长70%左右。同时，在一些过去经济不发达的省、自治区建立了一批纺织、制糖、日用化工、小五金和小百货等轻工业项目。1970年是继1958年之后地方小型工业项目建设又一次大发展的一年。

在大量建设地方小型工业项目的同时，为增强地方自力更生进行建设的能力和促进各地工业体系的建设，没有认真吸取1958年的教训，从1969年开始又一次大规模地下放中央各部、委所属企业、事业单位。据不完全统计，到1968年8月，化工部将直属489个企业下放了60%左右，冶金部把鞍钢下放给辽宁省，实行地方为主的双重领导。煤炭部撤销了9个煤矿管理局和华东与贺兰山2个煤炭托拉斯。石油部将直属的14所大专院校中的13所下放给地方。而更为集中、规模更大的下放是在1970年。

1970年6月，中共中央和国务院进一步指示：各部、委所属企业、事业单位，除极少数一时不宜下放外，一般都应下放；大多数完全下放给地方，少数实行双重领导，其中多数以地方为主，少数中央为主；在1970年内，下放工作应逐步地、分期分批地进行完毕。到1970年9月月底，当时中央工交9个部共有企业、事业3082个单位中，已下放2237个，占总数的73%。其中完全下放给地方的有1412个；双重领导以地方为主的814个；双重领导以中央为主的11个。

经过这次大规模地集中下放，在不太长的时间里，就把包括鞍钢、大庆油田、长春汽车制造厂、开滦煤矿、吉林化学工业公司等大型企业在内的2400多个单位下放给省、市、自治区管理，有的还进一步下放到县和省属市。中央各部所属企业只留下700个左右，其中铁道部340多个，水电部190多个，其他部门所留企业甚少，一机部连一个直属企业也没有了。

由于地方工业的大大加强，对农业逐步实现机械化和农业技术改造起到了显著的促进作用。1975年全国农业机械总动力达1亿马力以上，比1964年增长了近10倍。其中农业用大中型拖拉机、农用排灌动力机械、农用载重汽车、畜力胶轮大车、手推（拉）胶轮车、渔用机动船等的拥有量，1975年比1964年分别增长了4—7倍；手扶拖拉机和机动脱粒机增长最快，分别增长了45倍和23倍；大中型拖拉机机引农具和联合收割机增长较慢，分别为3倍和1倍。同时，过去没有的机动水稻插秧机、机动收割机（包括割晒机）、饲料粉碎机、牧草收割机和机剪羊毛机等从无到有，1975年年底拥有量分别达3.2万部，17万台、94万部、6644部和1095部。由于农村小型水电站的大量兴建，到1975年年底，农村小型水电站达8万个左右，发电能力200万千瓦，分别比1964年增长近10倍和8倍。1975年年底农村拥有的电动碾米机（含磨面机）、轧花机、榨油机等也分别比1964年年底增长10.4倍、1.8倍和11.8倍。农村用电量（不包括农村的全民所有制单位用电）也从1964年的35亿度左右上升到1975年的220亿度左右，增长5倍多。到1975年年底，全国小化肥厂已发展到约1300多个，生产合成氨达354.4万吨，比1964年增长18倍，占当年全国合成氨产量的58%。随着星罗棋布的地方小化肥厂的建设，农业化肥施用量也从1964年的150万吨左右上升到1975年的800多万吨，增长4倍多。

随着农田水利、农用机械、农用化肥和农村用电等生产条件的逐步改善，加上广大农民群众和干部的努力，使中国的粮食生产在“文化大革命”十年间基本上保持了稳定增长的势头。1975年粮食产量比1964年增加1940.3亿斤，增长57.1%；人均粮食产量也由531.9斤增加到615.7斤。粮食的稳定增长对当时不断恶化的经济起到了一定的稳定作用。但是也要看到，由于这一时期农业政策上片面强调“以粮为纲”，只追求“粮食上纲要”，严重地挤了经济作物，忽视了林牧副渔业的发展，把中国的农业引向了单一抓粮食生产的狭窄道路，极大地影响了整个农业的发展。

第四节　主要经验教训

1965 年到 1975 年基本建设是在突出战备和“文化大革命”的大动乱中进行的。由于“文化大革命”的干扰和破坏，也由于基本建设在规模和投资方向上的安排不当，11 年间，基本建设经历了两起两落，取得了显著的成绩，也付出了昂贵的代价。

1965 年到 1966 年是集中力量加强三线建设的第一个高潮，建设的重点是铁道和搬迁项目的改扩建；新建项目多处于准备阶段或刚刚开始动工建设。这两年完成的基本建设投资总额分别为 179. 6 亿元和 209. 4 亿元。1966 年下半年“文化大革命”开始。1967、1968 年，大动乱遍及全国，国民经济处于极端混乱状态。生产停顿、交通堵塞、经济急剧恶化，工程建设无法正常进行。1967 年完成的基本建设投资总额仅 140. 2 亿元，比上年减少 69. 25 亿元，仅为上年完成额的 66. 9% 。1968 年又进一步下降 20% 左右，当年完成基本建设投资总额只有 113. 06 亿元，仅相当于 1966 年完成额的 50% 左右。

1969 年国内政治局势尚未稳定，国际形势由于中苏边境发生了事端又趋紧张。10 月，林彪发布“第一号命令”，调动全军进入紧急战备状态，并在建设上突出强调了要和帝、修、反抢时间，争速度，要加快三线和地方自成体系的建设。为此，中央军委和国务院决定对重点建设的基地和项目实行军管，以保证集中力量加快建设进度。1969 年实际完成的基本建设投资总额开始回升，达 200. 8 亿元，略低于 1966 年。1970 年基本建设规模急剧膨胀。首先，对三线地区的建设项目进一步提出了优先安排，重点保证，抓紧抢修的原则，使三线地区工程建设迅速铺开，成为 1965 年第一个高潮之后的又一个高潮。同时，各省、自治区的地方“五小”工业项目的建设遍地开花。1970 年实际完成的基本建设投资总额达 312. 5 亿元，比 1969 年骤增 111. 7 亿元。1971 年在此基础上又增长了 9% ，达 340. 8 亿元。基本建设规模的骤然激增，在当时国民经济破坏十分严重的情况下，耗用的财力、物力已超过了中国经济发展水平的可能承受范围，造成了各方面的紧张；加上这几年投资一直过分集中于以国防工业为重点的重工业建设，国民经济各部门间比例关系严重失调。

从1972年起，特别是1973年加强了对基本建设的管理，压缩规模、调整投资方向。1972年实际完成基本建设投资总额为327.98亿元，比1971年减少了12.86亿元。三线地区自1973年起，已基本上不再铺新摊子，转到着重搞好收尾和配套工程的建设；地方“五小”工业项目的建设也开始进行调整和整顿。与此同时，为尽快解决粮食增产、穿衣和生活日用品的急需，利用当时有利的条件，决定从西方国家进口一批技术先进的成套设备和单机。在此期间，随着沿海石油基地的开发、港口建设的加强和石油化学工业等部门的加快建设①，沿海地区的投资逐步有所增长。1973年到1975年累计完成的全部基本建设投资总额中，沿海地区所占的比重已由前8年（1965年至1972年）的30%上升到40%左右。1973、1974、1975年全国完成的基本建设投资总额分别为338.1亿元、347.7亿元和409.3亿元。

这一时期基本建设的主要经验教训是：

（一）强调战备，过分突出以国防工业为重点的重工业建设，造成了国民经济各部门间比例严重失调，生活欠账十分严重。

加强国防现代化的建设，尽快在中国的战略后方建设起门类比较齐全的工业体系是十分必要和具有重大意义的。在战争危机严重，情况紧迫下，为了国家的安全，在经济效益上做出一定的牺牲，尽快把重要的生产能力转移到后方，迅速形成打击入侵者的国防生产能力，也是可行的。但是，1965年至1975年在长达11年的建设中，对战争形势作了过于严重的估计和过度反应，过分突出了以国防工业为重点的重工业建设，尽管这一时期在中国的战略后方建立起了一定的工业、交通等部门的生产能力，在国防工业建设，特别是核武器和导弹等的制造能力方面取得了比较显著的成绩，但是付出的代价是昂贵的。

11年间，全国用于重工业建设的投资累计高达1455.7亿元，占同期全部

① 这方面的建设情况在下一章中叙述。

基本建设投资总额的 49.9%；占同期全部工业基本建设投资总额的 90.5%，大大高于强调优先发展重工业的“一五”计划时期。11 年累计轻工业完成投资仅 152.6 亿元。在此期间，主要工业产品累计新增生产能力中，轻工业新增能力增长最慢。11 年累计新增能力，棉纺锭仅 469.2 万锭、化纤 16.59 万吨、毛纺锭 6.6 万锭、机制糖 80.7 万吨。这些都远远不能满足广大人民和新增人口最必需的消费需要。

同期，全国交通运输累计完成基本建设投资 498.1 亿元，占全部基本建设投资总额的 17%，比重不算低。其中铁道建设投资 306.9 亿元，占全部交通运输投资的 62% 左右。但是，由于这一时期铁道建设过分突出内地新线的建设，忽视了运输繁忙地段的旧线改造，使铁道主要干线的运输能力越来越紧张，后期已发展到对国民经济的发展起了限制作用。

国民经济其他部门的建设更是微乎其微。在此期间，为正确安排建设项目提供依据的地质资源勘探投资，11 年累计仅完成 17 亿元左右，只比“一五”计划期间五年累计完成额略多一点，根本不能适应三线大规模建设的需要。建筑安装和勘察设计投资累计完成 50 亿元。城市建设投资更是少得可怜，11 年累计仅完成 55.4 亿元①，城市公用设施欠账越来越严重。住宅建设 11 年累计完成投资 149.97 亿元，新增住宅面积 1.9 亿平方米，平均每年只新增 1700 多万平方米，不仅不能适应同期新增人口用房的需要，甚至补偿不了同期应该拆除的危房和临时棚房的需要。因此，原有的住房紧张情况不仅没有得到缓解，反而更趋紧张了。

重工业内部，由于过分强调国防工业的建设，加工工业和原材料工业间也出现了不相适应的现象。11 年间全国的重工业基本建设投资主要集中于钢铁工业和包括国防工业在内的机械加工工业，两者累计投资合计占同期全部重工业投资的 40% 强。其中国防工业累计投资 250 亿元左右，民用机械工业仅一机部系统就累计完成投资 117.14 亿元，加上其他部门用于机械工业的投资，累计超过 370 亿元，占同期全部重工业投资的 1/4 强。钢铁工业投资 11

① 仅包括全国城市建设系统完成的基本建设投资额。

年累计完成216.7亿元，占同期全部重工业投资的15%左右。11年累计新增生产能力中，机械制造能力增长最快，钢铁的冶炼和轧制能力不能相应跟上，矿山建设更为落后。能源工业建设自1970年决定改变燃料构成，提高烧油比重后，在加强石油工业的开发和建设的同时，削减了对煤炭工业建设的投资，特别是放松了煤炭资源比较集中的山西、内蒙古等煤炭基地的开发和建设，为扭转北煤南运而加强的江南9省的煤矿建设不从实际出发虽耗费了大量投资，但因资源有限，收效甚微。因此，在11年累计新增石油开采能力有了较大幅度的增长的同时，煤炭开采能力增长不多，在建规模也较小。出现了一方面可供开发的石油储量接替不上，另一方面具有丰富的探明储量的煤炭资源又得不到有效利用的被动局面。造成70年代中期能源供应紧张，设备开工不足，不得不在资源情况尚未全部探明的情况下仓促决定开发建设任邱油田。这一时期，能源政策上煤改油以及后来的油改煤①，也给基本建设投资带来了极大的损失和浪费。

由于重工业项目的建设投资多、工期长，投资回收慢，一般说来，基本建设投资过多地集中于重工业，必定会在一定时期内影响投资的经济效益。1965年到1975年重工业投资高度集中，重点建设的重工业项目中，国防工业项目占有较大比重，这些项目所耗用的投资基本上都是投入；其他重工业项目也多数是决策的出发点，就是不计经济效益的战备项目，或准备财政补贴的亏损项目，因此造成项目建成投产后也是成本高、亏损大的居多。加上“文化大革命”的干扰破坏，项目建设打打停停，旷日持久，在建工程越积越多，工期越拖越长。11年间累计花费了2000多亿元投资，虽然建成了一批生产能力，但投入多，产出少，投资的经济效益很差，进而影响了整个国民经济的发展。

（二）急于建立巩固的战略后方，对改变生产力地区布局的艰巨性和复杂性认识不足，致使耗费了大量投资，投资效果差。

生产力的地区布局合理与否，对经济发展和国防安全，关系都十分重大。

---

① 煤改油、油改煤，指的是燃料动力以烧油为主改为以烧煤为主，反之亦然。而每一改动，由于采用的技术设备不同，因而，也必须随之改换整套设备和建设煤炭堆场等。这些都成为基本建设的额外支付。

由于历史原因，中国生产力布局极不合理。为开发内地丰富的资源，建立巩固的战略后方，必须努力加强内地的工业建设。但是，由于内地经济基础薄弱，交通不便，建设条件和投资效果都不如沿海地区，因此，加强内地建设必须同充分利用沿海地区原有基础相结合，循序渐进。根本改变全国的生产力地区布局，决不是短期内所能实现的。60 年代中期，特别是 70 年代初期，由于对当时的国际形势、战争危险估计过于严重，过分急于建立巩固的战略后方，生产力布局跳跃式地向西推进，忽视了在内地进行大规模建设的种种不利条件。在建设的总体安排上，突出强调了加快三线建设，强调一、二线的生产能力向三线搬迁。这种安排不仅未能兼顾沿海地区原有基础的充分利用和适当建设，而且在生产能力大搬迁中出现了严重的损失和浪费。致使 11 年间，沿海地区经济发展缓慢，三线地区耗费了大量投资，生产力的布局虽然向西大大地跨进了一步，跨到了攀枝花、昆明一线，但投资效果很差。这一时期，全国基本建设固定资产交付使用率是 1949 年至 1985 年 36 年中最低的。1966 年到 1970 年和 1971 年到 1975 年，即“三五”、“四五”计划时期分别只有 59.5% 和 61.4%。每百元积累所增加的国民收入也由“一五”计划时期的 35 元，下降到“三五”、“四五”计划时期的 26 元和 16 元。非政策性亏损企业数目不断增加，亏损金额越来越多。这些都在很大程度上影响了整个国民经济的发展。

（三）集中力量在三线地区建设了一批门类比较齐全的工业项目，同时留下了比较严重的后遗症。

加强三线建设是中国基本建设史上的一个重大决策。尽管建设开始不久就受到“文化大革命”的干扰和破坏，但是在战备动员下，在中共中央和国务院的高度重视下，集中力量经过十年的建设，在中国的战略后方门类齐全地建设了一大批项目，建设了一些新的工业部门，填补了空白，取得了比较显著的成绩。加强三线建设，在当时是从战备出发的，尽管后来战争没有爆发，但是，从长远看，即使不发生战争，三线地区经过这一时期的重点建设，有力地促进了这些过去经济比较落后的省和自治区的经济发展，展开了中国的工业布局，意义也是十分重大的。不过也应当看到，由于三线建设主要是在“文化大革命”的动乱中进行的，加上在建设指导思想上过于突出重工业，建设要求过急，摊子铺得过大，项目的厂址选择过分强调隐蔽，留下了比较严重的后遗症。

1. 在总体安排上投资结构极不合理。片面突出重工业的建设，十年累计重工业完成的基本建设投资占同期三线地区全部工业投资的比重高达94%。轻工业和生活福利设施等投资极少。各部门的建设七长八短，互不配套。重工业建设中，国防工业建设项目偏多，特别是1970年大上了一批国防工业项目，有的厂房已经建成，产品方向还未确定；有的原定产品已被淘汰，项目建成没有生产任务；同时，盲目建设、不合理的重复建设现象也很严重。1973年开始，随着压缩投资规模，调整投资方向，不少正在建设中的重工业项目又草草结尾，遗留下了许多亟待解决的问题。

2. 厂址选择上片面强调“靠山、分散、隐蔽”的方针。在具体执行中走得更远，不少项目钻山太深，布局过于分散，割裂了项目之间和项目内部的合理的生产工艺流程，不仅在当时浪费了国家大量基本建设投资，而且给以后组织生产带来了许多困难。特别是过分强调进洞，使不该进洞的项目也盲目进了洞。进洞后普遍存在湿度大、光线差、噪音大的问题，对设备保养和职工身体健康都十分有害。以后有的项目报废，有的已迁出，有的准备迁出。

3. 没有严格按基本建设程序办事。有些项目在定点时未经周密的地质勘探，盲目定点；建设前期准备工作不足，盲目施工，片面强调“快、省”，随意简化设计；追求施工进度，忽视工程质量。在“设计革命”的口号下实行了“边设计、边施工、边试制、边生产”的方针，在建设中强调了“先生产、后生活”、“干打垒”等等。以致这一时期动工建设的工厂、研究所等，有的建在断层滑坡带、河滩地、山洪口、缺水区和地方病流行区域。有些项目各个生产环节互不配套，形不成生产能力，留下了尾巴。生活福利设施普遍欠账较多，职工生活困难。

三线建设出现的这些问题和后遗症，在各省、市、自治区的战略后方建设中也都程度不同地存在着。

针对三线建设中遗留的问题，1983年国务院决定成立了三线建设调整改造规划办公室，进行摸底调查，提出调整、改造方案。

（四）各省、市、自治区的地方军工和“五小”工业项目建设，盲目性很大，问题较多。

各省、市、自治区这一时期动工建设的地方军工和“五小”工业项目都是从当时“地方自成体系”、“各自为战”出发进行的。其中许多地方军工项目实际上都是不合理的重复建设，地方“五小”工业项目在“左”的指导思想下，一哄而起，遍地开花。有些项目不久就中途停建，而建成的项目技术落后，产品质量差，成本高。投产后，国家虽然在价格上有所照顾，但仍然没有竞争能力，有的甚至已经成为地方财政的“包袱”。

第六章
东部及沿海地区石油基地和港口的建设

上一章着重叙述了1965年至1975年期间三线地区和地方自成体系的建设。本章则主要叙述在此期间中国东部及沿海地区石油基地、新兴石油化学工业和港口的建设。

第一节　石油基地和石油加工工业的开发和建设

1965年到1975年石油工业累计完成基本建设投资134亿元，接近同期煤炭工业累计完成的基本建设投资总额，占同期工业基本建设投资总额的8.3%。投资的地区分布，85%以上集中于东部和沿海地区石油的开发和建设。

一、油田的开发建设

这一时期是中国石油工业建设的高潮时期，十年累计新增天然石油开采能力达7144万吨，相当于1949年到1964年16年累计新增能力1371万吨的5.2倍。11年中，1973年、1974年、1975年连续3年新增天然石油开采能力都在1000万吨以上。原油产量也随之有大幅度的增长，1975年产量达7706万吨，比1964年848万吨增长8倍多。石油工业的迅速发展使中国的原油生产除自给外，还可部分出口换汇，1975年出口石油产品达1210万吨，其中原油988万吨，油品222万吨，这在中国当时经济动荡中成为又一个稳定因素，发挥了积极的作用。同时，这一时期石油工业的基本建设也为1978年中国原油产量突破亿吨大关，进而跨入世界主要产油国的行列奠定了基础。

11年间，主要进行了如下一些天然油田的开发和建设。

（一）全面开发建设大庆油田。

大庆油田经过 1960 年到 1964 年的开发建设，已成为当时中国石油工业中的主力，1964 年大庆原油产量已占全国原油总产量的 60% 多。1965 年到 1975 年，由于煤炭工业的基本建设投资相对减少，建设重点又转向三线地区和江南九省；而资源丰富的华北地区，特别是山西、内蒙古等地的老矿区，基建投资削减较多，新井开发建设减少，这就不能不影响到这一时期煤炭的产量和以后接续生产能力的增长幅度。加上十年动乱中，运输常常中断，更增加了供应上的困难。能源供应紧张，不得不把大量原油当作燃料来烧。在最紧张的 1960 年前后，四处原油告急，石油工业承受着极大的压力。因此，在加紧资源勘探的同时，只能尽量加快大庆油田的开发建设。

1965 年，大庆油区的 7 个油田中，只开发建设了萨尔图油田，后备资源比较雄厚。在急需原油的情况下，1966 年下半年，没有取得充分资料、做好开发方案就匆忙决定开发杏树岗油田，同年 11 月开始出油。当时“文化大革命”已经开始，混乱中各项工作制度无法坚持，也不按规程操作，致使油层能量亏空过多，油层压力下降，油井产量下降。到 1971 年一季度，大庆油田全局性的地下油田形势恶化已到十分严重地步。据对大庆油田 583 口油井的调查，已有 61% 的油井减产。后来在周恩来的过问下，从 1971 年开始，进行了 3 年多的油田开发调整，逐步扭转了油田开发恶化的危险局面。在此期间，国家能源缺口已经很大。1970 年，全国烧原油达 1075 万吨，比 1966 年的 234 万吨增加了 3.5 倍，到 1975 年烧原油已达 3000 多万吨。为解决当时对原油的急需，在大庆油田开发调整的同时，国务院批准将原来作为后备资源的喇嘛甸油田投入开发，1972 年 7 月开始编制开发方案，1973 年 4 月钻第一口井，当年投产 287 口油、水井，当年产原油 125.4 万吨。经过两年建设，1975 年全部投产，原油年产量达 1099.2 万吨。1975 年，整个大庆油田原油产量达 4625.9 万吨。至此，大庆油田的 3 个高产主力油田已全部投入了开发，为大庆原油年产量达 5000 万吨、全国原油年产量突破 1 亿吨奠定了基础。

（二）山东胜利、天津大港油田的开发建设。

1964 年，在集中力量进行大庆油田开发建设的同时，为增加后备储量，石油勘探的重点已转向渤海湾地区。此前，石油部和地质部的勘探队伍已分别在山东东营地区和天津以南黄骅地区打出了工业性油流。经过 1964、1965 年两年的努力，在山东，探明了面积达 60 平方公里的胜坨油田，发现了郝家、永安、纯化、滨南、现河庄、东辛等油田，统称胜利油田。在河北，探明了面积约 30 平方公里的大港油田，还发现了唐家河和王徐庄、周清庄等油田。胜利、大港油田分别于 1964 年和 1965 年投入开发建设。1964 年胜利油田原油产量已达 83. 8 万吨。

胜利、大港是中国首次发现的两个海滨油田。不仅地理环境与大庆等油田不同，而且石油生成条件和储油构造也与以往开发的各油田不同，由于缺乏这类油田的开发建设经验，加上油田开发不久“文化大革命”就开始了，给开发建设工作带来了新的困难。参加胜利、大港油田开发建设的广大职工、技术人员顶着“文化大革命”的严重干扰破坏，坚持边实践边研究，逐步摸索出了开发建设这类油田的经验。

胜利油区于 60 年代中期首先开发建设了稠油、高渗透、非均质严重、多含油层系的胜坨油田，使原油年产量逐步提高到 1975 年的 596 万吨。东辛油田于 1968 年投入全面开发。东辛油田有 219 条断层，把含油构造分割成 185 个断块，各个断块的含油能量差异很大。根据东辛油田的储油构造特点，制订了相应的开发建设方案。1968 年当年就产原油 28 万吨，到 1975 年已增加到百万吨。胜利油区除胜坨和东辛两个主力油田外，1965 年到 1975 年，还先后建成投产了 20 个油田，整个胜利油田的原油年产量 1965 年不到百万吨，1970 年增加到 467. 3 万吨，1975 年又增加到 1672. 3 万吨，成为仅次于大庆油田的全国第二大油田。

与此同时，大港油田首先开发建设了港东实验区并取得成功，继而迅速向西、南扩展，先后开发建设了 8 个油田。到 1970 年，原油产量达到 450 万吨，成为当时中国的第三大油田。

胜利、大港油田的开发建设使中国石油工业的主要基地，继 60 年代初由西北向东北转移和扩大之后，又一次战略性地延伸到了华北平原。

（三）吉林扶余油田的进一步开发建设。

扶余油田是吉林油田的主力油田。1959 年发现后，经过 10 年的生产试验，1970 年开始全面开发，1972 年油田建设工程全部建成，生产井从 1969 年的 282 口增加到 1777 口，原油产量达到 126. 3 万吨。

在此期间，内地原油产量最高的克拉玛依油田①也得到了进一步的开发和建设。克拉玛依油田是新疆油区中最大的一个油田，1966 年原油产量占全油区年产量的 96%。1965 年到 1975 年间，在已开发区块作了进一步的调整和挖潜；1970 年以后又先后开发建设了 8 个新区块。1975 年克拉玛依油田原油产量提高到近 300 万吨，为支持内地建设做出了贡献。

二、新油区的开辟

1965 年到 1975 年，根据当时总的建设部署，石油、天然气的勘探重点转向了川、鄂、陕，开展了四川地区的“开气找油”、江汉石油会战和陕甘宁盆地的集中勘探，先后在四川威远打出了一批高产天然气井，开始开发建设了中国江南第一个油田——江汉油田，并初步探明了陕甘宁盆地南部的石油资源，基本形成了后来长庆油田的范围。1970 年以后，根据勘探形势的发展，展开了辽河和河北任邱地区的集中勘探。这里着重叙述辽河和河北任邱油田的勘探和开发建设过程。

（一）辽河油区的勘探。

辽河油区在辽河平原南部，地处辽河的入海口，周围有沈阳、鞍山、锦州、营口等工业城市。从 50 年代中期地质部门就在这里组织了地质普查和钻探，1967 年后石油部门又抽调力量进一步进行了石油资源的勘探，在有所发现的情况下，1970 年三月起集中一定力量加强了辽河油区的勘探，到 1975 年，除开发建设了热河台、黄金带、于楼三个小的含油区块和兴隆台油田外，在辽河西部又发现了曙光、欢喜岭、高升油田。勘探证明这里是一个储量较高的含油地区，同时，还伴生天然气，这就为以后整个渤海湾地区的大规模油气开发奠定了基础。

---

① 克拉玛依油田在地理位置上不属东部和沿海地区，但它是当时内地最大的一个油田，为了对本时期石油工业的建设有一个较全面的了解，在这里稍加叙述。

（二）华北任邱油田的发现。

华北油田位于冀中平原，从1955年起，已在这一地区进行地质调查和钻探，但至1974年才作重点勘探的部署。1975年7月任邱4号井喷油，日喷油量高达1014吨。第一口千吨井的喷油，宣告了冀中任邱高产油田的发现，并打开了渤海湾地区找油的新领域。当时，经过近十年“文化大革命”的动乱，经济状况日益恶化。因此，尽管开发建设任邱油田的前期工作尚未做好，资源情况也未完全摸清，为缓解矛盾，1976年1月国务院批示立即开始任邱油田的开发建设。1976年，任邱油田迅速展开全面开发建设，并于当年取得重要成果，原油产量当年就达到597.2万吨，成为中国又一个新的大油田。以后随着进一步的开发建设，原油产量又有大幅度的提高，进而取代大港油田成为中国仅次于大庆、胜利的第三大油田。

三、炼油工业和长距离输油管道的建设

为了满足国防、工农业生产和人民生活的需要，中国的炼油工业从1963年开始已确定了延迟焦化、流化催化裂化、铂重整、尿素脱蜡以及配套所需要的催化剂、添加剂五项为炼油科学主攻方向，经过3年的努力，到1965年已先后攻下了这五项技术，3年内共新建铂重整、流化催化裂化、延迟焦化、尿素脱蜡、加氢裂化等装置11套，并进行了以航空汽油、航空煤油、航空润滑油和催化剂、添加剂为重点的产品攻关。1965年炼油工业生产的品种已达401种，国防和国民经济各部门生产所需的石油产品，已能全部自给。以后随着新油田的建设和大庆油田连年大幅度的增产，原油产量迅速增加，相应地炼油工业也加快了建设速度。1965年到1975年，除了扩建大庆、南京等老的炼油厂外，先后新建了山东胜利、北京东方红、湖南长岭、湖北武汉、安徽安庆、浙江镇海、广东广州等共9座年加工能力为250万吨的大型炼油厂和一批中、小炼油厂。11年累计新增石油加工能力达3487.5万吨，约相当于前16年累计新增能力1008.2万吨的3.5倍，建设速度是比较快的。

在此期间，随着原油产量的迅速增长，原油运输的压力也相应增加。1970年前，中国的原油运输主要依靠铁路，除油田附近少数几个炼油厂是用

短距离输油管道连接进行原油输送外，长距离输油管道几乎没有。到1970年止，已建成的输油管道主要是：（1）1958年建成投产的克（克拉玛依）独（独山子）管线，全长147公里，管径159毫米，年输油能力80万吨。（2）60年代建成投产的大庆油田到大庆石化总厂、大港油田万家码头到周李庄以及胜利油田东营到辛店炼油厂3条管线。3条中，以东（东营）辛（辛店）管线最长，72公里，并首次采用了较大口径（426毫米）的螺纹钢管。1970年全国原油运输总量为3380万吨，其中铁路运输占61.1%，短距离管道运输占26.2%，水运占12.7%。1970年8月3日经国务院批准，在东北地区建设东北输油管道工程，开始了大规模长距离输油管道的建设。这就是当时著名的“八三”工程。这项工程主干线有4条：大庆到铁岭、铁岭到大连、大连到抚顺、铁岭到秦皇岛，总长度2185公里，管径720毫米，年输油能力4000万吨。第一期工程（大庆到抚顺），1970年9月开工建设，1971年11月7日建成投产，只用了14个月时间。这条管道，跨越黑龙江、吉林、辽宁3省，途经13个县、市，穿越145条江河，15座山岭，24条铁路，107处公路，开凿隧道2条，工程十分浩大。随着4条管道的陆续建成，除铺设2185公里输油管道外，还沿途建设了泵站25座、储油罐120座、变电所16座，架设通信线路7680对公里、高压输电线路500公里，安装设备1万余台（件），挖填土石方共达4000余万立方米，完成建筑总面积20余万立方米。整个建设工程质量好、建设进度快。

与此同时，其他长距离输油管道也陆续动工兴建。1971年到1975年5年间全国共建成长距离输送原油管道15条，总长3600公里，初步改变了原油运输以火车为主的局面。1975年全国原油产量达7706万吨，运输量为1.04亿吨，其中管道运输量4676万吨，占44.8%；铁路运输量3418万吨，占32.7%；水运量2344万吨，占22.5%。5年间，在东北地区共建成8条输油管道，总长度近2500公里，占同期建成输油管道总长度的70%左右，基本上形成了较完整的输油管网。大庆油田年产原油5000万吨，除油田附近炼油厂加工约1000万吨外，其余4000万吨原油全部可以由2条输油干线外输。一条从大庆经铁岭南下到抚顺、鞍山、大连等地的炼油厂，并从大连鲇鱼湾联接海运，保证出口需要。另一条从大庆经铁岭向西到秦皇岛出海，并由秦京线分输到北京。这对保证大庆油田原油外输，使东北地区8个大型炼油厂均可通过管道输入原油，减轻东北地区和进关铁路的运输压力，并可用管道将大庆原油直接送到首都北京，以及保证原油出口等，都起着重大的作用。

与此同时，长距离的钢制输气管道主要安排在四川建设。到1975年年底，四川已先后建成了威远至成都、德阳，泸州至威远，泸州至重庆，卧龙河至重庆等数条输气干线，逐步形成了四大供气系统，即重庆供气系统、泸州供气系统、自贡供气系统、成都供气系统。但这些供气系统在当时都还是区域性的。

第二节　引进成套设备和新技术　加快新兴石油化学工业和基础工业的建设

二次世界大战后，科学技术成果在生产中应用得最广泛的是原子能、电子计算机和有机合成这三大发明。三者中对现实生产影响最大的是有机合成，而石油化学工业正是集中体现了现代科学技术，特别是有机合成化学和技术的卓越成就。由于它的发展为社会提供了大量廉价的、性能优异的新材料，推进了构成当代工业革命的重要内容之一的“原材料革命”。20世纪70年代，石油化工在化学工业和国民经济中的重要性为越来越多的国家所认识并得到重视。中国石油化学工业的建设起步并不晚，但发展比较缓慢。

70年代初期，中国经济由于强调备战，基本建设过分突出重工业，国民经济各部门间农轻重比例失调现象十分严重，急需尽快解决吃饭、穿衣和生活日用品问题。当时，全国原油产量已经有了大幅度增加，国际形势也逐步有所缓和。1973年毛泽东、周恩来根据当时国际国内形势的有利条件，作了引进西方国家的先进技术加快中国新兴石油化学工业建设的决策，同时针对基础工业中的薄弱环节相应地引进部分设备和装置。据此，国家计委于1973年提出了从国外进口43亿美元成套设备和单机的方案，通称“四三方案”。以后又陆续追加了一批项目，共达51.4亿美元，但由于江青一伙的干扰破坏和其他方面的原因，没有全部实现，到1977年年底，实际对外签约成交39.6

亿美元。签约成交项目包括：13 套大化肥、4 套大化纤、3 套石油化工、1 个烷基苯厂、3 个大电厂和武钢一米七轧钢工程等 25 个引进成套设备的大型建设项目。还有 43 套综合采煤机、透平压缩机、燃汽轮机、工业汽轮机和斯贝发动机等单机装置。

25 项引进成套设备的大型建设项目中，石油化学工业项目占 21 项。这些项目基本上都是安排在天然气产地和石油基地附近，或具备良好运输条件的地区进行建设。

按照合同规定，13 套大化肥中，有 10 套以天然气为原料，设计规模都是年产合成氨 30 万吨，尿素 48 万吨。它们是四川化工厂、赤水天然气化肥厂、泸州天然气化工厂、云南天然气化工厂、大庆化肥厂、沧州化肥厂、辽河化肥厂、山东胜利石化总厂、湖北枝江化肥厂和湖南岳阳化肥厂。另外 3 套则是以石油为原料，设计规模都是年产合成氨 30 万吨、尿素 52 万吨。它们是南京栖霞山化肥厂、广州石油化工厂和安庆石油化工总厂。

4 套大化纤中，以石油为原料的 1 个，即产品方案为生产化学纤维、塑料和化工原料的上海石油化工总厂；以石脑油为原料的 2 个，即生产涤纶短纤维和聚酯切片的天津石油化纤总厂和生产化纤原料和塑料的辽阳石油化纤工业总公司。

3 套石油化工包括按 30 万吨乙烯装置所需原料和所产化工产品安排的北京石油化工总厂扩建工程和与之同步配套建设的生产氯乙烯的北京化工厂，以及为改变以煤为主的原料路线，增加品种和产量，建成以石油和煤炭为原料的大型石油化工联合企业——吉林化学工业公司扩建工程。

1 套烷基苯，即生产烷基苯（加工合成洗涤剂的主要原料）和合成洗衣粉的南京烷基苯厂。

除石油化学工业项目外，25 项引进成套设备的大型建设项目中的另外 4 项是装机容量 76.6 万千瓦的天津大港电厂，装机容量 30 万千瓦的内蒙古元宝山电厂一期工程，装机容量 75 万千瓦的唐山陡河电厂以及武钢一米七轧机工程。

25 项引进成套设备的大型建设项目中有 20 项都先后在 1974 年开始动工

建设。其他 5 项，有 2 项（武钢一米七轧机工程和内蒙古元宝山电厂）在 1975 年 5、6 月间先后动工，2 项（南京烷基苯厂和吉林化学工业公司扩建工程）在 1976 年 11、12 月分别开工建设，天津石油化纤总厂 1977 年才开始动工建设。

这些引进项目大体上都于 1979 年到 1981 年先后建成投产。其建设情况和出现的问题将在下一章中展开叙述。

第三节　加强沿海港口建设

中国水运的自然条件十分优越，南北走向的大陆海岸线绵延 1. 8 万多公里，连接着国内经济发达的 10 个省、市、自治区，并有众多的良好港湾。新中国成立后，虽然国家投资改造和建设了一批港口，但沿海港口面貌变化并不是很大。随着中美、中日关系的正常化，对外贸易运输量日益增长。1970 年外贸进出口总额 45. 9 亿美元，1973 年就迅速增加到 109. 8 亿美元，三年增长了 1. 4 倍。港口设施及远洋运输能力与这种客观需要不相适应的情况越来越严重。1972 年，沿海 15 个港口，总共只有 36 公里岸线，286 个泊位。其中万吨级的深水泊位仅 92 个，还不及荷兰鹿特丹、日本横滨的一个港口，吞吐能力严重不足，外轮排队进港，压船压货，港口堵塞，停港时间不断延长。1965 年停港时间平均为 5. 8 天，1972 年延长到 7. 7 天。外轮的供油、供水和临时修理也得不到保证。有些外轮长期等在锚地，进口物资无法卸货，外轮多等一天就要赔偿罚款 7 万英镑，政治上、经济上都给国家造成了一定损失。1973 年 2 月，周恩来在听取全国计划会议领导小组汇报 1973 年计划时，对港口建设作了严肃的批评：“基本建设对港口根本不注意，50 年代就讲了，到 70 年代还没有抓”。他强调提出要“三年改变港口面貌”。

为加强对港口建设的领导和统一部署，1973 年 3 月成立了由粟裕和谷牧负责的国务院港口建设领导小组，下设由各有关部委领导人组成的办公室。领导小组成立后，粟裕带领了交通部等有关人员从南往北对湛江、黄埔、杭州、镇海、乍浦、上海、江阴、无锡、南京、连云港等港口进行了现场调查；谷牧从北往南对大连、天津、秦皇岛等港口进行了现场调查。在调查研究的基础上，1973 年 8 月 8 日，建港领导小组向国务院报送了港口建设的总体规划意见。这个规划意见不仅在当时对三年建港起着指导作用，而且，对以后的建港工作也发挥着指导作用。

1973 年 9 月 27 日，国务院召开了全国第一次港口建设会议，根据建港领导小组的港口建设总体规划意见，确定了 1973 年至 1975 年 3 年间要完成的 8 项任务。它们是：

1. 充分挖掘潜力，利用现有港口的人力和设备，提高装卸效率 10%—20%；对现有码头进行技术改造，增开 150 条舱口作业线，两项合计共扩大吞吐能力 3000 万吨/年。

2. 新建深水泊位[①] 51 个，3 年内建成投产 40 个。3 年共新增加吞吐能力 4000 万吨/年。

3. 建设供油罐 26.5 万立方米，增加供油船 22 艘，供水船 23 艘及相应设施，达到年供应船用燃料油 210 万吨，供水 350 万吨的能力，力争在 1974 年内基本解决供油、供水问题。

4. 重点疏浚长江口航道和天津新港航道，并开始疏浚黄埔港航道。到 1975 年年底，长江口航道要由 -5.5 米浚深到 -7 米，使 2 万吨船舶可满载乘潮进出上海港；将天津港航道由单航道逐步浚宽为双向航道。

5. 新建船坞 15 座，3 年建成 9 座；兴建修船码头泊位 28 个，3 年内建成 18 个泊位。共增加年坞修万吨级船舶 250 艘的能力，基本解决沿海船舶和部分远洋船舶的修理问题。

6. 扩大港口机械的制造和修理能力。搞好选型和定型，不断提高质量，基本解决港口机械修理和中、小型港口机械的制造问题。

7. 为与沿海港口建设配套，物资、外贸和商业部门要相应建设后方仓库。

8. 尽快建设上海、广州、大连和天津等港口的国际客运站，并有重点地建设海员俱乐部、旅行社等接待和服务设施。

同时，还提出了要注意合理布局，搞好统一规划，合理地分配和使用岸

---

① 万吨级以上为深水泊位。下同。

线；坚持勤俭建港，处理好新建和改建的关系；要制定恰当的技术政策，不断提高作业的机械化水平以及集中力量，打歼灭战等建设方针。

3年间，港口建设的计划总投资为23亿元左右。投资一次拨付，具体建设安排由建港领导小组及其办公室负责。

为实现“3年改变港口面貌”的目标，沿海10个省、市、自治区也都相继成立了港口建设领导小组或指挥部。小组或指挥部在中共各省市自治区委员会的直接领导下，干部力量很强。在它们的组织领导下，几十个建设项目先后开工建设。北起大连的鲇鱼湾，南到五指山个、暗埠江畔的苍海之滨，一个规模空前的港口建设高潮迅速形成。3年建港，主要经历了两个阶段。

第一阶段是1973年一边准备、一边建设的阶段。在组织施工力量的同时，重点抓了规划设计工作。经过对各主要港口的调查研究，落实了3年建港的规划布局，确定北方沿海以天津、大连港为骨干，相应建设秦皇岛港和烟台港；东南沿海以上海港为骨干，加强建设连云港和宁波港；华南以黄埔港为骨干，积极建设湛江港；同时，逐步展开闽、湘、桂三省区和长江下游新的港口布局。并明确了要以改造和扩建原有的沿海外贸港口为主，大中小结合，远近结合；岸线要深水深用，浅水浅用；港口建设要包括配套的辅助设施，要同内陆运输相衔接，要同城市规划相结合等原则。事实证明，3年建港工作取得比较显著的成效，是和这个从实际出发的全面规划及明确的建设方针分不开的。据此规划，在各省市自治区编报了建设项目的计划任务书后，交通部集中力量在1973年完成深水泊位的扩大初步设计，并在各泊位动工建设的头1年9月份以前审查完毕，为第二年工程建设列入国家年度建设计划，组织成套供应材料物资创造条件。

第二阶段是1974年到1975年，这两年建设了40个深水泊位的主体工程。这是一场关键性的攻坚仗。两年中建港领导小组办公室采取了种种措施，集中力量，全力以赴。首先，在每年第四季度前就召开下一年的建港工作会议，安排来年的建设任务，使每年的第一季度与过去不同，从一开始就能投入紧张的施工。其次，具体安排一直落实到每一个项目，每一个环节。而且，在执行中又随时注意动态，及时了解情况，掌握进度，解决关键问题。总之，抓得实实在在，毫不放松。这样，3 年建港尽管是在“文化大革命”的大动乱中进行的，但计划规定 3 年内建成投产的项目基本上都完成了。

3 年中，设计人员在缺资料、少经验的情况下，相继设计出了中国第一批建在无掩护水域的开敞式码头，第一批减压分离式船坞、锚杆式结构的船坞、钢筋混凝土船坞、5 吨和 30 万吨干船坞，以及中国第一座超大型船闸——葛洲坝 2 号船闸（这是世界上少有的几座超级河船船闸之一）。3 年中，参加港口建设的施工队伍，有交通部所属的专业队伍，有别的部门的施工队伍，还组织了大量民工，承担开山、修路、平整场地、开采和运输大量砂石等任务。参加施工的人数最多时可达 20 余万人。建设中，得到了各方面人力、物力的大力支持，出现了许多动人的事迹。

经过 1973 年到 1975 年 3 年的艰苦努力，克服了重重困难，到 1975 年年底取得了相当大的建设成果。

1. 新建深水泊位 44 个。3 年中，国家投资开工建设的深水泊位共 53 个，同期建成和基本建成 41 个。其中：（1）全部建成投产的 8 个，即秦皇岛原油泊位 2 个，烟台杂货泊位 2 个，连云港煤炭泊位 1 个，上海杂货泊位 2 个，湛江原油泊位 1 个；（2）基本建成可简易投产泊位 27 个，即秦皇岛散装杂货泊位 2 个，天津散杂货泊位 9 个，烟台杂货泊位 1 个，连云港杂货泊位 1 个，上海杂货、木材泊位 7 个，黄埔散杂货泊位 5 个，湛江矿石泊位 2 个；（3）基本建成，但由于个别设备未到货、还不能投产的 6 个，即天津集装箱及杂货泊位 4 个，黄岛原油泊位 2 个。另外，大连鲇鱼湾 10 万吨级原油码头完成了主体工程。

在此期间，福建马尾港、广西防城港发扬自力更生精神，自己动手、土法上马，分别建成了 2 个和 1 个深水泊位，航道浚深后，均可停靠万吨级的船舶。

沿海中小港口的面貌也有了很大变化。龙江、威海、宁波、马尾、汕头、海口、三亚等港，开工建设的 3000—5000 吨级的中级泊位达 21 个，部分已建成投产。

1972 年年底，中国共有深水泊位 92 个，其中 1949 年以后新建的 30 个。到 1975 年，经过 3 年的新建和改扩建，沿海港口深水泊位已达 140 个。3 年建成的深水泊位，不仅在数量上超过了前23年（1949至1972年）的总和，而且在码头水深、靠泊能力和工艺技术上都创造了新的水平。

2. 改造老码头13个，增加舱口作业线143条。上海港还建成了煤炭、粮食两项系列化工程，装卸效率大大提高。

3. 长江口和珠江航道进行了初步整治。长江口航道由－5.5米浚深到－7米。过去2万吨级的船舶要减载后趁潮进出，到1975年已不需减载即可趁潮进出上海港。黄埔的珠江航道也按计划开始浚深，到1975上已挖泥1000多万立方米。

4. 供油供水设施有了很大改善。3年中，开工建设供油罐共31.5万立方米，建成18.8万立方米；新建供油码头万吨泊位5个，5000吨级4个，1000吨级8个；增添千吨供油船20艘。外轮供油问题基本上得到解决。同时，大连、天津、秦皇岛、湛江、上海、黄埔等港口建成了一批供水设施，沿海港口的供水紧张状况有所缓和。

5. 船舶修理能力有了初步提高。1972年以前，全国仅有3个船坞，其中只有1个能修万吨以上的远洋船。3年中，开工建设的万吨船坞11个，同期建成和基本建成7个，新增坞修能力110艘次，为中国沿海和远洋船舶的修理提供了一定的条件。

经过3年建设，新增港口综合吞吐能力5500万吨，其中原油2500万吨，煤炭740万吨，矿石120万吨；新增船舶坞修能力245艘次；新增供油能力260万吨，新增供水能力350万吨。1975年港口综合吞吐能力比1972年增加50%左右，沿海港口压船压货等现象得到了初步改善。1976年在此基础上又继续抓紧了配套工程的建设，使已经形成的能力进一步得到了充分的发挥。1973年至1975年3年中，由于江青反革命集团的干扰、破坏和“左”倾错误思潮的影响，有的计划内项目未能如期开工，有的项目开工后进度迟缓，未能如期竣工，有的简易投产后留下的尾工很大，但这3年是中华人民共和国成立以后，港口建设成绩比较显著的3年。而且，通过这3年的建设，在港口建设方面培养和造就了一大批勘察设计和施工的技术骨干，其中不少人到“六五”计划时期都已成为沿海各港口建设的领导和指挥，发挥了作用。

第七章

新兴产业部门的建立，基本建设的再次调整

（1976—1980 年）

1976 年到 1980 年是发展国民经济的第五个五年计划时期。5 年内，中国先后经历了江青反革命集团对 1975 年邓小平主持中共中央日常工作后经济状况明显好转的否定和破坏，江青反革命集团的被粉碎，经济从极端恶化到初步恢复，以及不从实际出发再次提出新的“大跃进”口号并导致国民经济第二次大调整等一系列重大的政治经济活动。

1976 年 10 月，中共中央粉碎了江青反革命集团，结束了“文化大革命”长达十年的动乱。中国进入了新的历史发展阶段。当时，国民经济各方面都存在着不少急需调整和解决的问题。但由于建设指导思想上对十年动乱的严重后果估计不足，特别是长期存在的“左”的错误倾向尚未得到清理，粉碎江青反革命集团后不久，在建设的总体安排上就又一次提出了严重脱离实际的大规划、高指标。

“四五”计划期间先后动工建设的一批引进国外成套设备的大型骨干续建项目，基本上都在此期间同时达到投资高峰。加上在大规划、高指标影响下，1978 年年底又仓促签订了一大批成套引进设备的大型、特大型建设项目的合同，连同这些项目的配套工程，建设规模越铺越大，造成了基本建设规模的再度急剧膨胀。这就使“五五”计划期间和以后几年的基本建设投资需求大大的超过了国力的可能，给国家的财政经济带来了极大困难，加上投资结构依然是畸重畸轻，已经形成的国民经济各部门之间比例严重失调的状况进一步加剧。历史的错误一再重演。1978 年 12 月，中共中央召开了十一届三中全会，全面、认真地纠正过去“左”的

错误倾向，开始了指导思想上的拨乱反正。1979年4月中共中央召开中央工作会议，正式确定了对国民经济实行“调整、改革、整顿、提高”的方针（简称调整国民经济的“八字”方针）。基本建设的调整首当其冲。

1976年到1980年，5年间，基本建设的主要成就是，随着“四五”计划时期开工建设的一批骨干项目的建成投产，建立起了一批新兴产业部门，通过新技术的采用促进了一些传统产业部门的技术进步；同时，随着压缩投资规模，调整投资方向，轻工业和城镇住宅的建设得到了初步加强。

第一节　新兴产业的建立和传统工业的技术进步

一、以石油、天然气为原料的新兴产业部门的建立

以石油、天然气为原料的新兴石油化学工业项目，在1976年以前虽然有所建设，但已经建成投产的都是规模较小、技术比较落后的项目。随着天然油、气田的大规模开发建设，1978年全国原油产量突破1亿吨，1976年全国天然气产量超过100亿立方米，以及1974年、1975年先后开工建设的、成套引进西方70年代初期新设备、新技术的一批大型骨干项目，于“五五”计划期间先后建成投产，中国初步建立起了以石油、天然气为原料的新兴产业部门。它们主要是化学肥料、化学纤维、有机化工原料、合成橡胶、塑料和合成洗涤剂等工业部门。由于这些行业提供的产品用途不同，它们分别归属化学工业、纺织工业和轻工业，以化学工业为主。

1976年至1980年，五年累计化学工业完成的基本建设投资达167.86亿元，占同期工业基本建设投资总额的13.6%。这一时期，无论从完成基本建设投资的绝对额，还是从其占同期工业基本建设投资中的比重来说，都是新中国成立后六个五年计划时期中最多、最高的一个时期。相应地，化学纤维、合成洗涤剂（包括合成洗衣粉在内）等新兴产业部门，在此期间完成的基本建设投资及其在同时期纺织工业、轻工业完成的基本建设投资总额中的比重也都有大幅度的提高。

（一）化学肥料工业。

为促进农业的增产，新中国成立后就十分重视化肥工业的建设。但到

1975 年为止，中国化肥工业采用的原料基本上仍然是煤，建设的项目规模也依然是以小型为主。1975 年年底，全国规模小、技术落后、物耗高、亏损严重的小型化肥厂[①]达 1000 多个，中型化肥厂不到 20 个，已经建成投产的大型化肥厂一个也没有。1950 年到 1975 年累计化肥工业完成基本建设投资 130 亿元左右，累计新增化肥生产能力 778.4 万吨；1975 年全国化肥总产量 524.7 万吨，其中一半以上是由小型化肥厂生产的。

小型化肥厂的建设，耗费了大量投资，但投资效果并不好。1976 年，全国上千个小氮肥厂中有 2/3 是亏损企业，小氮肥亏损额达 9.7 亿元。要提高化肥工业的投资效果，改变化肥工业的落后面貌，使化肥的生产能尽快跟上农业发展的需要，必须采用先进技术加快以石油和天然气为原料的新兴化肥工业的建设。1973 年，从美国、荷兰、日本、法国引进了 13 套日产 1000 吨合成氨和 1620—1740 吨尿素的成套生产装置。其中以天然气为原料的 10 套，安排的建设项目为四川化工厂、四川泸州天然气化工厂、云南天然气化工厂、贵州赤水天然气化工厂、山东胜利石油化工总厂化肥厂、河北沧州化肥厂、黑龙江石油化工总厂化肥厂（简称大庆化肥厂）、辽宁辽河化肥厂、湖南岳阳化肥厂和湖北枝江化肥厂，它们的设计生产能力均为年产合成氨 30 万吨、尿素 48 万吨。以轻油为原料的 3 套，安排的建设项目为安庆石油化工厂、广州石油化工总厂化肥厂和南京栖霞山化肥厂。它们的设计生产能力均为年产合成氨 30 万吨、尿素 52 万吨。13 套大化肥按设计能力建成后，共可新增合成氨年生产能力 390 万吨（氮肥 1300 万吨）。

13 套大化肥先后于 1974、1975 年开工建设，其中原设计以天然气为原料的 10 套均先后在“五五”计划期间建成投产。10 套中，建设进度较快的是四川化工厂、四川泸州天然气化工厂、大庆化肥厂、山东胜利石化总厂化肥厂、河北沧州化肥厂、辽河化肥厂和云南天然气化工厂。贵州赤水天然气化工厂拖期 15 个月，湖北枝江化肥厂和湖南岳阳化肥厂因原计划利用的原

---

① 小型化肥厂是为了适应农业发展的迫切需要，从 1958 年开始大量建设的，它们包括小型氮肥厂和小型磷肥厂，绝大多数是小型氮肥厂。小型氮肥厂指的是设计生产能力为年产 800—2000 吨合成氨的项目。以后，经过技术上不断的改进和提高，到 1965 年都已先后扩大为年产能力 3000—5000 吨。

料——四川天然气落空，改用轻油，致使建设进度拖后21个月，1979年8月才投产，设计生产能力也相应缩小为年产合成氨24万吨，尿素38万吨。另外3套原设计以轻油为原料的大化肥，即广州石化总厂化肥厂、安庆石化厂和南京栖霞山化肥厂，则由于从法国引进的设备质量有问题，虽于1978年年底建成，但长期处于低负荷试生产阶段，经过反复检修调试后，设计能力分别缩减为合成氨24万吨、尿素42万吨（广州和安庆2套），合成氨21万吨、尿素31万吨（南京1套）；并分别于1982年和1981年验收投产。

13套大化肥累计完成基本建设投资40亿元左右，共新增合成氨年生产能力357万吨、尿素580万吨，从而使中国的合成氨生产能力在短短的几年里提高了30%。化肥产量也随之有了大幅度的增加，1980年全国化肥总产量达1231万吨，比1975年增加1.3倍。1976年至1980年是中国化肥工业发展最快的一个时期。同时，随着在此期间一批采用世界70年代初期技术水平的生产装置的项目建成投产，化肥生产的物耗相对节约，成本显著下降，管理也比较现代化，这些都对提高整个化肥工业的生产技术和管理水平，发挥了积极作用。这批项目已成为中国化肥工业中的骨干力量。

与此同时，为加快化肥工业的建设，1978年仓促签订的一批成套引进设备的合同中，又安排了引进4套30万吨合成氨装置，其中3套以油为原料，1套以煤为原料。4套装置分别安排在浙江镇海、新疆乌鲁木齐、宁夏银川和山西潞安进行建设。其中山西潞安化肥厂以煤为原料。1980年，在调整基本建设过程中，这4个项目先后缓建，以后又陆续恢复建设。

（二）有机化工原料和合成材料工业。

有机化工原料品种多，用途广。基本有机化工原料为医药、农药、染料、涂料、胶片、合成洗涤剂以及合成材料提供基本原料和配套原料。1976年以前，中国虽然已能生产14种基本有机原料，但产量低，满足不了需要。国内生产需用的基本有机化工原料直到1975年仍然主要依靠进口。为了加快主要有机化学原料和合成材料工业的建设，1973年从西方引进了4套大型石油化工和天然气化工联合生产装置。其中以生产有机原料为主的一套装置，安排在北京石油化工总厂建设，简称“四烯工程”。

“四烯工程”包括年产30万吨乙烯装置，18万吨高压聚乙烯装置，8万吨聚丙烯装置和4.5万吨丁二烯抽提装置，以及相应的炼油、化工装置，即6万吨的乙二醇装置、10万吨的甲苯脱烷基制苯装置、4万吨的聚酯装置和与北京化工二厂配套建设的8万吨氯乙烯、聚氯乙烯装置，共计8套主要生产装置。其设计生产过程和产品主要是，裂解装置以炼油厂常压蒸馏的轻柴油（170—360摄氏度）为原料，生产出高纯度的乙烯、丙烯、混合碳四以及裂解汽油等产品。然后乙烯用以生产高压聚乙烯、聚氯乙烯和乙二醇等产品；丙烯用于生产聚丙烯和苯酚丙酮等产品；混合碳四经抽提丁二烯制造顺丁橡胶产品。裂解汽油富含芳烃、除脱烷基制苯外，碳八芳烃用以作为生产聚酯的原料。高压聚乙烯主要加工成为包装薄膜、农用薄膜、普通电缆绝缘材料和注射成型用品；聚丙烯用于生产管材、板材、日用制品、薄膜和丙纶纤维；顺丁橡胶可以制造汽车轮胎及其他橡胶制品；聚酯是生产涤纶、电影胶片和X光底片的原料。

“四烯工程”于1973年8月破土动工。这是当时中国石油化工建设项目中建设规模最大、技术最复杂的项目之一，尽管生产装置的技术设备是国外成套进口的，但公用工程、土建设计、设备安装等都是由国内自行负责的。进行这么庞大的工程建设，国内缺乏经验，又处于十年动乱期间，困难很大。在参加建设的职工和工程技术人员的共同努力下，用了3年多的时间，于1976年12月按设计要求建成投产，累计完成基本建设投资13.2亿元。其余3套装置均以生产化学纤维为主，分别安排在上海、辽宁和四川建设，即上海石化总厂一期工程、辽宁辽阳石油化纤总厂和四川维尼纶厂。这3个大型建设项目均于1973年开始建设，1979年年底先后建成投产。合计各类化纤单体生产装置总能力为年产25.3万吨，其中涤纶切片11.2万吨，尼龙66盐4.6万吨，聚丙烯腈5万吨，聚乙烯醇4.5万吨。这几个项目建成投产后使中国的化学纤维产量1980年达到45万吨，比1975年增加了1.9倍。这3个石油化工联合企业除了化纤外，还生产合成树脂和基本有机原料及其他产品，其中有机原料每年即达18.7万吨。

同期，为了保持有机原料与合成材料的适当比例，在建设上述4个大型石油化工项目的同时，还相应在吉林化学工业公司安排新建一个以生产有机原料为主的石油化工联合企业。它以老厂为依托，建设规模为年产 11.5 万吨乙烯，原料用常压柴油，正好与当时吉林化学工业公司正在建设的年处理量为 250 万吨原油的炼油厂相适应。这一项目的建设，采用引进技术，生产丁醇、辛醇、酒精、乙醛、醋酸及丁苯橡胶等产品。其中以乙烯直接氧化生产乙醛，取代了乙炔生产乙醛的老工艺，解决了汞触媒的污染。这项工程，由于受十年动乱的影响，以后又停建缓建，直到 1982 年才建成试生产。

随着上述大型石油化工联合企业的先后建成投产，不仅在东北、华东和西南地区建立起了大型石油化工基地，并在中国建立起了以石油、天然气为原料的新兴有机原料工业和包括合成橡胶、合成纤维、合成树脂和塑料等的新兴合成材料工业。1980 年全国乙烯的产量迅速增加到 49 万吨，比 1975 年增长 7.6 倍。

在此期间，为加快基本有机化学原料工业的建设，1978 年年底又签订了从国外引进 4 套 30 万吨乙烯装置的合同。一套是针对大庆油田的油田气资源长期以来没有得到充分合理利用的状况，用气体分离装置和原油稳定装置回收油田资源中的液态烃，并以此为原料，建设 30 万吨乙烯及其配套的石油化工装置，产品为低压聚乙烯、高压聚乙烯、线性低密度聚乙烯、乙醛、丁辛醇，以及丙烯腈、醋酸等。一套安排在山东齐鲁石油化工公司，依托老厂，以 250 万吨胜利油田的原油为基础材料，其中主要馏份（170—470 摄氏度）供 30 万吨乙烯装置；轻油部分供 15 万吨铂重整装置，生产芳烃，与 30 万吨乙烯副产的裂解汽油结合，进一步生产对二甲苯、邻二甲苯和苯等有机原料以及化纤原料；500 摄氏度的渣油除供 10 万吨甲醇装置作原料外，其余都作燃料。同时，还安排新建一套年产 20 万吨烧碱的装置和与其配套的氯产品装置，以缓和烧碱短缺的矛盾，从而在山东胜利油田附近形成一个合成材料、有机原料和氯碱生产的综合石油化工生产基地。另外两套 30 万吨乙烯及相应的配套加工装置，签合同时规划安排在南京。后来经过调整，改为在南京建设 1 套，成立扬子石油化工公司；另一套改在上海建设，14 套装置分 3 个点进行建设，即主体 30 万吨乙烯等 8 套装置建在上海石化总厂即上海石化总厂三期工程，烧碱和氯产品装置建在吴泾化工联合公司，其余的聚苯乙烯和丁苯橡胶装置建在上海高桥石油化工公司。这 4 个大型石油化工建设项目在“五五”计划末期基本建设调整中，先后缓建，直到 1980 年年底它们基本上都还处于施工前的准备阶段。

（三）长距离输油、输气管道和四川天然气的开发建设。

截至 1975 年，长距离输油管道的建设重点主要在东北地区。“五五”计划期间，随着渤海湾地区油田产量的迅速增长和一批新兴石油化工项目的动工建设，输油管道的建设重点转移到华北和华东地区。其中长距离输油管道主要是在华东地区建设了鲁宁输油管线。这项工程原计划包括：（1）东临支线（山东东营至临邑），管径 529 毫米，全长 230 公里；（2）鲁宁干线（临邑至南京），管径 720 毫米，全长 665 公里；（3）南京至上海分输线，管径 529 毫米，全长 355 公里。鲁宁干支线全长 1250 公里，年输油能力 2000 万吨。配套建设的项目主要有：（1）明线载波和微波互为备用的通讯工程；（2）新建沾化电厂，改建谏壁、茅村电厂及相应的输变电工程等供电工程；（3）扩建南京新生圩油码头等。总投资计划为 7.4 亿元。东临支线和鲁宁干线先后于 1975 年 5 月和 10 月动工建设，并分别于 1978 年 5 月和 7 月建成投产，年输油能力分别达到 1000 万吨和 2000 万吨。建设中，鲁宁干线的终点为配合仪征化纤工业联合公司的建设，相应从南京移至仪征。南京至上海的分输管道则缓建。建成的鲁宁干、支线全长 1059 公里，穿越包括黄河在内的河流 807 条，铁路、公路 137 处。同时，为保证华北、中原油田的原油外运和石油化工项目建成投产后的原油供应，还分别建设了任邱至北京，霸县至雄县，沧州至临邑，任邱至沧州的正线和复线，魏岗至荆门炼油厂，江河至荆门、濮阳至临邑以及湛江至茂名等共 10 余条全长均不超过 300 公里的输油干支线管道。这些输油管线一多半于 1976 年先后动工兴建，其余部分也相继于 1977、1978 年动工。尽管开工时间有先有后，建成竣工时间也不一致，但到 1979 年年底以前均已竣工投产。有的还是当年施工，当年投产的。随着这些输油管线的建成投产，在中国东部沿海形成了以鲁宁干支线为主的华北、华东输油管网。

同期，还重点进行了四川天然气的开发和川汉输气管道的建设。四川盆地是中国天然气资源最丰富的地区。经过了20多年的勘探，到1975年年底，已探明气田45个，形成了泸州、重庆、自贡和川西北4个气区，当年产天然气37亿立方米。但是，在当时浮夸风的影响下，不尊重科学，不从四川地质构成的实际出发，主观地决定采用溶积法计算天然气储量。结果，四川天然气储量1973年上报时被夸大到1万亿立方米①。1974年12月，国家计委、国家建委向国务院的报告中也据此提出：四川天然气储量约1万亿立方米（其中具备立即开采条件的一级储量5000多亿立方米，尚需打一些探井进行验证的二级储量5000多亿立方米），以年产300亿—500亿立方米计算，可以开采二三十年。并提出了要加快开发四川天然气和铺设出川输气管道，把四川的天然气输送到长江中、下游的省、市的建设方案（简称川气出川工程）。1975年1月，中共中央和国务院批准了这个建设方案，当年开始了一期工程的建设前期工作。1976年9月，国家建委批准了石油化工部提出的《关于开发四川天然气三百亿方配套工程和铺设川汉输气管道总体设计审查报告》（即一期工程的总体设计），并指出一期工程的总概算要控制在40亿元之内。

根据总体设计，一期工程包括两大部分。一是四川省天然气的开发建设，要求“五五”计划期间累计建成井口出气能力330亿立方米，配套能力300亿立方米，计划总投资22.1亿元。建成后四川留用150亿立方米，出川150亿立方米。二是川汉输气管道，要求按年输气150亿立方米配套建设，计划总投资17.9亿元。其中，四川省天然气开发建设工程主要包括：（1）气田的勘探和开发；（2）气田的地面建设；（3）四川省内输气干线的建设；（4）通讯工程；（5）泸州长江大桥等项目。川汉输气管道工程主要包括：（1）从四川合江县到湖北黄石市，全长1156公里、管径1020毫米、年输气能力150亿立方米的输气管道和到岳阳化肥厂的输气支线；（2）为通过大型管子拖车，

---

① 溶积法是按溶洞的体积计算天然气储量的办法。根据中东的储气条件用这个办法进行计算是科学的。但四川地质构造与中东不同。过去都是采用压降法计算，比较切合实际，但计算出来的储量数据大大低于前者。事实上，到1985年年底止，四川省累计探明的天然气储量仅为2114亿立方米，扣除已经开采的，按天然气回采率60%计算，到1985年年底尚有可采储量为373亿立方米左右。

相应建设一条川汉管道公路，新建、改建公路共865公里；（3）供电工程；（4）生产调度专用通信线路等项目。

此外，与川气出川工程同步配套安排建设的项目还有：（1）新建湖北沙市钢管厂，安装进口的和国产的各一套1020毫米制管机并进口生产1020毫米管道用的钢卷板，以生产川汉输气管道用的大口径管道。（2）引进成套设备建设南京汽轮机厂，生产输气管线的主要配套设备——大马力燃气轮压缩机组。（3）以出川的天然气为原料，引进成套设备建设湖北枝江化肥厂和湖南岳阳化肥厂等。

川气出川工程是一项艰难复杂、规模宏大、耗资巨额的特大型工程。1976年一期工程总体设计得到批准后，工程建设全面铺开。为加强工程建设的领导，国务院成立了由国家建委牵头，四川省、湖北省、燃化部、一机部、冶金部、四机部、交通部以及其他有关部门参加组成的工程会战领导小组；在中共四川省委领导下成立了天然气开发建设和川汉管道四川段建设会战指挥部；在中共湖北省委领导下，成立了川汉管道湖北段建设会战指挥部。四川石油管理局作为四川段的总建设单位，负责工程在四川境内的建设工作（公路和通信工程除外），江汉石油管理局作为湖北段的总建设单位，负责工程在湖北境内的建设工作（公路和通信工程除外）。公路工程由两省交通部门为建设单位，通信工程由四机部指定建设单位。建设过程中，动员了沿线地区的大量人力、物力。

在加强资源勘探的同时，在四川原有区域性输气管线的基础上，从1977年起，着重进行了川内南半环输气干线的建设，到1981年，全部建成了东起川东卧龙河气田，途经重庆、泸州、自贡、成都、德阳，至四川中坝气田的输气管道，使川东、川南、川西南、川西北4个产气区连成一体，形成了东西横贯四川全省的能源和化工原料输送线。但是，由于受天然气资源限制，1978年天然气产量仅达60.79亿立方米（1980年为62.78亿立方米），比1975年37亿立方米虽然增长了64.3%，但却仅及原规划产量300亿立方米的1/5强。四川天然气产量连省内各方面的需要都满足不了，更无气可输出川外。因此不得已，1978年9月，在国家建委的建议下，国务院最终决定停建川汉输气管道工程。

川汉输气管道工程，从1976年1月动工，至1978年年底停建，累计完成基本建设投资2.53亿元（不包善后处理等投资在内），占计划总投资的14.1%。整个工程组建了一支万人施工队伍，建设了以下项目：（1）公路工程。规划920公里，开工808公里，竣工742公里，基本建成了从重庆到武昌县的公路段，累计完成投资1.42亿元。（2）基本建成了沙市大型钢管厂，两套制管机组已安装完毕，设计能力为年产16万吨。计划投资8935万元，已完成投资7038万元，占78.8%，只剩部分配套工程没有建成。（3）管道工程。与公路结合挖了部分管沟，工程停建后，全部回填。川汉输气管线干线尚未动工，但在长江红花套的穿越工程，两条管线已建成了一条，长1.15公里，1978年2月动工，1979年3月竣工。（4）为施工队伍建设了部分生活基地。此外，一机部、四机部等为满足川汉输气管线的建设需要而研制的各类通讯设备、专用工艺设备、施工机具和各种配套设备等，到1978年停建时，大多数都已研制出样机，并进行了试验和鉴定。

1978年下半年，此项工程决定停建后，立即对工程进行了清理，该停的坚决停下来，对即将竣工的工程酌情处理，或停，或达到一定部位再停，并积极作好工程的善后处理。川汉输气管道停建后，首先，影响湖北、湖南2个原计划利用四川通过管道供应的天然气为原料进行生产的大化肥厂。它们被迫在建设中途改变设计方案，原料由用气改为用轻油，设计能力也相应改为年产合成氨24万吨、尿素38万吨（原设计能力分别为30万吨和48万吨），降低了生产能力，提高了生产成本，拖长了建设工期。其次，沙市钢管厂和南京汽轮机厂也被迫相应改变产品方案，改产小型钢管和燃气轮机等，大马拉小车，造成了较大的损失浪费。为生产管道进口的钢卷板也只能改作他用。最后，有关部门为川汉输汽管道配套进行的新产品研制半途而废，耗费了投资，样机被收购入库，造成了人力、物力、财力上的较大损失。

川气出川工程的决策依据是急于求成的主观愿望，它违背科学，不从实际出发，因此失误和造成严重的损失浪费是必然的。这是基本建设中值得认真记取的一次教训。

二、新兴电子工业的建设

新中国成立后就十分重视电子工业的建设，50 年代一些新兴电子工业部门，如半导体工业，在中国起步并不晚，但后来由于种种原因，发展比较缓慢。到 70 年代后期，加快了新兴部门的建设步伐。集成电路、计算机、彩色电视机等成为建设的重点。

中国集成电路工业的建设起步于 60 年代，到 1970 年集成电路产量已达 400 万块，但产品门类主要是 TTL 系列的小规模电路。1974 年，开始大规模集成电路攻关，有计划地安排了重点项目的技术改造。1979 年北京东光电工厂的净化车间建成，并引进了“拼盘”生产线，开始生产自行设计的高性能四位微处理机电路。在此期间，还为研制和生产数字电路、模拟电路等共 900 多个品种，有计划地先后在北京、甘肃、四川、贵州、湖南、江西、河北、辽宁、陕西等省、市安排了一批包括工厂和研究所在内的建设项目。这些项目在 80 年代初期相继建成投产，初步建立了中国新兴的微电子工业部门。

1978 年，在原有的小规模研制、生产的基础上，开始有重点地引进制造电子计算机及软件的先进技术，改造了 15 个项目，并成套引进设备新建了华南计算机公司的索拉计算机（HN—3000 系列）生产线和湖南建南机器厂的磁记录生产设备等，逐步建立起了中国新兴的电子计算机工业部门。

彩色电视部门的建设是这一时期电子工业部门的建设重点。陕西彩色显像管总厂、无锡江南无线电器材厂线性集成电路生产线、华东电子管厂消气剂生产线以及彩色电视机整机及为其配套的生产线都是在 1978 年前后成套引进设备进行建设的。随着这批项目的建成投产，逐步建立起了中国的彩色电视工业。

三、采用新技术的一批骨干项目的建成投产

“五五”计划期间，一批 70 年代中期动工建设的能源和原材料工业项目先后建成投产。这批项目既包括具有大容量、高速、高效、自动控制和热能综合利用程度高等特点的引进国外成套设备进行建设的项目，也包括采用国

产先进设备、自行设计的建设项目。这批项目的建成投产促进了中国传统工业的技术进步。

煤炭工业中，进口的43套综合采煤机的投入使用，提高了采煤作业的机械化水平。电力工业中，国产的2台30万千瓦大型发电机组于1974年和1976年在望亭电厂扩建工程中先后投入使用，使中国的电力工业首次有了30万千瓦的大机组。由于缺乏制造经验，这2套机组在质量上曾出现不少问题，但经过与机组有关的设计、制造、科研部门的不断进行完善化的努力，到1983年，多项指标均已接近或达到国际同类产品的技术水平。同时，于70年代中期采用成套引进的30万千瓦发电机组进行建设的内蒙古元宝山发电厂、32万千瓦机组2套进行建设的天津北大港电厂和25万千瓦机组2套进行建设的唐山陡河发电厂等，也都在“五五”计划末期和80年代初先后建成投入运行。这批项目技术先进，经济效益好，基本上具有世界70年代先进技术水平。以元宝山发电厂30万千瓦机组为例，其设计要求为，汽缸热耗1896大卡/度，锅炉效率设计值91.4%，标准发电煤耗302.5克/度。该机组1978年建成并网发电后，经过考核，除煤耗外，均已达到保证值。这批项目的建成投产，促进了电力工业的技术进步。此外，中国第一座在岩溶地区建设的大型水电站——乌江渡水电站，技术复杂，难题多，第一条电压为50万伏的超高压输电线路——平武线（平顶山—武昌，全长594.88公里）等也都是在此期间克服种种困难，动工建设，并分别于1981年和1982年建成投产的。

特别应该提出的是在此期间为提高钢铁工业技术水平，填补空白而进行建设的武钢一米七轧机工程。工程自1974年9月破土动工后，经过4年多的建设，于1978年年底至1979年年初基本建成，各个单项工程先后投料试车，并于1979年年底和1980年7月，中、德，中、日分别完成交接验收。1980年10月，由国家计委等组织工作组到工程现场组织预验收检查，1981年年底国家正式验收交付生产。武钢一米七轧机工程的建成投产是中国钢铁工业建设史上的一件大事，它标志着中国钢铁工业的发展达到了一个新的技术水平。

武钢一米七轧机工程是1973年经中共中央批准，分别从联邦德国和日本引进成套设备和生产技术进行建设的国家重点项目。整个工程共建设33条作业线，即连铸车间2条，热轧厂6条，冷轧厂13条，硅钢厂12条。工程由143项单项工程组成，其中主体工程40项，辅助配套工程103项。建成后，全部产品可归纳为“六板一片”。即汽车板、自行车带钢、镀锌板、镀锡板、船板、普通板和硅钢片。一米七轧机工程的设计生产能力为：连铸车间主要生产规格从170×700至250×1600毫米普碳钢、低合金钢和硅钢的铸坯，设计能力为年产150万吨板坯；热轧带钢厂主要生产厚度从1.2至12.7毫米的各种普碳钢、低合金钢和硅钢的板（卷），设计能力为年产热轧带钢301万吨，其中供冷轧用坯119.5万吨，供硅钢用坯9.75万吨；冷轧厂设计年产各种冷轧薄板（卷）100万吨，其中镀锡板10万吨、镀锌板15万吨，产品规格中最薄的是0.15毫米的镀锡板；硅钢片厂主要生产0.28—0.5毫米的冷轧硅钢片（卷），设计年产7万吨，其中制作电机用的无取向硅钢片4.2万吨，制作变压器用的取向硅钢片（包括HI—B高牌号硅钢片）2.8万吨。武钢一米七轧机工程具有世界70年代的先进技术水平，主要设备综合了炼钢工艺、机械制造、金相热处理、陶瓷化工和电气、液压传动、检测手段、信息传递、能源介质以及环境保护等方面的新工艺、新技术。其特点是轧制速度快、自动化程度高、板卷大、产品质量好、品种多、成材率高、工艺先进、技术新。国家建委1977年9月批准的武钢一米七轧机工程的总概算为38.9亿元（其中从国外进口设备等的费用为6亿美元）。到1983年止累计完成基本建设投资39.59亿元。一米七轧钢机工程是一项规模巨大的工程，它的投资规模超过了以往武钢基建投资的总和。据与联邦德国、日本签订的合同规定，全部工程要在1977年9月建成（执行结果推迟了一年左右）。建设中，成立了武钢一米七轧机工程指挥部，由中共湖北省委、武汉市委和冶金部派出的领导人担任指挥部领导。整个工程建设在指挥部统一指挥下，分设11个分指挥部，按区域分工，实行包建责任制。在建设的高峰阶段，施工队伍达10万多人。一米七轧机工程从破土动工到基本建成经历了4年多时间，总的说，施工质量好，进度较快。但是，由于项目决策时正处于“文化大革命”的动乱时期，当时冶金部有权拍板的人不懂业务，又不能虚心听取意见，在决策时，给一米七轧机工程配套的炼钢厂被决定采用50吨转炉，而否决了150吨转炉的意见（当时国内已具备设计、制造150吨转炉的能力）。结果炼钢厂建成后，年生产能力只有150万吨，与轧机不配套，限制了一米七轧机生产能力的发挥，影响了它达到设计产量的时间和经济效益的发挥，后遗症严重。这不能不说是一个失误。

此外，在电力供应的安排上，一米七轧机满负荷生产共需电力24万千瓦，其冲击负荷达12.2万千瓦。设计要求电网容量应为冲击负荷的20倍。这就需要一个250万千瓦以上的电网。为了解决这个问题，1974年国家计委、国家建委安排了湖南、湖北电网采取“四厂一并”方案进行解决，即丹江黄龙滩电站增加水电15万千瓦，黄石电厂增加水电15万千瓦，青山电厂增加火电40万千瓦，荆门电厂增加火电22.2万千瓦，同时在丹江水电站与河南电网联通运行。但由于“文化大革命”的动乱和干扰，这些项目建设拖了工期。再加上1978、1979年湖北旱象严重，一米七轧机试生产时供电不足，使一米七轧机的投产受到一定影响。此后，由于葛洲坝水电站一期工程投产，湖北与河南两省并网，一米七轧机的用电问题得到了解决，试生产进入了新阶段。一米七轧机工程效益的发挥尽管由于上述配套建设上的问题而受到较大影响，但到1981年12月正式交付生产前的试生产阶段中（其间使用了部分进口钢锭），已累计生产钢材347.2万吨（按交库量计算），为国内轻工市场和各行各业的生产和建设提供各种急需的成品钢材247.8万吨。随着工程的正式交付生产，发挥的作用和获得的盈利更是有了显著提高。

第二节　农机工业建设规模的迅速扩大和主要机械产品制造能力的提高

一、农机工业建设规模的迅速扩大

1976年至1978年，特别是1978年，为了实现农业机械化，农机工业的建设规模急剧扩大。3年中，集中安排了14个大中型拖拉机建设项目，其中有5个是年产万台以上的拖拉机制造项目。其他项目和小型农机建设项目也随着全面铺开。1978年，为实现第三次全国农业机械化会议提出的1980年“与1977年相比，大型拖拉机拥有量增长70%，手扶拖拉机拥有量增长

36%，排灌动力机械拥有量增长32%，化肥拥有量增长58%”的任务，把全国分为七大片组织拖拉机专业化协作生产，安排洛阳拖拉机厂产品改型等等，进一步铺开了农机工业的基本建设项目。1978年农机工业完成的基本建设投资比上年增长了21.9%，成为3年中的高峰。1976年至1978年是新中国成立后农机工业建设规模迅速扩大的3年。但是，由于建设项目的决策，依据主观愿望多，考虑客观条件少，致使不少建设项目建成投产后，产品需要量不大，能力得不到充分发挥，投产就成为亏损企业，增加了财政的负担。

二、一批机械工业骨干项目的建成投产

1976年至1980年，在加快农机工业建设的同时，一批成套引进设备和单机的民用机械工业建设项目（其中多数是1974、1975年开工建设的）也基本上同时进入了施工高潮，其中主要的有3个透平机厂，即南京汽轮机厂、杭州汽轮机厂和沈阳鼓风机厂；3个轴承厂，即哈尔滨轴承厂、洛阳轴承厂和海江轴承厂，以及与之配套的其他厂；2个工具厂，即重庆工具厂和汉江工具厂；2个机床厂，即天津第一机床厂和南京机床厂；2个电工材料厂，即南京电瓷厂和东方绝缘材料厂；以及北京油泵油嘴厂和生产汽车磨擦片的杭州制动材料厂；等等。

同期，为能源工业的建设配套安排了生产8立米电铲、大马力推土机、重型汽车、60万千瓦发电设备、原子能发电设备、超高压输变电设备、30万吨乙烯装置、斗轮挖掘机等一系列建设项目，为国防建设配套安排了生产航空锻件、越野车等建设项目。此外，在集中力量建设第二汽车厂的同时，还对北京、上海、长春、济南等地的现有汽车厂进行了扩建或改建。

这批骨干项目大多数都于1976年至1980年的5年间建成投产，从而大大提高了关键机械产品的制造能力。其中如杭州汽轮机厂，引进联邦德国的工业汽轮机技术，设计能力为年产工业汽轮机40万千瓦。这些产品是年产15万吨以上的合成氨厂、10万吨以上的乙烯厂、250万吨以上的炼油厂、大型高炉以及制糖、造纸工业等必不可少的关键设备。杭州制动材料厂，引进日本汽车磨擦材料技术，设计能力为年产磨擦材料500吨，产品已广泛用于国

产各型汽车，效果良好。东方绝缘材料厂生产聚丙烯薄膜，于1979年5月动工，仅用1年时间，1980年5月建成。聚丙烯薄膜是一种新型高效绝缘材料，用于电力电容器，对于提高产品质量、节约木材有很大作用。过去这种薄膜部分依靠进口，这个项目建成投产后，对满足需要、节约外汇，起了良好的作用。无锡锅炉厂原是南京汽轮机厂的配套项目，3年建成投产，实际完成的投资低于设计概算，是当时少有的单位能力造价较低的好项目。投产后，虽然南京汽轮机厂已因川气出川工程停建而被迫改变了生产纲领，但无锡锅炉厂由于产品适应性强而一直是盈利企业。此外，生产复杂齿轮刀具和复杂刀具的重庆工具厂、汉江工具厂，生产弧齿、锥齿轮加工机床的天津第一机床厂、南京机床厂和生产火花塞的南京电瓷厂等建成投产后，分别填补了机械工业若干行业的空白。这批骨干项目的建成投产，还大大促进了一些机械行业技术水平的提高。

这期间也有些项目由于决策仓促，失误较多。如山东推土机项目，在没有扩初设计的情况下，仓促与外商签订合同，进口2条铸钢生产线，耗资2300万美元。设备到货后，却因山东推土机厂条件差，无法安装，造成设备积压。第二汽车制造厂引进的4条铸造线，是在未经认真核算需要的情况下，盲目决定进口的，耗资1600万美元，结果，设备到货后长期被搁置，不能投入使用。又如海红轴承厂，原来是为生产从英国引进的斯贝发动机而配套建设的项目，1978年动工建设时，要求十分紧迫，限期必须建成。但到1981年却又决定不再生产这种发动机，海红轴承厂被迫停建。停建时已完成基本建设投资4124万元，加上引进斯贝发动机耗费的外汇，造成了很大损失。

第三节　调整方针的再次提出

一、在经济受到严重破坏的情况下，组织国民经济新的“大跃进”

1976年是江青反革命集团对国民经济破坏最严重的一年。

1975年年底，江青反革命集团为了篡党夺权，在全国范围内掀起了“反击右倾翻案风”运动，硬把1975年邓小平主持工作以来，中共中央和国务院所采取的各项正确的政策和措施，说成是“右倾翻案风”。

1976年3月，中共中央发出《毛主席重要指示》，指名批判了邓小平。从此，刚刚稳定下来的各级领导机构再次被冲击、改组，再度陷入瘫痪与半瘫痪；许多法令和规章制度被废除，正常的经济秩序遭到极大破坏，经济状况急剧恶化。加上当年7月28日唐山发生强烈地震，造成巨大损失。1976年不少主要工农业产品的实际产量都低于1975年。当年实际完成基本建设投资总额376.4亿元，比1975年减少近33亿元，下降了8%；其中国家预算内投资310.9亿元，比1975年下降7.4%。1976年固定资产交付使用率仅58.9%，全部建成的大中型项目只有85个，比上年少82个，是1949年以后投资效果最差的年份之一。1974年到1975年期间动工建设的一批引进成套设备的建设项目，由于江青反革命集团的破坏，大多数延缓了工期。企业管理混乱，亏损严重。1976年全国国营企业亏损总额达177亿元，比1965年增加了2倍。财源枯竭，国库空虚。1976年财政收入仅完成776.6亿元，当年财政赤字29.6亿元。更重要的是整个国民经济的主要比例关系严重失调，市场物资匮乏。

1976年10月，中共中央粉碎了江青反革命集团，结束了“文化大革命”十年动乱，国民经济开始出现生机。1977年上半年，全国工业、交通状况开始有了初步的恢复，年终财政收支结余31亿元，结束了1974年至1976年连续3年财政出现赤字的局面，经济有了转机。在这样的关头，本应该用一定的时间进行国民经济的调整和整顿，解决国民经济主要比例关系的严重失调。但是，由于长期存在的建设指导思想上的“左”倾错误没有得到清理，同时，对当时带有很大恢复性质的经济形势，没有进行实事求是的分析和冷静的估计，反而认为国民经济的“大跃进”形势正在到来。因而，继续坚持实现毛泽东生前的设想，“大干快上”，提出要把被江青反革命集团干扰、破坏所耽误的时间“夺回来”。

1976年12月，国务院召开了第二次全国农业学大寨会议。会议讨论并规定了全国农业学大寨、普及大寨县和农业机械化的任务，即到1980年，全国要有1/3的县建成大寨县，各省、市、自治区都要实现粮、棉、油、猪上

《纲要》、超计划，并基本实现全国农业机械化。1977年1月国务院将《关于一九八〇年基本实现农业机械化的报告》转发各地区、各部门。按照这个报告的要求，4年内要使大中型拖拉机增长66%，化肥增长1倍。1977年12月，中共中央又将全国普及大寨县工作座谈会提出的意见转发各地区研究执行。这个会议认为“农业生产新的跃进的形势正在到来”。

1977年4月，在没有掌握可靠地质资源的情况下，中共中央主席华国锋在全国工业学大庆会议的各地区和各部门负责人的会议上提出：“石油光有一个大庆不行，要有十来个大庆”。1977年7月，国务院将《关于一九七七年上半年工业生产情况的报告》转发各地区、各部门。这个报告过高地估计了整个经济形势，认为1977年上半年经济的恢复标志着“国民经济新的跃进局面正在出现”。按照这种错误的估计，1977年年底，各部门、各地区相继提出了自己的跃进规划。

煤炭工业方面，提出“要拿出前所未有的高速度”。煤炭总产量1985年要达到8.8亿吨，1987年突破10亿吨，20世纪末达20亿吨。为此，准备用八年时间建设10个年产5000万吨和10个年产3000万吨的大型煤炭基地。同时，争取到1980年统配煤矿基本上实现一般机械化。

冶金工业方面，提出钢产量1980年达3500万吨，力争3800万吨，（为此要求在三年内在上海抢建一个现代化的、年产500万吨生铁的大型炼铁基地，全套设备从国外引进）；1985年达6000万吨，力争7000万吨，平均每年增加500万—600万吨；1990年达1亿吨；到20世纪末要建成20多个鞍钢，使全国钢产量达1.6亿吨。

1978年2月，在五届人大一次会议上，华国锋作的《政府工作报告》中明确指出：“一个新的跃进形势已经来到了。”① 并提出根据粉碎“四人帮”后出现的政治和经济的大好形势，补充、修订了1975年经中共中央政治局讨论通过的1976年到1985年10年规划纲要草案。按照修订后的10年规划，

① 《中华人民共和国第五届全国人民代表大会第一次会议文件》，人民出版社1978年3月第1版，第12页。

“在这十年里，要建立稳固的农业基础，农业主要作业机械化水平达到85%以上，按农业人口达到一人一亩旱涝保收、高产稳产农田，农林牧副渔都达到较高水平。建立产品丰富多彩、物美价廉的轻工业，按人口平均轻工业产量有较大增长。建立发达的重工业，冶金、燃料、动力、机械等原有工业在新的技术基础上进一步发展，钢铁、原煤、原油、发电量等产品产量进入世界前列，石油化工、电子等新兴工业发展成比较发达的工业。建立适合工农业发展需要的交通运输网和邮电通讯网，基本实现机车的电气化、内燃化，公路和内河运输，远洋和航空运输都有较大发展。在建成全国独立的、比较完整的工业体系和国民经济体系的基础上，基本建成西南、西北、中南、华东、华北、东北六个大区的经济体系，并把内地建成强大的后方战略基地”。① 为了实现这一规划，农业要“抓好十二个大面积商品粮基地和全国的国营农场”，“大搞以改土治水为中心的农田基本建设”和建立经济作物、牧业、渔业等一系列生产基地②等等；工业则在搞好现有企业挖潜、革新、改造的同时，新建和续建120个大型项目，其中有10个大钢铁基地，9个大有色金属基地，8个大煤炭基地，10个大油气田，30个大电站，6条铁路新干线和5个重点港口。这120个项目建成后，加上原有的工业基础，在全国形成14个大型重工业基地。提出1978年到1985年全国的基本建设投资总额相当于过去28年的总和。③ 并规定1985年钢产量达到6000万吨，原油产量2.5亿吨。这样宏大的建设规模和增长速度，不论从当时中国的资源、财力、技术力量和建设进度来说，都是不可能实现的。

二、基本建设规模急剧膨胀

在组织国民经济新的大跃进、求成过急的思想指导下，1978年不断强调

---

① 《中华人民共和国第五届全国人民代表大会第一次会议文件》，人民出版社1978年3月第1版，第24—25页。

② 《中华人民共和国第五届全国人民代表大会第一次会议文件》，人民出版社1978年3月第1版，第28—29页。

③ 《中华人民共和国第五届全国人民代表大会第一次会议文件》，人民出版社1978年3月第1版，第25、32—33页。

加快建设速度，铺新摊子，一再追加基本建设投资。1至8月，国家预算内已先后追加投资共35亿元，使本来已经安排大了的基本建设规模进一步扩大；9月又决定再追加投资48亿元。这样，全年追加的基本建设投资总数达83亿元。基本建设投资总额中国家预算内投资的总规模由年初计划的332亿元增加为415亿元，实际完成417.4亿元，加上预算外投资达500多亿元，分别比1977年猛增105亿元和118.6亿元，使1978年成为50年代“大跃进”以后增长最快的年份。在利用外资引进技术设备方面，在没有经过充分论证和综合平衡的情况下，1978年1年就仓促签订了50多个引进技术设备的项目，协议金额达78亿美元，比1950年到1977年28年中国引进技术设备累计完成金额65亿美元还多13亿美元。78亿美元总金额中，有一半左右金额的合同是在当年12月20日到年底的短短10天里抢签的。协议总金额中，冶金、化工项目占62%，能源占18%，轻纺占11%。引进的项目主要是重工业项目，建设的规模是巨大的，形成了一批特大型工程。其中上海宝山钢铁厂（简称宝钢）等22个重点项目的协议金额为58亿美元，占总金额的74%。22项设计生产能力的总规模是：炼铁650万吨、炼钢670万吨、轧钢650万吨、铜矿采选日处理能力13万吨、电解铝8万吨、乙烯120万吨、塑料88.5万吨、合成橡胶8万吨、甲醇、乙醇、丁辛醇等有机化工原料近50万吨、合成氨120万吨、烧碱40万吨、合成纤维71万吨、尼龙66盐浸胶帘子布1.3万吨、合成革600万平方米、三聚磷酸钠7万吨、彩色显像管96万只、入洗原煤1200万吨，以及100套综合采煤机组（采煤能力2000万吨）等。22项特大型工程建设，按设计要求共需外汇130亿美元（1978年已签约部分为58亿美元），按当时的汇率，约合人民币390亿元，加上国内配套投资200多亿元，总投资达600多亿元。这样大规模的投资，这么多大型项目同时动工，并将于1981、1982年同时进入投资高峰，每年需要投资130亿元左右，远远超出了国力所能承担的范围，影响所及不仅是当年，更重要的是以后几年。这对于当时刚刚从不断恶化中开始恢复的中国经济来说，无疑是一次极大的冲击。

1978年，总投资在10万元以上的施工项目总数多达4.5万多个，一下子比 1977 年增加了 8883 个，成为相近几年中一年内施工项目增加最多的一年，其中大中型施工项目达 1723 个，比 1977 年激增 270 个。摊子越铺越多、效果越来越差。由于财力、物力、人力的分散，建设项目的工期相应拖长，1978 年全部建成投产的大中型项目只有 99 个，比 1977 年减少了 22 个，大中型项目投产率仅为 5.8%。

1978 年的投资方向继续高度集中于重工业，当年重工业实际完成基本建设投资 243.8 亿元，占全年基本建设投资总额的 48.7%，占工业基本建设投资的 89.3%；非生产性建设投资 83.3 亿元，仅占全年基本建设投资总额的 17.4%，其中住宅建设 37.5 亿元，占 7.8%。非生产性建设投资在全部基本建设投资总额中的比重虽然比十年动乱期间略有提高，但提高的幅度不到 1%。建设指导思想上的重生产、轻生活没有改变。投资的分配结构对国民经济的经济结构和生产结构的形成有着十分重大的作用，在国民经济各部门已经由于过去长期以来重视生产性建设、忽视非生产性建设，重视重工业建设、忽视轻工业建设而形成了畸重畸轻、极不合理的经济结构和生产结构的情况下，继续坚持重重轻轻的投资结构，只能加剧已经形成的国民经济各部门之间的严重比例失调状况。

农业和支农工业的建设，在过高的指标要求下，1977、1978 年，在不少地区不讲实效，盲目大搞农田基本建设，到处铺摊子；盲目大上农机厂，不切实际地粗制滥造了一批高耗低效的农业机械，浪费了大量人力、物力、财力。1978 年虽然风调雨顺，农业获得了较大丰收，但农业总产值（包括队办企业产值）在工农业总产值中的比重却仍然由 1976 年的占 30.4% 下降到 27.8%。当年净进口粮食 139.1 亿斤。

在工业交通内部，尽管过去 10 年中对燃料、动力工业和铁路的建设投资不少，但正如前面两章中指出的，由于缺乏认真的前期工作、建设安排不当以及其他种种原因，损失浪费严重，投资效果差。以致能源供应仍然十分紧张，煤炭工业内部采掘比例失调，石油后备资源不足，采储比例失调越来越严重，铁路建设不适应商品运输的需要，能源、交通与加工工业间比例严重失调。在这种情况下，继续大量投资建设耗能多、运量大的重化工业和机械加工工业，只能进一步加剧能源、原材料工业、交通运输与加工工业间的比例失调。1978 年全国已约有 20% 的生产能力因缺电而难以发挥，机械加工工业能力已超过了可能提供的钢材数量的 3—4 倍，不少铁路枢纽和港口货物堵塞、运不出去，严重影响了国民经济的发展。如果 1978 年签约引进成套设备的 22 个大型建设项目按设计能力、按合同规定期限建成投产后，对原油和煤的需要量还将在几年内分别激增 1230 万吨和 2000 万吨。这是当时中国能源工业无法承受的压力。

基本建设规模的急剧膨胀、投资分配结构的继续畸重畸轻，导致了积累和消费比例严重失调，并给财政经济带来了极大的困难。1978 年完成的基本建设投资总额由 1977 年的 382. 4 亿元，猛增到 500. 99 亿元，增长 31%；其中国家预算内投资增长更快，增长了 33. 7%。相应地，当年积累率也猛增至 36. 5%，成为自 1958 年到 1960 年“大跃进”时期以后，积累率最高的年份。1978 年与 1965 年相比，中国的人口增加了 2 亿多。人民生活长期没有改善，农民从集体分得的平均收入几乎没有什么增加，城市职工平均工资基本上没有提高，而且在集体福利、职工住宅、城市建设、环境保护和文教卫生等方面长期累积下来、亟待解决的问题还增多了。在这种情况下，进一步挤人民生活消费，实行高积累，无疑加剧了积累和消费间的严重比例失调。这种做法是难以为继的。同时，建设规模严重脱离国力的急剧膨胀，投资方向不恰当地过分集中于重工业，使基本建设投资的经济效益日趋下降，投入多、产出少，加重了财政经济的负担。另外，由于基本建设规模急剧膨胀的刺激，有关工业部门不顾质量，片面追求产量，粗制滥造、高耗低效产品大量涌现，产品积压增多，1978 年企业亏损面高达 30%。这些都促使财政状况急剧恶化，1979 年和 1980 年连续两年出现财政赤字 100 亿元的局面。

三、调整方针的提出

1978 年基本建设规模的急剧膨胀给国家的财政经济带来了极大的困难。但是尽管如此，1978 年 10 月在制订 1979 年计划时，各部门、各地区还在不断要求扩大 1979 年的投资规模，提出的要求高达 1000 亿元，这显然是严重脱离实际可能的要求。可是，在当时组织新的大跃进的思想指导下，为实现十年规划纲要的要求，为保证已经开工项目的续建，1979 年基本建设计划仍然安排了当年投资 583 亿元，其中国家预算内投资 457 亿元；分别比 1978 年实际完成的基本建设投资总额和其中国家预算内投资总额，增加 82 亿元和 39.6 亿元。同时，还计划从国外借款上百亿美元，用以支持国内的生产和建设。这个计划在物资、财政、外汇等方面都留了很大缺口。燃料缺 1500 万吨；钢材在进口 750 万吨后，数量勉强够了，但品种和到货时间不能保证；水泥在进口 200 万吨，加上上调地方小水泥 200 万吨以后，还缺 100 多万吨；木材在进口 100 万立方米，上调国营林场抚育间伐材 100 万立方米后，还缺 75 万立方米。财政收入指标有 20 多亿元地方不接受，分不下去，有些必需的支出又没有打足。外汇支大于收 100 多亿美元。由此可见 1978 年基本建设规模的急剧膨胀在很大程度上还影响着 1979 年的计划。而 1979 年的计划又是一个绷得很紧、实现不了的计划。

面对这样严峻的局面，中共中央 1978 年 12 月召开了十一届三中全会。这是中华人民共和国成立以来，中共历史上具有深远意义的一次会议。会议确定了把全党的工作重点转移到社会主义建设上来，并开始全面地、认真地纠正“文化大革命”中及其以前的“左”倾错误，从指导思想上进行拨乱反正。会后，针对 1979 年国民经济计划中留有很大缺口的问题，陈云在 1 月 1 日、5 日两次批示：“我认为不要留缺口，宁肯降低指标，宁可减建某些项目”，“有物质缺口的，不是真正可靠的计划。”1 月 6 日，邓小平指出：“我们要从总方针来一个调整，先搞那些容易搞、上得快、能赚钱的，减少一些钢铁厂和一些大项目。引进的重点要放在见效快，赚钱多的项目上。今年计划有些指标要压缩一下，不然不踏实，不可靠。”1979 年 3 月 14 日，李先念、陈云给中共中央的信指出：“现在的国民经济是没有综合平衡的，比例失调的情况是相当严重的”，“要有两三年的调整时期，才能把各方面的比例失调情况大体调整过来”。3 月 21 日，陈云在中共中央政治局会议上进一步指出：“现在比例失调的情况相当严重。基本建设项目大的 1700 多个，小的几万个。赶快下决心，搞不了的，丢掉一批就是了。搞起来，没有燃料、动力，没有原料、材料，还不是白搞。”经过 1979 年春季的酝酿、研究，中共中央在 1979 年 4 月召开的中央工作会议上决定，坚决纠正前两年经济工作中的失误，正式提出了对国民经济实行“调整、改革、整顿、提高”的方针。会议指出，经济建设必须适合中国国情，符合经济规律和自然规律；必须量力而行，循序渐进，经过论证，讲求实效，使生产的发展同人民生活的改善密切结合；必须在坚持独立自主、自力更生的基础上，积极开展对外经济合作和技术交流。

调整国民经济“八字”方针的确定，标志着在经济建设中坚决清除长期存在的“左”倾错误的开始，是经济建设指导思想上一个伟大的历史转折。

第四节　压缩建设规模　基本建设要退够

从 1979 年起，基本建设进入调整、改革时期。这是全国范围内进行的第二次基本建设大调整。但是，这次调整和 60 年代那次不同。首先，这次基本建设调整是在农业生产取得丰收，工业基础也较雄厚，国民经济的总形势是向前发展的情况下主动进行的。而 60 年代那次调整是在整个国民经济困难重重，实际上已无余力进行建设，不马上刹车就无法渡过难关的情况下被迫进行的。其次，和 60 年代那次调整的任务不同。这次基本建设调整担负着双重任务，一是通过基本建设的调整逐步把国民经济的主要方面严重失调的比例关系调整过来，改善不合理的经济结构，为国民经济逐步走向良性循环提供物质基础；二是要在建设的指导思想上完成拨乱反正的任务，彻底清理过去“左”的那套做法，坚持改革，走出一条适合中国国情的建设新路子来。最后，和 60 年代那次相比，这次基本建设调整难度更大。由于十年动乱中，林彪、江青两个反革命集团一次比一次更为严重的破坏干扰，国民经济比例失调状况在许多方面比 1961 年、1962 年严重得多。粉碎“四人帮”后，1978 年又集中对外签订合同引进一大批国外成套设备，安排了一批大型和特大型建设项目，进一步加剧了严重的比例失调状况，增添了基本建设调整的困难。还有，由于这次调整是与整个国民经济管理体制改革紧密结合进行的，国民经济各方面改革措施的不配套、不同步和新旧体制交替过程中出现的缺陷及种种新情况、新问题都会不同程度地影响着基本建设的调整。

1979 年到 1980 年基本建设的调整和改革，重点在调整，改革处于试点阶段。这两年基本建设的调整仍然采用了 1960 年开始的第一次调整时的办法，即压缩国家预算内基本建设投资规模，并相应地停建缓建一批建设项目，缩短基本建设战线。直到 1980 年年底，才真正把这次调整的意义提高到建设方针的拨乱反正，即方针上调整的高度来认识。同时，国民经济其他方面的改革也给基本建设的调整带来了一定的影响。因此，这一时期基本建设在调整过程中出现了一些新的特点。

一、压缩建设规模中的控制和反控制

调整基本建设，首先就要把急剧膨胀的建设规模坚决压缩下来。但是经过 1979 年和 1980 年两年的努力，基本建设规模没有真正压下来，国家预算内投资突破了计划，预算外投资急剧膨胀。

1979 年经过调整的计划，预算内基本建设投资由 457 亿元压缩为 360 亿元，缩减近 100 亿元，应该说决心是大的。但执行结果，实际完成额达 418.57 亿元，超过了投资规模急剧膨胀的 1978 年。加上预算外投资，1979 年实际完成基本建设投资总额 523.48 亿元，比 1978 年增加 22.49 亿元，增长 4.5%。

1980 年继续压缩建设规模，1980 年国民经济计划安排当年预算内基本建设投资 241 亿元，比上年实际完成额减少 177 亿元，并要求积累率降到 30% 以下。但是执行结果，基本建设规模仍然没有压缩下来，1980 年预算内投资实际完成额达 349 亿元，虽然比 1979 年实际完成额压缩了 69 亿元，但与当年计划比，仍然超过计划指标 44.6%；加上预算外投资增长过快，1980 年实际完成的基本建设投资总额达 558.9 亿元，比 1979 年还增加了 35.4 亿元，成为 1950 年以后基本建设投资完成额最高的 1 年。

基本建设投资规模压缩不下来，不仅表现在这两年年度基本建设投资完成额上，更重要的是基本建设的在建规模①没有得到有效的控制。1978 年年底基本建设在建规模为 1572 亿元左右，经过两年压缩，不包括 22 个引进项目在内，1980 年年底在建规模仍高达 1416.5 亿元，建设的总规模仍然过大。

建设规模压缩不下来，主要是两方面原因造成的。

1. 主要由预算内投资建设的大中型基本建设项目的总建设规模没有压缩下来。1978 年年底在建大中型建设项目 1624 个，1979 年和 1980 年清理在建项目后，停缓了 415 个（1979 年 295 个，1980 年 120 个），压缩建设规模改为小型项目的 266 个。两年共压缩在建规模 100 亿元左右。但是，同期列入计划新开工大中型项目 109 个，增加建设总规模 660 亿元。其中权 22 个引进项目就增加建设规模 582 亿元，占新开工项目建设总规模的 88.2%。结果，一面清理，一面大上；停缓建建设规模较小的，新开工建设规模较大的；在建项目个数虽然减少了，但建设总规模没有压下来。新开工的这批大型和特大型项目不仅使当年预算内投资压不下来，而且造成了以后几年将会随着这批项目投资高峰的同时到达而出现投资膨胀的潜在趋势。

2. 预算外自筹资金进行的基本建设规模越来越大，缺乏有效的控制。随着财政体制的改革和企业自主权的逐步扩大，这两年预算外资金有了较大幅度的增加，预算外基本建设投资规模也迅速扩大。1979 年实际完成的预算外投资达 104.9 亿元，突破计划指标 1 倍多。1980 年预算外投资完成额高达 209.62 亿元，比 1978 年增长了 1.5 倍，比 1979 年增长了近 1 倍，相当于当年预算内投资的 60%，占当年基本建设投资总额的 37.5%，成为 1949 年以来预算外投资在全部投资中占的比重最高的 1 年。

预算外投资建设的项目，以小型居多。1979 年和 1980 年清理项目中，虽然也先后停建缓建了小型在建项目② 2500 多个（1979 年 1671 个，1980 年 822 个），但是同期新开工的小型项目却高达约 5 万个（1979 年约 2 万个，1980 年约 2.9 万个）。

---

① 在建规模指的是正在建设尚未完工项目的投资总规模。

② 这里指的小型在建项目仅包括总投资在 10 万元以上的小型建设项目，下同。

二、基建性的更新改造规模急剧扩大

随着对基本建设规模、项目的控制和管理的加强，不少基本建设项目改头换面以更新改造和其他措施项目（简称更新改造项目，下同）列入计划。基本建设和更新改造项目的划分尽管理论上可以说是以固定资产的扩大再生产和简单再生产为界限，但是在以扩大再生产为特征的社会主义社会，正如马克思指出的："规模不变的简单再生产，就只是一个抽象。"① 事实正是如此。在实际建设过程中，是很难把固定资产的简单再生产和扩大再生产截然区别开来。在计划管理上区分两者的界限，主要是根据资金渠道。更新改造项目的投资来源主要是企业的基本折旧基金和自有基金、国家财政的各项专项拨款以及银行贷款。企业的基本折旧基金，新中国成立初期，在实行财政管理高度集中统一期间，基本上都是上缴财政进行统一分配的。从 1967 年开始，为了调动企业和地方的积极性，改变过去不重视企业原有设备技术的更新换代的状况，决定国营企业的基本折旧费全部留给企业和主管部门，设立了固定资产更新改造资金。1978 年起，为了解决更新改造资金在地区之间、行业之间、新老企业之间分布不平衡、苦乐不均的矛盾，进一步改为由国家财政集中一部分更新改造资金，统一安排，调剂使用。具体办法是：除县办工业、农牧业和按产量提取更新改造资金的采掘采伐企业以外，所有国营企业提取的基本折旧基金 50% 留给企业；50% 上缴国家财政。在国家集中的这 50% 中，由国家计委（恢复国家经委后改由国家经委）和各部门掌握安排 60%，用于解决全国性的生产薄弱环节和重点企业的更新改造；其余 40% 分配给省、市、自治区，由它们用于本地区某些生产薄弱环节和重点项目的更新改造。来自基本折旧费的这一部分资金是更新改造项目投资的主要组成部分，一般占投资总额的 50% 左右。从 1979 年开始，随着企业自主权的扩大，利润留成及后来的税后利润日益增多，除基本折旧费外，企业自有资金用于扩大建设的部分也越来越多。国家预算内安排的各种专项拨款和地方机动财

① 马克思：《资本论》第二卷，《马克思恩格斯全集》第 24 卷，人民出版社 1972 年第 1 版，第 438 页。

力安排的更新改造投资，也有较大增长，特别是银行贷款增长最快。

更新改造的建设规模和项目安排，在管理上与基本建设不同，一松一紧。当时，着重是压缩基本建设规模和清理基本建设在建项目，对基本建设控制较严；对更新改造项目，为了鼓励现有企业技术改造，既没有严格的审批和管理制度，又不控制总的建设规模和资金渠道。因此，更新改造投资的资金来源越来越多，投资规模越来越大，1979 年达 175.88 亿元，1980 年增加到 187.01 亿元。在严格控制基本建设的情况下，不少基本建设项目，包括具有一定规模的新建、扩建项目以及一部分停缓建项目都利用基本建设和更新改造两者界限不清的空子，进入了更新改造行列。据不完全统计，1980 年施工的更新改造项目中新建和扩建项目占 1/3 左右，建设规模在 100 万元以上的项目占一半左右；1981 年建设规模在 1000 万元以上的项目就有 360 个，完成投资额占当年更新改造投资总额的 14.6%；360 个项目中，新建和扩建项目 220 个，占 61%。这就使全国的基本建设规模更加难以控制。

三、城乡集体所有制单位的建设规模迅速增长

新中国成立后，长期强调单一的全民所有制的优越性，经济管理上实行的也是产品经济的一套做法，计划、监督、统计的对象也主要是全民所有制单位。城乡集体经济力量单薄，个人建房更是困难重重。从 1979 年开始，随着理论“禁区”的被突破，经济政策的改变，以及各方面管理体制的初步改革，城乡集体所有制单位的建设步伐加快了，特别是农村社队集体投资的小型工业建设项目，又一次蓬勃兴起。1979 年 7 月，为鼓励社队办企业，国务院批发了《关于发展社队企业若干问题的规定（草案）》。《规定》提出：今后社队新办的小铁矿、小煤窑、小电站、小水泥厂从开办起免税 3 年，其他新办企业在开办初期纳税有困难的，经省、市、自治区确定，可免征工商税和所得税 2 至 3 年等。这个规定草案促进了社队企业的发展，1979 年就新上了不少集体所有制的小型工业建设项目。1980 年又有了进一步的发展，当年完成的社队企业建设规模近 100 亿元。县以上集体所有制单位的建设规模在这两年里也稳步扩大，实际完成投资额由 1978 年的 13.4 亿元上升到 1980 年

的23亿元左右。随着农民收入的增加，农村个人建房也迅速发展起来，建设规模急剧膨胀。城乡集体所有制单位小型项目和城乡个人住房的建设出现了前所未有的迅速扩大的势头。这一势头不仅扩大了全社会的建设规模，而且由于社办企业的盲目性，出现了与大工业争材料、争动力等情况，影响了大工业的生产，加剧了紧缺物资如主要的建筑材料、原材料、燃料、动力等的供需矛盾，给基本建设的调整增加了困难。

四、加强集中统一管理，把基本建设规模坚决压缩下来

如前所述，经过两年的调整，基本建设规模不仅没有压缩下来，1980年反而成为1950年以来完成投资最多的1年。加上全民所有制单位的更新改造投资和集体所有制单位、城乡个人建房完成的投资，1980年全社会固定资产投资完成额比1978年增长了近200亿元。1979年积累率高达34.6%，1980年仍达到31.5%。同期，国家为了改善城乡人民生活，用于提高农产品收购价格、增加职工工资和扩大就业等消费支出也有了较大幅度的提高。国民收入使用额中，消费基金1979年比1978年增长了16.3%，1980年又比1979年增长了14.9%。积累和消费同时增长，两者的总和超出了国力负担的可能。在国民经济的总量平衡上，社会总需求过多地超过了总供给，出现了连续两年高额度的财政赤字。1979年和1980年财政赤字分别为170.6亿元和127.5亿元，成为36年中财政赤字最多的两年。与此相应，两年共增发货币130亿元，商品货源与社会购买力出现很大差额，市场物价波动。1980年，因物价上升，城乡居民多开支110亿元。这些都影响着经济的稳定，制约了国民经济的发展。

在经济形势十分严峻的情况下，1980年11月国务院召开了全国省长、市长、自治区主席会议（简称全国省长会议）。12月，中共中央召开工作会议。两个会议在全面分析了经济形势后认为，经济形势大好，但是潜伏着危机，经济上的危机会带来政治局势的不稳。因此，中央工作会议制定了“经济上进一步调整，政治上进一步安定”的方针。决定大量压缩固定资产投资规模和行政经费，要求在1981年实现财政收支、信贷收支基本平衡、物价基本稳

定。当时预计实现宏观比例协调将是一项长期任务，提出调整要贯穿整个“六五”计划时期。同时，明确指出，为了稳定经济，必须把调整作为经济工作的中心，改革要服从调整、促进调整，在调整期间，改革的步子要适当放慢。这是中共中央针对当时经济形势做出的重大决策。基本建设的调整也进一步提到了建设的指导方针要摆脱多年来“左”的错误的束缚的高度上。邓小平在中央工作会议上明确指出：“这次调整，在某些方面要后退，而且要退够。”① “所谓某些方面要退够，主要是说，基本建设要退够，一些生产条件不足的企业要关、停、并、转或减少生产，行政费用（包括国防开支和一切企业事业单位的行政管理费用）要紧缩，使财政收支、信贷收支达到平衡。生产建设、行政设施、人民生活的改善，都要量力而行，量入为出。这就是实事求是。下决心这样做，表明我们真正解放了思想，摆脱了多年来‘左’的错误指导方针的束缚。”② 他还强调说：“在调整中实行高度的集中统一，是完全必要的。”③ 这次中央工作会议，对进一步统一全党的认识，使调整工作真正走上正确的轨道，起了重大作用。对1981年的计划，在全国省长会议和接下来开的全国计划会议上经过讨论，作了调整。陈云、邓小平、李先念等在全国省长会议上都讲了话。主要内容是，1981年基本建设要退够，铁公鸡，一毛不拔。宝钢等22个成套进口项目，不行就放下来。为克服困难，必须集中。历来解决困难，权是要集中的，不是分散的，最后的落脚点是中央集中统一。好事要做，但要量力而行。据此，调整后的计划，1981年基本建设投资总额由550亿元坚决压缩下来，减为300亿元，其中国家预算内投资由原来的242亿元减为170亿元。

会议以后，在统一思想，各方面都要与中共中央的决策保持一致的基础上，采取了一系列措施，加强对基本建设的集中统一管理，把过大的基本建设规模坚决压缩下来。

1. 加强基本建设的计划管理。1981年3月国务院颁发了《关于加强基本

---

① 《邓小平文选》（1975—1982年），第313页，人民出版社1983年第1版。

② 同上，第314页。

③ 同上，第321页。

建设计划管理，控制基本建设规模的若干规定》，提出：(1) 全国和地方的基本建设规模，都要进行严格控制。凡属基本建设，不论其资金来源如何，都要按照隶属关系和计划安排权限，由各级计委综合平衡后，在确定的基本建设规模之内，纳入各级基本建设计划。(2) 各种渠道安排的基本建设资金，必须根据有利于国民经济调整的原则，明确使用方向。(3) 银行发放基本建设贷款，必须在信贷平衡的基础上进行。(4) 利用外资安排的基本建设要严加控制。(5) 国防费安排的军事工程等要适当压缩。(6) 所有基本建设计划，必须认真落实所需的物资。(7) 严格基本建设项目的审批制度和责任制度。(8) 从基本建设工程造价中提取各种费用，必须由国家建委、建设银行总行统一规定。

同时，为全面反映全民所有制单位基本建设规模，搞好综合平衡，从1981年起，编制包括各种资金渠道在内的综合基本建设计划。综合基本建设计划由六部分资金渠道组成，即国家预算安排的投资。地方和部门的自筹投资、银行贷款安排的基本建设、利用外资安排的基本建设、用以煤代油专项资金安排的基本建设以及其他专项资金安排的基本建设。为了统筹兼顾，从1981年开始编制包括基本建设和更新改造两部分的固定资产投资计划，加强了对固定资产投资总规模的宏观控制。同时，根据搞活经济的新情况，从1982年起加强了对全社会建设规模的统计和监督。搞好信息反馈。

2. 加强财政和信贷管理。1981年1月，国务院颁发了《关于平衡财政收支，严格财政管理的决定》，强调指出要严格基本建设拨款的管理和监督。坚决缩短基本建设战线，一切基本建设投资都必须纳入国家统一的基本建设计划，并由建设银行监督拨付。所有大中型基本建设项目，都必须按照规定的审批程序，最后报国务院批准。经主管部门决定停建、缓建的项目，要坚决停下来。同时，国务院还颁发了《关于切实加强信贷管理严格控制货币发行的决定》，决定银行发放的中短期专项贷款，凡是属于基本建设性质的挖潜、革新、改造项目，必须纳入各级基本建设计划，严格按基建程序办事。没有计划部门批准的文件，没有经过综合平衡，没有按基建程序办理手续的，银行一律不予贷款。

3. 加强了建设项目的管理。首先，继续认真清理在建项目。清理工作，原则上按建设项目的隶属关系，对所有在建项目（包括用自筹资金安排的项目）都清理。对未列入计划的项目，一律先关停下来，然后逐个清理；对列入计划的项目，认真排队，抓好投资、材料、设备、设计和施工力量的“五落实”，条件不具备的，一律停缓下来。通过清理，对在建项目按六种情况处理，即停建、缓建、合并建设、转为其他用途、缩小建设规模、按原规模建设。为了防止停缓建项目遭到不应有的损失和浪费，1981 年 3 月五届人大常委会第十七次会议还通过了《关于防止关停企业和停缓建工程国家财产遭受损失的决议》，要求切实做好停缓建项目的善后工作。其次，对新开工的建设项目加强管理。1981 年 3 月，国家计委、国家建委、财政部又联合颁发了《关于制止盲目建设、重复建设的几项规定》，规定共有 12 个不准：不准搞资源不清的项目，不准搞工程地质、水文地质不清的项目，不准搞工艺不过关的项目，不准搞工艺技术十分落后、消耗原材料、燃料动力过高的项目，不准搞协作配套条件不落实的项目，不准搞污染环境而无治理方案的项目，不准搞“长线”产品项目，不准搞重复建设的项目，不准搞“大而全”“小而全”的项目，不准搞同现有生产企业争原料的项目，不准盲目引进项目，不准搞“楼堂馆所”。

4. 加强基本建设物资管理。1981 年 4 月，国家建委、国家计委、国家物资总局联合颁发《关于贯彻执行国务院有关基本建设物资工作的几项规定》。《规定》提出，各级物资部门，要按照国家基本建设计划分配供应物资，对国家计划外的基建项目，一律不分配物资，并对基建使用的物资进行监督，凡不符合规定者，有权拒绝分配、供应物资。

基本建设要退够。主要是在 1981 年采取了一系列紧急措施，在很短的时间里，压缩建设规模取得了显著成效。① 1981 年基本建设规模，年初调整计划时减少为 300 亿元，以后又追加了 80 亿元。80 亿元中，有 35 亿元是用于

---

① 1981 年是基本建设真正退够的一年，建设规模落到谷底。因此，为了叙述的方便，本节和下一节中在谈到基本建设调整的情况时，时间都延伸到 1981 年。

增加住宅建设的投资，其余主要用于增加日用消费品的生产能力、增加石油和交通的建设，以及部分必须恢复的国外引进项目的建设等等。执行结果，实际完成基本建设投资总额442.91亿元，其中预算内投资251.56亿元，分别比1980年减少115.98亿元和97.71亿元。

1981年清理在建项目比较坚决，当年停缓建大中型在建项目151个。22个引进项目中，年初停缓建了9个，下半年形势好转后，经国务院批准，宝钢等4个项目陆续恢复建设。同时，对当年新开工的大中型项目加强了控制，使1981年施工的大中型项目迅速地由1980年的1106个减少到895个。原定的投产项目基本上都按计划实现了，这种情况是多年来所没有过的。相应地，年末全部基本建设项目的在建规模也缩减到1513亿元。

经过1年的努力，基本建设规模真正压缩下来了。1981年积累率下降到28.5%，财政赤字减少为25亿元，财政和信贷达到基本平衡，整个经济发展趋向稳定，基本建设的调整取得了很大的成就。在很短的时间里，能够取得这样好的成效，对任何一个国家来说，都是一件不容易的事。

第五节　调整投资方向　加强轻纺工业和城镇住宅建设

基本建设的投资结构对国民经济结构和生产结构的形成有着十分重要的作用。调整基本建设的主要任务之一就是要调整投资方向，为改变国民经济各部门间严重失调的比例关系提供物质基础。由于长期以来中国投资分配结构的不合理，形成了生产性建设和非生产性建设严重脱节。非生产性建设，特别是职工住宅建设累积欠账严重；生产性建设中，过分突出重工业，轻工业和交通运输邮电建设严重不足，人民生产必需的消费品十分匮乏，市场供应紧张；重工业建设中，加工工业和原材料工业脱节，采掘工业尤其落后；能源工业和交通运输已成为制约国民经济发展的薄弱环节。

1979—1981年，针对这一情况，有计划地调整了基本建设的投资方向。

一、压缩重工业投资，加强轻工业建设

为了改变长期以来片面突出重工业建设的极不合理的投资分配结构，首

先把重工业的投资规模坚决压缩下来，腾出力量加强了国民经济其他短线部门的建设。从1979年开始，在基本建设投资的安排上就注意了对重工业建设的控制。1979年到1981年，重工业投资逐年减少。1979年实际完成226.25亿元，比1978年减少了17.61亿元；1980年224.72亿元，1981年进一步减少为172.63亿元。相应地，重工业投资在当年基本建设投资总额中的比重和在工业基本建设投资中的比重，也迅速地从长期以来分别占50%以上和90%以上降了下来。1979年分别为43.2%和88%，1980年分别为40.2%和81.5%，1981年进一步分别下降到39%和79.9%。这样迅速地退下来，是出于调整长期以来形成的不合理的经济结构和生产结构的需要，并不是说重工业建设规模越小越好，更不是否定优先发展重工业的方针。重工业肩负着为国民经济各部门提供技术装备的重任，为根本改变国民经济各部门技术装备落后的面貌，以后也还必须加快重工业的建设。但是值得注意的是，为了保证国民经济各部门的协调发展和提高基本建设的社会经济效益，优先发展重工业，要注意到无论从建设规模上，还是内部的投资分配结构上都不能和国民经济其他部门脱节。

1979年到1981年，重工业各部门中，投资规模压缩得最多的是包括国防工业在内的机械工业。首先是年度投资从1978年的40.81亿元，减到1979年的36.24亿元，1980年的37.75亿元和1981年的24.39亿元；在基本建设投资总额中的比重也相应从1978年的占8.1%，分别降为6.9%、6.7%和5.5%。其次是年末在建规模由1978年的181.5亿元，大幅度地下降到1981年的73.7亿元。3年间，民用机械工业的大中型建设项目共停缓建了103个，同期新开工的大中型建设项目仅有南京机床厂、南京电瓷厂和沈阳变压器厂3个。国防工业的大中型建设项目共停缓建了132个，重点压缩了常规武器、航空和电子工业的建设规模，同期适当安排了一些国防科研项目。电子工业在大力压缩军用部分建设规模的同时，为民用生产和生活服务部分的建设投资则逐年有所增加。停建缓建了一批项目后，投资相对集中，保证了一批重点项目的建成投产，3年中机械工业全部建成投产的项目共56个。经过3年调整，机械工业施工的大中型建设项目由1978年的444个，下降到1981年的

131 个，缩短了战线，压缩了规模。

冶金工业重点压缩钢铁工业。1979 年到 1981 年，除宝钢及其配套项目外，基本上没上新项目。3 年中，共停缓建大中型项目 56 个，其中中型钢铁厂 22 个。到 1981 年年末，钢铁工业在建的大中型项目只有 23 个，其中铁矿 16 个，钢铁厂 7 个。这 3 年钢铁工业的年度投资额下降幅度较大，1979 年完成投资 25. 46 亿元，比 1978 年的 36. 97 亿元，减少了 11. 51 亿元，下降了 45. 2%；1980 年再减少为 22. 57 亿元；1981 年进一步减少到 17. 55 亿元，仅及 1978 年完成额的 47. 5%。这 3 年有色金属工业完成投资则基本上与 1978 年持平，1978 年完成额为 9. 51 亿元，1979 年至 1981 年分别为 9. 26 亿元、9. 9 亿元和 9. 8 亿元。钢铁工业投资这几年较多的缩减，使冶金工业投资在基本建设投资总额中的比重从 1978 年的占 9. 3%，逐步下降为 1979 年的 6. 6%，1980 年的 5. 8% 和 1981 年的 6. 2%。但是，宝钢是一个特大型的建设项目。因此，尽管这几年冶金工业的年度投资规模有所控制，在建总规模却并没能压缩下来。1978 年年末冶金工业的基本建设在建规模为 246. 9 亿元，1981 年年末上升到 321. 9 亿元，有了较大幅度的增长。

化学工业的情况和冶金工业类似。1979 年至 1981 年，3 年间共停、缓建了 39 个国内设计、配套的大中型建设项目和一大批小化肥、小化工建设项目，特别是 1980 年停建了从国外引进的 1 个项目，1981 年年初缓建了 6 个引进项目（其中有 3 个于 1981 年四季度恢复建设），使化学工业的年度基本建设投资有所缩减。1979 年完成投资 29. 46 亿元，比 1978 年 31. 34 亿元减少了 1. 88 亿元。1980 年完成 29. 6 亿元，1981 年完成 19 亿元。化学工业基本建设投资在基本建设投资总额中的比重也由 1978 年占 6. 3%，下降为 1979 年的 5. 6%，1980 年的 5. 3% 和 1981 年的 4. 3%。但是，由于 1978 年签约引进的 22 个大型建设项目中，有 8 个是化学工业项目。这些项目虽然到 1981 年年底停建了 1 个，缓建了 3 个，但正在建设的引进项目规模都是很大的。因此 1981 年年末化学工业基本建设在建规模不仅没有缩减，反而从 1978 年年末的 87. 4 亿元扩大到 117. 7 亿元。而且停缓建的 4 个引进项目，到 1981 年年末都在积极申请恢复建设。应该着重提出的是，在严格控制化学工业建设规模的同时，为满足人民日常生活需要的生活用塑料制品的建设得到了加强。在1981年基本建设要退够的情况下，生活用塑料制品的建设投资从1980年的1227万元猛增至21226万元，增长了16.3倍。这对缓和市场生活用品供应紧张起到了积极作用。

能源工业的建设项目一般都是需要投资较多，工期较长。在此期间，能源工业建设的调整主要是缩短战线，保重点，保投产。1979年至1981年，共停、缓建不具备建设条件的大中型项目36个，新开工项目26个，其中电力项目22个，装机容量640万千瓦。能源工业的年度投资额1979年为109.92亿元、1980年为114.99亿元，和1978年的113.83亿元基本持平；1981年在基本建设要退够的要求下，压缩了能源工业的投资，当年完成投资下降到91.23亿元。能源工业各部门中投资下降幅度最大的是煤炭工业。1978年至1981年，能源工业各部门历年完成基本建设投资情况见表9。

能源工业投资在基建投资总额中的比重是逐年下降的。1978年占22.7%，1979年下降到21%，1980年和1981年都是占20.6%。能源工业各部门中，煤炭工业的基本建设投资减少得最多，在基本建设投资总额中的比重也下降得最快，从1978年占6.1%下降到1981年的5.2%。石油工业后备储量不足，到1981年年底在建的开采能力微乎其微，能源建设不适应国民经济发展需要的状况，没有调整过来。

能源工业各部门历年完成基本建设投资情况

表9

	1978年	1979年	1980年	1981年
能源工业基本建设投资总额（亿元）	113.83	109.92	114.99	91.24
其中：煤炭工业	31.80	31.86	33.47	23.15
石油工业	31.12	27.07	33.38	27.95
电力工业	50.91	50.99	48.14	40.14

1978年到1981年，在压缩重工业投资的同时，大力加强了轻工业的建设。1979年轻工业基本建设完成投资30.6亿元，1980年增至50.6亿元，1981年退到43.38亿元，但仍比调整前的1978年29.3亿元多14.08亿元。

轻工业投资在基本建设投资总额中的比重也由1978年的5.8%上升到1981年的9.8%，轻工业在调整中得到了迅速的发展。3年中轻工业共停缓建了25个建设条件差的大中型项目，新上了5个大型引进项目和5个国内设计、配套的大中型项目以及一大批小型建设项目。为了加强轻工业的建设，除了增加基本建设投资外，还使用了大量更新改造投资。同时，为了支持轻纺工业的建设，1979年1月国务院还批转了国家经委、中国人民银行等单位的报告，决定在国家安排的基本建设投资和更新改造投资外，每年由中国人民银行、中国银行发放20亿元轻纺工业中短期专项贷款和3亿美元的买方外汇贷款。规定贷款主要用于支持轻纺工业重点行业的技术改造，以提高市场紧缺日用消费品的生产能力。此外，城乡集体所有制单位还投资建设了一大批小型轻纺工业项目。

轻纺工业项目的建设具有投资少、见效快的特点，经过这几年的加强，各种主要产品的新增生产能力提高较快。1979年到1981年3年共计新增生产能力，棉纺锭181.1万锭；化学纤维21.09万吨，相当于1953年到1978年26年新增生产能力总和的67.7%；自行车241.9万辆，相当于1953年到1978年新增生产能力总和的73.3%；缝纫机217.8万辆，相当于1953年到1978年新增生产能力总和的93.3%；手表417.6万只，相当于从1958年中国首次生产手表到1978年全部生产能力的60.2%。人民生活提高后需要的新“三大件”，即电视机、洗衣机、收录机，还有电冰箱等的建设项目也增加了不少。轻纺工业的建设出现了一个前所未有的蓬勃发展局面，轻工业的产值有了较大幅度的提高，轻重工业不合理的生产结构开始有了改善。轻工业的发展，加上在此期间国家有计划地进口了一批家庭电器用品等，对改善人民生活、活跃市场经济起了极为良好的作用。

二、压缩生产性建设投资，加强非生产性建设，特别是城镇住宅建设

为了把长期以来存在着的生产性建设和非生产性建设间极不合理的投资结构调整过来，从1979年开始严格控制了生产性建设的投资规模。1979年实际完成的生产性建设投资365.4亿元，比1978年减少了31.1亿元，1980年

和1981年又分别下降到359.28亿元和252.43亿元。生产性建设投资在当年基本建设投资总额中的比重，也从由“二五”计划时期以来一直保持的占80%—85%（“一五”计划时期占67%）的过高比例迅速地、大幅度地降了下来，1979年到1981年逐年分别降到占69.8%、64.3%和57%。

同期，非生产性建设投资完成额有了大幅度的增加。在1978年104.75亿元的基础上，1979年迅速增加到158.34亿元，增长51.2%；1980年进一步增加到199.61亿元，增长26.1%；1981年在大幅度地压缩基本建设投资的情况下，非生产性建设仍维持了较高的投资规模，达190.48亿元。非生产性建设投资在基本建设投资总额中的比重也相应提高为1979年占30.2%，1980年占35.7%，1981年占43%。非生产性建设投资的迅速增加和投资比重的急剧上升，带有一定程度的偿还长期累积下来的欠账的性质。

非生产性建设中，住宅建设欠账最多，矛盾最大，这几年中的增长也最快。1979年住宅建设完成投资77.28亿元，比1978年39.2亿元几乎翻了一番；1980年111.66亿元，比1979年又增长了44.5%；1981年111.19亿元，基本上维持了上年水平。1979年到1981年非生产性建设投资总额中有一半以上用于住宅建设，1979年占48.8%，1980年占56%，1981年占58.4%。这3年住宅建设，无论是基本建设投资完成额，还是在当年基本建设投资总额中占的比重，都是新中国成立以来空前的。相应地，这3年住宅建设的竣工面积也是空前的。1979年新增竣工住宅建筑面积6256万平方米，1980年8230万平方米，1981年7904万平方米，3年合计新增住宅建筑面积22390万平方米，相当于1949年到1978年30年新增住宅建筑面积53172万平方米的42.1%。这对缓和长期以来形成的职工住宅严重不足的紧张状况起了一定的作用。

与此同时，城市基础设施和科研、文教、卫生、社会福利设施等的建设也较过去得到了更多的注意，基本建设投资也都有了提高。但限于国家的财力，建设和需要间的矛盾仍然很大，仍然是国民经济中的薄弱环节。

为了保证非生产性建设的资金来源，自1979年开始，国家加强了自筹基建投资使用方向的引导，使地方、企业的自筹基本建设投资主要用于文教、卫生及与人民生活密切相关的职工住宅、城市建设等方面。这方面的投资，

1953年到1978年仅占自筹基建投资的26.7%，1979年和1980年提高到42.9%，1981年又进一步上升到61.2%。自筹基建投资的使用由长期以重工业为主转向以人民生活为主，从而在预算内投资比较紧张的情况下，保证了非生产性建设能够以较大的规模进行。自筹基建投资在全部非生产性建设投资中的比重，1979年占58.2%，1980年占80.6%，1981年几乎是100%。

三、农业投资中压缩水利建设投资，加强农牧渔业的建设

国家用于支持农业建设的投资中，基本建设投资只占不到50%，其余的资金来源为农田事业费支出和农业贷款等。农业基本建设投资的主要使用方向，历来都是以水利建设为主，约占70%左右。1979年开始调整基本建设后，1979年和1980年农业基本建设投资基本上没有压缩，1981年限于整个基本建设投资规模要退够，农业基本建设投资也减少了。1979—1981年3年间，逐年农业基本建设完成的投资额分别为57.92亿元、52.02亿元和29.21亿元，占当年基本建设投资总额中的比重分别为11.1%、9.3%和6.6%。农业基本建设的调整，主要是压缩了水利建设投资，加强了农、牧、渔业建设。1979—1981年，3年间共停、缓建大中型水利工程27个，还停、缓建了一批小型水利建设项目。到1981年年底，在建的大中型水利建设项目仅剩16个。水利建设投资在农业基本建设投资中的比重也从1978年的占65%下降到1979年的60.4%，1980年的50.9%，1981年的45%。同期，农、牧、渔业建设得到加强，特别是牧业和渔业，过去长期得不到应有的重视，调整中开始加强了建设。农、牧、渔业基本建设投资从1978年的4.15亿元，增加到1979年的6.14亿元，1980年18.48亿元，1981年12.87亿元。它们在农业基本建设投资总额中的比重也由1978年的7.8%，上升到1979年的10.6%，1980年的35.6%和1981年的44.2%。

第六节　主要经验教训和存在问题

1976年至1980年5年间，比较集中地建成了一批70年代中期动工建设的引进项目，同期，又仓促签订了一大批成套引进设备和单机进行建设的项

目。由于缺乏经验和急于求成，在这两批引进项目的建设中重复出现了一些需要认真总结的教训。首先，在项目建设的具体安排上过于集中，使以后年度投资高峰错不开，造成困难。1973 年签约引进的项目在 1975、1976 年已经出现了这样的问题，致使有的项目延长了工期。但 1978 年年底又重复了同一错误，集中引进，同时开工，造成以后年度投资高峰同时到来，结果不能不采取停、缓建的办法予以调整。其次，盲目引进、重复进口造成了很大的损失浪费。斯贝发动机，耗费投资 15 亿元，可是产品方案一直定不下来，最后停建。大化肥成套设备，70 年代中期一下子引进了 13 套，1978 年又再次引进 4 套。前者在引进中只买设备，不买制造技术，不仅以后自己不能安排制造，而且每年还得花上千万美元进口配件、备件。综合采煤设备，1973 年已签约进口 43 套，1978 年又急忙签约进口 100 套。最后，国内资源、配套工程没有完全落实就急于对外成交，不仅拖了工期，而且使有的项目先天不足，投产后生产能力长期达不到设计要求，导致成本提高，常年亏损。1973 年引进成套设备进行建设的湖北枝江、湖南岳阳化肥厂就是例证。可是，1978 年在没有可靠的国内原油资源的情况下，却又一次大批引进了石油化工建设项目。

1976 年至 1980 年，中国的基本建设又一次经历了起伏。但是，这次起伏和过去不同，是一次历史性的转折。从 1979 年起，按照中共十一届三中全会制定的路线、方针、政策进行了基本建设的调整，长期以来建设指导思想上的“左”倾错误开始得到清理。过长的基本建设战线正在逐步解决，投资的使用方向比过去合理，项目的地区布局强调因地制宜、择优建设，开始摆脱“自成体系”的老框框，并且在小范围内开始了基本建设投资由拨款改为银行贷款、扩大施工企业自主权和勘察设计单位企业化的试点，对改革基本建设管理体制进行了初步探索。

这一阶段，基本建设以调整为主，取得了比较显著的成效。但还存在着一些需要在进一步的调整中解决的问题。

（一）国民经济中能源、交通运输等薄弱环节的基本建设规模限于国力没能调整上去。

能源、交通运输部门是国民经济发展的先行部门，在建设安排上较之其他部门应该有一定的超前量。但是，由于长期以来建设指导思想上的左倾错误和具体建设安排上的不当，能源、交通运输部门的基本建设投资既存在安排不足的问题，也存在损失浪费严重的问题，其结果是能源、交通运输的建设长期赶不上国民经济发展的需要。十年动乱中这一供需矛盾不仅在总量上，而且在地区分布上有了进一步的加剧。1979 年开始基本建设调整以来，限于国力，调整中着重注意了偿还多年来在有关人民生活方面的建设欠账，着重加强了轻工业、住宅等建设，对能源、交通运输的投资虽然没有大幅度的压缩，但投资比重仍然逐年有所缩减。(见表 10)

由于减少了基本建设投资，能源和交通运输的新增生产能力也逐年有所下降。(见表 11)

1978—1981 年能源、交通运输基建投资完成额

表 10

	1978 年	1979 年	1980 年	1981 年
能源工业投资（亿元）	114.70	110.98	115.05	94.64
占全部投资（%）	22.9	21.2	20.7	21.4
交通运输投资（亿元）	68.04	64.09	62.34	40.47
占全部投资（%）	13.6	12.2	11.2	9.1

1978—1981 年能源、交通运输新增生产能力

表 11

新增生产力	1978 年	1979 年	1980 年	1981 年
发电机组容量（万千瓦）	504.8	465.1	287.1	263.7
石油开采（万吨）	999.6	800.0	574.7	518.9
煤炭开采（万吨）	1151	1393	829	1373
新建铁路交付营业里程（公里）	1296	289	1008	2.5
新建公路（公里）	10578	4956	3036	1554
沿海港口吞吐能力（万吨）	657	336	524	236

能源、交通运输建设和国民经济发展之间的供需矛盾进一步加深，各部门设备利用率下降，生产能力不能充分发挥，港口压船赔偿费逐年增加。

更严重的问题还在于后劲不足。能源、交通运输的建设项目一般都是投资较多，工期较长的项目，削减投资往往不仅影响在建项目拖延工期，而且更严重的是必然导致缩小施工规模，影响以后年份的接续能力。(见表 12)

1978—1981 年能源、交通运输的年末施工规模

表 12

年末施工规模	1978 年	1981 年	增减（+，-）
煤炭开采能力（万吨/年）	12080	10856	-1224
大中型发电机组容量（万千瓦）	2504	2034	-470
石油开采能力（万吨/年）	无	无	—
新建铁路铺轨里程（公里）	4620	3879	-741
新建公路（公里）	3011	894	-2117

能源、交通运输部门已成为制约国民经济进一步发展的突出的薄弱环节。

（二）预算外投资越来越多，传统的管理办法已难以进行有效地控制和引导。

1979 年以后，由于财政体制下放、分灶吃饭和扩大企业自主权，地方、企业有权安排建设投资，基本建设投资总额中预算内资金占的比重，由 1978 年的 83.3%，逐年下降到 1980 年的 62.5%，1981 年进一步下降到 56.8%；预算外投资的比重则由 1978 年的 16.7% 上升到 1980 年的 37.5% 和 1981 年的 43.2%。由于预算外投资主要是由地方、企业自行建设，自由支配，因此，采取过去惯用的一套行政办法很难在规模和投资的使用方向上加以控制和引导。因而，计划外项目急剧增多，盲目建设和不合理的重复建设现象加剧，投资的经济效益很差，损失浪费现象没有缓解。

特别是加上更新改造投资，就整个固定资产投资来说，预算外投资的比重就更大了。1978 年预算外投资占固定资产投资总额的比重为 33.6%，1980 年上升到 51.2%，1981 年进一步上升到 57.1%，超过了预算内投资；预算外投资的绝对额也由 1978 年的 224.87 亿元，急剧增加到 1980 年的 363.65 亿元和 1981 年的 379.8 亿元。由于基本建设和更新改造的界限不清，预算外投资的使用方向在基本建设控制严了的时候就转到更新改造名下安排，使采用老一套的管理办法更难于有效地控制和引导。

（三）建设过程中对投资效果和建设效率抓得不够。

调整基本建设，着重注意抓了在建项目的停建缓建和投资规模的压缩，对提高投资效果和建设效率注意不够。综合表现为建设工期、新增单位生产能力投资等都没有得到缩减，与历史较好水平相比，差距还很大。1976 年到 1980 年，“五五”计划期间大中型项目的建成投产率仅为 7.4%，比“一五”计划时期 15.5% 低 8.1%。同类项目的平均建设工期也较“一五”计划时期长得多。新建 90 万吨煤矿，“一五”计划时期为 47 个月。“五五”计划时期长达 97 个月，工期拖长 1 倍多，新建 10 万—25 万千瓦火电厂，“一五”计划时期 41 个月，“五五”计划时期为 61 个月；新建中型水泥厂，“一五”计划时期 28 个月，“五五”计划时期 52 个月；新建 100 公里铁路干线，“一五”计划时期 12 个月，“五五”计划时期则要 29 个月。

由于工期长，未完工程占用投资过多。1980 年未完工程占用率为 168.3%，（“五五”计划时期为 173.6%）比“一五”计划时期的 62.9%，提高了 1.67 倍。

同时，综合生产能力的单位造价也较历史较好水平的“一五”计划时期提高了 1 倍以上。（见表 13）

“一五”计划与“五五”计划时期新增生产能力造价对比

表 13

	“一五”计划时期	“五五”计划时期
新增吨煤能力（元）	56	226
新增每吨炼钢能力（元）	1335	2849
新增每吨水泥能力（元）	104	216
新增每吨造纸能力（元）	1522	3021
新建每公里铁路干线（万元）	56.8	174.9

尽管建设条件与“一五”计划时期相比，存在着一些不可比因素，但单位能力投资提高幅度高达 1 倍以上，无论如何是一个应该引起高度重视的问题。

第八章
各项建设趋向协调发展，基本建设在调整和改革中前进（1981—1985 年）

1981 年至 1985 年，是中国发展国民经济的第六个五年计划时期。在此期间，一方面，经济工作继续贯彻调整国民经济的“八字”方针，重点逐步从调整转向改革；另一方面，整个经济和社会发展战略开始了从以提高发展速度为中心到以提高经济效益为中心的转移。

基本建设的调整也相应深化，开始转向重视投资的社会经济效益，并通过投资方向的调整，使生产性建设和非生产性建设大体协调，重点加强了国民经济中的“短线”和薄弱环节的建设，使长期遗留下来未能解决的不合理的经济结构和产业结构逐步得到调整，缓解了与人民生活有关的建设满足不了需要的矛盾，为国民经济的持续稳定发展和人民生活的改善提供了条件。1984 年 10 月，中共十二届三中全会做出《关于经济体制改革的决定》后，基本建设管理体制的改革步伐加快了。

1981 年至 1985 年是中国经济发展战略和管理体制新旧交替，旧的管理体制还起主导作用的时期。以城市为重点的整个经济体制改革展开以后，经济生活的各个方面都发生了深刻的变化，这些变化从不同的方面冲击着基本建设。由于基本建设管理体制的改革尚处于探索阶段，在投资的宏观调控上还缺乏有效的措施，不能适应正在变革中的经济生活，出现了 1982 年和 1984 年下半年两次基本建设投资规模的失控。

5 年间，随着全民所有制经济、集体所有制经济和个体经济等多种经济形式的全面增长，各种渠道用于建设的投资激增。1982 年至 1985 年 4 年累计全社会固定资产投资高达6945.5亿元[①]，其中全民所有制单位的固定资产投资为4662.96亿元，占67.1%；而全民所有制单位的基本建设投资仅为2967.18亿元，仅占同期全社会固定资产投资总额的42.7%。这是前所未有的新情况，也为今后固定资产投资管理体制的改革提出了一个新课题[②]。

第一节　基本建设指导思想的战略转变

经过1979年到1980年的调整，特别是1981年基本建设规模的大规模压缩，基本建设逐步退了下来，片面突出重工业建设的投资分配方向得到了初步调整。基本建设的调整使经济生活中各方面绷得很紧的关系有所缓解，从1982年开始，整个经济发展已趋向稳定，为国民经济的进一步调整和改革提供了有利条件。

1981年11月，赵紫阳总理在全国人大五届四次会议的政府报告中，总结了中国经济建设的历史经验，提出以提高经济效益为中心发展国民经济的十条方针[③]。这十条方针标志着中国经济发展开始从片面追求高速度增长的传统战略向着新的发展战略的转变。基本建设是实现经济发展战略的主要手段，因此，基本建设的指导思想相应地开始了从急于求成、盲目扩大建设规模向重视投资的社会经济效益的战略转变。不过，在此期间，基本建设中长期存在的“左”的指导思想借助老一套的管理体制，仍在相当大的程度上起着作用，基本建设指导思想的战略转变尚处于起步阶段。

一、基本建设开始从扩大建设规模向重视投资的社会经济效益转变

80年代以前，建设的主要力量一直集中在外延扩大再生产上，新建成为

① 1982年以前的全社会固定资产投资总额缺乏统计。

② 中共十一届三中全会前，集体所有制经济的发展受到控制，集体所有制单位的固定资产投资数额不大；个体经济除了乡镇少量个人建房外，基本上不允许发展；因此，全民所有制单位的固定资产在全社会固定资产投资总额中处于事实上的绝对优势地位。而且，在全民所有制单位的固定资产投资中，“一五”“二五”计划期间，基本建设投资占95%左右，更改投资比重很小；从“四五”计划时期开始，设置了更新改造基金，更改投资在固定资产投资总额中的比重才开始超过20%，“六五”计划期间达到28.7%。

③ 详见赵紫阳《当前的经济形势和今后经济建设的方针》（人民出版社1982年12月第1版）。

增强经济实力的主要手段。这种做法，在新中国成立不久，开始大规模建设的初期，由于当时工农业基础都十分薄弱，因而是必要的，也是合理的。但是，在以后的近30年中，这种做法一直沿袭下来，特别是在新建中又往往不重视技术进步。基本建设长期以扩大规模为主，造成了大部分现有企业技术落后、设备陈旧、产品老化，甚至使部分企业丧失了维持简单再生产的能力，严重阻碍了社会生产力的发展。1981年11月，国务院总理提出要把中国的经济建设，从外延为主的扩大再生产转向内涵为主的扩大再生产，并把积极推进现有企业的技术改造作为实现这一目的的重要手段。1981年至1985年，基本建设开始了从扩大规模为主到重视投资的社会经济效益的转变。

（一）转变投资政策。

在基本建设投资总额中，增加用于原有企业改建、扩建的投资。五年累计，用于原有企业改、扩建的基本建设投资达1622.96亿元，占同期基本建设投资总额的47.6%，第一次超过了新建投资占46.7%的比重①。

特别是，同期更新改造投资有了迅速的增加，五年累计达1920.38亿元，相当于同期基本建设投资总额的56.3%。更新改造投资加上基本建设投资中用于现有企业的改、扩建投资已超过了同期全民所有制固定资产投资总额的一半，占58.5%。这个比重是空前的。尽管这些投资在使用中还存在使用不当、不完全用于内涵的扩大再生产等问题，但在投资政策上的这一历史性转变仍然是具有重大战略意义的。

（二）重视技术进步。

过去基本建设中，不论是新建，还是原有企业改、扩建，都与技术进步结合不够紧密，建设项目的技术水平提高很慢，造成不少产品30年一贯不变。1981年以后，在基本建设的项目决策上重视了技术的先进性，积极引进并采用适合中国国情的新工艺、新技术；在原有企业的改扩建中加强了技术改造，提高了基本建设的集约化水平。

---

① 新建和改建、扩建投资之和不等于基本建设投资总额，因为还有部分投资用于车辆、船舶、飞机等的购置。

（三）增强企业自我改造能力。

1981 年以来，国家逐步提高了一些部门、行业和重点企业的固定资产折旧率，放宽了企业使用自有资金和自筹资金进行技术改造等内涵扩大再生产的权力，企业在自筹基建中具有一定的投资决策自主权，可以根据需要决定本企业的技术改造步骤和方向。

二、能源、交通成为建设的重点

国民经济能否实现社会经济效益较好的良性循环，取决于经济结构、产业结构的合理程度。经过 1979 年至 1981 年基本建设投资结构的初步调整，轻纺工业和非生产性建设开始有所加强。农业实行包产责任制后，生产情况有所改善。而作为国民经济发展先行部门的能源、交通运输建设，在此期间，因受投资规模压缩的影响，施工规模有所缩减。能源供应不足，交通、通信紧张的矛盾十分突出。能源、交通不仅已成为当时国民经济发展中突出的薄弱环节，而且由于后续能力不足将进而影响以后国民经济的发展。针对这一情况，"六五"计划规定："基本建设投资，重点用于能源及交通运输建设。"[①] 5 年间，在国家财力、物力和技术力量有限的情况下，采取了种种措施，集中力量保证能源、交通的重点建设。1982 年建立按合理工期组织施工的国家重点建设项目制度后，1982 年至 1984 年逐年国家选定的按合理工期组织施工，集中力量予以保证的重点建设项目，大部分都是能源、交通部门的骨干项目。集中力量搞好以能源、交通为中心的重点建设，是增强经济发展后续能力，使整个经济发展从被动转向主动的重大决策。

三、实行对外开放，开始利用外资进行建设

中共十一届三中全会后，中国实行对外开放政策，打破了多年来在利用国外资金方面的禁区。"六五"计划期间，进一步采取了比较开放的方针和优

---

① 《中华人民共和国国民经济和社会发展第六个五年计划》，人民出版社 1983 年 2 月第 1 版，第 25 页。

惠政策，改善投资环境，增加对外资的吸引力。在外资的使用上，吸取过去的教训，坚持积极稳妥的方针，使外债规模始终控制在国家偿还能力可以承受的范围内。对各种渠道的外资，在具体安排上，以利用国际金融组织、外国政府的优惠贷款和外商直接投资为主，对国外商业贷款的利用则持谨慎态度。1981 年至 1985 年，5 年累计在全民所有制单位完成的基本建设投资总额 3410 亿元中，利用外资总额（折人民币）为 296 亿元，占 8.7%，占同期中国以各种形式利用外资总额的将近 40%。296 亿元中，用于引进成套设备、单机和先进技术的投资共 201 亿元，占 68%。

四、调整建设布局，充分利用和发挥东部沿海地区的生产优势和潜力

经过 30 多年的建设，中国的建设布局已初步形成了由东到西的三大地带，即经济比较发达的东部沿海地带、经济发展程度居中的中部地带和经济不够发达的少数民族与边疆的西部地带。通常把东部称为沿海地区，中、西部称为内地。“六五”计划期间，在建设布局上改变了过去偏重三线建设、忽视东部地区建设的倾向，在战略上转为充分发挥东部沿海地区的生产潜力，同时有步骤地开发中、西部资源，向经济布局的合理化迈出了新的一步。

（一）充分发挥东部沿海地区原有基础的潜力。

东部沿海地区 11 个省市区中，除福建、广西外，其余各省的经济技术的优势比较突出。这一地区还拥有一批港口城市，历史上就与国外有着广泛的联系。1981 年到 1985 年，在调整地区布局中把建设重点首先放在了东部沿海。（1）继 1980 年在深圳、珠海、汕头、厦门建立了 4 个经济特区之后，1984 年进一步开放了 14 个沿海港口城市和海南岛地区。1985 年 2 月又把长江三角洲、珠江三角洲和闽南厦门、漳州、泉州三角地区开辟为沿海经济开放区，使中国从南到北初步形成了一个沿海对外开放地带。并在这些地区加紧了水、电、港口、交通、电讯等基础设施的建设，为吸引外资到沿海对外开放地带进行建设创造了良好的投资环境。（2）积极利用外资，引进先进技术，加快沿海地区原有企业的技术改造和技术进步。1981 年到 1985 年，中国共引进 1.4 万多项国外技术和设备，其中多数具有国际 70 年代和 80 年代初期的先

进水平，这些技术和设备大多数都被安装和应用在东部沿海地区。（3）在沿海有条件的地区安排兴建了一批重点项目。如宝钢、上海石化总厂二期工程、浙江镇海化肥厂、南京仪征石化总厂等。这在一定程度上增强了东部沿海地区的经济实力，同时也为中、西部的建设带来了生机。

（二）中部地区开始能源大规模开发和三线企业的调整。

中部地区是新中国成立后生产力布局展开的主要地区，农业、交通运输比较发达，工业有比较雄厚的基础，有大批的科技人才，是实现四化的重要地区。中部地区还拥有极其丰富的能源和矿产资源优势。1981 年至 1985 年的建设中，在充分发挥沿海地区生产潜力的同时，在中部地区围绕能源和原材料工业安排了一批重点建设项目和工业基地的建设。如山西能源基地的煤炭、电力和有色金属等建设项目，黑龙江的煤炭基地，内蒙古东部的露天煤矿，长江中游葛洲坝二期工程，三峡水利枢纽的施工前准备，以及南部红水河流域的水电基地、西部黄河上游的龙羊峡等水电站的建设。这一地带是全国最重要的煤、电基地和化工、钢铁、有色金属等原材料基地。加强中部地区能源、原材料工业的建设，既有利于促进内地的开发，又保证了东部地区的建设需要。

同时，为了搞好三线地区企业的调整和改造，充分发挥其作用，1983 年 12 月，在国务院领导下成立了三线建设调整改造规划办公室，并从国民经济发展的全局出发，本着合理配置生产力，促进专业化协作，促进部门、地区、企业之间的相互联合的要求，提出了三线现有企业调整和技术改造的规划。规划把三线企业分为建设成功的、基本成功的和需要关停并转迁的三大类，并提出了调整、改造的具体意见。规划得到国务院原则同意后，1984 年下半年起开始了三线企业的调整工作。

（三）西部地区作好建设前期准备工作。

西部地区地处边远，少数民族聚居，自然条件差，交通不便，经济文化比较落后。经过 30 多年的建设，已初步摆脱贫困，有的已初步解决了温饱问题。1981 年到 1985 年，在西部有条件的地区也安排了一些现代化的大型工业建设项目，如新疆化肥厂、云南鲁布格水电站等。但西部地区总的建设方针是做好建设前期准备工作。除加强农牧业、交通、教育建设外，还加强了资源勘探和开发等准备工作。

五、基本建设管理体制改革逐步扩大探索和试行范围

中国各地区在经济、文化、技术、教育等方面的差别很大，国民经济各部门的发展也很不平衡。在这种情况下，片面强调一律，势必妨碍各方面积极性的发挥。中共十一届三中全会后，在实行对外开放政策的同时，对内贯彻执行了搞活经济的方针，给予各部门、地区、企业、单位以更多的经济决策权和自主权。基本建设管理体制的改革1984年前为小范围试点，1984年后，逐步扩大试行范围，在加强宏观管理的同时，在建设项目的决策、审批、资金筹措以及设计、施工等等方面开始采取了一系列放权措施和加强经济责任的办法，开始了基本建设管理体制上宏观管住、微观搞活的探索。

第二节　能源、交通运输建设显著加强

能源、交通运输是“六五”计划时期的建设重点。5年累计完成基本建设投资1150.86亿元，比“五五”计划时期增长45.3%，占同期基本建设投资总额3410.09亿元的33.7%，占1/3强。其中，电力、煤炭、石油工业完成的基本建设投资为695.73亿元，铁道、交通、邮电部门完成的基本建设投资为455.13亿元，分别占同期基本建设投资总额的20.4%和13.3%，分别比“五五”计划时期增长42%和50.5%。能源工业完成的基本建设投资在同期工业基本建设投资总额中的比重也相应的从“五五”计划时期的39.6%上升到45%。1981年至1985年，能源、交通运输建设投资超过以往任何时期。5年间，能源、交通部门建成投产的基本建设大中型项目106个，单项工程457个，分别占同期全部建成投产的基本建设大中型项目和单项工程的1/5和1/2以上。这一时期，能源、交通全部建成投产的基本建设大中型项目从数量上虽然不及前几个五年计划时期多，但总的建设规模和实际形成的能力都是新中国成立以来各个五年计划时期中最大的。

一、电力、煤炭、石油工业的生产能力大幅度增加

5年间，基本建设新增煤炭开采能力8127万吨，发电机组容量2030.5万千瓦，石油开采能力5025.3万吨；新增生产能力幅度较大。各个五年计划时期基本建设能源各部门新增生产能力见表14。

各个五年计划时期基本建设能源各部门新增生产能力

表14

	单位	"一五"计划	"二五"计划	"三五"计划	"四五"计划	"五五"计划	"六五"计划
新增采煤能力	万吨	6376	14920	6806	8121	6493	8127
新增发电机组容量	万千瓦	246.9	863.8	860.4	1743.2	1929	2030.5
新增原油开采能力	万吨	131.2	816.6	2777	4104.2	3975.3	5025.3

（一）煤炭工业在加强重点矿区、矿井建设中重视了大露天煤矿的开发建设，同时积极扶持了地方煤矿的建设。

煤炭工业的建设经过1979年至1981年的压缩、调整，停建缓建了一批项目，把财力、物力集中用到建设进度快、能尽快发挥效益的项目上，积极恢复了在十年动乱中被破坏了的规章制度，使煤矿建设逐步纳入正轨。从1982年开始扩大建设规模，古交、大同、阳泉、铁法、双鸭山、开滦、兖州、枣滕、大屯、淮北宿县、淮南潘射、平顶山、霍林河、伊敏河14个大型矿区、矿井，先后被列为国家重点建设项目加强建设。5年间，14个重点矿区的动工矿井建设规模达到98处、8890万吨，同期建成投产的矿井有15处、2730万吨，其中设计年生产能力在300万吨以上的有西曲、鲍店、兴隆庄、潘集一矿、平顶山八矿、霍林河露天矿等。"六五"计划期间动工建设的这批现代化大型重点煤矿相继建成后，将成为"七五"计划期间和90年代煤炭工业的骨干力量，对全国煤炭产量的稳定增长将起重大作用。

在此期间动工建设的煤矿，在矿井设计上也较前有了较大的提高。主要是：加大了开发强度，把大型矿井的服务年限由80至100年，缩短到50至70年；提高机械化程度，凡有条件的矿井，尽量采用综合机械化采煤，提高采区生产能力；改变采区巷道布置，在条件适宜时尽量少做岩巷，使岩巷比重由80%左右，降到40%左右，矿井投产初期的采区，尽量布置在井筒附

近，贯彻先近后远的原则等。同时，为了提高采煤和矿井施工的机械化水平，5年间还积极进口了一批先进技术装备，主要的有200多套综合采煤设备，150多套综合掘进设备，以及钻井机、反井钻机、凿井绞车、佡钻、液压钻车、侧御装岩机等，还从联邦德国和美国引进了2座年处理原煤能力为300万吨的大型洗煤厂成套设备。这些都加快了这一时期煤矿的建设速度和采煤能力的提高。

在重点矿区的建设中，还特别重视了大露天煤矿的开发建设。露天煤矿在中国煤炭工业中的比重过去一直比较小，1980年年底生产能力只有1906万吨。随着煤炭开发的需要和开采技术的进步，露天煤矿的开发日益受到重视，5年间，先后探明了伊敏河、霍林河、元宝山、平朔、准格尔、东胜、昭通、陈巴尔浇旗、活鸡兔、拧条塔等一批大型矿区，工业储量达1700多亿吨。"六五"计划期间，经国家批准开发建设的五大露天矿，建设工作或前期准备工作都有了较大的进展。5大露天矿中，年产能力300万吨的霍林河露天矿一期工程和年产能力100万吨的伊敏河露天矿一期工程，都已于1984年建成投产。年产能力700万吨的平朔安太堡露天矿一期工程，1985年7月已正式开工建设。元宝山和准格尔露天矿，也进行了方案设计。

5年间，在加快重点煤矿建设的同时，国家还实行了一系列优惠政策，鼓励和扶持地方煤矿的建设。1981年国务院批转了发展地方煤矿的四项经济政策；1982年国家经委、国家能委和国家农委联合转发了对社队群众办矿实行"扶持、整顿、改造、联合"的八字方针；1983年国务院又转发了煤炭部关于加快发展小煤矿的8条措施。在国家的鼓励和扶持下，地方煤矿大大加快了建设的步伐。到1983年年底，全国地方国营煤矿已发展到2500多处，社队群众办矿4万多个，广泛分布于全国28个省、市、自治区的1200多个县，当年产量达到3.5亿吨，占全国原煤总产量的49.18%。其中山西省的地方煤矿产量达到8317万吨。经过"六五"计划期间的建设和技术改造，地方煤矿的技术装备已大有改善，生产日趋正规，产量更加稳定。1985年年底，地方国营煤矿已达2512处，年产量在3万吨以上的有1680处，其中15万—30万吨的有304处，30万—90万吨的有137处，90万吨以上的有7处。绝大多数地方国营煤矿，在提升、排水、通风、运输等主要生产环节上，都已实现了机械化。地方煤矿的建设，对充分利用当地资源、改善工农业布局、缓和能源短缺的矛盾、减轻国营统配矿的压力和铁路运输负担等等都起着积极的作用。

在此期间，煤炭工业建设还改变了长期以来单纯依靠国家投资建矿的办法，广开门路，实行多渠道集资、多层次办矿的方针，扩大了矿井的建设规模。主要的措施是：1. 积极鼓励无煤地区到有煤地区联营办矿。到1985年年底，已有上海、江苏、福建等省、市集资，分别在河南、安徽、江苏开工建设了张双楼、三河间、童亭、新庄4处矿井，设计年生产能力390万吨；2. 利用以煤代油筹集资金10.4亿元，兴建了林南仓、大兴、杏花、谢桥、海孜、新安、杨林等17处矿井，设计年生产能力1840万吨；3. 实行地方煤矿产量由地方政府分配的政策，调动各省建设煤矿的积极性，加快了地方煤矿的建设；4. 利用多种形式吸引国外资金建设煤矿。到1985年年底，已开工建设的矿井达10处，设计年生产能力达3400万吨。其中利用日本能源贷款建设的有山西燕子山、四台沟、西曲、镇城底，山东的鲍店、东滩、蒋庄7处，设计年生产能力2200万吨；利用世界银行贷款建设的有山西常村矿，设计年生产能力400万吨；和美国西方石油公司合资经营的有山西平朔露天煤矿，第一期设计能力年产700万吨；和罗马尼亚采取补偿贸易形式建设的有山西白龙煤矿，设计能力年产120万吨等。

（二）石油工业加强勘探，增加后备储量，原油、天然气的开采能力稳步增长。

石油工业自1975年发现任邱油田，1978年原油产量突破1亿吨以后，到1980年止，再没有找到大的油田。由于缺乏后备储量、老油田产量递减又日益严重，到80年代前夕，石油工业当年的一部分原油产量已经到了只能靠当年找到的储量抢建投产来解决。石油、天然气资源不足，产量接替紧张的矛盾十分突出。要逐步改变这一被动局面，必须把勘探工作搞上去。“六五”计划期间，资源勘探已成为石油工业建设的战略重点。为了尽快拿到储量，在资源勘探的安排上采取了陆上和海上、东部和西部、石油和天然气3个并举的方针，并在各油田、探区间逐步形成了以东部地区为一线，西部地区和海上为二线，南方石灰岩分布区为三线的勘探部署，积极采用新技术、新装备，进行了大量勘探工作。1981 年到 1985 年 5 年间完成的勘探资金每年平均递增 19.5%，5 年总工作量①达 165 亿元，占石油建设总工作量的 35%。经过艰苦努力，从 1983 年开始出现了储量增长速度大于产量增长速度的好局面，到 1985 年石油资源勘探形势已发生了转折性的变化。首先，在东部地区的胜利、辽河、中原、大港、华北几个油区都有新的突破，对东部地区石油、天然气资源的蕴藏规律有了进一步的认识，整个东部进入一个新的发现期。胜利油田，5 年内发现了 15 个油田，新增加的探明储量比"五五"计划期间探明的储量增加了 8 倍，居全国各油区之首。辽河油田，5 年内新探明了 3 个油田，使探明的石油地质储量增加了近 1 倍。中原油田，到 1985 年累计探明储量比 1980 年增加 3 倍多，并建成了 162 万吨的原油生产能力，还探明天然气储量 372 亿立方米，成为中国东部地区的一个重要的石油天然气生产基地。吉林、华北、大港、南阳、江苏、江汉等油田以及内蒙古二连等地区都有重要发现。其次，在西部地区的勘探也取得了重要成果。克拉玛依的断裂带很有希望发现大油田。准噶尔盆地西北缘和东部克拉美丽地区已探明一批新的储量。"六五"计划期间累计新增的石油探明储量，比"五五"计划期间增长了 54.6%。这是自发现大庆、任邱油田以来勘探成果最好的时期。

在此期间，天然气的探明储量也有较多的增加，除中原油田外，四川气区在川东、川西都获得了高产气藏，五年累计，天然气储量增加了 1300 亿立方米左右。

在加强陆上石油和天然气勘探的同时，还在对外合作勘探、开发海上石油资源方面取得了重要成果。从 1979 年到 1985 年，中国先后同 12 个国家的 39 家公司签定了 28 个合同，合作勘探、开发面积达 11 多万平方公里，在渤海、南海北部湾和莺歌海，珠江口等海域全面展开了勘探。到 1985 年年底，合作勘探开发已取得实际效果，共钻探了 83 个构造，有 23 个构造发现了油气，莺歌海海域发现了大气田，测算储量在 900 亿立方米以上；北部湾发现

① 工作量，在这里是指实际完成的工程量（包括建造和购置固定资产等），按预算价计算的货币表现。

了涠 10－3 油田，正在进行开发建设；珠江口海域东部、西部都打出了工业性油流，展现了良好的前景；黄海南部发现了厚度很大的生油层，并第一次发现了油、气显示；渤海中日合作区的渤中油田和埕北油田都将投入开发，中国自己钻探的辽东湾锦州 20－2 构造第一口井发现了高产油流，证实了辽东湾的含油前景。

随着海洋勘探的发展，在沿海已相应建成塘沽、湛江、赤湾等海上石油基地。中国海洋石油总公司已拥有一批为海上石油作业服务的设施和装备，成立了 13 个合营专业公司，具备了相当的承担海上作业的能力。

1985 年，国家又确定南方的江苏、浙江、安徽、福建、湖南、江西、云南、贵州、广西、广东 10 省区的陆上石油资源也实行对外合作开发。到 1985 年年底，已与外国石油公司签订了海南岛福山地区的勘探协议。

“六五”计划期间，随着石油、天然气资源勘探上取得的较大成果，原油开采能力的建设也取得前所未有的成就，5 年内新增原油开采能力达 5025.3 万吨，是新中国成立以来各个五年计划期间新增能力最多的一个时期。全国的石油生产，也已从 1980 年后的短暂下降、徘徊的局面中摆脱出来，进入了又一个稳定增长的阶段。1985 年原油产量达到 1.25 亿吨。1985 年年底，全国已开发的 160 个油田中，处于初期开采和稳产阶段的有 107 个，其产量占 1985 年全国总产量的 78%，这就为以后时期国民经济的进一步发展，在能源供应上奠定了基础。

“六五”计划期间，中国的经济还处于调整时期，为了加快石油工业的建设，解决石油工业在建设上的资金困难，国家采取了三项政策。一是 1981 年，国务院批准了石油工业近期原油年产量保持 1 亿吨，同时决定对石油工业实行 1 亿吨原油产量包干，允许石油部在完成年产 1 亿吨原油任务后用超产和节约（从自用部分和减少损耗中节约）下来的原油出口，出口原油所得资金可作为石油勘探、开发基金，以弥补国家投资之不足。二是决定实行对外合作勘探、开发海上石油资源。三是允许石油部向国外贷款。这三项政策对“六五”计划期间加快石油工业的建设起了重要作用。5 年间，通过包干产量筹集的勘探、开发基金，相当于同期国家投资的 93.5%。

（三）水火电并举，大中小结合，全面加快电力工业的建设。

电力工业长期以来是国民经济中的“短线”部门，到70年代末期，缺电现象十分严重。当时，问题的严重性不仅表现在逐年建成投产的新增发电能力远不能满足需要，更严重的是年度施工规模始终没有明显的扩大。由于电力项目、特别是水电项目的建设工期较长，当年施工规模的大小，基本上就决定了以后几年中可能新增的发电能力有多少。1980年电力工业大中型项目的施工规模仅1896万千瓦，其中当年新开工的施工规模仅105万千瓦，当年建成投产200.9万千瓦（加上小型项目建成投产的能力，1980年新增发电能力共287.08千瓦）。也就是说，当年建成投产的大中型项目的规模超过了当年新开工的大中型项目的施工规模。施工规模的缩小，决定了后续能力的不足。如果这一状况不能及早改变，十分严重的缺电现象不仅当时无法扭转，而且以后一个时期内仍将继续存在。这就必将影响到国民经济的进一步发展和在20世纪的最后10年里中国经济的振兴。

针对这一严重情况，“六五”计划期间，主要是从1982年起，全面加强了电力工业的建设，并提出了从1982年起，4年内每年要新开工施工规模500万千瓦的具体目标。1981年到1985年，5年累计完成电力工业基本建设投资328.68亿元，占同期工业基本建设投资总额的21.25%，占同期能源工业完成的基本建设投资总额的47.24%。5年内新开工建设的大中型电力建设项目的施工规模累计达2406.2万千瓦，年均480万千瓦左右；其中1982年至1985年4年累计为2179.8万千瓦，年均545万千瓦左右。在扩大新开工的施工规模的同时，5年内共建成投产大中型发电厂（站）58个，新增发电能力逐年稳步上升。5年内逐年新增发电能力情况见表15。

1981—1985年新增发电能力情况

表15

	单　位	1981年	1982年	1983年	1984年	1985年	5年合计
新增发电机组容量	万千瓦	263.7	294.3	446.6	380.4	645.5	2030.5
其中：大中型项目新增发电机组容量	万千瓦	182.3	213.8	399.55	330	544.8	1670.45

5 年间，电力工业的建设重视了水力资源的开发和利用。中国水力资源丰富，居世界第一位，但开发利用程度很低。“六五”计划期间，在加强水电项目续建工程的同时，把进一步开发建设的重点放在长江中下游、黄河上游、红水河，以及西南地区等的水电“富矿”上。办法是在做好规划的情况下，择优建设一批大中型骨干电站，进行梯级连续开发。5 年内，在第二松花江上重点建设了白山、红石 2 个梯级电站，白山一期续建工程建成后，1984 年 6 月又开始了二期工程的建设。在长江中下游主要建设了葛洲坝水电站，并对中上游的三峡工程进行了论证和建设前期准备工作。在黄河上游，加强了龙羊峡水电站的建设，并开始了李家峡等水电站的施工前期准备工作。在红水河流域，恶滩、大化 2 个梯级电站已投产，在建工程还有鲁布格、岩滩、天生桥（低坝）等水电站。西南地区白龙江上的碧口水电站，1983 年 10 月竣工投产，并于 1984 年 11 月开始了宝珠寺电站的建设。乌江上的乌江渡水电站 1983 年 12 月竣工投产，并于 1984 年 10 月开始了东风水电站的建设。澜沧江上的漫湾水电站也已于 1985 年开始动工。华东地区福建闽江水口电站也已于 1985 年 4 月开工建设。

葛洲坝水力发电工程是中国长江干流上建设的第一座大型水利枢纽，也是中国正在施工中的容量最大的水电站。它位于长江三峡出口南津关以下 3 公里，湖北省宜昌市以上 4 公里处。长江由南津关宽 300 米峡谷河段向下过渡为宽浅河谷，在坝址处骤然展宽到 2000 米，水深也由 80 米减为 15 米左右。长江水道在这里被葛洲坝和西坝两个岛隔开，分为大江、二江和三江。坝址控制长江集水面积约为全流域面积的 55%。整个工程由船闸、电站、泄水闸、冲砂闸及挡水建筑物组成，具有防洪、发电、改善航道等综合效益。大坝全长 2595 米，大坝最高 47 米，是中国第一座大型低水头水力发电站。工程分两期建设，总的装机容量为 271. 5 万千瓦。葛洲坝工程既可独立运用，又是将来长江三峡水利枢纽的组成部分，是三峡工程的一个反调节梯级。从开发顺序说，最好是先建三峡，后建葛洲坝，并争取同时投入使用。但是，由于湖北省长期以来严重缺电，发展火电又没有燃料，因此，湖北省革委会和长江流域规划办公室（简称长办）于 1969 年提出了先建葛洲坝工程，以解决缺电问题的建议。建议得到了周恩来和国务院的支持，并报告了毛泽东主席。毛泽东于1970年12月26日批示：“赞成兴建此坝。”1970年12月30日，葛洲坝工程正式开始动工兴建。

葛洲坝工程建设是在“文化大革命”的动乱中开始的。开工时，就处于严重的“三边”状态下。1970年9月制订的初步设计要点对许多重大科技难题没有解决意见，甚至枢纽总体布置也没有最后确定，只提出了装机13台，总容量为221万千瓦，整个工程投资13.5亿元；而且还不切实际地提出了3年半发电，五年全部建成的口号。开工后，工程施工十分被动，而当时对工程进度的要求又很急，1971、1972年都完不成施工计划，混凝土浇筑质量很差。在这两年中，为处理质量事故，曾炸掉混凝土4000立方米。1972年11月，因通航、泥沙淤积、工程地质、消能防冲、大江截流等重大技术问题没有妥善解决，周恩来总理指示，主体工程暂停施工，集中力量修改设计，整顿施工队伍，做好施工准备。并决定成立工程技术委员会，负责审定重大技术问题。

主体工程暂停施工后，经过两年时间，修改了枢纽布置方案，1974年10月，经国务院批准，主体工程复工。1975年完成了修改初步设计报告，装机由13台增为17台，总容量为221.5万千瓦，要求1982年一期工程通航发电，工程总投资增加为35.56亿元，其中一期23亿元。

复工后，加快了建设速度，1979年浇筑混凝土203万立方米，1980年挖填土石方2150万立方米，创造了中国水利水电建设史上的最高纪录。但忽视质量的偏向仍然存在，出现了不少质量事故。一期工程补救处理质量问题的费用高达400多万元，工程经补强后，基本上达到设计要求。经过几年艰苦努力，1981年1月4日大江截流。5月一期工程通过中间验收，6月正式通航，7月二江水电站1号机组并网发电，实现了提前一年通航发电的目标。到1985年年底，二江水电站共有七台机组96.5万千瓦装机容量建成投产。一期工程投入运行后，1982年审查了大江部分初步设计补充报告，增加4台12.5万千瓦机组，这样葛洲坝的总装机容量最后确定为271.5万千瓦；同时，右岸变电站电压等级由33万伏提高到50万伏，枢纽布置也作了部分修改，枢纽总投资增加为48.48亿元。

葛洲坝工程从1970年年底开工，到1981年第一期工程发电，包括主体工程停工两年在内，共用了11年时间，接着进行二期工程建设，1986年二期工程第一批机组发电，预计到1989年可全部建成。整个工程建设工期共计19年，总投资近50亿元，耗用水泥约200多万吨，钢材50多万吨，还有大量其他建筑材料，是一项特大型水利水电工程。葛洲坝工程的建设走过了一条曲折的道路，但也发挥了巨大的经济效益。随着一期工程第一台机组发电后，华中地区缺电现象有所缓解，特别是平顶山到武昌的平武50万伏超高压输电线路于1984年建成投入运行后，葛洲坝水电站的电力并入华中电网，对确保武钢一米七轧机和华中地区的工农业生产用电起了重要作用。而且，通过葛洲坝工程的建设，培训了一支设计和施工队伍，取得了建设大型水利水电工程的丰富经验。

白山水电站，建于第二松花江上游河段上，位于吉林省桦甸县白山镇。这是一座以发电为主，兼有防洪等综合经济效益的大型水电站。总装机容量150万千瓦，是东北地区最大的水电站。白山电站工程分两期建设，一期装机容量90万千瓦（30万千瓦机组3台），二期60万千瓦（30万千瓦机组2台）。电站位于东北电力系统南北网之间，位置适中，主要担负系统调峰、调频及事故备用。白山电站与下游的红石水电站、丰满水电站呈梯级衔接。3个水电站联合调度，可增加发电量。白山水电站一期工程于1958年“大跃进”时期开始建设，1961年停建。1975年5月主体工程复工建设，1976年10月顺利截流。1982年11月下闸蓄水，1983年12月30日第一台机组发电，1984年年底3台机组全部投产。1984年6月二期工程开始建设。

同期，火力发电的建设速度更快。“六五”计划期间，火力发电项目的建设，除了续建项目外，因地制宜加强了矿区和港口、路口的火电厂建设，并鼓励和支持大型企业建设自备电厂。5年间，从东北三省到两广地区，从东部沿海到云贵高原，都有新建的电厂投产发电。规模较大的有装机容量60万千瓦的江苏谏壁电厂四期工程、黑龙江富拉尔基第二电厂和内蒙古元宝山电厂、装机容量为40万千瓦的秦岭电厂二期工程和大同第二发电厂以及装机容量为

70 万千瓦的宝钢自备电厂等。

元宝山发电厂位于内蒙古自治区赤峰市东部，电厂近期燃用元宝山煤矿竖井褐煤，将来由拟建的距电厂仅 4 公里的露天煤矿供应燃料。元宝山电厂的最终生产能力规划为 210 万千瓦，是东北电力系统中的一个主力电厂。由法国和瑞士引进的第一台 30 万千瓦机组于 1978 年 12 月建成并网发电。第二台机组是由国外引进、在建单机容量最大的 60 万千瓦机组，已于 1985 年 12 月建成投产。电厂的主体设备由国外引进，大体上具有世界七十年代的先进水平，技术先进，经济效益较好。

江苏谏壁发电厂是华东电网中装机容量最大的火力发电厂，始建于 1959 年，以后连续扩建。“六五”计划期间，完成了四期扩建工程，安装 30 万千瓦机组 2 台，新增装机容量 60 万千瓦。使总容量达到 102. 5 万千瓦。按照规划，1987 年建成五期扩建工程后，总装机数将由 8 台增至 10 台，总装机容量将达 162. 5 万千瓦。由于华东电网电力供需矛盾仍然十分突出，江苏电力局首先在谏壁电厂五期扩建工程中试行集资办电。本着谁投资、谁用电，早集资、早用电，多集资、多用电的办法，发挥各方面的办电积极性。到 1985 年年底，已初步商定，苏州、无锡、常州 3 市 12 个县将为五期工程集资 2. 15 亿元，并分包相应的钢材、木材、水泥等主要建筑材料，以加快建设。

上海宝钢自备电厂是宝钢的配套建设项目。工程包括从日本成套引进的 2 台 35 万千瓦发电机组、2 台 1160 吨/时锅炉，以及全部辅助设备。工程自 1979 年破土动工，到 1982 年 4 月、1983 年 3 月 2 台机组先后并网发电，成为仅次于元宝山发电厂 60 万千瓦机组的国内单机容量次大、具有世界 70 年代末期先进水平的发电厂。

大同第二发电厂坐落在煤城大同市的南部，是为发挥山西煤炭资源优势而建的一座大型坑口电厂。设计规模为 120 万千瓦，安装 6 台 20 万千瓦机组，并预留扩建余地。其所发电力将通过大同至房山 50 万伏超高压输电线路送往京、津、唐地区。大同第二发电厂于 1979 年开始动工建设，到 1984 年内连续投产 2 台 20 万千瓦机组。大同第二发电厂工程是水利电力部推行全面质量管理的试点项目之一，运用 PDCA 循环实施事先控制，建筑工程质量优良。

秦岭发电厂在陕西华山脚下，设计全厂容量为105万千瓦，建成后是西北地区最大的火力发电厂。在西电东送中，秦岭电厂又是西北电网送电华北、华中的一个重要支撑点。工程分三期建设，一期工程2台12.5万千瓦机组，是在重点建设三线时期开始建设的，由于选址不当，造成了不少困难。二期工程建在距一期工程约3公里的陇海铁路罗敷车站北侧，装机2台，各20万千瓦。设计中，采用了不少新技术、新设备，总计约有20多项，是中国唯一采用全套弱电控制和保护装置的大型电厂。“六五”计划期间，二期工程建成投产，并获国家优质工程银质奖。同时，开始了三期扩建2台20万千瓦机组的工程建设。三期工程正紧张施工，近期即可建成投产。

“六五”计划期间，在加强大中型骨干水、火电站（厂）建设的同时，还在有水力资源的地方，在煤炭外运有困难的地方，鼓励和支持开展小型水电站（简称小水电）和中小型火电厂的建设，并开始了发电能源多样化的建设。中国中小河流水力资源十分丰富，仅1.2万千瓦以下可供开发利用的水力资源就有7000万千瓦，为建设小水电提供了物质基础。到1983年年底，全国已建成小水电站7.66万处，装机容量达850万千瓦，年发电量200亿度。小水电供电区拥有高压线路52.4万公里，35千伏及以上变电容量921万千伏安，配电变电器2268万千伏安。到1985年，全国已有1560个县建有小水电站，其中主要由小水电供电的有770个，占一半左右。同期，在浙江和广东首先开始了核电站的建设。在内蒙古、浙江、新疆、青海、甘肃、福建、山东、江苏、西藏、黑龙江、北京等地区开始了风力发电建设，到1984年年初，共安装了风力发电机组1900多台，总容量约420千瓦；虽然装机容量不大，但解决了一些牧区、海岛、山区，边防哨卡、气象台站、航运标灯等对电力的迫切需要。地热资源的利用，继西藏羊八井电站1977年第一台1000千瓦机组投入运行后，1981年又相继投产了2台3000千瓦机组，并以110千伏输电线路向拉萨供电，对西藏国民经济的发展起着重要作用。同时，在沿海和中部、西部地区又多处发现了比较丰富的地下热水资源。此外，为加速开发潮汐资源，“六五”计划期间，作为新能源的重点科研攻关，国家科委还在浙江重点建设了浙江江厦潮汐电站，装机容量3000千瓦，1985年年底已有2台机组共1000千瓦建成投产，运行情况良好。

“六五”计划期间，电力工业建设的另一个成就，是发展大电网，加强了输变电线路的建设。由于中国的水电和煤炭资源主要集中在西南、西北和华北西北部，而用电负荷却又主要集中在东南沿海一带，因此，必须建设远距离超高压输电电网。5年间，重点进行了华中地区50万伏超高压输变电工程的建设。这项工程包括总长为1046公里的平武（从河南的平顶山到武汉）、葛武（从葛洲坝到武昌）、葛双（从葛洲坝到双河）3条线路，以及总容量为300万千伏安的姚孟、双河、凤凰山3座变电站。

最先建成的平武线全长594.88公里，设计输送容量为100万千瓦左右。工程起自河南省平顶山市姚孟电厂的升压站，经叶城、南阳、新野后进入湖北的襄阳县，再越唐白河、翻霸王山，进入双河变电站。从双河变电站出来后，经钟祥、京山，跨汉水，过长江，于武昌县纸坊镇抵达终点凤凰山变电站。线路经过17个县市。工程于1979年11月动工，1981年12月竣工投产并网试运行，施工期为25个月，是迄1985年为止，全国电压等级最高、输电距离最长、输送容量最大的一条线路。葛武线全长327公里，设计输送容量100万千瓦，1981年11月开工建设，1983年4月以22万伏电压降压投入运行（由于葛洲坝50万伏变电站尚未建成），施工期为17个月。葛双线全长124公里，设计输送容量为100万千瓦，1981年11月开工，1982年12月以22万伏电压降压投入运行，工期13个月。

和输电线路相配合的3个变电站：姚孟电厂的升压变电站，容量为75万千伏安；荆门附近的双河变电站，容量75万千伏安；武昌凤凰山变电站，容量为150万千伏安。3个变电站的主要设备是从瑞典、法国、日本进口，具有世界先进水平。

华中地区50万伏超高压输变电工程的概算总投资为4.99亿元，执行结果，各项工程都没有超概算，共节约投资964万元。这是80年代初期工程建设中各项指标都较好的项目。工程中的葛双、葛武工程都是为配合葛洲坝二江水电站送出电力而加速建成的，具有利用水电以节约煤、油的经济效益。在不到五年的时间里，建成这样一批工程，即便是和世界上的先进水平相比，工期也是短的，工程的经济效益也是好的。在电力建设中，从做好基本建设前期工作和施工准备入手，合理组织，快速施工，从而改变了工期长，造价高的状况，华中地区50万伏超高压输变电工程的建设，提供了一个可以借鉴的例子。

“六五”计划末期，中国第一条超高压直流输电工程，即葛洲坝至上海（华中与华东）正负500千伏直流输电工程，经过两年的筹备后，已于1985年动工兴建。整个工程包括：起端葛洲坝换流站，终端上海南桥换流站，两换流站的接地极（包括引线），直流线路以及葛洲坝50万伏交流变电站至直流换流站的两回路进线，微波通讯工程（包括干、支线）等。线路从宜昌至上海，穿越湖北、安徽、江苏、浙江4省1市35个县，跨越长江、汉水，长达1080公里。这项工程，是中国电力工业发展新阶段的三大标志（核电、大机组、直流输电）之一。

经过五年建设，全国的发电量已从1980年的3006亿度增加到1985年的4107亿度，增长36.6%。5年中，电力工业建设也开始改变长期以来单纯依靠国家投资，电力部门办电的办法，采取了鼓励各部门、地方、企业、集体以至个人，广开门路，实行多渠道、多层次、多种形式集资办电或建设自备电站的办法。同时，还积极开展了利用外资加快电力建设。尽管这些办法还在起步阶段，但效果较好。

二、交通运输和邮电设施建设的加强

交通运输和邮电部门的建设在“六五”计划时期有着明显的加强。

5年内，铁路建设的重点改在东部沿海地区，主要围绕提高晋煤外运能力、沿海港口后方的铁路运输能力，特别是运输“卡脖子”区段的通过能力加强建设。据此，重点安排了京秦（双桥—秦皇岛）、大秦（大同—秦皇岛）、兖石（兖州—石臼所港）、新菏（新乡—菏泽）、皖赣（火龙岗—贵溪）等铁路新线的建设，增建胶济、石德、陇海东段、京广南段等铁路复线，以及对丰沙大、石太、太焦南段、成渝、贵昆等铁路实行电气化改造，并相应建设了通向大西北的青藏铁路的哈尔盖至格尔木段，南疆铁路的吐鲁番至库尔勒段。同时，为配合国家重点项目的建设，安排修建了深入五大露天煤矿区的通霍（通辽—霍林河煤矿区）、伊敏（新海—伊敏河煤矿区）铁路，深入东北森林的嫩林（嫩江—古莲）铁路，以及深入“北大仓”的福前（福利屯—前进镇）铁路等。5 年累计铁路建设完成基本建设投资达 218.71 亿元，占同期全部交通运输邮电基本建设投资总额的 48%。其中，新线建设耗用的基本建设投资只略多于原有线路的加强，两者在全部铁路基本建设投资中的比重几乎是各占一半。1981 年至 1985 年共计新增铁路正线铺轨里程 2267 公里，新增复线铺轨里程 1665 公里，新增铁路电气化里程 2505 公里。新增复线铺轨里程仅低于“二五”计划时期，电气化铁路建设则是有史以来规模最大的一个时期，这就使原有营业线路的各项设施大为改善。新增的铁路正线铺轨里程虽比前几个五年计划时期要少，但竣工交付的铁路不少是施工难度大，建设要求高的线路，如青藏线、南疆线等。各个五年计划时期铁路建设新增能力对比见表 16。

各个五年计划时期铁路建设新增能力对比

表 16

项目 \ 单位 \ 时期		“一五”计划	“二五”计划	“三五”计划	“四五”计划	“五五”计划	“六五”计划
新增铁路正线辅轨里程	公里	4861	4890	3978	5444	2951	2267
新增复线辅轨里程	公里	894	2816	1016	530	1186	1665
新增铁路正线交付营业里程	公里	4162	6120	3894	4866	3776	2238
新增复线交付营业里程	公里	136	3172	764	550	878	1582
新增铁路电气化里程	公里	0	90	197	385	1100	2505

5 年内，新建铁路交付使用的项目有 20 余个，其中主要的有：枝柳、皖赣、京通（昌平—通辽）、青藏（哈尔盖—格尔木段）、南疆（吐鲁番—库尔

勒段）、太焦（修文—五阳段）、京秦、兖石、福前、嫩林（樟岭—石莲段）铁路等。加强原有营业线路的竣工交付项目也有近20个，其中属于复线建设的，主要有：津浦、沪宁、胶济（兰村—济南段）、石德（八公里—八里庄）、陇海（郑州—徐州段）、京秦、太焦（长治—晋城北段）、新焦等铁路。竣工的电气化建设项目，主要有襄渝（襄樊—达县段）、石太、陇海（宝鸡—兰州段）、京包（丰台西、沙城—大同段）、京秦（丰台西—山海关段）、太焦（长治北—月山段）、成渝、贵昆（贵阳—水城西段）等铁路。此外，还建成了全国最大的枢纽编组站——郑州北编组站和全国最长的大桥——全长10282米的新荷线长东黄河大桥等。

随着太焦、枝柳铁路的建成，从大同经太原、焦作、襄樊、枝城、怀化、柳州，以至湛江，形成了一条平行于京广铁路的南北大干线。随着侯西、新荷、兖石等铁路的建成，与计划建设的侯月（侯马—月山）铁路相贯通后，从西安经侯马、新乡、菏泽、兖州至石臼所，将形成一条平行于陇海铁路的另一条东西大干线。随着京通铁路的建成，从北京经赤峰、通辽、大安至大庆油田的让胡路，将形成一条平行于京哈铁路，沟通华北与东北的另一条出入关的大干线。随着皖赣铁路的建成，把淮南铁路与鹰厦铁路连接起来，形成一条从皖北经赣东直达闽东南、纵贯华东的直通大干线。经过这一时期的建设，晋煤外运通路加强了北路、中路、南路的电气化和双线改造，使运输能力从1980年的0.72亿吨扩大到1985年的1.2亿吨；西南煤、磷的外运能力也得到了加强；沿海港口后方地区日益繁重的铁路运输的紧张局面，也开始有所缓和。京广线的改造工程虽然尚未竣工，但衡广（衡阳—广州）的复线建设，边建边运营，对缓和南北运输的紧张状况，也起了一定作用。

同期，公路、水运及港口建设也有了很大发展。5年中，新增公路通车里程5.2万公里，增加和改造有路面公路8.3万公里，新建和提高等级公路49.8万公里，完成了青藏公路、济南黄河大桥等重点建设，使公路的数量、质量和干线公路运输能力有了显著提高。

水运重点进行了整治航道和提高港口吞吐能力的建设。5年累计新增1米以上水深的内河航道达2800公里，干线建设通航船闸11座，恢复通航里程440多公里，整治后的京杭运河运煤能力由原来的500万吨提高到1000万吨。同期，新增内河港口吞吐能力600多万吨。沿海港口建设规模更大，是新中国成立以来建设最快的时期。5年中，在大连、营口、秦皇岛、天津、烟台、青岛、石臼、连云港、南京、镇江、南通、张家港、上海、宁波、厦门、黄埔、湛江、防城、北海19个港口开工新建万吨级以上深水泊位132个，同期，建成深水泊位54个，中级泊位25个，新增吞吐能力达9983万吨。平均每年建成深水泊位近11个，新增吞吐能力近2000万吨，重点解决了煤炭、集装箱运输的需要。到1985年年底，沿海主要港口的深水泊位已达178个，中级泊位156个，吞吐能力3.17亿吨，比1980增长43%。5年的建设成果接近前十年的总和。这一时期，沿海港口建设的主要特点是：(1) 开辟了一些新的海港和新港区，改善了沿海港口的布局。开辟的新海港有山东石臼港和广西防城港等，开辟的新港区有大连港和尚岛港区、营口港鲅鱼圈港区、秦皇岛东港区、烟台港西港区、连云港庙岭港区、南京港新生圩港区、镇江大港港区、宁波港北仑和镇海港区等。这些新港区有的需要新开挖港池、航道，有的需新建防波堤、铁路、公路，以及进行陆域回填等，工程量大，投资多，技术复杂。(2) 为减缓上海港的运输压力，在长江下游的南京、镇江、张家港、南通4个港区新建了万吨海轮深水泊位10个，并对港区附近的长江航道进行了合理整治。(3) 新建了一批不建防波堤的近海开敞式码头，如秦皇岛一、二、三期煤码头和油码头，宁波港北仑矿石中转码头和石臼港煤码头等，闯出了在一定条件下节约海港建设投资的新路子。(4) 为提高散货进出口的能力，新建了一批专业化的、高效率的大型散货码头，其中矿石、煤炭码头的装卸工艺和建港技术已达到或接近工业发达国家的先进水平。如宁波北仑矿石中转码头年通过能力为2000万吨，秦皇岛一、二期煤码头年通过能力分别为1000万吨和2000万吨。正在建设的连云港庙岭煤码头年通过能力为1000万吨，秦皇岛港三期煤码头年通过能力为3000万吨。这些码头均配备有高效率机械，尽量使装卸系统简单化。(5) 为改变中国落后的杂货装卸面貌，建设了一批大型、高效的全集装箱码头。5 年间，主要在天津、上海、黄埔三港建成了集装箱泊位 8 个，新增吞吐能力 80 万标准箱，共 490 万吨，形成了以上述三港为重点的集装箱海运中心。与此同时，在上海、大连、青岛、厦门等港口，利用原有码头还改建了一批集装箱码头或多用途码头，开展集装箱运输。综上所述，沿海港口经过这 5 年的大规模建设，成果是巨大的，但是还不能满足沿海城市对外开放和中国对外贸易日益发展的需要。

“六五”计划期间，为适应对外经济技术合作和交流，发展国际、国内旅游事业，民航运输也加快了建设。5 年中，民用航空线路增加了 85 条，并通过多种渠道筹集资金，新建和扩建了 30 多个机场，购置大型飞机 36 架。与此同时，邮电通信建设也有加强，5 年内，新增市内电话交换机容量 529 万门，长途通信电缆 9895 公里，新建、扩建城乡邮电局所 3636 处。福州、厦门等沿海开放城市和郑州等通信枢纽城市分别引进安装了市内电话和长途电话万门程控自动交换设备。部分沿海开放城市和用户已实现了国际长途电话的自动或半自动接续。中国自行设计、自行研制生产设备、自行施工建设的北京—武汉—广州中同轴电缆干线通信工程在此期间提前建成，并已开通投入使用。

第三节　原材料工业的建设

1981 年至 1985 年限于国家财力的可能，五年累计原材料工业完成的基本建设投资共为 488. 95 亿元，分别占同期基本建设投资总额和工业基本建设投资总额的 14. 3% 和 31. 65%，是“一五”计划时期以来各个计划时期中占的比重最低的一个时期，但绝对额还是超过了历史上所有的计划时期。5 年中，原材料工业的建设，重视了技术进步和原有企业的技术改造，建设的行业结构也逐步趋向合理。但是，由于绝大多数大中型骨干项目都是在 1982 年以后先后恢复或开工建设的，到 1985 年年底，这些项目中的多数还没有建成，因此，五年内原材料工业新增生产能力较少。主要产品五年累计新增生产能力除水泥外几乎都低于各个五年计划时期。

各计划时期原材料工业的主要产品新增生产能力对比如表 17。

各五年计划时期原材料工业的主要产品新增能力

表 17

项　目	单　位	“一五”计划	“二五”计划	“三五”计划	“四五”计划	“五五”计划	“六五”计划
铁矿开采	万吨	1643.4	2186.0	3590.1	4494.6	2097.0	1341.0
炼铁	万吨	338.6	1344.0	1068.2	903.3	360.0	93.0
炼钢	万吨	281.6	1273.0	652.7	597.0	588.0	30.0
硫酸	万吨	29.2	124.6	152.0	219.4	95.6	24.9
合成氨	万吨	13.7	42.0	244.4	429.2	592.4	172.6
化肥	万吨	9.24	66.88	204.16	372.38	473.55	161.97
纯碱	万吨	19.2	36.9	17.0	16.4	18.9	9.6
烧碱	万吨	8.1	26.8	34.0	30.2	30.5	3.1
塑料	万吨	—	3.75	18.7	7.5	53.71	4.49
木材采运	万立方米	409	649.4	415.9	611.6	361.4	202.7
水泥	万吨	261.3	1173.6	1533.0	1128.3	1119.6	1327.9

一、化学工业建设经过调整，开始全面协调发展

“五五”计划末期，化学工业建设的摊子铺得比较大，1978 年在建的大中型项目达 114 个，剩余工作量达 51 亿元，规模已经相当庞大。1978 年年底又仓促签订了 8 个项目 28 套装置的引进合同，成交总值达 20 余亿美元，连同国内配套工程约需投资 160 亿元。在建项目的未完工程加上引进项目，大中型项目的建设总规模达到 210 多亿元，大大超过了国力的可能。1979 年开始，经过三年调整、压缩，到 1981 年，在建的大中型项目已减少为 56 个。同时，引进成套设备的建设项目，也在做好国外设备、器材的接运、保管、检验工作的情况下，暂缓建设。

“六五”计划期间，为了通过基本建设的调整，把化学工业不合理的产品结构调整过来，加强了复合肥料、基本化工原料和精细化工的建设。同期，列入国家重点建设的化学工业项目（包括石油化工项目）12 个。

列为国家重点建设项目的有：山西化肥厂、浙江镇海化肥厂、新疆化肥厂、宁夏化肥厂、天津碱厂、云浮流铁矿、荆襄王集磷矿、铜官山磷肥厂、齐鲁石油化工总厂、扬子石油化工总厂、北京东方化工厂、杭州磁带厂等。12 个项目中除了荆襄王集磷矿是 1977 年开工建设的外，其余 11 项都是“六

五”计划期间动工建设的，而且基本上都是在1982年及其以后开工的。12项中，1985年年底以前建成投产的仅3项，其余项目均将于“七五”计划期间建成投产。

12项中，化肥工业的项目及与化肥工业配套建设的项目就占6项。浙江镇海化肥厂、新疆化肥厂和宁夏化肥厂的建设规模都是30万吨合成氨、52万吨尿素，都是合理利用重油资源，以渣油为原料采用低温净化工艺的大型建设项目。设备都是成套引进的。其中浙江镇海化肥厂于1982年恢复建设，1984年8月建成投产；新疆化肥厂1981年7月恢复建设，1985年9月建成投产，并成为西北地区到1985年止最大的化肥企业。宁夏化肥厂1984年恢复建设，计划于1988年建成。这3个厂建成后生产的都是氮肥。山西化肥厂、铜官山磷肥厂和湖北荆襄王集磷矿则都是为改变化肥产品结构而重点进行建设的项目。山西化肥厂包括从联邦德国引进的一套以煤为原料年产30万吨合成氨装置和从日本引进的年产54万吨硝酸、90万吨硝酸磷肥的装置。这个项目共耗用外汇2.4亿美元，加上国内配套工程，计划总投资达16亿元，是新中国成立以来建设的最大复合肥料项目。1978年签订合同，1979年决定缓建，1982年批准改址在晋东南潞城恢复建设。1983年7月主厂房正式动工。1987年建成投产后，将对改变中国化肥结构，增加磷肥施用量起到作用。铜官山磷肥厂建设规模为磷酸6万吨、磷铵12万吨，由罗马尼亚提供成套设备，1983年开始筹建，1985年正式动工，计划于1988年建成投产，计划总投资1.93亿元。荆襄王集磷矿是中国第一座磷采、选配套的大型矿山项目，建设规模为采矿150万吨，加工磷精粉的年生产能力为70万吨，定点供应山西化肥厂生产硝酸磷肥。荆襄王集磷矿1977年开工建设，1983年列为按合理工期组织建设的国家重点建设项目，1986年建成投产，耗用投资近3.6亿元。

为了改变化肥产品的结构，逐步提高磷肥、钾肥在化肥总产量中的比重，“六五”计划期间，除了加强上述重点项目的建设外，从1983年开始还动工建设了济南、开封两套15万吨硝酸磷肥和青海钾肥厂20万吨氯化钾等工程。

为了加强有机化工原料和精细化工的建设，12个重点项目中安排了3项。

北京东方化工厂是成套引进日本以丙烯为原料生产丙烯酸及酯类单体3.8万吨的装置和由国内配套的丙烯酸树酯2万吨的生产装置进行建设的大型项目。1978年对外签订合同，1979年缓建，1982年3月恢复建设。复工后，建设速度较快，仅1年多时间，到1983年年底丙烯酸装置基本建成，试车中进口设备出现问题，经处理后1984年7月已生产出合格产品，齐鲁石油化工公司计划建设16套装置，其中一期工程10套已签约引进，其中包括30万吨乙烯、20万吨烧碱、20万吨氯乙烯、聚氯乙烯、14万吨低压聚乙烯、7万吨丁辛醇、30万吨环氧丙烷甘油、8万吨丁苯橡胶、8万吨对邻二甲苯、10万吨甲醇等生产装置，是一个生产合成材料、有机原料和氯碱的综合石油化工基地。整个工程计划总投资46.5亿元。1983年7月恢复建设，1984年4月全面动工，预计“七五”计划初期竣工投产。扬子石油化工公司原规划建设两套30万吨乙烯及相应配套装置，经过调整，改为建设一套30万吨乙烯和45万吨聚酯、20万吨乙二醇、7万吨醋酸、14万吨低压聚乙烯、14万吨聚丙烯以及苯、丁二烯、碳四、碳五、碳九等共11套装置。建成后将年产化纤单体万吨，塑料28万吨，有机原料34万吨，整个工程计划总投资46.7亿元。1983年恢复建设，1984年6月全面动工，预计于“七五”计划后期建成投产。

同期，为广泛开展综合利用和深度加工以提高化学工业的经济效益，在重点进行上述三个项目建设的同时，还加强了精细化工的建设。为提高合成树脂涂料的比重，改变涂料工业的原料路线，1983年开始扩建了天津、北京、上海、西安、苏州5个石油化工车间，新增丙烯酸涂料能力8万吨，计划于1986年建成投产。为实现农药品种的更新换代，避免环境污染，1983年1月国务院决定停止生产高残留农药六六六、滴滴涕，代之以高效低残留的有机磷、氨基甲酸酯、拟除虫菊酯类农药，批准了25项高效农药的基本建设项目和技术改造项目，总投资1.5亿元。1983年安排扩建了宁波、南通、天津、株洲、青岛、余杭、镇江农药厂等项目。通过这批项目的建成投产和原有农药厂的改造，高效低毒残留农药产量已从1981年的14.2万吨增加到1985年的21.1万吨，占农药总产量的比重也随着高残留农药的停产已从29.3%提高到100%。染料工业配合各种化学纤维的发展，加强了生产新型、高档染料的建设，使其在染料生产中的比重由1981年的占58%上升到1985年的接近70%。

此外，为了满足轻、纺工业的迅速发展和城乡人民生活的需要，五年间还加强了纯碱项目的建设，除列入国家重点建设项目的天津碱厂扩建工程外，对原有的大中型纯碱厂加强了改造和扩建。主要项目有：大连化工公司纯碱第三系统改造，新增生产能力10万吨；青岛纯碱厂由20万吨扩建到30万吨；自贡鸿鹤化工厂纯碱生产能力由13.5万吨扩建到28.5万吨；湖北化工厂填平补齐后生产能力达18万吨。各省、市也扩建、新建了一批地方小纯碱工程。重点建设的天津碱厂扩建工程，建设规模为15万吨，即由原来的45万吨扩建到60万吨，1985年开工，预计“七五”计划后期建成。与此同时，连云港、潍坊、唐山碱厂等也都列入了“六五”计划的前期工作计划中，加强了建设前期准备工作。这三个项目的设计规模各为年产纯碱60万吨，是中国有史以来第一次建设规模最大的纯碱厂。设计中采用了大型高效设备并引进少量国外设备和仪表。

此外，重点建设的项目还有杭州磁带厂和广东云浮硫铁矿，杭州磁带厂的建设规模为涤纶带基1500吨，磁带20亿米。成套设备由日本进口，1983年签订合同，1985年6月带基车间主体工程动工，计划1987年建成投产。整个工程计划总投资13580万元。广东云浮硫铁矿是中国已探明储量最大、含硫高的大型硫铁矿基地，1970年开始按50万吨的规模建设，1977年扩建为采矿300万吨、选矿150万吨，1983年列为国家重点建设项目后，加快了建设进度，1986年建成投产，扩建工程累计完成投资6.4亿元。

二、冶金工业在加强原有企业技术改造的同时，集中力量建设几个大型骨干项目

经过调整、压缩，钢铁工业先后停、缓建了35个大中型基本建设项目和106个单项工程，到1981年施工的大中型项目为35项。“六五”计划期间，钢铁工业的建设着重抓了现有企业技术改造，效果好的有首钢，规模大的有鞍钢。首钢五年内连续以60%的利润留成用于技术改造，其中29项技术改

造，综合采用了多种国内外先进技术成果和装备。二号高炉、三号高炉以及年产500万吨的两个烧结车间进行了现代化改造，部分工序实现了电子计算机的自动控制，达到了80年代初期的国际水平。他们还将电子计算机运用于企业管理，公司下属18个主要厂矿中已有13个建立了自己的计算机管理系统。五年改造，效益显著。鞍钢是中国钢铁工业中的一个大型骨干企业，30多年来为国家的工业化做出了贡献。“六五”计划期间，依靠企业自筹资金进行了大规模的技术改造，改造项目包括第三炼钢厂平炉改转炉，新建两套年产100万吨的连铸设备，以增加炼钢和开坯能力；改造板材连轧厂、冷轧厂、无缝钢管厂、焊管厂，加快板材和管材的轧制速度，并提高其精度，改造烧结矿和炼焦系统，以提高高炉生产能力；同时，还进行了动力等配套项目的改造，加强了烧结除尘、炼钢粉尘和污水处理等环境保护项目的建设。五年累计投资达十余亿元。这些原有企业技术改造使用的投资，基本上都是属于企业自筹的更新改造投资，按中国现行规定不计人基本建设规模。

“六五”计划期间，钢铁工业的基本建设项目除加强各钢铁基地的矿山建设外，主要集中力量进行了上海宝山钢铁总厂（简称宝钢）的建设。宝钢是新中国成立以来建设规模最大的现代化钢铁联合企业。全部连成后年产生铁650万吨、钢670万吨、钢材422万吨、商品钢坯122万吨。工程分两期建设，一期工程的建设规模为4000立方米高炉1座、300吨顶吹氧气转炉2座和1套初轧机（包括连续开坯机）以及直径140毫米无缝钢管机1套；二期工程的建设规模为同类的高炉、转炉各1座，冷、热连续轧板机各1套，以及其他配套项目。

建设宝钢的决策，是在“四人帮”粉碎后不久，对当时国民经济的发展形势作了过于乐观的估计和建设指导思想上急于求成占上风的时候做出的。1977年11月冶金部向中共中央和国务院提出，为了加快钢铁工业的建设，建议引进成套设备在上海建设生产能力为年产500万吨生铁的大型炼铁厂，与缺乏炼铁能力的上海已有的400多万吨炼钢能力配套。之后不久，此建议就迅速发展为引进成套设备建设炼钢、炼铁能力双600万吨的特大型钢铁联合企业。1978年3月9日国家计委、国家建委、国家经委、上海市、冶金部联合写报告给中共中央和国务院，提出了建设上海宝山钢铁总厂的初步安排意见，提出总投资140亿元，其中外汇25亿美元（折人民币90亿元），国内投资50亿元。11日，中共中央、国务院批准了这一报告。宝钢开始进入建设前期工作，签订引进成套设备的合同。1978年8月12日国家计委批复了宝钢的计划任务书，同年12月23日宝钢正式动工建设。到宝钢开工时，粗略计算，按原计划引进设备，总用汇将达57亿美元。以后经过多次研究，削减进口项目，总用汇压到48亿美元（折人民币178亿元），加上国内投资70亿元，计划总投资达248亿元左右。也就是说宝钢一个项目的投资额相当于钢铁工业从1952年到1979年28年累计完成基本建设投资总额514亿元的将近一半，使当时在建的基本建设规模一下子加大了不少。

宝钢动工不久，1979年4月国家就因财政入不敷出，经济陷入困境，决定实行调整国民经济的“八字方针”。基本建设的调整首当其冲，宝钢是当时成批集中引进项目中最大的一项，其建设的前途已成为当时一个有争议的问题。但直到1980年9月前，宝钢工程始终抓紧施工，工程进展顺利。1980年9月全国人大五届三次会议上，人民代表纷纷提出质询，使国内外舆论对宝钢建设的强烈反应和尖锐批评达到了高潮。在当时国家经济困难，基本建设一定要退够的情况下，为减轻沉重的财政负担，中共中央和国务院下决心停建和缓建一大批重点工程，宝钢首当其冲。在1980年11月国务院召开的全国省长会议上，国务院决定对宝钢工程实行“一期停缓、两板退货、二期不谈”的方针。这是为了渡过困难，忍痛做出的决定。

根据国务院的决定，原已签约进口的冷、热轧两套设备退货，并赔偿了对方损失；宝钢一期工程建设于1981年1月正式停、缓下来。宝钢停、缓建后，面临不少问题。一方面是社会舆论和部分专家论证强烈要求宝钢建设下马、停建；另一方面，宝钢一期工程到1981年1月停、缓建时，包括引进的费用在内，已经耗用投资100多亿元，整个工程已进入架设厂房阶段，尤其是已经从国外运到或即将运到的近40万吨设备，停、缓建后怎样解决保管问题已成难题。在潮湿多雨、多盐的长江口，连一般的构铸设备都不易保管，更何况那些属于大脑、心脏的计算机、仪器、仪表和供电器材等，有的还需要恒温、恒湿的保管条件，如果由于保管不善造成上百亿元的进口设备损坏、报废，问题就严重了。根据认真核算，在当时情况下，如果继续建设，大体还需要国内投资25亿元，而停、缓建后，为作好善后工作也得花费不少于15亿元的投资；同时，当时宝钢工地上还有10多万人（包括家属在内）的去向问题在等候决定。

对宝钢一期工程是否续建的问题，经过多次专家论证会的论证和中央财经领导小组会议的讨论，特别是国务院的领导人亲到宝钢现场进行调查了解，最后于1981年决定宝钢一期工程恢复建设。1981年8月7日国家计委、国家建委下文通知：宝钢一期工程自即日起列续建项目，要求1985年建成。自此，宝钢一期工程恢复建设。同时，经过这一段建设方案的论证，宝钢一期工程核定投资总概算为128.77亿元。

这里应该指出的是，在1981年1至8月宝钢工程停、缓建期间，宝钢工程指挥部在保管、维护进口设备上采取了有利于迅速复工的积极措施，第一，抓紧了厂房施工，以厂房代仓库；第二，设备就位维护，即照常安装设备；第三，实行动维护，即设备安装完毕定期试运转；第四，在未正式下令停建前，人员不动，国内交货不退；第五，生产准备工作仍按原计划进行。这么做使设备得到了可靠的维护，也安定了人心。从而，当8月复工令下达后，很快就能进入正常的工作秩序，顺利开展施工建设，避免了“彻底下马”到“重新上马”的180度大转弯。从而保证了按期于1985年使宝钢一期工程建成投产。

宝钢一期工程的主要设备都是从国外引进的，同时引进了技术专利172项。一期工程具有设备能力大、技术新、能耗低、自动化程度高、环境保护好等特点，其中4063立方米高炉、300吨纯氧顶吹转炉、450平方米烧结机、1300毫米初轧机，都是到1985年止全国最大的冶金设备。参加宝钢建设的职工，在建设中先后取得了104项有推广应用价值的科研成果，进行了522项技术革新，使钢铁工业的建设施工水平达到了一个新水平。宝钢一期工程于1985年建成，9月15日一号高炉点火，16日顺利出铁，20日转炉出钢，21日初轧出坯，在短短的一周内全系列（除钢管外）一次投产成功。到1986年年底，宝钢一期工程的设备考核任务基本完成，并在生产经营指标上全面超额完成了国家计划，主要经济技术指标都达到了设计值水平。同时，随着国家经济的好转，为了提高宝钢工程的经济效益，从1985年起，已开始二期工程的建设。

宝钢是一项具有80年代初期世界先进技术水平的特大型钢铁工业建设项目，产品也是国民经济各部门生产和建设中急需的产品。全部建成投产后将大量减少各类钢板、钢管的进口量，可大量节约外汇，经济效益是显著的。但是，由于项目决策时是和成批的成套引进设备进行建设的大型项目同时上马的，造成了投资高峰的高度集中，远远超过了当时国力的可能，因此，建设中途不得不停、缓建，并把原计划的两步建设改为两期工程，拉开了两步间的时间差距。这么做在一定程度上推迟了整个工程的经济收益时间，但错开了投资高峰减轻了国家在经济比较困难的一、二年内巨额投资的负担，是当时不得已而为之的补救措施。这方面的经验教训是值得认真记取的。

“六五”计划期间，有色金属工业的建设，重点是进行了江西铜基地、贵州铝厂、山西铝厂和金川有色金属公司一期扩建工程的建设。

江西铜基地的建设也是1978年成批签订的引进项目之一。当时规划的生产能力规模为五年建成年产20万吨铜的能力，总投资40多亿元，其中70%为外汇。加上铁路、电力等部门的同步配套建设工程，总投资近80亿元。以后经过调整，建设规模压缩为年产7万吨铜的生产能力，总投资也从40亿元压缩到19亿元。江西铜基地的建设，包括主体矿山德兴铜矿、大露天矿永平铜矿和贵溪冶炼厂，德兴铜矿主要是加强挖潜扩建。

贵州铝厂是引进成套设备和技术专利进行建设的规模为年产8万电解铝能力的一个大型工程，建设投资7亿元。1979年10月动工，1982年建成，成功地安装了具有世界先进水平的遥控、遥测技术，电子计算机控制、电视监视和液压传动装置以及微计算机自动控制进行生产管理等设施。1980年开始建设的山西铝厂第一期20万吨氧化铝工程，是中国自行设计的、继山东铝厂以后的又一个大型氧化铝厂，采用了大型堆取料机预均化原料、工段深度脱硅、流态化焙烧氢氧化铝等新工艺、新设备，氧化铝的总回收率将达到

89.5%，产品一、二级品率可达100%。经过五年努力，计划于1986年竣工。

金川有色金属公司一期扩建工程，建设规模为从原有年产7000吨电解镍的能力提高到2万吨，投资7.3亿元。1982年被列为国家重点建设项目之一。1985年基本建成。

5年内，先后建成投产的有色金属项目还有湖北的大冶铜山口铜矿、大厂采选厂、华北铝加工一、二期工程、西北的连城铝厂等。

三、水泥、玻璃和新型建筑材料工业的建设得到了加强

水泥工业，五年内新建了工艺先进、自动化程度高、产量大的冀东、宁国、淮海水泥厂和自行设计、采用国产设备的黎塘、白马山、长兴、渠江等大中型水泥厂，扩建了柳州、牡丹江、松江、本溪、工原、新疆、开远、太原、湘乡、庙岭等水泥厂。到1985年，全国29个省、市、自治区，除西藏、宁夏正在建设外，都有了自己的大中型水泥厂，同时还加强了小水泥的技术改造和水泥质量的提高。5年内，新增水泥生产能力共达1329.9万吨，超过了前两个五年计划时期新增生产能力，成为主要原材料产品中同期生产能力增加最多的一种。

玻璃工业，5年内，引进先进设备，重点在秦皇岛耀华玻璃厂新建了大型浮法玻璃生产线，在上海耀华玻璃厂与英国皮尔顿公司合资建设了年产550万标箱的浮法生产分厂。同时，在吸收国外先进技术的基础上，国内自行设计、自行制造设备，先后建成了洛阳、通辽、南宁等浮法玻璃厂（车间），为提高中国玻璃工业的生产技术水平打下了基础。与此同时，新建了齐齐哈尔、西安、成都、南京等生产平板玻璃的一批玻璃厂，并在杭州、蚌埠等玻璃厂扩建了浮法玻璃生产线。同期，地方自建的玻璃厂也有较大发展。1985年全国平板玻璃的产量达5606万标箱，比1980年增长了1倍多。

新型建筑材料工业的建设，五年内也得到了加强。从瑞典、联邦德国引进先进技术，建设规模为年产石膏板2000平方米、轻型构件6.5万平方米、岩棉板1.63万吨的北京新材料试验厂，1979年11月初动工建设，1983年12月建成投产，共完成基本建设投资1.8亿元，是生产新型建筑材料规模较大

的一个项目。同期，生产能力为年产轻质建材 30 万平方米的沈阳轻质建材公司、生产能力为年产加气混凝土 20 万平方米的齐齐哈尔建材厂也都于 1984 年 12 月建成投产。甘肃兰州硅酸盐厂也已基本建成。5 年内还有一些规模较小的项目也都已先后建成投产，使中国的新型建筑材料生产较过去有了较大幅度的提高。

第四节 与人民生活密切相关的生产性和非生产性建设规模空前

从“一五”计划末期提出“先生产、后生活”的口号以后，在基本建设投资的分配上，为了加快国家工业化的建设，一直贯彻实行了这一方针。其结果造成了与人民生活密切相关的生产性和非生产性建设欠账严重，国民经济各部门间比例失调，经济陷入恶性循环，人民生活长期得不到适当的改善。中共十一届三中全会后，从 1979 年开始，这种状况有所改变，“六五”计划期间，进一步加强了与人民生活密切相关的轻纺工业和各项非生产事业的建设，使各方面的建设逐步趋向协调发展。

一、采取多种措施加强轻纺工业的建设

1981 年至 1985 年，为了加快轻纺工业的建设，在国家财力、物力有限的情况下，对轻纺工业的生产和建设实行了“六个优先”的原则，即原材料、燃料、电力供应优先，挖潜革新、改造措施优先，基本建设优先，银行贷款优先。在基本建设投资的分配中，增加了对轻纺工业的投资。5 年累计轻纺工业完成的基本建设投资达 234. 45 亿元，相当于 1953 年至 1980 年 28 年基本建设投资总和的 54. 2%，分别占同期全部基本建设投资和工业基本建设投资的 6. 9% 和 15. 2%。五年累计完成的投资无论从绝对额还是从比重上说，都是新中国成立以来各个历史时期中最高的。同时，为了促进轻纺工业建设的技术进步，基本建设投资中用于引进轻纺工业先进的成套设备的外汇额度也增加了。应该说，这一时期轻纺工业基本建设的规模是空前的。同期，为了保证轻纺工业建设的资金需要，国家还发放了轻纺工业专项贷款，采取了把英、法、意、日等国政府提供的买方贷款更多地用于轻纺工业的建设并积极吸收

国外民间投资和贷款用于轻纺工业的建设等办法。使用这些投资进行的建设，根据它们的资金来源，有的纳入了基本建设规模，有的纳入了更新改造规模，有的纳入了合资建设规模，但总的来说，它们都加强了轻纺工业的建设，这也是过去所从未有过的。5 年内，地方各种渠道的资金也相应地从过去主要投向小钢铁、小机械、小化肥等的建设转为投向轻纺工业的建设。在此期间，轻纺工业的建设还得到了重工业的有力支持。“六五”计划期间，重工业生产调整服务方向，除生产部分耐用消费品，增加市场供应外，主要从原材料供应和专用设备制造等方面，努力满足轻纺工业建设的需要。同时，还把一部分重工业闲置的厂房和设备调整给了轻纺工业，支持了轻纺工业的建设。

5 年内，纺织工业基本建设的重点建设项目主要有 1981 年 3 月开始建设的上海石油化工总厂第二期工程、1981 年恢复建设的总规模为年产 48 万吨涤纶的缓建项目——江苏仪征大型化纤厂和 1981 年 10 月基本建成的国家重点引进项目——平顶山锦纶帘子布厂等。此外，还新建了一批纺织加工项目。5 年内累计新增生产能力棉纺锭 156. 9 万锭，化纤 30. 82 万吨，其中化纤新增能力相当于过去 28 年总和的 67. 7%。并且由于后处理能力等的大量增加，使印染后整理、毛纺、精梳纺、宽幅织物等长期存在的生产能力不足的矛盾得到缓和，并使纺织工业的行业结构、产品结构更趋向合理。

轻工业建设，在传统产业部门中，重点加强了机制纸和纸板、原盐、机制糖等的建设；在新兴产业部门中，重点加强了塑料制品、洗涤用品等的建设，特别是加强了新兴的家用电器各部门的开发建设。5 年间，在传统产品的生产能力增长较快的情况下，耐用消费品中的家用电器的生产能力有了迅速的发展。电视机、电冰箱、录音机、洗衣机等不仅经历了从进口零部件组装，到引进生产线，但关键零部件还要依靠进口，再到整机生产国产化的过程；而且在这个过程中还经历了产品快速的更新换代，电视机从黑白到彩色，录音机从单功能到立体声、多功能，家用洗衣机从单缸到双缸、半自动到自动，家用电冰箱从单开门到双开门等。这种发展速度也的确是前所未有的。五年累计主要耐用消费品的产量：电视机 4486. 9 万部、家用电冰箱 233. 95 万台、家用洗衣机 2212. 6 万台、录音机 3168. 9 万台、照相机 5342. 4 万架、电风扇 7959. 5

万台。这6种产品的生产能力基本上都是在这5年里建设起来的，它们每一种在1985年1年的产量都超过了从1949年到1980年32年产量之总和。

二、多年欠账的城市公用事业和住宅建设得到了加强

1981年到1985年，基本建设从片面强调生产性建设转为兼顾生产性建设和非生产性建设。5年累计非生产性建设完成基本建设投资1453.58亿元，占同期基本建设投资总额的42.6%，这是新中国成立以来各个历史时期中最高的一个时期，带有补还“欠账”的性质。其中住宅建设投资727亿元，城市公用事业投资262.2亿元；分别占同期非生产性建设投资的50%和18%，占同期基本建设投资总额的21.3%和7.7%，同样地，它们无论从绝对额和所占比重上说，也都是新中国成立以来各个历史时期中最大的，是前所未有的。加上集体所有制经济和个体经济用于住宅和城市公用事业的建设投资，这一时期住宅和城市公用事业的建设规模就更大了。

5年累计，新增城镇住宅建筑面积6.5亿平方米，其中全民所有制单位基本建设新增面积为4.23亿平方米；新增农民住宅32亿平方米。5年内，城乡人民的居住条件都有所改善。

城市公用事业也有了较大的发展，1985年与1980年相比，全国城市自来水全年供水量增加了44.9%（其中最大的供水工程是引滦入津工程，建设投资列入水利建设），城市公共汽车车辆增加了40.7%，煤气、液化气普及率由16.8%提高到22.4%。5年内，城市道路新增长度达8797公里、面积达1亿多平方米；不少城市在交通繁忙的路口新建了各种造型美观的过街天桥、地桥以及二元立交桥、三元立交桥等，从而使城市交通紧张的状况有所改善，其中著名的有天津中环线的改造工程，北京三环路上的三元立交桥工程等。同期，新增城市下水道长度9696公里，相当于1980年总长度的44.4%。特别是城市绿化，这五年成绩尤为显著，五年内新增绿化面积达73748公顷，相当于1980年全国城市绿化总面积的86.2%，使不少城市改观。过去灰雾较大的沈阳市，随着全长14.5公里、总面积314万平方米的南运河带状公园的建设，不仅城市面貌有了改观，而且使环城人民有了一个良好的休息场所。

三、科研、文教设施的建设

加快科研、文教事业的发展是“六五”计划期间的战略重点之一。5 年间，用于这方面的事业费有较大幅度的增加。相应地，用于科研、文教设施方面的基本建设投资也有了较大幅度的增加，5 年累计共完成基本建设投资近 300 亿元，占同期基本建设投资总额的 8.7%，大大高于前 28 年平均占 3.6% 的水平。如果包括社会集资办教育、搞科研，则这几年用于科研、文教设施的建设资金还要多。

四、旅游饭店的建设

随着中国的对外开放、对内搞活政策的贯彻执行，旅游业出现了前所未有的兴旺现象，旅游设施的建设也相应加快了。1981 年以前，全国共有旅游饭店 203 家，客房 3.2 万间，床位 7.6 万张。1981 年至 1985 年，新建旅游饭店（宾馆）达 507 家，新增客房 7.5 万间，床位 16.67 万张。全国各省、市、自治区都掀起了建设旅游饭店（宾馆）的热潮。饭店（宾馆）的服务设施标准和造价也越来越高档化，建设资金的来源也日趋多样。其中比较著名的有广东省于五年中引进外资 6 亿美元，建成的具有第一流设施和管理水平的白天鹅宾馆、中国大酒店、花园酒店等高级旅游饭店。

1985 年是全国旅游饭店和床位增加最多的 1 年。全年新增旅游饭店达 201 家，客房近 3 万间，床位近 7 万张。仅上海和深圳两市投入使用的新建和改建的主要饭店（宾馆）就有：上海的蓝天宾馆、红楼宾馆、静安宾馆（西楼）、新苑饭店、樱花度假村、西郊宾馆（二期工程），深圳的南方宾馆、上海宾馆、南洋大酒店以及西丽湖度假村、石岩湖乡村俱乐部、香蜜湖度假村等。

第五节　唐山市的重建

1976 年 7 月 28 日凌晨在河北省唐山市发生了一次 7.8 级强烈地震，极震区烈度为 11 度。唐山市是一个具有百年历史，以生产能源、原材料为主的工业城市。[①] 这次地震，仅唐山市区死亡人数就达 14.8 万人，重伤 8.16 万人；受灾户 16.3 万户，有 7200 多个家庭绝户，近万个家庭解体，2650 名 16 岁以下的儿童成为孤儿，895 人成为孤老。市区各种建筑普遍倒塌和严重破坏，其中，一般民用建筑震毁 94%，工业建筑倒塌和遭受不同程度破坏的达 90%；市政公用设施遭到严重破坏，全市供水、供电、通讯和交通全部中断。这次地震，不仅使唐山市区受到毁灭性的破坏，而且波及京、津广大地区，连唐山市区在内共造成 24.24 万人死亡，16.48 万人重伤。造成的损失极其严重。

地震发生后，国务院立即组织各部门的领导赶赴唐山现场指挥抗震救灾，中国人民解放军派出 10 万官兵赶到灾区，全国各地紧急动员迅速派出由 2 万多名医护人员组成的医疗队、3 万多名各方面的工人、干部、工程技术人员赶到唐山，全力投入抗震救灾。与此同时，国家建委迅速组织了上海规划院、沈阳规划院、北京地理研究所、清华大学和河北省各市的规划设计人员 60 余人，自带行李、帐篷、工具，冒着余震的危险，于 1976 年 8 月赶到唐山，帮助制定重建唐山市的城市总体规划，10 月底提出了城市总体规划方案，1977 年 5 月中共中央、国务院批准了这个规划。以后国家建委和中国建筑学会、国家建委和河北省建委又多次组织专家进行了具体的研究和加深加细总体规划，最后制定了具体的建设规划。

重建的唐山市市区规划面积为 73.22 平方公里，人口 76 万（1985 年年底已达 90 万）。全市分老区、新区、东矿区三大片，形成南、北、东三足鼎立，三片间各相距 25 公里左右。老市区以煤炭、钢铁、电力、陶瓷、建材工业为主，市的党政机关也设在这里，为全市的政治、经济、文化中心。人口规模为 40 万人，占地 40.88 平方公里。新区人口规模近期为 6 万人，占地 7.34 平方公里，规划中将原老市区的 8 个较大的工厂迁往新区进行建设。新区的工业以机械、纺织为主。东矿区基本上在原地恢复建设，以开滦 5 个煤矿为基础，形成依矿建点、分散布局、相对集中、紧密联系的矿区城镇，人口规模

---

① 地震前的唐山市由老市区和东矿区组成，辖 4 个行政区，总面积 630 平方公里，人口 106 万；其中城市人口 70 万。1983 年五月唐山实行市管县新体制，改为辖 5 个区，10 个县，2 个农场，总面积增加到 13472 平方公里，1985 年年底人口达 608.4 万，其中市区（含农场）人口 138.5 万人。

30 万人，占地 25 平方公里。

处于城市近郊比较分散的开平、马家沟、荆各庄、陡河电厂 4 个厂矿所在地，都建成独立的工业小城镇。

在重建唐山市的规划中，吸取了这次大地震的教训，从规划布局、场地选择，到建筑设计和施工都认真贯彻了“以预防为主”的抗震防灾方针。地震后，国家将唐山地区划为 8 度基本烈度区。新唐山建设的各种工程设施都严格按照国家规定的标准进行抗震设防，生命线工程设施还适当提高了设防标准。

唐山市的恢复重建，是一项规模浩大的工程，与正常情况下新建或改造一个城市有着根本不同的特点。要在震后的一片废墟上重建一座拥有百万人口的重工业城市，具有异常的艰巨性和复杂性。首先要建起一个“简易城市”，使生产生活有一个临时的基本保证，然后再有计划地进行大规模的拆迁、清墟和搬倒，安排新的建设。

国家为了加快唐山市的重建，根据全市（不含县）震损需恢复重建的核实建筑面积 1413 万平方米中，中央部属单位占 56 万平方米、开滦煤矿占 367 万平方米，省、市属单位及其他占 990 万平方米的情况，重建唐山市的基本建设总投资 43. 57 亿元的安排上，采取分三块直接下达，即用于开滦煤矿系统复建的投资 13. 57 亿元，用于中央部属企业系统复建的投资 3. 9 亿元和用于唐山市区城市复建的投资 26. 1 亿元，分别按隶属关系直接下达。其中用于重建唐山市市区城市建设的 26. 1 亿元投资，由唐山市向国家包干，超支不补。此外，国家还对唐山所属各县拨出救灾复建款 5. 72 亿元。

唐山市的重建工程，在做好勘测、设计、施工和建筑材料等方面的大量建设前期准备工作后，于 1979 年下半年按建设规划的要求，开始了大规模的施工。经过 7 年的建设，到 1986 年 6 月，唐山地震十周年前夕，一座功能分区明确，布局比较合理，市政建设比较配套，抗震性能良好，生产生活方便，环境比较优美的新型城市，已经基本建成。受灾严重的丰南、滦县及唐山周围广大农村，也已建设得面貌一新。

7 年累计，唐山市的重建共完成基本建设投资 41. 51 亿元，为计划总投资的95.3%；完成总建筑面积1800万平方米，超计划27.3%；其中居民住宅1122万平方米（不包括群众自建），超计划44%；7年累计已有22.5万户居民迁入新居，其余几千户也作了妥善安排。[①] 市内交通道路经过裁弯取直、拓宽路面、增加出口，基本形成了四通八达的道路体系。7年累计，共完成道路铺装面积243万平方米，比震前增加72%。通过集中供热、供气，完善雨污分流的排水管网和污水处理系统，加强各种污染源的控制和治理，并大力发展城市绿化，使整个城市的环境质量有了很大改善。按照建设的总体规划，唐山市的工业布局不仅作了合理调整，而且新建、续建了年生产能力为155万吨水泥的冀东水泥厂、总装机容量为110万千瓦的陡河电厂、年洗煤能力为400万吨的范各庄洗煤厂等一批现代化的大型骨干企业。同时，还加强了老企业的技术改造，引进吸收了一批现代化的技术和装备，从而使全市的生产能力大大提高。到1985年年底，全市工农业产值达78.38亿元，比震前的1975年增长92.5%，其中市区工业总产值为39.6亿元，比震前增长67.36%。全市的商业流通、科技教育、文化卫生等设施的建设也得到了完善和提高。特别是为了解决地震带来的一些特殊的社会问题，建设了截瘫疗养院8所，有床位317张，已接收截瘫病人226人；建设了各种福利厂35个，安置了残疾人员2200多名，使他们的生活得到了保障。城市基础设施的改善，经济实力的增加，科教文化事业的发展，人民生活的安定，使重建后的唐山市充满了一派新的生机和活力。唐山市以其崭新的面貌屹立起来了。

与此同时，受地震破坏较多的唐山市所属各县，也在国家的扶持下，重建家园。在国家拨给的救灾复建款5.72亿元中，除了有2.06亿元用于农田水利设施、农机农电、公路桥涵的修复和震后的防疫灭病外，主要用于重建农民住房和乡以上公用建筑物，其中，采取自建公助办法，用于资助群众修建住宅的投资1.47亿元，共建成住宅236.7万间；用于乡以上公用建筑2.18

---

① 到1985年年底，唐山市人口已达90万，23万户；大大超过了震后重建唐山的城市规划中的规模。

亿元，共完成建筑面积352万平方米。到1984年，农村群众住房问题已得到妥善解决。农业生产于1977年已恢复到震前水平。

第六节　基本建设管理体制的改革

随着基本建设指导思想的战略转变，为了克服长期以来基本建设敞口花钱，吃国家“大锅饭”的弊病，为了调动与建设有关的各个方面的积极性，提高基本建设的社会经济效益，“六五”计划初期，在基本建设管理体制方面开始了改革的探索和小范围的试点。1984年10月中共十二届三中全会做出《关于经济体制改革的决定》后，基本建设管理体制的改革进入了一个新的时期，从小范围试点逐步扩大试行范围，改革的方面也逐步配套。

1984年以前，基本建设管理体制的改革重点放在对建设项目加强全面管理，同时，开始了基本建设投资从拨款改为贷款（简称拨改贷）的试点、勘察设计企业化的试点、建筑安装工程实行承包合同制的试点，并相应加强了工程建设标准、定额的制定和管理。1984年，从8月到12月先后由国务院、国家计委及有关部门颁发了《关于改进计划体制的若干暂行规定》《关于改革建筑业和基本建设管理体制的若干问题的暂行规定》《关于简化基本建设项目审批手续的通知》《基本建设项目投资包干责任制的办法》《工程承包公司暂行办法》《城市建设综合开发公司暂行办法》《关于国家预算内基本建设投资全部由拨款改为贷款的暂行规定》《关于工程设计改革的几点意见》《建设工程招标投标暂行规定》《基本建设材料承包供应办法》《机械工业部成套设备承包暂行条例》《关于征用土地费用实行包干使用暂行办法》12个有关基本建设管理体制配套改革的试行办法和规定。改革的探索逐步展开。①

一、加强建设项目的全面管理

针对过去建设项目上马轻率，选址随意，忽视前期准备工作，忽视建设

① 有关基本建设管理体制各个方面改革的具体步骤和情况将在本书第四编管理篇中加以叙述，本节只简单地叙述其主要内容。

条件，忽视必要的同步配套建设，建设中打打停停、工期越拖越长，建成后又往往由于缺乏必要的生产条件或资源不足而投不了产，投资效果极差的状况，从 1982 年开始围绕提高基本建设的经济效益，对建设项目从建设前期到投产收尾逐步加强了全面管理。

（一）加强建设项目的初期工作。首先规定在编制“六五”计划时，要正式编制建设前期工作计划。建设前期工作计划主要包括三方面内容，即勘测、科研、试验，可行性研究，设计任务书和初步设计，从而使建设项目的确定建立在充分调查研究，认真分析论证的基础上，努力做到技术上先进、经济上合理、投资效益显著。其次，经过综合平衡，选定“六五”计划期间开展前期工作的 279 个重点项目，正式列入国家“六五”计划。其他一般项目按隶属关系分别列入部门和地区的前期工作计划。再次，建立项目经理负责制。规定列入国家“六五”计划的 279 个建设前期工作重点项目，都要设立项目经理，负责组织各项前期工作。项目经理有权挑选或聘请项目的总工程师和经济师作为助手，独立公正地进行技术和经济分析，并制订方案；有权支配和调剂项目前期工作的资金。将建设前工作纳入计划的做法，在 50 年代初曾经提出过，但始终没有实行。1982 年在编制“六五”计划时认真贯彻执行了，是新中国成立以来的第一次。

（二）建设项目实行“五定”。1982 年 11 月国务院规定，所有确定进行建设的项目，一律实行“五定”，即定建设规模、定投资总额、定建设工期、定投资效果、定外部协作条件，并实行严格的责任制度。1983 年国务院又决定，要结合对在建项目的清理进行项目“五定”工作，凡未经“五定”（特别是总投资）的项目，一律不得列入国家年度计划，更不得擅自开工建设。

（三）对建设项目实行“分档”管理。为区别建设项目的不同情况，保证重点建设，提高投资效果，从 1983 年开始，对列入年度计划的大中型项目实行“分档”管理。共分五档。第一档是投产项目。第二档是续建项目。对这两档项目，优先安排，投资打足，不留缺口。第三档是新开工项目。这一档的项目必须是初步设计已经批准，施工准备就绪、具备开工条件的项目。新开工项目必须认真进行“五定”，特别是对设计概算进行复查审核。第四档是预备项目，是指初步设计已经批准，但开工条件尚不具备的项目。预备项目主要进行，“三通一平”等施工准备。第五档是建设前期工作项目。主要是为以后年度建设作准备工作的项目。各类项目必须按规定档次逐步升级。凡建设前期工作项目转为预备项目，或预备项目转为新开工项目的，大中型项目均需经国家计委批准。建设项目实行“分档”管理，有助于严格按基本建设程序办事，控制基建规模。

（四）按合理工期组织建设。为加强重点建设，缩短建设工期，提高投资效果，在项目过多，规模过大的情况下，从 1982 年起，由国家选定一批项目，重新核实每个单项工程的建设规模、产品方案、工艺流程、工程内容、总投资额、建设工期、主要协作配套条件、经济效益方案的合理性，并认真计算未完工程分年需要的投资、材料和设备等，经国家计委、国家建委审定后，将所需投资和物资按工程进度列入年度基本建设计划和物资计划，保证按合理工期进行建设。按合理工期组织建设的项目，1982 年为 50 个，1983 年 70 个，1984 年 123 个，1985 年 169 个，基本上都是能源、交通、原材料等方面的重点项目。按合理工期组织建设的办法，对保重点、保投产、提高建设的社会经济效益起到了积极作用。

（五）抓好配套工程建设。为了解决大中型项目建成后，由于外部配套条件不落实或配套建设工程（或项目）不能按要求同步建成，使主体项目生产能力得不到充分发挥，严重影响经济效益，确定从 1984 年起，把主要项目配套工程单独编制配套工程建设计划正式下达。配套工程建设计划包括主要投产项目的外部配套，如铁路专用线、车站、电厂、输变电工程，煤炭矿井、洗煤厂等的建设，使项目建设间互相衔接。配套工程不论是大中型项目，还是小型项目，负责建设的单位必须按照计划安排的建设进度按期完成。如果拖延工期，影响主体项目经济效益的发挥，要追究配套项目负责单位的责任。抓好配套工程建设，对保证重点项目的投产，提高综合生产能力，起到良好的作用。

（六）清理收尾项目，抓紧验收工作。由于中国的基本建设长期以来实行的是无偿占用投资，吃国家“大锅饭”的管理体制，因此，不少项目竣工投产后，有关单位出于不同的利益考虑，长期不验收交付生产，继续“吃基建饭”；另一种是相当多的项目年年列收尾计划，长期不收尾。这两种情况都人为地延长了建设工期，降低投资效益。1982 年 7 月，国家经委、国家计委、财政部、建设银行联合发出通知，规定任何基本建设项目（包括生产性的和非生产性的），凡按设计要求建成，经试车合格形成生产能力的或非生产性项目能够正常使用的，都应立即验收投产，办理移交手续，并取消企业和主管部门（或地方）的基本建设试车收入分成，冻结基建拨款，停止基建贷款。对于竣工验收后的遗留尾工，则根据初步设计的规定并参照实际情况，在验收中一次审定，审定内容包括尾工的内容、数量、投资和完成期限，由建设单位负责建成。尾工量大的，可列入大中型收尾项目计划，尾工量少的，可由生产企业一次或分期采取投资包干方式负责建成，不再列入计划。

上述措施基本上都是从外部强化行政管理的办法，不能充分调动建设单位内在的积极性，因此在执行过程中，尽管起到了良好的积极作用，收到了一定的效果，但仍然在不少方面没有管住，未能完全达到预期的目的。

二、建立基本建设各个环节上的经济责任制

经过“六五”计划初期的试点，从 1984 年开始，在计划和建设项目的审批上适当放权，并建立了基本建设各个环节上的经济责任制。主要的有：

（一）划分指令性计划和指导性计划对基本建设实行分类管理。

由国家负责平衡，实行指令性计划的，主要包括国家预算内拨款或拨改贷进行的基本建设和利用国际金融组织和外国政府的贷款安排的基本建设。这部分投资，主要用于国家需要的能源、交通、原材料、重要机械、电子、重点科技、重点智力开发工程和国防军工等方面的建设。

实行指导性计划的，主要是地方、部门的自筹投资和国家统借地方自还，地方、部门自借自还的外资安排的基本建设。这部分由地方、部门负责平衡，经国家计委审核确定计划额度，执行中允许在 10% 的范围内浮动。民族自治地方的基本建设，则采取在国家计划指导下，根据本地方的财力、物力和其他条件，自主地安排。云南、贵州、青海也参照民族自治地方的办法执行。

地方、部门自筹投资安排的具体项目，由各省市自治区和各部自行平衡安排。

城乡集体所有制单位的基本建设投资规模，由各省、市、自治区进行估算，实行指导性计划，报国家计委备案。

（二）对建设项目的审批，实行“简政放权”。

一是放宽审批权限。生产性建设项目，按资金限额划分的，国家计委审批权限由1000万元以上提高到3000万元以上，其中由国家计委核报国务院审批的项目，由总投资1亿元以上提高到2亿元以上。非生产性建设项目，凡资金、能源、材料、设备能自行解决的，原则上由各部门或各省、市、自治区自行审批，但其投资需纳入基本建设投资规模。对于利用外资建设的项目的审批权限，作了进一步的放宽。

二是简化审批程序。由国家计委审批的大中型建设项目，由原来的五道手续，即项目建议书、可行性研究报告、设计任务书、初步设计和开工报告简化为两道手续，只审批项目建议书和设计任务书（利用外资、引进技术项目以可行性研究报告代替设计任务书）。有关单位在设计任务书批准后，即可进行设计、招标。

（三）用经济手段控制自筹基建规模。

对各部门、各地区的自筹基建投资，全年实际完成额超过国家计划规模浮动范围的投资，要加收10%建筑税（五个自治区和云南、贵州、青海三省不实行）。

（四）基本建设投资财政拨款改贷款。

基本建设投资由财政拨款改贷款，1979年下半年开始试点，以后陆续在几个部门试行，并从1985年起全面实行。凡是由国家预算安排的基本建设投资全部由财政拨款改为银行贷款。贷款利率从1985年起有所提高，并逐步实行差别利率。“拨改贷”项目的利息，在计划规定建设期限内的，项目建成后连同本金逐年偿还；超过计划规定的建设期限的，用借款单位或上级主管部门的自有资金支付。建成投产后的利息支付，在规定还款期限内支付的，由贷款项目增加的利润中支付；超过规定还款期支付的部分，由企业自有资金支付。

（五）基本建设投资包干制。

对在建的大中型项目，力争按照批准的概算或修正概算，由建设单位和主管部门签订投资包干协议，实行包建。对接近完工的项目，核定未完工程的投资，实行收尾包干。对于新建项目，要求都实行投资包干制。其中有些新建项目如煤炭、火电等，实行按新增生产能力造价包干办法。

（六）基本建设招标制度。

招标主要是在工程建设中推行。有工程施工招标，勘察设计招标，设备、材料供应招标，也可以全过程招标，即从项目建议书开始，包括设计任务书、勘察设计、设备材料询价与采购、工程施工、生产准备、投料试车、直到竣工投产、交付使用，实行全面招标。经审查具备投标资格的，不论是国营单位还是集体单位，不论来自哪个地区、哪个部门；都可以参加投标。招标工程的标底，在批准的概算或修正概算以内由招标单位确定。评标、定标，由招标单位邀请项目主管部门、基本建设综合部门、建设银行参加审查。中标单位要在规定的期间内与发包单位签订合同，明确双方的责任、权利和奖惩条款。

基本建设招标，不仅可在工程建设范围内实行，还可推广到确定建设项目招标、选择建设地点招标等。进行基本建设招标制度，有利于开展竞争、鼓励先进、缩短工期、降低造价、取得好的效果。

第七节　需要进一步解决的几个问题

1981 年到 1985 年是中国基本建设指导思想战略转变和管理体制新旧交替的起步阶段。微观放开、搞活后，宏观的调控没有相应跟上，开始重视基本建设的经济效益又为盲目扩大建设规模与不合理的重复建设的自发势力所冲击。

在过去片面追求经济高速度增长，而增长又主要依靠大量投资、铺新摊子的传统做法下，各部门、各地区层层加码、互相攀比速度的要求必然形成基本建设内在的一种无限度的扩张欲望。传统的产品经济型管理体制又使行政有权可以把这种扩张欲望变为现实的建设行为。过去 30 多年来基本建设的发展一直在投资规模膨胀——压缩——再膨胀的不断反复中进行，而每一次膨胀和压缩幅度的大小、影响所及的严重程度则视当时发现的及时与否和处置的果断与否而有所区别。基本建设的这种无限扩张的欲望，盲目性很大，往往导致社会总需求过多地超过总供给和部门建设上的长线更长，短线更短，投资的社会经济效益很差。

1981 年至 1985 年基本建设的发展战略和管理体制正处于新旧交替，旧的还起着主导作用的时期，基本建设内在的扩张欲望依然强烈存在。1982 年基本建设在 1981 年退够的基础上回升过快，特别是在 9 月召开的中共第十二次代表大会上把工农业总产值翻两番作为发展的战略目标以后，由于没有认真贯彻执行提高经济效益为前提的指导思想，各部门、各地区追求和攀比发展速度之风重新抬头，追求过高的建设速度助长了旧机制下基本建设内在的扩张欲望，1982 年就出现了基本建设规模扩大过猛的苗头。1982 年基本建设投资完成额达 555 亿元，比 1981 年的 442 亿元猛增了 112 亿元，已回升到接近 1980 年的水平，比 1981 年增长 25.4%。和过去不同，1982 年增加最猛的是预算外基本建设投资。

随着经济体制改革的展开，预算外资金迅速增加，预算外基本建设投资必将大幅度增加的趋势自 1980 年以来已经十分明显。因此，从 1981 年开始就编制了全民所有制单位多种资金渠道的综合基本建设计划，将各种不同资金渠道用于基本建设的投资都纳入计划，并对其使用方向作了规定和引导。从而使自筹投资，不再像过去那样在国家计划下达后再另行下达，而是作为国家计划的组成部分，随同国家计划一起下达，加强控制。但是，由于预算外自筹投资分散在部门、地方、企业千家万户手里，扩大企业自主权后，他们都有权自筹资金，自定项目，自行建设，老一套的管理办法已不适应。1982 年执行结果，预算外投资大幅度增长，突破计划近 1 倍。1982 年预算外基本建设投资完成额达 279 亿元，超过了预算内投资，占当年全部基本建设投资总额的 50.2%，第一次达到在全部基本建设投资中占超过半数的比重。同年，预算外资金用于与基本建设界线不清的更新改造投资也猛增到 190 亿元，比 1981 年增加近 48 亿元，占当年全部重新改造投资 289.8 亿元的 65.6%，成为无论是绝对额，还是占全部更新改造投资的比重都是 1950 年以来最高的 1 年。更新改造投资中的自筹投资部分就更难用老一套办法来控制了。1982 年包括基本建设和更新改造投资二者在内的固定资产投资总额达 845 亿元，其中预算外投资 535 亿元，占固定资产投资总额的 63.4%，这几个数字都是新中国成立以来最高的。

针对预算外基建投资增长过猛的情况，从 1983 年起采取了一系列措施：

1. 控制投资规模，实行行政首长负责制。凡是部门、地区投资突破国家计划的，有关的部长和省长、市长、自治区主席要负责任。银行贷款超过国家计划的，主管银行行长要负责任。

2. 采取经济手段，控制预算外投资规模，保证重点建设。

主要是两条：第一，开征国家能源交通重点建设基金。1982 年 12 月国务院规定，一切国营企事业单位、机关团体、部队和地方政府的各项预算外资金，以及这些单位所管的城镇集体企业交纳所得税后的利润，除了国家批准免征的项目外，一律按当年收入的 10% 计征能源交通重点建设基金。① 1983 年下半年起，又将征收比例提高到 15%，对于地方超收部分，规定地方留用 70%，上交中央 30%。中央征收部分，主要用于增加国家能源、交通重点建设的投资，地方留用部分，规定只能用于地方与中央合资的或自己举办的能源、交通基本建设，不得用于其他方面。第二，开征建筑税。国务院确定从 1983 年 10 月起，对用国家预算外资金、地方机动财力、企事业单位留用的各种自有资金、银行贷款（包括外汇贷款）和其他自筹资金安排的基本建设、更新改造措施项目中的建筑工程投资，以及按规定不纳入固定资产投资计划的建设项目的建筑工程投资，按 10% 计征建筑税。对于能源、交通、学校教学设施、医院医护设施以及环境保护等投资，免征建筑税。建筑税的收入全部上缴中央财政。②

3. 划分基本建设与更新改造措施，加强管理。1983 年 6 月，国家计委、

---

① 见 1982 年 12 月 1 日中共中央、国务院《关于征集国家能源交通重点建设基金的通知》、1982 年 12 月 15 日国务院《国家能源交通重点建设基金征集办法》、1983 年 1 月 17 日财政部《国家能源交通重点建设基金征集办法实施细则》。

② 见 1983 年 9 月 20 日国务院《建筑税征收暂行办法》。

国家经委、国家统计局制定了《关于更新改造措施和基本建设划分的暂行规定》，规定：更新改造措施是指利用企业基本折旧基金、国家更改预算拨款、企业自有资金、国内外技术改造贷款等资金，对现有企、事业单位原有设施进行技术改造（包括固定资产更新）以及相应配套的辅助性生产、生活福利设施等工程和有关工作。其目的是要在技术进步的前提下，通过采用新技术、提高产品质量、增加品种、降低能源和原材料消耗等，提高社会综合经济效益和实现以内涵为主的扩大再生产。基本建设是指利用国家预算内基本建设拨款、自筹资金、国内外基本建设贷款以及其他专项资金进行的，以扩大生产能力（或新增工程效益）为主要目的的新建、扩建工程及有关工作。更新改造措施投资与基本建设投资综合使用的项目，凡是在现有基础上进行改建、扩建的，列入更新改造措施项目计划，但新增生产能力（或效益）相当于同类产品的大中型基本建设项目的，应列入基本建设计划，两种投资结合使用的项目，其投资仍应分别按规定报批并分别列入更新改造措施和基本建设投资计划。

1983 年 8 月，国家经委、国家计委又联名发出了《关于加强技术改造项目管理的通知》。规定在技术改造中，不允许变相扩大基本建设。各部门、各地区一定要在国家下达的计划指标内安排技术改造项目，无权擅自扩大规模。更新改造措施项目中所增加的建筑面积超过原有面积 30% 和工程所用资金超过原有投资总额 20% 的，都要按基本建设的有关规定审查批准后才能列入计划。

采取这些措施起了一定作用，1983 年完成基本建设投资 594 亿元，基本上控制在国家计划之内，但未能根本扭转各部门、各地区扩大基建规模的欲望。到 1984 年，由于前几年调整和改革取得一定成果，经济发展趋于协调和稳定，急于求成的思想又有抬头，忽视中国国力还不雄厚的基本事实，忽视国民经济中潜伏着的产业结构不合理，财政和外汇平衡脆弱等情况，又掀起了“提前翻番”，要求加快建设速度的热潮。银行也开始实行“实存实贷”，并提出 1985 年银行贷款额度以 1984 年的实际发放额为基数，由此引起“四行争贷”①，大量发放贷款。各地竞相增加投资和上新的建设项目。1984 年经

① “四行”指的是中国人民银行、中国银行、中国人民建设银行、中国农业银行。

济体制改革在经济工作中提到了重要地位，特别是 1984 年 10 月中共十二届三中全会做出《关于经济体制改革的决定》以后，城市体制改革全面展开，中国经济开始从传统的计划经济向有计划的商品经济转变。但是，由于改革不同步、不配套，在基本建设投资决策权下放的同时，没有建立相应的经济责任制，宏观调控也未能相应跟上，导致下半年，出现了投资规模的又一次膨胀进一步加剧。特别是第四季度基本建设规模急剧扩大。1984 年基本建设投资完成额增加到 743 亿元，比 1983 年增加 149 亿元，增长 25.1%，比 1982 年增加 187 亿元，增长 33.8%，成为 36 年基本建设投资增加最多的 1 年。这一势头严重地波及 1985 年。1985 年上半年完成投资 312 亿元，比 1983 年同期增长 43.5%，也是历史上最快的。过大的基本建设规模还间接引起了消费膨胀（在中国，当年基本建设投资中约有 30%—40% 转化为当年消费），从而引起社会需求的全面膨胀，出现了自 1980 年以来社会总需求又一次过多地超过总供给。

投资膨胀，项目上得太多，使基本建设效益迅速下降，资金、材料缺口越来越大。据不完全统计，到 1984 年年底，全国全民所有制单位在建固定资产投资项目为 13.7 万个，在建总规模为 5270 亿元（加上集体所有制单位的在建规模，总计达 6100 多亿元）。1985 年 1 至 10 月新开工项目又增加了 3.1 万个，到年底在建总规模达 8000 亿元左右，除去已完成的 3000 多亿元外，还需 4000 亿—5000 亿元才能建成。由于在建规模太大，超过国民经济承担能力，影响了工程的正常进行。1985 年 169 个基本建设重点项目中有 81 个项目共缺投资 23.6 亿元，占这些项目年计划投资额的 17.1%，使这些工程项目不能按合理工期建成。摊子铺得过大，在建项目过多，造成固定资产交付使用率下降很快，由 1981 年的 86.6%，下降到 1984 年的 71.8%，1985 年的 70% 左右。同时工程质量也严重下降，1985 年全国建筑工程质量大检查中，查出质量隐患和影响使用的项目达 2900 项，占被检项目的 5.2%。由于材料紧张，1984 年四季度以来不得不过多地进口原材料以支撑过大的建设规模，这就大大降低了进口用汇的经济效益。

1985 年是中国经济体制改革全面展开的一年。过大的建设规模必须迅速控制。但是，由于增长过快的是预算外投资，采取过去直接削减预算内投资的办法已不能奏效。同时，传统的通过行政办法的急刹车，造成建设规模上的大起大落，由此带来的损失也太严重。因此，1985 年采取了慢刹车的方针，紧缩信贷，减少货币供给，大起小落，逐步缓解，时间拉长，损失减少。首先，严格控制银行信贷额度，加强银行贷款的管理。规定各级银行必须严格按照国家下达的基本建设计划发放基建贷款。银行必须将贷款余额增加数和贷款发放数，同时纳入信贷计划。原有企业扩建，必须有 30% 的自有资金存入银行，才能申请贷款。其次，加强对自筹投资的管理。各部门、各地区企事业单位用于基本建设的自筹资金，必须提前半年专户存入建设银行。当年下半年存入的资金当年不准动用。企事业单位在规定期限内在建设银行的存款，没有按自筹投资计划指标存够时，要按存款数核减自筹基建计划指标。建设银行以外的银行不得办理自筹基建的存款、拨款业务。不准用银行贷款作为自筹基建的资金来源。再次，1985 年先后召开了四次省长会议打招呼，要求采取有力措施控制住基本建设规模的膨胀趋势，并在 9 月的省长会议上，决定把 1986 年和 1987 年的固定资产投资规模大体稳定在 1985 年的水平上。最后，加强管理，严格建设规模的控制。把原批准放在计划规模以外的四个经济特区、啤酒专项、地方劳改煤矿专项、用结存外汇安排的建设等都自 1985 年起列入计划规模。把中小学等五项原来规定放宽管理，不纳入基本建设计划，不加控制的建设，也自 1985 年下半年起除中小学建设外全部纳入计划，下达控制指标。① 通过这些措施，从 1985 年下半年开始，基本建设规模膨胀的势头开始有所减缓。

总的来说，1985 年采取的控制基本建设规模的手段虽然和传统的直接财

---

① 简称“五不纳入”，指（1）用地方、企业机动财力和预算外资金安排的中小学建设。（2）用县级地方机动财力和预算外资金安排的县及县以下的医院、保健站、文化馆、体育馆、图书馆、博物馆的建设。（3）用养路费新建扩建公路。（4）用城市维护建设资金安排的新建、扩建城市道路和新增公共交通车辆购置。（5）老企业用自有资金安排的职工宿舍建设。1984 年 11 月 7 日国家计委向国务院汇报 1985 年计划时，经国务院同意将中小学等五个方面的基本建设放宽管理，不纳入基本建设规模。同时，国务院指示车、船、飞机的购置由银行贷款单独安排，不纳入基建规模，不受基本建设规模限制。1985 年 7 月 26 日国家计委向国务院汇报“七五”计划时，国务院指示，“五不纳入”中除中小学建设外，其余均从 1985 年下半年起纳入计划，下达控制指标。

政手段不同，更多的是通过银行信贷手段来施加影响。但由于过渡体制的不完善性，建设单位不承担风险，无制约因素；资金供给者也不承担风险，对价格、利润、利率不敏感；加上由于价格体系不合理的状况改变不大，利率等经济杠杆的调节作用还很有限；因而运用银行信贷手段不得不主要依靠直接的信贷额度控制，采取的是行政性的经济办法，基本上还是强化直接行政控制。这就在相当程度上必然是一刀切的，因而难以达到较好的效果。

新形势下出现的新问题，为下一步的改革提出了新课题。

（一）必须进一步改革基本建设管理体制，促使建设规模与国力相适应。

这一时期，随着经济体制改革的逐步深入，中国社会经济生活发生了深刻的变化，经济形势出现了与过去不同的许多新特点。过去对经济的管理基本上是层层指令性计划的直接管理，现在则是逐步转向主要通过经济手段，对经济实行间接调控。过去投资的绝大部分是由国家统一拨付的，现在则存在着预算内、预算外、合资、独资等多种资金渠道。过去的经济计划，侧重于全民所有制，现在则要求搞好全社会范围内的综合平衡。由于“六五”计划时期后两年在控制与引导基本建设投资规模上，未能很好适应新形势的要求，在微观放开、放活的同时，宏观调控没有相应跟上，在投资决策权下放的同时，没有配套建立相应的经济责任制，以致造成了1984年基本建设投资规模过大，造成国民收入超分配。因此，进一步改革基本建设管理体制，促使建设规模与国力相适应已成为提高基本建设社会经济效益的关键一着。

（二）加强投资使用方向的控制和引导。

这也是一个在新形势下需要解决好的问题，实质上是处理好经济体制改革和建设的关系，使基本建设能取得更好的社会经济效益。这个问题包括两个方面，一是处理好改革和重点建设的关系，二是控制住盲目的重复建设和不合理建设。经济体制改革的主要目标之一，是要扩大企业、地方的自主权，包括扩大它们的投资决策权，使资金适当分散，使企业能够自主地进行经营活动。而加强重点建设又要求适当集中资金，由国家统一安排一些能源、交通、原材料等必要的骨干项目的建设。这些基础性的建设，是保持经济发展有一定的后劲所必需的。资金的分散和集中这一矛盾如何解决。采用行政办法把企业扩大的权力收回来，把资金重新统死，这一办法显然是不可取的，而新的适应改革以后形势的一套宏观调控机制应该如何建立还需要进一步探索。其次，除了集中一部分资金用于加强重点建设外，剩下的分散在地方、企业千家万户手里的资金也需要进行适当调控，使之使用得当，取得最好的投资效果。这几年，随着改革的深入，预算外资金的增多和投资决策权的下放，在生产性建设中，汽车、摩托车、彩色电视机、电冰箱、洗衣机、录音机、电风扇等热门加工工业盲目发展。长期以来，中国加工工业的建设一直超前过多，这几年热门工业又蜂拥而上，盲目重复建设，使能源、交通、原材料等的建设尽管加快了速度，但仍然跟不上来，两者之间的比例失调情况依然存在，这种热潮势必造成粗制滥造、供过于求而形成生产建设的极大浪费。造成这一现象的根本原因，在于从宏观上缺乏行业规划的引导和提供调控依据，加上价格不合理，利润过高，而价格体系的调整又是一项需要假以时日、进行大量相应的调整后才能逐步解决的，因此，应该采取哪些过渡办法尽快加以控制也是一个值得进一步研究的问题。在非生产性建设中，5 年中投资增长最快的是建设旅游饭店（宾馆）、商业“一条街”、贸易中心等，而城市公用建设和群众迫切需要的基础设施却改善不多。而且，非生产性建设投资增长过快，1985 年已接近生产性建设投资，在基本建设投资总额中的比重已达45.6%，这种情况为偿还长期累积的生活“欠账”而暂时出现是允许的，但从趋势看，在中国目前的发展阶段上，物质生产部门的建设与发展，仍是整个经济建设与发展的基本部分。这部分建设资金的不足，将使今后的经济发展缺乏后劲。因此，在新形势下，加强对投资使用方向的有效调控也是一个必须解决的问题。

（三）更广泛、更全面地通过投资结构的改变调整产业结构并促使其合理化。

产业结构是一个多支多层多方面的复杂系统。调整投资结构仅着眼于农、轻、重已远远不够。随着现代化建设的发展，国民经济对建筑业、运输业、通信业以及各种服务性行业提出了越来越多的要求，这些部门已经成为中国经济发展及其结构改造的焦点。合理的产业结构能使有限的资源得到充分合理的利用，这是决定宏观经济效益的关键所在。在中国现阶段，合理的产业结构不可能单独靠市场的作用或企业、地方规划、部门的自由竞争形成。它首先要靠国家制定明确的产业政策和一定时期内的行业规划、区域规划，而且还要靠在安排和考虑投资结构的进一步调整中依据国家制定的产业政策，行业规划、区域规划，从更广泛、更全面的角度进行妥善的安排。

第九章
36 年基本建设的巨大成就

新中国成立 36 年基本建设的成就是巨大的。上述各章已根据各个历史发展阶段的特点作了阐述。本章主要是对 36 年的巨大成就进行总括性的叙述。

1950 年至 1985 年，全国全民所有制单位累计完成基本建设投资 10787 亿元，其中国家预算内投资 7746 亿元，占 71. 8%。同期基本建设新增固定资产 7706 亿元。1985 年年末国民经济各部门施工项目的未完工程占用投资 1010 亿元，全部建成这些项目还需投资 2249 亿元。经过 36 年的建设，中国的经济结构、产业结构和生产力布局都发生了重大的变化，建立起了独立的比较完整的工业体系和国民经济体系。中国的经济实力，在世界上也已占有一定地位。初步匡算，1985 年中国国内生产总值约合 3500 亿美元（1980 年价格和汇率），[①] 居世界第 8 位。前 7 位为美国，29200 亿美元；苏联，18500 亿美元；日本，14200 亿美元；联邦德国，7900 亿美元；法国，6500 亿美元；英国，6000 亿美元；意大利，3780 亿美元。由于中国人口众多，按人口平均，中国仍处于低收入的发展中国家水平。

一、建立了门类比较齐全、有一定技术水平、布局已经展开的工业生产体系

工业生产水平，特别是生产资料工业的总水平是国家经济实力和独立富强的重要标志。旧中国长期受帝国主义的侵略和掠夺，原因虽然很多，但从

① 由于汇率不能如实反映各国货币购买力比价，这种价值量的国际对比是十分粗糙的。如果按各国货币购买力比价计算，中国的实际位次可能还要提前些，下同。

经济实力上看，基本上没有生产资料工业，缺乏一个独立的比较完整的工业体系，是重要原因之一。新中国成立后，工业基本建设一直占有极为重要的地位。1952 年到 1985 年基本建设投资总额中用于工业的投资达 5503.8 亿元，占半数以上。经过 36 年的建设，为国民经济各部门的发展提供劳动手段和物质技术基础的生产资料工业从无到有、从小到大，逐步建成了比较完整的体系，结束了旧中国一切依赖进口，经济不能独立的历史。

由于冶金工业和机械工业在国民经济发展中的重要作用，从第一个五年计划开始就是工业基本建设的重点。1953 年至 1985 年，这两个部门累计完成的基本建设投资之和，达 1728.2 亿元，占同期工业基本建设投资总额的 31.4%。33 年中，除了两次基本建设调整期间占的比重略低外，在其他各个历史时期中都占工业基本建设投资总额的 1/3 左右，“四五”计划时期曾高达 39.9%。

36 年中，冶金工业从恢复和扩建鞍山钢铁公司开始，先后新建和扩建了鞍山、本溪、包头、武汉、攀枝花、上海宝山、首都、马鞍山、天津、唐山等十几个大型钢铁联合企业和上百个中小型钢铁企业。其中中国自行设计、自行施工、自行制造设备，在西南山区平地建起的攀枝花钢铁公司，为解决紧缺钢板材做出贡献的武钢一米七轧机工程以及一期已建成的具有 70 年代后期世界先进水平的上海宝山钢铁总厂等几个重大项目的建设，为中国钢铁工业提高技术水平增添了新的光彩。与此同时，有色金属工业也进行了一系列的新建和扩建。80 年代，金川、包头、攀枝花三大共生金属基地的综合利用又取得了新的进展。到 1985 年年底，中国已建成钢铁综合生产能力 4000 多万吨，已能生产 1000 多个钢种，包括航空用的高温合金钢、高能加速器用的纯铁以及精密合金等。根据中国的资源特点，还建立了含硅、锰、镍、钨、钼、钒、钛、铌、硼、稀土金属等的合金钢体系。1953 年，中国还只能轧 400 多个钢材规格，1985 年已能轧 2 万多个规格。不仅解决了在修建铁路、制造火车、汽车、飞机、船舶、农机、重型机械、电站、大型厂房建筑、轻工市场产品等方面所需的各种金属材料，而且在研制尖端新材料方面也有许多突破，制造原子弹、氢弹、导弹、人造地球卫星等所需的金属材料，基本上已能立足于国内。但是，也要看到，尚有不少关键钢种和稀有金属还是缺门，还得依靠进口。这正是下一步要努力解决的“短线”问题。

机械工业，36 年中陆续在沿海和内地，新建了一批机器制造业的骨干项目，建立和发展了许多新兴的机器制造业部门，如：汽车、拖拉机、发电设备、冶金设备、电子设备、石油化工设备、各种牵引机车、船舶、大型精密高效能机床与锻压设备，以及航空、宇航等，填补了空白。到 1985 年年底机器制造业已拥有 100 多个行业，几万个品种，门类比较齐全，具有相当的规模和一定的技术水平。1985 年全国发电设备的 75%，采煤设备的 85%，汽车拥有量的 84% 和机床拥有量的 94%，都是由国内机器制造业制造的。

从 60 年代初期开始，石油工业和化学工业逐步上升为中国工业基本建设中的又一个重点。“三五”计划时期这两个部门基本建设投资之和占工业基本建设投资总额中的比重由“一五”计划时期的 10% 左右提高到 20% 左右，1976 到 1978 年高达 25. 7%。石油工业是新中国成立后发展最快的一个工业部门。60 年代以前，国内消费的石油产品还基本上依靠进口。1958 年，在被外国专家宣判为“无石油”的东北松辽盆地陆相沉积岩中发现了工业性油流。随着储量的探明和大庆油田的建成投产，1963 年中国实现了石油产品基本自给，1965 年开始向国外出口原油，中国人民用“洋油”的时代一去不复返了。继大庆油田的建设之后，从 1964 年起，相继发现和建设了山东胜利油田、天津大港油田、辽宁辽河油田和河北任丘油田。同时在四川等地进行了天然气的勘探和开发。1966 年以后开始在沿海大陆架进行地球物理勘探和钻探。到 1985 年止，已形成年产原油 1. 76 亿吨的生产能力，扣除弥补递减部分，1985 年实际原油年产能力达 1. 18 亿吨，比 1949 年的 17. 5 万吨增长了 678 倍。形成天然气生产能力 241 亿立方米，扣除弥补递减，1985 年实际生产能力为 74. 69 亿立方米（不包括油田伴生气），比 1962 年的 9. 86 亿立方米增长了 6. 5 倍。到 1985 年年底，全国 19 个省、市、自治区发现了油、气田。已有 133 个油田投入开发。已经建成大庆、吉林、辽河、胜利、大港、任丘、河南、江汉、江苏、新疆、冷湖、玉门、长庆、延长、四川 15 个石油和天然气生产基地，沿海部分海域的探井已出油。与此同时，在全国 21 个省、市、自治区建设了45个炼油厂，其中年加工能力在50万吨以上的大中型炼油厂有33个。从1949年到1985年，原油加工能力增长了近600倍，原油一次加工能力已达1亿吨/年，深度加工能力占一次加工能力的35%。在石油工业迅速发展的基础上，从50年代中期开始建立的新兴石油化工工业加快了建设步伐，从60年代起大幅度地增加了基本建设投资。先后新建了一批骨干项目，其中不少项目是在70年代成套引进国外先进技术进行建设的。化肥、化学纤维、塑料工业得到了迅速的发展。乙烯、三大合成材料、农药和其他大量有机合成工业的建立，填补了国内的空白。

36年中，中国的煤炭工业和电力工业的建设也取得了很大的成就。到1985年止，用于煤炭基本建设的投资累计达620.81亿元，新增煤炭开采能力5.48亿吨。全国形成年产500万吨以上的矿区26个，其中10个在1000万吨以上，开滦、大同两个矿区的年产量达2000万吨以上。煤炭洗选能力也有了很大提高，1985年原煤洗选能力已达1亿吨以上。煤炭工业的技术面貌也有了很大的改变，煤炭开采普遍改变了旧社会遗留下来的人背马拉的落后生产方式，实现了机械化和半机械化。电力工业到1985年止共完成基本建设投资888亿元。新增装机容量7911.3万千瓦，建成装机容量500千瓦以上的电站2900多座，其中装机容量在25万千瓦以上的大型电站80多座。特别是1981年到1985年间一批大中型水、火电新机组和高压输电线路的投产，如长江葛洲坝水电站、白山水电站一期工程、湖北荆门电厂、乌江渡水电站、富拉尔基电厂，山西朔县神头电厂、安徽淮北电厂、上海宝钢自备电厂、陕西秦岭电厂等，对缓和一些地区电力供应紧张状况产生了明显的效果。

煤、电建设虽然取得很大成绩，但远不能满足国民经济发展的需要，针对这种情况，1982年9月中共十二次代表大会确定能源建设是20世纪内中国经济发展的战略重点之一。从1983年起煤炭和电力工业的投资，无论绝对额还是比重都有了较大的提高，1983年分别占当年工业基本建设投资总额的14.2%和20.4%；1984年分别占16.1%和22.5%，1985年分别占12.3%和24.2%。到1985年年底，一批大型煤矿、水火电站、核电站的建设，有的已经开始施工，有的正抓紧前期工作。能源建设正在为20世纪后10年的经济振兴积极地做好准备。

轻工业，主要是为人们提供生活消费品，同全国亿万人民的吃、穿、用、行息息相关。新中国成立以前，中国的轻工业不仅门类少，即使能够生产的一些产品的零配件、专用材料和专用设备也多是依赖外国。经过 36 年的建设，轻工业已建成行业比较齐全，行业内部也比较配套的部门。手表、塑料制品、感光材料、合成洗涤剂、合成脂肪酸、各种家用电器等一批新兴行业都先后建设起来了。老行业也得到了改善，建立了技术水平要求较高的产品和新兴产品的生产能力。如造纸工业中品种繁多的工业技术用纸，制盐工业中的盐化工，干电池工业中的银锌扣式电池，电光源工业中的日光灯和多种特灯，日用五金工业和乐器工业中的电子产品，等等。在各个行业内部还充实了专用材料、半成品、零部件的生产能力，增强了配套性。原来一些手工操作或基本是手工操作的行业，机械化水平有了显著提高。食品工业，建设了一批现代化大、中型食品厂。制糖工业，在“一五”计划时期从东欧成套引进新技术新建 6 个大糖厂的基础上，陆续新建和改造了几十个大、中型糖厂。到 1985 年年底，机制糖新增生产能力达 482. 5 万吨。罐头工业 1950 年只有 2600 多吨产量，经过 60 年代从英国、法国、日本、意大利、联邦德国等国引进先进设备，并对原有企业普遍进行了工艺、设备、包装的革新和改造，生产能力迅速增加。1985 年生产罐头 142. 5 万吨，产品已有几百种，其中 60% 供出口。纺织工业，经过 36 年的建设，内部结构有了很大的改善，改变了过去单一发展棉纺工业的状况。毛纺、麻纺、丝绸纺织、针织都逐步建设起来了。同时，还从无到有进行了化学纤维工业的建设。50 年代初建成保定人造丝厂和北京合成纤维实验工厂；60 年代中期，又建成了维尼纶厂、腈纶厂；70 年代以后，国家增加了对化纤工业建设的投资，并引进国外石油化工新技术，在上海金山县、辽宁省辽阳市、四川省长寿县、天津市和江苏仪征等地建设了现代化大型石油（天然气）化工企业，大大推进了化纤工业的发展，到 1985 年止，36 年累计新增化纤生产能力 76. 35 万吨。1985 年化纤原料在纺织原料构成中的比重已超过 15% 。

轻工业的建设，大体可以以 1979 年为界分为两段。1979 年以前，轻工业建设的速度比较缓慢，远远落后于重工业的建设，市场供应紧张，人民生活得不到改善。中共十一届三中全会后，广开资金渠道，加快了轻工业的建设速度，到1985年止，仅全民所有制单位的基本建设投资，7年累计就达315.4亿元，相当于1952年至1978年27年累计投资的89.1%。由于轻工业具有投资少、见效快的特点，7年间，轻工业各部门的主要产品新增生产能力有了大幅度的增长，从1981年起连续三年轻工业产值在工业总产值中的比重都超过一半，1981至1983年，分别占51.5%、51.4%、50.5%，超过同期重工业产值。轻工业产品花色品种增多，质量有所提高，耐用消费品和家用电器增长最快，对改善人民生活、缓和市场供应紧张状况起了很大作用。

36年中，还建设了电子工业、原子能工业等一批新兴工业部门。从无到有、从小到大建立起了门类比较齐全、具有一定规模的国防工业部门。到1985年年底，中国不仅能够成批地生产飞机、坦克、大炮、战术导弹、舰艇等常规武器，而且掌握了国防尖端技术。核试验成功、人造卫星的发射和回收、向太平洋发射运载火箭的全程飞行试验、通信卫星的发射成功，以及每秒运算亿次计算机的试制成功等，标志着中国科学技术发展已经达到的新水平。

与此同时，工业生产力在全国的布局已逐步向内地延伸，旧中国工业集中于沿海地区的不合理状态有了显著的改变。从第一个五年计划时期开始，就注意了加快内地和少数民族地区的工业建设。1950年至1985年，内地建设的投资占全部基建投资总额的50.8%，沿海地区占39.8%（另外9.4%的投资是购买机车车辆、轮船、飞机等不分地区的投资）。少数民族聚居区一般地处边远，由于历史上的种种原因，经济文化比较落后。新中国成立后，国家给予了多方面的扶助。到1985年，国家用于少数民族自治地区的基本建设投资总额近1000亿元，占同期全国基本建设总投资的9.3%左右。

经过36年的建设，内地和少数民族地区已经形成了一批新的工业基地。主要是：四川的天然气、化工、钢铁、机械工业基地；云南的有色金属及化工基地；贵州的煤炭、有色金属、化工基地；陕西、甘肃、宁夏的煤炭、化工、冶金、机械和电力工业基地；安徽的煤炭、冶金、化工基地；河南的煤炭、有色金属、机械工业基地；湖北、湖南的冶金、机械、化工和电力工业基地；山西、内蒙古的煤炭、冶金、机械工业基地；黑龙江、吉林的机械、石油、化工、轻工和森林工业基地。1984 年与 1952 年相比，内地全民所有制企业拥有的固定资产原值占全国的比重由 27.1% 增长到 56.8%[①]。内地主要工业产品产量占全国的比重，1985 年和 1952 年相比，钢由 14.2% 提高到 43.5%，煤由 56% 提高到 76%，电由 36.4% 提高到 50.8%，棉纱由 18% 提高到 57.3%。西藏也建设了小发电厂、化肥厂和毛纺厂等。

经过 36 年的建设，中国工业实力已有显著加强。初步匡算，1985 年中国工业增加值[②]约合 1500 亿美元（1975 年价格和汇率），居世界第五位，在美国、苏联、日本和联邦德国之后。其中，制造业（包括轻重工业中的加工工业）增加值约合 1300 亿美元，占同期全世界制造业增加值的 5%—6%，约相当于美国的 1/4，苏联的 1/3，日本的 1/2，联邦德国的 4/5。1985 年中国主要工业产品产量已有不少居于世界前列。钢占第四位，煤占第二位，石油占第六位，发电量占第五位，化学纤维占第五位，水泥占第一位，硫酸占第三位，化肥占第三位，布（包括棉布和化纤布）占第一位，电视机占第二位。由于中国人多，按人口平均的工业品产量仍很低，只相当于中等偏下收入的发展中国家的水平。

二、农业的基本生产条件有了明显的改善，生产水平有了较大提高

新中国成立以来，进行了大规模农田水利基本建设。到 1985 年止，国家用于农业的基本建设投资达 950 多亿元（这还不包括 1952 至 1985 年国家拨付的农田水利事业费 900 多亿元，以及集体、个人的集资和劳动投入等）。在长江、黄河、淮河、海河、珠江、辽河以及其他一些江河的两岸，整修和新建了总长达 17 万公里的堤防，疏浚和新开辟了 100 多条大型排洪、排涝河

---

① “六五”计划期间，重点加强了沿海地区的建设，1985 年沿海地区新增固定资产大大超过内地，因此，沿海和内地的固定资产原值的比例也相应有了变化。但这方面的统计数字暂缺。

② 增加值（Value Added），即企业通过生产活动除去浪费了的原材料后，新创造的那部分价值。简单说，包括净产值和固定资产折旧。下同。

道。这些治理工程使主要江河的洪水灾害得到了初步控制。同时，在国家扶持下，各地农村共治理了2.7亿亩低洼易涝地，改造了2亿亩盐碱地和山坡地，修建了大小水库近8.7万座，总库容达4200多亿立方米。打机井278万眼。建成了一批旱涝保收的稳产高产田，全国灌溉面积由1952年的3亿亩扩大到1985年的6.6亿亩。农用拖拉机、排灌机械拥有量和化肥施用量不断增加，1985年农村用电量达508.9亿度，占全国发电量的12.4%，相当于1949年全国总发电量的12倍。1985年全国农村全民和集体所有的固定资产原值已超过1000亿元。由于各种农业生产条件的改善，加上1979年开始的农村经济改革，农业生产潜力得到了发挥。进入80年代后已改变了主要农产品大量进口的状况，粮食已可自给，棉花自给有余，食油已有一定数量出口。中国在只占世界可耕土地7%的耕地上，解决了占世界22%的人口的温饱问题，取得了令人瞩目的巨大成就。

1985年，中国农村社会总产值按当年价格计算达到6340亿元。其中农业总产值（不包括村及村以下工业）3619亿元，农村工业总产值1750亿元，农村建筑业总产值510亿元，农村运输业总产值190亿元，农村商业总产值270亿元。中国农村经济已进入第一、二、三产业全面发展的时期。

此外，经过1979年开始的调整农业基本建设投资方向，加强林、牧、副、渔业的建设，并采取相应的政策后，到1985年，中国的农业已从单一的产业结构开始向综合的产业结构转变。在农林牧副渔五业的构成中，农作物种植业在农业总产值中的比重下降，从1980年的71.7%下降到1985年的63%；林牧副渔业占的比重相应从28.3%上升到37%。在种植业结构中，经济作物比重上升，粮食作物比重下降。1985年农作物种植业产值达2280亿元（按当年价格计算，下同），其中粮食作物产值的比重由1980年的72.6%下降到1985年的62.4%，经济作物比重则由15.7%上升到20.5%。农村劳动生产率、耕地生产率、农副产品商品率都有了较大的提高。农民收入大幅度增长，生活水平显著提高。

据初步匡算，1985年中国农业增加值达到1534亿美元（1983年价格、1980年汇率），居世界第1位。世界前8位的名次依次为：中国，1534亿美元；美国，820 亿美元；苏联，700 亿美元；印度，612 亿美元；日本，425 亿美元；巴西，344 亿美元；法国，300 亿美元；意大利，250 亿美元。和居第二位的美国相比，中国的主要农产品产量中，粮食、肉、蛋、糖差不多，棉花、茶、丝等经济作物和其他牧副渔产品中国多一些。中国农业经济实力的增强，不仅解决了人民生活温饱问题，而且具备了一定的渡灾备荒能力。农业的发展使全国人民生活质量得到了提高，人均食物热值已相当于世界平均水平，略高于发展中国家的水平，但低于发达国家水平。

三、铁路、公路、水运、空运和邮电事业都有很大发展

新中国成立后，铁路、公路建设向全国特别是内地展开，1950 年至 1985 年，全国修建了成渝（成都—重庆）、宝成（宝鸡—成都）、兰新（兰州—乌鲁木齐）、包兰（包头—兰州）、成昆（成都—昆明）、襄渝（湖北襄樊—重庆）、焦枝（河南焦作—湖北枝城）、枝柳（湖北枝城—广西柳州）、太焦（山西太原—河南焦作）、黔桂（贵阳—柳州）、湘黔（湖南株洲—贵阳）、京通（北京郊区昌平—吉林通辽）、青藏（青海西宁—格尔木）和南疆（新疆乌鲁木齐—库尔勒）等 100 多条新铁路，新增营业里程 3 万多公里，其中电气化铁路 4200 公里。由于新建铁路干线 70% 以上分布在内地，显著地改善了中国的铁路网布局。除西藏外，全国各省、市、自治区都通了火车。新建公路 25. 4 万公里，新建的从内地通向西藏的公路就有康藏、青藏、新藏、滇藏 4 条，过去交通最闭塞的西藏境内也新修建了不少公路。1985 年全国公路通车里程达 94. 24 万公里，比 1949 年增加了近 11 倍；全国所有的县和 90% 以上的乡通了汽车。在内河航运方面，大力整治了川江等航道，1985 年内河通航里程达 10. 91 万公里。旧中国长期闭关自守，港口建设极为缓慢。新中国成立后，50 年代也只限于对上海、天津、青岛等老港口进行修复和改造，新建的深水港口仅湛江港一个。进入 60 年代，沿海港口泊位不足的现象十分突出。1973 年国务院决定要改变港口面貌，从此加快了港口建设的步伐，先后新建和改建了几十个深水泊位。“六五”计划期间更是港口建设的高潮时期，新建和扩建了大批沿海港口。到 1985 年中国已拥

有泊位 503 个，其中万吨级以上的深水泊位 178 个，占 35. 4%；生产用码头 5. 8 万米，泊位 373 个，其中万吨级 173 个；非生产用码头 8154 米，泊位 87 个。并已拥有大型集装箱码头 3 个。1950 至 1985 年，新增沿海港口吞吐能力 2. 4 亿吨，比 1949 年增加了 27 倍。上海、黄埔港的集装箱泊位和秦皇岛煤码头二期工程、连云港煤码头等都在加紧建设中。

中国的民航事业从 1950 年开辟航线。1952 年开始执行专业航空任务，经过 36 年的建设，新建、扩建了 80 多个机场，各航空站和各条航线上的通讯、导航、气象系统都不断得到完善。民航机群也在不断扩大。中国的民航事业形成了接连全国主要城市的国内航空运输网，开辟了通往欧亚非三大洲的国际航线，建立了项目比较齐全的专业航空系统。1985 年已拥有国内航线 233 条，航线里程 16 余万公里，通达 80 多个城市。国际航线和香港地区航线共 35 条，航线里程 11. 7 万公里，通达 21 个城市。

邮电通讯事业，从“一五”计划时期开始，就有计划地对通信网络进行了技术改造和扩展，陆续兴建了北京电报大楼、新的无线电收发讯台，长途架空明线干线，微波、电缆干线和卫星通讯地面站，以及农村电话线路。到 1985 年年底已初步建立起以明线、电缆、微波和短波组成的，以北京为中心，沟通全国广大城乡的电讯通讯网。1976 年建成的第一条京沪杭 1800 路中同轴电缆和即将建成的第二条京汉广中同轴电缆（1985 年已修到长沙，并已投入使用），为国家干线通讯网的建设提供了技术基础。微波干线已建成 14500 多公里，联通了 26 个省、市、自治区。1985 年全国已有 96% 的乡通了电话。国际通讯方面，在北京、上海建立了 3 个通讯卫星地面站，通过印度洋和太平洋上空的国际通讯卫星，和世界各国建立了卫星通讯联系。

四、城市建设有了较大发展

1949 年全国共有设市的城市 69 个，县城和镇约 2000 个。半封建半殖民地的旧中国，城市建设畸形，少部分城市殖民地烙印比较严重，并拥有一定数量的现代化工业及文化、福利设施，而更多的城市则封建色彩比较浓厚，绝大多数只有少数个体手工业和商业，没有现代市政设施。但它们的共同点是其政治、经济、军事、文化体系都是从属于阶级压迫而建立起来的，因此，和社会主义制度格格不入。1949 年 10 月 1 日中华人民共和国成立后，从接管原有城市时起，就进行了大量的改造和建设。随着社会主义工业化建设的发展，中国的城市建设也有了迅速的发展，不仅老城市得到了改造和扩建，随着新的工业基地和重点项目的建设，在过去经济比较落后的内地和少数民族地区建设起了一批各具特点的新兴城市。1985 年，全国设市的城市已有 324 个，县城 2000 多个，镇 1000 多个，全国城市已发展到 3400 多个。设市的城市比 1949 年增长了 3. 7 倍。城市人口也从 1949 年的 5700 多万增加到 1985 年的 3. 8 亿，在总人口中的比重已从 1949 年占 10. 6% 增加到占 36. 6% 。1985 年 324 个设市的城市总人口（不包括市辖县，下同）已达 2. 1 亿，占全国总人口的 20. 3% 。城市人口在总人口中的比重迅速提高，从另一个侧面反映了中国社会主义工业化建设的进程。经过 36 年的建设，城市成为中国社会主义建设中的经济、政治、科学技术、文化教育的中心，现代工业与工人阶级集中的地方，在中国的经济建设中起着主导作用。1985 年仅设市的 324 个城市，工业总产值就占全国的 69. 7% ，工业利润占 78. 6% （盈亏相抵后的利润），税金占 79. 5% ，工业企业职工占 68. 3% ，高等院校在校学生占 95. 4% 。

36 年来，国家用于城市建设方面的基本建设投资，大多数是随同工业基地和重点项目的建设一揽子拨付的。只有特大城市、有特殊需要的城市以及城市公用设施中的一些比较大的工程建设，才单独立项，专款拨付。

五、人民物质文化生活所必需的非生产性建设取得了很大成绩

非生产性建设中最重要的一项是城镇全民所有制住宅建设。36 年中，新建城镇住宅共 11 亿平方米，特别是 1979 年以后调整了基本建设投资中生产性与非生产性建设的投资比例，加快了住宅建设的速度，1979 年到 1985 年竣工的住宅面积占 36 年累计新建住宅总面积的一半以上。

36 年来，全民所有制医疗机构新建房屋面积达 5800 多万平方米，病床从 1949 年的 8 万张，发展到 1985 年的 225. 3 万张，增加了 28 倍；学校用房新建面积 2 亿多平方米，1985 年全国有高等院校 1016 所，在校学生 170. 3 万

人，各类中学 10.5 万所，在校学生 5092.6 万人，小学 83.2 万所，在校学生 1.34 亿人；其他文化设施新建房屋面积 4 亿平方米左右，1985 年全国共有文化馆 2965 个，公共图书馆 2344 个，博物馆 711 个；广播电台 213 座，发射台及转播台 568 座；电视台 202 座，电视发射及转播台 12159 座。

六、资源勘探工作有了很大进展

新中国成立后，为适应社会主义建设的需要，逐步组建了一支多工种、多学科，技术、装备和方法、手段齐全，具有强大勘探能力的队伍。地质勘探职工从“一五”计划时期的 28 万人增加到 1985 年的 105 万人，成为世界上人数最多的一支地质勘查力量。

36 年来，这支队伍在全国范围内开展了大规模的区域地质调查和矿产资源普查勘探工作，取得了丰硕成果。在中国找到世界上已知的能源、黑色金属、有色金属、贵金属、稀有金属、稀土和分散元素、放射性元素、冶金辅助原料、化工原料、建筑材料及其他非金属等共 150 多种矿产资源，成为世界上矿种比较齐全的国家之一。其中有 137 种已有探明储量，煤、钛、铅、锌、钨、锡、钼、锑、稀土、重晶石、菱镁矿、石棉以及铜、硫、磷等 20 多种矿产的储量位居世界前列。

石油、天然气，自 50 年代末在大庆打出高产工业油流开始，先后又发现了大港、胜利、任丘、中原、四川、新疆等一批大型骨干油气田，进入 80 年代后，海上油气勘探工作迅速发展，也已有重要突破。煤炭，到 1986 年已探明储量达 8000 亿吨以上，其中各种牌号的炼焦用煤占总储量的 30% 多。储量在 100 亿吨以上的大煤田有 20 余个。铁矿，到 1986 年年底已探明储量达 500 多亿吨。有色、稀有、稀土矿产的勘察成绩十分显著，已成为世界上享有很高声誉的优势资源，钨、锡、汞、锑已成为中国的传统出口矿产。化工、建材等非金属矿产已有 80 种有了探明储量。

到 1985 年年底，全国已探明有储量的各类矿产地累计达 1.5 万余处，其中大中型矿区 1500 余处。在这些已探明储量的矿区中已建成一大批大型矿物原料生产基地，并形成了一座座以采掘工业为骨干的新兴城市。

地下水资源勘探，30 多年来共完成了区域工程地质调查 14 万平方公里，农牧业水文地质调查 101 万平方公里，城市、工矿水文地质、地热地质、环境地质等 20 余万平方公里，为农业、工业、交通、水利、国防工程的建设解决了洪水、改良土壤、灌溉、工程基础及防止环境污染和地面沉降等一系列问题。

此外，还在全国开展了大面积的区域地质、航空地质及区域物化勘探等一系列基础地质工作，基本上消灭了地质空白区，提高了全国的地质研究水平，为矿产勘查提供了许多后备基地。

七、勘察设计和施工队伍不断壮大，科研、技术力量和水平都有了较大的提高

1985 年，全国建筑施工企业拥有职工 1701. 3 万人，其中国营施工企业 576. 7 万人，占 33. 9%；县以上集体所有制施工队伍 334. 8 万人，农村施工队伍 789. 8 万人。全民所有制单位的勘察设计人员 36 万人。通过总结自己的建设经验和学习外国先进技术，新中国的勘察设计队伍，到 1985 年已能自行设计比较高级的民用建筑，也能独立设计各种大型的技术比较复杂的厂矿企业，穿越地形地质复杂地区的铁路和特大桥梁，拦截大江大河的水电站和水利枢纽，以及国防工业、国防科研的重要项目等。其中，大庆油田、攀枝花钢铁基地、刘家峡水电站、成昆铁路、南京长江大桥等都具有中国自己的设计特色，有的已达到或接近当时的国际先进水平。36 年中，中国的国营施工队伍的技术装备状况也已改观，基本上改变了过去肩扛人抬的落后施工方式。1985 年年底拥有机械设备原值已达 200. 2 亿元，总功率达 3000 多万马力。已经能够承担上海宝山钢铁总厂、葛洲坝水电站、京秦铁路复线及电气化工程、内蒙古霍林河煤矿、秦皇岛煤炭专用码头等一批大型的、具有现代化技术的工程项目的建设任务。新中国的基本建设大军南征北战、风餐露宿，吃大苦、耐大劳，建工厂、开矿山、铺铁路、修电站，为中国的社会主义建设、为奠定四化建设的物质技术基础做出了重要的贡献。36 年来，这支英雄的队伍用自己的劳动和智慧建成了 4000 多个大中型项目，几十万个小型项目，10 亿多

平方米的住宅，6 亿多平方米的文化、教育、卫生用房。

新中国成立以来基本建设取得的成就是巨大的，是旧中国所不可比拟的；与资本主义国家相比，在同样的经济基础上达到上述水平，中国的建设速度也是比较快的。这就充分显示了社会主义制度的优越性。但是，也要看到，建设的成就仅仅是初步的。中国生产力水平还很低，生产技术水平与当代世界先进水平相比还有不小的差距，国民经济各部门之间和各部门内部的生产能力还不够协调，能源、交通在很大程度上还制约着国民经济的发展，生产力的地区布局和产业结构还需要进一步调整。而且，如果 36 年来在建设上不走或少走弯路，中国的建设速度还可以更快一些，建设成就还可以更大一些。

第二编

地区的基本建设

进行社会主义的基本建设，不仅要决定在一定时期内的建设内容和建设规模，还要决定各项建设在地区间如何布局，这就是建设布局。在任何一种社会制度下，生产和建设都要按照客观规律在地区间进行各种不同形式的分布。但是，只有在社会主义计划经济的条件下才有可能从全局利益出发，从宏观出发有计划地进行全社会的建设布局。

生产布局在很大程度上取决于建设布局。特别是在生产力日趋高度发展、社会分工日益深化的情况下，建设布局对于生产布局越来越具有决定性的意义。这一点在现代工业中表现得最为明显。农业、手工业的生产都比较分散，其布局主要决定于自然条件；而现代工业生产相对集中，其布局则更多地取决于建设布局。因此，在考察生产布局的时候，往往以现代工业的分布状况作为主要对象。同样，虽然建设布局包括各种类型的生产性和非生产性建设，但是起决定性作用的则是工矿企业以及与生产关系密切的重要交通运输设施的建设布局，它们构成了建设布局的骨架。这种情况在中国为实现四个现代化而奋斗的时期表现尤为突出。当然，在安排建设布局时也绝不应由此而忽视了其他方面的相应建设。①

同时，各项建设在地区间如何布局，要受自然、技术、经济诸因素的制约。中国地域广阔，各地区的自然条件、自然资源、人口密度、民族特点和经济发展水平差异很大。中华人民共和国成立之前，地区经济发展和工业分布极端不平衡，明显地反映了半殖民地半封建的经济特征。中华人民共和国成立后，为了充分利用各地区的优势条件，合理布局生产力，促进各地区经济的迅速发展，1958 年，中共中央和国务院决定将全国划分为七个大经济协作区；1961 年合并为六个大经济协作区，它们是华北、东北、华东、中南、西南和西北。

经过 36 年的建设，六个大区已具有了如下一些特点：

① 它们之间的关系，在建设上通称为“骨头”和“肉”的关系。

第一，各区都建设了具有区际意义的专业化生产部门，在全国独立的比较完整的工业体系和国民经济体系中分别承担了特定的任务。

第二，各地区不同程度地建立了各具特点的区域经济体系。

第三，各地区都先后形成了比较发达的经济中心和先进省区，对区内其他省区的建设起着促进作用，区内经济协作关系比较密切。

本编主要是叙述36年来中国的建设布局是怎样在地区间展开的。除了历史形成的六大经济协作区外，为了便于了解中国少数民族地区的建设情况，在本编中把分属于各经济协作区的少数民族自治区抽出单独设章；1979年后先后批准设置的四个经济特区是中国建设道路上的新探索，它们的建设情况也采取了抽出来单独设章叙述的办法。本编中凡涉及具体建设项目①的投资额，指的都是用于这一项目建设的投资总额，包括全部生产性建设投资和非生产性设施投资，生产性建设投资中既包括主体工程的投资，也包括相应的配套设施的投资；同时，投资的来源是多渠道的，一般情况下，以主管部门的投资为主，也包括来自其他部门的配套投资。因此，一定时期同类建设项目投资额的简单相加，既与同期按国民经济各行业划分的投资总额口径不同，也与同期按管理系统划分的投资总额口径不同，相互之间缺乏可比性。另外，由于更新改造资金和基本建设投资往往同时用于同一个项目的建设，特别是1979年以后更新改造投资大大增加，在建设项目的投资额中占的比重也相应越来越大，因此，一定时期全部建设项目的投资额简单相加与同期基本建设投资总额相互间也是不可比的。

同时，本书中凡涉及固定资产投资的数据均只包括全民所有制单位。固定资产投资由同期基本建设投资、更新改造投资及不纳入上述两项的其他固定资产投资之和组成。

① 仅包括全民所有制建设项目。下同。

第十章
华北地区的建设

华北地区包括北京、天津两市，河北、山西两省和内蒙古自治区。地形如蝶，左右两翅与西北、东北两区相连，南面与中南、华东接壤，北界蒙古人民共和国及苏联，东临渤海。有4200多公里国境线，400多公里海岸线，在国防上占有重要地位。

华北地区是中国经济文化开发较早的地区之一。唐尧、虞舜以及春秋五霸中的晋，战国七雄中的燕和赵，都城均建在华北。特别是北京，从辽、金开始在这里建都，经元、明、清三个朝代，连续八百多年，留下许多名胜古迹，是中国古代经济文化发达的象征。举世闻名的万里长城保存下来的部分绝大部分在华北地区。

华北地区资源丰富。华北平原是中国主要的粮、油和棉花产地之一。内蒙古大草原居全国五大牧区的首位。大兴安岭是中国重要的林区。山西省的煤炭储量居全国第一，内蒙古自治区居第二，这两个省区的煤炭储量占全国总储量的56%。河北、天津、内蒙古都有丰富的石油；内蒙古的稀土和铌等稀有金属储量居全国第一位；河北的铁矿储量居全国第三位；其他如铜、铁、金、硫、盐、碱等工业原料储量都很丰富。这些资源，为发展原材料工业、加工工业和化学工业提供了良好的资源条件。

中华人民共和国成立之后，华北地区是国家重点建设的地区之一。由于区内各省、市、自治区的政治、经济地位不同，资源条件和技术力量不同，建设各有侧重。首都北京是全国政治、文化中心，它的建设突出的是要为中共中央、国务院领导全国工作和开展国际交往服务，并且要在建设社会主义高度文明、科学技术文化发达、环境优美、生活设施方便等方面成为全国的楷模。天津市是首都门户，又是华北地区的出海口，港口建设和对外交往的建设比较突出。1984年，河北省的秦皇岛市开辟为对外开放城市，秦皇岛港与北戴河也成为建设的重点。山西省是中国的煤都，煤炭建设是它的重点。内蒙古自治区东部的森林资源和西部的钢铁资源丰富，东林西铁就是它建设的两个重点。河北省粮、棉、煤、石油、铁矿资源丰富，煤炭、石油、钢铁、纺织是建设的重点。

经过36年的建设，华北地区已经成为中国以煤炭为主的能源基地，也是重要的钢铁、机械工业和棉花、畜产品的生产基地。同时黄河①、海河的治理，“三北”防护林带的建设和以北京为中心的交通运输网络的建设等方面也都取得了比较突出的成就。

第一节　首都北京的建设

中国的首都——北京市，作为都城已有近千年的历史。中华人民共和国成立后定都北京，使古都获得了新的发展。1949年至1985年首都北京进行了大规模的基本建设，全市用于基本建设和更新改造的累计投资达544.8亿元，其中工业投资217.9亿元，占40%；农林、水利、气象投资23.5亿元，占4.3%；运输邮电事业投资65亿元，占12%；商业、饮食业、服务业投资28亿元，占5.1%；文教、卫生、科研事业投资45亿元，占8.3%。36年累计新增固定资产421亿元，建成各类房屋的建筑面积为1.2亿平方米，相当于新建了5.8个老北京城。同时修建了公路和城市道路11300公里，地下铁道40多公里，开辟公共交通线路2300多公里，拥有各种公共交通车辆16600多辆；联系国内外的铁路、民航、邮政、电信事业飞速发展。建成5座大中型发电厂及一些小型水电站和自备电厂。城市燃料构成有了很大变化，煤气、石油液化气从无到有，近百万户城市居民用上了煤气、石油液化气，清洁的天然气也开始进入市区。大面积的集中供热逐步代替了千家万户的小煤炉取暖。由于北京地区水资源贫乏，多年来坚持“开源、节流、水源保护同时并

① 华北地区黄河段的治理主要在内蒙古自治区境内。有关内蒙古自治区的建设情况见本书第十六章，第一节。

举”的方针，修水库、建水厂、铺设管线，城市日供水能力由解放时的5万吨增加到160万吨。市内公园由原来的7处增加到43处，新辟城市绿地3200多公顷，垃圾、粪便日产日清，并实现了清运机械化；无论是骨干路网、繁华街道，还是居民区小胡同，都打扫得干干净净、整整齐齐。

经过36年的建设，市区建成区已从1949年年初的109平方公里，扩大到1985年的373平方公里，相当于北京解放时[①]的3倍多。古老的旧北京城已成为市区的中心区，从这个中心出发向四周扩建。在紧邻中心区的四周已发展起6个不同性质的新建地区，即以机关和事业单位为主的西郊地区；以高等教育、科研单位为主的西北郊地区；以科研和事业单位为主的北郊地区；以机械、纺织等工业为主的东北郊地区；以机械、化工等工业为主的东南郊工业区；以化工、皮革、木材为主的南郊工业区和仓库区。在市区的边缘原有集镇的基础上，逐步发展起10个新建地区，即在原有炼铁厂的基础上发展起来的石景山工业区；以风景游览为主的西苑地区；以纺织、建材工业为主的清河工业区；以电子工业为主的酒仙桥工业区；以机关、事业单位为主的定福庄地区；以炼焦化工为主的垡头工业区；以铁路设施为主的丰台地区；以机械、电机工业为主的衙门口地区；还有南苑地区和卢沟桥地区。这些地区都建设起相当数量的生产、生活、办公用房。各新建区之间保留了绿化带或成片的菜地和高产农田，形成分散集团式布局。结合各种事业的发展，在远郊县逐步建立起了几十个城镇。

80年代的北京城，城内城外已连成一片。一幢幢高楼大厦拔地而起，一座座厂房鳞次栉比，宽敞平坦的大马路纵横交错、四通八达，无论城区、市郊和远山区，到处生机勃勃，一派欣欣向荣的景象。

一、城市规划工作的建立与发展

（一）北京城市建设总体规划的探索与逐步形成。

北京解放不久，北京市人民政府就提出了“服务于人民大众，服务于生

① 北京市（1949年9月前称北平市）于1949年1月和平解放。

产，服务于中央人民政府”的建设方针，并立即着手恢复、调整城市功能，发展生产、改善环境。把有碍卫生、威胁安全的一些设施，如屠宰场、血料厂、皮革厂、粪场、火药厂、硫磺厂、酒精厂、木材厂等迁往郊区。同时，着手对首都未来发展方向进行研究和探索，并有计划地开始进行城市建设。1949 年 5 月，都市计划委员会成立，由行政首长和有关专家组成，并由市长兼任主任。叶剑英、聂荣臻和彭真等都先后担任过主任。1953 年委员会正式提出了城市建设总体规划方案。它的基本点是以旧城为中心向四郊扩展，把首都建成中国的政治、经济、文化中心，特别是要成为中国强大的工业基地和科学技术中心。此后，规划方案又经过 1954 年和 1958 年两次重大修改，以“草案”形式上报中共中央和国务院，并印发各单位执行。“草案”强调要把北京建成现代化工业基地，人口发展到 1000 万，其中市区达到 500 万—600 万；要加快旧城改造；城市建设实行六统一，即统一规划、统一设计、统一投资、统一建设、统一分配、统一管理。对古建筑采取有的保留、有的拆除、有的迁移、有的改建的方针；并提出了有计划地建设居民住宅区，完善道路系统、建设城市基础设施的具体方案；城市布局采取“分散集团”式；等等。

为进一步加强对城市规划的管理，1955 年原“建筑事务管理局”改组为“城市规划管理局”，统一管理土地划拨和建筑审批工作，从而促进了城市建设秩序的良好发展。

1958—1960 年是北京城市建设的重要阶段。著名的国庆十大工程和天安门广场扩建就在这个时期完成。此外，还完成了工业建筑 300 万平方米，奠定了工业基地的基础；建成了密云、怀柔和十三陵三大水库，还建成一批基础设施骨干工程，创建了城市煤气供应和集中供热设施。

在短短的 3 年里，城市建设取得这样大的成绩，在中国城市建设史上是空前的。这里凝聚了全国人民和首都人民的智慧和创造精神，也体现了中共中央和中共北京市委主要领导人对首都建设的关怀。毛泽东主席和周恩来总理曾亲自视察人民大会堂和北京火车站工地，高度赞扬了建筑工人的社会主义积极性。毛泽东、周恩来、刘少奇、朱德等还曾先后到十三陵水库工地参加劳动。

1963—1965 年是城市建设的低潮，城市规划部门对城市建设的十三年进行了总结。这个总结在肯定城市建设成就的同时，认识到在北京城市建设中也存在不少问题。

一是工厂过分集中在市区，使城市用地紧张、用水紧张；铁路平面交叉，导致交通堵塞、混乱。二是冶金、化学等工业对城市造成严重污染，破坏了市区的生态环境。三是不少工厂、单位挤占规划居住用地，搞乱了居住区的布局。四是城市改建速度缓慢，形不成完整的城市面貌。五是卫星城镇建设摊子铺得过大、过散。六是城市基础设施建设投资占整个基本建设投资的比重过小，而且逐年递减，远不能适应需要。

1963 年，调整国民经济的任务基本完成，首都的城市建设也出现了转机。这时，国家计划委员会主任李富春向中共中央和国务院提出了《关于北京城市建设工作的报告》，建议采取措施，克服城市建设工作中的分散现象。各级国家机关和企业、事业单位必须继续实行精简政策，严格控制城市人口的发展。实行房屋的统一建设和统一调配，在现有的基础上填平补齐，有计划地、有重点地进行城区改造，逐步把首都北京建设成为一个庄严、美丽、现代化的城市。

1964 年 3 月，中共中央批转了这个报告，指出必须下决心改变北京市这种分散建设、毫无限制、各自为政和大量占用农田的不合理现象，凡是不应该在北京建设的单位，不要挤在北京进行建设；凡是不应该扩大的单位，不许进行扩大建设，要切实做到有计划地多快好省地进行首都建设。

但是，由于“文化大革命”的干扰破坏，中共中央批转的李富春的报告不仅未能贯彻实施，相反，北京市城市规划管理局于 1968 年 10 月被撤销。在其后长达五六年的时间内，北京的建设是在无规划指导下进行的，城市建设陷入了混乱。从规划上看，许多不应在市区发展的工业却在市区盲目发展，易燃、易爆、噪声、震动、有碍卫生的工厂在居住区内大量出现，严重污染环境，干扰居民生活；在风景区办工厂、挖煤窑，破坏了环境；在道路红线内建房，占压了市政干管，造成了不少隐患。许多小区见缝插楼，挤了绿地和庭院，搞乱了布局。大片园林绿地被侵占，河湖水面被填垫，乱倒脏土，乱排污水，恶化了生态环境。片面贯彻“干打垒”精神，建起了数十万平方米的简易楼房，楼内没有厨房、自来水和厕所，空斗墙、薄屋顶，居住条件极差，成为留之难用、拆之可惜的“钉子”。违章建筑、违章占地、破坏文物古迹的现象也十分严重。建设投资比例失调。以“三五”计划时期为例，工业建设投资占全市全部基本建设投资的比重达43%；而文教卫生科研等建设仅仅占3.4%；与人民生活密切相关的住宅建设，5年累计仅投资0.8亿元，占同期全部投资的2.8%，下降到北京市解放后历年投资的最低点。

1971年6月，万里主持召开了北京城市建设和城市管理工作会议。会议力图扭转城市建设的混乱局面，提出了重新编制首都城市建设总体规划的意见。这次会议上通过了加强城市建设管理的原则规定等文件，并成立了城市规划领导小组。1972年11月，恢复了北京市城市规划管理局。经过1年多的努力，1973年10月，北京市城市规划管理局提出了新的总体规划方案。

针对城市建设中突出存在的“骨头”与“肉”的比例关系不相适应的矛盾，1974年12月，中共北京市委和市政府就城市交通、供水、排水、煤气、热力等市政公用设施远远跟不上需要、职工宿舍、商业网点等生活服务设施严重不足等问题，向中共中央和国务院提出了《关于解决北京市交通市政公用设施等问题的请示报告》。1975年6月，国务院在批复中指出：北京是中国的首都，一定要建设好。今后在北京进行的各项建设，都应该接受北京市的统一管理，执行统一的城市建设规划。从1976年起，每年由北京市编制首都建设的综合计划，经国务院审查批准后实施，要严格控制城市发展规模。凡不是必须建在北京的工程，不要在北京建设；必须建在北京的，尽可能安排到远郊区、县发展小城镇。建设中要注意处理好“骨头”和“肉”的关系。对于公共交通、市政工程、职工宿舍以及其他生活服务设施方面的“欠账”问题，应在近几年内认真加以解决。在“五五”计划期间，每年安排专款用于改善交通市政公用设施。这个批复对改善交通、市政公用设施、增加职工住宅起了很大作用。

此后，首都建设领导小组成立，对在首都建设的项目进行计划协调，并控制首都的建设规模起了积极作用。

（二）中共中央、国务院原则批准《北京城市建设总体规划方案》。

1976 年 10 月，粉碎了江青反革命集团，中国进入了新的历史发展时期。随着政治、经济形势的好转，首都的建设形势也越来越好，自从 1973 年重新编制总体规划以后，由于各方面对北京的城市性质、规模、布局、旧城改建等重大的首都建设方针的认识不尽一致，建设工作难有进展。因此，迫切要求尽快提出一个新的首都建设的总体规划。

首都北京应是全国的政治中心和文化中心，这一点各方面历来没有异议，但在如何发展经济、尤其是如何发展工业的问题上争议较多。中华人民共和国成立不久，一种意见认为北京应是一个大工业城市，否则首都只能是一个消费城市，缺乏雄厚的现代产业工人的群众基础，这和首都的地位不相称。另一种意见则主张适当地，逐步地发展一些冶金、机械、纺织和其他轻工业，不赞成把北京建设成为大工业基地。这个分歧在不同时期、不同主管部门之间一直存在。80 年代以前北京的城市规划和城市建设主要是按前一种意见进行的，历次总体规划都把发展工业放在突出地位，并且作为编制城市总体规划的重要指导思想。1958—1960 年，在把首都建设成一个大工业城市的指导思想下，先后动工兴建了冶金、机械、建材、电子仪表、纺织轻工、化工等门类比较齐全的大量工业项目。

解放初期，北京完全是一个消费城市，工业基础极为薄弱，而且有十几万失业人员，人民的生计问题迫切需要解决。在这种情况下发展生产，繁荣经济，变消费城市为生产城市是有积极意义的。但是，发展经济不能光是建设工业，还应该包括交通运输业、建筑业、农业、旅游业、内外贸易、各项公用事业、服务行业等。特别是对首都建设而言，问题还在于要处理好政治中心、文化中心与经济发展的关系，并使之相辅相成。正是在这个问题上由于经验不足，对首都特点认识不够，在当时的工业建设上出现了两个问题。一是对工业建设的内容较少选择，考虑首都特点和资源条件不够，过多地强调发展基础工业，重工业比重过大。“二五”“三五”“四五”计划时期重工业的投资比重都占整个工业投资的 90%。二是工业过分集中在市区，占了大量的城市用地，不仅工业区本身拥挤、杂乱，还导致整个市区用地十分紧张，严重干扰和破坏了人民的生活、工作环境。在一个相当长的时期内，由于重经济轻文化、重生产轻生活、重重工业轻轻工业，给首都建设带来了人口急剧膨胀，能源、水源紧张，公共交通拥挤，工业“三废”和生活废弃物的污染日益严重，住房困难，文化生活服务设施的建设跟不上人民需要等一系列问题。

1980 年 4 月，中共中央书记处在听取关于首都建设方针问题的汇报以后，做出了关于首都建设方针的四项指示，指出：首都建设要解决一个方针问题，就是建设一个什么样首都的问题。首都是全国的政治中心，是神经中枢，是维系党心、民心的中心，不一定要成为经济中心。首都又是中国对国外的橱窗，全世界通过北京看中国。要把北京建成全中国社会秩序、社会治安、社会风气和道德风尚最好的城市，要把北京建成全国环境最清洁、最卫生、最优美的城市；要把北京建成科学、文化、技术最发达，教育程度最高的城市；要使北京经济不断繁荣，人民生活方便安定。要着重发展旅游事业、服务行业、食品工业、高精尖的轻型工业和电子工业，下决心基本上不发展重工业。中共中央书记处的指示明确了首都建设的方向，统一了各方面的认识。

在中共中央书记处指示下达以后，北京市总体规划编制的进程加快。1983 年 7 月 14 日，中共中央、国务院原则批准了《北京城市建设总体规划方案》，并作了极其重要的批复。指出：北京是我们伟大社会主义祖国的首都，是全国的政治中心和文化中心。北京的城市建设和各项事业的发展，都必须服从和充分体现这一城市性质的要求，要采取强有力的行政、经济和立法的措施，严格控制城市人口规模，这是保证《方案》实施和搞好首都建设的关键。到 2000 年，坚决把北京市的人口规模控制在 1000 万人左右。工业建设的规模要严格控制，北京不要再发展重工业，特别是不能再发展那些耗能多、用水多、运输量大、占地大、污染扰民的工业，而应着重发展高精尖的、技术密集型的工业。北京的规划和建设，要反映出中华民族的历史文化、革命传统和社会主义国家首都的独特风貌。要逐步地、成片地改造北京旧城。通过改造，既要提高旧城区各项基础设施的现代化水平，又要继承和发扬北京的历史文化城市的传统，并力求有所创新。大力加快城市设施的建设，继续兴建住宅和文化、生活服务设施，搞好郊县的村镇建设，逐步建设起一批农工商结合发展的、具有一定现代水平设施的农村集镇，使之成为周围农村的经济、文化中心，城乡经济交流的纽带。要认真搞好环境保护，抓紧治理工业“三废”和生活废弃物的污染。要努力提高城市的建筑艺术水平。要继续提高绿化和环境卫生水平，加强风景游览区和自然保护区的建设和管理，把北京建设成为清洁优美、生态健全的文明城市。批复还对积极改革城市建设的管理体制，安排好城市建设资金，切实加强对首都规划建设的领导，抓紧制定城市规划、城市建设和管理的各项法规，建立法规体系等问题作了重要指示。

为了加强北京城市建设的领导，中共中央、国务院还决定成立首都规划建设委员会。

由此，北京的城市规划和城市建设工作进入了一个新的阶段。

1976—1985 年，特别是中共中央书记处提出四项指示后，北京城市建设形势出现了巨大变化。这十年中全市完成建设投资 347.3 亿元，其中 1981—1985 年 5 年间完成 234.4 亿元，占十年投资总额的 67.5%，占 36 年全市全部建设投资的 43%。这 10 年间，建成各类房屋建筑面积 6100 万平方米；其中 1981—1985 年 5 年间建成 3940 万平方米，占十年建成总面积的 64.6%。住宅建设规模空前。城市基础设施的骨干工程建设迅速；一批适合首都特点的建筑工程陆续建成，发挥效益。城市园林绿化效果显著，环境面貌有了很大改善。

二、为全国政治中心提供必要的物质条件

首都北京是全国的政治中心，北京的建设必须首先考虑为中共中央、国务院领导全国工作和开展国际交往创造必要的物质条件。这些必要的物质条件，主要包括全国性政治活动的必要场所、各级领导机关和各省市自治区驻京办事处的办公用房、各国驻华使馆以及最必需的交通通讯设施的建设。

（一）全国性政治活动场所的建设。

旧北京紫禁城的建筑格局是以突出于全城中轴线上的皇宫内院为中心的。

北京解放后，从筹备开国大典起，就确定了以天安门广场为全国性政治活动的中心场所，并开始了天安门广场的改造和规划工作。首先拆除了封闭着广场的宫墙和东西三座门，平整了广场场地，铺装方砖；修葺天安门城楼；修建观礼台。1958 年 8 月，为迎接国庆十周年，进一步扩建了天安门广场，拓宽东西长安街，并以此为两翼形成一个崭新的“T”字形大广场，面积由原来的 11 公顷扩大到 40 公顷，宽阔平坦，气势奔放，成为世界上最大的广场。可以同时汇集 50 万人进行集体的政治活动。

在天安门广场中央修建的新中国成立后第一座重大纪念性建筑物——人民英雄纪念碑，是中国有史以来最为壮观的碑刻。人民英雄纪念碑总占地面积 3000 多平方米，是 1949 年 9 月 30 日中国人民政治协商会议第一届全体会议决议兴建的。会议闭幕当天的傍晚，毛泽东主席、朱德总司令、周恩来总理率领全体政协委员来到天安门广场，为纪念碑奠了基石。北京市市长彭真兼任人民英雄纪念碑兴建委员会主任。工程前期由著名建筑学家梁思成主持，工程后期由著名雕塑艺术家刘开渠主持。1952 年 8 月 1 日正式动工兴建，1958 年 5 月 1 日落成揭幕，前后历时近 6 年。

与此同时，从 1958 年 5 月起，以天安门广场为中心，陆续在天安门广场西侧建设了人民大会堂，东侧建设了中国历史、中国革命博物馆；沿西长安街及其延伸线建设了民族文化宫、民族饭店、军事博物馆；在风景宜人的玉渊潭建设了钓鱼台迎宾馆；沿东长安街及其延伸线与相邻地区建设了新的北京火车站、全国农业展览馆、北京工人体育馆以及华侨大厦。这也就是为迎接国庆十周年而建设的“十大建筑”。

人民大会堂是为满足全国性政治活动和对外国事活动的需要而建设的大型建筑。建筑总面积 17.18 万平方米，由万人大礼堂、宴会厅和全国人大常委办公楼等三大部分组成。大礼堂上下共 3 层，有近万个席位，主席台能容纳 300 人的主席团，为各类大型活动提供了比较理想的场所；会场周围设有大小会议厅 20 多个，分别用全国各省、市、自治区的独特陈设进行布置，为各类中小活动提供了较好的场所；三层东端设有可容纳 600 多个沙发座席的小礼堂，可供小型会议、报告、表演等使用。宴会厅有可同时接待 5000 人的席位，为国家大型庆祝宴请活动提供了场所。

天安门东侧与人民大会堂遥遥相对的是中国历史、中国革命博物馆，与天安门广场相配合，采用了内院式“四”字形布局，全部建筑面积为6.95万平方米。中国革命博物馆在馆的北部，中国历史博物馆在馆的南部，参观路线采用单面环行式，可同时接待1万人参观。

十大建筑中的其他建筑也都是工程较大、设施比较先进的工程。当时，全国各地的专家、学者、能工巧匠云集北京，和首都广大建筑工人、干部、技术人员一起，用了不到1年的时间全部建成交付使用。这一创举在当时曾名扬中外。

1976年9月9日，毛泽东主席与世长辞。中共中央决定在天安门广场上建立“毛主席纪念堂”，纪念堂坐落于人民英雄纪念碑与正阳门之间的中间位置。这样，以天安门广场为中心，包括古老的天安门城楼，正阳门城楼，人民大会堂，中国革命、中国历史博物馆，人民英雄纪念碑，毛主席纪念堂等六大建筑物构成了广场上壮观的建筑组群。从而天安门广场不仅成为全国性政治活动的中心场所，而且在建筑格局上，也成为北京市平面布局的中心。昔日突出于全城中轴线上的皇宫内院成为故宫博物院。

（二）建造办公用房。

36年中，全市共兴建各类办公用房670多万平方米。五六十年代，首先整修了中共中央、国务院的所在地中南海；兴建了政协礼堂，为全国政协开辟了开会和办公的地方。随后，逐步在长安街、朝内大街两侧，丰台区公主坟一带，西城三里河、海淀百万庄，北城和平里、地安门，东城台基厂，南城象来街等地区，修建了大量国家、市级和部队机关办公用房。

进入70年代后，以外贸、商检、海关大楼，文联大楼，农业部，国家海洋局，黑龙江省驻京办事处，外贸谈判楼，国家计委电子计算中心大楼等为代表的办公楼，都是现代化的多层、高层大楼。80年代落成的国际信托投资大厦、中国银行大楼，建设中的50层“京城大厦”均采用了国际流行的多功能、高效率体制，集写字间、出租公寓、展卖厅、谈判室、生活服务部等于一体，都是体量很大的、具备先进设备和最新装修标准的超高层办公大楼。

（三）建设使馆区。

新中国成立以后，中国的国际地位不断提高，建交的国家越来越多，首都城市基本建设中的外事用房建设也随之迅速发展，大片崭新的使馆、公寓、国际俱乐部、友谊商店等在市区东部建设起来。从1955年开始，在市区东部建国门外路北齐家园地区开辟了第一个新建使馆区，1962年又在市区东北部三里屯地区开辟了第二个使馆区，并在东直门内建设了苏联使馆馆舍。以上使馆区总占地面积达176万平方米，总建筑面积近70万平方米。已建成的使馆馆舍111座，外交公寓40多幢共1400多套。

（四）建设大型交通通讯枢纽。

36年中，为适应中共中央、国务院利用现代化手段及时指挥全国工作和处理国际事务的迫切需要，逐步建设了大型航空港、铁路枢纽、电信局等一批大型交通、通讯设施和电台、报社、电视台等新闻宣传机构用房。北京已成为全国交通、通讯网络的中心。

1. 新航空港——首都机场。1955年开工，第一期工程建成1栋1万多平方米的候机楼和1条2500米长的跑道，于1958年3月竣工交用。随着国际交往和国内建设事业的发展，1973年10月，对首都机场进行了大规模的扩建。扩建后的机场总占地面积达920公顷，场内新落成1座建筑面积为6.1万平方米的候机大楼；建成自动化航空管制和指挥系统；2条长度分别为3800米和3200米的跑道，承载能力每平方米达500吨，可以停降世界上最大型的飞机。同时，改建和新建了10条滑行道，增修了停机坪、维修机坪和校验坪；还建成旅客宾馆、机上食品加工间及航材库和飞机维修基地等。

新候机楼开通后，高峰小时旅客吞吐量可达1500人次。到1985年年底，共经营国内航线25条，国际航线19条，地区航线3条，可以飞往国内四面八方和世界五大洲的19个国家和地区。航运里程近20万公里。

2. 四通八达的北京铁路枢纽。新中国诞生前的半个多世纪中，北京仅有北宁、京汉、京绥3条单线铁路。北京解放后铁路建设发展很快，到1985年年底已形成连接着京山、京广、京包、京承、京原、京通、丰沙、京秦等8条铁路干线的环形网络。除西藏外，全国各省、市、自治区的首府都已有直达北京的火车。同时，还对旧有环城支线进行了彻底的改造，新建了33条联接干线，通往山区的环线、支线和联络线及若干条专用线，从而形成了四通八达的北京铁路枢纽。

1960年夏，首次由中国自行设计修建的机械化驼峰编组站——丰台西站成功地投入使用，承担干线列车编解作业，使车站调车能力不断得到提高。到1985年，每天办理出入车数达2万多辆，接发车400多列，成为全国铁路网上大型编组站之一。为了适应京秦铁路复线通车和丰沙大电气化铁路开通，丰台西站下行系统工程正在施工，它将成为一个三级八场双向驼峰综合自动化编组站。

同时，为满足客运量日益增长的需要，1956年赶修了永定门客运站。1959年9月，首都十大建筑之一的北京新火车站在市中心区建国门内大街南侧落成。它占地约25万平方米，是全国客流量最大的客运站。1985年每日到发列车77对，日均上车旅客达8.2万人。

3. 加速发展现代通讯手段，建立电讯通信网。首都是全国的政治中心，离不开现代化的通讯手段。北京刚一解放，电讯职工就首先抢修和疏通了以北京为中心、通达全国各地的通讯网，使市内电话正常运行。1958年，在市区西长安街北侧建成北京电报通讯枢纽大楼。50年代还建成了北京国际无线电发讯台、收讯台。60年代建成了微波站等规模较大、具有现代化装备的通讯设施。1976年，长途电话通讯枢纽——长话大楼建成，建筑总面积22500平方米，所有设备均为国内最新产品，经营长途电话、电报、电话会议、电视以及微波与卫星地面站相关联的国际通讯系统。

为发展国际通讯事业，1973年建成第一座国际卫星地面通讯站，卫星通讯线直径达30米。1974年和1982年又相继建成2座卫星通讯地面站，通过印度洋和太平洋上空的国际通讯卫星和世界各国建立起卫星通讯联系。

经过36年的建设，北京的电信管理部门已发展成拥有电报局、长途电话局、市内电话局、郊区电话局、无线通讯局等通讯专业单位。经营的电信业务包括：长途电话、电报、用户电报、市内电话、郊区电话、国际通信、相片、真迹、报纸传真、数据传输、广播电视传送等。统一的、四通八达的、采用多传输手段的电讯通信网已初步形成。

1983年12月动工兴建的北京国际电信局，是中国首座现代国际通信大楼，其总建筑面积2.2万平方米，建成后将与北京长话大楼和京郊的卫星地面站用微波沟通，以形成局、站之间网状网络结构，并将成为中国国际通讯的总出口局。

三、建设全国的文化中心

新中国成立后，北京成为全国的文化中心，各种教育、科研、文化设施得到了迅速发展。

（一）建设教学用房，发展高等教育事业。

北京的近代高等教育事业已有80多年的历史。解放前，北京有北京大学、清华大学、燕京大学、辅仁大学、协和医学院等全日制大学13所，在校学生15000多人，专职教师2000多人。

解放后，北京的高等教育事业有了突飞猛进的发展。36年来，在进行院系调整和教学改革的基础上，新建了中国人民大学、中央民族学院、马列学院、政法学院、外语学院、医学院、体育学院、林学院、农学院、矿业学院、石油学院、地质学院、钢铁学院、航空学院、邮电学院、化工学院、外贸学院、轻工业学院、音乐学院、美术学院、电影学院、工艺美术学院、戏剧学院等几十所高等院校。到1985年年底，新建校舍近300万平方米。全市全日制高等院校已发展到62所，在校学生12万人。与此同时，还开辟了一条崭新的职工大学、职工业余大学、函授大学、夜大学以及电视大学、自修大学等多层次、多规格、多形式的成人教育之路。国家还投资各高等院校新建、扩建电化教育用房，装备了具有国际先进水平的电化教育设备。为加快培训外语翻译人才，在北京外国语学院内建成的电化教学楼就是很有代表性的一例。这座7800多平方米的教学楼内设有同声传译设备的学术会堂、中小型视听教室、语言试验室、资料室、彩色录像室等，安装有卫星接收、闭路电视、幻灯及电影制作等设备，可同时容纳2000名学生学习。

（二）科研机构的建设。

旧北京的科研机构只有一个综合性的“北平研究院”，只有几十个科研人员。新中国成立后，为迅速发展科技事业，赶超世界先进水平，1950 年就成立了中国科学院。1956 年拟定并批准了全国科学技术发展的 12 年长远规划，确定了战略目标，各种科研用房的建设也逐步展开。

最初兴建的一批科研机构设在市区西北郊海淀区的中关村一带。首先建成的有近代物理研究所、电子研究所、自动化研究所、计算技术研究所、力学研究所、声学研究所等，后来又建成原子能研究所、高能物理研究所等。中关村一带已发展成拥有 20 多个研究机构的科学基地。它和清华大学、北京大学等高等院校的研究单位连成一片，构成了科技力量雄厚的“科学城”。

50 年代后期，又在市区北郊的德胜门外南北沙滩地区兴建了遗传研究所、地理研究所、地质研究所以及研制生产半导体原件的工厂。以后又建成了发育生物研究所、感光化学研究所以及大气研究所的检测铁塔，并对半导体原件厂进行了大规模的改扩建，成为微电子技术的研究基地——半导体研究所。

此外，在京郊西山山麓建成北京植物园，并在园内建成国家植物标本馆，建筑面积达 11 万多平方米，总容量标本 400 万号。在怀柔水库北岸建成了北京天文台怀柔太阳观测站。

36 年中，中国科学院系统在北京地区先后建成 45 个研究所，房屋建筑面积共达 130 多万平方米。

为适应社会科学事业飞速发展的迫切需要，中国社会科学院于 1977 年正式成立，已拥有研究所 32 个。15 层的科研大楼于 1984 年在城区东部建国门立交桥头北侧建成交用，地坪以上总高近 60 米，总建筑面积达 4.3 万平方米。楼内 5—15 层安排给 10 多个研究单位使用，这里开辟有安静区和管理区。安静区里为研究人员设置了开架书库和研究小室。楼内还设有多个大、中、小不等的会议室和接待室，以方便国内外学术交流。

36 年中，全市建成各级各类科研机构 540 多个，建成科研用房 400 万平方米，从事科研的人员达到 22 万多人。其中北京市属的科研机构有 200 个，初步形成了以中国科学院、中国社会科学院和国家各部、委专业科研机构组成的全国科研中心。

为了迎接世界科学技术和社会经济发展新高潮的到来，一批新型的科技文化设施，如新北京图书馆、中央彩色电视中心、中国科技情报中心、中国科技交流中心、中国国际文化交流中心、中国儿童发展中心等正在建设中。

（三）群众文化设施遍布城郊。

新中国成立，北京供演出用的专业剧场又小又少，集中在城区的闹市区。经过36年的建设，北京已拥有话剧、歌剧、舞剧、京剧、评剧、河北梆子、木偶剧、音乐、舞蹈、曲艺、杂技、皮影等多剧种、曲种，拥有艺术团体41个，形成1万多人的庞大文艺队伍。供演出用的专业剧场也已发展到37座，观众席位5万多个。36年中，改扩建了原有的长安大戏院、吉祥戏园、广和剧场、中和戏院以及中山公园音乐堂等，新建了首都、天桥、人民、二七剧场，北京展览馆剧场、民族宫礼堂、红塔礼堂、市工人俱乐部、五道口工人俱乐部等规模较大、设备较好的专业剧场。此外，各区、县也都建设了影、剧院，许多机关、高等院校、大型企、事业单位都建有兼演影剧的大礼堂。到1985年年底，全市已拥有电影放映单位2100多个，观众席位达11万多个，总建筑面积为1.1万平方米。中国第一座现代化大型歌舞剧场——中国剧院，于1984年6月建成。这个剧院能容纳1800个观众座位，场内设有空调和自动报警设施，舞台具有升降、推拉、旋转等多种现代化功能，舞台面积约600平方米，可容纳近千名演员同时演出，灯光及电声设备多由电子计算机控制，达到了80年代国际上较先进的水平。

为繁荣社会主义美术事业，1960年在市中心区建成了中国美术馆。这是一座美丽的中国古典式建筑。周恩来总理曾亲自审查设计方案，毛泽东主席题写的匾额高悬在正门中央。为了推动国画艺术的发展，1984年5月在近郊海淀区的白塔庵建成中国画研究院，供从事中国画创作的画家，特别是造诣很深的老画家深入研究创作理论和技法。画院建设用地1.2公顷，总建筑面积7800平方米，院中亭台曲廊，小桥流水，叠石假山、庭院绿地，布置得当。经过五年的精心施工，1984年5月全部竣工交用。

为适应艺术人才的培养，新中国成立初期建成了北京市戏曲学校和北京舞蹈学校，继而建成中央音乐学院、中央美术学院、中央工艺美术学院、中央戏剧学院等。80年代又发展成立了北京戏曲学院和北京舞蹈学院。一幢幢专业教学楼、排演厅、琴房等，为培养专业艺术人才提供了良好的学习、生活条件。

（四）体育设施的建设。

1949 年 10 月以前，北京只有一座可容 1 万多人的破烂不堪的先农坛体育场。新中国成立后，先农坛体育场得到整修、扩建。五六十年代，国家体委和北京市总工会先后在市区东南部建成北京体育馆、北京游泳馆，在东郊建成北京工人体育场、北京工人体育馆，在西郊建起首都体育馆等大型公共体育设施。此后，全市绝大部分区、县都先后建设了公共运动场、固定看台灯光球场。有的区、县还建成了游泳池、乒乓球训练房等体育设施。学校、厂矿以至农村的体育设施的建设都有了很大发展。至 1985 年年底，全市拥有各类体育场地达 5000 多处。

为迎接世界技巧体操、冰球比赛，在首都体育馆东侧建成一座现代化的综合训练馆，全馆占地 9200 多平方米，训练馆建筑面积 1 万多平方米，训练馆内设有国际标准的冰球场和体操、艺术体操、击剑、篮球、排球、羽毛球等多项体育项目训练地，此外还设有电化教育室、舞蹈练功房等其他附属设施。

四、现代工业项目的建设

旧中国的北京是一座文明古都，又是一座经济落后的消费城市。新中国成立后，市人民政府制定了把北京由消费城市改变成生产城市的建设方针，北京开始了现代工业项目的建设。1950—1952 年 3 年经济恢复时期，工业建设的重点是改扩建原有工业企业。扩建了新华印刷厂、清河制呢厂的精纺车间、石景山钢铁厂的洗煤厂等；新建企业较少，主要是东郊面粉工厂、化学试剂厂和北京第一机床厂等。

北京市现代工业项目的大规模建设，是在“一五”“二五”计划时期，即 1953—1962 年期间。重点是建设重工业项目。煤炭工业方面，首先进行大规模的资源勘探，改建了城子、木城涧、门头沟、安家滩、房山等 5 个主要矿井。新建了大台、北立槽、五平村、长沟峪等新矿井。电力工业方面，扩建了石景山发电厂和电车公司的通州自备电厂，在永定河上新建了官厅水电站、模式口水电站和下马岭水电站，在东郊建成第一热电厂。冶金工业方面，对石景山钢铁厂进行了改造和扩建，由国家投资 3.2 亿元，重建了 3 座高炉，新建了 7 座小转炉。1958 年炼出了第一炉钢，结束了这个厂建厂以来只炼铁不炼钢的历史，向钢铁联合企业迈出了第一步。1958 年前后，北京钢厂和北京特殊钢厂相继建成。机械制造和电子工业方面，除改造一些旧有的修械所、铁工厂外，还新建了汽轮机厂、发电机厂、重型机械厂、通用机械厂、起重机厂、金属结构厂、内燃机厂、汽车附件厂等。在长辛店和丰台一带建设了铁路设备修造厂。在酒仙桥一带建成了十几个生产电子产品的大、中型企业。化学工业方面，在东南郊建成化工二厂和一批生产化肥、农药、医药染料、橡胶制品、增塑剂的工厂。建材工业方面扩建改造了琉璃河水泥厂，建成豆店、南湖渠等 5 个砖瓦厂和昌平、南口等地的石渣厂、砂石厂、石灰石厂等。建筑五金、木材加工、家具工厂等也有了新发展。轻纺工业方面，建设了一批棉纺、毛纺、食品、造纸、日用机械、特种工艺和日用小商品等工业项目。在东郊十里堡建成国棉一、二、三厂和印染厂等棉纺中心和合成纤维实验厂。在北郊清河扩建了清河毛纺厂，建成绒毯厂、第二毛纺厂，形成从毛条、纺纱、织、染、粗纺、精纺配套的毛纺织工业体系。其他如灯泡厂、缝纫机厂、手表厂、铝制品厂、玉器厂、保温瓶厂、第一食品厂、东郊葡萄酒厂等企业也先后在这一时期建成投产。

60 年代中后期，先后建成了首钢 850 开坯机、北京重型电机厂、第二通用机械厂、北京锅炉厂和燕山石油化学总公司等。

1980 年以后，根据中共中央、国务院批准的关于首都的建设方针，对工业投资方向作了调整，建设重点开始从重工业转向食品加工工业和适合首都特点的轻纺工业。为了尽快改变首都食品加工工业的落后面貌，几年中先后从十几个国家和地区引进了食品加工机械和成套生产线 200 多项，包括啤酒、牛奶、面粉、油脂、肉食、糕点、豆腐、挂面、果汁、汽水、卷烟和配餐、快餐等方便食品的加工设备和生产线。服装工业方面新建、扩建和改建了一批纺织工业项目，引进了一些国外先进技术和设备，增加了纺织产品的生产能力，提高了现代化技术水平。1981—1985 年，轻工业完成基本建设和更新改造投资达 27.4 亿元，在工业投资中占所占比重由前 31 年的 13.8% 上升到

32%。建成年产涤纶纤维 1.5 万吨的北京化纤厂，扩建了京棉一、三厂和峪口、玉渊潭棉纺厂，并在京棉二厂新建了 3 万锭气流纺生产车间，基本解决了棉纱供应不足的问题。此外还新建了北京羊毛衫厂、北京羊绒衫厂，扩建了北京衬衫厂、北京大华衬衫厂、华丽衬衫厂、北京床单厂、北京毛纺厂、北京绒毯厂等。在耐用消费品方面重点建设了一批生产电视机、电冰箱、电风扇、洗衣机、录音机等家用电器和照相机、中西乐器、金属眼镜架等高档消费品的工程项目。

36 年中，全市用于工业建设的投资达 217.9 亿元，占全市投资的 40%；新建工业用房 2000 万平方米，相当于 1949 年 10 月以前原有面积的 14.5 倍。先后建成了以纺织工业为主的东郊八里庄工业区，以化学工业为主的东郊大郊亭工业区，以冶金、机加工为主的石景山工业区，以毛纺织、建材工业为主的清河工业区，以电子仪表工业为主的酒仙桥工业区和石油化工基地燕山区，形成了包括煤炭、电力、钢铁、石油化工、机械、电子仪表、食品、轻工、纺织、建材、印刷、医疗卫生、工艺美术等门类比较齐全的工业生产体系。

五、加强城市市政公用设施建设

36 年中，在建设城市道路、交通、供水、排水、煤气、热力等各项市政公用设施方面，共投资 53.5 亿元，占全市投资的 9.8%。

（一）城市道路和交通建设。

经过 36 年的建设，城市道路总长度已达 2979 公里，其中高级和次高级路面有 1932 公里，占全部道路总长度的 60%。宽度超过 13 米的沥青路达 150 多条。到 1986 年年底已建成快慢车分行、中间有绿化隔离带的“三块板”式道路 154 公里，面积达 431.8 万平方米。为消除市内交通堵塞，在城区打通了从石景山到通县的市中心东西轴线；接着又先后展宽，打通了从阜成门经西四至朝阳门，从东四十条至北海后门，从广渠门至广安门从西便门至东便门的前三门大街等东西干道。建成菜市口至北太平庄，雍和宫豁口至天坛东侧路等南北干道。拆除旧城墙，修建了北二环路；连通了三环路；建成文教区、使馆区、工业区的道路；改造了昌平路、京周路、永南路、朝阳路、西颐路、安定路、京顺路、学院路等十几条放射线路。有效地缓和了城市交通拥挤的状况。到1985年，北京的城市道路，已在改造原有棋盘网格状道路格局的基础上，基本形成了一个由4条环路加9条主要放射路和14条次放射路组成的道路系统。4条环路各有不同功能，内环路联系城内各地区之间的客运交通；二环路主要疏导穿城的过境交通；三环联系近郊各地区之间的货运交通。9条主要放射路都以二环路为起点，分别通往承德、山海关、天津、开封、保定、太原、大同、张家口和丰宁。14条次要放射路通往近郊各地区和远郊城镇。

城市道路的发展，为公共交通开辟了广阔的前景。到1985年年底，全市已有公共交通车辆4593辆，其中公共汽车3819辆、无轨电车589辆、地铁车辆185辆。开辟、调整市郊公共电汽车营业线路193条，线路总长度2341公里；开辟长途汽车营业线路212条，线路总长度18400公里。自1984年起，北京的出租汽车行业空前蓬勃发展，到1985年年底，有全民、集体、个体联营、合资等各种类型的出租汽车公司215家，拥有车辆1.2万多辆。地铁一、二期工程全部竣工投入运营，一期工程全长23.6公里，沿途停靠17个车站；二期工程全长16.2公里，沿途有12个车站。地下铁道已成为首都公共交通的主要干线，对缓和乘车拥挤起到了一定作用。

（二）城市水资源开发和自来水供应。

北京是个缺水的城市，历史上曾进行过多次引水工程，但多数没有成功。解放前夕，全市日供水能力5万吨，有供水井29口，供水范围只限于繁华地区的3万户、约60万人。自来水普及率为29.5%，供水管线长367公里，水压高低悬殊，极不平衡。北京解放不久，市政府就着手水资源的开发建设。经过36年的努力，北京建成水库85座，其中大型水库3座，中型水库14座，小型水库68座。总库容量达72亿立方米。在平原河道上建拦河闸50座，总蓄水能力0.47亿立方米。同时，大力开发地下水，城乡共打机井近4万口，年开采地下水近25亿立方米左右。至1980年，北京地区的地表水和地下水，经人工控制调节的可用水资源，平水年为47亿立方米，枯水年为34亿立方米。建成的主要水源工程有官厅水库、十三陵水库、怀柔水库、密云水库和永定河引水工程、京密引水渠等，并兴建了大量的给水设施。

1985 年，全市有供水厂 22 座，其中日供水能力在 30 万吨以上的大型水厂有水源三厂和水源八厂两座，新建的日供水能力为 17 万吨的田村山河水厂已投产，日供水能力达百万吨的水源九厂正在建设中。这些水厂除水源六厂专门供东南郊化工企业生产用水外，其他水厂均供城市生活及生产用水。1985 年，全市日供水能力 175 万吨，其中市区的日供水能力为 162 万吨。全市铺设的自来水管线总长度 4927 公里，最大管径 2 米，管网呈环状，由多水源对置供水，水压比较均衡。市区供水面积为 371 平方公里，用水人口 450 万人，普及率为 92%。

（三）排水工程。

北京的下水道建设已有 700 多年的历史，远在元朝建大都时，就开始建设下水道系统。明初改建京城时，进一步完善了沟渠排水系统。清乾隆年间又进行了改建。到北京解放前夕，不仅没有发展，而且由于年久失修而淤塞。1949 年，城区雨污水合流的旧砖沟仅剩下 221 公里，集中在东、西城高官富商居住的地方。这些旧沟由于无人管理、走向不明，大部分坍塌毁坏，能用的只有 22 公里。城内不少地方地势低洼，每到雨季有几十处严重积水。特别是广大劳动人民聚居的南城和关厢一带没有下水道，污水横流，环境非常恶劣。

1950—1952 年，对全部旧沟进行了掏挖和整修，使其发挥了排水效能。1950 年春天，开始了对龙须沟的整治工程。龙须沟位于北京南城天坛以北，是外城自西向东的一条主要排水明沟，沟里垃圾成堆，一年中有 9 个月臭气熏天。这里夏季蚊蝇丛生，成为流行性传染病的发源地。每逢大雨，沟西北广大地区的雨水奔流直下，倾注沟内。沟水四处漫溢、进屋上炕，雨后积水严重，一两天内方能退去，造成房倒屋塌，溺死儿童，严重威胁着当地居民的生命财产安全。过去历届政府对此从不过问，却多次借口修沟横征暴敛。1950 年春天，在新中国成立不久经济还很困难的情况下，北京市人民政府决定对龙须沟进行全面整治，共投资 66.6 万元。1950 年 5 月 16 日正式开工，仅用了 7 个月的时间就全部完成了沟的整治工程。共计修建下水道干支管

9381 米，疏浚明沟 1995 米，填平旧明沟土方 11820 立方米。并在沟上修了一条宽阔的马路，安装了电灯，通了电车，装了自来水和公共水站。

紧接着，对大石桥、陶然亭、夕照寺、李广桥、泡子河、右安门内、铜法寺等处的下水道和臭水沟也陆续进行了整治。从而大大改善了城区的排水条件和环境卫生。在内城修建了“四海下水道”，净化了什刹海、后海、小海、西海的湖面，使西城区的下水全部有了归宿。

随着城市建设的发展，市政有关部门分区域建设了雨水、污水分流的排放系统。36 年来，城市郊区共建成各种排水管道 2200 公里，形成管线纵横交错、具有提升泵房和处理厂的排污管网系统，并开始向污水净化重复利用方面发展，城区大的积水区基本消除。

（四）城市煤气与集中供热。

北京的城市煤气、石油液化气事业和集中供热从无到有，取得了显著的社会、经济效益。

城市煤气的应用始于 1957 年。最初由首都钢铁公司用焦炉煤气在古城住宅区进行试点，敷设了 5.2 公里长的管道，供应 522 户。1958 年，在市区南郊建设北京焦化厂，设计规模为 3 台大型焦炉。1973 年又扩建第 4 台炉，使全厂日供煤气量达到 80 万立方米。1983 年北京煤气厂全部扩建完成，日产煤气由原来的 10 万立方米增加到 30 万立方米。1984 年首钢焦炉煤气第一期工程建成，日供煤气 15 万立方米。1985 年，全市管道煤气日供能力达到 125 万立方米。同时，北京焦化厂正在改扩建，可再增加 48 万立方米供气量；华北油田天然气进京第一期工程是从河北省永清县铺设一条 77 公里长的管道，经河北省廊坊市和北京市郊的大兴县、通县至北京市朝阳区进入市区。这条管道已于 1984 年年底铺完，向市区西北郊的“科研大学城”供气。其设计能力折合成焦炉煤气为每日 80 万立方米。这样，全市日供煤气量可达到 250 多万立方米。

随着燕山石油化工配套体系的建成，2 条通往市区的液化气输送管道和 3 个灌瓶厂也随着建成。煤气、液化石油气已成为首都城市居民生活必需的主要能源之一。1985 年年底，全市使用煤气、石油液化气的城镇居民已有百万户，气化率占全市城镇居民的71%，用气人口约400万人；同时还供应宾馆、饭店、公共福利设施、外交使团公寓等。

北京的集中供热事业是1958年随着市东郊第一热电厂的建设而发展起来的，当年建成第一台2.5万千瓦的供热发电机组，敷设管道13.4公里，为2.8万平方米的民用建筑采暖供热。经过15年的建设，第一热电厂于1973年全部建成，采暖供热能力达到每小时200百万大卡。1974年，市西郊第二热电厂第一期工程上马，设计规模为每小时供热能力360百万大卡，可带供热面积500万平方米，1978年该厂第一期工程基本建成，并开始向市区供热。到1985年年底，全市民用集中采暖供热中由热电厂供热的面积达到916万平方米，在全市民用楼房建筑当中的比重达到12%。

左家庄供热厂和石景山电厂是正在建设中的两项供热重要工程。左家庄供热厂是一座以热水锅炉作为热源的大型区域供热工程，设计能力每小时供热250百万大卡，全部投产后供热面积达到400万平方米；1985年冬季已部分投产运营。石景山发电厂将改建成有3台60万千瓦机组的热电厂，规划供热面积约1000万平方米。

六、改善群众居住、生活条件

（一）住宅建设。

36年来，全市用于兴建住宅的投资达83.6亿元，占全部基建投资的15.3%；建成住宅面积5770万平方米，合100万套，相当于北京解放前夕原有住宅总面积的4.2倍。住宅质量也由解放初期仅有卧室的排房发展到有厨房、厕所的单元式房屋，由平房发展到多层和高层楼房，由砖木结构发展到混合结构和钢筋混凝土结构。

1981—1985年，住宅建设发展迅速，五年中全市用于住宅建设的投资达51.7亿元，是前31年的1.6倍，每年平均以450多万平方米的速度前进，共建成住宅2260万平方米，合40万套。为提高土地利用率和克服分散建设住宅所带来的一些弊端，实行统一规划，统一建设住宅区的规模日渐扩大，并已成为北京城市住宅建设的主要形式。到1985年止，全市以这种方式正在建造的、建筑面积在10万平方米以上的住宅区达50多片，规划建筑面积1600万平方米。这些住宅区中，已建成和基本建成的有劲松、团结湖、前三门大街、复兴门外、双榆树、左家庄、西便门、刘家窑、蒲黄榆、老山、古城八角、中关村等住宅区；正在建设的有五路居、香河园、塔院等住宅区。北京最大的规划建筑面积为280多万平方米的方庄住宅区已开始动工。此外，还开始了对金鱼池、陶然亭、青年湖、北营房等破旧危险房地区大面积的改造。这些新住宅区的建设，都配有比较齐全的市政、公用设施和文化教育、文艺娱乐、体育卫生以及商业、饮食业、服务业网点等设施，并尽可能考虑了绿化、美化布置，使住宅区更好地适应人民生活日益提高的需要。

（二）副食品生产基地和冷库建设。

进入80年代以来，北京全市常住人口和流动人口已超过1000万人，每天需要消费粮食、蔬菜、牛奶、鸡蛋、肉食等主副食品2000多万斤。多年来，京郊农民本着利用当地资源、因地制宜、相对集中、发挥各自优势的生产方针，使蔬菜、牛奶、鲜蛋的产量基本满足了首都人民生活的需要。到1985年止，郊区已初步建成以近郊为主、远郊为辅的蔬菜生产基地，播种面积达5.4万公顷。以国营农场为主的牛奶生产基地，奶牛头数已由50年代初期的1500头增加到近4万头，增长了20多倍，年产奶量13.5万吨。以平原粮区为主的生猪、禽、鸡蛋生产基地，以浅丘陵地和平原沙地为主的干鲜果品生产基地，以池塘和大、中、小水库为主的淡水鱼生产基地，都已相继建成。

为了保证粮食、蔬菜等农作物的生产，针对解放前广大地区洪涝灾害严重的事实，36年来，对水、旱灾进行综合治理，除在京郊修建水库外，还建成塘坝近500处；万亩以至几十万亩的大型灌区44处；衬砌渠道5000多公里，疏挖排灌河道720公里，整修加固堤防4400多公里；修建灌排抽水泵站6300多处，配套机井近4万眼。

随着人民生活水平的提高，对肉、蛋、鱼等的需要量越来越多，为了保证供应，采取国营、集体、个体一齐上的办法。以鸡蛋为例，国营方面建成了包括良种繁育、商品蛋生产、配套饲料生产、疫病防治、鸡舍建筑和机械设备制造等现代化生产体系，有力地改变了首都养鸡业的面貌，实现了鲜蛋自给。全市已拥有国营鸡场71个，成为养鸡事业的主导力量。加上集体鸡场、养鸡专业户和重点户的生产，到1985年年底，全市鸡蛋产量达到14万吨。

国营肉鸡联合生产体系也已初步建成。1983年10月开始兴建的北京肉鸡生产联合公司，总建筑面积8.4万平方米，每年可生产、加工肉鸡1000万只，是1985年全市年总产量的3.5倍。昌平县东沙各庄还建设了一座具有世界先进水平的“养禽城”——北京市种禽公司。它拥有原种鸡场、种鸡场、种鸭场、种鹌鹑场、种火鸡场、种鸽场、种鸟场和20万只蛋鸡场、饲料厂和种貂场等10个企业，常年向外运送规格多样的产品。这里输出的良种家禽已在全国除西藏、台湾以外的各省、市、自治区落户繁衍。

为保证首都市场主副食品常年供应不断，1980年以来，先后新建了一批粮库和副食品冷库，较大的有黄村粮库筒式钢板仓和西南郊冷库与大红门牛、羊肉冷库。黄村粮库筒式钢板仓的建成，不但减轻了工人的劳动强度，保证了粮食的营养价值，而且为科学储粮创出一条新路。西南郊冷库是全国最大的冷库，它由3个1.5万吨的冷库及其附属工程构成，总建筑面积约11万平方米，采用了国内先进设备，制冷系统全部由自动化设备控制。

（三）医疗机构建设。

解放前夕，北京有协和、北大、同仁、道济等医疗卫生机构61个，病床3001张。北京解放后，市政府对旧的卫生医疗机构进行了改、扩建，并新建了大批的综合性医院、专科性医院、中医医院、中西结合性医院、妇幼保健医院、卫生防疫站、急救站、农村卫生院、疗养院以及医学教学、科研用房。1985年，全市拥有医疗卫生机构4240多个，遍布城乡各地；病床4.1万多张，专业卫生技术人员9万多人；全市平均每千人有床位4张，各级医疗机构都配备了比较先进的医疗设备。全市新建扩建的大中型综合性医院主要有北京医院、友谊医院、同仁医院、北大医院、首都医院、中日友好医院、朝阳医院、宣武医院、和平里医院、复兴医院、铁路总医院、邮电医院、建筑职工医院、回民医院、垂杨柳医院等。建成的专科性医院主要有主治心脏病的阜外医院，专门颅脑外科的天坛医院，肿瘤防治研究中心——肿瘤医院，以治疗骨伤、烫伤、烧伤为主的积水潭医院，治疗传染病的结核病医院和第

一、二传染病医院，以及口腔医院、整形外科医院、妇产医院、儿童医院、中医医院等。

（四）城市绿化美化与公园建设。

北京的园林、风景区不少，但在解放前对游人开放的只有中山公园、北海公园、天坛、颐和园、动物园、景山和太庙（今劳动人民文化宫）等7处。动物园里的动物只有3种、17只，其中大部分是猴子。经过36年的努力，除对原有公园进行了整理和修缮外，还结合城市环境治理，先后开辟了陶然亭、紫竹院、龙潭湖、日坛、月坛、玉渊潭、香山、卧佛寺、八大处、十三陵、八达岭以及东单、宣武、南苑、长辛店、小黑山等公园和风景区；扩建了动物园；新建了植物园；并对土城、八宝山、圆明园等规划中的大公园进行了造林绿化。许多公园的面貌焕然一新。比如北京动物园，新建了海兽馆、猩猩馆、两栖爬虫馆、象房和小动物园等新兽舍，展出动物达503种、3100多只，许多动物是国内和世界稀有动物。到1985年止，全市拥有公园绿地和风景区70多处，公共绿地面积发展到3284公顷，人均占有公共绿地由解放初的3.6平方米增加到4.9平方米。道路绿化发展很快，基本上能做到道路修到哪里，绿化跟到哪里。到1985年年底，行道树总长度已达2020公里，在市区东北郊酒仙桥地区和西北郊八大学院附近营造了小型防护林带。在新建的工厂、学校、机关、医院、使馆、宾馆、博物馆、展览馆等公共建筑和居住区周围，都栽种了树木、花草。城市建成区的树木约1395万株，绿化覆盖率达22%。

七、保护文物古迹，发展旅游业

据有关部门确定，北京拥有188项国家级和市级重点文物保护单位，其中绝大多数属于古代建筑和历史纪念建筑物。50年代，对这些建筑重点维修过一次。但在“文化大革命”中都遭到不同程度的人为破坏和自然损害。粉碎“四人帮”以后，对这些古建筑进行了大规模修缮，各有关方面投资上亿元，使许多濒于危境的古迹修复如初，重放异彩。李大钊烈士陵园、鲁迅纪念馆、宋庆龄故居、郭沫若故居、徐悲鸿纪念馆、文丞相祠、首都博物馆、皇史宬、古观象台、雍和宫、潭柘寺、戒台寺、白云观、颐和园四大部洲、北海静心斋及房山县大葆台等经过精心修缮都已对外开放。还对老北京古城墙拆除后仅存的前门城楼与箭楼、德胜门箭楼和东南城角楼进行了全面的维修；制定了对周口店猿人遗址、昌平明十三陵及元大都土城等古迹的保护措施；对鼓楼、钟楼、卢沟桥、宛平县城、恭王府、圆明园和大兴县团河行宫遗址进行了修复。还开展了“爱我中华，修我长城”的社会赞助活动。至1985年年底，累计收到国内外各方赞助款900多万元，修复长城八达岭北七、北八、南五、南六城台及部分城墙，并拨专款修复长城在密云县境内的金台岭段和怀柔县境内的慕田峪段。1978年9月，国务院批准重修琉璃厂文化街。1986年第一期工程已完成。新改建的琉璃厂文化街保留了原来的弧形走向，沿街仿清末民初民间店铺式样，建筑错落有致。从1984年9月26日开始，观复斋、庆云堂、来熏阁、宝古斋、韵古斋等老字号店铺已陆续迁回新落成的35幢新店内营业。

利用北京有山有水有文物古迹的特点发展旅游业，是北京城市建设的一个重要方面。1980年以后，在旅游旅馆的建设中，采取了国家投资，利用外资和中外合资等多种形式，实行国家、集体一起上，高档旅馆相对集中，中、低档旅馆均匀分布等一系列措施。旅游旅馆的建设进展很快。由北京市政府直接组织建设的高档旅馆有燕翔、燕京、建国、香山、华都、西苑、长城、京伦、丽都、燕春、日坛、昆仑、兆龙、国际、长富宫15座，总建筑面积60万平方米，全部建成后可增加客房1万间。同时，对原有的和五六十年代建设的北京饭店、民族饭店、新侨饭店、友谊宾馆、和平宾馆等进行改建扩建，使之适应旅游事业发展的需要。由市属各区、县、局兴建的以中低档为主的旅馆、饭店，已列入计划的有100多座，其中70多座已开工建设，新建成的有天寿山、回龙观、紫玉等20多处。由于农村经济形势的蓬勃发展，农民也开始投资兴建饭店，海淀区四季青公社与香港合资建造的北京香格里拉饭店已基本建成。

到1985年止，北京全市建设的已用于接待入境旅游者的饭店、宾馆已有63座，共有客房1.6万多间，可同时接待游客3.2万多人。

第二节 天津市的建设

天津是中国三个中央直辖市之一，是首都北京的门户。明永乐初建天津卫，简称津。天津市位于华北平原东北部，海河水系下流，北依燕山，东临渤海。市中心分6个区，还有塘沽、汉沽、大港3个滨海市区，4个郊区和蓟县、宝坻、武清、静海、宁河5个县。全市总面积1.1万多平方公里。解放时①市中心区面积61平方公里，1985年已达161平方公里。

天津地区自然资源丰富，70年代以来在北大港及渤海湾又有石油和天然气开采。在农产品方面，以粮食作物为主，市区东南的“小站稻”久负盛名。北部山区盛产山货、核桃、板栗、乌枣、山楂、磨盘柿子和天津鸭梨。在水产方面，内河的银鱼、紫蟹、渤海湾的对虾、黄鱼都是水族珍品。天津沿海一线滩平面宽，日照时间较长，交通方便，便于盐的生产和集运。

天津城市的形成和发展，同天津的地理位置关系很大。元、明、清三个朝代都建都于北京，天津处于京师门户的地位。从历史上说，南粮北运，盐的生产和集运，南方的丝绸、贡赋等均需途经天津中转到北京，天津成为南来北往的交通枢纽，经济也随着发展起来。第一次世界大战前后，民族资本才有较大发展，大部分从事商业和进出口业，但也出现了像久大盐业公司、永利碱厂、棉纺厂、造船厂等一批现代化大型工业企业。随着工商业的发展，城市公用事业逐渐兴起。于是，中国北方最大的工商业城市和对外通商口岸逐步形成。但由于帝国主义的侵略，在相当长的时期内经济发展缓慢，工业开工不足，产业结构畸形，民族工商业奄奄一息。一九四七年全市工业总产值仅6亿元（折合人民币）而且主要是一些轻工业，农业生产水平很低，粮食平均每亩只有60斤左右。市政设施支离破碎，极不合理。

一、基本建设发展的几个历史阶段

自1949年到1985年，经过36年的建设，天津已成为中国南北交通的枢纽，

---

① 天津市1949年1月15日解放。

京沈、京沪两条主要干线在天津市内相交。天津机场是中国大型机场之一。1952 年建成的新港是中国最大的人工海港，集装箱码头居全国之首，可停靠万吨以上巨轮的泊位有 23 个，年吞吐量达 1858 万吨，是中国北方进出口物资的集散地。轻重工业比例日趋合理，新花色、新品种、优质产品一批批出现。城市面貌大有改观。36 年来，天津市全民所有制基本建设累计投资 276.43 亿元，新增固定资产 207.68 亿元；建成各类房屋 5846.9 万平方米，相当于 1949 年市区房屋总面积的 2.95 倍；城市建成区面积 1958 年比 1949 年增加了 100 平方公里，达到 282.4 平方公里。36 年来，天津市的基本建设主要经历了如下几个阶段：

（一）在重点恢复改造老企业的同时，开始进行中国第一个人工港口——新港的建设（1949—1957 年）。

50 年代初期，由于抗美援朝战争的爆发，考虑国防安全，国家对沿海地区投资不多。1950—1957 年，天津市累计基本建设投资仅 10.68 亿元，占 36 年基本建设投资总额的 3.8%，其中三年恢复时期基本建设投资累计仅 1.67 亿元。“一五”计划期间投资的重点是工业，工业资本建设投资占同期基本建设投资总额的 35.4%。根据天津市工业具有一定基础的特点，工业建设贯彻了“充分利用，合理发展”的方针，对老企业不平衡的环节填平补齐，以扩大产品产量，增加产品花色品种；增设劳动保护设施，改善劳动条件；采用较为先进的措施，提高生产效率和提高产品质量。五年间，30 多个重点工业项目中，只有农药厂、感光胶片厂和手表厂、第一机床厂（以公私合营方式组建，当时名称为示范机器厂）等少数是新建项目，其余都是利用老企业原有的基础，予以少量投资，促使发挥更大效益。这 30 多个重点建设项目，是经过精选而确定的。选择的原则，主要是产品有基础，社会有需要，投资又不多。在项目的具体安排上，既考虑加强基础工业的建设，适当增加重工业在全市工业中的比重；又考虑了在社会上有一定地位、可以出口的传统轻工产品如棉布、地毯、板纸、针织品等的发展。经过重点建设，这些项目都在“一五”计划期间增加了生产能力，产品恢复了出口。

为了发挥天津作为华北地区唯一的出海口的作用，在以工业建设为重点的同时，加强了天津港的建设。天津港包括市内港区、塘沽港区和新港区。1951 年 8 月开始了中国第一个人工港口——新港一期扩建工程的建设，将原

3000 吨级码头改建成为万吨级码头，并相应完成了防波堤、铁路、港池、航道疏浚工程。在第一个五年计划时期，又在新港改建了 1 个万吨级泊位和 4 座仓库，并完成了船闸维修；在塘沽港扩建了 1 个 5000 吨级码头泊位。此外，还注意了市政设施的建设。解放初根治了为害已久的南开蓄水池、金钟河、赤龙河、墙子河等四大害；打通了北站到小树林的一条干道；建了工人新村，等等。

（二）生产能力有较大幅度的提高，工业布局逐渐摆开（1958—1965 年）。

1958 年开始，基本建设投资规模迅速扩大，1958 年比 1957 年投资额增加 1.49 倍。整个“二五”计划时期投资额达 22 亿元，比“一五”计划时期增加 1.45 倍，平均每年递增 23.5%。这一时期基本建设的主要特点是工业建设速度很快，社会生产的物质基础大为加强。工业建设新增的固定资产达 8.35 亿元，比第一个五年计划时期增加 2 倍。投资构成也有变化，建筑安装工作量所占比重下降，由“一五”计划期间的 64.7% 下降为 56.5%；设备器具购置投资由 29.4% 上升到 37.6%。工业生产设备增加较多，如金属切削机床拥有量已达 28000 多台，比“一五”计划期末增加 1.2 倍，而且增加了前所未有的大型机床和高精度机床。

主要工业设备拥有量增加的情况

表 18

设备名称	单　位	1962 年年底拥有量	1957 年年底拥有量
金属切削机床	台	28936	13018
锻压设备	台	7249	2637
炼钢平炉	座	4	2
炼钢电炉	座	39	2
输钢设备	套	26	20
烧碱蒸发罐	台	19	11
烧碱固碱罐	台	61	29
纯碱炭化塔	台	13	9
毛织机	台	438	195
纸浆蒸煮锅	台	37	27
造纸机	台	69	39

许多主要工业生产设备在这个期间成倍增加，生产能力有较大幅度的提高。这一时期基本建设的第二个特点是工业布局逐渐摆开，开发建设了一些新的工业区。1949 年 10 月以前，天津工业除三大化工厂（天津化工厂、大沽化工厂、天津碱厂）及新港、新河两船厂等几个大型企业由于产品性质和原料来源条件制约而建在塘沽沿海一带以外，全部工业企业几乎都集中在旧市区 61 平方公里范围以内。工业布局很不合理，与居民杂处，扰民、污染，生产运输不便，厂址狭窄，厂房简陋，许多企业的发展因此受到限制。“一五”计划期间新建项目很少，工业布局还没有提到议事日程。“二五”计划开始后，新建项目增加，全行业公私合营，对许多企业进行了合并改组，扩大建设，工业布局成为在建设发展中必须考虑的问题。首先以机械工业为主，在白庙、大毕庄、陈塘庄、二道桥、黄河道、丁字沽等老市区边缘组成工业地段；随后又有些仪表、轻工等行业插入，逐渐形成了新的工业区；土城工业区，原来纺织工厂较多，在这期间又迁入许多机械、冶金等工业企业；引河以北，从南仓到北仓，原有少数油漆、染料等工厂，1958 年以后，从市内迁入了重型机械厂（当时名称为天津铸锻件厂）、第二机床厂（公私合营同义和机器厂）、天津锅炉厂、并新建了发电设备厂，组成了以机械工业为主的北仓工业区，随后向北延伸，建成农药厂、骨胶厂、农药试验厂、试剂厂、染化九厂等。形成了当时天津市最主要的新工业区，通称北仓工业区。到 1985 年年末，天津市已有的工业区中除杨柳青、军粮城、咸水沽、北大港形成较晚外，多数是在“二五”计划期间初具规模的。有计划地建设工业区，使工业生产发展摆脱了原来在旧市区时的环境制约，工厂和市内居民都改善了环境，并为旧城中的改造提供了条件。例如，占地 5000 亩，投资 8000 万元的天津重型机器厂，便是从人口稠密、号称天津机器工业摇篮的“三条石”迁出的 14 家小型铁工厂在北仓重新组建的。但这一时期由于经验不足，要求过急，事先缺乏周密的调查研究和详尽的规划，存在着区内企业配置不够合理，内在联系少，布局松散，公共设施配套、生活设施配套以及工农之间的相互协作关系等都缺乏统筹安排的问题。各工业区形成后，对中心市区的依赖仍然很大，区内出现不少不合理的现象。同期，第三个特点是基本建设投资规模出现了大上大下的不稳定状态。经过以后的3年调整才逐步回升。

（三）大港油田的开发和天津港的建设（1966—1975年）。

1966年"文化大革命"开始，1967年全市基本建设投资额只完成11879万元，相当于1965年21782万元的54.5%。施工单位的劳动生产率，1966年比上年降低6.3%，1967年又比1966年降低40%，基本建设基本上处于瘫痪状态。制度废弛，程序打乱，投资比例失调。如市政工程建设1966—1975年10年间仅投资4700多万元，只相当于前10年的1/4。后期又拉长了基本建设战线，工程造价升高，工期拉长，项目竣工率下降。基本建设投资额中，转入新增固定资产的比例大幅度下降，"一五"计划时期为88.08%；"二五"计划时期为72.87%；三年调整时期为87.43%；而在1966年到1975年的10年间下降到58.03%，基本建设的经济效益显著下降。这个时期基本建设的主要项目是大港油田的开发和天津港建设。1964年以前，重点勘探渤海湾盆地时发现了大港等油田。1964年大港油田开始建设，1965年正式出油，1966年大规模开发建设。石油工业部门当年完成投资额11400万元，占当年全市投资的39%。此后，石油工业部门的投资在全市一直占有相当大的比重。石油工业成为天津市重点建设的新兴工业部门之一。随着对外贸易的发展，天津港口吞吐能力日益紧张，周恩来作了3年改变港口面貌的指示，天津港的扩建被提到建设日程上。1973年开始天津港的第三期扩建工程，先后有23个泊位和1个供油站、1个供水站以及新港二线铁路展开施工。连同前述的油田建设成为这一时期天津市基本建设的主要内容。在这个时期还建设了市内地下铁路。地铁于1970年6月开工，到1976年地震前完成了洞体6公里，铺轨5公里，没有正式通车，后因抗震救灾，改列为缓建项目。

（四）调整投资结构，加强技术改造，完成抗震救灾任务（1976—1985年）。

1976年粉碎"四人帮"，特别是1978年中共十一届三中全会后，天津市的基本建设进入了新的发展时期。这一时期的特点之一是调整了投资结构。首先注意了安排好水、电、油、气、港口、邮电通讯等能源交通重点建设项目；其次，对生产性和非生产性建设及轻重工业的投资比例进行了调整。（见表19）

各计划时期投资比例情况

表 19

时　期	生产性与非生产性投资比例（%）		轻、重工业投资比例（%）	
	生产性	非生产性	重工业	轻工业
“一五”时期	60. 1	39. 9	69. 2	30. 8
“二五”时期	77. 3	22. 7	83. 2	16. 8
“三五”时期	87. 3	12. 7	92. 3	7. 7
“四五”时期	87. 4	12. 6	94. 4	5. 6
“五五”时期	74. 3	25. 7	62. 5	37. 5
“六五”时期	48. 3	51. 7	70. 4	29. 6

由于投资结构日趋合理，固定资产投资效果有了明显好转。这主要表现在：（1）项目投产率上升。1979 年到 1985 年，平均每年项目投产率达 46. 9%，而其中 1985 年达 44. 3%，比 1978 年的 26. 9% 上升 17. 4%。（2）固定资产交付使用率由“文化大革命”10 年的 26% 上升到 58. 9%。（3）房屋建设的竣工率逐年提高，1978 年只有 38. 2%；1985 年已上升到 48. 8%。

1980 年以后，技术改造被提到了重要的地位，基本建设与技术改造同时并举。天津老企业数量多，解放后新建厂中有的也已经历了二三十年的时间，许多固定资产超龄服役，先进设备比重小。据 1980 年统计，机械行业中普通车床占 93. 57%，大型机床只占 4. 58%；高精度机床只占 1. 37%；数控机床只占 0. 48%；锅炉的热效能利用率平均只有 55%。因此，技术改造、设备更新的任务较重。1978 年后，加快了技术改造的步伐，五年中，全市全民所有制技术改造措施投资，合计 67. 1 亿元。（见表 20）

天津市技术改造投资情况

表 20

项目 \ 时期	1980 年	1981 年	1982 年	1983 年	1984 年	1985 年
更新改造措施投资（亿元）	4. 93	7. 45	10. 64	9. 56	12. 14	20. 61
占全民固定资产投资的%	22. 3	31. 4	35. 4	28. 7	32	38. 1
各年比 1979 年增长%	187	333	519	456	606	1098

这一时期也是天津市建设史上的特殊时期，即在完成基本建设和技术改造同时，完成了抗震救灾任务。

步入“五五”计划的第一年，河北省唐山地区地震，严重波及天津。天津市的房屋、道路、桥梁和许多生产、生活设施都遭到严重破坏，全市房屋中有68%受到不同程度的损害，绝大多数工厂的烟囱倾倒，许多供水管道折断，供电线路受损。除保证国家计划大中型项目的进度外，基本建设队伍全部投入抗震救灾。同时，国家还从河北、河南、山东、江苏、湖北、内蒙古等6个省区调来成建制的施工队伍，支援天津的抗震救灾工作。3年间，共修缮各种房屋万间和许多生产、生活设施。经简单恢复后，国家每年拨专款，加上地方自筹，结合城市改造，按规划重建市内11个住宅小区，并在原市区边缘新辟10个住宅小区。这些新建区以住宅为主，水、电、路以及园林绿化、零售商业网点、中小学校、托幼园所、医疗卫生机构、文化娱乐场所配套建成。1979—1985年7年间，总计全市抗震救灾重建住宅竣工面积达1081万平方米，这就调整了城市布局，改善了居住环境。对震毁的道路、桥梁、农田水利设施，送电、通讯线路，上、下水管道以及225个工业企业等做了修复或重建。

二、建立现代工业的物质、技术基础

1949年，全市工业总产值仅6.5亿元（按1970年不变价格计算），主要是纺织、食品工业，重工业只占11.5%，机械工业主要是修理和装配，企业的规模很小，技术落后，手工操作占很大比例。据市工商局对9800户私营工业企业的调查，平均每户仅有7.8人，其中有机器设备的仅占总户数的30%。当时的织染业所使用的布机有67%是人力织机。1949年全市只有一台炼钢平炉，全市所有金属切削机床不足万台，全市工业固定资产原值只有3.01亿元，1949年净值仅2.24亿元。1949年以后，36年中国家对工业固定资产投资合计达195.12亿元，占全市各部门固定资产投资合计的一半多。新增工业固定资产达135.14亿元，相当于解放前近百年累积工业固定资产的45倍。

（一）石油工业从无到有，能源工业建设投资居首位。

1949—1984 年，能源工业投资 69.79 亿元，占工业各部门总投资的 35.8%，居第一位。新中国成立，天津没有石油工业，所需石油产品主要靠进口。1958 年建立了第一个炼油厂，规模较小，新建时设计能力仅年产 30 万吨，后经改造发展到 90 万吨。天津石油工业的大发展始于大港油田的开发。1964 年开始勘探，当年 12 月 11 日打出第一口自喷油井，经过 20 年的勘探、开发和建设，取得了很大成绩，共建油气井 1300 多口；建成北大港、周清庄、板桥棘园等 11 个油气田，正式投入开发，配套形成了年产 310 万吨（已减除自然递减）的原油生产能力和一个以供油田自用为主的年产 30 万吨的炼油厂。建井以来，已累计开采原油 5025.24 万吨，天然气 579 亿立方米。虽在全国产量中所占比重不大，但却支持了天津工业的发展和人民生活的需要，仅天然气和液化石油气两项，便可解决 1/4 城市人口生活用燃料的需要。在开发大港油田的同时，还在 1965 年设立了海洋勘探室，后独立为石油工业部海洋石油勘探局（后改名为渤海石油公司），展开了海上找油活动，获得了可观的地质储量。1966 年 12 月底，中国第一口海上石油探井开钻，1967 年 3 月 14 日渤海第一口探井喜喷原油，日产 35 立方米。先后在海四、石臼坨、埕北 3 个油田建成 3 座采油平台，进行了试验性开采。1980 年 5 月开始与外国石油公司、专业承包公司在渤海海域的 3 万多平方公里范围内合作勘探，获得了大量地球物理和地质资料，而且发现了 5 个含油构造，已有 1 口探井可日产原油千吨。进一步显示了渤海油田开发的广阔前景。随着油田的开发建设，“四五”计划后期建立了具有常压、减压、催化、裂化两套装置的天津炼油厂，年处理原油能力 250 万吨，可以生产汽油、柴油、航空煤油、石脑油等许多品种的石油产品。油田和炼厂的建设带动了石油管道工业和石油化工工业的发展。

在电力工业建设方面也取得很大成绩。为增加供电能力，采取了多种途径。一是新建电厂，扩大装机容量，50 年代专业电厂和其他工业附属电厂合计装机容量只有 6.96 万千瓦，发电量是 2.631 亿度。60 年代初新建军粮城电厂。70 年代末又新建了大港电厂。该厂装有自意大利引进的具有 70 年代技术水平的背压式燃油锅炉配套的发电机组2套，采用海水冷却工艺，可节约淡水用量。三个大型电厂的建立使全市发电装机容量达到121.5万千瓦，比1949年增加16.5倍；1985年全市发电量达到80.65亿度，比1949年增加28.5倍。二是调整改造原有电厂，提高电力工业技术水平，调整市内工业布局，减少城市污染。正在改建的如天津第一发电厂，淘汰30年代水平的陈旧设备，增添除尘设施，把发电厂改为热电厂，以提高热效能的利用和减少污染，增加供电能力。三是在用电较多的化工、纺织等行业原有的14个自备电厂中，择其条件较好的加以扩建。如正在施工的天津化工厂、大沽化工厂，建成后将分别拥有1.8万千瓦和1.2万千瓦机组发电。四是扩大送变电建设，在全市增设变压器，延长送电线路，以提高标定供电半径内的有效供电能力。这些建设成果都支持了工农业生产的发展和人民生活水平的提高。

（二）轻纺工业建设支持了轻纺工业产品的不断更新换代，增加品种扩大产量。

1949年的天津轻纺工业主要是以农产品为原料的初步加工工业，技术水平不高，花色品种不多。1949年后陆续新建扩建了98个重点轻工业企业。其中，大型企业有天津自行车厂、天津板纸厂、合成化学厂、塘沽盐场、第四人民造纸厂、天津手表厂、天津钟表厂、汉沽盐厂等9个。加上一大批轻工企业的建设，使天津市轻工业的面貌有了很大的改观。

一些传统大宗产品得到巩固和发展，一些较有基础的人民生活必需品逐步升级换代。如机制纸及纸板，1949年产量仅为1.27万吨，到1985年产量已达24.6万吨，自制纸浆产量也由5900吨增加到15万吨，产品质量有很大提高。黑、粗、厚的低档品已被淘汰，铜版纸、玻璃纸、薄页纸、卷烟纸等高档品的生产能力增长很快，出口品种已达24个。出口数量有很大增长。1982年已占全国纸张出口总量的39.5%。

新建了一批技术性较强的新的轻工业部门，如手表厂、感光胶片厂、味精厂、合成洗涤剂厂、合成化学厂脂肪酸车间等等。并通过技术改造使一些老的轻工业企业提高了生产技术水平。如灯泡厂由生产一般灯泡和日光灯，发展到能生产多种电光源产品，电池厂由生产一般电池发展到能生产和电子工业、手表工业等配套的微型电池等。

通过基本建设，巩固和发展了名牌产品在国内和国际上的竞争地位。1949 年后，扩建了 1 个自行车厂和 1 个缝纫机厂，新建了 1 个自行车厂和若干品种配套厂；新建了 2 个手表厂，使这些产品的生产能力大为加强，生产量成十倍、百倍的增加，“飞鸽”牌自行车、“海鸥”牌手表、牡丹牌和孔雀牌缝纫机都深受国内外欢迎。(见表 21)

天津市主要轻工业产品增长情况

表 21

产品名称	计量单位	年　份						
		1949	1957	1970	1980	1983	1984	1985
自行车	万辆	0.69	30.34	112.43	293.24	448.81	523.93	563.17
缝纫机	万架		2.40	13.06	42.21	83.38	93.78	100.20
手　表	万只		0.04	47.13	200.36	351.34	372.22	431.97

天津的纺织工业素有基础。1949 年纺织工业总产值占全市工业总产值的 57.8%，但在“二五”“三五”“四五”计划期间，重工业投资增长较快，纺织工业投资相对减少，由“一五”计划时期占全市工业投资的 13.2%，下降到“四五”计划时期的 1.3%。在此期间，纺织工业新建项目很少，主要是对一些老企业改组改造，对一些简陋厂房和设备局部更新，以提高质量，增加产量。如棉纺采用高速并条、落筒、细纱高速化、布机高速化等，以提高台时产量。从“五五”计划时期起，又扩大了纺织行业的投资规模，集中使用改造资金，扩建、新建了振华、华欣、四新、棉纺一厂、棉纺二厂等大型企业，并引进了部分先进设备，使纺织行业的产品数量、质量和花色品种以及生产技术都有很大提高。同时，新建了现代化的天津石油化纤厂。天津石油化纤厂年产聚酯单体 8.1 万吨，其中大部分在本厂消化，继续制成涤纶短丝 5.2 万吨。这些涤纶丝如混入 1/3 棉花，可织成涤棉布 8 亿米。加上在建的涤纶长丝工程建成后，可年产涤纶长丝 8000 吨。这个厂的生产工艺比较先进，主要生产装置由计算机控制操作，自动化程度很高，具有 70 年代后期的

世界技术水平。这个厂从1977年9月破土动工，1981年8月就打通生产工艺全流程，生产出合格的涤纶短丝产品，历时仅3年11个月。经国家组织验收，认为主要工程质量良好，达到了设计要求。

（三）机械工业从弱到强。

天津的机械工业历史久远，早在19世纪60年代，清政府就在天津设立了“天津机械局”。随后又有民族资产阶级办的“三条石”机器工业企业出现，但机械工业发展缓慢，到1947年机械工业总产值仅占全市的0.96%，处在奄奄一息的局面。1949年以后，机械工业建设速度很快，生产有很大发展。基本建设投资居全市工业投资的第三位。50年代主要是改组旧企业，调整产品系列，对拖拉机厂、动力机厂、天津机床厂、电梯厂、起重设备厂、工程机械厂等地方国营企业补充厂房，平衡设备，初步形成了一批机械工业的重点骨干厂。全行业公私合营以后，全市机械工业统筹发展。1958年开始了大规模基本建设，产品向着高精尖方向发展。“二五”计划时期，机械工业投资额占全市工业投资额的27.6%，是当时占投资比重最大的行业。这时期，在北仓、白庙、大毕庄、土城、二道桥、黄河道、杨柳青、丁字沽等地，即北仓地区建设了重型机器厂、发电设备厂、第二机床厂等，组成了北仓工业区。这些骨干企业的规模很大，如重型机器厂设有1200吨水压机，后又增加了2500吨水压机，5吨锻锤以及4米立式车床、10米卧式车床、50吨平炉、5吨电炉等大型工作母机和冶炼设备，成为天津的铸锻中心。“三五”“四五”计划期间，机械工业的投资比重有所下降，但投资金额仍维持了“二五”计划期间的水平，机械工业仍有发展。到1985年止已经形成行业门类比较齐全的机械工业系统。按大类划分，有农业机械制造工业，如拖拉机及拖带农具、其他农业机械；工业设备制造工业，如动力设备、锻压设备、金属切削机床和许多专用设备等，如纺织系统的纺织机械厂、轻工系统的造纸设备厂和皮革机械厂、化工系统的石油设备厂等；工程机械、交通运输机械，如汽车制造、船舶制造和电梯制造等。经过30多年的建设，许多机械产品在全国已占有重要地位。如液压机、电阻炉、电焊条等都在全国产量中占有一定比重。电焊条以其物美价廉的特点畅销于国际市场。轮式拖拉机1982年占全国产量的 1/4，居第一位。

（四）化学工业建设保证了传统名牌产品经久不衰，新的化工门类不断增加。

化学工业也是天津的主要工业部门之一，已有 100 多年的历史。新中国成立后，对企业不断进行改建和扩建，并兴建了许多新厂，使化学工业的总产值平均每年增长 14.8%，高于全市工业平均增长速度。在基本化工方面，天津化工厂、天津碱厂、大沽化工厂等 3 个大型化工企业及利中酸厂都经多次扩建，并新建了天津硫酸厂，天津农药厂等骨干企业，从而使烧碱、纯碱、聚氯乙烯、硫酸等产品都有很大发展。天津碱厂的“红三角”牌纯碱、天津化工厂的“天工”牌水银固碱，在国内外市场上都享有盛誉。解放初染料行业主要生产直接染料、硫化染料，30 多年中，新建扩建了 10 多个企业，产品已升级为酸性、活性、分散、阴离子染料，产量占全国 18%，居第一位。出口的染料占全国的 1/3，有的被进口国列为免验产品。油漆行业已建成 8 个企业，合计产量居全国第三位。有些品种是首创。如“永明”“三宝”牌油漆，一直保持名牌地位。其他如高级轿车油、大桥漆、船舶漆，都有较好声誉。在制药工业方面，全国 12 大类原料药中，天津可生产 8 类，有些成药不但行销全国，而且是国际市场畅销品。此外，还建立了农药工业和有机合成化学工业，发展了农药、化学试剂、助剂行业。

（五）冶金工业由小到大，发展迅速。

天津冶金工业虽历史悠久，但基础薄弱。1949 年钢产量只有 5700 吨，钢材产量 4700 吨。钢只能生产普通炭素钢，材只能轧制小型线材和带钢。3 年经济恢复时期扩建了第一炼钢厂，“二五”计划时期又先后扩建了第二、第三炼钢厂，新建了冶金实验厂、耐火器材厂、无缝钢管厂，“三五”计划时期新建了涉县铁厂、初轧厂、中板厂等几个大型骨干企业，到 1984 年钢产量已达 132.5 万吨，钢材产量达 150 万吨，平均每年增长速度分别达到 16.3% 和 16.6%。生铁生产能力从无到有，1985 年已达到 81.7 万吨，在钢产量中，优质钢、合金钢已占有一定比重。钢材也发展到能生产多品种型钢、航空钢丝绳、架空通讯线、高强度予应力钢丝等。铅丝、元钉、窗纱等传统出口产品继续占领着国际市场。1983 年，又发展了有色冶炼和制材，铝合金获得国家金牌奖。

其他一些重要工业部门的建设，36 年中也取得了很大成绩。如建材工业，水泥、油毡、平板玻璃、卫生陶瓷、建筑陶瓷、工业陶瓷都有很大发展，但在品种数量上，本市自给率仍低，尚需大力发展。电子工业，在“二五”计划期间打下了一定基础，以后又以技术改造为主引进了一些先进技术，先后建设了电子仪器、广播电视、自动化仪表、照相机、半导体、电子元件等一大批骨干企业，新兴的电子行业逐步形成。电子产品也由一般电子仪器、半导体器件、广播器材等简单产品发展到具有一定技术水平的精密产品。如通讯导航设备、超低频系列动态测量系统产品，以及收音机、收录机、电视机、彩色电视机和 100 系列、180 系列、060 系列电子计算机等。生产规模也逐步由小生产发展到自动化、半自动化的大生产。特别是进入第六个五年计划时期以来，建设速度加快，1981 年自日本引进的年产 72 万只显像管的生产线和自联邦德国、日本引进的高压硅堆、二极管、转换开关、玻壳生产线的建成投产代替了进口器件，进一步促进了全市电子工业的发展。

经过 30 多年的建设，全市工业生产规模有很大发展，生产技术水平有很大提高。1985 年全市工业总产值已达 285.6 亿元，比 1949 年增长 43.7 倍。每一职工平均占用的固定资产，由 1949 年的 2657 元提高到 1985 年的 10864 元，增加了 3 倍。在建设中注意采用比较先进的设备和技术，促进了生产工艺水平的提高。如冶金行业采用了富氧炼钢、连续铸锭等新工艺。机械行业发展了精密铸造，粉末冶金、冷墩热轧、冷挤压等少切削、无切削工艺。化工行业，由常温、常压、盆罐互倒发展到高温、高压、管道流程、管道反应工艺。造纸由圆网纸机，改为长网、双长网。纺织业由平面锭改为高速离心锭、气流纺纱等。生产工艺水平的提高，也促进了产品质量的提高，使得全市许多产品处在比较领先的地位。

三、根治海河与引滦入津

天津市地处五河下稍，海河流域尾闾，上游支流 300 多条，流域面积

26.5 万平方公里，所以历史上一般年份水源比较充足。但 1949 年以后，海河水系各河上游陆续兴建水库、拦洪蓄水，开挖排水河渠直接入海，入津水量逐渐减少；1958 年河北、天津又遇到 30 年来未曾有过的大旱，4 月下旬海河上游来水量锐减，水质恶化，水位下降；潮涨潮落，造成咸淡混流，海河水质不能保证，严重威胁着人民生活和工农业生产。1958 年，决定修建海河改造工程，主要建了拦河坝、防潮闸、渔船闸，进行了纪庄子、咸阳路、赵沽里、张贵庄、双林、北仓等 6 个污水系统的开挖和改造。合计浇注混凝土 23000 立方米，挖填土方 1000 万立方米，修建管道 200 多公里，抽水泵房 15 座。海河改造工程以专业施工队伍为骨干，有 70 万人次群众参加劳动。1958 年 7 月 1 日开工，当年 11 月底拦河坝合拢，年底完成建闸。次年 6 月底，污水改造全部竣工，实现了海口建闸，咸淡分家，污水改道，清浊分流，改善了供水质量。

1963 年，天津市又遇到洪水威胁，于是开始了由国家投资的规模宏大的根治海河工程。1967 年在献县开挖了子牙新河，使洪水直接入海；1968 年扩建了独流减河，增加过水能力；1971 年开挖永定新河，由屈家店直接入海；1972 年疏浚潮白新河，1973 年开挖了蓟运河水系的还乡河分洪道。建设了这些工程以后，大大减轻了洪水对天津市的威胁。同时，加强了蓄水能力的建设，先后建设了于桥、北大港 2 个大型水库，鸭淀、北塘等 9 个中型水库，合计蓄水能力达到 10 亿立方米。还新建了一些小型水库，以解决局部地区农业用水。天津水资源不足，70 年代后，主要靠密云水库向天津供水，紧张时，还曾 4 次引黄济津，以解燃眉之急。80 年代初，华北干旱，诸河断流，水源枯竭，密云水库蓄水不足，也难供天津，天津的供水矛盾更加突出。必须寻求一个安全稳定水源，以彻底解决天津市的供水问题。中共中央、国务院于 1981 年 5 月决定引滦河水入天津，工程由天津市负责组织实施。这项跨流域的引水工程全程 234 公里，自河北省迁西县潘家口水库经大黑汀水库，穿燕山余脉，循黎河入于桥水库，经州河，穿蓟运河，入输水明渠，入耳王庄水库，引入天津市区。整个工程包括隧洞、暗渠、暗涵、泵站、水库、明渠管道、倒虹吸、桥闸、电站等 210 个单项工程。按设计每年可供天津水量 10 亿立方米（减去沿途损耗，天津可收水 7.5 亿立方米）。这项工程从 1982 年 5 月全线展开施工，于 1983 年 9 月胜利建成通水。从决定兴建到工程定工，中共中央、国务院都给予了亲切关怀、具体指导，一些兄弟省市和各有关部门给予了很大支持，人民解放军做出了重大贡献。

四、加强运输、通讯能力

由于天津所处的地理位置，历史上已形成为南北交通枢纽的地位。解放后，随着国民经济的全面发展，交通通讯设施不断加强。36 年内，为提高铁路运输能力，进行了许多建设和改造工程。一是提高铁路干线通过能力和运输能力，修建了津浦复线和京山三线；增设自动闭塞装置，缩短正线列车运行间隔，行车能力提高了 1 倍。天津境内的运输状况有了很大改善。二是提高天津地区的编组作业和货物周转能力，新建了南仓编组站，天津西下行场，塘沽新港编组场以及“二、三、四”3 个分区车场。如南仓编组站，设有到达场、直通场、调车场等 5 个车场，月均办理车数 14000 辆；天津站原有调车场改为驼峰调车作业，日均办理车数 4500 辆。新建了中山门货场，陈塘庄货场。此外还改造了北站中转零担货场，南站零担货场和东西两货场，增加了天津在全国运输中的枢纽作用。三是为提高天津客运能力，天津西站南货场已改造为客车场，增加了 7 对客车始发终到能力。四是改善了铁路的技术装备状况，以提高运输效率和行车安全。如正线的重型长轨，无缝线路，维修养护机械化，信号、电气集中，自动闭塞，机车车内信号，自动停车装置，列车天线调度电话，车长电台等先进设施都已在天津采用。旅客列车已全部由内燃机车牵引。五是新建了南仓到北塘的天津北环线和天津到蓟县的津蓟线，并已纳入全国的统一运营，加强区内运输能力。此外还修建了李七庄到北大港的李港线，以加强天津市区与大港区的运输能力。天津铁路枢纽的建设和加强在全国铁路网中发挥了重要的作用。

港口建设也取得了很大成绩。天津港包括市内港区、塘沽港区及新港区三部分。新港区是天津港的主体。天津港口原有设施简陋、港池淤塞、泊位很少，码头长度仅 300 多米，年吞吐量 30 多万吨。1949 年后，随着国民经济的发展，塘沽港区和新港港区不断扩建，已有深水泊位 38 个，合计码头长度达 7300 米。港口拥有泊位规模，仅次于上海和大连，居全国第三位。其中大部分是解放后新建和改建的。1951 年 8 月新港一期扩建工程开始，将原 3000 吨级码头改造为万吨级码头，同时完成了防波堤、铁路、库场建设和港池、航道浚深工程，使万吨轮可乘潮入新港。“一五”计划期间又在新港改建了 1 个万吨级泊位，在塘沽港区新建了 1 个 5000 吨级泊位。60 年代进行了二期扩建工程，新建万吨级泊位 5 个，扩建 5000 吨级泊位 2 个。70 年代进行了第三期扩建，在新港新建万吨级深水泊位 21 个，其中有 6 个泊位达到 3. 5 万吨级。在后两期扩建中，还特别注意了堆场仓库、铁路、公路、供油、供水、导航、通讯以及装卸机械化等配套建议，特别是 1981 年建成了中国第一个具有世界先进水平的集装箱码头，还有两个采用计算机直接管理的集装箱码头已在 1985 年竣工投产。天津港已成为设施比较齐全、技术比较先进、功能比较完备的现代化港口。随着港口规模不断扩大、港口设施不断完善，港口的吞吐能力已由 1949 年以前的 30 多万吨，扩大到 1985 年的 1900 万吨左右。天津港口腹地广阔，港口发展余地大，根据经济发展的需要，仍在继续扩建中，拥有 12 个深水泊位的东突堤工程，已进行施工前的准备。

在航空方面，天津张贵庄飞机场在原有基础上经三次扩建，已建成一级机场，可停大型客机 7 架，具有现代导航和地面服务设施，辟有北京、上海，广州、沈阳、南京、西安、桂林、香港等各条航线，同时做为首都备用机场。

在邮电通讯方面，1949 年后也有了很大发展。全市邮电局、所由 1949 年的 108 个发展到 1985 年的 253 个；邮路长度由 1300 公里增加到 8879 多公里；同时建成了大直沽刊刷楼和塘沽国际邮件交换站，扩展了邮政生产场地，开办了国际邮件业务。市内交换机总容量已达 68700 门，比 1949 年增加了 2. 2 倍；市话普及率由每百人 1. 12 部，发展到 2. 66 部，特别是引进了程序控制交换机后，改善了通话效率。长途通讯工程，装机全部完成后，将增加自动转报设备和用户电报交换机，开通长途电话数字式程控线及交换设备，天津长途台将成为全国长话通讯枢纽之一，并可为天津市对外开放增设国际通讯业务。市内及埠际之间通话通讯的紧张局面将有所缓和。

五、文教卫生建设日益发展

1949 年后，新建、扩建了一大批大、中、小学校和中等专业学校、技术学校。30 多年内，新增小学生席位 42 万个，比 1949 年增加 1. 5 倍；新增普通中学席位 66. 9 万个，比 1949 年增加 27 倍。1985 年市区基本上普及了高中教育；郊县农村中多数乡镇普及了初中教育。全市大专院校，由 1949 年的 10 所发展到 28 所，扩大学生席位 52843 个，比 1949 年增加 10. 5 倍。

医院病床有很大幅度增长，1985 年全市拥有的 344 个医疗单位中，新增医疗病床 21800 张，比 1949 年增长 9 倍。每千人平均拥有病床数已由 1949 年的 0. 54 张上升到 3. 13 张。

全市文化设施也有所改善。新中国成立后新建博物馆、图书馆 30 处，新建营业影剧院 15 座；市内 6 个区及塘沽区都建有大型体育场；全市还有大型体育馆 1 座。“六五”计划期间，市政府更把建设文化生活设施做为改善人民生活的大事来办，使群众文化生活场所年有增加。先后修建了古文化街、少年宫、儿童活动中心、海河游乐场，修复了文庙、天后宫、广东会馆、吕祖堂（义和团坛地）、蓟县古长城等古建筑，开辟了盘山风景区，等等。

六、城市设施不断增强

36 年中，天津城市建设取得很大进展，累计用于城市设施建设的投资占全部投资的 11. 72%，仅次于工业建设。1979—1985 年，7 年投资合计达 32. 12 亿元，相当于前 30 年的 2. 5 倍多。

36 年中，进行了大规模的居民住宅建设，合计建成面积 32l7. 8 万平方米，特别是 1978 年以后，新的住宅区成片建成，不仅数量之多为前所未有，而且住宅小区内各种生活服务设施配置合理，庭院绿化同步建设，居住舒适方便，环境优美整洁。在大量建设新住宅的同时，还对旧区住宅进行了改造、翻新，改善了居民住房条件。

1949 年全市自来水日产水能力仅 6 万多吨，输水管网总长度 245 公里，直接饮用自来水人口占全市的 40% 左右。50 年代中扩建了芥园水厂，随后陆续新建了凌庄、马庄、杨柳青、塘沽4个水厂，到1985年（不包括1985年在建的日产水50万吨设计能力）全市日供水能力已增加到113万吨，比1949年增加17倍。市区居民1965年便结束了直接饮用河水、井水的历史。全市供水范围由1949年的29平方公里，扩大到1985年的284平方公里，远远超过了161平方公里的市区范围。1983年引滦入津工程建成后，又提供了较为稳定的水源，结束了若干年来喝咸水的历史。排水系统几经改造和调整，排水管道不断扩充，仅第六个五年计划期间铺设排水管道530公里，已初步建成六大排水系统。城市煤气事业从无到有，60年代中，随着大港油田的开采，开始发展液化石油气；70年代增设管道输送天然气，80年代，又开始煤制气的建设。1985年民用气化率已达30%。1985年在建设的第二个煤制气厂建成后，民用燃料气化率可达90%左右，并可以供应部分工业和服务行业用气。城市基础设施逐渐完善。1965年市内道路总长度比1949年增加2.4倍。1985年，按照城市总体规划使道路形成干线网的设想，中环线开始建设，当年完成了西半环17.8公里；东半环在第二年完成。建设道路的同时，新建扩建桥梁很多，36年净增加36座，市内交通更为流畅。城市公共交通设施也有很大增加，1948年全市只有17条公共电车、汽车路线，总长60多公里；运客车辆200多部。1949年以后逐渐发展，到1985年，全市公共交通运客线路已达127条，总长2078公里，拥有车辆1600多部。天津城市绿化也有很大发展。1949年全市人均绿地面积0.57平方米，全市只有7座公园。36年中，新建公园32座，面积为444公顷，为1949年的8倍。1978年以后更积极发展了居民住宅区的小块绿地和街景绿地280多处，面积71.9公顷，使全市人均公共绿地面积达到1.65平方米，市区绿化覆盖率由1949年的0.53%，提高到1985年的9.5%。在加强环境保护、净化城市方面，也取得了很大成绩，治理了危害已久的硫酸厂、发电厂和冶炼厂的“三条空中巨蛇”——烟尘，解决了171台锅炉、窑炉的消烟除尘问题，改造、迁出了271处噪声扰民点，建成了日处理污水26万吨的污水处理厂，增设公共厕所496座，设置垃圾转运站37座，从而提高了城市环境质量。

第三节　河北省的建设

河北省位于首都北京周围，是首都北京联系各地的必经之路，又是东北通往关内的“走廊”，山西乃至西北诸省、区出海通道之一，地理位置很重要。

1949 年以前在封建主义、帝国主义、官僚资本主义残酷压榨和掠夺下，加上连年战争的破坏，河北省经济发展缓慢，科学技术落后，基础薄弱。农业生产“靠天吃饭”，水田、水浇地面积仅占耕地 1/10。经济受到洪、涝、旱、碱四害威胁。工业伴随着半殖民地经济和微弱的民族工业发展，主要集中在唐山、秦皇岛一带。除开滦煤矿、唐山钢厂、启新水泥厂、秦皇岛耀华玻璃厂、山海关桥梁厂、石家庄桥西焦化厂、下花园电厂以及唐山华新、石家庄大兴纱厂等屈指可数的工业企业外，绝大部分属于工场手工业，工业生产十分落后。1949 年全省工业总产值 5. 54 亿元（按 1957 年不变价格计算），仅占工农业总产值的 23. 1%，其中手工业约占 60%，为数较多的是几人或几十人的小作坊或小型工场。工业产值中，轻工业占 73. 9%，重工业仅占 26. 1%。而且重工业中除煤炭工业有一定规模外，钢铁、电力等生产规模很小，机械制造和化学工业寥寥无几。铁路有正太、平汉、平绥、津浦、北宁等线，残缺断阻，不能全线通车。公路铺有路面的仅 400 公里，交通阻塞，运输能力很低。石家庄、唐山、保定、张家口等几个主要城市，市政设施简陋。街巷狭窄泥泞，房屋低矮破旧，城市面貌杂乱不堪，经济发展水平低下。

中华人民共和国成立后，河北省按照国家的统筹规划和本省的具体条件，开展了大规模的基本建设。1950—1984 年，国家用于河北省的基本建设投资总额为 409. 19 亿元，累计新增固定资产 286. 29 亿元，相当于基本建设投资总额的 70%。总投资规模仅次于四川、辽宁、湖北和黑龙江四省，居全国第五位。

35 年来，河北省的基本建设大体可分为五个阶段。一是三年经济恢复时期，共完成投资 2. 01 亿元，重点是医治战争创伤，迅速恢复和发展生产。二是第一个五年计划期间，完成投资额增加到 19. 2 亿元，用于工业建设的投资为 12. 36 亿元，占 64. 3%。工业投资大部分用于煤炭、电力、冶金和纺织工业，为开发河北丰富的煤、铁资源，也为充分利用华北平原盛产的棉花，打下了基础。三是“二五”计划和3年调整时期，投资共完成67.1亿元。这个时期，除在钢铁、煤炭、电力、纺织、化工、造纸等工业上，继续增加一些投资外，重点用于兴修水利，展开了规模宏大的根治海河工程，提高了抵御洪涝灾害的能力，大大改善了农业生产条件。四是“三五”“四五”计划时期，完成投资额97.2亿元，重点用于支援农业的农业机械、化肥、农药等工业建设，并建成了一批小矿山、小钢铁、小水泥、小化肥、小机械等“五小”工业企业。70年代初还开始了以任丘为中心的华北油田和邯郸钢铁、煤炭基地建设。五是1978年中共十一届三中全会后，逐步清除了“左”的错误，调整了投资方向，集中资金，加强了以能源、交通运输、建材、轻工为重点的建设，适当增加了科技、教育和住宅、城市设施等方面的投资，强调了提高基本建设投资效益。1976—1984年，基本建设投资完成223.66亿元。

经过35年的大规模基本建设，河北省已由一个经济落后、工业基础薄弱的农业省，成为一个工农业并举、具有一定物质技术基础、经济初步繁荣兴旺的省。工业生产发展迅速，建成了具有相当规模、门类比较齐全、行业众多的工业体系，一些主要工业产品产量在全国占有重要地位。农业经过大规模的水利建设，增强了抗御自然灾害的能力，并开拓了新的领域，提高了生产水平，成为全国农产品主要生产基地之一。同时，建筑业、交通运输及商业，得到相应发展。随着生产的发展，科学技术、文化教育、医疗卫生、体育事业和城市建设都有很大发展。

一、以水利建设为中心的农业建设

农业是国民经济的基础，河北省始终把农业作为基本建设投资的重点。35年中，国家直接用于农、林、水利等方面的基本建设投资65亿元，占基建投资的15.9%。加上用于支援农业的农机、化肥、农药、科研等部门的大量投资，对水利、农田、植树造林、畜牧、水产、气象等进行了大规模的建设和技术改造，使农业“靠天吃饭”的落后面貌有了显著改变，为提高农业的机械化、现代化水平，促进科学技术进步，提供了物质技术条件。

（一）水利建设。

河北省处于海河、滦河两大流域。1949 年以前河北省广大地区，特别是海河流域洪、涝、旱、碱四大灾害频繁，灾情严重，农业生产水平低而不稳。1949 年后，为了治理洪涝灾害，改变“春修堤、夏防汛、秋堵口、冬救灾”的被动局面，首先进行了河道修堤疏浚工程。“二五”计划时期在太行山、燕山山区修建了一大批大中小型水库。这些工程的兴建提高了拦洪泄洪能力，但仍不能抗御大的洪水灾害。1963 年海河流域发生了历史上罕见的特大洪水，受灾面积 3000 多万亩，并严重威胁天津等大中城市的安全。为了从根本上解除海河流域的洪水灾害，毛泽东主席发出了“一定要根治海河”的号召，海河流域每年有 30 万—50 万建设大军投入规模宏大的根治海河水利建设。

根治海河是一项大规模的综合治理工程。海河流域面积 26.5 万平方公里，包括晋、冀、鲁、豫四省的部分地区和京、津二市。河北省 2/3 的面积 12.57 万平方公里属海河流域，主要由南运河、子牙河、大清河和北四河（永定河、潮白河、北运河、蓟运河）四大水系组成。各水系上游支流繁多，坡陡流急，中游地势平坦低洼，下游入海口狭窄，排泄不畅。每逢汛期，往往溃堤成灾。治理河流主要是在上游建库拦洪，中游排洪除涝，下游扩大入海口，提高入海泄洪能力。30 多年内，先后修建了库容在 1 亿立方米以上的岗南、黄壁庄、王快、西大洋，岳城、洋河等大型水库 13 座和一批中小型水库。加上其他流域修建的水库，全省共建成大中小水库 1190 座，其中大型水库 23 座，中型水库 36 座，总库容 210 多亿立方米。星罗棋布的大中小水库控制了全省山区 90% 面积，形成了 75 亿立方米的供水能力，可拦蓄水 43.5 亿立方米，约占水库上游来水总量的 46.2%，削减洪峰流量的 48%—97%，对抗御洪水灾害，提高供水能力，发挥了重大作用。

对海河流域中下游的四大水系进行了全面规划，综合治理。南运河系主要开挖了漳卫新河，扩挖了捷地减河、马厂减河以及卫河、卫运河，使南运河系的防洪标准达到可抗御 50 年一遇的大洪水。1981 年 10 月至 1982 年 12 月，还进行了引黄引岳济津工程，输水 10.5 亿立方米。子牙河系上游支流呈扇形分布，干流最大泄量 800 秒立方米，洪水来量大，占海河流域洪水总量的1/2，洪水直接威胁天津市。为减轻各河经海河入海的压力，开挖了海河工程中最大的人工泄洪河道——子牙新河以及滏阳新河，兴建了献县、穿运、海口和艾辛庄四大枢纽工程，使子牙河系能抗御五十年一遇的大洪水。其中穿运枢纽工程即子牙新河穿南运河枢纽是立体交叉工程，创治河史上新纪录。滹沱河加固北大堤109公里，与子牙新河左堤相连接，形成了保卫天津市的一道重要屏障。大清河系主要扩挖了独流减河，疏浚了赵王新渠，加固了北支白沟河、北拒马河、白洋淀等堤，修建了枣林庄、新盖房枢纽、工农兵防潮闸，扩建了独流进洪闸，使大清河系防洪标准达抗御二十年一遇的大洪水，保卫了天津市、津浦铁路的安全。北四河系主要是开挖了永定新河，纳永定河、北京排污河、潮白新河、蓟运河的洪沥水，并扩大北塘入海海口，修建了一批闸、涵、桥、站。海河疏浚治理工程，从1963年开始，经过十数个冬春，总计动员民工500多万人次，完成土方16.9亿多立方米，修建大中小型桥梁闸涵4000多座，排洪入海能力提高到24680多秒立方米，为整治前的5倍多。排沥入海能力3180秒立方米，为治理前的7.6倍。这些工程构成了一个防洪排沥体系，在防洪、除涝、灌溉、排碱等方面发挥了很好的效益。

滦河流域也进行了大规模的水利建设。“一五”计划时期兴建了滦河灌溉工程，使柏各庄一带大面积的沿海荒滩变成了水稻田和芦苇田。还修建了库容3.4亿立方米的大型陡河水库。1975年至1983年修建了著名的潘家口水库，总工程量900万立方米，库容29.3亿立方米，控制流域面积3.4万平方公里，其下游的大黑汀水库和引滦入津、入唐输水工程也相继建成，向天津市和唐山市供水，发挥了巨大效益，基本根除了滦河水害。

农田灌溉是水利建设的重要组成部分。随着修河建库，同时兴建了大批灌溉工程，并开展了群众性的机井建设。到1984年，全省已建成千亩以上的灌区701处，其中万亩以上大中型灌区159处；修建干支斗渠道31515条，总长度41291公里，斗渠以上桥、闸、涵等各种建筑物157952座，设计灌溉面积2125万亩，有效灌溉面积1634万亩，比解放前灌区面积增长2.5倍。有效地促进了农业生产的发展。主要灌渠有石津灌渠、民有灌渠、滏阳灌渠、沙河灌渠、唐河灌渠、易水灌渠、房（山）涞（水）涿（县）灌渠、滦河下游灌渠。大规模的群众性机井建设是从1965年开始的。到1966年年底，全省配套机井达到7.58万眼，连同土砖井，井灌面积达到2520万亩。70年代开始转向开发中、深层淡水，机井建设发展速度更快，到1978年年底，全省配套机井发展到48万多眼，其中深井7.5万眼，井灌面积3800多万亩。1978年后，主要抓了机井设备配套、防护设施等。到1984年年底，全省共有机井62.5万眼，其中深井7.3万眼，配套机井55.8万眼，井灌面积4300多万亩（包括井渠双灌面积750万亩），相当解放初期井灌面积的5倍。这些农田水利建设，对促进农业生产的迅速发展，保持稳产高产，发挥了重大作用。

（二）植树造林、水土保持和综合治理。

到1984年年底，累计治理3.56万平方公里，占水土流失土地面积的54.5%。坡耕地修梯田529万亩，占原坡耕地的36%。营造水土保持林2635万亩，占宜林面积的42%。冀北山地和三北防护林工程是国家林业建设重点，造林保存面积达524万亩。还营造了长1300多公里的永定河下游农田防护林带。1984年年底全省共有林地面积4783万亩，森林覆盖率达13.36%，生态环境有所改善。

（三）国营林场、牧场、农场、渔港以及各种农业生产技术站的建设。

由国家投资建设了塞罕坝、茅荆坝、孟滦、漳河、沙河、海滨等153个国营林场，有林面积586万亩；建设了柏各庄、芦台、汉沽、中捷、南大港、大曹庄、察北、沽源、御道口等12个国营农场，有耕地148万亩、草场140多万亩；在黄骅、乐亭、丰南、滦南等沿海修建了渔港码头8座；建设了一批为农业生产服务的原种场、种子站、水产苗种场、植保站、土肥站、畜医站、种畜站等。

大规模的农业基本建设，加上支农工业的兴建，极大地改善了河北省的农业生产条件，1984年年底，全省水田、水浇地面积达5377.3万亩，比1949年增长3.6倍，占耕地面积54%，高于全国平均水平。全省拥有农用机械总动力2488万马力，居全国第二位。农村用电从无到有，达到41.12亿度。农用化肥施用实物量525.2万吨，平均每亩施化肥52.8公斤；化学农药总用量达到5.2万吨，农业生产水平得到了大幅度的提高，1984年全省农业产值达

186.64 亿元，比 1949 年提高近 5 倍，居全国第五位。

二、以能源、纺织、原材料工业为重点的工业建设

1949 年后，在基本建设投资中，工业投资始终处于突出地位。1950—1984 年，国家用于河北省工业的基建投资 233.28 亿元，占同期全省基建总投资的 57.1%。新增固定资产投资 171.07 亿元。1984 年全省独立核算工业企业固定资产原值拥有 235.89 亿元，为 1952 年的 37.6 倍，其中生产用固定资产 182.8 亿元，增长 29 倍。通过基本建设，全省工业企业已达 17940 个；生产能力大幅度提高，设备数量成几十倍的增长，生产设备性能、效率、现代化水平以及工艺技术水平等均有明显提高，基本上实现了机械化和半机械化生产。到 1984 年年底，主要产品的生产能力为：采煤 4891 万吨，发电装机容量 412.48 万千瓦，原油加工 170 万吨，炼钢 245.8 万吨，合成氨 152.5 万吨，纺纱 131.9 万件，织布 11 亿米，水泥 716.8 万吨，平板玻璃 554.62 万标箱，机制纸 36.6 万吨。通过技术改造和技术引进，一部分工业企业的装备已达到国内外先进水平。如综合机械化采煤设备，25 万千瓦火力发电机组，30 万吨合成氨装置，彩色电视机生产线和电解电容生产线以及微机等。生产能力的提高，使工业保持了较高的发展速度，1984 年工业总产值达到 290.25 亿元，比 1949 年增长 59 倍，平均每年递增 12.3%。主要工业产品产量与 1949 年相比，都有几十倍或成百倍的增长，并有一批产品的产量在全国居于前列。例如，变压器、平板玻璃、水泵产量居全国第二位，煤炭、原油、发电量和铁矿石居第三位，合成氨、化肥、手扶拖拉机居第四位，钢、生铁、焦炭、布居第五位，钢材、水泥、纱等居第六位。工业产品质量也有所提高。

河北的工业建设，各个时期有不同特点。虽然经历了“二五”计划时期和十年动乱两次较大的曲折，但总的发展还是快的。大规模的工业基本建设从“一五”计划时期开始。国家 156 项重点建设项目在河北省有华北药厂和石家庄热电厂两项。以 156 项为中心的骨干配套项目建设，使煤炭、冶金、电力工业得到迅速发展。石家庄、邯郸两大纺织基地的兴建，为纺织工业的发展奠定了基础。“二五”计划时期，1958 年大炼钢铁，损失浪费大，经济

效益差。但是，围绕大办钢铁，冶金、煤炭、电力、机械等工业都有所发展。钢铁工业，扩建了唐山钢铁公司、宣化钢铁公司，新建了邯郸钢铁总厂、邢台钢铁厂、石家庄钢铁厂、涞源钢铁厂、承德钢铁厂等。电力工业，新建了邯郸热电厂、保定热电厂、滦河电厂，扩建了唐山发电厂、石家庄发电厂。煤炭工业，新建和扩建了一批矿井，提高了煤炭生产能力。机械工业有所发展，各县办起了机械厂和修配网点。“三五”“四五”计划时期，围绕支援农业，先后建成沧州大型化肥厂，石家庄、邯郸迁安、宣化等中型化肥厂，以及各县的小氮肥、小磷肥企业。新建、扩建了石家庄拖拉机厂和拖拉机配件厂、邢台拖拉机厂等，以及柴油机、水泵等农业机械骨干企业。进入70年代后，以较快的速度建成了以任丘为中心的华北油田，石油化学工业也得到发展。先后建设了石家庄、沧州、保定等炼油厂，以及邯郸石油化工机械厂等。1978年后，调整基本建设，集中力量保证国家重点建设项目，加强现有企业技术改造，突出了能源建设和建筑材料工业建设。对开滦、峰峰、邯郸、邢台煤矿和陡河、马头、邢台、保定、下花园电厂进行了扩建。新建了冀东水泥厂；改建扩建了耀华玻璃厂和唐山卫生陶瓷厂、唐山建筑陶瓷厂，对涿鹿矾山磷矿、兴隆高板河硫铁矿、秦皇岛磷胺厂、南堡纯碱厂等大型项目做了大量的建设前期准备工作。

通过基本建设，促进了各工业部门的发展，形成了布局比较合理、门类比较齐全、大中小企业相结合、具有一定生产技术水平的工业生产体系。在全国统一分类的166个工业门类中，河北省具有160个，生产20多万种工业产品，不少行业在全国占有一定地位。

（一）能源工业。

河北省是全国能源主要产地之一，开发的常规能源有煤炭、电力、石油等。煤炭工业开发的历史悠久。开滦、峰峰、井陉矿区都有一百多年或近百年开采史。中华人民共和国成立后，河北煤炭工业是国家建设的重点，首先对原有矿井、洗煤厂进行了挖潜、革新、改造。并新建了一大批矿井和洗煤厂。1984年年底县营以上煤矿已有130座，洗煤厂15座。开滦、峰峰、井陉、邢台、邯郸、兴隆、下花园和八宝山等国家统配煤矿规模较大，拥有生产井46对，1984年原煤产量3761万吨，占全国统配矿的10%多。开滦、峰峰矿务局已分别建设成为年产原煤2000万吨和1000万吨以上的大型矿区，在全国煤炭工业中占有重要的地位。15座洗煤厂洗精煤产量为1230万吨，约占全国的1/4。地方国营煤矿94个，矿井123对，还有700多个乡镇集体煤矿。地方所属煤矿产量1770万吨，占全省煤炭产量的1/3多。

1980—1984年，煤炭建设得到了进一步的加强，几年内建成投产年产90万吨以上的大型矿井3对，总能力360万吨；新开工矿井11对，总能力991万吨。1982年投产的显德旺矿井，设计能力90万吨，建设总工期5年10个月，实际投资1.18亿元，与国内同类型相比，缩短工期两年左右，节约投资约20%。重点勘探的蔚县煤田，获得储量13.8亿吨，被国家列为“六五”计划期间进行前期工作的重点项目之一，将逐步建成年产500万吨以上的大型矿区。

河北省电力工业基础薄弱。1949年，全省有发电厂11座，装机总容量10.2万千瓦。1949年后，在很短的时间内，对原有电厂完成了恢复建设工作。“一五”计划时期，重点建设了石家庄热电厂，新增装机容量4.9万千瓦，并实现了热电联合生产。南部地区形成了峰峰电网和石家庄电网；北部的唐山与张家口和北京、天津构成了京津唐电网。到1957年年底，发电装机容量为20.9万千瓦。1958年新建了邯郸热电厂、保定热电厂、滦河电厂，扩建了唐山发电厂和石家庄热电厂，新增装机容量41.8万千瓦。从1965年开始继续新建和扩建了马头、涉县、邢台、微水、陡河、保定和滦河等发电厂。同时建设岗南水力发电厂，安装了1台1.1万千瓦抽水蓄能发电机组。输电网络也发展很快。1975年建成石家庄至邢台的110千伏输电线路，初步实现石邯电网统一调度。京津唐电网的张家口、唐山、保定地区架设了220千伏超高压输电线路。随着马头电厂大型汽轮发电机组建成发电，南部电网的马头—邢台—石家庄220千伏输电线路也投入运行。到1978年年底，全省发电装机容量达到295.19万千瓦，220千伏输电线路达719.6公里，110千伏输电线路3707公里。

1978年后，电力工业建设的显著特点是向高功率大型机组发展。陡河电厂一、二期安装的4台机组共75万千瓦，三期工程为2台20万千瓦机组，已先后于1983年、1984年投产发电。四期工程完工后，装机总容量可达到155万千瓦。每年可发电100多亿度，成为冀东地区最大的火力发电厂。在河北南部集中力量扩建的马头电厂，到1983年年底三期扩建工程全部完工，总装机容量达85万千瓦，建设工期、工程质量均达到国内电力建设的先进水平。潘家口水库也新安装了一台15万千瓦水力发电机组。在输变电工程方面，建成了娘子关—石家庄—保定—高碑店，马头—邢台—石家庄第二回路，马头—南宫—衡水—沧州三条220千伏输变电工程，实现了山西省、京津唐和河北省南部电网联网运行，为形成华北地区统一的大电网奠定了基础。经过30多年的建设，1984年全省发电装机容量达到412.48万千瓦，是1949年的40倍，居全国第四位；220千伏输变电线路1944.2公里，110千伏输电线路4690.3公里，变电站110座；总发电量达到217.87亿度，为新中国成立之初的85.7倍。电力建设改善了城乡电力供应，全省140个县市，县县通了电。邢台电厂扩建工程（4×20万千瓦）和新建的井陉上安电厂（2×35万千瓦）建成投产后，电力供应状况，将进一步改善。

石油工业是70年代开始发展起来的新兴能源工业。1975年7月，在冀中任丘古潜山白云岩地层打出了第一口高产油井，1976年开始进行大规模开发建设。原探明石油地质储量32817.4万吨，1984年以后，又有了新进展。冀中地区投入开发的油田已达23个，开发井823口，其中油井685口。1979年原油产量达到1773万吨。1983年后，原油稳产在1000万吨左右。冀中油田的开发建设效果较好，投资省，见效快，成为全国一个稳产高产的石油产区。相继建设的主要炼油厂有：沧州炼油厂，生产能力达75万吨；保定炼油厂，生产能力达30万吨；石家庄炼油厂，设计年产能力250万吨，为石油化工生产打下了初步基础。

（二）纺织、轻工建设。

河北省解放前仅有纱锭4.9万枚，布机830台。1949年以后，唐山华新纺织厂、石家庄大兴纺织厂很快恢复和发展了生产。原在老解放区的合村纱厂和1950年从江苏南翔迁来的翔丰纱厂也分别在峰峰和邯郸恢复了生产。中国自行设计、施工的大型棉纺织厂——邯郸国棉一厂于1950年开始兴建，1952年9月竣工投产。1951年用从上海申新七厂迁来的1万纱锭在石家庄建起了石家庄纺织厂，于1952年投产（后改名为国棉六厂）。在“一五”“二五”计划期间，国家把石家庄和邯郸作为全国重要的纺织基地进行建设，由纺织部统一安排投资、设计、施工，先后建起了石家庄国棉一、二、三、四厂，邯郸国棉二、三、四厂，保定国棉一厂和石家庄印染厂。这个期间，全省新增纱锭约70万枚，比1949年增长了14.3倍；新增布机约2万台，增长了24倍；还新增印染能力约1亿米。1960年7月，保定化纤厂正式建成投产，作为全国重要的人造丝生产厂家，供应全国主要丝绸行业。进入70年代后，石家庄维尼纶厂、涤纶纤维厂、山海关合成纤维厂也先后建成投产。同时恢复和发展了承德麻纺厂，新建了承德丝绸厂、邢台缫丝厂、邢台丝织厂以及张家口毛纺厂等，并陆续建设了一批中小纺织。为了适应纺织生产的需要，还兴建了邯郸纺织机械厂、石家庄纺织机械配件厂、邯郸纺织机械配件厂、邯郸棉机厂、河北印染机械制造厂、邢台纺织机修厂和石家庄第一、二纺织器材厂等。到1984年年底，纺织系统已有企业309个，拥有棉纺锭143万锭，布机4.1万台，印染能力5.58亿米，化纤生产能力1.53万吨，毛纺锭3.2万锭，丝织机1952台。针织、复制、缫丝、麻纺、纺织机械和纺织专用器材也都有了一定生产基础，形成棉、毛、麻、丝、纺、织、染、整以及化纤原料、纺织机械制造等成龙配套的纺织工业体系，成为全国拥有百万纱锭的七个省市之一。

河北省轻工业基础薄，水平低。1949年以后，轻工业有所发展，1950—1983年，全省用于轻工业的基建投资7.7亿元，占同期基建总投资的2%。从“四五”计划时期开始，特别是“五五”“六五”计划时期，轻工业建设得到重视，加快了建设的步伐。10多年中通过新建和改扩建，建成了石家庄、张家口、保定卷烟厂，张家口、沙城酒厂，石家庄手表厂、唐山自行车厂、邯郸自行车厂、张家口四一化工厂、唐山轻工机械厂、秦皇岛轻工机械厂等。制糖、啤酒、自行车、钟、表、合成洗涤剂等工业逐步发展壮大。河北陶瓷生产历史悠久，享有盛名。历史上北宋时期的五大名窑之一——定窑在河北，邯郸彭城的“磁州窑”也驰名中外，唐山陶瓷也有500多年历史。1949年以后，唐山、邯郸、宣化3个陶瓷生产基地先后建成，共有72个厂家，生产的象牙瓷、翡翠瓷、骨灰瓷、白玉瓷等高档产品，在满足国内市场的同时，还远销世界50多个国家和地区。河北省盛产原盐，经对南堡、大青河、黄骅盐场进行扩建和改造，全省1984年年产能力达274万吨，在国内居首位。河北造纸工业较发达，30余年中建成7个年产万吨以上的纸厂。1983年纸及纸板生产能力达36.6万吨。“一五”计划期间建成的保定造纸厂，能生产103#纸等15个高级品种，是国内生产103#纸的主要厂家。其他的传统产品，如张家口、辛集的毛皮，泊头的火柴，宣化的葡萄酒，涿县的地毯，香河的金银首饰等，其生产能力经过建设都有所提高。轻工系统已有陶瓷、造纸、制盐、钟表、自行车、日用化工、食品、卷烟、酿酒、灯泡、玻璃制品、塑料加工、服装、皮革等21个部门、40个大行业，县以上企业2164个。

（三）冶金、机械、建材、化学工业。

1949年以前，冶金工业基础薄弱，生产落后，仅有几家小型冶金企业。为了加快重工业的发展，1949—1984年，冶金工业累计投资达35.2亿元，固定资产原值达35.8亿元，拥有县以上工业企业380个，形成了从地质勘探、采矿选矿、烧结、焦化、耐火、冶炼到轧材的综合生产能力。河北省冶金工业一个显著的特点是地方中小钢铁企业生产能力较大，生铁、焦炭、铁矿石、铁精粉的产量在全国各省、市、自治区地方产量中均占第一位；钢产量占第二位；钢材和电解铝产量占第三位。从50年代开始，陆续建设了一批骨干企业，铁矿主要有玉石洼、符山、西石门、支家庄、石人沟、龙烟、綦村等，铁矿石年总开采能力1078万吨。主要钢铁企业有唐山钢铁公司、宣化钢铁公司、邯郸钢铁总厂、承德钢铁厂、邢台钢铁厂、石家庄钢铁厂等。邯郸钢铁总厂拥有620立方米高炉1座、300立方米高炉2座和1台小方坯连铸机，形成年产生铁70万吨、钢60万吨、材坯70万吨、焦炭84万吨的综合生产能力，成为河北省主要中型钢铁联合企业。全省已建成炼铁高炉36座、4765立方米，炼钢侧吹转炉18座，氧气顶吹转炉11座，总计219公称吨；轧钢机7套，烧结机17台、炼钢用制氧机10台。有色金属矿主要有寿王坟、小寺沟和涞源铜矿。铝厂主要有马头铝厂、石家庄铝厂、保定铝厂等。1982 年建成投产的涿县铝加工工厂采用从日本引进的先进设备，年产铝箔等 5000 吨。

机械工业经过 30 多年的建设，有了工程、矿山、农机、通用、电工、仪器仪表等一批骨干企业。较著名的大中型企业有宣化风动机械厂，这是中国凿岩台车定点生产企业，具有凿孔径 80—250mm 的系列产品生产能力。全国冶金、煤炭、水电、交通、国防等工程施工用的凿岩台车，大部分由该厂制造。宣化工程机械厂是中国推土机行业的重点厂之一，生产 T140－1 液压履带式和 TSL40 湿地推土机，年产能力 200 台。唐山冶金矿山机械厂是中国皮带运输机行业的骨干企业，生产批量大，为实现大型工矿企业生产现代化和能源开发提供了必需的技术装备。石家庄拖拉机配件厂是华北地区大型拖配厂，年产能力 1610 万件。保定变压器厂是中国三大变压器生产厂家之一，生产能力达 500 万千伏安，能生产 50 万千伏大型变压器。石家庄水泵厂引进国外先进技术，是全国生产潜水泵和杂质泵的骨干厂家之一。承德矿山机械厂是全国生产悬挂输送机的主要企业。石家庄煤矿机械厂年产煤矿机械 3400 吨。大型企业还有石家庄车辆厂、动力机械厂、唐山水泥机械厂、唐山机车车辆厂、邢台冶金机械轧辊厂、张家口探矿机械厂、张家口煤矿机械厂、长征汽车厂、秦皇岛山海关桥梁厂等。1984 年年底全省共有机械工业企业 5894 个，固定资产原值 48.6 亿元。机械工业建设的特点，一是开发类行业占优势，矿山、冶金、煤炭、化工、石油等机械设备产值占机械工业总产值的 38%。二是农业机械行业企业数居全国各省市之首。三是电子机械、日用机械等新型机械制造业正在起步，电视机、洗衣机等产品开始形成一定生产能力，石家庄电视机厂引进的彩电生产线已建成投产。

河北省是全国最早建立现代建筑材料工业的省，全国第一家生产水泥、平板玻璃和建筑陶瓷的工厂均在河北，即分别于 1889 年、1922 年和 1916 年建厂的唐山启新水泥厂、秦皇岛耀华玻璃厂和唐山陶瓷厂。新中国成立后，经过 35 年的建设，基本建成了多行业、多品种、多层次的建材工业体系，生产门类由 1949 年的 5 个发展到 11 个，包括水泥、水泥制品、玻璃及玻璃纤维、建筑卫生陶瓷、砖瓦灰沙石、石棉制品、非金属采矿、铸石、建材机械等，拥有2753个企业。初步形成以大中型水泥厂和地市重点水泥厂为骨干的水泥生产网和传统地方建筑材料生产网，以及玻璃、建筑陶瓷生产基地，生产规模和生产能力大幅度增加。水泥生产能力达716.8万吨，比1949年增长68.5倍。平板玻璃500多万标箱，增长11倍。卫生陶瓷139万件，增长315倍。石棉3986吨，增长158倍。玻璃纤维、玻璃钢、釉面砖、铸石等产品从无到有，产量迅速增加。建材工业主要产品产量在全国居于前列。三大建材基地已初步建成。一是唐山水泥生产基地，总生产能力为300多万吨，主要厂家有年产50万吨的启新水泥厂和年产155万吨的冀东水泥厂。二是唐山建筑陶瓷基地，卫生陶瓷产量占全国总产量的59%，占全国出口量的90%。唐山陶瓷厂年产卫生瓷15万件、地砖30万平方米。唐山建筑陶瓷厂经扩建后，年产卫生瓷55万件，面砖150万平方米，铜配件10万件。三是秦皇岛玻璃生产基地，到1986年可形成近1000万标箱的生产能力，为全国最大的玻璃生产基地。秦皇岛耀华玻璃厂经扩建和技术改造，1984年产平板玻璃320万标箱，压花玻璃568万平方米，钢化玻璃25万平方米，夹层玻璃6000平方米。

化学工业是河北省新兴的工业部门。1949年以前，全省仅有5个手工作坊式的小型化工厂，只能生产少量硫化碱、碳酸钙、电石等几种化工产品。经过30多年的建设，1984年年底已有化肥、农药、氯碱橡胶、油漆等十几个行业，成为大中小结合、以中小型企业为主的工业部门。化肥行业是化学工业的第一大门类。1958年5月，河北第一个中型化肥厂——石家庄化肥厂动工兴建，1964年11月建成投产。以后又建起了年产合成氨能力为4.5万—6万吨的宣化、迁安、邯郸3个中型化肥厂。1958年开始建设小合成氨厂。1966年河北省第一套自己设计、制造、安装的年产3000吨小合成氨厂——获鹿化肥厂建成投产，为全省小合成氨厂的大发展打下了基础。到1978年，全省共建小化肥厂158个，基建投资6.15亿元，形成51.3万吨/年合成氨设计能力。经过调整、扩建、改造，到1984年年底，小化肥厂调整为128个，合成氨生产能力达96万吨，比1978年提高了87%。1974年3月，从美国、荷兰引进的30万吨合成氨、尿素装置在沧州化肥厂建设安装，于1977年4月建成投产，这是中国引进的13套大化肥装置之一，具有70年代的先进技术水平。经过这些建设，全省合成氨生产总能力达到 152.5 万吨。同时，磷肥工业也有较快发展，先后共建小磷肥厂 142 个；经过调整，到 1984 年有 77 个，武安、邯郸、藁城、沙城等磷肥厂，年产实物肥都在 5 万吨以上。

基本化工原料，农药，橡胶等生产能力的建设都具有一定规模。全省共有 10 个氯碱企业，年产烧碱能力 6.18 万吨；配套产品聚氯乙烯 2.1 万吨，液氯 1.45 万吨。主要厂家有邯郸滏阳化工厂，年产烧碱 1.5 万吨；石家庄电化厂，年产烧碱 1 万吨。1984 年全省硫酸生产能力达到 69.4 万吨。全省农药厂 10 个，生产甲胺磷、久效磷、氧化乐果等 14 个品种、20 种剂型，原料药生产能力达 1.4 万吨，粉剂加工能力 3 万吨。橡胶工业也有发展，建起了橡胶加工企业 30 个，全年耗生胶 1.6 万吨，生产 1100 个规格品种。

保定第一胶片厂是中国建设最早、规模最大的感光材料工业企业。1958 年开始兴建，1964 年投产，后又经两期改建、扩建，已成为一个综合性和技术密集型的精细化工企业。1984 年胶片生产能力 1.5 亿米，其中彩色胶片 1 亿米，磁带 0.4 亿米。胶片产量占全国产量的 60% 多。

河北省是全国生产化学药品的重点省份之一，抗菌素总产量一直占全国第一位，形成了以生产四大抗菌素为主、原料药和制剂并重的医药工业体系。主要生产企业是华北制药厂、石家庄市制药厂、河北东风制药厂、张家口市制药厂、保定地区制药厂。华北制药厂是全国大型制药厂之一，是重要的抗菌素生产基地，是国家 156 项重点项目之一。1953 年开始兴建，投资 8000 多万元，建筑面积 51.3 万平方米。1958 年建成投产后几经扩建，拥有固定资产 1.7 亿元，厂内建有研究所、中试工厂和药理动物试验场等。生产能力为抗菌素 1778 吨，溶剂 5000 吨；品种有青霉素、链霉素、土霉素、四环素、洁霉素、正定霉素、春雷霉素、庐山霉素以及丁醇等 40 多种。

三、大规模的交通、邮电建设

35 年来，国家用于河北省的交通运输邮电系统的投资总额达 39.21 亿元（不包括跨省区的国家重点大型铁路工程和通讯工程），占同期基本建设总投资的 9.58%。

（一）铁路建设。

河北省解放后，在原有基础上进行了大规模的铁路建设，建设新线、改造旧线、增修复线，新建和扩建铁路枢纽、车站，建成了技术复杂、工程浩大的丰沙线和京承铁路的怀柔段，铺设了通过河北省的京沈、京广、津浦、京包、石太等主要铁路干线的复线，装置了京沈线电气化自动闭塞，新建和扩建了石家庄、山海关等枢纽。70年代开始，铁路作为建设重点，加快发展，建成了沙通铁路，自北京昌平起，经河北隆化、内蒙古赤峰，直抵通辽，全长870公里。这条铁路是沟通华北和东北地区的第二条主要铁路干线。新建的铁路干线还有通坨、邯长、京原等铁路。进入80年代后，又相继铺筑了石德铁路复线，完成了石太线石家庄至阳泉段的改造和电气化工程；新建了京秦铁路（含电气化），提高了晋煤外运能力。在建的还有大（同）秦（皇岛）线，这是中国第一条重轨重载铁路。1984年年底，全省铁路站点已达290个，其中特等站2个，一、二等站14个，三等站44个。石家庄站已成为全国铁路网中比较大的枢纽之一。河北省境内的主要铁路干线有11条，京广、津浦铁路纵贯南北；京沈、京包、京原、通古、石德、石太铁路横穿东西；沙通、京承、锦承铁路联系冀北地区。河北省境内的国家铁路正线延展里程达3725.4公里，营业里程2306公里。这些铁路均衡地分布在河北全省，平均每百平方公里有2公路多铁路，密度仅次于辽宁，居全国第二位。此外，全省还有地方铁路10条，全长684公里，有站点76个，贯穿24个县（市）。

（二）公路建设。

1949年河北省仅有几条公路，大多是土路面，狭窄不平，缺桥少涵，晴通雨阻。经过35年的建设和改造，到1984年年底，全省公路通车里程已达40514公里，平均每百平方公里有公路21.6公里。等级路面已达28469公里，占公路里程的70%。新建公路桥梁6200余座。拥有民用汽车14.62万辆，开辟客运班车线路1044条，约2.4万公里，站点近7000个。通客运班车的乡已有2600多个。

（三）港口建设。

秦皇岛港是中国北方的不冻良港，水深港宽，风平浪小。原只有7个不大的泊位，吞吐能力很小。从 1962 年开始扩建，到 1984 年已成为中国的重要的油港、煤港、对外贸易港，拥有泊位 20 个，万吨级 12 个，码头长度总计 3447.4 米，总吞吐能力 5780 万吨，居全国第三位。港口已全部实现机械化装卸，海上航线远及国内外各大港口，和 50 多个国家和地区有航运往来。70 年代后建设的主要码头工程有油码头一、二期工程，建成泊位 4 个，吞吐能力 3000 万吨/年，这是中国北方原油运输的专用油码头。建成杂货码头泊位 2 个，吞吐能力 100 万吨/年。中国第一座装卸机械化、自动化的大型专用煤码头的一、二期工程已投产，有 2.5 万—5 万吨级的泊位 4 个，吞吐能力 3000 万吨，三期工程在紧张施工，全部工程完成后，秦皇岛港年吞吐能力可达 1 亿吨。

（四）航空运输。

经过 1980 年以来的建设，1984 年省内正式开辟了石家庄、秦皇岛、唐山等机场，石家庄已有通往上海、广州、秦皇岛等几条航线。

（五）邮电通讯。

邮电通讯已建成了以省会为中心，沟通全省城乡，并与国家干线相接的比较方便的网络。1984 年年底，全省邮电局、所（处）达 25375 个，邮路总长度 2.43 万公里，长途电路 2099 条，电报电路 543 路，城市、农村交换机总容量 35 万门，邮电业务量 1.1 亿元。石家庄、唐山、邯郸等 9 个省辖市都装置了自动电话，石家庄市一部分用户已用上能直拨全国 25 个省会的自动电话。1981 年石家庄电信局采用电子计算机 64 路自动转报系统，进入全国自动转报网。邮电局采用微机处理邮袋，实现了装卸和内部操作机械化和自动化。1982 年，在石家庄建起了一座具有现代化处理系统的邮件处理中心——石家庄邮政枢纽大楼。

四、科学、教育、文化、卫生事业的建设

35 年中，河北用于科学研究、教育、文化、卫生、体育等社会发展方面的基本建设投资 14.73 亿元，占同期基建投资总额的 3.6%。其中 1978 年前的 29 年为 7.2 亿元，占 48.98%，1979 年到 1984 年间为 7.5 亿元，占

51.02%，科技、教育等出现了蓬勃兴起的新局面。

科学技术的发展取得很大成就，河北省解放后，省、地、县相继建设了农业试验场、农业技术推广站、畜牧兽医站、种子站以及自然科学专门协会和科普组织等。到1966年，全省有独立专业科研机构55个。十年动乱期间，科技建设十分缓慢。1978年以后，科技建设进入了新的历史时期，投资大幅度增加，建设速度加快。建设的重大项目有：省科学院，包括激光、工业自动化、生物、应用数学、能源等研究所；省社会科学院，包括经济、哲学、农业经济研究所等；省农业科学院，新建了农业物理生理化中心和遗传育种中心；省医学科学院，包括综合楼、实验楼等，省科技大厦，包括科技馆和人才服务中心；以及省情报测试计算中心。林业、冶金、建筑、建材、医药、电子、轻工、机械、电力、水产、环保、教育、体育等一批专业研究所也相继建立，购置了一批精密仪器、电子显微镜等科研试验设备。1984年，全省科研机构398个，其中独立专业科研机构136个。

教育事业稳步前进。1949年前，河北教育落后，只有小学校32484所，在校学生226.6万人；中等学校173所，在校学生3.78万人；高等院校3所，在校学生1789人。1949年后，教育事业有了很大发展。1953—1984年，新建学校建筑面积805万平方米，其中1978—1984年344万平方米。到1984年，全省有小学49372所，在校学生607.91万人；中等学校7143所，在校学生259.2万人；高等学校44所，在校学生4.9万人。各级学校的教学设备和图书资料都有不同程度的增加，办学条件普遍改善。1978年后，用于教育事业的基建投资逐年增加。1978年为3189万元，1980年后都达1亿多元，每年均递增30%左右。其中高等院校均投资1700万—1800万元，每年递增16%。设备投资也大大增加，年均达3000万—4000万元，比1978年增长1倍多。主要建设项目有：搬迁扩建了河北师范学院和河北林学院；新建了河北中医学院、河北财经学院、河北体育学院。全省21所主要大学，如河北大学、河北师范大学、河北农业大学、河北工学院、河北医学院等都进行了扩建，每年投资达1000多万元。各县普遍新建了师范学校，每个地区增设了1所教育学院，提高了全省师资力量和水平。同时，中等技术学校、职工中学、普通中小学的建设都有很大发展。

文化、卫生、体育等事业欣欣向荣。为了丰富全省人民的文化生活，在省会新建了省图书馆、河北影院、青少年宫、歌舞剧院、河北梆子剧院、话剧院、群艺馆等，各县普遍增建了电影院。1984 年全省有电影院 535 座，剧场 116 个，群众艺术馆 20 个，文化馆 172 个，做到了县县有文化馆。广播电视事业发展较快。1949 年全省只有 1 座广播电台。1984 年年底，已拥有中波广播电台 6 座，广播发射台和转播台 13 座，电视台 2 座，电视发射及转播台（包括小功率台）290 座。广播已基本覆盖全省，电视人口覆盖率达 78.3%。文物管理和保护得到加强。博物馆由 50 年代初的 1 个增加到 18 个，对一些重点文物保护单位如清东陵、清西陵、赵州桥、隆兴寺、避暑山庄、外八庙等进行了恢复和修缮。体育设施的建设日益得到重视，1984 年全省共拥有体育场 10 个，体育馆 2 个，游泳馆（池）53 个，有固定看台的灯光球场 108 个，训练房 120 个，运动场 183 个，射击场 20 个。1984 年建成了容纳万余人的较现代化的省体育馆，投资 1700 万元，建筑面积 2.5 万平方米。医疗卫生建设加快。1984 年用于卫生的基建投资达 3377 万元，比 1978 年的 1284 万元增长了 1.67 倍。全省逐步建立了医疗预防、妇幼、科研、中医和医学教育等一批卫生机构，新建、扩建了省医院和河北医学院附属二、三、四院及省中医院，增扩了妇幼门诊，增置了先进医疗诊断设备，分期分批改扩建和装备了县医院，还加强了卫生院、所等医疗机构，形成了一个普及城乡、布局较合理的医疗卫生网。1984 年年底全省已有医疗机构 10344 个，比 1949 年增长 67 倍；病床 11 万张，增长 47 倍；平均每千人有医院病床 2 张。

五、城市建设

35 年中，全省用于城市公用事业投资达 18.5 亿元，占基建总投资的 4.5%。1977 年以前，城市建设同期投资少，规模小，建设缓慢。从 1953 年到 1977 年，城市公用事业投资平均每年只有 1100 万元，造成职工住宅紧张，市政设施失修失养，公用事业严重不足，环境污染严重。从 1978 年起，大幅度增加了城市建设投资，加快了城市公用事业和住宅建设速度。1978—1984

年，城市公用事业投资达15.41亿元，占1949年以来全部投资的83%，平均每年2.25亿元。经过建设，为生产、生活服务的供水、排水、道路桥梁、防洪、园林绿化、公共交通、环境卫生、液化石油气等市政公用设施，以及职工住宅等都有很大发展。1984年全省城市日供水能力达135万吨，比1949年增加120倍。城市排水管道达1698公里，53%的建成区有了排水设施。城市修建道路2125公里，公共交通运营线路达1401公里。城市园林绿地达4244公顷。1976—1984年，城市住宅建设竣工面积共2000多万平方米，相当于1976年前26年的2倍，住宅紧张状况有所缓和。

1984年年底，全省有石家庄、唐山、邯郸、保定、秦皇岛、张家口、承德、邢台、沧州9个省辖市；廊坊、衡水、泊头3个地辖市，共12个设市城市，建成区面积由1949年的129平方公里发展到470.5平方公里；城市人口由96万人发展到720万人（含郊区，不含市辖县），占全省总人口的13.2%。石家庄、唐山、秦皇岛市在城市发展中形成了各自的特点。

第四节　山西省的建设

山西位于中国华北地区西部，黄土高原东部，东西宽约290公里，南北长约550公里，总面积15.6万平方公里。总人口2600万人。

由于山西省煤、铁资源丰富，且处于中国内地，解放以后[①]，国家就把山西省作为一个重要的重工业基地，特别是煤炭基地来建设。1949—1984年，基本建设投资总额达335.92亿元，其中工业投资223.46亿元，占66%。经过35年的建设。一个以煤炭、冶金、机械、化学工业等重工业为轴心的门类较多的工业基地已经初步形成，并且正在蓬勃发展。

一、工业技术基础的奠定

山西解放时，煤炭、钢铁、机械工业就有一定基础，但都很薄弱。1949年，原煤产量只有267万吨。“一五”计划时期，在国家财政经济情况十分困

① 山西省会太原1949年4月24日解放。

难的情况下，国家首先投资对太原钢铁厂进行了技术改造，动工新建了太原重型机械厂和榆次经纬纺织机械厂，重点恢复建设了煤炭工业。全国156项重点建设项目中，山西就占11项，主要是煤炭、发电、化工、国防军工项目。同时，纺织工业建设也在这个期间起步。“二五”计划期间，上述几个工业部门的建设又有了不同程度的发展。

（一）煤炭工业。

1950年和1951年，大同、汾西、西山、阳泉、潞安5个矿务局相继拉开了大规模建设的帷幕。1953年和1954年，轩岗和霍县矿务局的工程上马，1958年晋城矿务局开工建设。“一五”“二五”计划时期和调整时期，山西省煤炭工业共投资16.06亿元，新建和扩建项目达113项。新增煤炭开采能力2847万吨，洗煤能力530万吨，筛选能力270万吨。1965年煤炭产量达到3927万吨，比1949年增长13.7倍。在建设煤矿的同时，建设了太原第一热电厂和第二热电厂，1949—1965年，全省共计增加发电装机总量50.34千瓦。

（二）钢铁工业。

太原钢铁公司兴建于1934年，解放前最高年产量是：铁4.3万吨，钢1.6万吨，钢材1.5万吨。山西解放后，国家从1950年开始对太原钢铁公司投资进行技术改造，1950—1956年共投资6316万元，使太钢在原有的基础上初步形成了综合生产能力。1957—1964年又投资42659万元进行扩建，使太钢的主要生产能力于1965年达到铁76.8万吨，钢50万吨，钢材45万吨，焦炭67万吨，初轧坯100万吨。同时，峨口铁矿开始建设，设计能力年产原矿480万吨，精矿214万吨，成为太钢主要的铁矿石基地。

（三）机械工业。

“一五”“二五”计划时期，山西省是中国机械工业建设的重点省之一。这期间建设了太原矿山机器厂、太原机车车辆厂，山西机器厂、山西电机厂、太原五一机器厂、太原第一机床厂、太原锅炉厂、太原变压器厂等。中国第一个自行设计的重型机械厂1950年在太原开始兴建，经过3年多的努力，于1953年6月部分投产。到1962年，共投资23783万元，建成生产能力为：矿山设备19480吨，起重设备17048吨，冶金设备20700吨。这是山西解放后最早新建的大型工业项目之一。其次，就是榆次经纬纺织机械厂，它于1951年5月破土动工，1954年8月投产，是中国第一个生产全套棉纺设备的机械厂。30年来，该厂从50年代生产棉纺设备，到60年代生产化纤设备，不断开发新产品，已累计提供纺织机械主机3.5万多台，装备了全国29个省、市、自治区的棉纺和化纤工厂，产品行销世界24个国家和地区。

（四）化学工业。

以156项中的太原化工厂、太原化肥厂、太原制药厂为主，“一五”计划时期在太原地区兴建了一个以煤为原料生产多种基本化学原料的综合性化工基地，这是中国“一五”计划时期重点建设的吉林、兰州、太原三大化工基地之一。此外，1952年1月开始，对运城盐湖进行了扩建。经过30多年的建设，其主要产品工业硫化钠已占全国总产量的25%，工业硫酸钠占50%，两种产品的出口量均占全国的一半，成为中国无机盐工业基地之一。

（五）纺织工业。

山西纺织工业的建设起步较早。晋华纺织厂1953年经改造后扩建了3万纱锭。1956—1957年新建山西纺织厂8万纱锭，1957—1965年，全省建设了16万纱锭，增加织布机6600台，印染能力8000万米。主要项目有：介休纺织厂、临汾纺织印染厂、晋华纺织厂二车间、忻县纺织厂、山西纺织厂织布车间、山西精纺毛织厂、太谷纱厂、高平丝织厂，以及建于介休的山西印染厂。这些厂的建设，为山西纺织工业进一步发展奠定了重要基础。

1949—1965年，山西新建和扩建的大中型工业建设项目主要是重工业，而且主要集中于太原、大同、阳泉、长治等地，初步奠定了山西工业发展的基础。

二、基础工业的进一步发展

1966—1975年，是中国发展国民经济的第三个和第四个五年计划时期。在政治动荡的逆境中，山西的基本建设仍然取得了一定进展。在继续建设煤炭工业的同时，大力发展电力、化学、机械与轻纺工业，建成了一批新的工业企业，发展了一些新的工业部门，进一步增强了基础工业的实力，其他事业的建设也有不同程度的发展，但有些部门如钢铁、化肥工业等投资效果差。

在这个历史时期，山西共完成基本建设投资131.29亿元。其中煤炭工业基本建设投资只完成7.39亿元，国家统配煤矿新开工的主要工程项目共13个，设计开采能力1.506万吨，其中多数项目延续到“五五”计划时期才陆续竣工。因位于驰名中外的云冈石窟而得名的大同云岗煤矿，是当时中国自行设计并用国产设备装备起来的一座大型新建矿井，该矿于1973年3月投产，第二年就达到矿井一期工程年产150万吨的设计能力，投产六年就收回全部投资，成为山西大中型建设项目的先进工程。该矿1983年年产跃为330万吨，是大同矿务局第一个年产300万吨的矿井。应当指出的是，60年代中后期，由于曾一度提出“扭转北煤南运”的口号，晋煤投资锐减，煤炭工业占全省工业投资的比重由前17年的26.7%下降到12.64%，致使山西省煤炭工业的增长速度低于全国工业的平均增长速度。“三五”“四五”计划时期，全国工业平均增长速度是11.7%和9.1%，而山西煤炭工业的增长速度是5.4%和7.8%，这种状况直到1978年以后才得到根本性的转变。

电力工业10年间新增发电装机容量103.58万千瓦。其中有4台单机容量为10万千瓦的娘子关发电厂是太行山上的明珠，是山西大电厂之一。它的第一台机组于1973年投产，1980年全部建成。在山西北部朔县境内的神头发电厂，一期工程发电装机容量15万千瓦，1973年10月破土动工，到1977年12月竣工投产。霍县发电厂是“四五”计划时期全省新建项目的重点，一期和二期规模40万千瓦。永济发电厂新建规模8万千瓦，大同热电厂扩建规模5万千瓦，它们分别于1974年和1979年投产。至此，山西已能适应本省工农业发展及人民生活的用电需求，并由南到北基本联成主干为22万伏的统一电网，通过娘子关发电厂与石家庄市联通，开始向邻省和京、津、唐电网输电。

从“三五”计划时期开始，沿同蒲铁路在原平、洪洞、永济等地，建设了一批大中型化肥、焦化、农药、橡胶、无机盐和化工机械制造项目，同时对太原河西化工区进行扩建，增加产品品种，填补了一些空白，但投资效果不够理想。全省从60年代初期到70年代中期，陆续建成小合成氨厂98个，设计能力43万吨，其中“三五”“四五”计划时期建设的80个，设计能力

37 万吨。由于建设过程中打打停停，工期拖长，投资普遍超过概算。以年产合成氨 3000 吨的小化肥厂为例，定型设计投资为 234 万元，实际平均投资为 427 万元，高于定型设计 83%。洪洞焦化厂于 1971 年 7 月开始建设，单项工程 116 项的实际投资中，低于或等于概算的 18 项，占 15.5%，高于概算的 98 项，占 84.5%，建设周期长达 11 年半。比“一五”计划时期在太原市建设的 4 个大中型项目的平均建设周期高出 3 倍多。更突出的问题是，由于化工建设偏重于氮肥，光建小氮肥厂即投资 6 亿元之多，对经济效益高的化工产品则甚少顾及，从而导致全行业产品结构畸形发展，投入多，产出少。

1965—1972 年，太钢进行了第三阶段的技术改造，同时复建了峨口铁矿。从 1973 年开始，又进行了第四阶段的技术改造。到 1980 年，主要产品的产量均超过了设计能力，实际能力达到生铁 92.4 万吨、钢 115.4 万吨、钢材 74.8 万吨。从 60 年代中期到 70 年代，山西地方冶金工业的建设走了一段弯路。1966 年以前，地方冶金建设的重点在长治钢铁厂，1967—1976 年转移到临汾钢铁厂。1977 年重新决定会战长钢，1978 年又把重点从长钢移到临钢。建设重点在长钢与临钢间几次变化，结果长治钢铁厂和临汾钢铁厂都长期形不成综合生产能力。

“三五”“四五”计划时期，机械和轻纺工业也新建了一批项目。山西轴承厂、平遥工矿电机厂、山西棉纺厂、山西维尼纶厂都是在这期间新建的。同期，铁路新增通车里程 299 公里，公路新增通车里程 8922 公里。农业上除续建 4 座大型水库外，新修中型水库 11 座，增加灌溉面积 768 万亩。城镇建设也有新发展。

在这两个五年计划时期，山西的建设虽然也取得了一定进展，但由于基本建设片面强调为战备服务，厂址选择上受“山、散、隐”的方针影响，建设上付出的代价不小，经济效益很差。

三、为建设能源重化工基地而努力

1978 年以后，为缓解国家能源紧张的情况，国务院组织各方面的专家、学者根据已探明的石油、煤炭、水力资源情况，经过多方论证，对积极开发利用中国丰富的煤炭资源重新作了评价。山西是中国煤炭资源最丰富的省区之一，为了综合利用山西丰富的煤炭资源，1982 年国务院成立了山西能源基地规划小组，进行综合测量和全面规划。同时，开始了以建立山西为中心的能源重化工基地为目标的大规模的基本建设。

围绕开发煤炭资源、综合利用煤炭以及保证晋煤外运进行建设的项目，主要是古交矿区，大同矿区、平朔露天煤矿，大同二电厂、神头电厂、漳泽电厂、神头—大同、北京—天津 50 万伏高压送变电工程、南同蒲铁路复线、北同蒲铁路复线及电气化、大同—北京—秦皇岛重载铁路新线、京包铁路复线及电气化、太焦铁路复线及电气化，山西化肥厂、山西铝厂、太原平板玻璃厂浮法生产线等，都从 1980 年开始先后动工建设。

全国最大的炼焦煤生产基地、上海宝山钢铁厂的配套建设项目—古交矿区，是“六五”计划时期煤炭工业基本建设 8 大重点项目之一。矿区建设规模包括西曲、镇城底、马兰、东曲、屯兰共 5 对矿井，各矿的选煤厂同步进行建设，煤炭设计开采能力 1650 万吨。由中国自行设计、自行施工的年产 300 万吨原煤的西曲矿，是使用日本能源贷款 7 个建设项目之一，也是 80 年代以来率先建成的第一座现代化大型矿井。这个矿井开拓部署合理，工程质量好，造价较低，采煤全部机械化，是中国煤矿建设史上第一个实现环保工程“三同时”的矿井。该矿于 1979 年 8 月 1 日动工，仅用了五年零四个月就正式投产，1984 年 12 月 1 日第一列满载原煤的火车驶出矿区。

平朔露天煤矿位于山西北部，因地跨平鲁、朔县而得名。它的总面积为 380 平方公里，煤炭储量极为丰富，是中国五大露天煤矿之一，也是中国与国外合资开发的第一个煤矿建设大项目。第一期工程——安太堡矿区，由中国平朔露天煤炭公司与美国西方石油公司合资经营，设计年产原煤 1530 万吨。洗煤厂采用进口先进设备，全部由电子计算机控制。矿区铁路专用线全长 45 公里，是国内第一条单元重载列车铁路环线。它的通信系统是先进的卫星通信。在矿区可直接和世界各地通话。开挖机械是全国最大的 33 立方米的电铲和液压铲，并装备有载重 170 吨的自卸汽车，参加这项工程建设的 16000 余名职工，正在夜以继日地奋战。与平朔露天煤矿并列为国家重点建设项目的神头电厂扩建工程，采用了国内外的先进工艺，1983年到1984年的施工过程中，单项工程平均工期缩短一百余天，优良品率达到90%以上，1985年投产两台机组。这一项目全部扩建工程于1987年竣工后，是中国超百万千瓦的大型坑口电站之一，也是华北地区重要的动力基地。

围绕大宁煤田的开发，国家在大同安排了7个重点建设项目。大同矿区的重点工程有：四台沟矿和燕子山矿的新建，云岗和晋华宫等矿的扩建。新扩建工程全部投产后，将增加煤炭开采能力1090万吨。四台沟矿是中国第一个设计年产500万吨的特大型矿井，位于大同矿区西部云岗沟。它于1984年12月开工兴建，预计3年出煤，5年全部建成，7年达到设计产量。该矿探明储量9.6亿吨，可采储量7.2亿吨，矿井服务年限为130年，设计11个井口、4个生产盘区、10个采煤工作面，矿井建设全部采用综合机械化采煤设备。大同二电厂是一座大型坑口电站。设计规模240万千瓦，一期工程装有6台20万千瓦机组，一号和二号机组已分别于1984年7月和12月投产。施工中推广新技术、新工艺129项。大同——房山50万伏高压输变电工程，是向京、津、唐地区输送能源的强大“空中走廊”，也是华北电网最大的一条电力动脉。1981年动工，到1985年已带电降压运行。大秦线等4项铁路工程竣工后，大同铁路枢纽的运输能力将大大提高。丰（台）沙（城）大（同）双线电气化的建设，在保证旧线正常运转情况下，仅用两年多的时间，就完成了大同至张家口段线路技术改造、供变电系统、接触网、改变信号等工程，已于1984年12月开通。这是中国建成的第二条双线电气化铁路。

进入“五五”计划时期以后，山西煤炭工业的基本建设出现了两个新的显著特点，第一是重视改造挖潜，第二是在煤炭建设上国家、集体、个人，大、中、小项目一起搞。山西的国家统配煤矿中，五六十年代建成的矿井，一般井型较小，环节生产能力不配套。1976年到1985年坚持对现有矿井进行技术改造，在矿井的开拓部署上，废除了过去单层布置开采区的建井方式，采用了多层联合布置和新的开拓方式。在采煤方法上，普遍实行了走向和倾斜长壁式采煤工艺，淘汰了落后的高落式、房柱式采煤方式，使采压资源回收率大大提高。通过不断进行技术改造，全省统配煤矿在1974—1983年的十年间，原煤产量增加了3000多万吨。吨煤投资比新井建设节省40%左右。石圪节煤矿，主要靠内涵扩大再生产，1983年的原煤产量，超过设计能力1.13倍，一年上缴的利润比建矿总投资还多，故被誉为“中国煤矿的一盏明灯”。

山西乡镇煤矿的蓬勃发展，则是80年代以来的事。由于放宽政策，农民建设煤矿的积极性高涨，仅1984年农民集资达11.7亿元，兴建小煤矿699座，设计开采能力3906万吨。1984年统计，乡镇煤矿已发展到3315座，实现原煤产量7065万吨，占全省总产量的37.75%。在发展地方和乡镇煤矿中，地处雁北的左云县，1979年到1983年5年集资867万元，国家专项拨款1158万元，对县办鹊儿山和店湾煤矿以及44座乡镇联营煤矿进行了扩建，1984年原煤产量达到500多万吨，1979—1984年共为国家生产能源煤1000万吨，出口煤260万吨，换取外汇1.3亿美元，煤炭生产已成为当地经济的重要支柱。5年中，为扶持发展小煤矿，全省财政专项拨款4亿元，帮助乡镇煤矿进行技术改造。同时对50多个县的煤炭资源统筹规划，从大同、平朔、古交、阳泉、汾西、霍县、潞安、晋城等矿区划出储量275亿吨，以促进农办煤矿有一个更大的发展。为适应乡镇煤矿崛起的新形势，1984年交通部门兴建4条重点公路，总里程246.9公里，大中型桥梁10座，小桥涵洞392道，仅用8个月的时间，当年就全部建成。但在此期间，乡镇煤矿还存在不按规划随意兴建的现象，造成资源上的一定浪费。

潞城工矿区的全国重点工程——山西化肥厂，是引进联邦德国、日本成套设备装置的现代化大型企业。设计能力为年产合成氨30万吨，硝酸54万吨，硝酸磷肥90万吨，硫酸2万吨，水泥28万吨。复肥厂房是山西化肥厂的核心建设项目，厂房高达67米。建造这样大的厂房，在中国化工建设史上还是首次。从国外引进的4台碎煤加压气化炉，是煤制合成氨的关键设备，外径41米，炉体高12.5米，设备组合高度34.6米，已于1984年年底吊装就位。2台硝酸吸收塔是硝酸装置中的关键设备，塔高58.84米，直径5.2米，总重量314吨。由国外分17节运至现场，在地面组装后，已于1984年11月完成整体吊装工作。在潞城工矿区，山西化肥厂和太焦复线电气化的配套建设项目——漳泽电厂，于1984年3月正式开工。7000多台、套、件的机械设备，大部分已送到现场。这是一个最终装机容量为100万千瓦的电厂，它的建设为国家在晋东南地区进一步发展坑口电站展开了新的一页。

在“六五”计划时期，中国四大铝工业基地之一——山西铝厂的建设进入高峰期。山西铝厂位于河津县境内禹门口附近，远景规模为年产氧化铝200万吨，电解铝40万吨，铝加工材10万吨，水泥180万吨。铝厂生产体系包括：河津铝厂、孝义铝矿、龙门石灰石矿、自备电厂和引黄提水工程，全部工程分三期进行。一期工程占地1万余亩，总建筑面积63万平方米，1983年7月正式开工。到1984年年底分项工程已开工近300个，土建工程实物已完成60%。二期建设前期工作已拉开序幕。山西铝厂的建设，对改变中国铝工业布局、发展有色金属，有着重要意义。1949年至1984年，国家一直把太钢列为建设重点，投资共达16.9亿元，进行了一系列技术改造和改扩建工程，使太钢成为中国新兴的特殊钢生产基地，拥有大量现代化的钢铁生产设备，已可生产450个钢种、3850个规格的钢材。太钢不锈钢生产线的产品，已广泛应用于核能工业、宇航业、海洋开发和化工、动力方面，为通信卫星、洲际运载火箭、潜艇水下发射火箭以及各式飞机提供了材料。1979年以后，太钢实现了历史性转变，产品质量不断提高，经济效益显著增加。进入80年代后，山西建筑材料工业、轻纺工业都得到了相适应的发展。建材工业1976年至1983年7年的投资相当于前29年的1.06倍，轻工业相当于90%，纺织工业相当于63%。

工业是山西基本建设的主体，35年投资223.46亿元，占基本建设总投资的66.5%。1949年，全省大大小小工业企业共有2864个，固定资产只有1.6亿元，产值2.2亿元。1984年工业部门发展到55个，企业增加到10676个，全民所有制工业新增固定资产154亿元，工业总产值达到171亿元，比1949年增长76.7倍。全部建成的大中型工业项目，广布于全省42个县市，太原、大同、阳泉、长治、榆次、临汾、侯马、运城、晋城等地相继发展成为不同类型和规模的工业城市，工业生产力的布局发生了根本性的变化。由于大规模的工业建设，全省到1983年新增生产能力为：发电机组容量316.22万千瓦，煤炭开采6554万吨，洗选煤炭615万吨，铁矿开采612.4万吨，炼铁

251.4 万吨，炼钢 193.8 万吨，钢材 134.8 万吨，炼焦 281 万吨，合成氨 74.1 万吨，化学肥料 194.5 万吨，硝酸 4 万吨，硫酸 33.2 万吨，烧碱 6.22 万吨，拖拉机 3000 混合台，水泥 260.5 万吨，平板玻璃 80 万标箱，机制糖 6.6 万吨，机制纸及纸板 8.74 万吨，缝纫机 33 万架，自行车 20 万辆，棉纺锭 47.8 万锭，化学纤维 1.14 吨。

四、交通运输业的相应发展

35 年中，在大力建设工业基地的同时，相应发展了交通运输业，累计投资 40.77 亿元，仅次于工业投资。从"一五"计划时期开始，进行了大规模的铁路建设，省内区段从 1953—1983 年，新建铁路干线铺轨 675 公里，新建支线铺轨 407 公里，新建复线铺轨 414 公里，铁路通车里程达到 2115 公里。在此期间，相继建成了太原—焦作、北京—原平、邯郸—长治 3 条铁路干线，省内区段里程 651 公里；完成了京包线郭磊庄—大同段复线，石太线电气化，以及太原、大同、榆次、长治枢纽的改扩建工程，还新建了介休—西泉、礼元—垣曲、宁武—岢岚、大李—二峰山以及太岚支线的汾镇段等十几条支线。太焦线通车与焦枝、枝柳铁路连成一线，成为联结中南地区、与京广线平行的纵贯中国南北的第二条交通大干线，沿线有潞安、晋城、焦作 3 个大型煤矿和沁水煤田。该线对改善华北交通状况，开发太行区、太岳区资源都有重要意义。京原线的建成，开辟了山西—北京的另一条重要通道，它对提高晋煤外运能力，特别是缓和京、津、唐地区能源紧缺情况，发挥了较大的作用。邯长线沟通了京广、太焦两条干线，也是发展晋、冀、豫三省经济和支援全国煤炭能源的一条重要铁路。1949 年以来，除新线建设外，还对纵贯全省的铁路大动脉——南、北旧同蒲线的轻型、窄轨进行了全面技术改造，统一了标准，大大提高了通过能力。经过 35 年的努力，晋煤外运通道从原有的 2 条增加到 6 条，铁路运输能力 1984 年创造了历史最高水平，货物运输量达到 14733 万吨，比 1952 年提高了 16 倍，全年外运煤炭 12824 万吨，运往 24 个省、市、自治区和出口到 8 个国家和地区。

经过 35 年的建设，已形成了一个以太原为中心的公路网，乡乡通公路，广大山区解放前交通闭塞的状况已发生了根本变化。民用航空事业，新中国成立后，扩建了太原等地的机场，开辟了太原—北京、太原—大同、太原—长治的航线。1985 年 4 月 1 日和 11 月 18 日又相继开通了太原—广州、太原—上海的新航线。

邮电通信，为适应现代化建设的需要，设施不断改造、更新和增建。全省解放后，最早架设了石太、南同蒲长途线路。紧接着在 1954 年开通了省内太原——临汾第一条载波电路。1965 年又投资 4500 万元，开工建设微波通信和山西国际电台，设备都是当时国内第一流的。它于 1969 年建成后，担负起了首都至西北地区通信干线和国际电报通信的任务。经过 35 年的建设，全省邮电通信能力和现代化水平都有了很大提高，以国营干线为主，以省会为中心辐射的沟通城乡和连接全国的邮电通信网已经建立起来。

五、农林水利建设

新中国成立前夕，山西省灌溉面积仅占总耕地面积的 10% 左右。1949 年后，国家通过各种渠道用于水利建设的投资达 33 亿元。经过 35 年规模空前的水利建设，初步整治了历史上长期为害的黄河北干流及汾河、桑干河、滹沱河、文峪河、三川河、涑水河、漳河等主要河流。在大小河川上兴建了不同规模的水库 909 座，总库容 42.69 亿立方米，控制流域面积 53068 平方公里。其中蓄水在千万立方米以上的大中型水库就有 60 座。新建和扩建蓄水 1 万立方米以上的自流灌区 126 处，建成机电灌站 21548 处。同时，资助农民打机井 11.2 万眼，配套 8.5 万眼。大批水利工程的建成，初步完成控制水土流失面积 4935 万亩，水田、水浇地发展到 1651 万亩，相当于新中国成立前山西总水地面积的 4 倍还多。大型枢纽工程——汾河水库是全省最大的水库，建库以来累计蓄水 80 多亿立方米。不仅可灌溉下游 150 万亩农田，满足太钢等一些工矿企业的用水，而且从根本上解决了洪水对省城的威胁，在减少泥沙入黄方面也发挥了重要作用。尊村电灌站是全省最大的引黄高灌工程，分 10 级站提水，已建成 5 级，全部建成后抽水总量为 43 秒立方米，设计灌溉面积包括 5 个县 160 多万亩农田，这是晋南商品粮基地涑水盆地保证农业翻番的关键性工程。

在35年间，林业建设也取得了良好的投资效果。森林面积由551万亩扩大到2408万亩，森林蓄积量达到4222万立方米，比1949年增长3.1倍，森林覆盖率由新中国成立初期的2.4%提高到10.3%，全省植被稀疏的状况有了初步的改善。自1978年11月，国家决定在中国西北、华北、东北风沙危害和水土流失严重的地区，发动群众和投资建设防护林体系以来，在山西境内已初见成效。为充分利用森林资源，林产品加工工业从无到有，先后建起了年产2000吨的纤维板厂3座，年产400吨的烤胶厂1座，还有晋东南林化厂及小材小料厂共45个。这不但为森林资源的综合利用打下了基础，而且填补了山西一些林产品的空白。

六、教育设施、卫生设施和住宅建设

（一）教育设施建设。

新中国成立之初，全省只有高等学校1所，中等专业学校42所，普通中学34所，小学20073所。从1949—1983年，全省新建校舍面积1483.5万平方米，比1949年原有校舍面积增加17.1倍。1984年已有高等学校21所，中等专业学校107所，普通中学4821所，小学42233所，幼儿园7122所。山西大学、山西农业大学、山西矿业学院、山西工业大学、山西医学院、太原重机学院、太原机械学院、山西财经学院、山西师范大学等高等院校，都是国家投资创建的新型大学。35年来，各类学校为国家培养出大专毕业生9.56万人，中专毕业生27.88万人，普通中学生850万人。1978年以后，随着农村经济形势的好转，在全省范围出现了农民投资办学的新潮。1983—1985年，各地共集资17290万元，用于教育设施建设，这相当于1983年各级政府给全省中小学投资的9.7倍，其中农民投资16500万元。平定县西锁簧村和谷头村的新校舍，就是当地农民投资74万元建设起来的。应县的小石口小学，从1977年开始由农民集资13万元，翻修了所有的教室和宿舍。这个有570户人家的山村，8年中为国家输送研究生2名、大中专生92名、高中和师范生325名，已成为雁门关外出名的“文化村”。

（二）卫生设施建设。

新中国成立初期，全省医疗单位（包括私人开业在内）共有1262个，其中县及县以上医院38个，医院总病床917张。1949—1984年，卫生部门新扩建总建筑面积约117万平方米，医疗卫生机构发展到5747个。其中县及县以上医院465个，妇幼保健院5个，中医院26个，传染病院3个，其他专业医院25个。医院总病床82986张，比1949年增长89.5倍。同时，还建设了卫生防疫站136个，医学科学研究所19个，疗养院12个。每千人拥有医院病床从0.07张提高到3.19张；每千人拥有卫生技术人员，从0.39人提高到4.12人。

（三）住宅建设。

35年列入国家计划的住宅投资共32.33亿元，竣工建筑面积2967万平方米，其中1979—1984年投资20亿元，竣工建筑面积1233万平方米。

第十一章
东北地区的建设

东北地区包括辽宁、吉林、黑龙江三省。北部和东面隔黑龙江、乌苏里江与苏联为邻；东南隔鸭绿江与朝鲜民主主义人民共和国相望；西部与内蒙古自治区毗邻；西南与河北省接壤；南临渤海、黄海，与山东半岛成掎角之势。海岸线长达2178公里，有506个近海岛屿，并有良好的出海港口。

全区面积78.2万平方公里，占全国总面积的8.3%。区内有沃野千里的松辽平原和三江平原，有大小兴安岭和长白山林区。大部分地区属温带大陆季风气候，黑龙江省为寒温带气候。人口9205万人，占全国总人口的8.9%，人口密度为每平方公里117人。城镇人口3842万人，占全区人口的41.7%，比全国城镇人口百分比23.5%高18.2%。

东北地区自然资源丰富，铁矿石、石油、煤炭、油母页岩、镁矿、硼矿等矿产资源和森林资源在全国都占有重要的地位。已探明的主要矿产储量，铁矿石占全国25%，石油占46%，油母页岩占66%，原煤占3.1%，菱镁矿占85%，硼镁占90%；各种有色金属、稀有金属的储量和可供利用的二次资源、三次资源也较丰富。东北地区是全国最大的林业基地。东北地域辽阔，耕地多，具有发展农业的良好条件。

解放前[①]，东北地区曾遭受日本帝国主义长达14年的殖民统治和经济掠夺。日本帝国主义入侵后推行了“工业日本、原料中国”的殖民政策，使东北经济沦为“资源掠夺”型的殖民地、半殖民地经济。抗日战争胜利后，大部分地区又遭受了国民党军队和官僚资本的破坏。1948年全区解放时，工业

① 1948年东北全区解放。

设备总能力仅为日伪时期（1943 年）的 1/5。但就当时全国经济形势来讲，东北地区还是工业基础较好的地区，交通运输也较发达，铁路密度大，公路和水运条件也较好。区内城市较多，1949 年全区大中城市有 11 个，沿南北纵贯的哈大铁路线（哈尔滨至大连）上，就有哈尔滨、长春、沈阳、大连四个大城市，同时，以这四大城市为中心，初步形成了几个具有不同特点的工业集中地区。

中华人民共和国成立后，经过 36 年大规模的建设，东北地区已成为全国以钢铁、机械、石油、化工为核心的重要工业基地，也是全国商品粮和林业生产基地。东北的工业、农业、交通运输业已形成一个比较完整的、紧密联系的经济体系。建成了全区统一的电力网（总装机容量已超过 1000 万千瓦）和铁路网络。有了本区的燃料动力基地，区内钢铁工业、有色金属冶炼加工、石油开采和加工、电力设备制造、重型设备制造、汽车制造、船舶制造和常规兵器制造等都已形成生产体系，区内各省间有着密切的经济协作关系。

第一节　辽宁省的建设

辽宁省位于中国东北地区的南部，南临渤海、黄海，西南与河北省接壤，西北与内蒙古自治区为邻，东北与吉林省毗连，东南与朝鲜民主主义人民共和国隔江相望。全省面积为 145740 平方公里，人口 3686 万。①

解放前②，辽宁是长期遭受日本帝国主义侵略和掠夺的地区。1931—1945 的 14 年间，日本帝国主义在辽宁到处开矿山、筑铁路、兴电业、修工厂，建立了完全从属于日本侵略战争和日本国内工业生产的殖民工业体系，从而使中国的辽宁成了日本帝国主义疯狂掠夺物资的重要基地。到 1943 年，辽宁生铁、钢和钢材的产量均已占全国的 95% 左右。1948 年冬，全省解放后，在原有的生产基础上迅速进行了恢复性建设，医治战争创伤，恢复生产。到 1949 年年末，辽宁省人均国民收入已超过当年全国人均水平的 21%。1949—1985

① 1985 年年末人口数。
② 辽宁省会沈阳市是 1948 年解放的。

年，全省累计完成基本建设投资649.58亿元，新增固定资产492.49亿元，共建成投产的大中型骨干项目350个，小型项目2万多个。竣工各类房屋建筑面积达1.36亿平方米，为国民经济和其他各项事业的发展，提供了比较先进的科学技术装备，奠定了雄厚的物资基础。1985年辽宁的工农业总产值已达808.8亿元，居全国第四位。其中农业总产值为144.4亿元，比1949年增长12.6倍；工业总产值为664.4亿元，比1949年增长54.8倍，居全国第三位；重工业产值453.2亿元，居全国第一位。经过36年的建设，辽宁已经成为全国的重要工业基地之一。

一、以钢铁工业为中心的工业建设

辽宁的工业具有一定的基础，矿产资源比较丰富，技术力量比较强，从“一五”计划时期起，国家就把辽宁列为全国大规模经济建设的重点地区之一。36年中，国家用于辽宁的工业投资达424.96亿元，占全省总投资的65.4%。其中，重工业投资占工业投资的90.5%。除“三五”计划时期因国家投资重点转移到内地建设，辽宁工业建设规模有所压缩外，其余各个时期，国家对辽宁工业建设的投资都是不断增加的。粉碎江青反革命集团以后，工业投资增加尤为显著，1979年至1985年，9年间累计投资171.1亿元，占全省36年工业总投资的40.3%。

大规模的基本建设，使辽宁工业生产能力有了稳步增长。到1985年年末，全民所有制工业企业拥有固定资产原值567.8亿元，比1952年增长12.1倍，居全国第一位。主要工业产品新增生产能力，1985年同1949年相比，铁矿石开采增长52倍、炼铁增长20倍、炼钢增长15.7倍、采煤增长1.45倍、原油增长106.5倍、发电装机容量增长11倍、水泥增长39倍。同时，在部门结构上也有了显著的变化，先后建立了许多新兴的工业部门，如采矿冶金设备制造业、飞机制造业、汽车制造业、远洋巨轮制造业、内燃机车制造业、拖拉机制造业、高级合金钢和稀有金属冶炼业等。一个以钢铁、机械、石油、化工为主体，基础比较雄厚、布局趋于合理的重工业基地已在辽宁形成。

辽宁是在全国支援下建设起来的工业基地，同时，辽宁的工业又支援了全国的经济建设。1985年全省调出物资价值达300亿元。其中绝大部分为工业产品，净调出占产量80%以上的有煤油、柴油、变压器3种；净调出占产量60%—80%的有金属切削机床、汽油、润滑油3种；净调出占产量40%—60%的有钢材、铝、锌、纯碱等6种。

辽宁的工业建设，36年来都是围绕以钢铁工业为中心进行的。

（一）以鞍钢、本钢为重点的钢铁工业基地的建设。

辽宁铁矿石的储量达110亿吨，为全国之冠；炼铁所需辅助原料，如菱镁矿、石灰石矿、粘土矿等基本配套齐全，发展钢铁工业具有优越条件。

1. 鞍山钢铁公司的恢复和扩建。鞍钢是一个有60多年历史的老企业。1948年解放时，厂区一片废墟，满目疮痍，残存的设备能力仅为年产生铁50万吨，钢58万吨，钢材29万吨。从1949年起，鞍钢一直是全国的重点建设单位，也是辽宁省的重点建设单位。1950—1984年国家为恢复和扩建鞍钢共投资60亿元，新建、改建厂房面积405万平方米，安装设备总量92万吨。鞍钢是中国最大的钢铁联合企业，40里钢城中分布着56个生产厂矿。其中有大型铁矿山5座、炼铁高炉9座、炼钢厂3个、轧钢厂13个；已经形成年产铁650万吨，钢700万吨，钢材490万吨的综合生产能力。同1949年相比，炼铁、炼钢和轧钢的生产能力均增长10倍以上。35年间，累计实现利税344.9亿元，占全国钢铁企业利税总额的1/3。

35年中，鞍钢的建设经历了两个高潮，第一次建设高潮是“一五”计划时期。经过1949—1952年的恢复性建设，到1952年年底，鞍钢6座矿山、3个选矿和烧结厂、3座高炉、8座平炉、8座轧钢厂、7座焦炉及耐火材料厂等28个厂矿全面恢复了生产。当年产生铁83.2万吨、钢78.8万吨、钢材55.8万吨，基本恢复到日伪时期的最高年产量。“一五”计划中，鞍钢是国家建设的重点。列入重点建设的工程主要有以大型轧钢厂、无缝钢管厂和七号高炉等三大工程为主体的42项。这些项目大都是苏联帮助设计的，工程规模宏大、技术复杂、施工艰巨。1953—1957年5年间，除“三大工程”外，第二炼钢厂、第二初轧厂、第二薄板厂、第二中板厂、鞍山和大孤山选矿厂等新建工程及6座自动化大型高炉、第一炼钢厂和两座焦炉等改扩建工程相继建成投产。新建的大型轧钢厂，设计能力年产大型钢材 50 万吨，1952 年 8 月动工，1953 年 11 月就成功地轧出了第一根圆钢，从而结束了中国不能生产大型钢材的历史。“一五”计划期间，鞍钢累计完成基本建设投资 17. 59 亿元，占 35 年累计投资额的 29. 3%；新增固定资产 15. 99 亿元，新增生产能力炼铁 330 万吨、炼钢 280 万吨、轧钢 180 万吨左右。1957 年产钢 291 万吨、生铁 336 万吨、钢材 192 万吨，分别比 1949 年的 10 万吨、10. 2 万吨和 7. 8 万吨增长 28 倍、32 倍和 24 倍。

第二次建设高潮是 1979—1984 年。鞍钢自“一五”计划时期以后，20 多年中耗费投资不少，但形成生产能力不多，建设上走了弯路。1958 年“大跃进”开始后，提出“钢铁翻番”的口号，盲目建设了许多小高炉、小转炉，到 1962 年累计花了基建投资 10. 5 亿元，但产量却比 1957 年下降了。1966 年开始的十年动乱中，再次提出钢铁产量双翻番，盲目立项，盲目建设，又造成了很大损失。如耗费投资 1146 万元建设的第三铸铁厂，建成后因无铁可铸，投资发挥不了效益。10 年间虽也建成了容积为 917 立方米的 10 号高炉、年产 800 万吨的齐大山铁矿和 3 号 65 孔焦炉等项目，但总的新增生产能力较少。直到 1978 年以后加强了挖潜、革新、改造，鞍钢才进入了第二次建设高潮。1979—1984 年，完成的主要工程有：容积为 2580 立方米的 7 号高炉、150—180 吨的大型转炉 3 座、无缝钢管厂的石油管车间、轧钢厂的第二小型材车间、焊接钢管厂、第二薄板厂的镀锌生产线和第一薄板厂的两条高频焊管线。这些工程投资省、工期短、收益好。鞍钢的综合生产能力有了较大幅度的提高。

2. 本溪钢铁公司的修复和建设。1948 年本溪解放后，本钢获得了新生。1949 年成立了本钢“建筑部”，在短短的一年里，修复建筑面积 39 万平方米，使歪头山、八盘岭、南芬等 3 个矿区、2 座焦炉和高炉，以及特钢部分的电炉、汽锤等主要厂矿恢复了生产。1951 年政务院财经委员会批准本钢恢复改造后，立即开展了以改造老厂区和开发新厂区的大规模建设。到 1957 年，本钢年产铁矿石已达 283 万吨，生铁 80. 4 万吨，钢 8. 9 万吨。分别比 1949 年增长近 28 倍、17 倍和 36 倍。

1970 年后，国家又拨出大量资金，对本钢进行大规模技术改造。改造的主要项目有：5 号高炉、第二炼钢厂的 3 座 120 吨转炉、1150 毫米板坯初轧机，以及 1700 毫米的热连轧机等主体工程和歪头山、田师傅等矿山。歪头山矿扩建工程是本钢改造的重点工程之一，整个矿区仅用一年半的时间全部建成，形成年产 500 万吨的采矿和选矿能力，实现了主要原料完全自给。与此同时，2000 立方米的 5 号高炉、4 台 75 平方米的烧结机、65 孔的焦炉、3 座 120 吨的转炉、1150 初轧机厂和 1700 热连轧厂等主体工程也相继建成投产，使本钢一跃而为全国十大重点钢铁联合企业之一。

本钢经过从 1950 年到 1984 年 35 年的建设和技术改造，完成投资 24. 8 亿元，新增固定资产 20. 3 亿元，完成厂房建筑面积 352 万平方米。新增生产能力：铁矿石开采 970 万吨，炼铁 234 万吨，转炉钢 100 万吨，初轧坯 173 万吨，特钢 20 万吨，炼焦 185 万吨，石灰石 200 万吨。它不仅能生产一般的生铁和普钢，而且还能生产八大类 536 个品种、2820 多个规格的特钢。

3. 抚顺钢厂和大连钢厂的改建和扩建。新中国成立后，国家在抓紧鞍、本钢的恢复和建设的同时，对抚顺和大连两个特殊钢厂也进行了较大规模的改建和扩建。到 1984 年年末，两厂建设投资共 4. 8 亿元。其中，抚顺钢厂 3. 2 亿元，大连钢厂 1. 6 亿元。抚顺钢厂已发展成为具有年产钢 35 万吨、钢材 28 万吨，可以生产 553 个钢号、2700 多个品种规格的特殊钢厂，以高温合金钢、耐热不锈钢、合金结构钢、模具钢和真空精炼轴承钢等为主要产品。大连钢厂首先研制成了具有特殊用途的精密合金钢、新型高速钢、特殊用途钢丝等一系列国家急需的新品种，成为中国高速工具钢和特殊用途钢丝的主要生产基地，其产品遍及全国 28 个省、市、自治区的 3000 多个用户。

4. 地方钢铁工业建设。辽宁的地方钢铁工业是在“大跃进”的年代里开始兴办的。后经调整，大部分关停下马。但保留下来的新抚钢厂、凌源钢铁厂、北台钢铁厂、大连轧钢厂和沈阳轧钢厂、线材厂、薄板厂等，随着农业机械的发展，逐步发展壮大起来。其中稍具规模的凌源钢铁厂始建于 1958 年，经历了上马、下马、恢复建设、填平补齐的曲折发展过程，1978 年以后，生产面貌发生了变化。1980 年产钢 7 万吨，达到了设计能力，结束了企业连年亏损的局面。1984 年产铁 12.1 万吨、钢 12.5 万吨、钢材 11.4 万吨，分别超过设计能力 45%、78% 和 128%。凌钢的建设和发展，填补了辽西地区钢铁工业的空白，对促进西部地区工农业生产发展起了积极的作用。

（二）发挥老煤矿的作用，积极开发煤炭新基地。

为了满足工业建设对能源的需要，在重点建设钢铁工业的同时，同步加强了煤炭工业的建设。

1. 抚顺矿区的恢复和建设。抚顺矿区是 20 世纪初进行开发的老矿，煤质好，煤层厚。但由于受日伪时期掠夺性开采和国民党统治时期的破坏，解放时已是满目疮痍。1949 年整个矿区的原煤生产能力只有 200 万吨。从 1949 年起着手恢复，修复旧巷道 51000 多米，清理积塞矸石 4800 立方米，排除巷道积水 160 万立方米，修建厂房、住宅 27 万多平方米。1952 年原煤产量就由 1949 年的 200 万吨提高到 533 万吨。接着又对老虎台矿斜井、西露天、胜利斜井、龙凤立井等矿进行了改建扩建。1961 年原煤产量达到 1080 万吨。1949—1983 年，该矿累计完成基建投资 8.36 亿元，新增固定资产 6.4 亿元。同时，还有 2 个生产井和 1 个露天矿正在进行改造，年产能力为 855 万吨。

2. 开发阜新煤炭基地。在发挥老矿区作用的同时，为了配合东北重工业基地的建设，在三年经济恢复时期，开始了中国最大的露天矿——阜新海州露天矿的建设。阜新海州露天矿设计规模为年产原煤 300 万吨。矿山东西长 4 公里，南北宽 2 公里，采场面积 8 平方公里。从 1950 年开工到 1953 年 7 月建成投产，只用了三年零三个月，剥离土石方 1348 万立方米，累计完成基建投资 5383 万元。加上五年达产期间的投资，共完成投资 16392 万元。吨煤投资为 54.43 元。生产上基本实现了机械化，是一个比较现代化的矿山。继海州露天矿之后，又在阜新矿区陆续建成了平安立井、新丘立井等。到 1984 年为止，阜新矿区已拥有固定资产 12.24 亿元，矿井 35 对、露天矿 2 个，原煤年产量达到 1138 万吨，占全省煤炭总产量的 26.5%，成为 1949 年以后辽宁省新建设起来的最大的一个煤炭基地。

3. 铁法矿区的建设。铁法矿区横跨铁岭、法库、康平 3 个市、县，含煤面积 618 平方公里，按分布情况可划分成铁法、康平、康北 3 个煤田，已探明的储量为22.9亿吨，是辽宁煤炭储量最大的矿区。1958年7月1日大明一井破土动工，铁法矿区的建设正式开始。当年大明二井、大明四井和晓明竖井相继开工，4对矿井总设计能力为126万吨。1959年又开工了大明三井。由于急于上马，缺乏科学态度，矿区建设是在边勘探、边设计、边施工的情况下进行的，走了不少弯路。60年代后，虽然调整合并了一些小井，又开工兴建了大隆、晓南、小青等大型立井。但由于存在采掘失调和生活设施不配套等问题，矿井建成投产后，都未达到设计能力。1979年前，全矿原煤产量一直在200万吨左右徘徊。1979年后，重新制订了开发方案。在积极实现老井达产的同时，又续建了年产120万吨的小青立井，新建了年产300万吨的大兴立井，康平三台子的2对矿井正在筹备开发，整个矿区进入了一个新的发展时期。到1984年止，全矿已形成6对生产矿井，设计能力为540万吨。矿区内已建成铁路干线34.9公里、公路50.2公里、输电线路257.5公里以及各项配套工程。铁法矿已成为全国重点建设的十大煤炭基地之一，并被列入国家按合理工期组织建设的项目。截至1984年，累计完成投资7.9亿元，共生产原煤3587万吨。

辽宁的煤炭工业建设，除上述3个矿区外，还建设了其他一些矿区。1949—1984年，全省煤炭工业共完成投资42亿元，新增生产能力4030万吨。1984年原煤产量4000万吨，占全国的5.4%。全国82个统配煤矿中，辽宁有8个。1984年统配煤矿产量，占全省原煤总产量76.9%。

辽宁煤炭工业尽管有很大发展，但与国民经济发展需要相比，仍有很大矛盾。1963年以来，煤炭短缺量逐年增加，从国内其他地区调入的煤炭量也不得不相应增加。

（三）加速电力建设步伐，缓和用电紧张局面。

1949年全省有水、火电发电设备43.2万千瓦，其中近80%的设备集中在阜新、抚顺、本溪和大连，布局很不合理，规模也比较小。装机容量1.5万千瓦以上的电厂只有7座，全省最大的抚顺火电厂装机也只有9.5万千瓦；154—220千伏送电线路16条，总长1395公里；变压器27台，总容量为65万千伏安。由于设备破旧，型号复杂，技术落后，效率很低，水火电设备利用小时综合起来只有1927小时，年发电量仅为8.1亿度。尽管如此，在当时仍居全国发电能力的第一位。随着以后国民经济各部门建设的迅速发展，电力的供需矛盾越来越突出。因此，从恢复时期起就注重了电力工业的建设。在“一五”计划时期，先后建成了属于国家重点建设项目的抚顺、阜新和大连第二发电厂，同时，扩建了水丰水电站、北票火电厂和鞍钢、本钢的自备电厂。新增发电装机容量44万千瓦，超过1949年前半个世纪的总和。以后各个五年计划时期，又陆续兴建了一大批电厂，使全省的发电装机容量得到了很大的发展。

1. 阜新电厂的建设。“一五”计划时期被列为重点建设的阜新发电厂，是当时规模最大的坑口型电厂。这个电厂建于1936年，阜新解放时只剩下2台1000千瓦的发电机和2台7.2吨/小时的锅炉。1949年，在旧厂房里安装了一台1.4万千瓦的透平发电机组（零号机组），当年发电32万度。1952年，电力建设者们在缺少施工技术和设备的情况下，充分发挥自己的才能和智慧，提前一个半月成功地建成了第一台2.5万千瓦发电机组，接着又安装了1台2.5万千瓦和2台5万千瓦的汽轮发电机组。经过“一五”计划期间的建设，全厂发电装机容量增加到15万千瓦。“二五”计划期间，阜新电厂的建设取得更大的进展。1958年5月至1959年6月，在13个月内完成2台1.2万千瓦和2台5万千瓦发电机组的安装。接着又完成了第一台10万千瓦机组（7号机组）的安装。进入8号和9号2台10万千瓦机组安装时，建设速度更快。8号机组的全部安装工作只用了44天，9号机组只用了34天，创造了中国电力建设安装史上的新纪录。阜新发电厂从1952年第一台机组安装到1961年4月全部竣工投产，共10个年头，累计完成投资21557万元，安装了9台机组，使全厂总装机容量达到57.4万千瓦（后调出两台1.2万千瓦机组），发电能力比1949年增长37倍。

2. 清河电厂的建设。清河电厂是在“大跃进”中开始建设的，经历了一段曲折的道路。这个电厂1958年开始设计，厂址选在清河水库坝下，设计容量为20万千瓦，1960年破土动工，1962年停建。1963年决定复建，但考虑到坝下厂址不符合防洪要求，又决定将原址废弃，迁至清河镇西南王家沟。

工程还尚未开工，又决定改为进洞项目。1966年8月开工挖洞，1967年又决定在现厂址续建地面电厂。经过这样几次折腾，造成了很大损失。该厂一期工程的2台10万千瓦机组，直到1970年年末和1972年4月才基本建成。地下电厂，装机10万千瓦历时9年，直到1975年年末才投产发电。在这个过程中，又开始了二期工程和三期工程的建设。二期工程，2台10万千瓦双氢内冷发电机组，于1972年开工，1974年建成投产。三期工程，安装3台苏联产的20万千瓦中间再热式双氢内冷发电机组，于1975年开工，1977年8月、9月和12月分别建成投产。清河电厂的建设，长期处于边设计、边施工、边生产、边扩建的状态，不仅造成许多浪费，而且工程布局不合理、设备不配套，安全、稳定生产得不到保障。1979年后该厂认真贯彻“调整、改革、整顿、提高”的方针，针对历史遗留问题，大搞改造、革新、挖潜，解决了燃料运输、制粉、除灰等系统存在的缺陷，加强企业的经营管理，发电能力不断增加，生产形势逐年好转。1982年8月，四期工程开工建设，安装了1台国产20万千瓦双氢内冷发电机组，1985年年初投产发电。清河电厂全部工程累计完成投资7.6亿元，建成装机容量130万千瓦的机组、30公里铁路、每天能接纳130—150节列车煤和40—50节列车油的站场设施和房屋建筑面积22万平方米。1985年全厂发电量达到8.3亿度，成为一个比较现代化的大型火力发电厂。

3. 锦州电厂的建设。锦州电厂距锦州市21公里，占地面积950亩，装机总容量120万千瓦。第一期工程共安装3台20万千瓦机组，概算3.85亿元，1979年开工，1984年竣工投产。锦州电厂全部采用国产设备，1982年9月，一号机组进行试运转，实现了一次启动成功，并网发电。二号机组于1982年4月开工，1983年12月19日正式移交生产，比一号机组提前了1个月。1985年锦州电厂二期工程已开始动工，到80年代末期，可全部建成投产。这是中国第一座全部采用国产设备的大容量火力发电厂。

1949—1984年，辽宁电力工业建设共完成投资48.6亿元。1984年全省发电能力达到600万千瓦，全年发电量323.9亿度，输变电线路3.2万公里，分别为1949年的12倍、37倍和2.6倍。辽宁电力工业已成为东北电网的重要组成部分，全省发电能力占东北地区的51%，居全国第一位。全省人均发电量为886度，为全国人均占有发电量的2.7倍，拥有500千瓦以上的电厂91个，其中水电34个，火电57个。但辽宁电力不足的问题仍然很突出。

（四）挖掘石油深加工的潜力，加速辽河油田的开发。

辽宁石油工业有50年的发展史。日本帝国主义侵占东北时期，曾先后在抚顺、锦州、大连建设了7个石油厂，其中抚顺4个厂采用油母页岩干馏法提取石油，锦州2个厂以煤为原料合成石油，大连1个厂主要是加工天然原油。

50年代初期，主要是扶持人造石油的恢复和发展，使原有炼油厂得到恢复，1952年，辽宁原油加工量33万吨，占全国总量的一半多。其中，人造石油为23.4万吨。

“一五”计划时期，辽宁石油工业累计投资1.83亿元，占同期全国石油工业总投资的38.1%，主要用于几个大炼油厂的改建和扩建。相继建成了抚顺石油一厂的迭合工程，三厂的两段加氢、液相加氢、焦油蒸馏，锦州石油五厂的蒸馏装置、热裂化装置、迭合工程等。到1957年，原油产量达到56万吨，原油加工量为107万吨。

“二五”计划和调整时期，共投资5.08亿元，先后扩建了抚顺石油一厂的二级蒸馏设备，三厂的铂重整装置，锦州石油五厂常减压蒸馏；新建了抚顺石油二厂的常减压装置、热裂化工程、催化裂化装置、铂重整装置、延迟焦化等，三厂的铂重整装置。60年代初引进先进水平的硫化床催化裂化、铂重整、尿素脱蜡、丙烷沥青、延迟焦化，已在各厂普遍推广。到1960年辽宁人造石油产量已达80万吨，原油加工量发展到180万吨。1960年以后，随着大庆油田的开发建设，辽宁的石油工业得到进一步发展。1965年，全省人造石油产量已由1960年的80万吨降到52万吨；原油加工量由1960年的180万吨猛增到518万吨。在这种形势下，辽宁的石油工业主要是向原油深加工方向发展。

1. 大连石油七厂的建设。大连石油七厂的扩建和新建，从“一五”计划时期就开始了。1954年恢复并扩建了一整套润滑油生产装置，迭合与平炉焦化装置以及东蒸馏装置也先后建成。“一五”计划时期，原油加工能力达到74万吨。1960年，建成年加工能力8万吨的酮苯脱蜡装置，并开始炼制大庆原油。为适应大庆原油渣油量大、轻质油收率低、含蜡量高的特点，从1962年开始进行了一系列的填平补齐工程。新建了石蜡发汗、精制、成型装置，增产石蜡，改善石蜡质量。并对东、西蒸馏增设了二级减压塔。1966年原油加工能力达145万吨。1984年大连石油七厂已拥有28套生产装置，固定资产原值3.5亿元，原油加工能力已达424万吨，工业总产值近12亿元，实现利润4.1亿元，实现利润总额和加工每吨原油获利水平均居全国同类型厂的首位。

2. 辽河油田的开发建设。辽河油田地跨营口、盘锦、锦州、沈阳、鞍山、辽阳六市，陆地面积12400平方公里，是一个油气资源比较丰富的断块油田。1958年以后，随着勘探面积的扩大和探明原油储量的增加，1970年3月，根据国务院关于加速下辽河石油勘探的批示组建了辽河石油勘探局，正式开始了对油田的勘探、开发和建设。10多年内，已投入开发的有欢喜岭、双台子、曙光、古潜山、兴隆台、高升、牛居、青龙台、黄金带、于楼、热河台共11个油区，到1984年已建成欢喜岭、曙光、兴隆台、茨榆坨、高升、沈阳等6个采油区、9个较大居民点、10个中心居民村及其他生活配套项目，完成房屋建筑面积346.8万平方米，建成各种井口装置4058口，各种管线6588公里，输电线路2073公里，各种站房351座，原油储罐145座、共31.2万立方米，修筑道路1261公里，其中黑色路面417公里。累计建成原油生产能力1080万吨，天然气能力22.2亿立方米。1984年，在保证老油田稳产和新油田开发的同时，科技人员还对稠油的开发进行了工艺攻关，获得了显著的效果。

经过35年的建设，辽宁省已成为全国重要的石油工业基地之一。1984年全省原油产量达783万吨，居全国第四位；石油加工量为2055万吨，占全国第一位；石油工业总产值64.6亿元，居全国第二位。

（五）加速老企业的改造，积极建设机械工业基地。

解放后，国家对辽宁机械工业的地位和作用极为重视。经济恢复时期，首先对老企业进行了一系列的恢复、改造，使一些以维修为主的厂矿转向以制造为主。“一五”计划期间，辽宁机械工业的投资6.2亿元，重点改建了大连造船厂、沈阳第一机床厂、中捷友谊厂、沈阳电缆厂、沈阳风动工具厂、黎明机械厂、松陵机械厂、新光机械厂、沈阳变压器厂、沈阳高压开关厂、沈阳低压开关厂等11个厂。与此同时，还相继扩建了沈阳重型机器厂、沈阳矿山机器厂、大连工矿车辆厂、大连起重机厂、抚顺挖掘机厂、瓦房店轴承厂等9个厂。通过这一时期的建设，“一五”计划末期，辽宁已可以大批量生产铁路机车、远洋货轮、喷气飞机、矿山采掘设备、冶金设备、起重运输设备、重型通用机械、输变电成套设备、工作母机以及各种专业机械。其中，矿山设备、冶金设备、变压器等产量均占当时全国总产量的70%多。

“二五”计划时期，基建投资直线上升。1958—1960年，累计投资达9亿元，比“恢复”时期、“一五”计划时期投资之和还多1.8亿元。一些重点企业再一次得到大规模的扩建和改造，辽宁的机械工业体系进一步得到完善。1960年机械工业产值比1957年增长1.5倍，技术水平也得到了相应的提高。如2500吨水压机、700毫米初轧机、4.4立方米电铲、7.5万千伏安变压器、万能螺纹车床、精密丝杠车床、六角半自动车床、1%的精密天平等，都是这一时期研制成功并投入批量生产的。同其他行业一样，由于发展速度过猛，投资失控，在这一时期出现了机械工业遍地开花，盲目重复建设，战线过长，效益很差的问题。有的项目投资不足，形成半截子工程。有的项目冷、热加工不协调，前后方不平衡，厂房设备不配套，建成后达不到预期效果。因此，不得不进行调整，不少开工的项目被迫停工下马，造成了很大损失。

辽宁的机械工业，经过“一五”“二五”计划期间的建设，已具备了相当的规模，在以后的各个计划时期里，除了上一些必要的填平补齐的项目，调整行业内部结构外，主要抓了已有企业的技术改造，围绕着增加品种，提高技术水平、产品质量和投资的经济效益进行建设。

“一五”计划期间被列为国家156项的沈阳第一机床厂，经过改造，已成为中国规模最大的一个综合性车床制造厂。沈阳变压器厂经过30多年4次较大规模的扩建，已由一个只能生产小型变压器和开关柜的小厂变成为制造500

千伏变压器的专业制造厂。1984 年该厂在设备条件和生产技术、生产能力上已达到当代国际水平。该厂自行设计制造的巨型电力变压器、电炉变压器、整流变压器、调压变压器、试验变压器和矿用互感器、水电抗器等，都是全国重点建设项目的主要配套设备。特别是 80 年代初生产的 50 万伏级超高压输变电变压器，为中国电力工业建设 50 万伏级超高压输变电做出了贡献。沈阳电缆厂是全国最大的综合性电缆制造厂。沈阳重型机器厂也是一个投资效益比较好的项目。改造前只能生产一些简单机器部件，经过 3 年恢复和先后两期扩建改造，已成为设备比较完善，具有较高技术水平和相当生产规模的重型机器制造厂，生产的重型机械产品的产量，多年来一直在全国八大重型机器厂中处于领先地位。大连造船厂经过两次大规模的扩建和改造，已成为塔吊林立、厂房宏伟，占地 157 万平方米，拥有 17000 人的大型综合性造船厂。1957 年开始建造了 5000 吨级的沿海货轮，1958 年建造了全国第一艘万吨级远洋货轮“跃进号”，1960 年以后自行设计建造了全国第一艘 15000 吨级的沿海油轮，1970 年开始建造了全国第一艘海上石油钻井平台。1981 年以后成功地建造了 5 万吨级的油轮，并为美国贝克公司制造了两艘 100 英尺的自升式海上石油钻井平台和 6. 5 万吨油轮，1984 年正在为挪威建造 11. 5 万吨穿梭油轮。该厂已成为国内唯一能接收 10 万吨级造船订货的厂家。

辽宁的机械工业发展速度一直是比较快的。1949—1984 年，累计完成投资总额 53. 3 亿元，建成投产项目 2982 个，其中大中型项目 54 个。到 1984 年年底，全省机械工业企业已发展到 6539 个（含集体所有制和其他经济类型企业），职工总数达 168 万人，共有固定资产原值 125. 3 亿元（净值 75. 2 亿元），拥有各种机械加工设备 18. 4 万台。1984 年工业总产值达 148. 4 亿元，占全省工业总产值的 25. 7%，是辽宁的四大支柱工业之一。

（六）充分利用原有基础，大力发展化学工业。

为了满足国民经济发展和人民生活的需求，经济恢复时期主要抓了抚顺化工厂、大连化学工业公司、锦西化工总厂、大连油漆厂、沈阳油漆厂、沈阳市油脂化学厂等老企业的恢复和建设，同时新建了开原化工厂和沈阳新生橡胶厂、铁岭橡胶厂。这一时期投资 5700 万元，主要是恢复原有化工企业的生产能力。到1952年，辽宁的化工产品产量已占全国很大比重。硫酸、纯碱和烧碱分别为全国同年产量的70%、51%和28%。

“一五”“二五”计划时期，辽宁化学工业进入新的建设阶段。十年累计投资6.99亿元，新增固定资产5.35亿元，全部和部分建成投产的主要项目有：大连化工厂的合成氨工程，大连氯酸钾厂的氯酸钾生产系统，宽甸硼矿，抚顺化工厂的焦化车间（30孔焦炉）、炉法喷雾炭黑、槽法混气炭黑，张家沟硫化铁矿，沈阳化工厂六六六提纯、洗涤剂、六六六提纯改造，抚顺硫酸厂，锦西化工厂的氯碱工程、三氯化铝、丙酮丁醇、过氯乙烯、氢氧化铝等。“三五”“四五”计划期间，国家建设重点转向内地。辽宁化学工业的建设速度明显放慢，有所建设也由于干扰较多，大多处于边建边改、建成后不能很好发挥效益的状况。直到1978年后，贯彻调整方针，先后关、停、并、转了60余个消耗高、长期亏损的小化肥、小农药、小磷矿、小染料等厂（点）。同时，注意了骨干企业的改扩建，取得了较好的建设效果。

大连化学工业公司是“一五”计划时期开始进行改建和扩建的重点项目。到“二五”计划末期，先后完成了空分、氢分和合成氨的技术改造，建设了全国第一套大型联合制碱法装置，安装了国内第一台大型蒸汽煅烧炉，研制并建设了中国第一台2400马力压缩机和斜孔双溢流水洗塔。经过“一五”和“二五”计划时期的改造和建设，纯碱和合成氨生产能力分别达到40万吨和9万吨，并研制建设了国内第一套磺化煤生产线、第一套工业碳酸氢铵装置和第一套硝酸镁法浓硝酸装置，使该公司向大型化工联合企业迈进了一大步。在“四五”和“五五”计划期间，为了进一步提高化工的技术水平和综合生产能力，又相继增加了重油裂化、加压变换以及6000立方米和3200立方米的全低压空分等设备，使合成氨的生产能力1980年提高到18万吨水平；纯碱的生产，实现了设备大型化、高效化，生产能力达到60万吨，占全国总产量的一半左右。

开原化工厂是1949年以后新建的全国第一个以生物硼化物为主的专业厂。1955年用国产矿石研制成功硼砂，填补了国内空白。

辽河化肥厂是70年代初成套引进设备的重点建设项目，建设速度较快，投资效益也较好。

1978 年以后，加强了已有骨干企业的改扩建。除大连化学工业公司外，还对大连油脂化学厂的脂肪醇、脂肪胺、脂肪酸，沈阳新城化工厂的红矾钠，朝阳长征轮胎厂的轮胎生产线进行了扩建和改造，取得了比较好的效果。

经过 30 多年的建设，辽宁省已成为全国一个重要的化学工业生产基地。大连化学工业公司为全国最大的纯碱生产厂，大连、沈阳油漆厂已步入全国六大油漆厂之列，沈阳橡胶三厂、朝阳长征轮胎厂均列入全国 16 个重点轮胎企业之中，大连染料厂为全国六大染料厂之一，抚顺化工厂是全国最大的炭黑厂，沈阳化工厂、锦西化工机械厂、沈阳橡胶机械厂等在全国化工行业中也都占有重要地位。

（七）适应大规模建设的需要，相应建设建材工业。

辽宁的主要建材企业大部分是解放前遗留下来的，设备落后，公害严重，主要靠笨重的手工操作，到解放时，能维持生产的厂矿已经很少。解放后，在三年恢复时期共投资 3566 万元，恢复了一些骨干企业的生产能力。到 1952 年辽宁的水泥和平板玻璃产量分别达到 112.8 万吨和 117 万标箱，比 1949 年分别增长了 3.3 倍和 0.7 倍。

“一五”“二五”计划时期是辽宁建材工业建设的高潮时期。十年累计投资 3.43 亿元，重点是抓住主要产品，改造老企业。辽宁的主要建材企业都是在 1954 年先后开始改建扩建的。如工源、抚顺、锦西、辽阳小屯水泥厂，沈阳玻璃厂，金州石棉矿，海城滑石矿等。“三五”“四五”计划期间，由于国家投资重点转向内地，加上“十年动乱”的干扰，辽宁建材工业建设成效不大。1978 年以后，沈阳建材工业有了起色，注意了技术改造和新型建材的建设。

大连水泥厂是一个老企业，解放后几经改建扩建，到 1984 年累计完成基建投资 3000 万元，形成综合生产能力 58 万吨，生产的五羊牌 525 号纯水泥荣获国家金质奖。沈阳玻璃厂已建成为全省最大的玻璃综合生产厂，能生产平板玻璃、玻璃纤维、玻璃布等多种玻璃产品。大连玻璃厂不断更新老设备，注意技术改造，生产能力有了大幅度的提高。新型建筑材料，经过 1974—

1983 年的建设，先后在沈阳、大连、鞍山、抚顺、本溪、丹东、阜新、铁岭和辽阳等地新建了 10 多个新型建材项目。沈阳市轻质建材公司就是其中之一。同时，还先后建成年产 10 万立方米加气混凝土的生产线、年产 400 万平方米石膏板的生产线、年产 3.5 万立方米混凝土构件的生产线等，累计完成投资 3470 万元，初步形成了 30 万平方米建筑物，成为全国新型建材基地之一。

辽宁建材工业的建设是比较快的。1984 年，全省已有建材工业企业 2372 个，其中大中型企业 35 个。1984 年辽宁生产的水泥、玻璃、滑石、油毡、石棉水泥瓦等产品均居全国第一位。

二、集中力量，调整工农业不相适应的比例关系

在“三五”计划时期之前，辽宁重点建设重工业，农田水利基本建设虽也有所发展，但远远不能满足需要，出现了农业落后于工业的矛盾。1960 年中共辽宁省委在给中共中央的报告中，明确提出要放慢重工业的建设速度，加快农业建设。从此，增加了对农业的建设投资。1966—1980 年，累计对农业投资 23.6 亿元，占 36 年总投资 37.2 亿元的 63.6%。其中“三五”计划时期投资 5.17 亿元，“四五”、“五五”计划时期，分别投资 9.92 亿元和 8.56 亿元。这 15 年间，地方财力的 70% 用于农业和支农工业的建设。1981—1984 年，农业基建投资虽然调减较多，但由于调整了农村经济政策，充分地发挥了过去投资的效果，促进了农业的发展。到 1984 年，辽宁农业总产值达 127.9 亿元，比 1949 年增长了 11 倍。粮豆总产量在严重干旱的情况下，仍达到 285.2 亿斤，比 1949 年增长 2.5 倍。林业、畜牧业、渔业生产也都有了较快的发展。

（一）开展农田水利建设，改善农业生产条件。

解放前，辽宁水利建设基础薄弱，水、旱灾害比较严重。50 年内，出现大旱 6 次，一般旱灾平均二至三年一次，水灾平均每两年发生一次。

解放后，在 3 年经济恢复时期对辽河、浑河、太子河、绕阳河等大河的堤防进行了恢复和整修。同时，还修复了原有的 3 座中型水库，兴建了一些

必要的灌溉工程。

“一五”计划期间，5年累计完成基本建设投资近2亿元。集中力量建设了对防洪、灌溉有重大作用的大伙房水库。大伙房水库是一个综合性的水利枢纽，总库容21.87亿立方米，主坝顶长1367米，坝高49.2米，可灌溉农田129万亩，并可发电，水电站装机容量为6.4万千瓦。1954年4月正式开工，1957年7月胜利拦洪，1958年9月竣工建成，总投资1.89亿元。

自1958年到1965年8年间，由于急于求成，水利建设摊子铺得又多又大，投资规模急剧扩大，但效果较差。仅1958年冬到1959年春，就同时动工兴建大中型山谷水库37座。总库容达9.71亿立方米的省属大型水利工程——清河水库1958年5月动工，1959年4月开始拦洪，进入施工高峰；与此同时“四库一闸”（即浑河沙尖子水库、大凌河白石水库、太子河葠窝水库、辽河干流石佛寺水库和大辽河营口闸）又开始动工；接着，1960年又动工建设沈盘新河。同期，各市、县还以民工为主动工兴建朱家隈子、铁甲、大风口、汤河、南城子、宫山咀等大型水库；还有52座平原水库也先后动工建设。结果，基建战线过长，超出了物力、财力的可能，不少工程旷日持久，损失浪费严重。“四库一闸”和沈盘新河相继下马，损失几千万元。清河水库由于溢洪道大塌方以及水文数据变化，一直拖到1966年才竣工。市、县兴建的朱家隈子等6个水库中，汤河水库下马；大风口水库，1959年因山洪暴发，库水漫坝而垮掉。52座平原水库中，41座废库还田。这一时期，年均新增灌溉面积只有9.6万亩，仅为“一五”计划期间的1/7；年均新增水田面积3.9万亩，为“一五”计划时期的1/10。

1966—1978年，为了实现“农业翻身”“粮食自给”目标，突出抓了水库建设和平原治涝。13年间，累计完成水库建设投资5.1亿元，建成各种类型水库780座。到1978年年末，水库总数已达1040座，总容积达102亿立方米，灌溉面积达200万亩。比1965年增加水库容积50亿立方米，增加灌溉面积110万亩。这个期间先后建成的大型水库有转角楼、刘大、乌金塘、石门、汤河、葠窝、土门、大风口、龙屯、柴河、榛子岭等11座；中型水库17座。其中，汤河水库是以防洪、灌溉及工业用水为主，结合发电、养鱼的综合性的大型水利枢纽工程。水库最大库容为7.23亿立方米。经水库调节，可使下游河道防洪标准由5年一遇提高到10年一遇，并可灌溉水田30万亩，供工业用水1.36亿立方米，电站装机3830千瓦、年发电801万度，养鱼水面2.1万亩。水库于1958年6月开工，1959年10月曾停工下马。1968年10月再度动工兴建，并于1969年12月竣工投产。这项工程虽然建设速度比较快，但质量不好。1978年8月至1983年12月又进行了保坝施工。直到1985年1月才正式验收交付使用。

在搞好水库建设的同时，还着重抓了中部平原治涝。辽宁中部地处辽河、浑河、太子河、绕阳河、大凌河等诸河的中下游，包括铁岭、沈阳、鞍山、营口、锦州等7个市所辖的25个县、区，共有耕地2970万亩，占全省总耕地面积的40%，其中易涝面积1268万亩，占全省易涝耕地面积的85%。

1949—1965年，除1950、1956、1958年3年外，其余各年均有不同程度的涝灾，遭受大涝灾的1954、1960、1964年，受涝面积都在500万—800万亩之间，造成粮食产量的大幅度下降。因此，治理涝洼碱地，是发展辽宁农业生产、实现粮食自给的一个战略性措施。从1970年开始，在省、市的领导下，集中力量进行了中部治涝的建设。到1978年年底，修建排水站和排灌站1159座，装机28.7万千瓦，排水能力每秒3363立方米；开挖各级排水渠道12万公里，其中排水干渠1462条，8064公里；建成条田985万亩；修建配套桥涵4.28万座。这些工程保证了783万亩易涝耕地达到10年一遇治涝标准；485万亩易涝耕地达到5年一遇治涝标准。从1978年开始，又开挖大型排水干渠59条；建成500千瓦以上的大中型排灌站228座，装机1497台，容量29万马力；修建大桥1500座，小桥涵8万座，进一步提高了中部地区的治涝标准。1984年已达到10年一遇标准的耕地910万亩，可保三日降雨200毫米不成灾。经过治涝，辽河平原成了全国重要的商品粮基地之一。据1984年对这一地区的17个县区统计，耕地2234万亩，占全省总耕地面积的41%；粮食总产量168.1亿斤，占全省59%；平均亩产826斤，为全省平均亩产的134.7%；向国家交售商品粮97.1亿斤，占全省的70.9%。

从1981年起，辽宁水利基建投资大幅度减少。水利建设采取了集中力量完成在建工程和加固重点水库，加快灌区和治涝工程的配套建设的方针。到1985年止5年内续建并建成了碧流河和石佛寺等2座大型水库、2座中型水库，完成5座中型水库的加固任务。大连碧流河水库，1983年8月26日落闸蓄水，1984年3月21日开始向大连供水，彻底改变了大连市半个世纪以来的缺水局面。

30多年来，辽宁水利建设取得很大成绩。1949—1984年，累计完成基本建设投资19亿元，建成大型水库20座、中型水库59座、小型水库265座，总库容达102.6亿立方米，为1949年水库总库容的53倍；建成大型水闸12座、中型59座、小型202座；建成排灌站6949座，排灌动力机械达227万马力，为1949年的191倍；建成万亩以上灌区115处，其中10万亩以上大中型灌区27处。1984年年末全省有效灌溉面积达1450多万亩，其中水田面积已达776万亩，为1949年的9倍。水库提供工业及城镇用水5.2亿立方米。全省治理涝洼地达到5年一遇以上标准的1300多万亩，占全省易涝耕地的85%。修建堤防9600公里，保护耕地1700万亩。省内的几条大河，如辽河、浑河、太子河、绕阳河、大凌河等防洪标准已分别达到10年至近50年一遇标准。

（二）加快支农工业的建设，提高农业技术装备水平。

农机工业。1962年以前，辽宁农机工业发展缓慢。从调整时期起，加强了农机工业的建设。1963—1978年，累计基建投资4.2亿元，先后改扩建拖拉机厂6个，排灌机械厂2个，内燃机厂9个，机引农机具厂8个，牧业机械厂2个，拖、内配件厂26个。到1978年年末，全省农机企业已达562个，固定资产6.8亿元，拥有各种机械加工设备3万多台。1978年年末，全省农牧业的农机保有量达8.5万台，230多万马力；机耕面积3000万亩，占总耕地面积的53.5%；农用排灌动力机械达300多万马力。农业机械化的大发展提高了抗灾能力，改变了生产条件，对促进农业增产具有显著作用。农机工业发展中的问题，主要是缺乏统一规划，综合平衡，造成重复布点，盲目发展。在1979年调整中，关、停、并、转了155个。调整后，农机主要产品的优等品率和一级品率达55%。随着农村承包责任制的建立，拖拉机、排灌设备的需要量一度下降，但 1983 年以来又逐渐上升。到 1984 年，辽宁农业机械总动力已达 1000 多万马力，每百亩耕地拥有农机动力 18 万马力，高出全国平均水平。

化肥、农药。辽宁的化肥工业是在“小化肥”的基础上发展起来的。1959 年建设了 23 套年产 800 吨合成氨的小氮肥厂。到“二五”计划末期，这批小氮肥厂经改造后，年产能力达到 2000 吨。“三五”计划期间，先后新建了年产 3000 吨合成氨厂 20 个；5000 吨合成氨厂 9 个。到 1978 年，全省共建设合成氨小厂 55 个。经过 1979 年到 1981 年的调整，至 1982 年小氮肥厂保留 37 个，年产合成氨能力达到 39.85 万吨。在建设小氮肥厂的同时，还陆续建成了年产合成氨 6 万吨、尿素 11 万吨的本溪化肥厂和盘锦化肥厂。本溪化肥厂是一座综合利用的化肥厂，使用的原料是本钢的高炉气。1969 年破土动工，1971 年建成投产。总投资达 6000 万元，建筑面积为 4.4 万平方米。1974 年又开始建设辽河化肥厂。这个项目是国家重点建设项目，其设备从美国成套引进，设计能力年产合成氨 30 万吨、尿素 48 万吨、催化剂 3238 吨，总投资 3.5 亿元。1974 年 5 月动工，1977 年 12 月合成氨、尿素、催化剂等 3 套装置陆续安装完。全厂 109 个单项工程，有 77 项被国家验收委员会评为优良工程，占全部单项工程的 70.6%；有 31 项被评为合格工程，占全部单项工程的 28.44%。辽河化肥厂投产以来，生产稳定，效益显著。

农药生产也发生很大变化。“一五”计划时期，辽宁农药只有 3 个品种，产量仅为 1300 吨左右。到 1984 年已有 22 个品种，13 个农药生产厂点，生产能力已达 4.6 万吨。

（三）林业、农业科学技术和农村电力工业的建设。

1949—1984 年，辽宁累计完成林业基建投资 2.96 亿元，占同期农业总投资的 8%，共植树造林 9410 万亩。森林面积由解放初的 2825 万亩增加到 8324 万亩，增长 1.9 倍；森林蓄积量由 6666 万立方米增加到 11475 万立方米，增长 72.4%；森林覆被率由 12.7% 提高到 26.8%。经国务院批准，自 1978 年开始实施的“三北”防护林体系第一期工程，截止到 1984 年在辽宁省的部分已完成投资 1641 万元，造林面积 634 万亩，超过了规划的要求。30 多年中，林业科研建设得到了加强。新建林业科研所22处，取得科研成果258项，其中应用于生产，并取得经济效果的有142项，章古台固沙造林研究所引种适于沙地生长的樟子松，营造实验林3.2万亩，获得1978年全国科学大会奖，为治理风沙，改变干旱地区面貌提供了宝贵的经验。

农业科研、教育、种子管理和农业技术推广体系逐步建立和完善起来，工作也取得可喜的成果。到1984年止，用于农业科学技术建设投资达1.2亿元。农业科研院（所）由解放初期的5个发展到15个，实验基地扩大了4.6倍。在水稻、玉米杂交，良种培育和柞蚕病虫害防治等方面取得科研成果927项，获国家发明奖3项。农业教育迅速发展，1949年前只有2所农业专科学校，1984年已发展为1所农业大学、15所农业中专，招生能力1.3万人，在校生近6000人。种子管理体系已基本形成，拥有固定资产2396万元，良种推广面积已达4600万亩，比1949年扩大65倍。

新中国成立前，辽宁农村基本上没有电，从1962年开始发展农村电力事业。经20多年来的建设，到1984年农村电网已基本形成。全省农电投资总计为1亿元，新建60千伏输变电线路2276公里，新增变压器容量110万千伏安，全省97%的乡村通了电。到1984年，全省农村用电量已达27.7亿度，比1949年增加237倍，平均每亩耕地拥有电量51度。到1984年，小型水电站已达113座，总装机5万千瓦，加上3个大型水库发电站的装机，年发电量可达到1亿度。电力建设的发展，对农田排灌、农业机械化、乡镇企业的发展，起到了重要作用。

三、加强薄弱环节的建设

1978年前，在加强农业和支农工业建设的同时，国家还对能源建设增加了投资，但农业和能源工业仍然没有完全摆脱落后的局面。

1978年以后，辽宁省除继续调整农业和工业、能源和国民经济发展不相适应的比例关系外，对其他不适应的主要比例也进行了调整。1979年至1984年6年中省内使用的积累中，用于满足人民物质文化生活的非生产性积累增加，生产性与非生产性积累的比例由1978年的80.1∶19.9变为1984年的

60.3∶39.7，非生产性积累比例上升19.8%。辽宁的交通邮电、轻纺工业、商业服务、文教卫生、城市建设等薄弱环节都加强了建设，“骨肉”关系有所改善。

（一）铁路、公路建设稳步发展。

1. 铁路建设。1949—1984年，累计完成基本建设投资19.6亿元，建设的主要工程有：海沟铁路、沈丹复线和沈阳枢纽工程。

沈丹铁路复线工程是为配合本溪钢铁公司技术改造而进行建设的。总投资2.83亿元。1974年四月开工兴建，1980年进行调整，压缩了工程规模，停缓建了一些项目，集中力量抢建收尾配套工程。到1984年年末，累计完成基建投资1.4亿元，完成土石方300万立方米，隧洞近6000延长米，建设大、中型桥3000多延长米，铺轨200公里。沈丹复线的主要工程除本溪编组站扩建、金家堡辅助编组站新建等两个项目未开工外，其余工程于1985年前已陆续建成交付使用。

沈阳枢纽一期工程包括沈阳西编组站、于虎联络线、沈浑四线、沈阳东站扩建等项工程。二期工程，主要是建设沈阳新北（客）站。1980年开工以来，西编组站的上行系统已于1984年7月1日提前一年半开通，下行系统也在同年11月10日提前一年建成。下行系统开通使用后，沈阳枢纽一期工程基本建成，总投资2亿多元。新建的沈阳西编组站，是全国路网上大型现代化编组站之一，是沈阳铁路枢纽的重要组成部分。它的建成，对晋煤出关，缓和交通运输紧张状况，促进东北地区的工农业生产具有重要的意义。

辽宁铁路经过30多年的建设，到1984年止新建铁路11条，总长2000公里，正线里程达4862.7公里，比1949年增长1.7倍。营业里程达3536公里，平均每百平方公里土地上有2.43公里的铁路营业线路，其密度居全国第一位。

2. 公路建设。三年恢复时期和“一五”计划时期，主要是打通沈阳至大连、沈阳至丹东、沈阳至抚顺的公路，同时重点整修了辽中、台安、西丰、桓仁、岫岩、庄河等不通铁路地区的公路。1958年以后，辽宁公路建设以普及为主，修建了大量地方公路。到1962年年底，公路通车里程已达24319公里，比1949年增加2倍。其中乡级公路达12586公里。为调整公路布局，改变辽宁平原路多、山区路少的状况，从1963年起先后建成沈阳至承德、锦州至赤峰、朝阳至青龙等干线公路2086公里。在公路数量不断增加的同时，公路质量也不断提高，通过能力逐步扩大。1962—1984年的20多年里，辽宁平均每年建成黑色路面240公里。1973—1981年，沈阳至抚顺的公路改建成一级公路，全长26公里，路基宽29米，路面宽25米，有快慢6个车道，这条路是国内首批兴建的一级公路。

1978年后，公路建设取得了新的建设成就，为改变某些地区交通不便的落后状况，各地采取民办公助的形式，发动群众，经过1979年、1980年的努力，建成乡级公路300多公里，实现了乡乡通公路。随着公路网的逐渐完善，辽宁公路建设已从普及与提高并重，转为以提高为主。1979年动工改建京哈线沈阳至山海关段和沈阳至四平段公路。沈阳至山海关段是经由绥中、兴城、锦西、锦州、锦县、北镇、黑山、新民，直达沈阳的一条重要的干线公路，全长440公里。从1979年开工以来，先重点后一般，逐年逐段有步骤地进行建设。到1984年年末，累计完成基本建设投资1.6亿元，90%的路已经完成，80%的路段已建成黑色路面，并建成22座长度在100米以上的桥。与此同时，还对沈阳至大连的公路进行了改造。这条公路全长388公里，有大型桥梁12座，4023延长米；中型桥梁25座，1578延长米；小型桥梁160座，3143延长米；互通式立交18处，铁路立交7处，通道75处，公路平面交叉327处，总投资8.5亿元，计划于1990年全部竣工。工程任务由沈阳、辽阳、鞍山、营口、大连等市分段包干，任务明确，工程进度较快。1982年开工，到1984年年末已完成90公里。

辽宁公路建设，35年累计完成基本建设投资10.5亿元，到1984年年末公路通车里程31068公里，比1949年增长2.9倍，晴雨通车里程15795公里，比1949年增长12.7倍。到1984年年末，客运周转量为47.3亿人公里，比1950年增长147倍，货运周转量为89.49亿吨公里，比1950年增长388倍。全省基本上形成了以沈阳为中心，主要干线为骨架，连接铁路站点和沿海港口，贯通各市、县、乡的干支线公路运输网。

（二）港口、邮电、输油管道建设。

1. 港口建设。1949—1984 年，累计完成基本建设投资 7.4 亿元。其中 1980—1984 年的 5 年间，完成基建投资额为 3.9 亿元，超过 1980 年前 31 年的总和。经过 30 多年来的建设，辽宁已完成了以大连港为中心，丹东、营口港为两翼的沿海港口布局。1984 年货物吞吐量已达 4148 万吨，比 1949 年增长 3.4 倍。

大连港从 1949—1972 年间，没有较大的基建项目，只进行了一些修修补补。1973 年，周恩来总理提出“三年改变港口面貌”后，国家在大连港陆续兴建了十几个基建项目。主要有：

鲇鱼湾油码头一期工程，建成 10 万吨级泊位 1 个，5 万吨级泊位 1 个，泊位总长度 840 米，原油年吞吐能力 1500 万吨。1974 年 11 月开工，1976 年 12 月全部建成，交付使用。验收委员会认定，工程质量优良。工期提前 8 个月，工程投资 1.4 亿元左右，比修正概算节约 766 万元，节约 5.3%。

香炉礁杂货码头扩建工程，新建万吨级泊位 2 个，中级泊位 2 个，新增年吞吐能力 96 万吨，总投资 1.27 亿元。经过 1983 年以来两年多的建设，码头主体工程已完成 90%。1 个万吨级泊位和 1 个中级泊位已于 1985 年 8 月 2 日建成，交付使用。这项工程实行了投资包干，较好地调动了各个方面的积极性。

和尚岛煤码头工程，计划建设 2 万吨级煤炭泊位 1 个，年接卸能力 500 万吨，3 万吨级泊位 2 个（其中物资泊位 1 个，能力 15 万吨；危险品泊位 1 个，能力 25 万吨）。3 个泊位的年总吞吐能力为 540 万吨，计划总投资为 2.2 亿元，工期为 4 年。这个项目的部分单项工程已于 1984 年 12 月动工兴建。

除上述三个大中型建设项目之外，1973—1982 年间大连港还进行了寺儿沟作业区原油中转设施扩建工程，机修厂扩建工程，老港区配套改造工程，新建外轮航修站工程，新建散粮机械化装卸作业线工程，客运站工程，成品油设施工程和供油、供水设施工程等。

到 1984 年年末大连港已成为中国第二个综合性海港，既是东北地区水陆运输枢纽，也是国际贸易良港。已拥有原油、成品油、煤炭、木材和干杂货等7个装卸作业区，48个生产码头，其中万吨级泊位23个。港口机械化水平达到85%，生产能力已超过设计能力的3倍。1984年吞吐量已突破4000万吨，比1949年增长32倍。

营口港也是辽宁沿海的主要港口，年吞吐量50多万吨。为适应国民经济发展的需要，解决辽宁能源不足，开辟秦皇岛至鲅鱼圈海上运煤线，1981年国家决定在营口鲅鱼圈建设一个新港区。鲅鱼圈港区，位于辽宁盖县鲅鱼圈乡、辽东半岛中部突出海岸的岬角，距长大铁路9公里，距沈大公路8公里。一期工程8个泊位，年吞吐能力690万吨，总投资5.3亿元。已开工建设2个煤炭泊位（后改为一个自卸船），设计规模为年卸煤能力500万吨，计划投资3.34亿元，1982年11月动工建设，到1985年上半年，已累计完成基本建设投资1.7亿元。以东北三省和内蒙古自治区为腹地的鲅鱼圈港，将成为大连港的姊妹港，为振兴辽宁、服务全国做出贡献。

2. 邮电通信建设。1949—1984年，累计完成基本建设投资2.5亿元，其中1980—1984年5年间完成6799万元，占36年总和的27%。5年内，市内电话交换机平均每年增加的数量，相当于1949年到1978年平均年增加数的5.1倍；长途电路平均每年增加数相当过去29年每年增加数的5.5倍。

邮政服务有了较大发展。全省邮路由1949年的不足1.8万公里，增加到1984年的14.3万多公里，增长7倍；新增邮政场地、通信机房近17.3万平方米；邮电服务局所由1949年的701处，增加到1984年的1659处，增长1.4倍；其中设在农村的1287处，占78.9%，改变了解放前边远山区和广大农村不通邮的状况。铁道邮路，由2543公里增加到12056公里，增长3.7倍。随着民航事业的发展，沈阳、大连有了直达航空邮路。由于采用"陆海空"邮政运输网，邮件传递速度显著加快，省内邮件从发到收，一般只需2至3天的时间。

电信建设已形成了以沈阳为中心的明线电缆、微波和短波多种手段组成的电讯通信网。从70年代开始建设通信电缆，提高了电信的效率和质量，秦皇岛至沈阳长途对称电缆载波工程就是这一期间建成的大中型项目之一。这项工程在辽宁境内的建设任务是：埋设电缆494公里，新建无人站34处，包线员巡房19处，郊外站、有人站4处（7110平方米），电缆管道4处（77孔公里），总投资2000多万元。这项工程1979—1980年建成。在秦皇岛至沈阳长途对称电缆载波工程建成的前后，还有沈阳至北京60路对称电缆，大连至烟台24路海缆等工程在“五五”计划末期、“六五”计划初期先后建成投产。沈阳至大连300路小同轴电缆工程，投资2254万元，于1983年开工建设，1985年竣工投产。这些电缆建成投产后，沈阳同各地的通讯基本以电缆相沟通。在建设电缆通讯工程的同时，微波通讯工程建设也有了较大发展。辽宁第一条沟通北京、长春、哈尔滨，技术比较先进、容量较大的960路微波工程，已于1972年竣工交付使用。第二条沈阳至大连960路微波工程，已于1983年开工，1984年9月开通试送电视信号，全部工程于1985年建成，投资960万元。

为增加电话机械容量，还开工建设了沈阳长途通讯枢纽工程。这项工程建筑面积18189平方米，其中主楼16558平方米，总投资795万元。1976年开工，1980年8月正式验收，1982、1983两年装完了中国自制的技术先进的长途电讯设备。沈阳长途通讯枢纽工程投产使用，不但使辽宁省的长途通讯技术发展到一个新水平，可用计算机自动计次、计费，而且实现了沈阳向省内外56个城市挂长途电话可自动拨号。

通过35年的建设，辽宁通讯能力有了较大提高。1984年与1949年相比，全省长途电路新增9300多对公里，长途地缆近2000波长公里，960路微波电路1232公里。市内电话机械容量由50470门增加到210050门。农村电话杆路已达17344公里；电话交换机已由3915门，增加到105245门，全省实现了乡乡、村村通电话。

3. 输油管道网的建设。为解决大庆原油外运，从1970年9月开始建设东北输油管网。历经5年时间，于1975年先后建成7条输油管线，总长度2473公里，总输油能力为4000万吨，累计完成基本建设投资10.5亿元。其中辽宁境内管道长1465公里，占总长度的59%。从输油管网建成投产到1984年，累计输油4.37亿吨，对减轻铁路运输压力，确保大庆油田稳产高产起到了积极作用。

（三）轻工业建设在调整中前进。

1978年以后，辽宁轻工业得到了较快的发展。1979—1984年的6年间，全省共安排轻工投资13.3亿元，为1978年前29年基建投资的52.3%；平均每年投资2.2亿元，为1978年前平均每年投资的2.5倍。投资重点是家用电器、日用机械、造纸、塑料及食品等行业，在增加生产能力的同时还注意了提高产品的质量、增加品种和开发新产品。

营口洗衣机总厂原来生产的洗衣机，体积大、耗材多、寿命短、磨损快，缺乏竞争能力。为了提高洗衣机质量，从1981年开始，先是从日本松下进口双桶洗衣机散件进行组装，后又进一步与松下技术合作，兴建双桶洗衣机生产线。这条生产线投资1100万元，1983年5月开工，土建、设备安装、调试仅用了14个月，于1984年7月竣工投产。同年生产出双桶洗衣机11万台，平均每38秒钟即可生产1台洗衣机。1984年与1983年相比，产值增长了近1倍，利润增长2.3倍。这个厂经过3年来的技术改造，已拥有进口、国产、自制10条生产线。建立了洗衣机试验和模具制造2个中心和一整套先进的测试装备，已成为全国自动化水平较高、技术比较先进的洗衣机厂。大连、沈阳引进的服装生产线和地膜生产线，以及沈阳与美国合作生产的“犀牛”牌刀片等，也都收到了较好的经济效益。

辽宁的自行车、缝纫机和手表企业，多数是解放后利用原有小厂改建、扩建发展起来的，设备陈旧，技术、工艺比较落后。1979—1984年的6年间，注意发挥辽宁重工业基地的作用，着重对鞍山、大连、沈阳3个自行车厂，沈阳、大连2个缝纫机厂和辽宁手表厂等企业进行了技术改造和扩建。鞍山自行车总厂改建、扩建后，生产能力由年产10万辆增加到60万辆，工艺装备水平也有了新的提高。26型15钛钢自行车在荣获轻工业部颁发的新产品科技成果四等奖和国家经委颁发的“飞龙”奖之后，又获轻工业部优质产品奖和国家经委的优秀新产品发明奖。与此同时，沈阳自行车的年产能力比1978年前增加1.1倍，达到100万辆；大连和沈阳缝纫机厂的能力比1978年前增加1.1倍，达到75万架；辽宁手表厂的能力比1978年前增加1.9倍，达到280万只，仅次于上海，居全国第二位。

辽宁沼泽面积大，盛产芦苇，是发展造纸工业的有利条件。解放初期，全省仅有十几个造纸厂，技术装备很落后。“一五”计划期间，国家投资3521万元，新建、扩建了金城、营口、丹东鸭绿江、女儿河造纸厂和辽阳纸板厂。1958年，各地又兴建了一批小型纸厂，但由于“大跃进”和十年动乱的干扰，造纸工业发展缓慢。到1978年，全省纸及纸板产量只达到41.3万吨。1978年以后，辽宁造纸工业经过挖潜、革新和改造，使建设和生产得到了恢复和发展。1979—1984年，累计投资10656万元，平均每年投资1776万元，年产能力也相应由50万吨增加到65万吨，比1949年增长4.5倍，比1978年增长30%。1984年，全省已有138个造纸厂，纸及纸板产量已达64万吨，占全国总产量的8.5%，居全国第一位。

早在1955年辽宁就在国内首先实现了聚氯乙烯树脂工业化生产，推动了全省塑料工业的发展。1978年以后，进一步加强了塑料工业的建设，除兴办一批小塑料厂外，围绕着以开发新型塑料建材和包装器材为重点，进行了“辽化”后配套工程的建设。1979年到1984年，先后对沈阳塑料三厂、四厂，大连塑料三厂，阜新塑料二厂，营口塑料四厂和丹东塑料九厂等44个企业进行了总体或部分技术改造，共投资1.87亿元，引进大型注塑机、异型材挤出机、圆笼织机等先进塑料机械加工设备254台（套），新增生产能力5.4万吨。到1984年年末，轻工厅系统的塑料加工企业已增加到183个，拥有塑料成型设备2051台（套），生产能力24.6万吨，比1978年翻了一番，产量达到14.3万吨，比1978年增长了1.4倍，居全国第四位。

为满足城乡人民生活需要，加快了食品工业的建设。1979—1984年，累计投资22373万元，为前29年投资的2.96倍。在此期间，许多老企业经过更新、改造，规模不断扩大。如沈阳市味精厂是全国较早生产味精的厂家之一，解放后，虽几经改造、扩建，生产规模有所扩大，但与国内外市场发展的要求相距甚远。1981年国家投资989万元，再次扩建。经过3年的建设，完成建筑面积7664平方米，于1984年6月竣工投产，味精年产能力由3500吨增加到5500吨。在抓紧老企业改扩建的同时，还新建了一批制糖、啤酒、果酒、罐头、乳制品企业，填补了辽宁食品工业的缺门，并研制出可乐型汽水、各种果子汁汽水等新型饮料和营养丰富的婴儿乐奶糕等80多种新产品。经过30多年的建设与发展，辽宁的食品工业从小到大，并形成了制盐、制糖、卷烟、罐头、味精、淀粉、饮料、啤酒、一般食品等10个较大的行业。1984年产量与1949年相比，味精增长431倍，啤酒增长140倍，卷烟增长10倍。

（四）商业服务设施日趋完善。

1978年后，贯彻调整方针，商业基本建设投资增加，服务设施得到很大改善。1979—1984年共投资4.98亿元，相当于前29年投资的总和。6年间，建成冷库能力4.52万吨，为前29年建成的总能力的60%；建成商业、饮食、服务业网点39万平方米，接近前29年总和的一半；建成商办工业厂房8万平方米，为前29年总和的41%。这个时期，新建成的大中型商店主要有：沈阳联营公司大楼、省旅游友谊商店、沈阳北市百货商店、本溪联营公司、丹东站前综合商店、营口商场、鞍山繁荣商场等。

辽宁的商业经过35年的建设，已发展成为崭新的完整的社会主义商业体系。到1984年，累计完成基本建设投资10亿元，为全省基本建设总投资的1.7%。1984年同1949年相比，新增石油库（点）102处，总容积达45万立方米，增长13倍；批发企业仓库149万平方米，增长5.5倍；蔬菜窖、恒温库74万平方米；冷藏库98座，总容量13万吨，增长31.5倍；商业饮食服务网点营业房360万平方米，其中商业277万平方米，增长14倍；各种厂房（车间）面积54万平方米，年工业产值11.9万元；商业大中专学校15所，职业中学、技工学校23所，干校7所，校舍建筑面积6.51万平方米，在校学生总数6200人。

（五）城市住宅和公用设施有了很大改善。

1979—1984年，共完成住宅基本建设投资55.85亿元，竣工面积2977.8万平方米，超过了1949—1978年29年投资的总和，竣工面积也接近29年的总和。住宅建设已由分散逐步走上统一规划、统一建设、综合开发的道路。全省新建居民小区达700多个，其中配套齐全、规划合理、建设较好的有：大连石道街小区、春柳小区、金南路小区；沈阳泰山小区、铁西一号小区，鞍山深沟寺小区、湖南二号小区等。在建新房的同时，还注意了旧房险房的改造，平均每年改造20万—30万平方米。

城市自来水建设得到了加强。1978—1984年，先后建成了沈阳李官卜水源，夹河、张官水源，鞍山海城河水源，抚顺大伙房引水工程，锦州绥丰水源，阜新大凌河水源。此外大连碧流河水库和引水工程也即将全部竣工投产。这些水源工程的建成投产，大大提高了供水能力。1984年的日供水能力已达到342万吨，比1978年的259万吨净增83万吨。输水管道总长度达9963公里，用水普及率达90%。建设规模最大的大连碧流河引水工程，输水线路长达166.92公里，总输水能力每日30万吨，1981年开始建设，1983年12月部分投产，开始向市内送水。

民用煤气的发展比较快。解放后，先后扩建、新建了一些煤气工程，到1978年，煤气日生产能力已达89万立方米。加上使用其他气体燃料的人口，用气人口达到255万人，用气普及率为35.6%。1979年10月25日，沈阳加压气化厂动工兴建，这是中国第一个用褐煤制气的试点厂，日供气能力54万立方米，并可回收工业酚、沥青、化肥等十几种副产品。这项工程于1984年年末建成，累计完成基本建设投资1.43亿元，形成固定资产1.35亿元。为配合加压气化厂供气，同期还集资铺设高、中压管道400多公里。1979年后，全省的油制气、石油液化气也有较快的建设。抚顺、本溪、鞍山等市还充分利用矿井瓦斯、高炉气和焦炉气建设城市煤气。到1984年，用气人口已达415.9万人，比1978年增长了63%；用气普及率已达41.1%，比1978年提高7%。

城市交通有了很大改进。1984年，城市高级公路已达2900多公里，比1978年增加400多公里。沈阳的文化路、崇山路，大连的东北路、中山路，鞍山的建国路、解放路，丹东的一号干线，营口的一、二号干线，阜新的人民路，等等，均已达到一级干路水平。20世纪80年代初期，还先后扩建、新建了沈阳南八马路、保工街，大连周水子，鞍山四方台，丹东八道沟，本溪永丰，辽阳徐往子等穿越铁路的10座立交桥；新建、扩建了抚顺戈布街大桥、鞍山沙河桥、本溪彩屯桥、丹东沙河二号桥、建平大桥、凤城大桥等跨河大桥10余座；城市干道铺装率达到70%。到1984年年底，全省拥有公共客车 3669 辆，六年共增加客车 1282 辆，为 1952—1978 年 27 年增加车辆总和的 76% 。

1979 年以后，大连市新建一座日处理 6 万吨的二级污水处理厂；部分城市排水明沟、河道得到治理；沈阳市南运河两岸已改建成带状公园；辽阳市护城河改造为美丽的环城河道；锦州市五里河明沟、朝阳市南北大沟均改成了排水暗渠。6 年中，全省城市铺设草坪 200 多万平方米，每年植树 200 多万株。新建、扩建和恢复了一些园林、风景名胜区，如沈阳东陵、大连海滨、鞍山千山、丹东凤凰山、本溪水洞、锦州医巫闾山、抚顺萨尔浒等。

（六）科学、文教、卫生、体育事业发展迅速。

1949—1984 年辽宁省用于这方面的投资共达 29. 8 亿元，其中 1979—1984 年投资 15. 9 亿元，比前 29 年的总和增长 1 倍多。30 多年来，建设学校、医院、影剧院、科技馆等用房 1274 万平方米。

教育设施经过 35 年的建设，全省已有高等院校 56 所，是 1949 年的 7 倍；中等专业学校 137 所，是 1949 年的 5 倍；小学 16000 所；大、中、小学在校学生总数 630. 2 万人，比 1949 年增加近 5 倍。1979 年以后，用于科研机构的投资达 2. 8 亿元，相当于前 29 年总和的 2 倍多，新建扩建机构 116 所。对卫生事业的投资，采取了突出重点的方针，着重解决妇幼保健、中医事业、住院难等问题。1978—1984 年,医疗卫生机构建设房屋 73 万平方米,为前 29 年总和的 63. 4%;投资 10. 96 亿元,为前 29 年总和的 1 倍多,新增病床 11162 张。在这一时期,新建和扩建了一大批医院。省肿瘤医院就是在 1984 年建成的。这个医院投资 1936 万元,交付使用的房屋面积 4573 平方米。日门诊量 450 人，拥有病床 500 张,是东北地区一个大型肿瘤专科医院。到 1984 年,全省各级医疗卫生机构已由 1950 年的 915 个发展到 7858 个,增加了 7 倍。其中县以上医院 6000 所。床位总数由 1950 年的 8735 张,发展到 133669 张,增长了 14. 4 倍。

经过 35 年来的建设，辽宁全省县县有电影院、剧团、图书馆、文化馆，乡乡有文化站，全省人民文化生活水平有了很大提高。体育事业发展更快，到 1983 年年底，全省已有 229 个大中小型体育场地、运动场馆、球类训练场、跳伞塔以及水上活动场所。辽宁体育馆、辽化体育馆、抚顺体育馆都相当宏伟壮观。辽宁体育馆投资1200多万元，总建筑面积2.9万平方米，主馆（比赛馆）建筑面积为2万平方米，观众容量10500座席，容纳人数超过解放前沈阳市所有体育馆的人数总和。全省各地的许多企业、机关、学校以及农村乡镇，也都建立了很多中小型运动场所，为广大群众参加体育锻炼和青少年参加业余训练提供了方便条件。

第二节　吉林省的建设

吉林省位于中国东北的中部，全省面积18.74万平方公里，富饶的长白山位于东部，辽阔的科尔沁草原地处西部，中部是被誉为中国黄金带的松辽大平原。这里土地肥沃，风光秀丽，矿产种类繁多。

吉林是中国满族的发祥地，具有悠久的历史。早在远古时期，就是肃慎族聚居的地方。它经历了千百年的漫长发展史，已经是多民族共居的家园。延边地区是朝鲜族主要聚居的地区。吉林省近代曾一度沦陷为日本帝国主义的殖民地，小型工业和铁路虽有一定的发展，但终因殖民地统治的桎梏，工业发展异常缓慢，自然资源遭到严重破坏，农业生产落后，工业基础十分薄弱，广大人民生活在水深火热之中。1949年全省工农业总产值仅为13.1亿元，其中工业总产值才3.8亿元。中华人民共和国成立后，吉林省发生了巨变。为了加强吉林省的经济建设力量，恢复和发展工农业生产，国家财政拨出了巨额资金，进行了大规模的基本建设。1949—1985年全省全民所有制单位基本建设投资额达261.2亿元，其中生产性建设投资188.7亿元，占投资总额的72.2%；非生产性建设投资额为72.5亿元，占投资总额的27.8%，其中住宅建设投资额为36.8亿元，占投资总额的14.1%。基本建设竣工的房屋建筑面积6268万平方米，其中住宅面积2720万平方米。新增固定资产200.7亿元，全部建成投产的大中型项目185个。

36年大规模基本建设，在吉林省形成了以长春市为中心的行走机械工业基地，以吉林市为中心的化学工业基地，以第二松花江为动力中心的电力工业基地，以长白山林区为中心的森林工业是地和以松辽平原为主的粮食生产基地，以及四通八达的交通运输事业。

一、汽车、化工基地的建设

“一五”计划开始前的吉林省，机械工业只能从事修配，化学工业也仅有日本帝国主义留下的几个破烂不堪的小厂。“一五”计划期间，吉林省是国家重点建设的地区之一，156 项重点建设项目中，吉林省就有 11 项。这 11 项中有 6 项是汽车工业、化学工业和与之直接配套建设的电站。它们是长春第一汽车制造厂、长春第一汽车制造厂电站、吉林化肥厂、吉林染料厂、吉林电石厂和吉林热电厂。其余 5 个项目则是电力、冶金和煤炭方面的，即丰满水电站恢复和扩建工程、吉林铁合金厂、吉林炭素厂、西安竖井和湾沟煤矿。

“一五”计划时期是吉林省大规模基本建设的开始。吉林省的工业建设又是首先从以长春为中心的汽车工业基地和以吉林市为中心的化学工业基地开始的。经过 30 多年的建设，吉林省形成了以行走机械为中心的国防军工、农业机械、工业设备制造、建筑筑路机械、生活日用机械、电子工业等门类比较齐全，具有一定规模的国防军工和民用机械部门。1950—1985 年，累计完成基本建设投资 25.6 亿元，[1] 占同期全省总投资的 9.8%，占同期全省工业投资总额的 14.8%。1985 年主要机械产品产量中，汽车、铁路客车在全国名列第一，联合收割机居第三，拖拉机名列第七。同期，化学工业也建成了以吉林化学工业公司为中心的一大批骨干项目。1950—1985 年，化学工业累计完成基本建设投资 31.94 亿元，占同期全省总投资的 12.33%，占同期全省工业投资总额的 17.2%。1985 年，化学工业总产值达 26.7 亿元，拥有企业 231 个，形成了基本化工原料、化肥、农药、橡胶加工、染料、涂料、化学试剂等行业的化学工业体系，能生产近 400 种类化工产品，成为吉林省的主要工业部门之一。

（一）以长春为中心的汽车工业基地的建设。

中国的汽车制造工业是中华人民共和国成立以后才开始建设的。1949 年

① 吉林省综合性数字统计，均按吉林省统计局编的《吉林统计年鉴》的基本数字；各单位、各项目的基本建设统计数字是按管理系统计算的。故各单位合计不等于总计数。下同。

12月，毛泽东主席访问苏联，中苏双方商定，由苏联全面援助中国建设第一个载重汽车制造厂。经过一年多的调查研究和多方案对比，1951年中共中央和国务院确定把第一汽车制造厂的厂址设在长春市郊。1953年7月15日正式破土动工。毛泽东写了“第一汽车制造厂奠基纪念”的题词。

“一五”计划期间，全国人民对中国第一个汽车工业基地的建设给予了巨大的支持。中国人民解放军某部第五师全体指战员，华东、中南、吉林、长春各建筑公司的职工齐集施工现场，采取集中兵力打歼灭战的办法，高质量高速度地进行了土建安装施工。全国80多家厂矿为第一汽车制造厂提供建筑材料和机械设备，10多个工业部门为生产汽车提供了400多种协作产品，70多个工厂为一汽培训生产技术工人。经过三年建设，到1956年7月15日，一汽正式试车投入生产，是当时建设速度快、质量好、投资效果显著的建设项目之一。“一五”计划时期，一汽完成基本建设投资6.2亿元，基本建设竣工面积75万平方米，工业建筑41.1万平方米，宿舍39.9万平方米。安装了上万台机器，铺设了30多公里长的铁路和8万多米长的管道，制造出2万多套工艺装备，在13个基本生产车间和辅助生产车间，完成了复杂的生产准备，并生产出各种汽车零件，成功地装出了第一批解放牌载重汽车。在此基础上，又试制成功了“红旗”牌高级轿车。为满足国防需要，研制了CA30越野车，并于1958年试生产。一汽的建成，结束了中国不能生产汽车的历史。

经过不断的改、扩建，到1985年年末，一汽累计基本建设投资达12.4亿元，厂址占地面积达1421.9万平方米，建筑面积278.2万平方米，其中工业建筑面积117.4万平方米，生活用建筑面积160.8万平方米。从“二五”计划时期到1985年，主要经过了如下几次扩建。

1962年国家批准在一汽建设越野车生产基地，设计规模为年产越野车3000辆，另加20%备件。自1963年5月开工到1965年第三季度建成，新建面积3.49万平方米，新增工艺及起重设备693台，完成基建投资1981万元。

1973年4月，一汽“红旗”牌轿车厂房扩建工程的扩初设计获得批准。经过两年零五个月的建设，到1975年9月建成投产。总占地面积42.73万平方米，建筑面积6.03万平方米，其中工业建筑4.6万平方米，是建厂以来较大的一次扩建，建设规模为年产“红旗”牌轿车300辆。至此，结束了中国汽车工业单一品种的历史，在中国汽车型谱上增加了三大系列。

与此同时，又进行了年产6万辆能力的填平补齐基本建设，共投资6727万元。到1971年，载重汽车的生产能力已达年产6万辆，比原设计翻了一番。

1978年以后，一汽的基本建设进入了一个新的历史发展时期。1982—1983年，连续两次改进产品结构，开展了轻型系列产品的研制，发展了各种变型车和专用车。在多次改进汽车结构的基础上，一汽又设计和试制了第二代产品——CA141型载重汽车。1982年通过厂内第二次鉴定，1983年通过了国家鉴定。整个换型改造总投资额为3.6亿元，新建工业建筑13.6万平方米，老厂房改建约7万平方米，合计达20万平方米。此外，还有职工宿舍等生活设施48万平方米。新增设备5788台，老设备搬迁5866台，总计11654台，工装制造21870种（套）及非标制造近2000台，同时还要改造70%的老设备，整个工程量非常之大，引进项目达21项。

1985年9月，根据国家控制基建的情况，一汽提出“缩短战线、突出重点、一次规划、分期实现”，与吉林、长春两市四个地方汽车工业企业实行了横向紧密联合，由“一汽集团”统一规划开发轻型车，并将进一步扩大生产能力及为行业配套服务，新建、扩建及技术改造一批专业厂。

30多年中，在建设一汽生产基地的同时，还建立和逐步完善了一汽汽车研究所的建设，使一汽不仅是全国的汽车生产基地，还是全国汽车工业最大的科研实验基地之一。研究所建筑面积达5万平方米，拥有各种测试、试验、加工设备和各种仪器仪表，是国内第一个具有汽车产品设计、科学研究、制订标准和技术经济分析能力的科研单位。

自建厂以来至1985年止，一汽已累计生产各种汽车126万多辆。1985年年底全国社会汽车保有量中，约有43.4%是一汽生产的解放牌汽车，或用解放牌汽车底盘装配的各种专用汽车。

一汽的建成和发展，带动了吉林省机械工业的发展。在一汽建设的同时或稍后一些时间，国家又相继投资建设了一批大、中型行走机械企业，有铁道部长春客车工厂、吉林柴油机厂、长春拖拉机厂、四平联合收割机厂等。

铁道部长春客车厂（以下简称客车厂）是第一个五年计划时期中国自行设计和建设的大型铁路车辆制造专业工厂。土建设计单位是上海华东设计院，工艺设计单位是第一机械工业部第二设计院，由东北第三建筑工程公司施工。全厂占地面积194万平方米，厂房建筑面积29.7万平方米，住宅和集体福利设施建筑面积28.3万平方米。1957年8月破土动工，施工过程中，因受到“大跃进”中“大炼钢铁”的干扰，工期越拖越长。自1954年至1985年年底，长春客车厂基本建设投资为13457.4万元，其中国家投资12878万元，自筹资金522万元，全厂已建成生产车间29个，基本形成了客车制造、客车修理和生产地铁客车三个专业化生产系统及铸锻、焊、冲压加工、金属切削、木材加工和整体装配的配套生产能力，具有与大批量客车生产相适应的工艺装备和生产技术。从1959年部分投产到1985年年末，共为国家生产新造铁路客车8491辆，占全国现运营客车总数的41.7%；修理客车6565辆；设计制造地铁客车390多辆。此外，还生产1900多辆货车和大量机车车辆配件，为中国铁路运输事业的发展做出了较大的贡献。

长春拖拉机制造厂（简称长拖），是吉林省农机重点骨干企业，也是全国重点大中型拖拉机企业。长拖1958年破土动工，时逢“大跃进”运动，基本建设停停建建，产品方向几上几下，隶属关系几经变化，到1965年才基本建成。累计投资1.05亿元，占地77.2万平方米，建筑面积13.7万平方米。刚刚建成投产，又逢“文化大革命”开始，投产即为亏损企业。直到1978年以后，长拖开始有了转机。1982年转产小型12马力拖拉机，质量稳步提高，成本逐年下降，从而成为吉林省经济效益较好的建设项目。

（二）以吉林化学工业公司为骨干的化工基地建设。

“一五”计划期间，国家在吉林省的11个重点项目中，吉林市就占了7项。7项中有4项集中在吉林市松花江北岸建设。当时，中共吉林省委和吉林市委以及各级人民政府对此非常关心和重视，中共吉林省委指示吉林市委要全力以赴保证重点工程。中共吉林市委专门对支援重点工程问题进行了研究，并建立了吉林市人民政府支援重点工程工作委员会。吉林市有关部门都把支援重点工程工作列入日程。据不完全统计，仅1954年，就为重点工程解决了351万平方米的建筑用地，翻修了77607平方米的道路，在松花江增加了3个渡口、4个码头，有力地保证了重点工程备料运输任务的完成。

坐落在吉林市松花江北岸的吉林化工区，是“一五”计划期间建设起来的中国第一个化工生产基地。吉林化工区的建设规划是由当时中共中央东北局工业部化工管理局组织设计处和研究室制定的，由苏联派专家援助建设。这个化工区包括吉林染料厂、吉林化肥厂、吉林电石厂（简称三大化）和供应三厂蒸汽和电力的吉林热电厂。

吉林染料厂是1953年开始动工兴建的，到1962年全部建成，厂区建地面积为80公顷，厂房建筑用地17公顷。形成了生产对硝基氯化苯、阴丹士林、乙萘酚等多种染料近6000吨的能力。吉林化肥厂是1954年四月破土动工的，1957年10月竣工投产，生产能力为年产合成氨8万吨，硝氨16万吨。吉林电石厂的前身是吉林化工厂，经过改建、扩建，到1962年形成了年产电石6.35万吨的能力，并能生产焦炭等多种产品。据统计，“一五”计划期间，这3个大型化工建设项目先后共挖土石方300万立方米，耗用红砖2.3亿块，安装设备3万多台、高中压管道和管件1万多吨，铺设上下水管线150余公里。为了把长达100米，重达100吨的硝酸排气筒安装就位，在施工装备简陋、技术力量薄弱的情况下，工人们大胆创新，采取了在地面上逐节焊接，然后凭四个据点的卷扬机和推土机的协同动作，整体吊装一次成功并安装就位。凭着这么一股坚韧不拔的劲头，仅用3年半的时间，就建成了当时国内最大的染料厂和化肥厂。

1958年，在三大化工企业的基础上，成立了吉林化学工业公司（简称吉化公司），并开始了二期扩建工程的建设。到1965年二期工程完成时，主要产品的生产能力都有了成倍增长。阴丹士林翻了一番，合成氨为原设计能力8万吨的4.5倍，电石从5万吨增加到7.5万吨。

从1970年起，吉化公司的建设，开始了由以煤为原料向以石油为原料的转变。1970年新建的吉化公司炼油厂，1978年建成投产，实际完成基建投资1.5亿元。同时，从1976年开始，新建吉化公司石油化工总厂，安装新装置

10 套，设计能力为年产 11.5 万吨乙烯、8 万吨丁苯橡胶等产品。1982 年建成，累计完成基建投资 15.2 亿元，各套装置一次试车成功。从此，吉林省的化学工业由单纯的煤化工转向了以石油化工为主。

吉化公司的建成和发展，为吉林省化学工业的发展奠定了坚实的基础。60 年代末和 70 年代初，吉林省相继建成了四平联合化工厂、吉林市石井沟联合化工厂、吉林省长山化肥厂、吉林市第四化工厂等一批大中型骨干化工项目，还建成了一批小型化肥、农药、橡胶加工、涂料等项目。

二、能源基地的开发和建设

吉林省的东部山区有丰富的水利资源和煤矿，中西部松辽平原蕴藏有天然石油。吉林省为开发能源，投入了巨资。1949—1985 年，能源工业累计完成基本建设投资 60.9 亿元，占同期全省总投资的 23.3%，占同期工业基本建设投资总额的 35.3%。能源工业累计完成的基本建设投资总额中，电力工业完成投资占 51.3%，煤炭工业占 28.4%，石油工业占 20.2%。

（一）以开发第二松花江和鸭绿江的水力资源为主的电力工业建设。

吉林省有横贯全省的第二松花江，蜿蜒边陲的鸭绿江、图们江，为水电的建设提供了天然条件。30 多年来，在松花江上已经建成了 3 座大中型水电站，即丰满、白山和红石电站；在鸭绿江上中朝合建了 1 座大型的云峰发电站，尚在建设另一座大型电站——清源电站。

丰满水电站是日本帝国主义侵华战争中兴建的。抗日战争胜利后，厂内的 3 台水轮机、5 台发电机，以及一些辅助设备都被苏联红军作为战利品运回国内，使电站基本瘫痪。1948 年吉林市解放后，就在留下的废墟上开始了丰满水电站的恢复性建设。从 1950 年起进行较大规模的改建和扩建，到 1953 年完成了全部土建工程，1959 年最后一台机组安装完毕。1960 年 5 月，8 台机组全部投入运行，装机容量达 55.38 万千瓦。丰满水电站是中国最早动工扩建的大型水电站，随着各台机组先后建成投入运行，不仅满足了省内建设和生产的需要，而且有力地配合了“一五”计划时期国家重点建设东北地区重工业对电力的需要。

第二松花江上新建的另一座大型梯级水电站是白山水电站。这是一个以发电为主兼有防洪等作用的大型水电站。这个电站的建设经历了几上几下的艰苦历程。

白山水电站第一次大兴土木是1958年“大跃进”时期。当时在设计还没有头绪的情况下干了三年，耗费投资5680万元，只凿了半条导流洞。1960年国家决定白山水电站下马缓建。1971年又开始复建。1万多名水电建设者，发扬了艰苦创业的精神，冬季冒着零下44.5摄氏度的严寒，夏天迎着30摄氏度的酷暑，昼夜不停地奋战着。但由于这次复建正值“四人帮”横行，仍然在“三边”的情况下进行施工，违背施工程序，没等坝基挖完，就急于浇注混凝土，造成开挖和浇注互相干扰的长期被动局面，连续四年完不成施工计划。

1978年以后，被列为国家重点建设项目，重新调整了施工部署，全面扭转了工程建设的被动局面。装配式暖棚的制成，为高寒山区冬季浇筑大坝混凝土找到了较好的保温施工方法。滑模施工、拉模施工和预应力锚索等先进技术的应用，简化了工序，缩短了工期，取得了较好的经济效益。按照调整后的设计，白山水电站的主要厂房开挖轮廓尺寸长121.5米、宽25米、高54.25米，是中国跨度最大的地下发电厂房。白山水电站采用国内自行设计、自行制造的最大单机容量30万千瓦风冷水轮发电机组，总装机150万千瓦，分两期进行建设。第一期工程装机3台90万千瓦，年发电量20.03亿度。第二期装机2台，60万千瓦。白山水电站的地理位置正处于东北电力系统南北网的中间，供电位置适中，担负主网的调峰、调频、事故备用等都十分理想。建成后，可以提高丰满水电站电力2万千瓦，年发电量增加4600万度。在发生大洪水时，与丰满水库联合进行调度，错开泄放较大洪水流量的时间，可减少丰满下泄流量500—1000秒立方米，提高丰满下游的防洪效益。白山水电站的建设，还可以为通航、灌溉、水产养殖等提供优良环境，是一个综合效益较好的水利水电枢纽。

经过几年的建设，1983年12月30日第一台机组（2号机）投产发电。1984年7月8日、12月11日第二台（3号机）、第三台（1号机）机组相继投产发电。到1984年年底，一期工程3台机组已全部并网发电。同时，二期工程正在建设中。

白山水电站从1971年到1985年年末，累计完成基本建设投资8.75亿元，新增永久性固定资产5.43亿元。白山水电站自动化程度高，机组起停迅速，调峰容量大。1984—1985年年末，总发电量已达19.87亿度。

1959年，中国和朝鲜民主主义人民共和国在中朝边境的鸭绿江上共同兴建了云峰水电站。设计安装4台10万千瓦机组，总容量为40万千瓦，中朝双方各2台机组。1967年4月，4台机组全部投产发电。到1984年年末，累计发电量256亿度，其中中国方面用电120亿度，朝鲜方面用电136亿度。

在加快水电建设的同时，吉林省的火电建设也取得了较快的发展。

坐落在吉林市江北右岸的吉林热电厂，是1955年1月破土动工兴建的，至1966年11月，分五期建成。总容量为45万千瓦，经过改造，实际可调出电力为50万千瓦，11台主变压器，容量为61.2万千伏安。吉林热电厂主要担负吉林市江北化工区和哈达湾工业区的供电、供热任务，受益面积为217万平方米。自1956—1985年，吉林热电厂共发电915.99亿度。

第一个五年计划以后，吉林省火电建设更加广泛，扩建和兴建了白城发电厂、长春发电厂、二道江发电厂、龙井发电厂、长山发电厂、浑江发电厂和榆树川发电厂等。

经过30多年的建设，到1985年年末，吉林省已建成500千瓦以上电厂、电站共75座，总装机容量328.65万千瓦。其中火电厂52座，占69.3%，总装机容量180.42万千瓦，占54.89%。到1985年年末，220千伏超高压输电线路总长达3513.16公里。

（二）煤炭工业的建设。

为发挥煤炭能源在大规模建设中的作用，“一五”计划时期，吉林省煤炭工业基本建设投资总额达到1.74亿元，占同期全省工业基建投资的9.9%，新增固定资产1.5亿元。国家156项重点工程项目中，在吉林的煤矿建设就有2项，即西安竖井与湾沟煤矿。辽源西安竖井是全省第一个竖井，设计能力年产90万吨，服务年限90年。由列宁格勒矿井设计院设计，于1953年施工兴建，1955 年 12 月移交生产，计划投资 5400 万元，实际支出 4833 万元，为计划投资额的 89.4%。是一个建设质量好，投资省的项目。

“二五”计划期间，新建了吉北的舒兰矿区和其他矿井 24 对，累计完成投资 3 亿多元，新增生产能力 587 万吨。但由于盲目贪大求快，对煤炭地质储量缺乏科学态度，普遍出现拼工人体力、拼国家资源、拼机械设备的情况，同时为增加产量，大办小煤窑，造成小煤窑遍地开花，给文明生产带来了很多不利因素。

1962—1965 年，贯彻调整方针，虽然压缩了煤炭工业的基建投资，没有新建矿井，但煤炭的生产基础与安全基础，都得到了改善。全省三量（即开拓煤量、准备煤量、回采煤量）可采期大有好转。

1975 年以后，生产恢复了正常，基本建设投资主要用于推进机械化的发展。1975 年通化矿务局使用了 MLR_2—100 型采煤机与 D_2 型单体液压支柱配套设备，实现了全局有史以来第一个高档普采工作面。同时全省各煤矿普遍增添了 V 型钢支架、矿工钢支架、工字钢支架等设备，保证了安全生产。

1978 年以后，煤炭工业的建设发生了新的变化。1979—1985 年，煤炭工业的基建投资达到 5.6 亿元，主要用于矿井技术改造，环节改造和开拓延深等各类建设工程。三量可采期全部达到了国家规定的标准。

（三）以吉林油田为基地的石油工业建设。

吉林石油工业已有 50 年的历史。由于未发现有天然油田资源，长期从页岩中提炼人造石油，天然石油工业的建设是从 20 世纪 70 年代开始的。

为开发天然矿床，石油部组织勘探队伍于 1956 年开始对扶余地区进行石油普查，至 1959 年钻井总进尺达 14.7 万米，探井 513 口。1958 年，松辽石油勘察大队在扶余达里巴村发现油沙岩，证明了松辽平原有天然石油。1959 年 9 月 27 日，在扶余 3 号构造上扶 27 井获工业石油流，从而宣告了吉林省无天然石油历史的结束。

1970 年，根据国务院关于加速石油开发的指示，决定大力开发扶余油田。当年投资 4072.5 万元，并从省内调集了万人大军，在茫茫的盐碱地上，开始了油田建设。当年就生产原油 800 吨。经过三年建设，到 1972 年建成油井数百口，并开始开发建设其他油区。吉林油田，包括扶余、大头、红岗、新北、新立、乾安、英安等7个油区的中型石油基地，从1970—1984年，累计完成基建投资7.81亿元，建成采油井307口、清水井856口、原油储罐243座（14.6万立方米），铺设输油管2846公里，架设高低压输电线路1428公里，建成房屋建筑面积128.8万平方米。到1985年年底，已累计生产石油2511.5万吨，拥有原油生产能力达210万吨。

1974年开始建设原油加工企业。到1984年，已建成吉林化学工业公司炼油厂、前郭炼油厂、扶余炼油厂、吉林江南炼油厂、农安炼油厂、长春炼油厂等7个项目。1984年年底原油加工能力达272.04万吨。

三、冶金、交通运输和轻纺工业的建设

（一）以铁合金为骨干的冶金工业的建设。

1949—1985年，吉林省冶金工业累计完成基本建设投资15.08亿元，其中有色金属工业3.55亿元、黄金工业1.48亿元，更新改造投资6.72亿元，形成固定资产原值17.16亿元。到1985年年末，吉林省铁合金和炭素制品产量在全国居领先地位；黄金产量居全国第五位；钼和镍的探明储量分别占全国第二位和第三位。

吉林铁合金厂和吉林炭素厂是“一五”计划时期国家重点建设的两个大型项目。吉林铁合金厂是为满足“一五”计划安排的建设年产450万吨钢的能力而配套建设的。1952年开始勘探设计，1954年破土动工，1956年全部建成投产，累计完成投资6348万元，完成建筑面积11.44万平方米。1956年6月16日第一台电炉生产出第一炉45%硅铁，以后其他各炉相继出铁，当年创工业产值2379万元。经过近30年的改建、扩建，到1985年，吉林铁合金厂已成为中国铁合金生产规模最大、品种最多、技术最先进的企业。在采用摇炉法生产、微型电子计算机控制电炉、大型中空炉冶炼、封闭式电炉生产等先进技术装备方面都在全国处于领先地位。1949—1985年年底，全省建成铁合金电炉44座，年产能力达261万吨。吉林炭素厂于1954年2月15日开始全面施工，1955年7月15日试生产，同年10月15日全部投入生产，整个建

设工期仅用一年零九个月。完成投资总额为 7641 万元，厂房总建筑面积 66000 平方米，炭素制品设计能力为 2.23 万吨/年。吉林炭素厂是中国建设最早，规模最大的炭素厂。到 1985 年年末，吉林省的炭素制品的年生产能力已达到 11 万吨。

1958 年，在“小钢铁”遍地开花的形势下开始了通化钢铁厂（后改名为通化钢铁公司，简称通钢）的建设。以后几经折腾，终于顽强地生存下来，成为吉林省主要的钢铁生产基地。通钢于 1958 年 4 月开始筹备，6 月 20 日破土兴建。1958 年 5 月国务院批复：通钢一期建设规模按年产生铁 22 万吨，钢 15 万吨，钢材 13 万吨，焦炭 45 万吨组织设计施工。1960 年，经国家计委正式批准，通钢规模按生产 150 万吨生铁、100 万吨钢、80 万吨钢材进行整体设计。到 1962 年累计完成基建投资（不含矿山）7696 万元，形成生产能力年生产铁 18.8 万吨、钢 2.5 万吨、钢材 5 万吨。1965 年 8 月，中共东北局计委批复通钢按“小三线”恢复建设，生产以军工用钢材为主的钢铁产品。1972 年，国家计委重新批准，通化钢铁公司改为生产 50 万吨生铁、40 万吨钢、30 万吨钢材的规模。通化钢铁公司的整个建设都是在边设计、边施工、边生产、边改造的过程中进行的，缺乏科学的整体规划，发展规模不定型，设计多次变动，造成工程返工浪费，投资增多，建设时间延长，经济效益低。1958—1979 年共亏损 14309 万元。1978 年以后，通化钢铁公司生产建设走上正轨。1980 年开始扭亏为盈。到 1984 年年末，累计完成基本建设投资 3.9 亿元。

经过建设淘汰，到 1985 年年底，吉林省保存炼铁高炉 10 座，生产能力为 46 万吨/年；保存炼钢炉 7 座，年生产能力为 24 万吨；保存炼钢转炉 6 座，年生产能力为 28 万吨。有机械化焦炉 6 座，199 孔，年生产焦炭能力为 110 万吨。累计建成铁矿山 7 座，已停产 2 座，存 5 座，年采矿石能力为 165 万吨，年选矿处理能力为 182 万吨。

有色金属工业。1949—1985 年先后建成大小矿山 10 座，到 1985 年年底采完 2 座，尚存 8 座。年采矿石能力 154 万吨，选矿日处理能力 5540 吨。建成冶炼、加工企业 10 个，拥有年产金属含量 2 万吨的能力。国家重点建设的盘石镍矿，1960 年 2 月筹建，3 月露天开始洞室爆破，10 月井下开采。1965

年4月，日处理能力由50吨扩建到200吨的小型选矿厂建成投产。到1966年形成了年产镍含量562吨，铜精矿1万吨的采选能力。

经过1949—1985年的建设，吉林省新建大小黄金矿山23座，群众采金点100余处。到1985年，形成年采金能力2813公斤，并拥有50—250升采金船9条。

（二）以铁路为重点的交通运输建设。

吉林省的交通运输建设以铁路为主，其次是公路、航空和内河运输。

解放前吉林省铁路设备简陋，年久失修，加之连年战争破坏，效能很低。解放后，为适应国民经济建设的需要，除对旧铁路进行修复、改造外，又新建了一些线路。1955年8月至1973年9月建成通车长林线（大阴岔至白河），长1890公里，每年可外运煤炭和木材合计450万吨。1958—1978年为配合白山、红石水电站建设新建了烟白线（烟筒山至白山），全长1496公里，投资6209万元，它的通车除保证白山、红石水电站的建设，对镍矿的开发建设及山区森林资源的开发都发挥了重要作用。1966年10月1日龙舒线（龙潭山至舒兰）通车，全长85公里，它的修复对舒兰煤矿开发、为吉林化工区的燃料供应开辟了一条捷径。1968年2月至1971年8月1日“九江联络线”（吉林市郊东北部）通车，全长26公里，是长图线吉长、吉蛟段的捷径路线。1975年长前线（长春至前郭）通车，长140公里，它的建成对开发建设扶余油田，沟通长春与白城地区的联系意义很大。为适应国民经济发展的需要，扩建了部分枢纽站和货场。如吉林枢纽站，位于吉林省东部的吉林市，衔接5条干支线，长图、沈吉、龙舒、龙丰等线于此会合，为吉林省东部地区物资交流的必经之地。经过30多年的建设吉林省的铁路以长大、长滨线为中轴，东西各有2条大干线，东侧有长图线和四梅线，西侧有长白线和平齐线。与长大、长滨两线平行的尚有拉滨线、吉沈线、通让线。此外，还有梅集线、长林线、牡图线、吉舒线等支线。在全省41个市、县中，有38个市、县通火车，其密度在全国占第一位。由于铁路四通八达，省内最边远的县份通过铁路联运，三天内即可到达省会长春。

解放初，全省只有2000余公里的公路，几十辆汽车。到1985年，全省已拥有省以上的干线通车里程5411.9公里，县道6000多公里，乡道12000余公里，专用道1200余公里，通车总里程达24611.9公里。全省所有的乡都通了汽车，基本上形成了以省会长春市为中心，以国道干线为骨架，四通八达的公路交通网。在桥梁建筑方面，从1956—1985年，全省新建永久性桥梁共3082座，93724延米，其中包括松花江红石大桥、白山大桥、半拉山大桥和前扶松花江大桥等大型桥梁。1985年，公路客运量为7744万人，旅客周转量为279082万人公里，同1949年相比，均增长1000多倍。从1952年—1985年，公路建设累计投资达3.35亿元。

吉林省的民用航空建设起步较晚，1961年8月才开始在省内开航。1962年10月，开辟了北京—沈阳—长春—哈尔滨航线。为改变长春机场跑道短、负荷小的状况，1985年国家投资6900万元，扩建长春大房身机场。当年完成投资3200万元，建成长2600米，宽60米的主跑道和部分停机坪。在原有北京至沈阳、长春、哈尔滨航线的基础上，1985年10月，又开辟了长春至上海、长春至广州、沈阳至长春、延吉和哈尔滨至长春、大连等多条国内航线。在1985年扩建的基础上，1986年建成4条联络道、一条滑行道、停机坪和停车场。还将扩建4200平方米的候机楼及其他用房10000平方米。扩建后的长春大房身机场，航线将继续增加，货运量也将有较大的提高。

（三）邮电事业飞速发展。

1950年，为紧密配合抗美援朝战争，吉林省邮电管理部门集中人力、物力，在集安、长白、和龙、珲春、龙井、图们等县（市）进行了很多临时工程建设。在此基础上，1956年全省实现了乡乡有自办邮电所。到1962年全省有邮电所870处，比1952年增长50%左右；邮路总长度达20269公里，比1952年增长12.8%；长途电话达320路，增长近1.7倍；市内电话交换机总容量达到35340门，增长1倍；农村电话交换机总容量达48591门，比1953年增长2.7倍。

“文化大革命”期间，在异常混乱的情况下完成了贯通全省的北京—哈尔滨微波电路建设工程，胜利地担负起北京—哈尔滨微波通讯任务。

1978年以后，吉林省的邮电通信建设得到了加强。1978—1985年吉林省邮电基本建设投资平均每年达 1223.4 万元，比 1949 年至 1978 年累计投资增加了 2.9 倍。1985 年年末全省邮电局的局房面积，已达到 270469 平方米，比 1949 年增长近 7 倍。全省长途电话，拥有明线、电缆、载波、微波等设备，电缆总长度比 1949 年增长 1 倍；长途电话电路总长比 1953 年增长 12 倍；省会长春到各市（专署）平均有电路 247 路。全省已有自动电路 228 路，可直接与北京、上海、昆明等 22 个市及省内各直属辖市有直拨长途电话。1985 年年末，全省开通自动、半自动电路的有 32 个市、县，占全省市、县总数的 78%。

1979—1985 年的 7 年间，市内电话交换机容量增加到 56220 门，为 1949—1978 年 29 年市内电话交换总容量增加数的 1.56 倍。

（四）轻纺工业蒸蒸日上。

1949—1985 年，吉林省轻工业累计完成基本建设投资 12.83 亿元，新增固定资产近 10 亿元，竣工房屋面积 182 万平方米，形成主要产品的年生产能力：机制纸及纸板 35 万吨，自行车 30 万辆，木钟 40 万只，手表 40 万只，灯泡 2500 万只，日用搪瓷 5000 万件，保温瓶 400 万个，肥、香皂 2 万吨，火柴 100 万件，糖 8 万吨，啤酒 15 万吨，白酒 10 万吨，葡萄酒 1.2 万吨，淀粉 4 万吨。

1949—1956 年，吉林省轻工业重点恢复建设了大型造纸和制糖工业，如范家屯制糖厂、吉林造纸厂和石砚造纸厂。经过 30 多年的建设，吉林造纸厂已成为全国制浆造纸大型企业之一。到 1985 年年末，全厂基建投资总额为 14998 万元，建成房屋面积 378072 平方米。1949—1985 年累计生产机制纸及纸板 339.4 万吨，机制纸畅销国内。

1950—1985 年，石砚造纸厂基建投资累计 8473 万元，产值从 1950 年的 1357 万元增至 1985 年的 9217 万元。机制纸除供应国内《人民日报》、《光明日报》、各省机关报外，还有出口。

根据吉林省农副产品资源的特点，1953 年由波兰引进设备，在九站建设了日处理甜菜 1000 吨的新中国制糖厂。同时还在白城、吉林、通化、海龙和辽源等地新建了一些中型造纸厂，扩建了新站和通化两个葡萄酒厂。此外，在长春市和大安县新建了食品厂和罐头厂，还从上海迁来公私合营的嘉美制罐厂、松花江玻璃厂、和平牙膏厂和搪瓷厂等一批企业，为吉林省填补了轻工业空白。

1957—1966年，陆续建成了长春市自行车厂、缝纫机厂、吉林市表厂，还有灯泡厂、淀粉厂、骨胶厂、铅笔厂等。这批工厂的建立，结束了吉林省不能生产自行车、缝纫机、钟表等轻工业产品的历史。

1967—1978年，在建设小糖厂时，由于“左”的思想影响，盲目追求速度，忽视投资效益，新建成的4个小糖厂，除通榆糖厂勉强维持外，其余3个小糖厂全部下马停产或转产，造成500多万元投资的浪费。在建设中，虽然注意了相联项目的配套建设，比如灯泡厂行业，建设了四平钨钼厂，和长春灯泡厂配套；为缝纫机厂、自行车厂配套而建成了7个零件厂。但由于“文化大革命”的干扰破坏，项目建设停停建建，造成各行业间比例严重失调，留下了后遗症。

1978年以后，在基本建设上，由重外延逐步转为重内涵；由以扩大产品生产能力为主，逐步转入以增加产品品种、提高质量、开发新产品、降低消耗为主；减少基本建设项目，重视企业的技术改造、技术引进项目。1980年全省新增基本建设项目共96个，其中技术改造项目只有几个；到1985年，基建项目减少到7个，技术改造项目则增加到140个。造纸行业，重点改造了吉林、石砚两大造纸厂；制糖行业，扩建了范家屯和新中国制糖厂。吉林造纸厂引进了水分控制定量装置及电子计算机技术，使纸机装备由50年代水平达到先进国家70年代水平。新中国制糖厂引进了丹麦DDS制糖工艺和设备，达到80年代国际先进设备的水平。

吉林省纺织工业，经过30多年建设，建立了主要由棉纺织、印染、毛纺织、丝绸纺织、麻纺织、针织、人造毛皮和化学纤维等行业构成的比较完整的工业体系。1949—1985年，累计完成基建投资6.49亿元，其中1985年投资1.17亿元，是1950年投资的260.5倍。

1950—1957年，完成投资总额752万元，主要用于对吉林市裕华织染厂、辽源市丝绸厂、开山屯化学纤维浆厂、老头沟亚麻厂、延吉市针织厂、辽源市一针织厂、通化市针织厂、吉林市针织厂、长春市纺织厂等进行规模不同的扩建。如吉林市裕华织染厂新增织机100台，新增固定资产10万元，新建厂房面积2950平方米；辽源市丝绸厂，新建厂房4376平方米，新增固定资产77万元。

1960年吉林省纺织业基建投资首次突破1000万元，达到1013万元，一些企业生产能力明显提高。四平纺织厂新建厂房9800平方米，形成万锭纺纱能力；吉林市棉织厂新增织布能力338万米；辽源市棉织厂新增织布能力530万米。开山屯化学纤维浆厂从1958—1965年累计投资2488万元，新建供水系统，日处理水8.5万吨，新建有盖洗涤池4座，改建选漂系统，新建800平方米的化验楼1座及厂区道路。

1981年纺织行业建设项目46个，当年建成投产项目19个，基本建成项目14个。新建的洮安毛纺厂形成880毛纺锭的生产能力，生产呢绒9.7万米，结束了吉林省不产毛呢的历史。

四、森工、建材和农田水利建设

（一）以长白山林区为主的森林工业建设。

吉林省森林面积为9.118万亩，约占全省面积的32%，森林覆盖率35.9%，比全国森林覆盖率高23.4%。长白山地处吉林省东部，蕴藏着丰富的森林资源，是中国的重点林区之一。为了充分利用这得天独厚的森林资源，1951年，东北人民政府组织林业大军，踏进深山密林，修桥、筑路、建林场，开展了大规模的森工基本建设，“一五”计划时期累计投资7.1万元，占全省工业基建投资的4.1%，木材产量由1949年年产136.5万立方米上升到1957年的267.7万立方米，几乎翻了一番，基本满足了东北地区大规模建设的需要。1958—1960年，为加强林区建设，国家调集铁道兵第六师并另加一个团的兵力开进长白山林区，建设临江、泉阳、松江河、三岔子、白石山、敦化、黄泥河、汪清等8个林场。并先后建成了标准铁路5公里，森林铁路207公里，汽车运材公路35.5公里，大、中桥梁14座，3年累计完成基本建设投资2000多万元。但是，建设中受“大跃进”的影响，有的重点项目并不具备开工条件，如露水河、泉阳、松江河 3 个新局的建设，结果只得中途停工下马，造成人、财、物的巨大浪费。以后经过 1962—1965 年 3 年的调整和填平补齐，森工企业各项经济指标开始回升。1966—1976 年的 10 年中，“三边”（边设计、边施工、边生产）项目一再出现，报废工程时有发生。大石头、松江河林业局的烤胶厂花掉巨额投资，建成后都不能投产使用。这一时期比较成功的建设项目是 1976 年 7 月 1 日投产的自行设计、施工的临江森林铁路大桥。1978 年以后，长白山区的森林工业建设才走上了健康发展的道路。

1949—1985 年，吉林省长白山区的森林工业累计完成基本建设投资 16. 35 亿元，形成年木材生产能力约 500 万立方米，居全国第二位；建成运材道路 7606 公里，其中森林铁路 2158 公里，公路 5448 公里；贮木场 19 处，制材厂 18 处，年成材加工能力 120 万立方米。此外，还建成森工机械厂、林业化工厂、林业工程公司、林业勘察设计院、林研所、林业专业院校等。各森工企业都普遍地建设了职工医院、浴池、俱乐部、影剧院、招待所、中小学和幼儿园等福利设施。职工住宅累计建筑面积近 210 万平方米。

（二）建材工业的建设。

吉林省建材工业是一个后起的工业部门。除有水泥、玻璃、砖、瓦、石、石棉制品等制造业，还有加气混凝土、利用非金属矿制造的轻型建筑材料。

1958 年，恢复和建设了松江水泥厂立窑车间，1970 年年生产能力已达到 50 万吨。从 1971 年开始，注意建设小型立窑水泥厂，50 年代建立起来的石岭、通化、白城、渭津、安图等小型立窑都得到了进一步的发展。到 1978 年，地方水泥产量占全省产量的 65%。石岭水泥厂在全国首先应用具有 70 年代先进水平的水泥锻烧新技术。年产能力 1. 5 万吨的集安白水泥厂于 1984 年建成，填补了吉林省不产白水泥的空白。

1966 年，在矽砂基地双辽县筹建年产 35. 6 万标箱的三机有糟垂直引上厚板玻璃生产线，吉林省的玻璃制造业开始起步。但是，由于“文化大革命”的干扰，拖到 1972 年才建成。1982 年，又扩建了一条六机垂直有糟引上生产线，年产平板玻璃 180 万标箱。1984 年六机窑又投入生产，至此，双辽玻璃厂生产能力已达 136 万标箱，成为全省平板玻璃生产基地。

吉林省非金属矿藏资源丰富，储量大、质量好，已开发利用23种。主要矿藏有：硅藻土、硅灰石、火山渣、浮石、沸石、膨润土、珍珠岩、石膏、高岭土、硅砂、石灰岩和耐火粘土等。为了开发利用辉南大椅山火山渣，从杉松岗至样子哨修建了一条13.2公里铁路专用线，从1978—1985年共完成投资1035.2万元。盘石石灰矿从1974年开始建设，1978年建成投产，共完成投资2368万元，设计年生产石灰石50万吨。连同明城石灰石矿，已成为全省石灰石主要原料基地。

（三）以农田水利建设为中心的粮食基地的建设。

吉林省地处松辽平原，土地肥沃，适宜农作物生长，是大豆和东北水稻的主要产区，也是全国粮食生产基地之一。全省有耕地面积6058.7万亩，占全省总面积的21.6%，人均耕地面积2.7亩。

解放前，吉林省农业生产十分落后，农民生活也很贫苦。解放后，农村变革了生产关系，改善了生产条件。1949年全省没有机械耕种，到1952年，机耕面积达18万亩。经过“一五”计划的经济建设，1957年农业机耕面积达到133.5万亩。在“大跃进”的三年和其后几年中，农业建设走过曲折的道路，到1965年才又加快步伐。1965年机耕面积达728.8万亩。农田开始施用化肥，当年施用量达7.6万吨。农村用电量也大有增加达9520万度。特别是1978年以后，落实了中共中央在农村的各项经济政策，普遍推行了家庭联产承包责任制，极大地调动了广大农民的积极性，不断采用新技术。大搞科学种田。主要农作物已基本上实现了良种化；地膜覆盖、喷灌、塑料大棚育苗、机械插秧和化学除草等新技术应用的范围越来越广；部分畜、禽饲养专业户已实现了工厂化饲养。1985年拥有农业机械总动力647.6万马力、大中型拖拉机36585台、小型手扶拖拉机87596台，大中型机引农具3.9万部，机耕面积和机播面积分别达到2079.5万亩和1192.7万亩，占总耕地面积的34.7%和19.9%。1985年平均每亩耕地用电19.8度，施用化肥26.5公斤。

1950—1957年，吉林省完成水利基本建设投资4497万元，建成小型水库545座，塘坝3301座，机电排灌站12344千瓦。1958—1962年，除改建丰满、二龙山水库、恢复太平池水库外，初步建成了新立城、石头口门、海龙等大型水库和23座中型水库。1980年，吉林省农田水利建设主要转向集中力量对已有工程进行续建和配套，并加强管理。1949—1985年，水利建设累计完成总工程量50亿立方米。截至1985年，建成大、中、小型水库1302座，塘坝4548座；整修江河堤防6105.34公里，国际河流防护堤长178公里；全省1500多万亩涝洼地普遍进行了治理；建成万亩以上灌区111处，建成固定机电排灌站5313处，排灌机械保有量5.71万台，97.7万马力；修建拦河引水坝4309条，配套机电井5.1万眼，装机60万马力，有效灌溉面积达1044.43万亩，实际灌溉面积807.44万亩，其中水田598.3万亩，水稻产量由107.4万吨增加到183.7万吨；建设小水电站123处；发展养鱼水面达232万亩，年产成鱼3600万斤。

1949—1985年，全省粮食总产量由459万吨增加到1225.3万吨，增长2.6倍。人均占有粮食产量534.8公斤，高出全国平均水平。吉林省粮食商品率一直较高，1985年达到40%，居全国首位。

五、城市和文化、教育等设施的建设

到1985年止，吉林省共有大、中、小城市12个，即长春、吉林、四平、辽源、通化、浑江、白城、延吉、图们9个老城市和公主岭、梅河口、敦化三个新建城市。

吉林省1953—1978年累计完成非生产性基本建设投资仅27.68亿元，只占同期吉林省全部基本建设投资的17.5%，建设速度缓慢，远不能适应城市人口增加的需要。城市基础设施不足，城市居民的人均居住面积由1952年的3.91平方米下降到1978年的3.07平方米。

1978年以后，城市建设开始得到加强。从1979年开始，城市建设投资逐年上升。吉林9个老城市合计非生产性建设的投资占投资总额中的比重，已从1978年的17.4%上升到1985年的52.1%。住宅建设和城市基础设施的建设都有所加强。1985年9个城市住宅建设投资达5亿多元，比1978年增长5.4倍，人均居住面积也相应提高到4.6平方米。1979—1985年，各城市都建成了一批新的居民生活区和城市道路，较著名的有长春的南湖新村、绿园

新村，全安、春郊小区；吉林市的越山路、四川路、二道江小区；延吉市的延北新村等。其中规模较大的长春绿园新村是全省1980年开发建设的第一个小区，总占地面积39公顷，规划建筑面积31万平方米、90栋楼房。到1985年为止，已经建设70栋，其中18万平方米、60栋楼房已经竣工交付使用。在小区内实行统一供热、统一供电、统一供水，并新建小学校、电影院、托儿所、浴池和商业服务网点，区间道路基本形成。在开发建设新的生活区的同时，重视对旧城区的改造，解决贫困区内居民的住宅问题。此外，自来水的供水能力、煤气供应能力、上下水道长度、城市公共交通和道路建设等都有了较大的提高。到1985年年底，长春市自来水管道人均占有长度居全国前列，自来水普及率为84%。全市煤气、液化气普及率为38.9%。环保治理得到加强，建设了吉林化学公司污水处理厂、长春东郊污水处理厂、南湖污水截流工程、汽车厂污水处理厂等。1985年全省城市企事业污染治理资金增加到4244万元。

科学、教育、文化、卫生、体育设施的建设不断发展。吉林的科研事业在全国占有一定位置。1949—1978年，吉林省累计完成科研部门的基本建设投资8672万元。1978年以后，科研部门的投资有了较大幅度的增加。1979年实际完成投资达2134万元，相当于1949年到1978年29年总投资的25%。1985年基建投资增加到2735万元。经过30多年的建设，到1985年，全省自然科学技术研究机构已有172所，其中包括国家科研单位22所。吉林省初步形成了专业比较齐全、布局趋于合理的科学研究体系。主要科学研究机构有：长春光学精密机械研究所、长春应用化学研究所、长春物理研究所、长春地理研究所、吉林省农业科学院、吉林省林业研究所、吉林省特产研究所、吉林省蔬菜研究所、吉林省蚕业研究所以及长白山生态系统的定位站等。教育事业发展迅速。1949—1985年，吉林省高等院校已由3所发展到44所；中等专业学校由11所发展到100所；普通中学由80所发展到2018所；小学由7737所发展到11027所。在44所高等院校中，有国家重点院校吉林大学、吉林工业大学和长春地质学院3所。1985年，全省成人高等教育院校已达到49所，成人中等专业学校发展到169所。

城乡人民的文化生活有很大改善。到1985年年底全省有电视台8座，新建电视发射台及转播台151座，电视覆盖率达到65.5%。1985年，全省共有图书馆和图书流动站54个，图书馆藏书833.9万册。

吉林省医疗卫生建设基本建设投资1985年为2811万元，比1950年的投资123万元，增长了21.9倍。1984年有医院1316个，其中县及县以上医院352个，比1950年分别增长16.3倍和4.7倍。1985年有床位7.1万张，比1949年增长110倍。全省平均每万人口拥有医院床数30.8张。体育设施和场地建设，除一般性的外，还利用吉林山区特有的地势和严冬季节长的特点，建设了一些规模大、标准高、设备先进的体育场、馆。如吉林市的松花湖滑雪场和尚在建设中的人工制冷滑冰馆、人工制冷露天速滑场，以及长春冰球馆等。

六、延边朝鲜族自治州的建设

延边朝鲜族自治州，是中国朝鲜族的主要聚居地区。这里居住着朝鲜族、汉族、满族、回族、蒙古族等16个兄弟民族。延边朝鲜族自治州的建设一直受到国家和各级人民政府的重视。1949—1985年，全州累计完成基本建设投资23.74亿元，其中生产性建设投资17.28亿元，占72.8%；非生产性投资6.45亿元，占27.2%，其中住宅建设投资2.8亿元，占非生产建设性投资的43.5%。建筑面积累计完成652.9万平方米，其中住宅面积为248.4万平方米，占38%。经过36年的建设，延边自治州的工业已初具规模，文化、教育、卫生和体育事业都有发展。

解放前的延边工业，具有明显的殖民地特点。森林工业企业和几所木浆厂，有色金属矿和煤矿，实际上是日本侵略者的原料供应基地。为数不多的民族工业深受日伪经济政策的种种限制，凋敝冷落。

解放后，人民政府接收了日伪办的工厂、矿山并迅速恢复了生产，扶持和发展了民族工业。1955年12月，经国务院批准，将延边朝鲜族民族自治区改为延边朝鲜族自治州。自治州成立后，工业建设得到了加强。到1985年已建成了冶金、电力、煤炭、化学、机械、建材、森林、食品、纺织、缝纫、皮革、造纸等一批工业项目。其中大型企业 7 个，即敦化林业局、敦化林业机械厂、三三〇五厂、汪清林业局、白河林业局、开山屯化学纤维浆厂、石砚造纸厂。中型企业 21 个。初步形成了具有民族特色的丝绸、针织、服装、鞋帽、陶瓷、塑料、铝制品、木器、乐器和炊具等 20 多个行业，成为中国 11 个民族特需用品工业基地之一。1962 年 6 月 22 日，周恩来总理和邓颖超到延边视察工作。周恩来总理特别关心朝鲜族的铁锅和绸缎生产。据统计，1985 年民族特需用品工业企业已有 23 个，主要产品的生产能力，铸铁锅（朝鲜锅）为 11 万口，纺织品 300 万米，日用陶瓷器 36 万件。

30 多年来，延边农业生产条件也有很大变化，水利化、机械化、电气化程度都有很大提高。1985 年，全州农业机械总动力已达 772 万马力，机耕面积 182 万亩，有效灌溉面积 108.3 万亩。化肥施用量 5.9 万吨。拥有农村小型电站 20 个，发电能力达 1.15 万千瓦，农村用电量 1.3 亿度。1985 年粮豆产量为 67.5 万吨，比 1952 年增长 77.7%。

用于文化教育卫生设施建设的基本建设投资从 1949 年的 13 万元，增加至 1985 年的 1863 万元。小学从 647 所增加到 1185 所，中学从 31 所增加到 201 所，大专院校从 1 所增加到 4 所。医院床位从 303 个增加到 7650 个；医院从 9 个增加到 159 个。在延吉市还建设了可容纳 5—6 万人的大型体育场。

延吉市是自治州政治、经济、文化、交通的中心，城市建设发展很快。1984 年年末，铺装道路长度已达 61 公里，面积 48 万平方米。城市下水道总长度 46 公里，自来水厂生产能力总量是 796 万吨，实有公共汽车 34 辆，全年公共汽车运客总量 1659 万人次。延吉市经过 30 多年的建设已成为一个经济繁荣、文化发达、环境优美、生活方便、具有民族特色的边疆城市。

第三节 黑龙江省的建设

黑龙江省是中国位置最北、纬度最高的省份，冬长寒、夏短暖。自然资源丰富。全省耕地面积 1.3 亿多亩，占全国耕地面积的 19.3%，居全国第一位。森林面积 2.4 亿亩左右，占全国森林面积的 13.4%；森林总蓄积量达 14.68 亿立方米，占全国的 15.3%。木材品种齐全，材质优良。矿产资源以石油、煤炭、黄金为最著名。石油储量丰富，居全国第一位；黄金储量居全国第二位；煤炭保有储量109亿吨；石墨、铜、铅、锌等储量在全国也居重要地位。

解放前，黑龙江省处于日本侵略者的统治之下，经济文化非常落后，人民生活极端贫困，仅有的一点工业也都为日本侵略者控制。以生产水平最高的1943年为例，黑龙江工业总产值中，日本帝国主义控制的工业占75.2%。1945年8月，东北抗日联军配合新四军、八路军和苏联红军，最后击败日本侵略者，取得了抗日战争的胜利，黑龙江地区首先得到了解放。

1949年中华人民共和国成立以后，全省广大基本建设职工奋发图强，艰苦创业，使黑龙江的基本建设取得了辉煌的成就。1950—1984年，全省累计完成基本建设投资总额达476.8亿元，其中生产性建设投资351.2亿元，非生产性建设投资125.6亿元。新增固定资产354.5亿元。全部建成投产的大中型项目231个，小型项目上万个。竣工的各种房屋建筑面积达13560万平方米。

黑龙江省解放较早，经济的恢复也较全国其他地区为早。到1950年，原有的工业企业基本上都恢复了正常生产。抗美援朝战争爆发后，黑龙江处于战略后方的地理位置，为加快黑龙江省的建设，国家决定从沈阳、丹东等地迁入20多个大中型企业，比较集中地建设在哈尔滨、齐齐哈尔、佳木斯等地。其中有：哈尔滨第一机器制造厂，龙江电工厂，松江电机厂，建成机械厂，齐齐哈尔建华厂、和平厂、华安厂等军工厂以及哈尔滨轴承厂、第一工具厂、电缆厂、针织厂，齐齐哈尔造纸厂、第一机床厂、第二机床厂、车辆厂，牡丹江造纸厂、纺织厂，桦林橡胶厂，佳木斯纺织厂，佳木斯电机厂，阿城继电器厂等。这些大中型工业企业的迁入，为发展黑龙江省军事工业、电机、机床、车辆、工具、轴承、电线、机器、造纸、纺织、橡胶等工业和形成黑龙江省的各具特色的工业基地奠定了基础。

从1953年起，国家开始大规模的基本建设，黑龙江是国家重点开发的省份之一。“一五”计划期间，国家在黑龙江的基本建设投资占全国总投资的1/10，全国156项重点建设项目安排在黑龙江的就有22项。“一五”计划期间开工修建的有东安机器厂、伟建机器厂、东北轻合金加工厂、哈尔滨电机厂、哈尔滨锅炉厂、哈尔滨汽轮机厂、哈尔滨量具刃具厂、哈尔滨电表仪器厂、哈尔滨电炭厂、齐齐哈尔钢厂、富拉尔基第一重型机械制造厂、富拉尔基热电厂、造纸厂和铜网厂两项合并建设的佳木斯造纸厂（含热电厂）、鹤岗矿区东山竖井、鹤岗矿区兴安台竖井、鹤岗矿区兴安台洗煤厂、双鸭山洗煤厂等 18 项（含合并 1 项）。由于各种原因未开工的有哈尔滨轴承厂、鹤岗矿区新安台二号竖井、鸡西矿区城子河竖井、鸡西矿区洗煤厂等 4 项。这批项目的建成，在工业布局上初步形成了以哈尔滨、齐齐哈尔、佳木斯、牡丹江、鹤岗、鸡西、双鸭山为中心的新兴的工业基地，在结构上为动力机械、能源、轻纺工业和军事工业的发展奠定了坚实的基础。

60 年代初期，中苏关系恶化。出于国防安全的考虑，从“二五”计划时期到 1978 年，除大庆油田的开发和建设外，国家和中央各部很少在黑龙江投资安排重点建设项目，同时还迁出了一些正在建设中的军工项目。这段时间里，黑龙江主要发展了农垦和地方工业。1978 年以后，黑龙江省的基本建设出现了新中国成立以后的第二次高潮。其特点是注意了技术上的更新换代，积极利用外资，引进先进技术装备；加强了能源、交通、轻纺和非生产性的建设。

经过中华人民共和国成立后 30 多年的建设，昔日交通闭塞，人烟稀少，野草丛生的“北大荒”，已开发建设成中国富庶的“北国粮仓”和新兴的石油化工、煤炭、林业、机械工业基地。

一、各具特色的工业基地的形成

（一）以哈尔滨、齐齐哈尔为中心的机械工业基地的建设。

解放前的哈尔滨是一个典型的殖民地城市，全市除了仅有的几家油坊、火磨以外几乎没有什么工业，工业最高年产值仅 2 亿元。解放后，除从沈阳、丹东迁入一批大中型机械工业企业外，国家在“一五”计划期间对哈尔滨的工业建设进行了大量投资，五年投资总和相当于解放前哈尔滨开埠五十年以来全部工业固定资产原值的 6 倍，新建、扩建、改建了 60 多个大中型企业。1952 年开始兴建现代化的制造精密工具的量具刃具厂。1953 年兴建了制造当时世界上第一流精密电表仪器的工厂，扩建了水泥和滚珠轴承厂。1954年以后又兴建了锅炉厂、汽轮机厂、电炭厂和第一、二工具厂等。这些工厂的规模非常庞大，技术又异常复杂。哈尔滨量具刃具厂的厂区面积就达50多万平方米；哈尔滨电机厂六层楼高的主厂房工程就有1000多种分项工程，需用上千种规格不同的钢材3000吨，在拼镶钢材和钢架过程中需要钻160万个眼、铆54万个钉。广大职工努力克服困难，采用了先进的施工方法，施工速度之快十分惊人。由于东北三公司和哈市机电公司的积极努力，规模巨大的汽轮机厂按原计划提前两年完成建厂任务。一座拥有13万平方米建筑面积的锅炉厂工程，仅仅两年零十个月的时间就全部建成投产。哈尔滨电机厂、哈尔滨锅炉厂、哈尔滨汽轮机厂的建成，使哈尔滨开辟了规模巨大的新的工业区——动力之乡，建起了中国第一组制造发电成套设备的大型企业，在社会主义建设事业中发挥着越来越重要的作用。

新兴大工业的不断出现，使哈尔滨这座过去连小学生使用的铅笔都是进口货的商业城市，变成了不但能生产大型机床，也能生产精密仪器，以动力机械为特色的近代工业化城市，成为黑龙江省的重要工业基地之一。

齐齐哈尔是黑龙江省最古老的城市，过去不仅没有工业，连一般的公共建筑也十分简陋。1949年后，除迁建了一批工业企业外，“一五”计划期间，国家在齐齐哈尔新建和扩建了限额以上的建设项目共13个。156项重点项目中的3项——齐齐哈尔特种钢厂、富拉尔基热电厂、富拉尔基第一机器制造厂集中在离齐齐哈尔市很近的富拉尔基兴建，使这个地图上找不到的不足万人的小集镇经过五年建设，成了一个重工业为主的新兴工业卫星城市。富拉尔基第一批机器制造厂是中国第一个重机厂，被周恩来总理誉为“国宝”。该厂是为冶金、矿山、机械、电力三大行业服务的大型机械制造厂，于1956年6月破土动工，到1960年6月全部建成投产。全厂占地面积579万平方米，土建工程63万平方米，安装设备3043台。生产能力为年产1000毫米初轧机1台，750毫米轨梁轧机1台，600毫米型钢轧机1台，2300毫米中板轧机两台，Φ400以下无缝钢管轧机1台，1300立方米高炉及炼钢设备6万吨，电站铸锻件11万吨。这个项目的建设投产使中国开始有了给重工业提供装备的生产能力。到1983年，富拉尔基第一机器制造厂自建厂累计为冶金、电力工业提供340余台（件）产品、共40余万吨，其中有120种填补了中国重型机械的空白，为中国的工业发展做出很大贡献。

（二）以鹤岗、鸡西、双鸭山为中心的煤炭工业基地的建设和发展。

第一个五年计划期间，以156项重点项目中的2项，即鹤岗矿区的东山竖井（后改名为新一煤矿）和兴安台竖井为重点，在鹤岗、鸡西、双鸭山开始了有计划的大规模建设。5年期间，在这3个矿区完成的建筑面积共达69万平方米。鹤岗矿区的东山竖井（后改名为新一煤矿）于1950年9月20日由鹤岗建井公司破土动工，1955年5月21日建成投产，设计能力年产原煤90万吨。兴安台竖井，是年产150万吨原煤的大型矿井之一，1952年由鹤岗建井公司破土动工，1956年7月建成移交生产。在这两个大型骨干工程的带动下，不仅又新建了10多对矿井，而且改建了10对矿井。由于进行了大规模的煤矿基本建设，1957年的原煤产量比1952年提高1倍以上，仅鹤岗矿区五年内原煤产量就等于解放前二十八年黑龙江省煤炭产量的总和。特别是新建的双鸭山和鹤岗两个洗煤厂，水平可与当时美国最先进的洗煤厂相比，为中国洗煤工业的发展打下了良好的基础。随着矿区的建设，双鸭山也从一个人烟稀少的荒山，建设成为黑龙江省的一座煤城。

经过“一五”计划期间大规模的建设，以鹤岗、鸡西、双鸭山为中心的煤炭基地初步形成。此后直至1976年，由于国家投资重点转移，也由于受“左”的思想影响，煤炭建设的主要力量用在解决采掘比例的失调，重点煤炭基地的建设没有更多的发展。

1976年以后，除了调整不合理的采掘比例以外，进一步加强了以鹤岗、鸡西、双鸭山为中心的煤炭基地的建设。

1. 新建和扩建了一批矿井。鹤岗矿务局自行设计的峻德竖井，设计能力为年产150万吨（可采储量为26258.8万吨），建设总投资9067万元。1975年8月动工，1981年11月建成移交生产。双鸭山矿务局新建的双阳煤矿一、二井，投资8227万元，设计年产煤能力90万吨，1985年正式投产。新建新安煤矿和东保卫煤矿，投资分别为6917万元、283万元，设计年产煤量分别为90万吨、30万吨，1986年可全部投产。在这期间，还对兴安台矿井进行改扩建。一期工程完成后新增2个采区、4个工作面，使矿井能力由150万吨提高到320多万吨，提高72%。二期工程完成后，生产能力可达420万吨。1978年，矿区冲破生产长期徘徊在700万吨上下的局面，一举突破千万吨大关。1979—1983年，又以平均每年90万吨的速度递增，5年累计比国家计划增产原煤459万吨，煤炭产量从1972年的占全国第十位跃居到1983年的占全国第四位。与此同时，七台河矿务局将老矿区5个矿井改建成4对皮带井。到1983年第一期工程已经结束，由原来22对小斜井集中为7对矿井，矿井核定能力282万吨。矿区年产量由1975年前徘徊在150万吨左右，上升到1983年的436万吨，增长速度在东煤公司所属各矿占第一位。东部新区煤田已开工1对立井，建成后的产量还将大幅度增长。煤炭部把七台河矿务局誉称为“壮年矿”。

2. 矿井机械化程度有明显提高。自1979年起先后进口综合采煤机27台，联合掘进机9台，可缩皮带机46台，滚筒采煤机26台，吊挂皮带机4台。黑龙江省采煤机械化程度由1975年的26.7%提高到1983年的69.9%；装载机械化程度提高到50.1%。1983年，鸡西矿务局采煤机械化程度达到88.14%，其中综采机械化程度达到30.4%，装载机械化程度达到68.61%。双鸭山矿务局采煤机械化程度达到89.35%，其中综采机械化程度达到28.51%，装载机械化程度达到50.3%。

（三）以伊春为中心的森林工业基地的建设。

黑龙江素有“林海”之称。解放前，日本侵略者在这里进行了掠夺性开发，毁坏了大量森林。解放后人民政府为了开发和保护森林资源，开展了大规模的基本建设。1950年到1984年35年来，仅省森林工业局系统林区基本建设投资总额即达49.8亿元。除“一五”计划期间重点建设了以伊春为中心的森林工业基地外，还在大兴安岭进行了开发和建设。“一五”计划期间，成千上万的建设大军开始踏进深山密林，修建林场、道路和房舍。1953—1957年，在短短的5年时间里，建设了24处林业管理区，森林经营所、航空护林站和天文台等星罗棋布地分布在小兴安岭和完达山各个角落。以盛产红松闻名于世、位于小兴安岭南麓汤旺河畔的伊春，已初步形成了重要的林业城市。同时，在伊春、佳木斯、哈尔滨等地还建设了规模较大的木材加工厂、木材机械制造厂、枕木防腐厂、胶合板厂等，木材的综合利用有了一定的发展。

“三五”计划期间，吉林省、内蒙古自治区联合对祖国绿色宝库大兴安岭进行了开发。早在 1953 年，林业部就派森林调查大队深入大兴安岭林区调查，并于 1958 年提出大兴安岭的开发方案。1964 年 2 月 10 日，中共中央和国务院批准林业部、铁道部《关于开发大兴安岭林区的报告》，发出了“一定要站住脚，一定要取得全胜”的战斗口号，正式决定开发大兴安岭。当年秋季，铁道兵三个师和来自黑龙江、吉林、内蒙古等地的几万名职工陆续开进大兴安岭，打响了开发大兴安岭的大会战。10 万大军在深山密林里艰苦奋战，终于在大兴安岭站住了脚，揭开了大兴安岭历史崭新的一页。经过 20 多年的开发和建设，沉睡的大兴安岭沸腾起来了。1965 年到 1984 年在黑龙江境内的大兴安岭林业投资累计为 17 亿元，建成 8 个林业局、34 个贮木场，修建森林铁路 788. 4 公里、公路 7261 公里，其中运材公路 4412 公里，修建工业厂房和民用建筑 382 万平方米，累计生产木材 4000 万立方米，为支援四化建设做出了重大贡献。

黑龙江省的地方林业，1949 年到 1983 年共完成基建投资 12. 5 亿元，其中国家投资 2. 3 亿元。修建林区公路 6400 公里，林区通讯线路 10700 公里，林区输电线路 2900 公里，林区瞭望台 254 座，房屋建筑面积 284 万平方米。从 50 年代开始，根据“全面规划、因林制宜、以抚育为主，抚育、改造、利用相结合”的方针，积极开展了天然幼壮林和人工成林的抚育。20 多年内，共抚育天然林达 20000 万亩次，是全部天然林的 33. 3%；人工成林抚育 100 多万次，是全部人工成林的 25%。1949 年以来抚育出材 1730 万立方米。

二、交通运输和电力、建材工业的建设

解放前，黑龙江省境内的铁路只有一条，即甲午战争后俄国取得在中国的筑路权后修建的中国东省铁路（简称中东铁路）。这条铁路的长春以北 1723 公里段，经历了中苏共管、苏联将此卖给日本、日本投降后苏军又进行

军管等几个阶段，1952 年年末苏联无偿移交给中国。当时，这条铁路由于设备简陋、年久失修、战争破坏等，效能极低。接管后，进行了修复和建设，成为贯通黑龙江省的一条主要干线。

1958—1974 年，为配合大兴安岭的开发和建设，新建了嫩林线（嫩江至古连，680.5 公里）和碧林线（林海至碧水，115.4 公里）。为开发七台河煤矿，修建了勃七线（勃利至七台河，36.1 公里）。为加大运输能力，修建了哈绥佳鹤复线 538 公里，滨绥复线 133.5 公里。在此期间，还先后修复了两条旧线。为满足石油运输需要，从 1964 年起又陆续新建了大庆、龙凤、让胡路、卧里屯等 4 个工业站，形成了一个线性枢纽。1965 年新建了齐齐哈尔的南站场，使车站客货分开、效能提高。特别是三间房站建成了驼峰编组站，成了该区最大的枢纽站，大大提高了全区段编组能力。1976 年以后，加强了薄弱路、站的修建和扩建，改造原有设备，提高了运输能力。1976—1984 年，先后建成了福前线（佳富线的福利屯至同江县境内的前进站，226 公里）、鹤北线（鹤岗至鹤北，43.6 公里）、滨洲线复线、大庆地区站场技术改造续建工程、齐齐哈尔枢纽站场的全面改造以及哈尔滨站下行场扩建改造工程。其中福前线横贯合江地区东部三江平原，建成后，对加强三江平原商品粮基地的物资交流起到了重要作用，被誉为“全国第一条支农铁路”。鹤北线的建成，大大有利于开发鹤北林区的森林资源。

公路建设经过了 50 年代的普及、60 年代和 70 年代前期的提高、80 年代的重点加强等阶段。1984 年公路等级里程已居全国首位。

30 多年来，黑龙江省的交通运输建设事业发展很快。铁路运输已建成以哈尔滨为中心的铁路枢纽，连接滨州、滨绥、哈长、滨北、拉滨 5 条路线，初步形成了四通八达的铁路运输网。公路运输，以哈尔滨至黑河、同江、萝北、绥芬河 4 大干线为主，形成全省的公路运输网。已有 12 条公路被列入国家主要公路，其中有 3 条（鹤岗到大连、爱辉至大连、明水至沈阳）经吉林省与大连、沈阳及关内相连接。以黑龙江、松花江、乌苏里江为骨干的水运网贯穿全境。1983 年，水运通航里程 4776 公里，在东北、西北、华北地区的 11 个省区中居第一位。民航航路 6750 公里，在原有的哈尔滨至北京、沈阳、佳木斯等航线基础上，又开辟了哈尔滨至上海、广州、西安、大连等4条省外航线和哈尔滨至三里河、牡丹江等两条省内航线。

与建设齐齐哈尔钢厂、富拉尔基第一机械制造厂同步配套，国家在156项重点项目中同时安排了富拉尔基热电厂的建设。富拉尔基热电厂是中国第一座高温高压热电厂，1955年8月建成。从1958—1978年，继富拉尔基热电厂后先后建设了新华发电厂、哈尔滨热电厂、亮子河发电厂等高温高压热电厂；先后建设安装了34台中温中压机组、4台水轮机组、19台高温高压机组，共增加装机容量95万千瓦。经过20多年的建设，到1978年年底，全省形成了4个电力网，除哈尔滨电网通过松滨线（丰满—哈尔滨输电线路）和东北大电网相联、属其末端外，其余3片分别形成3个独立电网。它们是：鸡西、牡丹江、佳木斯联成鸡牡佳电网（其中牡丹江还向吉林延吉送电），称东部电力网；齐齐哈尔、富拉尔基、安达联成的齐富安电网，称西部电网；北安、黑河地区的北安独立电网。4个电网的装机容量，哈尔滨电网为33.8万千瓦；东部电网为61.9万千瓦；西部电网为58.1万千瓦；北安电网6.5万千瓦。

1979年以后，电力工业又有了飞跃的发展。仅1980—1984年，电力工业累计完成基本建设投资达10.4亿元，为过去30年投资总额的63%。在此期间，重点扩建了新华电厂二、三期工程、哈尔滨热电厂四期工程、佳木斯电厂四期工程、北安电厂五期工程和新建富拉尔基第二电厂、牡丹江第二电厂、双鸭山电厂等7项。另外，还建成全部为110千伏以上的输电线路共2253.7公里（其中220千伏以上的1948公里），为前30年的30%。大庆乙烯、齐齐哈尔造纸厂、黑龙江涤纶厂、伊春林区等还建设了一批自备电厂。

1953—1983年，黑龙江省建材工业基本建设投资达8.7亿元，建材工业企业由1949年的164个发展到1983年的2269个，其中县以上全民所有制企业309个，大中型企业13个。可生产水泥、砖瓦、水泥制品、平板玻璃、石棉制品、卫生陶瓷和建筑涂料等53种主要产品。到1983年年底，形成年生产能力为：水泥351万吨，其中大厂生产124万吨，小厂生产227万吨；平板玻璃172万标箱，玻璃纤维296吨；石墨4.07万吨；油毡125.5万卷；加气混凝土7.7万立方米；红砖107亿块。

哈尔滨水泥厂和牡丹江水泥厂是全省建材工业的骨干。1957 年，两厂共生产水泥 54. 2 万吨，不但满足了本省建设的需要，还支援了全国。以后又几经改造和扩建。哈尔滨水泥厂 1977 年开始兴建 40 万吨的 4 号窑，1980 年正式投产。牡丹江水泥厂 1978 年开始兴建年产 60 万吨的 2 号窑，到 1983 年已完成投资概算的 77. 8%。哈尔滨水泥厂已达到年产水泥 100 万吨，牡丹江水泥厂也将达到年产水泥 100 万吨的水平。这两个厂扩建成功，对缓和全省水泥供需矛盾做出了贡献，为大庆生产油井水泥创造了条件。

从 1971 年开始，全省兴起了一个建设小型水泥企业的热潮。到 1975 年，全省小型水泥企业增加到 90 个，年产水泥 77. 4 万吨，几乎与大厂水泥产量相等。到 1982 年，小厂水泥的产量已超过大厂。到 1984 年，小型水泥企业已达 120 多个，总产量超过大厂 1 倍多。80 年代以后，新型建筑材料的建设有较大发展。从 1978 年开始，国家投资 2000 多万元，兴建哈尔滨新材料基地——哈尔滨建筑工业加工厂。这是全国 9 个新型建筑材料基地中的 3 个中型基地之一。这个基地包括哈尔滨建筑工业加工厂的梁板柱车间、加气混凝土车间，还包括哈尔滨石膏板厂。到 1980 年这个基地的第一期工程基本完工，可为 25 万平方米的“框架轻板建筑体系”提供加气混凝土、混凝土梁板柱、纸面石膏板等配套材料。为了推广使用新材料，哈尔滨市建材主管部门组成了从设计到施工的推广队，形成了科研、设计、生产、应用“一条龙”。

三、全力支援大庆油区的开发，促进黑龙江省基本建设的发展

大庆所在地区原是一片大草原，解放后在这里建设起了大型畜牧场——红色草原牧场，归原安达县管辖。1955 年，国家开始组织松辽盆地的石油勘探。同年 5 月 26 日，松辽盆地第 3 号探井喷出了工业油流，从而发现了这个大油田。1959 年正值中华人民共和国建国十周年前夕，为纪念这个大喜的日子，当时黑龙江省委第一书记欧阳钦提议，为它取名为“大庆”油田。

大庆油田的开发建设，是在 60 年代初期苏联政府对中国实行经济封锁，国内面临严重的经济困难的情况下开始的。经过 3 年多的顽强奋战，到 1963 年，建立了年产 500 万吨原油生产规模的油田，建起了年加工能力为 250 万

吨的炼油厂。

自开发大庆以来，中共黑龙江省委、省人民政府本着“全力以赴，全力支援，统筹兼顾，全面安排”的方针，全力支援油田的开发和建设。为了给大庆油田的开发和建设提供便利条件，早在1955年10月，中共黑龙江省委和省人民政府就作出了《关于修筑肇州地区石油区公路的指示》，决定修建安达到大同镇（68公里）、大同到高台子（19公里）、大同到汤家围子（40公里）3条公路，以支援石油开采工作。1960年年初，中共黑龙江省委决定由哈尔滨、齐齐哈尔两市分别抽调干部和各种技术工人541名、机床50台，组成一个机修厂，参加大庆油田会战。1960年2月，中共中央批准3万名退役官兵参加大庆油田建设，中共黑龙江省委立即抽调300名干部分赴各部队接收这批退役军人，并动员大庆附近的齐齐哈尔、泰来、双城、巴彦、绥化、海伦、肇东、呼兰、阿城等9市、县予以安置。1960年四月，中共黑龙江省委转发了《省委财贸领导小组关于财贸工作支援石油工业建设的方案》，成立了省财贸部门驻安达办事处，在安达建立了综合性的二级批发站，建立与健全了油区的商业、服务业网点，并选派了万名职工到油区服务。

原中共安达县委、县人民政府和当地人民群众在人力、物力上给予大庆油田全力支援，为大庆石油开发做出了宝贵贡献。据统计，会战初期的1960年，当地人民群众就为大庆油田腾出民房2800间、办公室10间、帐篷19顶，改做石油工人宿舍的牛棚10万平方米；派出专人专车在火车站昼夜接迎来大庆的石油工人10万人次；支援机动车辆百余台次，大车725台次。当地医疗部门为大庆工人出诊8570人次，医治患者6.5万人次。1960年3月至5月，当地红色草原牧场为大庆油田供应粮食80万斤、豆油10万斤、猪肉4.8万斤、蔬菜832吨。经过20多年的建设，大庆已成为一个以石油、化工生产为主体的新型中等城市。为解决大庆油田石化用水问题，省政府于1971年11月批准兴修北部引嫩工程。1972年5月破土动工，1975年基本建成，1976年正式交付使用。参加此项工程建设的有松花江、嫩江、绥化地区的34个县、省管38个国营农场、省水利局所属的7个水利工程处、省7个战备车队、1个通讯架线队和哈尔滨、齐齐哈尔铁路局的2个建桥队等共4万多人。引水工程总长度245公里，完成土方量2560万立方米，共建水闸和泵站等138座。引水工程途经嫩江、绥化、大庆3个地区的讷河、富裕、依安、林甸、青岗、明水、安达等县，每年供给大庆总水量1.46亿立方米。除满足石油化工全部用水和补充油田地下注水1/5水量的需要，同时还灌溉了大面积的农田、草原和苇塘，促进了黑龙江有关地区农牧渔业的发展。

为了更好地利用大庆油田的天然气，1978年8月国家批准新建大庆30万吨乙烯工程。1980年调整、压缩基本建设规模，决定缓建。1981年8月批准复建。计划分两期建设，第一期工程于1986年4月竣工。这是中国第一个以石油轻烃和天然气为主要原料的大型联合化工企业，是国家重点建设项目之一。主要生产装置和工艺都采用80年代初世界先进水平，乙烯装置实现全部电子计算机控制。大庆乙烯工程的建设，对黑龙江省工业结构的调整和经济建设的起飞有着极大的推动作用。

四、国营农场和水利建设的发展

黑龙江省的耕地面积和人均占有耕地都占全国第一位。特别是省内北部地区，地广人稀，是有名的“北大荒”。1949年首先建立了黑龙江省国营农场总局。黑龙江省国营农场总局所辖的垦区是全国农垦系统中历史最久、生产规模最大、上交商品粮最多的垦区。垦区总面积7660万亩，分布在全省7个地区，45个市、县。其中有耕地2660万亩，占总面积的22.4%，其余为林地、牧地、草原和水面。1952年年末共有农场11个，耕地面积141.8万亩。到1955年，农场在“投资少、收效快、收获大、不与民争地”的建场方针指导下，发展到52个，耕地面积扩大到336.8万亩。1956年，在王震的指挥下，又新建2个农垦区，农场发展到72个，耕地面积879.2万亩。农场初具规模。1958年以后，受“大跃进”运动的干扰和两年严重涝灾的影响，农业生产严重下降。后经过认真贯彻中共中央制定的“调整、巩固、充实、提高”的方针，农垦经济又有了转机。到1967年，农牧场发展到102个，比1962年增长13%。耕地面积达到1801万亩，比1962年增长了46%；工农业总产值5.5亿元，比1962年增加1.16倍。从1966年起，农场开始盈利。1968—

1973 年，共接收安置城市知青 56 万人。由于“文化大革命”的破坏，农垦事业经济效益下降。1975 年农场经济又有了新的起色，当年粮豆产量开始上升。1976 年年初，成立了黑龙江省国营农场总局，垦区进入了新的发展阶段。这期间，垦区进行了农业现代化的试点工作；在友谊农场五分场引进了美国 70 年代先进水平的农业机械设备和以补偿贸易引进了国外成套设备；建立了洪河农场，为建立具有中国特色的国营农场积累经验和提供示范。

1949—1983 年，国家给垦区基本建设累计投资 64.93 亿元，1983 年垦区拥有固定资产 65.27 亿元。国家通过上收利润、税金和其他渠道收回了 16.25 亿元。1984 年黑龙江垦区的土地面积、耕地面积、大中型骨干企业、粮豆薯总产、交售粮食、工农业总产值以及农业机械装备程度等项均占全国农垦第一位，成为全国最大的国营农场群，国家重要的商品粮基地。

1949 年到 1983 年用于全省水利建设的国家投资累计达 30 亿元，其中基本建设投资 16.1 亿元，另社队自筹及劳动积累约 40 亿元，总计 70 亿元。到 1983 年，全省在 143 条河流上整修、新修防洪堤防 9595 公里；建成水库 475 座，其中大型 12 座，中型 45 座；在低洼易涝地区修建了 297 处 3 万亩以上的排水工程，其中 33 万亩以上的 77 处。建成万亩以上灌区 352 处。机电排灌动力由 1949 年的 0.2 万马力发展到 160 万马力。配套机电井从无到有，发展到 7.3 万眼。坐滤水种能力 2200 万亩。以上工程建设，不仅使全省 1/3 耕地面积能抗御旱涝灾害，而且在解决工业用水和防病改水等方面也发挥了重要作用。

1968 年以后兴建的乌双引嫩、北部引嫩和南部引嫩工程，年引水量达 12 亿立方米，不仅保证了大庆石油化工用水，还救活了连环湖水养殖场，灌溉农田 9 万亩、苇塘 180 万亩、草原 50 万亩、发展养鱼水面 100 万亩，已成为西部干旱地区重要输水工程。

五、加强以制糖、造纸、纺织为中心的轻纺工业的建设

“一五”计划时期，黑龙江在重点建设重工业的同时进行了以纺织、造纸、制糖为中心的轻纺工业建设，其中，纺织工业发展速度最快。哈尔滨亚

麻纺织厂、牡丹江纺织厂、佳木斯纺织厂、阿城亚麻原料厂、呼兰亚麻原料厂等都经过短期建设，很快投入了生产。哈尔滨亚麻纺织厂是中国第一座规模宏大的近代化麻纺织工厂，整个工厂占地面积达70余万平方米，1950年7月动工建设，1952年10月就建成投产。著名的和平糖厂和佳木斯友谊糖厂是中国“一五”计划时期建设的最大的糖厂，产量不仅能够满足本省人民的需要，还能供应东北和华北地区。佳木斯造纸厂是156项重点建设项目之一，是具有制浆、造纸、发电和金属制网生产系统的制浆造纸的联合企业。全厂规模宏大，工程复杂，拥有当时世界第一流的技术设备，1957年10月正式投入生产。此外，“一五”计划期间，还建成了红光糖厂、齐齐哈尔糖厂、牡丹江造纸厂等一批轻工业骨干企业，不仅满足了当时人民生活日益增长的需要，而且为国家建设积累了大量的资金。

1958—1978年，轻纺工业的建设也有一定的发展。在哈尔滨进行自行车、缝纫机、手表“三大件”建厂会战的同时，新建了富裕和牡丹江纸厂。富裕纸厂1968年10月动工兴建，1975年7月投产，完成投资7262万元，形成年产纸袋纸2万吨的生产能力。牡丹江纸厂始建于1951年，1966年以后历经4次扩建，共投资2084万元，新增纸的生产能力1.8万吨，成为年产纸2.5万吨的中型纸厂。1958—1965年，集中力量建成了富拉尔基纺织厂、哈尔滨纺纱厂、太康毛线厂、牡丹江化纤厂、哈尔滨毛织厂精梳车间等重点项目。棉纺纱能力扩大6万锭，增加了精纺毛织品、粘胶纤维等一批新产品。1976—1978年，针对染整后处理的薄弱环节，着手建设了哈尔滨印染厂、牡丹江印染厂和阿城纺织印染厂的印花线，纺织印染得到了配套发展。

1978年以后，调整了轻重工业基本建设投资的比例关系，结合地方资源特点发展轻纺工业。在造纸工业中，着重扩大了工业用纸和新闻出版用纸的生产能力。佳木斯造纸厂第三期扩建工程投资5100万元，新增年产4万吨纸袋纸生产能力，于1984年11月投产。1984年，全厂生产能力已达到15万吨，并采用了国际上70年代末的先进技术设备，在节能、节约木材和其他原材料、减轻对环境的污染等方面都取得了显著的效果，已成为中国最大的造纸企业。齐齐哈尔造纸厂从1975年开始第一期扩建工程，投资1.97亿元，已于1984年10月建成，年新增产新闻纸生产能力4.2万吨，成为年总生产能力达到6.5万吨的大型新闻纸厂。

甜菜制糖基地的建设，经“一五”计划时期出现第一次高潮后，1979年又出现了第二次高潮。1979—1984年，新建了16个大中型糖厂，并对6个老厂进行了大规模的扩建和改建。五年中基本建设投资近4亿元，新增甜菜日加工能力31万吨，等于前30年形成的生产能力的1.3倍。制糖业的新发展具有以下特点：一是布局合理，规模适当。新建的糖厂分布在中小城镇，改变过去集中在大城市的局面。根据原料产地不同的发展状况，形成了包括700吨、1500吨、2000吨、3000吨4个档次的省糖厂规模模式。二是综合利用，全面开发。这五年的建设，除了把资金的大部分集中用于增加糖的生产能力外，还兼顾了对综合利用、能源开发、三废治理、原料系统的基本建设和后方配套工程的投资，形成了完整的甜菜制糖工业体系。综合利用的副产品有：颗粒粕、酒精、味精、柠檬酸、丁醇丙酮溶剂等。余热发电占应开发量的90%。排出的污水、废渣基本上也得到了治理。三是增加了综合经济效益。

黑龙江省的纺织工业从片面强调“实现省内自给”，转到重点发展利用省内资源优势的产品上，从而获得了迅速的发展。黑龙江省是亚麻的主要产地，产量占全国的90%。为充分利用这一资源，1979年以后，扩建了哈尔滨亚麻厂，增加生产能力6700麻纺锭。新建了兰西亚麻厂，规模为5120麻纺锭；还扩建了双城、延寿两个麻纺厂。完成这些工程，使全省麻纺织能力增长1.5倍。同时改造了哈尔滨毛织厂，建设了肇东、齐齐哈尔、龙江毛织厂，毛纺织能力增长1.2倍。利用石油资源发展化纤纺织业，日益成为黑龙江省的重点建设内容。位于阿城县的黑龙江涤纶厂，1980年建成，后又经过两次扩建，全厂建筑面积达10.8万平方米，其中生产性建筑面积为5.3万平方米。到1984年，该厂生产能力达到短丝2.5万吨，长丝3000吨；年产值3.6亿元，占全省纺织工业总产值的20%；年利润2902万元。到1983年已为国家积累了资金1.1亿元。黑龙江涤纶厂的建成投产，使全省纺织工业结构发生了重大变化。在全部纺织产品中，化纤织物比重由原来的3%提高到30%。与此同时，还兴建了另一个纺织业大型建设项目——哈尔滨纺织印染工业联合公司，建设规模为10万锭。1980年动工兴建，1982年与中国信托投资公司合营，控制总投资额为1.96亿元，总建筑面积为36.4万平方米，其中生产性建筑18.5万平方米。按设计要求，全部投产后，每年可生产中长纺毛织物1912万米，涤棉、纯棉布3000万米，可染整加工中长、涤棉布5000万米。到1984年9月，已完成投资额的58%，已竣工建筑面积为总面积的65%。其中中长纺织分厂已于1983年7月建成并试生产。

黑龙江省草原多、牧草肥，素称“奶牛之乡”。1949年后每个时期乳品工业都有一定的发展。1978—1983年，乳品工厂由34家发展到45家，日处理鲜奶能力由300吨增加到630吨。1979年，乳制品产量突破万吨大关，达到1.04万吨。1984年又上升到3.74万吨，比1978年增加3.3倍。新建于安达市的黑龙江乳品厂投资5106万元，于1982年10月开始建设，1984年四季度投产。生产能力为日处理鲜奶200吨，即年产速溶奶粉7000吨，是中国最大的乳品加工企业。

第十二章
华东地区的建设

华东地区包括上海、山东、江苏、浙江、福建、台湾、安徽、江西七省一市。[①] 西、北、南三面分别与华北、中南地区相邻。东部濒临东海、黄海、渤海和太平洋，海岸线漫长，约9700余公里，占全国海岸线总长的1/2以上，是中国的海防前哨。全区面积79万多平方公里，约占全国8.2%；人口2.9亿，约占全国28%，是全国人口最多的一个大区。

华东地区的地形以平原、丘陵为主。南部和西部山峦起伏、海拔稍高，中部地势低，东部沿海长江三角洲和鲁西北一带，沃野平原，一望无际。长江、黄河东西横贯境内，奔流入海；京杭大运河穿越南北，蜿蜒而上，全区淮河、钱塘江、江瓯江、黄浦江等河流纵横；鄱阳湖、太湖、洪泽湖、巢湖等湖泊星罗棋布，港湾众多，水利、航运称便。

华东地区的气候系亚热带、暖温带的湿润、半湿润季风气候。四季分明，温润多雨，日照适度，为农业生产的发展提供了有利条件。盛夏七、八月间，沿海时有台风侵袭，对生产和生活危害很大。

华东地区矿产资源以有色金属、燃料和非金属矿为主，分布很不均匀。江西铜、钨、金、银等有色金属矿储量居全国前列；山东招远、掖县是中国产金的重要基地，钽、铌、铀、锶和稀土等矿藏量也在国内占有重要位置。安徽、山东煤储量较大。区内石油资源丰富。山东胜利油田是中国著名大油田之一，南黄海和东海大陆架已开始石油勘探，发现了油、气流。非金属矿方面，石灰石、萤石、石膏、硫璜、矾、磷、高岭土、大理石、水晶等矿藏

---

① 本章叙述的华东地区情况暂不包括台湾。

储量，在全国也占有重要地位。

华东地区山明水秀，风光绮丽。中国五岳之首的泰山，以云海、怪石、奇松著称的黄山、庐山，佛教圣地普陀山、九华山以及太湖、西湖等都闻名中外。以“上有天堂，下有苏杭”驰名中外的苏州市和杭州市，鲁迅的故乡绍兴，孔子的世家和圣地曲阜，以及中国共产党的诞生地上海，“八一”起义所在地南昌，革命根据地井冈山等也都在本区境内。

华东地区经济文化开发较早。19世纪中叶鸦片战争后，帝国主义入侵。在通商口岸上海、宁波等地建工厂，开洋行，操纵经济。在洋务运动推动下，民族资本也在上海、无锡、南通、南京等地办工厂。这样，华东沿海产生了近代工业。随着民族工业的发展，纺织、食品、卷烟、造纸、机械、水泥、化工等工业的新厂纷纷兴建，生产力进一步发展，成为全国最重要的工业地区。同时，内外贸易也随之兴旺发达起来。但是，工业发展不平衡，安徽、江西、福建工业比重小，与沿海地区有较大差距。日本帝国主义发动侵华战争后，农业凋敝，工厂大部内迁，全区经济发展由盛转衰，抗日战争胜利后仍一蹶不振。在国民党的统治下，工农业生产奄奄一息，处于崩溃的边缘。

中华人民共和国成立后，在全国各地的大力支持下，华东地区的建设蓬勃展开。首先，针对华东地区河流纵横，地处沿海，加强了治水整河的水利建设和加固海堤，整修海塘等增强抵御台风能力的建设，从而为农业的稳产高产创造了条件。其次，充分利用华东地区原有的轻纺、机械工业较强基础，加强技术改造，增加新产品，建设新行业。并发挥全区科学技术比较发达，技术力量较强的优势，建设了宇航工业、微电子工业、耐用消费品工业等新兴工业部门，为中国导弹的生产和发射、卫星上天和回收，建立南方硅加工基地，以及从无到有建立中国电子计算机、电视机、音响设备制造等行业做出了贡献。与此同时，华东地区能源、交通和原材料工业（主要是钢铁、有色、化学工业和建材工业）的建设得到加强。经过36年的建设，华东地区已成为中国机械、轻纺、化学工业基地，也是全国粮、棉、丝、茶、油、麻和水产生产基地。上海宝山钢铁公司是中国沿海又一个钢铁工业基地。特别是1979年以后，随着厦门经济特区，青岛、烟台、连云港、南通、上海、宁波、温州、福州等8个开放城市，长江三角洲和闽南厦、漳、泉三角洲经济开发区的建立，华东地区的建设进入了外引内联的新阶段。30多年中，华东地区区内发展不平衡，各省、市间经济上的差别还很大，有的山区仍然比较落后，潜在资源尚有待开发。

第一节　上海市的建设

上海是中国重要的工业基地之一，也是中国最大的港口、贸易中心、科技中心和重要的金融中心、信息中心。

上海地处长江三角洲的前缘，东临东海，南至杭州湾，西接江、浙两省，北依长江。上海属东南亚季风气候，温和湿润，四季分明，雨量适中，日照充分，盛产粮、棉、油以及蔬菜和水果。

上海总面积6340.5平方公里，其中郊区10个县面积5970.47平方公里，市区12个区面积370.03平方公里（其中老市区为141平方公里）；总人口1216万人，其中郊区518万人，市区698万人。市区人口密度很高，平均每平方公里18593人，其中黄浦、南市两区的部分地段人口密度每平方公里10万人。

上海原是一个渔村，宋代设镇，元代建县，明代筑城，清代康熙年间已成为全国重要港口。鸦片战争后，上海作为5个通商口岸之一，于1843年开埠。资本主义列强侵入上海，割地建立租界，仅英国建立的“公共租界”，周界长度达10公里，号称“十里洋场”。全市租界面积32.82平方公里，约占当时市区总面积的40%。外国资本大量输入，利用特权，操纵金融业和外贸出口，垄断公用事业，兴办许多工厂。外国在上海开设的银行有40多家；经营进出口的洋行如雨后春笋；外商工业占上海工业比重，发电量达85.3%，纱锭60.3%，织布机70.9%；电话、煤气、公共交通大都由外商垄断经营，外国资本控制了上海的经济命脉。

上海的开埠，也吸引各地资本家、企业家纷纷挟资到上海经营，开银行，建工厂，办商号，办交通。尤其是第一次世界大战后，民族资本的工商企业蓬勃发展，星罗棋布，使近代民族工业得以兴起。全盛时期，有67家华资银行和全国80%的信托公司设在上海，形成了国内首屈一指的股票市场和外汇市场。工业方面，建立起88个产业部门，大小工厂1.2万多家，产业工人达45万多人。上海的纺织、轻工、机电、化工等产品大都行销全国，并在群众中享有声誉。商业方面，有各类商店11.8万家，从业人员达29.41万人，城乡、内外之间的经济交流活跃，成为全国重要的工业基地和金融、贸易中心，也是远东地区重要的金融和国际贸易中心。上海的城市建设，由于租界割据，没有城市总体规划，建筑密集，布局紊乱，市政设施各行其事。

上海经济的发展，自抗日战争爆发后由盛转衰。抗战胜利后虽有所恢复，但在国民党的统治下，通货膨胀，物价飞涨，民不聊生，经济日趋凋敝。

上海解放后①，在中国共产党和人民政府的领导下，在全国各地的大力支持下，先是治理社会，恢复和发展生产，接着展开大规模的经济建设和城市建设，取得了巨大成就，自1950至1985年，上海全民所有制单位完成固定资产投资587.5亿元。建成各类工程项目2.48万个，其中大中型工业项目93个；新增工业固定资产200.3亿元，为1949年的7倍；竣工房屋建筑面积9659万平方米，其中新建住宅4337万平方米，为1949年住宅面积的1.8倍。经过36年的建设，上海的工业生产高速发展，轻重工业配置趋向合理，新技术工业有所创建，成为全国最重要的工业基地。同时科学研究、文教卫生事业蓬勃发展，城市建设有所加强，城市面貌正在逐步改观，人民生活水平不断提高，全市呈现出一派欣欣向荣的景象。

一、全力支援国家重点建设，相应发展上海工业和城市建设

在三年经济恢复时期和第一个五年计划时期，国家新的建设项目几乎全部安排在内地。在这种情况下，上海作为一个老的工业基地，动员优秀建筑儿女，奔赴全国许多重点建设战场。当时上海的建筑业，吸收了602家私人设计所和营造厂，招募大量社会闲散的建筑员工，又调入3个师的建筑工程兵，很快发展成一支拥有5.5万多人的建筑队伍，组建成7个设计、施工和安装公司。

① 1949年5月27日上海市解放。

根据支援重点建设的需要，第二建筑公司主要参加长春汽车制造厂、富拉尔基重型机器厂的建设；第五建筑公司、安装公司共1.2万人开赴河南洛阳，承建拖拉机厂、矿山机械厂、滚珠轴承厂；第三、四建筑公司派出6000多人去西安及茂名参加建设。这几支队伍英勇奋战，忘我劳动，保证了这些重点工程的按期竣工投产。其次，上海以优秀的技术人才和良好的机械设备支援重点建设。1953—1956年，上海支援外地的有21万人，其中工程技术人员2.38万人，熟练技工8.21万人，很多技工的技术等级在4级以上。一些重点工程需要成套设备，如长春第一汽车制造厂等8个单位需要3000多种、14万多公里电线和4万平方米钢窗，上海组织有关厂夜以继日生产，按时交货；佛子岭、梅山、官厅等大型水库的闸门，90%的治淮机械，都是上海生产的。上海还陆续将272家轻工、纺织等工厂全部迁往甘肃、河南等省，促进内地工业的发展，为国家"一五"时期的经济建设做出了贡献。

在全力支援国家重点建设的同时，上海以有限的建设投资，根据"改建为主，新建为辅"的方针进行工业建设，并积极改善市政公用设施。在三年恢复和"一五"计划时期，上海完成基本建设投资15.79亿元，其中工业、交通建设投资为9.28亿元，占58.8%；文教卫生和市政建设等投资为6.51亿元，占41.2%，投资结构比较合理。新增固定资产14.12亿元，新增固定资产率达89.4%，投资效益较好。在工业建设投资中，用于老厂改建的比重为78.7%，用于新建的为21.3%，贯彻了以改建为主，加强工业薄弱环节的要求，取得了成效。

工业建设投资的重点是：恢复和扩大轻纺工业生产，对机械工业适当进行技术改造，以保证国内市场和内地建设的需要。棉纺织、丝绸、印染、食品、日用化工等一些企业都扩建了车间，增加了生产。上海汽轮机厂解放前只搞装配，不能生产汽轮机，1953年开始改建，边改建、边生产，到1956年投资4000多万元，改建成为能够年产汽轮机1.2万千瓦的工厂，还试制成功1台1.2万千瓦的汽轮机，四年内上缴利润2800万元，等于回收投资近70%，做到了投资少、工期短、回收建设资金快、经济效益好。对于新建项目，则选择能促进上海经济发展的项目进行建设。如自行设计、自行施工的上海炼油厂，1957 年建成了第一套年加工能力为 15 万吨的常压蒸馏装置，第二年就投入生产，提供了运输燃料，保证了上海交通运输部门的需要。在此期间，上海工业的基建投资虽然有限，但由于使用得当，对上海工业发展起了积极作用。

与此同时，上海还努力加强了市政、公用设施和住宅建设。1953—1956 年，全市用于道路、下水道和桥梁、涵洞等市政建设投资达 4903 万元，新增道路 137 公里，下水道 130 公里，桥梁 37 座。例如，长达 3 公里的肇嘉浜，原是污染严重、令人生厌的臭水浜，有“上海龙须沟”之称。1954 年投资 754 万元进行改造。市政队伍辛勤劳动，通过排水、填浜、埋管、筑路、绿化，花了两年四个月时间，使肇家浜变成了宽 40 米的林荫大道，绿树鲜花，交相辉映，不仅改善了城市环境，而且有利于交通运输，深得上海人民赞扬。同时，对全市 200 多处棚户区，通过开辟火巷、设置给水站、接电、铺路，使近百万人初步改善了居住条件。在公用事业方面，敷设自来水管 250 公里，煤气管 36 公里。增添公交车辆 230 多辆，将“跑马厅”改建为人民公园，将“高尔夫球场”改建为上海动物园，将“哈同花园”改建为上海展览馆，新辟 11 个公园和许多公共绿地，为人民群众提供日益增多的公用服务设施和休息游览场所。1952 年起，上海投资兴建了 2 万户新工房，形成了著名的曹杨新村。这种二层立贴式的住宅楼，分配给劳动模范和居住特别困难户，使其生活条件较前有明显改善，体现了社会主义国家对劳动人民的关怀，得到了人民的好评。“一五”计划时期，上海认真加强住宅建设，共完成基建投资 2.2 亿元，建成住宅 330 万平方米，先后辟建了天山、凤城等 12 个新村，为居民提供了较好的居住环境。

二、加快发展基础工业，积极建设卫星城镇

1958—1962 年的第二个五年计划期间，上海积极开展以加强基础工业为中心的大规模工业建设，共完成基建投资 41.38 亿元，比三年恢复和“一五”计划时期增长 1.6 倍。其中工业建设投资 27.03 亿元，占投资总额的 65.3%；非工业投资 14.35 元，占 34.7%，投资结构中工业建设比重显著增加。形成

新增固定资产35.1亿元，新增固定资产率为84.9%，竣工的房屋建筑面积达1347万平方米。工业建设完成的投资比“一五”计划时期增长3.8倍，轻工业投资比例下降，重工业投资比例大幅度上升。由于对冶金、化学、机电等工业的大量投资建设，上海的基础工业有了迅猛发展，工业结构也起了显著变化。“一五”计划时期，上海工业总产值中重工业占30.5%，轻工业占69.5%；“二五”计划时期，重工业比重上升到53.1%，轻工业比重下降为46.9%，这对轻重工业协调发展起了促进作用。

（一）冶金工业的建设。

上海的冶金工业，解放前只有4座10—15吨的平炉，1套中型轧机和1套线材轧机，还有61家小厂，固定资产净值只有851万元，钢的年产能力为3万吨、钢材7万吨、有色金属材料8000吨，产品的品种规格少得可怜，这与全市各行各业生产发展的要求很不适应。因此，加强基础工业建设，首先是“大办钢铁”。“二五”计划时期，冶金工业共投资5.02亿元，新建了上钢五厂、矽钢片厂、碳素厂等大型冶金企业，改建和扩建了上钢一、二、三、十厂等25个冶金企业，新增炼钢能力251.4万吨，为“一五”计划时期新增能力的18.2倍，增产了高温、优质和精密合金，冷轧不锈钢、带钢和薄板，以及镀锌板、马口铁等产品。“二五”计划末期钢铁工业能够生产的品种达到543个钢种、6200种规格，使上海成为能够生产各种小型、高级、精密、新型、尖端金属材料的重要冶金基地。在建设中，广大建筑工人积极钻研，勇于革新，掌握了装配式钢筋混凝土结构和钢结构的制作、吊装技术，熟悉了冶金成套设备安装的工艺，使施工技术水平迅速提高。在全市各行各业支援下，建设速度不断加快，工程质量不断提高。如建设上海第五钢铁厂的转炉车间，有7座8吨侧吹转炉，厂房1万多平方米，从开始征地到完成“三通一平”，仅花了7天时间，从正式动工到第一座转炉出钢也只花了一个多月时间。工地上日夜奋战，多工种立体交叉作业，热气腾腾。建设中没有大型吊装设备，技术人员和工人就共同研究，发挥集体智慧，以“蚂蚁啃骨头”的土办法完成了大型梁柱的吊装任务，创出了快速施工的好经验。

（二）化学工业的建设。

上海解放前，化工原料稀缺，除有少量酸碱、电木粉、硫化元染料和针剂、片剂、葡萄糖等医药产品外，其他化工原料主要依靠进口。解放后，化学工业开始得到发展，“二五”计划时期集中力量，加快化学工业的建设步伐，共完成建设投资3.66亿元，开始在上海的近郊高桥、吴泾、吴淞、桃浦等地区，形成了4个新兴化工原料基地。高桥化工基地以石油加工和综合利用为主。改造和扩建了上海炼油厂，建设溶剂脱腊、焦化减粘等装置，扩大了燃料油的品种，年产量也由15万吨增长为100万吨。新建的高桥化工厂利用自行开发的工艺路线，建设年产2000吨聚苯乙稀和800吨环氧丙烷等装置，是上海最早的石油化工企业。吴泾化工基地以煤化工为主，建成了上海焦化厂、吴泾化工厂、上海电化厂等项目。上海焦化厂炼焦制气，年产焦炭150万吨，焦油10万吨，日供城市煤气150万立方米，并提供甲苯、工业萘、苯酚、甲酚等大量化工原料。吴泾化工厂于1962年建成年产2.5万吨合成氨装置，以后逐步发展，建成了年产30万吨合成氨、24万吨尿素和8万吨甲醇装置，标志着中国自行设计、制造、安装的成套装置达到了新的水平。吴淞化工基地包括改造和扩建的吴淞化工厂，这是中国唯一以分离高纯稀有气体为主的企业，年制气能力292万立方米；还有自市区几个化工厂合并迁建的上海硫酸厂，年产硫酸18万吨。桃浦化工基地以制药和染料生产为主，新建有制药二厂、制药六厂、桃浦化工厂、染化八厂等。染化八厂生产12大类活性染料，400多个品种，还有助剂、有机颜料和配套中间体，供棉、毛、丝、合成纤维和混纺织物使用。化工原料基地在市郊分区建设，产品各有侧重，形成各自的特色，这不仅改善了工业布局，促进了化学工业的发展，而且防止污染市区，有利于城市建设。

（三）机电工业的建设。

从1952年起，国家要求上海提供大量的成套机械和动力设备，以供大规模经济建设之需。面对这种状况，单靠原有老厂已经远远不能适应，必须迅速投资新建一批机械骨干企业。“二五”计划时期，上海机电工业完成基本建设投资9.92亿元，兴建了一批大中型机电工厂。（1）以闵行为基地，建设了电机厂、锅炉厂、水泵厂、重型机器厂、重型机床厂等工厂，形成了上海大型发电机组的制造中心。如重型机器厂基建投资7881万元，建筑面积6.2万平方米，主厂房采用砂桩加固地基新技术，加快了建设进度。尤其是该厂安装的1.2万吨水压机，是上海自行设计、自行制造的，体现了自力更生的精神。1960年这个厂就已生产机械产品1.59万吨，大型铸件2.2万多吨，成为中国著名的重型机器厂之一。（2）以闸北彭浦为基地，建成了建筑面积达10多万平方米的专门制造工程机械和冶金矿山设备的彭浦机器厂、冶金矿山机械厂、起重运输机械厂、四方锅炉厂、鼓风机厂等工厂。形成上海工程机械和冶金、矿山设备的制造中心。如上海起重运输机械厂，1958年由12家小厂合并，在彭浦建造了6.59万平方米的厂房和其他用房，很快就生产出桥式起重机、胶带输送机、减速器，以及成套的物料搬运系统，发挥了生产能力。（3）以嘉定县安亭为基地，建成了汽车制造厂，建筑面积达12万平方米，开始生产1.5吨的三轮卡车、二吨卡车，后来又改产上海牌轿车，形成上海汽车的制造中心。此外，还建成了探矿机械厂、地质仪器厂等工厂，专门生产地质和矿产勘探机械。通过建设，全市初步形成了大、中、小企业相结合，主、副协作配套比较齐全的机械工业体系，逐步担负起上海以至全国所需要的重型、大型、精密机械产品的制造任务。尤其是成功地制成了具有世界先进水平的双水内冷汽轮发电机，标志着上海机电工业的技术水平大大提高，已发展到了一个新的阶段。

（四）电力、交通运输业的发展。

“二五”计划时期，电力工业建设的投资为3.57亿元，新增发电能力56万千瓦。交通运输业建设的投资为4.56亿元，新建、改建码头泊位8个，其中万吨级泊位6个。轻纺工业也建设了一批新工厂，促进了生产的发展。

（五）卫星城镇的建设。

随着上海基础工业的发展，闵行、吴泾、嘉定、安亭、松江等远郊城镇大量生产人员集结，供电、通讯、交通、市政设施和住宅问题迫切要求解决，建设卫星城镇的问题提到了议事日程上。上海按照发展工业与建设卫星城紧密结合的原则，积极进行这项工作。1958年6月，首先开发和兴建了闵行卫星城，仅用了3个月时间，先地下，后地上，建成长达1公里的“闵行一条街”，包括商业、服务楼11幢，共4万多平方米；住宅9万平方米。这些建筑式样新颖，掩映在绿树丛中。道路、雨污水管网和污水处理厂等建设配套进行，形成较好的生活条件，成为全国著名的一个卫星城，创出了规划、设计、施工的新经验。嘉定是江南水乡的古县城，原有建筑大都是砖瓦平房，用水要挑，做饭烧柴，道路是胡同小巷，市政公用设施十分匮乏。1958年辟为卫星城后，在建设科研单位和学校的同时，认真进行了县城的改造和建设。主要是拓建新区，开辟道路，建设上水、煤气和雨污水系统，修筑多层住宅；维护和改造老城区，发扬江南古城特色，便于现代生活。这样，古城旧貌换新颜，发展成为环境良好、设施齐全的“科学城”。卫星城的开发，不仅解决了上海工业建设的基地问题，调整了工业布局，而且改变了市区拥挤状况，疏散市区人口和工业，有利于上海城市的合理发展。

三、抓紧轻纺工业的技术改造，积极发展新兴工业，加快能源、交通建设

1961年，中共中央和国务院提出了国民经济“调整、巩固、充实、提高”的方针，上海据此压缩了建设规模，调整了投资方向；从1965年开始，国家的建设重点转向三线地区。上海地处沿海，1963—1975年国家投资有限，上海的建设重点主要是轻纺工业的技术改造，发展新兴工业，加快能源、交通建设。1963—1975年，历经3年调整、“三五”和“四五”计划时期，上海固定资产投资共完成92.3亿元，新增固定资产55亿元，新增固定资产率为59.6%。在完成的投资中，工业建设投资为59亿元，占64%；工业投资中轻纺工业投资9亿元，占全部工业投资的15.2%；竣工的房屋建筑面积达2012万平方米。

（一）抓紧轻纺工业的技术改造。

上海是中国轻纺工业的老基地，在全国享有声誉。解放后贯彻“充分利用、合理发展”的方针，积极增加生产，但设备更新、工艺改进，改善劳动条件进展不快，为此，“三五”、“四五”计划期间集中力量，对轻纺工业进行了技术改造。其特点是：（1）利用老厂，采取合并、转产、改建等办法，合理进行行

业改组，适当调整产品结构。例如，将关勒铭、博士、红光等17家大小金笔厂、合并组成上海钟表元件厂，生产游丝和宝石轴承，全厂建设6个车间，建筑面积21589平方米，发展了轻工产品专用材料的生产。将文具厂改建为照相机厂，复写纸厂改建为感光胶片厂，卷烟厂改建为手表厂，肥皂厂改建为合成洗涤剂厂等等，都以较少的投资，较快的速度，发展了新的行业和新的产品。（2）运用自行开发新技术，结合大修，对旧设备的关键部件进行改造，提高生产效率。如对细纱机的纺纱锭子进行了两次改造，先从平面锭子改为轴承锭子，又把轴承锭子改成分离式的高速锭子，使每千个锭子的小时产量（折20支纱）由18公斤提高到45公斤。全市纺纱锭子的总数，虽由解放初的238.8万锭减少到188万锭，但棉纱年产量从1950年的71万件增加到1975年的220.5万件，增长2.1倍，做到了减少设备，优质增产。（3）利用银行贷款，更新落后机台。如棉纺行业的2.8万台织布机，都是解放前留下来的人工换梭、型号不同的布机。“四五”计划期间用五年多时间，分期分批全部换上了国产1511型自动换梭织机，统一了机型，提高了织布技术水平。（4）改造老厂房，改善劳动条件。各纺织厂普遍安装了通风、排雾和防暑降温设施，搬掉了清花的“尘雾山”，突破了细纱高温和布机湿度关。对一些陈旧危险的老厂房，积极拆除翻建，大大改善了生产工人的劳动条件。上海轻纺工业的技术改造，同行业改组、产品结构调整、设备更新、工艺改革和厂房改建紧密结合，统筹安排，分期实施，只用了9亿元的投资，创出了“内涵”扩大再生产的新路子，取得了经验，获得了很好的经济效益。

（二）积极发展新兴工业。

1. 电子工业。上海通过改建和新建，投资6000万元，兴建了20多个电视机、录音机、电子计算机、集成电路、雷达以及仪器仪表等工厂，提供了大量电子产品，填补了国家一些空白，初步形成了具有一定技术基础的仪表电子工业。如金星金笔厂改建成上海电视一厂，生产著名的金星牌黑白电视机；上海玩具二厂、南方电工厂等4家合并，改建成上海无线电九厂，专门生产电子产品接插件；新建的上海电子计算机厂，建筑面积达1.53万平方米，是国内最早生产电子计算机的工厂之一，生产的每秒运算100万次的TQ

-6机等产品，得到了广泛应用。到1975年，上海年产黑白电视机9万部，录音机3万台，发展十分迅速。

2. 化学纤维工业。60年代初，上海新建了安达化纤厂，安装了国产第一套粘胶纤维设备；接着，改造了土法上马的小化纤车间，组建成9个化纤厂，使化纤产量达到8084吨。在这个基础上，“三五”、“四五”计划期间又建设了生产锦纶6浸胶帘子布的化纤十一厂，建成了年产2000吨的晴纶生产线等，扩大了品种，增加了产量，改变了长期使用进口材料的局面。70年代初，随着中国石油产量的增长，着重发展合成纤维，建设了金山石油化工总厂。这个厂的建设采取围海造地，不占农田。安装的18套生产装置中，有乙烯、丙烯晴等9套是从国外引进，采用了新技术，建设中先地下，后地上，施工文明；在建设生产设施的同时，兴建了配套齐全、生活方便的城区，具有鲜明的特色。金山石油化工总厂共投资21.9亿元，只用了两年半时间就建成投产，建筑面积159.7万平方米，设计能力为年产晴纶4.7万吨、涤纶2.2万吨、各类油品及化工原料279.9万吨，这对加速发展合成纤维工业、全面高速建设大型工厂具有重要意义。

3. 航空、航天工业。上海民用航空工业是通过研制“运十”型大型客机而逐步形成的，新建了飞机总装厂，改造了6个飞机制造厂和机场，总投资1.6亿元，建筑面积20万平方米。飞机总装厂为保证飞机的操纵、液压、燃油、电网络等系统的质量，按一比一的要求，建设了专供试验的模拟厂房。在大场机场，改造了3200米跑道，以保证大型客机的起落。由于采取了这些措施，研制成两架“运十”型大型客机，已试飞了120个起落，并穿越世界屋脊，安全抵达西藏拉萨，证明质量良好。

与此同时，上海还新建、改建一批为航天服务的工业企业，为中国导弹发射和第一颗人造卫星上天等做出了贡献。

此外，在这一时期，上海还建设了电影照相器材工业、家用电器工业、医疗器械工业等新兴工业，促进了生产的发展。

（三）加快能源、交通建设。

1. 能源建设。随着全市经济建设的发展和人民生活的提高，上海电力供求矛盾日益突出。在“二五”计划时期虽也投资3.6亿元，新增供电能力76万千瓦，但仍不适应发展需要。为此，“三五”、“四五”计划时期积极建设吴泾、闵行、高桥、金山、望亭等新的发电厂、扩建闸北、南市等老电厂，使全市装机容量达到208.9万千瓦。在建设电厂的同时，还认真修建输变电设施，最高输电电压由解放前的33千伏发展到110千伏、220千伏，并都形成环网，以利于电力的使用。1963年到1975年电力工业建设共完成投资6.94亿元，相应地使全市年发电量从1962年的38.08亿度增加到1975年的152.06亿度，缓解了电力严重不足的困难。

2. 交通建设。上海是中国重要的交通枢纽，也是著名的国际港口。随着上海生产和内外贸易的发展，原有交通设施远远不敷需要，为此，展开了以港口建设为重点的交通建设。上海港是在周恩来总理1973年提出“三年改变港口面貌”后开始大规模建设的。新建、改建了6个装卸区，建设了20个万吨级泊位和1个外贸杂货码头，建成煤炭、散粮和木材等5条机械化、系列化作业线。此外，还相应建设了7万平方米仓栈、铁路、道路以及生活设施等工程。在这之后，又前后共投资11.96亿元，陆续新建9个小船码头泊位，新、扩建了6个集装箱码头泊位，使上海港面貌一新，年吞吐量突破1亿吨大关，步入世界“亿吨大港”行列，促进了国内外贸易往来。“二五”计划时期，上海新建了5条铁路支线，兴建了南翔机务段和编组站，相继开设了杨浦、桃浦、彭浦等货运站。在此基础上，1963年到1975年，又新建了金山卫铁路支线，扩建了桃浦站，兴建了机械保温车辆段等，使铁路客运和货运量大幅度上升。在航空建设方面，改建和扩建了虹桥机场，建成了长3200米、宽57.6米的跑道，可容世界最大的喷气客机起落。建成了1万平方米的候机楼，7层塔式调度指挥楼和200个床位的宾馆，还有停机坪、机库和加油设施等等，为上海大力发展航空事业创造了条件。

四、引进国外资金和技术，加速工业技术改造；编制城市总体规划，加强城市基础设施建设

1976年粉碎“四人帮”后，特别是中共十一届三中全会以后，中共中央

和国务院提出了对外实行开放、对内搞活经济的方针，确定上海为对外开放城市。上海建设进入了飞跃发展、实现社会主义现代化的新阶段。上海积极引进国外资金和先进技术，加速工业技术改造；加强城中基础设施建设，努力改善投资环境和人民生活；发展科技、文教、旅游事业，注意发挥城市综合功能。1976—1985 年，（即“五五”和“六五”计划时期）全民所有制单位完成固定资产投资 438 亿元，其中工业建设投资 296 亿元。建成工程项目 2.03 万个，新增固定资产 247.2 亿元，新增固定资产率为 56.4%。竣工房屋面积 5474 万平方米，其中新建住宅 2942 万平方米。

（一）引进国外资金和技术，加速工业技术改造。

1. 引进成套设备和生产线，搞好工业建设。这一时期的建设项目，多为引进国外成套设备或生产线，以提高生产技术水平。如特大型现代化钢铁联合企业——宝山钢铁总厂，建设在长江之滨的吴淞，一期工程设计能力为年产生铁 300 万吨、钢 312 万吨、商品钢坯 214 万吨、钢管 50 万吨，总投资 128.77 亿元。这个工程由日方提供烧结机、焦炉、高炉和顶吹转炉等成套设备，由西德提供初轧机和钢坯连轧机成套设备，达到了国际上 70 年代末、80 年代初的技术水平。这个工程于 1981 年 8 月开工，6 万建筑大军日夜奋战在工地上，突破了基础打桩、深基础施工、钢结构制作吊装、大型冶金设备安装等技术难关，终于在 1985 年 9 月胜利点火投产。一期工程完成后，宝钢开始了第二期工程的建设，以进一步扩大生产能力。上海石油化工总厂一期工程建成投产后，于 1978 年继续引进国外 3 套装置，进行二期工程建设。这项工程总投资 28.4 亿元，年产涤纶聚脂 20 万吨，可生产纤维 18 万吨，已于 1985 年投入试生产。

2. 采用国外先进技术，改造上海传统工业。在新建工业企业的同时，仪表、电子、机械、化工、轻工等行业大力进行技术改造。1979 年到 1985 年，上海用于引进技术、进行改造、已签约成交的项目有 858 项，计 8.9 亿美元；已到货的 465 项，3.8 亿美元；已建成的有 268 项，占总数 31%。这些项目的建设进度快，质量好，投产后新增产值、税利高，投资回收期比较短。以仪表电子工业为例，引进了年产 130 万只 12 英寸黑白显像管和年产 400 万套玻壳的生产线，年产20万台彩色电视机的装配线，还引进了生产小型盒式录音机机芯等技术。技术改造项目5个，共花投资2.16亿元，其中外汇1.1亿元。投产后新增产值5.05亿元，税利1.23亿元，投资回收期平均一年零九个月，促进了产品的升级换代，增强了产品在国内外市场的竞争能力，收到了良好的经济效益。其他如子午线轿车轮胎生产线、甜汽水生产线、美术铜版纸生产线、真丝炼染生产线、毛纺针织绒线生产线等，都收到了较好的经济效果，从而使生产技术提高到一个新的水平。

3. 积极与外商合资经营，建设新的企业。进入80年代以后，上海与外商合资建设的企业日益增多，外商来沪投资的热忱逐步提高。在工业方面，年产桑塔纳轿车3万辆的安亭汽车制造厂是同联邦德国合资建设的，总投资3.87亿元，建筑面积2.05万平方米。同英国皮尔金顿公司合资建设年产550万标箱玻璃的浮法玻璃生产线，总投资4.32亿元，建筑面积11.74万平方米。同比利时贝尔公司合资建设年产30万门程序控制交换机的生产线，总投资1.7亿元，建筑面积0.7万平方米。这些项目投资大，引进的技术水平高，建成后，将使上海轿车、玻璃和通讯电话的生产达到世界80年代初期的水平。此外，还有合资建设的迅达电梯厂、施贵宝制药厂和福克斯波罗厂等。在第三产业方面，合资建设的高级旅游宾馆、办公楼和公寓等高层建筑如雨后春笋，拔地而起。这方面的投资1981年到1985年共计9.09亿美元，工程项目27个，新增客房达1.24万间。主要有同香港合明投资公司合资建设的锦江分馆，高42层，建筑面积5.8万平方米，客房700间；与香港中星公司合资建设的锦沧文华酒家，建筑面积5.6万平方米，客房600间。还有与香港地区及日本合资建设的扬子江大酒店、太平洋饭店和希尔顿饭店等等。合资建设的办公楼有联谊大厦、瑞金大厦等，新增办公室344套。此外，还吸引外商独资建设旅游宾馆和办公楼，主要有美国波特曼公司投资1.75亿美元建造的上海展览中心，拥有高层建筑3幢，最高53层，建筑面积18.6万平方米；日本野村综合研究所投资0.57亿美元建造的花园饭店，高30层，建筑面积4.6万平方米，客房500间等。这些项目的建成，将使上海旅游和外商办公用房供不应求的矛盾得以解决，对发挥城市综合功能十分有利。

（二）制订城市总体规划，加强基础设施建设。

1. 反复论证，认真制定《上海市城市总体规划》。由于历史的原因，上海的建设和发展长期没有统一的城市规划作指导，由此产生了种种弊端。在新的历史时期，为发挥中心城市的作用，尤其是充分发挥上海这个重要工业基地和国际港口城市的作用，认真制订上海城市总体规划，明确城市发展方向、战略和方针政策，已成当务之急。为此，80年代初期，上海召开了第一次城市规划工作会议，拟订了《上海城市总体规划纲要》，随后，发动全市各行各业和社会各界，通力协作，协同规划部门编制好规划草案。经过公开展出，听取群众意见；组织专家和学者评议，采纳合理建议；反复论证，不断修改，然后提交市人民代表大会审议通过，报国务院审批。《上海市城市总体规划》明确上海城市的发展方向为：建设和改造中心城，充实和发展卫星城，有步骤地开发长江口南岸、杭州湾北岸“两翼”和浦东地区，有计划地建设郊县小城镇，使上海发展成为以中心城为主体，市郊城镇相对独立、中心城与市郊城镇有机联系，群体组合的社会主义现代化城中。上海的经济发展要引进和采用先进技术，改造传统工业，开拓新兴工业，发展第三产业，逐步改善基础设施和投资环境。到20世纪末，上海要建设成为经济繁荣、科技先进、文化发达、布局合理、交通便捷、信息灵敏、环境整洁的具有高度文明的社会主义现代化的中心城市，成为太平洋两岸最大的金融贸易中心。

2. 集中力量，加强城市基础设施建设。上海住房紧缺、供不应求是一个突出的社会矛盾，因此，加快住宅建设，努力缓解居住困难，成为这一时期建设的重要任务。对此，上海提出了国家、地方统建和企业、个人自建相结合，征地新建和旧区改建相结合，住宅建设和城市改造相结合的方针，充分调动各方面建设住宅的积极性，大大加快了住宅建设步伐。1976—1985年，全市完成住宅建设投资50.9亿元，建成住宅2942万平方米，共58.8万套，相当于1975年前26年建成住宅总和的211%。10年中，解决了26.4万户的居住问题，改善了居住条件。这一时期住宅建设的特点，一是编制了住宅建设规则，按规划进行建设。住宅规划分3条线进行住宅布局：在市郊结合部以环状发展形态，新辟了长白、曲阳、仙霞、彭浦、田林新村等大小不同的

51 个居住区，占地 4.4 万亩，可建住宅 3054 万平方米，居住人口 264.6 万人，已大规模展开建设，到 1986 年，近 40% 的住宅已经建成。在金山、吴淞、闵行、吴泾、松江、嘉定等卫星城和郊县城镇建设住宅，规划建造 400 万平方米，已陆续展开。在市区进行改建，相对集中地改造危房、棚户、简屋，建设新的住宅，规划改建 23 片地段，拆除建筑 331.17 万平方米，可建住宅 754.38 万平方米，公建设施 69.82 万平方米；市区改建也已积极进行。二是实行综合开发，改变只重住宅建造、忽视其他建设的情况，注意加强上下水、供电、煤气管线和道路建设，搞好公建设施和环境建设，为居民建设一个优美新村。三是改进了住宅的设计和施工，不断提高工程质量。四是积极发展商品住宅。自 1979—1985 年，全市共出售商品住宅 34.24 万平方米，其中出售给单位 7.85 万平方米，出售给个人 26.39 万平方米。出售给个人，由企业、单位补贴费用的有 12.94 万平方米。

3. 市政、公用设施的建设显著加强。1976 到 1985 年的 10 年中，全市完成投资 42.8 亿元，比前 26 年累计完成投资增长 242%；占全市投资的比重，也由“四五”计划期间的 6.4% 上升到 1985 年 13.6%。在道路建设方面，改建了四平路、天目路、石门一路、江西中路等一批道路，建设了曹杨路桥、龙吴路、大连路、真北路等 6 座车行立交桥，建成了风格各异、新颖美观的 21 座人行立交桥，延安东路第二条越江隧道也在积极建设，道路增加 390 公里，面积增加 348 万平方米，有效地提高了通行能力。在雨、污水排放方面，新建长白、五角场、灵石、彭江、曲阳等 21 个排水系统，建成排水泵站 22 个，敷设排水管道 257 公里，新增排水能力 130.4 立方米/秒；改建和新建曲阳、闵行、曹杨等 5 个污水厂，新增处理能力 13 万吨/年，完成了近 20 公里南区排污干管明渠改暗渠的工程，大大提高了污水处理和雨、污水排放能力，改善了环境。煤气通过扩建吴淞、杨树浦煤气厂，建设上海焦化厂代道工程，新增制气能力 116 万立方米；日制气能力 100 万立方米的浦东煤气厂已开始建设。煤气用户新增了 59.4 万户。自来水方面，扩建长桥水厂和新建杨思水厂，日供水能力增加了 85 万吨。管渠长达 60 多公里的黄浦江取水口上移工程，投资 7.12 亿元，已积极展开，这个项目的建成，将显著改善自来水水质，有益于人民健康。公共交通方面，添置了公共汽车、电车2980辆，使全市车辆达5128辆，改建和新建了18个停车场，可停车1225辆，为改善公共交通创造了条件。园林绿化方面，修建了秋霞圃、古猗园、醉白池、植物园等公园，新建了方塔、汇龙潭、彭浦、内江、东安等12个公园，扩展了街道绿地，同时积极建设淀山湖风景区，使全市绿化面积增加157公顷，为人民群众提供较好的休息和游览场所。环境卫生方面，建设了一批垃圾堆场，并在安亭建设垃圾处理场，试行垃圾无害化处理；市区建成304座公共厕所，改善了卫生条件。

4. 邮电、交通建设大大加快。1976年到1985年，全市完成投资30.5亿元，新增固定资产达25亿元。邮电方面，建成了京沪微波干线，提供彩色电视电路和960路电话电路；京沪杭中同轴电缆干线，提供1800路电话电路；建成了上海卫星通信地面站和中日海底电缆。已开始建设的有上海长途通信枢纽工程、上海邮政枢纽工程。市内电话增加了13万部，扩大了用户7.6万户，市区江苏路、斜土路等5个电话汇接局和漕河泾、吴泾等7个近郊电话分局也已开始兴建。交通方面，铁路建成了沪宁复线工程、设备齐全的北郊零担货运站和上海内燃机务段。新客站已开工兴建，投资2.67亿元，建筑面积3.5万平方米，有高架跨线候车室，每天可接发列车72对。水路客运方面，建成了十六铺客运站和金陵东路售票大楼，改善了设施，方便了旅客。

（三）积极发展科技、文教、卫生事业。

科学技术方面的建设蓬勃展开。1976年到1985年，全市完成投资5.13亿元，比前26年累计完成投资增长129%。竣工交付的建筑面积达66万平方米。自1979年以来，上海建成一批研究大楼，主要有植物生理研究所、硅酸盐研究所、有机化学研究所、昆虫研究所、细胞研究所、天文台等；开拓了新的科研基地，建设了“保鲜辐照中心”以及冶金研究所二部，为和平利用核能，发展微电子工业创造了条件。同时，建设了一批专用和特种实验室，如原子核研究所的4兆伏静电加速器室、光学机械研究所的钕玻璃车间、生理研究所的高山生理实验室和植物研究所的C、C、D实验室等。这些设施的建成，促进了科研事业的发展，使上海成为具有较高水平的综合科研基地。

教育事业的建设进展迅速。1976 年到 1985 年全市完成的投资达 9.1 亿元，比前 26 年累计完成投资增长 106%，建成教学楼、图书馆等房屋建筑 232 万平方米，增加大中小学入学席位共 52 万个。高等教育建设了教育楼 117.5 万平方米，建成了复旦大学、华东政法学院、交通大学、财经大学等图书馆 17 座。交通大学的包兆龙图书馆，投资 2800 万元，高 20 层，建筑面积 2.6 万平方米，设备先进，阅览方便。此外，还建设了一批实验室和科研楼，如同济大学的电气测试实验楼、华东化工学院的自动控制实验楼等等。建设了外国专家楼和留学生宿舍楼。中、小教育方面，新、改建了教学用房 114 万平方米，新增席位 47.3 万个，新建住宅小区的中小学校的建设，配套齐全，适应教学的需要。幼儿教育方面，建成了 83 个幼儿园，增加入园儿童 2 万人。

同期，卫生事业完成的投资 1.86 亿元，比前 26 年累计完成投资增长 201%，建成的房屋共 54.2 万平方米，新增病床 1.16 万张。新建了瑞金医院、徐汇中心医院、闸北中心医院、吴淞中心医院、第一人民医院、普陀中心医院病房大楼、卢湾区产院、杨浦区妇婴保健院及金山、崇明、青浦、南汇、松江等县医院、妇保院，促进了上海医疗卫生水平的提高。体育方面，建设了上海游泳馆、淀山湖水上划船赛场，以及黄浦、闸北、静安等区的体育馆，改造了江湾、虹口体育场和卢湾区体育馆，十年间共完成投资 0.7 亿元，比前 26 年累计完成投资增长 194%。

第二节　山东省的建设

山东，简称鲁，地处黄河下游，全省分内陆和半岛两部分。山东半岛突出于黄海和渤海之间，隔海与辽东半岛相望；内陆北邻河北省，南接江苏、安徽省，西部毗连河南省。全省总面积 15.3 万平方公里，海岸线长达 3000 多公里。总人口 7637 万人，居全国第三位。山东省地貌类型多样。山东属暖温带湿润和半湿润季风气候，适宜多种动植物的繁衍生长。山东矿产资源丰富，已发现矿产 109 种，探明储量的 67 种，在全国占有重要地位的有 30 多种。山东海岸线长，有适合建大型深水码头的优良港湾多处，青岛港是全国大型港口之一，石臼港是全国最大深水泊位的煤炭专用码头。山东海域广阔，水质肥沃，有海洋鱼虾资源260多种，主要经济种类30多种。

在国民党政府统治时期，山东工农业生产落后，广大人民生活极其贫困。1949年，全省工农业总产值仅为32.53亿元，其中工业总产值9.45亿元；国民收入20.83亿元，人均占有45.8元。全省仅有为数很少、水平很低的纺织、食品、化工、采煤、机械修配和电力工业。

中华人民共和国成立后，山东农业生产条件有了很大改变，工业建立起门类比较齐全、有相当配套能力的生产体系，人民物质文化生活水平有了明显的提高。1949—1985年，累计完成固定资产投资总额621.6亿元，其中基本建设投资445.2亿元，新增固定资产428.4亿元。建成投产的大中小型项目4.87万个，竣工的房屋面积13762万平方米。形成的主要生产能力有：炼铁261.9万吨，炼钢128万吨，煤炭开采3705万吨，石油开采3700万吨，发电装机容量467万千瓦，汽车4486辆，拖拉机48103混合台，合成氨131万吨，化肥426.7万吨，化学农药2.49万吨，棉纺129.7万锭，毛纺6.1万锭，自行车103万辆，缝纫机44.7万架，手表101.6万只，水泥502.6万吨，建成大中型水库167座，新建铁路正线1121.4公里，新（扩）建港口码头吞吐量3987万吨，新建公路13678公里，高等院校大学生席位6.4万个，医院病床11万张。

经过36年的建设，山东已初步形成了济南、青岛、淄博、枣庄、潍坊、烟台、济宁、东营等各具不同特点、不同水平的工业基地，出现了一批初具规模的新兴城市，为山东的国民经济和社会发展奠定了比较雄厚的物质技术基础。

一、解决人民吃饭问题，大力开展水利和支农工业建设

在国民党统治的旧中国，战火连绵，自然灾害频仍，农业生产水平低下，人民生活贫困。中华人民共和国成立后，中共山东省委和省人民政府，一直把发展农业、解决人民吃饭问题放在经济工作的首位。中共十一届三中全会以来，农村普遍推行了生产责任制，调整了农业结构，发展多种经营，进一

步加快了农业发展步伐。1984 年全省粮食总产量608 亿斤，平均每人占有796 斤；全省农业总产值316. 58 亿元，比1949 年增长5. 7 倍。棉花、油料、果品的产量均居全国首位；烤烟、水产品和粮食产量分别居全国第二、三、四位。

（一）除害兴利，大搞水利工程。

山东共有四大水系，即淮河、黄河、海河和内河水系。在旧中国，这里水系紊乱，旱时“赤地千里，禾苗如焚”，涝时“灶底蛙鸣，平地行舟”。1949 年以后，山东省根据毛泽东主席“水利是农业的命脉”的思想，全面规划，统一治理，大搞水利建设。1949—1984 年，国家用于农林、水利和气象的投资51. 50 亿元，综合治理河流31 条，新增有效灌溉面积2547. 82 万亩，建成大中小型水库5541 座，其中大中型水库167 座，水库总容量150. 99 亿立方米。万亩以上灌区754 处，水闸150 座。全省有效灌溉面积6848 万亩，占全省耕地面积的64. 8%。除涝面积3456. 71 万亩，盐碱地改良875. 67 万亩，水土流失治理面积3. 1 万平方公里。这些水利工程的兴建使一般水旱灾害得到控制。

1. 导沭整沂，治理南四湖。1949 年2 月，在支援前线任务十分繁重的情况下，山东就成立了导沭整沂工程委员会，实行“以工代赈”的办法，展开了治理淮河水系的沂河和沭河的工程建设，共投资450 万元，历时四年零七个月，筑堤800 余公里，建成桥、涵、闸、坝等各种建筑物53 座，使鲁南和苏北地区减轻了水涝灾害。

为了根治沂河和沭河并对其进行综合利用，1972 年5 月成立了沂沭河洪水东调指挥部，用四年的时间，开挖了分沂入沭的新河道，打通了沂沭河的出口，不仅保证了鲁南、苏北人民免受水害，而且扩大了灌溉面积，发展了水稻和养殖业。

坐落在济宁市以南的南四湖（包括南阳湖、独山湖、昭阳湖和微山湖），总面积1266 平方公里，承接苏、鲁、豫、皖四省30 多条河流的来水，流域面积31700 平方公里。治理前经常“洪水漫流，庐舍为墟，田禾尽没，人畜漂流”。1958 年，鲁南人民在导沭整沂的基础上，开始治理南四湖，修建了二级湖、韩庄枢纽，加高了湖西大坝，提高了防洪、排水、灌溉、航运能力，可蓄水22亿立方米，灌溉面积204万亩。1978年以后，沿湖人民政府和广大群众兴修水利，封山造林，加强管理。昔日多灾多难的南四湖，逐步变成了稻谷丰收、商旅繁荣的富庶之乡。

2. 人民治黄，害河变利河。山东地处黄河下游，黄河河道在山东段全长为617公里，流域面积18297平方公里，沿黄地区有3107万人口，5073万亩耕地。在旧中国，黄河大堤低矮单薄，千疮百孔，三年两决。1949年以后，在“根治黄河水害，开发黄河水利”的方针指导下，山东治黄投资16.1亿元，先后于1950—1959年、1962—1966年、1974—1983年，对两岸堤防进行了三次大规模的整修，共培修堤防1177.9公里，整修险工98处。同时，整治河道，发展航运，修建水库，蓄洪防汛，展宽堤距，防御凌汛。经过长期不断治理，已经初步建成了由堤防、水库、控导工程和分滞洪区组成的防洪工程体系，提高了防御洪水的能力，连续30多年伏秋大汛不决口，扭转了历史上“三年两决”的险恶局面。

在长期的实践中，广大职工创造了许多治黄新方法，主要有锥探灌浆、消灭隐患、加固堤防法。使用这种方法，共消灭大小隐患19万多处，获得了山东省科技成果奖。引黄淤背，加固堤防法，已淤背土方2.7亿立方米，加固河堤400公里，淤地造田改良沙碱土地240万亩，其中50万亩种植了水稻，“机淤固堤”获得了国家科技成果奖。

在消除水患的同时，积极开发利用黄河水资源为工农业生产服务，已建成引黄涵闸。虹吸工程64处，灌溉面积达2000万亩。胜利油田主要靠黄河供水。天津引黄济津，青岛引黄济青，济南引黄保泉，黄河之水已经成为利国富民之水。

3. 奋战海河，鲁北展新姿。鲁北的徒骇河和马颊河，源出河南，经鲁北入海，是鲁北海河流域的主要排水河道。由于长期失修，逐年淤塞，河槽窄浅，泄洪能力只有80秒立方米，经常发生大面积的旱涝灾害。1964年4月，山东成立了鲁北海河工程局。同年11月，毛泽东主席发出了“一定要根治海河”的号召。1964—1984年，国家投资5.36亿元，先后治理了徒骇河、马颊海、德惠新河和漳卫新河。治理后的海河流域，形成了以徒骇河、马颊河和德惠新河为骨干，与53条主要支流、3万条中小沟渠相连通的3个大型排水网，排水能力较治理前提高3倍多，灌溉面积已达1638万亩，占总耕地面积的50%。十年九灾的鲁北海河流域，已初步形成了河渠纵横、沟渠相通、各河互济、排灌蓄调四结合的水利系统。

4. 修建水库，治理内河水系。在鲁中和半岛地区，根据山丘多、河流短、洪水急、易干旱的自然特点，修建了以防洪灌溉为重点的167座大中型水库，控制流域面积28187平方公里，总库容119.3亿立方米，灌溉面积1335万亩。同时，还对潍、浙、大沽、胶莱等大中河流进行了初步治理，取得了显著效益。1974年8月，受12号台风影响，潍河流域发生了百年一遇的大洪水。峡山水库的拦蓄削减了洪峰的76.6%，保护了胶济铁路和潍坊市工农业生产以及广大人民生命财产的安全，减少经济损失16.47亿元。乳山县龙角水库的溢洪闸设计新颖，造型美观，质量优良，造价低廉，被水电部评为优质工程。

山东35年的水利建设成就是巨大的，但也有深刻的教训。特别是在“大跃进”时期，要求过高过急，需要与可能脱节，拉长了战线，出现了一些“半拉子”工程；没有正确地处理蓄与泄、灌与排、地上水与地下水、除害与兴利的辩证关系，有的工程修了扒，扒了修，浪费了人力和物力。

（二）从小到大，发展化肥工业。

山东的化肥生产是从1956年济南裕兴化工厂生产普钙开始的。当时年产量仅5000吨，远远不能满足农民需要。1958年8月，济南化肥厂破土开工，翌年建成年产800吨合成氨的第一车间。这是当时全国投资最少、规模最小的合成氨厂。1960年化工部在该厂召开现场会议，陈云副总理到厂视察。1961年山东在明水化肥厂建成了2000吨合成氨碳化流程装置，这是在全国同类型厂的建设中最先建成的。截至1984年，全省化肥年产量达到586.41万吨，跃居全国第三位。

60年代建设的小型氮肥厂，具有投资省、建设周期短、设备易于制造和便于地方集资兴办等特点，建设小氮肥厂成为全省氮肥发展的主要方向。1965年山东成立了小氮肥厂建设领导小组，组织制造合成氨成套设备，集中了勘测、设计、施工、建材和设备制造等各方面的力量，自筹资金进行建设。

到1977年，全省共建成小氮肥厂132个，年生产能力97.2万吨，对解决农业急需发挥了一定作用。但由于县县建厂，仓促上马，有些地方缺煤少电，交通不便，建厂之后年年亏损。1978年以后，调整了企业布局，小化肥厂总数减为98个，年产能力为88.2万吨，并实行了盈亏包干，1981年开始全行业扭亏为盈。

小化肥厂的建设，使全省形成了一支有相当水平的科研、设计、施工和设备安装的专业技术力量。依靠这支力量，1972年9月1日建成了鲁南化肥厂，这是由中国自行设计、自行制造设备，山东自行安装的。它以煤焦为主要原料，采用三触媒净化新工艺，全循环法生产尿素。1972年12月26日建成了利用炼油厂焦化干气、催化干气为原料、燃料的齐鲁石化公司第一化肥厂。这两座化肥厂都是年产合成氨8万吨（尿素11万吨）的中型化肥厂。在全国同期建设的同类型化肥厂中，施工进度最快，安装质量最好，并最先达到设计能力。这两个中型化肥厂的建成投产，把山东的化肥工业推向了一个新水平。

继建成第一化肥厂之后，齐鲁石化公司于1974年成立第二化肥厂建设指挥部，开始兴建以胜利油田天然气为原料的年产30万吨合成氨（尿素48万吨）的大型化肥厂。第二化肥厂总投资2.628亿元，经过两年零三个月的艰苦奋战，于1976年7月20日胜利建成，比原定计划提前一个月。它的设备是从日本引进的，为了“完整无损，万无一失”地把超长、超宽、超重、超高的大型装置运抵现场，山东省建委、计委、经委、交通厅、青岛港务局、济南铁路局等部门组成了大件运输领导小组，整修道路、加固桥涵。在各方面紧密配合、沿途群众大力支持下，把这些设备安全无损地运到施工现场。为了高速优质地建成第二化肥厂，石化部第十化建公司、淄博市建筑公司、解放军驻山东部队等15个施工单位承担土建和设备安装任务，同时，还从全省100多个厂矿调来许多优秀的技术工人进行支援。为焊接5000吨的球形氨液贮罐，化建公司选了13名青年焊工，经过短期培训，上岗操作。他们精心焊接，一丝不苟，102块40毫米厚弧型钢板，焊缝总长885米，延长缝总长5400米，一次合格率达到92%。整体吊装重350吨的氨合成塔没有大型吊装机械，第十化建公司的干部、工程技术人员、工人，在省市有关部门的关注下，精心组织，科学指挥，采用双抱杆、五台卷扬机，经过超负荷试吊，仅用了80分钟，便安全就位，塔起灯亮。这个厂投产以后，生产、税利同步增长，1984年上交利税突破1亿元大关，历年上交利税的总和相当于建厂实际投资的2.57倍。

（三）从无到有，建设农机工业。

中华人民共和国成立后，山东省人民政府重视机械工业的发展。1949年至1985年，共投资23.79亿元，扩建、新建大中小型机械企业4926个（包括电子工业177个），1984年机械工业总产值比1949年提高了120倍。

机械工业的发展，给农机建设提供了技术装备条件。1949年至1984年，农机工业的投资4.34亿元，建成拖拉机、机引农具、排灌机械、整地机械、收获机械、场上作业机械、植保机械、农副产品加工机械、农用拖车、半机械化农具、农机试验设备、拖内配件以及畜牧机械和机动渔船等农机企业1155个，占机械行业总数的23.4%；年产值达13.3亿元，占全省机械工业总产值的17.2%。

山东农机工业的建设，是从“一五”计划期间开始的，先后兴建了莱阳动力机械厂、潍坊柴油机厂、潍坊华丰机械厂、山东农具厂。“二五”计划期间进一步得到发展，农机企业遍布全省，并开始建设一个包括制造发动机、齿轮和底盘全能的山东拖拉机制造厂（1976年12月26日建成投产）。三年调整时期，对水平低、效益差的农机企业进行了整顿，重点发展了济南农具厂，使它成为全国重点农具制造厂。1966年7月，国务院在武汉召开第一次全国农业机械化会议，提出到1980年基本实现农业机械化。从此，山东掀起了大搞农机的高潮，省、地、县几乎都搞过农机会战，重点是抓小动力和拖拉机厂的建设，抓三级农机修造网的建设。同时建立了100多个农机科研机构，培养了一支近百万人的农机技术队伍，为农机新产品的开发提供了技术力量。

二、改变工业落后面貌，组织大规模重点建设

国民经济恢复时期和“一五”计划时期，山东新建的工业项目很少，主

要是改造老厂，恢复原有生产基础。1958 年以后，国家相继在山东安排了一些大中型建设项目，为改变山东工业落后面貌，全面振兴山东经济，起到了主导作用。36 年中，全省大中型项目共完成基本建设投资 212.3 亿元，占全省基本建设投资总额的 47.7%，建成大中型项目 272 个。

（一）冶金工业的建设。

山东的冶金工业经过 36 年的建设，已初步建成济南、青岛、莱芜钢铁生产基地和淄博地区的铝工业生产基地及矿石、耐火原材料中心。从 1949 年到 1985 年年底，累计完成基本建设投资 24.46 亿元，形成固定资产 20.53 亿元。新增生产能力为：年产生铁 154 万吨、炼钢 100.22 万吨、开坯 85 万吨、轧钢 110 万吨、耐火砖 18.36 万吨、耐火熟料 82.8 万吨，5 种有色金属 4 万吨。黄金储量、产量均居全国首位。在建的三山岛金矿是全国已开发的最大的金矿。

山东冶金工业的建设重点，首先是有色金属工业，尔后是钢铁工业。山东解放①后，就对全省冶金地质作了大量勘探工作，探明了铁、铜、铝、钴、镓矿的部分储量。1950 年 1 月，中央财经委员会决定重点建设中国第一个氧化铝厂——山东铝厂，这是山东省第一项国家重点工程，也是当时中国经过试验探索，自己设计、自己制造设备、自己施工建设的重点项目。1952 年开始动工，1954 年 7 月正式投产。以后经过不断扩建，挖潜、革新、改造，逐步形成了从铝矿开采、提炼氧化铝、电解金属铝，到综合利用赤泥生产水泥的一套完整的生产体系。到 1985 年年底生产能力已达到年产氧化铝 37 万吨、铝锭 2.7 万吨、水泥 100 万吨。成为全国各铝厂中产品品种最多的一家。

直到 1957 年，山东还是一个“手无寸铁”的省。1958 年“大跃进”中，响应中共中央号召，全省动员了 300 万人上阵，当年建起了数以万计的小土炉、小高炉、小转炉，同时铺开了一批规模较大的冶金建设项目。1958 年 5 月，济南铁厂第一座 84.2 立方米高炉建成投产。之后，在济南、青岛、淄博、潍坊等地区又相继建起了一批中型骨干企业。1961 年开始调整，对盲目发展起来的一大批小钢铁厂、小有色冶炼厂、小矿山，进行了关停并转。

① 山东省省会济南市 1948 年 9 月 24 日解放。

1965 年在继续调整的同时，上了一些项目。烟台钢管厂、招远金矿先后建成投产，济南钢铁厂、张店钢铁厂相继建设，并在莱芜地区建设了特钢厂（后改名为莱芜钢铁厂第一炼钢厂）。

进入 70 年代后，除新建莱芜钢铁厂、济南钢铁厂配套和进行青岛钢厂的改造等外，为解决铁矿资源，重点进行了矿山建设。先后新建了黑旺、谷家台、业庄、张马屯、卓山、走马岭、韩旺等 7 个中小型铁矿。青岛钢厂 1.2 米薄板扩建工程和济南钢铁厂 750 毫米/250 毫米半连续自动轧钢工程均已落成。莱芜钢铁厂经过近 20 年的重点建设，1965—1985 年累计完成基本建设投资 4.94 亿元，形成固定资产 3.65 亿元。一个中型钢铁联合企业已初具规模，并已成为山东省冶金工业中的骨干企业。1981 年 7 月，山东省冶金工业管理体制进行了重大改革，生产建设开始走上稳步发展的轨道。

（二）煤炭工业的建设。

山东省煤炭资源丰富，煤种齐全，已探明储量 201 多亿吨。1949 年以后，煤炭工业一直是山东省的建设重点。1949—1985 年，煤炭工业累计完成基本建设投资 49 亿元，占同期山东省全部重工业投资的 22.5%，形成固定资产 33 亿元，交付使用率 70.4%。1985 年年底，原煤产量达 4922 多万吨，占全国产量的 5.6%。山东在煤炭工业建设中，坚持大中小并举、部属矿和地方矿并举的方针，形成了兖州、枣滕、肥城、新汶、淄博、莱芜、龙口、临沂、坊子等煤田。

恢复时期和“一五”计划时期，在恢复淄博、枣庄、坊子 3 个矿区的一些老矿井的生产，并在扩建、新建一批矿井的同时，抓了煤炭地质勘探工作。先是枣庄、新汶、淄博等矿区组建了地质勘探队，1953 年 10 月提出了山东省第一件煤田地质报告，即张庄煤田精查报告。1954 年在济南成立了华东煤田地质勘探局，山东省组建了 3 个勘探队。新区开始大面积普查找煤。1956—1957 年，先后初步探明了官桥、肥城、滕南、滕北、兖州、济宁、黄河北等煤田的储量。在此基础上，1958—1960 年，掀起了以官桥、莱芜和肥城煤田为主的大规模的建设高潮。三年内全省新建矿井达 47 对，总规模为 1910 万吨。1960 年全省煤炭产量 2699 万吨（其中包括地方小煤矿产量 472 万吨）。

山东省第一对120万吨大型协庄矿井，就是在此期间动工新建的。同时建成投产的还有良庄、华丰、禹村、孙村、张庄、枣庄北井、东井和陶庄北井等一批洗煤厂，入洗原煤总能力达660万吨。但是，因急于提高煤的产量，在建设和生产中出现了采掘失调的现象，迫使其后的几年中不仅没有新建一对矿井，还停建了16对井。经过调整，比例趋于协调，从1966年开始，又新建了兖州煤田的南屯、肥城煤田的白庄、国家庄等矿井，并扩建了柴里煤矿。1967年6月发现了黄县煤田，1968年开工建设洼里矿井。由于当时国家建设重点移向内地，沿海地区基本建设投资减少，山东煤炭工业建设在1966年到1975年期间进展很慢，原煤产量也徘徊不前。

1976年以后，山东省煤炭工业建设进入了新的发展时期。1976—1985年，以基地和现代化大型骨干项目为主要内容，全省新开矿井12对，设计规模1576万吨，扩建新建矿井5对，新增能力225万吨。兖州和枣滕两大矿区列入了全国重点建设项目。

兖州矿区，包括兖州、济宁两大煤田，跨越山东省西南部的9个县市，煤田面积1400平方公里，已探明储量74亿吨。自1965年以后，先后建成了南屯矿井（150万吨）、北宿矿井（45万吨）、兴隆庄矿井（300万吨）、鲍店矿井（300万吨）和兴隆庄洗煤厂（年入洗原煤300万吨）；原省属唐村矿改扩建为年产30万吨，共形成生产能力825万吨。在建的还有东滩矿井（400万吨）、杨村矿井（60万吨）。矿区建设规模为1285万吨。兴隆庄矿井是中国自行设计、自行施工的第一座特大型现代化装备的矿井，采用了国内外先进技术。1975年2月开工，1981年12月建成。建设速度之快、质量之高、效益之好，是当时煤炭建设战线上的一个范例。它的建成，标志着中国煤炭工业建设从地质勘探到设计施工的技术水平、装备水平和管理水平都提高到了一个新的阶段。这项工程被评为国家优秀设计，获技术进步二等奖。兴隆庄洗煤厂，是上海宝山钢铁厂的配套项目，也是全国第一座大型现代化钢结构厂房的洗煤厂，从美国引进成套设备和技术。1982年1月开工，1984年年底投入生产。兴隆庄洗煤厂的建成，为中国建设大型现代化洗煤厂积累了可贵的经验。

枣滕矿区，生产和在建矿井总规模达846万吨。滕南煤田，已探明煤炭总储量31亿吨。1960年开工建设柴里矿井（年产30万吨原煤试验性矿井），1964年建成投产。从1979年起，又先后开工建设蒋庄矿井（150万吨）、田陈矿井（120万吨），第二次扩建柴里矿井。滕南煤田已建成投产的和在建矿井总规模达420万吨。

（三）电力工业的建设。

1949年前，山东全省只有几个孤立的小电厂，总装机容量10.95万千瓦。1949年后，山东省充分发挥煤炭资源优势，大力兴办火力发电。1950—1985年，累计完成基本建设投资37.5亿元，形成固定资产30.7亿元，同期上交利税82.87亿元，相当于基本建设投资的2.2倍。电力建设速度快，造价低，质量好，效益高。

山东省电力工业的建设大体可分两个阶段：第一阶段是1949年到1970年；第二阶段是1971年到1985年。1970年以前，山东电力建设以中小型机组为主，稳步前进。1950年到1957年，主要建设了新汶、南定、青岛3个发电厂，新增装机容量6.6万千瓦。同时建成了济南—博山的110千伏输电线路110公里。1958年到1960年，开始安装1.2万—2.5万千瓦机组，建设山东省第一座高温高压的黄台发电厂，同时扩建了新汶、南定、青岛、潍坊、枣庄等发电。调整时期，主要进行填平补齐和设备完善工作，并开始兴建白杨河、石横发电厂。1958年到1965年8年间，新增发电装机容量42.46万千瓦，输电线1730.5公里，变电容量75.3万千伏安。“三五”计划时期，新安装的发电设备，仍然多是中、小型机组，五年新增发电装机容量32.8万千瓦。到1970年，全省总装机容量达92.2万千瓦。

进入70年代以后，山东电力建设的速度不断加快。1971年到1985年，相继新建、扩建了莱芜、辛店、济宁、沾化、黄岛、十里泉、白杨河、烟台、龙口等10座大中型高温高压发电厂，投产了28台高温高压发电机组，总装机容量300万千瓦，建成110和200千伏输电线路共5332公里，降压变电容量385万千伏安。与1970年相比，这一时期的山东电力工业实现了四个翻番：发电设备容量翻了两番多；110千伏和220千伏输电线路翻了两番多；降压变电容量翻了近三番；35千伏输电线路翻了两番多。这期间，开工建设的大型坑口电站有邹县电厂和石横电厂等，此外还有邹县—济南—潍坊50万伏超高压输电线路。

十里泉电厂地处鲁南煤城枣庄市南郊，是一座大型坑口电站，装有5台12.5万千瓦燃煤再热机组，总装机容量62.5万千瓦。整个工程分三期建成，工期短、造价低、质量好、投资回收快、经济效益高。第一期工程（1号、2号机组），1978—1980年建成，被水电部评为“优秀设计，优秀施工项目”。第二期工程（3#、4#机组）1980—1982年建成，被国家评为“优秀工程项目”，获银质奖。

邹县电厂靠近兖州矿区，装机容量120千瓦，是山东省第二个大型坑口电站。第一期工程计划安装2台30千瓦国产机组，1983年10月开工，1号机组已于1985年12月2日建成发电。

石横电厂与肥城煤田毗邻，装机容量120万千瓦，是山东省第三个大型坑口电站。第一期工程安装2台30万千瓦机组，已于1984年5月正式开工，第一台机组将于1987年建成投产。这项工程是中美技术合作项目，对提高中国30万千瓦机组的制造水平、设计施工水平和运行管理水平，提供了新经验。

（四）铁路建设。

1949年前，山东省只有胶济、津浦两条干线和薛城—枣庄、张店—八陡等支线，正线延展长度约885公里，而且屡遭战争破坏，已是破烂不堪。1949年后，随着山东煤炭、冶金、电力工业和港口建设的兴起，铁路建设也飞速发展。1949—1985年，累计完成基本建设投资38.6亿元，仅1984年的投资就达6.9亿元，相当于1950年的79.3倍。36年中，共新建、改建了蓝烟、辛泰、兖石、菏兖、津浦复线、胶济复线等12条主要铁路，正线延展长度约2920公里，是1949年前50年修建铁路里程的3.3倍。山东境内的铁路，干线、支线交织，延伸到全省内地和港口，通往全国各重要城市，初步形成了四通八达的铁路网。

恢复时期和“一五”计划时期，为开发新汶、淄博煤矿，修复了张店—

八陡、磁窑—东都等支线。为沟通烟台、青岛两个港口城市并运售烟台市6个县的粮食、花生、水果、水产品等物资，1953年开始新建蓝村—烟台铁路，全长184.4公里，于1956年元旦全线通车。烟台和莱阳两地区组织沿途各县的民工参加筑路，做出了积极的贡献。

“二五”计划和调整时期，为了开发莱芜、肥城煤矿，发展鲁西南和鲁北的经济，支援胜利油田建设，修复了兖州—济宁，新建了东都—莱芜、泰安—肥城、张店—东营等四条铁路。同时，为了扩大津浦、胶济两条干线的运输能力，完成了大量的路基土石方工程，开通了两条干线复线的部分区间。

“三五”和“四五”计划时期，恢复了调整时期停建的津浦、胶济两条双线建设和济南枢纽扩建工程，继续开工兴建济南枢纽中的曹家圈黄河铁路大桥。为沟通津浦、胶济两条干线，新建了辛店—泰安铁路。为支援胜利油田建设，改建了张店—博兴铁路，并延伸到东营。

辛泰铁路，东起胶济线的辛店，西至津浦线的泰安，全长161.6公里。1970年4月开工，1974年6月全线主体工程完成，同年7月1日全线简易通车。这是山东唯一有隧道的铁路，隧道、桥涵总长约占全线长度的1/10。为建设这条铁路，山东省成立了辛泰铁路会战指挥部，组织了淄博、潍坊、临沂、济宁、泰安5个地市、35个县的民工团和铁路专业队伍，共同完成了艰辛的筑路任务。这条铁路已成为疏解和迂回济南枢纽的一条联络线，是沟通津浦、胶济两条干线的捷径，缓解了济南枢纽和津浦、胶济两线部分区段的压力，起到了分流作用。

济南曹家圈黄河铁路特大桥，全长5708.3米，共163孔。1972年4月开工，1976年9月提前建成通车，成为当年黄河上最长的一座铁路特大桥。这是为了配合新建济南铁路枢纽与津浦双线建设而修建的，也是津浦线上的一项关键工程。它的建成通车，对于提高津浦线的列车通过能力，确保黄河汛期安全畅通，起到了重大作用。

“五五”和“六五”计划时期，津浦铁路双线配套工程完工，胶济铁路双线济南—蓝村334公里基本拉通。为发展鲁西南经济，支援中原油田建设，修建了济宁—菏泽铁路。为了晋、鲁煤炭外运，配合石臼港的建设，修建了兖州—石臼所、新乡—菏泽（山东段）两条铁路，以及新菏线上的连接河南省长垣县和山东省东明县的长东黄河铁路特大桥，其大跨度的钢桁梁全部在山东境内，这座10.2公里的特大铁路桥，冠全国桥梁长度之首。

济菏铁路是一条简易铁路，东起济宁，西至菏泽，是兖济铁路的延长线，全长107.2公里，由铁道部、山东省共同投资建设。1977年八月山东省成立了济菏铁路指挥部，组织了济宁、菏泽2个专区、12个县的民工及铁路专业队伍共12.4万人上阵。1977年12月开工，1979年9月建成通车，是当时全国铁路建设中一项工期较短、收效较快、造价较低的地方铁路工程。为适应晋煤外运的需要，1984年又开始对菏泽—济宁—兖州线进行了全面技术改造，由三级地方铁路改为国家一级铁路干线，与新菏铁路同时建成通车。

兖石铁路，西起津浦线兖州的程家庄，东至石臼港，全长308公里。1981年开工，1985年12月建成通车。临沂、济宁两地、市像当年支援解放战争那样，前后方出动近30万人支援铁路建设。铁道部第十一、十四工程局在建设中，锐意改革，实行经济责任承包制，加快了建设进度。

从此，新菏、菏济、济兖、兖石四线贯通，既可连接大江南北，又可通往中国大西北腹地，形成沟通津浦、京广，焦枝、同浦干线的又一条东西大动脉，为中原和西北8个省区打开了一条对外通道。

（五）支援胜利油田建设，带动地方经济发展。

胜利油田地处黄河三角洲，是中国第二大油田，面积大，海陆运输方便。1961年4月在东营地区打成华8井，1962年9月打成营2井，并发现了东辛油田。1963年10月打成坨7井，又发现了胜坨油田。1964年经中共中央批准在这里开展石油会战。经过20多年的艰苦创业，开发建设取得了巨大成果。截止到1985年年底，累计完成地震测线13.2万公里，打井9031口，钻井进尺1990万米，找到油田52个，已投入开发的32个油田，累计生产原油2.59亿吨，生产天然气147亿立方米，累计完成基本建设投资29.3亿元、上交利税150亿元，相当于国家投资的5.3倍。出口原油2591万吨，为国家换取外汇56.9亿元。

山东省政府极为重视胜利油田的开发建设，于1972年和1983年先后成立了胜利油田规划领导小组和三角洲规划领导小组，协助油田规划建设。省内各设计单位承担设计项目 250 多个，建筑面积达 306. 4 万平方米。山东省建筑设计院李同伯工程师为油田井架设计的薄壳基础，为国内首创。各地、市、县，特别是油区的惠民、德州、淄博、潍坊等地市的军民，更是紧密协作，积极参加会战。据不完全统计，1964—1985 年，全省先后参加会战的建筑安装企业 442 个，19 万多人次，配合油田专业队伍施工 540 项工程，竣工面积达 711 万平方米。各地、市组织民工 5498 万多工日，承建了 70 余项工程，完成土石方 11774 万立方米，省政府为民工发放补助粮 8599 万斤。为保护油田，开挖了广利河、东营河、溢洪河，修筑了五号桩海堤，加固了黄河大坝；为确保油田用水，建成了渤南、辛安、河口、孤岛等水库。省政府组织交通运输部门，为油田建设修筑了张店—东营铁路支线，东营—辛店、利津—埕子口、北镇—河口等公路，并开工兴建东营黄河公路大桥。为了原油的外运，各有关地市组织民工，配合石油管道队伍，建成了东营—黄岛、东营—辛店、东营—临邑、临邑—济南、临邑—南京、临邑—沧州、临邑—濮阳等输油输气管道，共计 1610. 9 公里，输油能力 5900 万吨，输气能力 10 亿立方米，并建成了黄岛油港。省政府为油田建设征用、划拨土地 23. 2 万多亩，保证了开发建设的顺利进行。

驻山东的人民解放军官兵也踊跃参加了会战。1984 年，济南军区成立了“支援胜利油田建设领导协调小组”，由军区首长挂帅，投入了 2 个师、2 个团、1 个工兵营、1 个架设连的兵力，共 8517 人，从 1984 年 10 月到 1985 年年底，修筑公路 2 条、34 公里，架设通信线路 228 对公里。

（六）化学工业的建设。

1949 年以前，山东化学工业仅有少数小型企业，设备陈旧，技术落后，多数原料依靠进口，产品质次量少，只有十几个品种。1949 年后，山东化学工业有了较快的发展。特别是石油、煤炭、冶金、电力工业的发展，为化学工业提供了原料和能源条件；农业、轻纺工业的发展，为化学工业开辟了广阔的市场。1949—1985 年，山东化学工业累计完成基本建设投资 31. 2 亿元，形成固定资产 17. 65 亿元，交付使用率为 56. 5%。已形成包括石油化工、煤化工、化工原料、化肥、农药、染料、涂料、有机化工、橡胶制品等行业，品种比较多样的工业基础部门，有化工产品1300多种，花色规格15000多个。

1957年以前，山东化学工业建设在恢复原有企业生产的基础上，逐步扩建、新建了济南化工厂、青岛橡胶厂、淄博制药厂、淄博硫磺厂、张店农药厂、青岛化工厂、青岛油漆厂、青岛染料厂等，这是山东省第一批化工骨干企业。“大跃进”中，盲目扩大建设规模，大搞“小土群”，小化肥、小农药、小化工等项目多达43318个。1960—1962年进行的国民经济调整中，大量关停并转。1964年后，又恢复和建设了一些急需的项目，重点是化肥工业。

1966—1975年，随着胜利油田的开发建设，山东石油化工建设蓬勃发展。先后建成了鲁南化肥厂、齐鲁石化公司第一化肥厂、第二化肥厂3个大中型合成氨厂，齐鲁石化公司炼油厂、橡胶厂等大型化工企业。此外，还新建了济南、淄博、青岛等中小型石油化工厂。各地、市、县的小化肥厂也都相应发展起来。1976—1985年，在整顿各地市小化肥厂的同时，对老化工企业进行技术改造，为国家重点工程组织配套建设。1984年齐鲁乙烯工程开工兴建，并对寿光纯碱厂（60万吨）作了建设前期准备工作。

齐鲁石油化工公司，以胜利油田的原油和天然气为原料，是全国大型石油化工基地之一，始建于1966年4月1日。到1984年，已建成5个厂：炼油厂，年加工原油600万吨；第一化肥厂，年产合成氨8万吨（尿素11万吨）；第二化肥厂，年产合成氨30万吨（尿素48万吨）；橡胶厂，年产顺丁橡胶1.5万吨；催化剂厂，年产催化剂8000吨。共计化工产品58种，其中获国家金牌、银牌的4种，获部、省优质产品奖的13种。并拥有设计、研究院，以及相应的管理机构和辅助设施。1966—1985年，公司累计完成基本建设投资17.74亿元，形成固定资产8.62亿元，上交利税66.72亿元，相当于基本建设投资的7.16倍。1984年4月1日开工的齐鲁30万吨/年乙烯工程，共建设16套生产装置和相应的公用、辅助设施，总估算投资46.5亿元。计划1989年全部建成投产后，可新增生产能力为：年产塑料50万吨，丁苯橡胶8万吨，烧碱20万吨，基本有机化工原料39万吨，将成为全国最大的石油化工生产基地之一。

（七）公路、桥梁的建设。

1949年前，山东公路绝大部分是马车大道改建而成，几乎全是土路，弯急坡陡，少桥缺涵。布局也很不合理，除沿海和连接大城市有几条公路外，广大山区和平原腹地公路很少，交通十分闭塞。

1949年后，主要靠“民工建勤”（即动员公路沿线的农民义务出勤，参加养护和修建公路）和“民办公助”的办法，公路建设速度不断加快。1949—1985年，不包括养路费和各县区自筹资金，累计完成国家基本建设投资30532万元。1985年年末公路通车里程达36327公里，比1949年提高了10倍多。晴雨通车里程30119公里，占总里程的82.9%，是1949年的463倍。全省通公路的乡镇占93.3%，通公路的村庄占65%。建成大中小桥9795座，其中大桥605座，特大桥22座。

1965年前，山东的公路建设主要以对原有公路修复和改建为主，改善路面，加修桥涵，提高通过能力。1965年后新建了几条公路和山区公路，同时修筑桥涵、沥青路面，提高路面等级。1949—1957年，主要是恢复战争中破坏的公路和桥梁，并开始改建了一些公路，修筑过渡式路面。先后修复了烟台—青岛、烟台—潍坊、沂水—博山、临沂—兖州、潍坊—新沂、惠民—沧县6条公路。改建了济南—洛口、张店—博山、张店—北镇、益都—红花埠、济宁—菏泽、烟台—莱阳6条公路为碎石路面。建成了烟台—青岛公路上的内、外夹河2座大桥。1958—1965年，进一步改建了济南—聊城、临沂—岚山头、临沂—枣庄、潍坊—石岛、禹城—惠民、禹城—聊城、平原—临清、莱阳—海阳、辛店—佛王庄、济南—连云港、济南—邯郸、兖州—蓝考12条要公路。为积极开发山区和革命老根据地，结合省内“小三线”的建设，先后在沂蒙、牤犊崮、大泽山、五莲山、昆仑山、泰山，崂山等山区建设了很多公路，栖霞、临朐、平度、沂源等县成为开发山区、修筑公路的典型县，潍河、淄河、沂河、黄前等9座重要桥梁相继建成。1965年年末，全省公路通车里程达22176公里，晴雨通车里程达5669公里，建成大中桥368座。1965年后，山东省公路建设进一步发展，特别是1978年后，公路建设进入了新的发展时期。一是路面等级不断提高。到1985年年末，全省沥青路面里程达 17507 公里，占晴雨通车里程的 58.1%。路面不断拓宽，特别是在城市郊区和交通量较大的路段修筑了快慢车分道行驶的公路。到 1985 年年末，全省一、二、三级公路总里程已达 14308 公里，占公路总里程的 39.4%。同时修建了济南—兖州、潍坊—徐州、济南—潍坊、济南—微山等干线。二是桥梁设计、施工技术水平进入了新的阶段。先后在京杭运河、卫运河、沂河、沭河、汶河、泗河、黄河等河道上修筑了各种形式的大型桥梁，除正在建设的东营黄河公路大桥外，已建成的黄河公路大桥有：（1）平阴黄河公路大桥，全长 963.5 米，主桥部分为两组连续钢桁架桥，每组 3 孔，最大孔径 113 米，桥面车行道净宽 9 米。1969 年五月三日开工，1970 年十二月一日建成。（2）北镇黄河公路大桥，全长 1391 米，主桥 4 孔，为连续栓焊钢桁架，最大孔径 112 米，桥面车行道净宽 9 米，两侧人行道宽各 1.5 米。1972 年 1 月 1 日开工，当年 10 月 1 日建成通车。（3）济南黄河公路大桥，全长 2023.44 米，主桥部分 5 孔，为予应力钢筋混凝土连续梁斜拉桥，最大孔径 220 米。桥面车行道净宽 15 米，两侧人行道宽各 2 米，共 19 米。山东省交通厅规划设计院李守善、万珊珊负责设计。1978 年 7 月开工，1982 年 7 月建成通车。荣获 70 年代国家优秀设计项目和 1982 年国家优质工程银质奖，技术进步一等奖。

（八）邮电通信的建设。

1949 年前，山东邮电通信十分落后。1949 年后，特别是 1978 年以后，邮电通信建设有了较大发展。1949—1985 年，累计完成基本建设投资 2.9 亿元，形成固定资产 2.07 亿元。全省邮电局、所达 2156 处，为 1949 年的 25.2 倍；邮路总长达 47093 公里，为 1949 年的 4.1 倍；市内电话 19.3 万门，为 1949 年的 11.8 倍；长途电路 2190 条，为 1949 年的 4.43 倍；邮电业务总量 19.83 亿元，为 1949 年的 35.92 倍。已经初步形成了以省会济南为中心，联结国家通信干线，沟通全省广大城乡的通信网。在邮电通信建设中，重点建设了三条干线。

4201 工程——京沪杭 1800 路载波系统工程。山东省主要铺设四管中同轴电缆 382 公里，新建济南长途通信楼 1 处。这条干线，途经山东省的 5 个地、市共 14 个县，穿越较大的河流 71 条，新建有人增音站 1 处，高频接转站 1

处，无人增音站63处，巡线房23处。1973年11月开工，1981年1月全部竣工。济南长途终端电路，可容纳全自动、半自动电路2400路，人工电路300路，为长途自动拨号和各种传真、快速电报、数据传输等新技术的采用提供了条件。

215微波工程——石家庄至济南960路微波干线。全长315公里，山东省境内100公里，设有4个微波站。1978年5月开工，1983年5月建成，历时6年。这条干线，安装了3个波道，配有自动波道倒换设备。不仅可以传送电视节目，还可以提供较多的通信业务电路及报纸传真等。

济南—青岛—烟台同轴电缆工程。主要建设同轴电缆578公里，其中四管中同轴电缆110公里、六管小同轴电缆468公里，青岛、烟台两市各建通信楼1座，有人增音站2处，高频接转站1处，无人增音站188处，巡线房22处。1979年10月开工，正在加紧建设，将于1987年竣工。

（九）建材工业的建设。

山东建筑材料的生产有悠久的历史，但1949年以前只能生产砖、瓦、灰、砂、石等传统材料，没有现代建材工业。

1949年后，山东建材工业建设进入了迅速发展的新时期。特别是1978年以后，加强了门类较全、品种较多的现代建材工业的建设。到1985年年底止，全省建材企业已发展到4143个，其中县属以上364个。拥有固定资产11.98亿元，完成基建投资69512.5万元，约占全省基本建设总投资的1.97%。累计新增固定资产中，由国家预算内投资和省“五小”工业专项投资形成的约占20%，其余80%则是各地和企业自筹资金建设的。建材产品已发展到118种，其中有8种获国家质量奖银牌，28种获部优质奖，33种获省优质奖，并有20多种产品远销世界50多个国家和地区。山东已成为中国建材工业的一个重要产区。

水泥：1949年，山东仅有年产1500吨的济南水泥厂。到50年代后期，县属以上水泥厂已达8个，60年代增加到23个，70年代达到127个。其中大型水泥厂2个，县以上机械化立窑水泥厂117个，并大部分安装了收尘、防尘设施。1985年全省年产水泥1121.85万吨，产量居全国第二位；产品合格率由1984年的99.75%提高到99.92%。

平板玻璃：自60年代开始建设，到1985年年底，已建成投产的有11个厂。其中威海、青岛建华、滕县、德州振华和博山等5个厂，用槽垂直引上工艺法生产。临沂、德州、胶南、淄川、掖县、青岛6个厂用平拉法生产。1985年产量达到344.58万标箱，居全国第四位。

非金属矿：到1985年年底，全省已探明储量的有42种，已开发利用的40种。其中金刚石、大理石板材的产量列全国第一，石墨产量列全国第二。山东南墅石墨矿到1984年，石墨产品由1种发展到14种、145个规格，产量由100吨扩大到1.5万吨，荣获国家质量奖银牌。1983年，该矿为咸阳彩色显像管厂配套，引进日本彩色电视机显像管石墨乳生产线，设计生产能力为100吨，已建成投产，产品质量优良，填补了中国一项空白。产品不仅在国内享有盛誉，而且畅销世界36个国家和地区，受到国务院的嘉奖。建设中的平邑石膏矿，设计能力年产石膏50万吨，将成为全省最大的石膏矿。石棉制品、卫生陶瓷、玻璃纤维及建材机械制造等也都有很大的发展。

三、发挥沿海优势，加速沿海经济建设

在山东省漫长的海岸线上，有众多的天然港湾，富饶广袤的浅海滩涂，种类繁多的海洋生物资源，还有烟台、青岛等开放城市，山东沿海经济建设有得天独厚的自然优势。1949—1977年，山东对沿海的开发和建设取得了一定成就，但沿海优势并未得到充分发挥。1978年后，山东加强了海港、水产和经济开发区的建设，沿海经济迅速发展。

（一）改变港口面貌，海运事业蓬勃发展。

1949年，山东仅有8处港口，68个小泊位，6875米岸线，年吞吐量85.4万吨。由于战争破坏，年久失修，航道淤塞，设备简陋，这些港口、泊位大部分处于原始状态，船舶无码头停靠，依赖驳船驳运，货运受到限制，每年从海上运送的物资寥寥无几。

50至60年代，对海港进行了恢复性建设。70年代，港口建设进入了迅猛发展的新时期。当时，山东沿海15个港口，码头泊位严重不足，装卸机械

化水平较低，库场堆放能力小，经常压船、压货。1973 年周恩来总理提出“三年改变港口面貌”的号召，山东省随即成立了建港领导小组，从勘测入手，制订规划，调整布局，重点建设青岛、烟台两个大港，新建了黄岛油港，并扩建了龙口、威海、富国等地方中小港口，使泊位增多，岸线延长，装卸机械化水平提高，吞吐能力猛增到 3109.7 万吨。进入 80 年代后，为适应外贸发展的需要，港口建设又跨入了一个新阶段。兴建了中国第一座现代化煤炭专用码头石臼港和青岛港八号码头，并对威海港、龙口港实行对外开放。

1985 年，山东沿海有大小港口 22 个，其中部属港口 3 个（青岛、烟台、石臼港），地方港口 19 个。码头泊位 150 个，其中万吨级以上泊位 28 个。码头岸线长 17486.4 米，吞吐量达到 5840.7 万吨，基本形成了大中小港口配套，布局合理的港口体系。沿海运输四通八达，国内可通达上海、温州、海南岛、大连、天津等 16 个口岸，并有青岛至中国香港、日本、新加坡、马来西亚、泰国等外贸定期航线，对促进内外贸易的发展起到了重要作用。

1. 青岛港。始建于 1898 年，至 1949 年仅有码头 6 座，泊位 36 个，码头岸线 5376 米，年吞吐量 72 万吨。1949 年后，经过多次改造、扩建，能力扩大，1972 年完成吞吐量达 805 万吨。特别是 1973—1978 年，对 6 号码头进行总体改造和配套建设，兴建黄岛油港及 8 号码头，使青岛港的面貌焕然一新。到 1985 年，青岛港由大港、中港和黄岛油港组成，共有码头 9 座，泊位 57 个，码头岸线 9971 米，完成吞吐量达 2822 万吨，居全国第四位，同世界五大洲 120 多个国家和地区保持通航和贸易往来，成为中国五大贸易口岸之一。

青岛港八号码头，是国家“六五”计划期间重点建设工程，总投资 2.025 亿元（不包括铁路投资）。1974 年 1 月动工兴建，1985 年 12 月建成投产。这个码头共建成 2—5 万吨级泊位 7 个，岸线长 1818 米，设计通过能力 400 万吨，港口每米岸壁配备库场指标可达 125 平方米。是全国最大的杂货码头，可容 7 条大型货轮同时作业。

黄岛油港与东（营）黄（岛）输油管线配套，承担着胜利油田的原油输出任务。这项工程由昌潍建港指挥部承建。1974 年 1 月开工建设，1976 年 9 月竣工。总投资 7295 万元。它有一套现代化的贮油、计量、污水处理等系统，栈桥码头1200多米，原油码头314米，2万吨级和5万吨级泊位各1个，原油通过能力1000万吨/年，是中国屈指可数的、具有70年代世界先进水平的大型原油码头。胜利油田的原油，通过东黄输油管线，在这里以每小时3500吨的流量注入来自国内外的油轮。

2. 烟台港。1861年开埠。1949年后，为恢复港航运输，大力进行养护修补，港口建设开始发展，先后建成一个7000吨级泊位、两个3000吨级泊位和一个浮码头。为适应国民经济发展的需要，特别是外贸发展的需要，1973年烟台地区组建了建港指挥部，开始了大规模的港口基本建设。至1979年，总投资6628万元，相当于1949年到1972年23年总投资的5.7倍。这七年新建了1.5万吨级杂货泊位3个，3000吨级泊位3个。泊位增到12个，码头岸线由641米增到1507米，新建前方仓库3座，各种装卸机械增加了151台，建成通讯大楼1座，建设了船修、机修厂房和港内铁路等。1980—1984年，先后将一号浮码头和南岸壁改造成两个客运泊位和一个工作船泊位，初步形成了客运小区，适应了客运的发展。截止到1984年，烟台港的泊位由1949年的2个增为13个；码头岸线由1949年的183米增为1808米；各种机械从无到有，增为226台；吞吐量由1949年的4.7万吨增加到673.9万吨。共接送国内外旅客133.7万人次，先后与世界上20多个国家和地区的120多个港口开展贸易往来。

3. 石臼港。石臼港位于山东半岛南侧日照市东部的黄海之滨，是全国最大深水泊位的煤炭专用码头。它与兖石、新菏铁路相配套，主要承担着山东兖州和晋东南地区的煤炭输出任务。第一期工程是中国自行设计、自行施工的，部分使用日本贷款，总投资7.1亿元。1982年2月正式开工，1985年12月建成投产，主要建成2个10万吨级深水泊位、钢栈桥、引堤、护岸、装船卸车系统等，码头岸线总长1354米，整个工艺流程由中央控制室自动控制，配有工业电视、电子计量显示以及通讯、污水处理、洒水防尘等装置。主体工程采用钢筋混凝土沉墩台结构，这是全国最大的、自动化程度较高的、技术设备先进的深水煤码头。它的建成投产，标志着中国建港事业跨入了一个新阶段。在石臼港的建设中，广大建港职工付出了辛勤的劳动。为了选择优良的深水港址，山东省组织了600多名专家和工程技术人员，对日照附近的70公里海岸进行了大规模的勘察研究，提出了建港规划，国家计委、建委、科委、交通部又邀请了80多名专家进行论证，确定了港址。建设过程中建港指挥部大胆改革供料体制，实行投资包干责任制，不仅提高了工效，而且为国家节约投资2000多万元。广大工程技术人员依靠科学建港，创造性地首次采用了沉箱上坞出运下水的新技术新工艺。

4. 地方港口。1949年，山东沿海地方港口仅有龙口、蓬莱、威海、石岛、张家埠和青岛小港6处，16个泊位，岸线总长624米，年吞吐量8.7万吨，客运量3.05万人次。1950年开始加强地方港口建设，截止到1985年，总投资为7049.1万元。除改造了原有的6个港口外，还新建了东风、富国、羊口、下营、海庙、长岛、俚岛、乳山口、风城、薛家岛、黄岛（小港）、石臼（小港）、岚山头13处港口。1985年投入营运的港口有19处，泊位76个，岸线总长4553.4米，吞吐量846.1万吨，客运量146.4万人次。港口自北而南分布于无棣、沾化、寿光、昌邑、掖县、黄县、蓬莱、长岛、威海、荣城、文登、乳山、海阳、青岛、胶南、日照16个县市，成为交通运输业中的一支生力军。

（二）开发沿海水域，大力发展水产生产。

山东自古享有“富渔盐之利”的美誉。1949年后，沿海地区各级政府一手抓“桑田”，一手抓“沧海”，大力发展水产生产。1949—1985年，水产基本建设累计投资4.9亿多元，主要抓了造渔船、建渔港、人工养殖、冷藏加工几个环节，使水产生产迅速发展。1985年全省水产品产量达81.4万吨，居全国第三位。

1. 发展渔船制造业。50年代末，山东省从建厂造船入手发展海上捕捞业。到1984年，沿海共建县以上渔业船厂17处，其中荣成县石岛镇的黄海造船厂是山东渔轮修造行业中的主导厂，能制造千吨以上的渔轮、货轮、油轮、冷藏船等。1985年海洋捕捞船达27879艘，其中机动船14980艘，相当于1949年的258倍。从1971年开始，山东还制造了灯光围网船。同时，沿海气象台（站）也迅速发展起来。捕捞条件的改善，带来了捕捞产量的提高，

1985 年达到 53.2 万多吨，相当于 1949 年的 5.39 倍。

2. 建设渔港。从 1964 年起，山东发动沿海群众，依靠地方力量，先后在沿海地区建成了蓬莱、龙口、石岛、积米崖、岚山头、三山岛等 21 处渔港和 13 处避风港，解决了渔船靠岸难的问题，改善了生产条件，减少了长途运输，既节省了运费，又保证了海产品质量。胶南县积米崖渔港建于 1971 年春，县政府将其列为全县重点工程，抽调了干部和民工 500 余人，奋战 7 年，砌起浅水顺岸码头 800 多米，可同时停靠 15 只船；建成水深 4 米码头 459 米，一次可停靠渔轮 12 艘，在建港采石时，有计划地打出一个有五条分支的山洞，建成一处容量 400 吨的冷库，成为全县的渔业基地。

3. 建设海水养殖场。山东的海水养殖是一项新兴事业，但发展很快，“六五”计划期间已进入世界先进行列。1958 年，国家投资在青岛建成第一座海带低温海水日光育苗室，开创了人工育苗、架养的新途径。此后，山东陆续建起海带育苗设施 7 处，育苗能力达 31.4 亿株，除供本省 10 万亩海带田用苗外，还支援外省。1985 年海带产量达 13.5 万吨，占全国总产量的 52.36%，居全国第一位。1978 年水产部投资，在文登、乳山、即墨 3 个县建起对虾养殖基地，至 1985 年全省逐步发展到 16 个基地县，相继建设了 14 处对虾育苗室，设计育苗能力 18.7 亿尾，大规模地进行对虾工场化育苗。至 1985 年共养对虾 25.8 万亩，年产量 9080 吨，占全国养殖对虾产量的 22.3%，其养殖面积居全国第一位，产量居全国第二位。1980 年后，山东沿海还建设了海珍品养殖设施 14 处，为人工养殖和海洋增殖提供了大批海参、扇贝、鲍鱼等幼苗。

4. 发展水产品冷藏加工。50 年代初山东只有青岛、烟台两处小冷藏厂，所谓水产品加工，就是腌咸晒干。由于冷藏加工能力低，经常出现鱼虾腐烂现象。随着渔业生产的发展，水产品的冷藏加工越来越显得重要。1949 年后，山东沿海先后建起冷藏加工厂 13 处，形成了相当可观的冷藏加工能力。既可速冷、制冰、冷藏，又可以生产腌制品、干制品、罐头制品、熟食品、鱼粉、鱼肝油、海带食品。另外，还建设了 9 处海藻化工厂，可生产碘、褐藻胶、甘露醇等，减少了国家进口和外汇支出。

（三）青岛、烟台两市经济开发区的建设。

青岛市、烟台市地处山东半岛东端，是以轻纺工业、外贸港口、海洋科研和风景旅游为特色的海滨城市，是山东经济技术比较发达的地区。1984 年 4 月 30 日国务院决定开放包括青岛、烟台在内的 14 个沿海城市，两市开展经济技术交流的活力得到增强。在对外开放中，两市各兴办一个经济技术开发区。为了给客商提供良好的投资环境，开发区在加紧建设中。

青岛经济技术开发区位于胶州湾西岸黄岛区薛家岛镇西部，与老市区相距 2.6 海里，建设规模为 15 平方公里，人口规模为 10 万人，工业规模为 3000—4000 个企业。首先开发 1 平方公里。1985 年 3 月破土兴建以后，工程进展十分迅速。环海公路和开发区内的两条干道（黄河路、井冈山路）已建成通车。开发区办公大楼已经建成，华林大厦 22 层 2.1 万平方米，主体工程已完工，两座标准厂房、一幢通用工业仓库已竣工交付使用。另外，珠山宾馆以及区内 1 平方公里的通讯、供水等基础工程，已完成总工程量的 80% 左右，具备了投资办厂的条件。

青岛市还积极兴办石老人和薛家岛两个旅游开发区。石老人旅游开发区位于青岛市区至崂山风景区的中间地带，环境幽静，风光旖旎。薛家岛旅游区位于青岛市黄岛区薛家镇东南部的狭长半岛地带，平面地形宛如一只展翅飞翔的凤凰。这里距经济开发区 3 公里，海上距老市区 4 公里。薛家岛旅游区建成后，将为经济技术开发区的职工度假、外籍职员居住和国内外宾客旅游提供理想的场所。

烟台经济技术开发区位于烟台市区西郊福莱山一带，距火车站 6 公里，距港口 10 公里，距飞机场 27 公里，交通十分方便。规划建设面积 10 平方公里，首先开发临夹河一带 1 平方公里工业区，同时相应配套建设 1 平方公里的生活、服务区。开发区的基础设施正在抓紧施工，1985 年已完成供水、供电、通讯、排水、煤气、热力管网等工程。地面建筑 20 万平方米，其中包括标准厂房、仓库、住宅楼等。区内第一个中外合资企业已于 1985 年 12 月正式投产。

四、加强轻纺、城市和文化教育设施等方面的建设，提高人民物质文化生活水平

（一）振兴纺织工业。

山东的纺织工业有着悠久的历史，现代纺织业则是从1918年开始的。日本帝国主义侵占青岛后，为了经济掠夺，在青岛陆续建立了9座棉纺织厂。此后，民族资产阶级也在青岛、济南开办了几个棉纺织厂和一批小型染厂、织布厂。1949年，全省共有45.4万纱锭，2.3万台织布机，其中90%集中在青岛。1949—1985年，山东用于发展纺织业的投资共20.35亿元，建成纺织厂477座，棉纺锭214万枚，居全国第三位。1985年总产值59.29亿元，为1949年的14.1倍；上交利税121.4亿元，为固定资产原值的4.7倍，共创汇27.9亿美元，并由1949年前单一的棉纺织行业发展成棉、毛、麻、化纤、印染、针织、复织、纺织、器材门类齐全的纺织工业体系。

1949—1957年，主要是发挥老纺织企业的作用，支援内地新建纺织工业的建设。闻名全国的“郝建秀工作法”、“五一织布工作法”和“五三保全工作法”就是在这一时期创建推广的。山东纺织企业向北京、西安、郑州、包头、新疆等地输送纺织工人和技术干部3300多名，为全国纺织工业的发展做出了贡献。

1958—1965年，山东成立了纺织工业厅，并制定了发展规划。但是，此间主要依靠国家投资，只新建了济南国棉二厂、潍坊棉纺厂、德州第一棉纺厂及临清棉纺厂，共15万纱锭，年递增率仅为5.4%，低于全国纺织工业同期发展平均水平。

1966—1975年，为加快纺织工业的建设，采取老厂办分厂和挖潜改造的办法，本着“就原料、就市场、就劳动力”和“大分散、小集中”的方针，发挥地、市、县的积极性，全省13个地、市（除东营外）都建立了纺织工业，特别是在工业落后的产棉区——鲁西北四区（惠民、德州、聊城、菏泽），建立了单县、莘县、禹城、邹平4个纺织厂，经济效益较好，从而彻底改变了50年代初期山东纺织业“两点一线”（青岛、济南、胶济线）的布局。这一时期的主要教训是，有的地、县不具备建厂条件也急于建厂，投资效果

较差。

1976—1984 年，建设的目标主要是提高技术水平，增加新品种，调整行业结构，引进先进技术装备。9 年间，共建成 31 个毛纺厂，其中有济宁毛纺织厂、青岛第二纺织厂、淄博毛纺厂等 6 个大中型企业。由于引进日本、西德等国技术设备和一大批毛纺厂的兴建投产，山东的毛纺锭跃居全国第三位。此外，还新建了淄博制丝厂、莱阳绢纺厂、烟台丝织厂等 41 个丝绸厂，扩建和新建了青岛、潍坊化纤厂和济南、淄博合成纤维厂等一批化纤企业，为纺织品生产开辟了广阔的原料资源，促进了服装工业和装饰用纺织品的发展。

（二）食品工业建设。

1949—1984 年，国家用于发展山东食品工业的投资累计 5. 37 亿元，扩建、新建食品企业 2764 个，初步形成了粮食加工、食用油脂、屠宰及肉类加工、水产加工、乳品加工、水果蔬菜加工、罐头、制糖、烟草、饮料酒、糕点、糖果、植物蛋白及豆制品等 20 多个行业。1984 年全省食品工业总产值为 62. 8 亿元，比 1949 年增长了 39 倍，占全省主要工业总产值的 13. 8%，占全国食品工业产值的 7. 3%，仅次于四川、江苏，名列第三。

山东的原盐生产，1949 年的产量为 41. 43 万吨，到 1985 年提高到年产 188 万吨，居全国首位。1958 年开始建设的羊口盐场，1985 年年产原盐 45 万吨，占全省总产量的 1/4 强。

山东省著名的烟台张裕葡萄酒公司是爱国华侨张弼士先生于 1892 年创建的。1915 年该公司出产的可雅（后改名金奖白兰地）、红葡萄酒、雷司令、琼瑶浆（味美思）同获巴拿马万国商品赛会金质奖章和最优等奖状。这是中国葡萄酒首次在国际上获奖。1949—1985 年，国家累计投资 1500 万元，主要用于扩建老厂、建设新厂、发展原料基地。1985 年饮料酒的产量比 1949 年增长 500 多倍，产品发展到 20 多种，年创外汇 400 多万美元。

青岛啤酒厂是 1903 年德英商人合资开办的，当时名为“英德啤酒酿造股份有限公司”。1949 年后先后经四次扩建，总投资 6777 万元，1985 年产量已达 8. 5 万吨，为 1949 年的 206 倍。青岛啤酒自 1954 年打入国际市场，远销东南亚、西欧、美洲、非洲等 20 多个国家和地区，被誉为“世界上唯一未被污染的最清洁的啤酒”。年出口量4.2万吨，年创外汇1000多万美元。

1984年山东的食用植物油年产量为40.68万吨，为1949年的5.3倍，在全国名列第一。青岛植物油厂生产的浓香花生油，色泽淡、泡沫少、浓香扑鼻。1983年更新设备、改革工艺后，质量更上一层楼，荣获1984年国家金质奖。年出口5900吨，换汇650万美元，是港澳等地居民主要的食用油之一，深受国际客商的好评。

（三）轻工业建设。

1949—1984年，全省轻工业建设投资共28.7亿元，占全省基建投资总数的6.5%，其中1979—1985年投资15亿元。36年中，新建、扩建了青岛自行车工业基地、烟台钟表工业基地、山东造纸厂、博山陶瓷厂、济南火柴厂、济南铅笔厂、烟台合成革厂等近30个大中型企业和一大批冷库、家用机电企业。从而使山东的轻工业总产值达到296.6亿元，比1949年增长35.2倍，其中火柴由100万件提高到375万件，增长2.75倍，在全国占第一位；钟由3600多只提高到325万只，增长900倍，在全国占第二位；制纸由3300吨提高到56.5万吨，增长171倍，在全国占第四位；陶瓷由1400万件提高到3.19亿件，增长23倍，在全国占第四位。在全国名列前茅的轻工产品还有铅笔、肥皂、保温瓶、合成洗涤剂、电池、搪瓷和手表等。

烟台合成革厂是中国“六五”计划期间重点项目之一，也是第一个年产合成革300万平方米、异氰酸脂1万吨、聚脂多醇3200吨的大型现代化企业。主要生产装置由日本引进，配套设备由国内设计生产，投资4.6亿元。1980年4月破土兴建，1983年5月基本建成。在工程建设中，胶东人民发扬当年抗战支前的拼搏精神，出动了1000多辆汽车、拖拉机和手推车，在半年之内，搬运土石方168万立方米。天津打桩队奋战7个月，打桩3500多根，为按时开工创造了条件。烟台市建筑公司和山东省工业设备安装公司，在土建和设备安装中，调集能工巧匠，精心施工，确保了工程进度和质量。这项工程被轻工部评为1984年“基本建设管理先进单位”。1985年被评为国家优质工程，获银质奖。烟台合成革厂的建成投产，不仅为轻工业提供了色彩鲜艳、质地优良的原料，还带动了一批地方工业的发展。

山东以集体所有制企业为主体的二轻工业从1956年开始陆续建立，到1984年，国家投资4.7亿元，加上自筹投资，到1984年已拥有固定资产15.17亿元，企业1358个，生产塑料、皮革、五金、家电、家具、服装、工艺美术、文体用品等500多类日用工业品和工艺美术品，年总产值39.8亿元。

威海市自1978年以来，走技术改造、技术引进的路子，迅速成长为新兴的轻工业城市。据1983年的统计，集体所有制企业轻工产品产值达1.5亿元，占全市工业总产值的38%。威海地毯，胜似浮雕，富丽堂皇，在国际上被誉为中国高级地毯。

（四）加快城市建设。

随着经济建设的发展和工业布局的调整，山东原有的济南、青岛、烟台市不断扩大，并先后形成了淄博、潍坊、枣庄、济宁、东营、泰安、德州、威海、滨州、临清、聊城、菏泽、莱芜、新泰、日照、临沂16个大、中、小城市，全省共有19个城市。36年中，国家用于城市建设的投资共46.24亿元，主要用于以下几方面的建设：

1. 住宅建设。截至1985年，全省城市用于建设居民住宅的投资共43.2亿元，建成住宅4595.6万平方米，人均居住面积5.7平方米。1978年后，在住宅建设中推行小区综合开发，把旧城改造和新区建设紧密结合起来，使城市面貌和人民居住条件迅速改观和改善。

2. 城市供水、排水和煤气、供热建设。全省18个城市（不含东营，下同）共扩建新建自来水厂58个，每人每天平均用水量111公升，比1949年提高4倍多。修建城市防洪堤281公里，下水道1884公里，大中城市实现了雨污分流，基本上消除了一般洪涝威胁。济南、青岛、淄博、烟台、潍坊、德州、威海、泰安、临沂等9个城市，在1985年前建起了液化气工程，储气能力4805吨，用气人口达到132.1万人。枣庄、济宁两市新建煤制气工程，1985年投产使用，生产能力为12.5万立方米/日，用气人口6.2万人，两项合计气化率占24.1%。另外，济南、青岛、泰安、潍坊、淄博、烟台等6个城市煤制气工程正在建设中，济南的集中供热工程已部分发挥效益，既方便了人民生活，又改善了城市环境。

3. 城市交通建设。1949 年，全省城市道路只有 454.1 公里，50 辆公共汽车。1985 年全省 18 个城市共有道路 2028 公里，人均占有路面 3.6 平方米，比 1949 年提高了 50%，高于全国平均水平。18 个城市共有公共汽车 1735 辆，无轨电车 214 辆，营运线路 5296 公里，比 1949 年增长了 142 倍。

4. 园林建设。1985 年全省 18 个城市拥有园林绿地 6715 公顷，各类公园 42 个，面积 947 公顷，绿化覆盖率 20.4%。济南的趵突泉、大明湖、环城公园，青岛的中山公园、鲁迅海滨公园，烟台的南山公园和威海的环翠楼各具特色，是休息、游览的胜地。

（五）增加文化设施。

山东是孔孟之乡，文化教育事业源远流长。但 1949 年前，高等院校只有 7 所，中等学校不过百处，学龄儿童入学率只有 20%，文盲占总人口的 80%。1949 年以后，特别是 1978 年以来，文教建设加快了步伐。

1. 学校和科技院所建设。36 年中，全省共建普通高等院校 42 所，为 1949 年的 6 倍；新建中等专业学校 174 所，增长 5.1 倍；新建普通中学 9718 所，增长 147 倍；新建小学 4.68 万所，学龄儿童入学率已达 97.41%。1980 年至 1985 年的六年间，全省学校建设投资 6 亿多元，一部分学校列为重点项目中的重点，优先供料，优先安排施工力量。山东大学、山东工业大学、山东师范大学、山东医学院、山东海洋学院新建的图书楼、留学生楼、实验楼、外籍教授别墅等，工期短、质量好。1978 年全国科技大会以来，山东共建成县以上独立科研机构 318 个，非独立科研机构 1550 个。山东科学院、山东农业科学院和山东医学科学院，都是新建的全省最大的科研部门。

2. 文化体育设施建设。36 年来，山东共建成剧场 63 个，图书馆 96 个，博物馆 22 个，艺术院校 7 所，电影放映单位 10385 个，建筑总面积 100 多万平方米。此外，还兴办了乡镇街道文化站 2000 多个，文化中心 603 个。50 年代建成的山东剧院，设计好，质量高。1980 年后，在济南建成的山东图书馆阅览楼、艺术学院教学楼、文物总店营业楼，素雅壮观，显示了新时代的风貌。

36 年来，山东省共建成人民广播电台 9 座。中波广播发射台、转播台及实验台 25 座，发射功率 691.5 千瓦，比 1949 年增长了 431 倍。建成调频发射台、转播台 9 座，发射功率 114.1 千瓦。建成电视台 9 座，电视发射台、转播台 143 座，发射功率 139.46 千瓦。建成县（市、区）有线广播站 126 个。建成乡（镇）广播放大站 2358 个。山东已形成了遍布城乡的无线广播、电视广播网。中波广播覆盖全省人口的 81%；调频广播覆盖全省人口的 50%；电视广播覆盖全省人口的 70%。广大农村 66% 的村庄通了有线广播。

36 年来，全省共建成各种体育活动场地 20272 个，其中体育场 14 处，体育馆 9 个。坐落在济南英雄山下的山东体育馆，是一座能满足多种项目比赛的中型体育馆，可容纳观众 8000 人。这项工程由山东省建筑设计院设计，山东省工业设备安装公司和济南第一建筑工程公司施工，造型新颖，工程质量好。屋顶整体提升新工艺，获全国科技大会优秀科技成果奖。1984 年山东省政府决定，以这个体育馆为基础，建设山东体育中心。

（六）发展医药卫生事业。

1949 年以前，山东的医药卫生事业十分落后，每千人仅有病床 0.06 张。36 年中，主要抓了医药工业和医疗机构的建设，落后状况基本改变。建成了山东新华制药厂、济宁抗生素厂、济南中药厂、淄博人民制药厂、山东新华医疗器械厂等中西药和医疗器械 88 个企业，形成了比较完整的医药工业体系。1985 年，化学原料药年产量已达 9866 吨，其中 12 大类为 6568 吨，比 1949 年增长 267 倍。中成药年产 6638 吨，主要医疗器械 86.26（万台件），年总产值 6.4 亿元，比 1949 年增长 123 倍。与此同时，建成各种卫生医疗机构 9972 处，医院床位 12.8 万张。山东省人民医院、山东医学院附属医院、千佛山医院、山东中医学院附属医院、青岛医学院附属医院等规模较大，设备齐全，技术力量雄厚，是山东的骨干医院。另外，各市、专署、县、乡（镇）以及铁路、煤炭、油田、冶金、纺织、交通、建筑等行业和许多大中型厂矿企业，都建有自己的医院、疗养院或休养所。

（七）开发旅游资源。

山东历史悠久，名胜古迹众多，历来就是中外旅游者向往的胜地。“五五”、“六五”计划时期，国家投资1.3亿元，先后重修、开发了济南的大明湖、灵岩寺，青岛的崂山，烟台的毓璜顶，蓬莱的蓬莱阁，淄博的蒲松龄故居和东周墓殉马坑，泰安的泰山，曲阜的孔府、孔庙、孔林等11个旅游点。并新建了青岛汇泉宾馆，烟台的芝罘宾馆、华侨宾馆，济南的齐鲁宾馆、舜耕山庄，曲阜的阙里宾舍，胜利油田的胜利宾馆，潍坊的旅行社外宾楼以及泰山宾馆，德州宾馆等11个旅游宾馆。

为了使中外游客都能登上泰山顶峰，自1981年10月起，仅用1年10个月的时间，在泰山中天门的凤凰岭至南天门望府山修建了一条大型往复式旅游索道。上下站斜距长2078米，高差603米。这条中国最长的索道，设备是由日本进口的，投资1036万元。设计师是全国著名的矿山索道专家、北京有色金属设计总院工程师王庆武。泰安市建筑公司负责土建和安装。建筑部门职工在十分困难的条件下，确保了工程质量，获国家优秀工程奖章。

第三节　江苏省的建设

江苏省位于中国大陆东部沿海的中心，地势低平、河湖众多、水网密布。在全省总面积中，平地占68.8%，主要是由苏北[①]黄淮平原和长江三角洲平原组成。水面占16.9%，低山丘陵占14.3%。土地利用率很高。1985年全省总人口达6213万，人口密度大，每平方公里为600余人。

江苏处于亚热带向暖温带的过度地区，位于长江、淮、沂、沭、泗诸河下游，大运河纵贯南北，有太湖和洪泽湖，水资源比较丰富。全省雨量比较丰沛，气候温和，光热条件好，土地比较肥沃，历来是中国重要的农业区之一，素称“鱼米之乡”，主要农产品在全国占有重要地位。

矿产资源，主要有徐州及其附近的煤，金湖、江都、泰县一带的石油和天然气，太湖平原和里下河平原等地的泥炭。非金属矿产主要有连云港和铜山的磷矿、丰县的钾矿、宜兴的陶土、吴县的瓷土，宜兴、吴县、邳县的大

---

① 江苏省境内以长江为界，把位于长江以南的部分通称为“苏南”，相应地把长江以北的部分通称为“苏北”。下同。

理石，苏州的花岗岩，东海的水晶，宿迁的石英砂以及新沂、宿迁一带的金刚石等。

江苏省有着悠久的文化历史。南京是全国著名的四大文化古都之一；唐代的扬州曾是全国最大的通商口岸。江苏的丝绸、陶器、漆器、刺绣等早在唐宋时期就已驰名中外。国民党统治时期，也兴办了一些工业，主要是一些轻纺工业和机器修理厂，技术落后。到1949年，全省工业总产值只有12.2亿元。

从1950年到1984年，35年累计江苏省共完成固定资产投资417亿元，新增固定资产311.2亿元，竣工房屋建筑面积1.29亿平方米，全部建成交付使用的项目有2.5万多个，其中大中型项目200多个，形成了一大批对国计民生极为重要的生产能力，并发挥了较好的经济效益。根据江苏省的地理位置、自然状况和各种条件，基本建设具有以下一些特点：

第一，消除自然灾害的影响，保证农业生产丰收，发挥江苏农业基地的作用。

江苏虽然土地肥沃，水资源丰富，但洪涝威胁十分严重，干旱、滷潮灾害也较频繁。解放前，水利失修，造成水系杂乱，堤防支离破碎，淮河流域“大雨大灾、小雨小灾、无雨旱灾”。因此，50年代初期，就决定集中力量修筑规模巨大的防洪防潮工程，开辟了新沂河、新沭河、灌溉总渠，兴建了三河闸，加固了洪泽湖、运河大堤和江海堤防，并在沿江沿海主要港口建挡潮闸，使洪、潮危害得到初步控制。50年代中后期起，全面展开了治涝、治旱的水利建设，逐步从单项治理向全面规划、综合治理方向发展，从分流域治理向跨流域调度发展。淮沭新河、京杭运河、江都排灌站等大型工程都是在这一期间规划和开始兴建的。70年代以后，以农田基本建设为中心，进入山、水、田、林、路全面综合治理阶段，机电排灌蓬勃发展。从治理地面水发展到逐步控制地下水，控制土壤含水量。进入80年代以后，水利建设转到以提高经济效益为中心的轨道上，进一步挖潜配套，加强经营管理，充分发挥现有水利工程效益。同时，自50年代后期，就开始建设化肥厂和农业机械厂，有力地支援了农业，1984年，全省农业总产值达323.7亿元（包括村及村以下办工业），居全国首位，占全省工农业总产值的33.1%。比1949年增加6.7倍，每年递增6%，主要产品产量都比1949年成倍或几十倍的增长。

第二，发展以轻纺工业为主的加工工业。

江苏地处沿海，同时缺乏大规模举办重工业的资源条件，但江苏省的轻纺工业较有基础，农业资源丰富。因此，采取了以发展轻纺工业为主的加工工业的方针。35年中，共对轻纺工业投资59.7亿元，对机械电子工业投资42.8亿元，这两项就占整个工业投资的41%。1984年，江苏省全部工业总产值680亿元，居全国第二位，其中轻纺工业和机械、电子工业的产值为486亿元，占全部工业总产值的71.5%。

1978年以前，工业建设主要由国家投资。而江苏省由于地处沿海，不是国家投资的重点省，1949—1978年工业投资只有100.5亿元。1978年，国务院决定在江苏省试行财政包干的体制改革。1978年以后又确定调整投资方向，增加轻工市场的投资，提出各地要扬长避短，发挥优势。因此，从1979年开始，江苏省的工业投资，特别是轻纺工业的投资，有了迅速的增长。1979—1984年的6年中，工业投资共147.3亿元，比前30年多47亿元。其中轻纺工业6年共投资46.8亿元。比前30年累计投资12.9亿元还多33.9亿元。

第三，大力发展乡镇企业。

江苏省人多地少，劳动力富余，农民迫切要求兴办乡镇企业，发展乡镇经济。最初，乡镇工业主要是一些为农业生产服务的小型农机维修，为农民生活服务的粮食加工和为基本建设服务的地方建材工业，1978年省政府为了支持乡镇企业的发展，确定从地方机动财力中拿出1亿元建立“支持乡镇企业发展基金”，乡镇工业从而迅速发展起来。乡镇工业投资少，见效快，适应性强，易于扬长避短、发挥优势。由于注意经济效益，注意采用新技术，注意产品质量，出现了一批声誉较好的优质品、新产品。例如，江都县双沟无线电厂生产的微波针灸仪，1984年荣获普罗夫迪夫国际博览会的金质奖；沙洲县塘桥乡电子计算机存贮器厂自行设计、生产的存贮器，被用在中国实验卫星的地面控制中心，受航天部嘉奖。

到1984年，全省有乡镇工业企业6.8万个，职工人数435.46万人，占农村劳力的 17%；总产值 226 亿元，占全省工农业总产值的 23.1%，占全省工业总产值的 33.2%，占全国乡镇工业总产值的 21.85%，居全国首位。上缴税金 14.1 亿元，占地方财政收入的 18.7%。乡镇工业已经成为江苏省农村经济的重要支柱。

除了乡镇企业以外，农村建筑队也成为农村产业结构中的一个重要支柱。1980 年以后，农村建筑队，除了完成本省基建任务外，每年有 20 多万人在外省施工；1984 年在全国 26 个省、市、自治区承担了 4500 项工程，经济收入达 4.5 亿元。

随着农业经济和乡镇工业建设的发展，农民住房条件不断改善，以乡镇为中心的生产建筑、公共建筑以及其他公用设施的建设也逐步配套完善，整个农村建设面貌呈现出一派欣欣向荣的新景象。1979—1984 年 6 年来，全省已有 500 多万农户住上了新房，占总农户的 40%。新建、翻建农房的面积达 3.3 亿平方米。1984 年，人均住房面积已达 17.7 平方米，比 1978 年增长了 1 倍。楼房建筑已达 1956.78 万平方米，占建房总面积的 31%。1984 年全省完成村镇生产和公共建筑的建筑面积达 1346.6 万平方米，总投资 14 亿元，比 1978 年增长了 4 倍多。

一、水利建设

35 年来，全省投入水利建设的资金 153 亿元，其中地方自筹和群众的劳动积累约 105 亿元，累计完成土石方 275 亿立方米。初步建成了防洪、防涝、防潮、防旱、防渍五套水利工程体系。（1）6300 多公里主要堤防，新沂河、新沭河、人江水道、灌溉总渠、淮沭河等排洪干道，总容量为 190 亿立方米的 1130 多座水库等为主体的能泄、能分、能蓄、能调度的防洪工程体系；（2）以 420 多条地区性河道，73 万多条大、中、小沟，620 万马力的机电灌动力等组成的防涝工程体系；（3）以 1860 多公里江海堤防，以及沿江、沿海各口门的控制建筑物等组成的防潮工程体系；（4）以江都、淮安、淮阴、宿迁、谏壁、秦淮河等水利枢纽，250 多处万亩以上灌区，以及京杭运河为骨干的江水北调输水干线和多级补水站组成的防旱工程体系；（5）以密如蛛网的田间沟洫、136 万座小型涵闸组成的防渍工程体系。这些对保障和促进农业以及整个国民经济的发展，发挥了显著的效益。

同期，大型水利工程有：整治淮河。江苏的治淮是从整治洪泽湖、开辟苏北灌溉总渠、兴建三河闸开始的。苏北灌溉总渠从高良涧开始，向东经淮安到扁担港出海，是黄河夺淮七百多年以后，淮河重新得到的一条入海通道，长达 168 公里，排洪 800 立方米。这条河道总开挖土方量达 8000 万立方米，苏北 80 万治淮大军只用了 80 个晴天就全部完成，随后又用 9 个月时间建成了全长 700 米、泄洪流量 1.2 万秒立方米的三河闸，使淮河洪水得到了控制。1954 年，淮河发生了与 1931 年一样的大洪水，由于灌溉总渠和三河闸工程的巨大作用和洪泽湖、里运河堤坊的加固，使里下河广大地区免遭象 1931 年那样从徐淮到里下河广大地区一片汪洋，里下河淹地 1330 万亩、淹死 7.7 万人的惨剧。

江水北调、淮水北调工程，是跨流域的调水工程系统，是在充分利用丰沛的长江水资源，发展苏北的农业生产的指导思想下规划的。从 1961 年兴建江都第一座电力排灌站开始，经过 20 多年的不断建设，已形成沿京杭运河的输水干线，从长江边到徐州市，已经建成江都、淮安、越闸、泗阳、刘老涧、井儿头、刘山、解台等 8 个梯级抽水站，使江水高度从 0 米提高到 30 米左右。江水滋润着苏北大地，直到连云港市、徐州市。1978 年，江苏省发生百年未遇的大旱，沿江各类提水工程翻引江水 255 亿立方米，经跨流域调度，使大旱之年夺得丰收。效益最显著的是江都抽水站。它位于长江、淮河入江水道，京杭运河、新通扬运河的交汇处，以 4 座大型电力排灌泵站为主体，辅以 17 座水闸、船闸、变电所，构成一个能灌、能排、能引、能调、能发电、能通船的综合利用水利枢纽。国家投资 1.78 亿元，群众劳动积累投入 1.2 亿元，抽水站总装机 33 台套，容量 4.98 万千瓦，实际抽水能力达 460 秒立米，是中国自行设计、施工、制造、安装的大型电力排灌站。建设中采取了全面规划，分期分批，建一站，成一站，发挥一站效益的办法，前后共用了 17 年的时间，建设中不断总结经验，不断提高水平，从第一站的每个流量造价 13.6 万元降到第四站的 7.6 万元。自 1963 年建成第一站，到 1984 年已抽引江水 377

亿立方米，抽排涝水104亿立方米，自流引江水523亿立方米。平均每年抽引、自引江水41.1亿立方米，相当于一个半洪泽湖的蓄水量。其中1978年抽引、自引江水111亿立方米，接近4个洪泽湖的蓄水量。1982年，江都抽水站被评为国家优质工程，获得了金质奖。

谏壁抽水站是长江南岸的一个能灌、能排的大型泵站。1978年建成后当年即遭大旱，以后又经4年抗旱、两年排涝，抽水近9亿立方米，受益地区增产粮食14亿斤。1984年它被评为国家优质工程，获得银质奖。

凭借已建的水利工程，江苏省先后战胜了4个大洪水年、6个干旱年、11个涝年以及5个旱涝交错年。全省已基本建成旱涝保收、高产稳产农田3970万亩。全省有效灌溉面积，已从1949年的2700万亩，发展到6000万亩，占耕地总面积的80%多。全省受涝成灾面积从50年代的平均每年受涝1000万亩，减少到70年代的500万亩，受灾程度也有所减轻。1982年，淮北地区发生特大暴雨，3日内雨量达到400多毫米。各类水利工程有机调度，联合运用，一周内基本排除积水，抗御了大涝，农业仍然获得了大丰收。

在进行骨干工程的同时，江苏省水利部门十分重视农田水利——中、小型工程的建设，从而使全省农业布局发生了很大变化。已建成的水利工程，平均每年为农业提供灌溉水约410亿立方米。全省1000万亩盐碱地，已有870万亩得到不同程度的改良。全省水稻面积已从1949年的2680万亩增加到3774万亩。水利和农业措施的结合促使粮棉大增产。全省粮食总产量从1949年的150亿斤增加到1984年的670.72亿斤，居全国第二位；棉花从1949年的56万担增加到1984年的1332万担，居全国第四位。历史上低产的徐淮地区，在洪涝威胁得到初步解除后，粮食产量也已发生了巨大变化。1949年这个地区粮食产量仅36.7亿斤；1984年已达到234.45亿斤，超过了苏南地区的粮食产量，成为江苏省新的商品粮基地。

水利建设也促进了工业的发展，过去遇到干旱年份，京杭运河缺水断航，连云港市曾经用轮船、水车运输淡水解决港口生活用水，如今遇到干旱年份，江水、淮水滔滔不断地向北输送，保证通航和港口用水需要。水利建设还有利于发展造林、交通、水电、水产、消灭钉螺、保护环境等，发挥了综合效益。结合主要河湖堤防建成县级以上公路1000多公里，营造防护林带4600多公里。河道整治结合通航2.3万多公里。全省发展小水电3万多千瓦，机电排灌的发展，带动了农村用电和农业机械化。

二、纺织、轻工业建设

（一）纺织工业。

35年来，全省对纺织工业建设投资37.8亿元，新增生产能力为：棉纺锭215万锭、毛纺锭21.6万锭、印染能力11.27亿米、化纤能力7.96万吨。1984年，棉纱、棉布、印染布、丝织品和呢绒产量，分别比1949年增长了9倍、7倍、40倍、36倍和514倍。1984年纺织工业年产值达175.49亿元，比1949年增长32.7倍，占全省工业总产值的25.8%，成为江苏省经济发展的工业支柱之一。形成了布局合理、产品结构协调、门类齐全的全国纺织品生产的重要基地。

50、60年代，江苏省以发展棉纺、印染为重点，首先对无锡，常州、苏州和南通的老企业进行改建、扩建；同时，有计划地在棉花原料产区和农村市场中心的盐城、淮阴、徐州、扬州等地陆续新建了一批棉纺织骨干工厂，兴建新海连、射阳麻纺厂和丝绸、针织复制等企业。60年代中期开始发展毛纺和化纤。70年代后期，随着农村经济的发展，各地把新办纺织工厂作为发展经济的“摇钱树”，使全省兴建纺织工厂形成了蓬勃大发展的高潮，纺织生产能力猛增；棉纺锭增加80%，布机增加1倍多。针织复制、毛纺织、化纤、印染、丝绸各业全面发展，苏南、苏北同时并进，从根本上改变了纺织业集中于苏南一线和南通一点的面貌。广大苏北棉花、桑蚕产地，差不多各县都有纺织厂，不少市、县新建了缫丝厂。到1984年年底，棉纺锭和布机拥有数量，苏南、苏北各占一半，毛纺织、印染能力和纺织工业产值苏北分别占1/3、1/5和1/3强。江苏已形成苏南以老企业为骨干，开发中、高档出口产品为主；苏北以新企业为骨干，生产内销产品为主的两个纺织工业基地。

在建设纺织工厂的同时，还建设了一批纺织原料工厂。1964年，生产粘胶纤维的中型企业南京化纤厂建成投产。1973 年，清江合成纤维厂建成投产。其后 10 年多中，又陆续发展了一批生产合成纤维的小化纤厂。70 年代后期，又建设了一批涤纶长丝厂。1981 年开工建设的仪征化纤工业联合公司是全国最大的化纤基地，总投资 24. 87 亿元，建设总规模为涤纶短纤维 24 万吨、聚酯切片 25. 2 万吨，占地面积 967 公顷，建筑总面积 151. 44 万平方米。一期工程 1984 年已出合格产品，1985 年全部建成投产。

在纺织工业建设中，注意了采用国内外新技术，从而提高了产品质量，增加了经济效益。如南通第一棉纺厂最老的一纱车间翻建以后，新装的 2. 3 万锭设备集中了全国 30 多项技术革新成果；无锡第一棉纺厂，新建了一个三层全封闭新车间，引进了国内外全程棉纺新设备、新技术。常州国棉一厂 1979 年用 710 万美元引进了万头气流纺设备，从基建到设备安装投产仅花了 11 个月时间，投产后到 1982 年的两年半时间内实现了税利 1040 万元，贷款本息全部还清。常州东风印染厂从国外引进的涤棉高速印染线、南通市第二印染厂引进的中长染整线，都收到了一年基建、两年投产、三年收回投资还清全部贷款的效果。

到 1984 年年底，全省已建成了几个以中、高档产品为主，各具特色的出口基地。苏州以丝绸为主；无锡以呢绒和色织织物为主；常州以卡其和绒类织物为主（灯芯绒产品已发展到 1000 多种）；南通以纱、布为主。这些基地的产品在国际市场上都享有较好的声誉。全省出口纺织品的工厂已发展到近 300 个。1983 年全省纺织品出口换汇占全省工农业出口换汇总额的 42%。此外，江苏省还先后支援了苏丹等一些发展中国家建设纺织厂，为发展中国同各国人民友谊和经济交往做出了贡献。

（二）轻工业。

35 年内，对轻工行业建设投资 21. 66 亿元，其中全民企业基本建设投资总额 12. 25 亿元，新增固定资产 9. 3 亿元。1979 年以后，调整了轻重工业的投资比重。1979—1984 年投资 8. 4 亿元，占 35 年投资的 68. 6%；平均年产值递增 11. 3%。1984 年，全省轻工业总产值达 90. 12 亿元，比 1949 年增长了 12 倍。35 年共为国家提供积累 194 亿元。到 1984 年年底已有 44 个大类轻工行业，2万多个花色品种，3115个企业、80万名职工。1979年到1984年，获国家、部及省优质产品奖的就有586个。江苏省解放前[①]，轻工业企业大部分集中于苏南沪宁铁路沿线，布点很不合理。在中华人民共和国成立后的很长一段时间里，轻工业的建设资金主要依赖国家拨款，大部分投资于江南地区和新建项目，因而，使原来已经集中的轻工业区更加集中，给原料和产品的运输、销售等带来了不少问题。1978年以后，江苏省认真贯彻调整方针，根据省内特点，争取多种渠道的资金，在1979—1984年的8.4亿元投资中，各种贷款就占63%。在投资方向上，90%以上的资金用于老厂改造。在布点上，按照“提高苏南，开发苏北”的要求，对苏北的投资比例逐年有所增加；特别对以农副产品为原料的企业，如酒类、罐头、乳品，食糖、淀粉及其制品等基本上建于苏北。这不仅发展了苏北轻工业，同时也填补了一些缺门产品。

通过对老厂的技术改造，厂房设备陈旧、民生产效益不高、工艺技术比较落后的状况有了很大改变。如南京手表厂，投入建设资金1700万元改建后，年产手表170万只，与新建同一规模的表厂相比，不仅时间缩短两年，且节约投资1300万元，产品质量好、价格低，畅销全国。无锡自行车厂利用老厂改造，第一期工程只投资583万元，形成整车能力30万辆，比新建同规模的厂节省投资50%，这个厂生产的“长征”牌自行车，已进入全国名牌产品行列。

除原有的传统轻工业外，新兴行业也得到发展，无锡塑料地毯厂是规模较大的塑料地毯厂，产品畅销全国，供不应求；其生产规模从年产100万平方米逐步扩建到400万平方米。合成洗涤剂行业是七十年代才开始建设的新兴行业。南京烷基苯厂是从美国、意大利引进生产装置的现代化大型工厂，年产直链烷基苯5万吨，合成洗衣粉2.5万吨。总投资2.76亿元，总占地面积1472亩，总建筑面积13.5万平方米。1976年10月开工，1980年生产出合格的烷基苯，1981年8月洗衣粉车间投料试生产，产量、质量均达到设计要求。1982年10月经国家验收委员会正式验收投入生产。1983年该项工程和该厂“三日”牌烷基苯均被评为国家银质奖。到1984年年底，已累计生产烷

① 1949年4月23日江苏省的首府、国民党政府的首都——南京市解放。

基苯 20.07 万吨，按国际市场价格计算，创造的价值约为 1.9 亿美元，相当于建厂所用外汇的 4.9 倍，折合人民币 6.85 亿元（按建厂当时比价 3.6 计算），相当于建厂投资的 2.45 倍。若加上洗衣粉、轻醋等产品，则创造的价值更高。

在轻工业建设中，注意了利用外资、引进国外先进技术和关键设备。1973—1984 年，引进项目共达 483 项，总投资额 1.99 亿美元，相当于人民币 5.77 亿元（不包括国内配套 1.82 亿元）。仅服装、塑料、玻璃、自行车、食品、家用电器、皮革、包装等行业就引进了 33 条生产线和配套专用设备。通过引进，大大提高了企业的技术装备素质，为增加花色品种，扩大生产和增加积累等提供了前提条件。以上项目全部投产使用后，每年可增加产值 21 亿元，增加税利 5 亿元。

常州红卫塑料二厂，1979 年用 282 万美元从日本进口一套全自动圆筒纺机，年产编织袋能力达 2500 万条，投产后每万米耗原料降低 17.4%，成本降低 46%，能力提高 4 倍多。质量居全国领先地位，产品运销美、法等 18 个国家。投产后第一年就实现税利 569 万元，换汇 391 万美元，总产量已达 1.3 亿条，是全国规模最大、效益最好的大型编织袋工厂。服装行业的无锡光明内衣厂等 3 个厂引进的 13 条服装生产线，年产能力 800 万件。投资 220 万美元，投产后两年就还清了贷款。无锡光明内衣厂生产的“阿罗牌”衬衫，已成为美国超级市场的名牌货。常州电池厂 1983 年和 1984 年建成投产的扣式锌——氧化银电池和扣式碱性锌锰电池工程，以及中日合资南通力王公司外贸胶鞋生产厂投产后，均取得了较好的经济效益。

三、机械、电子工业建设

35 年内，机械、电子工业建设投资 42.8 亿元，新增固定资产 33.2 亿元。已成为全省工业的重要支柱。

（一）机械工业。

50 年代初期开始兴建南京电影机械厂，两年后生产出电影放映机。“一五”计划期间，对官僚资本遗留下的仅有 1000 平方米车间的南京机床厂进行了扩建，新建了机加工、锻工、铸工 3 个车间，总面积达 1 万平方米。扩建了戚墅堰机车修理厂、无锡机床厂和无锡动力机厂等。“二五”计划期间，在继续扩建一些老厂的同时，新建了常州、徐州机床厂和为矿山服务的南京、徐州矿山机械厂。到 1958 年，又建立了生产电站设备的工厂，如南京汽轮电机厂、无锡锅炉厂、常州变压器厂、苏州高压开关厂等；扩建了南京汽车制造厂。同时为与南京汽车制造厂配套，又扩建了镇江机械制造厂等，联合生产 1 吨军用越野车。1972 年开工新建清江拖拉机厂及配套项目（清江齿轮厂、扬州柴油机厂等），1975 年建成投产，建设规模为年产东风 50 型拖拉机 5000 台等。70 年代，新建了镇江锚链厂，主要设备从瑞典引进，产品三山牌 A_2 级锚链获国家银质奖，畅销十多个国家和地区。扩建南京汽轮机厂燃汽轮机项目及与其配套的无锡锅炉厂、动力机械厂（后改为无锡叶片厂）、南京高级齿轮箱厂等，并在徐州新建、扩建徐州工程机械厂、重型机械厂、锻压机床厂、农业机械厂等。80 年代，在南京电瓷厂引进设备建设了年产火花塞 2500 万只的项目。

70 年代后期，随着乡镇工业的蓬勃兴起，一批小型机械厂遍及全省各市、县、乡、镇，机械制造能力大大增加。

到 80 年代中期，江苏省已形成门类比较齐全的机械工业生产基地。不少项目的经济效益好，生产出一批名优产品，销售国内外。如南京电影机械厂的 16 毫米电影放映机，荣获国家银牌奖；常州、无锡县柴油机厂生产的 S195－12 马力的柴油机经济效益好，在国内外享有较高声誉，获国家银质奖；扬州柴油机厂生产的 495 柴油机，是部、省“双先”产品；清江拖拉机厂生产的江苏－504 型（四轮驱动）拖拉机，1984 年，在澳大利亚举行的“国际田间日”比赛会上荣获一等奖；南京电瓷厂生产的 50 万伏高压电瓷、电容套管、棒型产量居全国首位；南京机床厂与联邦德国特劳勃公司合作生产的电脑控制高性能车床 TND360 具有 80 年代国际先进水平，1984 年生产 200 多台，大部分返销国际市场；南京高速齿轮箱厂为武汉钢铁厂引进的 1.7 米轧机生产的高速齿轮配件，填补了国内空白，取得了较好的经济效益。

镇江蓄电池厂的防尘灭毒技术改造工程，于1981年建成投产后，提高了产品质量，控制了铅尘、铅烟、尘毒及硫酸雾对环境的污染，而荣获国家优质工程项目银质奖，为三废治理找到了一条新路。

（二）电子工业。

1949年以前，江苏省电子工业只有几个靠进口材料和零配件进行装配的小厂，职工仅有几百人；设备简陋，主要生产电话机、交换机、电子管收音机和普通白炽灯泡，且所需关键配件大部分还得靠外国供给，是个极为落后、依赖性很强的半殖民地的工业。解放后，先后把这些小厂扩建为南京长江机器制造厂、南京无线电厂、南京有线电厂。1958年起又先后兴建了江苏无线电厂、南京东方无线电厂、南京电讯仪器厂、扬州宝成无线电厂，以及南京、无锡、常州、南通、徐州等地的灯泡厂、电子管厂等。

1979年以后，又大力发展市场需要的广播电视产品。全省集中力量，重点加强了南京、无锡、苏州、南通、常州等市电视机厂的建设，调整充实了13个重点收音机厂点，狠抓了录音机芯和整机装配生产的引进和建设。到80年代中期，南京无线电厂电视机生产能力为80万台，无锡、苏州电视机厂均为50万台。这个时期还建设了华东电子管厂的彩电、黑白显像管消气剂项目，真空器件消气剂项目，江南无线电器材厂的彩电线性电路项目，南京有线电厂年产2000台的针式打字机项目等，为以后发展大规模集成电路、微型计算机、打印机等新兴产业打下了基础。与此同时乡镇企业中也有一部分电子工业兴起，生产了一些有声誉的电子产品。

80年代中期，江苏的电子工业已经有了比较雄厚的基础。1980年以后建成的卫星地面接收站、无人值守站、气象雷达设备等在全国处于领先地位。广播电视产品，如电视机、收音机、录音机等产量居全国第二，计算机科研生产占全国重要地位。

江苏省电子产品进出口贸易迅速发展。已有36个企业的70多个品种产品销往东南亚、中东、美国、西欧和港澳等国家和地区，并已有125个企业与30多个国家和地区的130个公司建立了业务联系。

四、能源工业建设

（一）煤炭工业。

35年来，煤炭工业建设投资28亿元，新增固定资产21亿元。先后建成投产矿井117处，设计能力1423万吨/年，形成了徐州矿务局丰沛矿区和地方国营煤矿原煤生产基地，累计生产原煤2.61亿吨。

江苏煤炭资源集中在徐州、丰沛一带。1949年后，煤炭工业的建设重点放在徐州矿区。70年代以前主要目标是使矿区尽快形成综合生产能力。到1970年，徐州矿区规模发展为生产矿井9对，设计能力564万吨；在建矿井4对，设计能力165万吨。1970年以后，除继续加紧在建4对矿井的续建外，重点抓老矿井的改扩建工程，提高采掘机械化水平，加大矿井开发强度。同时加强勘探工作，煤田面积从30多平方公里扩展到305平方公里。1984年探明的煤炭储量从不到1亿吨增加到12.9亿吨；矿区规模发展到13个矿16对井；矿区的综合生产能力达到1040万吨。兴建洗煤厂11座，年入洗原煤设计能力531万吨，煤的品种由单一原煤增加到精煤、洗块、筛块、中煤等12个品种。

丰沛新区于1960年进行普查，先后共探明煤地质储量23亿吨。1970年开工建设一期工程，到1984年，姚桥、徐庄、孔庄等3对矿井已经投产，设计能力为270万吨，在建矿井3对，设计能力为330万吨，将于1987年前后投产；洗煤厂1座，原煤入洗能力180万吨，矿区公用工程基本完成，矿区已初具规模。矿区二期工程，设计能力为405万吨，1995年前后形成1000万吨矿区。

在开发大矿的同时，江苏省还十分重视地方煤矿的建设。1984年，地方煤矿生产的原煤达412.3万吨，占全省原煤产量的23%。乡镇集体兴办的小煤窑年产煤134万吨，占全省原煤产量的7.5%。地方煤矿和小煤窑已成为江苏省煤炭工业的重要支柱之一。

为了缓和江苏煤炭供应的紧缺及基建投资不足的状况，1983年，首次用补偿贸易方式，利用外资改扩建徐州矿区的张集煤矿，设计能力由45万吨扩大到120万吨。1984年，又采取集资办煤、按集资比例分成煤炭的方法，开发了省内和邻省矿井，其中由苏州市集资7000万元，江苏省投资3000万元，开发河南永成新庄矿井（设计能力60万吨/年），已开钻兴建。1985年由省集资开发大屯煤电公司的丰沛矿区三河尖、张双楼两矿（设计能力均为120万吨/年）。无锡、扬州市分别集资开发白泥场煤矿（设计能力为30万吨/年）和孤山煤矿南井（9万吨/年）。拾屯一号井、滨海、金场等矿井也在自筹资金，抓紧建设。

（二）电力工业建设。

35年来，电力工业建设共投资27.1亿元，新增固定资产21.9亿元。1949年以后，由于工农业发展的需要，电力工业有了很大发展。每个五年计划期间，都有一批发电机组建成投产，机组由小到大。

"一五""二五"计划期间，陆续新建了韩庄、谏壁、南热、扬州、淮阴、盐城等电厂，还建设了属上海电网的望亭电厂一、二期工程，安装的是0.6万—2.5万千瓦的小容量的机组。"一五"计划期间共装机2.1万千瓦。"二五"计划期间共装机33.12万千瓦。"三五"计划期间，1966年扩建了南京热电厂的5万千瓦机组2台、谏壁电厂10万千瓦机组3台；1967年，扩建了淮阴电厂2.5万千瓦机组2台。这些工程分别在1972年以前全部建成投产。"四五"计划期间，新建了邳县、古邳、溧阳电厂，扩建了南热、戚墅堰、天生港、盐城、贾汪、宿迁、滨海、张渚、泗洪、启东等电厂，安装了0.6万—12.5万千瓦等容量的机组。"三五""四五"计划期间，共装机109.4万千瓦。"五五"计划期间，特别是1979年和1980年两年间，电力建设得到更大发展。主要是进行了徐州电厂一、二期工程、谏壁电厂四期工程、天生港电厂五期工程、盐城电厂五期工程和新海电厂四期工程的建设，分别安装了2.5万千瓦机组3台、12.5万千瓦机组6台、30万千瓦机组1台。"六五"计划期间，对徐州、谏壁电厂继续扩建，分别安装20万千瓦机组4台和30万千瓦机组2台。1983年谏壁电厂第二台30万千瓦机组投产后，该厂总装机容量达102.5万千瓦，成为全国第二座百万千瓦的火力发电厂。

此外，各行业还搞了余热发电和小水电工程。

随着发电机组的陆续建成投产，送电线路和变电所相应建设。

经过35年的奋战，到1984年年底，全省已有500千瓦及以上公用电厂20座和自备电厂140座，设备容量为338.6万千瓦，比1949年增长33倍，设备容量平均每年递增10.6%。全省有35千伏以上公用变电所672个，容量为1209.7万千伏安；用户自备变电所738个，容量为335.3万千伏安，送电线路长1.95万公里。全省75个市县，除启东县境内正在建设110千伏变电所外，其余市县境内均建有110或220千伏变电所，使99.9%的乡和63.8%的农户用上了电；全省68.6%耕地面积已使用电力排灌。

五、原材料工业建设

（一）石油化学工业。

35年内，石油化学工业投资48.11亿元，其中化工36.7亿元，石油12.04亿元。1984年化学工业产值达88.45亿元，占全省工业产值的13%，居全省行业产值第三位，已成为全省工业支柱。

江苏化学工业的建设大致可分为两个阶段。

第一阶段是1949—1970年，为化学工业奠定基础的阶段。主要抓了三件事：一是兴办地方小氮肥工业。1958年先后在丹阳、六合县试建小氮肥厂成功。从1963年起至1970年的8年里，共投资近4亿元，建成72个县级氮肥厂，新增合成氨生产能力40万吨，各市、县均有小氮肥厂。二是对南京化学工业公司合成氨、硫酸、硝酸及氨加工产品进行了改扩建。同时，新建普钙、黄磷、己内酰酸等车间，使南化公司成为以生产硫酸、化肥为主的大型化工企业。三是建设南京炼油厂。1963年正式建成，初建规模为年加工原油100万吨，到1970年扩大到300万吨，累计投资1.1亿元，建成了年产100万吨常减压、30万吨热裂化、30万吨延迟焦化、10万吨铂重整等四套生产装置。

第二阶段是1971—1984年，是石油化学工业大发展时期。这期间的投资约占本行业1949年以来全部投资总额的3/4。从1971—1984年，化肥投资8.5亿元，占同期总投资的33%。建成了南京栖霞山化肥厂和南化公司两个6万吨/年合成氨大中型生产装置，并对57个小氮肥厂进行改扩建和技术改造，共增加合成氨生产能力110万吨左右。

南京栖霞山化肥厂系从法国引进的30万吨/年合成氨、52万吨/年尿素生产装置，是70年代中国引进的13套化肥生产装置之一。该工程1975年5月基础打桩，1978年10月生产出合成氨和尿素，工程总投资3.2亿元，形成固定资产2.7亿元，从投产到1984年年底，累计生产合成氨116.43万吨、尿素195.76万吨，为农业提供了大量高效优质化肥。

为解决江苏土壤中普遍缺磷和氮磷比例失调现象，1971—1984年，共投资1.7亿元进行硫酸、磷肥、矿山等行业的建设与改造。1984年，全省有县级以上磷肥厂57个，共产磷肥24万吨、硫酸57.5万吨。比1970年的产量增加了1倍。

在发展化肥的同时，建设了40多个农药厂，共投资6800万元，重点是建设高效低毒的农药项目。1984年年底，原药生产能力已达8万吨，加工农药生产能力为20万吨。1984年生产农药5.3万吨，其中高效低毒农药4.17万吨，占78.8%。

炼油工业的投资主要集中用于对南京炼油厂进行改、扩建。到1980年，共建成9套生产装置，完成投资1.45亿元，新增固定资产1.29亿元。其中年产120万吨催化裂化和250万吨常减压装置，先后于1974年3月和1976年6月建成投产，使该厂炼油加工能力从300万吨/年扩大到600万吨/年，成为中国大型炼油生产基地之一。

1975年，无锡电影胶片厂进行扩建，片基由年产500万米扩大到5000万米，并另增建了一套年产1000吨三醋酸纤维素配套工程，总投资为4400万元。

从国外引进成套设备的扬子乙烯工程，总投资46.67亿元，总占地面积750公顷，总建筑面积85万平方米。第一阶段建设设计能力为乙烯30万吨/年、乙二醇20万吨/年等4套生产装置和相应配套的公用工程，已于1984年6月1日开工，计划1987年建成投产。第二阶段建设设计能力为芳烃45万吨/年、精对苯二甲酸45万吨/年等6套生产装置，从1985年开始交叉进行，预计三年建成投产。这些装置有机地结合在一起，原油的化工利用率可高达77%以上，形成了一个相当完整的石油化工中间原料生产体系。

此外，还建设了苏北油田，已形成原油30万吨/年的生产能力。

（二）建筑材料工业。

1949—1984年，共向建材工业投资13.1亿元，其中水泥工业投资5.3亿元。到1984年年底已有建材企业5928个，比1950年增长了9.1倍，总产值39.53亿元，比1950年增长了104倍，居全省行业产值第五位。主要产品年产：水泥982.7万吨；平板玻璃261.1万标箱；卫生陶瓷242万件；玻璃钢制品1.34万吨，水泥船31.6万吨；水泥农房构件74万立方米；瓷土20万吨；粘土砖279亿块。有45个产品获国家、部、省优质产品称号。

50年代改建了江南水泥厂，从1958年起又在镇江、铜山、盱眙等地建设6个年产3.2万吨的小立窑水泥厂。此后，小水泥工业在全省如雨后春笋般崛起，资源丰富的徐州地区，县县都有小水泥厂。1971年对江南水泥厂和中国水泥厂进行扩建，使生产能力由1950年的10万吨增至104万吨。随着水泥工业的技术进步，正逐步将原有的湿法旋窑、土立窑、干法中空小旋窑改建为窑外分解、机械立窑和带预热器的新工艺。1978年开工建设从罗马尼亚引进、生产能力为100万吨的四级悬浮预热的淮海水泥厂，1985年建成投产。

60年代初期，为支援农业、节约木材，试制生产了钢丝网水泥农船、渔船、货驳、自应力水泥压力管、水泥排灌管、水泥农房构件等。为此，兴建、改建了苏州、无锡、扬州、兴化、盐城等水泥制品厂。

1968年，在宿迁县建设了江苏省第一座平板玻璃厂——江苏玻璃厂，1970年投产，年产30万标箱。以后又陆续新建了南京栖霞山、徐州、东海等玻璃厂。

1958年南京玻璃纤维厂试产玻璃纤维成功，此后相继涌现出一批小玻纤厂。到60年代末，二五三厂建成投产，生产玻璃纤维、不饱和聚脂树脂和玻璃钢制品，后几经扩建，树脂生产规模已由500吨扩大到1万吨，有力地支持了玻璃钢生产，很大一部分用于代替金属材料。

（三）冶金工业。

1949年前，江苏省只有少量的铁矿开采，没有钢铁冶炼和轧制加工企业。1949年到1984年，冶金工业完成建设投资19.5亿元，先后建设了南京、无锡、苏州、徐州钢铁厂，吉山、冶山、凤凰山、利口铁矿，常州、苏州、扬州、江苏冶金机械厂，有色冶炼的常州冶炼厂、徐州铝厂和镇江船山石灰石矿、南京白云石矿等一批骨干厂矿企业。1984 年，全省主要产品年产量为：钢 84.95 万吨、生铁 89.71 万吨、成品钢材 116.28 万吨、铁矿石、原矿 185 万吨、成品矿 90 万吨、电解铜 1.75 万吨、铝 6850 吨。工业总产值达 22.49 亿元。

南京钢铁厂建于 1958 年，原建设规模年产 10 万吨钢。后来建设规模多变，几经上下，曾为亏本企业。80 年代以来已转亏为盈，成为年产 30 万吨钢、30 万吨铁的中型企业。该厂 1983 年 12 月建成投产的 42 孔焦炉工程，效益较好，可年产全焦 27.3 万吨。

徐州钢铁厂已建成年产铁 15 万吨能力。该厂于 1982 年利用外资扩建镀锌焊管工程，投资 1530 万元，新增镀锌焊管生产能力 3.6 万吨，弥补了江苏省的生产空白，效益较好。苏州、无锡钢铁厂，已分别建成年产 15 万吨铁、15 万吨钢的能力。

1978 年以来，为宝钢配套扩建了镇江石灰石矿，总投资 1.35 亿元，新增石灰石生产能力 8 万吨；扩建了南京白云石矿，投资 3729 万元，每年可供应宝钢 20 万吨白云石；扩建东海蛇纹石矿，投资 1148 万元，每年可供应宝钢 15 万吨蛇纹石。

六、交通运输建设

35 年内，用于交通、邮电事业建设的投资共 45.6 亿元，已初步形成了一个星罗棋布、四通八达的交通、通信网络。

（一）公路。

35 年内，共新建公路 1.92 万公里。1984 年年底全省公路通车里程达 2.2 万多公里，比 1949 年增长了 6.7 倍。107 条干线公路连接着 1500 多条县乡支线公路，构成了干支相连、四通八达的公路网，在干线公路中，沥青路占 80% 多。

（二）水运。

交通和水利部门密切配合，根据“统一规划、综合利用、分期建设”的方针，积极疏浚整治老航道、开挖新航道，新建、改建了大中小船闸 82 座、套闸 102 座。1984 年，全省有通航河道 2203 条，通航里程 2. 35 万多公里，占全国内河航道总里程的 23. 1%，为全国水运发达省份之一。古老的大运河，经过 50 年代和 80 年代的大规模整治，通航能力大大提高，大型船队可直驶徐州煤港，对北煤南运、南水北调和工农业的发展作用重大。以长江、运河两大动脉纵横贯通、干支相接、江河湖海相连的水运交通网已经形成，全省 76% 的乡镇有舟楫之利，并与沪、浙、皖相连。长江航线在江苏省境内有南京、镇江、高港、江阴、张家港、南通港等港口；铁路沿线的常州、无锡、苏州港的改造工程已基本完成。省内较大港口具有相当的吞吐能力，南京中转油港是鲁宁输油管线的配套工程，于 1978 年正式通油，年吞吐能力 1500 万吨。南京新生圩码头一期工程，散杂泊位 3 个，年吞吐能力 110 万吨，投资 8120 万元，于 1981 年开始建设，1985 年建成交付使用。二期工程，万吨级泊位 6 个、千吨级江船泊位 7 个，年吞吐能力 534 万吨，1985 年开始建设，将于 1990 年建成。连云港解放前年吞吐能力仅 5. 6 万吨，自 1973 年成立省连云港建设指挥部，开始大规模港口建设，至 1984 年年底，已先后新建了万吨级杂货泊位 3 个，万吨级煤炭泊位 1 个；改建万吨级杂货泊位 1 个，5000 吨级和 3000 吨级泊位各 2 个。正在建设的有：2 个 2. 5 万吨级，2 个 1 万吨级杂货泊位和 2 个 3. 5 万吨级的煤码头。该港 1984 年的实际能力为 900 万吨。1986 年庙岭煤码头和三突堤东侧 2 个泊位可建成交付使用，到 1990 年将达到 2000 万吨能力，可成为 5000 万吨以上的深水综合性大港。张家港 1984 年实际吞吐能力 278 万吨，计划 1990 年达到 1225 万吨。南通港、连云港、张家港三个港口均已对外开放。

（三）铁路。

1968 年 10 月，中国最大的铁路、公路两用桥——南京长江大桥建成通车，它为沟通南北交通、推动国民经济的发展起了重要作用。它把津浦、沪宁、宁芜三线连接起来，使客车过江的时间由原来的两小时缩短到 26 分钟；过江旅客列车的编组由 12 辆增加到 14—16 辆，货车通过能力达日均 2400 辆，为大桥建成前轮度通过能力的 2 倍。为充分发挥南京长江大桥的运输潜力，华东最大的货车编组站——南京东站，于1973年5月建成启用。以后经过十年多的扩建，已成为全国铁路网中特等编组站。徐州铁路枢纽于1976年建成启用，货车日编组能力已由原来的2000—3000辆，提高到5887辆。还兴建了沪宁复线、津浦复线（江苏段）以及镇江、苏州、常州站等工程，大大地提高了运量，此外，为配合工业项目的上马，建设了一批铁路专用线。

（四）民航。

1973年，南京航空港3800平方米的新候机大楼落成启用，建立了比较完善的指挥、导航、气象、机务和后勤保障系统，日夜均可担任飞行保障任务。

（五）邮电通讯。

35年内，邮电通讯事业在逐步建设中，80年代以来更有所加强。江苏新建了4201中同轴工程和南京通讯枢纽工程，以及一些市、县邮电用房。同时，配合大型工业项目的建设，如鲁宁输油管道工程、仪征化纤联合公司和扬子乙烯等工程的建设，建设相应配套的邮电通讯工程。1984年年底，江苏省已初步建成了一个具有一定水平的、正在向现代化发展的邮电通信网。

七、文化、教育和城市建设

1949—1984年江苏共完成了118.9万平方米的文化设施建设。全省市市有博物馆；县县有文化馆、图书馆；乡乡有文化站。体育设施方面，除省内各市都分别有所建设外，比较大型的有南京市五台山体育场和万人体育馆。教育设施。普通教育方面，35年共完成基本建设投资3.3亿元，竣工房屋建筑面积910万平方米，兴建了一批中小学和幼儿园，中等专业学校发展到95所。高等教育35年完成基本建设投资5.29亿元，新建校舍192.17万平方米，江苏成为全国高等教育较发达的省份之一。

城市建设方面，35年来，市政公用设施有较大发展。省内各市市区交通已形成网络，13个城市自来水日供应能力已有很大增长，1984年相当于1949年的34倍。115个县镇已有102个先后建成了自来水厂。城市煤气除南京市已于1971年供气外，无锡、苏州、徐州、扬州、淮阴等市的煤气工程正在新建或扩建中。江苏城市住宅建设，35年累计竣工面积5467万平方米，其中

1979—1984 年 6 年中竣工面积为 3561 万平方米，比前 29 年累计竣工面积多 86%。三十五年来，已有 100 多万户居民和职工迁入新居。为加快建设速度，提高投资效益和改善居住环境，各城市已陆续由“见缝插针”的分散建设转向住宅小区的综合开发、统一建设。全省已建成配套较为齐全的住宅小区 17 个，建筑总面积 327.5 万平方米，居住人数 24.15 万人，其中 20 万平方米以上的住宅小区 8 个，常州市清潭、无锡市清扬、苏州市稻香新邨等住宅小区的建设均获国家银质奖。

经过 35 年的建设，江苏省的国民经济有了很大的发展。1984 年，工农业总产值达 1003.75 亿元，居全国之首。江苏是全国重要农业区之一，主要农产品在全国占重要地位。1984 年，农业总产值为 323.71 亿元，居全国第一位。工业总产值 1984 年达 680.04 亿元，居全国第二位，比 1949 年增长 54 倍。机械、纺织、食品三大加工行业产值占工业总产值的 63%，形成了轻重工业为六比四的轻重型工业结构。

经过 35 年的建设，江苏省的基本建设设计施工队伍也有了很大发展。1984 年年底已拥有纺织、化工、建材、水利、电力、煤炭、冶金、林业等专业设计院，各市、县也均有持证的设计单位。全省基本建设施工企业职工达 102 万人，其中乡镇集体所有制施工企业职工 77.5 万人。这支以全民所有制企业为骨干，组织市、县、乡镇集体所有制企业参加的队伍，除完成省内建设任务和支援全国其他省、市、自治区以外，还承担了援建和包建国外工程和劳务出口的任务。60 年代以后，江苏省的施工队伍曾在 20 多个国家承建了 50 多个援外工程和提供劳务。

第四节　浙江省的建设

浙江位于中国东南沿海，长江三角洲之滨。全省土地总面积 10.18 万平方公里，约占全国总面积的 1%，仅大于宁夏回族自治区和台湾省，是全国较小省份之一。人口 3963 万人，比全国人口平均密度高 2.6 倍。境内山多地少、人多田少，人均土地只有 0.7 亩。东南沿海海域广阔，拥有水深 200 米的大陆架 23 万平方公里。陆地海岸线长达 2200 多公里，港湾众多，大小岛屿2000多个，占全国岛屿数的一半。

浙江地处亚热带中部，盛产粮食和多种经济作物。海洋渔场面积占东海渔场总面积42%，舟山渔场是中国重要的渔业基地。矿产资源也较为丰富，全省已探明储藏量的矿种有51种，其中明钒石、叶腊石、硃石、萤石、硅藻土等9种矿产储量居全国之首。钠基膨润土的发现填补了中国非金属矿的一项空白，萤石出口量占全国一半多。遂昌金矿年产量突破万两，堪称“江南第一金矿”。东海石油前景喜人。

浙江历史悠久，经济开发较早。解放前①，由于日本侵华和国民党发动内战，百业凋零，民不聊生。1949年，全省工农业总产值17.97亿元，人均只有36.3元，全省国民经济各部门的固定资产仅3亿元左右，其中工业1.03亿元。

1950年到1984年的35年中，全省用于全民所有制单位固定资产投资总额达223.71亿元，新增固定资产170.38亿元，相当于旧浙江历年积累下来的固定资产的56倍。建成投产和交付使用的大中型建设项目105个，新增了大批生产能力和工程效益，主要有：发电装机容量263.91万千瓦，煤炭开采214万吨，石油加工265万吨，炼钢46.41万吨，水泥304.7万吨，平板玻璃80万标箱，化肥153.51万吨（折合量），棉纺纱锭52.63万锭，人造纤维30万吨，机制糖日处理原料5130吨，机制纸20.24万吨，手表50万只，自行车76万辆，缝纫机42万架，电视机18万台；建成1万立方米以上的水库、塘坝2.06万座，正常库容量已达318.17亿立方米；新建铁路560公里，公路1.28万公里；全省已有港口41个，127个生产泊位。货物吞吐量已达1922万吨；新建科研教育用房578.5万平方米，商业营业用房235.72万平方米，卫生医疗用房168.5万平方米，职工住宅2333.6万平方米，为浙江的经济和社会发展奠定了一定的物质技术基础。

浙江的基本建设，经历了曲折的道路，大体可分为四个阶段。

第一阶段，1949—1957年。这一阶段的基本建设规模较小，但投资方向

① 1949年5月3日浙江省省会杭州解放。

比较合理，投资效益比较显著。1956年前，由于贯彻沿海地区一般不扩建、不新建的方针，全省全部建设投资只有6.11亿元，仅占35年基本建设投资总额的3.5%。但这一阶段的投资比较注意经济和社会事业的协调发展。在“一五”计划时期，全省国民经济各部门投资比重，农业为7.9%，工业为41.3%，运输邮电为18.3%，科研文教卫生为14.6%，商业为9.1%，建筑和城市公共事业等为8.8%。在工业内部，投资主要集中在电力、纺织、食品、机械4个部门，所占比重分别为56.2%、14.3%、8.1%、5.7%，共占“一五”计划时期工业投资额的84.3%。在这一阶段初期，新建的大中型项目主要有浙江麻纺织厂、黄坛口水电站、肖甬铁路等。1956年后，根据毛泽东《论十大关系》所阐述的思想，摆正了发展沿海工业的地位，又上了新安江水电站、衢州化工厂、江山水泥厂等大中型项目，使浙江的基本建设出现了新的转机。这一阶段建设项目的投资效益都比较好，大中型项目平均工期只有四年零五个月，固定资产交付使用率平均达84.3%。

第二阶段，1958年—1965年。由于经济建设指导方针的失误，基本建设投资陡升陡降，起伏很大，投资效益差。在这8年中，全部基本建设投资总额为33.93亿元，其中“二五”计划时期26.91亿元，调整时期7.02亿元。这一阶段基本建设的大起大落主要反映在“二五”计划时期。在当时“大跃进”“大办工业”“大办钢铁”“大办煤炭”等口号下，1958—1960年投资总额高达21.88亿元。1961年压缩基本建设规模，当年投资便从1960年的8.67亿元压缩到3.31亿元，1962年又降到1.72亿元，低于1957年投资水平。综观这八年的基本建设过程，除了投资规模大上大下，问题还在于投资方向脱离本省实际，采取抓缺门、攻短线、搞独立完整的工业体系，结果投资效益不好。如煤炭工业在这一时期的固定资产交付使用率只有48.7%。江山、老塘山煤矿，没有查清资源就上马，损失达6000万元。

这一阶段基本建设的主要成绩是续建和新建了一批骨干项目，为浙江国民经济在调整基础上的发展创造了条件。除了续建新安江水电站、衢州化工厂、江山水泥厂外，重工业方面又新建了富春江水电站、杭州钢铁厂、杭州玻璃厂、长兴煤矿、杭州制氧机厂、杭州重型机械厂、杭州锅炉厂、杭州汽轮机厂、杭州齿轮箱厂等；轻工业方面新建杭州第一棉纺织厂、杭州第二棉纺织厂等；在农田水利建设方面有长潭水库、青山水库，以及发展杭嘉湖平原、宁绍平原和金华、衢州地区机电灌溉面积947万亩等。

第三阶段，1966—1976年的基本建设，是在社会政治动乱的情况下进行的。全部基本建设投资37.39亿元。其中“三五”计划时期12.23亿元，“四五”计划时期25.16亿元。由于突出战备，强调建立独立体系，搞“小而全”“大而全”，一个时期还强调“以钢为纲”“扭转北煤南运”，冶金、煤炭工业投资继1958年之后出现第二次高峰。在“四五”计划时期，两者累计投资2.84亿元，高于同期整个轻工业部门1.94亿元的投资水平。石煤开采，本来对补充原煤不足有一定作用，但脱离实际搞综合利用石煤的基建项目，投资1600万元，中途下马造成浪费。与此同时，在1970年前后提出大办小钢铁、小煤炭、小水泥、小农机、小化肥等“五小”工业，虽然对于地方工业发展起了一定作用，但由于资源不清，布点不当，计划不周，经济效益很差。在这十年中新增固定资产交付使用率从三年调整时期的92.2%下降到“三五”计划时期的57%，继而又下降到“四五”计划时期的54%。

第四阶段，1977年—1984年，通过拨乱反正、认真清理“左”的指导思想，并随着对外实行开放、对内搞活经济方针的进一步贯彻，基本建设有了新的起色。这一时期基本建设规模大，效益比较好。1979—1984年6年中，全省完成固定资产投资110亿元，相当于前29年固定资产总投资的96.7%；新增固定资产86.16亿元，相当于前29年的1.1倍；固定资产交付使用率达到78.3%，比前29年平均65%提高13.3%。基本建设项目投产率由1978年的30.3%提高到1983年的53.7%，1976年后开工建成的大中型项目，平均工期三年零两个月，比“一五”计划时期平均工期短一年三个月。镇海电厂、台州电厂、北仑港、镇海石油化工总厂30万吨合成氨和52万吨尿素工程、嘉兴毛纺织厂、浙江涤纶厂等项目，投资省、工期短、质量好、效益高，在全国同类型项目中处于领先的地位。

一、轻纺工业得到优先发展

浙江轻纺工业开发较早，素有“丝绸之府”之称。全国第一家机器轧花厂，1887 年在宁波建成；1889 年丝绸商庞元济在杭州创建浙江省最早的棉纺厂——通益公棉纺厂，有纱锭 1.5 万锭，职工 1200 余人。20 世纪 20 年代初，杭州、嘉兴先后建成武林造纸厂（后改名为华丰造纸厂）和禾丰造纸厂（后改名为民丰造纸厂），为本省机制纸工业的发展奠定了基础；与此同时，食品工业也开始形成。然而在旧中国，浙江的轻纺工业无法得到发展，到解放时已处于奄奄一息的境地。

1949—1984 年，轻纺工业基本建设和技术改造投资累计完成 34.29 亿元，初步形成了一个门类比较齐全，技术比较先进，具有地方特色和一定规模的轻纺工业体系。

（一）一批现代骨干企业先后建成。

1949 年，新中国成立之初，国家在财力、物力十分困难的情况下，投资 4861 万元，在杭州兴建了当时全国最大的麻纺织企业——浙江麻纺厂，到 1956 年年底全部建成投产，形成麻袋 6600 万条、麻布 1300 万米的生产能力。浙江麻纺厂的建成投产，开创了浙江现代轻纺工业的新局面。

1956 年毛泽东《论十大关系》发表后，国家逐步增加了沿海地区的基本建设投资，浙江轻纺工业开始进入大规模建设时期。1957—1962 年，全省轻纺工业完成基建投资 1.96 亿元，相当于“一五”计划时期的 4.17 倍。1956 年年底和 1958 年 8 月，国家分别投资 3083 万元和 4701 万元，于 1960 年和 1965 年先后建成了规模分别为 6.44 万纱锭和 10.8 万纺锭的杭州第一、第二棉纺织厂。拥有自动缫丝机 1 万绪、绸机 500 台、年印染能力 1800 万米的全国最大的缫丝、织绸、印染联合企业——杭州丝绸印染联合厂，于 1957 年 3 月破土动工，1961 年 5 月全部建成投产。在这个时期建成投产的主要项目还有：嘉兴毛纺织厂、杭州化纤厂、龙游造纸厂、杭州纺织机械厂、瑞安糖厂等骨干企业，和一批食品、印染、制盐及日用品工业企业。

这批骨干企业的建成，为浙江轻纺工业的发展打下了初步基础，产值、产量大幅度增长。1965 年，轻纺工业产值达到 10.52 亿元，比 1949 年增长近

6倍。丝绸、罐头、麻袋产量占全国第一位。

（二）对原有企业进行改建、扩建和技术更新。

原有企业是轻纺工业发展的基础，但在长时期里对技术改造重视不够，使生产发展受到制约。例如杭州市丝绸行业的大部分工厂，是由原来的小丝厂、小机坊、小染坊几经改组，合并发展起来的弄堂工厂。厂区分散，布局混乱，厂房破烂，设备陈旧，有危房25万平方米，旧铁木机2250台，直接影响生产发展和工人的健康与安全。为此，从60年代起，逐步对老企业进行了技术改造。以丝绸行业为例，杭州都锦生丝织厂、幸福丝织厂、福华丝织厂、丝绸印染厂、红霞丝织厂、天成丝织厂、九豫丝织厂等一批老厂，经过改造面貌焕然一新，产品产量、质量大幅度提高。白厂丝产量由1965年的1777吨增长到1978年的6855吨。绸缎产量也由8153万米增长到12444万米。许多产品被评为国家名牌产品，使浙江这一传统产品的优势得到了更好的发挥。

中共十一届三中全会后，老企业的改建、扩建和技术更新取得了更大的效果。1975—1984年，全省用于轻纺工业基本建设和技术改造的投资达21.1亿元。这一时期，除了继续新建、扩建少数骨干企业外，重点对丝绸、棉纺、印染、食品、轻工、家用电器等行业进行更新改造。六年累计改造危险厂房139万平方米。新增能力为：棉纺锭30万锭，毛纺锭、人造纤维2万吨，机制糖（日处理原料）2680吨，机制纸及纸板13.11万吨。海宁针织厂，原来是生产棉毯和童袜的小厂，随着人民生活水平的提高，产品滞销，生产面临困境。1978年通过贷款，开发化纤针织内外衣，产品畅销全国，税利从1978年的73万元猛增到1984年的285.3万元。

（三）开拓新的产业满足人民生活日益增长的需要。

为了扩大加工原料来源，适应人民生活需求的变化，一批新兴的产业突起，跻身于轻纺行业。创建于50年代末期的嘉兴毛纺织厂，是浙江省第一个生产毛线、呢绒的毛纺织骨干企业。通过两期扩建，已拥有毛纺锭22956锭和相应的毛条、染织设备，生产八大类产品。1984年总产值达1.6亿元，成为全国大型毛纺织企业之一。杭州化纤厂、浙江涤纶厂的相继建成，分别形成了粘胶长丝2000吨、涤纶长丝5000吨的生产能力，填补了浙江省化纤行业的空白。

从70年代开始，特别是1978年以后，家用电器和耐用消费品工业迅速发展起来。新建成的项目有：杭州手表厂、杭州缝纫机厂、杭州洗衣机厂、杭州电风扇厂、杭州、绍兴、嘉兴自行车厂、杭州电视机厂等。杭州、宁波、嘉兴三家电冰箱厂，分别从国外引进机芯和技术，迅速形成生产能力，产品畅销省内外。

通过新建、改造和开拓新兴产业，使浙江省的轻纺工业成为门类齐全、比例协调的重要工业部门。35年中，为国家提供了大量的积累，成为浙江省国民经济中的一支主要力量，为解决人民吃、穿、用、行发挥了重要作用。

二、重工业从无到有形成一定规模

解放前，浙江的重工业基础十分薄弱。1949年到1984年，浙江重工业从无到有，先后建立起电力、冶金、钢铁、建材、重型机械、电子仪表、石油化工等部门，初步形成了具有一定规模、行业比较齐全的产业结构。1984年，全省重工业产值为119.36亿元，占工业总产值的比重由1949年的9.7%上升到35.8%。

1949—1956年，国家集中力量进行156项重点工程的建设，对浙江的基本建设投资很少，当时新建的大中型项目，只有黄坛口水电站和萧甬铁路两项。1956年后，特别是“大跃进”中，在“大办工业”、“大办钢铁”的口号下，浙江重工业建设达到了高峰。1958—1962年，全省用于重工业的基本建设投资达16亿元，占全省基建总投资的59.4%，相当于“一五”计划时期全部基建投资的3.15倍。在这期间新建的主要项目，电力有新安江水电站、富春江水电站；冶金有杭州钢铁厂、绍兴钢铁厂、横山钢铁厂；机械有杭州制氧机厂、杭州重型机械厂、杭州汽轮机厂、杭州锅炉厂、杭州轴承厂、杭州机床厂、杭州齿轮箱厂、杭州电机厂；原材料有江山水泥厂、杭州玻璃厂、长广煤矿及衢州化工厂等一大批骨干企业。它们为浙江重工业的发展打下了基础。先后形成了以新安江水电站为主的电力基地，杭州半山钢铁、机械工业基地，衢州化学工业基地和长兴煤炭、原材料工业基地。重工业产值由1949年的0.37亿元增长到1962年的5.61亿元。重工业产值占工业总产值的比重，由1949年的5.6%上升到18.15%。

1965年起，全国工业建设的重点开始转向三线建设。浙江除抽调2000人的建筑安装队伍到贵州支援国家大三线建设外，在本省西南部山区也建设了一批军工小三线工厂。1965—1975年，用于国防三线建设的投资1.1亿元，占同期机械工业投资的24%。当时，从杭州、宁波、温州市和一批骨干企业中，抽调领导干部、技术人员、技术工人和设备，分别在金华地区和丽水地区建设了一批军工机械厂；各地、市在本区域内也建了一些小三线厂。这些小三线厂在当时选址要靠山、分散、隐蔽的思想指导下，大部分都建在远离城镇的偏僻山区，给生产造成很大不利和损失，给职工生活也带来了很多困难。

从“四五”计划时期开始，浙江省重工业的基本建设从以“外延”为主转向“内涵”为主，充分利用原有基础，发挥企业潜力，对现有企业进行技术改造以扩大生产能力。1971—1975年进行改造的主要项目有衢州化工厂、杭州半山发电厂、杭州制氧机厂、杭州重型机械厂、杭州齿轮箱厂、杭州钢铁厂、杭州汽轮机厂、杭州锅炉厂。特别是1979年以后，围绕提高产品质量，降低能源和原材料消耗，对化工、机械、电力、冶金、建材等行业的一部分骨干企业进行更新改造，经济效益十分显著。杭州钢铁厂是1958年开始兴建的中型钢铁企业，建厂初期，设备简陋，生产指标低，经济效益很差，截止到1976年共亏损7420万元。1979年以后，他们利用自筹资金，通过配套、改造，充分发挥现有设备的综合生产能力，两座5吨转炉配上两座255立方米高炉，钢产量由1978年的20万吨增长到1984年的38万吨，利润从181万元增长到6254万元，能耗成本等各项经济技术指标都达到全国先进水平。杭州汽轮机厂于1975年开始进行二期扩建，投资11711万元，从联邦德国引进先进的设计和制造技术，生产能力和技术水平显著提高，成为全国工业汽轮机的生产基地之一。江山水泥厂在原有基础上进行扩建，新增生产能力15万吨，所耗投资只相当于新建同规模水泥厂30%。

三、大力发展水利水电事业

浙江气候温和，雨量充沛，平均降雨量为1200—2200毫米。境内有钱塘江、瓯江、飞云江、灵江、曹娥江、甬江、敖江和苕溪等八大水系。水力资源丰富，理论蕴藏量为606万千瓦，可装机530万千瓦。但由于江河源短流急，年雨量分布不匀，洪水暴涨暴落，自然灾害频繁。这种自然条件和特点，决定了水利水电建设在浙江省国民经济发展中的重要地位和作用。

新中国成立后，中共浙江省委和省人民政府十分重视利用和开发浙江的水力资源。35年内，国家用于水利水电基本建设的投资达21.79亿元，投放劳动力48亿工日。建成库容1亿立方米以上的大型水库15座，1000立方米至1亿立方米的中型水库77座；大中型机电排灌站80处、共10.4万马力，大中型水电站总装机为118.49万千瓦，同时建成一大批治洪、治涝工程和农村小水电。与解放初相比，抗旱力在三十天以下的易旱农田从900多万亩减少到125万亩，易洪农田从403万亩减少到118万亩，易涝农田从724万亩减少到334万亩。机电排灌面积从25万亩增加到1731万亩，旱涝保收田从153万亩增加到1537万亩，有效灌溉面积和旱涝保收面积已分别占耕地总面积的84%和56%。

（一）进行大规模农田水利建设。

解放初期的水利建设以防为主，主要是抢险救灾、堵口复堤。为扭转疲于防洪的被动局面，“一五”计划时期以后，逐步实行旱、洪、涝兼治，蓄、引、提结合的治理措施；从单一治理发展到综合开发利用，以小型为主，大、中、小结合，建设了多种多样的农田水利设施和一批大中型水利骨干工程。随着新安江水电站的建成，广大平原地区和大江大河沿岸的电力排灌建设得到迅速发展。

杭嘉湖平原地属太湖流域，总面积12300平方公里，是浙江省最大的粮食生产基地。但由于西高东低，排水不畅，常受渍涝。据此采取了西蓄、东泄、南排的治理措施。在西部山区，大力进行封山育林、植树造林，同时建设了青山、对河口、老石砍、赋石等4座以防洪为主的大型水库和一批中小型水库，控制了1/3以上的流域面积；同时兴建了东苕溪导流工程，防止洪水东侵平原。在东部，整理加固圩堤，发展机电排灌。1976年动工兴建了杭嘉湖南排长山闸工程，1980年投入运行，累计排除涝水20多亿立方米。初步改善了杭嘉湖地区十年九涝的局面，促进了农业连年丰收。

曹娥江上游有4条支流，是一条多害河流。1973年，在支流长乐江上扩建了南山水库；1979年在支流新昌江上建成了长诏水库。这两座大型水库和巧英、辽湾、前岩等一批中型水库有效地拦蓄了洪水，增加了灌溉面积。

为解决温黄平原100万亩农田灌溉用水问题，1964年在灵江支流永宁江上建成了总库量为6.9亿立方米的长潭水库。80年代以后，又在支流始丰溪上建成了里石门水库，并在逆溪上建设牛头山水库，除了减轻沿溪洪涝外，还解决了60万亩农田的灌溉水源。

在甬江和姚江上，也相继建成了四明湖、皎口、亭下、横山、陆埠、横溪、十字路、新路岙、三溪浦等大中型水库，减轻了沿江洪涝威胁，解决了宁奉和姚北部分农田的灌溉用水，并为宁波市和沿海新兴工业的建设提供了水源。

（二）建成了一批大中型水电站。

浙江省缺煤少油，但水力资源十分丰富，全省可开发的水能530万千瓦，因此，能源建设的重点是开发水力资源。1951年，国家投资在钱塘江上游乌溪江上修建了浙江省第一座中型水电站——黄坛口水电站。1957年在新安江兴建了全国第一座自己设计、自己施工、自制设备的大型水力发电站——新安江水电站。该电站总装机容量66.25万千瓦，国家共投资4.43亿元，完成土石方487万立方米，只用了三年时间就建成投产。新安江水电站的胜利建成，为中国大型水电站的建设打下了基础，积累了丰富的经验。1959年4月9日，周恩来总理为工程作了亲笔题词："为我国第一座自己设计和自制设备的大型水力发电站的胜利建设而欢呼"。60年代末在干流富春江建成了装机为29.22万千瓦的富春江水电站。70年代末在上游乌溪江建成装机17万千瓦的湖南镇水电站。这些水电站的建成，为整个华东地区的经济建设做出了贡献。

（三）小水电得到迅速的发展。

浙江是全国小水电开发比较早的一个省区。可是在解放前，全省仅有7处小水电，共装机185千瓦。新中国成立后，在省政府的领导下，通过群众性的办电活动，全省的小水电事业有了蓬勃的发展，成为农村能源建设的重要组成部分。50年代，共建成低水头径流电站300余座，这些电站容量小，成本低，见效快，为群众性的办电活动迈出了可喜的一步。60年代，结合修建大、中型水库，建成了一批装机为数千千瓦的骨干小水电站，新增装机容量8万多千瓦。同时相继建成了一些小电网，扩大小水电的供电范围，并开始为电力排灌和县乡工业供电。70年代，国家制定了扶持小水电发展的方针、政策，在资金、物资和设备上给以更多的支持和帮助，进一步调动了各级办电的积极性，加快了建设步伐。十年内新增装机32.8万千瓦，开发的重点也逐渐地转移到小流域梯级开发和调节性能较好的水电站，效益更为显著。进入80年代，小水电得到蓬勃的发展，短短四年就新建装机17.6万千瓦，占全省小水电装机总量的30%。1983年国务院批准全国搞100个农村电气化试点县，其中浙江就有新昌、天台、缙云等10个县。随着“农村电气化县规划”的加速实施，小水电建设已进入了新的发展时期，到1984年止，全省共建成小水电站6000座，总装机60万千瓦，为全省现有大中小水电站装机总量的1/3，同时逐步形成了县市地方电网。

小水电的发展对浙江省的经济建设，特别是对农村和山区的经济发展起了很大作用。

四、集中力量建设能源、交通、原材料工业

能源不足、交通运输紧张、原材料短缺，是制约浙江省经济发展的突出薄弱环节。“五五”计划时期以来，特别是1978年以来，加强这些方面的建设，已成为基本建设的重点。1979—1984年，全省用于能源、交通、原材料工业的投资为21.44亿元，占同期基本建设总投资的28.86%。集中力量建设了一批电力、港口、石油化工、建材方面的大型骨干项目，为浙江省经济的持续发展创造了重要条件。

（一）以四大电力工程为重点的能源开发。

6年来，用于发展以电力为主的能源投资13.72亿元，先后建成了镇海电厂、台州电厂、半山电厂和湖南镇水电站4个大型电力工程，以及定海电厂、温州东屿电厂、杭州热电厂等一批中小型电厂和输变电配套工程。新增装机容量90万千瓦，相当于1978年前装机总容量的一半以上。

位于浙江炼油厂毗邻的镇海电厂，是浙江省第一座以油为燃料的最大的火力发电厂，建设规模为两台12.5万千瓦机组。从1976年11月动工，两台机组先后于1978年12月和1979年九月建成，总工期为2年10个月，工程总概算10280.40万元，竣工决算10246.27万元，节省投资34万元。平均度电单位造价409.85元，工程质量优良，主体工程被评为省优质工程。投产不到3年，就收回了全部建设投资。

继镇海发电厂后新建的第二座同规模的以煤为燃料的港口发电厂——位于台州湾北岸的台州电厂，从1981年6月开始预制主厂房框架，进入土建全面施工，两台机组先后于1982年12月和1983年8月建成并网发电，实际工期比国家下达的合理工期提前一百天。由于提前建成，增加发电量2.05亿度，荣获国家优质工程银质奖。这项工程有25个单位参加施工，除由省建二公司、省火电建设公司、省海港工程队担任主体土建、安装和码头水工部分的施工外，大量的附属工程和生活设施都由当地集体、社队施工队伍承担。高潮时现场施工人数达6000多人。各施工单位围绕一个目标，协作配合，互相支援，奏出了一曲“野战军”和“地方军”协同作战、地方支援国家重点建设的凯歌。

湖南镇水电站，是浙江省已建成的四大水电站之一，装机容量为17万千瓦。这项工程从1958年动工，由于各种原因，停停建建，直到1980年12月才全部建成投产。

杭州半山电厂二期扩建工程，是浙江省重点节能项目，装机12.5万千瓦，可以增加发电3.4亿度。

还在建设中的有：装机为2×20万千瓦的镇海电厂二期工程，2×12.5万千瓦的台州电厂二期工程，30万千瓦的紧水滩水电站，30万千瓦的秦山核电厂。这批项目建成投产后，将进一步缓和华东地区和本省电力供应的紧张状况。

（二）以港口为中心的交通建设。

利用浙江优越的港口条件，先后建成了宁波北仑港、镇海港煤码头、海门三号码头、温州杨府山码头等。新增10万吨级泊位1个、2.5万吨级泊位2个、1万吨级泊位2个、3000—5000吨级泊位18个。新增吞吐能力2270万吨。

上海宝山钢铁厂重要配套工程——位于宁波滨海地区的北仑港，是中国设备最先进、自动化程度最高的矿石中转码头。工程总投资3.7亿元，拥有10万吨级泊位1个，2.5万吨级泊位2个，年总吞吐能力2000万吨。北仑港的建设，是在“两个全力以赴”（交通部全力以赴，浙江省全力以赴）并得到各方面的支持的前提下，经过部、省属1.4万余名职工及当地民工的艰苦奋斗而顺利建成的。主体工程从1979年1月开始动工，到1982年12月通过对进口装卸设备的考核验收，总工期35个月，节约投资5000余万元；节约钢材6600吨，木材5600立方，水泥3500吨。北仑港的建成，对浙江深水海岸资源的合理开发和宁波滨海工业区的形成，都有十分重要的意义。

在重点开发港口的同时，还进行了浙东运河一期疏竣工程以及温州瓯江公路大桥和700公里的公路建设。此外，沪杭、浙赣铁路复线、宁波北仑铁路、京杭运河与钱塘江沟通工程等都在建设中。这些项目的建成，将使浙江省交通运输的落后面貌和紧张状况得到较大的改善。

（三）利用港口条件和当地资源发展原材料工业。

镇海石油化工总厂是利用港口条件建设起来的浙江省最大的石油化工联合企业，共包括两个大型项目。炼油部分原为浙江炼油厂，总投资2.98亿元，从1975年开始建设，于1978年先后建成投产。炼油装置自投产以来，在原油供应不足，低负荷运行的情况下，到1984年6月累计加工原油598.2万吨，实现工业产值13.86亿元，1983年6月已收回全部投资。化肥部分，建设规模为年产30万吨合成氨、52万吨尿素，是全国第一套从国外引进的用减压渣油为原料的生产装置，总投资5.21亿元。这项工程完全由浙江省建筑安装队伍承担施工，两套装置分别于1983年、1984年建成。十里厂区，各种石油、化工装置错落有致，布局合理，厂房四周和纵横交错的厂区大道绿树成荫，一个文明、整洁、优美、花园式的现代化企业傲然挺立在东海之滨。

1980 年，在煤炭基地长兴，利用当地丰富的石灰石资源，新建了浙江省最大的水泥企业——长兴水泥厂。第一期工程建设规模为 45 万吨，投资 9390 万元，1983 年 10 月投产，工期三年零八个月。

在此期间，还新建、扩建了一批中、小型建材、化工项目，使浙江省原材料工业基础得到加强。

为了尽快地把能源、交通、原材料工业搞上去，1979 至 1984 年，浙江在基本建设的组织、实施中，主要采取了以下几项措施：

1. 在基建投资安排上突出重点，提高能源、交通、原材料工业投资的比重。其中电力投资占工业投资的比重由 1978 年的 30%，上升到 1984 年的 48%；交通投资比前 6 年增长 1. 3 倍，仅次于能源投资，居第二位。

2. 动员地方财力，组织多层次、多渠道、多种形式的集资办电、集资办煤、集资办原材料。台州电厂一、二期工程，浙江省财政分别出资 3000 万元和 8396 万元，分别占总投资的 17. 4% 和 50%。正在办理的省内第一期集资办电，总规模 40. 64 万千瓦，总投资约 5. 25 亿元，其中由各市、县集资 4. 2 亿元。浙江省与煤炭部还签订了集资办煤的合同，总投资 1. 7 亿元，从 1982—2012 年供煤 4250 万吨，到 1984 年年底已投资 1. 43 亿元。浙江还与江苏仪征化纤厂实行联营浙江省共集资投资 1 亿元，在正常生产条件下，江苏仪征化纤厂每年向浙江省提供化纤原料 1. 5 万吨。

3. 在建设过程中，明确重点、加强领导，确保建设计划的实现。1979 年以来，每年将一批能源、交通、原材料骨干项目列为省重点建设工程，在组织实施中实行“五优先”①，并动员和组织部门和地方大力支持重点建设。

五、加强科学教育文化卫生设施和城市建设

1978 年以前，在“重生产、轻生活”思想指导下，基本建设中非生产性建设的投资比例一直很小。1978 年以后，城镇住宅、文教卫生、城市基础设

① 指优先安排投资不留缺口，优先供应材料设备，优先安排勘察设计确保按时出图，优先组织施工力量，优先落实征地拆迁。

施、商业服务建设以及风景旅游开发等都得到了较快的发展。

（一）城镇住宅建设大幅度增长。

1979—1984年6年中，城镇用于住宅建设的各种渠道的资金共有23.61亿元，平均每年3.94亿元，相当于前29年总和的4.8倍。住宅建设投资占基本建设投资的比重，1949—1978年平均只有4.7%，1984年上升到20.7%，6年来新建住宅竣工面积2306万平方米，相当于前29年总和的2.4倍。约有46万户职工、居民喜迁新居，占城镇总户数的1/3。全省城镇的人均居住面积，1977年为4.6平方米，1984年上升到6.82平方米。根据国务院关于改革住宅经济体制“逐步推行住宅商品化”的决策，浙江省从1980年开始试行了住宅出售。1981—1983年，出售新建住宅30万平方米，回收资金达3992万元。

（二）科教文卫设施有较大发展。

新中国成立后，中央人民政府十分重视提高人民的文化素质和健康水平。1949—1984年，国家在浙江用于科教文卫方面的建设投资达12.01亿元，累计建成各类教育用房578.52万平方米；各种医疗用房168.5万平方米；以及一批相应的科研、文化、体育设施。尤其是1979年以后，中共中央和国务院把发展教育事业作为战略重点之一，浙江省用于科教文卫方面的建设投资有了较大的增长。1979—1984年累计投资7.68亿元，相当于过去29年的63%。从1978年以后，高校的建设被列为省的重点建设项目，在资金、材料和设计、施工力量等方面给予优先保证。6年来，全省高等院校共建教学用房73.76万平方米。仅浙江大学，从1979—1984年的6年中，就新建校舍20多万平方米，占该校校舍总面积的46.5%。除对现有高校进行扩建外，还新建了浙江工学院、浙江电子工业学院等高校7所。中等专业学校由1978年前的84所增加到104所。1981年后，为了恢复和发展中等师范教育，对中师基建项目采取专项戴帽下达的办法，促进了中师建设的较快发展。医疗卫生方面，6年新增医疗床位1.43万张，相当于1978年前床位总数的1/3。

（三）城市建设和商业服务设施有所改善。

35年中，国家用于城市建设的投资达38.26亿元，城镇的基础设施得到较大改善。特别是中共十一届三中全会以后，调整了投资比例，城市建设得到进一步加强。1979—1984 年的 6 年中，用于城市建设的投资共 17.9 亿元，相当于前 29 年全部城市建设投资总和的 88%。城镇供水事业发展较快。1984 年年底全省共有水厂 171 个，比 1978 年增加 84 个。县城都有供水企业，日供水能力达 167 万吨，比 1978 年增加 84 万吨，比解放初期的 2 万吨增长 82 倍。供水普及率由 1978 年的 67% 上升到 1984 年的 97%。城市交通有所改善。1984 年全省 9 个市的市内交通营业线路总长度比 1978 年增长 80%，客运总量增长 1 倍多。杭州、宁波、绍兴三市已使用液化石油气，城镇市政工程设施也有较大增长。

进入 80 年代以后，商业基本建设的步子不断加快，服务设施进一步改进。6 年共新建了商业仓库（包括一般仓库）86 万平方米，占已有仓库面积的 35%；营业用房新增 97 万平方米，占已有营业总面积的 38%。尤其是冷库发展较快。浙江省 1978 年前冷库容量只有 2.7 万余吨，到 1984 年一跃到 6.9 余吨，净增 4.2 万吨，同 1978 年相比增长 256%。兴建的主要冷库有杭州第二座万吨库，金华、嘉兴、宁波 5000 吨级库各一座。

（四）风景名胜区和旅游业的开发得到重视。

浙江旅游资源丰富，具有发展旅游事业的优越条件。1982 年，国务院批准杭州西湖、普陀山、雁荡山、富春江—新安江列为国家级风景名胜区后，风景名胜区的建设进一步加快。西湖风景名胜区整修了公园和风景点 33 处，已开放游览的风景点从原来 28 处增加到 43 处，西湖十景已有八景得到恢复。富春江—新安江风景名胜区开发了瑶琳仙境、灵栖洞、赋溪石林，重建了严子陵钓鱼台。1984 年，这 4 个国家重点风景名胜区共接待游客 2708 万人次。同时对永康方岩、缙云仙都、新昌大佛寺、余杭超山、金华双龙洞、德清莫干山等风景区也都先后进行了整修。

同时，还新建和扩建了包括望湖饭店、浙江宾馆、宁波饭店等一大批中高档的宾馆、饭店，为旅游事业的发展创造了必要的条件。

第五节　福建省的建设

福建省位于中国大陆的东南部，背山面海。隔台湾海峡与台湾省相望。

全省陆地面积12.14万平方公里，海域面积13.6万平方公里。1985年年末，有耕地面积1891.82万亩，总人口2713.10万人。省内居住着31个少数民族，人口25万多人，其中畲族22万人，占全国畲族人口的60%多。

福建的地势西北高，东南低，山地与丘陵占90%以上，素有“东南山国”之称。森林资源丰富，是全国重要林区之一，森林覆盖率达39.5%。全省河流众多，内河长达13569公里。

福建省海域广阔，岸线曲折绵亘，曲线长3300多公里，约为全国海岸线总长的1/5，港湾岛屿众多，有1400多个岛屿。全省主要港湾有22个，其中可建5万—10万吨级泊位的深水港6处，约占全国深水港址数的1/6。

福建省濒临太平洋，属亚热带海洋性气候，日照充足，雨量充沛，霜期短，四季如春，为各种作物的生长提供了极为有利的条件。

福建是中国著名的侨乡。据统计，仅东南亚国家中福建籍华侨和华裔就有650万人，加上其他国家的福建籍华侨、华裔总数合计约700万人，占全国在世界各国的华侨、华裔总人数的1/3。福建的旅外华侨素有爱国爱乡的光荣传统，在不同的历史时期都做出过积极的贡献。

解放前①，福建是一个十分落后的农业省，而农业又主要是靠天吃饭，产量很低。1949年全省工业总产值占工农业总产值的比重还不到1%，工业固定资产原值只有3000多万元，基本上没有现代工业，交通运输十分落后，全省境内无一寸铁路，仅有破烂不堪的公路2708公里，其中可通车公路只有945公里，且晴通雨停，全省2/3县城不通汽车。内河航行的是木帆船，海港码头吨位不到1000吨，历史上素有“闽道更比蜀道难”之说。

解放后，全省经济落后的面貌大有改变。1950—1985年，全省累计完成全民所有制各项基本建设投资184.07亿元，新增固定资产120.27亿元，建成投产和交付使用的大小项目24618个，其中大中型项目102个；竣工的各类房屋建筑面积6124万平方米。新增工业固定资产54.65亿元，相当于解放初期全省全民所有制工业固定资产原值的182倍。工业总产值占工农业产值的

---

① 1949年8月17日福建省会福州市解放。

比重，由1949年的0.33%上升到60%。农业、交通、商业、金融和文教科研等建设也取得了可喜的成果。

一、交通先行，公路、铁路建设一马当先

解放前，福建山区流传着这样的民谣："羊肠鼠道赚食难，山中有宝难出山"。解放后，为适应军事战备和巩固海防的需要，1950年开始了支前公路的建设。在当时华东军政委员会的统一部署下，成立了"华东支前公路修建委员会福建指挥分所"，下辖16个工程队，负责全省支前公路的建设，并有浙江、广东两个指挥分所支援福建公路建设。首先，先后把原有的6条技术状况差的公路干线改成能够双车对驰，晴雨畅通，桥梁载重为20吨的道路，总长1162.2公里。其次，恢复了不能通车的公路，主要是闽西南支前辅线及通海支线，总长651公里。此外，还新建公路65.7公里。1950—1952年，全省交通部门完成的投资占这个时期全省基本建设投资总额的51%。至1952年年底，全省通车公路里程已达2839公里，为解放前夕通车里程945公里的3倍。

1953年全国进入了大规模的经济建设时期，但福建省当时突出的矛盾仍是交通不便，既不能满足巩固国防的需要，又直接影响各项建设事业。从1953年开始，福建省的公路建设从支前抢修转为有计划地进行重点公路的基本建设。先继续改造闽西南干线，1955年以后进入新建阶段。5年内，累计改建公路1015.1公里，新建公路852公里，简易公路925公里。到1957年年底，全省公路通车里程已达6034公里。"二五"计划期间，贯彻"全党全民办交通"的方针，充分发动群众，专业筑路和群众修路相结合，利用山区的石料、木材资源，公路建设得到更加迅速的发展。到1965年年底，全省公路通车里程已达到14251公里，全省有79.5%的公社通了汽车。

36年内，全省通过基本建设新建公路10665.45公里，到1985年年底，全省通车里程已达35987公里，为解放前夕通车里程的38倍。公路等级和桥梁技术标准也大大提高。解放初基本没有等级公路，1985年等级公路已达19660公里，占通车公路总里程的54.63%。过去临时式木桥和半永久式桥占74%，而今石拱桥和钢筋混凝土永久式桥梁占97%。平均每百平方公里土地

上通车里程已达29.64公里，为1949年0.78公里的38倍，大大超过全国平均9.65公里的水平，居全国第五位。随着公路建设的发展和城乡公路网的伸展，省内运输工具、机构、人员也迅速发展。到1985年年底，全省民用汽车已达63062辆，为1950年的68倍；其中客运汽车20908辆，为1950年的224倍。省内公路运输已初具规模。

铁路建设。1906年，海外爱国华侨呼吁“福建也应自办铁路”，并积极集款，汇寄回闽，由官商合办福建铁路公司。1907—1910年整整四年间前后耗资数百万元，修起了福建境内第一条铁路——漳厦铁路，即由厦门对岸的嵩屿到漳州的江东桥，总长只有28公里，且东不跨海（厦门海峡），西不过江（九龙江）。建成后，由于经营不善，通车不久即废置不用。至抗日战争爆发，全部被拆毁。从此，直至解放前夕，福建境内无一寸铁路。

新中国诞生后，爱国华侨陈嘉庚提出修建福建铁路的建议。毛泽东主席和周恩来总理批准建设鹰厦铁路，并列入国家“一五”计划。鹰厦铁路北起浙赣线的鹰潭站，南到厦门岛，全长697.7公里（福建境内有624公里）。是福建与国内铁路干线相接的唯一要道，为全省运输大干线。而杏林—集美和集美—高崎海堤的建筑，使厦门岛变成接连内陆的半岛，这也是中国唯一的跨海铁路。1955年2月19日开工，1956年12月9日全线通车。这条铁路所跨越的地区，气候多变，地形陡峻，河流纵横，桥隧相连。线路由海拔40米升高到539米，后又下降为海拔10米，全线土石方5600多万立方米，要凿通47座隧道，总长12.7公里，建造1970多座桥涵，还要跨海修筑两条宽19米、长5公里的走廊——杏集和集高海堤，抛沙石填海182万立方米，工程十分艰巨。中国人民解放军铁道兵部队先后从西北、东北等地开来8个师和1个桥梁独立团，闽赣两省组织了20余万人的民工队伍共同担负施工任务。筑路大军经过22个月的艰苦奋战，终于提前一年，于1956年年底完成铺轨任务。总投资达3.8亿元，平均每公里造价52.3万元。陈嘉庚先生连声称赞：“新中国伟大！共产党伟大！”国内外侨胞也纷纷致电祝贺，称鹰厦铁路为“富国利民路”。通车以后，又经过一年的配套工程的施工，1957年12月28日铁道部组织验收交接委员会正式验收，1958年元月1日正式交付运行。

在建设鹰厦线的同时，开始了外福线的测量设计工作。外福线系以鹰厦线外洋车站为起点，直达福建省省会——福州市，全长194.19公里，总投资8267.2万元。1959年2月26日铺轨到福州货运站（东站），1959年11月正式验收，同年12月1日正式交付运营。

自建成鹰厦、外福两条铁路干线以后的20多年里，又陆续修建了郭坑—漳州、漳平—龙岩、安济—南平东、龙岩—坎市、梅水坑—剑斗（属漳泉线）、永安—嘉福、福州—马尾等7条支线。至此，福建省铁路北与浙赣铁路衔接，南与厦门港沟通，东与马尾经济技术开发区相连，西与广东相邻，和全国铁路连成了网。此外，还建成林区、矿区和工厂、企业的专用铁路线118条、140公里。到1985年年底，福建省境内已有铁路延展里程1444.8公里，其中通车里程1081公里。这些铁路跨越全省22个市、县，承担了省内、省际货物运输总周转量的62%，构成了福建交通运输大动脉。

鹰厦、外福两线通车之后，路基的病害频繁。1962年遇特大洪水时，闽江大桥被冲垮，全线塌方断道严重，运输中断，自1963年起，经过十年的大力整治，花了近2亿元的投资，到1973年已基本稳定。为提高运输能力，从1981年开始进行了以实现电气化为最终目标的技术改造，完成投资1.5亿元；综合运输能力，鹰厦北段由改造前500万吨提高到800万吨；鹰厦南段由改造前300万吨提高到500万吨；外福线由改造前300万吨提高到500万吨。

二、开发山区，新兴的工业和工业城市相继崛起

福建山区的森林、矿藏、水力等自然资源十分丰富。铁路的修通促进了山区经济发展，一个个新兴的工业城市从福建偏僻的山区相继崛起，其中尤以三明、永安、南平、龙岩和邵武这五个主要的工业城市变化最大，生产发展最快。

1958—1985年，这五市累计完成基本建设投资35.39亿元，占全省同期基本建设投资总额的20.25%。大规模的经济建设，促进了五市工农业生产的大发展。

（一）三明市。

三明市历史上曾是沙县双都的一个小村庄，1940年设立三元县；解放后

于1956年建立三明县。解放前的三元县没有工业，农业粗放，交通闭塞，文化落后，人烟稀少，民生凋敝。1950年，三元县工农业总产值只有414万元，其中工业产值12万元，只占2.9%。国营工业企业只有一个小火电厂，年产值1400元，发电量3400度。铁路通车前基本上没有进行基本建设，1950—1957年只完成投资31万元。1958年，三明市作为福建省后方的一个主要工业基地，开始了有计划大规模的经济建设。1958—1985年的28年，完成投资达10.4亿元，年均投资3719万元。

三明市从昔日一片荒凉僻野的小村庄，逐步建设成为具有相当规模的门类比较齐全的新兴工业城市，成为福建省重要的新兴工业基地。既有以钢铁、化工、电力、建材、机械、电子、林产化工为主体的重工业，又有以纺织、塑料、服装、食品为主体的轻工业，各种产品达1000多种。1985年全市工业总产值8.71亿元，占全省工业总产值的6.19%；工业总产值占全市工农业总产值的比重，也相应从1957年的16.62%提高到94.67%。1958年以后，有200多家全民所有制工厂企业拔地而起，拥有职工5万多人。特别是建立了一批大中型骨干企业。年产30万吨钢的三明钢铁厂和年产12万吨合成氨与11万吨尿素的三明化工厂，填补了福建省铁和化肥的空白。三明重型机器厂生产的压路机，三明化工机械厂生产的橡胶塑料机械、高压阀门等产品远销海外。三明纺织厂拥有6万纱锭，616台织布机，职工4000多人，是福建省最大的纺织企业。三明印染厂年生产能力6000万米，产值1亿元，由单一染色品种发展到漂、染、印、整、涤都能印染加工的全能厂。三明塑料厂是福建省一个年产万吨的综合大型塑料加工厂。三明胶合板厂年产胶合板1万立方米，是福建省生产人造板的一个主要企业。三明食品厂是福建省糖果生产重点企业之一。它所生产的鹅牌咖啡茶和三明服装厂生产的金鱼牌衬衫，三明皮革厂生产的金鹿牌皮鞋等均畅销国内外。朱德委员长生前视察三明时，曾写下这样的诗句："青山埋白骨，绿水吊忠魂，将此杀人地①，变成工业城。"诗句生动地概括了三明的巨大变迁。

---

① 解放前的三明县曾是国民党政府杀害革命烈士的梅列集中营所在地。

随着工业生产和建设的迅速发展，三明市的科研、文教卫生、城市建设和其他各项配套设施都有很大发展，环境污染有了综合治理，城市街道整洁卫生，新建职工住宅鳞次栉比，全市3万多户居民栽种花卉盆景30余万盆，成为全国闻名的文明城市。

（二）永安市。

永安市也是鹰厦铁路通车后迅速发展起来的一个新兴工业城市。解放前，永安城内只有一家破旧简陋的印刷厂和两家碾米厂，连一根铁钉也不会生产。抗日战争时期，永安是国民党福建省的临时省会，当时任国民党福建省财政厅长的严家淦先生曾主持建设桂口水电厂，发电机和水轮机分别从英国和瑞典进口，历经四年才建成装机容量只有264千瓦的小水电站。解放后，特别是1958年以后，永安经济建设突飞猛进地向前发展。1985年，永安市已拥有电力、建材、煤炭、军工、森工、机械、化工、化纤、汽车制造、塑料、纺织、制药和食品加工等300多家全民所有制企业，职工5万多人。发电量、水泥、人造纤维、石灰石和重晶石产量均占全省第一，原煤、木材和塑料制品的产量也居全省前列。白鸽牌拖鞋、环宇牌松香，以及轴承、笋干、香菇等进入了国际市场。1985年工业总产值达6.12亿元。4个已建成的大中型项目，是全省同类企业中规模最大的工厂，即，永安火电厂，1985年年底装机容量已达35万千瓦；永安水泥厂年产水泥47万吨，扩建中的3号窑建成后，能力可增至80万吨；永安维尼纶厂年产短丝1万吨，于1975年建成投产，是当时全国同类型9个维尼纶厂中建设速度最快，经济效益最好的一个；还有年产工业轴承100万套的永安轴承厂。永安火车站已成为闽西北货物集散地、鹰厦铁路的枢纽，市内街道两旁文化、生活服务设施，居民住宅和办公大楼，鳞次栉比，错落有序，掩映在绿树丛中。新开发的永安桃源洞、大湖鳞隐石林风景区以及新建的龟山公园、江滨公园，成为人民游览、休息的好地方。

（三）新兴的工业城市以新兴的工业为主要内容。

早在“二五”计划期间，福建省就注意加强自己的新兴工业——原材料基础工业的建设。冶金、建材和化工等原材料工业，是福建开始进行大规模的经济建设和加强国防、发展地方军工所必须的物质基础。福建第一个中型钢铁联合企业——三明钢铁厂以及与之相配套的潘洛铁矿，都是在50年代末期开始建设，60年代初部分投产的。到1985年年底，全省冶金工业累计完成投资6.38亿元，新增固定资产4.89亿元，累计新增主要生产能力为：钢27.5万吨，钢材50万吨，生铁45万吨。解放初期，福建省仅有一些手工砖瓦灰窑，基本上没有什么建材工业。1955年，全省第一个水泥厂——年产3.6万吨能力的南平水泥厂建成投产，填补了福建省水泥生产的空白，后经扩建生产能力达18万吨。1958年开始筹建全省最大的永安水泥厂，第一套立波尔窑年产水泥23.5万吨。于1972年建成投产（第二套窑于1976年建成，形成47万吨的生产能力）。与永安水泥厂同时建设的还有厦门新华玻璃厂和漳州建筑瓷厂。到1985年年底，全省建材工业累计完成投资4.28亿元，累计新增主要生产能力；水泥193.27万吨，平板玻璃100万标箱，压延玻璃161万平米，釉面砖200万平方米。以化肥、农药为主的福建省化学工业的建设，也是从1958年开始的。相继开工建设的化工大中型骨干企业有：福州第二化工厂、三明化工厂、三明农药厂、福州硫酸厂以及43个小合成氨厂。到1985年年底，全省化工行业累计完成投资8.85亿元，新增固定资产6.53亿元，新增的主要生产能力有：合成氨45.5万吨，化肥40.81万吨（100%计算），烧碱6.17万吨，电石6.93万吨，聚氯乙烯3.15万吨，硫酸15万吨。

电子工业是福建省的新兴工业，是1958年与地方军工同时发展起来的。初创时期，对它重视不够，60年代国家基本上没有给予基建投资。从1970年起，国家开始拨款投资，到1980年，合计投资4291万元，年均390万元，先后建成了8个地方小三线电子企业。电子工业总产值由684万元增长到1.3亿元，上交利润由118万元增长到1239万元。1979年以后，技术密集、知识密集和投资密集的电子工业进入了新的发展时期。1984年福建省电子工业总产值达9.8亿元，占全省工业总产值的8.4%，成为福建省发展较快的工业部门之一。1981—1984年，为国家创造税利1.7亿元，等于同期国家对电子工业累计投资的3.8倍。1985年，以工厂为基础组建的省半导体研究所，列入省重点建设项目，从资金、材料、设备、施工等各个方面给予重点保证。这个大中型骨干项目的建成投产，将进一步促进福建电子工业的发展。

三、发挥优势，重点行业的建设得到加强

福建省能发挥优势的主要行业有林业、森林工业、电力（主要是水电）、水产、建材和轻工。1950—1985 年，全省完成的基建投资中，这六个行业之和为51.41 亿元，占全省总投资的27.93%。1985 年森工、电力、建材、轻工的全民工业企业总产值为40.94 亿元，占全省全民工业总产值93.34 亿元的43.86%；实现税利9.51 亿元，占全省全民工业企业实现税利的45.09%。

（一）林业及森林工业建设。

福建山多林密，森林资源丰富。林木年生长率为6.39%，比全国平均生长率高1 倍。年生长量为2645 万立方米，是中国主要林区之一。全省森林面积6800 万亩，林木总蓄积量3.97 亿立方米，毛竹林蓄积量6.7 亿株，森林覆盖率39.8%，仅次于台湾省，居全国第二。福建出产的杉木，被称为“建杉”，以材质优良而驰名中外。解放前，木材产量较少，最高年产量是1941 年的53.6 万立方米。新中国成立后，林业及森林工业的生产和建设得到迅速发展。36 年来，共完成森林工业投资8.46 亿元（另外，国家对林业投入各类资金11.63 亿元，其中林业投资2.17 亿元，育林基金5.01 亿元，事业费4.45 亿元）。建成各类房屋303.13 万平方米；森林铁路193.8 公里，铁路专用线17.6 公里；林区公路9745 公里，其中民办公助公路4354 公里。购置汽车3078 辆；还建成松香厂42 座，生产能力为年产5.2 万吨，制材厂（车间）52 座，年锯材70 万立方米；硬质纤维板厂（车间）12 座，年产4.6 万吨；刨花板厂1 座，年产3500 立方米，胶合板厂（车间）9 座，年产3.7 万立方米；栲紫胶厂1 座，年产栲胶800 吨、紫胶52 吨；活性炭厂5 座，年产1630 吨；纸浆厂2 座，年产3300 吨以及林机、汽修、钢丝绳等厂。进口国外设备进行建设的福州人造板厂中密度纤维板车间已于1985 年建成试生产，年产5 万立方米。福建的森林工业发展很快，森林覆盖率由解放初的22.5%提高到39.8%，原木产量从1950 年的22.5 万立方米提高到396 万立方米。36 年累计为国家生产木材10043 万立方米，其中原木9112 万立方米；工业总产值72.64 亿元，同期累计上缴税利18.99 亿元，相当于国家对森工投资的

2.25 倍。

（二）电力工业建设。

解放前，福建的电力工业极落后，全省只有 33 家小电厂，总装机容量仅 7473 千瓦，年发电量 670 万度。最大的火电厂是福州电力公司，装机 5000 千瓦；最大的水电站是永安桂口水电站，装机 264 千瓦。50 年代初，在福建财政还十分困难的情况下，集中了有限的财力、物力和技术力量，兴建了古田溪大型梯级水电站。水电站分四级开发，一级于 1951 年开工，装机 6.2 万千瓦；二、三级于 1958 年开工；到 1973 年四级全部竣工时，达到 25.9 万千瓦。这是全国最先开工建设的水电工程之一，也是为充分利用福建水力资源的优势而安排的一个大中型水电建设项目，是全省的主要电源。1970 年 12 月开工的安砂水电站，规模 11.5 万千瓦；1975 年 11 月第一台机组投产，工期 5 年，投资 9520 万元，单位千瓦造价 800 多元。自投产到 1985 年累计发电 54.3 亿度，上缴国家税利 2.8 亿元。池潭水电站规模 10 万千瓦。1976 年 5 月开工，1980 年 5 月第一台机组投产，同年 10 月第二台投产，工期 4 年 5 个月，投资 13530 万元。到 1985 年年底累计发电 26.23 亿度，上缴国家税利 13150 万元，仅三年就收回原投资的 97.17%。到 1985 年年底，全省电力工业累计完成电力投资 21.61 亿元，拥有装机容量 241.6 万千瓦，其中水电 152.74 万千瓦，全社会发电量达 77.20 亿度。装机容量比 1949 年增长 323 倍。1985 年全省一天的发电量等于解放前两年多发电量的总和。

（三）小水电建设。

农村小水电建设是福建基本建设中的一颗明珠。在全省可开发的水电资源中，小水电装机达 331 万千瓦，占 41%。全省 67 个县、市，除晋江、东山县以外都有小水电。1949 年以来，全省小水电建设发展迅速，成绩显著。1973 年以前由事业费开支，1973 年至 1985 年累计国家投资达 2.07 亿元。到 1985 年年底，全省小水电装机容量已达 110.57 万千瓦，年发电量 30.31 亿度，居全国第四位。小水电建设发展大致分为四个阶段。一是 50 年代的试办阶段。规模很小，单站装机容量几千瓦到几十千瓦。到 1959 年年底全省建成 379 座、共 7900 千瓦，平均每座仅 21 千瓦。二是 60 年代的推广普及阶段。

电站规模发展到几百、上千千瓦。到 1969 年年底，全省小水电已有 2128 座，装机容量共 7. 69 万千瓦。三是 70 年代的大发展阶段。在 1969 年水电部南方小水电会议精神推动下，掀起了县、乡、村三级办电的新热潮，兴建了一批几千到上万千瓦的较大骨干水电站。特别是 1976 年贯彻“以电养电”政策后，三年新增装机 21 万千瓦，相当于 1970 年前 20 年装机容量的 3 倍。四是 80 年代即 1979 年后的农村电气化阶段。每年以新增装机 5 万千瓦的速度前进。永安市 1978 年以前小水电装机只有 8612 千瓦，到 1985 年年底，全市已建成电站 240 座，装机容量 4 万千瓦。被誉为“小水电之乡”的永春县，到 1985 年已建成的装机容量达 3. 12 万千瓦，占可开发装机容量的 44. 9%。全县已有 95% 的农户用上了电，电视机、收录机、电风扇以至电冰箱、洗衣机等家用电器越来越广泛地进入了农民的家庭。

（四）渔业建设。

福建省濒临东海，海岸线长。近海渔场面积达 12. 51 万平方公里，陆上江河纵横交错，可供养殖的淡水面积 93 万亩，水产生物资源丰富，种类达千余种。

解放前，福建渔业生产十分落后，生产水平低下。1949 年全省只有 7000 多只小型木壳渔船和一批只能在江河漂泊的连家船，全省渔业总产量仅 135 万担；水产品加工十分简陋，只有一些作坊和鱼牙行，手工生产咸干鱼和鱼露。解放后，有计划地进行了海淡水养殖苗种基地、水产供销加工及冷藏库建设，群众渔业码头驳岸避风港、坞和航标灯塔设施建设，水产造船工业和渔业机修厂、渔械厂等的建设，到 1985 年年底累计完成基本建设投资 3. 84 亿元。建成初具规模的国营渔业基地 2 个，中小型渔港 62 处，水产养殖和鱼种场 86 个；国营水产冷库 28 座，冷藏能力 2. 5 万吨/次、结冻 1240 吨/日、制冰 1076 吨/日、贮冰 21815 吨/次；县以上的水产造船厂、渔械厂 24 个；乡镇渔机修配点 78 处，国营水产加工企业 14 处。到 1985 年年底，全省拥有 200 马力以上大型渔船 518 艘、各种机动船 2. 9 万余艘，已形成一支强大的海上作业船队。1985 年全省渔业总产量已达 1521 万担，相当于 1949 年的 11. 27 倍，平均每人占有量 56. 1 斤。

（五）轻工业建设。

福建省远在唐朝就开始栽培甘蔗，清朝末年蔗糖生产相当繁盛。后由于大量洋糖入闽，土糖生产直线下降，全省蔗糖产量不及1.5万吨。福建省造纸工业资源丰富，土纸制造已有一千多年历史。龙岩地区的连史纸、宣纸闻名国内外。但解放前夕全省各种纸张年产量只有2万吨。解放前省内自产罐头一年不过800—900吨，且多是手工作坊生产。规模稍大的厦门陶化大同罐头厂，由于竞争不过舶来品而倒闭。

新中国成立以后，福建全民所有制轻工业企业的生产与建设都取得了显著成效。到1985年年底累计完成投资11.4亿元，新增固定资产8.6亿元，建成投产的大中型项目22个。其中制糖、造纸、罐头三个行业完成投资8亿元，占70.92%，新增生产能力机制糖49.4万吨，机制纸及纸板19.26万吨，罐头3.7万吨。全省轻工业全民所有制工业企业从1950年的21个、670名职工、156万元总产值，发展到1985年504个企业，18.17万名职工，工业产值达24.04亿元。1985年产值为1950年的1541倍，占全省全民所有制工业总产值的25.76%。1985年实现税利51071万元（不含盐税和烟叶工业），为全省全民工业实现利税的24.23%。其中制糖、造纸、罐头三个行业的税利32072万元，占全民所有制轻工业企业全部税利的62.8%。

全民所有制轻工业系统的生产与建设，作为福建的优势行业，得到了有关方面的重视，并给予重点安排。除了古田溪水电站以外，早在“一五”计划后期，在福建安排建设的大中型项目几乎都是轻工项目。这些项目建成投产后一直是福建的骨干企业，为福建建设积累资金、促进工农业生产做出了重大贡献。

1956年开始建设的大中型项目——南平造纸厂，前后进行了四期建设，第四期扩建工程于1983年建成试生产。到1984年，累计完成投资17239.72万元，新增固定资产15834.45万元。经四期扩建后，该厂建成的生产能力为：日产200吨新闻纸、日产50吨化浆，年产8000吨人纤浆粕和年产5000吨的碱回收以及1.7万千瓦的自备电站等配套工程。投产以后为国家提供积累28870万元，相当于国家对该厂累计投资（不计利息）的1.67倍。

仙游糖厂于1956年动工，以后又经几次扩建和技术改造，到1985年年底建成日处理甘蔗3600吨，日产酒精14吨，日产溶剂4吨。20多年来，为国家积累48432.91万元。相当于该厂投资（不计利息）的14.06倍。于1956年同时动工兴建的还有福州、厦门两个罐头厂。投产20多年来，累计的积累已为投资（不计利息）的20多倍。于1958年和1959年先后动工建设的漳州、莆田、厦门三个糖厂以及青州纸厂和漳州罐头厂等大型企业，投产以来也为国家积累了大量资金。其中1981年扩建的莆田糖厂2000吨/日榨工程，总投资2473万元，到1984年年底完成投资2390.16万元，节余投资71.9万元，主厂房工期只用15个月，设计、土建、安装的质量都比较好。经过四个榨季的试生产和生产，累计榨蔗86.61万吨，平均日榨2078吨，累计产糖7.53万吨，产品质量合格，为国家提供积累2761万元。

（六）港口建设。

福建省海域广阔，海岸线长而曲折，海运事业历史悠久。1949年以来，福建海运事业取得可喜的成就，特别是中共十一届三中全会以后，海运优势得以发挥，港口建设步伐加快。

福建省由70年代初期起步建设港口，到1985年，全省港口建设完成投资28436万元，新增固定资产12719万元，新建泊位12个，吞吐能力327万吨。新购置客轮二艘，共1361个客位。1985年海上运力净载重量达18.46万吨位，比1950年增加16.32万吨位，增长7.6倍；比1979年增加5.53万吨位，增长42.8%。为了调动各方面积极性，加快港口建设，发挥海运优势，1979年以来，港口建设实行大、中、小并举，省、地、县结合，多渠道投资和谁建谁收益的方针。大中港口由省列入国家计划统一安排建设；小港口由地方投资，省里补助；并鼓励货主自建码头，既建多功能通用驳位，也建专业化驳位，谁建谁受益。到1985年年底，全省已建有大中泊位176个，其中深水泊位6个，中型泊位16个，小型泊位154个。上述码头中，有货主建的码头15个泊位。全省港口吞吐能力998万吨（其中交通部门940万吨），承运集装箱2.98万个，国际标箱896个。

四、基本建设进入新的发展时期

1979 年中共中央和国务院批准广东、福建两省对外开放，实行特殊政策、灵活措施，从此，福建省基本建设进入了一个新的发展时期。

（一）投资增长幅度大、步伐加快，效益提高。

实行特殊政策、灵活措施后的七年（1979—1985 年）完成投资 92.07 亿元，年均 13.15 亿元；前 29 年（1950—1978 年）完成投资 92.10 亿元，年均 3.18 亿元。这就是说，7 年完成的投资接近于前 29 年完成的投资总额，年均投资为前 29 年的 4.14 倍。1985 年全省完成投资 26.7 亿元，为 1978 年完成投资的 3.82 倍，平均每年递增 15.8%。7 年内，建成投产的大中型项目达 51 个，完成投资 26.55 亿元；年均建成投产项目 7.3 个，投资 3.79 亿元。前 29 年建成投产的大中型项目也是 51 个，投资 20.63 亿元；年均建成投产项目不到 2 个，投资仅 0.73 亿元。

7 年竣工的各类房屋建筑面积 2654.61 万平方米，年均 379.23 万平方米，为前 29 年年均竣工 119.62 万平方米的 3.17 倍。7 年新增固定资产 61.94 亿元，年均 8.85 亿元，为前 29 年年均 1.9 亿元的 4.66 倍；固定资产平均交付使用率 67.27%，比前 29 年平均提高 3.87%。

（二）重点建设进一步加强，投资结构有了改善。

7 年来，能源交通建设有了加强，共完成投资 22.77 亿元，年均 3.25 亿元。为前 29 年年均投资 1.06 亿元的 3.07 倍。教育、科研与文化卫生建设发展迅速，投资增长幅度大，7 年共完成投资 9 亿元，比前 29 年完成投资总额（4.42 亿元）翻了一番还多；年均投资由 1404 万元上升到 12857 万元，增长 8.16 倍；占全省的投资比重山 4.42% 提高到 9.28%。其中大学基建投资增长幅度更大，7 年来全省大学基建投资共完成 2.3 亿元，竣工的房屋面积达 77 万平方米，分别为前 29 年完成投资总额（0.4 亿元）和竣工面积总和（20 万平方米）的 5.75 倍与 3.85 倍。同期，高等院校为国家输送了全日制大学毕业生 5.2 万人。城市建设（包括统建住宅和商品房）的发展更快。7 年累计完成投资 47750 万元，为前 29 年完成投资总额 18048 万元的 2.65 倍，年均投资由 622 万元上升到 6821 万元，增长近 10 倍，占全省投资比重由 1.96% 提高到5.19%。

（三）积极利用外资，弥补省内资金不足。

1979—1985年，全省通过各种方式利用外资的项目，协议书已获批准的有880项，外资金额达9.2亿美元。7年中实际使用了3.96亿美元；其中外商直接投资6.4亿美元，实际使用1.87亿美元。投资的外商来自16个国家和地区。7年内，利用外资项目的国内配套投资共完成基本建设投资4.77亿元（人民币）。建成的主要项目有：厦门国际机场和福州机场扩建工程，福、厦两市的市内电话、长途电话、国际电路的万门程控电话，厦门东渡港和集装箱码头，福州人造板厂，福、厦两市的应急电厂（燃汽轮机各3×2.48万千瓦），福清清华糖厂以及罐头厂、侨乡中学、医院、旅行社、宾馆等。在建的主要项目有：利用世界银行贷款建设的水口水电站（140万千瓦）和鹰厦铁路电气化改造693公里；利用科威特基金会贷款建设的沙溪口水电站（30万千瓦）；利用瑞典政府贷款引进联邦德国设备的三明胶合板厂刨花板车间（3万立方米）；利用澳大利亚混合贷款引进丹麦技术设备的顺昌水泥厂（62万吨熟料）；利用华能公司外汇贷款引进日本三菱全套设备的福州火电厂（第一期70万千瓦）；合股经营和利用外汇贷款引进美国柯达先进技术设备的厦门彩色感光材料工程（彩色相纸920万平方米，彩色胶卷180万平方米），以及中外合资建设的中国国际钢铁制品有限公司（引进美国摩根高速线材轧机，年产线材15万吨）。

（四）兴建旅游设施、开发旅游资源。

福建省山清水秀，气候宜人；同则历史悠久，人文荟萃，名胜古迹众多，主要风景名胜有40多处，重要文物保护单位62处。已对外开放的有著名的“海上花园”厦门，“奇秀甲东南”的武夷山，全国历史文化名城之一的泉州，“花果之乡”的漳州，以及省会古城福州。

1980年以来，兴建了一批旅游宾馆，改造和更新了一批老饭店、旧设备。既有像福州闽江饭店、厦门鹭江宾馆等一批接待设施较好的宾馆，又有风景区的武夷山庄、幔亭山房等现代化的别墅、乡宅，还有利用华资、外资兴建的大会馆、大酒家。

福州机场的扩建和厦门国际机场的建成通航，为旅游业的发展提供了良好的条件。中国民航和福建合营成立了厦门航空有限公司，厦门至日本和厦门至马尼拉航线已通航。福州、厦门与香港的包机增加了班次。铁路、公路与内河的交通状况也有较大改善。各地各部门相继成立旅游车队。全省拥有各种旅游车辆近千部。

旅游设施的建设，促进了旅游业的发展。7 年内，共接待外国人、华侨、港澳台同胞 185. 3 万人次。1978 年接待 6. 9 万人次，1985 年增至 35. 6 万人次。

（五）抓紧厦门特区建设，并取得了初步成果。

1980 年中共中央决定在厦门市开办经济特区，基本建设步伐随之加快。1981—1985 年，全市完成投资 16. 73 亿元（其中 1983、1984 两年完成 6 亿多元），五年平均 3. 35 亿元，为 1950—1980 年年均投资 2456 万元的 13. 64 倍。5 年中，积极进行湖里工业区第一期工程的建设和特区基础设施的建设。同时，根据经济特区建设要求，制定了厦门市建设总体规划。1984 年 3 月，中共中央决定把厦门特区由 2. 5 平方公里扩大到全岛以后，基本建设更是突飞猛进。1984 年全市完成投资 4. 23 亿元，比 1983 年完成 1. 94 亿元，增长 1 倍多；1985 年完成 7. 76 亿元，又比 1984 年增长 83. 45%。

（六）积极筹办福州市经济技术开发区。

福州是全国对外开放的 14 个沿海城市之一。兴办福州市经济技术开发区，将使福州由“内向型”转为“外向型”的开放城市。开发区选址在马尾地区。自 1984 年年初筹办，主要做了三项工作：一是积极组织测绘、钻探等基础资料工作，并编制开发区总体规划和小区规划。总体规划从马尾着手，着眼开发亭江、琯头和琅歧岛，总面积 23 平方公里，终期建成一个以轻型工业为主的新技术开发基地和新兴工业区，并相应建设现代化的贸易港和旅游地。1985 年 1 月 23 日经国务院批准在马尾青洲着手建设，面积为 4. 4 平方公里。首先开发罗星小区，并尽快完善该区基础设施配套，创造良好的投资环境。二是扎扎实实抓好 10 项基础设施建设。这些设施包括福马一级公路和 200 万平方米吹砂造地工程、马江大厦、友谊商店、4 万平方米住宅、2000 门程控电话等。三是积极开展内联外引工作，先后接待美国、英国、日本、法国等17个国家和地区的客商358人，国内企业代表2715人。已签订协议的外引项目19个，内联项目5个。第一家中外合资企业高速线材轧钢厂，1986年建成投产。第一家内联企业——榕燕电子实业公司，生产8822双卡收录机，已正式投产。

30多年来，福建省的基本建设成就是显著的，但从其发展历程看，具有“小、少、晚、慢”的历史特点：1. 建设项目小，36年内，累计建成的大中型项目仅102个，占建成项目总数还不到0.5%。2. 建设投资少。36年内，累计完成的投资总额只占全国同期1.65%，为全国29个省、市倒数第四位。3. 建设起步晚。全国1951年比1950年投资增长幅度就达108.7%，1953年又开始执行第一个五年计划，进行了大规模的经济建设，而福建直至1955年，由于鹰厦铁路动工，投资才有大幅度增长（比上年增长102.66%）。4. 发展速度慢。福建省从1955—1983年投资平均递增9.2%，低于全国从1951—1983年的投资平均递增15%的速度。

第六节　安徽省的建设

安徽全省总面积13.9万平方公里，长江、淮河自西南向东北横贯全境，将全省划分为淮北、江淮之间和江南3个自然区。淮北4.04万平方公里，除濉河以北间有小块丘陵外，由河间平原、黄泛平原和沿淮滩地组成了辽阔的淮北平原；江淮之间4.89万平方公里，丘陵起伏，连接大别山区；江南3.09万平方公里，兼有平原、丘陵和山区。全省气候温和，雨水充沛。安徽是中国重要农产区之一。由于自然条件多样，野生动物种类繁多，已建成6个自然保护区。

安徽矿产资源丰富，已勘查探明储量的矿产有46种，矿产地423处，其中煤、铁储量均占华东第一、全国第五位；铜矿储量占华东第二、全国第六位；硫铁矿、明矾石占全国第二位；金矿储量占全国第十位；石灰石、大理石、石英砂、石膏、石棉等建筑材料资源也十分丰富。水电资源蕴藏量188万千瓦，其中淮河干流11.4万千瓦，淮北地区2.4万千瓦，淮南地区45.6万千瓦，长江流域90.5万千瓦。

安徽是在长期战乱，自然灾害频繁，经济十分落后的基础上开始建设的。1949年以后，从重点治淮的水利建设起步，继而以开发煤、铁、铜等矿藏资源为重点，经过30多年来的大规模基本建设，初步控制了水旱灾害，建立了包括煤炭、电力、冶金、化工、机械、轻纺等门类基本齐全，拥有较新生产手段的工业体系，逐步形成了淮河两岸的煤炭、电力，马鞍山钢铁，铜陵有色金属等4个工业基地。

一、以治淮为重点的水利建设和农业建设

解放前[①]，淮河流域水旱灾害深重。1931年洪水泛滥，全省沦为汪洋泽国。1934年大旱，又是一幅“赤地千里，饿殍载道”的惨景。1938年蒋介石“以水代兵”，炸开花园口黄河大堤，黄河再次夺淮，加重了淮河的创伤。据统计，自汉惠帝五年（公元前190年）至1949年的2000多年中，全省受水旱灾害879次，人民遭受了极大的苦难。

1950年淮河流域大水，虽然人民政府大力抢救，但损失仍然很大。当年10月，政务院做出关于治理淮河的决定，确定了蓄泄兼筹的治淮方针。1951年，毛泽东发出了“一定要把淮河修好”的号召，提出“三省共保，三省一齐动手”的原则，一场大规模的治淮建设迅速展开，揭开了当代安徽水利建设的序幕。

安徽地处淮河中下游，境内淮河长465公里，流域面积66.966平方公里。1951年政务院成立治淮委员会（简称淮委），机关设在安徽蚌埠，安徽的治淮工程由淮委直接组织实施。

治淮初期（1951至1958年），贯彻“蓄泄兼筹”的方针，在大别山区淮河支流淠河上兴建佛子岭、磨子潭、响洪甸水库；在淮河另一支流史河上兴建梅山水库。这四大水库从1952年元月佛子岭水库开工起，至1958年8月先后陆续建成，建设周期平均为2—2.5年，总库容57.09亿立方米，有效地提高了淮河中游的防洪能力，并逐步发挥着发电、养殖、灌溉等综合经济效益。

① 安徽省会合肥市1949年1月21日解放。

佛子岭水库是全国第一座钢筋混凝土连拱坝，库容 4.88 亿立方米，最大坝高 74.4 米，安装发电机组 3.1 万千瓦，自行设计、自行施工，为全国培养了一支优秀的水利建设队伍，其中不少人已成为中国水利建设的骨干。

同期，在淮河干流修建了蒙洼、城西湖、城东湖、瓦埠湖等湖泊洼地蓄洪工程；并对 1950 年大水损毁的淮河干、支流堤防及时进行堵口加固。1954 年特大洪水后，进一步加高加固全长 240 公里的淮北干堤及其支流颍河东堤及涡河东、西圈堤，淮南、蚌埠等工矿、城市圈堤，使它们在充分发挥蓄洪、行洪的条件下，可以基本上防御 1954 年型洪水。

为排除淮北平原的严重涝灾，淮北地区各级人民政府动员、组织并带领百万民工奋战三个冬春，于 1954 年完成了五河内外分流工程。将原来泄入淮河的浍河、沱河与淮河分流，改入漴潼河，经峰山切岭、窑河、下草湾泄入洪泽湖，使五河洪水期内水位降低 2 米。同时对奎河、濉河、沱河、浍河上游、西淝河、北淝河、安河等 10 余条河道进行了初步疏浚；对西淝河、北淝河、唐河、茨河上中游作了水系调整，改善了排涝条件，并对其他河、沟进行了配套治理。在沿淮洼地兴建电力排灌站，从而减轻了淮北地区的涝灾。

1958 年撤销淮委，安徽治淮工程改由省水电厅负责。从 1958 年开始，利用大别山区四大水库的蓄水，兴办史河、淠河灌溉工程（简称淠史杭大型水利工程），并与长江水系杭埠河沟通。工程设计灌溉面积 1194 万亩（包括河南省内史河灌区 98 万亩）。这一工程依靠皖西、皖中数百万人民，边建设边受益，到 1984 年年底先后建成淠河、史河总干渠及各级渠道 13400 多条，淠河横排头、史河红石嘴、杭埠河龙口三大渠首枢纽工程，以及小型渠系建筑物 2 万多座，并兴建了大中型建筑物及反调节水库 3500 多座，总计完成土石方 4.5 亿立方米。至 1984 年年末，淠史杭灌区的续建、配套工程仍在进行。淠史杭大型水利工程的基本建成，改变了皖西丘陵地区“十年九旱”的面貌，解决了六安、巢湖、合肥一带 11 个县 820 万亩农田灌溉问题，并兼收防洪、除涝、发电、航运、养殖、供水等综合经济效益，成为灌区 1000 多万人民的丰收之源。

1958 年还动工兴建了淮河干流蚌埠节制闸，并在定（远）、凤（阳）、加

（山）、天（长）丘陵地区兴建中、小型水库，以及炉桥、门台子、霸王城等一批大、中型电力排灌站。1977 年以后，又兴建了女山湖灌溉工程，进一步为丘陵地区解决灌溉问题创造了条件。

1958 年后的两三年间，在淮北平原搞河网化，界（首）、洪（泽湖）、阜（阳）、蒙（城）等 10 条新河相继开工，计划建大、中型涵闸 92 座，机电排灌站 50 余处。但结果很多工程半途而废。1964 年，在总结经验教训的基础上，进行了除涝治碱，整治了一批骨干河道。1966 年，在江苏省的配合下，开挖了一条贯通皖、苏两省的新汴河，全长 128.1 公里，上承河南来水，横穿宿县地区中部，向东流入江苏洪泽湖。这条新河，为沱河、濉河上游 6562 平方公里开辟了排水出路，减轻了沱、濉中游的洪涝灾害，并为这一地区的灌溉、航运创造了条件。后来，豫皖两省人民又完成了开挖沱河上、中游的任务，统一整治了谷河、王引河以及包河一部分，为皖北、豫东平原大面积排涝打开了出路。

1969 年，国务院成立治淮规划小组，重申“蓄泄兼筹”的治淮方针。安徽省增建蒙洼蓄洪区曹台孜退水闸，设计流量 2000 秒/立方米；建成城西湖王截流进洪闸，设计流量 6000 秒立方米；完成临水集至王截流段退堤工程，并安置了淮北大堤小蚌埠退建段的移民拆迁。1971—1972 年，为扩大淮河干流中游泄量，确保淮北大堤和蚌埠、淮南城市工矿圈堤，茨淮新河、怀洪新河先后动工建设。茨淮新河从颍河茨河铺到怀远县城西入淮河，全长 134.2 公里，设计泄洪量 2000 秒立方米，土石方 2.5 亿立方米，包括上桥、阚町、插花、茨河铺 4 座枢纽工程。茨淮新河工程已小断面通水。结合黑茨河西淝河的治理，可解除颍河与涡河之间五年一遇的涝灾。为豫、皖两省 1500 万亩耕地扩大了排水出路，也为汾泉河、黑茨河治理创造了条件。

在重点处理淮河水系的同时，从 1958 年开始对境内长江水系也相应地进行了治理。首先，对省内的长江大堤进行了全面整修，其中同马大堤、广济圩堤、枞阳江堤、无为江堤等几个大型堤防，堤顶宽度增加到 8 米；马鞍山江堤、无当江堤、芜湖县麻风圩江堤、繁昌江堤等大、中型堤防，堤顶宽一般达 7 米左右。在马鞍山市、无为大堤安定街等江堤崩岸堤段，抛石 1600 多万立方米，沉排55万平方米，沉树37万组，护岸长度达102公里。

在长江主要支流皖河、青弋江、杭埠河上游，分别建成花凉亭、陈村、龙河口三大水库，总库容56.61亿立方米。提高了防洪能力。并且开发了花凉亭、陈村两个灌区，灌溉面积分别达60万亩和9万亩。在江淮及江南地区新建了黄栗树、沙河集、丰乐、芦村、钓鱼台等大中小型水库。

1969年冬，滁河上中游及池河上游的驷马山引江灌溉工程动工兴建，开挖了27.4公里长的引江河道。继而建成乌江抽水枢纽，既可自流引灌，又可抽水引灌，还可为滁河分泄洪水500秒立方米。随后整治了滁河中游，建成襄河口、汊河集两座节制闸。70年代相继建成滁河一、二、三级抽水站。为解决肥东东北部、全椒西部严重干旱和滁河两岸的灌溉、排涝创造了条件，灌溉面积已发展到114万亩（未包括江苏省的灌溉面积）。

解放35年来，以治淮为重点的安徽水利建设，在中共中央和国务院的方针、政策指引下，依靠在新中国水利建设实践中迅速成长起来的技术力量和江淮大地千百万人民的努力，累计完成国家基本建设投资34.9亿元，共完成土石方135亿立方米。建成大中小型水库4276座，整治河道420条，修筑堤防16400多公里，改建和新建水闸8106座，举办万亩以上灌区329处，开发小水电8万余千瓦，拥有机电排灌能力414万马力，兴建固定抽水站10500处，装机171.2万马力。大规模的水利建设，提高了淮河、长江抵御水、旱灾害的能力，历经1969年、1975年、1980年、1982年、1983年的大水考验，淮河、长江堤防均能安全度汛，基本上保护了江淮大地城乡工农业生产正常进行以及人民生命财产的安全。1978年，安徽遭遇百年罕见的大旱，所有水利设施充分发挥作用，提供灌溉用水160多亿立方米，夺取了夏粮和早稻的丰收（小麦比1977年增产20亿斤），减轻了秋粮的损失。到1984年年底，全省防洪可保护面积3177万亩，占需要防洪保护面积的82.1%；有效灌溉面积3342.5万亩，为解放初期1237万亩的2.7倍。

在大力兴修水利的同时，并对农业基本建设进行了直接投资。1950—1984年，用于农业、林业、水产等建设投资累计为67685.5万元。大规模的水利建设和农业建设，改变了安徽原有“大雨大灾，小雨小灾，无雨旱灾”

的局面，农村各行各业全面发展。1984 年安徽农业总产值达 154. 57 亿元，为 1949 年 37. 6 亿元的 4. 1 倍；粮食产量 440. 51 亿斤，为 1949 年 127. 84 亿斤的 3. 4 倍。

二、四个工业基地的建设

安徽煤、铁、铜等矿藏资源丰富，已经探明全省煤田 132 处，储量 225 亿吨，集中在淮南、淮北；铁矿产地 76 处，探明储量 26. 6 亿吨，易采易选的 8. 3 亿吨，分布在江南马鞍山、铜陵一带；铜矿 34 处，探明储量折金属铜 384 万吨，大部集中在铜陵地区。按照“一五”计划时期全国的建设布局，为开发两淮煤炭和江南铁、铜而进行的基本建设由小而大，现代化程度不断提高。至 1984 年，已建成淮南、淮北煤、电工业基地，马鞍山钢铁工业基地和铜陵有色金属工业基地，随着全国工业布局的发展和变化，4 个工业基地的建设正向纵深发展。

（一）两淮煤、电工业基地的建设。

淮南煤矿开采历史悠久，早在 17 世纪明朝万历年间就有民窑开采。1928 年宋子文在九龙岗投资开矿。1937 年由四大家族垄断工矿事业投资的中国建设公司接办，设淮南路矿公司，统一经营煤矿和铁路。1938 年 6 月，日寇侵占淮南矿区，实施“以战养战”和“以人换煤”的毒辣政策，制造了淮南“万人坑”的惨案。

抗战胜利后，淮南矿区“矿、路、电、面（粉）”四大企业再度落入官僚资本宋子文财团的资源委员会矿路公司之手。淮海战役中，在中共各级地方党委的领导下，工人群众组织了上千人的护矿队，制止了国民党政府国防部下达的炸掉煤矿和电厂计划的实施，取得了护矿斗争的胜利。1949 年元月 18 日，淮南解放，整个矿区完好无损地回到了人民手中。

1949 年解放后，人民政府一面组织群众迅速恢复生产，一面进行煤矿基本建设。随着新庄孜矿扩建和谢一矿新建投产，1952 年产煤量猛增到 256 万吨，比解放初增加 1 倍多，整个矿区面貌焕然一新。

“一五”计划期间，淮南矿区充分利用当时已探明的 20 亿吨浅部资源，相续建成投产的矿井有谢二、谢三、李一、李二4对矿井，工期一般只有二、三年，其中谢二、谢三矿井是中华人民共和国成立后最早自行设计、自行施工的90万吨大型矿井，建井期分别为27个月和24个月，投产后的第二年就达到或超过了设计能力，1957年产煤492万吨。在此基础上又新建了毕家岗、孔集、李嘴孜矿井，使矿井发展到11处，设计总能力达855万吨，比解放前增加3.8倍。1959—1963年淮南矿区产量连续五年突破1000万吨，1960年曾达到1615万吨，超过设计能力1倍以上，使淮南煤矿成为当时全国五大煤矿之一。在扩建淮南煤矿的同时，1958年开始开发淮北闸河煤田，1958—1976年的18年间，淮北矿区先后建成矿井12处，设计能力771万吨。从1959年起，新矿井陆续投产，结合挖潜改造，平均每五年煤产量增长1倍，1976年突破1000万吨。

在1975年以前，两淮矿区利用浅部资源共建成23对矿井，投产后生产增长速度较快，多数矿井超过设计能力1—2倍，为国家出了大力，但同时也缩短了矿井的服务年限，加快了衰减。1979年年产75万吨的大通矿闭坑，1981年年产75万吨的九龙岗矿闭坑，到1985年年底，李二、谢三和毕家岗3处矿井也相继闭坑，其余矿井亦均进入深部开采，可采范围缩小，加之深部地质条件复杂和矿井煤柱向下扩大，开采难度越来越大。1977年年底，国务院根据华东能源紧缺和两淮矿井的状况，把两淮正式列为全国八大煤炭基地之一，集中力量进行重点建设。从此，两淮新矿区的建设规模逐步扩大，开发速度逐步加快，到1984年年底，相继建成投产的有淮北矿区的刘桥1号矿井、朱山庄矿井，淮南矿区的潘集1号矿井，设计能力合计480万吨。相继开工建设的有潘集2号、潘集3号、谢桥临焕、海孜、童亭、桃园等统配矿井以及地方投资建设的刘桥2号和任楼矿井，设计能力总计为1750万吨，接近已有生产矿井的总能力1956万吨。设计年产180万吨的临焕矿井和300万吨的潘集2号井，矿建、土建、安装三类工程，施工已全面展开，分别计划于1985年和1986年建成投产。其余9处在建矿井的工程进度亦不断加快。潘集3号井开凿的5个井筒，不仅质量好，而且建设工期分别缩短为9至11个月。谢桥桃园矿井前期准备工作和井筒冻结施工均提前完成，新井开工后当月进尺创两淮建井史最高水平。

1949—1984年，两淮煤矿累计完成基建投资37.5亿元，建成统配煤生产矿井21对，设计能力1551万吨；洗煤厂4座，入洗能力780万吨；在建统配煤矿井7对，设计能力1540万吨；在建洗煤厂2座，设计能力420万吨。建成地方国营矿井21对，设计能力277万吨；在建矿井2对，210万吨；另有乡村集体小窑90多处，年生产能力292万吨左右。1984年，全省原煤产量2680万吨，比1949年增长22倍多。

两淮煤炭的开发，促进了安徽火力发电的发展。1949年安徽省电力工业装机容量仅1.43万千瓦，全部是2000千瓦以下的低温低压小机组，输电线动力网架是一片空白。1956年，在淮南电厂安装了全国第一台自行设计制造的6000千瓦中压发电机组，相应建成320公里110千伏输电线路。1958—1975年，相继在淮南新建2台2.5万千瓦机组、1台12万千瓦机组；在淮北新建2台5万千瓦机组；在马鞍山市新建1台5万千瓦机组；在合肥新建1台5万千瓦、1台2.5万千瓦机组；以及在芜湖、铜陵、宿东等地新建各类小发电机组。但这些工程大多属于"三边"项目，建成后都经过了较长时期返修、调试才投入运行，有的在长期停运后不得不报废，如宣城2000千瓦机组等。

1979年后加快了两淮坑口电厂的建设速度，先后建成了淮南2台12.5万千瓦，淮北1台12.5万千瓦、2台20万千瓦机组，还有安庆2台5万千瓦机组。到1984年，淮南田家庵电厂总容量已达到60.1万千瓦，淮北发电厂达到75万千瓦，均跨入了国家大型火力发电厂的行列。1984年年底，全省火力发电装机总容量达173.6万千瓦，年发电116.14亿度，分别为1949年的121倍和4797倍。

在此期间，新建的淮南洛河电厂、平圩电厂也于1982年相继动工。洛河电厂将安装2台国产30万千瓦发电机组；平圩电厂将安装2台60万千瓦引进技术由国内制造的大容量机组，均将采用巡回监测、自动控制和电子计算机监控等新技术。两厂设计总规模为360万千瓦，是华东电网的主电厂。

在大力建设火力发电的同时，安徽利用水力资源进行了水力发电站的建设。从"一五"计划时期开始，首先在大别山区新建了综合利用的水库群，先后建成佛子岭、梅山、响洪甸等水电站，后来在皖南山区相继建成陈村、纪村、丰乐等水电站。1979 年以后，山区人民兴办小水电的积极性高涨，在省人民政府大力支持下，开工建设的项目达 345 个，到 1984 年，已经建成 303 个，装机 4 万余千瓦。1984 年年底，全省建成大小水电站共 1800 多个，装机 43. 8 万千瓦。

1951 年建成全省第一条淮南至合肥的 35 千伏输电线路。1972 年建成由淮南经合肥至芜湖的 220 千伏二回路高压输电线路，并与江苏省 220 千伏高压输电线路相连，构成华东电网省际骨干线路。到 1984 年年底，全省共有 220 千伏线路 1912 公里，变电所 12 座，变压器容量 207 万千伏安；110 千伏线路 3601 公里，变电所 76 座，变压器容量 282 万千伏安；35 千伏线路 8800 公里，变电所 740 座，变压器容量 310 万千伏安。1984 年，与洛河、平圩两大电厂配套建设的淮南至上海的 500 千伏超高压输电线路安徽境内的 250 公里也已进入全面施工。

1949—1984 年，两淮电力建设投资总额 8 亿元左右，占同期全省电力基建投资的 40%。1984 年年底两淮发电装机容量已占全省总装机容量的 60% 多，成为华东和安徽省重要的电力基地。

随着煤、电建设的发展，1952 年建立淮南市，1960 年建立濉夕市（1971 年更名淮北市）。在市政建设上，以矿点为中心，建设一批批适应工、矿需要的商业、服务行业和职工住宅，以及文化、教育、卫生等福利设施。至 1984 年，淮南市建成区面积 50 多平方公里，各类建筑 754. 6 万平方米，城镇人口 110 万人。淮北市建成区面积 20 平方公里，城镇人口 51 万多人。两市城市民用煤气工程正在建设，城市绿化面积分别为 7905 亩和 2865 亩。昔日荆棘丛生、满目凄凉的坟地、荒野，已建成欣欣向荣的百里煤城。

两座新兴的工矿城市，地方工业从无到有，逐步建设了煤化工、矿山机械、建材、轻纺、橡胶加工等地方工业，拥有较强的建筑业及各类服务性行业，1984 年工业产值淮南市和淮北市分别达到 15 亿元和 10 亿元左右。

（二）马鞍山钢铁工业基地的建设。

马鞍山位于长江中下游，北邻南京，南近芜湖。由于铁矿资源丰富，国民党政府曾设想在此设立中央钢铁厂、皖南钢铁厂，并经德国喜望公司、美国麦吉公司设计，但均成泡影。1937 年日军占领马鞍山后，强迫开采钟山、姑山、钓鱼山等铁矿，掠走优质黄铁矿 70 万吨，矿工大批死亡。1943 年又建成小高炉 10 座，投产 2 座。不久，战局转变，日本军事侵略失败，运输中断，高炉全部停产。

1949 年 4 月 23 日，中国人民解放军横渡长江。5 月 3 日，南京军事管制委员会接管了“华中矿务局马鞍山分矿”。1952 年 11 月，政务院决定马鞍山矿务局（由华中矿务局与马鞍山分矿合并组成）划归安徽省领导。1953 年开始将原有 20 立方米小高炉改建为 71 立方米高炉。半年之内，6 座 71 立方米高炉全部建成投产，利用日军掠夺而未及运走的铁矿石炼铁，当年形成炼铁能力 20 万吨。“一五”计划期间，马鞍山钢铁厂完成基本建设投资 4430. 3 万元。接着以矿山建设为重点，对南山、长龙山、凹山、钟山、桃冲等铁矿进行改。扩建，并做了新建姑山铁矿的准备工作，形成年采矿能力 80 万吨。在此期间，2 座 84 立方米高炉、4 台 18 平方米烧结机、2 座 255 立方米高炉等新建工程也先后开工建设。

“二五”计划期间，全国大办钢铁。毛泽东于 1958 年视察马鞍山时指出：“马鞍山条件很好，可以发展成为中型的钢铁联合企业”。同年，经省政府批准成立马鞍山钢铁公司（简称马钢），并将冶金安装总公司驻马鞍山 2 个工程处和马鞍山筑炉工程队统一划归马钢领导。1958—1962 年，马钢在全省各行各业的大力支持下，陆续建成南山露天开采、桃冲坑采铁矿；18 平方米烧结机 4 台；84 立方米高炉 2 座，255 立方米高炉 9 座、72 立方米高炉 4 座；炼钢方面建成 3 吨涡鼓型转炉 19 座，3 吨、5 吨电炉各 1 座，8 吨顶吹转炉 2 座；轧钢方面建成小型轧机 3 套，并开始筹建车轮轮箍厂。配套工程方面建成耐火材料厂、焦化厂、铁合金车间、机修厂等，5 年累计完成基本建设投资 3. 3 亿元，为马钢发展成为中型联合企业奠定了基础。但是，建设中因受“左”的思想影响，不尊重科学，违反基建程序，抢建的大批小转炉技术不过关，以后反复改建，经济效益很差。

3 年调整时期，马钢全面贯彻“调整、巩固、充实、提高”的八字方针，认真执行关于加快马钢建设的决定，在冶金部的直接领导下，以国务院正式批准建设的车轮轮箍厂为重点，使车轮轮箍厂的一期工程于1963年11月建成，试轧成功第一个国产轮箍。8个月后，二期工程结束。1964年7月，全国第一个直径840毫米的整体车轮诞生。同时平炉炼钢、焦化回收、凹山铁矿首期采选等工程相应建成。到1965年，马钢已基本上扭转了前几年盲目建设造成的生产亏损局面，当年工业产值达2.1亿元，上缴利润6570万元。主要产品的技术经济指标90%达到国内中上水平，在冶金部召开的文明生产现场会上，被誉为“江南一枝花”。

1966—1976年10年动乱中，马钢的建设十分缓慢。

1978年以后，马钢建设进入讲究经济效益为中心的新时期。马钢是安徽首批扩大企业自主权的试点单位，1979—1984年马钢先后建成850初轧厂、630轻轧加工线；扩建了凹山铁矿500万吨采选工程，新建第三炼钢厂3座50吨顶吹转炉及连铸工程，使马钢基本建成具有年产矿石650万吨、铁180万吨、钢200万吨、钢材105万吨生产能力的大型钢铁联合企业，成为中国重要钢铁基地之一。1952—1983年，马钢累计完成基本建设投资14.4亿元，形成固定资产12.9亿元，生产铁2625万吨、钢1223万吨、钢材721万吨，上缴利税24.96亿元，成为安徽省的经济支柱。

随着马鞍山钢铁工业的发展，一个崭新的马鞍山市应运而生。马鞍山市的前身金家庄，解放时仅有87户人家。1954年成立马鞍山镇，1955年成立马鞍山矿区，1957年成立省辖马鞍山市。省人民政府把搞好城市建设视为对马钢的主要支持。20多年来，本着以发展钢铁工业为重点，综合利用马钢副产及边角料的方针，逐步建成金属加工、化工、电子、建筑、机械、纺织、建材等地方工业。1984年全市人口已达35万多人；其中市区24.45万人，建成区面积24平方公里。市内有街道86条、总长147公里；绿化面积407公顷；房屋建筑面积531万平方米，其中住宅面积241万平方米。马鞍山市十分重视搞好城市规划，充分利用山水秀丽、名胜古迹较多的自然特点，结合马钢总体规划进行合理布局。已经建成以工矿为主体的雨山、花山、金家庄、佳山、慈湖、采石、向山七大生活区。市中心的雨山湖公园，大江边的采石公园和大白楼等游览点风景宜人。该市水陆交通方便，商业繁荣，科学、文化、教育、卫生事业相应发展，并综合利用马钢焦炉煤气，在全省首先实现了城市煤气化，是安徽城市园林化、现代化的一颗明珠。

（三）铜陵有色金属工业基地的建设。

铜陵地处长江南岸。汉武帝元封二年（前 114 年）设置铜官，原名铜官山即由此而来。1949 年 4 月铜陵解放。1950 年 3 月华东工业部成立了铜官山铜矿工程处，经过两年的艰苦奋斗，分别建成 2000 千瓦发电厂和日采、选矿石 400 吨的铜官山铜矿。

“一五”计划期间，一个采矿、选矿、冶炼、机修、生活设施相配套的联合企业迅速建成，日采、选能力 3600 吨，粗铜冶炼年产 1 万吨。

1958 年开始重点建设铜陵有色金属基地，安徽省冶金建筑安装公司全部调来铜陵。1958—1965 年，在扩建铜官山铜矿和冶炼厂的同时，相继建成井边、铜山、狮子山 3 个新铜矿，日采、选能力扩大到 1.19 万吨，粗铜冶炼能力扩大到年产 1.7 万吨。

1967—1976 年十年动乱期间，铜陵有色金属工业的生产建设遭到破坏，矿山采掘比例严重失调。1978 年以后，铜陵有色金属公司以矿山为重点，进行大力调整。80 年代以后，新建、改建、延伸 13 个竖井，开拓 23 个中段，并重点进行了凤凰山铜矿的深部开拓工程、矿山采掘严重失调的局面基本扭转，生产系统逐步完善。1950—1984 年，铜陵有色金属公司累计完成基建投资 5.71 亿元，形成固定资产 4.3 亿元，拥有 5 处生产矿山和 1 处在建矿山。除去已经闭坑或已减产的老矿，铜矿日采、选实有生产能力 1.7 万吨；拥有的两座冶炼厂，第一冶炼厂因污染严重正在进行技术改造，第二冶炼厂采用富氧熔炼措施，烟气全部回收制酸，烟气中硫的利用由原来一冶所能回收的 40% 提高到 83.7%。设计能力年产粗铜 3 万吨，硫酸 16.4 万吨。

为适应铜陵有色工业建设发展的需要，1957 年国务院批准成立铜官山市。1958 年铜陵县并入铜官山，改称铜陵市。铜陵市以有色金属工业为带头工业，利用副产铁，建成一个小型钢铁厂，并相应建设了电力、建材、煤炭、机械、电子、纺织、轻工等工业。到 1984 年，铜陵的磷肥、硫酸、麻纺、涤纶长丝等产品在省内已占首要位置，桑棉球、苧麻纺织品、氟硅酸钠等20多种产品远销日本、欧美和东南亚地区。在发展铜陵地方工业的同时，不断进行城市建设，发展交通、邮电、文教、卫生、商业等事业。到1984年，各行各业的基建投资累计为4.51亿元；有色工业与各行业基建投资构成的比例关系为1∶0.87。1984年，铜陵市已有52.7万人口，其中城市人口25万；城市建成区13平方公里。

三、工业交通建设全面发展

在大力建设水利和四大工业基地的同时，安徽省还相应进行了建材、化工、轻纺、机械等工业建设和农林建设，发展了交通、邮电事业。

（一）建材工业。

1949年，安徽省只有土窑烧砖、瓦、石灰、人力挖砂、采石，产值仅590万元。“一五”计划时期，开始建设轮窑，发展机制砖、瓦，1958年建设巢湖水泥厂，引进罗马尼亚3台湿法回转窑（设计能力共45万吨），分别于1959年、1960年、1972年建成投产。50年代末期建成了7个年产3.2万吨和100多个年产几千吨的小水泥厂，并建成和筹建了一批玻璃厂、陶瓷厂、油毡厂、砂石厂。60年代初期，第一次国民经济调整期间，对“大办工业”一哄而上的项目进行了清理，只保留了巢湖水泥厂和淮南支架水泥厂、长江水泥厂、东关水泥厂等3个年产3.2万吨的小厂，并在此基础上兴建了一批生产农房构件、水泥杆、水泥船等水泥制品的项目。以后又恢复建设和新建了9个水泥厂、20个轮窑厂和一批砂石场，开发了一批石灰石、白云石、石膏等建材矿。70年代扩建和新建了生产水泥、平板玻璃以及生产玻璃纤维、玻璃钢、石棉、铸石、大理石、蛭石等新品种的一批项目。1978年以后，安徽省建材工业建设进入新的发展时期。国家、地方、乡镇集体企业一齐上，利用丰富的建材资源，引进先进技术，先后建成了年产50万吨的白马山水泥厂，扩建了巢湖水泥厂4号窑，改造了20个小水泥厂，使其分别达到年产能力4.4万吨、8.8万吨和20万吨。在合肥、蚌埠、芜湖等城市建成框架轻板体系新材料基地；建成灵璧、广德、安庆等大理石厂。还有在建的涡阳及一批乡镇大理石厂。乡镇砖瓦窑厂已发展到4000多个；新开发的膨胀珍珠岩、凹凸棒已投入小批量生产。1984年生产水泥410万吨，平板玻璃65万标箱，民房构件21.7万立方米，卫生陶瓷38.3万件，大理石2.2万平方米。1984年全省建材工业产值达4.4亿元，为1949年590万元的74.6倍。新建的大型项目宁国水泥厂采用干法生产新工艺，年产能力150万吨，已经建成投产。

（二）化学工业。

解放前安徽有两个化工矿山，一个是从唐代开始开采的庐江矾矿，一个是日伪时期进行掠夺性开采的向山硫铁矿。全省石油化工工业基本是一片空白。三年经济恢复及“一五”计划期间，扩建了原有化工矿山，并在上海内迁厂的基础上建成合肥农药厂、芜湖油漆厂，把青岛内迁的骨肥厂改建为蚌埠化工厂。1958—1965年，淮南化肥厂、合肥化工厂、铜官山化工总厂等骨干项目相继建成，同时新建了一批小合成氨、小化工厂；改造、扩建了原有的小化肥厂，使小化肥厂的合成氨生产能力由800吨规模提高到3000—4500吨。

1971—1975年，重点建设了安庆石油化工总厂。年生产能力为250万吨的炼油厂，从1974年7月开工到全系统试生产，工期为41个月；从法国引进的成套30万吨合成氨装置的化肥厂和氨化沥青装置，同样按照国家规定的合理工期相继建成。经过较长时间的全面试生产，经国家验收委员会于1982年5月验收后，安庆石油化工总厂正式投入生产。生产实践证明，炼油装置及引进的化肥装置工艺成熟，技术先进，国内配套的工程设计质量较好。工程经济效益显著，整个工程投产四年后累计上缴利税已相当于原投资5.6亿元。同期还陆续新建、扩建了一批化肥、硫酸、农药、烧碱、橡胶厂，为安徽石油化工的进一步发展奠定了基础。80年代以后，安徽化工建设已逐步走向对丰富的化工资源综合利用和深度加工，主要是对已有老厂、矿进行改、扩建设，正在建的有铜官山化工厂磷铵工程、马鞍山凹山铁矿选磷工程、与上海合作的新桥硫铁矿坑采工程、淮南东风化肥厂4万吨纯碱的改建工程、淮南化肥厂2号焦炉等项目；这些项目建成投产后，安徽磷肥严重不足，氮磷比例失调的状态将得以解决，工业用纯碱紧缺的矛盾也将得到缓解。

1954 年由几家生产绷带、药棉的小厂合并建成的芜湖长江制药厂，是全省第一家化学药剂厂。50 年代末期，相继在合肥、淮南、蚌埠建成了化学药剂厂。到 1984 年，已建成化学药剂厂 25 个，中药厂 19 个，医疗器械厂 4 个，完成基建投资 0.45 亿元左右。已建成的生产能力，可年产化学原药 876 吨，各种制剂 259 种；中成药 18 个剂型，3258 吨，360 多个品种；医疗器械 27 种。省内医药自给率已超过 50%。淮南制药厂生产的“小儿奇应丸”获国家银质奖；蚌埠制药厂生产的维生素 C 等已进入国际市场。

（三）轻、纺工业。

安徽轻工业基础薄弱，解放时只有芜湖大昌火柴厂、蚌埠宝兴面粉厂等几家破旧的小厂及一些手工作坊。解放军进城时随军迁来的蚌埠东海烟厂、肥皂厂、被服厂等，规模也都较小。“一五”计划期间，从上海迁建的一批轻纺工厂，如金笔厂、搪瓷厂、电池厂、针织厂、印染厂、印刷厂、玻璃厂、皮革厂、食品加工厂、服装厂等，分别安排在合肥、芜湖、蚌埠、安庆、淮南、铜陵等地，填补了安徽轻纺工业的一些缺门，并带来了一批轻纺技术力量。1954 年开始，陆续新建了淮南造纸厂、东方纸板厂、罐头食品厂、安徽第一纺织厂等现代化工厂。

在 1958 年的“大跃进”中，全省动工新建了 9 个 5 万锭、5 个 1.5 万锭棉纺厂，22 个小糖厂，以及烟、酒、皮革等一大批小厂。结果在三年国民经济调整中，大批“半拉子”工程停缓建；对一些严重脱离实际、盲目乱上的项目（如试种甜菜、甘蔗未过关便决定新建的大批小糖厂等）进行关、停、并、转。1965 年后，在调整的基础上逐步新建了塑料、化纤等新兴行业，先后建成合肥东风塑料薄膜厂、芜湖塑料一厂等一批塑料厂及蚌埠酒精厂，1978 年巢湖维尼纶厂基本建成。

1979 年以后，轻纺工业建设进入全面发展的新时期。首先是大力建设烟酒行业，扩建古井酒厂和蚌埠、合肥、芜湖等烟厂；迁建淮北市口子酒厂，新建明光酒厂、肖县红白葡萄酒厂、芜湖黄酒厂及三河甜米酒厂等。紧接着新建了手表、自行车、缝纫机等“三大件”生产厂及一批纺织厂和啤酒厂。80 年代初，迅速建成以山芋干为原料的蚌埠果糖厂、铜陵涤纶丝厂、蚌埠毛纺厂等项目。1950—1984年，全省轻纺工业累计完成基本建设投资15.7亿元，基本上改变了解放初期那种全省人民的生活日用品要靠外地调入，而同时轻纺原料又大量向外输出的落后局面。1984年省内轻纺产品已基本自给，部分产品销往国内外。1984年轻工业总产值已达47.5亿元，为1949年2.77亿元的17.1倍。

（四）机械工业。

自1862年曾国藩建安庆军机所，安徽就有了现代机械工业，但长期以来一直处于停滞状态。到1949年仅有40台机床（动力345千瓦），只能从事一些汽车、船舶修配工作。

安徽解放后，先着手恢复7个小型机械工业企业的生产。“一五”计划期间，为了发展农业生产，将合肥、阜阳、安庆3个铁工厂合并后建成皖北机械总厂，主要生产双轮双铧犁；将芜湖修船厂改建为芜湖造船厂；宿县解放军部队修械所改建为铁工厂，主要任务是修理水泵、锅驼机和拖拉机。

“二五”计划期间，为了支援“大办钢铁”和“大办小化肥”，机械工业基建投资由“一五”计划时期的900万元猛增到1.27亿元，建设了一批矿山机械及通用设备厂，如合肥重型机械厂、合肥化工机械厂、合肥锻压机床厂、合肥电线电缆厂、合肥轴承厂、蚌埠第一空压机厂、芜湖红星电机厂、芜湖第一铁工厂等。利用上海内迁的4个小厂建成了合肥电机厂和开关厂。全省各县也建立了一批农机厂和铁工厂。“三年调整”和“三五”计划期间，机械工业基本上是填平补齐，八年建设投资为7200万元。新扩建了合肥矿机厂、合肥锻压机床厂、合肥机床配件厂、蚌埠柴油机厂、蚌埠第二空压机厂及八一拖拉机厂等，使重型机械制造、大型机床、交流电动机、拖拉机、变压器、内燃机、轴承、农机具的生产能力进一步提高。

“四五”计划期间，围绕着农业机械化和“大打矿山之仗”，新建了安徽拖拉机厂、合肥手扶拖拉机厂和与其有关的配件配套厂；扩建了重型机械厂。同期，安庆活塞环厂、庐江活塞厂、东至齿轮厂、“八一”齿轮厂也先后建成。1976年开始建设汽车制造工业，江淮汽车厂、淝河汽车厂和六安齿轮厂、芜湖汽车发动机厂相继建成。1950—1984年，机械工业完成基建投资累计

4.72亿元，拥有360个企业，年产值达10.6亿元，基本建成了一个门类比较齐全，布局比较合理的机械制造和加工体系。

（五）交通建设。

安徽交通原来十分落后，陆路仅有津浦铁路南段及淮南铁路660公里、公路通车里程2088公里；水运上，长江民航只停靠芜湖、安庆两个码头，内河航道基本上处于自然状态。经过30多年的建设，安徽交通闭塞情况已经改变，公路、铁路、水路交通均有较大发展，并开辟了航空线路，各种交通工具逐步走向现代化。到1984年年底，全省公路通车里程达2.65万公里，比1949年增长12.7倍；公路密度每平方公里18.9公里；全省公路高级、次高级路面分别达到1018公里和7736公里；全省平均好路率达到70%，居全国第八位。铁路建设方面，国家在安徽陆续新建了符（离集）夹（沟）线、青（龙山）阜（阳）线、芜（湖）铜（陵）线和津浦复线以及各种专用线。始建于1905年的皖赣铁路，经历了漫长曲折的历史。解放后经多次调查勘测，采用分段设计和分段施工的办法，于1981年全线建成通车。1984年安徽省境内铁路里程已达1902公里，比解放前的660公里增加了2倍。在建工程还有阜（阳）淮（南）线、芜湖枢纽以及淮南复线。

民用航空事业是解放后建设起来的。1952年开始，先后在安庆、合肥、屯溪、阜阳组建航空站，新建和扩建了4个机场，填补了安徽交通的一大空白。1977年新建成的合肥骆岗机场是现代化大型机场和重要的国际航空备降机场之一，跑道长3000米、宽50米。可供波音747等大型飞机起降。1982年扩建后的屯溪机场，跑道长1800米、宽40米，可供中型客机起降。两端延伸线上的三个导航台，有现代化的通讯设备。到1984年年底，已经开辟了合肥至北京、天津、沈阳、济南、郑州、西安、武汉、杭州、上海9条国内干线和2条省内航线，航空运输量年平均递增10%左右，并已发展到航空摄影、探矿、农田施肥、灭虫防病、森林播种、空投鱼苗、人工降雨等10多个项目，作业范围遍及全省。

安徽省境内有河流119条、大小湖泊数十个、水路1万公里，航运条件十分优越。但由于以往忽视内河航运，加上进行水利建设时未及兼顾，造成碍航闸坝71处，内河航运发展速度比较缓慢。1950—1984年共建成码头442座、1.6万米，港口269个，其中年吞吐能力10万吨以上的51个。通航里程由1949年的2008公里增加到5490公里，其中水深1米以上的3004公里。

四、服务性事业建设成就显著，人民生活逐步改善

在努力进行各项生产性建设的同时，文化、教育、卫生、城市公用设施等直接为人民服务的事业得到了相应的建设。1950—1984年，用于这方面的投资达36.38亿元，占同期全省基建投资总额的14.52%。特别是1979年以后，对基本建设投资方向作了适当调整；在增加国家投资比例的同时，还采取多层次、多渠道积累资金办法，进一步加快了这方面的建设速度。

1949年，安徽全省只有5个小城市，即合肥、安庆、芜湖、蚌埠、田家庵，总共50.5万人。街道多为狭窄的石头路，住房破旧矮小，居民饮用水主要靠井水和河、塘水。市内交通工具仅有少量人力车，环境卫生设施极少，城市生活条件十分简陋。到1984年年底，已发展成15个大、中、小城市，城市人口增加到352.8万，建成区面积由36.9平方公里增加到296.6平方公里。城市道路由214公里增加到1277公里，而且都是水泥或柏油路面；交通工具以汽车为主，自行车为辅。城市房屋建筑面积由933万平方米发展到6567万平方米，其中住宅3278万平方米，人均居住面积由1977年的3.8平方米提高到1984年的5.3平方米，27.9万户居民住进新房。城市供水已经改为自来水，普及率80%以上；同时建成下水道643公里。80年代以后，城市煤气化加快了建设步伐，到1984年年底，马鞍山、铜陵、芜湖三市27万居民用上了煤气；合肥、安庆、蚌埠三市建设了液化气公司，有7.4万人用上了液化气；淮北、合肥、淮南三市的煤气工程正在建设中。

解放前，安徽广大城乡文化生活极其贫乏，疾病流行，封建迷信活动盛行，适龄儿童入学率不足10%。解放后，教育、卫生、科学、文化工作备受中共和各级人民政府重视。全省小学校由原来的1.24万所发展到1984年的4.5万所，适龄儿童入学率达到87%；普通中学由154所发展到4277所，县以上城镇普及了初中教育；中等专业学校由11所发展到137所；高等学校由2

所发展到32所，其中包括列为国家重点的中国科技大学和合肥工业大学。

1951年，政府开始在皖南地区防治血吸虫病。同时大力建设防治站和医院，至1984年，逐步建成医疗卫生机构7202个，病床由解放时的190张发展到9.4万余张，一个以农村的村、队为起点的城乡医疗卫生网络已基本建成。血吸虫、疟疾、霍乱等烈性传染病已基本消灭，人民健康水平普遍提高。

城乡人民的文化生活也在逐步提高。出版事业从无到有，1952年安徽成立了人民出版社。到1984年，已建成教育、科技、人民、美术、少儿、文艺、黄山等7个出版社，投资1273万元，建成各类房屋5.9万平方米。新华书店遍及全省各地市县，初步形成了图书发行网络。文娱活动方面，全省1949年只有9家私营电影院，到1984年已建成国营电影院207个，影剧院1523个，电影放映队2922个，拥有电影放映机6500台（套），电影放映遍及城乡。体育设施从无到有。经过30多年的建设，全省建成1000席位以下的小型体育馆7座，灯光球场86个，滑翔、跳伞的飞机场1座，运动靶场10个，水上划船、赛艇场地2个。一座6000席位多功能的省级体育馆在建设之中。科学事业也有了很大发展，已建成冶金、煤炭、水利、机械、化工等各类专业科学研究院（所）199座，省会合肥将成为全国科学、教学、研究基地之一。

全国165个大中型项目之一的蚌埠冷库于1956年在蚌埠市建成使用。至1984年年底，全省共建成食品冷藏能力7.8万吨，商业仓库157.4万平方米，商业网点70.3万平方米，饮食服务网点51.4万平方米，石油库储存能力49.2万立方米。随着农业经济的发展，1979年以后，增建了一批粮库、食油罐、万吨级猪肉冷藏库、5000吨肉蛋库，并着重在产猪区建设了一批500吨级冷库，在40个县城各建1座100吨级冷库，基本上满足了流通需要。

1949—1984年，安徽基本建设投资总额250.6亿元，形成固定资产171.2亿元，建成大中型项目118个，小型项目2万多个。有计划的大规模基本建设，改变了安徽原来以农业生产为主、自然灾害频繁的局面。工农业总产值已由1949年的20.68亿元上升到1984年的338.85亿元；其中工业产值占的比重已由1949年的10.5%提高到54.49%，已经上升为国民经济的主要组成部分，为实现“四化”奠定了物质基础。

第七节　江西省的建设

江西省位于长江中下游南岸，地处亚热带中部，气候温暖，无霜期长，阳光充足，雨量丰沛，地下水源充裕。全省有河湖水面2226万亩，占全国淡水总面积的8.9%。全国第一大淡水湖——鄱阳湖，像一面巨大的明镜镶嵌在赣北。全省水力资源蕴藏量为682万瓦。全省森林面积9000余万亩，森林覆盖率为33.1%，经济林木比较多，其他野生植物资源也很丰富。

江西省矿藏探明储量的有73种，储量居全国前五位的有28种，其中居首位的有铜、钽、伴生金、铀、重稀土等11种；居全国第二位的有钨、锂等5种；居第三位的有岩盐，磷矿等5种。

1949年，江西工农业总产值只有12.21亿元（按1952年不变价格计算），每人平均仅92.92元。工业极端落后，不产钢，不产水泥，更不能生产仪表和机床等，基本没有现代工业。农业生产水平低下，几乎没有水利设施，靠天吃饭，1949年全省粮食总产量只有77.5亿斤，棉花总产量3.2万担，人民生活穷困不堪。

1949年江西获得了解放①。恢复时期和“一五”计划时期，人民政府着重抓了水利建设，治理水旱灾害；工业方面在恢复、改建原有工业企业的同时，重点发展有色金属、轻纺、机械工业。第二个五年计划开始，兴建了建材工业、钢铁工业、化学工业、农业机械工业、电子工业、有色金属工业、陶瓷工业，重点发展煤炭、电力和石油工业，改善交通运输业。到1984年止，全省共完成基本建设投资176亿元，新增固定资产121.7亿元。经过三十五年的努力，农产品不仅自给，而且有余，年年都要上调一批粮食等农副产品支援国家建设。原有工业部门如煤炭、电力、有色、轻纺有了显著的加强，生产能力都比解放初期扩大了几十倍或成百倍，而且建立了许多过去没有的行业和工业部门，如钢铁工业、化学工业、机械工业、电子工业、原油

① 江西省会南昌1949年5月22日解放。

加工业，以及钨、铜、锡、钽、铌、稀土等采选冶炼，毛麻和涤纶纺织等。全省已拥有工业企业 1.5 万多个。1984 年工业总产值达到 121.2 亿元，比 1952 年增长 63.2 倍，初步形成了沿浙赣线布局的工业带和沿长江的工业小区、赣南工业小区，布局已经展开。1984 年全省工、农业总产值已达到 221.5 亿元，比 1952 年增长 13.9 倍。

一、以根治水、旱灾害为中心的农业建设

江西省共有大小河流 2400 余条，年平均径流总量 1385 亿立方米。这些水利资源，在 1949 年以前不仅没有得到应有的开发利用，而且，洪、旱灾害严重。1949 年后，江西省把水利事业摆在重要位置上，立即着手治理水旱灾害。

50 年代初，主要是修复、扩建原有的防洪、排灌工程。扩建了北潦渠、万安渠、白塔渠、槎滩陂等引灌工程，新建了一批小型水利工程。自 1953 年开始，在以下三个方面进行了大规模的水利建设。1. 在赣、抚、信、修、饶五河下游和鄱阳湖滨湖区，培修堤防，大力缩短堤线，并陆续建设了信河联圩、饶河联圩和赣江、抚河下游改道联圩等工程。2. 在中小河流的中下游平原区，新建了灌田 10 万亩以上的锦惠渠、袁惠渠、金临渠等以及灌田 120 万亩的赣抚平原工程。3. 兴建了遍布全省的一大批大中小型蓄水工程、排灌工程和小型水电站。1984 年年底，全省已建成各类水利工程 39.38 万座，包括大中小型水库 9395 座，总库容 227.3 亿立方米；引水工程 97085 座，其中灌田万亩以上的有 33 座；提水设备共有 167.7 万马力；堤防工程 4073 条，总长度 8011 公里；小型水电站 6056 座，总装机容量 54.15 万千瓦；并治理水土流失面积 1337.83 万亩。基本形成了蓄、引、提、排，防洪和发电的工程体系。至 1984 年年底，全省有效灌溉面积、旱涝保收面积分别占全部耕地的 76.1% 和 55%。江西最大的平原——赣抚平原，1949 年前水旱灾害频繁，水稻亩产只有三、四百斤。50 年代末建设了赣抚平原综合开发工程，同时对保护平原地区的赣抚大堤进行了加高加固，抗洪标准提高到 15 年至 30 年一遇，使平原区由过去的望天丘变成了自流灌溉；由灾害年年有变成了旱

涝保丰收的高产稳产农田，水稻由一季变双季，亩产普遍达到千斤以上。

在进行水库建设的同时，小水电发展很快，效益也极为显著。务源、德兴、吉安、宁都、宜丰、奉新、修水和萍乡等16个县（市），已建成投产的小水电均超过1万千瓦。务源县小水电已超过2万千瓦，居全省之首。全省已有51个县、60%的公社（乡）、57%的大队和30%的生产队，主要由小水电供电。自1964年以后，先后兴建了大型拦沙坝1座，土谷坊50座，水平台梯3800亩，治理了55个山头，营造各种树木9950亩。到1984年年末，基本实现了全省每人平均1亩薪炭林、1亩用材林、1亩油茶林和1株果树。

水利的综合经营效果也十分显著。全省现有养鱼水面132.48万亩，水库水面利用率达62.71%。绿化山地面积23.8万亩，营造果林6340亩，茶叶4047亩，用材林4.22万亩。1983年全省水库鲜鱼总产量达到2188万斤，其中312个国营单位占884万斤。1983年全省综合经营总收入达5291万元。

从50年代末开始，在进行农田基本建设的同时，积极推进农业现代化建设，改变了解放前完全靠手工劳动的状况。1984年年底，全省共拥有大中型农用拖拉机2.3万多台，计70余万马力；小型拖拉机6.8万多台，计80余万马力；机耕船2491艘，计2.7万马力；联合收割机117台，计6337马力；农用载重汽车1.2万余辆，计106.2万马力；排灌机械9.8万台，计178.4万马力。全省机耕面积788.19万亩，每亩耕地用电量24.4度，每亩耕地施用化肥101斤，农业生产已部分实现了机械化。

二、以有色金属工业、能源工业为重点的重工业建设

江西省钨、铜等有色金属矿藏丰富。1908年在大余县西华山发现钨矿后，1914年就开始采掘少量露头矿床。然而，解放前对钨矿资源从未进行过系统的地质勘探工作，大部分钨矿为私商经营，民工手工开采、运输，选矿方法也极其简单，都是手工挑选、淘洗。解放前夕，江西月产钨矿仅300余吨，铜和银的开采和冶炼也只是小量生产。为充分发挥江西有色金属资源优势，50年代和60年代重点建设钨矿；70年代和80年代初重点建设铜矿，并积极建设了钽铌、稀土等工业。

（一）钨工业的建设。

解放初期，在重点扶持发展民窿生产的同时，1950 年 10 月，开始兴建全国第一座机械化钨选矿厂，安装了一套日处理能力为 100—150 吨的重选设备，1952 年 12 月竣工投产。

第一个五年计划时期，首先对大吉山、西华山、岿美山等重点钨矿区进行了资源调查，提出了勘探报告。随后这 3 个矿区被列入“一五”计划全国 156 项重点建设项目，确定大吉山、西华山、岿美山选矿厂的建设规模分别为日处理合格矿 1600 吨、1873 吨和 1560 吨。大吉山钨矿于 1956 年开始大规模建设，通过两年多的努力，建成为年处理原矿 81 万吨的采选企业，于 1959 年 1 月正式投产。西华山钨矿从 1956 年下半年开始施工，经过 3 年的建设，建成了年处理矿石 76. 5 万吨的采选工程，1960 年 4 月正式投入生产。岿美山钨矿从 1956 年 8 月开始基建施工，到 1960 年 7 月 15 日全部竣工投产。同时，兴建了盘古山、画眉坳、浒坑、小龙、漂塘、杨眉寺、铁山垅等一批中小型钨矿。60 年代建设了一些小型的钨精矿加工企业，并逐步发展壮大，到 1984 年为止，全省已拥有钨加工企业 4 个，已能生产硬质合金，三氧化钨、钨条、钨丝等 20 多种产品。有些企业产品，如赣南钨钼材料厂生产的钨丝，质量已达到国内先进水平。江西省钨工业正在朝着采选、冶炼、加工逐步配套成龙的方向发展。

（二）铜工业的建设。

江西铜矿资源丰富，已探明储量居全国第一位，而且开采条件好，交通运输方便。从 50 年代开始，建设了德兴铜矿，接着又建设了东乡铜矿、银山铅锌矿、武山铜矿等。70 年代后期，在前一段工作基础上筹建了江西铜业公司。到 1984 年止，已经形成的综合采选生产能力为：年采矿 882. 8 万吨，年处理矿石能力 1. 5 万吨。80 年代以来江西铜业公司新建的铜冶炼生产系统已基本形成 7 万吨电解铜综合生产能力，所属贵溪冶炼厂设计能力为每年产铜 7 万—9 万吨，从日本、芬兰引进的成套设备已于 1985 年安装就位，并投入试生产。

江西铜业公司拥有国内先进的设备、技术，全面建成投产后，将成为中国最大的铜业基地，也是国内较为先进的铜采选、冶炼、加工企业。

（三）钽、铌、稀土等其他有色、稀有工业建设。

江西省从60年代起开始建设钽、铌工业，70年代建成全省规模最大的宜春钽铌矿和九江金属冶炼厂。到1984年年底，已建成钽、铌工业采选、冶炼、加工企业5个，生产的主要产品有钽铌精矿、铌铁矿、铌铁、高纯氧化铌、铌粉、钽粉、铌条、钽条、锂云母精矿等近20种，有力地支援了国家社会主义建设。

江西稀土资源矿点已探明的有87处，其中大型矿床6处，中型矿床3处。重稀土资源更为丰富，已探明储量占全国储量的82.3%，特别是氧化钇资源雄厚，工业储量占全世界已探明储量的64%。60年代起就开始稀土应用的研究，并小规模进行了稀土工业的建设。70年代后期，加快了稀土工业的建设步伐。到1983年年底，全省共拥有稀土矿6座，稀土冶炼厂1个，稀土冶炼车间1个。主要产品有：富钇稀土精矿、90%的氧化钇、重稀土、硅铁合金以及氧化铕、氧化钆、氧化镁等，除供应国内需要外，还远销日本、美国、法国等国家。

铅、锌、铝、锡等有色金属工业，经过30多年的建设，也都初具规模。

（四）煤炭工业建设。

解放初期，全省只有五对没有正规设计的小矿井。为了保证工农业生产的发展，50年代重点改建、扩建了萍乡煤矿，并开始建设丰城煤矿。60年代开始，新建了英岗岑、八景、乐平等矿区；70年代后期，开始建设洛市矿区。同时，还建设了一批地、县和乡村小矿。在煤矿建设的同时，还建成了洗煤厂6座，洗煤能力370万吨。到1984年止，全省已形成以萍乡、丰城、洛市、英岗岑、乐平、八景、新华、花鼓山、棠浦、天河、大光山等11个重点局（矿）为骨干的，包括几十个地市县煤矿、几百个乡镇村和私人集资小煤矿在内的煤炭生产网络。1983年年底，全省国营企业共有矿井117对，核定能力1121万吨。全省产煤1875.4万吨，为1949年的50多倍。

（五）电力工业建设。

自1901年南昌开明有限电灯公司（3×50千瓦、蒸汽发电机）开办至

1949年的49年中，全省发电装机总共才0.9万千瓦。解放后34年间（1950—1983年）建成的发电装机能力为解放前49年建设装机容量的169倍；1983年全省平均一天的发电量相当于1949年全省一年半的发电量，全省500千瓦以上电厂发电装机已达152.6万千瓦，其中水电62.7万千瓦，火电89.9万千瓦。全省发电量达61.6亿度，送电线路451条，总长8570公里，变电设备325万千伏安。水电、火电互相配合，供发电基本配套，设计、施工力量比较齐全的电力系统已初步形成。

1953年3月，列入“一五”计划的国家重点工程——上游江水电站开工，1957年12月1号机组投产，为赣南地区工农业生产提供了稳定供应的电力。1955年7月，在南昌开工建设了全省第一个重点火电厂——南昌发电厂，1957年1月1号、2号机组投产，并与下正衔电厂并网运行，形成了南昌电网的雏形。1954年，赣南电网（即赣州电网）开始筹建，1965年1月，赣州电网同广东省粤北电网联网。由于上游江电站和南昌发电厂各机组相继投产，并相应建设了输变电工程，有效地解决了南昌、赣州地区供电问题，为全省经济发展创造了良好条件。

从60年代开始，重点建设了洪门、江口、拓林等水电站，水、火电相互配合，联接赣中、赣北、赣西地区的南昌电网初步形成。

70年代中期开始，电力建设由过去建设低温低压小机组转向高温高压大中型机组。1976年6月开始，景德镇电厂1号、2号高温高压5万千瓦机组相继建成投产，分宜电厂两台5万千瓦高温高压机组也并网发电。1983年开始，九江二电厂1号、2号12.5万千瓦的高温、高压机组相继建成投产。贵溪电厂1号12.5万千瓦高温高压机组于1984年并网发电。装机40万千瓦的万安水电站也已开工建设，并进入施工高潮。全省电力装机容量迅速扩大，既增加了网内电力的供应，又使经济效益明显提高。

80年代初，南昌电网并入华中电网，与湖北、河南等省、市的电厂联成一体，互相调节配合，使全省电力供应比较稳定。

（六）原油加工工业。

1973年开始筹建的九江炼油厂，设计年加工原油能力250万吨。它于

1981 年投产，当年加工原油 36.5 万吨，1984 年加工原油 70 万吨。

（七）森林工业建设。

江西木竹资源丰富，吉安黄心樟、安福红心杉、全南黄田红杉木、永新庐陵杉、奉新南竹、铅山蒿竹等品种质量优良，享有盛誉。但是 1949 年以前，林业生产方式极其落后，全靠人砍肩运。

经过 1950 年到 1984 年三十五年的建设，共修森林铁路 79 公里，公路 3647 公里，各种林道 3759 公里，钢索道 203 公里。整治河道 1195 公里，建水坝 826 座，筏道 43 座，炸礁 54 万立方米，有的河流还修建了河绠等水工建筑物，为充分利用水运创造了有利条件。大部分林区交通运输四通八达。同时，新增了大批林业机械，大部分林区逐步实行了机械化或半机械化。新建了一批木材加工企业，使江西省的森林工业由木竹砍伐单一生产，逐步发展成从砍伐到加工、综合利用一条龙生产。三十五年来，森林工业不仅适应省内需要，并为国家提供商品木材 5400 多万立方米，商品茅竹 4.8 亿多根。

1978 年以后，重点建设了一批木材综合利用加工厂，到 1984 年年底，建成木材综合加工厂 8 座，新增生产能力为：制材 11 万立方米，胶合板 1 万立方米，纤维板 1.2 万吨，木材干燥脱脂处理 1.6 万立方米，纸浆 1650 吨。

经过三十多年的建设，其他重工业也有较快的发展。钢铁、建材、化工、机械等从无到有。到 1984 年年底止，铁的生产能力达到 40 万吨，钢的生产能力达到 61 万吨，钢材生产能力达到 93.9 万吨，有些产品如高炉锰铁、琴钢丝等，产量约占全国产量的一半。水泥的生产能力达到 157 万吨①，江西水泥厂正在年产 50 万吨的基础上扩建为 110 万吨。机械工业从解放前只有几家修理厂发展到 2940 个企业，拥有金属切削机 6 万多台。农业机械和矿山机械的生产在全国也有一定的地位。设计能力年产 1 万台拖拉机的江西拖拉机厂已成为南方最大的拖拉机生产厂。南昌齿轮厂生产的齿轮系列品种居全国之冠。化学工业企业 555 个，化肥生产能力 35.73 万吨，其中，氮肥 21.56 万吨，磷肥 14.17 万吨；农药 1.64 万吨；硫酸 5.5 万吨，烧碱 4 万吨，电石

① 此数据包括年产 8.8 万吨以上的企业。

6.17 万吨。

三、以陶瓷、纺织为重点的轻工业建设

（一）陶瓷工业。

景德镇瓷器素以“白如玉、明如镜、薄如纸、声如磬”著称于世，景德镇市也因此而号称“瓷都”。据文献记载，早在汉代就开始冶陶；南北朝时始建窑场。唐代天宝元年，新平更名浮梁县昌南镇时，已有较发达的窑场，所制瓷器有“假玉器”的美称。公元1004年至1007年北宋景德年间，由于所产瓷器光洁华美，底款都书“景德年制”字样而闻名全国，于是将昌南镇易名为景德镇，是当时全国四大名镇之一。南宋以后成为全国制瓷中心。明代，集中了各地制瓷技艺，设立“御窑厂”，规模宏大、技术先进，烧制成功多种高低温名贵色釉，配合当时盛行的青花瓷，使景德镇陶瓷技艺发展到全国最高水平。清代康熙、雍正、乾隆年间，景瓷生产盛极一时，但是，从鸦片战争以后，许多名贵色釉和传统技艺相继失传，解放前夕景德镇瓷业已十分衰退，1949年日用瓷产量不到5000万件。

中华人民共和国成立后，对陶瓷工业进行了有计划有步骤的技术改造和建设。到1984年为止，陶瓷工业共投资2.59亿元，其中日用瓷技术改造投资1.18亿元。陶瓷工业建设大致可分为四个阶段：

从1953—1966年，重点是进行以煤代柴的改造。“一五”计划时期，在对陶瓷手工业、工商业进行社会主义改造的同时，就把以煤代柴作为陶瓷工业技术改造和建设的突破口，并积极实行机械化、半机械化。到1965年年底，建成投产的倒焰煤窑131座，用煤烧日用瓷占总产量的70%，改变了历史沿袭下来的“五靠”落后状态，即，瓷土粉碎靠水碓，炼泥靠脚踩，成型靠手工，干燥靠太阳，烧炼靠松柴。同时实行了四大转变，即从以柴烧炼到以煤烧炼，从手工生产到机械化半机械化生产，从自然干燥到人工干燥，从季节性生产到长年生产的转变。

1967—1976年，进行了以窑炉隧道化为中心的建设。这一阶段适逢十年动乱，陶瓷工业遭受破坏严重，陶瓷设备调出243台，5000余名瓷工被转业

改行，数百名工程技术和陶瓷美术人员被下放和复员，日用瓷生产能力损失达7000多万件，远东第一流的景德镇瓷厂被砍掉，陶瓷产量比历史最高水平减产59.9%。在这期间，景德镇市仍然坚持对陶瓷工业进行技术改造，1966年在景德镇光明瓷厂建设第一个隧道窑，于1967年建成投产，使景德镇陶瓷窑炉从间歇式的倒焰煤窑向连续化生产的隧道窑迈出了第一步。在此基础上，首先改造了一些集中生产程度比较高的企业，然后逐步使一些分散生产的企业集中生产。到1975年，共建成隧道窑18座，瓷器产量达到1.3亿件，占当年日用瓷总产量的54%。加上以后陆续建设的隧道窑，景德镇陶瓷生产实现了从炉窑生产到隧道窑生产的转变。

1977—1983年，陶瓷工业建设进入一个新的阶段。这一阶段建设的重点是围绕提高产品质量，改变产品结构，降低能源消耗，在老厂大力采用新设备、新工艺、新技术，并相应进行了改建和扩建。同时还新建了华风瓷厂和萍乡、宜春、抚州等地市的一批小型瓷厂。陶瓷工业的生产技术提高到一个新的水平。

从1983年开始，重点进行景德镇市以煤气化为中心的全面技术改造。仅煤气工程就计划投资9548万元，预计年产焦炉煤气1.46亿立方米，1986年将基本建成。煤气工程建成后，景瓷的烧成工艺将进入一个新阶段，提高到一个新水平。

1984年景德镇共生产日用瓷3亿件，比1949年增长4.7倍，品种达1068个。出口瓷换汇总额比解放初的20万美元增长150倍，年出口量达1.29亿件，远销五大洲104个国家和地区。

在对日用陶瓷工业技术改造和建设的同时，建筑卫生瓷和工业瓷也有相应发展。景德镇陶瓷厂已建成为全国较大的建筑卫生瓷厂，釉面砖产量居全国第一，且种类繁多，质量优良，获省优质产品奖，在国内外市场有很强竞争能力。到1984年年底，全省年产釉面砖能力达到年产600万平方米。景德镇还建立起电瓷工业生产联合体——景德镇电瓷电器公司。公司下辖8个电瓷厂家，年产高低压电瓷11851吨，产品有8大类、150个品种，还发展了多孔瓷砂芯、电压陶瓷、通讯电瓷、瓷手模、纺织瓷等多种特种陶瓷。此外在九江、萍乡、高安等地也建设了一批电瓷厂。

（二）纺织工业。

1949 年，江西省仅有 2 家棉纺厂和 14 家小染织厂，市场供应的纺织品绝大部分由省外调入。

1953 年新建了拥有 5 万纱锭、1000 多台布机的江西棉纺织厂，并对原有的兴中纱厂，新生纱厂进行了改造。50 年代后期，除继续建设棉纺织、针织工业外，积极建设了麻纺、丝纺等工业。70 年代以后又大力建设了化纤、毛纺和印染整理工业，特别是 1979 年以来，加快了纺织工业的建设步伐，1979—1984 年对纺织工业的投资相当于 1950 年以来 35 年累计投资总额的 40%。到 1984 年年底，初步形成了门类比较齐全，逐步配套的纺织工业系统。江西棉纺织印染厂已建成为拥有 10 万纱锭、2864 台布机、6 条印染线的全国大型全能纺织印染厂之一；纺织品大部分可以省内解决，并有部分纺织品进入国际市场。

1. 从无到有地发展了化纤工业。先后兴建了江西化学纤维厂、江西维尼纶厂、江西涤纶厂、九江化纤厂等，已经形成了能生产粘胶纤维、涤纶、维纶三个品种的生产能力。1981 年创全省化学纤维年产 16216 吨的历史最高水平。1983 年四月试制成功有色粘胶纤维并投入生产，1984 年已研制出 18 种色谱，成为全国第一个生产色纤的省。

2. 棉纺织行业逐步扩大，先后改造扩建了九江国棉一厂；新建了江西棉纺织厂、九江国棉二厂、抚州棉纺织厂、抚州第二棉纺织厂、新余纺织厂、井冈山棉纺织厂、赣南棉纺织厂等。1984 年年底，全省拥有纺锭 48.45 万枚，布机 15623 台，生产棉纱能力 73379 吨，棉布能力 3.3 亿米。已能生产各种纱、半线、全线、精梳和半精梳纱织物和人棉、纯棉、涤纶等化纤混纺织物。80 年代初开始生产中长纤维织物，1983 年中长织物产量已达 1709 万米，占当年棉布产量的 6.2‰。

3. 印染能力逐步加强。除新建和扩建江西棉纺织厂 6 条印染生产线外，在南昌、九江、抚州市新建了几条印染线，新建了抚州印染厂，初步形成了以南昌、九江、抚州为中心的 3 个纺织印染基地。1984 年生产印染布 11686

万米。

4. 积极发展了毛、麻纺和丝织、针织、复制、机配器材等行业。“一五”计划时期，新建了江西八一麻纺织厂；70 年代又建设了永丰麻纺厂等。1983 年，全省拥有麻纺锭 4660 枚、麻织机 260 台，聚烯烃编织机 48 台。生产麻袋 1531 万条，产品大部远销国外市场。80 年代以后，江西省的苎麻纺织工业也开始有了发展，到 1984 年止，已建成精干麻脱胶能力 2100 吨，苎麻纺锭 2400 枚和织机 48 台，并开始建设宜春苎麻纺织厂。

1961 年上海丝织三厂迁往南昌，组建成江西丝绸厂，揭开了江西省发展丝绸工业的序幕。经过改建、扩建，已成为全省最大的丝织厂。同时，人造丝工业得到发展，到 1984 年年底九江化纤厂初步形成年产 3000 吨能力；并在全省其他地市建设了一些丝织厂、剿丝厂。1984 年年底，全省丝绸行业共有剿丝机 4040 绪/202 台，丝织机 1006 台，其中自动丝织机 364 台，铁木丝织机 428 台。印染后整理能力达 1300 万米。

解放初期江西只有一些零星的生产袜子的作坊。“一五”计划时期，在对作坊进行改组、改造的同时，又直接从上海迁来一个厂，组建成华安内衣厂。60 年代又内迁几家针织厂与九江、抚州针织厂合并联营，组建成九江针织服装厂和抚州针织内衣厂。1984 年年底全省已有针织企业 23 个，加工总能力达 15000 吨。毛纺织工业也开始建设。到 1983 年主要专业设备有梳毛机 3 台，毛梳精机 14 台，毛纺锭 3644 枚，织机 32 台，毛纺工业总产值 2477 万元。为加快发展毛纺业，江西毛纺织厂 1981 年开始建设，规模为 4800 锭，毛织机 96 台，已初步建成投产。

5. 纺织机械器材工业。解放初期江西省积极开展了纺织机械器材工业的建设。例如，横峰纺织器材厂已成为全国同类纺织器材厂中的佼佼者，由 50 年代日产 30 只木梭的手工作坊，发展成为能生产 7 大类品种、370 多种型号规格，具有电子程序控制和液压传动自动线的较为现代化的生产厂。该厂产品已供应全国 25 个省、市的 230 多家纺织厂使用，并外销到 22 个国家和地区。1983 年全省生产木梭 119 万只，金属纺织专用器材 7910 吨，塑料纺专器材 119 万只，木纱管 1262 万只，打梭棒 148 万片。1984 年全省纺织工业总产值达12.72亿元，棉纱35.4万件，棉布2.31亿万米，分别为1949年的310倍和10倍。1984年出口交货量总值占全省纺织工业产值的比重已由1978年的4%上升到10%。针织品的出口量增长更快，1983年针织品出口已占全省纺织品出口量的34.4%。

除了陶瓷工业和纺织工业外，其他轻工业也都有了巨大的发展。如造纸工业，1949年全省只有一家日产不到1吨的小纸厂，经过多次扩建，到1984年年底已建设成为具有年产纸综合生产能力18—20万吨的大型造纸企业；由只能生产一般文化用纸到能生产新闻纸、凸版纸、书写纸、电容器纸等60多个品种，除自给外，每年都可外调其他省、市、自治区或供应国际市场。江西造纸厂已建设成全国大型造纸厂之一。食品工业的建设也很快，1984年总产值已占全省工业总产值的15.3%。江西省已初步建成为全国十个重点机制糖工业省、区之一，日处理甘蔗能力达到1.7万多吨。日用消费品工业发展也较快。1984年生产手表55万只、自行车30万辆、灯泡3830万只、肥皂2万吨、日用搪瓷2500吨、保温瓶452万个、铝制品2400吨、合成洗涤剂1.2万吨。江西共青羽绒服装厂年产羽绒服80万—100万件，是全国最大的羽绒生产企业之一，产品畅销国内外。

四、交通建设

1949年，江西省内河运输线长度为9229公里，能通航的只有5398公里；公路也很少，通车里程只有3102公里；铁路只有浙赣线和南浔线，通车里程仅600多公里。

江西解放后，立即对各种运输线路进行抢修，并修建了一些便桥便道，清理路线上的障阻物。1949年年底，浙赣铁路、南浔铁路全线通车；公路和航道也基本通车、通航。接着又进行了大规模的交通运输建设。到1984年年底，全省铁路通车里程达到1481多公里，公路通车里程31221公里。各种运输车辆62305辆，驳船1030艘，净载重76377吨。当年全省专业运输部门完成的货物运输量达到4559吨，比1950年增长12倍。江西省已初步形成铁路、公路、航运互相配合、四通八达的运输网，民航班机可直通北京、上海、广州、长沙、重庆等地。

（一）公路建设。

从1950年开始，重点建设了连接南北、东西的干线公路和一些省际公路，建设干线桥梁和渡口；同时，广泛发动群众民办公助，修建县、乡公路，很快就改变了全省交通闭塞的状态。1958年实现了县县通公路，并可直通湖南、湖北、安徽、广东、福建、浙江等省。60年代在继续建设干线的同时，积极建设了一批支线，打通接头公路，改造原有公路和桥梁。到1984年年底，全省共新建公路2万多公里，大型桥60多座，中型桥梁260多座，改造渡桥48座。有99.7%的乡和85%以上的村通了公路并通行客班车，主要干线公路的技术状况和通过能力，都得到了显著的改善和提高，桥梁基本实现永久化。全省共有高级、次高级路面3149公里，二级公路361公里。

在建设公路、桥梁的同时，相应建设了站房和购置了运输车辆。1949年江西省仅有客车88辆，货车86辆，只是一些主要城、镇有站房。1984年，全省共有各种运输车辆6.2万多辆，并相应建设了21个汽车保养修理厂。全省所有县、市和绝大部分乡、镇都有汽车运输站。

（二）内河航运建设。

航道的治理。50年代开始对全省河流进行了普查，并开始对主要河流中一些浅险滩进行勘测、炸礁、疏浚，并建设了一些轻便导航工程，特别是对赣江（赣州—良口段）十八滩、赣州—湖口及鄱阳湖航道进行整治，使省内水运大动脉赣江可以长年通航。在对赣江进行全面规划的基础上，1964年起，陆续对赣江、抚河、信江、昌江、乐安河、修河、贡河、桃江、禾水河、锦河等10条主要河流的浅段或浅滩进行了大规模的整治与疏浚，并继续进行航标建设。到1984年，全省建有导航建筑物1600余座，设标总里程1598.5公里。其中赣江采用堆石坝整治浅滩98个，建导航建筑物1103座，浅险滩炸礁13个，基建疏浚浅滩15处，赣江及鄱阳湖设等级标833公里。通过治理，急、险、浅的现象和枯水期船舶堵航、停航现象已经消失。赣江可长年通航50—100吨驳船，其他主要河流也可长年通航机、木、帆船。

1984年止，全省共建设了70多个港站，其中比较大的港口有赣州、吉安、樟树、南昌、九江、鄱阳等6个，拥有直立码头18座，54个泊位，斜坡码头36座，99个泊位；装卸机械147台。年吞吐量合计为365万多吨，旅客出口113万多人。

樟树港已成为全省最大的水陆联运港口，建有客、货运码头和专业码头，共有泊位32个，可停靠100—150吨级船舶。南昌港是全省第一大港，有江边、昌北、塘子河、抚河桥4个作业区，作业码头13座，港内拥有大批机械设备，已成为有一定规模的水陆联运港。

九江港位于长江中游与鄱阳汇合处，为长江水系优良港口，1984年吞吐能力达300万吨以上。1974年开始筹建阎家渡港区，1982年被国务院正式批准为对外贸易港口，建成后5000吨级的远洋货轮可以停靠。九江港将成为江西省外贸运输港口，也将是联结省内外规模最大的水陆联运港区。

（三）铁路建设。

1984年止，全省除南部地区外，各地、市都通铁路，并连接京广、京沪线等全国主要干线。铁路运输四通八达。

江西铁路主要进行了三方面的建设：

1. 对原有铁路进行修复、改造。解放后，除大力抢修浙赣线外，对其他线路和机车、车辆设备进行了更新，提高了行车速度和通过能力。70年代后期，又开始对浙赣线、南浔线、鹰厦线进行全面技术改造，并建设了鹰厦线电气化工程。

2. 新建铁路。重点是建设一批干线，1956年鹰厦线建成通车，结束了闽赣两省不通铁路的历史。1983年皖赣线建成通车，增加了一条连接安徽、江苏的铁路，比原来绕道上海到南京缩短了285公里。沙大线建成后可使江西的九江市与湖北的武汉市直接通车。浙赣线复线也在加紧建设。同时，根据工业建设的需要，积极建设铁路支线。从1959年到1984年，陆续建成通车的支线7条，共492公里，并在一些主要工矿区建设了专用线180公里。这些支线连接主要工矿区和主要城市，为工农业生产发展和人民生活提供了便利的运输条件。

3. 重点建设了鹰潭和向西编组站。鹰潭站是中国江南的重要枢纽之一，它连接浙赣线、鹰厦线和皖赣线，日编组能力已达到4263辆。向西站连接浙赣线、南浔线，是鹰潭枢纽的辅助编组站，日改编能力为2688辆。同时，建设了一批小车站，购置了大量机车、车辆、设施等。

五、旅游区的建设

江西省风景、名胜、文物、古迹很多。庐山风景优美，是避暑胜地；井冈山是中国革命的摇篮，闻名中外；景德镇是中国的瓷都，全市遍布名胜古迹。此外，省内还有三清山、龙虎山、圭峰、上清宫、云山、龚龙洞、翠微峰、通天崖等。

解放后，除对一些风景名胜进行恢复和修整外，主要对庐山、井冈山等旅游区进行了建设。

（一）庐山旅游区。

庐山风景名胜区位于江西省北部，北倚长江，东濒鄱阳湖，包括庐山、九江市区及星子、九江、湖口、彭泽等四县一市部分地区，保护面积为302.28平方公里；景点游览面积为42.2平方公里。

解放后，从1952年开始进行修复和建设，当年建成山北登山公路，改变了历史上庐山只能步行攀登的局面。1954年建成第一个人工湖芦林湖和庐山电站，以后，庐山植物园、宾馆、医院、浴室以及各风景点之间的公路相继建成。对各风景点也进行了维修，建设了一批观景设施。1980年前后又建成了连接星子到湖口的公路和区内的一批风景网点。到1984年，庐山已建成为风景优美、交通方便，旅游设施比较齐全的国内著名风景区，从九江登山，乘汽车可直达各风景点。

（二）井冈山风景名胜区。

井冈山风景名胜区位于湘赣交界的罗霄山脉中段，江西省井冈山市中部。全区保护面积为213.5平方公里，风景游览面积为64.3平方公里，由八大景区（茨坪、龙潭、主峰、黄洋界、笔架山、桐木山、湘州和仙口景区）、八大景观（革命文物、峰石、瀑布、气象、温泉、溶洞、高山田园和珍稀动植物），60余处景点及230多个景物组成。保存下来的有井冈山斗争时期的革命旧址遗迹共27处，其中属全国重点文物保护单位的16处，均已对外开放。

1949年后，对井冈山革命遗址和文物进行了维修和整理。1958年建设了茨坪（井冈山中心）到太和的登山公路，全长110公里，并开始建设一批旅游设施，如井冈山宾馆、井冈山大厦以及井冈山博物馆等。60年代末70年代初，又修建了直达井冈山下的铁路和环山公路，建设了一些风景点，重新修复了一些革命遗址和文物古迹，使井冈山各风景区四通八达，各名胜古迹更加绚丽壮观。已开放的景点主要有：茨坪、龙潭、金狮石、大井、小井、五大哨口、罗浮水库等。

六、教育、卫生设施建设

（一）教育。

旧中国江西省的教育事业极其落后，规模小、基础差、发展慢。到1949年年底，全省只有高等学校6所，在校学生2524人；普通中学143所，在校学生3.2万人；小学4698所，在校学生45.3万人；全省文盲占人口的80‰以上。

解放后，大规模地开展了教育设施的建设，已初步形成了一个高等、中等、初等教育协调发展，全日制教育和业余教育互相结合的教育网。1984年年底，全省共有高等学校24所，在校学生38816人，比1949年增长14.4倍；普通中学2704所，在校学生14.77万人，增长45倍；小学41615所，在校学生567万人，增长11倍。

（二）卫生。

1949年，江西省只有94个破旧简陋的医院，1940张病床，45个门诊部（所），一个防疫大队和十几个防治机构，医药卫生人员3559人。各种传染病猖獗流行，广大劳动人民过着贫病交加的悲惨生活，全省人均寿命只有30岁左右。

1949年后全省各级医疗卫生事业有很大发展。经过35年的建设，1984年年底，全省有医院2217个，门诊部所2780个。医院病床发展到73510张，比1949年增长37倍，平均每千人口有病床2.16张，略高于全国平均水平。

全省卫生专业人员达12.6万人，比1949年增加34.6倍。全省基本上建成了中、西医结合的医疗卫生网。到1984年，全省建设了71个中医医院，新增病床3810多张。为了切实贯彻预防为主的方针，新建了各级防疫防治和妇幼保健机构399个，许多地方病得到防治，有的地方病已基本消灭。

七、革命老根据地的建设

第二次国内革命战争时期，老根据地人民为中国革命做出了重大贡献。中华人民共和国成立以来，中共中央和国务院十分重视老根据地的建设，除统一安排在老区建设的工矿企业、交通运输、科学教育和文化卫生设施外.还专门拨款扶助老区人民恢复和发展生产，使经济落后、人民生活极其艰苦的老根据地经济有了巨大发展，人民生活显著改善。

1949—1953年，政府着重帮助老根据地人民重建家园，恢复生产。国家拨款重点扶助了“受敌人摧残最重，对革命贡献最大，恢复发展生产最慢”的419个乡，为他们购买耕牛、种子、农具，并修理房屋1.5万多间，修建公路7条，建设了一批小学和卫生院、所。

1954—1966年，着重扶助老根据地发展生产、繁荣经济，修建了水利工程40处，兴办工厂34个，修通公路18条、570多公里，建房近8万间，并建设了一批教育、卫生和交通运输设施。

1966—1978年，对老区建设投资有所减少，特别是“文化大革命”的十年，扶助老区发展生产也被迫终止。

从1979—1984年，投资大量增加，建设范围逐步扩大。1980—1984年，共完成投资14550万元，扶助了66个老区县、市，受援老区乡623个，建设项目7813个。在资金投放上，根据“重点使用，相对集中”的原则，重点用于赣州、吉安两个地区，五年来扶持贫困老区建设的主要成果是：

发展种植业。新种林木123.1万亩，成活率80%以上。其中新种柑橘11.4万亩，油茶59.7万亩，茶叶12.6万亩，其他林木39.4万亩。此外，垦复改造老林145.3万亩，抚育幼林75.1万亩。

发展养殖业。扶持养牛22559头，养猪70810头，建畜牧良种站45个，修建养鱼池塘 2200 亩。

发展小水电和小型加工业。兴办粮油、果茶、饲料加工企业 2462 个，1980 年至 1982 年竣工投产的乡镇企业已创产值 2028 万元，利润 476.7 万元，分别占扶助投资 911 万元的 22% 和 52%。

扶助农田基本建设。共治理水土流失面积 92.3 万亩；建排灌站、水库等水利设施 879 处，扩大灌溉面积 22 万亩；人畜饮水工程 198 处。

当代中国的基本建设

CONTEMPORARY CHINA: CAPITAL CONSTRUCTION II

（下）

当代中国出版社
Contemporary China Publishing House

2020年·北京

《当代中国的基本建设》（下）

作　者

（按章节顺序排列）

第十三章　苗玉堂　李树荣　范修芳　陈友聪　陈启中　王润民
　　　　　吴民瑞　张树昆　黄柏如　黄忠良　孙文彬

第十四章　高天宇　冯锡荣　李　武　沈斐宇　赵　英　彭宗稼
　　　　　王汉琦　孙　寿

第十五章　孔祥清　彭吉新　王志斌　张　跃　梁有仁　张文成
　　　　　殷乐天　黄若毅　白志林

第十六章　杨　昆　陈燕茹　曹正国　胡道源　兰建超　巢培武
　　　　　何富荣　李　钧　董加林　徐育才　程绍铮　姚江峰
　　　　　向　阳

第十七章　黄柏如　孙文彬　曾运泉　郑家光　张锡光　王泽扬
　　　　　王时两　苏宗武

第三编　第十八、十九、二十章　包宗华　邵华乔

　　　　第二十一、二十二、二十三章　张青林　吴钦照

第四编　第二十四章　徐荣初

　　　　第二十五章　刘国冬　赵铁生　白恒夫

　　　　第二十六章　钟焕予　沈志欣　沈志强

第二十七章　田椿生　孔永新

第二十八章　张　宗　程裕铨

第二十九章　周质沃　费　黎

第三十章　王易林

结束语　秦　文

目录

第二编
地区的基本建设（续）

第三编 勘察设计和施工

第四编
基本建设管理

Contents

Part Two

Regional Capital Construction (continued)

Part Three

Survey, Design and Construction

Part Four

Management in Capital Construction

第二编

地区的基本建设（续）

第十三章
中南地区

中南地区包括河南、湖北、湖南、广东四省和广西壮族自治区。[①] 中南地区地处中国中部偏南的适中位置，南临南海，东部与华东地区为界，北部与华北地区为界，西部与西北地区和四川省为界，西南一隅与越南交界。中南地区是中国自然地理比较完整、资源比较丰富、历史比较悠久、经济比较发达的地区之一。全区土地面积约98.9万平方公里，占全国总面积10.7%。这里是中国人口比较稠密的地区之一，全区人口1985年年底为28392万，占全国总人口的27.2%；人口密度每平方公里为287人。总人口中，少数民族人口1930万左右，占6.8%。

中南地区拥有较丰富的地下矿产资源。鄂东南大冶、鄂西南长阳一带和湘中涟源、湘潭等地，是南方著名的铁矿及锰矿分布地区。有色金属锑、铅、锡、铜、铝等的储量均在全国占有重要地位，湖南省是全国闻名的“有色金属之乡”。石油、天然气资源也很丰富，河南的东濮、南阳、泌阳，湖北的江汉油田，广东的南海油田等正在逐步探明和发展。区内水力资源极为丰富。中国六大主要河流中有黄河、长江、珠江三大河流分别流经河南、湖北、广西、广东，水力发电占全区发电量的50%多。区内江河湖泊众多，水域宽广，洞庭湖是中国第二大淡水湖。广东、广西海岸线曲折绵长，形成众多的优越港湾，蕴藏着丰富的海产资源。

中南地区土地肥沃，自然条件优越，水利设施较好，是中国农业发达地区之一，素有“湖广熟、天下足”之说。全区粮食产量约占全国的30%；棉

---

① 广西壮族自治区的情况见本书第十六章第二节。

花产量约占全国总产量的1/4。中南地区也是中国重要的油料作物区，最大的甘蔗产区和热带作物基地。

中南地区交通运输方便。铁路有纵贯南北的京广线、焦柳线，横贯东西的陇海线，以及密如蛛网的公路。区内还有全国内河航运最发达的长江和珠江水系以及航空线，构成四通八达的交通运输网。

中南地区历史悠久，具有丰富的旅游资源。河南名胜古迹众多，洛阳、开封是著名的古都，嵩山雄居五岳之中，少林寺有“天下第一名刹”之称。湖北有悠久的历史和灿烂的文化，三国赤壁、荆州古城、屈原故里、诸葛亮隐居地古隆中，道教名山武当山、武汉黄鹤楼、葛洲坝水利枢纽工程都是参观游览胜地。湖南的衡山素有五岳独秀之称，风光秀丽的张家界新辟为国家森林公园。广东的佛山、肇庆，广西的桂林、阳朔都是著名的旅游胜地。

中南地区虽然资源非常丰富，但在旧中国没有得到很好的开发和利用。农业落后，工业基础薄弱，生产力水平极其低下。

中华人民共和国成立之后，进行了广泛、深刻的社会改造和大规模的经济建设。中南地区是国家重点建设的地区之一，1950—1984年，35年累计完成基本建设投资达1757.32亿元，占同期全国基本建设投资总额的17.5%。经过35年的建设，中南地区初步建成了以粮、棉、油、糖、热带作物为主的农业生产基地。以钢铁、机械、有色金属、电力、煤炭为主的重工业体系，和以纺织、制糖、造纸为主的轻工业基地。初步建成了水运、铁路、公路、航空相结合的综合交通运输体系，成为中国重要的工农业生产基地之一。

第一节　河南省的建设

河南地处中原，北、西、南三面为太行山、伏牛山、桐柏山、大别山环绕，中部和东部则为平坦辽阔的黄淮大平原。境内有黄河、淮河、卫河和汉水四大水系，大小河流1500多条。中国东西、南北两条大的铁路干线——陇海线和京广线横贯全省，是全国陆路交通的重要枢纽。中原大地蕴藏着丰富的能源资源。河南全省有含煤县、市102个，含煤面积达62815平方公里，预测储量1140亿吨。到1985年为止，已探明19个煤田，工业储量达151.6

亿立方米。油气资源也很丰富。已开发的东濮、南阳、泌阳三个盆地的面积共9900平方公里，形成南阳（包括泌阳）、东濮两个油田。已探明原油地质储量5.2亿吨，天然气地质储量为726亿立方米。金属矿藏和非金属矿藏也很丰富，其中钼的储量占全国第一位；兰石棉、古盆天然碱、铝矾土、珍珠岩、耐火粘土、膨润土、钨、镓等的储量在全国均名列前茅。河南处于暖温带和北亚热带地区，气候温和、雨量充沛，有利于农作物生产，是全国著名的烤烟、棉花生产基地。

中华人民共和国成立之后，河南省一直是国家重点建设的省份之一。1950—1985年，全省累计完成基本建设投资419.9亿元，形成固定资产301.5亿元，竣工房屋面积近1.2亿平方米。建成投产或交付使用的建设项目2.24万个，其中大中型项目174个，形成大量的生产能力或效益。对改变河南省工农业的基本生产条件和交通运输、商业贸易、科教文卫等事业的发展都发挥了巨大的作用。建设成就是巨大的，但也有失误和教训。

1950—1952年，根据中共中央确定的“重点恢复、稳步发展”的方针，从上海、无锡等地迁来了一批烟厂、纱厂、印刷厂，恢复和扩建了原有的一批煤矿和纺织厂，新建、扩建和改建了不少工矿建设项目，并重点抓了水利建设和铁路、公路交通的恢复和发展。对原黄河铁路桥进行了多次加固，使已超过保险期30多年的残旧不堪的黄河大桥获得了新生，缩短了客货列车的过桥时间，提高了机车的牵引能力。1950年冬开始了大规模的治淮工程，几百万劳动大军奋战两年，基本征服了淮河，做到了大雨减灾、小雨免灾，初步解除了淮河两岸人民的痛苦。

1953年，国家进入了大规模有计划的社会主义经济建设时期。“一五”计划期间，国家在河南共安排800多个建设项目，积极发展机械、煤炭、电力、轻工、纺织等工业，建立了一批大、中型工业企业。在洛阳、郑州建立了新的工业基地，包括洛阳拖拉机厂、洛阳矿山机器厂、洛阳轴承厂、洛阳铜加工厂、郑州热电厂、郑州纺织机械厂、郑州第二砂轮厂和郑州第一、三、四、五棉纺织厂。改建和新建了焦作、平顶山、鹤壁、宜洛4个煤矿区。开工修建了安阳至郑州、郑州至洛阳的铁路复线和汤阳至鹤壁支线、许昌至南阳公路以及三门峡水利枢纽工程。在这个时期，共建成大中型项目 33 项，使河南历史上没有的黑色和有色金属冶炼、机械制造、洗煤、水泥等工业迅速发展起来；原有的煤炭、电力、纺织和其他轻工业也得到了改造。到 1957 年，全省工业总产值已达 17 亿元，比 1949 年增加了 6.5 倍。一些产品产量成倍增长，如发电量增长 6.5 倍，农药增长 158 倍，棉纱增长 8 倍，棉布增长 8.4 倍。

“二五”计划期间，除了继续完成“一五”计划时期安排的续建项目外，冶金工业和机械工业得到很大发展。小钢铁、小机械厂一下子上得过猛过大，1958 年全省施工项目达 5450 个，基本建设投资达 16 亿元，比 1957 年投资增加了 1.3 倍。1959 年和 1960 年，又分别增加到 18.6 亿元和 19.4 亿元。1958 年至 1960 年，地方投资占总投资的比重由“一五”期间的 19.9% 猛升到 59.8%，基建投资占地方财政支出达 50.7%，严重地超越了当时财力、物力的可能，使国民经济的发展处于失控状态，造成了比例失调。

三年调整以后，“三五”、“四五”、“五五”计划时期着重加强了煤炭和石油开采，发展电力工业，改造冶金工业。建设了郑州铝基地，兴建化肥厂、水泥厂、玻璃厂，加强纺织和交通运输建设，建成了焦枝铁路。这 15 年中，新增煤炭生产能力 1941 万吨/年；新增发电机组 296.9 万千瓦；新增化肥生产能力 433.8 万吨/年；新增水泥生产能力 188.4 万吨/年；新增平板玻璃生产能力 189 万标箱/年；新增棉纺锭 32.9 万锭；新增铁路交通运营里程 759 公里。通过这段时期的建设，河南省基础工业有所发展。但是，基建规模仍然较大、战线较长，而且生产性建设比重大，非生产性建设欠账较多。

1978 年以后，按照国家的统一部署，缩短了基建战线，调整了投资结构，加强了能源交通等重点项目的建设和现有企业的技术改造，认真注意提高人民的物质文化生活水平。1979—1985 年，全省共确定重点建设项目（包括国家重点建设项目）145 项，计划投资 66.4 亿元，约占同期计划基建投资的 40%。其中能源和原材料建设项目投资约占 56%，交通邮电建设项目投资占 15%。建成和部分建成了平顶山八矿、焦作九里山矿、义为耿村矿、新密裴沟立井等煤矿，姚孟、焦作两大电厂的 3 台 30 万千瓦的发电机组，平顶山至武汉50万伏超高压输变电线路。南阳油田和中原油田的开采，平顶山水泥厂、洛阳玻璃厂，陇海和太焦复线电气化，郑州铁路枢纽工程和京汉广中同轴电缆工程。同时还建成了引进日本成套设备的平顶山绵纶帘子布厂、周口棉纺织印染厂等纺织项目。继续对郑州铝厂、舞阳钢铁厂进行扩建。7年中，新增生产能力为：原煤开采801万吨，原油开采532万吨，发电装机容量126万千瓦，输变电线路1614公里，铁路营运里程250公里，微波通讯3600路，氧化铝22万吨，水泥39万吨，平板玻璃232万标箱，棉纺锭15万锭。在建设中，还逐步扭转了“重骨头轻肉”的倾向。

1979—1985年，用于与人民生活密切相关的非生产性建设投资达52.24亿元，相当于以往29年的1.5倍。竣工住宅建筑面积2389万平方米，相当于以往29年的95%。

36年的建设，从根本上改变了旧河南的落后面貌，增强了河南的经济实力，改善了经济结构，提高了国民经济各部门的技术水平。工业生产稳步增长，农业抗灾能力显著提高，交通运输事业迅速发展，科教文卫和城市建设蒸蒸日上。1985年，全省工农业总产值达567.64亿元，比1949年增长27倍，其中：工业总产值321.69亿元，比1949年增长139倍；工业总产值占工农业总产值的比重由1949年的10.9%增长到1985年的56.7%；农业总产值245.95亿元，比1949年增长12倍。许多产品的产量占有重要地位。例如，1984年，河南省轴承和卷烟产量占全国第一位，煤炭产量占第二位，平板玻璃、拖拉机和手扶拖拉机产量占第三位，机制纸与纸板占第四位，原油、合成氨、农用化肥占第五位，冶金设备、10种有色金属、棉纺锭和棉布产量占第六位。

一、能源资源的开发

河南省能源资源丰富，能源工业是基本建设的重点。1949—1985年，国家对河南能源工业的投资累计达111.24亿元，共新增煤炭开采能力4986万吨/年、石油开采能力757万吨/年、发电机组414.8万千瓦，不仅保证了河南省工业发展的需要，还向省外提供了一部分煤炭和石油产品。

（一）煤炭工业建设。

河南煤炭的开采和利用历史悠久。煤炭不仅储量丰富，煤种齐全，而且开采条件好。早在两千年前的西汉时期，豫煤已成为冶铁的主要燃料。到了宋代，已达到“昔汴都数百万家尽仰石炭，无一家燃薪者”的景况。

然而，在半封建、半殖民地的旧中国，煤炭资源却遭到破坏，煤炭工业萎缩凋零。1949年原煤产量仅90万吨，总产值947万元。中华人民共和国成立之后，煤炭工业很快得到恢复和发展。36年煤矿基建投资累计达34.3亿元，共建成现代化矿井141对，其中中央统配矿井56对、省营矿井19对、地县矿井66对。新增煤炭开采能力4986万吨。在河南省75个含煤县、市中，大小煤矿星罗棋布、井架耸立，已形成了平顶山、焦作、鹤壁、义马、新密五大煤矿基地；郑州、洛阳、许昌、新乡、安阳五大产煤市区；安阳、朝川、新峰、梁洼、韩庄五个局矿也已初具规模。到1985年，全省共有煤炭企业260个，年产60万吨以上的大中型矿井近30座。原煤产量达7856万吨，仅次于山西，居全国第二位，是全国三大煤炭盈利省之一。平顶山煤炭资源丰富，1953年9月开始建设，已建成大型现代化矿井14对，生产能力已达年产原煤1400万吨，占全国煤炭开采能力的26.5%，仅次于山西大同、河北开栾，成为全国第三大煤炭基地，承担着七省一市、中央32个部、中南1000多个企业的燃料供应任务。焦作是河南最古老的煤矿之一，在改造原有西部矿井的同时，新建了演马、冯营、中马和小马村等煤矿。到1985年，已初步建成拥有11对矿井，生产能力为年产400多万吨的无烟煤基地。

（二）石油工业建设。

从20世纪50年代起，河南省即开始了石油地质普查工作。1971年8月，在南阳地区的新野、南阳、唐河、泌阳、桐柏等县找到了油矿，即河南第一个大油区。1977年4月，45支钻井队鏖战南阳，创造了当年建设、当年投产、当年上缴利润的高速度。该油田建设工期比全国同类油田提前3至5年，吨产油能力投资只相当同类油田的30%。到1984年7月底，6年半的时间里上缴的税利就相当于当年国家对油田的全部投资。东濮地区的石油勘探工作于1970年开始，1975年第一口具有工业油流的探井出油。到1978年年底，基本建成濮城、文中、文明寨、卫城4个油气田。1983年年底已探明石油储量4亿吨，天然气326亿立方米，原油生产能力达到303万吨；1984年又新增130万吨。到1985年年底，共建成投产油井417口，注水井39口，油水输注联合站3座，计量站72座，铺设油气、水管线933公里；初步形成了柳屯首站为中心，连接周围3座联合站，北通山东临邑、西通洛阳、南至开封的油气集输网。另外，还兴建了1座11万伏变电站、4座3.5万伏变电站，架设了6千伏的输电线路，铺设电缆40公里、通讯电缆68公里，修筑油田公路250公里。建成工业厂房面积17.8万平方米，公共福利设施6.5万平方米，民用住宅40.5万平方米。

1985年，河南石油产量已达793万吨，跃居全国第五位。包括勘探、采油、炼制、科研在内的门类齐全的石油工业体系开始形成。

（三）电力工业建设。

河南有丰富的煤炭资源和充足的水利资源，对发展电力工业十分有利。1952年，国家在郑州火电厂安装了2台6000千瓦的发电机组。接着，1.2万千瓦、2.5万千瓦、5万千瓦、10万千瓦、20万千瓦、30万千瓦的机组陆续在全省各地建成投产。到1985年年底，全省已建成近百个地（县）水、火电厂。在郑州、洛阳、三门峡、焦作、新乡、安阳、开封、平顶山等地，建成了一批大中型电厂，总装机容量达414.8万千瓦。其中装机容量在10万千瓦以上的大电厂有11个，装机60台，总容量326万千瓦。1985年，年发电量达到了209.3亿度，一天的发电量比河南解放前七年的发电量还多。在姚孟、焦作建成了大型坑口电站。1980年建成发电的姚孟电厂的2台30万千瓦机组，是国内自行设计、制造的最大火力发电机组；另外2台机组也在紧张建设之中。全省共有高压输电线路11460公里，形成了联结郑州、洛阳、三门峡、开封、新乡、焦作、鹤壁、安阳、南阳、信阳的庞大电力网。并通过11万和22万伏的主干线，向山西、陕西、湖北、安徽等省延伸。平武50万伏的超高压输电线路是由中国自行设计、施工的国内第一条超高压输电线路，全长600多公里，从平顶山经襄樊到武汉市。它对火电、水电相互调剂，改进豫鄂两省电网结构，提高供电水平和供电质量，保证武钢一米七轧机正常运转等发挥了重要作用。1985年，全省电力工业总产值达15.77亿元，比

1949 年增加 5000 多倍，平均每年递增 28.1%。

二、冶金、建材工业的突起

（一）冶金工业建设。

1957—1978 年河南省共完成冶金工业基建投资，钢铁工业为 18.15 亿元，有色金属工业 11.23 亿元。建成了安阳钢铁厂、信阳钢厂、洛阳钢厂、林县钢厂以及郑州铝厂、洛阳铜加工厂、洛阳单晶硅厂、秦岭金矿、舞阳钢铁公司等 20 多个大、中、小型冶金企业。实现了河南省冶金工业从无到有，从小到大，从土到洋的历史转变。1985 年，全省生铁产量达 112.8 万吨，钢 97.26 万吨，钢材 79.67 万吨，焦炭 201.7 万吨。安阳钢铁厂是省内最大的钢铁生产基地，生产能力已达到年产钢 60.8 万吨、生铁 67.4 万吨。扩建中的舞阳钢铁公司是国家的重点建设项目，它的 4.2 米轧机是全国唯一能轧最宽最厚特种钢板的设备。这套设备是中国自行设计、制造和安装的。它的最大轧制压力 4200 吨，轧制钢锭小至 8 吨、大至 40 吨；生产厚度 8—250 毫米、宽度 1500—3900 毫米、长度 3000—18000 毫米的超高强度、高强高韧性、不锈、高压耐压板、海洋结构板、压力容器板、低合金结构板和双层金属复合板等。在发展钢铁工业的同时，有色金属工业也得到发展，建成了一批有色金属工业企业。1985 年，全省铝产量达 5.2 万吨，铜产量 2.7 万吨，在全国占有重要地位。郑州铝厂是国内同行业中规模最大的企业，氧化铝生产能力 60 万吨，是中国有色金属工业的重要基地之一。

河南冶金工业建设经历了曲折的历程。概括起来，就是兴起早、起伏大、速度快、效益差。直到 1979 年调整了失调的比例关系后，连年亏损的局面才得到扭转。1982 年开始实现了效益与速度的同步增长，1983 年获得了较好的经济效益。1984 年，冶金工业完成总产值 15.45 亿元，实现利润 2.54 亿元。1985 年，冶金工业总产值又上升为 17.9 亿元。

（二）建材工业建设。

随着河南基本建设规模的不断扩大，建材工业得到了迅速发展。从 1956 年 4 月开始建设洛阳铁门水泥厂起，到 1985 年已建有水泥厂 120 多个，年产水泥600多万吨。以铁门水泥厂、新乡水泥厂、焦作水泥厂和平顶山水泥厂为骨干，包括遍布全省的中小型水泥厂的河南水泥供应网已经形成。主要产品有普通硅酸盐水泥、火山灰水泥和矿渣硅酸盐水泥，以及高铝水泥、油井水泥、硫铝酸盐早强水泥、白水泥等特种水泥。1958年开始建设的洛阳玻璃厂，是全国最大的玻璃联合企业。它的第一条浮法玻璃生产线从工艺设备到产品质量都在全国名列前茅。1985年建成投产的第二条浮法生产线系国家和省合资扩建项目，建设规模为年产浮法玻璃232万标箱，熔窑日熔化能力为500吨，是国内最大的浮法生产线。孝义机制砖瓦厂、荥阳砖瓦厂是省内最大的砖瓦生产厂。新安、禹县、长葛和信阳等县是重要的建筑卫生陶瓷生产基地。1985年年底，全省县以上建材企业共有370多个，职工人数10万人。1985年，建材工业总产值为16.27亿元，主要产品产量为：水泥764.7万吨、平板玻璃595.7万标箱。

三、机械、化学工业的兴起和发展

（一）机械工业建设。

“一五”计划时期，以洛阳为基地建成投产一批机械、矿山设备制造项目，为重型机械工业的发展奠定了基础。洛阳第一拖拉机制造厂、洛阳轴承厂、郑州第二砂轮厂、河南柴油机厂等都是当时全国的重点建设工程，在人力、物力、财力上得到了优先安排，建设速度较快，建设效果较好。洛阳第一拖拉机制造厂是全国生产拖拉机的最大厂家，拥有职工3万多人，全部建筑面积70多万平方米，年产“东方红”牌拖拉机22700多台。其他机械工业产品如手扶拖拉机、纺织机械、电线电缆、滚珠轴承等，在全国也有一定地位，一部分产品为全国名牌产品。1985年全省的机械工业企业拥有固定资产57.5亿元，工业总产值70.08亿元，占全省工业总产值的21.8%，比1949年增加300多倍，初步形成了农机、轴承、电工、矿山四个优势行业和一批拳头产品，有力地支援了农业、工业和国家重点建设。

（二）化学工业建设。

河南的化学工业是在支援农业、轻纺工业以及满足人民生活需要的过程中，由小到大、从土到洋建设起来的。30 多年中，全省建成了化肥、农药、化工原料、橡胶加工、化工机械、合成材料、日用化学等一大批化工企业，初步形成了一个行业门类比较齐全、具有相当规模和一定技术水平的工业部门。1985 年全省共有县以上化工企业 250 多个，职工 17 万余人；拥有固定资产 20 亿元。1985 年化学工业总产值达 31.11 亿元，约居全国各省、市、自治区化学工业的第十五位。

化肥工业、橡胶加工工业和基本化学原料工业是河南化学工业三大骨干行业。开封化肥厂是 50 年代后期新建的第一个化肥厂，1964 年建成投产，已成为能够生产硝酸铵、碳酸氢铵、硫酸、氧化触煤和浓硝酸 5 种产品的中型化肥企业；合成氨生产能力达 11 万吨，硫酸产量占全省的 70% 左右。80 年代以后，这个企业的改造工程是全省重点建设项目之一。由濮阳铺设的天然气输送管线穿越黄河，铺设到厂，1984 年 2 月份开始送气。坐落在煤城焦作的河南轮胎厂是 70 年代建起的大型轮胎企业，从炼胶到轮胎成品全部是机械化流水作业线。它以优良的质量确立了企业产品的信誉，赢得了用户的欢迎。“三酸”、“两碱”是化学工业自身发展的食粮，也是轻纺工业发展的基础。到 1985 年，全省拥有基本化学原料工业企业 30 多个，工业产值达 1.5 亿元。

四、纺织、轻工业的发展

（一）纺织工业建设。

河南盛产棉、毛、麻、丝等纺织品原料，且交通便利、市场广阔，是发展纺织工业的有利地区。早在“一五”、“二五”计划时期，国家就开始有计划地在河南兴建纺织企业，相继在郑州建设了第一、三、四、五、六 5 大中型国营棉纺织厂。在洛阳新建一个 10 万枚纱锭、4000 台布机的大型棉纺织厂。同时对安阳的豫北纱厂、汲县的华新纱厂以及开封纱厂和新乡中原纺织厂等老纺织企业进行了改造和扩建。1978 年以后，纺织工业得以更迅速地发展。1979—1985 年 7 年中，用于省内纺织工业的累计基建投资达 7.8 亿元，相当于前 29 年投资的总和。先后新建了一批新项目，扩建和改造了一批老厂。在此期间，开封第一毛纺厂、安阳第二毛纺厂、商丘第三毛纺厂、平顶山锦纶帘子布厂、平顶山棉纺织厂、安阳化学纤维厂、周口棉纺织印染厂以及开封纱厂、中国纺织厂、郑州印染厂等新建扩建项目相继建成投产。到1985年年底，全省已有纺织企业400多个，其中县以上棉纺织厂90多个，生产能力达137万锭。建成印染厂10个，年产印染布能力6.5亿米，已形成一个以棉纺织、印染为重点，包括化纤、毛纺织、麻纺织、丝绸、针织、复制、纺织机械和纺织器材等10个专业，门类比较齐全的综合性纺织工业基地。与1952年相比，1985年的纺织工业总产值增长了60多倍，平均每年递增速度为14%。36年中为国家创造的利润、税金约80亿元，各种各样的纺织产品行销全国各地，并出口到30多个国家和地区。已建成的平顶山锦纶帘子布厂系从日本引进成套设备，是国内第一座用尼龙六六结晶盐为原料生产锦纶帘子布的现代化工厂。该工程投资3.43亿元，建筑面积16.4万平方米，设备13000多台（件）。自1980年4月开工后，只用了18个月的时间完成了28个月的工作量，做到了建设速度快、工期短、质量好、投资省。该工程在交付使用后很快达到了设计生产能力，填补了国内锦纶六六帘子布生产的空白。

（二）轻工业建设。

解放前夕，河南全省仅有8个小陶瓷厂、5个小印刷厂、1个火柴厂、1个肥皂厂以及其他一些小厂。解放后，特别是在“一五”计划时期，河南省一方面将分散、落后的小手工业、私营企业组织起来，逐步改造为公私合营或国营企业；另一方面先后新建了开封、郑州、新乡、商丘、宝丰、濮阳、赊店、汝南等10多个酒厂；在巩县、新安、渑池、宜阳、修武、登封、陕县等地建立了陶瓷厂；在安阳、新乡、南阳兴建了电池厂；在开封、郑州兴建了卷烟厂；将一些私人火柴厂合并为开封安阳火柴厂。各地还兴建了一批印刷厂和皮革、服装等企业。以后各时期，尤其是1979年以后，又逐步发展了自行车、手表、缝纫机和食品加工工业，丰富了轻工产品。安阳自行车工业公司已建立了14条具有全国先进水平的生产线，年产能力可达百万辆，产品质量达A级水平，成为全国9个地方名牌之一。河南的卷烟产量1985年达316万箱，居全国之首。食品加工工业是河南工业发展的一大优势，既有大量的原料来源，又有广阔的销售市场。30多年来，共建设成各种食品企业50

个，生产糕点、饮料的企业遍布全省各地。1985 年共生产食品、饮料 6 万多吨，总产值达 1.4 亿元。到 1985 年年底，全省已拥有卷烟、粮油加工、屠宰、肉类加工、罐头、糖果、点心、酿酒、调味品、服装等轻工行业。

五、交通、邮电网络的形成

河南地处全国的中部，为了适应国民经济的发展，1950—1985 年国家用于河南交通运输和邮电建设的投资达 36 亿元，占同时期全省基建投资总额的 11.7%。在 16.7 万平方公里的中原大地上，基本建成了以陆地为主，水、陆、空相结合的交通邮电网络，改变了旧河南交通邮电事业的落后面貌。

（一）铁路建设。

解放前，河南铁路运输十分落后。境内虽有京广、陇海 2 条干线和 1 条支线，总长度 1200 公里，但铁路所用的钢轨大部分是 38—42 公斤的轻轨，而且轨型杂、车辆少、牵引和装卸能力差。当时最大的车站——郑州车站只有 15 条股道，候车室是一个破烂不堪的席棚。火车通过黄河大桥只能使用 80 吨重的机车，一次牵引 600 吨，时速限制在 5 公里。解放后，铁路运输迅速得到了恢复和发展。对京广、陇海 2 条干线逐步进行技术改造和分期逐段修建复线。对原黄河大桥先后进行了 5 次加固，1960 年又新建了一座现代化的双轨黄河新桥。1969 年 11 月至 1970 年 7 月，又动员河南、湖北两省 86 万多民工和 3 万多铁路专业队伍，新建了一条横贯河南西部地区、由焦作到湖北枝城、全长 816.6 公里的焦枝铁路。同时，还修建了太焦、安李、汤鹤、孟平、新密、洛宜、石林、新焦、詹东、漯周、巩大等京广和陇海支线。1982 年后，交通运输作为国家的四大建设重点，建设进度进一步加快。1985 年全省铁路通车里程达 1927 公里，比 1949 年增长 60%。其中复线从无到有，发展到 1200 公里，复线率达 62%。京广、陇海等主要干线钢轨全部换成 50 公斤以上的重轨。自动闭塞里程发展到 1200 多公里，占通车里程的 62%。郑州、开封、洛阳、新乡等主要客运站都新建了客运站房。郑州、开封、洛阳、商丘等很多车站扩大了货场。郑州北站建成了全国最大的编组站。旅客列车绝大部分改为内燃机车牵引，普遍加强了铁路通讯设施。河南的铁路还是晋煤、豫煤、陕煤外运以及全国各大区物资交流的主要通道。

河南的地方铁路建设是从无到有逐步发展起来的。从 50 年代末开始建设，到 1985 年年底，全省共建成营运地方铁路 16 条。其中，准轨铁路 1 条，窄轨铁路 15 条，通车里程 1356 公里，占全国地方铁路总长的 40% 左右，居全国第一位。河南地方铁路多为东西走向，共穿越 9 个地区，贯通 55 个县市，主要承担着地方物资的运输和周转任务。漯河至周口地方铁路的建设，缓解了周口地区大部分生产、生活物资运输紧张的状况，使众多的劳动力从架子车运输中解放出来。同时，也带动了沿线各地纺织、电力、化肥、水泥等大小工厂的发展。在建的省重点工程周（口）阜（阳）准轨地方铁路，是构成京广、津浦铁路之间的联络线和打开豫煤东运的一条通道，对于缓和华东地区能源紧张，促进豫皖两省经济建设起着一定的作用。

（二）公路建设。

30 多年中，河南省公路建设成就巨大。到 1985 年，全省通车里程达 38840 公里，比 1949 年全省公路通车里程增加 8. 8 倍。其中，高级及次高级路面 1. 66 万公里。全省干线公路 94 条，县公路 491 条，乡公路 1900 条，专用公路 75 条，公路密度，1949 年每千平方公里 23. 4 公里，1983 年达到 222. 7 公里；按人口计，1949 年每万人 0. 9 公里，1983 年 4. 9 公里。全省 112 个县，县县修通了黑色公路，通汽车的大队达到 80% 以上。河南省公路桥梁建设也在不断发展。到 1985 年年底，全省建成各种结构的公路桥 6150 座，总长度 19. 78 万米。其中大中型公路桥 1418 座，总长度 11. 59 万米。1964 年在南阳建成的白河大桥，桥长 403. 6 米，采用了曾在全国科学技术大会上获奖的钻孔灌注桩新技术，仅用了 4 个月就全部竣工通车。每延米造价由过去的 5000 元降为 2000 元。嵩山至栾川公路上修建的前河大桥，全长 181. 9 米，单孔跨径 150 米，是全国最大跨径的双拱桥。1975 年 11 月建成的洛阳黄河大桥全长 3428. 9 米，桥面可并驶 3 辆载重汽车。它的建成交付使用，沟通了中原地区的南北交通。郑州黄河公路大桥为全国最长的公路大桥，共 137 个孔，总长 5550 米，桥宽 18. 5 米，行车道 16 米，两边人行道各 1 米。

（三）内河航运和客运建设。

河南省境内共有黄河、卫河、汉水、淮河四大水系，主要有颍、沙、洪、唐、白河和丹江等内河航道。早在第三次国内革命战争中，内河航运队伍就抢运支前物资，支援大军渡江。解放后，经过航运整治，修建码头、增加船艘，航运事业进一步发展。在历次抗洪抢险中，航运职工风里行船、雨里抢运，把一船船救灾物资送往灾区，把温暖送到灾区人民的心上。1985 年完成水运货运量 201 万吨，周转量近 4.25 亿吨公里，客运量达 121 万人次，周转量为 3700 万人公里。

（四）邮电建设。

解放前，河南省只有几条线路和十几部老式电话机，邮件传递依靠肩挑、人扛、小车推。经过解放后 30 多年的建设，到 1985 年，机动运输工具邮路已达 28 万公里。同时，载波电报终端机、电传打字机、市内电话、农村电话等也有很大发展。1985 年全省的邮电业务总量已达 11057 万元，比 1949 年增长 68 倍。函件和电报分别比解放初期增长 14 倍和 79 倍。邮电局（所）比解放初期增长 1 倍。邮路总长增长 6 倍。电信方面，已初步建成了以明线和电缆为主，辅以部分无线和微波的全省通讯网。正在建设的郑州邮电枢纽工程是河南最大的邮政通讯大楼。大楼建成后，邮件的转送、分发等主要工序将实现机械化作业。京、汉、广中同轴电缆工程是国家电缆干线通讯网的重要组成部分，它纵贯北京、河北、河南、湖北、湖南、广东南北 6 省（市），河南境内干线八管中同轴电缆 639 公里、四管中同轴电缆 48 公里，对称电缆 21 公里，共计 708 公里。并相应建设无人站 112 个，巡房 47 个。有人站 5 个以及载波、电力设备等。该工程建成后，河南沿途各县、市可设 12 条以上电路，省会郑州设电路 1000 条以上。

六、农田水利建设

1950—1985 年，国家在河南省用于农田水利建设方面的投资达 60 亿元，占同期全省基本建设投资总额的 15%。其中用于水利基本建设的投资 50 亿元，占同期基本建设投资总额的 13%。全省已建成了相当规模的水利基础，这些工程在防洪、灌溉、排涝、发电、水产等方面都发挥了显著效益，对发展河南农业生产、抗御自然灾害起到了保证和促进作用。

解放前，淮河长期失修。1938 年国民党政府在郑州花园口扒开黄河大堤，使黄河洪水泛滥，淮河北部支流淤塞，淮河流域“大雨大灾、小雨小灾、无雨旱灾”，数千万人民陷于苦难之中。1950—1952 年，河南人民响应毛泽东主席“一定要把淮河修好”的号召，开始了规模浩大的治淮工程。几百万翻身农民组成了浩浩荡荡的劳动大军，先后完成了一、二、三期工程，基本做到了征服淮河，造福人民。此后，在河南境内对洪、汝、颍河等 77 条干支流进行了整治，还完成了老王坡、蛟亭湖、吴宋湖、潼湖和泥河洼 5 处洼地蓄洪工程，修建了石漫滩、板桥、白沙、薄山和南湾 5 个大型水库。1958 年又新建了昭平台、白龟山和宿鸭湖水库。到 1985 年，全省共完成水利工程土方和混凝土 140 亿立方米，相当于 80 条巴拿马运河或 185 条苏伊士运河的工程量，建成大、中型水库 105 座，小型水库 2338 座，控制流域面积达 3. 1 万平方公里，总蓄水能力达 119 亿立方米。库容在 5 亿立方米以上的有南湾、鲇鱼山、鸭河口、陆浑、白龟山、昭平台、薄山、宿鸭湖水库等。举世闻名的三门峡水利枢纽工程，是一个防洪、发电、灌溉三者兼顾的大型综合性工程，蓄水能力 295 亿立方米，装机容量 25 万千瓦。36 年中，治理平原河道 220 条，占应治河道的一半左右；建成和基本建成大、中、小型灌溉工程 9000 多处，机电排灌站 2 万处，打机井 62 万眼。有效灌溉面积 4785 万亩，为 1949 年的 7. 3 倍；占总耕地的比例为 45. 4%。水库的兴建，河道的治理，使昔日“洪水横流，尸飘四野”的悲惨景况一去不复返。1982 年，河南部分地区遭遇新中国成立以来少见的大水，宿鸭湖水库两次拦洪，削减洪峰 81%，保证了水库下游洪河、汝河干流堤防的安全。彰武、南海两座中型水库调蓄洪水 6000 万立方米，削减洪峰 55%，大大减少了安阳市与京广铁路的损失。这一年，全省 15 座大型水库汛期共蓄水 46 亿立方米，是 1949 年以来蓄水量最多的一年，加上中型水库和泥河洼、老王坡、良相坡等滞洪区，共调蓄洪水 50 亿立方米，占汛期洪水总量的 21. 3%，从而使这一年受灾面积被压缩到最小范围。据统计，1982 年防洪减灾面积达 500 多万亩，减少损失 18 亿元。

七、科学、教育、文化、卫生及城市住宅的建设

1949—1985年，全省用于科教文卫和社会福利设施建设投资为20.36亿元，占同期基建投资总额的4.8%。共建成专业科研机构近400个，其中自然科学研究机构245个，科技人员26万余人。在自然科研机构中，中央部（委）属的59个，省、地、市属的180个。在教育方面，30多年共竣工学校建筑面积1000万平方米。大学由解放前的1所发展为1985年的43所。其中全日制大学37所，走读职工大学6所；在校生由1949年的804人增加到68500人。中专由32所发展到167所，普通高中由41所增加到1069所，初中由70所增加到8390所，农业职业中学390所，小学由18700所增加到41935所。河南的文化设施建设也迅速发展，电影院由解放前的4座发展到1985年的435座。博物馆由解放初期的1个发展到38个。公共图书馆由建国初期的1个发展到118个。全省建有文化馆210个、群艺馆17个，文化站2124个，农村集镇文化中心近千个。不久前竣工的河南大学图书馆是省内最大的图书馆，建筑面积11500平方米，可藏书200多万册。在卫生方面，竣工医疗卫生用房300多万平方米，建立各级卫生机构9207个。卫生机构总床位达14.9万张。全省建成了一套城乡医疗卫生网。体育方面，到1985年年底，共建成各种体育场地2万多个，其中：体育场5个，体育馆10个，室内游泳池56个，有固定看台的灯光球场76个，各种训练房和其他体育场地近百个。1985年10月在郑州举行的全国首届青少年运动会比赛用房，建设速度快、质量好，受到了有关领导部门的赞扬。住宅建设方面，全省城镇和工矿区共完成建筑面积4923.3万平方米，有100多万户职工搬进了新居。1985年年底，全省城镇职工人均居住面积已超过5平方米。

第二节　湖北省的建设

湖北省位于长江中游，面积18.59万平方公里，1985年年底，总人口4931万人。湖北历来是中国水陆交通枢纽。长江横贯全省东西，京广铁路直穿全省南北，全国水陆两条交通大动脉于武汉市交叉，素有“九省通衢”之称。

全省除山区高地以外，都属亚热带季风气候，光照充足，雨水充沛，适合多种农作物生长。境内河流纵横交错，长江及其支流汉江流域形成全国闻名的江汉平原。这是中国南方四大富饶平原之一，也是全国重点商品粮、棉和淡水养殖基地之一。

湖北矿产资源十分丰富，除鄂东的富铜、富铁外，盐、磷、银、石膏等矿产资源也很丰富。在全国已探明储量的135种矿产中，湖北有77种。其中磷、金红石、硅灰石、泥灰岩和柘榴子石5种矿产的储量居全国首位。已开采利用的43种矿产中，有不少在全国产量中居重要地位，如纤维石膏产量占全国产量的86%，磷矿占全国25%，矿山铜占15%，岩盐占全国井盐产量的27%。湖北的矿产资源具有共生、伴生矿多的特点，有利于综合利用，变一矿为多矿。在矿产资源的地区分布上，又具有相对集中的特点。例如鄂西地区的铁矿占全省总储量的72%，磷矿占全省60%，硫铁矿占全省75%，天然气、锰、汞、石墨、铝土矿几乎全部集中在鄂西地区。这就为建立大型矿产基地提供了基础。

湖北还有丰富的水利资源。长江自西向东横贯省内，径流长达1053公里。除长江和它最大的支流汉江外，全省还有大小河流1193条，河流总集水面积约13多万平方公里，占全省自然面积的70%。湖北地下水资源也十分丰富。湖北省湖泊星罗棋布，被称为“千湖之省”。此外，境内水库、塘堰众多，分布甚广，大小水库共有6000多座，其中1亿立方米以上大中型水库有47座。全省当地产水量达1150亿立方米，加上可供调度的过境客水6300多亿立方米，总计可供利用的总水量为7450多亿立方米，占全国水资源总量的27.5%，水电资源丰富，可供开发水电的资源为3300万千瓦。

湖北省是中国近代工业、交通较早开发的地区之一。1858年英轮首次到汉口。以后汉口、沙市、宜昌先后被辟为通商口岸。1906年5月修建了京汉铁路。1922年修建了第一条现代公路，即襄阳至沙市公路。1890年创建的汉冶萍钢铁厂矿公司，是中国第一个钢铁企业。从此，50多年中，工业几经破坏，发展十分缓慢。到1949年解放①时，全省工业总产值仅4.79亿元，占工农业总产值的12.8%。解放前夕（1948年）成立的华中钢铁有限公司仅有66立方米高炉1座、1.5吨转炉2座、直径250毫米和430毫米轧机各一套，这是全省唯一的钢铁厂，也是当时全国有数的钢铁厂之一。1949年钢产量300吨、生铁产量3000吨。

煤炭工业从19世纪在黄石正式建设第一座煤矿算起，到1949年全省只有四对矿井，原煤产量23.5万吨。

1949年，全省仅有武汉和沙市等几座小型火电厂，装机容量4.6万千瓦，年发电量为0.8亿度。

1949年新中国成立前，建材工业主要有华新水泥厂，有40年代从美国进口的两台直径3.5×145米湿法悬窑生产线。1949年水泥产量为2.29万吨，产值68.53万元。其他建材企业只能生产砖、瓦、砂石，产值约为50.47万元。

新中国成立前夕，全省有细纱锭17万枚，主要集中于武汉和沙市，1949年棉纱产量仅0.95万吨，

新中国成立时，湖北全省工业70%集中在武汉，除黄石和沙市还有少量工业外，其他地区基本上没有什么工业。

交通运输发展较早，但到新中国成立前夕，连遭破坏，已残败不堪。1949年全省仅有铁路342公里，且路基差，钢轨轻小，机车数量少，牵引能力低。公路仅有3012公里，公私营汽车共有828辆。内河通航里程包括长江在内5900公里，船舶总吨位29万吨左右，绝大部分是靠帆蓬拉纤行驶的老旧木帆船，轮驳船吨位只占0.4%，346马力。1949年全省水陆运输线总里程只有9254公里，不仅运输线路少，分布也不合理。京汉、粤汉铁路受长江阻隔，以船为渡，不能直通。公路多集中在武汉周围，大部分县还无公路。

新中国成立以后，湖北省一直是全国重点建设的地区之一。经过1949年到1984年35年的建设，工业已具有相当规模，工业固定资产仅次于辽宁、

---

① 湖北省武汉三镇——汉口、武昌和汉阳1949年5月17日解放。

四川、黑龙江、山东，居全国第五位，形成了门类比较齐全，布局比较合理，以钢铁、机械、电力（主要是水电）、化工、建材、纺织为主的中国内地重要工业基地之一。农业的生产力提高较快，1984年粮食总产量达到452多亿斤，比1949年增长2.9倍，居全国第五位；棉花是全国5个重点产棉省之一，1984年年产量为1213万担。油料作物和经济作物也发展较快，苎麻、黄红麻、生漆、桐油、茶叶以及中药材等均居全国前列。这些不仅为湖北的生产建设奠定了强大的物质技术基础，而且为加速中国四个现代化建设，为中国工业建设由东部向中部和西部地区展开，改善生产力布局，提供了条件。

一、以国家直接安排的重点项目为主，以武汉地区为中心的建设

1949—1965年，是湖北省基本建设的第一个阶段。这个阶段基本建设投资为90.6亿元，占35年总投资的16.3%；国家直接安排的重点工程中，武汉地区有武汉长江大桥、武汉钢铁公司第一期工程（钢铁各150万吨）、青山电厂第一期工程（装机容量11.2万千瓦）、武汉重型机床厂、武汉造船厂、武汉锅炉厂、武汉肉类联合加工厂以及在黄石的大冶有色金属公司的冶炼厂和部分矿山。这些项目不但关系着当时国家的经济发展，而且关系着地方经济的发展和建设力量的培养。

1954年国家批准了建设武汉长江大桥的初步设计，1955年9月正式动工。广大职工和铁道兵指战员在以西林为首的苏联专家组的技术指导下，艰苦奋战两年零一个月，终于使武汉长江大桥比原计划提前一年零三个月建成，在1957年10月15日正式通车。从此，一桥飞架南北，天堑变通途，大桥通车后的头五年，仅节约的运费就超过了大桥工程造价。

武汉钢铁公司原称大冶钢铁厂。1952年中央财委向中共中央、毛泽东主席、周恩来总理写了关于建设大冶钢铁厂的报告，提出“大冶处在我国中心地区，有长江水运之便，产品可以就近供应中南、西南、华东广大地区，大冶钢铁厂建成后，可以把武汉变成一个新的工业地带。在地域分布上将使我国有东北、武汉一南一北两个工业基地”。武汉钢铁公司第一期工程建设，认真地做了建设前期工作。厂址选择、编制设计任务书、落实协作配套关系、

勘察设计、设备安排、施工准备等开工前的工作大体上用了4年多时间(1952—1957年)。例如厂址选择进行了多方案共16个地点比较，最后确定建在武汉市青山。在建设过程中，得到苏联专家的帮助和指导，引进的技术装备和生产工艺是50年代较为成熟的。第一期工程只用了3年多时间（1957年4月至1960年10月)，原定主要生产设施及相应辅助设施的建设均提前完成。

新中国成立初期，国家为了把武汉建设成为以发展冶金、机械制造工业为主的城市，相应地兴建了青山电厂。该厂1955年6月工程破土动工，1957年8月21日，第一台2.5万千瓦机组并网发电。10月，朱德副主席亲临现场向建设者表示祝贺。随后，2、3、4三台机组于1958年年底前陆续投产发电。第一期工程全部完成，装机容量共11.2万千瓦。

这个时期，针对湖北易涝易旱的特点，地方开展了以水利建设为重点的农业建设。开工的主要水利工程有：钟祥石门水库、麻城明山水库、随县黑屋湾水库、四湖排水工程、府河流域治理工程、长湖水系排渍工程、刁汉湖水系排水工程、武汉东西湖排水工程等以及一些中型灌溉和排水工程。

工业方面，改建华新水泥厂，建成第二条生产线，使水泥年产量由新中国成立初期的2万多吨增加到50多万吨。改造和扩建应城膏矿，建成二分矿，增加石膏生产能力12万吨。改建黄石源华煤矿。新建沙市电厂、汉口印染厂、汉阳纸厂、武汉热水瓶厂以及改扩建武汉市的烟厂、纺织厂、酒厂、食品厂、农具厂、制药厂等。

在交通、城市建设和教育、卫生方面，地方也开展了一批重点建设。为了解决鄂西北广大地区交通闭塞问题，当时的湖北省省长张体学于1958年领导和指挥了汉口——丹江口铁路的建设。1965年全线正式通车，全长为412.5公里。从新中国成立到1960年这个时期的建设，除受“大办钢铁”的影响外，建设规模和投资比例关系比较适当和协调，国家直接安排的重点项目基本按计划完成。地方安排的项目也完成较好。这样，使湖北省的工农业生产力有很大的提高，为以后的经济建设和发展打下一个很好的基础。1961—1965年，处于国民经济调整恢复时期，前三年基本上没有大的建设，后两年经济开始好转，有较多的建设。

这个时期，通过基本建设，主要产品新增生产能力为：钢 210 万吨，铁 170 万吨，发电装机容量 41.1 万千瓦，棉纺锭 50 多万枚，公路通车里程约 2 万公里，有效灌溉面积 3000 多万亩。1965 年粮食产量为 248 亿斤（1949 年为 115 亿斤），棉花产量为 765.8 万担（1949 年为 114 万担）。

二、冶金、电力、铁路、汽车工业的大规模建设，重点移向鄂西和鄂西北

1966—1980 年，也就是第三个五年计划到第五个五年计划的 15 年时间，这是湖北经济大规模建设时期，固定资产投资达 319.3 亿元，占 35 年总投资的 57.4%；建成大中型项目约 200 个，占 35 年建成总数的 2/3。建设的主要工业是冶金、电力、铁路和汽车等，建设的重心从武汉地区移向湖北省西部和西北部。

（一）以重工业为主的国家主要建设项目。

武汉钢铁公司。1975 年 9 月开始新三轧（热轧、冷轧、硅钢片）和二炼钢建设，到 1978 年年底建成年产能力热轧薄板 300 万吨、冷轧薄板 100 万吨、硅钢 7 万吨和二炼钢连铸 150 万吨，并于 1971 年开始按钢铁各 400 万吨规模进行扩建和配套。改扩建大冶钢厂，总规模为合金钢由年生产能力 30 万吨扩建到 50 万吨。续建大冶有色金属公司，主要是矿山，以期达到年产粗铜 5 万吨。

电力工业，扩建了青山电厂，由装机容量 22.5 万千瓦扩至 66.2 万千瓦；扩建了黄石电厂，由装机容量 12 万千瓦扩至 27 万千瓦；新建了丹江口水电站，装机容量 90 万千瓦；还新建了黄龙滩水电站（装机 15 万千瓦）、阳新县富水水电站（装机 3.4 万千瓦）、浠水县白莲河水电站（装机 4.5 万千瓦）、蒲圻陆水水电站（装机 3.52 万千瓦）。全国最大的水利枢纽工程——葛洲坝水利枢纽，1970 年 12 月 30 日正式开工建设，该工程位于长江三峡的西陵峡出口处——南津关，距宜昌市区六公里。其中水电站设计规模为装机 21 台，装机总容量为 271.5 万千瓦。

化学工业和石油工业，新建了荆襄磷矿（第一期规模为年产矿石 60 万

吨）、鄂西化工厂（合成氨 5 万吨、浓硝酸 4 万吨、硝酸铵 7 万吨等）、武汉石油化工厂和荆门炼油厂（年原油加工各为 250、350 万吨）。年产 30 万吨合成氨和 48 万吨尿素的湖北大化肥厂 1974 年开始建设，1980 年建成投产。

机械工业，1965 年于鄂西北的十堰正式开工建设规模为年产汽车 8 万辆的第二汽车制造厂。随后，与其配套的项目如襄阳轴承厂、东风轮胎厂等十几个机械和轻工厂也开始建设。1974 年年底，“二汽”实际形成生产能力 2.5 万辆。

建材工业，扩建了华新水泥厂，第一期先建成年产水泥 70 万吨的规模，第二期达到年产 93 万吨的规模。同时，新建了光化水泥厂（规模为 26 万吨）、荆门水泥厂（规模为 30 万吨），扩建了应城石膏矿。

焦枝铁路（河南焦作到湖北枝城）1969 年年底开始大规模建设，正线全长 753 公里（湖北境内 298 公里），于 1975 年正式建成营业。修建时，铁路出动专业队伍 3.6 万人，豫、鄂两省共出动民兵 86 万多人；施工高峰全线出动民兵高达 115 万人。为了进一步扭转南北交通被动局面，枝柳铁路（枝城到广西柳州）1970 年也破土动工，正线全长 885 公里（湖北境内 51 公里），于 1978 年年底修通，1983 年年初正式投入临管营运。

（二）地方项目的大规模建设。

这个时期的地方建设项目上得较多，各行各业普遍展开。其中工业方面占的比重较大，农业方面仍以水利为主。

工业方面，着重建设了一批关系到经济发展的主要工程项目。为了弥补地方钢材供应的不足，集中力量对鄂城钢铁厂进行扩建和改造，到 1980 年，鄂城钢铁厂生产能力达到铁 22 万吨、钢 14 万吨、钢材 20 万吨。为了迅速增加化肥供应数量，大力建设应城化肥厂（后增加纯碱建设改名为湖北省化工厂），设计能力为制盐 23 万吨、合成氨 4 万吨、氯化铵和纯碱各 10 万吨。为了解决煤炭供应紧张，重点建设了黄石和松宜 2 个煤矿。为了解决木材供应紧张，积极开发了神农架林区，建设规模为木材 10 万立方米，并划定了森林自然保护区。为了解决化工原料不足，重点安排了葛店化工厂和沙市农药厂等的烧碱建设，建设规模为葛店化工厂由年产 2 万吨扩建到 3 万吨，沙市农药厂由1万吨扩建到2万吨，襄樊第二化工厂由1000吨扩建到3000吨，老河口市化工厂由1000吨扩建到3500吨。为了促进农业机械化，建设了年产5000台25马力拖拉机的湖北拖拉机厂（在黄石市）。为了解决丹江口水电站向武汉地区送电问题，自1968年起，在10年之内先后建成了4个回路的220千伏的汉丹输变电工程，该工程1968年12月动工，1977年11月建成。4个回路总长度为1000多公里，总投资为6800多万元。为了促进轻纺工业的发展和解决缺门短线产品，主要安排了武汉手表厂、武汉自行车厂、武汉缝纫机厂、武汉电视机厂、沙市日用化工厂、沙市日光灯厂、沙市热水瓶厂、应城盐厂、汉口纸厂以及一批印染和纺织厂等的建设。城市建设则着重于进行武汉、黄石、沙市、宜昌等几个大中城市的供排水工程建设。

在此期间，地、市、县普遍展开小化肥（小氮肥和小磷肥）、小农机、小水泥、小煤矿、小水电等项目的建设，对各地区工业和经济发展起到了一定的促进作用。1966—1975年，全省共建设了62个小氮肥厂，64套装置，其中：合成氨能力1万吨的1套、5000吨的8套、3000吨的54套、1000吨的1套。由于当时处在“文化大革命”中，设备制造质量差，工程不配套，原料供应困难，致使普遍达不到设计能力。1975年建成的合成氨生产能力已达20.1万吨，实际产量只有10.8万吨；由于煤耗、电耗很高，长时期内普遍亏损。

小磷肥的建设高潮是在70年代中期。在不到两年的时间里，全省就办起国营和集体的磷矿粉及腐殖酸磷肥厂、点100多个，1976年生产磷矿粉肥90万吨。与此同时，大部分地、县利用自筹资金，兴建比较正规的磷肥厂。1973—1977年，建成县以上国营企业43个，保留下来的有21个。在这批工厂中，有的是在初期加工磷矿粉的基础上进一步扩建配套起来的，大部分是采用当时比较先进的通用设计因地制宜建设起来的，布局比较合理，设备比较配套，有一定的生产规模，产品质量稳定。

为了解决建设的需要，各地兴办了一批小水泥厂，对全省地、市、县的建设起了很大作用。至1980年年底，全省已建成县以上小水泥厂100多个，建设总规模约300万吨。

湖北省煤炭资源贫乏，至1980年年底，累计探明储量5亿多吨，保有储量5亿吨，仅占全国煤矿保有储量的1‰，居全国第二十五位。较大的有黄石、松宜和七约山3个矿区。湖北煤矿的特点是煤层分布面广，储量不集中，地下水大，煤层薄，开采难度大，因此湖北煤矿建设规模普遍偏小，全省每对矿井的平均生产能力不足5万吨。湖北工业用煤主要靠国家调拨，小企业和城市生活用煤主要由省内解决。湖北省原煤年产量，60年代初期大体在100—200多万吨；70年代中期曾达到400多万吨，其中乡镇企业的小煤窑产量约占1/3。1984年产量已达600万吨左右，但每年仍需从外省供应600—800万吨原煤。这段时期，由于急于求成，往往在没有弄清资源和地质条件的情况下，就仓促上马，后又因种种原因不得不缩小生产规模和年限，甚至被迫下马。

50年代，湖北小水电发展还不多，平均每年新增容量不超过1000千瓦。进入60年代后，多为结合防洪、灌溉兴建小水电站。从70年代开始，小水电逐渐得到开发。省政府在资金、技术和设备等方面给以补助和支持，全省出现了兴办小水电的热潮。到1980年装机容量达到43万千瓦，年发电量约12亿度。

农业方面仍以水利建设为主。水利建设的重点是江河防洪、大中型排灌工程以及机电排灌站等。主要项目有：荆江大堤加固、武汉堤防、洪湖隔堤、漳河、王英、高关等水库及渠道、引丹工程及渠首水泵站、引沮济漳工程、江汉平原湖区的排涝工程和排水闸、各地区的电排、电灌站等。到1980年年底，有效灌溉面积达3700万亩。

三、中央项目进入续建、收尾阶段。地方项目有较大发展

第六个五年计划前四年（1981—1984年），湖北省的基本建设贯彻了中央制定的调整方针，同时注意了经济效果，能够比较认真地按计划和按基本建设程序办事。对国家预算内基本建设投资，大部分实行由财政拨款改为银行贷款；积极推行基本建设项目投资包干责任制，以求缩短工期，节约投资。各级和各部门也比较注意做好把关工作，清理在建项目，调整计划，防止盲

目建设，计划体制也作了一些改革。

这个时期共完成固定资产投资 145.9 亿元，占 35 年总投资的 26.3%。中央项目进入续建、收尾阶段。地方项目有较大发展。

1. 国家安排湖北的重点项目主要是能源和交通方面。电力工业，续建葛洲坝水电站（“六五”计划期末达到装机 96.5 万千瓦）、荆门电厂（“六五”计划期末达到装机 60 万千瓦），新建平顶山至武汉、葛洲坝至武汉和葛洲坝至双河 3 条 50 万伏超高压输变电工程。这些输变电工程均在 1984 年年底建成。

葛洲坝水利枢纽工程，1970 年年底正式动工，因工程前期工作不足和施工质量问题，1972 年停工。经国务院批准，1974 年 10 月又正式复工。经过广大职工日夜奋战，1981 年 1 月 4 日葛洲坝水利枢纽工程大江截流。赵紫阳总理观看了截流的壮观场面。同年 7 月二江电站 1 号机组正式并网发电。1983 年 7 月第一期工程完成 2 台 17 万千瓦机组和 5 台 12.5 万千瓦机组，装机总容量达到 96.5 万千瓦。至 1984 年年底，葛洲坝水电站已累计发电 167 亿度。此外，三江航道和船闸于 1981 年 6 月正式通航。自 1982 年开始的在大江建设的二期工程。国家要求 1989 年全部完成装机容量并投入生产。

交通方面，1983 年开始建设大冶至江西沙河街铁路（大沙线），计划于 1987 年建成通车。1978—1985 年，建成光化大桥和沙洋大桥。到 1984 年年底，有 3400 多个乡通了公路，约占全省乡（镇）的 80%。

机械工业，续建第二汽车厂，“六五”计划期内完成年产 8 万辆的综合生产能力。1980 年五吨民用载重车的生产能力已达到 5.5 万辆。“六五”计划期内要完善和提高已经达到的生产能力。在整个建设过程中，国家对配套产品生产的分点布局建设，做到了与二汽建设同步发展。到 1984 年年底在全国的 126 个配套厂中，湖北有 42 个，占全部配套厂的 1/3。

2. 农业方面，开始了 6 个商品粮基地、2 个畜牧业草场基地、7 个农村电气化试点县和一批农业技术推广中心的建设。

3. 在工业、水利等方面的地方建设主要项目有：续建鄂城钢铁厂（二炼钢工程）、湖北化纤厂、武汉合成纤维厂、咸宁麻纺厂、湖北化工厂、黄石煤矿、松宜煤矿、荆江大堤加固工程、武汉堤防加固工程、荆江分洪工程、西北口水库、沙市市排水工程、黄石市排水工程、宜昌市沿江护岸工程：扩建荆沙棉纺织厂、新生玻璃厂、黄石麻纺厂、武汉手表厂；新建洪山体育馆、湖北日报社（迁建）、龟山彩色电视塔、湖北玻璃厂、沙市电冰箱厂、湖北沔阳麦芽厂、武汉啤酒厂等。此外，还有闻名全国的三大古楼之一的武汉黄鹤楼复建工程、武当山的旅游区工程和为旅游业服务的晴川饭店等。

这一时期的基本建设比较注意经济效益，建设的效果较好。从重点项目来看，国家项目中除大沙铁路按计划进度需要转到“七五”计划期内继续建设外，其他项目基本上都能按计划建成或部分建成。地方项目也完成得较好，除鄂城钢铁厂二炼钢工程、湖北玻璃厂、湖北麦芽厂、武汉啤酒厂、荆江分洪工程、西北口水库等几个项目按计划需要结转到“七五”计划期内继续建设外，其他项目都按计划建成或部分建成。

这个时期，投资的比例关系比较协调，注意了科技、教育、卫生、文化、城市建设等非生产性方面的建设，尤其欠账过多的住宅建设投资大大增加。（见表22）

生产性与非生产性建设的投资及比重

表22

时期	投资额（亿元）			占投资总额比重（%）		
	生产性建设	非生产性建设		生产性建设	非生产性建设	
		小计	其中：住宅		小计	其中：住宅
“一五”计划	15.53	6.84	2.38	69.4	30.6	10.6
“二五”计划	47.78	4.62	1.74	91.2	8.8	3.3
“三五”计划	44.15	7.78	1.85	85	15	3.6
“四五”计划	90.01	12.43	5.74	87.9	12.1	5.6
“五五”计划	130.77	31.53	16.89	80.6	19.4	10.4
“六五”计划前四年	95.26	50.65	28.6	65.3	34.7	19.6

“六五”计划期间注意对老企业的技术更新改造，更新改造以节约能源和原材料为重点。更新落后设备，改进产品结构，应用新工艺、新材料、新技术，取得较好的效果。从1983年开始，计划用3年时间对年生产能力1万吨以下的小化肥厂和低效锅炉进行改造。对老式汽车进行淘汰。截至1984年年底止，全省小化肥厂年产能力3000吨、5000吨、7000吨的68套装置中，已

有50多套生产能力达1万吨以上。电耗、煤耗达到国家标准，消灭了经营性亏损，1984年实现利润2840万元，比1983年增长54%。亏损户也由10户下降到2户；亏损额由238.7万元下降到40万元。吨氨总能耗1750万大卡，下降7.6%，共节煤13.3万吨。到1984年年底已完成改造锅炉1669台，形成年节煤15万吨能力。

"六五"计划期间，预算外投资占总投资的比重越来越大。1978年预算外投资仅占当年全民所有制固定资产投资的22.6%，1984年上升到76.8%。同时，由市、县和社会投资兴建的集体所有制企业发展很快，到1984年年底，全省集体所有制工业企业已达18150个，约占全部企业个数的80%，其中1979—1984年兴建的约有7000个。1984年集体所有制企业的固定资产已占全省工业固定资产的12.3%。

四、35年建设成就巨大

35年中，湖北在国家的统一计划下，进行了大规模的基本建设。经过曲折的历程和艰苦的努力，取得了巨大成就，为国民经济和社会发展提供了雄厚的物资和技术基础，促进了国民经济发展。截至1984年年底，累计共完成固定资产投资555.77亿元（含1976—1984年技术改造投资55.69亿元），如不包括跨省区投资，则共完成投资541.2亿元，居全国第四位。建成投产的大中型项目共有300多个。湖北已经初步形成国家的农业商品基地和门类比较齐全的以机械、汽车制造、冶金、电力、纺织为特色的工业基地。

（一）不合理的地区布局有了很大改变。

除有计划地改造和发展武汉市，使其由一个消费性城市成为以冶金、机械、造船、纺织为主体的新型生产城市外，同时发展了其他中、小城市，并把经济建设的重点由武汉市逐步向西转移。在经济一向落后的鄂西北，已开始形成以汽车、电子、铁路运输枢纽为特色的鄂西北经济区。同时，形成以铁铜矿山、水泥工业、有色冶炼等原材料为特色的黄石经济区；以纺织、轻工为特色的沙市经济区；以电力工业为主体的宜昌经济区。荆门、鄂州、老河口、随州、咸宁等中、小城市的工业也迅速发展。乡镇企业蓬勃兴起，到

1984年全省乡镇工业产值已达65多亿元。

在工业布局上，武汉、宜昌、襄樊的地位十分重要，这三个城市形成一个大三角，是湖北省的“金三角”。通过这三个城市又可联结其他城市，形成一些不等边的小三角，如通过武汉联结黄石、鄂城和咸宁市，在东南部形成一个小三角；宜昌、沙市和荆门，在中西部形成一个小三角；襄樊、十堰市和老河口市等，在西北部形成一个小三角。

（二）中央投资和地方投资相互结合，各有侧重。

35年以来，国家直接安排湖北省的基本建设投资为306.9亿元，占全省总投资的56%。多是大中型项目，以工业、交通方面为多。地方对国家安排的重点建设项目，按建设顺序放在优先的地位上，在人力、地方材料、配套项目、征地、生活供应等方面尽力予以支持，促进加快其建设进度，使其及时建成交付使用。同时，国家重点项目的建成又促进了地方经济的发展，同时形成或促进了一批中小城市发展。如第二汽车厂的建设形成了十堰市；武汉钢铁公司的建设形成了武汉市青山的一个新工业区，人口亦有40万之多；葛洲坝水利枢纽的建设大大促进了宜昌市的发展。焦枝铁路和其他重点项目的建设，使得一个新兴的中等城市——荆门市蓬勃兴起。

地方安排投资的重点是农业和支农工业方面。35年中农业方面投资共有43.55亿元，占全部总投资的7.8%。其中水利投资为31.72亿元，占农业方面投资73%。支农工业主要是小化肥、小农机和小水电。重工业方面建了鄂城钢铁厂、应城化工厂和几个水泥厂等。交通方面主要是建公路和桥梁，为了解决鄂西北交通不便，还建了一条汉口至丹江口铁路。轻纺工业方面，棉纺、麻纺、化学纤维、机制纸、自行车、手表、缝纫机、电视机、电冰箱等都有了发展。

（三）各行业都有很大的发展，其中电力工业、交通、教育、水利等几个部门更为明显。

电力工业建设成就辉煌。电力建设执行“水火电并举，大中小并举”的方针，不仅水电工业发展迅速，火电工业也取得一定的成就。湖北35年电力工业总投资达82.43亿元（包括葛洲坝水利枢纽工程），占全省工业总投资的

28%。到1984年年底止，全省装机总容量已达435万千瓦，其中火电185万千瓦，水电250万千瓦，为1949年解放前装机总容量的100倍。发电量达到197.3亿度，居全国第八位，而水力发电量居全国第一位。葛洲坝水利枢纽第二期工程将于1989年建成，新装机容量175万千瓦。30多年中，架设了110千伏以上的输电线路总长9067公里。其中：110千伏线路长度5399公里；220千伏线路长度2814公里；500千伏线路长度854公里。还建成了电气化铁路110千伏及220千伏的高压送电线172公里。建成220千伏以上的变电站19个，变电总容量1483万千伏安。全省已经形成了以220千伏线路为主体、500千伏线路为骨干的统一大电网。完成了河南、湖北、湖南三省联网之后，湖北的水电和河南的火电互为调剂，提高了华中电网安全运行的稳定性和供电的可靠性。

交通运输面貌一新。经过30多年的建设，湖北省以武汉为中心，以京广、焦柳、襄渝铁路和长江、汉江为骨干，以铁路、公路、水路、航空4种运输方法联系广大城乡，沟通省内外的四通八达的综合交通运输网，在全国交通运输总体布局中具有重要的战略地位。30多年中，湖北的铁路建设布局逐步向西部展开，境内共有干支线11条，通车里程1533公里；干线主要有京广、焦柳、汉丹、襄渝4条。全省公路长度达44956公里，约占全国公路总里程的5%，居第六位。长江干流总长度6300公里，通航里程2813公里，流经九省一市。湖北境内长江航道1053公里，占长江通航干线的37.4%。全省79个市、县（包括神农架林区）中，仅有8个县未通自动电话；全省4494个乡，仅有492个乡未通自动电话。光导纤维在通讯方面的开发应用在国内一直处于领先地位。

水利建设发展迅速。全省以防大洪、排大涝、抗大旱为目标，开展了大规模农田水利建设，经过30多年的艰苦奋战，已初步形成大中小相结合的水利工程体系、整修、加固、增建了许多堤防。长江干堤的高度，已超过近100多年有记录的历史最高洪水位（1954年水位）1—2米；汉江堤防的高度，已超过1954年最高水位1米多。为确保武汉市和整个江汉平原安全的长江上最重要一段堤防，182公里长的荆江大堤，已在原有基础上加高了4米，加宽了

6—8米，抛石护岸50多公里，防洪能力大大提高，并先后完成了与其配套的荆江分洪工程（蓄纳水54亿立方米）、杜家台分洪工程（蓄纳水16亿立方米）、洪湖分洪工程（蓄纳水160亿立方米），整治河道380公里，扩大渲泄量3000秒立方米。这些工程设施，成功地经受了1980年、1981年两次特大洪水的考验，不但成为武汉市及沿江43个县市、3万平方公里、400万人口、800万亩耕地的安全保障，而且大灾之年，农业产量仍然不减。除了防洪工程外，还对占全省耕地面积中40%的易涝面积采取了自排为主、提排为辅、分区治理的方针。在沿江河地区修建了上千处排水涵闸，开挖了田关河、四湖总干渠、东干渠、西干渠等排水工程，完成了汉北河、府环河、倒水等大型江河整治工程。在不能自排的地区，大力兴建电力排灌站，直接提排水出江。30多年来，还建成大中小型各类水库6000多座，总库容达481.9亿立方米，并整修兴建塘堰、大中小型灌溉闸等。1984年全省农田有效灌溉面积达到3946万亩，占全部耕地面积的72.5%。

教育事业蓬勃发展。1984年全省有高等院校59所，其中1949年后新建高等院校49所。校舍面积达387万平方米，学生人数8.7万人，比1949年增长18.5倍。35年中，共培养和输送了27万多名专业人才。还大力开展了成人高等教育，有183所（处），在校学生5.9万人。普通中学5598所，1984年在校学生251万人；普通小学34429所，在校学生684万人。1984年，湖北省高等院校在校学生，居全国第五位，仅次于北京、江苏、四川、上海；加上中专、中小学等；湖北省各级各类学校在校学生的数量居全国第二位，仅次于四川。

科技面向经济建设，也取得较大成果。通过省鉴定，在工业方面达到或接近国际先进水平的有9项，具有国内先进水平的有22项，主要的有低能耗制碱技术、高效工业锅炉、粉煤灰烧结活性混合材料、新型纺织机等。在农业、医学方面，达到或接近国际先进水平的有7项，居国内先进水平的有25项，主要培育出一批优质、高产、多抗的农作物新品种，水稻育种技术获得重大突破。

第三节　湖南省的建设

湖南省简称湘，位于长江中游南岸。境内地形复杂，山丘起伏，河谷纵横。境内洞庭湖区素有“鱼米之乡”的美称。植物资源有5000余种，林木积蓄量1.87亿立方米，是中国南方的木材生产基地之一。

湖南矿产资源丰富，有色金属和稀有色金属在全国占有重要地位。已发现矿种106种，占全国已发现矿种的78%，其中已探明储量的有74种。钨、锑、铋、宝石、石煤、独居石的储量在全国居第一位。居第二位的有锰、钒、铷、铪、铼、砷、芒硝、石墨、高岭土。居第三位的有铅、锡、钽、金刚石。居第四至十位的有汞、锂、磷、锌等30多种。矿藏资源品种齐全，伴生矿较多，分布广而相对集中，开采条件一般较好。煤炭储量在全国占第十位，但在长江以南各省中算是不少的。

湖南是一个河流比较稠密的省区，水能资源十分丰富。湘、资、沅、澧四水联结着大小支流及分支流5340余条。全省水能蕴藏量达1532万千瓦，其中可开发量1083万千瓦，水能蕴藏量占全国河流水能蕴藏量的2.3%，在华东、中南诸省中名列前茅。

此外，长沙的湘绣，益阳的竹器，醴陵的瓷器，浏阳的鞭炮、烟花和菊花石雕，凤凰的民族工艺等土特产品和传统工艺品，也享有盛名。

湖南工业的发展可向上追溯至东周的采铜业和春秋战国的炼铁业。至清朝时锅厂已遍布全省。但经盛而衰，1949年仅锅厂产铁3000多吨，解放前夕，以产锑著称的锡矿山锑矿自产量也只有483吨。1949年全省工业厂矿虽有1400家，但98%是一些小矿山、小化工、小冶炼、小纺织、小机修厂，生产设施简陋，条件恶劣、效率低下。1949年全省工农业总产值仅19.02亿元。

湖南是一个多民族的省，全省有少数民族人口219万。解放后，在少数民族聚居区建有1个民族自治州、4个民族自治县。

新中国成立后，根据国家计划的安排和自己的特点，湖南省的基本建设大体经历了三个发展阶段。

一、以农业、冶金、机械为重点的基础建设

解放①后，百业待兴。1950 年至 1965 年这段时间里，湖南基本建设以农业、冶金、机械为重点全面展开。这是为国民经济的全面发展打基础的时期。

（一）大修农田水利，促进农业增产。

湖南的地理、气候条件对发展农业特别是水稻生产极其有利。但历年存在的干旱和洪涝两大威胁，在很大程度上制约着农业的发展。解放前，水利不兴，盛产粮、棉、油、麻、鱼的洞庭湖区水系紊乱，堤防残破，十年九灾。据记载，1948 年湖区 11 个县冲决堤垸 312 个，淹没耕地 276 万亩。1949 年又溃垸 441 个，被淹没和渍水成灾的耕地达 427 万亩，占当时湖区总面积的 76%。流离失所的灾民达 129 万人，占当时湖区总人口的一半。衡阳、邵阳丘陵地带，素有“干旱走廊”之称，没有一座像样的水库，靠天吃饭，生产水平十分低下。1949 年全省粮食产量仅 128 亿斤，平均亩产只有 249 斤。新中国成立后，水旱灾害仍然是发展农业的障碍。湖南把农业放在基本建设的首位，是自然条件所需，也是全面发展国民经济的客观要求。

“垸内一支花，全靠堤当家”，保堤是湖区农业增产的先决条件。中共湖南省委、省人民政府对此非常重视，1949 年冬作了《关于修复洞庭湖溃堤垸之指示》，并拨出大米 8611 万斤，以工代赈，当年完成堵口复堤土方 3434 万立方米。1952 年，在当时全国著名的水利建设工程——荆江分洪中，全省组织民工 8 万多人，并由部队调集解放军官兵 7 万多人参加施工，穿过黄天湖，修筑堤线 33.7 公里。1954 年冬，全省又组织 83 万人大规模的治湖，千里水乡展现了波澜壮阔的建设画面。千军万马连年上堤，每年完成的筑堤土石方以千万方计。1957 年起，开始整理垸内排灌系统，在统一规划的基础上，打破原有割据式的引水系统，采取高水高排、低水低排、控湖排田、空湖待蓄等措施，大大减少了渍水为害。1958 年前后，结合蓄洪与血防灭螺，先后围垦高洲，建设了 15 个国营农场，并对回水尾间的沟港湖汊，采取围堤建闸的方法进行整治，改造了大水田，减少了淹没损失。以后，在“以粮为纲”的

① 湖南省会长沙 1949 年 8 月 4 日和平解放。

方针指导下，多年在洞庭湖区围垦造田。到1985年年底，湖区水面已较1949年大为缩小。这一状况已引起了各有关方面的关注。

在整治洞庭湖的同时，山丘区小型水利工程同时展开。从“二五”计划时期开始，全省9座大型水库、57座中型和一大批小型水库先后开工。至1962年，包括4座大型水库在内的一批水利工程建成。位于湘江支流、涟水中游的水府庙水库就是这期间建成的。这座水库大坝高35米，堤长238米，库容5.6亿立方米，1958年9月开工，1959年9月建成，工期一年，是60年代建成的韶山灌区之源。

1950—1962年，全省农业完成投资5.5亿元，占全省同期完成投资的11%；其中水利建设4.26亿元，为同期农业投资的76.8%，新增灌溉面积961万亩。

（二）利用矿产资源优势，打下冶金工业基础。

从恢复时期开始，国家首先投资改建扩建了旧中国留下来的水口山铅锌矿、锡矿山锑矿和瑶岗仙、湘东、湘西等3个钨矿。到1955年形成正规化的开拓系统和机械化、半机械化的采掘方法。1949年前已基本停产的水口山矿务局，通过改建、扩建，建成了拥有采矿、选矿、冶炼的联合企业。

在改造一批骨干企业的同时，一批大型现代化企业也相继开工，其中有属于“一五”计划时期全国156项工程的株洲硬质合金厂和全国骨干工程株洲冶炼厂和桃林铅锌矿。株洲硬质合金厂成套引进苏联技术设计和工艺设备，1955年开工，只用了38个月时间，于1958年4月建成投产。当年试产钨、钼、钽、铌等产品，填补了中国的空白。这个厂经过改进工艺、改造设备，至1980年累计投资1.38亿元，生产能力比设计超过了两倍，产品占全国的48.8%。硬质合金牌号由4个发展到38个，成为世界大型硬质合金厂之一。1958年开工的株洲冶炼厂，当时建设规模为年产电解铅5万吨、电解锌10万吨、电解铜4万吨及稀有金属回收，在冶金部和湖南省提出1959年建成铅、铜系统要求下，掀起了施工高潮，冶金部九冶一公司在烧结车间施工时，102工地和103工地展开竞赛，先后以5天半、4天、3天完成一层钢筋混凝土框架结构。整个烧结车间只用了42天完工，1959年全面达到了铅、铜系统建成投产的要求。但由于该厂当时采用的是50年代的工艺设备，投产后各项指标均达不到设计要求，后几经改造，填平补齐，效益转好。至1980年，有25种产品行销全国，并进入国际市场。1985年这个厂已成为全国具备锌、铅、铜和综合回收等四大系统的现代化大型有色冶金厂。30多年中建设的中型有色金属厂矿还有黄沙坪铅锌矿、湘乡铝厂、江华锡钇铜矿、东波有色矿等。

在钢铁方面，全省两个钢铁生产骨干厂——湘潭钢铁厂和涟源钢铁厂均于1958年开工。湘钢在用两年建成了金属制品车间之后，于1960年建成了当时具有世界先进水平的线材轧机车间，形成20万吨能力。涟源钢铁厂1958年开工，九月就炼出了第一炉铁水，第二年炼出了第一炉钢，并轧出第一批钢材。这两个厂经过20多年的不断改造和配套，已成为湖南钢铁基地。"二五"计划时期完成的湘潭锰矿第一期工程，新增锰矿石开采能力42万吨。1958年，省内炼出了含锰60%的锰铁和含矽45%以上的矽铁，结束了湖南不能生产锰铁和矽铁的历史。1958年在"以钢为纲"的方针指导下，全省土法上马建设的小高炉2万多座，和当时所谓机械化生产的小高炉172座以及13个小钢铁联合企业，付出的代价不少，后来除极少数小钢铁厂外，都已停产。

1950—1962年，冶金工业基本建设累计投资11亿元，占同期湖南省工业投资的35%。在此期间，施工的16个大中型有色金属工程有13个形成能力，新增采矿能力364万吨，选矿321万吨，冶炼11.8万吨，硬质合金700吨。黑色金属有5个厂矿建成投产或部分投产，新增铁矿开采50万吨，炼铁47万吨，炼钢17.4万吨，轧钢59万吨，1962年全省8种有色金属产量比1949年增长了17.5倍。湖南冶金工业从此打下了基础。

（三）机械工业初具规模，开始适应大规模建设的需要。

旧中国留给湖南的机械工厂数不算少，但稍具规模的只13家，且多数厂的产品品种少、质量低。"一五"计划时期，在前三年整顿原有老厂的基础上，国家投资1.16亿元（占同期全省工业基建投资总额的24.4%），主要建设了湘潭电机厂、湘潭电线厂、长沙汽车电器厂、长沙机床厂、醴陵电瓷厂、株洲机车车辆工厂、衡阳冶金机械修造厂、衡阳探矿机械厂等。湘潭电机厂是旧中国在湖南生产电机的主导厂，主要设备系日本赔偿物资，当时仅有设备460台。“一五”计划时期，投资1090万元，增加设备589台及部分厂房，使产品有很大的发展。同期试制成功投产的新品种达130种，其中用于矿山的架线式电机车、蓄电池式矿用电机车，对中国矿山巷道运输实现电气化做出了贡献。湘潭电线厂，通过分期建设、分段投产，至1956年已建成熔炼、压延、电解等车间，生产出铜线等产品，经过后来的扩建发展，该厂已成为电缆生产的重要企业之一。株洲机车车辆厂在1949年前虽是长江以南规模较大的机车厂，但只承担维修和配件制造，“一五”计划时期扩建中，新建厂房达16万多平方米，增加机床1510台，成为一个既修又造的大型机车车辆工厂，同期不仅修理机车及客货车5400余辆，还新造客货车100余辆。这期间地方机械工业建设项目也具一定规模，并取得了好的效益。长沙水泵厂当时扩建投资不过百万，新增设备后，仿制成苏联型号水泵，产品品种逐步增多，由单级到高级，由低压到高压，不断向复杂高级方向发展。“二五”计划期内，机械工业又投资3.66亿元，除继续扩建了“一五”计划时期已扩建过的骨干厂外，1958—1960年新建项目132个，新增设备3800台，新建厂房及辅助设施用房72万平方米。在长沙市南郊开始形成包括长沙水泵厂、正园动力配件厂、长沙电机厂、长沙锅炉厂等厂在内的机械工业区。至此，湖南机械工业已能生产矿山、冶金、化工、起重、运输、工业锅炉、交直流电机、机床、变压器、锻压设备、内燃机、各种水泵等数十种主要设备，为各工业部门的发展、为支援农业发挥了重大作用。

（四）煤炭电力建设开始铺开，并取得效益。

湖南多数县、市有煤，但储量不集中，开采井型偏小。这期间建成30万吨以上煤井6对，小型井38对，总生产能力742万吨，从波兰引进设备和工艺的株洲洗煤厂，是年产能力为180万吨的大型洗煤厂。1957年开工，1958年全面投产。电力建设方面，首先扩建了旧中国留下的长沙、衡阳和湘潭电厂。1954年开工建设的株洲电厂是全国156项重点建设工程之一，也是当时湖南最大的火力发电工程，分两期建设，于1961年建成6台机组，共形成7.3万千瓦发电能力。同期建成的还有鲤鱼江电厂一、二期工程。1958年7月，全省第一座大型水电站——柘溪水电站开工。这座电站水库库容达35.7亿立方米，装机

6台共44.75万千瓦，是一项全部由中国自行设计、施工，自制设备和安装的工程，工程量除机组安装外，土石方达263万立方米，混凝土88.5万立方米。从开始建设至1962年1月第一台机组发电，仅用了42个月时间，单位能力造价466元，工期之短、造价之低，在当时全国罕见。这个电站的建成，构成了湘中北电网的骨干，不仅为发展湖南工农业生产提供了能源动力，还使资水下游70万亩农田减少洪涝之灾；改善通航里程320公里，增加养鱼水面13万亩。期内灌溉兼发电的双牌电站和白鱼潭电站，相继部分投产。1965年，湖南煤炭生产量和发电量，分别比1949年增长6.7倍和93.2倍。

（五）纺织、轻工建设取得成绩。

“一五”计划时期湖南棉花、苎麻生产都发展很快，为发展棉麻纺织提供了条件。1954年2月，湘潭纺织厂以1年4个月的工期建成5万纱锭和1056台布机的规模，接着又从上海内迁建印染厂，只用1年11个月建成二期工程，使全厂达到10万纱锭、近3000台布机和7000万米印染能力的规模，成为全省棉纺织印染企业的骨干。1958年株洲苎麻纺织厂一期工程建成，1959年和1960年又相继建成中型的常德纺织厂和衡阳纺织厂，使全省纺织工业呈现出崭新的面貌。根据湖南的优势，首先投资在醴陵、长沙建成3个瓷厂。国光瓷厂是一个由5个小厂合并的企业，50年代，国家投资70万元对其进行扩建，使这个厂不断发展，成为湖南生产出口瓷的骨干企业。这期间中、小纸厂和糖厂也有一定的投资，并开始形成生产能力。

（六）交通邮电建设初步改变了多年的落后面貌。

1950年—1965年期间，京广铁路复线蒲圻至衡阳段的修建，动员了几十万人修筑路基，打下了全部建成通车的基础。到1965年厂矿专用线共铺轨226公里。新建公路1.24万公里。1961年10月竣工的湘潭公路大桥，是湖南建成的第一座跨越“四水”干流的公路大桥。当时国内跨径最大（60米）的石拱桥——石门至清官渡线上的黄虎港大桥，也是这期间建成的。期内架设的电话明线11288对公里，从此，湖南交通闭塞的状况开始改观。

（七）教育、科研、卫生事业打下一定基础。

位于长沙市岳麓山下的湖南大学，在这期间进行了扩建。1952年开工新建中南矿冶学院，一年以后开始招生，成为湖南一所规模较大的培养矿冶人才的高等学府，16个专业全部招收研究生。这期间建设的湖南师范学院也初具规模。这些院校经过多年扩建，加上新建的财经学院、省委党校，使风景秀丽的岳麓山下，成为长沙市闻名的文化区。同期还在长沙建成了湖南农学院、农科院、长沙铁道学院和湖南中医学院。原湘雅医院也于这段时间内改建为包括教学、医疗在内的湖南医学院。

随着工业建设的发展，湖南城市建设也迈开了步伐。原有的骨干城市长沙、衡阳、湘潭市得到了飞速的发展。解放前只有2条小街、2个小厂、7000人口的株洲镇，也已建成包括有湘江机器厂、株洲硬质合金厂、株洲冶炼厂、株洲化工厂、株洲电厂、株洲田心机车厂、株洲车辆厂、株洲桥梁厂、株洲洗煤厂、株洲玻璃厂、株洲麻纺厂11个大中型企业在内的新型工业城市，交通四通八达，并成为中南地区重要铁路枢纽。

这段建设的主要特点，一是国家投资比重大，1950—1965年累计完成基本建设投资62.7亿元，其中国家预算内投资52.3亿元，占全部投资的83%。二是改扩建投资较多，共计28亿元，占全部投资的44.7%。三是建设前期准备工作比较充分，计划综合平衡比较好，因而建设工期比较短。46个全部投产的主要企业平均工期只38个月，大中型项目平均年竣工率为28.6%。

期内，3年“大跃进”中忽视基本建设的客观规律要求，建设规模猛增。1960年全年完成投资比1957年增长了4.1倍，铺开的建设项目增加了67.8%。施工的大中型项目达111个，比上年猛增1.2倍。有的工程准备不足，仓促上马，追求高速度，使工程质量受到了影响，当年全部建成投产的大中型项目仅6个，竣工率只有5.4%，有的项目后来不得不停建或搬迁，不少工程不能配套投产或交付使用。

二、以支农工业、电力、煤炭、交通为中心的全面建设

经过3年调整之后，湖南根据以农业为基础，以工业为主导发展国民经济的总方针，以加强支农工业、电力、煤炭、交通为中心，进行全面建设。1970年，毛泽东主席视察湖南时提出：十年能不能把湖南建成工业省；中共

湖南省委在1970年第三次党代会上，提出了十年建成工业省的大体设想。加上当时从战备出发，国家重点加强三线建设，确定了纺织、化工、机械等一批大中型项目从上海、南京等沿海城市内迁湖南省。湖南基本建设进入了新的高峰期。这期间具有以下几个特点：一是规模越来越大。“四五”计划期间完成的投资相当于“三五”计划期间的194.8%，1978年达到13.5亿元，比1966年增长1.13倍。二是支农工业和水利投资比重大。13年共完成24.1亿元，占同期全部基本建设投资的18.5%，三是施工的大中型建设项目多。平均每年达53个，年均完成投资占总投资的53%。

（一）支农工业建设取得明显效益。

经过1949年以后16年的建设，湖南农业有了较大的发展，但耕作条件仍然很差，机耕、机灌面积比重很小，每亩播种面积施用化肥仅10斤。从“三五”计划开始至1978年，全省始终把支农工业建设放在首位，首先利用1958年以后兴建而后又下马的炼铁厂改建了一批钙镁磷肥厂，相应又上了一批磷矿。1972年，浏阳磷矿已形成年产80万吨的能力，泸溪浦市，长沙麻田、石门、花桥、黄荆坪等磷矿也形成一定规模。从1965年开始，大中小结合，兴建氮肥厂。这年10月25日湖南省建设的第一套3000吨氮肥厂在攸县竣工。在“县县有小氮肥”的思想指导下，至1975年全省建成小氮肥厂85个，共计完成投资3亿元，形成合成氨生产能力37万吨，当年生产的合成氨23万余吨，占全省产量的85%。这期间，湘江氮肥厂、资江氮肥厂等两个中型企业，先后于1973年和1975年相继建成投产。1974年开始，集中力量重点建设从美国和荷兰成套引进设备，年产合成氨30万吨、尿素48万吨的岳阳化肥厂（后改名为洞庭氮肥厂）。该厂位于洞庭湖出长江口附近的岳阳市七里山，东临京广铁路，工程量很大，总建筑面积17.12万平方米。1974年11月1日正式开工，由于组织严密、管理科学，加上得到全省人民的支持，职工积极性很高，整个工程只用了56个月，于1979年7月1日建成，一次试车成功，正式投产，被评为全国优质工程。投产以后，年年超产，质量稳定，名列全国之冠。

在组织化肥建设的同时，化学农药建设工程也同时展开，1973年全国甲基—1605 规模最大的资江农药厂建成投产，同期建成的还有 17 个厂，使农药品种由 1965 年的 6 种增加到 19 种，加工制剂能力增加了 1.7 倍。

农业机械方面的建设工程，位于津市年产 5000 台 30 马力拖拉机的湖南拖拉机厂于 1975 年建成投产。年产 1.5 万台手扶拖拉机的衡阳手扶拖拉机厂；年产 3000 台拖拉机的株洲拖拉机厂以及与之配套的益阳齿轮厂；衡阳建湘机械厂扩建工程，衡阳油泵油嘴厂；还有生产排灌用柴油机的湘南动力机厂扩建工程等，都是当时全省建设的重点。全省组织了拖拉机生产建设会战指挥部，当时省革委会主要负责人任指挥长。省里每年拨几千吨钢材，组织全省 10 个部门 110 多个工厂制造专用设备和工装，建设工期都只有 4 年左右，于 1975 年前后建成。1976 年又以地、市为主，组织小型动力项目的建设，建柴油机厂 15 个，加上原有柴油机厂共形成 100 万马力的生产能力。

这阶段的支农工业建设，新增能力可观。计有磷矿石开采能力 140 万吨，磷肥 123 万吨，合成氨 50 万吨，氮肥（实物量）147 万吨，排灌机械 5853 台、共计 24 万千瓦，化学农药 1 万吨，为改善农业生产条件发挥了积极的作用。同 1965 年比较，1979 年全省生产的农用化肥折纯量增长了 8.7 倍，每亩播种面积施用化肥达 43 斤，为 1965 年的 4.3 倍；化学农药总产量增长了 1.48 倍。农业排灌内燃机生产量增长 8.6 倍。1984 年，衡阳手扶拖拉机厂的产品，还远销东南亚国家。

这期间，农村水利建设也取得很大进展。1960 年以后开工建设的青山垅、欧阳海、涔天河水库，以及大圳、韶山灌区，都是大型水利工程，在这期间都陆续建成投产发挥效益。以韶山银河著称的韶山灌区，从大型水库水府庙水库引水，渠首位于湘乡县洋潭，灌溉双峰、湘乡、湘潭、宁乡县和长沙、湘潭市共 100 万亩农田，工程土石方达 3800 万立方米，投资 4000 万元。1965 年 7 月开工，1967 年 2 月全部建成，整个灌区实现了遇旱有水，遇涝排水，促进了粮食的大幅度增产。至 1973 年灌区亩产已过千斤，比 1965 年增产 1 倍。洞庭湖区经过解放后十多年的整修，粮食虽不断增产，人民生命财产得到了保障，但历史遗留下来的问题并未得到根治，粮食产量仍不稳定。到 1978 年，国家每年都安排一定的投资对洞庭湖进行综合治理，治理范围包括湖区15个县、市和15个国营农场，以及湘、资、沅、澧四水有堤防保护的11个县、市，傍湖山丘的泄洪工程大规模的展开，先后兴建了常德冲柳、汉寿南湖、益阳烂泥湖、临湘野湖和岳阳县中洲等12处大的泄洪工程，解决了5304平方公里的山洪面积，扩大耕地13.8万亩，1974年汉寿县动员12万人，从谢家铺到蒋家嘴开挖了一条长53公里，底宽138米的人工泄洪河，兴建了蒋家嘴大型水闸，把7条溪河水直接泄入目平湖，控制泄洪面积967平方公里，使33万亩农田免受山洪威胁，扩大耕地5万亩。这样大的工程只用了三个冬春。70年代的水利建设已由过去的单一治水，发展到山、水、田、林路综合治理，由解决水旱灾害，发展到建设高产稳定农田，新建中型水库92座，小型水库4500多座，电力排灌机械新装58万千瓦，使抗灾能力进一步加强。这期间新增灌溉面积1750万亩，为35年新增灌溉面积总数的48%。到1978年全省粮食产量达到417亿斤，棉花151万担，分别比1965年增长89.4%和51.1%。

（二）电力、煤炭、石油加工工业建设迅速发展。

随着工农业生产的发展，对能源的要求成倍增长。这期间为发展电力、煤炭、石油加工安排了大量投资，也取得了较好的效益。水力发电工程方面，1962年第一台机组投产的柘溪水电站，从1965年到1975年的10年间相继又有5台7.5万千瓦机组投产，建成了湖南省当时最大的水力发电工程。与此同时，装机40万千瓦的凤滩水电站于1970年开工，1978年3台10万千瓦机组建成并网。双牌、沙田电站也在这期间建成投入运行。位于桃江资水的马迹塘电站，从奥地利引进灯泡式水轮发电机组3台共5.55万千瓦工程，也于1976年开工。在火力发电方面，全省最大规模的火力发电工程金竹山电厂，经过56个月施工，于1973年建成一期工程，接着又于1978年2月完成二期工程，共计装机35万千瓦。株洲电厂三、四期工程，岳阳电厂三、四期工程，鲤鱼江电厂二期工程以及衡阳电厂最后一台机组，都在这段时间内先后建成投入运行。火力发电工程一个接着一个，单机能力一台比一台大，当时设计、施工都存在一定困难，但负责设计的省电力设计院、负责施工的省机电工程局和省建四公司的广大职工，精心设计，科学组织施工，加上全省数十个单位从材料设备方面给予支持，建设工期一个比一个短。13年新增发电装机容量达158万千瓦为前16年的3.05倍。同时，还建设了大量输电线路和变电工程。1966—1978年建成的11万伏以上变电站达23个，容量153万千伏安，输电线路23条，共2570公里，比前16年增加了2.42倍。

1966—1978年，煤炭建设工程规模也比较大，共计建成中型井40对，小型矿井75对，新增采煤能力共1318.8万吨，为前16年新增能力的177.7%。资兴、涟邵、白沙等3个矿务局，经过这段时间建设，都已基本按设计能力形成规模。

石油加工工程——长岭炼油厂，1965年5月开工，1970年5月开始投产，至1973年年底形成250万吨年加工能力。经过完善配套，至1975年年加工能力已达到350万吨。这个厂开始曾拟建于山洞，共打洞7个，开山运石122万立方，并修筑铁路。后才发现如建于洞中，设备防潮、工艺布置等问题不好解决，因此于1969年将地下工程改为油库，增建一批油罐。后来又因防火和运输问题不好处理，不能投产。除洞外工程部分有用外，共报废投资2800多万元。但该厂新选厂址建设，由于设计合理和施工单位的努力，不仅建设工期较短，而且投产后发挥了很好的效益，至1978年上交利税已相当于当年建厂投资的4.2倍。

（三）交通建设成绩显著。

这期间，1958年开工的京广复线蒲圻至衡阳段继续施工，并于1970年全线通车。湘黔铁路从金竹山至大龙堡全长355.9公里，从1970年9月开工，到1973年7月1日正式交付运营，仅仅用了两年多时间，质量也较好；每公里造价只146.4万元，在当时国内新建干线中，造价是比较低的。1970年开工，1978年建成交付临管运营的枝柳铁路，北起湖北省枝城，南抵广西柳洲，线路长883公里，湖南境内占579.5公里，线路沿途山峦叠嶂，道路险隘；十跨澧水、沅水和融江三大水系的主要支流，跨越444条深沟峡谷；穿越武陵、雪峰两大山脉的388个山头；5次越岭升高，地形起伏很大。大庸北至怀化，虽采用了12‰加力坡度，线路仍高悬于半山腰。全线高填深挖，桥隧相连，工程艰巨。负责施工的铁道部第二、四、五工程局广大职工及参战的百万民工，付出了艰苦的劳动。特别是开展技术革新，在石方工程中采用深孔定向爆破，隧道施工采用光面爆破、蘑菇式开挖法和旋喷桩地基加固等新技术、新工艺，加快了进度，节约了投资。每公里造价 263.54 万元。这条铁路位于中国中部腹地，沟通华北、华中、华南地区，为南北向的重要战略干线。它的建成，为进一步开发西南能源及山区资源，加速国民经济的发展，巩固国防和促进少数民族地区的发达，发挥着重大的作用。这期间建成的铁路还有株洲至茶陵的湘东铁路共计 129.6 公里，只用两年零七个月，于 1973 年 4 月通车。当时铁路建设的另一雄伟壮观的工程是长沙铁路车站。长沙铁路车站原位于长沙市区中心，京广铁路老线也横贯市区，市内主要干道与铁路 7 处平交，严重阻障交通，影响安全，噪音干扰也很大。为改变这一状况，根据 1958 年修建京广复线时的规划，车站东迁市区边，该工程包括长沙客站、客技站、内燃机务段搬迁，长沙北站货场改建等十余个项目，全部投资 9000 万元，是长沙市一项最大的综合性工程。设计规模为一次最高峰聚集人数 6000 人，日发送旅客 2.6 万人，为老站的 4 倍。1975 年 7 月站场、站屋、广场全面动工，至 1977 年 7 月建成交付使用。这期间，规模为三枢、三场、铺轨 131.9 公里的株洲枢纽也于 1973 年全部建成。

公路建设，新增通车里程 2.3 万公里，湘江、益阳、邵阳大桥都在期内建成通车，经过这段建设，交通闭塞状况已经改观。

（四）化学工业的建设取得进展。

解放前，湖南化学工业非常落后，1949 年化学工业产值仅 310 万元，只占全省工业产值的 1%，1949—1965 年虽建设了一批日用化工、医药、橡胶厂，但规模都较小，到 1965 年化工年产值仍只 3.6 亿多元。“三五”计划开始后，除加快了化肥、农药建设外，从 1970 年开始重点建设了拥有 3 个分厂、1.4 万职工、年产值 1.6 亿元的岳阳化工总厂。该厂位于临湘云溪，主要利用长岭炼油厂的炼厂气与石油芳烃生产三大合成材料，各分厂分设于九条山沟，为了建厂开挖了数以百万立方计的土石方，工程艰巨。承建工程的施工队伍，先后有工程兵部队、中建二局、省建五公司和省工业设备安装公司，他们不畏艰难，付出了巨大的劳动，1975 年开始分项投产，于 1980 年全部建成。拥有合成氨、锦纶、涤纶、环氧树脂、顺丁橡胶、发电、供水及水处理等装置，能生产28种化工产品，从此，岳阳化工总厂、长岭炼油厂、洞庭氮肥厂3个化工企业相连，产品相互利用，形成湖南湘北的化工基地。同期株洲化工厂、湘江氮肥厂和株洲轮胎翻新厂的扩建工程也具一定规模，成为湖南的又一化工基地。这期间，还新建了中南制药厂，扩建了湖南制药厂。湖南逐渐成为具有一定规模、能生产多种化工产品的省份。1978年全省石油化工产值比1965年增长了5.8倍。

（五）轻工、纺织建设取得新成绩。

湖南造纸、陶瓷工业原料均十分丰富。为发挥自己的优势，1966年到1978年13年轻工业累计投资8.59亿元，占同期全省投资比重的6.6%，超过全省投资平均增长水平的21.8%。1969年和1978年分两期建成了拥有从发电、制浆、造币以及造纸设备制造机修全套设备，年产5.1万吨新闻纸的岳阳造纸厂。邵阳纸厂、湘阴纸板厂、邵阳纸板厂等中型企业，也分别于1967年、1971年、1972年建成投产。年产1.7万吨的沅江纸厂于1973年开工。期内还有一批小型纸厂投产，共计新增机纸及纸板年生产能力6.6万吨，为前16年新增能力的2.5倍。同期醴陵陶瓷基地、衡山界牌、洪江等瓷厂都进行了新建和扩建，1978年，全省日用瓷生产能力达到3.62亿件，比1965年增长了1.15倍。1979年全省生产日用陶瓷达4.2亿件，除满足本省需要外，销售国内21个省市和供应86个国家和地区1.4亿件。这期间建成的机制糖厂除江永县桃川糖厂和大通湖两个中型糖厂外，1971—1975年5年中，湘北以洞庭湖区各国营农场为中心，湘南以郴州、零陵地区为重点，建成小型糖厂20个，共计新增产糖能力4.08万吨，占35年新增能力的一半。1975年建成的当时年产能力20万箱的常德卷烟厂，只用两年时间，经过技术改造和扩建，成为常德地区的一棵摇钱树，年利税达3亿多元。这期间食盐、日用玻璃、合成洗涤剂、聚氯乙烯树脂、钨钼丝等产品新增生产能力也较多。

同期纺织行业的建设发展也较快。桃源纺织印染厂、邵阳纺织厂、汨罗纺织厂、南县麻纺厂、株洲苎麻纺织厂二期工程都在这段时间内先后建成。至此，北起汨罗，南至郴州，东起长沙、湘潭，西至常德、黔阳都有纺织工业企业，多数厂靠近棉花产区。年产 1 万吨的湖南维尼纶厂经过 6 年施工，于 1977 年建成，但由于产品销路不畅，效益一直不佳。

（六）建材工业建设开始迈大步。

湖南建材工业原有基础较差。从“三五”计划开始，以大、中、小结合的方针建设水泥工业。大型水泥生产企业湘乡水泥厂于 1967 年建成。1974 年起用 7 年时间建成了年产 50 万吨水泥的新化水泥厂。同期建设的还有中型厂东江水泥厂和扩建的辰溪水泥厂。县以上小型水泥厂在前段建设的基础上发展到 175 个。全省新增水泥生产能力达 201 万吨，为前 16 年的 10 倍。全省水泥生产供应迅速改观，1978 年达 344 万吨。

（七）机械、冶金工业有了新发展。

在中共中央和国务院关于加强三线建设的方针指引下，1966 年到 1975 年机械工业除了建成一批支农机械工业项目外，还建成了一批军工机械厂。同时，从上海、南京、沈阳等地内迁的大中型机械厂，如浦沅工程机械厂、益阳橡胶机械厂、湘东化工机械厂、邵阳第一和第二纺织机械厂、湘西仪器、仪表总厂、湖南印刷机械厂和新建的常德纺织机械厂等，都从 70 年代初期起陆续投产，大大增强了湖南机械生产实力。浦沅工程机械厂在建设中“不吃基建饭，自己动手干”，1969—1972 年建成 26 座厂房、41 栋宿舍、安装 356 台设备，在建设同期生产 7 个品种、共 2000 多台设备，上交利润 50 多万元。这个厂生产的 8 吨、12 吨汽车吊，在全国已有一定声誉。湖南印刷机械厂的投产，使湖南印刷机械生产能力达到全国印刷机械总生产能力的 1/6。同期地方机械工业也新建或改建扩建了一批厂。学习江西省生产井冈山载重汽车的经验，利用省劳动汽车配件厂改建的湖南汽车厂，1970 年开工，1973 年小批生产汽车 150 辆，1979 年达到 1500 辆。利用长沙 6 个老厂基础改建的长沙 130 汽车厂，1978 年形成 500 辆生产能力，填补了湖南的空白。这期间建成的长沙矿山通用机械厂，已形成热加工能力 2 万吨、冷加工能力 1 万吨，使湖南省矿山机械生产能力大大加强。50 年代建成的长沙水泵厂，经过扩建，产品品种增加，产品质量也有很大的提高，不仅能生产一般工业、农用水泵，还可以生产电站锅炉、采矿及水力提升、化工等行业使用的各类泵，成为国内专业制造水泵的重要工厂。这个厂生产的5万—20万千瓦的电站循环泵，在全国占有重要位置。

在冶金工业方面，“二五”计划期内新建的株洲冶炼厂、湘乡铝厂、湖南铁合金厂、宝山铜矿等大中型企业，经过扩建、配套，全部建成；湘潭钢铁厂、涟沅钢铁厂也基本按设计规模形成了生产能力。涟源钢铁厂自行设计的15吨氧气顶吹转炉投产后七年获纯利1943万元，超过了当年这个项目的总投资额。这期间新增的冶金主要产品生产能力有铁矿开采160万吨、炼铁37万吨、炼钢67.7万吨、轨钢39.5万吨，进一步加强了湖南钢铁生产的基础。

（八）文化、体育设施面貌为之一新。

湖南省博物馆陈列着长沙马王堆出土的汉代女尸及文物，供中外游客观赏。株洲、衡阳、湘潭、常德、邵阳体育馆相继建成，接纳了许多全国性的体育比赛。国家投资建设的郴州排球训练基地建成后，已成为国家男女排球健儿训练的重要基地，发挥了重要作用。1970年湖南电视台建成，结束了没有电视的历史。

这期间的建设成绩来之不易。十年动乱中付出了不小的代价。不少项目忽视前期准备工作，仓促开工，建设中停停打打，工期拉长，建成后效益不佳。据1979年的初步调查，这期间投资在100万元以上、但建成不能投产的项目有52个，损失1.3亿元。至1979年，因各种原因不能达到设计能力的项目占80%，由于计划综合平衡不好，资金物资缺乏保证，施工管理不善，建设工期在3至5年的只占全部投产项目的42%。有的军工、农机项目布局分散，增加了成本和运输压力，影响效益的发挥。调查的466个工业项目中，平均投资回收期（不包括利息）长达25年，长期亏损的项目占总数的30%。对水能的综合利用也不够好。

三、基本建设的调整、改革

1976年10月至1978年，湖南在“左”的思想影响下，在国民经济停滞不前、比例失调的状况还没有来得及调整情况下，又出现了新的“跃进”势态，基本建设规模一年比一年大。1978年全省投入施工的基本建设项目比

1976 年猛增 26.6%，投资额增长了 24%，其中地方项目的投资由 1976 年占总投资的 56% 上升为 67.2%。不合理的重复建设项目又不断出现，如长沙市在原有的电镀专业厂年生产能力 800 吨，生产任务只有 1/4 的情况下，又开工新建电镀生产企业 92 家。1979 年中共中央和国务院制定调整国民经济的“八字”方针，从此湖南的基本建设在调整的基础上，加强改革，基本建设进入了以提高投资效益为中心的发展时期。

（一）调整、改革取得成效。

根据国家计委、国家建委的部署，1980 年停缓建了 78 个投资、材料不落实或投产后效益不好的项目，压缩未完工程投资 2.27 亿元。1981 年投资总规模比上年减少 22%，施工的大中型项目减少了 26%，投资方向也得到调整。同时，加强了建设项目的计划、设计、施工、物资等管理，特别是每年安排建设前期工作计划，“三边”工程逐步减少。1980 年以后，逐步建立健全了各项经济责任制，推行拨款改贷款，试行各种形式的投资包干，至 1984 年投资包干面达 58.4%。1984 年开始推行工程招标投标。采取这些改革措施后，投资节约，工期缩短，取得了很好成效。如 1984 年全省 20 个重点建设项目实行按概算包干或施工图预算包干的有 16 个，包干建设工期平均为 5 年 10 个月，比未包干的重点项目工期短 3 年 10 个月。湖南最大跨径（120 米连续梁）的常德沅水大桥实行概算包干后，工程进度显著加快，1983 年未实行包干，施工一号、二号桥墩时，从下围堰至混凝土封底，水上封航 147 次共 421 小时，每个墩平均工期 189 天。1984 年按概算包干后，三号墩施工时只停航 32 小时，四号墩只停航 19 小时，工期只有 154 天。

（二）加强薄弱环节建设，取得显著成果。

经过 1949 年到 1978 年的建设，能源工业薄弱仍然是制约湖南国民经济发展的一大因素。1979 年开始加强薄弱环节建设。位于湖南资兴县境内、湘江支流耒水上游的东江水电站，是 50 年代末期拟建项目，于 1978 年复工。这个电站大坝两岸全为花岗岩峭壁，大坝位于狭窄的方石，坝顶长仅 438 米，建坝地段基础的优越，国内少见，该电站装机 50 万千瓦，是湖南最大的水力发电工程。发电量虽只 13.2 亿度，但在枯水季节当其他电站不能满发时，它可以源源送出电流，是湖南唯一的一座调节性水电站。工程建成后，下游1万多亩农田可免遭洪水，全部投资近9亿元。从准备开工时起，省政府就选派力量，在现场组成建设指挥部。5年多内，在全省许多单位的支持下，负责施工的水电部第八工程局等施工单位付出了艰苦的劳动，使大坝进入浇筑混凝土的高峰期，1987年第一台机组可以发电，1988年全部建成。凤滩水电站第四台10万千瓦机组于1979年投产，后又抓紧了航运工程施工。马迹塘电站于1983年全部建成。这期间，全省最大的金竹山火力发电厂装机60万千瓦，于1984年全部建成。鲤鱼江电厂第四期工程2台7.5万千瓦机组于1981年投产。6年中，共新增发电能力94.6万千瓦；11万伏以上的输电线路20条，共1763.5公里。从此，不仅全省电力全部联网，还与湖北相联。1984年装机40万千瓦的耒阳火电厂又开工，葛洲坝至株洲50万伏输变电工程也在加紧设计中。煤炭项目六年内建成了大中型井5对，能力为91万吨，加上小型井，六年新增采煤能力247万吨。1982年省政府在煤炭部的支持下，抢建中型井6对。6年中电力、煤炭建设累计完成基本建设投资近17亿元，占同期全省投资的18.4%，是前29年煤炭电力累计投资的54.6%，占六年来累计重工业投资的51.3%。

交通邮电建设继续加强。1978年，国家投资修建衡阳至广州铁路复线，湖南境内210多公里，是湖南省继湘黔、枝柳铁路建成后又一重点铁路建设工程。经过近三年的建设，已铺轨53.5公里、新增运输能力200万吨。为开发嘉禾煤田而铺设的窄轨铁路——郴嘉铁路，已修通至桂阳。北起衡阳悬毕塘，南至宜章风头岭，全长238公里的公路，原路面标准低，路况差，要通过改建将四级公路提高至二级，使汽车行速小时可达80公里。这一工程已动工。为重点保证这一工程的建设，省政府设置专门机构对工程加强管理，并实行分段承包。湖南邮电建设最大工程为京广中同轴大通路载波工程，经过八年多的施工，于1984年开通至北京，1800对用户可以同时通话，在很大程度上缓和了京广沿线长途电话紧张状况。

为发挥建材原料资源优势，重点扩建了年产能力30万吨的湘乡水泥厂三号窑，开工后只16个月即出水泥，工期之短、为全国首创；年产150标箱的株洲玻璃厂第二条生产线，1983年6月厂区开工，1984年完成安装收尾，建设速度在全国同行业中名列前茅。

湖南苎麻纺织原料丰富。在已拥有苎麻纺锭1.57万枚设备能力的基础上，1982年在苎麻产区益阳建成了当时全国规模最大的麻纺织印染厂。由于前期准备充足，资金物资得到保证，科学组织施工，仅用56个月全部建成，投产后一年全部达到设计能力，产品远销全国各地，并打入国际市场。1982年在原停建的岳阳棉纺厂的基础上，改建为长麻2万锭、短麻1万锭、布机951台的洞庭麻纺织厂，尽管原设计全部打乱，施工要另起炉灶，也只用了两年多一点时间建成试生产。同期还建设了以短纤维棉线为原料生产粘胶长丝的邵阳化纤厂及一批小棉纺织厂。

文教卫生建设步伐显著加快。这一时期，新建了交通学院、湘潭大学、湘潭矿业学院、长沙水电师范学院，恢复了衡阳工学院，还建设了长沙大学等17所地方大中专学校，迁建了中南林学院。内迁的国防科技大学，已建成为包括教学、科研在内的高等学院，该校研制的计算机，为中国发射同步卫星做出了重要贡献。湖南省图书馆新馆经过4年半的施工，于1984年11月建成开馆，建筑面积3.5万平方米，藏馆图书达279万册，是中国已有的最大的省级图书馆。

城市建设投资取得较好的效益。六年共计投资6.68亿元。同1978年年底相比，六年累计自来水日供水能力增长了44%，公共汽车拥有量增长了76%，运营里程增长了1.1倍，城市道路增长了23.3%。

这期间园林风景区建设也取得较大成绩。湘南五岳独秀的南岳衡山，古貌新颜。江南“三大名楼”之一的岳阳楼，经过修复已是金碧辉煌，雄伟壮丽。与岳阳楼遥相对峙的君山宝岛，原有三十六亭、四十八庙，已修复二妃墓、柳毅井、酒香亭等古迹。与港商合资建设的度假村也已开始动工修建。位于大庸、慈利、桑植三县交界处的张家界、索溪峪、天子山已经投资开发。这里方圆百里，奇峰怪石，树木葱葱，珍禽异兽繁多，每年可接待中外游客数十万人。

住宅建设速度空前。六年全省累计竣工住宅建筑面积达2180万平方米，占35年竣工住宅面积的55%，为前29年竣工住宅面积的1.2倍。

商业、粮食6年中投资也有较大增长。先后建设了一批冷库、油库、粮库和商业网点。6年累计新建冷库34座，分布在39个县、市。其中冷藏能力5000吨以上的有7座，共增加冷藏能力5.21万吨，为前29年的1.1倍。

（三）引进技术设备，获得一定成果。

国家投资、从瑞士引进设备的韶光电工厂，是湖南最大规模的铬版生产企业，年产铬版22.5万块，总投资4600多万元，于1982年6月全部建成，工期仅30个月，是湖南电子工业建设中规模大、工期短的项目。这个厂的建成，为中国生产集成度高、线条清晰、成品率高的大规模集成电路提供了关键基础材料。建南机器厂位于怀化市郊，它利用老厂改扩建，从法国引进设备，生产各类磁盘机。1984年经国家正式验收投产。这是电子行业又一个规模大、工期短的项目，投产后产品质量不仅完全达到设计标准，而且开发了新一代软磁盘机生产技术，存储容量比进口产品提高3倍，经济效益也十分显著。1984年利用科威特阿拉伯经济发展基金会低息贷款，从联邦德国进口设备的湖南人造板厂，也已筹备就绪。1984年，全省吸收国外直接投资的项目达91个，现汇进口技术设备的项目达225个，总额达2.71亿美元。

通过以上三个阶段的建设，1950年至1984年，全省全民所有制单位共完成基本建设投资285亿多元。累计建成各类项目4万多个，其中大中型项目230个，新增固定资产189亿元，相当于1952年全民所有制单位固定资产原值的75.3倍。竣工各类房屋面积9611万平方米，等于1957年13个长沙市房屋面积的总和。1984年全省工农业总产值400亿元，比1949年增长20倍，国民收入245亿元，社会总产值506亿元，分别比1949年增长14.7倍和22.6倍。

35年工业建设投资151.9亿元，占同期总投资的53.2%，其中重工业投资占总投资的46.3%，轻工业占总投资的6.9%。建成了一批新兴工业部门，形成了比较完备的工业体系。铁路机械、电工、纺织机械生产规模在全国都占重要地位，1983年冶金产品中，锰矿石、锰粉、锌、锑、铅、硬质合金、氟化盐及8种有色金属矿均居全国第一；线材、电解铅、白银居全国第二位，化学农药等许多重要化工产品、苎麻纺织品、陶瓷等在全国也占重要地位。

农林水利建设投资30.5亿元，占同期全省总投资的10.7%，在湖南粮食主要产区洞庭湖区，35年国家累计投资6.6亿元，湖区人民投工17亿多个，完成土石方31亿立方米。旱涝保收面积达到652万亩，占湖区总耕地面积的75%；湖区粮食总产量由1949年的12亿斤增加到1983年的84.2亿斤，占全省粮食产量的16%。全省修建大型水库11座、中型水库222座、小型水库12456座，塘坝214万多处，有效库容量由1949年的56亿立方米增加到312亿立方米。安装电力排灌机械118万千瓦，有效灌溉面积由1949年的1798万亩增加到4163万亩，占耕地面积的81.6%。全省旱涝保收面积达到3388万亩。1950年至1983年，全省造林12409亩。1984年粮食产量522.6亿斤，在全国居第五位；茶油、肉猪出栏头数、猪牛羊肉总产量在全国居第二位。随着水利建设发展，农村小水电站达9000座，装机96万千瓦，年发电22亿多度，相当全省农村用电的总和，在全国居第三。办电基础较好的平江、慈利、蓝山、酃县、郴县、绥宁、龙山、溆浦、新晃、衡东10个县，已成为全国农村电气化试点县。

交通运输邮电建设投资47.1亿元，占同期全省总投资的16.5%，新增铁路正线1828公里，专线辅轨405公里，全省铁路通车里程已达到1949年的2.36倍。新建公路35939公里，使全省通车里程达到55483公里，为1949年的17.6倍，实现了县县乡乡通公路。与洞庭湖及四水水运相通，形成了四通八达的水陆运输网。民用航空已开辟省际航线8条。邮电服务网已遍及全省城乡。

文教、卫生、广播、体育、科研共投资16.5亿元，占同期全省总投资的5.8%。高等院校增加37所，普通中学增加4935所，小学增加19348所。其他各种设施都成倍、几十倍增长，为提高人民文化、生活水平、增强人民体质创造了条件。

随着建设事业的发展，城市由1949年的6个发展到17个，城市公用设施有了较大的改善，商业服务机构遍布城乡。

湖南是一个多民族的省份。35年基本建设中，少数民族地区共投资9.54

亿元，使少数民族地区各个方面都发生了巨大变化，工业从无到有，已能生产130多种产品，有的产品质量具有一定水平。城步苗族自治县纸厂生产的28克一号打字纸，不仅供应全国，还远销13个国家和地区。这个县罐头厂生产的清水冬笋罐头，深受日本客商欢迎。

第四节　广东省的建设

广东省是中国最南边的一个省，全境除大陆部分外，还包括海南岛、南海诸岛等许多岛屿。全省海岸线长4314公里，居全国第一位。大陆北依五岭，南临南海，地势北高南低，珠江三角洲与韩江三角洲是广东的主要平原地区。主要河流有珠江、韩江、南渡江、漠阳江和鉴江等。广东地处热带、亚热带，全省植物种类有8000多种，海南岛占3000多种；全省水果品种有270多种，其中香蕉、菠萝、柑、橙、龙眼、荔枝、杧果等被誉为“岭南佳果”。海南岛是中国热带林木的主要生长地和橡胶基地。广东水力资源丰富，理论蕴藏量为823万千瓦，年可发电271亿度。全省已查明温泉260处，居全国第一位。已探明储量的矿产资源有82种，以有色金属居多。稀有金属矿独居石、金红石、磷钇矿、钽铌矿、锆英石、钛铁矿的矿藏量和开采量均居全国首位。硫铁矿保有储量达4.33亿吨，占全国第二位。南海大陆架埋藏着丰富的石油和天然气，具有巨大的开发经济价值。广东濒临南海，水面宽阔，水产资源丰富，有热带海洋渔场44万平方海里。天然渔港有153个，各种鱼类800多种，其中经济价值较高的有40多种，全省可供人工养殖的浅水滩涂173万亩，已养殖的水面达33万亩，占20.5%。全省有淡水养殖面积（包括河涌、水库面积）410万亩，已养殖的水面达330万亩。

全省人口6253万人①，其中汉族人口占98.2%，除汉族外，还有黎、瑶、苗、壮、回、满、畲7个少数民族在境内居住。

广东是中国海外华侨和港澳同胞最多的地区。全省华侨约有1000多万人，占全国华侨总数的60%，他们遍布世界五大洲，侨居174个国家和地区。

---

① 1985年年底人口数。

以印尼、泰国、新加坡、菲律宾、缅甸、美国、加拿大居多。全省在港澳地区的同胞有400多万人。

解放前[①]，广东的经济比较落后，由于人多地少，自然灾害多，煤炭资源缺乏，铁路少，工农业生产总值很低，基础工业几乎一片空白。1949年，全省工农业生产总值（1970年不变价计）仅33.43亿元，其中工业总产值6.35亿元，占19%。主要工业产品产量为：煤炭7万吨；发电量1.4亿度；水泥3.28万吨；食糖7.5万吨；机制纸1000吨。重工业中，钢铁、石油、化肥等都是空白。农业以粮食为主，粮食产量仅723.8万吨，全省人均粮食241公斤。

中华人民共和国成立后，经过36年的建设，广东省已具有一定的工农业生产基础，各项事业都有很大发展。到1985年年底止，全民所有制基本建设投资共完成555.61亿元。其中隶属中央各部的建设项目投资占1/3左右，生产性建设占68.44%。按管理系统分，工业投资占35.44%，农林水利占16.65%，运输邮电占16%，科研文教5.1%。基本建设新增固定资产共374.21亿元，固定资产交付使用率在65%左右。竣工房屋建筑面积1.44亿平方米，其中住宅占43.35%。

在36年的建设历程中，前28年由于国际关系和国家建设重点倾向内地，广东地处沿海，由国家直接安排的投资和重点工程不多。1950年到1975年，广东累计完成的投资额（含中央在省项目的投资），只占同期全国总投资额的3.5%；在11个沿海省、市、自治区中，广东人口占14%多，但投资只占10%左右。同期，广东省根据实际情况，针对工农业生产的薄弱环节，利用地方财力重点安排了水利、电力、制糖、公路等建设，努力为发展广东省经济打基础；国家则对广东的矿山、石油、农垦、港口、高教等方面，集中投资，安排了一批对发展广东经济起重要作用的工程。中共中央和国务院批准广东省从1979年起在经济方面实行特殊政策、灵活措施，扩大经济自主权，让广东在改革和对外开放方面先走一步。从此广东实行了基建投资多种资金

① 广东省省会广州于1949年10月14日解放。

渠道，积极外引内联，项目建设招标、投标，使广东省的基本建设出现了新局面。

经过36年的建设，到1985年全省有27座大型水库，4个大型灌区，300多座中型水库，并有一批江海堤防、引水、排灌设施等，1985年全省有效灌溉面积达2970万亩，占全省耕地面积的63.9%。经过植树造林，全省森林覆盖率已由解放初的17.6%提高到1985年的29.4%。水产方面建设了湛江、汕头、广州、白马井4个海洋渔业基地和渔港43个，共有泊位234个。工业交通方面，重工业初具规模，轻工业比较发达。电力工程建成以新丰江、枫树坝水电站及黄埔、韶关、茂名电厂为骨干的广东电网，1985年全省发电装机容量达418.8万千瓦。其他方面的生产能力，1985年年末煤炭开采800万吨/年左右；石油加工能力870万吨/年；水泥以广州、英德两个水泥厂为骨干，连同地方机械化小水泥厂，生产能力已达1150万吨/年；钢铁生产以广州、韶关两个钢铁厂为骨干，能力为炼钢80万吨/年，钢材106万吨/年，炼铁63万吨/年，炼焦44万吨/年，铁矿石原矿开采量海南及大宝山共600万吨/年。化工生产能力主要有硫酸85.2万吨/年，烧碱8万吨/年，合成氨88.4万吨/年，农用化肥（折100%）83.5万吨/年，农药原药3万吨/年，油漆5.5万吨/年，轮胎136万条/年。轻工生产能力达制糖172.5万吨/年，机制纸及纸板52.6万吨/年，棉纺设备56.8万锭，毛纺2.96万锭，化纤能力3.17万吨/年，啤酒16.21万吨/年，电视机134万部/年，录音机509万台/年，手表879万只/年（含电子表），缝纫机160万架/年，自行车205万辆/年，电冰箱（家用）24万台/年，洗衣机（家用）78万台/年。新建公路28243公里，港口码头吞吐能力3465万吨/年，新建铁路正线铺轨549公里。

一、国家和中央各部门对广东建设的支持

新中国成立以后，国家和中央各部门对广东建设的投资，主要用于建设港口、铁路、矿山、炼油、农垦以及高等院校等。1953年至1978年，隶属中央各部门的建设项目的投资，占同期全省完成基本建设投资总额的30%。1979年至1985年增至37%。

（一）铁路和港口的建设。

新中国成立后，国家首先组织力量，对国民党溃退时破坏的粤汉铁路进行了修复，使全线通车。“一五”计划期间，进行了黎塘至湛江的铁路建设，正线全长315.57公里，其中广东境内正线82.3公里，由铁道兵施工，1954年9月开工，仅9个月时间就通车。“二五”计划期间，主要建设海南铁路，1958年安游至黄流段108.5公里动工修复，次年通车；1960年修复黄流至岭头段18.34公里；接着新建黄流至莺歌海盐场5.84公里和岭头至尖峰岭林场10.35公里专线。1978年以后，改变了单纯由国家投资建设铁路的状况，通过多种渠道，筹措建设资金，广东铁路建设面貌焕然一新。京广铁路衡阳至广州复线工程，三茂铁路三水至腰古段，广深铁路双线电气化建设相继展开。京广复线北京至衡阳段于1970年建设通车。衡阳至广州段540公里仍属单线，在中央有关部门的支持和省的努力下，由国家投资、人民银行贷款和部分利用外资，沙口以北段于1982年全面动工。其中长期以来卡住广东省铁路通向北方的咽喉——坪石站的扩建改造工程于1983年4月建成交付使用。位于坪石至乐昌间的大瑶山隧道，全长14.29公里，是京广复线的关键工程，也是中国最长的双线电气化铁路隧道，复线工程1988年建成。广州至茂名铁路，全长363公里，是沟通广州至湛江的干线，1958年曾施工，次年缓建。其中三水至腰古段92.77公里，已向人民银行贷款建设，1986年通车。腰古至茂名段的建设，正在积极筹备。广深铁路改建为双线电气化铁路，由1984年年初成立的广深铁路公司负责筹措资金进行建设，计划1987年完成。另外，1949年以来，为配合广东重要工程建设，到1985年共修建了标准轨距专用线109条，总长417公里，其中正线287公里；修建轻便铁路专线7条总长397公里。铁路建设的年度完成基建投资额已由1953年的497万元增加到1985年的4.4亿元。

广东省的港口建设，一直受到重视。广州黄埔港和湛江港是国家重点建设的项目。黄埔港位于广州市东南、珠江口内，水陆交通方便。广州刚解放，国家立即进行黄埔港的开港恢复工程。从1958年开始，进行了大规模的港口建设，逐步把黄埔港建设成为华南最大的外贸港口。到1985年年底，年吞吐能力已达1772余万吨，与世界100多个国家和地区的港口有运输往来。湛江港是中国南方大港，水域宽阔，航道水深，平稳少淤，为世界天然深水良港之一。腹地为广西、贵州、云南、四川各省区，并与世界70多个国家有运输往来。经过多年建设，年吞吐能力已达1231万吨。

（二）矿山资源开发和石油基地的建设。

广东有色金属和稀有金属矿产资源丰富。解放初，国家就设立中南有色金属工业管理总局广州办事处，着手广东地区有色金属矿业的恢复工作。到1985年止，共投资9.52亿元，建设项目共195项。其中凡口铅锌矿，储量全国第一，品位达16.59%，年产金属量12万吨；韶关冶炼厂设计规模年产铅锌5万吨，付产硫酸13万吨，还有白银，镉等，是世界上13家用密闭鼓风炉技术〔I、S、P法〕的厂家之一。到1985年年末各厂矿累计生产能力为：铜采选各88.8万吨/年，阳极铜1万吨/年，电解铜0.44万吨/年，铜材加工0.8万吨/年；铅锌采选各100.5万吨/年，冶炼5万吨/年；钨采选各70.42万吨/年；锡采选各112.52万吨/年，冶炼0.6万吨/年；钴采选各4.5万吨/年；稀有金属钽铌、独居石、钛矿等生产能力也相当可观。

在铁矿建设方面，海南铁矿已达到年产矿石423万吨；大宝山铁矿，年产矿石达200万吨。

化学矿山方面，云浮硫铁矿建设规模为300万吨/年，1985年试产。

广东油母页岩储量丰富。1955年开始筹建茂名石油工业基地，经过30年的建设，已形成新兴的工业城市——茂名市。到1985年年末，茂名石油公司已拥有油母页岩矿山开采能力500万吨/年，原油加工常减压蒸馏能力600万吨/年，二次加工能力200万吨/年，润滑油综合生产能力30万吨/年，加氢精制能力55万吨/年，沥青生产能力45万吨/年，人造油10万吨/年。1964—1978年建成的广州石油化工厂，新增炼油能力250万吨/年。全省原油加工能力已达870万吨/年。此外，南海油田已进行多年勘探，其中莺歌海天然气已进入建设前期工作阶段。

（三）海南岛和湛江地区橡胶基地的建设。

海南岛和湛江地区适宜种植橡胶。全国解放后，1951年人民政府决定建立华南橡胶基地，并由林业部和广东省联合组织力量到海南、湛江，对宜林地进行调查、勘探和规划。次年，中共中央和国务院决定组建解放军林业工程一、二师和独立团，进行开荒、采种、育苗、种胶和造林等生产建设。在管理体制几经改变的情况下，经过长期建设和在实践中的不断探索，橡胶基地实行以橡胶为主的多种经营。到1985年年底，省农垦系统已拥有胶园446.69万亩，占全国农垦系统种植面积的78.4%，占全省种植面积的74.1%。年产橡胶13万吨左右，并在北纬18°以北栽培橡胶成功，获得国家科学发明一等奖。

二、根据广东的特点进行地方项目的建设

新中国成立以后，广东省的地方项目建设在三个不同的阶段侧重点不同。

（一）1950年至1965年大抓水利、电力建设，为发展工农业生产创造条件。

这一阶段的建设，主要是为发展农业创造条件，进行了大规模的水利建设；为建立本省的工业基础，以煤炭、电力、钢铁、化工建设为重点，轻纺和机械工业建设也得到一定发展。

解放前，省内没有几宗水利设施，基本上是靠天吃饭。解放后，首先组织群众进行小型水利设施建设。1950年全省地方项目基本建设投资计划的323.5万元中，水利投资297万元，占91.8%，主要用于东、西、北、韩四条江的堤防建设。进入“一五”计划时期后，完成了中顺、樵北、增博等联围和加固北江大堤、芦苞水闸，以及新建西南水闸，还建成兴宁合水、揭阳新西河水库等十几座中型水库和几宗引水工程，并在珠江三角洲建设了机电排灌站共1.8万千瓦。1958年至1965年，广东水利建设进入高潮，先后兴建库容1亿立方米以上的大型水库20座，库容1000万立方米以上的中型水库200多座，以及引水、围垦等工程。在这八年中，全省增加有效灌溉面积1660万亩，大约相当于1985年全省有效灌溉面积的一半。其中1958年7月开工的以灌溉为主的海南岛松涛水库，总库容33.4亿立方米，均质土坝高80.1米，是中国第二个高土坝。该库发电装机2.1万千瓦，并已有实际灌溉面积108万亩，对海南热带和亚热带作物的发展和生产起了重要作用。湛江雷州半岛

的鹤地水库，总库容11.9亿立方米，发电装机1950千瓦。它于1958年8月开工，一年建成，可灌溉土地140万亩，使原属干旱地区的雷州半岛，在中等干旱年景可以得到灌溉保证。高州水库（包括良德、石骨两库），1958年5月开工，1960年7月完工，总库容11.5亿立方米，可满足茂名市工业用水21立方米/秒，实灌农田114万亩。1965年建成的东江—深圳供水工程，是应香港要求解决居民用水困难的一项具有重要政治经济效益的工程，引东江水沿石马河设8个梯级电力提水倒流跨越分水岭，把水提升46米流入深圳水库，每年向香港供水6800万立方米，比原深圳水库供水量增加4530万立方米。后在1978年完成一期扩建，年供水量增至1.68亿立方米。1981年又进行第二期扩建，完成后年供水量将达6.2亿立方米。在这8年中，全省机电排灌建设增加44万千瓦，相当1985年全省拥有量的1/4。

广东煤炭资源较少，已探明的储量只有10亿吨，且资源分散、煤层薄，开发较困难。解放前主要为土法开采，年产量7万吨左右。广东的煤炭建设是从1958年开始的。为了发展工业，广东的煤矿建设在1959—1960年出现高潮。陈郁省长亲自上矿组织夺煤大战，两年完成投资分别为7342万元、9072万元。1963年至1965年进行调整收缩。1958年首先从基础较好的南岭和曲仁两个矿区开始正规井建设。1960年建设梅县矿区和石鼓、马安矿区，以小井进行探测。1965年开始开发梅田矿区。全省原煤产量1959年曾达到517万吨。三年调整时，维持在150万吨/年左右。全省几个主要矿区，如曲仁、梅田等100万吨规模以上矿区和30万吨以上的四望嶂、南岭、梅县、石鼓等矿区，都是这一时期打下的建设基础。1985年全省煤炭产量达到年产800万吨左右，解决了全省一半左右的煤炭需要。

新中国成立前夕，广东电力发电装机容量仅5.8万千瓦，当时广州西村电厂的2台1.5万千瓦德国制机组是全省最大的发电设备。新中国成立后，为了适应生产生活用电需要，投资兴建了汕头、海口、江门、韶关小发电厂。广东水利资源比较丰富，煤炭资源不足，因此在“一五”计划期间，电力工业主要投资用于兴建水电工程。1956年首先动工兴建流溪河水电站，装机4台共4.20万千瓦，1958年8月第一台机组发电；同年12月，4台机组全部投产。总投资5052万元，每千瓦造价1203元，是广东省投资省、速度快的水电工程好典型。1958年7月，省内最大的水电站——新丰江工程开始施工，总库容为139亿立方米，单支墩大头坝，4台机组共29.25万千瓦。1960年8月第一台机组发电，工期仅2年，总投资2.2亿元，每千瓦投资754元。1962年3月19日当地发生八级地震，大坝完好。为安全起见，后作纵向及横向抗震加固。群众赞扬说："一个新丰江照亮了半个广东省"。除了发电外，它对东江下游还有防洪作用。与新丰江水电站同年开工的南水水电站，总库容12.43亿立方米，装机7.5万千瓦，大坝为定向爆破塑性斜墙坝，高80米，用1300多吨炸药，在左右岸同时进行定向爆破，上坝方量达100万立方米，堆积平均高58米，堆积体型良好，定向正确，是当时全国最大的定向爆破筑坝工程。之后，由于投资等问题，到1971年5月才全部建成。1958年广东省开始进行火电厂建设，主要项目有韶关电厂和茂名热电厂。两厂经过不断扩建，成为广东省的骨干电厂。在此期间还建设了一批小火电厂和小水电站。小水电站从1956年开始建设，到1965年已拥有2.3万千瓦。此后省内小水电不断发展，年投产规模从1万千瓦到5万千瓦。80年代达到年投产10万千瓦以上。1985年全省小水电装机容量已达140多万千瓦，居全国第一位。

广东的化学工业是围绕支援发展农业而建设的。旧中国留下来的是一些零星的小作坊型加工企业，主要集中在广州。"一五"计划时期，曾对橡胶、制药方面有过少量投资。到1958年，广州氮肥厂、湛江磷肥厂、广州化工厂相继上马。广州氮肥厂设计规模年产合成氨2.5万吨，硫酸8万吨，硫酸铵10万吨，1958年6月开工，1963年11月建成。接着将合成氨和硫酸分别扩建为5万吨/年和12万吨/年，并新建碳酸氢铵5万吨/年，于1965年4月建成。从此，广东有了一个中型化肥企业，结束了广东不能生产氮肥的历史。该厂曾不断进行扩建，但耗电量较高，尚需进行彻底技术改造。湛江化工厂在1958年筹建时，曾规划作为生产硫酸、氮肥、纯碱、磷肥、烧碱的联合基地，后集中建设普钙和硫酸，纯碱在1960年缓建，硫酸8万吨/年和普钙20万吨/年的生产能力在1964年建成，之后又进行了扩建，成为全国重点生产厂之一。与此同时，全省还建设了一批小氮肥厂、小磷肥厂和农药厂等。

广东历来就是中国主要食糖生产基地，制糖工业历史悠久。解放后，粮食逐年增产，经济作物相应发展，甘蔗种植面积逐步扩大，良种得到推广，除1961年、1962年以外，每年都对糖厂进行扩建和新建，到1965年止，共增加甘蔗压榨能力34619吨/日。特别是1964年集中进行糖厂建设，当年完成新建扩建糖厂18个，新增日榨能力5600吨。

1950年至1965年16年间，全省共完成地方基本建设投资81.25亿元，其中生产性建设占84%，住宅建设占5.8%。在发展经济、改善生活等方面取得了成效，对在“大跃进”浪潮中开始动工，以后无力继续建设的钢铁、机械等一部分建设项目作了停缓建处理。特别在三年调整时按照农轻重的次序安排建设项目，努力解决吃穿用，使国民经济逐步协调发展。

（二）1966年至1978年受到“左”的干扰，但不放松对发展广东经济起重要作用的骨干项目的建设。

1966年“文化大革命”开始，对广东经济建设带来严重损害。在“三五”计划刚开始的头几年里，各项建设遇到严重困难，进展缓慢。但是，广东的建设并没有停止。在动乱趋向平稳后，基本建设投资规模又逐步扩大，1978年达到22.76亿元，特别是继续加强电力、煤炭建设，发展电子、机械，建设了广州石油化工厂、韶关钢铁厂、英德水泥厂等骨干企业。在此期间，增加发电装机容量170.49万千瓦，其中主要有新丰江第四号机组7.5万千瓦，南水水电站7.5万千瓦，枫树坝水电站15万千瓦，长湖水电站7.2万千瓦，潭岭水电站3.75万千瓦，韶关电厂20万千瓦，茂名热电厂25万千瓦，黄埔电厂25万千瓦。新增装机相当于全省装机容量的45%。对煤炭建设进行大规模投资，在1969年至1978年间，平均每年投资在6000万元左右，每年增加投产井有50万吨左右，共增加核定能力514万吨，主要是建设曲仁、梅田、四望嶂、梅县等矿区。

1958年，在广州、韶关动工新建了一批一定规模的重机厂、通用机械厂、柴油机厂、拖拉机厂等，到1961年大部分压缩。1970年后，又陆续围绕汽车、拖拉机、机床进行建厂，并扩展到海口、韶关、江门等地，机械工业有了较大的发展。1965年，省机械工业产值为8—9亿元，到1978年达到44亿多元。主要产品为：汽车3276辆，金属切削机床1.3万台，内燃机110万马力，手扶拖拉机2.2万台。围绕彩色电视机的技术攻关，电子工业在1970年至1978年也加强了建设，到1978年，有厂点165个，职工3.6万人，比1970年增长1.4倍，产值3.9亿元，比1970年增长3.9倍。

在此期间建设的广州石油化工厂，是一个引进法国30万吨/年合成氨、52万吨/年尿素装置，加上国内配套的250万吨/年常减压炼油、120万吨/年催化裂化装置，生产化肥的大型建设项目，由省市集中力量，重点保证。1975年2月开工，到1978年12月建成。投产后，日产化肥能力相当全省当时77家小氮肥厂的日产总量，电耗仅为中小化肥厂的6.66‰。1958年与广州钢铁厂同时上马的韶关钢铁厂，1961年下马后，于1966年重建，经过十几年的建设，到1978年已能生产钢11万吨，生铁18万吨，钢材12万吨，占当时全省生产总量的1/3左右。

另一方面，这期间在建设中盲目布点，一拥而上，造成严重浪费损失的状况也相当突出。广东稀有金属资源条件较好，但由于乱提口号，大搞各行各业都来建设稀有金属工业，1970年一下铺开68个建设项目，共拨款6383万元，大部分简易投产。后因技术、销路、价格等问题，大部分下马停产，下马项目共花投资3685万元，基本上是无效投资。小氮肥厂的建设，在县县建氮肥的口号下，到1977年只铺开了94个建设项目，总规模62.85万吨/年，共用去各种资金6.3亿元。由于建成后煤炭、电力、运输不好解决，1978年只好停建6个，停产14个，当年亏损额达9700万元。到1983年年底，经过整顿改造，只保留50个，总能力50.2万吨/年，年产量30万吨左右，并只有半数企业盈利。小三线建设的一个炸药厂，是国家试点厂，1978年建成试产时已花投资4200万元。后因产品无销路而下马，全厂有职工1500人，每年要用去缓建费150万元。

在这13年间，全省完成地方基建投资共154.69亿元，占36年完成投资额的28.35%，其中生产性建设占85.49%，住宅建设占7.03%。

（三）1979年至1985年在探索改革中加快广东的建设。

1979年7月，中共中央、国务院决定广东省在经济方面实行特殊政策、灵活措施，扩大地方自主权，充分发挥广东优势，把经济尽快搞上去。1979年至1985年，广东的基本建设在探索和改革中加快了步伐。

第一，积极改革基本建设管理体制，开辟多种渠道筹集资金，加快建设速度和提高建设效益。这几年，省财政收入虽有增加，但需要安排的支出很多，由省财政预算安排的基本建设投资大体每年维持4亿元左右，而各项事业的发展又需要大量资金。因此动员各单位从自筹、向银行贷款、吸收外资等多方面找出路。使用贷款和外资，都要承担偿付本息和风险，促进了建设单位珍惜资金的使用，注意投资效果。使单纯依赖国家投资安排项目，吃大锅饭的状况有明显改变。设计、施工方面，开始了招标承包制。基本建设和建筑业体制改革方面的一系列措施，使全省建设事业生机勃勃，7年共完成基本建设投资319.77亿元，占36年基建投资总额的57.55%；年度投资规模也相应由1979年的21.12亿元提高到1985年的104.13亿元。一批重大项目正在紧张施工，其中有列为全国重点的京广铁路复线衡广段、黄埔港、湛江港、云浮硫铁矿等，还有三茂铁路建设、广深铁路改造、广东核电站、沙角电厂、韶关电厂、两广联网、北江大堤、白盆珠水库、广州体育中心、江门平板玻璃厂、珠江啤酒厂等项目的建设。特区和开发区建设正加紧进行。另外，通过更新改造，在电力、交通运输、轻工纺织、原材料工业等方面，也增加了不少能力。这几年的更新改造投资，每年已达20亿元左右，同1979年之前的每年只有几千万元到1—2亿元的规模，已大不相同。

第二，根据发展国民经济的需要，把能源交通建设放在首位，发展原材料工业，突出科学文教建设。自广东省实行对外开放以后，用电量大幅度增长，在一般情况下缺电20%—30%，因此首先抓紧建设见效最快的黄埔电厂4台12.5万千瓦超高压燃油机组。至1981年6月已分批建成，总投资2.24亿元，平均每千瓦投资448元。1982年还建成了汕头南告水电站，总装机4.5万千瓦；牛路岭水电站，总装机8万千瓦。自1979年以来，小水电站建设以年增11万—13万千瓦的速度发展，资金来源，主要靠银行贷款和自筹，省承担贷款贴息。为了进一步加快电力建设，1980年广东省还积极建议筹建核电站，并在1981年上报了可行性报告。后由水电部上收，厂外工程已展开施工。同时，采取集资办电方式筹措资金，以加快沙角电厂第一期3台20万千瓦机组、韶关电厂扩建20万千瓦、长潭水电站6万千瓦机组，及两广联网等的建设。集资办电的办法是在付款后第二年可按每万元分配用电7千瓦，年供电4万度，第4年起还本付息，10年内还清。1984年至1986年为第一期，共集资4.5亿元。另外还由中国银行与港商合资建设沙角电厂B厂两台35万千瓦机组，从而改变了单纯由国家投资建设电厂的状况。

在交通邮电建设方面，出现了前所未有的新气象。7年中全省交通邮电投资共51.67亿元，占同期全省总投资的16.15%。其中1985年就达17.83亿元。7年来，国家对广东省交通建设支持很大，特别是黄埔港，湛江港不断扩建，1985年这两港的港口吞吐量已分别达到1772万吨、1231万吨。民航建设方面，广州白云机场经过不断扩建改造，已成为中国南方最大机场。还建设了深圳、珠海直升机机场，并分别对海口、湛江、汕头等机场进行扩建。铁路建设方面，京广、广深复线、广茂铁路的三水至腰古段的施工同时并进。邮电通讯建设，广州至北京的中同轴通讯电缆，广州至深圳至香港2700路数字微波，深圳至珠海960路微波工程均已建成，广州至汕头1800路微波，广州至湛江、海口1800路微波1986年也已开通。在地方交通方面，对公路和中小港口，实行以路养路，以港养港，利用地方集资，民办公助，银行贷款，引进外资等方式，完成新建公路660公里。特别是1984年有9座40—1000米以上大桥建成，每座桥工期2至3年，使广州至珠海、广州至深圳、广州至肇庆等主要公路不必再渡车过河。

积极利用自筹资金和贷款加快原材料工业的建设。广东的几个骨干钢铁企业，韶关钢铁厂、广州钢铁厂、北江钢铁厂自建成投产以来，到1979年止，累计亏损3.8亿元。从1980年起，省政府决定对广钢、韶钢（北江钢铁厂1979年并入韶关钢铁厂）实行亏损定额包干。一包4年，超亏不补，减亏转盈留用，作为企业收尾、配套、改造资金。这两个钢铁厂在包干前的1979年，共亏损1963万元，当年产量合计产钢24.87万吨。经过4年包干，两钢厂共留用于收尾、配套、改造的资金16737万元，并形成了综合生产能力。在包干后的第四年即1983年，钢产量已增加到41.42万吨，盈利2768万元，既解决了亏损，又找到了一条自筹资金自行建设，提高经济效益的路子。建材工业随着建设事业的发展，有了较快的建设。以水泥建设为例，1978 年全省水泥产量为 387 万吨，其中“一五”计划期间建设的广州水泥厂及“四五”计划期间建的英德水泥厂共年产 77 万吨，其余均为机械小窑生产。在以后的 7 年间，利用银行贷款扩建英德水泥厂三号窑，增加 20 万吨/年能力，并由贷款及自筹资金建设了上百个机械化小水泥厂，1985 年产量达到 1150 万吨。为了进一步发展生产，提高技术，广东还在筹备引进窑外分解的 120 万吨/年及 60 万吨/年水泥生产线。规模为 350 万标箱和 235 万标箱的蛇口及江门浮法玻璃厂已经开始施工。随着建设标准的提高，生产装饰材料的建设项目也已开始建设。

科学教育文化卫生建设在这 7 年间有显著的发展，7 年共投资 23.62 亿元。1983 年 3 月，中共广东省委、省人民政府做出关于努力开创广东省教育事业新局面的决定，指出“宁可适当压缩其他方面的投资，也要保证教育投资逐年有所增长。教育投资的增长率，要略高于经济发展的增长率”，并规定在省基建财政预算投资中普教占 8%，高教占 4%，教育经费支出每年递增 8%。在计划执行中，实际均已超过这个规定，平均每年增加的学生席位达 15 万个。资金来源已由单纯靠财政安排发展为地方筹资、群众集资、华侨华裔捐赠等。1984 年，属无偿捐赠的投资就完成 7174 万元，主要用在教育、卫生等公益事业。1985 年全省已有综合、理工、农业、医药、师范、外语、财经、体育、艺术、建筑、民族等大专院校 44 所，在校大专学生 7.4 万人，年可毕业 1.19 万人，教职员工 3.68 万人，其中专任教师 1.46 万人。中山大学、暨南大学、华南工学院、华南农学院、中山医科大学等 10 所为中央直属院校，在校学生 3.1 万人，年可毕业 5000—6000 人。这几年国家对广东省院校平均年投资约 5000 万元左右，省在设计施工方面予以重点保证。新建的汕头大学，可招收 4000 名学生，建筑面积 40 万平方米，投资 8400 万元。1983 年 10 月开工，到 1985 年年底完成 10 万平方米，在校学生已有 1000 余人。新建的深圳大学 1984 年 3 月动工，仅用 7 个月就建成校舍 6.8 万平方米，保证了当年秋季招生，在校学生近千人。在文化体育设施方面，建筑总规模为 2.7 万平方米、藏书415万册的中山图书馆，经多年筹建，已于1986年建成。为承办1987年第六届全运会，在广州天河新建体育中心，包括6万人的体育场、8000席位的体育馆和3000席位的游泳馆，以及相应配套设施，1987年第一季度全部建成。在电视广播方面，全省电视覆盖人口已达80%左右，广州至汕头，广州至深圳、珠海的电视专用微波线路已建成使用，建设中的广州至海南线在1986年可开通，规模仅次于北京的广东彩电中心也正在建设。卫生事业也有发展，到1985年，全省医院病床有11.69万张。

第三，积极引进技术，利用外资，推动广东经济发展。从1979—1985年，全省签订利用外资合同64662宗，规定对方提供资金98亿美元，其中是不属于基本建设统计范围的加工装配占多数。属于基本建设范围的外资投资方向这几年也已由旅游宾馆等建设项目转向引进技术和对引进的技术设备进行消化仿制的大中型建设项目，以推动全行业的技术改造。

广东省由国家负责偿还的利用外资引进技术的主要项目南海油田勘探和广东核电站（装机2台90万千瓦的压水堆式），均已进入施工前期工作；从法国引进成套设备的广州石油化工厂，已于1978年年底建成投产；茂名石油公司从日本引进的80万吨/年加氢裂化装置，采用美国联合油公司专利工艺技术，已于1982年11月建成投产；莺歌海天然气开发工程已进入工业利用前期工作阶段；广深铁路双线电气化改造工程已在施工；广州2.6万门从瑞典引进程控电话工程已经建成；部省合办、进口设备进行建设的鱼珠刨花板3万立方米/年项目，即将竣工。

地方利用外资建设的项目主要有：利用对澳门供电预收10年电费、2亿港元，建成了江门至珠海，深圳至石龙共200公里22万伏输变电工程并扩建韶关电厂20万千瓦机组；利用港商低息贷款1.5亿港元改造广珠公路，已建成三洪奇、容奇、细窖、沙口4座桥共2770米；1981年由新加坡外商投资3000万美元，建设海南澄迈油棕种植基地，总计划14万亩，已种2万多亩；利用法国卖方信贷1878万美元，建成了年产5万吨的广州珠江啤酒厂。1979年对外开放以来，广东以旅游养旅游，全省旅游事业有很大发展，已初步形成一个以广州为中心的旅游网络。到1985年止共建设和改造宾馆、酒家144

家，新建的宾馆富有中国特色，设备力求现代化。广州白天鹅宾馆，总建筑面积7.7万平方米，主楼5.6万平方米，31层、992套房，由广州市设计院佘畯南总工程师和莫伯治副总工程师负责设计，它融合了建筑、造型、布景、园林、花木等各种艺术构思，使整个建筑成为布局新颖的艺术珍品，获得国家级优质工程金质奖。规模巨大的广州中国大酒店，总建筑面积15.6万平方米，主楼13层、9.4万平方米，客房1032套；广州花园酒店，总建筑面积16.8万平方米（第一期客房1200间，第二期960间）均为合作经营，并已投入使用。中山市从1979—1984年利用外资2.6亿港元，办起了中山温泉、长江乐园、翠亨宾馆等6个旅游点。

通过引进技术，广东省电子和轻纺工业也有了很大发展。全省电子系统175个企业，近70%的企业均有引进的技术设备，主要生产电视机、录音机、计算机、电子元器件等。1984年全省电子工业的产值，80%是引进项目实现的，产值和利润占全国电子行业第三位。但由于缺乏统一规划，重复引进或大多是后工序引进和吃进口原材料的问题比较突出。据初步统计，全省已对外签约引进的彩色电视机生产线有16条，总能力190万台/年；收录机生产线65条，总生产能力达570万台/年。如全部建成，仅这两项就需要用2亿多美元外汇去购买国外零部件或成套件，才能保持正常生产。在纺织工业方面，几年来引进设备资金约6000万美元，其中补偿贸易占36%，贷款占50%，自筹等占14%，已偿还的约为一半。从这几年利用外资引进技术方面的经验来看，引进前必须对主要行业做好发展规划，做好元器件国产化等基础技术工作和市场信息工作，项目在建设前，必须认真地实事求是地做好可行性研究报告，选择最优方案，包括建设、生产、偿还本息等的外汇平衡等；在签订引进合同前，要对合同反复推敲、减少漏洞；上下要互通情况，贸易部门、专业厅局、公司要加强对企业的业务指导，共同做好引进工作。

三、发展以城市为中心的地区建设

1979年开始实行对外开放、对内搞活经济的政策以后，全省在发展以城市为中心的地区经济建设方面发展很快。

广州市经过36年建设，已成为广东省政治、经济、科技、文化中心，也是华南经济中心、交通枢纽和全国对外贸易重要口岸。36年累计完成基本建设投资155.75亿元，占同期全省投资总额的28.03%。在工业方面，门类比较齐全，轻工业比较发达，重工业有一定基础。广州市1985年工业总产值170.38亿元，占全省工业总产值的32.8%。财政收入占全省的42%左右。建成区面积由1949年的54.4平方公里，扩展到1985年的218平方公里。

地处粤北山区的韶关市，解放初期经济非常落后，工业只有一些简陋的小作坊。全市工业产值不足2000万元。经过36年的建设，已经成为广东省的重要工业基地，1985年钢、钢材、生铁、焦炭等的产量，接近全省总产量的一半，原煤近2/3，发电近1/3，有色金属占80%，水泥占15.3%，纺纱能力占1/3，机械工业技术设备力量较强，拥有设备近万台。

地处珠江三角洲的佛山市，经过36年的建设，经济发展迅速。1985年工农业总产值110.06亿元，占全省第二位，仅次于广州。其中工业产值占77.27亿元。纺织、陶瓷、糖纸和新兴的电子、塑料，通过成套引进，已成为佛山市的五大支柱。全市出口商品在全省出口总量中，丝绸占96%，服装占38%，针织品占37%。

1980年8月深圳、珠海、汕头特区建立以来，本着特事特办的精神，坚持全面规划，开发一片收益一片，前三年主要是进行基础工程、公共设施、通用厂房等建设，创造良好投资环境。从1983年开始建设重点逐步转移到发展工业生产，引进先进技术、筹建大型生产项目等。特区建设出现了三个变化：投资方向从饮食、服务、住宅、旅游逐步转到工业技术项目；投资方式从“三来一补”发展到合作合营办厂；投资者由中小厂商逐步发展到财团、跨国公司。

中国的热带、亚热带宝地海南岛，经过36年开发建设，在经济文化方面有一定发展。水利建设，库容1亿立方米以上的大型水库有松涛、万宁、长茅、石碌4个，库容1000万立方米以上中型水库有66个。全岛建有91个国营农场，种植橡胶339.5万亩。此外，还有民营橡胶110万亩，年产干胶11.14万吨。公路通车里程已达1.28万公里，全岛95%的区通了汽车；铁路营业线长 144 公里，建设中的岭头至八所线，将使八所港至三亚港全线接通。海口机场扩建已经完成。海口港、八所港和清澜港正在扩建。海南铁矿已建成年产 380 万吨能力，扩建到 460 万吨的工程已在进行中。下一步海南的开发建设主要围绕热带大农业及加工、石油天然气化工、矿产开采加工、建材工业、海洋开发、旅游事业等六个方面进行。

湛江市由一个消费城市建设成为有一定工业的港口城市。湛江港、黎湛铁路、南海石油勘探、湛江化工厂、青年运河等重要建设工程带动了湛江各项事业的发展。湛江市经济腹地辽阔，广西、贵州、云南、四川的物资，通过黎湛铁路由湛江市中转集散；湛江港是中国华南最好的深水港。雷州半岛亚热带资源和海洋资源丰富，海洋石油开发前景良好。湛江开发区建设正在进行中。

粤东地区的汕头市，已经建成一个拥有工艺美术、抽纱、刺绣、陶瓷、塑料、感光材料、超声仪器、钟表、电子元器件等轻工业、手工业为主的工业港口城市。汕头水利建设效果显著，有效地促进了农业生产，作物复种指数达 243%；汕头港已建成泊位为 3000—5000 吨级码头；随着汕头特区的开辟，建设面貌也在日新月异。

第十四章
西南地区

西南地区包括四川、贵州、云南三省和西藏自治区①，地域辽阔，总面积达212万平方公里，占全国总面积的五分之一多，是中国的战略大后方。西南面与越南、老挝、缅甸、不丹、锡金、尼泊尔、印度、巴基斯坦8个国家接壤，国境线长7600多公里。

西南地区地形地貌复杂多样，以青藏高原、云贵高原、四川盆地为主体，不仅有崇山峻岭，还有众多江河湖泊。属太平洋水系的有全国最长的河流——长江，还有雅砻江、大渡河、岷江、嘉陵江、乌江、元江、澜沧江，属印度洋水系的有怒江、雅鲁藏布江。西南地区湖泊数量和湖水面积是全国之冠，仅在西藏高原上，就有大、小湖泊1500多个。

受地理位置和地形的影响，西南地区的气候类型具有从热带、亚热带、暖温带、温带到寒带不同的气候。立体气候垂直变化大，干湿季分明。各省区又因不同的自然条件形成不同的气候特征。西藏地区气温较低，空气稀薄，降水量少，日照充足；拉萨有“日光城”之称。云南的气候干、湿季分明，垂直变化显著，而气温季节变化不太明显；昆明四季如春，故有“春城”美誉，云南的景洪地区则已在回归线以南，属热带气候。贵州属高原型湿润亚热带季风气候，四季不甚分明，贵阳地区年平均阴天有220天，有“天无三日晴”之说。四川西部高原寒冷干燥，日照多，盆地西部冬春少雨，夏秋雨水集中且多暴雨；盆地东部地区冬暖春早，夏热，无霜期长；重庆夏天气温高达40℃，是全国“三大火炉”之一。

---

① 西藏自治区的建设见本书第十六章。

西南地区人口众多，1985 年年末人口达 16761 万，占全国总人口 16%，但分布极不均衡。四川有 1 亿多人，是全国人口最多的一个省，占西南地区总人口的 60% 以上，人口密度为 178 人/平方公里。而西藏仅有 193 万人，人口密度为 1. 6 人/平方公里。西南又是全国少数民族最多的民族聚居区，共有少数民族 2320 万人，其中西藏的藏族占自治区总人口的 90%，云南各少数民族占全省人口的 1/3，贵州省各少数民族占全省人口的 1/4。全国的 55 个少数民族中，西南就有 40 多个。

西南地区是中国的资源宝库。已经发现的有用矿藏有 134 种，已探明储量的近 100 种。钒、钛、钴、锶、铅、锌、锗、铬、汞和芒硝、光学萤石等储量均为全国之冠，铁、铜、锡、铂、锰、镍和云母、石棉、磷等储量为全国第二。这些矿产还具有相对区域性集中和伴生矿多的特点。如铁、钒、钛、铜、铅、锌，大部分集中在被称为“攀西裂谷”的凉山、渡口一带；汞，主要集中在万山、铜仁等地，储量达 3700 吨，占全国的 67. 8%；煤主要集中在黔西一带。个旧的锡，东川的铜，开采历史悠久，早已闻名全国，兰坪的铅锌矿为世界第三大矿，伴生的锗、银、镉含量高。

西南又是全国水能资源丰富的地区。主要集中在横断山系附近的川西、滇西北和西藏的东南面，这里高山峡谷，江河交错，水量充足，高低悬殊。金沙江、雅砻江、澜沧江、怒江以及大渡河等穿流其间，水能的理论蕴藏量在 3 亿千瓦以上；可开发量 2 亿千瓦以上。除水利资源外，西南地区的天然气、太阳能、地热等资源也十分丰富。四川的天然气资源得天独厚。西藏高原太阳辐射强，为全国之冠；以岩浆为主的地下热源特别丰富，著名的羊八井地热田有 17. 1 平方公里，年发出热量相当于 47 万吨标准煤的燃烧值。云南的地热主要集中在腾冲一带，天然温泉遍及全省。西藏又是大风区，风力也是有待开发的能源之一。

西南是全国三大林区之一，森林面积有 3 亿亩，积蓄量近 30 亿立方米。云南有“植物王国”“动物王国”之称。全国植物种数共 2 万余种，云南就有 1. 4 万种，美丽的西双版纳，是世界上仅存的三大温热带雨林之一。这里高等植物就有 4000 种，珍稀树种占全国四分之一，是中国第二个天然橡胶基地。西南地区的动物种数也很多，仅云南就有1638种，其中珍禽异兽230种，占全国55%，鸟类有310种，占全国的64%，爬行动物130种，占全国的42%。

中国的大西南，山河壮丽，风景优美，名胜古迹众多，旅游资源非常丰富。有壮丽的三峡，雄秀的峨眉，神奇的黄龙、九寨沟。有山高林密，深藏不少珍贵动植物的自然保护区梵净山。云南的石林，大理的苍山洱海和蝴蝶泉，景色迷人。美丽的西双版纳，是天然动、植物园。贵州的黄果树大瀑布，气势磅礴，为世界第二大瀑布。新发现的安顺岩溶景观大龙宫洞，洞中有洞，有阴河相通，可乘船进洞漫游数公里。

西南地区地大、物博、人多。但在旧社会长期处于封闭式的自然经济状态，交通闭塞，文化落后，经济凋敝，加上帝国主义、封建主义和官僚资本主义的压迫剥削，频繁的自然灾害和连年战乱，人民生活十分贫穷。抗日战争时期，国民党政府迁了部分工厂到内地，七拼八凑，算有了点工业，但规模很小，设备陈旧，工业基础非常薄弱。到1949年，整个西南地区的工农业总产值才87亿元，只占当时全国工农业总产值的2%。交通运输更为落后，西南地区没有一条铁路与外省相通。蜀道难，藏道更难。有些地方是“上山云里钻，下山到河边，对山喊得应，走拢要一天”。

中华人民共和国成立后，西南地区一直是国家三线建设的重点。新中国成立后，狠抓了铁路和公路的建设。除建设云、贵、川的交通运输网，特别是进行了康藏（后改名为川藏）、青藏、新藏、滇藏等公路的修建，使西藏和周围省区用公路连接了起来。按不同的自然条件和土地资源，各有侧重地加强了农田基本建设。在发挥资源优势的基础上，先后加强了钢铁、有色金属、能源、民用机械、国防军工和化学工业等不同类型、各具特色的工业基地的建设。经过1950年至1984年35年的建设，西南地区经济发展迅速，35年累计完成基本建设投资1080亿元，占同期全国基本建设投资总额的11.12%；新增固定资产788亿元，占同期全国基本建设新增固定资产总额的11.29%，建成大中小型项目6.1万个，其中大型项目721个。一个以重工业为主体的多部门综合性工业体系初步形成。以铁路和川江（指宜宾市至宜昌市之间的一段长江）为骨干的综合运输网也相应形成。同时，西南地区还是全国重要的粮食和经济作物生产基地，1985 年，云、贵、川三省粮食产量占全国总产量的 14.13%，其中四川盆地的粮食产量占全国的 10%。在国家投资的大力扶持下，少数民族地区的建设也取得了显著的成绩。

第一节　四川省的建设

四川省东临湖北、湖南，有长江三峡之险，西依西藏，受青藏高原扼控，南有云贵高原拱卫，北靠秦岭屏障，是中国战略后方的腹心地带。全省总面积 57 万平方公里，占全国总面积 6% 左右；人口 10188 万人①，约占全国总人口的 10%，占西南地区总人口的 61% 左右，是全国人口最多的省份。

四川省有辽阔的土地资源和优越的气候条件，素有“天府之国”的誉称。全省雨量充沛，土地肥沃，是全国重要的农业基地、林业基地和牧业基地。粮食、中药材、桐油、油菜籽、柑橘、蚕茧、生猪、牛等产量居全国首位。

四川矿产种类多而丰富，已经探明储量的有 80 多种，西南地区不少储量丰富的矿产资源都主要集中在四川。已探明储量中天然气、钒、钛、锶、镓、芒硝等 10 余种居全国之首，铁矿、石棉、云母、水泥灰岩、硫铁矿、钾盐、镍等 10 余种名列全国前四名，铅、锌、锡、铜、银、金、铀等也较丰富。矿产资源具有相对区域性集中的特点，如全省 90% 的铁，80% 的富铁及铜、铅、锌、稀土等矿产，大部分集中在被称为“攀西裂谷”的凉山、渡口一带；川中盆地集中蕴藏着丰富的石油、天然气、盐卤资源；川南是全省煤、硫、铝土矿的集中产地；稀有矿产则主要产于川西高原。

四川能源资源具有多品种、多层次的立体特征。尤以水能资源和天然气资源闻名全国。四川水系发达，是全国水能资源最丰富的地区，开发条件和利用价值极高。四川是世界上最早发现和利用天然气的地区，全省东南西北均有工业性气流埋藏，目前已探明的储量与生产量均居全国首位。此外，还有较为丰富的煤炭资源和沼气、核能等资源。

解放前，四川经济经历了封建性自然经济向半殖民地经济演变的历史过

① 1985 年年底人口数。

程。由于帝国主义、封建主义和官僚资本主义的重重压迫，国民党政府的腐败统治、横征暴敛，生产力遭到严重摧残，经济处于十分落后的状态。到解放前夕的1949年，全省工农业总产值仅43.51亿元，其中农业产值为36.2亿元，占83.2%，工业产值7.31亿元，占16.8%。工业只有一些炼铁、机械修配、纺织、面粉等厂，大都设备陈旧、厂房破烂、劳动条件恶劣、技术水平低下，多集中在重庆市，川西广大地区几乎没有工矿企业，省会成都也仅有几家规模很小的造纸、机械修理和面粉加工厂。农业生产也很落后，靠天吃饭，耕作技术低下，自然灾害频繁，广大农民终年不得温饱。

中华人民共和国成立后，勤劳勇敢的四川人民在中国共产党的领导下，进行了大规模的基本建设。1950年至1984年35年中，累计完成基本建设投资631.5亿元，占同期西南地区完成基本建设投资总额的58.5%；新增固定资产474.8亿元，占同期西南地区新增固定资产总额的60.3%；建成大中型项目437个，占同期西南地区建成大中型项目总数的60.6%；建成小型项目数万个，竣工房屋建筑面积1.72亿平方米。

35年来四川的基本建设大体经历了四个阶段。

第一阶段为1950—1957年，主要是围绕着以重庆为中心的原有工业基地进行恢复性质的建设。同时，针对“蜀道难”重点组织了以成渝铁路和宝成铁路为中心的交通运输建设，并在重庆等地建设重庆电厂、狮子滩水电站等电力工业项目，在成都等地新建列入国家156项重点工程的制造无线电零件、各类电台、雷达、探照灯、灯光标识等国防军工项目和成都热电厂等骨干项目①。基本建设严格按照建设程序进行。这些工程的建设，培养了新中国第一代基本建设队伍，他们进而成为进一步开展基本建设的骨干力量。

第二阶段是1958—1963年。和全国各地一样由于受“左”的建设指导思想影响，盲目地搞“大跃进”，“以钢为纲”，大办钢铁，在1958—1960年铺开了一大批建设项目，基本建设规模急剧膨胀，战线拉得很长。许多工程草

① 列入“一五”计划时期156项的项目，四川省共有6个，除2个电力项目外，其余4个均为国防军工项目。6个项目都是新建项目。

率上马，因资源不清等问题后又被迫下马，投资效益明显下降。1961 年后，贯彻“调整、巩固、充实、提高”的方针，基本建设工作得到比较顺利的恢复和发展。

第三阶段为 1964—1978 年。按照中共中央的部署，大规模的三线建设在内地展开。四川省作为三线建设重点地区，在全国支持下，集中时间、集中力量、集中资金，进行了以重庆常规兵器工业基地、攀枝花钢铁工业基地和成昆铁路为中心、重工业为主体的大规模建设，取得了巨大成就。这一时期全省基本建设投资总额共完成 362.5 亿元。占 1949—1984 年全省基本建设投资完成总额的 57.39%。四川的工业（主要是重工业）基本上都是在这个时期建设发展起来的。这个时期完成的主要工程项目包括：冶金工业有攀钢，成都无缝钢管厂，长城钢厂，西南铝加工厂，自贡硬质合金厂等；煤炭工业有宝鼎、松藻、华蓥山等矿区；化工工业有泸州天然气化工厂、四川化工厂、金河磷矿等；电力工业有渡口电厂、龚嘴电站、江油电厂等；机械工业有第二重型机器厂和东方电机厂，东方汽轮机厂，东方锅炉厂等；建材工业有峨眉、江油、渡口三大水泥厂等；轻纺工业有四川维尼纶厂，达县棉纺织厂，眉山、犍为等 6 个糖厂，乐山等 4 个造纸厂，峨眉自行车厂，乐山盐厂等；水利工程有黑龙滩水库、玉溪河引水工程等；交通有成昆铁路，宜珙、广罗等支线及宝成路电气化建设等；邮电工业有邮电部 505 厂、514 厂以及一批电子工业企业和国防工业科研机构，一批高等院校及基本建设工程。三线建设的高峰时期，正值“文化大革命”十年。基本建设在艰难曲折中前进，虽然取得很大成绩，但也有些项目不按经济规律和基本建设程序办事，厂址布局不合理，投资效益不好。有些项目不能相互配套，非生产性建设远远跟不上生产性建设的发展，城市建设和人民生活设施欠账很多。

第四阶段，1978—1984 年。粉碎江青反革命集团以后，在中共中央和国务院的领导下，开始拨乱反正、纠正长期“左”的错误。四川省的基地建设大幅度地调整了投资结构，加强能源工业建设，煤炭工业 90 万吨能力的松藻石豪井、60 万吨的华蓥山绿水洞井、30 万吨的三汇坝一井、电力工业 35 万千瓦的华蓥山电厂、12 万千瓦的南桠河水电站相继建成投产；轻工业投资比重增加，大力发展了造纸、丝绸、制糖、饮料、罐头等工业；加强了冷库建设；对三线建设时期建成的大中型工程进行逐步调整配套；同时，加强了直接关系人民生活的文教卫生事业和住宅的建设，并对基本建设的管理体制进行了初步的改革，取得了明显的成效。

一、水陆空交通网络的基本形成和邮电事业的建设

为了改变四川交通极端落后的面貌，国家十分重视四川省交通邮电事业的建设。从1950年到1984年，全省交通邮电基本建设投资共完成91.32亿，占同期全省完成的基本建设投资总额的14.5%左右，仅次于机械工业。1984年年底，全省运输线路总长度达9.7万公里，相当于1949年的6倍；邮路总长度46.6万公里，为1949年的5倍多。全省以东部呈H字形的成渝、宝成、成昆、川黔、襄渝5条干线铁路和川江为骨架，已初步形成了一个铁路、公路、水运、航空和管道综合发展的现代化交通运输网。这个运输网又同省外运网紧紧相联，成为全国交通运输网的一个有机组成部分。同时，由于各种运输方式技术改造步伐的加快，运输工具的现代化程度也不断提高。

（一）铁路建设。

成渝铁路（成都—重庆）全长505公里，从清朝末年就开始筹备修建，几十年间曾几经曲折，但直到新中国成立时，成渝线上仍未铺一根枕木、一根钢轨。1950年6月，成渝铁路开始动工修建，1952年7月1日实现全线通车。全线共完成土石方3300多万立方米。建成大、中、小桥梁467座，隧道43座，房屋建筑面积20多万平方米。总投资1.9亿元，平均每公里造价38.7万元。这是新中国成立后，由中国铁路工程人员自行设计，广大军民自行施工，完全采用国产材料建成的第一条铁路。

在解决了四川盆地内部的铁路联系后。1952年7月，立即开始了宝成铁路的修建。宝成铁路起自陕西宝鸡，终到四川成都，全长673公里，其中四川境内长378公里。经过四川、陕西两省铁路职工和民工的艰苦奋斗和团结协作，于1957年12月全线通车。宝成铁路的建成，打通了险峻的进出川蜀道，改变了四川省过去主要依靠长江联系省外的局面。

川黔线（小南海—贵阳）的修建起于 1958 年，到 1965 年 7 月实现全线通车（四川境内长 136 公里），从南面打通了进出川的另一条道路。

随着三线建设全面展开，国家确定尽快修建联结成都和昆明的铁路线。成昆铁路全长 1100 公里，其中在四川省境内长 751 公里。成昆铁路要经过称为地质博物馆的横断山脉河谷地带，其勘测、设计和施工的艰巨复杂程度在中国铁路筑路史上是罕见的。1964 年 8 月，成昆铁路全线动工。30 多万筑路军民在成昆铁路沿线摆开战场，迎着酷热洞中掘进，冒着严寒水下作业，战胜了“火焰山”，征服了“水帘洞”，经过六年奋战，终于在 1970 年 7 月全线建成通车。成昆铁路沿线共有隧道 427 座，桥梁 991 座，桥隧总延长达 434 公里，占线路总长度的 40% 。由于隧道、桥梁不断，一些车站不得不建在桥梁上或隧道里。火车运行在横断山脉地区。经常是一出隧道就飞越桥梁，过了桥梁又入隧道，形成桥隧相连的雄伟景象。著名的喜德县境内的沙马拉达隧道，全长 6397 米，在世界铁道建筑史上也属罕见。成昆铁路的建成，对于促进三线工业建设，改善四川的交通状况和生产布局，密切西南边陲与全国各地的联系和增强各民族之间的团结，以及巩固国防，都有十分重要的战略意义。

襄渝铁路起于湖北省襄樊市，终于重庆，全长 850 公里，四川境内长 398 公里。于 1968 年动工，1978 年建成，是四川同外省联系的又一条交通大动脉，该线的修建工程也很艰巨，同成昆线一样，是中国筑路史上的壮举。

进入 80 年代以后，铁路建设的重点主要放在对已建成线路的电气化改造上。继宝成铁路全线电气化以后，成渝铁路的电气化改造工程也在加紧进行。

（二）公路建设。

四川解放后，为了增强同少数民族地区的联系和开发边疆地区，首先集中力量打通进入西藏的道路。广大解放军指战员和汉藏筑路工人用四年多时间，在空气稀薄、人烟稀少、飞鸟难过，有着“世界屋脊”之称的青藏高原上修筑了举世闻名的康藏公路（后改名为川藏公路）。同时，四川省内还相继修筑了成阿（成都—阿坝）、宜西（新市镇—西昌）、渝南（重庆—南充）等骨干公路。

50年代后期到1984年，四川公路建设的重点主要放在发展县、乡公路和对现有骨干公路及站点设施等的技术改造上。到1984年年底，全省各县和90%以上的乡都通了公路，公路通车里程达86640公里，有路面的80013公里，占92.4%，分别比1949年增长8.9倍和15倍。

（三）水运建设。

1953年，开始重点整治川江、特别是川江的渝宜（重庆—宜昌）段。整治工程的重点是炸掉妨碍航行的百余个险滩。在炸滩的同时，又沿江安装航标灯。经过航道工人的艰苦努力，1954年实现了千里川江，包括三峡河段的夜航。到1984年，省内通航河流99条，航道里程8846公里，其中机动船航道5622公里，占全部航道里程的63.6%。

（四）民用航空建设。

解放初期，民航除恢复原有航线和修复机场外，又开辟了成都和重庆到北京的航线，加强了四川同首都的联系。1956年成都试航拉萨成功，开辟了青藏高原航线。80年代以后，民航建设重点主要放在改建、扩建现有机场和新增现代化客机上，到1984年年底，全省共有民航线30条，营运里程4万多公里。

（五）邮电通信建设。

解放35年来，四川邮电通信建设取得了可喜的成就，到1984年，全省所有社、乡都通了邮路，2/3以上的村都能及时得到报刊和信件。不仅长途电路和电报电路在不断增加，而且电话、自动电话等日常通讯装置在城乡也愈益愈多，电视传真等先进通讯方式也在逐步被使用和推广。

二、各具特点的重工业各部门的建设

35年内，国家对四川省的重工业建设进行了大量投资。1950年至1984年，重工业各部门累计完成投资341.97亿元，占同期全省基本建设投资总额的54.2%，占同期全省工业基本建设投资总额的90%。国家重点进行三线建设的1965年至1975年11年间，累计完成投资额达174.49亿元，占35年重工业各部门基本建设投资总额的50%。

（一）能源经过35年的建设，形成了煤、水、天然气、沼气多能结构。

1. 煤炭工业。1957年前，共投资1.2亿元，集中力量改造和扩建南桐、东林、天府、嘉阳等大、中型煤矿，新增开采能力282万吨。随着三线建设的展开，“三五”、“四五”计划时期煤炭工业投资增加到每年1.1亿元，建设总规模达200对矿井，设计能力2597万吨，先后有华蓥山、芙蓉、松藻、宝鼎等一批重点矿区分别投产，平均每年移交生产能力150万吨，十年共建成矿井97对，新增加开采能力1488万吨，为四川煤炭工业发展打下牢固基础。到1984年，煤炭工业共投资27.82亿元，新增生产能力5272.34万吨。全省煤炭产量达到4968.02万吨，为1949年的24.72倍。

2. 电力工业。1957年前，着重建设了成都热电厂、重庆电厂、狮子滩水电站，共投资2.5亿元，装机达到13.6万千瓦，其中成都热电厂经过二次扩建，装机已达12.5万千瓦。第一期工程是50年代初期苏联专家帮助设计的项目，热电联产，技术先进，热能利用率高。1965年，重点建设“三线”开始以后，电力建设规模较大。江油、渡口、华蓥山、豆坝等大型火电厂和龚嘴、映秀湾、花溪等大中型水电站都是这个时期建设起来的，新增装机容量180.7万千瓦。其中龚嘴水电站装机70万千瓦，设计年发电量34.2亿度。龚嘴水电站位于大渡河乐山市的铜街子附近，是大渡河上第一大坝。担任电站设计、施工的成都水电勘测设计院和水电部工程七局的广大科技工作者和职工群众，排除“文化大革命”的干扰和建设中的重重困难，以百折不挠的精神，仅用五年多的施工时间，于1979年1月全部建成投产发电。总投资5.22亿元，每千瓦造价仅745元，每千度发电成本仅6.61元。正常发电后每年有1亿多元的税利收入，为国家源源不断提供能源和财源。其施工进度之快，造价之低，质量之好，投资效益之高是中国水电建设史上少有的。到1984年，电力工业投资共48.15亿元，装机385.97万千瓦，比1949年增加76.2倍。

3. 石油、天然气工业。四川天然气的开发利用，已有两千多年的历史，主要用以熬煮食盐。进行较大规模的天然气工业建设，则是从“三五”计划时期开始的。35年中，石油、天然气工业的基本建设总投资共达30.73亿元；投资方向由50年代的油田勘探建设，逐步转向了60年代以后的全面勘探建设。在盆地内共建成天然气井口装置520套，天然气集输管道4178公里，集气站202座，配气站61座，回收装置17套，使川南、川西南、川西北、川东4个气区的50个气田、575口气井与用户之间形成了贯穿于重庆、泸州、自贡、成都等主要城市的南半环供应系统和遂宁等县市的就地供气系统。1977年，在重庆市江北县相国寺气田相18号井钻获了石炭系新气藏，展示了新的希望。从此以后，四川天然气的勘探开发重点，从川南转移到了川东。经过对四川盆地30多年的勘探开发，已发现的372个局部圈闭构造资源量约0.6—1.2万亿立方米，截止到1984年年底，在169个构造和地区共打井2206口，总进尺534.6万米，共获气田62个，油田12个，含气构造18个，获工业气井731个，油井236口，探明天然气地质储量1890亿立方米，累计采气770亿立方米，剩余储量1120亿立方米，采出程度约占41%。1984年原油年产量为11.31万吨，数量极少；而天然气产量则为55.9亿立方米，居全国第一位。从四川盆地的勘探现状看，勘探程度还比较低，在已发现的241个地面构造和173个潜伏构造中，还有245个地面构造和潜伏构造没有钻探，钻探程度仅40%左右，天然气发展前景广阔。

4. 农村能源建设。四川河流密布，水能资源遍及全省各县；小煤窑资源地域分布广泛，全省135个县（市）都有煤炭资源分布；农村生物资源更为丰富，这就为调整农村能源结构，发展小煤窑、小水电和沼气创造了有利条件。小水电水头集中，工程量小，单位造价低，群众建设积极性高。从1963年开始，为满足农村提灌用电需要，重点建设了14个单机容量500千瓦以上的骨干小水电，最大单机容量是花溪电厂的1万千瓦水轮发电机组。这批电站的建成，为较大规模开发小水电资源摸索了经验。到1983年年底止，全省小水电装机总容量达到97.6万千瓦，占全省水电装机总容量231.95万千瓦的42%。

小煤窑发展迅速。到1983年年底，全省有乡村煤矿3652个，1983年生产原煤1482万吨，占全省煤炭总产量的1/3。矿井数量和生产规模都仅次于山西省而居全国第二位，是本省最重要的农村能源之一。

农村沼气建设也取得很大成就。据1983年年底普查资料，全省有沼气池140万个，其中实际产气的120万个，使用率85.7%，年产沼气为2.4亿立方米。无论是沼气装置的数量和产气总量均居全国首位，成为全国沼气之乡。小水电、小煤窑、沼气等能源的开发利用，改变了四川农村单一的秸秆型能源结构，为保护森林植被，改善土壤结构，维系生态平衡起了良好的作用。

（二）以攀钢基地为重点的冶金工业建设。

四川铁矿资源十分丰富。解放以后，特别是1964年开始重点建设三线以后，国家对四川冶金工业进行了大规模的投资，重点新建了攀枝花钢铁公司、攀枝花冶金矿山公司、长城钢厂、成都无缝钢管厂、峨嵋铁合金厂、自贡硬质合金厂、乐山轧辊厂、西南铝加工厂等大型骨干企业和一批地方中小型企业，扩建了重庆钢铁公司、重庆特种钢厂。一批冶金工业设计、施工、科研单位也相继建立和加强。经过35年的建设和发展，一个大中小型企业协调发展、产品品种比较齐全、基本上能够独立生产的钢铁工业体系已经在四川初步形成。1984年，全省产钢385.77万吨，产铁316.48万吨，产钢材271.4万吨。1984年一天的钢产量，超过了1949年全省全年的总产量。四川钢铁工业在全国同行中的地位，也发生了重要变化。生铁产量已跃居全国第三位，钢、钢材和铁矿石产量居全国第四位。四川钢铁工业，已可冶炼800多个品种，轧制16个系列、2万多个规格的钢材。并研制成功数百种新材料和几千个新品种、新规格，为中国航天、航空、电子、机械、石油、化工、煤炭、造船、铁路、核动力等工业的发展以及海洋开发和能源的综合利用做出了贡献，成为全国重要的钢铁基地之一。经过35年的建设，四川钢铁工业的地域分布发生了显著变化。过去钢铁企业偏居重庆一隅，到1984年年底已形成了渡口、重庆、成都三大钢铁基地和达县、内江、乐山三个小钢铁生产片区。这就打下了进一步发展钢铁工业的坚实基础。

1. 攀枝花钢铁基地。攀钢地处西南腹地，坐落在丛山深处的弄弄坪，是一座包括采矿、选矿、烧结、炼焦、耐火材料、炼铁、炼钢、轧钢等全部过程的大型钢铁联合企业，占地总面积仅为2.6平方公里。为了适应山区的特点，攀钢厂区采取了因地制宜的大台阶、多水平的竖向布局，这在工程设计上是全国首创。全厂区布置成3个主台阶、23个小台阶，阶差为5—21米，在同台阶上布置了炼铁、炼钢、轧钢等分厂。这就打破了过去大型钢铁企业大平地、大厂区、大铁路（长运输线）和人字形布置的老框框。与国内同规模工厂相比，工厂用地减少 1/2。建筑系数高 10%—20%，挖土石方约少 2 倍，厂区铁路线长度少 90 公里。这就大大减少了工程投资，缩短了建设周期。攀钢虽然是在荒僻的山区新建的大型钢铁企业，交通、技术条件较差。但由于设计、施工合理，有一个统一的强有力的指挥系统，加上全国人民的大力支援和通力合作，建设速度很快。攀钢始建于 1966 年，1970 年 7 月出铁，1971 年 10 月出钢，1974 年轧钢厂竣工，先后只用了不到 8 年的时间，攀枝花钢铁基地第一期工程便基本建成投产。攀枝花钢铁基地的兴建，带动了煤炭、电力、机械、建材、化工等工业的发展，促进了攀西地区经济的繁荣，改善了四川经济布局。一座新兴的工业城市——渡口市拔地而起，被誉为正在开发的“富甲天下的聚宝盆”。

2. 重庆钢铁基地。重庆钢铁基地的历史较为悠久。早在 50 年代初期，就与鞍钢、太钢被称为全国三大钢铁联合企业。重钢是当时全国第一家生产重轨的企业，重庆钢铁基地以重钢、重庆特钢为主体，包括长城钢厂、重庆钢铁研究所等 8 个单位，为全国九大钢铁基地之一。

35 年中，国家对重庆钢铁基地投资累积近 11 亿元，在原有的基础上，对重钢、重特进行大规模改建扩建。到 1982 年年底，重庆钢铁中心形成了年产生铁 51. 9 万吨、钢 85. 8 万吨、钢材 87. 5 万吨的生产能力，分别比 1949 年增加 81 倍、100 倍和 148 倍。

3. 成都钢铁基地。它是在“二五”计划时期开始建设，“三五”“四五”计划时期陆续发展起来的。国家共投资 12. 22 亿元，形成了年产生铁 4. 5 万吨、炼钢 57. 4 万吨、轧钢 56. 6 万吨的生产能力。成都钢铁基地以成都无缝钢管厂、江油长城钢厂为骨干，包括成都钢铁厂等地方钢铁企业所组成，成都无缝钢管厂是国内同行业中唯一装备有炼钢、连铸、热轧管、冷轧、拔管等设备和生产品种规格较为齐全的专业厂，钢管产量已占全国的 1/4。长城钢厂是西南地区极为重要的特殊钢和高温合金钢生产基地，产品重点供应西南、西北地区的航空工业和制造常规武器用材。

4. 有色金属工业。四川有色金属矿产资源极为丰富。1950 年至 1964 年

15 年间，有色金属工业虽有所建设，但规模不大。从 1965 年开始，才得到较快的发展，先后在重庆新建了投资 6.8 亿元的西南铝加工厂；在自贡兴建了投资 0.39 亿元的自贡硬质合金厂；在峨眉山麓兴建了峨嵋半导体材料厂（投资 0.16 亿元）、峨嵋铁合金厂（投资 0.8 亿元）等几个重点有色加工企业，初步建成了一个从采矿、选矿、冶炼到加工成材的比较完整的有色工业生产体系。1984 年年底有代表性的常用有色金属总产量比 1949 年增加了 107 倍，铝材产量居全国第三位。硬质合金、单晶硅分别占全国有色行业总产量的 37.6% 和 14%。西南铝加工厂于 1965 年开始兴建，1970 年试车投产，1981 年达到设计能力，铝材产量 2.8 万吨。该厂具有先进的设备，是国内唯一可以生产军用大型锻冲件企业。

（三）战略后方国防工业基地的建设。

四川省战略地位十分重要，历来受兵家重视。解放前，就已拥有历史形成的军事工业，但基础十分薄弱，技术水平也相当落后。新中国成立后，中共中央和国务院十分重视国防科技工业的建设，从 1950 年开始，国家一直把四川省作为战略后方最重要的国防工业基地进行建设。

1950 年，四川仅有 7 个破烂不堪的枪械修理和弹药生产厂，只能生产少量的步兵武器，品种仅有 10 个，总产值 2310 万元。

经过 35 年的建设，四川国防科技工业有了突飞猛进的发展。截至 1984 年年底，国家用于四川国防科技工业的基本建设投资（不含电子工业）累计约为 79 亿元，占同期全省基建总投资额的 12.5%，占同期重工业基建投资总额的 23.1%。到 1984 年年底，国防科技工业在川项目共 134 个，拥有固定资产 63 亿元，主要设备近 17 万台；累计竣工面积达 1664 万平方米，比 1949 年增长了 23 倍多。拥有职工 34 万人；生产的军品品种达数百种。1984 年工业总产值达到近 23 亿元，相当于 1949 年的近百倍。

1. 以重庆为中心的常规兵器工业基地。解放后，特别是 1965 年以后，国家在四川安排了几十个新建、改扩建和搬迁项目，逐渐形成了以重庆为中心制造常规兵器的工业基地。截至 1983 年年底，累计投资达 16.6 亿元，新建房屋建筑面积 754.3 万平方米，新增各类设备 68678 台，拥有固定资产 15.4

亿元。从而使四川兵器工业具备了相当规模，拥有40余种常规兵器的科研和生产能力。能够成批生产部队需要的各种枪支、大口径炮、坦克车辆、特种装备及其配套的各种光学仪器、弹药、火工品等。品种比较齐全，轻重武器配套，实力比较雄厚。

2. 以成都为中心的航空工业基地。从“二五”计划时期开始，国家决定在四川兴建一批航空工业企业。成都歼击机制造厂，成都歼击机发动机制造厂就是在这个时期建设起来的大型骨干厂。随后，国家在四川的雅安、宜宾、江油、内江等地又相继建设了与航空工业配套的企事业单位，逐渐形成了以成都为中心的航空工业基地。到1983年年底，国家共投资7.85亿元，新建房屋建筑面积204.9万平方米，形成固定资产6.5亿元。成都航空工业基地已生产出歼五甲、歼教五、歼七等主要型号的飞机，并研究出多种科研成果。1983年工业总产值达5.97亿元。

3. 重庆、涪陵、万县沿江的造船工业基地。中国的船舶工业主要集中在沿海。过去长江上游只有一些小型修造厂。1965年开始，在长江上游的重庆、江津、永川、涪陵、万县等地建设了一批船舶制造厂，到1983年年底，累计完成投资8.25亿元，新建各类房屋建筑面积152万平方米，新增固定资产6.4亿元，已具有生产中型导弹护卫舰、中型常规鱼雷潜艇，高、中速柴油机以及舰船精密仪表仪器和大中型铸锻毛坯件的生产能力。由四川船舶工业研制生产的船用导航仪器，在参加洲际导弹、水下导弹、同步卫星发射试验中，仪器稳定可靠，满足了试验要求，受到了好评。但是，在三线建设和大搬迁的过程中，一些造船厂的厂址不恰当地选在山区，形成能力后，要把造出的船运出山区、进入水中，困难重重。80年代以后，这类项目不少已关、停、并、转，造成了基本建设投资上的极大浪费。

4. 国防军工、民品生产的基地建设。1980年以后，根据中共中央、国务院提出的“军民结合、平战结合，军品优先，以民养军”的方针，四川国防科技工业的绝大部分企业和研究所，在充分利用现有生产和科研条件的基础上，积极扩建民品生产线。1980年以来，重庆地区以军工企业为主开发并生产出一批如摩托车等拳头产品，不仅在国内市场享有较高的信誉和竞争优势，有的还进入了国际市场。军工企业大量开发和生产民用产品，也带动和搞活了一批民用工厂。如荣获国家金质奖的“峨嵋”牌5.6式运动步枪，先后在重大国际射击运动比赛中，为中国运动员夺取金牌做出了贡献。又如“嘉陵”“重庆”牌轻骑摩托车，由于质量优良，造型美观，性能可靠，在国内市场赢得了信誉。重庆嘉陵厂以嘉陵摩托车产品为龙头，打破地区、部门、行业的界限，组成由11个单位参加的嘉陵摩托车生产联合体，进行摩托车大批量生产，不仅使该厂得到发展，还带动了地方170多个企业的发展。1979年到1983年年底，四川国防科技工业共产生了19个大类，包括洗衣机、电冰箱、自行车、汽车等400余种民用产品，四年共创民品产值达11.64亿元，平均每年递增37%。

（四）建设门类齐全的机械工业。

“一五”“二五”计划时期，重点建设了成都量具刃具厂和第二重型机器厂等骨干企业。“三五”计划开始后，四川机械工业的建设规模急剧扩大。1966年到1980年的十五年中，国家对四川机械工业投资74亿多，为1950年到1984年累计总投资的70%。通过35年的建设，四川机械工业具有以下特色。第一，行业门类齐全，具有较强的独立性和综合性。全国机械工业已有的八大主要生产门类，即机床与工具、重型矿山工程机械、发电设备及电器、汽车、仪器仪表、石油化工通用机械、轴承和基础件、农业机械，四川都具有一定生产能力。第二，技术装备较先进，工艺手段较完整。如拥有上万台大（型）、精（密）、稀（少）设备；1万平方米以上的大型车间有37个、装有100吨级以上吊车的特大型车间9个；拥有工程技术人员的比例也高于全国机械工业的平均水平。综合生产能力仅次于辽宁，居全国第二位。第三，已初步形成了不同规模，各具特色，遍布盆地的4个不同层次的机械工业体系。一是10多个大型企业，底子厚、条件好、能力强，是全国的骨干企业和生产基地；二是60多个重点企业，是面向国内市场、开拓国际市场的重要力量；三是100多个市、地、县企业，是全省机械工业的基础力量；四是几百个到上千个集体所有制机械生产企业，是全省机械工业不可缺少的补充和后备力量。

1. 德阳第二重型机器厂。1956 年筹建，1958 年动工兴建，1961—1963 年停建。1964 年续建，1971 年竣工投产，后来几经扩建，拥有职工 1.6 万人，固定资产原值 4.3 亿元。该厂拥有 1.2 万吨水压机、33 米重型车床、30 米深孔钻床等属于全国少有的重大设备共 569 台，生产能力已达机器产品 2 万吨、航空件 1.5 万件、钢 15 万吨、铸钢件 1 万多吨，已能生产 4200 毫米特厚钢板轧机、万吨多向模锻水压机、30 万和 60 万千瓦发电机转子，17 万千瓦单重 40 吨不锈钢叶片等关键产品，并为国防科研提供了一批具有先进水平的重要产品。

2. 东方电机厂、东方汽轮机厂、东方锅炉厂三大动力厂，都是加强“三线”建设过程中建成的。投产以来共设计制造了单机容量 1.8 万—32 万千瓦的大型发电机组 69 套、539 万千瓦。其中，有 60 套、464 万千瓦安装在全国 16 个省、市、自治区的 23 个大中型水电站上（9 套 75 万千瓦销往国外）；大小汽轮发电机组 93 套、466 万千瓦，安装在全国 10 多个电厂。三大动力厂的建成，从根本上改变了中国发电设备制造行业偏于东北和沿海地区的布局，成为中国西部地区能源开发建设的支柱和依托。

3. 四川仪表总厂由各具特色，既合理分工又相互协作配套的 18 个仪表专业生产厂组成，形成了从仪表材料、仪表元件到整机制造、成套装配的一个完整的自动化仪表生产体系。建厂以来，除为国民经济各部门技术改造生产了大量自动化仪表、元件、材料和电器产品外，还为本省的石油、冶金、化工、轻纺各部门提供了各种中小型成套控制装置 300 多套。重庆北碚已成为四川和中国重要的“仪表城”，具有广阔发展前景。

4. 四川汽车制造厂位于重庆市双桥区，曾名大足汽车制造厂，是引进国外生产技术和关键设备，生产军用重型载重汽车和牵引汽车的大型骨干企业，连同重庆市的綦江齿轮厂、汽车发动机厂、汽车配件厂、红岩汽车弹簧厂、油泵油嘴厂，以及重庆汽车研究所，已形成科研与开发、主机与附件、配件与总成等比较完整配套的全国重型汽车制造基地，在全国汽车行业中独具特色。

5. 宁江机床厂是由南京市迁入四川的一个有近 30 年历史的骨干企业。生产纵切自动车床、小模数卧式滚齿机、万能测量机、微型组合机等 5 个大类 70

多种高效精密仪表机床，其产品的数量、质量、品种均列全国同行业首位。

6. 成都量具刃具厂是“一五”计划期间兴建，“二五”计划时期投产的大型企业，产品主要是精密量具、仪器和切削刀具，设计能力为年产513万件。经过20多年的技术革新和技术改造，特别是扩权试点，体制改革以来，年产量达3000万件，为设计能力的近6倍。该厂产量1984年升居全国同行业中的第二位，优质品率和经济效益等为同行业第一位。

（五）以成都为中心的电子工业建设。

国家十分重视成都地区的电子工业建设。“一五”计划时期，全国156项重点建设工程中，四川电子工业占8项，其中有4项安排建设在成都。这4个建设项目是：宏明无线电器材厂、新兴仪器厂、锦江电机厂、雷达探照灯厂。此外，国家还投资改建、扩建了成都南光机器厂、成都无线电机械学校，新建了西南电子技术研究所、成都无线电工业学校、成都电讯工程学院等一批科研、教育单位，以成都为中心的电子工业已具雏形。

“二五”计划时期，在国家的统筹规划下，以成都为中心的电子工业加快了建设步伐。成都市区新建了国光电子管厂、红光电子管厂、前锋无线电仪器厂、成都电机厂等6个电子工业重点企事业单位。与此同时，国家选择了成都平原北缘，与成都市相距不到100公里的绵阳，作为成都电子工业区的建设延伸；并采用渐进式工业布局，新建了长虹机器厂、涪江机器厂、涪江有线电厂、华丰无线电器材厂4个重点电子工业企业。60年代初国家在成都地区大量投资，重点加强这个地区的电子工业建设。三年调整时期，成都先后新建了亚光电工厂、西南专用材料厂、中和无线电厂等6个电子工业重点企事业单位。初步建成了以成都为中心的多门类、多品种，并有教育、科研、设计相配套的，具有较大规模和地区特色的电子工业重要生产基地。

在大规模的“三线”建设中，四川电子工业基本建设也进入高潮。这期间，四川共兴建了379个大、中、小型电子工业企事业单位，并以成都为中心，进一步新建了包括广元、青川、旺苍在内的新兴电子工业基地。此外，在川南的自贡、隆昌、永川、青神、仁寿等地，也建设了部分电子工业企业。新出现了如雷达、指挥仪、广播电视、电子计算机、集成电路、半导体光电器件等新的电子工业产品门类，并使民用消费类电子产品也有了较大的发展。经过1965—1975年的建设，四川的电子工业布局得到进一步完善，形成了以成都为轴心的电子工业城市群落和生产网络。

（六）依托本省资源发展化肥、盐化工。

四川的天然气和硫铁矿蕴藏量居全国第一，磷矿、盐卤资源也很丰富，为发展化肥和化学工业提供了可靠的保证。

1. 化肥工业。“一五”计划时期，化肥工业的建设就是四川省基本建设投资的重点。“二五”计划时期和三年调整时期，着重兴建了四川化工厂和泸州天然气化工厂。这两个厂在70年代又引进了两套年产30万吨合成氨和48万吨尿素装置，大大扩大了生产能力。在建设大中型骨干化肥企业的同时，各地、市、县也从有限的财政收入中自筹资金，大力兴办地方小化肥企业。到1983年年底，化肥工业的固定资产原值已达17.6亿元，占全省化学工业固定资产（原值29.6亿元）的59.41%。截至1984年，全省共有化肥生产企业157个，占全省化工企业总数的50%，成为四川省化学工业的头号生产部门。从1980年起，化肥工业产值在全省化学工业总产值中的比重一直占50%；化肥产量也一直占全国总产量的10%左右，名列第一。

2. 盐化工。川南地区的盐卤、天然气资源十分丰富。1983年，川南盐化工基地拥有的职工人数和固定资产均占全省化工系统的1/3左右，化工产值5.8亿元，占全省化工总产值的24.8%；以当地丰富的盐卤资源作原料的盐化工及其产品，久负盛誉，纯碱和烧碱的产量分别占了全省产量的100%和50%。这个基地生产的盐化工产品已超过100种，其中有30多个品种的产量在全国名列前茅。

（七）建材工业建设。

35年中，国家用于发展四川建材工业的基建投资达11.14亿元，建成大中型骨干企业12个。到1984年年底止，全省已拥有县属以上全民所有制单位287个，能够生产水泥、石棉、云母、平板玻璃、油毡等100多个建材产品和非金属矿产品，年工业总产值已突破10亿元。1983年水泥产量达733万吨，为1949年产量的940倍。

1. 水泥工业。国家在四川建材工业的基本建设中，重点进行了水泥工业建设，1950 年到 1983 年累计投资达 5. 9 亿元，占同期全部建材基建投资总额的 64%，每一个五年计划期间，都有一个大中型水泥厂问世。到 1983 年，四川全民所有制独立核算的水泥生产企业已发展到 150 个，职工 49903 人，拥有固定资产 5. 9 亿元。其中较大的水泥厂有：峨嵋水泥厂，生产能力 100 万吨/年；江油水泥厂，生产能力 75 万吨/年；渠江水泥厂，生产能力 46 万吨/年；重庆水泥厂，生产能力 46 万吨/年；渡口水泥厂，生产能力 30 万吨/年。其中于 1965 年动工新建的峨嵋水泥厂，是从丹麦引进两条湿法回转窑生产线，具有现代化工艺技术水平，1970 年建成投产。可生产普通硅酸盐水泥、矿渣水泥、大坝水泥、粉煤灰水泥、火山灰水泥等多种品种的水泥，是中国水泥生产的大型企业之一。

2. 石棉工业。四川石棉资源丰富，解放前只有少量土法开采，解放后，重点建设了四川石棉矿、新康石棉矿两个大型企业，形成生产能力 3. 6 万吨/年，1984 年石棉产量达到 3. 64 万吨，居全国首位。

3. 玻璃工业。平板玻璃是四川建材业的一个薄弱环节。从 1977 年起，国家在投资方向上有计划地提高玻璃工业的基建投资比重。1977—1983 年，国家先后投资 1200 万元和 1000 万元，兴建和扩大了四川玻璃厂，形成了年产平板玻璃 35 万箱的生产能力。1984 年，国家又投资动工新建年产 152 万标箱的成都玻璃厂，四川建材工业的产品结构日趋合理。

三、轻纺工业的相应建设

四川省竹、木资源和甘蔗、水果、蚕茧等产品丰富，为轻纺工业的发展提供了优越的条件。在加强重工业各部门建设的同时，轻纺工业也得到建设，造纸工业、食品工业和纺织工业有很大的发展。

（一）造纸工业。

解放前，四川的造纸工业多为土法生产，1949 年机制纸的生产能力仅有 2400 吨。解放后，国家对造纸工业进行较大规模的建设，到 1984 年年底，形成了 47. 2 万吨的生产能力。“一五”计划时期，兴建了重庆纸厂，宜宾纸厂、中元纸厂，分别为日产25吨和50吨的长网机。1971年又建成了生产高级纸品的乐山造纸厂，生产能力1.5万吨/年，主要纸品有高纯度绝缘纸、电器配套纸等。以后又陆续建设了灌县、昭化等造纸厂、宜宾造纸机械厂和年产3400吨的水泥袋纸厂。1984年，全省生产机制纸和纸板54.65万吨，为1949年的227倍多。

（二）食品工业。

1. 制糖。四川盛产甘蔗，但解放前只有土糖，没有机制糖。1952年建成了第一个实行机械化生产的资中糖厂，以后又新建了日榨甘蔗1000吨的内江糖厂和日榨甘蔗500吨的球溪河糖厂。中共十一届三中全会以后，农民种植甘蔗的积极性很高，制糖工业由沱江流域的老基地逐渐扩展到岷江、涪江、安宁河流域。30多年中，先后建成了犍为、白沙、合川、米易等20多个糖厂，到1984年年底，全省机制糖的生产能力已经达到15万吨。

2. 盐业。解放前，主要是土法熬盐，机制盐只有自贡久大公司一家，机械设备十分简陋，生产条件很差。解放后改用机械化钻井、吸卤，到1983年年底，全省真空制盐设备达到21座，真空制盐的生产能力已达到70万吨。川南的自贡市和王通镇，已成为重要的盐业和盐化工基地。

3. 酒和饮料。四川粮食丰富，有发展名酒的适宜气候环境，酒厂的建设和发展很快，尤其是畅销全国和世界各地的五粮液、泸州特曲等名酒的产量、质量不断提高，多次获得金质奖章。1984年年底，全省有酒厂4000家，全年酒的总产量达到50.43万吨，其中名酒产量达3.4万余吨。80年代以后，还迅速建成了50多个饮料厂，生产7大类、100多个花色品种的饮料，其中重庆山城牌啤酒、天府可乐、峨嵋运动员矿泉饮料等已进入国际市场，获得好的声誉。

4. 冷库和罐头食品厂。为了保证及时收购农民饲养的生猪，1978年以后，在重庆、成都、绵阳、万县等地建立了大小冷库144座，容量15.1万吨。在建设过程中，采用了投资包干的办法，做到了投资省、周期短、质量好。与此同时，改建和扩建了重庆、巴中、万县、达县、遂宁、潼南等罐头食品厂，把四川丰富的猪肉、蔬菜、水果加工成罐头，供应全国各地。四川的罐头产量、产值已跃居全国首位。

（三）纺织工业。

35 年来，国家对纺织工业投资 18.37 亿元，棉纺织、化纤、丝绸都有很大发展。1949 年，全省只有棉纺锭 16.66 万锭，丝 1.2 万绪，织布能力 9.9 万米。到 1984 年，棉纺锭已增加到 57.6 万锭，织布能力增加到 75 万米，丝发展到近 30 万绪。特别是中共十一届三中全会以后，农民养蚕的积极性高涨，从 1979—1983 年，缫丝设备增加 20 万绪。1974 年，四川维尼纶厂投产，利用天然气生产化学纤维，年产化纤 4.5 万吨，使得四川的纺织工业形成了棉、毛、麻、丝、化纤、针织六大类。

经过 35 年的建设，特别是 1979 年以来的建设，使轻纺工业得到加强，据统计，1984 年的轻工产值已达到 186.53 亿元，比 1978 年的 92.5 亿元增长了一倍多。

四、以扩建都江堰工程为主的水利建设

35 年累计，国家对四川水利建设共投资 27.75 亿元，主要用于都江堰首部枢纽的进水闸门等工程和人民渠、东风渠等干渠以及黑龙滩、三岔河等大型引蓄水库。

闻名中外的都江堰水利工程已有两千多年历史，它是引用岷江上游水源，实行引、蓄、提相结合的大型引水工程。这个古老而科学的伟大水利工程，使得成都平原成为“水旱从人、不知饥馑”的“天府之国”。但是到解放前夕，这个工程已衰败不堪，灌溉农田不足 300 万亩。1953 年起，四川省人民政府组织广大灌区人民，对都江堰进行大规模的改造扩建。国家用于都江堰改造、扩建工程的投资近 10 亿元，其中黑龙滩水库 0.78 亿元，东风渠工程 1.18 亿元，人民渠工程 1.65 亿元，省内地方投资 5 亿多元；投入劳动力 10 亿多工日。重点进行了首部枢纽和干支渠及水库建设等工程。根据毛泽东视察都江堰的指示，兴建了大型机械化外江闸，替代沿用两千多年的马槎，从而改善了进水条件，增加了进水流量。先后建成了人民渠一至七期工程，东风渠一至六期工程，共延伸干渠 29 条，支渠 239 条，总长 1.2 万公里，并于

1970 年前后兴建了蓄水量达 3. 5 亿立方米的黑龙滩水库和蓄水量达 2. 2 亿立方米的三岔河水库，通过从龙泉山的南、北、中麓开凿的隧洞，把岷江水送到了连年干旱的乐山、内江、绵阳三地、市的丘陵地区，“长藤结瓜”，引蓄结合，使都江堰的总引蓄水量达到 15. 25 亿立方米，从而大大提高了都江堰的灌溉效益。灌区范围已由 1949 年成都平原的 14 个县、市 200 多万亩农田，扩大到绵阳、内江、乐山 3 个丘陵地区共 860 多万亩，机械化和自动化的闸门以及现代工程设施逐步代替了木板石埂等古老的设施，都江古堰换了新貌，对成都平原及邻近丘陵地区的工农业生产做出了重大贡献。

在改造扩建都江堰水利工程的同时，在盆地丘陵地区和盆周边缘修建了一大批中小水利工程。从 1950—1983 年年底，全省共建成各类水利工程 86 万处，其中水库 12434 座，引水渠堰 89987 条，固定机电提灌 29185 处以及其他水利设施。已建成的水利设施中，大型水库 3 处，中型水库 102 处；大型渠堰（3 万亩以上）7 处，中型渠堰（1—3 万亩）82 处；拥有排灌机械 18 万台 306 万马力。使引蓄提总水量达到 215. 43 亿立方米，有效水量 183. 86 亿立方米。全省农田有效灌溉面积由 1949 年的 868 万亩，扩大到 1983 年的 4579 万亩。

五、文教卫生事业建设

35 年来，全省用于文教、卫生、体育等部门投资共达 29. 79 亿元。其中，高教投资占 13% 左右，除对四川大学、四川医学院、四川财经学院、重庆大学、重庆建筑工程学院等重点院校进行改扩建外，又新建了成都电讯工程学院、四川外语学院、四川美术学院、西南政法学院、西南交通大学、西南民族学院等 36 所高等院校。到 1984 年止全省已有高等院校 51 所。这批高等院校，基础设施雄厚，科研手段齐备，师资力量强大。各种不同类型的广播电视大学、函授大学、职工大学、夜大学等成人高等院校也如雨后春笋，蓬勃发展，并为全省经济和社会的发展培养了大批人才。1980—1984 年，全省共培养大专毕业生 27 万人，其中，研究生 1600 多人。中等教育也得到了很大的发展，全省中等专业学校由 1949 年的 112 所发展到 1984 年的 257 所，同期普通中学由469所发展到5667所，初等教育逐步普及，全省人民的文化程度得到很大提高。

1978年以后，文化、卫生、体育等设施的建设速度更快。各种现代化建筑设施正在四川各地拔地而起。其中有规模宏大的峨嵋电影制片厂，造型别致、设备先进的锦城剧场；拥有西南地区最完备、最先进的医疗手段的肿瘤医院；为迎接第七届全运会召开而建设的可容纳1万观众的四川体育馆。它们把“天府之国”装扮得更加绚丽多姿，给四川人民的精神生活增加了更加丰富的内容。

第二节　贵州省的建设

贵州省位于中国西南的云贵高原东北部。总面积17.61万平方公里，人口2931.85万人。境内居住着苗族、布依族等46个少数民族，742.55万人，占全省人口的26%①。

贵州属典型的高原型亚热带湿润季风气候，冬无严寒，夏无酷暑，阴雨天多，四季不甚分明。为农业的综合发展、多种经营提供了有利的气候环境。粮食作物以水稻、玉米为主；经济作物以油菜籽、烤烟为主，油菜籽产量曾居全国第二位，烤烟是全国四大产区之一。柞蚕放养已有200多年历史，是中国四大柞蚕产地之一。黔东南林区是全国著名的杉木林基地。唐初诗人孟郊曾以“旧闻天下山，半在黔东青”的诗句赞美贵州丰富的森林资源。

贵州矿产资源丰富，煤、磷、有色金属、稀有金属、非金属矿种类繁多。已探明储量的有64种，列入矿产储量表的有59种，内有15种矿产的储量占全国前五位。汞、磷、锰、铝、煤，被誉为贵州的“五朵金花”。汞居全国之冠。磷、铝土居全国第二位，锰居占全国第三位，煤居全国第四位，在长江以南地区为第一位。重稀土矿床为全国第二。

贵州水利资源丰富。全省流域面积在100平方公里以上的河流有734条，流域面积在1万平方公里以上的河流7条，分属长江和珠江水系。其中，乌

① 1982年人口普查数。

江流域面积达6.75万平方公里。各河河谷狭窄深切，河床坡度大，多瀑布、暗礁、险滩，水流湍急，洪枯水位变幅大，给灌溉和航运带来不便，但水能蕴藏量丰富。

贵州经济的发展历经几千年，但直至新中国成立前，仍是以个体农业和家庭手工业为主体的自给自足的自然经济。农业生产因受封建制度的长期束缚，加之山高坡陡、水低田高、土层瘦薄，多为靠天收获的“望天田”，产量很低，粮食不能自给。工业生产基本上是手工劳动，抗日战争时期，贵州才开始建有几家内迁的机械、化工、卷烟工厂，采用机器生产。抗战胜利后，外来厂商迁厂离去，工业转为萎缩。1949年全省工农业总产值只有11.25亿元，工业产值仅1.66亿元。交通运输极为落后，仅有铁路148公里，技术标准与通过能力都很低，公路通车里程仅1950公里，绝大多数达不到等级标准，路基狭窄，坡陡弯急，晴通雨阻。人民生活十分贫困，有“人无三分银”之说。

贵州省于1949年11月解放。解放后贵州经过短时间的经济恢复，在落后贫穷的基础上，开始了建设和发展的新时期。经过全省人民30多年的辛勤努力，贵州山区的面貌发生了根本性的变化。

在初期的经济恢复中，在半年内修复了被战争破坏的5条公路干线，打通了贵州与邻省的通道。修建了一批行政建筑和文教卫生建筑，对少数重点企业也初步进行了修建和扩建。同时，由政府组建了基本建设的设计、施工队伍和管理机构，为开展经济建设做了组织上的准备。

1953年全国性的大规模经济建设开始。贵州虽没有安排重点建设项目，投资规模也逐年有所扩大。当时注意加强了公路和交通运输部门的建设，对煤炭、电力、建材等基础工业的建设抓得较紧，对教育、医疗卫生、城市公用事业、轻工业等建设也比较重视，建筑队伍得到提高和壮大，为扩大建设规模打下了基础。

贵州的建设规模自1956年起有了明显扩大。至1965年，贵州累计完成基本建设投资37.7亿元，占1950年至1984年累计总投资的19.72%；新增固定资产25.1亿元，占35年新增固定资产总额的19.61%。在此期间，交通运输是基本建设投资的重点。建成了黔桂、川黔两条铁路，通车里程 879 公里；新建公路 20129 公里。电力工业得到优先发展。1958 年后，一批火电厂和水电站相继建成，增加发电装机容量 20 万千瓦。煤炭工业本着“新建与改建相结合，以改建为主；大中小结合，以中小型为主”的方针，建设了一批矿井，增加开采能力 314 万吨。冶金、化工、机械、建材等工业的建设也有明显的进展，建成了一批企业，结束了贵州不能炼钢、不能制造大型精密机床和部件、不能生产化肥的历史，填补了一些重要工业产品的空白。由于“大跃进”的不利影响，基本建设的成果和效益一度受到影响。后经 60 年代初期的调整，得到弥补，有所好转。自 1963 年起，贵州的基建投资连年成倍增长，建设形势发展较快。

1964 年 6 月，中共中央做出了关于一、二、三线的战略布局和建设大三线的重大决策。其后不久，西南铁路建设指挥部成立，川黔和贵昆两条铁路开工建设。自 1966 年起，贵州开始了为时 13 年的大规模的战略后方基地建设。在此期间，贵州基本建设的主要任务是按照国家计划的安排，在全力保证中央各部门安排的内迁和新建项目的同时，加强地方各类项目的建设。这一期间，贵州是国家投资的重点省，共投资 111. 1 亿元，占 35 年累计总投资的 58. 11%，相当于 1950 年至 1965 年总投资的 2. 84 倍；新增固定资产 64. 1 亿元，相当于前 16 年的 2. 63 倍。贵州到 1984 年年底止已有的工业生产能力的主要部分都是在这一时期开工建设或竣工投产的。以铁路会战为先导，电力、煤炭、国防、冶金、化工、机械等行业全面铺开，规模大，门类齐全。建设项目主要布置于铁路两侧的广大地区，使工业生产力布局大幅度地展开。年度投资规模最大达 16. 35 亿元，施工队伍最多时达 30 万人。这一时期适逢“文化大革命”的十年动乱，受到的干扰破坏比较严重。但由于广大职工群众的努力，仍然使贵州初步建成了比较完整的工业体系。

中共十一届三中全会后，贵州的基本建设进行了切实有效的调整。在建设规模、投资方向、管理体制改革等方面进行了大量的工作。在狠抓竣工投产，填平补齐，形成综合生产能力，提高投资的经济、社会和环境效益等方面取得了明显成效。

贵州省是一个资源丰富但经济不发达的落后山区，它35年来基本建设的主要特点是以交通建设为先导，以重工业建设为主体，以资源开发为特征。在35年累计完成的投资额中，工业投资116.0亿元，占60.7%；运输邮电投资35.9亿元，占18.8%；两项合计151.9亿元，占总投资的79.4%，构成35年来投资结构的主体。在工业投资中，主要部分用于开发贵州的丰富资源。35年中，用于冶金、煤炭、电力、建材、森工等资源开发部门的投资共72.83亿元，占工业总投资的62.8%，明显高于全国上述部门占总投资的比重。

一、以交通运输建设为先导

解放后，国家在贵州进行了以铁路为骨干、以公路为主体的交通运输网的建设。35年中用于交通运输建设的投资达33.8亿元，占总投资的17.7%，是各行业中最高的。

（一）四大铁路干线的建设。

黔桂铁路是贵州首先建成的第一条钢铁大动脉。解放前，该线在贵州境内曾铺轨至都匀清泰坡，1950年经国家决定拆除。1955年铁道部决定修复，由铁道兵承包建设。1956年3月通车至麻尾，年年底通车至都匀。都匀至贵阳段长132公里，该铁路沿线地势险峻，有隧道33座，总长10.3公里，最长的达1745米；桥梁28座，延长米2532米，全线深堑高堤占全长的26%。该段由第二铁路工程局施工，1956年6月开工，1959年3月竣工验收，共用投资10136万元，每公里造价76.8万元，质量优良。黔桂线的建成，结束了省会贵阳不通铁路的历史。

为了加速内地建设，1964年9月西南铁路建设指挥部成立。在约一个月的时间里，从全国各地调集了铁道兵、铁道、煤炭、冶金等系统的施工队伍，连同民工组成了共12.46万人的筑路大军，川黔和贵昆两条铁路同时上马建设。川黔铁路在贵州境内长282.7公里，于1965年7月建成，工期仅10个月。贵昆铁路在贵州境内有300.2公里，于1966年3月建成，工期一年半。接着，湘黔铁路在贵州境内273公里，于1970年5月开工，1972年10月接轨通车，工期两年半。

贵昆铁路由贵阳经安顺、六枝、水城，进云南至昆明，跨越云贵高原，穿行乌蒙山区，工程十分艰巨。由铁道兵和第二铁路工程局等单位施工，共用投资47276万元。该线在贵州境内所过之处，群山起伏，重峦叠嶂，过暗河，穿溶洞，跨淤泥层，越软土带，地质情况极为复杂。该段有路基土石方2665.3万立方米，隧道及明洞110座，总长51747米；涵渠501座，共10051横长米，共需建小桥61座，中桥43座，大桥56座，共12260延长米；桥隧长度占线路总长的22.04%。工程的设计和施工采用多种新技术，组织了快速施工，大大缩短了工期。1964年12月，梅子关二号隧道首创单口月成洞102.69米，1965年3月9日中共中央发来贺电，百米成洞活动迅速展开。1964年只有两个口次，1965年发展到170多个口次，最高单口月成洞达408米。在施工指挥部党委提出的“大桥不过月，中桥不过旬，小桥不过夜”的号召下，有17座大桥不过月。如拉秀大桥长351.51米，两台17墩，最高墩高达54.3米，仅21天完成了全桥的主体工程。通过快速施工，全线仅用1年半时间竣工，较原计划提前9个月27天接轨通车，在中国铁路建设史上开创了一个新的纪录。

湘黔线通车后，贵州境内已建成4条铁路干线，境内总长达1162.9公里，并在贵阳交会。贵阳至此成为西北纵贯华南、西南，横贯华东的铁路枢纽，对巩固西南、华南边疆，沟通省内外经济联系起着重大作用。

此外，还先后建成了湖（潮）林（歹）、小（寨坝）开（阳）、水（城）大（湾）、盘西（沾益至柏果）支线、贵阳南环线、贵（阳）大（土）复线及厂矿企业的专用线97条。使贵州境内通车里程达1427.3公里，路网密度每万平方公里为78.6公里，超过全国平均水平。

（二）公路建设。

1950年，贵州境内仅有公路11条，标准很低，晴通雨阻，行车困难。后一面修复和改造旧线，一面积极建设新线，先后建设了惠水—罗甸、湄潭—黄平、遵义—铜仁—玉屏鲇鱼铺、雷山—台江—剑河、锦屏—榕江、雷山—榕江、桐梓—赤水、仁怀—习水、册亨—独山等公路干线60条，改建了省际金城江—贵阳、沾益—贵阳的公路和省内的清（镇）毕（节）公路。在乌江、赤水河、北盘江、都柳江等主要河道上架筑公路桥 2666 座，总长度达 68690 米。至 1984 年年底，全省公路通车里程达 27872 公里，比解放前增加 13.2 倍。公路密度每百平方公里为 15.8 公里，高于全国平均数的 9.65 公里。每万人占有公路 9.5 公里，也高于全国平均数的 8.96 公里。实现了县县、区区通公路，83% 的乡镇也通了公路。昔日羊肠小道，人背马驮；如今公路成网，车队往来如梭。

随着公路建设的发展，汽车拥有量也迅速增长。至 1984 年，全省民用汽车总数达 50883 辆，较解放前的 1243 辆增加 39.9 倍。

（三）内河航运和民用航空建设。

在解放前，贵州内河航运只通少量的小木船，不通机动船。50 年代起整治航道，开发内河航运。在乌江打通了三大断航险滩，结束了分段通航的状况。在赤水河上游打通了吴公岩断航河段，对下游进行了系统的整治。对其他河流的机动船航道也进行了开发。通航里程由 1952 年的 2854 公里，增加到 1960 年的 3567 公里。后因修建闸坝碍航等原因，至 1984 年年底减为 1746 公里，但主要河道的通航能力则有所增大。乌江和赤水河的中下游已可通航百吨级的机动船，直入长江、抵达沿海。1984 年年底，全省拥有机动船 202 艘，4734 载重吨，3820 个客位，10150 拖轮马力；还有驳船 156 艘，20986 载重吨。1984 年完成货物运输量 87 万吨，旅客运输量 100 万人，是贵州省运力的重要部分。

1949 年，民用航空只开通重庆和昆明两个航班，里程 770 公里；全年只航行了 70 个班次，运客 1656 人，货 4.4 吨。解放前夕因机场被破坏而停航。1956 年恢复通航，20 多年中，新建了磊庄机场，可起降中型喷气客机，先后开辟了 21 个航班，通航 12185 公里，为解放前的 14.8 倍。1984 年完成始发客运量 23144 人，为解放前的 14.3 倍；货邮运量 324 吨，为解放前的 73.6 倍。

经过 35 年的建设，贵州交通落后闭塞的状况已根本改变，形成了一个以铁路和公路干线为骨架，以陆上运输为主体，以水运和航空为辅助的综合运输体系。古称“连峰际天兮，飞鸟不通；游子还乡兮，莫知西东”的山区，已经与全国各地紧密相连了。

二、开发矿产资源，发展冶金工业

（一）开发六盘水，大力进行煤炭工业基地的建设。

贵州煤炭资源十分丰富，储量大、产地集中、品类齐全。已探明矿点240处，总储量489.25亿吨。储量主要分布于西部地区，六盘水煤田占全省总储量的30.5%。其中炼焦用煤占88.3%；织金纳雍煤田储量占全省的43.2%，是待开发的大型无烟煤基地。贵阳、遵义、安顺、毕节、兴仁等地也已探明有相当储量。

解放以后，在贵阳市郊成立了林东矿务局，先后建成8对矿井，年产原煤能力为116万吨。各地、州、市、县也就近建井采煤。至1984年年底，县以上煤矿有矿井50对，其中年产3万吨以上的有19对。省劳改局系统在轿子山、遵义、甕安、贵阳金华等地建设矿井16对，年产能力共133万吨。乡镇企业的集体所有制小煤窑散布于省内广大地区，就地、就近供应，满足各方面的需要。

为了开发中国南方的煤炭资源，50年代末开始开发六盘水煤田，至1965年重点建设三线时才大规模地铺开。六盘水煤田含煤面积共3855平方公里，已探明储量为150亿吨。为了开发这一大煤田，煤炭工业部于1965年在此成立西南煤矿建设指挥部，在短期内从全国各地成建制地调进了10个煤炭建安工程处和地方煤炭建筑队伍，分别承担水城、盘江、六枝3个矿区的建设任务。施工队伍坚持集中力量打歼灭战，克服了地质条件复杂、运输困难、物资供应紧张等严重困难，在山高坡陡、场地狭窄、滑坡大、溶洞多，阴雨连绵的条件下施工，仍然使不少项目实现了速度快、工期短、质量高、效益好。1973年前建成的12对矿井，平均井型57.5万吨，平均工期仅4年8个月。如汪家寨矿，规模150万吨，井巷工程59996米，地面建筑170903平方米。1965年12月动工建设，1970年5月建成；工期4年5个月，吨煤投资44.68元。大河边矿，规模60万吨，井巷工程17699米，地面建筑76542平方米；工期4年3个月，吨煤投资40.43元。煤炭建安公司在1973年前施工的3座大型洗煤厂，都做到了施工进度快，质量合格，一次试运投产成功。

到1984年，国家在六盘水累计投资18.96亿元，建成19个矿、23对矿井，设计年生产原煤能力1120万吨；建成洗煤厂6座，设计年入洗原煤551万吨。还配套建成了为煤炭生产服务的煤矿机械厂，可年产2.5吨电机车300余台，金属支柱3.5万根，金属顶梁2.3万余根。建成年产6000吨的炸药厂、年产4万盏的矿灯厂、年大修360辆的汽车修理厂以及自备电厂、水泥厂、铁路专用线、高压输电线等企业和设施，整个基地初具规模，支援了四川、广东、广西等省区，缓解了煤炭供应紧张的局面。

35年中，全省煤炭工业建设共投资21.32亿元，占全省基建投资总额的11.2%，在省内各行业中居第三位。共建成原煤开采能力1525.52万吨。全省1984年实产原煤2027万吨，比1949年增长66.57倍。

（二）开发汞、铝等矿产资源，建设冶金工业。

解放后，有计划地改建和新建了有色金属和黑色金属工业。

1. 贵州汞矿位于万山特区，已有数百年的开采历史，素有“汞都”之称。解放后，贵州汞矿于1952年开始投资建设，至1984年累计投资6008万元，进行了三次大的扩建和技术改造。采矿已从手工打眼、油灯照明、人工运输改为风钻打眼、电灯照明、矿车运输，进而采用电耙、装岩机、机车运输一条龙作业。选矿已从手工改为机械或自动选矿；冶炼从高炉改为沸腾炉，进而采用干馏炉。使采、选、冶全部实现机械化生产，并逐步向自动化发展。该矿有1个分矿、6个生产坑口和冶炼厂、机选厂、机修厂、电厂等24个内部核算单位，职工5185人，年产汞700多吨，占全国汞产量的80%。

2. 贵州铝厂位于贵阳市白云区龚家寨，是一个包括矿山开采、氧化铝、电解铝生产和铝材加工的大型联合企业。至1984年年底，已建成的生产能力有：铝土矿50万吨，氧化铝22万吨，电解铝11.4万吨，石灰石矿65万吨。该厂始建于1958年，第一期装备主要套用苏联和法国五六十年代的工艺设计，分别于1966年和1978年建成投产。从1979年开始扩建的第二期工程，规模为8万吨电解铝，技术装备从日本成套引进，具有能耗低、自动化程度高、污染小的特点。冶金工业部和贵州省十分重视这个项目的建设，组织了六冶、七冶、十八冶、二十三冶4个冶金建设公司和贵阳铝镁设计院、成都冶金勘探公司、中建四局和基建工程兵部队、地方建筑队伍等1.2万人参加建设。整个工程于1979年4月开始施工准备，工程进展较快，第一批电解槽于1981年12月通电试生产，至1982年10月全部建成投产，总工期为36个月，基本上实现了中日合同工期的要求。建设安装工程质量好，试车一次成功，产品的一级品率达100%。至1984年年底，累计总投资为13.85亿元，形成固定资产11.45亿元。投产后已累计生产铝土矿162万吨，氧化铝61.14万吨，电解铝锭44.06万吨；工业总产值共达42.88亿元，上交税金10495万元。

3. 水城钢铁厂位于六盘水市水城特区城关镇，占地1700公顷。从1966年5月破土动工，1969年起陆续单项投产。至1984年，累计完成投资4.92亿元，已形成40万吨焦、90万吨铁、90万吨烧结矿、15万吨线材、29种焦化产品的综合生产能力。自部分投产到1984年年底，该厂共生产铁325.7万吨，焦炭392.9万吨，线材11.32万吨以及大量的工业苯、沥青等产品。其中，改质沥青填补了国家的空白。

经过30多年建设，贵州省冶金工业已具相当规模。35年中，冶金工业累计完成基建投资26.3亿元，占同期全省投资总额的13.8%，在各行业中占第二位。

三、实行水火并举，建设电力工业

1949年前，全省发电装机仅3040千瓦。其中，除贵阳的2040千瓦是小型气轮发电机组外，其余都是小型蒸汽机或汽车引擎带动的小发电机，日停夜开，甚至上挂电灯、下点油盏才能照明。解放后，抓紧发展电力工业，贵阳电厂四号机组首先安装投产，修文水电站也相继建成发电。至1952年年底，贵阳装机就增至4540千瓦，满足了当时对电力的需要。随后，各县的电厂和省内一些较大的电厂陆续上马，按以水电为主的精神进行建设。至1957年年底，全省装机增至1.3千瓦，当年发电量为5000万度，年增长率为23.4%。“二五”计划期间，贵州电力建设出现了第一次高潮，五年间共投资

2.14 亿元，建成了贵阳电厂 5 台机组，遵义电厂 3 台机组，都匀、凯里电厂、猫跳河一级、三级水电站，共计新增装机容量 12.29 万千瓦，年递增率为 59.9%。同时架设了 11 万伏输电线路 95.4 公里，以贵阳为中心的电网结构开始逐渐形成。1960 年一度缓建了一些电站项目，1962 年后又先后复建。1963—1965 年，网内新增装机 5.05 万千瓦，平均年递增率达 11.1%，1965 年发电量为 5.88 亿度。

1966 年至 1975 年是贵州建设大规模开展的时期，也是电力建设大发展的时期。10 年中，用于电力建设的投资达 7.36 亿元，占 35 年电力总投资的 36.7%。虽因“文化大革命”动乱，造成建设工期长、浪费大，发、输、变、配比例失调，但仍建成了一批大中型项目，如扩建的贵阳电厂和遵义电厂，新建的清镇电厂一期工程，猫跳河的二级、四级、六级电站。10 年中，新增网内装机 54 万千瓦，年递增率为 14.6%。1975 年发电量达 28.59 亿度。新架 11 万伏输电线路 720.3 公里，联通了云南电网。

1976 年以后，特别是 1978 年后，贵州电力建设在“水火并举，大中小并举，因地制宜”的方针指引下，有了更迅速的发展。1976 年至 1984 年，共完成投资 9.72 亿元，占 35 年电力投资的 48.5%。先后建成了清镇电厂二期工程 15 万千瓦、水城电厂 5 万千瓦、猫跳河五级 10.2 万千瓦；乌江渡电站 63 万千瓦；新增网内装机 93.2 万千瓦。同时架设 22 万伏输电线路 562 公里，11 万伏线路 548 公里。1981 年 3 月，贵州电网以 22 万伏线路北跨乌江，翻越大娄山，与四川电网相联，形成了西南大电网。

乌江渡水电站位于遵义县乌江镇，是中国第一座在岩溶地区建成的高坝大型水电站。装机为 3 台 21 万千瓦机组，平均年发电量 33.4 亿度，概算总投资 6.05 亿元。水电部第八工程局于 1970 年开工承建，1981 年至 1983 年，3 台机组先后投产。该电站在设计上采用高坝（165 米）重叠式枢纽布置；在施工中采用了人工砂石料生产线和高压帷幕灌浆，缩短了工期，节约了投资，保证了工程质量。经过相当于五百年一遇洪水的考验，运行情况良好，机组出力都达到设计要求，是贵州水电建设中的一个好的典型。

自 50 年代起，贵州在建设较大水电、火电厂的同时，注意充分利用当地水力资源兴建小型水电站。从 1955 年开始，在兴义、毕节、惠水等县兴建一、二百千瓦的水电站，然后逐步铺开，增加布点，装机容量由小型向中小型发展；利用水头由低到高，运行管理由单机到联网，逐步发展提高。1956 年到 1965 年，省内小水电装机平均年增 1000 多千瓦；1966 年到 1975 年平均年增 1. 15 万千瓦；1976 年到 1983 年平均年增 2. 6 万千瓦。赤水县地处贵州省边缘，远离电网。他们自建了水电站 49 座，装机 7273 千瓦，使本县内所有区乡和 77% 的村、64% 的户都用上了电，其中风溪水电站设备利用小时达 6056 小时，达到全国先进水平，获全国小水电站先进单位奖。罗甸县修建石门坎水电站，第一台机组 3200 千瓦投产后一直负荷不足。1981 年向民用开放后，城关镇及临近农村 145 户已用电热烧水煮饭，每年可节约木柴 520 万斤。至 1983 年年底，全省共建成小水电 3722 处，装机共 33. 3 万千瓦，星罗棋布于全省城乡，每年可发电 5. 3 亿度，对发展经济、改善人民生活发挥了重大作用。

35 年来，贵州用于电力建设的投资累计 20. 03 亿元，占同期全省总投资的 10. 5%，在各行各业中居第四位。现已建成装机总容量 202. 94 万千瓦。其中，水电 120. 65 万千瓦，占 59. 45%；火电 82. 29 万千瓦，占 40. 55%。1984 年贵州电力工业由国家主力电网（装机 155 万千瓦），兴义、毕节、铜仁 3 个小电网（装机 2. 39 万千瓦）和网外小水电组成，发电 75 亿度，建成高压输电线路 4528. 5 公里，变电总容量 191. 94 万千伏安。是全国 14 个大电网之一。由于具备了富电的优越条件，国家才将电解铝、铁合金等耗电高的产品由东北地区和华东地区向贵州转移，促进了贵州生产和建设的发展。

四、以化肥为重点的化学工业建设

解放前贵州基本上没有化学工业，仅有 3 家小作坊，工人数十人，产品仅数吨。解放后，政府很重视化学工业的发展。50 年代后期，筹集资金新建了剑江化肥厂、遵义碱厂等一批中型化工企业，投产后供应了省内工农业生产的需要。同时建立了化工设计研究院、化工机械厂和化工安装队，为化学工业的建设和发展奠定了基础。

60年代前期，省政府明确要把发展化肥放在化学工业的首位，充分利用煤、磷、电的资源优势多产化肥，以适应农业发展的需要。先后建成了长顺、都匀、花溪、毕节、黔西、大方、凯里、安顺、兴义、普安、遵义、盘县等十几个小化肥厂。同时，国家从沿海迁入了一批化工企业，并新建了贵州有机化工厂、开阳磷矿等大中型企业。

70年代是贵州化学工业大发展的时期。从1971年至1980年的10年中，化工建设完成基建投资7.64亿元，占35年化工总投资的62.5%。在此期间，新建了年产合成氨6万吨、尿素9.9万吨的贵州化肥厂；成套引进设备的赤水天然气化肥厂也在此期间建成投产，从而大大提高了化肥的自给能力。1984年全省化肥产量已达160多万吨，除部分供应外省外，每亩耕地施用化肥量可达35公斤。

赤水天然气化肥厂坐落在赤水县马村。合成氨装置从美国引进，设计能力为30万吨；尿素装置从荷兰引进，设计能力为48万吨（折纯为22.5万吨）。全部工程概算投资3.49亿元，到1984年年底，已完成3.18亿元。该厂于1973年八月签订引进合同，1975年5月开工，1978年10月竣工，建设工期共3年半。经联动试车，投产成功，工程质量优良，日产水平超过设计能力。天然气消耗、补充冷却水、补充锅炉水、输出蒸汽、电力消耗等指标全部达到合同保证值。自投产到1984年年底，已生产合成氨144.73万吨，尿素232.4万吨，总产值达8.3亿元，累计实现利润28928万元，上缴税金3458万元，折旧5809万元，合计38195万元，经济效益显著。

35年中，全省化工投资累计12.23亿元，占全省总投资的6.4%，在各行业投资总额中居第五位。先后建成化工企业120个，其中大中型企业9个。在化工行业内部，已初步形成了化学肥料、有机化工、基本化工原料、化学矿山、橡胶加工、化工机械等品种比较齐全、门类比较完整、布局比较合理、大中小企业相结合的化学工业体系。累计新增的主要生产能力有：化肥140.47万吨，磷矿石222万吨，硫铁矿2.2万吨，硫酸（折100%）5.7万吨，烧碱（折100%）1.06万吨，高锰酸钾1.2万吨，合成纤维单体1万吨，轮胎30.3万条。1984年，全省化工产品总产值为78541万元，占工业总产值的 10.71%。

五、机械工业的建设

1949 至 1957 年，新建了一些小机械厂，但没有大中型项目。1958 年起，开始建设有八大机械厂的惠水机械工业区和贵阳近郊小河工业区，还在各地区新建了一批机械厂。至 1960 年，建成投产的有险峰机床厂、小河轴承厂、第三砂轮厂、贵州汽车配件厂等企业。1966 年后，机械工业建设有了很大发展。在其后的十来年中，建成了一批机械工业的骨干企业。其中有年产柴油机 16 万马力、柴油发电机组 1.3 万千瓦的贵州柴油机厂；有专业生产龙门刨和铣床的东方机床厂；有下属 8 个企业，主要生产低压电器元件、家用电器元件、继电器、开关板、成套控制设备的长征电器公司；有下属 7 个企业，年产精密电表 1.55 万只、万用电表 3.82 万只、示波器 145 台等产品的贵阳仪器仪表工业公司；有制造高倍生物显微镜、偏光显微镜等精密光学仪器的新天精密光学仪器公司；有年产精密球轴承和微型轴承 600 万套的虹山轴承厂；有年产人造金刚石 67 万克拉和金刚石制品 70 万克拉的第六砂轮厂和年产棕刚玉 2 万吨、双面油石 275 吨的第七砂轮厂；还有年修货车箱 2000 辆的贵阳车辆厂等。全省机械工业基本配套，生产能力大大增强。1977 年至 1979 年，贵州省农机工业建设出现高潮。各县普遍建设了农机农具厂，充实了小型农机具的制造能力和大中型农机的修配力量，农村中近 50% 的运输作业和粮油加工都能利用机械完成。1979 年以后，机械工业以调整生产结构、组织专业化协作、加速技术改造和发展新产品为目标，进行了改建和调整，提高了经济效益和竞争能力。

贵州民用电器工业自 1969 年开始起步，1979 年后迅速发展。1984 年，全省已有民用电器企业 15 个，职工 3898 人，为市场提供了电视机、收录机、洗衣机等共 17 万台。

从 60 年代中期开始，贵州作为战略后方进行了国防工业建设。经过 10 多年的努力，在省内建成了航空、航天、电子的国防工业基地，为军队研制和生产了大量的现代化装备，中共十一届三中全会以后，军工企业贯彻军民结合的方针，主要发展技术密集的民用产品。1983年已试制和生产电冰箱、微型反应堆、印刷机、卷烟机等500余种产品，民品产值已占总产值的20%。

除军工企业外，1984年全省民用机械电子工业企业已有1157个，拥有固定资产原值35.74亿元，总产值20.3亿元，占工业总产值的27.68%，是工业各部门中最高的。产品共约2300种，其中有70多种已成为“拳头”产品，在国内市场树立了信誉；有50多种产品远销美国、日本等40多个国家和地区。

六、城乡建设

贵州的城镇建设50年代进展较快，除兴建了一批行政、文教、公共建筑外，城市公用事业建设也获得较快的发展。至60、70年代，由于指导思想片面，必要的资金、物资被挤掉，欠账越来越多。1979年后，在中共中央和国务院有关方针政策指引下，贵州城镇建设以前所未有的速度迅速发展。35年中，全省城市公用事业投资累计24964万元，占全省总投资的1.31%。其中“一五”计划时期占2.6%，70年代降低至1%左右，“四五”计划时期进一步降至0.3%。粉碎江青反革命集团后逐步回升，1981年至1984年间已提高到3.6%。

中华人民共和国成立时，贵州省仅有贵阳1个市，人口21万人。1984年，全省已有省辖市2个，地州辖市4个；城市总人口达479.4万，总面积1.51万平方公里。新建成房屋面积2521万平方米，为解放初原有房屋总面积的3.5倍。

各城市的市政公用设施大量增加，城市面貌正在迅速变化。解放前全省只有1个自来水厂，日供水能力仅2000吨。至1984年年底，全省已有水厂10个，日供水能力30.9万吨。解放前贵州省城市根本没有排水设施。到1984年年底，已有排水管道350公里，防洪堤52.3公里。解放前没有城市公共汽车，1984年6个市均已建有公共汽车公司，营运路线总长达1758公里。城市道路比解放前增长3倍，其中水泥和沥青路面占71.8%。

80年代以后，在农村经济发展的推动下，乡镇建设也有了迅速发展。

1984 年，区所在地和非县城所在地的建制镇，正在普遍兴建或改扩建乡镇电影院、饭店、商店、旅社、文化站、邮电所、医院等；城镇郊区和条件较好的乡村小集镇和村寨已经通车、通电，公共建筑和服务设施也在建设。贵州乡镇建筑也逐步由混凝土空心砌块和钢筋混凝土平屋面代替了原来的木、石、土、砖瓦、茅草等，御寒、防潮、采光、卫生等条件正在明显地改善。成片的新村已在城郊和工副业、经济作物发达的地区开始建设。乡村面貌正在迅速变化。1984 年，乡村建设的个人和集体投资共达 7.19 亿元，建成房屋面积共 914 万平方米。

贵州是多民族居住的省份，除北部少数县外，全省各市县均有少数民族居住。在中共中央的民族政策指引下，已先后建立了 3 个自治州、7 个自治县，还有 260 多个自治乡在建立中。解放前，少数民族聚居的地方经济落后，发展缓慢。1949 年，少数民族地区工业总产值为 1869 万元，占全省工业总产值的 11.26%，人均仅 3.6 元。农业生产广种薄收，技术落后，甚至还用木犁、石犁，进行刀耕火种，粮食产量很低。1949 年粮食亩产仅 249 斤，人均仅 453 斤。当时少数民族在校学生仅 2 万人，识字的仅占总人口的 5.4%，结绳记事、刻木记事还在沿用。中华人民共和国成立后，在少数民族地区推行了土地改革和合作化，实行了民族区域自治，少数民族经济得到发展。至 1984 年，自治州、县的工农业总产值达 32.07 亿元，比 1949 年增长 5.4 倍，占全省工农业总产值的 23.76%；其中工业产值 8.58 亿元，比 1949 年增长 45.7 倍。已建立了电力、煤炭、冶金、机械、化工、纺织、制糖、皮革、森工、建材、食品等现代工业，产品部分运销外省甚至国外。施秉县是黔东南苗族侗族自治州的一个县，地处苗岭山区，苗族占 46% 以上，自 1963 年开始建设小水电，至 1984 年已建成 34 座，装机 4392 千瓦，使全县几乎所有的乡、村都用上了电，已被列为全国 100 个电气化试点县之一。

少数民族的文教事业也有了大的发展。1982 年，民族自治地区已建立小学 1.3 万所，在校学生 136 万余人；建立中学 449 所，在校学生 26 万余人；建立中专 53 所，学生 1.1 万余人；建立高等学校 3 所，学生 1581 人。另有 1848 名少数民族学生在省内其他高等学校学习。民族自治地区已建成文化馆

42个，图书馆27个，电影院68个，各县和一部分区建立了电视转播台和有线广播站。少数民族传统的活动场所如鼓楼、花桥等都进行了修整恢复或新建。

蜡染是贵州少数民族的传统工艺。1973年起开始建设安顺蜡染厂，经分期建设，已建成厂房5000平方米及外宾接待室等，形成了年产蜡染花布285万米、扎染13.5万条的生产能力。其产品质量好，曾荣获国际民族旅游优秀作品奖，产品60%出口东南亚和日本、美国、法国、加拿大等国家。

贵州35年的基本建设，累计完成投资191.2亿元，竣工总面积4841万平方米，形成固定资产128.0亿元，为投资额的66.95%。累计新增的主要生产能力有：发电装机171.2万千瓦，原煤开采1528万吨，合成氨44.94万吨，化肥140万吨，炼铁128.6万吨，炼钢35.5万吨，机械制造6256吨，水泥198.5万吨，棉纺锭14.7万锭，机制纸3.19万吨，卷烟33.5万箱，铁路1175公里，公路19874公里，水利灌溉面积160.0万亩。全省工农业总产值由1949年的11.25亿元增加到1984年的134.9亿元，增加10.99倍。在工业布局上，形成相对集中于贵阳、六盘水两大片，遵义、安顺、都匀、凯里四小块，在铁路两侧布点的格局，避免了工业的过分集中和城市的膨胀。

第三节　云南省的建设

云南地处中国西南边疆，是一个资源丰富的多民族省份。面积39.4万平方公里，人口3362万，其中总人数在4000人以上的少数民族24个，少数民族人口1065万人，占全省人口总数的1/3。

云南矿产资源丰富，各类矿产品种比较齐全，储量也较丰富。世界已知的156种矿产中云南有112种，其中有20多种探明储量居全国前列。铅、锌、锗的储量居全国首位；锡、镍、铟、铂、钯、盐居全国第二；铜、磷居全国第三；锑、银、铋、氧化铍居全国第四；汞、铊、锰和独居石居全国第五；钨、钛、铝土矿和镉的探明储量，均居全国前十位。有色金属有16个主要矿种、322处产地，已探明工业储量共达2677万吨，故云南有“有色金属王国”之称。

云南能源资源丰富，尤以水能、煤炭资源储量较大，开发条件优越。能源资源分布的特点是“东煤西水”，即自然形成的滇东北煤系和滇西北水系。全省水能资源蕴藏量达1.0364亿千瓦，仅次于西藏、四川；可供开发的装机容量为7100多万千瓦，居全国第二；可开发率为71%，居全国首位。煤炭远景储量达674亿吨，已探明储量总计为172.7亿吨，保有储量170.2亿吨，居全国第九位。煤种比较齐全，炼焦煤储量占全省总储量的20.5%，无烟煤占3.6%，褐煤储量占76%，达126亿吨，居全国第一。

云南的气候条件优越，具有热带、南亚热带气候的县共46个，地处热带和亚热带面积7.9万平方公里，占全省总面积的20%。全省高等植物达1.5万多种，可供利用的野生植物有2100多种，各类植物资源应有尽有，故云南又有“植物王国”之称。药材资源极为丰富。在全国发掘的4700多种药材中，云南就有2000多种，如三七、云木香、党参、当归、天麻、半夏、砂仁等都是特产名贵中药。

云南的森林和动物资源也很丰富。全省有林地面积1.43亿亩，约占全国的8%，森林覆盖率为25%，蓄积量9.88亿立方米，占全国10.4%。省内还有大量宜林空地和草山草坡。云南有珍稀动物50多种，全省鸟兽种数分别占全国种数的65%和55%。

云南是在中华人民共和国成立一个多月后和平解放的。解放前，由于长期的封建统治和军阀割据，云南的经济文化十分落后，人民生活极端贫困。农业生产水平低下，工业基础薄弱。1949年，全省粮食总产量仅78.6亿斤，工业总产值仅1.85亿元。交通运输更是困难，全省仅有窄轨铁路656公里，公路通车里程仅2783公里，省内多数地区全靠人背马驮，农副产品和日用工业品的集散，都是由马帮辗转运输于崇山峻岭之中。

解放后，开始进行了大规模的基本建设。经过35年的努力，使云南省工业基础薄弱，农业生产落后，交通运输困难的状况，有了很大改变。

35年来，云南基本建设的发展，大体经历了几个阶段。一是从1950年到1957年，重点是对原有的工矿企业进行恢复、改组、改建和扩建，生产很快得到恢复和发展。与此同时，还大力修建了新的公路干线，改造了原有的公路。在此基础上，开始了国家重点建设的铜、锡等有色金属工业基地以及为之服务、配套的电、煤、水泥等工业，并积极着手建立以橡胶为中心的亚热带植物基地。二是从1958年到1963年。其中1958年到1960年3年“大跃进”时期，由于“左”的思想影响，建设项目急剧增加，“小土群”遍地开花。一下子铺开钢铁、有色、机械、煤炭等20多个大中型项目和几千个小型项目。由于不讲科学，不按基建程序办事，许多建设项目难以持续进行。1961年对国民经济进行调整，建设项目大量下马，基建规模不断压缩，基本建设投资重点转向农业、支农工业和轻工业的建设，以解决人民的吃、穿、用问题。经过后三年的调整，生产开始稳步增长，基本建设也逐步恢复正常。三是从1964年到1976年。1964年国家建设重点从沿海转到内地，为配合三线建设和发展云南经济，一批重点建设项目如铁路、钢铁、有色、电力、机械、化肥、煤炭、林业、轻工以及军工等项目亦相继上马。其间尽管受到十年内乱的严重干扰、破坏，许多建设项目工期长、浪费大、效果差，但一大批工程如贵昆、成昆铁路，昆明钢铁公司，滇中铜矿，西洱河电站，云南天然气化工厂，田坝后所煤矿的一些主要矿井等，都是在这一时期完成的。在这一时期，还出现了像天然气化工厂、易门铜矿的狮子山采选厂等建设比较快，投资比较省，经济效益好的项目。四是1976年以后，特别是中共十一届三中全会以后，基本建设进入了新的发展时期。比例关系渐趋合理，投资效益显著提高。一批制糖、卷烟、纺织、磷酸五钠等轻工项目，以及化肥、磷化工、橡胶、水泥方面工程都较快建成投产。与此同时，能源建设也明显加快。小龙潭电厂、鲁布革电站全面展开建设。另外，还进行了漫湾电站、广（通）下（关）铁路和磷化工方面的大型项目的前期准备工作。

云南的基本建设虽经历了曲折的过程，但取得的成绩是巨大的。35年共完成基本建设投资247.3亿元，新增固定资产178.9亿元，建成大中型项目160多个，小型项目9000多个，兴建各种房屋6729多万平方米。工业方面，新增的主要生产能力为：炼钢56.6万吨/年，铜冶炼7.35万吨/年，锡冶炼3.13万吨/年，铅冶炼8.87万吨/年，锌冶炼3059吨/年，煤炭开采675万吨/年，发电装机容量148.84万千瓦，水泥196万吨/年，机制纸及纸板

5. 53 万吨/年，机制糖 29. 63 万吨/年，棉纺锭 11. 4 万锭，原木采运 132. 5 万立方米/年。机械工业由解放初的以修配为主扩展为机床、电器、汽车、重型机械、电子、仪器仪表等 10 个行业，品种达3500 多种，产值为解放初的 61 倍。军工已相继建成从科研、生产到试验的鱼雷生产基地和常规武器生产基地。全省已初步建立了大中小结合、门类众多、拥有一定生产能力的工业基础。

农业和支农工业方面，共建成水库工程 4283 项，新增库容 50. 23 亿立方米；化肥（实物量）生产能力达 272. 5 万吨/年，拥有大中型拖拉机 1. 84 万多台，手扶拖拉机 6. 1 万多台，排灌机械 4. 64 万多台/81. 75 万马力，农用载重汽车 7500 多辆。同时，还建成全国第二个天然橡胶基地。

交通运输方面，新修铁路铺轨里程 1239 公里，铁路货运量比解放初增长了 77. 4 倍；新建公路 34283 公里，通车里程达到 46560 公里，为 1949 年的 15. 7 倍；公路货运量比 1952 年增加了 18 倍。同时，航空、水运、邮电事业也有较快发展。

随着经济基础不断增强，科学、文化、教育、卫生、商粮、财贸以及城市建设等方面设施，也得到相应的改善。35 年中，用于非生产性建设的投资共达 53. 51 亿元，新建住宅 2630 万平方米，医疗用房 195 万平方米，各类校舍 436. 2 万平方米，商业和服务行业房屋 309 万平方米。人民的物质和文化生活条件有了显著改善。

一、“有色金属王国”的原材料工业和能源工业建设

云南资源丰富，矿产开采的历史也较悠久。2000 多年前的汉朝时，就开始了银、铜、铁的开采；锡的开采也有 300 多年历史；全国最早的水电站也是在云南建成的。但这些早期建立起来的工业，不仅没有得到发展，而且日趋衰落。中华人民共和国成立以后，“有色金属王国”的丰富资源，才得以不断的开发利用，并相应地进行了其他原材料工业和能源工业的建设。1950 年到 1984 年 35 年中，国家投入原材料工业和能源工业建设资金达 85. 7 多亿元，建成了一批具有相当规模的有色、钢铁、电力、煤炭、化工、建材、森工等

工业企业，为发展云南经济奠定了一定的物质基础，为支援国家建设做出了积极贡献。

（一）有计划有步骤地建立了一批有色金属骨干企业。

解放后，国家非常重视云南有色金属工业的发展。35 年中有色金属工业建设投资达 24.3 亿元，新增固定资产 19.83 亿元，建成投产大中型项目 9 个，小型项目 54 个。新增主要生产能力有：铜采矿 2.57 万吨/日，铜选矿 2.74 万吨/日，铜冶炼 7.35 万吨/年，铜电解 5.69 万吨/年，锡选矿 2.21 吨/日，锡冶炼 3.13 万吨/年，铅冶炼 8.87 万吨/年，铅电解 1.8 万吨/年，锌电解 6600 吨/年，铝电解 3000 吨/年，金属锗 3000 公斤/年。1984 年主要有色金属产量达 13.69 万吨，比 1949 年增长 63.7 倍，主要骨干项目有：

1. 以云南锡业公司为中心的个旧锡基地。个旧锡矿开采已有 300 年的历史，但 1949 年只生产锡 2000 吨。解放后，国家把它列入 156 项重点建设项目，一方面采取有效措施迅速恢复生产；一方面加强地质普查和勘探工作。在苏联专家的指导下，研究制定扩建规划，云南锡业公司（简称云锡）第一期扩建工程为年产精锡 16500 吨，并对矿区公路、供水、供电、选矿、冶炼等全面进行配套建设。从 1952 年开始，兴建当时全国最长的从老厂至大屯选厂的 15.6 公里架空索道工程，仅用了 1 年时间，于 1953 年 9 月建成，日运矿 1500 吨。1953 年开工建设的有日处理原矿 1500 吨的大屯氧化矿选厂；日处理 800 吨的黄茅山采选厂，以及 1956 年开工建设的日处理原矿 6000 吨的大型新冠选厂和 1958 年开工建设的 800 吨老厂选厂。这些选厂工程，都只经过一年多一点的时间就先后建成了。规模为 16500 吨/年的个旧冶炼厂，1954 年开工建设，1955 年建成投产。至 1957 年年底，云锡第一期扩建工程如期建成。以后，主要是进行填平补齐，完善生产系统，对原有的采矿、选厂和冶炼厂进行技术改造和扩建，扩大采、选、炼的能力。主要工程有：恢复两次因工程达不到要求而被拆除的松树脚硫化矿采选工程，800 吨老厂选厂工程，劳动防护和研究所工程、黄茅山选厂、卡房选厂的改造，以及个旧冶炼厂 13500 吨的扩建和新冠选厂的扩建。此外，还建设了 500 吨氨浸厂、500 吨中矿冶炼厂以及金平镍矿，后均因工艺不过关而停建。为了进一步开发云锡，1978 年

3 月，老厂脉矿采选工程正式开工，建设规模为 1324 吨/年。经过 35 年的建设，云锡公司年出矿能力 700 万吨，选矿能力 900 万吨，精锡和焊锡冶炼能力 2 万吨，已建成一个以锡为主，副产铜和稀有金属的大型有色金属采、选、炼联合企业。此外，利用分散矿带，带动地方兴建了一批中、小企业，使个旧成为一个有色金属基地。

2. 东川、易门、大姚、牟定等铜基地和云南冶炼厂的建设。早在清朝时，东川已经成为全国重要的产铜基地。解放后成立了东川矿务局。首先进行黄水菁日处理原矿 20 吨试验选厂和矿区公路等建设工作。1958 年 7 月，开始对因民、澜泥坪、落雪、汤丹、新塘、白锡腊、石将军和人站石 8 个采选厂和新村机修厂进行全面建设。1959 年贯彻中共中央和国务院缩短基本建设战线、集中力量打歼灭战的方针，停建了白锡腊、新塘、汤丹、落雪、石将军、人站石等 6 个采选工程，集中力量建设因民、黄泥坪两厂。1960 年 5 月 1 日因民采选厂建成投产，能力为：铜采矿 3300 吨/日、选矿 3600 吨/日，总投资 6269 万元，建设工期 22 个月；7 月 1 日澜泥坪采选厂建成投产，能力为：铜采矿 800 吨/日，选矿 1500 吨/日，总投资 3442 万元，建设工期 24 个月。1964 年恢复了落雪采选厂建设，1967 年因“文化大革命”的干扰破坏而停工，至 1968 年 10 月才再度恢复施工。1969 年 4 月，一期日处理 3000 吨的工程正式投产；1970 年七月，二期日处理 3500 吨工程投产，全部建成落雪采选厂 6500 吨/日的建设规模，总投资 18632 万元。1970 年 10 月，汤丹马柱硐日处理能力为 1700 吨采选厂恢复建设，1977 年投产，总投资 5146 万元。至此，东川矿已建成 4 个采选厂，日采选能力达 1.3 万吨，以及相应的辅助生产设施。35 年中国家对东川矿共投资 4.98 亿元。

易门铜矿，从 1958 年开始建设狮子山、三家厂采选工程和一都、里士矿山工程，1959 年集中力量建设三家厂一期采选工程（包括狮子山、风山矿山和木奔选厂），1960 年 5 月 1 日建成投产，能力为：采矿 3800 吨/日，选矿 4400 吨/日，1960 年又扩建一个系列；核定能力为 5800 吨/日，总投资 8220 万元。狮子山工程 1961 年停建，1970 年又重新筹建。到 1974 年，矿山开拓已完成 60%，选厂工程于 1975 年 2 月开工，集中力量打歼灭战，仅用了 10

个月的时间就基本建成，当年12月从矿山到选厂进行带负荷联动试车，生产出了合格产品。1977年10月，矿山工程建成投产，总投资4965.75万元，达到日采选1800吨能力。

以牟定、大姚为中心的滇中铜矿基地，从1966年开始建设，1973年年底牟定铜矿基本建成，总投资9112万元，形成1500吨/日采选能力。大姚铜矿原计划建为4000吨采选厂。1972年，冶金部决定分成两步建设，先建氧化矿，1975年年底井下工程基本结束，1976年5月选厂建成投产，形成1500吨/日采选能力；硫化矿选厂于1978年年初开工，1979年9月建成投产，形成3000吨/日采选能力。到1984年共投资19461万元。

与东川、易门等铜原料基地配套的云南冶炼厂，于1958年开始建设，1960年建成投产，形成电解铜4.5万吨/年的冶炼能力。到1984年共投资13684万元。

3. 澜沧和会泽铅锌采选冶炼建设。澜沧铅冶炼厂于1956年开始建设，除从会泽迁建一座年产1万吨粗铅的鼓风炉外，还新建了年产1万吨粗铅的冶炼厂和相应的750千瓦火电厂，从而在祖国西南边陲建成了一个现代化企业，带动了少数民族地区经济的发展。为与粗铅生产相配套，1958年，昆明冶炼厂改建了年产1.8万吨的电解铅车间，并扩建电解锌能力700吨/年。1957年，会泽铅锌矿开始修建试验性烟化炉，1959年拿出锗金属。从1962年起，根据国家要把会泽铅锌矿建成一座现代化的多金属采、选、炼联合企业的要求，开始了大规模的基本建设。至1965年上半年，一座年产电解锌1.2万吨，粗铅5000吨，锗3000公斤的冶炼厂及其外围工程全部竣工，投入生产。1984年起，又开始了冶炼厂的采选工程的建设。

此外，1969年还开工建设了云南铝厂，它于1972年建成投产，年产电铝3000吨。

（二）以昆明钢铁公司为重点的钢铁工业建设。

1949年，全省钢、铁、材的产量，分别仅为356吨、6442吨和248吨。解放后，云南坚持大、中、小并举的原则，建设投资近10亿元，新增生产能力主要有：铁矿石开采164万吨/年、炼焦76万吨/年、炼钢57万吨/年、轧钢（一次精轧）48 万吨/年、炼铁 66.6 万吨/年。

云南钢铁工业基本建设的重点是昆明钢铁公司（简称昆钢），它的前身是“云南钢铁厂”和“中国电力制钢厂”。解放前仅有小电炉、小高炉、小转炉各 1 座和 1 套小轧钢机，只能炼出少量的土钢。解放后，在恢复生产的基础上，两厂于 1953 年合并。1956 年改名为昆明钢铁厂，并逐步对设备进行部分调整和改造，1957 年钢产量达到 17032 吨，相当于解放前最高年产量的 21 倍。为了扩大生产能力，第一次扩建于 1957 年 11 月开始，从 1958 至 1960 年，建成投产的主要工程有：八街、王家滩铁矿及矿山铁路专用线、炼铁部分的二、三号高炉，炼钢部分的 1.6 吨侧吹转炉 1 座，2 吨侧吹转炉 2 座，4.5 吨侧吹转炉 4 座，5 吨电炉 1 座，10 吨侧吹转炉 2 座。轧钢部分有 450 × 4. 250 ×6. 650 ×3 轧机各一套。与此同时，还建成了大量辅助生产设施和民用建筑。这一时期由于单纯强调速度，不讲质量，不讲经济效益，不少工程没有收尾即简易投产，前后不配套，造成各个生产环节间的不平衡，遗留了大量收尾工程。因此，三年调整时期又进行了部分完善。1965 年年底，昆钢第二次扩建被列入大三线重点项目。1966 年 3 月，国家计委确定扩建规模为年产钢 55 万吨、铁 60 万吨，并决定由上海市包建。同时，经省政府批准成立了现场指挥部，加强对扩建工程的领导。1966 年到 1976 年，昆钢相继建成了一大批骨干工程，主要有：烧结厂的 5 台 18 平方米烧结机；焦化厂的 42 孔焦炉；五号炼铁高炉（容积 620 立方米）；热电车间 75 吨锅炉 2 台；炼钢车间 15 吨氧气顶吹转炉及其相应辅助设施，5 吨电炉 2 座；轧钢部分新建了中板车间、薄板车间、无缝管车间；矿山部分建成了罗茨铁矿、上厂铁矿；公用辅助设施建成了二总降压站，安装 SLF—20000/10 煤气加压站以及厂内运输系统。

1978 年后，昆钢基本建设也进入了一个新的时期。除完成“文化大革命”时期遗留下来的大量收尾配套工程，迅速形成生产能力外，还完成了氧炼钢污泥处理、焦化的熔剂脱酚和生物脱酚等环保工程，昆钢进入了全国冶金行业的环保先进行列。1980 年以后，昆钢在改革和扩大企业自主权的基础上，着重抓了经济效益的提高，进行了产品结构的调整、新技术和新设备的采用以及节能措施等。先后建成了年产 8 万—10 万吨的盘元车间，填补了云南省线材的空白；建成了从联邦德国引进的两台小方坯连铸机；转炉煤气回收 7000 立方米煤气柜和焦炉煤气回收 2 万立方米煤气柜；罗茨铁矿选矿厂、上厂铁矿磁选设施等。

35 年中，昆钢共完成建设投资 7.17 亿元，建成具有矿山、烧结、焦化、耐火、铁合金以及炼铁、炼钢、轧钢等配套的钢铁联合企业，基本上形成了年产生铁 60 万吨、钢 50 万吨、材 40 万吨的综合生产能力。1984 年实际生产生铁 46.7 万吨、钢 47.2 万吨、材 42.3 万吨、焦炭 49.4 万吨。

（三）开发煤炭资源。

云南有丰富的煤炭资源，已探明储量 172.7 亿吨，保有储量 170.3 亿吨。但在解放前很少得到开发利用，仅有明良、一平浪、凤鸣村、小龙潭和鸟格等官商经营的煤矿，规模小，产量少，技术落后，设备简陋，1949 年全省煤炭产量仅 23.7 万吨。

中华人民共和国成立后，首先对明良、一平浪煤矿进行了技术改造，改善劳动条件，扩大生产能力。同时，为解决昆明市民用煤供应，小龙潭煤矿也于 1953 年年底开发建设。从 1958 年起，开始了大规模的煤田地质勘探和基本建设。先后开工建设的矿井有：来宾煤矿 4 处，规模为 145 万吨/年；羊场煤矿 8 处，规模为 245 万吨/年；宝山煤矿 3 处，规模为 120 万吨/年；一平浪新开矿井 3 处，规模为 42 万吨/年。1959 年又开工建设恩洪煤矿矿井 5 处，规模 150 万吨/年，可保煤矿，露天矿 2 处，规模 60 万吨/年。3 年内，同时开工建设的有 6 个矿区，25 处矿井、露井矿，总规模达 762 万吨/年。但由于前期工作做得不够，资金不足，设备供应不上，宝山矿区于 1959 年停建。1962 年，又相继停建了来宾、羊场、恩洪矿区的一部分在建矿井，然后集中力量建设来宾、羊场、一平浪和可保煤矿共 8 处矿井。1964 年小龙潭煤矿一期 150 万吨改造工程开工建设。1969 年开始建设田坝煤矿，规模为 171 万吨/年；1970 年开始建设后所煤矿，规模为 101 万吨/年；同时，又开始小龙潭二期 210 万吨扩建工程。35 年中，煤炭基本建设共完成投资 8.33 亿元。新增原煤开采能力 675 万吨/年，洗煤 227 万吨/年。1984 年全省原煤生产能力达到844万吨，煤炭产量1536万吨，为1949年的64.8倍。

（四）电力工业建设。

云南水利资源丰富，早在1909年就利用滇池作调节水库，在出道河螳螂川上，修建了中国第一个水电站——石龙坝水电站。但从1909年至1949年的40年间，全省总的水、火电装机仅1.45万千瓦。解放后，云南电力工业的建设逐步得到发展。“一五”计划时期建设的属于156项重点工程之一的开远火电厂，是为云南锡业公司的扩建而配套建设的。35年中，全省电力工业基本建设投资共26.95亿元，新增发电装机容量148.84万千瓦。其中水电92.16万千瓦，全部或部分建成投产的大中型水电站有：以礼河电站、绿水河电站、六郎洞电站、西洱河电站和黄泥河大寨电站。火电厂有：开远电厂、普坪村电厂、阳宗海电厂、宣威电厂、巡检司电厂等。送变电工程有：昆明至宣威、以礼河至昆明、下关至楚雄、昆明至楚雄、温泉至马鞍山等5条220千伏输电线和71条110千伏输电线，总长度达2900多公里，并形成了全省统一的电网。以礼河电站是云南兴建的第一座大型水电站，总装机32.2万千瓦，分四级开发。经过一年多的准备，1956年7月1日二级电站正式开工，至1958年第一台机组发电，到1972年整个四级电站全部竣工投产，历时18年，总投资4.3多亿元。宣威电厂是到1984年止云南最大火电厂，装机20万千瓦，分四期建设，1965年开工建设一期工程，以后陆续扩建，至1979年5月，四期扩建工程全部竣工，平均每千瓦造价555.7元，是云南已建成的火电厂中造价最低的一个厂。

云南农村小水电发展也很快。到1984年，全省建成的小水电站达6400多座，总装机容量达60多万千瓦，主要靠小水电供电的县有95个。其中有88.7%的公社，64%的大队，46.6%的生产队，49.1%的农户都用上了电。

到1984年止在建的电站还有：鲁布革水电站，规模60万千瓦，是中国第一个引进外资和第一个在国际上招标建设的水电站。小龙潭电厂，规模60万千瓦。西洱河三级电站5万千瓦。

截至1984年止，云南全省发电设备总能力为185.2万千瓦，为1949年的128倍；发电量70.27亿度，为1949年的137倍。

（五）化学工业建设。

云南磷矿储藏量丰富。已探明储量19.1亿吨，远景储量200多亿吨，是全国磷矿储量最多的省。滇池周围磷矿集中，具有埋藏浅，品位高，适宜露天开采等特点，远景储量达46亿多吨。

解放前，云南的化学工业基础薄弱，产品单一，生产能力低。1949年，全省有小型化工企业21个，职工575人，化学工业总产值仅占全省工业总产值的0.5%。35年中，云南的化学工业建设投资累计达18.41亿元，先后建成了昆阳磷矿、昆阳磷肥厂、云南化工厂、开远化肥厂、云南氮肥厂、宣威溶剂厂、云南轮胎厂、沾益化肥厂、云南天然气化工厂和云南磷肥厂10个大中型项目和一批小型项目。到1984年，全省化工企业已发展到280多个，有职工6.57万人，分别比1949年增加12.3倍和113.2倍。化学工业产值占全省工业总产值的11.7%，产品品种达334种。磷矿产量占全国磷矿总产量的34%。云南已建成化工矿山开采、基本化工原料、有机化工和化学肥料等多种化学工业生产和加工基地。35年新增主要生产能力有：磷矿石开采202万吨/年、硫酸24.6万吨/年、烧碱3.8万吨/年、电石5.8万吨/年、合成塑料6400吨/年、轮胎20万套/年、总溶剂3000吨/年等。

为开发滇池周围的磷矿资源，中国最早的磷矿之一——昆阳磷矿于1954年开始建设，边建设、边出矿。1965年国家批准计划任务书。1966年2月，按350万吨/年的规模开始进行扩建。1979年改称昆阳磷矿矿务局，下属有昆阳磷矿、海口磷矿和晋宁磷矿等，建设规模扩大到430万吨/年。1984年已建成90万吨/年的生产能力，成为全国当时最大的露天磷矿。

同期，云南的基本化工和有机化工原料工业的建设也有较快发展。经过35年建设，云南已建成一批烧碱生产企业，生产能力达3.82万吨/年。硫酸生产也有较大发展，云南冶炼厂建成了年产9万吨的硫酸生产线。全省硫酸产量由1949年的77吨增加到24.56万吨。云南化工厂、云南维尼纶厂还建成了年产电石5.8万吨的车间。1966年建成了年产总溶剂3000吨的宣威溶剂厂。1960年建成了年产1万吨油漆的昆明造漆总厂。另外，为利用云南的橡胶资源，1966年建成了云南最大的橡胶加工企业——云南轮胎厂，年产轮胎

20 万套。

（六）建材工业建设。

云南的非金属矿蕴藏量大，品种多，发展建材工业的条件很好。解放前，仅有一座年产 4000 多吨的云南水泥厂和一些生产砖瓦、大理石等的手工作坊。

解放以后，特别是 1979 年以后，云南的建材工业有了较大发展。1950 年至 1984 年，全省建材工业投资累计达 4.4 亿元，建成了昆明水泥厂、开远水泥厂和昆明平板玻璃厂 3 个大中型项目和 100 多个小型项目，新增水泥生产能力 195.9 万吨/年、平板玻璃 75 万标箱/年。1984 年，全省水泥产量达 264 万吨，比 1949 年增长了 527 倍。随着经济建设的发展，各种新型建筑材料应运而生，产品由过去单一品种发展到 50 多个品种。

二、改变交通闭塞状况

解放以后，为改变云南交通闭塞状况，进行了大规模的基本建设。从 50 年代起，驻军部队、铁道兵和各族群众一起，修建了大量的公路、铁路、驿道、桥梁和通讯线路，改善了部分江河航运。35 年中，交通邮电建设的投资共达 42.6 亿元。新建了铁路干线，修建了从昆明通往滇西、滇南和滇东北等地区的公路，建成了以昆明为中心的邮电通讯网，开辟了通往北京、上海、广州、香港、仰光等国内、国际和省内航线共 15 条，开通了从永善、水富经长江通往上海的水运航道。云南的交通运输和通讯落后状况得到了较大的改善。

（一）贵昆、成昆铁路干线的建成促进了云南经济的发展。

解放前夕，云南境内仅有窄轨铁路 656 公里。这些窄轨铁路设备陈旧，年久失修，年货运量仅 32.3 万吨。

解放后，首先对原有铁路进行了全面整修。1956 年 8 月，昆河铁路碧色寨至河口段正式开工复轨，由铁道兵一师承担施工任务。经过一年零四个月的抢建，1957 年年底在倮姑车站联轨。次年 3 月，开始中越国际联运。从 1958 年起，国家在云南开始了大规模的铁路建设。到 1984 年先后建成了贵昆、成昆 2 条铁路干线和东川、羊场、盘西、昆阳、田坝、罗茨、安八（安宁至八街）、草雨（草坝至雨过铺）8 条铁路支线和专用线，还利用原滇缅铁路路基修复了昆明至一平浪的铁路。

贵昆铁路全长 643 公里，云南境内 334 公里。1958 年 7 月全面开工，1961 年 6 月完成昆明至沾益段的铺轨，同时办理临时营运。1962 年因国民经济调整全线停工，1964 年 9 月又恢复建设。1966 年 3 月在贵州境内的观音岩大桥胜利接轨，同年 7 月 1 日，正式交付营运，云南“铁路不通国内通国外”的历史由此结束。为了提高铁路的运输能力，从 1984 年开始对贵昆铁路进行电气化工程改造。

成昆铁路全长 1100 公里，云南境内 289 公里。1965 年年初同四川段的建设相配合，开始由南向北展筑，经过一年零四个月的艰苦奋战，基本完成昆明至广通段的桥隧和土石方工程。1966 年 4 月起，以平均每天 2828 米的速度由昆明向广通铺轨，当月底就通车至广通。但后由于“文化大革命”的影响，工程处于时停时续的状态。1969 年年底，中共中央发出“成昆线务必于 1970 年 7 月 1 日通车”的指示，广大筑路人员排除干扰，克服重重困难，在仅有的半年多时间内，夜以继日，紧张战斗，成昆铁路终于如期建成。

（二）公路建设发展迅速，改善了省内交通运输条件。

云南山峦起伏，道路崎岖，交通极为不便。从 1928 年成立省公路总局起到 1949 年的 20 多年中，仅修通滇黔和滇缅公路，成为通往内地和国外的唯一通道。1949 年，全省公路实际通车里程仅 2783 公里，通车的县仅 46 个，严重阻碍着云南经济的发展和内外经济文化的交流。

解放后，中共中央和国务院十分重视云南的交通建设。在公路建设中，采取了“中央投资，专业队伍进行重点建设和地方投资，民工建勤进行普遍恢复，改善与新建相结合”的方针，在驻军部队的大力支持下，发动群众，先后建设了滇藏、昆（明）（打）洛、碧（色寨）河（口）、南（涧）大（南）、个（旧）金（平）、晋（城）思（茅）、昆（明）那（发）、三（台寺）罗（村口）、南（涧）晋（洱）等公路干线。同时，对原有公路干线加以改造，提高了通过能力。1958 年云南公路建设进入高潮，高峰时修路人数达 40 多万人，这一年共新建公路 7004 公里。同时，还建成了几座大跨径桥梁。如昆明至那发线上的长虹桥，跨径达112.5米，是当时全国石拱桥型中跨径最大的桥梁，曾参加了国际桥梁展览。

1964年以后，加强了国防、边防公路的建设。20多年中，先后建成了楚雄至墨江、元谋至永仁、建水至石屏、漾濞至永平、德钦至芒康、楚雄至勐捧、秧田冲至转龙、匹河至贡山、盐井至宁静、盈江至昔马、勐连至南段、勐定至南伞等10多条国防、边防公路，对巩固国防、保卫边疆起到了重要作用。

1978年以后，云南的公路建设进入了新的发展时期。一方面抓紧原有公路的改造，另一方面采取地县自筹、各方集资、群众投劳、省给补助的办法，大力兴建县级和乡村公路。从1984年冬至1985年春，全省投入修路的民工日平均达58万人，新建、改建公路5617公里，乡村道路6103公里，新建大中型桥梁29座。

35年中，云南不仅修起了横贯云贵高原、乌蒙山区，通向贵州、四川、广西、西藏的交通大动脉，还修建了从昆明通向滇西、滇南、滇东北等地的省内公路网。从1950年至1984年，云南的公路建设投资达18.47亿元，新建公路34283公里，通车里程达46560公里，比解放初期增长了14.7倍。全省有128个县、96.5%的区以及58.8%的乡通了公路。

三、开发橡胶生产基地

云南省境内有8个地、州的46个县处于热带、南亚热带地区，气温高，雨量充沛，适宜种植天然橡胶和其他热带经济作物。1940年，德宏土司刀印生从新加坡引种橡胶8000余株。1942年又有华侨钱仿周从泰国引种橡胶苗2万株，在西双版纳办起了第一个橡胶园。但由于抗日战争时期日机轰炸，加之国民党政府不扶持生产，致使胶园荒芜。至1949年，引种的橡胶仅存近百株。

1950年，云南省就组织力量引进橡胶种子和苗木，在滇南、滇西、滇东等地选点试种。1953年，国家组织中国科学院、东北森林测量队等单位共1000多人的橡胶宜林资源勘察设计队伍，进行资源调查和建场设计。经过5

年的艰苦努力，查清了全省宜胶面积306万亩，在多点试种的基础上，提供了发展橡胶及其他热带作物的科学依据，为建立以橡胶为主的热带作物基地奠定了基础。

从1956年起，云南开始有计划地大规模种植天然橡胶及其他热带作物。国家从华南地区抽调大批干部和技术人员，支援云南发展热带作物生产，组建了“云南热作局”，1957年改为“云南农垦局”，建立了第一批农场。1957年，西双版纳州橄榄坝农场、红河州河口农场、热带作物研究所3个单位的胶园首次割胶。云南广大植胶工人和技术人员，在长期的实践中总结出了适合本地自然规律的植胶技术和科学管理经验，突破了植物学界划定的天然橡胶生产的“禁区”，使天然橡胶的种植在平面距离上向北推移了3000多公里，海拔提高了近千米，为扩大世界的植胶面积创造了比较完整的经验。1982年荣获国家农委和国家科委颁发的“国家重大农业科技推广奖”和国家科委颁发的“国家一等发明奖”。

1984年，云南担负橡胶生产任务的国营农场已发展到38个，职工13万多人。35年中，共完成建设投资12.7亿元，橡胶定植面积达128.02万亩，开割橡胶35.9万亩。到1984年年底，累计生产干胶19万吨，咖啡豆3.93万担，胡椒3600担。同时，民营橡胶也有较快发展，橡胶定植面积达24.48万亩，开割橡胶2.96万亩，年产干胶1400多吨。西双版纳农垦分局农场已开割的胶林，平均亩产干胶79.2公斤，亩产量居全国之首，在国际上超过了印度尼西亚，仅次于马来西亚和利比亚。全省干胶年产量占全国总产量的35%，已成为仅次于广东省的全国第二个天然橡胶生产基地。

四、改善农业生产条件

解放以后，随着国民经济的恢复和发展，云南的农业和支农工业的建设也有较快发展。从1950—1984年，全省用于农业的建设投资达26.7亿元，为同期全省投资总额的10.8%；用于农机工业的建设投资达2.8亿元，为机械行业投资总额的34.2%；用于化肥、农药工业的建设投资达13.7亿元，为化工行业投资总额的74.3%。经过35年的建设，农田水利条件有较大改善，有效灌溉面积增加到1442万亩，占耕地总面积的34.3%，为1949年的4倍，初步控制了一般水旱灾害。同时建成了年产拖拉机1.5万台的生产能力，1984年全省机耕面积占总耕地面积的6.3%。建成了年产化肥（实物量）272.52万吨的生产能力，1984年全省平均每亩耕地施用化肥达70.1斤。特别是1979年以后，由于农村承包责任制等各项政策的落实，全省的农业生产面貌有较大改观。1984年，全省农业总产值达80.5亿元，粮食总产量达201亿斤，分别比1949年增长7.7倍和1.5倍。林、牧、副、渔也有较大发展。

（一）从云南实际出发进行水利建设。

云南水资源十分丰富，年平均产水量2200亿立方米；人均占有水量6300立方米左右，为全国人均占有水量2700立方米的2.4倍。但水源虽然丰富，开发却相当困难，且地区、季节之间分布极不均衡。省内粮食和经济作物主产区的产水量偏少，必须通过兴修水利来解决。

云南早在西汉时期，就开始“穿龙池，溉稻田”，兴修小型农田水利了。虽然治水历史悠久，但成效甚微。1949年，全省有效灌溉面积仅360多万亩，仅占当时总耕地面积的9.8%。从1950年起各级政府十分重视水利建设。35年中，水利建设累计投资达23.6亿元。截至1984年止，全省已建蓄、引、提各类水利工程28万多件，其中蓄水工程5万多件，总库容达55.76亿立方米；引水工程21万多件，固定机、电排灌站9400多处。1984年，全省实际灌溉面积达1442万亩，为1949年的4倍。

1. 坝区水利建设。云南的坝区面积仅占全省总面积的6%，而坝区的耕地面积却占全省耕地面积的33%，是粮食和经济作物的主产区。因此，搞好坝区的水利建设至关重要。云南坝区有两种类型：一种是位于湖滨和较大河流的中下游，水源充沛，四周植被较好，一般都有长流水，如昆明坝、洱海坝、澄江坝、通海坝、沾益坝、玉溪坝、保山坝、遮放坝、陇川坝等，主要采取蓄、引、提相结合，多种形式建设水利设施，使水资源得到充分利用。如拥有13万亩耕地的玉溪坝子，1958年动工兴建库容6938万立方米的东风水库；以后又逐年兴建小型蓄、引、提工程，使灌溉面积由原来的6.8万亩增加到12.3万亩，基本解决了干旱问题，粮食和经济作物产量一直居于全省前列。另一种是干坝子，它位于河流源头或分水岭附近，源近流短，降雨量又少，水源缺乏，兴修水利工程比较艰巨。因此，对这类地区主要进行了全面规划，搞好水土平衡，采取多种办法，全面开发和利用水源。如有名的旱坝子祥云县，坝区共有耕地 26 万亩，经过引蓄境外流域水源，兴建了普棚、邵家水库，采取蓄、引、提并举，自流灌溉、提水灌溉和喷灌相结合的方法，在充分利用地表水的同时，也开发地下水等，进行全面水利建设，使有效灌溉面积由解放前的 2 万亩增加到 21. 5 万亩，水利化程度达到 62% 。

云南坝区治水的另一措施就是防洪防涝。全省易涝的耕地 356 万亩，大多数分布在坝区。1950 年以后，共治理大小河道 1100 多条，修建堤防 3652 公里，加上灌区配套，开沟排水，完善排灌系统，改善低产田等，已除涝 248 万亩，占易涝面积的 70% 左右。

2. 山区水利建设。云南山区的耕地和水源分散、水土流失严重，有效灌溉面积较少，人畜饮水困难。1950 年以后，针对山区的特点，水利建设采取因地制宜，小型为主，以引为主，引蓄结合，辅以提水，有条件的地方发展喷灌，取得了较好的效果。水土流失严重的地区，则采取修建梯田，砌石谷防，筑拦挡坝，挖排洪沟，种树等办法，防止水土流失。通过各种措施，已解决了 2/3 的山区人畜饮水问题，有 36% 的水土流失面积得到控制。

（二）从无到有发展农机工业。

云南的农机工业，是 50 年代在农业合作化高潮中，逐步建立和发展起来的。首先建立了一批农机厂，主要生产农用水泵，对农业的排灌起到了积极作用。1958 年以后，又陆续建成了一批制造拖拉机、内燃机、农用运输工具和拖拉机用的配件的项目，并小批量生产拖拉机、机引犁耙、脱粒、磨面、碾米机械和农用运输工具，有力支援了农业生产的发展。

粉碎江青反革命集团以后，云南的农机工业建设迈出了较大步伐。仅 1978 年就安排了投资 5600 多万元，占 1950 年到 1984 年全省农机工业建设累计投资的 1/4。按年产 3. 5 万台拖拉机和 1 亿元产值拖拉机配件的规模进行建设，共确定了 133 个建设项目，采取集中突击的方法，促使在较短的时间里形成了一定的农业机械制造和维修，主机和配套、配件的生产能力，生产了内燃机、拖拉机、收割、脱粒、排灌、农副产品加工等机械、半机械农具，以及拖拉机用的配件、农用运输工具等产品，对加快农业生产的发展起了促进作用。但是，由于建设要求过急过快，项目安排盲目性较大，建成投产后经济效益差，以致有的项目不得不转产或停产，如原定建设规模为制造 40 型轮式拖拉机的项目，建成后已转产农用运输车辆；20 型履带拖拉机也无销路，转产其他产品。

（三）大、中、小并举，加快化肥工业建设。

解放前，云南没有化肥生产企业，农业生产靠天吃饭，施用农家肥料，生产水平十分低下。

1950 年以后，云南各级政府十分重视建设化肥工业。35 年中，化肥工业建设累计投资达 13. 25 亿元，占同期全省化学工业建设投资的 2/3，建成了昆阳磷肥厂、开远解放军化肥厂、云南氮肥厂、沾益化肥厂、云南天然气化工厂和云南磷肥厂等骨干企业，奠定了以氮肥和磷肥为主的化肥生产基础，促进了农业生产的发展。

云南的磷矿资源丰富。长期以来，农村就有用磷矿肥地的习惯。1954 年，昆明化工厂曾以简陋设备，首次生产出普通过磷酸钙。后来，陆续建设了一批磷肥厂，其中云南磷肥厂于 1973 年 5 月开工，建设规模为年产重过磷酸钙、硫酸和水泥各 10 万吨。经过广大建设者的努力，重过磷酸钙和硫酸车间分别于 1982 年和 1984 年投产。到 1984 年年底，全省共建成磷肥生产企业 20 个，新增磷肥生产能力 87. 72 万吨（标准量）。

氮肥是云南重点发展的化肥品种。35 年中，共投资 11 亿多元，占同期全省化肥工业建设投资的 82. 4%，建成大中小型氮肥企业 55 个，新增氮肥生产能力 184. 7 万吨（标准量）。年产 2. 5 万吨合成氨、5 万吨硝酸铵的开远解放军化肥厂 1958 年开始建设，1964 年投产。60 年代后期又建成年产 4. 5 万吨合成氨、18 万吨碳酸氢氨的云南氮肥厂。特别是 70 年代，云南的氮肥工业建设出现蓬勃发展的局面。除新建沾益化肥厂、云南天然气化工厂和扩建云南氮肥厂、开远化肥厂外，还掀起小氮肥建设的高潮。到 1976 年年底，共建成 52 套装置，49 个小氮肥企业。云南天然气化工厂是引进的 13 套大型化肥装置之一，建设规模为年产合成氨30万吨、尿素18万吨。1974年10月开工，1977年投产，实际工期34个月，建设工期短，工程质量好，1979年11月经国家验收，被评为优质工程。到1984年年底，累计生产合成氨191.8万吨、尿素298.9万吨、硝铵19.5万吨，实现利税6.46亿元，为建设投资的2.2倍，经济效益显著。

云南在化肥工业建设中坚持大中小并举的方针，取得了显著成绩，基本满足了省内对化肥的需要，有力地支援了农业生产的发展。但是，在小氮肥工业建设中，由于不讲经济效益，不按基建程序办事，定点不尽合理，平均吨氨投资比大中型氮肥企业高出一半，有不少建成的厂子被闲置起来。全省小氮肥实际使用的固定资产原值，仅占1/3左右，建成投产后到1984年累计亏损2亿多元。1978年以后，对小氮肥企业进行全面整顿，关停并转了26个企业。1984年，尚有23个企业进行生产，基本实现了扭亏为盈。

五、根据资源特点建设烟、糖、茶等轻工业

解放后，云南省对旧中国遗留下来的轻工企业逐步进行恢复、改建和扩建，同时根据资源的特点和人民群众生活的需要，陆续建设了一批骨干企业，改变了过去生产门类单一、品种单调的落后状况，初步形成门类齐全、品种多样、独具特色的轻工业体系。从1950年到1984年，全省轻工业投资达13.68亿元，占同期全省全部基本建设投资的5.5%。轻工业企业也由1950年的300个发展到1984年的2196个；职工由1万多人增加到26万人，分别增长了6.3倍和25倍。1984年，全省轻工业产值达53.8亿元，占全省工业总产值的49.7%，比1949年增长352倍。

（一）卷烟工业蓬勃发展。

云南是全国的重点产烟省之一，烤烟质量居全国第一位，产量仅次于河南、山东两省，居全国第三位。但是，从1922年建立第一座“亚细亚烟草公司”卷烟厂起，到1949年的27年间，先后兴办卷烟厂20座，历尽沧桑，1949年卷烟产量仅为2.43万箱。

1950年3月，人民政府接管了云南纸烟厂。其余19家卷烟厂中，有6家

卷烟厂停办，13 家卷烟厂于 1956 年 6 月合并成立公私合营昆明卷烟厂，后又并入云南纸烟厂，并改名为昆明卷烟厂，成为云南卷烟的骨干企业。经过不断扩建和技术改造，卷烟的产量不断扩大，质量不断提高。1982 年，又引进全套英国制丝生产线和部分卷烟包装设备，并于 1984 年建成投产，卷烟年产量由 40 万箱扩大到 60 万箱。

“一五”计划时期，随着农业生产的发展和市场需求的增加，云南的卷烟工业逐步发展起来。1956 年后，按照合理布局，靠近原料产地的原则，先后在玉溪、昭通、曲靖和楚雄等 4 个地州建设了卷烟厂，在昆明和玉溪建设了烟叶复烤厂，在昆明、下关和会泽建设了 3 个雪茄烟厂。位于“云烟之乡”的玉溪卷烟厂于 1956 年开工建设，到 1959 年正式投产，生产“红塔山”、“大重九”等 10 个牌号的香烟，产量达 5.3 万多箱，复烤烟叶 17.5 万担。后来虽经扩建，但发展缓慢。1978 年投资 2812 万元（相当于建厂以来基建投资的 3 倍多）进行扩建，引进国外设备和先进工艺，使生产能力由 25 万箱增加到 48.5 万箱。1984 年生产卷烟 53.7 万箱，比 1977 年翻了一番多，税利由 1978 年的 9793 万元增加到 2.99 亿元，增长了 3 倍多。该厂生产的精装“红塔山”、过滤嘴“红塔山”和精装“翡翠”等香烟先后获国家优质产品称号，过滤嘴“阿诗玛”香烟获国家出口产品品质优良等荣誉证书。

云南卷烟工业从 1979 年开始进入了新的发展时期。一方面农村推行经济责任制，提高了烟农的积极性，烤烟的产量大幅度增长。1984 年，全省烤烟产量达 550 万担，比 1978 年增长了一倍多。另一方面，6 年中对卷烟工业累计投资 2.6 亿元，对昆明、玉溪等 5 个卷烟厂进行了扩建和技术改造，新建了昆明、楚雄、玉溪、弥勒、威信、镇雄和宣威等 7 个烟叶复烤厂和车间。1984 年，全省卷烟产量达 175.1 万箱，比 1978 年增长了 2.7 倍，比 1949 年增长了 63.8 倍；实现税利 12.3 亿元，占当年全省财政收入的 54%，成为云南财政收入的主要来源。由于生产技术不断改进和烤烟质量进一步提高，卷烟成品合格率平均达 99.5% 以上，部优和省优产品 21 个，占生产卷烟牌号的 42%。

（二）制糖工业大步前进。

云南境内的 128 个县、市中，有 95 个县可以种植甘蔗，宜种面积达 360

万亩以上。

解放后，为了发展制糖工业，首先对甘蔗种植采取了一系列措施。1956年至1958年，在轻工业部开远甘蔗科研所（后下放归省领导）、省农业厅和红河州弥勒县甘蔗试验推广站的共同努力下，先后从广州、福建引进“台糖134”和“印度419”等甘蔗良种。其后，省甘蔗科研所又自育良种“早熟68—154”、“71—545”和“中熟71—388”，并引进晚熟良种“川糖61—408”、“精糖3#”和“选3#”（海南岛），进行大面积推广种植，以逐步取代蜕化的“台糖134”品种。从1980年起，又引进第三代甘蔗良种广州“粤糖70—611”晚熟品种和福建“闽选703”、“56—264”和“57—268”等良种推广种植，为发展制糖工业提供了可靠的原料保证。

在甘蔗种植发展的同时，云南省有计划、有步骤地进行机制糖厂的建设。1958年至1960年，掀起了兴建小型机制糖厂为主的高潮。三年内先后建成了9座糖厂，日处理甘蔗综合能力3300吨，完成投资3614万元。其中，开远糖厂是云南第一个建设的日处理1000吨甘蔗的中型糖厂，建设工期仅两年，甘蔗出糖率为11%以上，吨糖投资仅7300元，是投资省、效益好的一项工程。1965年至1966年，再一次掀起了建设糖厂的高潮。以建设日处理甘蔗500吨中型糖厂为主，两年内，开工建设了8座中型糖厂和1座小型糖厂。除少数开工稍晚，在建设后期又受到“文化大革命”干扰，工期拖到1969年才建成外，大多数工程都在一年多时间内建成投产。这9座糖厂共完成投资4560万元，新增日处理甘蔗综合能力4350吨。中共十一届三中全会以后，由于贯彻中共中央制定的一系列农村政策和经济措施，调动了广大农民的生产积极性，各甘蔗主产区的甘蔗种植面积由1980年的63万亩猛增到1984年的97.9万亩，产量由3688.9万担增加到7555.1万担，分别增长了55%和100%。为了适应甘蔗加工的需要，云南又掀起了建设糖厂的第三次高潮，建设规模空前。从1980年到1984年，全省新建糖厂23座，扩建糖厂8座，新增日处理甘蔗综合能力为1.84万吨，完成投资2.94亿元。

到1984年年底，全省共新建糖厂55座，累计完成投资5.67亿元，新增日处理甘蔗综合能力3.74万吨，年制糖生产能力达41.95万吨。1984年至

1985 年榨季产糖 32.67 万吨，为 1949 年的 13.2 倍。每年上交的税利达 1.3 亿元，为解放初的 33 倍。

（三）茶叶工业日新月异。

云南栽茶、制茶历史悠久。早在公元六七世纪时，普洱茶就被誉为“绿色的金子”，畅销国内外。但在解放前，茶叶的种植零星、分散。茶叶的制作方法落后，产量低，质量差，缺乏竞争能力。

解放后，随着国民经济的发展和人民生活需要的增加，茶叶的生产和加工有了较大发展。到 1984 年，全省 128 个县、市中已有 120 个县市栽种茶树，种植面积达 145 万亩，总产量达 56.3 万担，茶叶加工厂本着因地制宜、大小并举的方针，在各茶叶产区建立了 1600 多座“茶叶初制所”，为精制茶厂提供所需原料，并先后建设了国营精制茶厂 36 座，年生产能力达 50 多万担。云南的名茶甚多，如勐海县的“普洱茶”、凤庆县的“滇红”、双江县的“勐库茶”、景谷县的“滇青”、宜良县的“宝洪茶”、路南石林的“拥翠”、“叠翠”等，都久负盛名。

云南的轻工业建设，除建成了一批烟、糖、茶生产骨干企业外，还建立了纺织、丝绸、原盐、造纸、自行车、缝纫机、手表、皮革、塑料制品、香精香料、日用化工、陶瓷、搪瓷、玻璃、饮料、乳制品、罐头、酒类等企业。

昆明三聚磷酸钠厂是全国最大的合成洗涤剂原料生产基地。该厂主要生产工艺设备系从西德伍德公司引进，基建投资 5.75 亿元，生产规模为年产三聚磷酸钠 11.7 万吨、黄磷 3 万吨、洗衣粉 2.5 万吨。一期工程于 1980 年 11 月开工。由于实行按投资包干的经济责任制，建设进度加快，土建工程全优率达 93% 以上，投资比概算节约 2000 多万元。1983 年 3 月建成，于同年年底生产出合格产品。是一项建设工期短、质量好、投资省的工程。

六、边疆少数民族地区建设

云南是祖国边疆的一个多民族省份。解放后，经国务院批准，云南先后成立了西双版纳、德宏、怒江、大理、迪庆、红河、文山、楚雄等 8 个民族自治州和 19 个民族自治县。民族自治地区的土地面积达 25.5 万平方公里，占全省总面积的64.7%；全省有4个自治州、7个自治县位于边境地区，13个民族跨境而居。

解放以后，云南各级政府认真贯彻执行中国共产党的民族政策，把少数民族的经济和社会发展列入重要议事日程，积极帮助少数民族地区发展农业、工业、交通运输和科学、文化、教育、卫生各项事业，都取得了可喜成绩。1953年至1984年，用于少数民族地区的基本建设投资达82.67亿元，占全省同期基本建设投资的1/3。经过30多年的建设，昔日贫穷落后的少数民族地区，发生了喜人的变化。

（一）改善了农业生产条件。

为改变少数民族地区“刀耕火种”、“广种薄收”和“靠天吃饭”的落后状况，解放后少数民族地区普遍进行了农田基本建设和水利建设，先后修建了大中型水库50多座、小型水库2000多座，总库容达24亿多立方米，有效灌溉面积达800多万亩，约占少数民族地区耕地面积的30%。同时，在部分民族地区建成了一批农机厂、小化肥厂，促进了农业生产的发展。另外，兴建农村小水电站2700座左右，装机容量达10万千瓦，90%的区和60%的乡都通了电。1984年，全省少数民族地区的粮食总产量达95.36亿斤，比1952年增长了1倍多。经济作物也有较大发展。甘蔗产量达3759万担，烤烟产量达158万担，茶叶达13.9万担，分别比1952年增长21.5%，51.6倍和5.9倍。民营橡胶定植面积达22.9万亩。

（二）发展了民族工业。

经过30多年的建设，少数民族地区已建成甘蔗、茶叶、橡胶等农副产品加工和煤炭、电力、机械、化肥、水泥、卷烟、纺织、食品等工业企业3400多个。1984年，少数民族地区工业总产值达27.1亿元。同1952年相比，原煤产量由6万吨增加到248万吨，发电量由1141万度增加到60.9亿度，分别增长了403倍和530多倍。

解放前，民族地区是“刀贵如金，盐贵如油”，一个鸡蛋换一根针，一只麝香换一斤盐。解放后，特别是中共十一届三中全会以来，各民族地区十分重视民族用品的生产，建立了民族服装、家具、炊具、刀具、陶器、铜锡金银首饰、裘皮、蜡染、织绣等 18 大类产品的生产加工基地。解放前，全省几乎没有少数民族用品生产的工厂，到 1984 年年底已建立了专门的生产工厂和车间，生产少数民族兄弟用的水勺、木碗、牛肋巴、骑马裤子、藏刀、毛氆氇、藏族皮靴、被毡、吊锅和料珠等 40 多个品种的民族用品，不仅满足了本地需要，还销往四川、西藏、贵州、青海和内蒙古等地。

（三）发展了交通运输和邮电通讯事业。

解放前，云南少数民族地区，特别是边疆和高寒山区，交通运输和邮电通讯极端落后，严重阻碍着经济文化的发展。为了改变这种状况，从 50 年代初期，各族群众在驻军部队和筑路队伍的配合下，大力修建公路，特别是边境公路和国防公路。到 1984 年年底，民族地区铁路通车里程已达 913 公里，公路通车里程 36863 公里，分别比 1952 年增长了 67.5% 和 21.3 倍。民族地区已县县通汽车，80% 的区和多数乡都通了公路。同时，民族地区的邮电通讯也有较快发展，建立邮电局、所 9000 多处，邮路总长达 13 万公里。

（四）文化、教育、卫生事业建设加快，居住条件有所改善。

解放后，云南把发展少数民族地区的文化、教育、卫生事业，作为落实民族政策的重要任务来抓，并从人力、财力、物力等方面大力扶植。特别是中共十一届三中全会后，少数民族地区的文化、教育、卫生事业建设发展更快。到 1984 年年底，民族自治地方已有小学 3 万多所、普通中学 800 多所、中等专业学校 36 所。全省 24 个主要少数民族都有了本民族的大学生和科技人员。医疗卫生方面，普遍建立了各种医疗设施，开展防治地方病的工作，消灭了一度流行在一些地区的恶性传染病。各地还兴建了电影院或简易电影院，民族和边疆地区看电影难的问题初步解决。还兴建了各种文化娱乐设施，活跃了群众文化生活。

民族地区的居住条件也有所改善，过去一些流动性的民族实行了定居，形成新的村寨。德宏州和西双版纳州的傣族、景颇族和崩龙族等世代居住的竹楼、草房，都已逐渐为新建的木楼或砖木结构的房屋所替代。

第十五章
西北地区

西北地区位于中国西北部，东面和南面与华北、中南、西南三大区连接，西南面与克什米尔、阿富汗接壤，西面和北面与苏联、蒙古邻界。全区包括陕西、甘肃、青海三省和新疆、宁夏两个自治区,① 是一个地广人稀的多民族地区。全区总面积 310 万平方公里，约占全国总面积的 1/3。其中耕地 1.8 亿亩，占全区总面积的 1/25，占全国耕地面积的 1/8；草原 19 亿亩，占全区总面积的 1/3，占全国草原面积的一半；林地 1.6 亿亩，约占全区总面积的 1/25，覆盖率低于全国平均水平。1985 年年底全区总人口 7226 万，占全国总人口的 6.9%，每平方公里仅有 23 人，是全国面积最大、人口密度最小的一个地区。主要民族有汉、满、蒙、回、藏、土、维吾尔、哈萨克、柯尔克孜、塔吉克、塔塔尔、达斡尔、东乡、锡伯、撒拉、裕固、保安、俄罗斯、乌兹别克等，是仅次于西南地区的全国第二个多民族地区。

西北地区自然环境多样复杂，全区有大山、高原、盆地、丘陵、平原等各类地形，以大山、高原、盆地为主。全国四大山脉中，有昆仑山、天山、阿尔泰山三座大山屹立在西北；全国五大盆地中有塔里木、柴达木、准噶尔三大盆地分布西北；全国四大高原中有青藏高原、黄土高原横亘西北；中国第一大河长江、第二大河黄河均发源于青海省境内。西北还有全国最大的内陆河——塔里木河、最大的咸水湖——青海湖、最大的固体天然水库——天山山系冰川积雪。区内有海拔 7000 米以上的高峰，也有海拔 -293 米世界最低的陆地——吐鲁番盆地的钟哈萨。

---

① 新疆和宁夏两个自治区的建设情况见本书第十六章。

西北地区的气候特点以半干旱、干旱气候区为主。这里有中国气温最高的吐鲁番盆地，7 月平均年极端最高气温 47.6 摄氏度，也有全国最冷的阿尔泰山富蕴，1 月平均年极端最低气温零下 49.7 摄氏度；有年降雨量 800—1400 毫米的陕南，也有年降雨量仅为 25—50 毫米的世界著名的干旱区——塔里木盆地。大部地区冬季严寒，夏季炎热，干旱少雨，晴天多、日照长，全年日照总时数达 3000 小时以上，是全国日照资源最丰富的地区之一。

西北是中国矿产资源丰富的地区之一。在天山、祁连山、秦岭昆仑山、阿尔泰山等高大山系中，形成了丰富的内生矿床，如铁、铬、镍、钼、铜、锌、铅、钨、云母、石棉等。在山间盆地中形成了丰富的外生矿床，如煤、石油、石膏、芒硝、硼、硫黄等。到 1985 年，已探明的矿种近百种。煤的远景储量约 18000 亿吨。新疆石油远景储量很多。青海钠镁钾储量达 500 亿吨。甘肃镍、铂、钯、锇、铱、铑 6 种有色金属矿藏储量居全国第一位；全区铬储量约占全国 1/3。其他有色金属、稀有金属、非金属、分散元素等的储量也在全国占有重要地位。

西北地区地域辽阔，土地资源丰富，全区宜农待垦的处女地有 2 亿亩，地面有四大水系，加之高大冰川积雪固体水库庞大，地下水也很丰富，发展灌溉农业有很大潜力。全区水力蕴藏量有 1 亿千瓦，其中一半以上可以开发利用。仅甘肃省境内的黄河及长江支流上，就有大型优良坝址 10 余处，可装机 1400 多万千瓦，青海省境内的黄河龙羊峡——寺沟峡一段，可供建设 6 个梯级电站，总装机 658 多万千瓦，陕西境内的黄河与汉江，可供开发的水力也有 1000 万千瓦。

西北地区不仅山河壮丽，自然资源丰富，而且有大量名胜古迹与历史文物，旅游资源十分丰富。先后有 14 个王朝在古都西安建都，以西安为起点的古代丝绸之路横贯大西北，沿途名胜古迹如连珠；敦煌壁画被誉为“世界画廊”。还有陕西华山、骊山，甘肃麦积山，新疆天池等驰名国内外的风景区，以及著名的黄教圣地青海湟中塔尔寺、伊斯兰教寺院银川南关清真寺等。在现代历史上，陕甘宁边区是中国革命的根据地之一，是中国人民解放战争的总后方，延安曾是中共中央所在地，毛泽东等老一辈无产阶级革命家曾在此生活战斗过 13 个春秋。

西北地区的经济发展几经沧桑，兴衰交替。西北地区民族工业的兴起，是在 1934 年陇海铁路通到西安后的抗日战争期间，沿海部分工厂迁进关中，建设了一些棉纺、卷烟、造纸、水泥、煤炭、化工及面粉等工业，在兰州等地也建设了机修厂，延长、玉门、独山子油矿开始采用近代技术采油。抗战结束后，经济再次衰落。1949 年以前，除少数地区外，全区基本上是以自给自足的自然经济为主的农牧区。国民经济结构中，工业仅占 3%，把手工业算进去也不足 5%，全区工业总产值只占全国的 2%，而且几乎全部集中在陇海铁路沿线的西安、宝鸡、蔡家坡和兰州几个城市。作为当时经济主体的农业，在大部分地区耕作粗放，旱、涝、风、沙、雹灾害严重，产量很低。交通运输十分落后，铁路仅通到甘肃天水，总长 600 公里，公路通车里程只有 1 万公里，而且路况极差，时通时停。交通闭塞是西北经济落后的重要原因。

中华人民共和国成立后，西北地区逐步建立起电力、煤炭、石油、化工、冶金、国防军工、民用、机械、纺织及食品工业等部门。1950—1985 年，西北五省、自治区累计完成基本建设投资 1000 多亿元，形成固定资产 700 多亿元，建成投产大中型项目 550 个。从“一五”计划时期开始，陕西和甘肃两省一直是国家重点建设的地区。通过 30 多年的大规模建设，西北地区的现代工业从无到有，由小到大，不仅传统工业发展迅速，宇航、电子、轻工业等新兴工业部门也建设起来。西北地区正在逐步形成以电力、有色金属、国防军工、纺织工业和畜牧业为主，以兰州、西安为经济中心，包括民用机械、钢铁、煤炭、石油、化工、食品及畜产品加工工业等部门的综合经济体系。同时，西北地区还是全国最大的畜牧业生产基地。1985 年，全区工业总产值达 424.56 亿元，占当年全国工业总产值的 4.8%；农业总产值达 237.22 亿元，占当年全国农业总产值的 5.2%。

第一节　陕西省的建设

陕西省是中华民族的重要发祥地之一，古都西安曾长期是中国政治、经济、文化的中心。现代史上，陕北曾是中共中央所在地。

陕西经济经历了几千年的漫长发展历史，虽然在封建社会的兴盛时期长期是全国的中心，但在近代日趋落后。1949 年，全省工农业总产值只有 14.8 亿元。工业只有几家小型的纺织厂、机械修配厂、面粉厂；交通运输十分落后；人民生活贫困。

1950 年以后，陕西一直是中国重点建设的地区之一。尤其是“一五”“二五”计划期间，围绕国家 156 项目中在陕的重点工程及其配套的项目的建设和其后开展的大规模的三线建设，国家对陕西投入了大量的建设资金，兴建了一大批骨干项目和新兴产业。30 多年中陕西大体经历了 3 次建设高潮。

一、以“156”项在陕项目为中心的建设

从“一五”计划时期起，陕西省就是国家重点建设的地区之一。“一五”计划中，由苏联提供成套设备、帮助建设的 156 个重点项目中，安排在陕西建设的就有 24 个，在全国各省区中仅次于黑龙江，而与辽宁并列第二。同时，国家还相应地在陕西安排了 50 个大中型工业项目配套同步建设。围绕着这批项目，陕西省展开了各方面的建设。这批重点、骨干项目大多在“一五”计划期间先后动工建设，“一五”“二五”计划期间先后建成投产，形成了陕西省解放①后的第一个建设高潮。

156 项在陕建设的 24 个项目中有煤炭 1 项，电力 2 项，国防军工和民用机械 21 项。配套建设的 50 个大中型项目中，国防军工和民用机械项目 17 个，电力项目 2 个，石油化学工业项目 6 个，纺织工业项目 7 个，煤炭矿井 10 对，建材工业 4 个，铁路 1 条。

为保证这批重点、骨干项目的建设，国家在“一五”“二五”计划期间对陕西工业建设累计投资 35.6 亿元，占同期全省基本建设投资总额的 62%。国家还统一调配施工力量，从华东各省、市，天津、武汉，以及中国人民解放军调集了数万人的建设大军。在学习苏联经验的基础上结合中国情况，制定了较为切合实际的管理办法。因此，工程进度较快。24 个重点项目的平均

---

① 陕西省会西安市于 1949 年 5 月 20 日解放。

建设工期仅3年左右，固定资产交付使用率都在90%以上，大部分项目投资决算都未超过概算指标；建成投产后一两年内能达到或超过设计能力。1953—1962年，陕西的基本建设成绩十分显著。

（一）建成和基本建成了一批国防军工和民用机械工业骨干项目。

国防军工和民用机械工业，是陕西“一五”“二五”计划期间工业建设的重点，除156项中在陕建设的21项外，国家还安排了配套建设的17个大中型项目。这批项目绝大部分在“二五”计划期末建成投产，较快地发挥了投资效益。其中，西安电力机械制造公司就是当时建成投产、拥有5个厂（所）的大型联合企业，以后扩建的11个工厂、11个专业研究所（室），占地5.5平方公里，建筑面积110万平方米，职工2.5万人，是著名的西安“电工城”。这个公司是中国电器制造行业最大的科研实验基地，生产能力和科学技术水平一直在全国居领先地位，为全国的电力建设和能源、冶金、机械、化工、交通等行业的建设提供了大量的电器设备。它的产品在满足国内需要的同时，远销49个国家和地区，从单机出口到成套承包，在世界电器行业中占据了一定地位。投产20多年来，累计提供的税利相当于当年建厂总投资的4倍多。紧邻“电工城”的西安仪表厂也是这期间建设的热工仪表重点项目，它的建成投产填补了中国热工仪表的空白。在国防工业建设方面，以西安为中心的中国航空工业基地已具雏形，电子工业、兵器工业的规模也相当可观。陕西已成为中国内地的一个国防军工和民用机械工业基地。

（二）建成了以西安和咸阳为中心的纺织工业基地。

陕西关中地区自然条件优越，是中国重要产棉区之一，丰富的棉花资源为陕西纺织工业的发展奠定了基础。国民经济恢复时期，新建了西北国棉一厂、二厂、陕西第三印染厂，改建了陕棉八厂、十厂。“一五”计划期间，又新建了国棉三厂、四厂、五厂、六厂、七厂和第一印染厂；“二五”计划期间新建了陕西第一针织厂、第一毛纺厂。其中，在西安东郊兴建的5个大中型纺织印染企业，总建筑面积65万平方米，职工3.3万人，成为闻名全国的西安纺织城。它与西郊的电工城隔城相望，是西安现代工业的两颗明珠。纺织城的建设是陕西当时基本建设中高速度、高质量、高效益的一个典型。（见表23）

西安纺织城情况简介

表 23

项目名称	完成投资额（万元）	新增生产能力		建筑面积（万平方米）	建设工期	
		纺锭（锭）	布机（台）		开竣工时间	工期（月）
西北国棉三厂	3434	50560	1548	9.9	1953.6～1954.4	11
西北国棉四厂	5887	100620	3240	18	1954.3～1955.6	15
西北国棉五厂	4146	83072	3712	19	1955.7～1956.10	15
西北国棉六厂	2343	94848	/	10	1956.4～1957.7	15
西北第一印染厂	2282	印染布1.2亿米/年		9	1956.4～1957.7	15

咸阳在恢复时期新建扩建了3个大中型纺织工业项目，1957年又开始新建了西北国棉七厂、陕西第一毛纺厂等大中型企业，从而成为陕西又一纺织基地。

“一五”“二五”计划期间，陕西纺织工业累计建设投资3.5亿元，占同期全省总投资的6%，占工业总投资的10%。新增生产能力为：棉纺锭57.6万枚、织机1.55万台，印染1.9亿米。“二五”计划期末，全省纺织工业总产值达4.5亿元，占全省工业总产值27%，在当时仅次于上海、天津，居全国第三位。

（三）建成了西安交通大学等17所高等院校。

陕西是华夏文化的发祥地之一。中华人民共和国成立后，国家把西安作为发展高等教育的一个重点城市。“一五”“二五”计划期间，除扩建了西北大学、西北农学院、西安医学院外，又新建了西安交通大学、西北工业大学、西北电讯工程学院、西北政法学院、西安公路学院、陕西师范大学、西安矿业学院、西安地质学院、西安冶金建筑学院、陕西中医学院、延安大学等17所高等院校，学科比较齐全、专业比较配套、师资力量比较雄厚。西安成为仅次于北京、上海的全国高教中心之一。西安交通大学，是1955年在周恩来总理关怀下由上海内迁的综合性工科大学，到1984年止累计完成基本建设投资3857万元，有房屋建筑面积38.7万平方米，教职员工4000余人，其中教授、副教授400余人，学生席位近万人，是拥有包括研究生院、管理学院在内的全国10所重点建设大学之一。20多年，为国家培养了大批建设人才，并出了大批科研成果，对四化建设做出了贡献。

（四）宝成铁路建成通车，公路建设发展较快，交通闭塞的状况开始改观。

宝成铁路北起陕西宝鸡，南至四川省会成都，全长670公里，是跨越秦巴山区的一条钢铁大动脉。宝成铁路于1952年7月1日开工建设。广大铁路建设者以国家主人翁的态度，发扬艰苦奋斗的革命精神，奋战五年多，终于使宝成铁路在1958年1月建成通车。总投资10亿元，每公里造价149.4万元。宝成铁路经过的地区，尽是高山、深谷和江河，全线共有隧道280座，总长81公里，有大、中、小桥梁900座，总长22公里。整个工程打穿了上百座大山，填平了砂深谷，进行了许多移山改河工程，仅填土石方就达6000多万立方米，如将每立方米土石方接起来可以绕地球赤道1周半。秦岭北坡，在6公里距离内直线升高680米，平均每公里上升110米。为了把坡度降低到每公里升高不超过30米，线路迂回盘旋，使6公里的直线距离通过盘旋拉长到27公里。宝成铁路的建成通车是中国铁路建设史上的一块丰碑。70年代又全线实现了电气化，成为中国第一条电气化铁路。宝成线是中国西部南北交通的大动脉，对于西南西北的经济建设，发挥了极为重要的作用。在修建宝成线的同时，又对陇海铁路、咸铜铁路进行了改造。到“二五”计划期末的1962年，陕西省境内铁路通车里程达838公里，比1949年增长了86%，货运量比1949年增长了5倍。

这一时期，陕西公路建设发展也较快，10年完成投资1.6亿元，新建公路8295公里，通车里程1.3万公里，是1949年的6.9倍。

（五）8对大中型煤矿井建成投产，3个大中型电厂并网发电。能源建设基本适应了经济建设的发展。

陕西的煤炭资源丰富，开发历史悠久。1949年后，本着“新建与改建结合，以改建为主，大中小结合，以中小型为主”的方针，“一五”“二五”计划期间集中力量建设“渭北黑腰带”的心脏——铜川矿区。改建新建大中型矿井11对，其中王石凹立井是国家156项重点项目之一。到“二五”计划期末，有 8 对大中型矿井建成投产，新增生产能力 387 万吨，使铜川成为陕西省第一个初具规模的大型煤炭生产基地。这期间，全省煤炭工业完成基建投资 2. 57 亿元，新增生产能力 521 万吨，基本满足了全省经济发展和人民生活用煤的需要。电力工业，在保证西安、户县 2 个重点电厂建设的同时，又建成了宝鸡电厂一期工程。3 个电厂总装机容量 19. 8 万千瓦。此外还新建了一批小火电、小水电厂（站），1962 年全省发电装机容量达 25 万千瓦，有力地保证了陕西经济建设的全面开展。

通过两个五年计划时期的建设，陕西工业布局已初步展开。西安由消费性城市变为西北最大的工业重镇；咸阳、宝鸡、铜川等各具特色的工业城市已基本形成。农林水利及各项社会事业建设也取得了一定成果。到“二五”计划期末的 1962 年，全省工农业总产值比 1949 年增长 1 倍，工业产值增长了 5 倍。

二、以机、电、煤、路、粮为重点的建设

经过 1960—1964 年的调整，从 1965 年开始，国家的建设重点转向三线。陕西省地处国家战略后方，也是当时三线的重点建设省区之一。从 1965 年开始，陕西省的基本建设除保证中央各部安排的由沿海地区内迁至陕西的项目如期建成外，还按国家计划安排新建和扩建了一批项目，并抓紧了农田水利建设。这是陕西 30 多年基本建设历史中的第二次建设高潮。1970—1973 年是建设的高峰期，大部分建设项目在 1979 年以前都已建成投产或交付使用。经过这一阶段的建设，陕西省的工业初步形成了门类比较齐全的体系，农业及其他社会事业也有一定的发展。这次建设高潮的特点是：

1. 建设规模大。1965—1979 年，中央有关部门先后在陕西安排的建设项目达 400 多个。全省累计完成基本建设投资 182 亿元，平均每年完成 13 亿元，比“一五”“二五”计划期间年均 4. 7 亿元，增加了近 2 倍。在 1970—1973 年的投资高峰期，每年平均完成基建投资高达 18. 8 亿元，建设规模之大在陕西省是空前的。

2. 建设重点突出。这个时期的建设，一直以国防军工、民用机械和煤炭、

电力、交通、农业（包括农业、水利及支农工业建设）为中心而展开。在全省这个时期投资总额中，国防军工及民用机械工业占22.6%；煤炭、电力投资占15%；交通运输投资占21.6%。三项投资合计占59.2%。

3. 工业布局向整个关中地区及陕南展开。“一五”“二五”计划时期，陕西的基本建设主要集中在西安、宝鸡、咸阳3个城市，关中其他地区工业基础薄弱，陕南、陕北基本上是个空白。从1965年开始，新建项目重点向关中的陇海铁路沿线、渭北和陕南伸展。新建了47个工矿区（镇），其中关中24个，陕南21个，陕北2个。工业布局的展开，对于建设关中和开发陕南、陕北经济具有积极的意义。

4. 全国支援陕西。中央各部门在陕西安排的400多个项目中，大部分由东北和沿海城市的老厂（院、所）一分为二，采取以老带新的办法，从人员到设备成建制迁建。据不完全统计，在此期间迁陕技术骨干将近10万人。建设中为了加快速度，在集中陕西建筑施工力量参战的同时，国家又从东北三省、北京市和中央有关部门调进10多万人的施工队伍，组成了20多万人的建设大军。在材料设备、勘察设计等方面也给予陕西大力支援。

这一时期陕西的基本建设取得了很大成就。

（一）航天工业从无到有，电子工业继续发展。

国家在陕投资新建的一批航天工业项目中，建成投产的大中型项目有9个，形成科研、设计、试制、生产的完整体系，使陕西成为中国航天工业的重要基地之一，并为中国卫星上天、导弹发射做出了重要贡献。

电子工业在“一五”“二五”计划期间初步奠定了基础。这一时期，国家又在陕西投资建设了26个项目，其中大中型22项。地方还投资兴建了一批小型电子工业项目，形成了从元件、器件、仪器、仪表、专用设备到整机生产的完整体系。

（二）航空工业成为全国重要基地之一。

这期间，先后建成投产的航空工业大中型项目有30多个，基本形成了包括飞机制造、航空发动机、辅机和专业化组件部件制造以及航空科研教育在内的航空工业基地，拥有比较完整的科研实验手段和实力较强的科研、设计与生产能力。西安飞机制造公司是50年代开始建设的，后逐步配套，形成综合生产能力，建成为大型联合企业。截止到1984年已经形成改进机型及新机试制线和批量生产线，他们生产的飞机为国防现代化和民航事业的发展做出了贡献。进入80年代以后，在对外开放，引进先进技术，开展来料加工、合作生产方面，又取得了新的成绩。

（三）民用机械工业新建了一批骨干企业。

1966年到1979年，全省民用机械工业累计投资达12.8亿元,① 占同期全省基本建设总投资的7%。先后开工建设的大中型项目有30多个，同期建成投产的有20个，新增了一批精密机床、大型锻压设备、大型工程机械以及汽车、拖拉机制造能力。经过这一时期的建设，机械工业已成为陕西一个门类比较齐全、技术力量比较雄厚、产品面向全国并打进国际市场的第一大产业。坐落在汉中市郊的汉江机床厂、汉川机床厂、汉江工具厂、汉江机床铸锻件厂，都是由上海、北京、哈尔滨等地迁建的大中型项目。1965年规划选点，1966年后陆续开工建设。这四个项目总投资1.2亿元，总建筑面积33.6万平方米，平均建设工期为五年，是陕西这一时期内建设速度比较快、经济效益比较好的一批项目。其中汉江机床厂生产的精密磨床，汉江工具厂生产的大型复杂刀具、刃具等产品，不仅畅销全国，而且还远销世界许多国家和地区。同期建成投产的骨干项目还有陕西汽车厂、陕西汽车齿轮厂、陕西压延设备厂、海红轴承厂、黄河工程机械厂、陕西重型机器厂、陕西鼓风机厂等。

（四）能源工业发展迅速。

陕西现代工业的迅速发展，对能源的需求量成倍增加。为了保证新建项目尽快形成生产能力，能源开发列为陕西又一重点投资行业。煤炭工业以开发“渭北黑腰带”的丰富资源为重点，除继续扩建铜川矿区外，对韩城、蒲白、澄合3个矿区进行了大规模建设。这4个矿区在70年代先后新建矿井19对，设计能力年产原煤1272万吨，至1980年建成投产矿井15对，新增原煤生产能力1011万吨。现在4大矿区已经成为陕西煤炭生产的基地。同时，还

① 按机械部门管理系统计算的投资数。

兴建了一批地方小型煤矿。1970年至1980年，全省煤炭工业累计完成基本建设投资11.6亿元，新增生产能力1301万吨。1980年原煤产量达到1792万吨，使陕西煤炭生产不仅满足了本省工农业生产的需要，而且从1979年开始向缺煤省市调运。

在重点开发渭北煤田的同时，火电水电的建设也全面展开。1966年至1979年，建成了秦岭（一期）、渭河、韩城、略阳4个大中型火电厂和石泉、石门2个水电厂，新增发电装机容量102.5万千瓦，加上同期建成的小水电小火电厂，全省新增装机容量120.3万千瓦，开创了陕西电力工业的新局面。石泉水电厂是梯级开发汉江水力资源的第一个大型项目，总投资1.96亿元，装机容量13.5万千瓦，水库库容4.7亿立方米。1970年11月动工，1975年9月建成发电，工期仅五年，工程质量全部达到国家标准，经1983年汉江特大洪水考验，设备运转正常，被国家评为优质工程，获得银质奖。石泉水电厂是陕西八大主力电厂中唯一的水电厂，它的建成投产，对陕西电网充分发挥调峰、调频、事故备用的效能，为提高电网的经济性、系统运行的灵活性、稳定性和电能质量做出了贡献。此期间，还自行设计、自行制造、自行施工建成了中国第一条330千伏的高压输电线路。这一工程，西起甘肃刘家峡水电厂，东至陕西眉县汤峪，全长534公里，1980年动工，由于陕西、甘肃和吉林送变电施工队伍的共同努力，仅用两年时间就建成送电。这条线路的建设，使水电比重大的甘肃电网和火电比重大的陕西电网联接在一起，形成了陕甘青电力系统的网络骨架，有利于充分利用水电，发挥其调峰、调频的作用和水、火电调剂节能的效益。

（五）冶金工业奠定了一定基础。

陕西是中国铜、铁冶炼最早的地区之一，但长期处于手工冶炼的原始阶段，直到1949年也没有现代冶金工业。从“二五”计划时期开始在陕西省建设现代冶金工业，先后建成了陕西、西安两个钢厂和一些小型炼铁厂，但没有形成多少能力。1965年以后，为了改变陕西冶金工业的落后面貌，在改造完善原有企业的基础上，先后新建了略阳钢铁厂、陕西焦化厂、西安焦化厂等项目，形成了一定的生产能力为：炼铁26.05万吨；炼钢15.3万吨；轧钢

17.1 万吨；炼焦 36 万吨；铁矿开采 73.95 万吨。

有色金属工业先后新建了宝鸡有色金属加工厂、华山半导体材料厂和金堆城钼业公司（一期工程）等大型骨干项目，为充分开发利用陕西丰富的有色金属资源奠定了基础。建设在陈仓古道上的宝鸡有色金属加工厂及研究所，1965 年动工，1970 年建成投产，总投资 2.3 亿元。已经成为全国最大的有色金属科研生产基地，取得了 300 多项科研成果，能加工生产钛、锆、钼、铌、钨、钽等多种稀有金属及其合金材料，规格品种已达 500 多个。这些产品被广泛应用于航天、航空、造船、电子、化工、机械、轻纺、医药等工业部门，畅销国内，远销欧美。

（六）轻工业有较快发展。

1966—1979 年，轻工业累计投资近 4 亿元，占同期全省总投资的 2.2%。除国家从上海等地迁建了陕西缝纫机厂、西安红旗手表厂、西安造纸机械厂、西安铜网厂等项目外，还投资新建了一批空白轻工项目，使陕西轻工业初步形成了以手表、缝纫机、自行车为主体，包括造纸、塑料、食品加工等门类比较齐全的体系。1979 年全省轻工业产值达到 12.4 亿元，占全省工业总产值的 12.3%，比 1949 年增长 21.4 倍。陕西缝纫机厂是 1970 年由上海惠工缝纫机厂迁建的项目，一期工程完成投资近 2000 万元，竣工建筑面积近 10 万平方米，形成标准牌家用和工业用缝纫机生产能力 14 万架。后经 3 次扩建，并与省外一批企业联合组成中国标准缝纫机公司，到 1984 年已拥有 6 个整机厂、12 个零件厂，职工逾万人，年产缝纫机 90 万架，其中工业缝纫机 10 万架，成为中国缝纫机制造行业的一支骨干力量。西安红旗手表厂也是 1969 年由上海手表厂一分为二迁建的，1972 年一期工程建成投产后，形成年产 50 万只手表的能力。后经二期扩建，年产手表 120 多万只。陕西钟表工业还建成了西安钟表元件厂、钟表机械厂、钟表研究所和宝石轴承厂等项目，形成了从科研到生产的完整体系。

（七）交通运输取得很大成就。

这期间，先后开工建设了阳安、西韩、梅七、西延及跨省的襄渝铁路干线，除梅七西延线部分通车外，其余全部建成通车。1966 年至 1979 年，陕西铁路建设累计完成投资33.1亿元，其中1970年至1973年建设高峰期完成投资21.6亿元，年均5.4亿元，累计正线铺轨里程1009公里，交付运营里程887公里，建成电气化铁路510公里。阳安线是中国兴建的第二条电气化铁路，它西起川陕交界的阳平关，与宝成铁路接轨；东至陕南重镇——安康，与襄渝线相连。全长356.7公里，总投资8.12亿元。1969年动工，1973年全线建成，到1978年全线实现了电气化。它的建成通车，不仅对于沟通陕西关中与陕南的交通，开发秦巴山区丰富的矿产资源、发展陕南工农业生产有重要意义，而且在西北、西南、中南之间架起了一条具有重大战略意义的钢铁通道。西韩路南始西安阎良区，东北至韩城市，全长211公里，总投资1.96亿元，1970年开工，1975年建成通车，是开发渭北煤田东部资源、加快渭北地区工业建设的重要干线。

在陕西铁路建设大发展的同时，公路建设也有大的进展，除修通西（西安）万（四川万源县）、周（周至）洋（洋县）、兰（兰州）宜（陕西宜川县）3条公路干线外，铁路沿线各县公路建设发展很快。1966年到1979年全省公路建设累计完成基本建设投资4.56亿元，新建公路7290公里，改建公路1747公里，使陕西交通闭塞的状况有了很大的改善。

（八）加强了支农工业和水利建设。

为了改变陕西农业生产的基本条件，支农工业建设有所加强。一是加强了化肥农药建设。先后建成了宝鸡氮肥厂、兴平化肥厂、陕西化肥厂3个大中型项目和遍布全省的40多个小氮肥厂（后经调整改造为34个）。1966年至1979年，累计完成投资6.2亿元，占35年化肥行业总投资的91.2%，累计形成各类化肥生产能力110万吨，每亩农田施用化肥量由1965年的5.7公斤上升到1979年的45.8公斤。宝鸡氮肥厂，是中国自行设计、自制设备、采用中国独创的“双加压碳化法”新工艺建设的碳铵厂，1965年动工，1968年10月投产，年产合成氨4.5万吨，碳铵18万吨，是当时全国最大的氮肥厂。它的建成不但为陕西农用化肥做出了贡献，而且为60年代全国氮肥工业发展提供了经验。二是加强了农机工业建设。1966年至1979年，累计完成投资1.94亿元，占35年本行业完成总投资的78%，先后建设了西安拖拉机厂、陕西省手扶拖拉机厂等骨干企业和一批地、市、县农机修造厂，形成年产拖拉机7000台和批量生产播种机、粉碎机、铡草机、脱粒机等上百种农机产品的生产能力。农机工业的发展，加快了农业机械化的速度，1979年农用机械总动力比1966年增长15.6倍，机耕面积占总耕地之比，由1966年的14%，上升到1979年的37%。

水利方面，先后开工建设了宝鸡峡引渭、冯家山水库、王窑水库、石头河水库、石门水库和东雷抽黄等大中型工程和一大批小型水利项目，1966年到1979年累计完成投资13.2亿元，占同期全省总投资的7.2%，新增水库库容11.2亿立方米，新增有效灌溉面积473万亩，使全省灌溉面积与总耕地之比，由1966年的16%上升到1979年的32%。宝鸡峡引渭工程是在此期间建设的大型水利工程之一，总引水能力为115秒立方米，共有总干和干渠6条，长413公里，支渠和分支渠69条，长701公里，斗渠1749条，长2545公里，灌溉关中西部渭北13个县（区）的300万亩农田。建设中，由于实行了以包任务、包投资、包质量、包工期为主要内容的大包干办法，把工程任务按受益大小分配给受益县乡，调动了各方面的积极性，因而施工进度快，工程质量好，经济效益高，被评为全国水利系统的优秀设计和优质工程。宝鸡峡灌区的建设发挥了显著的经济效益，1983年全灌区粮食亩产平均944斤，总产达18.5亿斤，都比开灌前的1971年翻了两番多。

经过1965年至1979年15年的大规模建设陕西已成为中国内地一个重要的工业基地，同时随着农业生产基本条件的改善，农业生产也有了进一步的发展。1979年全省农业总产值相当于1964年的2倍，粮食产量182亿斤，比1964年的89.5亿斤增长103.4%。

这个时期的建设，大部分是在十年动乱中进行的，留下了不少后遗症。一是厂址选择的“山散隐”。1965年至1978年新建的400多个主要项目中，有300多个分布在48个县，多数是一厂一点，有的一厂几点。有个大型联合企业，共有40多个项目，分布在8个县，厂与厂之间相距十几公里，有的进山十几公里。有些虽然建在平原地区，因片面强调分散，利用荒地、劣地，没有集中建为小城镇。过于分散的建设布局，不仅加大了基本建设投资，而且给企业组织生产、经济协作、职工生活、子女教育等造成严重困难。有的项目建在深山，投产后遭到洪水破坏，国家不得不二次投资，迁厂另建。二是忽视建设前准备，造成不少浪费。这个时期的不少项目，没有进行认真调查研究，进行技术经济的论证，轻率拍板、仓促动工、大搞三边（边勘察、边设计、边施工）工程。有些项目开工后，方案多变，十年建设，数次折腾。据建设银行调查，陕西省 1966 年至 1980 年，基本建设中出现的报废、无效工程损失浪费在 10 亿元以上。三是投资方向不够合理。农业、轻工业的投资比重仍低于全国平均水平。以“四五”计划时期为例，陕西农业投资比重为 7.8%，低于全国 11.3% 的水平；轻工业投资比重为 2.6%，不到全国 5.4% 的一半；非生产性建设投资不足，住宅建设欠账很多。1966 年至 1979 年的总投资中，非生产性建设投资只占 16%；地方项目投资少，全省地方项目，完成投资仅占总投资的 32%，其中工业投资只有 28.2 亿元，占全省同期工业总投资 108 亿元的 26%。

三、开辟建设新途径，加强重点行业和薄弱环节的建设

中共十一届三中全会后，陕西的基本建设认真贯彻落实“调整、改革、整顿、提高”的八字方针，努力把基本建设的重点转到以提高经济效益为中心的轨道上来，呈现出一个崭新的局面。

（一）对外开放，外引内联，开辟建设新途径。

在中央有关部门的支援下，1980 年到 1984 年成功地建设了一批“成套技术引进”“利用外资”“合资经营”“补偿贸易”项目，为振兴陕西经济开辟了一条重要的途径。

陕西彩色显像管厂，是从日本引进成套设备，具有 70 年代末世界先进水平的大型联合企业，设计能力为年产彩色显像管 96 万只，总投资 7.5 亿元，总建筑面积 39 万平方米。玻璃、荧光粉、荫罩、总装 4 个生产系统由日本引进，动力系统由国内配套。1979 年 4 月开工，1981 年年底建成试生产，1982 年 12 月通过国家验收交付使用，建设工期只有 3 年 7 个月。设计获国家优质奖，单位工程施工的优良率达 92%，四大引进系统优良率达 100%。建设速

度之快，工程质量之好，在陕西省35年的建设史上是少有的。它的建成投产，填补了中国电子工业的一个空白，结束了国家长期依靠进口彩色显像管的历史。从工厂效益来看，投入生产的当年，实现利税3200万元，当年达到设计月产水平，当年产品质量创优，荣获陕西省优质产品和国家优质新产品金龙奖。1984年又创新纪录，年产量超过设计能力，产品荣获国家金质奖。至1984年共实现利税1.2亿元。它的产品不仅供应全国，而且向国外出口。

汉江制药厂甲苯咪唑工程，是以补偿贸易形式从比利时引进的医药工业经济技术合作项目。总投资近2000万元，其中1/3由国外贷款，2/3由国内贷款，主要工艺设备、技术从国外引进。1982年6月开工，1984年5月投产。经中比联合验收，一致认为这项工程设计优秀，技术先进，建设速度快。这项工程是中国制造化学原料药对外合作的第一个项目。

与此同时，开展了与兄弟省、市、自治区，尤其是沿海地区的横向联系，以取长补短，发挥优势。1984年开工的铜川铝厂扩建工程，就是采取补偿贸易方式，由陕西与上海市共同建设的。1982年至1984年陕西与外省合作的经济技术项目3000余个，遍及全省各地、市。

（二）集中力量，加强重点行业和薄弱环节的建设。

1979年以后，陕西一方面贯彻调整方针，严格控制基本建设总规模，一方面采取得力措施，切实加强重点和薄弱环节的建设。

1. 能源建设取得新成绩。在国民经济调整期间，陕西能源建设仍然是国家重点投资的行业。安康水电站、秦岭电厂二期和三期工程、王村煤矿等大型项目已列为国家或陕西省的重点建设项目。秦岭电厂二期扩建工程总投资2.54亿元，新装两台20万千瓦的发电机组，1978年破土动工，第一台机组已于1982年年底提前建成并网发电。此后，仅用一年时间，又建成了第二台机组，使二期工程比计划提前一年全部建成。在二期工程建设期间，自始至终坚持“精心设计、精心施工”的原则，质量优良，被国家评为优质工程，获银质奖。安装两台20万千瓦机组的三期工程建成投产后，将使秦岭电厂总装机容量达到105万千瓦，成为西北最大的火力发电厂，也是西北电网向华北、华中输送电力的重要支撑点。

2. 轻纺工业建设得到加强。1979 年至 1984 年，轻纺工业完成固定资产投资 13.12 亿元（包括更新改造投资），占全省投资的比重由 1978 年的 5.6%，上升到 8.6%，是“二五”计划时期以来比重最高的时期。其中纺织工业是继“一五”计划时期大规模建设之后的第二次建设高潮，六年完成投资 7.05 亿元（含更新改造投资），相当于 1979 年以前 29 年投资的 1.15 倍。扩建了一批大中型骨干企业，新建了一批中小型企业，新增织机 9731 台，新增棉纺 15.3 万锭、毛纺 11264 锭，化纤 2000 吨和年印染整理能力 1.36 亿米（含棉改涤）。为了改变陕西纺织工业的不合理结构，增加花色品种，加强纺织品的竞争能力，省政府决定在咸阳市扩建西北国棉一厂、二厂、陕棉二厂、八厂、西北第二印染厂，并新建陕西毛条厂 6 个大中型项目。为了加强对这批工程的领导，成立了由省计委、建委、纺织工业公司领导组成的建设领导小组，在建设过程中，省级各有关部门和单位给予了人力、物力、财力的保证。由于各方的共同努力，平均用两年多一点的时间较快地建成投产，发挥了经济效益。

轻工投资比重得到增加，主要用于发展日用机械和食品工业，同时家用电器、服装、造纸、制革也有较大发展。西安啤酒厂是陕西重点建设项目之一，经过两年建设，1983 年投产，缓和了西安市啤酒供需矛盾，它是陕西唯一的万吨啤酒厂。中国名酒之一的西凤酒的生产能力由 1000 吨扩大到 3000 吨，质量不断提高，1984 年在全国名酒评选中再次评为全国优质名酒，获国家金质奖。

3. 文教科学卫生建设投资得到较大的增长。6 年累计投资 11.2 亿元，占全省投资总额的 11%。其中，高校建设是继“一五”计划时期后的第二个投资高峰期。这期间，除对原有大专院校如西安交通大学等进行大规模扩建外，又先后新建了西北纺织工学院、西北建工学院、西北林学院、西安统计学院、西安基础大学以及宝鸡师院、汉中师院、延安医学院等高等院校 15 所。6 年中完成的总投资相当于中共十一届三中全会以前 29 年的 3 倍多，竣工房建筑面积近 100 多万平方米。中国最大的农业科学城——咸阳市杨陵区，就是在“一五”“二五”计划时期建设的基础上，经过这几年大规模新建扩建而形成的。六年间除对西北农学院进行扩建外，又新建了西北林学院、陕西农业科学研究中心等高校和科研单位。拥有10所农业院校和科研单位，2800多名科学技术人员，其中有1500名高、中级科研人员。这里农业学科齐全、基础设备雄厚、科技队伍强大，研究成果显著。先后取得1000多项科研成果，其中218项获国家和陕西省科技成果奖，并为国家培养了3万多大中专以上建设人才。1982年建成的全国最大的农业科学会堂，是陕西评选的优秀设计项目和优质工程，来自全国和世界各地的专家学者经常在此欢聚一堂，进行学术交流。1979年后，还建成了陕西体育馆，它是西北地区最大的体育馆，坐落在古城西安门外，建筑造型别致，外观犹如一艘巨轮停港待航，内设观众席8800座位。

4. 住宅建设投资显著增加。六年累计完成投资23.3亿元，是1979年前29年住宅总投资的1.6倍，占同期总投资的比重达23%，是1949年以来的最高峰时期。六年建成职工住宅1512万平方米，占1953年至1978年26年住宅建设总面积的78.5%，城市住宅紧张的局面开始改观。

5. 城市建设六年完成投资4.9亿元，相当于1979年前29年总投资的1.36倍。建成了西安污水处理厂，并扩建西安等4个城市的自来水水源工程，提高了城市供水能力，特别是耀县至铜川供水工程的建成，对缓和铜川市用水供求矛盾起了重大的作用。在加强城市供水的同时，全省大部分县城也都用上了自来水。城市道路建设、下水道建设等也有很大的发展。

（三）开发旅游资源，发展旅游事业。

陕西省具有发展旅游事业的优越条件。1978年后，旅游事业发展很快。1979年至1983年，每年接待国际旅游人数平均增长49%。为适应这一发展需要，基本建设战线把开发旅游资源，建设旅游宾馆、饭店作为投资的一个重要方面，收到了良好的效果。

被称为“世界八大奇观”之一的秦始皇陵兵马俑，是中国一个极其宝贵的旅游资源，中共中央、国务院对这一资源开发建设十分重视，叶剑英亲自为秦始皇陵兵马俑博物馆题写馆名。这一伟大的工程，由陕西省建筑设计院设计，陕西省建三公司施工，经过一年多建设，1979年10月1日建成开馆使用。秦俑博物馆建成开馆，震动了中外。开馆至1984年，接待国内外旅游者900多万人次，国外旅客达到50余万人次，接待外国元首或政府首脑50位，使西安成为全国四大旅游热点城市之一。同时还对其他名胜古迹进行了整修和初步开发。以保护西安古城墙，疏通护城河为主要建设内容的环城工程也加快了建设。

旅游宾馆、饭店的建设，是发展现代旅游事业的基础设施之一。80年代以来，先后建成了西安宾馆、长安宾馆、秦都饭店、朱雀饭店、金华饭店等中档旅游宾馆；引进国外资金、合资建设和经营的宾馆也在积极筹建中。同时，还兴建了旅游专用的西安友谊汽车公司和旅游商品服务中心，拓宽了通往几个主要的旅游点的公路，为发展旅游事业提供了条件。

（四）改革基建物资供应体制。

这项改革从1979年开始试行。改革的主要内容，一是改革基建材料随投资分配到千家万户的管理体制，实行由物资部门按建设项目的工程进度，向施工企业直接配套供应到施工现场；二是把建筑企业由财政拨付的流动资金和收取建设单位的预付备料款改为由建设银行全额信贷，变无偿占用为有偿占用。这项改革办法试行以来，截止到1984年，已在325个建设项目和22个施工企业实行。这325个项目总建筑面积266万平方米，建筑安装工程总投资5.43亿元。这批项目一般工期可缩短1/5，工程造价降低5%，取得了较好经济效果。1984年全省基建投资总额中已有58%的投资项目实行配套直供基建物资材料的办法，其中省属项目已达85%。22个施工企业实行流动资金全额信贷后。普遍加强了经济核算，采取了加速周转、挖掘内部潜力、减少资金占用的有效措施，使百元产值占用资金比原来降低了10%，实际贷款总额仅占建设银行核定指标的70%左右。陕西省基建物资供应体制的改革，得到国家的重视和支持，几次在全国进行经验交流。

经过上述三个阶段的建设，1950年至1984年，全省全民所有制单位，累计完成基本建设投资337.6亿元；建成投产项目16301个，其中，大中型项目227个；新增固定资产244.8亿元，相当于1952年全民所有制单位固定资产的600多倍；竣工各类房屋建筑面积8361万平方米，相当于1949年全省城市房屋建筑面积的15.8倍；1984年全省工农业总产值224.4亿元，比1949年增长14.2倍；国民收入120.8亿元，比1949年增长14.4倍。

工业建设在陕西基本建设中一直占主导地位，初步形成了一个包括能源工业、原材料工业、机械工业、轻纺工业等传统工业和电子、航天等新兴工业在内的门类比较齐全的工业体系，其中国防军工民用机械工业、纺织工业、航空、航天、电子工业在全国占有相当重要的地位。电力工业建成投产了8个大中型电厂（站）和一批小型电厂（站），新增发电装机容量198万千瓦，为解放前的307倍。煤炭新增生产能力2000万吨以上，1984年全省原煤产量达2417万吨，为1949年的40倍。冶金及有色工业新增炼铁能力27.1万吨，炼钢能力19万吨。建成了中国已有的最大的铝矿——金堆城钼业公司，钼矿采选能力达到1.2万吨。建材工业建成了以耀县水泥厂为骨干，大、中、小相结合、小水泥厂遍及全省的水泥生产体系，累计新增生产能力216万吨，1984年水泥产量达310万吨。化学工业全省建成生产能力为：合成氨38.5万吨，烧碱2.9万吨，纯碱1.3万吨，硫酸14.3万吨。国防军工和民用机械工业建成投产大中型项目134个，拥有金属切削机床近9万台，锻压设备1.74万台，固定资产原值居全国第八位，在飞机制造、汽车制造、精密机床、大型机床、输变电设备、大型柴油机、自动化仪表、工业轴承、工程机械和部分行业的专用设备制造方面，都具有了相当的规模。国防工业的生产和科研也已成为全国重要基地之一。机械工业年产值在全省各工业部门中占第一位，成为陕西的一大经济优势。纺织工业建成了23个大中型企业和一批小型企业，1984年全省纺织工业总产值达26.46亿元，是陕西仅次于机械工业的第二大产业。轻工业形成的主要生产能力有缝纫机70万架、手表159万只、自行车50万辆。

农林水利方面，先后建成容量在100万立方米以上的水库314座，其中容量在1亿立方米以上的大型水库5座，建成电灌1.4万多处，农田有效灌溉面积由解放前的336万亩扩大到1858万亩，其中百万亩以上的灌区有4个，农业生产条件和科学技术水平有了较大提高。1984年农业总产值达到83亿元，比1949年增长5.9倍；造林8000多万亩，形成木材年采运能力50多万立方米。

交通运输建设，新增铁路正线铺轨2381公里，建成复线290公里，完成电气化铁路889公里，加上对原有铁路的技术改造，使陕西境内铁路营运里程由解放前的451公里增加到1744公里，铁路运输能力有较大提高。改建、新建了一批公路干线和支线，建成铺有高级、次高级路面的公路7760公里，公路通车里程达到36832公里，比解放前增长19.3倍，实现了县县、乡乡通公路。民用航空共开辟省际省内航线14条，民航航线里程已达11725公里。邮电建设已经形成了以西安为中心、服务网点遍布城乡、四通八达的邮电通讯服务网，建成了陕西电视台、西安电视台及遍及全省的无线、有线广播网。

文教卫生科研设施成倍增加，高教科研力量在西北居领先地位，在全国也名列前茅。

随着陕西经济建设的发展，一批大中小城市逐步形成，西安、宝鸡、咸阳、铜川4市旧貌变新颜。渭南、汉中、延安、韩城、兴平、户县、阎良、华县等新兴中小工业城市（镇），也蓬勃发展起来。古城西安宽阔的柏油道路纵横交错，一座座工厂拔地而起，一幢幢楼房鳞次栉比，商业网点星罗棋布，西郊建有电工城，东郊建有纺织城，南郊建有文化区，既是具有光辉灿烂古代文明的东方旅游胜地，又是欣欣向荣的现代化工业和高校科研基地。

基建战线的主力——建筑业，随着全省经济建设的发展，也相应发展起来。至1984年全省国营、城镇集体建安施工队伍发展到26.5万人，勘察设计及科研教学队伍发展到2.4万人，形成了一支以全民所有制企业为技术骨干，集体所有制企业（包括农村建筑队）为主力的建筑安装队伍，拥有一支包括冶金、机械、电力、化工、建材、煤炭、纺织、轻工等行业的工艺设计在内的、工种齐全的工业与民用建筑的勘察设计和科研教学力量，不仅出色地完成了陕西的建设任务，而且承担了省外、国外一批工程，不少工程施工速度快、质量好，受到好评，曾有一批工程项目的设计、施工分别获得了国家金质、银质奖。

第二节 甘肃省的建设

甘肃省位于中国西北边陲,是中国多民族省区之一。全省面积 45 万平方公里,居全国第七位。1984 年人口 2015 万人,其中汉族占 92%,还有回、藏、东乡、土、裕固、保安、撒拉、满、蒙古、哈萨克等十多个少数民族。

甘肃省历史悠久,古代中外经济文化交流的"丝绸之路"横贯全境,是中国开发经营较早的一个省区。后来,曾一度繁荣的经济文化逐渐衰落下来。至 1949 年新中国成立前夕,全省工农业总产值仅为 11.4 亿元(按 1980 年不变价格计算)。农业生产停留在二牛抬杠和肩挑人背的状态。工业基础更为薄弱,没有一家像样的工厂,当时生产规模最大的玉门油矿,建矿 11 年间才生产原油 49.9 万吨,成品油 13 万吨。化学工业虽有些基础,每年也只能生产硫酸 33 吨、盐酸 5.4 吨、纯碱 12 吨。毛纺厂只能生产一些质量低劣的粗纺产品。全省仅有兰州、天水、玉门、武威 4 个残破的小火电厂,装机总容量为 1792 千瓦,实际出力只有 1100 千瓦,年发电量仅 535 万度。煤炭仅靠阿干镇的一个土煤窑生产,年产量只有 17 万吨。在 45 万平方公里的土地上,只有 46.1 公里时通时停的铁路和 3200 多公里路况极差的公路。广大农村和山区人民,长期扒悬崖、走栈道、过铁索、攀藤条,"行路难于上青天"。全省电子、机械制造、有色冶金、水力发电等工业一片空白。科技和文教事业更为落后。

解放后①,经过 1950 年到 1984 年 30 多年的建设,全省累计完成基本建设投资 241.6 亿元,建成大、中型项目 137 个,房屋竣工面积 5046.6 万平方米,形成固定资产 166.7 亿元。1984 年工农业总产值达到 137.2 亿元,相当于 1949 年的 12 倍;其中工业总产值的比重,由 1949 年的 10.7%,上升到 71.5%。

甘肃省的基本建设,首先是从交通建设开始,并围绕甘肃省境内丰富的矿藏资源展开工业建设。经过 30 多年的建设,形成了以石油化工、机械制造、有色金属、电力、建筑材料工业为主的工业结构,已成为中国西北地区

---

① 甘肃省会兰州 1949 年 9 月 26 日解放。

工业较发达的省。

一、千里陇原变通途

甘肃解放初期，就把交通列为建设重点，开始了公路、铁路的大规模整修、恢复与建设。从1950年起，用了两年时间，恢复了宝天铁路（宝鸡—天水），复建了天兰铁路（天水—兰州），从而沟通了甘肃与东部各省的联系。从1953年“一五”计划开始到1962年的10年中，进行了大规模的铁路建设，兰新（兰州—乌鲁木齐）、兰青（兰州—西宁）、宝成（宝鸡—成都）、甘武（包兰线的甘塘—武威）等铁路干线先后建成通车。这几条干线大多是在山峰崎岖、河道延绵、人烟稀少的地区进行施工，工程难度较大。如甘肃境内的兰新线上的乌鞘岭越岭工程、古浪峡跌落崖工程、包兰线上穿越腾格里沙漠工程、兰青线上河口黄河大桥工程等，都是很艰巨的工程。筑路工人不畏难险，克服种种困难，保证了工程的按期完成。到1965年年底，甘肃境内铁路干线总长度达1968公里，居西北地区之首位。包兰线的建成，沟通了华北运输网络，打开了西北铁路运输的第二条通道。兰青线的建成，使青海与西北干线相通。宝成线的建成，北连陇海，南接成渝，成为沟通西北与西南的第一条铁路干线。为了发挥兰州铁路枢纽的作用，1966年开始建设兰州铁路枢纽工程。兰州铁路枢纽包括兰州东、兰州、兰州西、陈官营、西固城、坡底下、河口及西固环线中的颖川堡、石岗等9个站，东西长46公里，于1969年建成。它东接天兰、包兰线，西连兰新、兰青线以及规划中的兰成线，不但是西北地区铁路网的中心，也是全国铁路网的主要枢纽。为配合油矿、铁矿、煤矿、水电站等大型工业项目的建设，在30多年中还相继修建了玉门南、窑街、镜铁山、刘家峡等6条支线和西固等2条环线，铁路支线总长371.5公里。另外，还修建了143条工矿企业专用线，总长度为343.1公里。截至1984年，全省境内铁路总长度为2682.6公里，为解放前夕的58倍。为适应日益增长的运量要求，从1978—1984年，建成并改造了兰州电气化枢纽工程和甘肃境内的455公里电气化铁路，实现了多拉快跑，为甘肃的经济建设做出了贡献。

新中国成立后，甘肃的公路建设也得到了迅速发展。1950—1952 年，集中恢复了甘青线、甘川线、甘新线、包兰线、华双线等旧中国遗留下来的破烂公路和桥梁。从 1953—1960 年，在继续改造上述铁路干线的同时，有计划地新建了秦陇线、武九线、略九线、两河口至郎木寺线等一批干线公路、县社公路和专用线，使甘肃公路得到大发展。其中“一五”计划时期公路里程平均每年递增 28.42%。60 年代，公路建设的重点放在提高现有公路质量、加宽路面、改善桥涵渡口方面，使干线公路基本定型。70 年代初至 1984 年，除大力发展渣油路面外，还新建了兰宜公路和一批国防公路、山区公路，新增公路和油路 8000 多公里。至 80 年代初，大部分干线推广了养路机械，基本上实现了线型标准化、路面黑色化、桥梁永久化。路旁绿树成行，林荫夹道。1981 年，甘肃在全国第一个实现了社社通车。1984 年全省公路通车里程已达 32365 公里，其中干线公路 9336 公里。通车总里程为解放初的 10 倍，基本上形成了以省会兰州为中心，干支线结合，内外地相连，城乡沟通的公路网。

二、中国第一个石油化工基地的建设

甘肃石油化工建设是在充分利用省内丰富的自然资源的基础上发展起来的。石油工业的开发建设，首先从玉门油田开始。解放后，玉门油矿经过恢复、改造和建设，1952 年 10 月在石油沟打出了第一口探井。“一五”和“二五”计划期间，除改造和扩建老君庙油田地面工程外，着重进行了白杨河、石油沟、鸭儿峡等新油田的建设。到 1957 年年底，玉门已建设成为当时中国第一个天然石油基地，50 年代最高年产量曾达到 140 余万吨。1960 年以后，玉门油田又开展了大规模的注水工程建设，逐步扭转了原油产量由于地层压力下降而急剧递减的被动局面，自 1966 年后，产量开始回升。

随着石油工业的建设和发展，国家在兰州着手筹建了中国第一个大型石油化工基地。兰州炼油厂、兰州氮肥厂、兰州橡胶厂、兰州石油化工机械厂等一批大型骨干企业在“一五”计划期间相继开始了建设。兰州炼油厂是“一五”计划时期国家 156 项重点建设项目之一，其技术和主要设备从苏联引进。1956年4月动工，1958年9月胜利竣工，形成了年处理原油100万吨的生产能力，经扩建，提高到300万吨。它的建成投产标志着中国炼油工业进入了一个新的发展阶段。兰州化肥厂和兰州橡胶厂也都是国家156项重点建设项目，与兰州炼油厂一起组成兰州化学工业公司（简称兰化公司）。1957年4月，兰州化肥厂破土动工。经过一年多的艰苦努力，使原计划三年建成的工程提前一年半完成，节约投资23.6%。1958年年底，年产甲醇1万吨、合成氨5万吨、硝氨8万吨的装置相继建成投产，西北高原上生产出了第一批化肥，从而结束了甘肃不能生产化肥的历史。化肥厂投产后，又加快了橡胶厂的建设步伐。1960年春，年产1.35万吨丁苯橡胶装置生产出了中国第一批合格的丁苯橡胶，为国家填补了一项空白。1965年国家决定从联邦德国、英国引进砂子炉裂解装置和聚乙烯、聚丙烯、丙烯腈、腈纶等化工装置，为兰化公司从原来以粮食酒精为部分原料过渡到全部以石油化工副产品为原料的转变奠定了基础。经过30多年的建设，兰化公司已成为一个以石油化工产品为主体，专业比较完整配套的石油化工联合企业。与此同时，为了给新建的化工企业提供装备，以石油化工机械为中心的机械工业基地也开始在兰州建设。兰州石油化工机器厂是由苏联帮助设计的156项中的两个项目——兰州石油机械厂和兰州炼油化工设备厂合并建设的。这是一个以制造石油钻采机械和炼油化工设备为主的大型骨干企业。1953年筹建，1956年开工，经过两年半的努力，工程建设初具规模。1959年开始局部投产。后因遇到国民经济困难，放慢了建设步伐，直至1965年才全部建成投产。以后，又经过扩建和技术改造，成为全省效益好、贡献大的骨干企业。兰州通用机器厂也从解放初开始进行恢复性建设，1956—1957年又先后进行了四次较大规模的扩建，成为生产石油机械的专业厂。50年代后期到60年代末，又先后建成了兰州长征机械厂、兰州高中压阀门厂等10多个石油化工通用设备机械厂，形成了以兰州石油化工机器厂、兰州通用机器厂为核心的、门类齐全的成套石油化工通用设备制造中心，为全国各油田担负70%以上的石油钻采设备的制造任务，其中陆用中深井成套石油钻机为独家生产。随着国民经济的发展，60年代，以兰州为中心还建成了兰州电机厂、兰州机床厂、兰州轴承厂等一批生产电机、机床、轴承、专用汽车制造等产品的工业企业。

三、有色金属工业的崛起

甘肃是全国著名的有色金属之乡，矿产资源十分丰富。1951 年 5 月，国家派出地质勘探队伍到甘肃踏勘有色金属矿藏资源，并从 1953 年 4 月开始筹建中国第一个大型现代化铜基地——白银有色金属公司。1956 年 3 月，露天矿开始施工；1958 年 3 月，选矿厂、冶炼厂、电解系统、硫酸系统全面开工，机修、电修、供水供电等辅助设施也陆续开工。在苏联单方面撕毁合同、撤走专家、带走图纸的困难面前，参加工程建设的广大工程技术人员、干部和工人，奋发图强，毅然挑起了建设重担，并对原设计进行大的改造，节约了投资。1959 年 10 月，露天矿比计划提前五个月建成投产，选矿厂于 1960 年 3 月提前 1 年试车投产；冶炼厂于 1960 年 6 月提前 9 个月建成投产，炼出了第一炉铜水。这样，大型联合企业——白银有色金属公司已初具规模。至 1965 年年底，形成了年铜采矿 396 万吨，铜选矿 410 万吨，铜冶炼 4 万吨，铜电解 4 万吨和硫酸 18 万吨等生产能力。继白银有色金属公司之后，地处戈壁滩上的金川有色金属公司也于 1959 年冬开始建设，经过 5 年的奋斗，于 1964 年建成了从采矿、选矿到冶炼的试生产系统，这是中国第一个从矿山拿出最终产品镍的生产系统，为国家填补了镍空白。金川有色金属公司以生产镍为主（建成 1 万吨电解镍的生产能力），副产铜、钴、金、银和铂族金属。随着白银有色金属公司的建成投产和金川有色金属公司的大规模兴建，甘肃的有色金属工业进入了蓬勃发展的阶段。这期间先后兴建的西北铜加工厂、西北铝加工厂、兰州铝厂、连城铝厂和 70 年代建成的甘肃稀土公司、陇西有色冶金机械厂等一大批大、中型企业，使甘肃有色金属工业从矿藏开采、冶炼、选矿、加工到制造矿山生产设备及备件，基本上配套成龙，形成了比较完整的体系。与此同时，甘肃有色地质勘探公司、兰州有色设计研究院、西北矿冶研究所、第一有色建设公司、第四有色建设公司、第八有色建设公司等单位，为开发甘肃的矿产资源，建设和发展有色金属工业，相继组建或集结于甘肃，力量比较雄厚；甘肃铝厂、天水西和铅锌矿、酒泉金塔铜矿、安西花牛山铅锌矿等30多个地方中、小型企业、矿点，如烂漫的山花开遍全省，展示出强大的生命力。

经过30多年的建设，甘肃有色金属工业已有了一定的基础。据统计，到1984年，全省有色金属工业战线职工10万余人，设备总重量20余万吨，固定资产原值已达26亿多元。产品销至全国29个省、市、自治区，包括航天、航空、电子、原子反应堆等尖端工业部门，还远销欧美、日本及东南亚的一些国家和地区。历年累计产量占全国有色金属工业的1/7左右。1984年完成产值12.01亿元，在甘肃的国民经济中居第三位；当年利润占全省工交企业利润的近1/4，成为甘肃的四大经济支柱之一。被誉为“铜城”的白银有色金属公司，仅1984年的电解铜产量，就接近于1949年全国总产量的10倍。被称为“镍都”的金川有色金属公司，1983年电解镍产量突破万吨大关，1984年达到1.5万吨，占全国镍产量的83.81%。甘肃稀土公司在短时间内建起6000吨氯化稀土生产线，生产能力跃居全国首位。连城铝厂、兰州铝厂与西北铝加工厂连为一体，从电解铝到铝加工，形成较大规模的生产能力，在全国占有重要的位置。西北铜加工厂以铜材加工为主，同时生产铝、锌、贵金属及其合金加工材，成为全国三大铜加工基地之一。

四、“水主火辅”的电力工业建设

甘肃地处青藏高原的边缘地带，地形起伏较大，省内有黄河、长江及内陆河三大水系，构成十分丰富的水力资源，全省水力蕴藏量达1424万千瓦。

为了适应甘肃经济建设的需要，解放初期首先在兰州、玉门、天水等重点建设地区恢复、改造、扩建了一批原有的小电厂，同时，新建了郑家庄电厂、张掖电厂和临夏水电站等小型电厂。“一五”计划期间，随着兰州、白银及河西一带石油、冶金、化工、建材、机械制造等现代化大型企业的相继开工兴建，电力工业有了较大的发展。除对原有电厂进行扩建，各地、县相继建成一批小型水电及火电外，还重点建设了当时西北最大的热电厂——西固热电厂，装机容量为30万千瓦。1958—1969年，随着黄河梯级水电站的开发，碧口等大、中型水电站先后动工。与此同时，为配合酒泉钢厂、金川有色金属工业公司工程的兴建，酒钢电厂、永昌电厂等火电厂也相继开工。随着刘家峡等大、中型水电站的建成发电，从“三五”计划时期开始，新增发电能力中，水电比重越来越大。“三五”计划期间，新增发电能力 91.74 万千瓦，其中水电 59.19 万千瓦，占 64.5%。“四五”计划期间，新增发电能力 105.9 万千瓦，其中水电 97.9 万千瓦，占 92.4%。“五五”计划期间，新增发电能力 41.43 万千瓦，其中水电 37.2 万千瓦，占 89.9%。由于 10 多年中火电增容较少，而且大电网所到之处，原有的一些中小型火电厂关停转产，全省火电比重过小、水火电比例失调的矛盾明显暴露。1977 年和 1978 年，曾两次出现限电的被动局面。因而，全省单机容量最大的连城电厂于 1978 年 8 月开工兴建，两台 10 万千瓦机组于 1981 年、1982 年相继投产后，枯水季节电网供电的可靠性得到了提高，甘肃以水电力主、以火电为辅的电力工业得到了全面发展。

随着电站的建设，相应地建起以兰州电网为中心，以地区电网为联络的全省电力网，并初步形成了西北统一电网。1971 年建成 220 千伏输电线路，向青海西宁送电。1972 年建成西北刘家峡经天水至关中的 330 千伏输电线路，向陕西关中送电。1974 年建成莲花城到固原 110 千伏输电线路，向宁夏固原送电。1976 年建成碧口水电站，向川北、陕西送电。从而把陕、甘、宁、青 4 省电网联结在一起，形成 4 省区联合电力系统，充分发挥了水火电并网调峰节能效益。

五、加强国防、电子、民用机械工业基地的建设

“三五”“四五”计划时期，根据国家加强“三线”建设的方针，由沿海地区迁来一批机械加工工业企业，重点建设了国防、电子、民用机械工业。这一时期，国防工业和电子工业得到了较大发展，先后建成了一批军工厂，并对地方军工企业进行了改、扩建，增加了产品品种和数量，形成了可生产航空电动机械、航空仪表、计算机、火箭筒、军用枪、炮弹、地雷、炸药、引信等 150 多种军用产品的能力。兰州、平凉、秦安等地先后建成了兰新机械厂、虹光电子管厂、庆华仪器厂、永红器材厂、敬东机器厂和电子科学研

究所等电子工业项目，形成了年产通讯接收机 250 部、磁控管 3000 只、连调管 7000 只、超高频数字集成电路 92 万多块、微波器件 1350 台、晶体管 290 万套、八八四电台 1000 部和炮兵电台 1500 部的生产能力。这些国防和电子产品，有些在技术和质量上在全国名列前茅，有些填补了省内的空白，为国防、民用建设和援外工作做出了贡献。

从 60 年代后期到整个 70 年代，是甘肃机械工业进行大规模建设的第二个高潮。这一时期的建设主要集中在天水进行，在国家有计划布点下，特别是 1970—1978 年的 9 年中，机械工业基本建设累计投资达 9.7 亿元，以每年平均 1 亿多元的投资进行建设，这一时期从沿海地区迁来甘肃的机械工业企业基本上集中在天水。以天水长城命名的电工合金材料厂、开关厂、通用电器厂、低压电器厂、控制电器厂、电工仪器厂、精密电表厂及天水红山材料试验机厂等以生产电器仪表为主的厂都是在这个时期建设起来的。与此同时，还先后建成了天水星火机床厂、天水锻压机厂、天水海林轴承厂、天水轴承仪器厂、天水拖拉机厂等近 20 个大中型机械制造企业及科研单位。以天水为中心，建成了以生产各种电工仪器、仪表为主及各种大中型机床、轴承、锻压、中小型农机具的甘肃第二个机械工业基地，成为陇原大地机械制造工业的一支生力军，进一步加强了甘肃机械工业的实力。

甘肃光学仪器厂的建设，充实了甘肃光学仪器设备的制造能力，促进了甘肃精密光学仪器的迅速发展和提高。这个厂是由南京、上海、哈尔滨三个电影机械厂及陕西仪表总厂筹建处搬迁建设的。从 1966 年开始建设，于 1969 年部分建成投产，1971 年基本建成。以后又经过几次调整，于 1974 年开始筹建放映机生产线，作为甘肃省的重点项目，建设速度加快，于 1978 年全部建成投产。已形成固定资产原值 4862 万元，完成建筑面积 20 万平方米。形成了生产电影机械设备、磁记录设备、照相机、军工和光学仪器产品的综合生产能力，为电影、电化教学和科研提供电影制片设备、放映设备、磁录器及各种光学镜头等 44 种主机和 81 种配套部件，填补了甘肃光学仪器方面的空白，在全国具有一定地位，是 16m/m，35m/m 新闻摄影机、模拟磁带机、高速摄影机打孔机等产品在国内的主要生产厂家。其中，放映机产品约占全国总产量的1/3。

在重点建设大中型骨干项目的同时，甘肃有计划地发展了隶属地县管理的小型机械项目。到1984年止全省县以上机械工业企业已有138个，职工2.5万人，固定资产达2.5亿元，拥有主要设备8000余台，总产值已占全省县以上机械工业总产值的30%，有效地促进了地县机械企业及全省农业机械化的进程。

六、振兴中的建材工业

建材工业是甘肃工业中骨干行业之一，除供应本省外，在西北地区也有一定优势。

甘肃建材工业的建设，有过两个高潮。1950年，为满足甘肃有色金属、石油化工、机械制造工业项目建设的需要，国家决定调迁外省设备，在兰州附近的阿干镇建设了一座水泥厂。在此基础上，以后又进一步增加投资、扩建规模，引进了德意志民主共和国成套设备。1954年9月动工，1957年10月竣工，建成了年产36.1万吨500号普通硅酸盐水泥的中型工厂——永登水泥厂，它的工艺线、设备和自动化程度，当时都属国内先进水平。从1958年开始，经过扩建和技术改造，生产能力逐步提高到66万吨。此外，“一五”计划时期，还新建了酒泉、天水、高崖、山丹、平凉等10多个小型水泥厂，兰州沙井驿、张掖平原堡等7个中小型砖瓦厂以及兰州水泥制管厂，天祝石膏矿等一批建材企业，这是甘肃1949年以来建材工业建设的第一个高潮。

70年代初期，在为农田水利基本建设服务，为地方“五小”工业服务，为战备工程服务的指导思想下，提出了“就地取材、就地生产、就地使用”的发展水泥工业的原则。小水泥厂的建设遍地开花，几年内各地、县都建起了小水泥厂。到1974年，全省建成小水泥厂80个，其中县以上66个，发挥了积极作用。到70年代后期，这些小厂一般都开始进行技术改造，逐步把土立窑改建成机械化立窑，生产状况逐步有所改善。60年代后期建成兰州平板玻璃厂，设计能力年产75万标箱平板玻璃。这个厂的建成，填补了西北地区平板玻璃的空白。70年代初，还建成了中型规模的甘谷石棉制品厂。小砖瓦厂等地方建材工业也有所发展。这是甘肃省建材工业建设的第二个高潮。在此期间，中型规模的武山水泥厂于1971年5月动工，但由于建设前期准备工作不足，打打停停，投资浪费严重，经过几年的建设，1981年12月才正式通过国家验收，新增大窑水泥年生产能力30万吨。1982年，兰州平板玻璃厂和永登水泥厂两项扩建工程分别开工，1985年建成投产，新增150万标箱平板玻璃和120万吨石灰石的生产能力。这对缓和西北地区平板玻璃和水泥的供求矛盾起到积极的作用。

七、水利、林业、草原的建设

截至1984年年底，全省水利建设完成投资28亿元，建成了一批蓄引提灌溉工程和防洪、排涝、水土保持，人畜饮水等设施，使全省水浇地面积由1949年的470万亩，发展到1270.98万亩，增加1.7倍。30多年中，先后建成了党河、双塔堡、双树寺、白石崖、鹦鸽嘴、金川峡、红崖山、崆峒山、锦屏等水库310座，总库容20亿立方米，比解放前增加100多倍。修建塘坝1166座，蓄水能力2512万立方米；改建、新建干支渠道3.59万公里；兴建机电提灌溉工程约51800多处（眼）。从1965年开始，对黄河水资源逐步进行开发利用，先后建设了榆中三角城，景泰（一期）、靖会、靖远兴堡子川、刘川、皋兰西岔等电力提灌溉工程，设计流量共达43秒立方米，灌地113.7万亩。经过30多年建设，总计建成万亩以上灌区169处（其中大型灌区9处，中型23处），总灌溉面积达779万亩，占全省水浇地面积一半多。为了加强江河治理和水土保持，在黄河干流及渭河、洮河、大夏河与白龙江等主要河流共修防洪堤约2000余公里，使一般洪水得到了不同程度的控制。为了改变黄土高原水土流失严重的局面，把兴修水平梯田、造林、种草、建设沟坝地等，当做最基本的水土保持措施。截至1984年年底，全省水土流失区兴建水平梯田932万亩，建设沟坝地17.2万亩，铺压沙田127万亩，造林1092万亩，荒坡种草133万亩，有效地控制了水土流失，改善了生产条件，促进了农业牧业的发展，此外，还解决了一些干旱山区人、畜饮水的困难。

甘肃在历史上是一个森林茂密，生态环境很好的地方，随着种植业的发展，毁林开荒，过量采伐，战乱，火灾等，到解放时，山林告兀，郁郁青山成为濯濯童山。解放后，在中国共产党和人民政府的领导下，采取了保护和发展林业的众多措施。先后在天然林区，建起了经营林场102个，自然保护区13处，加强了珍贵动物大熊猫、金丝猴产地——白水江和莲花山自然保护区的建设。建起了白龙江林业管理局和所属4个林业局，拥有20个国营林场，国营造林场105个，国营苗圃134个，林业站245个，林区公路累计建成1236公里。截止到1984年年底，全省森林面积达5250万亩，其中人工造林面积达835万亩。森林面积占全省总土地面积的6.9%。

甘肃境内有草原2亿多万亩，占全省总土地面积的30.3%。发展畜牧业有着优越的条件。解放后，加快了对7个牧业县的建设步伐，对全省畜牧业的恢复发展，创造了必要的条件。一是在草原建设上，人工种草36.22万亩，改良草场10.74万亩，围栏155万亩，打水井1422眼，修棚圈199.97万平方米，还修建了小水库、塘坝等，解决了草原供水面积1700万亩，灌溉天然草原24万亩，饲料基地6.4万亩，并改善了9.3万人、83万头牲畜的饮水条件。二是草山草坡建设上，人工种草637.04万亩，改良草山草坡15.87万亩，围栏0.7万亩，修建饲料加工厂208个，形成年加工能力74240吨。三是在良种繁育方面，建起国营种畜场59个，房屋竣工面积245754平方米，草场围栏计12.96万亩，购置各种拖拉机107台，饲料粉碎机74台。此外，还建成了畜牧兽医研究所、中兽医研究所、兽医药品厂等单位。1984年，全省大牲畜年年底存栏数由1949年的243万头增加到471.68万头，猪由85万头增加到444.78万头，羊由416万只增加到883.41万只。畜牧生产的发展，为全省提供了大量的役畜和肉类，以及皮毛等畜禽产品，为城乡人民生活需要和出口贸易做出了贡献。

30多年中，甘肃的轻纺工业、煤炭工业、钢铁工业和科研、文教、卫生、广播事业以及城市建设等都取得了较大的成就。甘肃原有的轻纺工业基础非常薄弱，经过30多年的建设，兰州、天水已成为具有一定规模的棉毛纺织基地，产品已由解放初只能生产粗毛呢，到现在已能生产粗纺、精纺等各种产品，有的还远销国外市场。轻工产品也得到了发展，特别是甘肃的传统优秀工艺美术品如甘肃洮砚、天水雕漆、兰州刻葫芦、酒泉夜光杯等都得到了恢复，焕发了新的光彩。

第三节 青海省的建设

青海位于中国的西北部，位于青藏高原上，全境为昆仑山系所盘踞。北部有阿尔金山和祁连山，由西北向东南迂回环抱，是青海与甘肃的界山；南部由唐古拉山雄峙，是青海与西藏的界山；中部为巴颜喀拉山，横贯全省，至东部边境隐而复起，成为西倾山脉。在这几大山脉之间，分别形成柴达木、可可西里、共和、民和等几个盆地。青海总面积为72.1万平方公里，占全国总面积的2.5%；全省海拔超过3000米以上的地区占总面积的4/5强。青海境内，除日月山以东湟水、黄河两岸为农业区外，其余大部分地区为牧业区，牧业区面积占全省面积的97.7%，是全国四大牧区之一。

青海河流纵横，湖泊众多，地表水和地下水资源相当丰富。全省内陆河、外流河共217条，河流总长约1.9万公里，集水面积约8.2亿多亩。黄河、长江都发源于青海。黄河在青海境内约长1455公里，年总水量为230亿立方米，平均每公里降落1.66米，水力蕴藏量为1363万千瓦。根据根治和开发黄河的规划，黄河在青海境内有6个梯级：龙羊峡、拉西瓦、李家峡、公伯峡、积石峡、寺沟峡，可装机658万千瓦。长江在青海境内全长约1000多公里，长江流域在青海境内的水力蕴藏量为435万千瓦。全省共有大小湖泊230个，其中青海湖是中国最大的内陆咸水湖，它最诱人的奇观是湖西北部的鸟岛。

青海地势高峻，是中国冰川分布广、储量大的地区之一。祁连山地和青南高原上有许多海拔5000米以上的高山，雪峰连绵，冰川广布，是一座天然的巨型固体蓄水库。青海地下水资源也十分丰富，大部分为具有化工价值的矿泉水。

青海的矿产资源非常丰富，已探明的金属、非金属、固体燃料矿产共60种，其中37种名列全国前十位，钾盐、镁盐、岩盐、锂、溴、化工灰岩、硅石、石棉等8种居全国之首。青海的优势矿产主要是盐类矿产、非金属矿产（包括石棉等）、有色金属矿产（包括铅、锌、铜等）和能源矿产等4类。

青海是一个多民族聚居地区，主要有汉、藏、回、土、撒拉、蒙古、满、哈萨克等8个民族。全省总人口389.6万人，其中少数民族人口占39.4%。

解放前①，青海社会经济各项事业发展十分缓慢。直到1949年解放时，全省交通闭塞，文化落后，经济凋敝，广大牧区尚处在封建、农奴制社会，广大贫苦农牧民群众几乎处于与世隔绝的境地。据统计，1949年工业产值仅100多万元（按1952年不变价格计算），主要工业产品产量为：发电量48万度，原煤4万吨，硫酸7吨，机制纸19吨，皮革1万张。农牧业生产十分落后，生产方式原始，产量低下，特别是畜牧业一直处于靠天养畜、“逐水草而居”的状况。全省没有铁路，只有等级很低的干线公路472公里，其中有路面的里程仅290公里。全省共有民用载货汽车14辆，绝大部分货运靠人、畜力驮运。全省邮电局（所）只有44个，邮路总长仅1727公里。科技、文教、卫生等事业更是落后。解放时，全省共有幼稚园2处，入园儿童300余名；小学717处，学生4万余名；中学、中等师范、中等专业学校合计共8所，学生总共1380人。全省只有3所医院，100张床位。长期来，农村牧区群众治病找巫医，直到解放初期，夜间在西宁仍可听到驱鬼压魔的鼓声。其他文化设施也少得可怜，全省只有西宁有一所电影院，亦是简陋至极。

一、开发中的处女地

中华人民共和国成立以后，在中国共产党和人民政府的领导下，青海这块处女地得到了逐步开发。

（一）基本建设投资规模日益增大。

1950—1984年，国家一方面直接投资青海进行基本建设，同时对青海地方财政长期进行补贴。35年中，全省基本建设投资累计达114.15亿元，相当于同期全省地方财政收入的2.7倍。

在114.15亿元的投资总额中，中央财政直接安排的部直属专直供项目投资67.64亿元，占总投资的59.26%，地方项目投资46.51亿元，为同期地方

① 青海省会西宁1949年9月5日解放。

财政收入累计的110.3%。114.15亿元中，用于生产性建设的投资占77.7%，用于非生产性建设的投资占22.3%。投资的构成见表24、25。

各部门投资情况

表24

投资情况 部门	1950—1984年投资总额（亿元）	占投资总额的比重（%）
一、工业部门	67.25	58.91
二、交通邮电部门	21.64	18.96
三、农、林、牧、水、气部门	7.93	6.95
四、商、粮、贸部门	4.08	3.57
五、科教文化部门	4.59	4.02
六、城市建设	1.78	1.56
七、行政及其他部门	6.88	6.03

各时期投资情况

表25

投资情况 年代	投资总额（亿元）	占1950—1984年投资总额比重（%）
1950—1952年	0.17	0.15
1953—1957年	6.40	5.61
1958—1962年	14.31	12.54
1963—1965年	2.55	2.23
1966—1975年	28.64	25.09
1976—1980年	32.23	28.23
1981—1984年	29.85	26.15
总计	114.15	100

从1950年到1984年，新增固定资产累计达74.93万元，相当于解放时全省工业固定资产的73倍多。在此期间，共建成基本建设项目13600个，各类房屋竣工面积累计达2155万平方米，相当于1949年西宁市全部房屋面积的23倍。

（二）农牧业生产条件发生了显著变化。

从青海解放的那一天起，特别是进入有计划的经济建设以后，国家就为改善农牧业生产条件做出了努力，并取得了显著的成就。到 1984 年年底，共投资 7. 93 亿元，建成水库 129 座，总库容 1. 7 亿立方米，扩大灌溉面积 153 万亩，改善灌溉面积 75 万亩；兴建了草原水渠、水库，蓄水涝池数百处，草原灌溉面积已达 80 余万亩；铺设了牧区草原供水管道 220 多条，总长 1500 多公里，解决了部分干旱缺水草场的人畜饮水问题，扩大草原利用面积 1383 万亩；修建围栏草场面积 634 万亩，人工草场 78 万亩。至 1984 年年底，全省水浇地面积占总耕地面积的比重已由 1949 年的 10. 9% 提高到了 27. 3% 。农业机械耕作、机械播种与机械收获、机电灌溉、化肥施用、农业用电等现代技术，都已从无到有地发展起来；牧业机械也开始应用于畜牧业生产。青海农村、牧区过去单一落后的农牧业自然经济结构发生了巨大变化。到 1984 年，全省农（牧）业总产值按 1980 年不变价格计算已达到 9. 98 亿元，比 1949 年增长了 3. 5 倍，平均每年递增 4. 4% ；粮食总产量达到 20. 7 亿斤，比 1949 年增长了 2. 5 倍，平均每年递增 3. 6% ；肉类总产量达到了 9. 5 万吨，比 1952 年增长了 2 倍多，平均每年递增 3. 8% 。还有油料总产量、羊毛、蔬菜、水果、蜂蜜、禽蛋及其他畜禽产品、鱼类水产品等增长速度也很快。

（三）工业基础大大加强。

经过 35 年的建设，青海已建成包括有轻工、纺织、食品、化工、冶金、煤炭、石油、电力、机械、建材、军工等部门的现代工业企业共 1300 余个；其中大中型企业 39 个，昔日荒无人烟的西部柴达木盆地中的大柴旦、冷湖、茫崖、格尔木等地也兴建了现代化的工业基地企业。到 1984 年，全省全民所有制工业企业的固定资产已达到 35 亿多元，是 1949 年的 1000 多倍；工业总产值达到 16. 22 亿元，比 1949 年增长了 91 倍，平均每年增长 13. 8% 。35 年中，工业部门建成投产的项目主要有青海油田、青海热水煤矿、大通矿务局、西宁钢厂、青海毛纺织厂、青海棉纺织厂、青海毛精纺厂、青海灯泡厂、青海铝制品厂、青海重型机床厂、第一、第二机床厂、青海茶卡盐厂、茫岩石棉矿、桥头电厂、民和镁厂、青海水泥厂、青海汽车制造厂等。形成的主要生产能力有：发电装机容量 30 万千瓦，毛纺锭 1. 6 万锭、棉纺锭 3 万锭，原盐 30 万吨/年，灯泡 150 万只/年，石棉 2. 5 万吨/年，水泥 48. 2 万吨/年，合成氨2万吨/年，年开采煤炭227.5万吨，石油加工能力27万吨/年，炼钢能力13万吨/年，轧钢能力14.5万吨/年，机床制造1480台/年，汽车制造1000辆/年，等等。

（四）交通运输建设成就辉煌。

青海原是一个交通闭塞的地区；同时又是一个资源丰富、尚待开发的地区。解放以后，从中央到地方各级政府一直关心和重视青海交通邮电事业的建设。1950年全省的建设投资中，仅用于青藏公路西宁至格尔木段的改建工程投资就达197.5万元，占当年全省投资总额的53.4%。1953年，在当时国家财政经济还比较困难的情况下，周恩来总理亲自批准建设青藏公路，同时派出1000多名人民解放军官兵参加筑路大军的队伍，在以慕生忠将军为首的筑路指挥部的领导下，经过青海、西藏两省、区公路施工人员和进藏部队的努力奋战，历尽千辛万苦，只用了7个月4天的时间，就修通了青海格尔木至西藏拉萨全长1200多公里的公路。1954年12月25日公路胜利通车，成为祖国内地通往西南边陲的交通大动脉，被西藏各族人民誉为“地上的长虹，幸福的金桥”。为了进一步解决青海、西藏交通运输的困难，国家批准修建兰州至西宁段的兰青铁路，以及西宁至海晏段的铁路。这两条铁路都是在“二五”计划的头一年开始施工的。1959年兰青铁路建成通车，火车开进了青海省会西宁市，从而结束了青海没有铁路的历史。1960年，青藏铁路至海晏段也建成通车。70年代中期，铁路从海晏继续向西延伸。1978年后，工程进展加快，1979年7月铺轨至格尔木市。经过几年的试运后，1984年9月20日正式交付铁路部门运营。

35年中，青海运输邮电业建成的重要项目有：修复和新建了青藏、青新、青康、甘宁、宁张、宁临、花吉、茶茫、茶甘、俄镜10余条干线公路，并以这些公路为主干，初步形成了全省的公路网骨架，使全省公路通车里程达到15692公里，其中晴雨通车里程为11617公里，高级次高级路面2439公里。修建公路桥梁1179座、总长达29.8公里。新建铁路1103公里，并新建了西宁火车站。

在发展陆上交通的同时，青海的民用航空运输也得到了相应发展。解放初期，先是对国民党政府统治时期留下的西宁乐家湾小型军用机场进行了整修改建，1957 年开航。以后又在格尔木修建了大型机场，先后开通了青海通往北京、西安、兰州、拉萨等地的航线，航空线路里程达 4143 公里。

邮电通信建设也取得了成就。到 1984 年年底，全省建成的邮电所已达到 247 处，为 1949 年的 5.6 倍；邮路总长度为 29420 公里，比解放前夕增加 14.6 倍；长途电话线路 5419 杆公里，增长 48.7 倍；长话电路 253 条、电报电路 132 条；还建成了西宁通往北京等主要城市的微波线路。

到 1984 年年底，青海的铁路、公路、民航等现代运输体系已初具规模，由多种通信手段组成的邮电通信网基本形成，彻底改变了旧青海交通闭塞，邮电通信事业落后的状况。

（五）科学、文化、教育、卫生等方面的建设成绩卓著。

从 1950—1984 年，国家用于这方面的基本建设投资累积达 4.59 亿元，先后建起了高等院校、中等专业学校 20 余所，普通中学 400 多所，小学数千所。新增教学用房 130 万平方米，学生座席 45 万个。国家投资建起了西北高原生物研究所、青海盐湖研究所等几十个科学研究机构。还新建了医疗机构 1200 多所，其中医院 500 多所，新增病床万余张。建成数以百计的剧场、电影院、文化馆站。广播电台、电视发射台、转播台都从无到有建立起来，全省安装电视发射机 8 架，电视转播台 27 个，全省境内电视覆盖率达 38%，覆盖人口 150 余万人。具有现代装置设施的体育馆也在西宁建成投入了使用。

青海地大物博，资源丰富，但开采利用很少，是中国亟待开发的地区之一。同时，由于青海 4/5 的土地都在海拔 3000 米以上，气压低，高寒缺氧，施工困难，有效施工期短；加上工程地质条件普遍不好，又是 7°地震区，各项建筑均需进行地基处理和考虑地震设防；而且，由于青海森林资源少，工业基础薄弱，建设需要的木材、钢材、水泥均需从东北、华东、中原等地调运，运输困难、运价高；这些都给青海的建设带来了一系列的困难，同类工程不仅工期比其他地区（西藏除外）要长，造价也要昂贵得多。

二、七项国家重点项目的建设

1976年以后，7个国家重点建设项目相继在青海兴建。

（一）龙羊峡水电站。

龙羊峡水电站位于青海省海南藏族自治州境内，距西宁市140余公里，为黄河上游第一梯级水电站，是缚住黄河“龙头”的枢纽工程。

龙羊峡水电站拦河大坝高度为177米，是国内已有水电站中的第一高坝。建成后，这里将形成中国最大的人工湖。湖面积为393平方公里，总库容为268亿立方米，电站的装机容量为128万千瓦，年平均发电量60亿度。

龙羊峡水电站具有多年调节和综合利用的作用。首先是对陕甘宁青电网提供强大电力，并通过它调节水量，可使已建成的刘家峡、盐锅峡、八盘峡、青铜峡4座水电站，每年增加发电量5.4亿度。其次可以减轻青海至内蒙古沿黄河两岸8000万亩农田在遇到连续干旱年份时造成的损失，并为下游净增保灌面积1500万亩，可净增灌溉补水量65亿立方米，净增城市工业给水4.7亿立方米。此外，还有利于龙羊峡以下的梯级开发利用、解决发电与防凌的矛盾、生态平衡、改善局部干燥气候等，并为促进绿化，发展水库渔业创造条件。

龙羊峡水电站是水电部第四工程局于1976年开始建设的，这里海拔在2600米以上，天寒地冻、风沙频繁、气候条件十分恶劣，地质构造错综复杂，水电站坝高库大，有许多难题是国内水电建设中初次遇到的。英雄的开拓者们，发扬坚韧不拔的创业精神，克服了难以想象的困难，于1979年12月完成了截流任务，1982年6月底拦河大坝正式开始浇筑。浇筑过程中又出现地质问题，建设者们正在采取种种措施夜以继日苦战，为早日建成电站而努力奋斗。

（二）青海油田建设。

青海省柴达木盆地是中国内陆石油的重点勘探地区之一。柴达木地区的石油储藏经过20多年的勘探，已先后发现了15个油田，控制地质储量2亿吨。已建成原油开采能力30万吨，原油加工能力20万吨。柴达木盆地石油工业仍处于以勘探找储量为主阶段，80年代以来加强了建设，职工已发展到

3 万人，技术装备有了较大提高，深部勘探工作得到加强。美国有 3 个地震队在盆地内与中国联合勘探。

（三）青藏铁路——西宁至格尔木。

青藏铁路第一期工程，东起西宁，西至格尔木，全长 834.5 公里。其中，西宁至哈尔盖段已在 1975 年正式通车。哈尔盖至格尔木段长 653.5 公里，于 1974 年全面开工，1979 年 9 月完成铺轨，1982 年 1 月开办临时客运，1984 年 9 月全部竣工，总投资为 11.1 亿元，年运输量可达 1000 万吨。

青藏铁路西宁至格尔木段，海拔高，气候差，地质情况复杂，戈壁沙漠，盐湖沼泽地和丛山峻岭占全程的一半以上，是中国已有铁路中海拔最高的一段铁路。4000 多米长的关角隧道全长 60 多公里，轨平面在海拔 3700 米以上，洞内严重缺氧，连火柴都划不着。察尔汗盐湖沿岸的饱和粉细沙震动液化地带更是举世无双，由于盐渍长期浸泡，稍有震动即成稀泥，连人都要陷进去。为了使铁路安全通过，在那里连续打了几万根砂桩。这条铁路还要通过 32 公里长的固体盐湖，实属罕见。青藏铁路第一期工程由铁道兵部队施工，广大指战员以无坚不摧的英雄气概，历尽艰苦，克服了重重困难，为青藏铁路第一期工程的按期竣工做出了积极贡献。

青藏铁路第一期工程的建成，使中国的“聚宝盆”柴达木盆地和全国的铁路网连成一片，火车可以直达昆仑山下的新兴工业城市——格尔木。格尔木是通往西藏、南疆的重要门户，每年有 85% 的进藏物资从这里转运到西藏各地。随着青藏铁路西宁至格尔木段交付运营，可以使茶卡、柯柯的原盐、锡铁山的重要有色金属矿藏，以及丰富的钾盐、煤炭等矿产资源，源源不断地运输出来。

（四）青藏公路改建工程。

青藏公路始于西宁，终于拉萨，全长 2100 公里，沿线经湟源、倒淌河、茶卡、察汉乌苏、香日德、诺木洪、格尔木、沱沱河沿、雁石坪、安多、黑河、当雄、羊八井等城镇，要翻越日月山、橡皮山、托土山、昆仑山、风火山、唐古拉山等十几座大山，其中，昆仑山、风火山、唐古拉山高度都超过 5000 米。青藏公路贯穿青藏高原，号称世界屋脊，1954 年 12 月建成通车，是世界上海拔最高的公路之一。

青藏公路改建工程，是国家国防、边防公路建设的重点工程项目。1985年全线改建完成，由原来的三级砂石路面提高到二级沥青路面，大大提高了公路的运输能力，从西宁到拉萨的时间可缩短到只需五六天。改建工程，分别由基建工程兵和青海、西藏两省（区）交通部门承担。整个工程施工条件艰苦，要通过海拔5200米的唐古拉山口。这条现代化水平的公路改建完成后，昼夜行车平均在千辆以上，成为中国内地通往西南边陲的交通大动脉。

（五）青海钾肥厂的建设。

建设中的青海钾肥厂，是中国生产钾盐的最大企业。它位于柴达木盆地察尔汗盐湖地区，距西宁845公里。青藏铁路和敦（敦煌）格（格尔木）公路从湖区平行穿过，交通方便。

青海钾肥厂是1978年批准建设的。总规模为年产氯化钾100万吨，分两期建设，正在建设的第一期工程为年产氯化钾20万吨，二期工程的可行性研究等前期准备工作也在积极进行之中。它是利用察尔汗盐湖资源，湖区面积达1600平方公里，是中国已发现的最大钾镁盐矿床。已探明储量氯化钾为2.08亿吨，占全国储量的97%，氯化镁为16亿吨，氯化钠为400多亿吨。蕴藏丰富的钾镁资源，为建立大型化工基地提供了可靠的物质基础。

（六）锡铁山铅锌矿。

锡铁山铅锌矿位于青海省海西蒙古族藏族自治州，在柴达木盆地的东北边缘，距西宁696公里，矿区海拔高度3100—3500米之间，青藏铁路经过矿区，交通条件方便。锡铁山已探明铅锌储量为138.8万吨，并伴生有金、银、锡、锑、铜等多种贵重金属，具有品位高，资源丰富，开采方便，冶炼容易等特点。

锡铁山铅锌矿从1958年开始就用土法开采氧化矿，累计采出矿石41万余吨，销售26万吨，金属含量6.7万吨，总共上缴利润3800余万元。

锡铁山铅锌矿由兰州有色冶金设计研究院负责设计，青海省建筑工程总公司负责施工，设计规模为日处理矿石3000吨，年采选矿石量100万吨；提炼铅锌金属量每年7万吨，还有相当数量的黄金、白银以及其他稀有金属。

全部工程预计1986年可建成投产，交付使用。

（七）青海铝厂。

青海铝厂是中国正在建设的规模最大的铝厂之一。青海铝厂建设规模为年产铝锭20万吨，分两期建设，第一期工程为年产铝锭10万吨。青海铝厂采用先进的生产工艺和技术，降低能耗，控制污染，提高经济效益，年耗电负荷为40万千瓦，其中一期为20万千瓦，由龙羊峡水电站专线供给。青海铝厂一期工程投资约5.3亿元。计划投资回收年限7年左右，是个产值高、收益大的企业。青海铝厂的建设，有利于把耗能高的产品从东北、华北地区向西北、西南地区转移，以充分利用青海省丰富的水电资源。

三、城市的建设和发展

西宁市是青海省的省会。解放前的西宁，凄苦、荒凉、残破、落后。1949年，西宁市区不过5平方公里，人口不足5万。解放35年来，西宁发生了翻天覆地的变化。到1984年止，西宁已发展成为一座新兴的中等城市。市区人口达50多万人，面积46.9平方公里。全市新建和扩建的大小街道115条，道路总长度169公里，其中用沥青、水泥铺设的高级路面163公里，高楼大厦鳞次栉比，公共汽车川流不息。截至1984年，全市安装自来水管道达251公里，全年供水量15万吨，全市93.5%的居民用上了自来水；市内有公共汽车线路10条，公共汽车174辆，营业总长度467公里。全市有20多座影剧院，2个体育场，和一座可容纳5500人的新型体育馆。科教文卫事业的发展也十分迅速，全市已有高等学校8所，在校学生5538人，中等学校和小学遍布全市，在校学生有21万人。全市有卫生机构420个，其中医院42个，设病床5883个。商店、饮食店、旅馆服务业机构有7000多个，每年零售额达5亿多元。全市有独立的科学研究机构20多个，其中还有中国科学院设在西宁的高原生物研究所、青海盐湖研究所，及农林、畜牧兽医科学研究院；城西郊区已建成一座现代化的电子计算站。1984年西宁已有全民所有制工业生产单位499个，年总产值达8.5亿元。对外交通，有民航飞机可经兰州、太原直达首都北京，铁路可直通兰州、西安、北京、青岛、上海、大通、海晏、格尔木等地，并有开往全省各地的长途客运汽车。西宁以南30公里处的塔尔寺，是全国著名的名胜古迹；西宁以西270公里处的青海湖具有得天独厚的自然风光，加上青海夏季气候凉爽宜人，是旅游的好地方，随着对外开放，来西宁旅游的国内外游客已迅速增多。

随着中国第一条高原铁路——青藏铁路西宁至格尔木段的修通，在辽阔的柴达木盆地南部边缘出现了一座新城——格尔木市。人们称它是“昆仑山下的明珠”。1954年以前，这里还是牧民放牧的地方。1953年年初，进藏部队以格尔木为立脚点，兵分两路，一路打通青新公路的通道，另一路翻越有世界屋脊之称的唐古拉山。青藏公路管理局成立后，于1954年年初建立了格尔木镇。随着青海社会主义建设的发展，一批批国家干部、科技人员、工人和知识青年，从全国各地来到格尔木。经过20多年的艰苦创业，1984年的格尔木，经济、文化、教育等各项事业都有了很大发展，市区有了较大规模的汽车修理厂，还有皮毛加工厂、农牧机械厂等等。在离市区北部60余公里的察尔汗盐湖，青海钾肥厂已开始筹建。交通方面已建成的有公路、铁路，西郊还有一个较大的飞机场，每周有两趟班机，飞往拉萨和西安。格尔木市已有人口12万多，市区规划面积为200多平方公里，各种建筑面积共达200多万平方米，已成为青海省第二大城市。全国支援西藏的粮食、日用百货以及各类建设物资，有80%是从格尔木转运进藏的，西藏的畜产品、中草药等用汽车拉到这里，再转运到内地。

第十六章
少数民族地区

中国是一个多民族的国家，55 个少数民族分布在祖国各地。根据中国共产党的民族区域自治政策，国家在少数民族聚居地区分别成立了自治区、自治州、自治县、自治旗。内蒙古自治区、新疆维吾尔自治区、广西壮族自治区、宁夏回族自治区、西藏自治区是五个少数民族自治区的省级行政区。[①] 内蒙古、新疆、西藏、广西地处祖国的东北、西北、西南和南部边疆，国境线长达 1.4 万公里，约占全国陆地边界线的 90%，地理位置十分重要。五个自治区面积总共为 436 万多平方公里，占全国总面积的 45.4%；人口 7855 万人。[②] 占全国总人口的 7.5%；其中少数民族人口 2992.89 万，占全国少数民族人口总数的 51.13%。

五个少数民族自治区幅员辽阔，各种资源极为丰富。煤、石油、水力、地热、太阳能等储量在全国占有重要地位。内蒙古煤炭储量居全国第二位，新疆的煤和石油储量非常丰富，宁夏煤的储量居全国第五位，西藏水力资源居全国之首，广西红水河是全国水电“富矿”之一。各种金属和非金属矿产资源十分富有。内蒙古的稀土矿、铌矿、天然碱均居全国第一，新疆的和田玉石闻名遐迩；广西的锰矿、锡矿为全国之首；宁夏的石膏矿、西藏的硼砂矿均为全国第一。农、牧、林业等自然资源潜力很大。耕地面积占全国 12.3%，草原面积占全国 80.1%，森林面积占全国 25%。内蒙古、西藏、新疆的草原面积分别居全国第一、二、三位，内蒙古的森林面积居全国之首，

---

① 五个自治区成立的时间：内蒙古自治区 1947 年，新疆维吾尔自治区 1955 年，广西壮族自治区 1958 年，宁夏回族自治区 1958 年，西藏自治区 1965 年。

② 1985 年年底人口数。下同。

西藏的林木蓄积量居全国第一。内蒙古、新疆、宁夏、西藏均为全国重要的畜牧业基地，牲畜种类多，畜种优良。内蒙古的绵羊、山羊、骆驼，特别是三河马、三河牛为全国著名的优良品种。新疆的细毛羊和伊犁马驰名全国。宁夏的裘皮羊和西藏的牦牛均著称国内外。除此之外，其他经济作物在全国亦占有重要位置。如新疆、内蒙古、宁夏的甜菜，广西的甘蔗，新疆的哈密瓜和葡萄，广西的香蕉、荔枝、菠萝，宁夏的枸杞、甘草、贺兰石、羊皮、发菜等“五宝”土特产，均在国内享有盛誉。

民族自治区的各族人民勤劳勇敢，热情豪放，能歌善舞，曾经创造过灿烂的文化艺术。五个自治区虽然地域偏远，但以它“甲天下”之桂林山水、历史悠久的“丝绸之路”、号称世界屋脊的高峰和一望无际的茫茫草原以及独特的蒙古包等民族建筑和风俗习惯，吸引着国内外的游客和探险者。

中华人民共和国成立前，历代政权对少数民族都实行了政治上歧视和经济上残酷压榨的政策，国民党统治时期，地方军阀相互并吞割据，兼之边疆地区有边无防，外敌入侵首当其冲，内乱外患连年不断。因此，少数民族地区经济落后，民不聊生，各项事业十分落后。1949 年以前，新疆、内蒙古一根火柴、一张机制纸、一斤钢都不能生产。内蒙古自治区成立时，全区工业产值只有几千万元，广大牧区仍然是“逐水草而居”的游牧经济。广西、宁夏的生产也很落后，工业是小手工作坊居多，农业广种薄收，甚至刀耕火种亦不鲜见。民主改革之前的西藏处于极为黑暗、野蛮的农奴制社会，生产力极为低下。少数民族地区交通闭塞，与内地联系非常困难。占全国面积近 1/6 的新疆，中华人民共和国成立前竟没有一寸铁路；西藏与内地之间甚至没有公路相通，用牦牛运输，从拉萨出藏往返需一年之久。少数民族地区的文教卫生事业更为落后。大中小学和医疗卫生机构无论从数量或质量上均大大落后于内地省份，文盲多、死亡率高。如广西隆林县，20 万人仅有 400 人识字；广西靖西县一个有 137 户人家的村庄，因血吸虫病蔓延，全村无一人幸存。内蒙古伊克昭盟清朝初有 40 多万人，1949 年已减少至不足 8 万人。居住在大兴安岭密林深处、过着漂泊不定的游猎生活的鄂伦春族，解放时已濒于灭绝。

中华人民共和国成立后，中国共产党和人民政府从少数民族地区的实际情况出发，制定了一系列推动民族自治区建设的方针、政策。从 50 年代开始，就号召和组织内地各行各业支援边疆，开发边疆，建设边疆。从人民解放军进军边疆，改编为生产建设兵团，屯垦戍边，到以后有计划地将内地工厂搬迁到边疆地区，向边疆地区输送技术力量，在边疆地区进行重点工程建设等等。这些带战略性的重要决策都有力地促进了少数民族地区经济的发展与繁荣。特别是中共十一届三中全会以后，纠正“左”的错误，实行开放、搞活政策，各项建设事业有了更快的发展。

1950 年到 1984 年 35 年中，五个自治区累计共完成基本建设投资 726. 49 亿元，初步改变了交通闭塞的状况，并以本地区的优势资源为依托，在能源、钢铁、有色金属、轻纺等方面新建了一批重要的工业项目，根据各地区的特点加强了农田水利和牧场建设。随着工农业和交通运输事业的建设，在五个少数民族自治区中，新型城市不断出现，城市基础设施建设和各自治区的文教卫生设施的建设都有了较快的发展。

第一节 内蒙古自治区的建设

内蒙古自治区成立于 1947 年，是中国最早成立的少数民族自治区。全区土地面积 118. 3 万平方公里，北与蒙古、苏联接壤，边境线长达 4221 公里，是中国的北大门。全区人口 2006. 6 万人，其中蒙古族 274. 6 万人，占自治区总人口 13%。

内蒙古资源丰富。人们通常用“东林西铁，到处有煤”八个字概括资源分布情况。“东林”是指位于东部的大兴安岭林区；“西铁”是指位于西部的包头铁矿—白云鄂博铁矿。内蒙古有森林 2. 6 亿亩，占全国第二位。草原绵亘 2000 多公里，面积 13 亿亩，约占全国草场总面积 27%，居四大牧区的首位。全区已经发现矿种 100 多个，矿点、矿化点 4000 多个。有 70 种矿探明了储量。其中 42 种矿的探明储量居全国前十位。居全国第一位的有硫铁矿、铌、铍、稀土、冰洲石、蛭石、玛瑙 7 种。居全国第二位的有铬铁矿、锌、天然碱、钽、铁矾土、型砂、煤、石膏、沸石、粘土 10 种。其中稀土储量居世界第一。铁、金、铜、铅、钨、锰、银等金属，石墨、云母等非金属，石灰石、矽砂、浮石等建筑材料工业原料，盐、硫黄、芒硝等化学工业原料，储量都很大，而且很集中，适宜于大规模开采。

解放前[①]，少数民族聚居地区政治上沿袭着腐朽没落的封建王公制度；经济上依旧是“逐水草而居”的游牧经济；文化十分落后，会念经的喇嘛成为茫茫大草原上少有的识字人；区内交通闭塞，老牛破车是主要的运输工具。工业薄弱已极。煤炭开发虽有150多年历史，但到1949年，年产量才46万吨。电力工业始建于1915年，解放时，装机容量仅为1.4万千瓦。毛纺织工业有悠久的历史，但用机器生产的毛纺工厂只有1个，解放时只有750枚纺锭。

中华人民共和国成立后，国家根据内蒙古这个边疆少数民族地区自然资源丰富、经济很不发达等特点，从1950年起，逐年安排基本建设投资，开展各项基本建设。首先，针对农牧业生产“靠天养畜”，“靠天种地”的落后情况，进行了农村牧区水利建设。从“一五”计划开始，在大兴安岭林区和以包钢为中心的包头工业基地，开展了大规模能源工业和交通建设。60年代末到70年代初，机械工业和化肥工业的建设又被放到了重要位置。70年代到80年代，根据区内资源优势和国内市场的需要，增加了毛纺工业和制糖工业的建设，同时，扩大了能源工业建设。截至1985年年末，内蒙古自治区累计完成基本建设投资274.8亿元，形成固定资产201.8亿元。新建、扩建、改建厂矿7000多个，包括大中型厂矿100多个。新建铁路3000多公里，公路通车里程达到3.8万公里。

一、改变靠天养畜、靠天种地的状况

针对内蒙古农牧业生产极为落后，农牧民生活极为贫困的情况，自治区成立以后，政府就把农牧业基本建设放在重要位置。最主要的是大兴水利建设，解决牧区人畜饮水、草场灌溉和农村靠天种地，旱涝灾害不断发生的问题。从1950年开始，对黄河、辽河、嫩江等主要水系进行初步治理，在牧区

① 1949年9月19日内蒙古首府归绥市（今名呼和浩特市）解放。

安排打井工程。陆续整修和新修了堤防 3856 公里；兴建水库 52 座，其中大型水库 8 座；兴建万亩以上灌区 250 处，其中 30 万亩以上大灌区 9 处。机电井从无到有，到 1985 年年底，已经达到 7.4 万多眼，牧区各种用水井共达 11 万多眼，水土保持初步治理控制面积已经达到 9198 平方公里。同时，大规模地进行了渠系配套，平整土地，土壤改良。这些都有效地防御了水害，发展了水利。全区灌溉面积从 1949 年的 427 万亩，发展到 1985 年的 2300 万多亩，保证灌溉面积已经达到 1529 万亩。建成旱涝保收的高产稳产田 585 万亩，建成水平梯田 240 万亩，治理盐碱地 290 万亩，牧区饲草灌溉面积 95 万亩。这些水利工程设施，对于抗御水旱灾害，保证城乡人民生命财产安全，发展农牧业生产起了重要的作用。

在内蒙古农村牧区水利建设中，规模最大的是黄河水利工程。黄河流经内蒙古 3 盟、3 市、16 个旗、县、区，长达 794 公里，流域面积 11 万平方公里，约占全黄河流域面积 15.4%。世称“黄河百害，唯富一套”，前套在宁夏，后套在内蒙古。两岸人民很早就开始引黄河水灌溉农田。到 1949 年，引黄灌溉面积接近 300 万亩。但因设施简陋，引水无法控制，渠堤决口、淹没良田的事经常发生。特别是黄河堤防不固，往往泛滥成灾。1949 年 9 月，河套地区解放。1950 年开始进行黄河两岸防洪大堤的建设，同时建设了第一座钢筋混凝土水利工程——解放闸，使灌溉用水得到了有效的控制。1958 年设计、1959 年开工、1961 年建成的三盛公黄河水利枢纽工程是内蒙古建设规模最大的水利工程。6.1 万立方米钢筋混凝土筑成的拦河闸和配套工程拦腰截断了黄河，彻底扭转了河套灌区长期解决不了的“天旱引水难，水大流满滩”的被动局面。60 年代初，对灌排系统进行了扩建、改建。1965 年动工兴建总排水干沟。1975 年，集中河套平原人力物力，对总排水干沟继续进行了更大规模的修建。1979 年至 1983 年，又建成了一项重点工程——总排水干沟乌梁素海出口。

1950 年到 1985 年，河套黄灌区累计完成水利建设投资共 3 亿元，灌区群众投入劳动日 1.1 亿个。骨干工程控制的可灌面积达 1100 万亩。虽说排灌工程还没有配套，灌溉面积已达 722 万亩，其中农田 616 万亩，林地、牧场 106

万亩。全灌区的农业生产都收到了显著的效益。1979 年以后，由于联产承包责任制的推行，灌区用水更为合理，农业生产发展加快。1983 年的粮食产量比 1978 年增长 40.4%，油料增长 22 倍，甜菜增长 3.3 倍，农业产值翻了一番多，跨入了全国 11 个农业产值翻番地区的行列。三盛公水利枢纽工程南灌渠灌溉的伊克昭盟杭锦旗、达拉特旗部分地区，农业生产都有大幅度增长。达拉特旗 1983 年粮食产量创造了历史最高水平。

此外，呼和浩特、包头、乌海等市所属黄河沿岸旗、县、区，还建设了扬水站，引黄河水灌溉农田。规模较大的有灌溉面积 116 万亩的包头磴口扬水站，灌溉面积 71 万亩的托克托县麻地壕扬水站等。

牧区草库伦①建设，牧畜良种站建设，都有较大的发展。风力发电站，太阳能接羔房，太阳能牛舍，冷冻精液配种站等新的建设，为开创牧业生产新局面提供了新的门路。

进入 80 年代以后，农村、牧区的建设迈出了新的步伐，广大农村出现了盖新房、搬新居的热潮。通辽县大林镇保安村的农民住房，由 50 年代的“窝棚”，60 年代的土房，发展到 70 年代的砖瓦房，80 年代的砖混结构小楼房。村里还建设了有上千座位的俱乐部和太阳能浴室等公共建筑。不少苏木（乡）、嘎查（村）建设了定居点。锡林郭勒草原上的镶黄旗，牧民全部实现定居，有的已经盖了砖瓦房。科尔沁草原上的扎鲁特旗从 1983 年开始，利用霍林河煤矿拨给的征地费，有计划地建设定居点，在建设有本地区特点、符合科学养畜要求的新型牧区方面进行新的探索。

二、开发大兴安岭的森林资源

内蒙古森林面积居全国第二位，大兴安岭林区（内蒙古部分）林木蓄积量占全区林木蓄积总量的 89% 以上。开发大兴安岭森林资源，建设森林工业基地。是国家的需要，也是内蒙古经济发展的一个优势。1952 年，内蒙古森

① “库伦”是蒙古语音译，意译是“围起来的墙”。把草场四周围用围墙围起来叫草库伦。草库伦可以按计划育草、放牧，有利于提高草场载畜能力，是一项重要的草原建设。围墙一般用土块或石头砌筑。现在有用水泥桩挂铁丝网的叫网围栏，也有用铁桩挂铁丝网的。还有铁丝通电的，叫电围栏。

林工业管理局（后改名为牙克石林业管理局）成立，着手向大兴安岭原始森林腹地进行较大规模的基本建设，同时进行采伐迹地更新，为森林工业培育后备资源。

向大兴安岭原始森林腹地进行开发，一个是林场建设，也就是采伐基地的建设；一个是道路建设；还有一个是职工住宅建设。30 多年中主要建设的林业基地有两个。一是牙克石林区，另一个是隶属黑龙江省管辖的内蒙古境内的松林和南瓮河两个林业局。经过建设，到 1985 年止，牙克石林业管理局累计完成固定资产投资 14 亿元。在牙克石林区，建成阿尔山、图里河、伊图里河、根河、库都尔、甘河、吉文、金河、克一河、乌尔其汉、绰尔、阿里河、得耳布尔、阿龙山、满归、莫尔道嘎、绰源 17 个主伐林业局，林场 116 个，道路 8024 公里，房屋 411. 9 万平方米，其中住宅 212. 8 万平方米，形成了一个比较完整的森林工业体系。到 1985 年年底，木材生产能力已达到年产 420 万立方米。大兴安岭林业管理局隶属黑龙江省管辖，1972 年在内蒙古自治区鄂伦春自治旗的加格达奇建立，所属主伐林业局在内蒙古境内的有松岭和南瓮河两个。到 1985 年年底，已形成年生产能力 100 万立方米左右。到 1985 年年底，大兴安岭林区在内蒙古境内的 19 个主伐林业局生产能力已超过年产 500 万立方米，已成为中国重要的木材生产基地。

大兴安岭林区的铁路，1949 年前除了中国长春铁路一段（今滨洲线）穿过境内，只有白阿线（白城子至阿尔山）和帝俄商人修的牙林线（牙克石至林区）、博林线（博克图至林区）等 3 条铁路支线；后两条铁路支线是专运木材的，共长 196 公里。道路状况极坏，运输效率很低，从牙克石到乌尔其汉 68 公里，火车往返要一整天。那时候，木材外运，夏季主要靠河水流送，冬季靠冰道上的马拉爬犁。河水流送要等五月河开，运材工人跟着木材在河岸上奔跑，劳动强度很大，效率也很低。靠冰道只能在严冬，工人们赶着马拉爬犁，还要人经常在冰道上泼水。因此，采伐下的木材，往往要八九个月才运得出，生产周期长达 300 天。经过 30 多年的建设，牙林线原有 144 公里铁路已经彻底改造，并延伸到满归，全长共 444. 2 公里。同时，还新建了朝莫（朝中至莫尔道嘎）线，伊加（伊图里河至加格达奇）线，与嫩林（黑龙江的嫩江至林区）线相连接。全长1189公里的铁路贯穿各个主伐林业局。又建筑了1028.5公里森林铁路和6995.7公里运材公路，把100多个林场和19个林业局连接起来。小火车和能装木材30立方米的大型载重汽车代替了河水和冰道。木材外运不受季节限制，生产周期由十个月缩短到一个半月左右。木材生产的采伐、归楞、装车、卸车都实现了机械化，生产效率大大提高。

1985年全区木材产量520万立方米，占全国木材总产量9%。仅次于黑龙江、吉林而居全国第三位。其中牙克石林区生产420万立方米，占全区木材产量的83.6%。

森林工业后备资源的建设——采伐迹地更新、次生林改造，天然幼中林抚育以及人工造林，也取得了显著成就。牙克石林业管理局已经建成两个经营林业局和一些营林所，1984年全局更新造林能力达到61.6万亩。建局以来，累计造林757万亩，保存320万亩，占42.7%。其中已经郁蔽成林的122万亩，占保存数38%。此外，还有8个盟属林业局和12个旗、县属林业局，每年改造次生林共约45万亩，已经郁蔽成林的达100万亩以上。郁郁葱葱的人工林预示了大兴安岭林区的兴旺发达。

木材加工和综合利用也有发展。牙克石林业管理局先后建成8个规模不等的制材厂或车间，木材加工能力共达年产40万立方米，林区只产原木不产成材的情况开始改变。1960年建成投产的牙克石栲胶厂（后改名为木材加工栲胶联合厂）是一座用落叶松树皮做原料的大型林产化工企业。设计生产能力年产栲胶5000吨；1984年创造了年产8500吨的最高纪录。70年代建设的甘河、图里河等纤维板厂，已经形成年产1.7万吨的生产能力。70年代建设的年产纸浆2.5万吨的大型纸浆厂——扎兰屯纸浆厂，按设计是用枝丫材或等外材做原料，也是综合利用森林资源的一个工厂。

三、建设以包钢为中心的包头工业基地

包头地处乌兰察布、鄂尔多斯两大牧区的中间，东面的土默川，西面的河套平原，都是富饶的黄河灌区。附近煤、铁、稀土、铌、砂金、硅

石、蛭石、白云石、耐火粘土等矿藏都很丰富。“一五”计划时期，国家本着优先发展重工业的精神，把以包头钢铁公司为中心的包头工业基地列为建设重点。“一五”计划期间，156 项重点建设工程中，内蒙古有 5 项，全部安排在包头。

包头铁矿山——白云鄂博铁矿是 1927 年中国地质学家丁道衡（字仲良）在西北科学考察途中发现的。丁道衡在《绥远白云鄂博铁矿报告》中说：“本区铁矿，矿量之富，成分之高，已如前述。矿藏因断层关系，大部分露出于外，便于露天开采，且矿藏甚厚，矿区集中，适于近代矿业之发展……苟能于包头附近建设一钢铁企业，则对西北交通应有深切之关系，其重要又不仅在经济方面而已”。当时西北科学考察团团长徐炳昶接到丁道衡发现铁矿的喜信，便在《西游日记》中写到：“丁仲良在茂明安旗白云鄂博山所发现的大铁矿，或将成为中国北部之汉（湖北汉阳铁厂）冶（湖北大冶铁矿）萍（江西萍乡煤田）”。但科学家的发现、设想在帝国主义、封建主义和官僚、军阀压榨下的旧中国，不可能得到实现。只有在中国共产党领导下的社会主义新中国，科学家的预言才能成为现实。

包头的大规模基本建设是以包头钢铁公司的建设为中心开展起来的。1950 年 5 月 18 日，包头解放还不到 8 个月，国家有关部门就派出“白云鄂博地质调查队”，对主矿进行普查。1952 年，确定包头为重点建设地区。1953 年，对白云鄂博矿山进行详细勘探，并着手选择厂址，筹建钢铁厂。1954 年 5 月 1 日，包头钢铁公司正式成立。1956 年，国务院批准包钢的建设规模为年产 316.5 万吨钢的大型钢铁联合企业，规模比原汉冶萍公司的汉阳铁厂大 40 多倍。

1957 年 1 月 1 日，包头冶金建设总公司成立，大规模的基本建设开始了。7 月 25 日，在昆都仑河西岸的一个荒沙滩上举行了包头钢铁公司开工典礼。人迹少见的荒沙滩，很快建成了由高大的厂房和雄伟的构筑物组成的厂区，成为当时中国三大钢铁工业基地之一。在包钢的建设中，各族职工鼓足干劲，创造了不少优异的成绩。一号高炉是苏联列宁格勒黑色冶金设计院设计的，是一座高度自动化的大型高炉，有效容积 1513 立方米，设计年产量 90 万吨，工程量浩大。1958 年 4 月 8 日开工，170 多万立方米的土方工程，65 天就完成了。基础浇注工程，要浇注 1740 立方米混凝土，分 38 层浇灌，只用了 22 个半小时。3 座 41 米高的热风炉，按原计划 45 天安装一座。24 名青年工人组成了“青年钢铁突击队”，用 7 天 17 个小时就立起了两座，最后一座只用了两天半时间。在不到一年的时间里，包钢的建设者们共安装金属结构近 1 万吨，铺设电缆 100 多公里、工业管道 60 多公里，浇注混凝土 6 万立方米，挖填土方 170 万多立方米、砌砖 1.5 万立方米。1959 年 9 月 25 日，一号高炉提前一年建成，交付使用。当月 26 日，一号高炉投产出铁，结束了内蒙古不产寸铁的历史。27 日，《人民日报》发表题为《祝包钢出铁》的社论，指出：从此，内蒙古不但是祖国巨大的畜牧业基地，而且将是祖国巨大的钢铁基地。包钢的建设不仅对于钢铁工业的发展有着巨大的意义，而且对于增强民族团结，对于建设各民族的社会主义大家庭也有着重大的意义。10 月 15 日，周恩来总理专程参加庆祝包钢一号高炉提前出铁盛典。一号平炉，也是提前一年建成的。

包钢是继鞍钢之后与武钢同时兴建的中国第三个大型钢铁联合企业。到 1985 年止，累计完成基本建设投资 26 亿元，更新改造资金 6.1 亿元，建成生产厂矿 32 个（包括 3 个稀土冶炼厂），竣工面积 375.2 万平方米，形成年产钢 150 万吨的综合生产能力。另一方面，在包钢的建设过程中，也有由于急于求成、不按基本建设成序办事所造成的失误。1958 年曾提出“投资减半，产量翻番”的口号，实际上降低了设计标准和工程质量，留下了许多后遗症。在原料系统的建设远远落后于冶炼系统的情况下，1970 年又建设了 1800 立方米的第三号高炉，使得已经形成的生产能力，一半也不能发挥。进口一套球团设备，形成年产 110 万吨的生产能力，因为环境污染问题没有解决，到 1985 年还不能正常生产。白云鄂博铁矿是个世界少见的多种金属组成的共生矿，对这种矿石的特殊性没有吃透，没有先从技术上攻关，却急于抓高炉、平炉的建设，给冶炼留下了严重的后遗症。

包钢基本建设全面铺开的前后，其他 4 个围绕包钢同步建设的国家重点建设项目陆续开工。其中 2 个是计划以包钢产品做原料的大型机械厂，另外 2

个是配合包钢和两大机械厂建设的发电厂。这些大型国家重点建设项目的先后开工，带动了包头地方工业的发展。1 座年产机制砖 1.6 亿块、瓦 800 万块的大型砖瓦厂以及采石场、水泥制品厂、耐火材料厂、水暖器材厂、矿山机修厂、食品厂等一系列适应包头工业基地建设需要的厂矿和 1 座大型糖厂，1 座大型棉纺织厂，1 座中型铝厂，以及相应的公用工程和民用建筑陆续动工兴建。到“二五”计划时期，包头工业基地形成了 3 个自成格局的市区和 2 个矿区。3 个市区，一个以包钢为中心，一个以两个大型机械厂为主，一个以地方工业为主，三区鼎立在黄河北岸。截止到 1985 年年底，包头市累计完成基本建设投资 54.7 亿元，建成（包括扩建、改建）厂矿 895 个，其中包括大中型厂矿 20 个。形成固定资产 46.8 亿元，占全自治区固定资产的 23%。全市工业总产值 30.4 亿元，比 1949 年增长 300 多倍，比 1978 年增长 87%。工业总产值中，重工业产值占 80% 左右。

四、加快能源工业的建设

内蒙古自治区从东到西都有煤田分布，全区 101 个旗、县、市、区中，已经查明有煤的达 50% 多。全区煤炭探明储量 2083.3 亿吨，储量在 10 亿吨以上的有：东胜、准格尔、霍林河、伊利勒特、白音花、伊敏河、保日希勒、巴彦宝力格、吉林郭勒、扎赉诺尔、巴彦哈达、大雁、平庄（含元宝山）、巴彦胡硕、卓子山 15 个煤田。15 个煤田的探明储量之和占全区总储量的 97.9%。其中储量在 100 亿吨以上的特大煤田有 5 个，即东胜、准格尔、霍林河、伊利勒特、白音花。五大煤田的储量占全区总储量的 78.8%。大煤田分布这样集中，煤质牌号又比较齐全，其中动力用煤占 90% 以上，十分有利于国家统一规划，建设大型煤炭工业基地和电力工业基地。

在包头工业基地开始建设的 1954 年，就开始对包头煤矿进行了较大的改建和扩建。首先在原漠南矿业公司石拐矿区建成了年产 30 万吨的机械化煤矿——大磁矿。1956 年，又建成了同等规模的召沟平峒（这两个矿到 1978 年都已报废）。然后接连建成了好几对新的矿井，包头矿区的生产能力曾经达到年产 200 多万吨。“一五”计划期间，扎赉诺尔、平庄、乌达、海勃湾等矿区陆续开始建设。进入70年代，大雁矿区也着手开发。这6个矿区共建设矿井（包括露天矿）38处，生产能力共达1931万吨。同时，在阿拉善左旗胡鲁斯太建设了年产90万吨的乌兰矿（现属宁夏石炭井矿务局）；在陈巴尔虎旗建成年产45万吨的宝日希勒1号井；在锡林格勒草原上建设了年产30万吨的伊利勒特露天矿，即红旗露天矿；还建设了拥有通风、排水、采煤、提升、运输等设备的盟、市所属地方国营煤矿矿井81对，乡镇办小煤矿1260个。

为了加快开发内蒙古煤炭资源，适应东北工业发展的需要，从“五五”计划开始筹建霍林河、伊敏两个大露天矿。霍林河煤矿设计规模年产2000万吨，是80年代中国最大的露天矿。这个煤矿从1976年开始动工建设，到1985年，累计完成基本建设投资7亿多元。400公里的通（辽）霍（林河）铁路支线，161公里的鲁（北）霍公路早已建成通车。6000千瓦的自备电站和为整个矿区供电的40万千瓦的通辽电厂也已经发电。1981年10月开工的南露天矿，设计规模年产300万吨，已在1984年9月1日建成投产。它是内蒙古已投产矿区中生产规模最大的一个煤矿。位于呼伦贝尔草原上的伊敏煤矿，建设规模年产1000万吨。1975年开工以来，87公里的海（拉尔）敏（伊敏）铁路支线已经建成通车，首期建设的年产500万吨的一个露天矿，已经有一个采区在1984年10月10日建成投产，年产煤100万吨。

1950年至1985年，煤炭工业累计完成基本建设投资37.98亿元，新增年生产能力2733万吨（不含归属宁夏的乌兰矿），建设年产3万吨以上的矿井86处。其中产品由国家统一分配的6个矿务局、2个矿区、1个矿井（宝日希勒煤矿），年生产能力共计为2376万吨。1985年，全区煤炭工业原煤产量，共达3203万吨，比1949年增加了68.6倍。比1978年增长50%。国家准备重点建设的5大露天煤矿中，有4个在内蒙古。年产800万吨的元宝山露天矿正在积极筹建。此外，自治区境内探明储量居全区首位的东胜煤田，也已着手进行开发前期准备工作。

内蒙古电力工业建设也是随着包头工业基地的建设而发展起来的。首先在包头新建了第一热电厂和第二热电厂。多年来，经过一再扩建，到1985年年底，装机容量已经分别达到31.2万千瓦和20万千瓦。原有的包头发电厂，也在第一个五年计划期间，由装机容量2500千瓦扩建、改建为装机容量1.2万千瓦的包头第三发电厂。70年代，又在乌拉山下的荒沙滩上新建了一座中型发电厂，1975年完成第一期工程，装机容量10万千瓦。同时，呼和浩特电厂也扩建成为装机容量7.4万千瓦的中型电厂，以这几个电厂为主形成的呼包电力网，装机容量达到70万千瓦，比1949年增长160倍。

进入80年代后，东部地区哲里木盟和赤峰市的电力工业建设发展很快。装机容量40万千瓦的通辽电厂已经建成。赤峰元宝山电厂30万千瓦的一号机组已经在1980年交工验收，并已纳入东北电力网，二号机组是60万千瓦的大型机组，在1985年建成。从吉林双辽到哲里木盟通辽的22万伏超高压送变电工程已在1979年建成送电。元宝山经锦州至海城的50万伏超高压送变电工程尚在施工中。

到1985年年底，内蒙古自治区已经建成500千瓦以上的发电厂共84个，装机总容量达237万千瓦，比1949年增加168倍，比1978年增长1倍多。建成3.5万伏以上的输电线路315条，全长约1.1万公里。其中22万伏高压输电线6条，共长570公里。

五、交通运输的配套建设

内蒙古的铁路建设，开始主要是为“东林西铁”的工业建设服务的。“一五”计划前后，在东部地区彻底改建了牙林线（牙克石至林区）并向林区伸展了300公里，修通了横贯林区与嫩林线（嫩江至林区）相连的伊加线（伊图里河至加格达奇）。紧接着又建成了潮莫线（朝中至莫尔道嘎）。使大兴安岭林区内蒙古部分已建成的19个主伐林业局全部连接起来，并和通向各个林场的公路相联接。

西部地区，1954年连接中、苏、蒙三国的集二（集宁至二连）铁路建成后，便开始了包头铁路的建设，包括为包钢运矿石的包白（包头至白云鄂博）、运煤的包石（包头至石拐）和物资转运的包头枢纽以及一些厂矿专用线，共长270公里。1955年10月，沟通西北的包兰线（包头至兰州）又动工兴建。这条铁路包头至银川段526公里，1958年7月就交了工，工期只有两年零九个月。1980 年通车的京通铁路（北京至通辽），北通滨洲线，西连京包线和包兰线，成为贯穿三北（东北、华北、西北）的主要铁路干线。到 1985 年年底包括海拉（海勃湾至拉僧庙）、乌吉（乌达至吉兰太）、包石（包头至石拐）、郭查（郭尔奔至查干诺尔）、通霍（通辽至霍林河）、海敏（海拉尔至伊敏河）等支线，内蒙古境内铁路总长已达 5647. 1 公里，运营里程 4348. 7 公里，占全国铁路运营里程的 8. 4%，仅次于黑龙江省，居全国第二位。

公路建设对开发内蒙古、发展林牧农业生产，有重大的意义。1949 年以后，交通部门根据“统一规划，重点修建，先通后畅，逐步提高”的方针，进行修复、改建，取得巨大成绩。70 年代初，在荒无人烟的沙滩上建设了全长 123 公里沥青路面的拉查公路（拉僧庙至查汗淖尔），1974 年 9 月建成，工期施工不到一年，投资节约 72 万元（占该工程投资总额的 5. 2%），成为当时区内唯一的投资节约、工期提前的基本建设项目。在设计评比中，被评为全国优秀设计项目。1985 年，全区公路通车里程已达 3. 81 万公里，比 1949 年增加了 14. 9 倍。公路质量大大提高，有晴雨通车的公路 7593 公里，等级公路 2. 4 万公里。建成公路桥梁 3153 座。1983 年，横跨黄河的第二座公路桥——长 810 米、宽 12 米的包头黄河公路桥建成通车。1985 年横跨黄河的第三座公路桥——喇嘛湾黄河公路桥竣工，对便利黄河两岸的客货运输，对鄂尔多斯高原的东胜、准格尔两大煤田的开发，有着重大的意义。

在民航建设方面，先后建设了呼和浩特、锡林浩特、赤峰、通辽、乌兰浩特、海拉尔等民用航空机场，开辟了北京—呼和浩特，呼和浩特—锡林浩特，呼和浩特—北京—赤峰，呼和浩特—通辽—海拉尔，呼和浩特—北京—包头，呼和浩特—北京—通辽，呼和浩特—北京—广州，呼和浩特—北京—太原—西安等民用航空线，大大便利了各族人民的往来。

经过 30 多年的建设，1985 年区内 16 个设市城市中，已有 14 个通火车，12 个盟、市，都有铁路通过。所有旗、县和绝大多数乡通了汽车。区内由铁路、公路、民用航空组成的交通运输网初步形成。

六、机械和化肥工业的迅速发展

1949年以前，内蒙古没有机械工业。“一五”计划期间，国家在包头新建2座大型机械制造厂，1958年建成投产，成为全区最早建成的设备完善的机械制造企业。“二五”计划期间，呼和浩特机床厂、综合电机厂（后来分为电缆厂、电机厂、变压器厂）等中型机械厂相继建成。同时，呼和浩特、包头、集宁、乌兰浩特、海拉尔等城市，先后建设了一批农牧业机械厂或通用机械厂。60年代中期，一批中小型机械制造厂在海勃湾和呼和浩特建成，内蒙古的机械工业开始初具规模。“文化大革命”中，在“左”的思想指导下，贪多、好高、求全，各盟、市、旗县普遍建设了农（牧）机械厂。全区农（牧）业机械厂一下子增加到177个，其中有不少是盲目建设，属不合理的重复建设。如巴彦淖尔盟农业机械厂耗费投资1000多万元，建成后产品方向多年定不下来，只好把厂房改作别用。柴油机厂先后建了8个，新增生产能力大部分得不到发挥。经过以上几个时期的建设，到1978年，全区机械工业已有机械制造修配厂2000多个，其中大中型企业26个。按行业分有农牧业机械制造厂121个，工业设备制造厂106个，交通设备制造厂42个。这些机械工业企业共拥有金属切削机床4万多台，锻压设备8000多台。进入80年代以后，经过调整，内蒙古机械工业向着更合理、健全的方向发展。

化肥工业的建设是在70年代初发展起来的。70年代共建设化肥厂19座，还在60年代建成的察素齐化肥厂扩建了两套年产合成氨3000吨的设备。70年代末，全区年产合成氨15万吨左右，化肥用量半数自给。但在“左”的思想指导下，也有的厂忽视前期工作，急于求成，造成选址不当。包头化肥厂建在石拐一个山梁上，建成以后，原料没有着落，连水也上不去，没有生产条件，1974年竣工，1980年就拆除了。宝龙山化肥厂是1975年动工兴建的，花费投资700多万元，也因原料没有着落，产品当地不适销而停建。全区规模最大的乌拉山化肥厂，原设计规模年产合成氨6万吨。但厂址选在一个荒沙滩上，原料、燃料和生活物资都要长途运输，连水也要从37公里以外的后山输来。一切生产、生活设施和文教、卫生建设，都要从头建起。这个项目概算5312万元，实际完成投资超过1亿元。1979年以后，通过调整，保留了十几个化肥厂，在支援农业中发挥了积极作用。

七、畜产品加工工业和制糖工业的兴起

内蒙古是中国重要的畜牧业基地之一。建设以毛、皮、乳、肉为原料的轻纺工业，是内蒙古自治区一个大优势。全区羊毛、羊绒、驼毛产量分别占全国的1/4、1/2和2/3。1949年前，区内只有一座规模很小、设备很差的半机械化毛纺厂和一些手工业作坊，基本上没有加工能力，原毛全部运出。

新的毛纺织工业的建设是从“一五”计划开始的。1956年，首先把全区原有的唯一的毛纺厂——呼和浩特毛纺厂改造成为初具规模的纺、织、染、整全能粗梳毛纺织厂（后改名为内蒙古第四毛纺织厂），并开始生产畅销国内外市场的提花毛毯。同年，一座设计规模为年产精纺毛线1200吨、长毛绒30万米的内蒙古第一毛纺织厂开工新建，一年半建成投产，投产后两年就收回了投资。1958年，自治区第一座具有万锭精纺规模的大型毛纺织厂——内蒙古第二毛纺织厂开始建设。70年代，生产粗梳毛纺呢绒的内蒙古第三毛纺织厂建成。接着，又陆续建成了平庄毛纺厂、通辽毛纺厂、海拉尔毛纺厂。80年代，又建设了自治区第二座大型毛纺织厂——赤峰第二毛纺厂，并且对内蒙古第二毛纺织厂进行了技术改造。同时在山羊绒产地利用外资建设了伊盟绒毛厂，在驼毛主要产区阿拉善盟建设了年产驼绒120吨的驼绒分梳厂。到1985年年底，全区已有毛纺厂19个。与此同时，还建设了大型棉纺厂1个，丝绸厂3个、化纤厂1个。此外还有48个具有传统的民族色彩的地毯厂，经过扩建、改建，1985年生产能力已经达到年产17万平方米。

乳品、皮革和肉类加工工业也发展很快。“一五”计划期间，开始在牙克石和海拉尔兴建2座现代化机制乳品厂。60年代初，在呼伦贝尔大草原和科尔沁草原上的铁路沿线，兴建了扎赉诺尔、上库力、博克图、通辽等一批机制乳制品厂。1966年前，全区机械化、半机械化乳品厂已经有17座，大部分都在呼伦贝尔盟。到80年代初，全区已有机制乳品厂52座，其中海拉尔乳品厂，1985年已扩建到日处理鲜奶300吨，成为全国生产规模最大、产品品种最多、奶源最好的大型乳品厂。1985年全区乳品工业生产能力已达日处理

鲜奶 802 吨，其中 1981—1985 年新增能力为 436 吨，占 54.4%；生产乳制品 1.43 万吨，比 1978 年增长 3.7 倍。30 多年中，全区新建、扩建、改建皮革皮毛厂 171 个。其中皮革厂 19 个，生产能力达到年加工大牛皮 140 万张。规模较大的海拉尔、赤峰、包头、锡林浩特 4 个皮革厂和集宁皮件厂，投资效益都比较好。新建大型肉类联合加工厂 2 座，骨胶厂（车间）3 座，其中包头精胶厂是中国四大明胶厂之一。

内蒙古甜菜制糖工业从无到有，建设速度好。50 年代初，在包头市郊的沙尔沁创建了内蒙古第一个甜菜试验站，开始种甜菜。1955 年，自治区第一座日处理甜菜 1000 吨、年产糖 2 万吨的大型糖厂——包头糖厂建成投产。到 1982 中，包头糖厂累计向国家上缴税利 2.35 亿元，相当于当年建厂投资的 6.7 倍。1959 年建成的另一座日处理甜菜 1000 吨的大型糖厂——呼和浩特糖厂，是中国最早自行设计、自行制造设备、自行安装的现代化大型糖厂。建厂投资比国外援建的包头糖厂少一半。60 年代初，在通辽兴建的一座日处理甜菜 500 吨、年产糖 1 万吨的中型糖厂，是内蒙古东部地区的第一座糖厂。70 年代到 80 年代，在巴彦淖尔、伊克昭、乌兰察布、哲里木、兴安、呼伦贝尔等盟和赤峰市等适宜甜菜种植的地区，兴建了一批糖厂。到 1985 年止，全自治区已经建成日处理甜菜 1000 吨以上的糖厂 4 个；日处理甜菜 500 吨的中型糖厂 5 个；日处理甜菜 200 吨的小型糖厂 3 个，150 吨的小糖厂 1 个。这 18 个糖厂，生产能力共达日处理甜菜 1160 万吨，年产糖 22 万吨。1985 年产糖 17.8 万吨，比 1978 年增长 3.2 倍。内蒙古甜菜糖产量仅次于黑龙江省，居全国第二位。

八、新兴城市的出现

解放前，内蒙古自治区工农业生产都比较落后，城市人口在全区人口中的比重很低，全区最大的城市归绥市也只有 11.8 万人口。36 年中，内蒙古自治区在各民族的共同努力下，各项建设事业蓬勃发展，新兴城市不断出现。呼和浩特市已成为自治区的政治文化中心，包头由一个城镇发展成为全区最大的城市。与此同时，赤峰、通辽、海拉尔、乌海、二连浩特、牙克石等新兴城市先后出现。解放前，全区最大的城市——归绥市是绥远省的省会，只有一座拥有750枚纺锭的半机械化小毛纺厂和一个装机容量1000多千瓦的小发电厂，一个小面粉厂和一些手工作坊。房屋建筑除了极少数的寺庙、教堂、清真寺，最壮观的省政府还是清乾隆初年建设绥远城时建筑的将军衙门，也不过是一组砖木结构的有挑檐的平房建筑群。当时全市只有一条1公里长的水泥马路，没有自来水，房屋矮小，街道狭窄。经过30多年的建设，呼和浩特市已经成为一座以毛纺和机械工业为主的综合性工业城市，工业总产值超过14亿元，建设了7所大专院校，城市人口已增加到52万。解放前的新旧两城已经连成一片。全市房屋建筑面积也已由解放时的141万多平方米增加到1200万平方米。特别是80年代以后，高层建筑不断兴起。市郊的辽代万部华严经塔（俗称“白塔”），市内的金钢座舍利宝塔（俗称“五塔寺”）和明代修建的弘慈寺——银佛寺（俗称大召）等古建筑修葺一新，和解放后新建的赛马场、博物馆、蒙古语说书厅（后改名为民族艺术厅）等具有民族风格的建筑物，吸引着中外旅游者。美丽的青城①已经成为整个内蒙古自治区繁荣昌盛的象征。

1949年包头城市人口仅6万多人，房屋面积110万平方米，工业产值只有900多万元。由于以包钢为中心的包头工业基地的建设，各项事业迅速发展。到1985年，包头市城市人口已达90万，房屋面积1300多万平方米。工业总产值30.4亿元，不少工业产品获得了国家和自治区优质产品奖，有34种产品远销欧、亚、非洲许多国家和地区。过去主要靠驼运和木帆船航运获得“西北通衢”称号的包头，已有京包、包兰两条铁路干线连接华北、西北；还有包白、包石、环城等铁路支线，承担包头地区的客货运输；27条公路直通呼和浩特、东胜、临河、五原等地；民航班机直通北京。30多年中，市政公用设施不断完备。市区建成面积已达114平方公里，比1949年增长3.5倍，钢城包头已成为内蒙古自治区最大的城市。

赤峰是自治区东部重镇，建于1774年，原名乌兰哈达厅，已经有200多

① “呼和浩特”为蒙古语，意即“青色的城”。

年历史。但是1949年城市人口只有3万多人。1977年后，古城赤峰变化很大。到1985年，城市人口已达23万，比1950年增长了6倍多。市区面积扩展了4倍多，并已拥有厂矿100多个，其中还有一座拥有纺锭10000枚的大型毛纺厂。赤峰已由一个“最原始的城市”变成一个新的工业城市，工业总产值仅次于包头、呼和浩特而居自治区第三位。正在筹建的元宝山露天矿是中国近期开发的五大露天矿之一，设计规模年产原煤800万吨。这个矿的坑口电站——装机容量210万千瓦的元宝山电厂正在赤峰市加紧建设，30万千瓦的一号机组早已发电，中国最大的汽轮发电机组60万千瓦的二号机组也已于1985年建成。通往锦州、辽阳、海城的50万伏超高压输电线已经架设。随着这些项目的建成和元宝山露天煤矿的建设，赤峰市将成为中国重要的能源基地。

通辽是自治区哲里木盟盟署所在地。80多年前还是一片没有人烟的荒野。1914年设通辽镇，1918年建县，1951年设市。设市时，市里只有几家规模很小、设备很差的小工厂，工业总产值只有193万元。经过30多年的建设，已经成为一个以建材、电力、轻纺工业为主的工业城市。共有工厂165家，其中年产110万标箱平板玻璃厂是1984年建成投产的国家重点建设项目。还有一个装机容量40万千瓦的大型火力发电厂在1985年建成。1985年工业总产值已超过2亿元，比1949年增长近100倍。通辽原来只有一条1927年建成的郑大铁路（郑家屯至大虎山）通过，自从1960年通让（通辽至让湖路）线建成，1980年京通（北京至通辽）线正式通车，1981年通霍（通辽至霍林河）线修通后，通辽已经是4条铁路的交点，成为中国东北又一个重要的交通枢纽。

呼伦贝尔草原上的海拉尔市，是内蒙古高原一座有200多年历史的古城，始建于1932年。“一五”计划期间，国家根据这个草原城市畜产品资源丰富的特点，投资建设了中国第一座肉类联合加工厂，日处理鲜奶100吨的大型乳品厂，以及皮革厂，皮毛厂等畜产品加工工业。接着又建设了生产畜力和机引割草机、搂草机的中国第一座牧业机械厂，还有一批制造奶桶、鞍具、蒙古刀、民族鞋帽和服装的民族用品厂、社。经过30多年的建设，海拉尔已不仅畜产品加工工业在全国有一定的地位，而且是全国 9 个民族用品生产基地之一。海拉尔还是一个风景优美的城市，西山有 1860 亩婆娑的樟子松林。夏季气候凉爽，吸引着不少游人。

1958 年以前，乌海地区还是一片黄沙滚滚的荒漠，只有拉僧庙山脚下有一股日流量 5000 吨的巨泉，野兔出没，人迹罕至。1952 年五六月间，伊克昭盟天然碱公司经理率领 4 名干部，13 名工人，赶着牛马大车，带着锹、镐、铁锅等简单的生产工具、生活用品和 2500 元资金，由公司原址查汉淖尔来到这里。他们在山脚下架起蒙古包，在荒滩上砌起窑灶，建设起内蒙古第一座生产烧碱的工厂，也是乌海地区第一座工厂（当时名为“拉僧庙制碱公司”，后改名为乌海市化工厂）。1958 年，“二五”计划开始，包兰铁路通车，隔河相望的乌达、海勃湾两个荒漠地带，凭借地下资源丰富的自然优势，吸引了数以万计的建设者。经过十几年的艰苦奋斗，乌达、海勃湾两大矿区，包钢卡布其石灰矿，西卓子山水泥厂，内蒙古第一、第二通用机械厂、乌达发电厂等一批大中型厂矿先后建成。1961 年，设立了乌达、海勃湾两个县级市，分属巴彦淖尔和伊克昭两盟。1976 年，这两个只有一河之隔的县级市合并成为自治区直辖市——乌海市。1985 年，乌海市这个在沙漠里建设起来的新型工业城市，人口已超过 23 万，工业总产值超过 3.5 亿元。市内街道整齐，绿树成荫。

二连浩特市地处锡林郭勒大草原的西北边缘，雨量稀少，风多且大，冬有严寒，夏有酷暑。直到 1949 年，这里还没有一个居民点。修筑集二铁路时，筑路职工把工棚搭到了这里。1954 年集二铁路建成，1956 年，中、蒙、苏三国联运正式通车，二连成为中国边境的陆路口岸。边防检查站、海关、卫生检疫、食品检疫等检验进出口客货的单位，国际旅行社、兑换外币、交换国际邮件、对外贸易等外事机构一一建立起来。当年建镇，1966 年设市。到 1985 年，虽然建成区面积还不到 2 平方公里，人口只有 7000 多人，但在柏油马路两旁，已经建起楼房。每当夏秋季节，行道树郁郁葱葱，花池里万紫千红，已成为小巧玲珑的草原边境城市。

大兴安岭上的牙克石，沙皇俄国修东清铁路在这里设站以后，居民逐渐增多，形成一个林区小镇。1949 年，全镇5000 多人，其中90%是苏侨。1950 年建喜桂图旗，成为旗所在地。1953 年 8 月内蒙古森林工业管理局（后改名为牙克石林业管理局）由扎兰屯迁来，一批森林工业企业和地方工业企业陆续兴建。牙林线经过彻底改建并向林区伸延到444 公里，牙克石成为两条铁路的交点，木材调出的门户。全镇已有栲胶、木材加工、林业机械、建筑材料、乳品、粮、油、酒等工厂20 多个，集体企业40 多个，工业总产值1.2 亿元。城区建成面积达到11 平方公里，人口比1949 年增加了23 倍。牙克石已经成为大兴安岭上一座工业城市，1983 年正式设市。

第二节 新疆维吾尔自治区的建设

新疆维吾尔自治区位于中国的西北部，面积160 多万平方公里，约占全国面积的1/6，是中国最大的边疆省。全区共有13 个民族，1985 年年底总人口1361 万，占全国总人口的1.3%。其中少数民族人口826.21 万，占全区总人口的60.7%；维吾尔族625 万左右，占45.9%。

新疆四周高山环绕，西部与帕米尔高原相接，东南有昆仑山，北有阿尔泰山，天山山脉横贯其中，将新疆分为两部分，通称为南、北疆。南疆有世界最大的内陆盆地——塔里木盆地和中国最大的沙漠——塔克拉玛干大沙漠；北疆有准噶尔盆地和全国第二大沙漠——古尔班通古特大沙漠。此外，还有吐鲁番盆地。全区河川除额尔齐斯河与伊犁河之外，其余均为内陆河，潴入湖泊。塔里木河为天山南麓之巨川，伊犁河为北疆的大河。罗布泊在若羌县境内，古称盐泽，又名蒲昌海，由于塔里木河主河道断流，罗布泊已经干涸。

新疆矿产资源分布甚广，蕴藏量大。主要有：石油、煤、金、银、铜、铁、铅、锌、钨、钼、锰、铍、钽、铌、石灰石、白云石、石英砂、石棉、石膏、盐矿、芒硝、玉石、硫黄等。水资源也很丰富，地面水年径流量900 多亿立方米，地下水每年可采量200 多亿立方米，水力资源蕴藏量3300 万千瓦。还有贮水量16449 亿立方米的高山冰川和积雪，是农业灌溉的固体水库。宜农可耕荒地多，面积达1 亿亩以上，已开发的耕地面积4800 万亩，其中，灌溉面积4008 万亩。新疆草场广阔，牲畜多。全区牧草场7 亿多亩，拥有各类牲畜3000多万头，是中国畜牧业基地之一。日照长（全年平均2550至3500小时）；辐射强（全年平均130—150千卡/平方厘米）；积温高（平原地区3000—4000摄氏度，吐鲁番盆地高达5500摄氏度）；昼夜温差大，有利于甜菜、棉花、瓜果等生长。新疆的哈密瓜、无核白葡萄等驰名中外。

解放前，[①] 在封建军阀和国民党反动派统治下的新疆，人民生活贫困不堪，农牧业凋敝，灌溉渠系支离破碎，工业基础十分薄弱。1949年工业总产值（以1980年不变价格计算）还不到1亿元，仅占工农业总产值的12.6%。交通闭塞，境内没有铁路，1950年全区仅有3361公里的简易公路，平均每500平方公里仅有1公里简易公路，居住在边远山区的少数民族世世代代与世隔绝。

新疆和平解放后，王震率领新疆各族军民坚决执行毛泽东主席、中共中央的指令，贯彻执行中国共产党的民族政策，发扬“南泥湾”精神，开展大生产运动，依靠久经考验的中国人民解放军广大指战员，团结和改造起义部队，节衣缩食，艰苦创业，屯垦戍边，建设工农业，为新疆“一五”计划时期的经济建设打下了坚实的基础。1954年8月6日根据中央军委命令成立的新疆军区生产建设兵团，遵循中共中央“屯垦戍边”的方针，执行生产队、战斗队、工作队的任务，在建设边疆、保卫边疆的斗争中做出了巨大的贡献。

经过新疆各族人民团结奋斗，新疆的国民经济有了巨大的发展和变化。1949年与1984年相比，工业总产值（以1980年不变价格计算）由0.91亿元上升到59.87亿元；农业总产值由6.28亿元上升到45亿元；粮食产量由16.96亿斤，上升到99.01亿斤；棉花由10.14万担上升到384.62万担；原煤产量由17.89万吨上升到1433.36万吨；发电量由90多万度上升到34.17亿度；原油产量达到427.02万吨。

一、边疆建设日新月异

新疆的基本建设是从1949年10月中国人民解放军奉命进疆、屯垦戍边

① 1949年9月25日新疆和平解放。

后逐步开展的。在建设中始终坚持把农牧业建设和交通运输建设放在重要地位。同时，依托本地区的资源优势，进行了石油、煤炭、电力、钢铁、化工、纺织、建材、制糖、酿酒等工业的基本建设。

（一）水利建设——新疆经济的命脉。

新疆位于欧亚大陆中心，远离海洋，四周环有高山，雨量稀少，90%以上的农田依靠灌溉。解放后，新疆一直把水利建设放在发展农牧业生产的首位，从国民经济恢复时期起就着手兴办水利。

恢复时期和“一五”计划时期，相继建成莎车——干其水库、红雁池水库、米泉八一水库、沙湾大泉沟水库、车排子水库、乌苏奎屯水库等一批大中型水利工程，迅速发挥了效益。特别是1955年动工兴建的乌苏柳沟大型水库，到1956年10月形成库容6000万立方米，经1958年、1959年扩建，库容达到1.02亿立方米，工程效益比较显著，既能灌溉又能发展养殖业。另一大型水利工程——沙湾蘑菇湖水库，库容1.8亿立方米，系平原灌注式水库，于1957年5月开工建设，1959年10月建成，到1972年共蓄水26亿立方米，平均每年供应灌区水量1.8亿立方米。该水库设计灌溉面积30万亩，实际已达40万亩以上。“一五”计划时期以后的各个时期，也都修建了大量的水利工程。1961年至1965年期间，贯彻“调整、巩固、充实、提高”的方针，把投资集中用于加强北疆玛纳斯河、乌鲁木齐河流域和昌吉州西三县（玛纳斯、呼图壁、昌吉）以及南疆库（车）、沙（雅）、新（和）、拜（城）地区的水利建设，建成了一批骨干工程，新增灌溉面积354万亩，使全区灌溉面积达到3590万亩，从而较好地解决了区内的“南粮北调”问题。1978年以后，水利建设进一步发展，1979年到1983年，完成基本建设投资2.54亿元，新增水库60座，库容6.8亿立方米，设计灌溉面积347.5万亩。其中阿勒泰福海水库蓄水量为1.7亿立方米，灌溉面积22万亩；阿勒泰唐巴湖水库库容1.8亿立方米，灌溉面积10万亩；巴楚永安坝水库库容1.1亿立方米，灌溉面积50万亩，可可托海水库库容1.13亿立方米，为电站调节水库，电站装机容量1.8万千瓦。

35年中，新疆的水利建设共投资33亿多元，建成水库483座，设计库容

55亿立方米。其中，大型水库12座，设计库容19.45亿立方米，有效灌溉面积388.6万亩；新建和改建大、小引水渠首344座，引水能力为6400秒立方米，干、支渠23万公里，其中防渗渠道2.3万公里，斗渠以上渠系建筑物8万余座；电机井3.04万眼，其中配套井26577眼；扬水站689座；改建、新建坎儿井1800余道，防洪堤坝1150公里；建成中、小型及农村电站633座，总装机35万千瓦。这些水利工程的建成，提供了年引、蓄、提水量达470亿立方米。水利建设的发展，促进了全疆农牧业大发展，农田灌溉面积由解放初期的1579万亩，发展到4000余万亩，而且，几乎全部都是有效灌溉面积。

在水利建设上也有过曲折。有些工程项目，如“大跃进”时期动工兴建的新和五一水库，玛纳斯夹河子水库、跃进水库等，违反基本建设程序，“边勘测、边设计、边施工”，在施工中片面追求高速度，忽视工程质量，带来了很多隐患。又如十年动乱时期兴建的博乐赛里木湖引水工程，总投资2000万元，是个大型项目，既没有进行周密的勘测设计和科学论证，又未报有关主管部门审批，擅自动工建设，花掉了1100万元，浪费了大量劳动力，终因湖水含盐量过高不能用来灌溉而停工。

（二）交通、邮电——新疆经济的动脉。

新疆地处中国西北边陲，交通闭塞。解放后，经过30多年的建设，以公路为主，铁路、航空互相配合的交通网已经形成，但无论在运输线路的长度、密度和线路等级等方面，都远不能适应本区经济发展的需要，交通运输，特别是铁路成为发展新疆的一个很重要的制约因素。

1. 公路建设。从1950年开始，当年整修了白杨河—喀什，喀什—于阗，乌恰—吐尔嘎特，乌苏—巴克图等几条公路，完成土石方20多万立方米，便利了南北疆之间、南疆各地以及中苏之间的交往。“一五”计划时期修复了世界最高的新藏公路，叶城—普兰全长1455公里，沟通了与西藏阿里地区的联系。继之又修通了横穿天山的乌鲁木齐至库尔勒公路。70年代在塔克拉玛干大沙漠东南缘修建了青新公路；在人民解放军基建工程兵支援下，在天山深处修建了天山公路。1984年，又动工兴建和田布雅公路。35年中，各族筑路大军和解放军筑路部队常年战斗在戈壁荒滩，深山峡谷，餐风饮雪，辛勤劳动。到1984年年底，全疆公路通车里程已达2.2万多公里，所有的县城和97.5%的公社（乡）以及主要工矿区、农区、垦区和经济作物区都通了汽车，已建成沥青路面公路8000多公里，占通车里程的1/3强。吐鲁番、米泉两县和石河子、车排子垦区已实现全部路面黑色化。全疆拥有永久性公路桥梁1356座、33843延米；民用汽车7万多辆，还拥有汽车修配厂100多个，可大修汽车的60多个，中、小型保修厂遍布全疆各地。

2. 铁路建设。1952年动工兴建兰新铁路，全长1894.6公里，新疆境内753.5公里。1963年正式通车营运，把新疆和内地联系起来，结束了新疆境内无铁路的历史。贯穿南北疆的钢铁大动脉——南疆铁路吐鲁番至库尔勒段，1974年动工兴建，全长476.5公里，铁路越过浩瀚的戈壁荒滩，横贯天山腹地，依山傍水，桥隧相连。共建成隧道29座，总长30公里；桥梁461座，总长17.7公里；涵渠681座。正线铺轨469.3公里，站线铺轨139.4公里；沿线车站44个，房屋建筑面积43.5万平方米。南疆铁路吐库段共用去基建投资11.2亿元，工期十年，于1984年8月7日正式通过国家验收。吐库段的正式营运改变了南北疆交通落后的现状，对发展新疆的工农牧业生产，巩固国防，增强民族团结，都有很重要的作用。35年来，全区铁路铺轨里程共达1580公里。

3. 民航建设。航空运输在新疆的内外交通中处于十分重要的地位。到1984年年底，已建成一个基地、10个航空站和5个导航站，开辟了4000多公里的境内航线和8800多公里的境外航线，基本形成了以乌鲁木齐为中心、联结全疆各地州所在地以及北京、上海、西安等内地大城市的四通八达的航线运输网。1974年建成的乌鲁木齐机场水泥跑道可供大型喷气客机双向起降；同年落成的候机大楼和宾馆，可供500名旅客休息、食宿。乌鲁木齐机场不仅是区内航空运输的枢纽，也是中国第四个国际航空港。

4. 邮电事业。1984年，以乌鲁木齐为中心、通往全疆各县的邮电通信网已经建立起来。邮电局、所总数已由1952年的127个发展到1120个，增加了8.8倍。邮路4.5万余公里，农村投递路线5.4万余公里，全区99.5%的公社和96%的生产大队都通了邮路。全区已有长途电信线路1.03万余公里，农村电话线路2.7万余公里，97.8%的乡和46.5%的大队都通了电话。邮运汽车比解放初期增加了89倍。各类增音机、载波机增加了150倍，市内电话交换机总容量增加了62倍。1982年建成了总投资1700余万元、新增电路370条的乌鲁木齐经石河子至奎屯的对称电缆工程，增强了新疆通信能力，改善了北疆地区的通信状况。1985年乌鲁木齐邮政枢纽和卫星地球接收站两项通信工程竣工投产后，对加速新疆境内邮件转递和改善自治区和内地的通信电路将起重大作用。

（三）发挥优势，因地制宜，建设新疆的工业。

经过30多年的建设，建立了包括钢铁、有色、电力、煤炭、石油、化工、机械、建材、森工、轻工、纺织、食品、制革、造纸、缝纫在内的工业体系。

1. 煤炭工业建设。全疆有10个含煤区，北疆有6个含煤区，已探明保有储量占全疆保有储量的89%；南疆4个含煤区，已探明保有储量占全疆保有储量的11%。在建设布局上，以骨干矿井为主，大、中、小矿井相结合。全区的主要矿井多集中在北疆的乌鲁木齐、昌吉、哈密、艾维尔沟、吐鲁番等地区。这些地区资源丰富、开采条件好，用煤量大，交通方便。1984年全区煤炭产量为433.4万吨，外调量达190多万吨。

1951年7月8日，中国人民解放军驻疆部队开工建设六道湾露天煤矿。他们仅用了4个半月时间，就完成了长132米、宽95米、深31米的露天矿，人工开采日产原煤200吨。在此基础上，1952年建成设计能力为30万吨的六道湾煤矿，这是新疆第一座现代化矿井。随后又陆续建成了设计能力为45万吨的苇湖梁煤矿、年产90万吨的六道湾一号立井，以及年产150万吨的三道岭露天矿。35年中全区煤炭工业共完成建设投资5.58亿元，共新建、改建、扩建矿井（含露天矿）47处，生产能力为915万吨。到1984年年底，全疆共有大、中、小型煤矿541处，其中计算生产能力的有101处，年生产能力1039万吨。全疆煤炭职工已发展到8万多人。

2. 电力工业建设。恢复时期、“一五”计划时期修建的苇湖梁电厂、乌拉泊水电站以及分布天山南北的小型火电厂、水电站，都凝聚着解放军辛勤劳动的汗水，闪烁着军民团结、民族团结的光辉。苇湖梁发电厂是“一五”计划时期国家156项重点工程之一。1952年5月11日破土动工，1953年12月30日正式投产发电，装机容量为7000千瓦。以后经过多次扩建，到1965年，全厂规模为8机9炉，装机容量为5.9万千瓦。乌拉泊水电站由新疆军区工程部队负责修建，1955年6月建成，装机容量2400千瓦，同年9月19日开始向乌鲁木齐送电。在这期间，1952年新疆有色公司修建了可可托海水电站，阿勒泰地方政府也筹建了一座250千瓦的水电站。这两座电站的建成，标志着新疆的水力发电事业有了发展。30多年中，相继建成了玛纳斯二、三、四、五级电站、胜利渠一级电站，铁门关电站，石灰窑水电站，喀什一级电站等。截至1984年，已建成中、小型电站及农村小水电站636座，总装机34万千瓦。在建的伊犁托海电站，总装机容量5万千瓦，阿克苏西大桥电站，总装机容量2.6万千瓦。在建的红雁池电厂，是全区最大的火电厂，总装机容量30万千瓦，分三期建设，第三期工程的五、六号机组，已分别于1981年、1982年投入运行，七号、八号机组经过紧张施工，1985年全部竣工投产。

在建设电厂的同时，建立了规模不等的适合地区需要的电网。从1954年苇湖梁电厂和乌拉泊水电站联网开始，截至1984年，乌鲁木齐至石河子电网拥有装机容量34.79万千瓦，发电量占全疆一半以上。此外，在全疆其他地、州、市也建立了地区电网。农用电网已建成4.3万公里，其中高压线2.5万公里，低压线1.8万公里。

3. 石油工业建设。石油工业在新疆国民经济和社会发展中占有重要地位，它的产值占全区工业总产值的1/4多，上交利润占总利润的1/3，是全区支柱行业之一。石油工业的建设经历了五个各具特点的发展时期。

1951年至1954年，从中苏合营勘探开发到自力更生勘探与生产并举，摸清独山子油田含油情况，建成了独山子炼油厂。

1955年至1960年，经过勘探发现了克拉玛依油田和百口泉、红山嘴、依奇克里克、胜金口等新油田，新建了克拉玛依和伊奇克里克两个炼油厂。到1960年，独山子炼油厂已建成年加工原油120万吨的现代化炼油厂，拥有当时全国最大的釜式焦化车间。

1961 年至 1966 年，重点放在解决“两降一升”（压力下降、产量下降、油气比上升）上，改行列注水为面积注水，实现分层注水、分层采油、分层改造、分层测试新工艺，同时兴建了一批注水站，进行了油、水管网的调整，逐步完善了油田注水系统。

1967 年至 1976 年，石油战线职工排除“四人帮”的干扰、破坏，加快炼油装置的建设。独山子炼油厂 1967 年建成年加工能力 20 万吨的延迟焦化装置；1976 年又建成具有 70 年代水平的年处理 60 万吨的提升管催化裂化装置，使汽油的辛烷值高达 70% 以上，汽、柴油质量达到国内先进水平。1973 年乌鲁木齐石油化工厂一期工程——炼油工程动工兴建，到 1982 年年底，建成了常减压蒸馏、催化裂化、氧化沥青、延迟焦化、铂重整五套生产装置及配套工程，新增年加工原油能力 150 万吨；二期工程——30 万吨大化肥工程，规模为合成氨 30 万吨，尿素 52 万吨，1985 年建成。70 年代中期还建成了全长 295. 5 公里的克拉玛依至乌鲁木齐的输油管线，年输油能力 340 万吨。

1976 年至 1984 年，石油勘探和油田开发工作迅速发展，石油储量大幅度增长。勘探工作在准噶尔盆地五区—百口泉断裂带找到新的层块，增加了地质储量。1981 年年底在风成城获得工业油流，塔里木盆地的柯克亚油田，也在 1979 年打成了一口 7002 米的超深井。百口泉油田于 1979 年开发建设，当年钻井，当年油建，当年建成原油生产能力 49 万吨，创造了油田开发高速、优质新水平。

1951 年到 1984 年，石油工业累计完成基建投资 44. 16 亿元，完成地震勘探剖面 5. 1 万公里，钻井进尺 656. 2 万米，钻井 6992 口，已找到油田 9 个，投入开发的油田有克拉玛依、百口泉，红山嘴、独山子和伊奇克里克 5 个，累计建设原油生产能力 95 万吨，建成炼油厂 4 座，年加工能力 329 万吨，输油管线总延展长度 957. 9 公里，输油能力 838 万吨，建成储油库 7 座，油罐 58 座，储油能力近 41. 75 万立方米。

到 1984 年，新疆油田已建成为一个拥有 8900 名职工队伍，钻、采、炼、油建、机、运、水、电、科研、教育及生活后勤的大型联合企业。

4. 钢铁工业建设。全区钢铁工业已形成一个具有一定规模和比较坚实的物质技术基础的独立工业部门，形成了包括铁矿山、耐火粘土矿山、炼焦、烧结、耐火材料、炼铁、炼钢、轧钢、铁合金、金属制品等在内的比较完整的生产体系。八一钢铁总厂的建设和发展是新疆钢铁工业发展的缩影。建厂初期，主要设备和技术骨干从内地调入，由驻疆人民解放军集资。1951 年开始兴建，经过一年的艰苦奋斗，建成了一座 28 立方米高炉，两座 0. 5 吨转炉和一套小轧机。1952 年 4 月炼出第一炉铁水，5 月炼出第一炉钢，7 月轧出第一批钢材，填补了新疆近代钢铁工业的空白。到 1954 年，初步建成从原料开采、冶炼到成材比较完整的小型钢铁联合企业。“一五”计划时期，累计生产钢 4. 2 万吨、生铁 5. 8 万吨、钢材 3. 7 万吨，产值利润率达 47. 4%，五年内平均每吨钢创造利润 273 元。在 1958 年“大跃进”中提出“以钢为纲”、“全民大办钢铁”，仓促新建了一批小型钢铁厂。后因连年亏损，在国民经济调整时期基本上关、停了。八一钢铁总厂也连续五年出现亏损，1960 年亏损额高达 1836 万元。1966 年，八一钢铁总厂再次扩建，由于在建设规模上决策多变，花了大量投资，但长期形不成配套生产能力。30 年累计花掉基建投资 2. 2 亿元，形成固定资产 1. 79 亿元。按照设计要求，八一钢铁总厂 1990 年达到年产钢 30 万吨规模，还需投资 4 亿多元。

5. 有色金属工业建设。1950 年成立的中苏合营有色及稀有金属股份有限公司，1955 年 10 月 1 日正式移交给国家重工业部。自治区成立了新疆有色金属公司。合营期间，主要是开采稀有金属矿产，生产方式比较原始，当时矿山建设所需投资、设备和原材料由苏联供给，中方以矿石补偿。35 年中，全区有色金属工业共完成基本建设投资 3. 76 亿元，形成了一定的生产能力。1950 年开始建设可可托海矿。1965 年以前一直是井下开采；1966 年扩建为露天开拓；1975 年建成年产锂铍钽铌精矿石 1. 65 万吨的露天采矿场和选矿场。阿勒泰矿也是稀有金属矿，1978 年至 1983 年建成年产 0. 85 万吨精矿的稀有金属采选厂。1957 年开始建设当时全国唯一的锂盐厂，1958 年建成。初期规模为年产 115 吨，之后由于生产工艺的改革，经过几次扩建，到 1983 年生产规模已达到年产 3000 吨。此外，还建成了克拉玛依、哈图金矿，采选能力为 3 万吨，冶炼能力为 7400 两；乌鲁木齐铝厂，1983 年生产规模已达 1500 吨；

还有其他建设项目。

6. 食品工业建设。全区制糖生产能力已达年产6万吨。1958年动工的八一制糖厂，于1959年10月正式投产，结束了新疆不产机制糖的历史。该厂生产规模为日处理甜菜1500吨，年产白砂糖3万吨、方块糖7000吨、酒精4000吨，味精120吨。该厂原料基地稳定，平均运距31公里，吨糖成本882元，低于全国平均水平，是全区生产规模最大的糖厂，也是全国13个大型糖厂之一。乳品加工方面，北疆牧区建立了9个小奶粉厂，生产能力为日处理鲜奶100吨，年产奶粉0.2万吨。为充分利用新疆丰富的水果资源，兴建了吐鲁番葡萄酒厂、鄯善葡萄酒厂、红柳河葡萄酒厂。葡萄酒年生产能力已达1.5万吨；果酒年生产能力达2000吨。

7. 纺织工业建设。35年来，纺织工业完成基本建设投资3.73亿元，已建成棉、毛、印染、针织、复织、丝绸、纺织配件等64个企业，拥有棉纺28.2万锭、布机8556台、毛纺锭3.3万枚、毛织机407台。其中大型纺织企业有七一棉纺织厂、八一毛纺织厂和伊犁毛纺织厂；中型纺织企业有喀什棉纺织厂、石河子八一棉纺织厂。

棉纺是新疆纺织工业中发展最早、速度较快的一个产业部门。自1952年七一棉纺织厂建成投产，八一棉纺织厂、喀什棉纺织厂、奎屯棉纺织厂、库尔勒棉纺织厂以及和田棉纺织厂相继建成，使新疆的棉纺织工业初具规模。从纺织工业部门内部结构看，棉纺织和毛纺织是全区纺织工业的两大支柱。全区建成和在建的毛纺企业10个。建设中的新疆毛纺织厂生产规模为精纺4800锭，毛条1800吨，1985年建成投产。伊犁毛纺厂通过挖潜改造，生产规模达到精纺10428锭、绒线1900锭、毛织机192台，已列入大型毛纺企业。天山毛纺织厂系中外合营企业，生产规模为粗梳毛纺2576锭，年产羊绒纱74吨，羊毛纱392吨，羊绒、羊毛纱72万件，已于1981年10月建成投产。新疆毛纺工业虽然起步晚，但发展速度快，所产纯毛织品，原料优良，加工细致，深受国内外用户欢迎。

丝织业方面。在蚕桑产地和田建立了规模为缫丝4000绪、织机112台的和田丝绸厂，生产具有民族特色的各种丝绸织品，年产量达120万米，但仍满足不了各族人民日益增长的需要。

8. 皮革、塑料、地毯建设。1984 年全区皮革生产能力已达年产 60 万张（折合大皮），较 1949 年增长 4.5 倍；皮鞋 163 万双，增长 4.2 倍。国家投资扩建的乌鲁木齐皮革厂，制革生产能力已增加到 23 万张，皮鞋增至 36 万双，分别占全疆皮革、皮鞋生产能力的 1/3 和 1/4。1965 年前，塑料制品的生产还是空白，1966 年新建了新疆第一塑料厂，1976 年全区塑料制品生产能力为 5200 吨。1979 年以后，又新建了昆仑塑料制品厂，新增生产能力近 5000 吨。乌鲁木齐二轻局塑料制品生产能力也由 2700 吨增至 1.5 万吨。1984 年全疆塑料制品生产能力已达 2 万吨。地毯工业也获得了较大的发展，1984 年地毯生产能力已达 15 万平方米。二轻工业中及其他行业的生产能力也分别有了扩大，在自治区国民经济中日益发挥着积极作用。

（四）智力投资——科教文卫建设方兴未艾。

教育方面，35 年中累计完成基本建设投资 3.7 亿元，新建了一批高等院校和中等专业学校，其中有新疆大学、新疆工学院、新疆石油学院、新疆八一农学院、石河子农学院、塔里木农垦大学、新疆医学院、石河子医学院、新疆师范学院、喀什师范学院、伊犁师范学院、和田师范专科学校、新疆财经学院 13 所高等院校，在校学生 1.9 万人，其中少数民族学生 1.1 万人，占 57%；中等专业学校 100 所，学生 2.5 万人，其中少数民族学生 1.4 万余人，占 58.6%；中学 2374 所，学生 90.68 万人，其中少数民族学生 28.4 万人，占 31%；小学 8253 多所，学生 196.3 万人，其中少数民族学生 109.7 万人，占 55%。到 1984 年，全疆各级各类学校共有学生 291.7 余万人，占总人口的 22%。

1961 年 4 月 1 日，中国科学院新疆分院正式成立。建院以后，共完成基本建设投资 1895 万元，建成科研用房近 2 万平方米，辅助用房 2.2 万平方米，住宅 3.3 万平方米。为了促进科研快出成果，早出人才，进一步改善科研条件，1980 年新疆分院又新建了一栋 1 万平方米、9 层框架结构的科研试验楼。该楼由自治区建筑勘察设计院设计，自治区第一建筑公司施工，1982 年 12 月底竣工，1983 年 10 月由中国科学院正式验收，评定为优秀设计、全优工程。新疆分院建院以来，特别是中共十一届三中全会后，科研工作和科技队伍都获得较快的发展，并取得了一批科研成果，对自治区的国民经济发展做出了积极的贡献。

卫生事业方面，35 年中共完成基本建设投资 1. 42 亿元，全疆卫生事业机构已发展到 3251 个；医院病床 62738 张；卫生专业人员 68337 名。在中国共产党和人民政府的关怀下，少数民族医学得到了继承和发展。少数民族医疗机构已发展到 26 个，其中维吾尔医医疗机构 22 个、蒙古医医疗机构 3 个、哈萨克民间医医疗机构 1 个。除这些独立机构外，在一些县、社医院还开设了民族医科。民族医病床已达 650 张，民族医药人员 818 名，其中维吾尔医 686 人、蒙古医 110 人、哈萨克民间医 22 人。35 年来，全疆还新建大、小影剧院 2000 多座，为活跃群众文化生活创造了必要的条件。

经过 30 多年的开发建设，新疆的基本建设取得了巨大成就。1949—1984 年全区共完成基本建设投资 222 亿元，其中，农林水气投资占投资总额的 19. 7%，轻工业占 5. 2%，重工业占 38. 7%，交通邮电占 15. 8%。生产性建设投资完成 164. 6 亿元，占投资总额的 74. 1%，非生产性建设投资完成 57. 4 亿元，占 25. 9%。形成固定资产 151. 6 亿元，新增主要生产能力有：耕地面积 2985. 6 万亩，水库库容 55 亿立方米，棉纱 28. 0 万锭，毛纺 3. 54 万锭，原油开采能力 741. 02 万吨，原煤开采能力 844. 6 万吨，发电装机容量 80. 81 万千瓦，炼钢 20. 5 万吨/年，轧材 14. 6 万吨/年，炼铁 60. 8 万吨/年，合成氨 8. 8 万吨/年，机制糖 5. 8 万吨/年，机制纸 2. 01 万吨/年，原木采运 35. 8 万立方米/年，水泥 119. 6 万吨/年，铁路铺轨 2004. 6 公里（含专用线铺轨 180 公里），新建公路 22023 公里，拖拉机制造 770 台/年，联合收割机制造 300 台/年，内燃机制造 3404 台/年，石油库 53. 21 万立方米，商业冷藏库 2. 19 万吨，粮仓 10. 41 亿斤，学校：席位 131. 59 万个（其中：高等学校 2. 73 万个），医院病床 62738 张。

二、新兴城市

解放前，新疆的城市只有乌鲁木齐、喀什和伊宁，城市建设十分落后，市政公用设施简陋。除乌鲁木齐有 3 公里铺装道路外，其他城市均为土石路。

城市公共绿地稀少，公园更是寥寥无几。35 年中，通过各种渠道用于城市建设方面的投资为 3.2 亿元。中共十一届三中全会以后，城市建设部门的投资上升较快。1979 年至 1983 年累计完成投资 1.9 亿元，为前 29 年的 2 倍。全区已有城镇 93 个，其中城市 13 座。1984 年城镇人口 350.3 万人，占全区总人口的 26.06%。35 年来，共建成自来水厂 10 座，供水管道总长度 688 公里，日供水量 22.2 万吨。用水人口普及率约为 74%；城市污水管道 295 公里，城市道路 634 公里，道路面积 717 万平方米，城市桥梁 90 座，防洪堤 16.7 公里，城市园林绿化面积 3105 公顷。全区已建立液化石油气供应点 24 个，储气能力 1330 吨，年供应量 1.56 万吨，到 1984 年年底，用气人口已达 59.8 万人。

（一）自治区首府——乌鲁木齐市。

乌鲁木齐是蒙古语“优美的牧场”的意思，地处天山北麓，是准噶尔盆地南缘的绿洲。公元 1763 年建城于此，名称几经变换，到 1955 年恢复为乌鲁木齐。解放前，乌鲁木齐有 10 万人，城区面积不到 10 平方公里。城市房屋以土木结构的简易平房为主，仅有五六栋半永久性的二层楼房，基本上没有什么城市公用设施。解放后，城市建设有了很大的发展。截至 1983 年，已建成市区道路 212 公里，供水厂 2 座，输水管道总长度 147 公里，供水能力 8.7 万吨/日，加上厂矿等企业自备水源，全市供水能力约为 12 万吨/日。1984 年市区有公共汽车营运线路 497.5 公里，年客运总量 37602 万人次。绿地面积 769 公顷，苗圃面积 237 公顷，除人民公园外，城内还有延安公园、红山公园、北艺公园、鲤鱼山公园、烈士陵园、火车站小区公园以及动物园等。绿化覆盖率为 13%。35 年中，新建住宅 842 万平方米。60 年代前后，建成了一批具有民族风格的建筑物，如昆仑宾馆、野营地宾馆、自治区博物馆、自治区展览馆、南门体育馆、火车南站、团结剧场、羊毛湖百家住宅等，为自治区成立十周年[①]增添了新的光彩。70 年代建成了乌鲁木齐机场候机大楼及相应的配套工程。1985 年，一批具有时代色彩的建筑物如人民会堂、乌鲁木齐邮政枢纽、乌鲁木齐火车站以及乌鲁木齐中桥立交桥、乌鲁木齐青少年文化科学宫、自治区科技馆、华侨饭店、

① 1955 年成立新疆维吾尔自治区。

迎宾馆贵宾接待楼等于自治区成立 30 周年时投产使用。乌鲁木齐附近有白杨沟、菊花台以及博格达峰上的天池风景区等游旅游胜地，吸引着越来越多的国内外游人。乌鲁木齐已成为自治区政治、经济、文化、交通的中心，并拥有钢铁、电力、煤炭、机械、有色、轻工、纺织、化工、建材等600 多个厂矿企业，工业产值 16. 6 亿元，是一座新兴的工业城市。城区面积 49 平方公里，人口 91. 7 万人，其中少数民族居民占 23. 6%。

（二）戈壁明珠——石河子市。

石河子市东距乌鲁木齐市 150 公里，西距伊宁市 549 公里，是自治区首府乌鲁木齐与北疆西部各地联系的必经之地。石河子市的前身是一个仅有几十户人家的小村镇。1951 年春天，中国人民解放军驻新疆的二十二兵团开始在这里兴修水利、开荒造田、建设农场，经过 35 年的建设，石河子市已发展成为一个以农业为中心，拥有制糖、棉纺、毛纺、织染、造纸、农机等行业的新兴工业城市。总人口 55 万人，其中市区人口 27. 5 万人，市区面积 22. 18 平方公里。

新城初创时期，在发展农垦事业的同时，大力发展了轻、纺工业。1957 年至 1959 年，相继建设了糖厂、棉纺厂、毛纺厂和造纸厂、织染厂等。1979 年以后，工农结合，有计划地向专业化、区域化生产的方向发展，逐步形成粮食南种、棉花北移、糖厂附近多种甜菜的作物布局；城市工业中以农副产品为原料的工业产值占全市总产值的 98. 8%。1983 年播种面积 230. 2 万亩，粮食总产 3. 3 亿斤，棉花总产 52. 5 万担，甜菜总产 17. 8 万吨，牲畜总头数 42. 7 万头，城市工业总产值 3. 1 亿元，厂矿发展到 35 个。城市住宅、文化、教育、科技、卫生、商业、服务业以及市政、公用设施等发展也很快。1984 年年底全市共有各类房屋建筑面积 230 万平方米，其中住宅 110 万平方米。1984 年石河子农学院和石河子医学院有在校学生 2162 人；还有中等专业学校和技工学校 6 所，在校学生约 2300 人；普通中学 17 所，在校学生近 1. 7 万人。广播师范大学、八一棉纺厂职工大学、广播电视大学三所职工大学，共有学员 2900 多人。全市有影剧院 11 座，图书馆 1 个，体育设施 5 处。有综合医院 2 座、精神病院 1 座，卫生队、门诊部 104 处，共有病床 2433 张。

1984 年石河子市已拥有绿地面积 578 公顷，占城市现状用地的 26.05%，绿化覆盖率达 30%，平均每人有公共绿地 6.3 平方米。树木品种已达 126 种，共 177 万余株，平均每人 14.7 株，有绿篱 19.6 公里，草皮近 4 万平方米，花坛 6 万余平方米，盆花 10 数万盆。1983 年，石河子市被国家绿化委员会评为全国绿化先进城市。

（三）石油新城——克拉玛依。

克拉玛依（维吾尔语，是黑油山的意思），位于准噶尔盆地边缘，距乌鲁木齐 400 公里。全市面积 10.7 平方公里，[①] 人口 16.7 万多人，有汉、维、哈等 30 多个民族，汉族占总人口的 77%。1955 年 6 月，一支由 8 个民族组成的 1219 青年钻井队从独山子来到克拉玛依，在这一无草、二无水，连鸟儿也不飞的地方，经过 100 多天的顽强奋战，于同年 10 月 29 日获得了工业性油流。到 1958 年，油田已初具规模，同年 5 月克拉玛依市成立。随着油田建设的发展，克拉玛依的城市面貌发生了显著变化。他们走城乡结合、工农结合的道路，已开垦农田 17700 亩，建立农场基地 43 个，更加有利于生产，方便了生活。1978 年以后，这座石油新城越发显示了青春的活力。1979 年至 1983 年短短五年的时间，就建成了职工住宅等 139 万平方米，已有 2.6 万多户职工从简陋的平房搬进了新居，按小区规划建设的座座楼房鳞次栉比，电视塔、矿史陈列馆、石油勘探开发研究院等公共建筑巍然屹立。到 1984 年年底，克拉玛依市实有房屋建筑面积 261 万平方米，其中住宅 83 万平方米；城市主要街道 80 多条，总长度 150 多公里；城市自来水厂两座，生产能力 8.2 万吨/日，供水管道总长度 328 公里；城市下水道 36 公里，污水处理厂一座，日处理能力 2 万吨；有公共汽车营运线长度 114 公里，年运客总数 176 万人次；液化气用气人口 13.7 万人。昔日连鸟儿也不飞的荒凉戈壁，已拥有城市园林绿地面积 30 公顷，其中公共绿地 2.6 公顷。

（四）古“丝绸之路”要地——喀什市。

喀什市位于南疆准噶尔绿洲的中心，是闻名中外的“丝绸之路”的必经

① 其中包括距克拉玛依 150 公里的飞地——独山子区的面积在内。

之路，具有一千多年的历史。喀什是维吾尔族人民政治、经济、文化活动的中心，是边境地区历史古迹和地方民族建筑精华比较集中的地方。解放前仅有 3 万多人口，市区道路狭窄，住房破旧不堪。1953 年批准设市以来，经过各族人民共同团结奋斗，用智慧和双手把这座千年古城装点得分外美丽。1984 年市区面积已达 9 平方公里，比解放前扩大 3 倍多，市区总人口为 18.7 万人，其中城市人口 13.9 万人。该市已有纺织、水泥、陶瓷、毛毡、皮革、地毯、农机、肥皂等 10 多个中小型工厂，新建、扩建了 20 多所大、中专院校及普通中、小学，增修了影剧院、文化馆以及邮电大楼、宾馆、商店等各种建筑。1984 年年底全市实有房屋建筑面积 204 万平方米，其中住宅 85 万平方米。30 多年中，共新建道路 31 公里，其中高级、次高级道路 19 公里；城市桥梁 10 座，防洪堤 4 公里；自来水厂 1 个，生产能力为 0.9 万吨/日，另有各单位自备水源，能力为 13 万吨/日供水管线总长度 28 公里；城市下水管道 12 公里；公共汽车 32 辆，营运线路总长度 92 公里，年客运总数 424 万人次。全市共有园林绿地面积 229 公顷，其中公共绿地 158 公顷，平均每人占有公共绿地 5.3 平方米，市区绿化覆盖率为 23%。新建公园两处，总面积为 71 公顷。

（五）花园城市——伊宁市。

伊宁市位于伊犁河畔，伊犁河谷的中心，土地肥沃，物产丰富，气候宜人。1952 年设市，为伊犁哈萨克自治州政治、经济、文化的中心。城市总人口 22.9 万人，其中，城市人口 15.1 万人，市区面积 17 平方公里。解放后在伊宁市新建了电厂和毛纺、皮革、机械、食品等工业，并生产少数民族特需商品，成为伊犁自治州的工业中心和主要物资集散地。1954 年自治州成立后，即开始了伊宁市的规划建设。1984 年年底已有房屋建筑面积 312 万平方米，其中住宅 181 万平方米；自来水厂 2 座，生产能力为 2 万吨/日，供水管线总长度 88 公里，城市下水管道 18 公里；城市道路总长度 56 公里，其中高级、次高级道路 27 公里；永久性桥梁 2 座；公共汽车 27 辆，营运线路总长度 139 公里，年客运总数 328 万人次。园林绿地面积 492 公顷，其中公共绿地面积 92 公顷，市区绿化覆盖率为 31%，居新疆城市之冠；每一居民平均占有公共绿地 6.1 平方米，仅次于石河子市。伊宁市区马路两旁渠水潺潺绿树成荫，果树成片，环境十分优美，被誉为“花园城市”。

（六）瓜果之乡——库尔勒市。

库尔勒市位于天山南麓，塔里木盆地边缘，孔雀河流贯全市，两岸形成肥沃的绿洲。库尔勒市是巴音郭楞蒙古族自治州所在地，又是横贯天山的钢铁大动脉——南疆铁路吐库段的终点站。1984 年城市总人口 20.7 万人，其中城市人口 11.8 万人；市区面积 27 平方公里。库尔勒市成立于 1979 年，1984 年拥有房屋建筑面积 221 万平方米，其中住宅 93 万平方米；城市道路总长度 72 公里，其中高级、次高级道路 20 公里；城市下水管道 8 公里；永久性桥梁 5 座；防洪堤 3.5 公里，园林绿化面积 242 公顷，市区绿化覆盖率 7.6%。

库尔勒市已有电力、纺织、煤炭等工业；农业主要有小麦、玉米、棉花和梨、杏、桃等水果。库尔勒香梨肉细汁多，脆甜可口，享有盛名。库尔勒素有“瓜果之乡”的美称。

三、新疆生产建设兵团的贡献

新疆生产建设兵团成立于 1954 年 12 月 15 日。30 多年来，这支部队认真执行中国共产党的民族政策，团结各族人民，在开发建设新疆的伟大事业中做出了巨大贡献。

1949 年冬新疆和平解放以后，进疆人民解放军遵照毛泽东主席关于部队进行生产，实行“屯垦戍边”的指示，一面剿匪、平叛，一面屯垦生产。自 1950 年春起，有 11 万指战员在天山南北，按师、团布点，就地驻防，就地屯垦，掀起了轰轰烈烈的大生产运动。在王震司令员的倡导下，广大指战员缩减开支，节衣缩食，投资修建了一批水利工程和骨干企业，奠定了新疆现代化的工业基础。

1954 年中共中央军委命令，以屯垦戍边部队为基础，成立新疆生产建设兵团。兵团成立后，继承和发扬了进疆部队的优良传统，在新疆这片辽阔疆域上，艰苦创业，辛勤开拓，获得了巨大的发展。到 1983 年止，生产建设兵团已拥有 92 万职工，225 万人口。有农业建设师 10 个、工程建设师 1 个、农场管理局 3 个。共开垦耕地 1395 万亩，建成农、林、牧、渔场 179 个。累计生产粮食 350 余亿斤，棉花 1200 多万担。1983 年粮食总产达 20. 8 亿斤，占自治区总产量的四分之一。棉花总产 152 万担，约为自治区总产的 1/2；甜菜总产达 5. 8 亿斤，为自治区总产的 2/3；农业总产值达到 10. 68 亿元。占自治区农业总产值的 26%；工业总产值为 12. 11 亿元，为自治区工业总产值的 22%。兵团成立以来，先后建成石河子、奎屯、阿拉尔、五家渠、北屯 5 个新型农垦城市，兴建工业企业 729 个，已经成为农、林、牧、副、渔全面经营，农、工、商、学、兵五位一体，产、供、销一条龙的社会主义新型联合企业。

新疆生产建设兵团重视各项基本建设工作，在人力、物力和财力上都给予优先保证。到 1984 年止，基本建设投资累计达到 50. 83 亿元，其中农业投资占 60%。兵团是以农业为基础而发展起来的。在农业基本建设中，紧紧抓住了开荒造田和农田水利建设两个主要方面。以建设现代化、正规化的国营农场为主要目标。1984 年，在这 170 多个农牧林渔场、1400 万亩耕地面积上，基本上做到了条田规整，林带成网，渠道纵横，道路畅通。

兵团从 50 年代初期起就集中财力、物力和人力进行水利建设。到 1984 年，水利建设的总投资已达 11. 4 亿元，长年投入水利建设的劳动力达 5 万人以上；先后建成水利灌溉系统 120 余处，形成较完整的灌溉区 80 多个，控制灌溉面积 3000 万亩，灌溉能力 1800 余万亩；建成干、支、斗、农各级固定渠道 4. 5 万余条，总长度达 5. 4 万多公里，占自治区渠道总长度的 1/4；建成河道引水枢纽 94 处，各种水工建筑物 3. 3 万多座，渠系引水能力达 2900 秒立方米，年引蓄水量达 88 亿立方米；建成大小水库 88 座，年总蓄水量为 25. 5 亿立方米，为自治区水库蓄水量的 47%；建成各种类型的机、电井和自流的灌溉井 6000 余眼，出水量为 8 亿立方米，调节灌溉面积 160 万亩；建成水电站 107 座，装机容量为 11. 8 万千瓦，年发电量达 2. 5 亿度。同时，还利用水库和湖泊水面发展养殖业，年产鱼量达 3000 多吨，占全区产鱼量的 40% 左右。通过农田和水利的建设，较有效地改造了自然环境，建立了新的良好的生态系统。

兵团在进行农田和水利建设中，注意对河流流域进行综合开发，做到全流域统一规划、综合治理、军（兵团）民两利、共同发展。如玛纳斯河流域，经过多年的开发，6 条主要河流、30 多亿立方米水量，基本上得到了全面的控制和治理。全流域灌溉面积由解放初期的 30 多万亩，发展到 1984 年的 500 多万亩，其中兵团各垦区发展到 300 多万亩，地方发展到 100 多万亩。不仅发展了农业、牧业、林业、渔业，还发展了工业。不仅建成了新型农场、新农村，还建成了联结城乡的新型城市。这个流域已成为新疆比较先进的农、牧、工业区。

兵团建设的另一个重要内容是林业建设。新疆沙漠、戈壁和山地的面积占 84%，自然林地面积仅占 1% 左右，草原覆被率很小，自然生态环境非常脆弱。兵团在早期农业生产建设中，就提出了“一边开荒，一边种树”。通过农田和水利的建设，已建成 40 多片新灌溉农业绿洲。在农场的条田、渠道、道路以及住宅四周，种植防风林、经济林、用柴林、果林以及“三北林”、边境林等，共计 106 万亩。共有林木 3 亿多株，对改变农区气候，防风固沙，改良土壤，美化环境和提供建筑用材，都起了重要的作用。

生产建设兵团在基本建设事业的发展过程中，专业技术队伍不断得到壮大，技术水平不断提高，技术装备也有很大改善。1984 年，全兵团已拥有基本建设承包施工企业 33 个，施工力量达 13 万人，不仅能完成兵团自身的各项基建任务，还能承担地方大量的筑路、城建、油田、矿山和战备工程等基建项目的施工。

兵团在长期建设过程中，还对地方的建设给予了积极的支援，主要是帮助地方进行“好条田、好渠道、好道路、好林带、好居民点”的五好新农村建设。据不完全统计，到 1984 年止兵团帮助地方勘测规划土地 1000 多万亩，建设各级灌溉渠道 2700 多公里。地方对兵团也给予了很大支持。相互支援，共同发展，不仅密切了兵团和地方的关系，加强了民族团结，而且有效地促进了新疆经济建设的发展。

第三节　广西壮族自治区的建设

广西壮族自治区南临北部湾，东邻广东，西靠云南、贵州，东北与湖南为界，西南与越南接壤。有陆地国境线637公里，海岸线1595公里，是中国的南大门。全区土地面积23.6万平方公里，人口3873万人①。有壮、汉、苗、瑶、侗、回、仫佬、毛南、仡佬、水、彝、京12个民族。其中壮族人口1316万人，占全区总人口的34%，是中国少数民族人口最多的民族。广西是全国唯一临海的少数民族自治区，是中国南部沿海与西南腹地的结合部和交通要道。

广西气候温和，阳光充足，雨量充沛。土地占全国总面积的2.5%，是中国为数不多的几个拥有南亚热带地区的省、自治区之一，特别适宜亚热带各种作物生长，是中国水稻的主要产区之一。经济作物主要有甘蔗、黄红麻、苎麻、烤烟等，甘蔗种植在中国占有重要地位，仅次于广东，居第二位。水果品种繁多，森林资源也比较丰富，桂北龙胜保存有名贵稀有的银杉，是世界上其他地区早已绝迹的“活化石”。经济林主要有油茶、油桐、八角、玉桂等。全区除现有耕地面积3845万亩、森林面积8266万亩外，尚有可垦宜农荒地800万亩、宜林宜牧山地1亿亩。

水力资源丰富。全区集雨面积在50平方公里以上的河流共有937条，可装机1750万千瓦，年发电量可达840亿度。而且水能大部分集中于西江水系的干流红水河，年均来水量1300亿立方米，为黄河的2.8倍，落差大，规划建设的10个梯级电站，可装机1200多万千瓦，年发电量600亿度。

地下矿藏种类繁多，有色金属尤为丰富。已发现的各种矿产有96种之多，其中已探明储量的有82种，保有储量在全国名列前10名的有47种，居于全国首位的有锡和锰。锡矿大部分集中于南丹大厂一带，又和铅、锌矿共生，品位都很高，开一个矿同时可获得多种有色金属。锰矿质量好，且70%储量集中在大新下雷锰矿，可进行大规模开采。平果铝土矿储量丰富，铝硅

① 1985年年底的人口数。

比高、埋藏浅、可露天开采，已探明的地质储量可满足建设 100 万吨氧化铝、50 万吨电解铝的大型铝基地的需要。石灰石已探明储量 22 万吨，遍布全区 78 个县、市，可大量开采。此外，锑、钨、锌、铅、银、钛、滑石、重晶石、白云石、石英砂、膨润土、花岗岩、大理石等储量也很大。北部湾的海底石油，蕴藏量丰富；陆地石油已开始普查勘探。

解放前，[①] 在历代封建王朝和国民党政府的统治下，这里的丰富资源得不到很好的开发和利用。各族人民受尽了地主恶霸的盘剥，军阀混战和帝国主义侵略压迫之苦，广西的社会经济和科学文化一直处于十分落后的状态。1949 年解放前夕，到处呈现出衰败的景象。解放后，在中国共产党领导下，广西各族人民在迅速医治好战争的创伤，进行土地改革和民主改革以后，开始了“一五”计划的建设，广西的国民经济获得了较快的发展。1958 年广西壮族自治区成立。在国家大力支持下，基本建设规模逐步扩大，开展了前所未有的农田水利基本建设和以能源、交通、机械加工、钢铁、有色金属、水泥、制糖等为重点的工业交通建设，随后又抓了以农机、化肥为主的支农工业建设。截至 1985 年年底，全区 36 年累计完成全民所有制基本建设投资 183.6 亿元，形成固定资产 125.6 亿元，新建、扩建、改建全民所有制厂矿 3500 多个、集体厂矿 5800 多个，新建铁路 1400 多公里、公路 3 万多公里，扩大农田灌溉面积 1800 多万亩。1985 年，全区工农业总产值已由 1950 年 12.6 亿元（1952 年不变价）增加到 213.9 亿元（1980 年不变价），其中工业总产值由 2.2 亿元增加到 123.9 亿元，农业总产值由 10.4 亿元增加到 90 亿元。初步改变了自治区的国民经济面貌。但在这 36 年里，国家在广西重点建设的项目很少，加上建设中的失误造成的损失和浪费，广西的经济发展缓慢，低于全国平均速度。

一、以水利建设为重点的农业基本建设

广西地处亚热带季风区，江河纵横，雨量充沛，水利资源丰富。但由于

---

① 广西全境在中华人民共和国成立后解放。省会南宁市于 1949 年 10 月下旬解放。

山多平原少，气候多变，旱涝灾害频繁。1949 年解放前夕，全区有水利灌溉设施的耕地面积仅占耕地总面积的 11.5%，所谓水利设施都是一些抗灾能力很低的小型山塘、陂坝、竹木水车等，农业生产主要“靠天吃饭”。新中国成立后，广西各级人民政府立即把兴修水利、战胜旱涝灾害作为农业基本建设的重点，并大力开展了植树造林、涵蓄水源的群众活动。36 年中，全区用于农林水利部门的基建投资共 32.39 亿元，占同期全区总投资的 17.6%。其中水利基建投资 19.14 亿元（包括用于基本建设的小型农田水利事业费、群众投工折价等，则水利基建投资总额为 49 亿元）。

（一）水利建设。

1. 水库和堤防的建设。广西山多，雨量集中，山洪暴发，一雨成灾；岩溶发育，气温高，蒸发快，三天无雨便旱。江河两岸和近海之地是自治区的平原沃土，洪涝灾害严重。为此，加快水库和江、海堤防建设成为水利建设中的重点。从 50 年代开始，陆续修建了大量水库，综合利用于灌溉和发电，到 1985 年，库容在 1000 万立方米以上的就有 173 座，控制集雨面积约 16 万平方公里，总库容 151 亿立方米。同时，在部分江河两岸的低洼易涝地区修筑堤防 1400 多公里，在北部湾畔筑起了海堤 900 多公里，保护农田 200 万亩，治理了易洪涝面积 460 多万亩。

库容达 3600 万立方米的金田水库，1957 年年初开工，同年 9 月大坝和灌区基本建成。当年发挥灌溉效益 11 万亩，达到设计能力的 85%，仅花投资 250 万元。这是广西“一五”计划时期投资效益较好的工程之一。“二五”计划时期是自治区水利建设的高潮时期。库容 3.9 亿立方米、引水隧道 4 公里、灌溉 45 万亩土地的达开水库，库容 9.9 亿立方米、灌溉 97 万亩的合浦水库，库容 5.6 亿立方米、灌溉 44 万亩的青狮潭水库等一批大型水库，都是 1958 年先后开始动工兴建的。但在“大跃进”中，水库建设急于求成，边设计边施工，甚至没有设计也施工，以致遗留下来不少“半拉子工程”和危坝险库。以后经过重新逐项勘测设计和施工，直到 1980 年左右，这一批大型水库才先后建成投产发挥作用，达到或基本达到了设计效益。

2. 引水与机电提灌相结合的水利工程建设。1963 年，广西发生了特大旱灾，许多中小河流断流，主要河流水位严重下降，不少水库干枯，全区受灾面积达2300多万亩。由这年开始，自治区成立了机电排灌办公室，抽调大批人员进行调查研究，提出了把河水用电力或柴油等抽水机械提上来的灌溉规划，并组织机械、化工等部门生产机电排灌设备、橡胶管带。经过20多年的努力，到1985年已建成大小机电排灌站4.6万座，设备容量达59万多千瓦。西津灌区是利用西津水电站提供的廉价电力，从1963年起，在国家支持下兴建的。原设计装机13.3万千瓦，灌溉南宁、邕宁、横县、贵县、来宾等10多个县、市的农田256万亩。到1985年止已装机12万千瓦，投资1.2亿元，配套灌溉了110万亩。同时，还发展了一批喷淋灌溉设备、容量1.68万千瓦。在能搞引水自流灌溉的地区抓紧建设引水工程。到1985年，已建成大小工程15万处，正常引水流量达1100多秒立方米。历史悠久的古运河——灵渠，经过修复改造，可自流灌溉农田2.4万亩。

3. 石山区人畜饮水工程的建设。广西约有30%的农业人口居住在石山区，人畜饮水困难。从1955年起，根据不同地点、条件，坚持打井、开泉、筑水柜。到1985年年底，已先后建成了各种饮水工程近3万处，解决了458万人、217万头牲畜的饮水。

4. 改造低产田，建设旱涝保收稳产高产商品粮和甘蔗基地。70年代后期，在继续坚持兴修水利扩大灌溉面积的同时，自治区农田水利基本建设重点转向旱涝保收稳产高产商品粮基地和机榨糖厂甘蔗基地的建设。自治区政府把50%的水利投资用于建设商品粮和甘蔗基地。到1985年全区的灌溉面积和旱涝保收稳产高产面积分别达到了2258万亩和1833万亩，并初步治理了水土流失面积1365万亩，改造了渍害低产田322万亩。按播种面积计算，粮食亩产由1950年的170斤提高到1985年的432斤，总产由80.9亿斤提高到223.4亿斤。甘蔗亩产、总产也由1950年的1.31吨和43.5万吨提高到2.96吨和982.9万吨。

（二）向荒山进军，大力开展植树造林。

广西“八山一水一分田”，植树造林大有潜力。解放后，自治区造林以集体、群众为主，国营林场主要起示范作用。36年中，全区国营林场已发展到

153 个，总经营面积近 1800 万亩。其中有林面积 1100 多万亩，每年营造新林 15 万亩。森林蓄积量已达 3500 多万立方米，占全区森林蓄积量的 16%，成为广西木材生产的后备资源，每年已能生产木材 50 万立方米，其中规格材 25 万立方米。高峰、七坡、六万、三门江等 4 个经营面积在 20 万—60 万亩的大型林场，经过长期种植、管护，大多数林木已进入主伐期。林区道路建设较好，为木材生产准备了必要的条件。全区国营林场建设采取调查设计、良种良法、集约经营，从而造林保存率高，林木生长快，林相整齐，集中连片，并且大部分林场已从单纯营林阶段，走向了采育结合、综合利用阶段。到 1984 年，已有 37 个林场能够依靠自己的收入巩固和发展自己。集体和群众植树造林也取得很大成绩，每年造林 200 万—300 万亩。全区森林覆盖率已达到 23.3%。由于大力开展植树造林，全区森林蓄积量增加到了 1.9 亿立方米，涵养了大量水源，改善了生态环境，增加了群众的收入。从 1952 年起，还发展了橡胶种植。但由于寒害严重，到 1985 年只保留了防城、北流 2 个县适宜种植的 17 万亩、245 万株，年产干胶 3000 多吨。其余农场已转入生产茶叶、水果等。

随着林业发展，结合区内集体林区多、国有林少的特点，从 1953 年起，全区从上到下逐步建立和健全了森工管理机构。经过 30 多年的建设，到 1985 年累计投资 3.45 亿元，建立了木材采购、运输、基建、勘察设计、林机修造、木材加工、松香、烤胶等各类企业 155 个，形成了一个初具规模的森林工业体系。为了有计划地开发集体林区木材，从 50 年代起到 1985 年，逐步修建了林区运材公路 7000 多公里，铁路专用线 12.5 公里，架设了一批空中索道，疏通了若干江河障碍，购置了大批木材采伐、运输设备，形成了能每年承担 200 万立方米以上的木材采运综合生产能力。同时，还进行了木材加工和林化产品项目的建设。先后在柳州、南宁、桂林、梧州市等地建成了年产锯材生产能力 14 万立方米、纤维板、胶合板、刨花板生产能力 3.05 万立方米，在百色、宜山、武鸣建成年产栲胶生产能力 9000 吨，在梧州、桂林、玉林市等地建成年产松香生产能力 12.5 万吨。梧州松香厂是自治区最大的松香厂，1952 年引进国外先进设备，年产松香 2 万吨。建成投产后，经过逐步改造、扩建，到 1985 年已形成年产松香 5 万吨的生产能力。

二、以农机、化肥为主的支农工业建设

解放前，广西机械工业十分薄弱，化肥工业是空白。解放后，这两个部门的建设起步都比较晚。1958 年开始建设南宁冶金矿山机械厂、柳州动力机械厂（后改名为柳州拖拉机厂）、桂林电表厂、柳州工程机械厂、南宁电线厂等 10 多个规模较大的机械制造项目。但是这些项目都是“大跃进”中一哄而上的，在调整中，大部分项目被停建、缓建或缩小建设规模，均未形成批量生产能力。直到 1969 年，根据中共中央提出的 1980 年基本实现农业机械化的要求，广西加强了以农业机械化为中心的机械工业的建设。开始了以柳州拖拉机厂、南宁手扶拖拉机厂为重点，连同为这两个厂配套的 100 多个协作厂的建设。使广西的机械工业进入了一个新的建设时期。从 1969 年到 1980 年，累计完成基建投资 3.7 亿元，等于前 19 年完成的投资的 2.4 倍，占机械工业 36 年累计完成基建投资 6.13 亿元的 60%。新增生产能力为 37 型拖拉机 5000 台，手扶拖拉机 2.5 万台，以及为拖拉机配套的小型柴油机 5 万台、60 万马力；齿轮 150 万件，轴承 200 万套，钢圈 10 万件；拖拉机电机 4.4 万台；以及一批拖拉机易损件、各种犁耙拖卡等的生产能力。到 1985 年年底，全区拥有农机总动力已达 643 万多马力，仅耕作机械就有大、中、小拖拉机 15.2 万台。1985 年全区农业生产中机械作业量约占总作业量 30%；机耕面积达 700 万亩（最高年为 1300 万亩），占耕地面积的 18.2%；机械脱粒面积 2100 多万亩，占水稻面积的 70.9%，600 多万户农民的口粮和牲畜饲料加工已初步实现了机械化。在农机工业的建设过程中，曾盲目把柳州拖拉机厂的生产能力扩建到年产 1 万台，把南宁手扶拖拉机厂等的生产能力扩建到年产 4 万台。结果，由于脱离实际，最后被迫停止扩建，浪费了不少投资。1960 年建成广西第一套产 800 吨小合成氨厂（只产氨水）和第一个年产 1 万吨的小磷肥厂，结束了广西不产化肥的历史。1964 年 8 月，国家投资动工兴建年产合成氨 4.5 万吨、硝铵 7.5 万吨的柳州化肥厂。1965 年利用当时西津水电站多余的电力，开工建设了柳城磷肥厂，年产黄磷 1.5 万吨、重钙 5 万吨、磷酸 3.5 万吨、五钠 1 万吨。同时，自治区利用地方投资又组织了 5 套年产 3000—

5000 吨合成氨的小化肥厂的建设，使广西化肥工业建设进入了一个中、小型相结合的发展时期。70 年代，由于农业的发展，化肥需要量日益增加，除重点建设河池氮肥厂（年产合成氨 6 万吨、尿素 11 万吨）和扩建柳州化肥厂（合成氨由 4.5 万吨扩到 8 万吨，硝铵由 7.5 万吨扩到 12.5 万吨，1982 年投产后又决定改建转产尿素）外，前后又安排新建、扩建了 78 个小氮肥厂的建设，并重点改建、扩建鹿寨、贵县、北海磷肥厂，使广西化肥工业建设进入了一个大发展时期。截至 1985 年年底，全区化肥工业共完成基建投资 7.88 亿元，形成了年产合成氨 47.1 万吨和年产化肥 48.2 万吨（按含氮或磷 100% 折算）的生产能力。1960 年至 1985 年，累计生产了农用标准化肥（实物量）1852 万吨，占同期全区化肥使用总量的 2/3，对发展广西的农业生产起了积极的作用。

三、加强以水电为主的能源工业建设

广西煤炭资源不足，石油资源尚处于勘探阶段。但水力资源丰富，因此发展能源工业以建设水电为主。但旧中国留下的能源工业基础十分薄弱。1949 年，全区发电总装机容量只有 9750 千瓦，其中水电 108 千瓦，年发量 2702 万度，煤炭产量不足 5 万吨。到 1985 年止，36 年来，全区用于能源工业的基建投资共 33.14 亿元，占全区总投资 18.1%，其中电力工业 22.99 亿元。在电力工业投资中，水电投资占 14.25 亿元。

（一）加快以水电为主的电力工业建设，为各部门提供更多的电源。

水电部和中共广西党委、广西人民政府对开发广西的水力资源历来比较重视，从 1951 年开始，就先后多次组织力量对红水河、黔江等进行查勘、规划。1958 年 10 月，动工兴建广西第一座大型水电站——郁江上的西津水电站，装机容量 23.44 万千瓦。第一台机组于 1964 年 5 月 27 日投产发电，二、三、四号机组分别于 1966 年、1975 年、1979 年安装投产。总投资 1.98 亿元，竣工决算为 1.83 亿元。它的建成为广西 60 年代后期和 70 年代的工农业生产发展提供了重要的电源。与此同时，从 60 年代起，还陆续兴建了龟石、澄碧河、青狮潭、洛东、拉浪、麻石、合面狮等一批中小型水电站，以及一大批

星罗棋布的小水电工程。装机 6.8 万千瓦的合面狮水电站，是梧州地区在 1970 年至 1977 年依靠自己的力量，组织设计、施工建成投产的中型水电站，当时在全国尚不多见。装机 4 万千瓦的洛东水电站，是龙江梯级开发项目，从 1970 年 1 月开工，到 1971 年 4 月竣工，工期不足两年，投资比批准概算节约 500 万元。但由于受到“文化大革命”极“左”错误的影响和干扰，有少数电站前期工作不充分，仓促上马，造成不良后果。如下桥水电站，未经必要的勘测设计，就确定坝址，仓促上马，以后由于坝址地质条件复杂，最后被迫放弃高坝建设方案，由原设计的 12 万千瓦，改建为仅装机 0.88 万千瓦，经济上蒙受了 1700 多万元的损失。

红水河是中国水力资源的“富矿”之一，开发条件十分优越。为从根本上解决广西电力不足的问题，1973 年自治区政府就组织了红水河梯级开发规划工作。1975 年 10 月，一期工程设计装机容量为 40 万千瓦的大化水电站动工建设，第一台机组于 1983 年 12 月安装投产，第二、三、四台机组也分别在 1984 年、1985 年投产发电。利用红水河上闸坝改建、装机 6 万千瓦的恶滩水电站工程也于 1977 年动工，1981 年建成投产发电。1978 年，自治区政府再次研究红水河综合利用规划，并于 1980 年提出了规划报告。1981 年 11 月，国务院做出了《关于红水河综合利用规划审查会议报告的批复》，指出：“开发红水河的丰富水力资源，是解决华南地区能源问题的一项战略措施。”按照红水河梯级开发规划共需建设 10 个电站，除大化、恶滩一期工程已建成发电外，天生桥二级（一期 88 万千瓦、最终 132 万千瓦）、岩滩（110 万千瓦）水电站已列为国家合理工期建设的重点项目，先后于 1979 年和 1984 年开始施工。龙滩（500 万千瓦）和天生桥一级（120 万千瓦）水电站已通过可行性研究报告。大藤峡水电站（120 万千瓦）正在进行初步设计。天生桥二级电站在建设中引进了外国先进技术设备，利用日本的投资建设 50 万伏超高压输电线路；岩滩水电站在国内公开招标，实行投资包干，并利用世界银行贷款，加快了建设速度。

作为对枯水期电站的补偿，广西的火电站建设也有了相应的发展。恢复时期建设了一批小型火电机组。从 1958 年开始，在桂林、南宁、柳州等地建设了一批中型火电机组。1966年至1985年，火电建设开始从负荷中心向煤矿的坑口电站转移；在合山煤矿坑口建设了广西第一座大型火电厂——合山电厂（装机52.5万千瓦、已投产42.5万千瓦）；在新洲煤矿坑口建设田东电厂（装机7.4万千瓦，已投产4.9万千瓦）。为配合平果铝基地兴建，来宾火电厂（第一期装机25万千瓦，最终规模100万千瓦）已列入国家“七五”计划，并在1986年开工建设。

截至1985年年底，广西发电装机总容量已达247.3万千瓦，其中水电169.45万千瓦，占68.5%。1985年发电量81.82亿度，其中水电59.46亿度。

（二）煤矿建设。

解放前，广西只有合山、西湾两个小煤矿，而且资源不清。解放后，进行了大量的煤田地质勘探工作，到1985年年底止，已探明储量23.9亿吨，（保有储量22.5亿吨）。广西煤矿建设规模是随着工农业生产发展需要和地质勘探开展情况逐步扩大的。首先是把原合山煤矿、西湾煤矿逐步加以扩建、改造。1985年合山煤矿已成为自治区最大的动力煤供应基地，从手工采煤的小煤窑改造成拥有7对机械化采煤矿井、年采煤能力171万吨的中型煤矿。其次，陆续新建了东罗、东笋、公娄、那龙、稔子坪、屯里、四塘等煤矿。70年代以后，为了适应化肥、水泥等工业迅速发展的需要，新建了红茂、罗城两个无烟煤煤矿。到1985年年底，全区已有年产万吨以上的煤矿25处，矿井57对，实际生产能力达788万吨，但因广西煤炭竞争能力差，核定的采煤生产能力仅为592万吨。

四、加快有色金属、水泥等原材料工业建设，为各部门作好原材料供应

（一）有色金属工业的建设。

广西有色金属工业从1950年到1985年36年累计完成基建投资8.27亿元，新建、扩建、改建了矿山、冶炼厂56个，形成了有色金属矿石年采选能力508万吨，年冶炼能力3.6万吨。1950年只有锡、锑、钨、金4种产品。到1985年已发展到75种。10种有色金属产量已达到4.73万吨，比1949年

增长29.5倍；其中锡产量6457吨，比1949年增长3.8倍。在生产建设、科研上积累了较丰富的经验，为进一步开发广西丰富的有色金属矿产资源打下了一定的基础。

大厂锡矿是国家重点建设的有色金属基地之一。从1955年开始进行大规模的地质勘探。经过十年努力，1965年提出了正式地质报告。报告证明该矿区不仅是一个大型锡矿，而且是一个和铅、锌、锑等多种有色金属和稀有金属伴生的大型矿床。该矿锡保有储量占全国储量的1/3，矿床中伴生有价值金属约1300万吨，其中铅、锌、锑占456万吨。1966年国家决定进行大规模开发建设，包括6000吨日采选矿山工程和年冶炼有色金属10万吨的来宾冶炼厂。第一期4000吨日采选工程，已于1979年基本建成。第二期2000吨日采选工程，尚在建设中。

平果铝厂是全国规划建设的三大铝生产基地之一，总规模为年产氧化铝100万吨，电解铝50万吨，铝材30万吨。其中第一期年产氧化铝30万吨、电解铝10万吨的项目建议书已经国家计委批准。

（二）钢铁工业的建设。

广西钢铁工业是从1958年开始建设的，到1985年，累计完成基建投资7.66亿元，新建了柳州钢铁厂以及八一、大新锰矿和辅助材料厂等钢铁企业50个。

柳州钢铁厂是广西钢铁工业的重点建设项目。1958年动工，1961年停产、缓建，1964年恢复建设。到1985年，累计完成基本建设投资3.83亿元，已初步形成从采、选、烧结到炼焦、炼铁、炼钢、开坯、轧制中小型材、线材、中薄板、无缝钢管、焊接钢管等的联合企业，能生产品种规格200多个。该厂建设初期，在盲目加快钢铁工业建设的影响下，矿产资源尚不落实，就过早地确定建设规模为50万—100万吨钢；建设中抓主机建设多，抓配套建设少；没有抓好矿山建设，就不断扩大轧钢、炼钢规模，形成了前小后大的“倒宝塔型”，加上生产管理水平低，以致连年亏损。到1979年扣除上交税金后，累计净亏1.45亿元。经过调整，从1980年开始由亏转盈，并已列入“七五”重点技术改造项目计划。

广西锰矿储量、产量在全国占有重要地位，担负着全国钢铁冶炼用锰矿供应任务的一半。发展锰矿对广西也十分有利，投资少，见效快、效益大。到1982年止，国家用于锰矿建设的投资约1.1亿元，同期实现利税2.9亿元，为国家投资的2.6倍。已建成投产10万吨以上的锰矿有八一、大新、平乐、荔浦4个矿和灵川锰铁厂等。大新锰矿储量占全区锰矿储量1/3多，“七五”计划期间，冶金部决定将该矿扩建为年产30万吨锰矿的生产能力。

（三）建材工业的建设。

广西建材的原料矿藏较多，特别是石灰石储量丰富，具有发展以水泥为主的建材工业优势。从1958年开始，由于农田水利建设和工业建设等投资规模成倍地增长，对水泥需要量急骤增加，靠国家调拨供应不上。因此，设计规模为年产3.2万吨水泥的北流、蒲庙等水泥厂于当年动工兴建，1959年建成投产。与此同时，国家投资重点建设的年产60万吨的柳州水泥厂也于1959年11月开工兴建，1964年9月建成投产，投资5800万元。“三五”“四五”计划期间建设重点放在小型水泥厂上，除自治区集中力量兴建的兴安、河池、八步3个年产8万吨机械化立窑水泥厂外，各地、市、县还兴建了一批年产3万吨以下的小水泥厂。1976年全区水泥产量由1966年的70万吨上升到171万吨。“六五”计划期间建成了年产50万吨的黎塘水泥厂。通过老厂改造和继续发展县办小水泥厂，到1985年，全区除少数没有石灰石的县、市外，都有了水泥厂。1985年全区水泥产量已达到416万吨。正在扩建的柳州水泥厂，以补偿贸易方式引进丹麦干法窑外分解工艺成套设备，年产水泥106万吨，总投资2.8亿元，已基本建成投产。

在重点建设水泥工业的同时，滑石矿、平板玻璃、石棉制品和其他地方建筑材料等也有了较大的发展。36年来，建材工业累计完成基建投资6.35亿元。1978年动工兴建年产120万标箱的南宁平板玻璃厂，1984年10月已建成投产，50年代兴建的黎塘工业瓷厂和70年代兴建的宜山玻璃钢厂，填补了自治区过去靠进口卫生陶瓷和玻璃纤维的空白。

五、铁路、公路、水运、航空、邮电建设

1950年到1985年，交通邮电的基建投资共21.16亿元，占全区总投资

11.52%，广西交通邮电事业有了迅速发展。

在铁路建设方面，首先恢复改造原湘桂线衡阳至来宾段，黔桂线柳州至贵州都匀段。接着新建了来宾至凭祥（403 公里）、黎塘至湛江（314.5 公里）、都匀至贵阳（140 公里）3 条湘桂线和黔桂线上的延长路段，使广西和西南地区各省和广东湛江沿海以及越南由铁路纽带连接在一起，促进了中国南部沿海与西南的经济往来，并加强了祖国边防。70 年代，广西动员 20 万民工，配合铁道部第二工程局，用 3 年多时间，把穿越崇山峻岭，隧、桥相接技术复杂的枝（城）柳（州）线广西境内 261 公里修通。南（宁）防（城）铁路是国家规划建设的昆（明）防（城）干线的组成部分，1985 年已铺轨到钦州市。在新建、改建的同时，还建成了柳黎复线。柳州枢纽为湘桂、黔桂和枝柳铁路的交汇点，已由一个三股道的中间站逐步扩建成一级三场共 32 股道的大型枢纽站。在国家补助投资、材料的基础上，自治区自力更生先后新建了渠黎至东罗煤矿、三岔至罗城煤矿、金城江至红茂煤矿，柳钢至屯秋铁矿等地方铁路 324 公里，并将解放前 1938 年修建的来宾至合山煤矿窄轨换成准轨铁路，促进了矿产资源的开发。

至 1985 年，自治区境内铁路通车里程已达 1907 公里，比 1950 年 572 公里增长 2.3 倍。但是，由于煤矿和钢铁厂的建设尚未达到原规划的规模。为“保钢夺煤”所修的矿区专用线，在相当一段时间内还达不到设计货运量的水平。

在公路建设方面，首先对运输繁忙的南宁到桂林、南宁至梧州、南宁至百色、南宁至北海等主要干线进行扩宽、改造。其次，从 1950 年 11 月开始，发动群众，仅用一年半时间，就将国民党政府叫了 22 年没动工的梧州至信都公路（70 公里）建成通车，1956—1960 年在当时“全党全民办交通”的号召下，大搞公路建设，四年出工 4000 多万个工日，挖填土石方 1 亿多立方米，新建公路 9638 公里，基本上实现了县县、社社通公路的要求。这对促进全区经济的发展，特别是对少数民族聚居的边远山区经济的发展起了积极的作用。但由于一哄而上，也造成了很大的浪费；工程质量差，相当一部分路无路面，晴天勉强可以通车，一遇雨天就要停驶，不能正常发挥效益。1964 年以后，国家拨了多批专款，新建了一部分国防和边境公路。桂林至靖西新建、改建公路近1000公里。这是周恩来总理亲自审定并指派基建工程兵配合广西修建的，投资5264万元。该路的建成，在支援越南人民抗美斗争中和山区开发中起了重要的作用。截止到1985年年底，全区公路通车里程已达3.3万公里，比从1906年至1949年43年的公路通车总里程增加了7.4倍。1985年年底四级以上的公路已达1.6万公里，占总通车里程的48.4%，有沥青路面的公路占6654公里，晴雨通车里程已从1950年占19.7%上升到94.4%。建成长200—786米的多种式样的公路桥梁17座，加上中、小桥梁，已达4924座，总长14.2万米，其中永久性的占98.7%。不仅实现了县县通汽车，而且95.4%的乡、镇和64.9%的行政村通了公路，客运班车也已延伸到广大乡村，逐渐形成了区内城乡公路运输网。

在水运建设方面，从1954年起对主要航道陆续进行了整治，共完成疏炸工程量230多万立方米，使水浅滩多、礁石棋布、航道狭窄的状况得到了改善。1985年全区内河通航航道40条，总里程4251公里，全年通航里程已占到89.3%。从南宁已可东到广州、香港；西到百色、龙州；从柳州北达融安，东到梧州。其次，新建、改建、扩建了贵县、梧州、南宁、柳州、百色等内河港口。贵县、梧州港年吞吐能力均已提高到250万吨，装卸机械化程度已分别达到55%和60%。在海运方面，新建了防城港；改扩建了北海港。北海港过去既无泊位又无装卸机械，经过30多年的扩建，老港区已拥有2000吨级泊位和1.5万吨级锚地，新港区在建的2个万吨泊位，1986年建成使用。防城港是中国沿海最西南端的现代新港，从1973年开始，经过10多年的建设，已初具规模。第一期工程的7个万吨以上泊位3个，已建成投产，其余4个泊位的主体工程已竣工，机械配套和港区铁路建设尚在进行中。1985年，北海、防城港到广州、湛江、香港的海轮已可日夜通航。新建、扩建了梧州、南宁造船厂，并在技术改造中，逐步扩大和提高了造船能力。

解放前，广西没有专用的民用机场，只有西南航空公司营运的广州经梧州、南宁到龙州的航线。解放后，民航事业蒸蒸日上。到1985年已建成以桂林为中心的15条航线，与北京、昆明、南昌、杭州、上海、广州、香港、贵阳、重庆、成都、西安等城市构成了一个航空运输网。除固定班机外，还有不定期的桂林到香港和桂林到日本福岗的旅游包机。60 年代新建的南宁、桂林机场经过改造，可起降波音 707、737、三叉戟等机型的客机。

在邮电建设方面，1985 年，广西邮路已达 18 万多公里，比解放前增加 6 倍，机动运输比 1950 年增长 22 倍。南宁邮政枢纽大楼已在 1985 年建成投产，采用电脑控制，对邮件总包的装、卸、分拣等实现了自动化流水作业，提高工效 5—6 倍，进入了全国先进行列。电讯已初步建立以南宁为中心的明线、微波和短波组成的长途电话网，连结广大城乡。

六、发挥亚热带优势，加强以制糖为重点的轻工业建设

广西盛产甘蔗、黄红麻、苎麻、各种亚热带水果、马尾松、桉树、芒杆、龙须草以及各种野生动植物，给轻纺工业发展提供了优越的条件。新中国成立以后，广西抓紧了以制糖为重点的轻纺工业的建设。从 1950 年到 1985 年，累计完成基建投资 13.97 亿元（另技改投资 7.24 亿元），占全区总投资 7.6%，建立了比较齐全的行业。1985 年轻纺工业总产值由 1950 年的 2 亿元增加到 71.73 亿元。

广西的制糖工业已有 200 多年的历史，但 1949 年，只有梧州有一个日榨蔗 30 吨的小机糖厂，其余全靠畜力拉的石、木土榨和土法制糖。解放后，国家对发展广西制糖工业十分重视，从“一五”计划开始，就安排投资建设了日榨蔗 1500 吨的大型现代化糖厂——贵县糖厂以及明阳等 3 个日处理蔗 250 吨的小型机榨糖厂。贵县糖厂 1954 年 8 月动工，1956 年 2 月建成投产，成为广西制糖工业的基地。同时，这个厂经过多次技术改造和扩建后，已形成日榨蔗 5000 吨、年产酒精 3240 吨、利用甘蔗渣造纸 1.34 万吨、碱回收 2160 吨、水泥 1.5 万吨、轻质碳酸钙 3000 吨及 TF 减水剂、煤渣砖等综合生产能力，成为工业总产值超过 1 亿元的大型企业。1985 年至 1986 年榨季共处理甘蔗 71 万吨，产糖 8.44 万吨，实现利税 3388 万元，成为全国产糖量、实现利税最多的糖厂，被轻工业部评为 1985 年经济效益明显提高的企业。但广西制

糖工业的建设并不是一帆风顺的。1957 年开工的桂平糖厂（日榨蔗 2000 吨）以及 1958 年“大跃进”中陆续开工的南宁糖厂（日榨蔗 2000 吨）和 9 个日榨蔗 500 吨的糖厂，除个别建成投产外，其余大都由于建设安排上的失误，被迫停建、缓建。产糖量也因原料不足，由 1959 年 8.83 万吨下降到 1963 年的 1.76 万吨。1964 年农业形势好转，才陆续恢复了这些糖厂的建设并新安排 7 个日榨蔗 500 吨糖厂的建设。1965 年产糖量迅速上升到 10.53 万吨。1972 年，由于采取了以现有的糖厂为中心，专项安排蔗区水利建设投资，实行蔗区水利化，拿出部分旱涝保收田种甘蔗和发展秋植蔗等措施，甘蔗发展比较快。1973 年榨季，糖产量达 18.5 万吨，已居全国第二位，但由于“文化大革命”的影响，曾数年徘徊在 20 万吨左右。直到 1979 年以后，国家实行粮糖挂钩，农村推行家庭承包生产责任制等一系列措施，调动了广大农民的积极性，制糖业得到了迅速和稳步的发展。从 1979 年起先后新建了邕宁、浦庙等 20 多个糖厂。到 1985 年年底，全区已先后建成糖厂 89 个，日处理甘蔗的总能力达到 7.16 万吨，其中 2000 吨以上的 5 个，1000 吨以上的 19 个，500 吨以上的 54 个，小于 500 吨的 11 个。1985—1986 年榨季产糖 85 万吨，比上个榨季增加 25 万吨，创造了历史最高纪录。

在造纸工业建设方面，到 1985 年已建成大小纸厂 169 个，产纸 19 万吨，其中国营纸厂 45 个，产量 15 万吨。品种已发展到凸版纸、书写纸、电容器纸、云母纸、卷烟纸、防潮纸、打字纸、打字蜡纸、卫生纸等 38 个品种，基本形成了一个比较完整的制浆造纸工业体系。1975 年建成的日产 100 吨凸版纸的柳江纸厂，1985 年产纸 3.22 万吨，已成为全国造纸骨干企业之一。年产 10 万吨新闻纸及木浆的南宁造纸厂（第一期先建 6 万吨浆），年产 5 万吨纸袋纸及木浆的贺县造纸厂，都在筹建中。

在罐头食品工业建设方面，已建成以菠萝、荔枝、柑橙等亚热带水果为主要原料的各种罐头厂 48 个，1985 年产罐头 14.69 万吨。糖果、卷烟、酒、皮革、自行车、手表、五金、服装、家具、家用电器、日用化工品、塑料制品等轻工业的建设，也取得一定的成绩。

在纺织工业建设方面，1950 年只有 20 多家土织土染的小厂和作坊，到

1985 年，已建立了具有一定规模的，包括棉纺织、印染、麻纺织、化纤、针织、丝绸、毛纺、纺织器材、纺织机械等行业的现代纺织工业体系。

七、科教、文卫、体育设施和城市建设

30 多年中，广西的科教文卫和体育事业的建设发展较快，特别是中共十一届三中全会以后，国家对发展少数民族地区科教文卫和体育事业十分重视。除增拨了教育等建设补助投资外，自治区各级政府在财政还比较困难的情况下尽可能增拨了资金，兴建学校、医院、科研机构和各种文化设施。截至1985 年，累计完成基建投资 9. 31 亿元，其中 1979 年至 1985 年七年完成 5. 86 亿元，大大超过了前 29 年的投资总额。在学校建设方面，已建成和部分建成了广西大学、广西师范大学、广西医学院、广西农学院、广西民族学院、广西中医学院，以及桂林冶金地质学院、桂林电子工业学院等大专院校 22 所，在校学生达 3. 05 万人；中等专业学校 115 所，在校学生 5. 09 万人；普通中学 2556 所。在校学生 116. 3 万人；小学校 14875 所，在校学生 531. 5 万人，适龄儿童入学率已达 95. 2%，部分县市普及了小学教育。在医疗卫生建设方面，新建、扩建了医院 1346 所，医院病床从 1950 年的 2221 张增加到 1985 年的 5. 73 万张。在文化设施建设方面，已建成能拍故事片的广西电影制片厂，以及影剧院 10 个，电影院 446 个，图书、文化、博物馆 205 个。其中 1978 年新建成的广西民族博物馆，建筑面积达 1. 19 万平方米，1984 年建成的广西图书馆高达 10 层的阅览大楼 1. 05 万平方米，已先后对群众开放；8100 多平方米的书库尚在施工。在体育设施建设方面，已先后建成公共体育场、馆 194 个，其中 1966 年建成的广西体育馆是一座轻型结构并具有南方特点、采取自然通风、拥有近 6000 个座位的体育馆，随后还在其周围建设了游泳等练习馆。群众性的体育设施也由解放前的 200 个发展到 2. 65 万个。科研、新闻、出版、广播电视等设施也有很大的发展和加强。

36 年来，全区用于城市建设的基建投资累计达 4. 36 亿元，占全区总投资 2. 36%。城市面貌有了较大变化。

第四节　宁夏回族自治区的建设

宁夏回族自治区位于祖国西北腹地，总面积66400平方公里，约占全国总面积的0.69%。1984年年底全区总人口406.07万人，约占全国总人口的0.39%，其中回族131.91万人，占全区总人口的32.48%。

宁夏土地肥沃，资源充裕，物产丰富。黄河水量充沛，因此宁夏气候干而土壤不旱，地势高而气候不寒，素有“塞上江南”之称。被誉为红、黄、蓝、白、黑“五宝”的枸杞、甘草、贺兰石、滩羊皮、发菜是久负盛名的特产，也是传统的出口产品，品质优良，驰誉中外。

全区太阳总辐射值为122.6—148.9千卡/平方厘米、年，全区日照时数可达2180—3390小时，日照率为50%—80%，仅次于青藏高原同纬度地区，是全国光能资源最丰富地区之一。

宁夏人均土地25亩，为全国人均数的1.8倍；人均耕地3.4亩，为全国人均数的2.3倍；全区土地平均垦殖率仅达17%。宁夏南部山区草场辽阔，类型多样，但人口稀少，人均草场16亩，人均耕地5.6亩，为全国人少地多的区域之一。引黄灌区沿黄河两岸，沃野千里，旱涝无虞，盛产稻麦，土壤主要由黄河冲积与贺兰山洪积交错淤积发育而成。土层深厚，土质均一，具有一定肥力，持水性高，生产性能好，全区85%的水浇地集中于此，是宁夏土地资源之精华。

宁夏水利资源总量约350.79亿立方米，其中黄河干流过境年均水量317亿立方米，地面泾流天然地表水量约8.89亿立方米，地下水资源总量约24.9亿立方米。水资源分布极不平衡，且泾流多集中在6至9月的汛期。黄河水能资源在宁夏境内有200多万千瓦，除已建成青铜峡水利枢纽外，还有两个梯级有待开发。

全区有矿产资源近50种，各种不同类型矿产地300余处，已探明储量的有煤、石膏、石油等17种。宁夏煤质优良，品种齐全，全区含煤层分布面积达1.2万平方公里，1984年探明储量为305.3亿吨，远景预测储量1714亿吨，居全国第五位。汝箕沟无烟煤（出口称太西煤）是国内外少有的最佳无烟煤。石膏资源全区分布广泛，量多质佳，探明储量23.6亿吨，保有储量12.7亿吨，预测储量3000多亿吨，且矿体大部分裸露地表，采运十分方便。其他资源有石油、硅石、白云石、玻璃砂岩、化工用石灰岩、水泥用石灰岩、耐火粘土、水泥粘土等。

解放前，① 国民党和反动军阀统治下的宁夏，经济十分落后。解放后，经过三年的恢复和“一五”计划前后八年的建设，宁夏国民经济和社会各项事业逐步发展起来。1958年宁夏回族自治区成立以后，开始了大规模的经济建设。国家对宁夏的建设十分重视和关怀，在财力、物力、人力和技术等方面都给予了大力扶持。经过35年的开发建设，宁夏国民经济和各项事业都有了很大发展。1950年到1984年，全民所有制单位基本建设累计总投资额达61.1亿元，新增固定资产39.36亿元，占投资总额的64.4%。1984年全区社会总产值41.08亿元，比1949年的1.3亿元增长了31.6倍。其中工农业总产值30.10亿元，比1949年增长了27.6倍，国民收入18.27亿元，比1949年增长了17.8倍。

35年中，全区工业基建投资36.14亿元，占总投资59%。新建大中型工矿企业31个。1984年，全区工业企业共拥有固定资产33.58亿元，人均水平比全国平均水平高71%。工业总产值18.6亿元，比1949年增长了148倍。已经建立具有一定规模的轻工、纺织、化学、电子、冶金、煤炭、电力、石油、机械、建工、建材等现代工业，初步形成了宁夏的工业体系。

35年中，农业部门基建投资11.36亿元，占总投资的18.5%，主要用于水利和林业建设，改善农业条件、增强抗灾能力，开展多种经营。1984年，农业总产值达11.5亿元，比1949年增长了8.5倍，粮食总产量达30.8亿斤，比1949年增长了3.8倍。

交通运输和邮电事业迅速发展，彻底改变了解放前交通运输全靠大牲畜和少量的木船、羊皮筏子以及“徒步通邮”的落后状况。新建铁路干、支线和专用线508公里，1984年铁路货运周转量50.87亿吨公里，客运周转量

① 宁夏回族自治区首府银川市1949年9月23日解放。

4.04亿人公里；乡乡可通公路，通车里程6983公里。邮电事业正向现代化方向发展，电话和邮路通到了乡镇。

一、以水利、林业为重点的农业建设

宁夏银川平原沃野千里，有黄河灌溉之利，为发展农业提供了得天独厚的自然条件。充分开发利用黄河水利资源和土地资源，搞好黄灌区的建设，是宁夏农业基本建设的重点。

（一）兴修水利，建设灌区。

宁夏平原引黄河水灌溉，已有2000多年的历史，是中国最古老的灌区之一。但解放前渠道年久失修，有灌无排，造成湖洼密布，盐碱遍地，加之风沙侵袭和河流冲刷，致使耕地减少，灌区面积由195万亩减少到130万亩。山区水土流失严重，干沟秃岭，十年九旱。解放后，宁夏各族人民恢复、改造了原有水利设施，新建了大型水利工程，在重点建设黄灌区的同时，积极开创山区引黄灌溉的条件，取得了重大成就。1984年已有水浇地490万亩，农业人口平均有水浇地1.6亩。引黄灌区成为全国商品粮基地之一。宁夏引黄灌区的水利建设主要抓了5个方面的工程。

第一，改造、扩整旧渠，开挖新渠，修建扬水站，扩大灌溉面积。旧渠扩整主要采取“截弯取顺”，先后对秦汉、唐徕、汉延、惠农、七星、美丽等大干渠进行了改建和扩建，使原有渠道的安全程度和输水能力大大提高。同时新开了由秦渠和唐徕渠分水的第一、第二农场渠，由美丽渠分水的北干渠、由七星渠分水的高支渠，以及由黄河引水的跃进渠、西干渠、东干渠等7条支干渠，总长427公里。在老灌区外围不能自流灌溉的地区兴建了同心、中卫南山台子、青铜峡甘城子、吴忠扁担沟和正在建设并部分投产的固海扬水工程等大小扬水灌溉泵站416处，装机23.7万千瓦。经过扩整旧渠，开挖新渠，修建扬水站，共扩大灌溉面积240万亩。

固海扬水工程是宁夏规模最大的引黄扬水工程。从中宁县泉眼山的黄河边提水，扬水路线跨经中宁、同心、海原、固原4个县区，渠道总长度251公里，全部工程共扬11级，有泵站18座，总扬程379米，总装机7.7万千瓦，扬水流量为20个秒立方米。1978年6月开工兴建，总投资1.72亿元。经过5年的建设，1983年8月1—4泵站及部分渠道建成扬水，开始灌溉受益。待有关配套工程全部完成后，黄灌区可以扩大40万亩水浇地，同时还可解决15万人口和29万头大牲畜的饮水问题。

第二，建立健全排水系统，排除湖泊积水，改善农田排水不畅状况。根据黄河灌区水位高、盐碱重的特点兴修水利，实行灌排并举，以排为主的方针，做到渠沟配套，能灌能排。共建成自流排水干沟32条，总长789公里，约等于干渠总长度的80%，加上密布的支、斗、毛沟，全灌区已形成较为完善的自流排水系统。并建立电力排水站171处，装机6400千瓦，排水机井4500眼。1984年已有各种排水设施的排水能力达568秒立方米，年排水量30亿立方米以上，控制排水面积630万亩。

第三，防治河洪和山洪，减免灾害。黄河在宁夏境内流程397公里，河道曲弯，水流急湍，经常危害两岸农田、村庄和交通。解放后，修筑护岸码头，导流筑坝，使用混凝土四面体稳定工程基础，收到了效果。修筑顺河防洪堤，防止洪水淹漫两岸农田，也颇见成效。经过多年的筑堤围岸，1984年防御洪水能力已达到黄河青铜峡流量6000秒立方米（即五十年一遇的标准），防洪堤内保护面积为61.2万多亩。

第四，新建黄河青铜峡水利枢纽工程。这是以灌溉为主，结合发电、防洪、防凌等综合利用的大型水利枢纽工程。1958年青铜峡水利枢纽工程上马，1960年拦河大坝胜利建成，质量达到设计要求。600米长的大坝，锁住了千古不驯的黄龙。大坝以上蓄水6亿立方米，可灌溉土地440万亩。它的建成结束了青铜峡灌区河东、河西各干渠无坝引水的历史，使从青铜峡至石嘴山约160公里长84公里宽的灌区，形成了一个比较完整的排灌系统。

第五，开展了大规模的农田基本建设。结合建设高产稳产基本农田，从60年代中期开始，按渠、沟、田、林、路统一布局，综合治理。70年代以来，进行了大规模治理，组织千村万户修建园田，初步实现了“园田化”和机耕条田化，不仅利于灌溉、排水和耕作，还扩大耕地面积15%左右。粮食产量稳步上升，1983年灌区总产22亿斤，较1970年翻了一番。出现了青铜峡县粮食总产过3亿，户均超万斤、人均千斤粮的突出典型。

山区的水利建设也有很大发展。宁夏南部山区大部地区降雨量仅200毫米左右，有些地方人、畜饮水都有困难。1949年以后，因地制宜，兴修水利。最初几年以打井、掏泉、截潜流、修塘坝等小型水利为主。农业合作化后，兴修较大的水利工程。根据山区春寒夏旱秋雨多的自然特点，以蓄水灌溉为主要方向。在大小河流上修建水库。经过20多年的艰苦努力，在清水河、泾河、苦水河等大小河流上修建水库194座，总库容量为8.6亿立方米，可灌地40万亩。自古以来靠天吃饭的固原三营川、西吉葫芦河川、隆德沙塘川、海原园子河流域、同心清水河两岸等，已建立了万亩灌区18个，现有水浇地60万亩，待固海扬水工程全部建成后，南部山区的浇灌面积将扩大到100万亩。同时，还解决了严重干旱地区27万人，6.3万头牲畜和45万只羊的饮水困难。

（二）镇锁“沙龙”，营造绿洲。

宁夏西濒贺兰山和浩瀚无际的腾格里沙漠，东邻鄂尔多斯台地和毛乌素沙漠，大部地区多有干旱、风沙和霜冻等自然灾害；尤其是靠近沙漠地带，常年风沙肆虐。1958年，国家把宁夏各县都列为风沙危害或水土流失的重点县，1980年又划为“三西”防护林体系的重要地段。自治区人民政府把种树种草、防风固沙、改善生态环境，作为宁夏农业基本建设的第一位任务，组织大批科技人员，进行综合考察，制定治理规划，并有计划有重点地开展林业建设。根据宁夏山川的地理位置、地貌特征和气候条件，全区林业规划建设为五个区域：（1）贺兰山水源涵养林区；（2）引黄灌区农田防护林区；（3）盐、同、香山干旱草原防护林区；（4）西海固黄土高原水保薪炭林区；（5）六盘山水源涵养林区。

本着“统一规划、全面治理，分期实施，重点建设”的原则，在普遍发展以上5个林业区划的同时，1980年到1984年，全区重点组织安排了7项规模较大的林业建设工程。

第一，引黄灌区西部防护林工程。从1982年开始，首先建设银西防护林，主要在贺兰山麓的洪积扇地带，这是引黄灌区西部防护林建设的第一期工程，总面积100万亩，计划营造林带20万亩。

第二，引黄灌区农田防护林工程。以农田基本建设为基础，进行沟、渠、林、田、路、村统一规划，综合治理，实行带、片、网结合，乔灌结合，多林种结合，防护和用材结合，规划种树1.6亿株，营造成片林70万亩，到1984年年底已种树9700万株，营造成片林60万亩，争取在1985年基本完成。

第三，黄河新灌区防护林工程。包括中卫南山台子和战场滩，同心河西灌区，固海扬水灌区，规划开发100万亩耕地，建造防护林，以保护新开发的土地不受侵害。

第四，包兰铁路防护林工程。主要是防风固沙，保护铁路正常运行。这项工程已列入国家建设的重点，现正作规划，局部地区已开始植树种草，并采取其他有效固沙措施，初步见到成果。

第五，毛乌素沙地综合治理工程。以营造防风固沙林为主，进行农、林、牧综合治理，实行乔灌草相结合，已造林70多万亩。

第六，中卫南山台子防护林工程。是联合国投资援助的项目，规划造林9万亩，保护灌区的8万亩耕地不受风沙侵害。林带建设已全面展开，1985年全部完成。

第七，西吉防护林工程。西吉县是宁夏有名的贫穷山区，干旱少雨，终年风沙，水土流失严重。1979年，西吉县列为“三北计划”的关键环节，1982年，世界粮食计划署对西吉县提供援助。从1982年至1986年的5年时间，计划署无偿提供援助98211吨小麦（价值2600万美元），用于种树种草，恢复植被，保持水土，改善生态，发展农牧业，整个工程规划造林种草1327500亩。到1985年，共造林种草1452500亩，比原计划提前一年超额完成营造任务。工程进展速度和质量受到了世界粮食计划署官员的好评。西吉防护林工程已经取得显著的经济效益和生态效益。

在发展林业、防风固沙、改善生态的斗争中，宁夏人民表现了顽强的斗志和开拓创新精神，做出了显著成绩，创造了许多宝贵经验，研究摸索出不少先进技术。地处腾格里沙漠东南前沿的中卫县，从60年代开始，在风沙线上建起120华里长的多层防风固沙林带，在沙地营造了一片片绿洲，以绿化迎击沙化，不仅保护了20多万亩农田，还从沙化土地中夺回可耕农田3万多亩。位于该县北部的沙坡头，原是宁夏通往兰州古道上的热闹城镇，由于沙漠南侵，村镇被淹没了。天长日久，风吹沙移，积成了一座高达百米的沙山。中国西北地区交通大动脉——包兰铁路线就从这里穿过。铁路通过浩瀚的沙漠，这在世界上还是个难题。沙漠科研工作者和铁路固沙林场的工人们研究参照国内外一些成功的治沙经验，结合本地区情况，经过多次试验，综合设计出“草方格沙障”的固沙方案。他们沿铁路两侧，铺设了宽700米、长40公里的一条草方格固沙带，终于使凶猛的腾格里沙漠停止了南侵，保证了中国第一条穿越沙漠的铁路顺利通行。

经过20多年的艰苦努力，宁夏的林业建设取得很大成就。到1984年全区造林面积达534万亩，育苗面积11.7万亩，零星植树1.6亿株，林网内保存树木9000万株。灌区耕地防护林已有近一半基本达到了林网化标准，农田林网建设已初具规模，在防护农田、防风固沙、保持水土和改善生态环境等方面收到了良好的效果。同时，全自治区先后建立了国营林场31个，区、地林业科学研究所2个，林业勘查设计队2个，共有林业职工6000人，还办起了许多社队林场，有林业专业人员近千人。

二、以毛纺、制糖为主的轻纺工业建设

宁夏盛产羊毛，这是发展毛纺工业的优质原料。同时宁夏还有较为丰富的亚麻原料，可供发展亚麻纺织工业。1953年开始建设一批包括银川毛纺厂在内的规模较大的企业。1958年自治区成立后，又建成了一批包括纺织、制糖、造纸、皮革等多行业的骨干企业，相继新建了银川亚麻纺织厂、银川棉纺织厂、灵武绒线厂。1978年以后，调整了轻重工业投资比重，重视了轻纺工业的建设和发展，在抓紧扩建银川毛纺织厂、宁夏绒线厂、银川亚麻纺织厂的同时，又新建了银川第二毛纺厂、银川毛条厂等骨干企业，并在银川、中宁、固原等市县建起了与其配套的毛、棉针织企业，其中有已建成投产的年产涤纶长丝1000吨的银川涤纶厂和正在兴建的与之配套的年耗涤纶500

吨、生产涤纶绸的银川针织厂。经过30多年的建设，1984年全自治区已有棉、毛、麻纺织和染整、针织、纺织机械、纺织原料加工等6个行业、25个纺织工业企业，固定资产原值1.09亿元，年产值1亿元，已形成的设备能力有：棉纺3万锭，可年产棉纱2.98万件、棉布1500万米；毛纺13108锭，年产呢绒92.66万米，毛毯26.25万条，毛线1764吨，亚麻纺织2032锭。全区纺织工业已初具规模，有一定生产能力，同时少数民族特需的用品和工艺美术品生产也有较快发展，基本满足了全区人民的消费需要。

轻工业中，以甜菜制糖力主的食品工业，80年代以后有了大的发展。宁夏的气候条件有利于种植甜菜。甜菜的产量多，含糖分高，平均在16%—17%。1958年以前，兴建了银川糖厂，日加工甜菜500吨。经过1980年和1984年的两次扩建，日加工甜菜能力达到1000吨。同时，又新建宁夏平罗糖厂，其设计能力为日加工甜菜1000吨。平罗糖厂的建设，在项目决策、建设工期，招工制度、奖惩办法等方面体现了改革和创新精神，实际建设资金控制在设计概算以内，并且一次试车成功，实现当年投产，当年盈利，做到工期短、质量优、造价低、效益好。以麦秸为主要原料的造纸工业也发展很快，有几种产品以物美价廉而远销国外。以独具特色的滩羊二毛皮为原料的传统裘皮加工工业、制革工业和以日用陶瓷、玻璃制品为主体的日用硅酸盐工业都有一定发展。

三、以能源工业为主体的重工业建设

宁夏地方工业是从1958年自治区成立以后逐步建设起来的，新建的一批大中型骨干企业填补了宁夏工业的许多空白，使自治区国民经济有了一定基础，初步形成了以能源工业为主体的门类比较齐全、结构日趋合理的工业体系。

（一）能源工业。

宁夏煤炭资源的开发建设是从1957年开始的。当时，包兰铁路尚未通车，交通十分不便，各种建矿设备全靠羊皮筏子由千里外的兰州通过黄河运来。在建井过程中，由于地质条件复杂，经常遇到流沙层拦路和瓦斯侵害。

英雄的煤矿工人，用科学态度和实干精神战胜了流沙、涌水、塌方、瓦斯等自然危害，经过一年的艰苦努力，在贺兰山建成了第一座大型现代化矿井——石嘴山一号井。1959年，第二座大型现代化矿井——石嘴山二号井建成投产，至此，一个拥有保有储量13亿吨，9个煤层，总厚度29—31米，设计能力为年产175万吨的石嘴山矿务局诞生在祖国的西北边陲，成为中国西北地区重要的优质动力煤生产基地之一。

经过20多年的努力，先后开发了石嘴山、石炭井、汝箕沟、呼鲁斯太4个矿区，形成了列为国家煤炭生产重点企业的石嘴山和石炭井两个矿务局，建成年产3万吨以上矿井27处，总能力为年产918万吨，其中，统配煤矿9处，能力为780万吨；区属煤矿3处，能力为90万吨；县市煤矿15处，能力48万吨。同时，建成年入洗原煤300万吨的大武口洗煤厂和年产煤炭机械3.2万吨、电机容量3.9万千瓦的煤矿机械设备制造厂。还有在建的年入洗无烟煤210万吨的大西洗煤厂。这是中国第一个为国家提供出口无烟煤的专业性出口洗煤厂。1984年，宁夏煤炭工业已形成一个包括地质、勘探、设计、施工、机制机修、电机制造、洗煤、火工、学校、医院和农副业生产等比较完整的煤炭生产建设体系。

宁夏丰富的煤炭资源和黄河水能为发展电力工业提供良好条件。从恢复时期起，宁夏开始发展电力工业。1952年，建起了宁夏第一个电厂银川发电厂。1958年，宁夏工业进入了新的发展时期，特别是石嘴山和石炭井煤田的开发，电力负荷不断增加。为了适应经济发展需要，规划建设石嘴山发电厂。与此同时，国家又决定修建青铜峡水力发电站，将其列为开发黄河水力资源的第一期重点工程之一。1959年石嘴山发电厂第一台装机容量为6000千瓦发电机组投产发电，1967年青铜峡水力发电厂第一台机组发电。到1978年年底，按照设计要求，8台机组全部安装完毕。至此，一个设计能力为27.2万千瓦，年发电量为10亿度的青铜峡水力发电厂全部建成，并开始发挥经济效益。在这期间，石嘴山电厂先后进行了3次扩建，形成拥有8台机组，18.6万千瓦装机容量，年发电量为9.2亿度的大型火力发电厂。1984年全区水电、火电全部装机容量为50.8万千瓦，年发电量为22亿度，人均占有发电量552

度，比全国平均水平高出61%。宁夏煤炭资源丰富，火力发电成本低，经济效益好，1980年平均成本每千度26.7元，低于全国大型火电厂平均每千度30元的水平。

随着发电量不断增加，输电线路建设也相应地有了较大发展。1958年宁夏只有100多公里10千伏和6千伏的配电线路，1984年各种等级的输电线路已增长到2.6万公里，其中北起石嘴山，西至中卫的1条沿山麓架设的高压输电线路全长300多公里，跨越8个县市。在六盘山区架设了静宁（甘肃）到固原、西吉；华亭（甘肃）至什字（固原）3条高压输电线路，引来了刘家峡水电站的电流，并联成一个完整的水电和火电相结合的电网，把电流送到全区各地。

根据宁夏煤炭资源优势和国民经济发展需要，国家规划建设几个大中型坑口火力发电厂，尚在建设的大武口电厂建设规模装机40万千瓦，第一台机组10万千瓦，1985年11月已建成投产发电，1987年全部建成。尚在做前期工作的大坝电厂装机容量120万千瓦，计划1987年施工建设，1990年第一台机组建成投产。这两个坑口电厂建成后，对于改善宁夏和西北地区电力布局，促进经济建设将起重要作用。

宁夏石油也有一定储量，系长庆油田的重要组成部分。1984年生产能力为50万吨，供兰州炼油厂和化工厂的需要，本区炼油还处于试验阶段，只在油田内部自炼自用。

（二）机械工业。

宁夏机械工业如制造机床、轴承、起重设备、仪表以及材料试验机械等都具有较大的生产规模，全区机械工业企业1984年已发展到520多家。其中，机械工业部定点企业34个，骨干和重点企业10个，形成了机床、重型矿山机械、通用机械、工具、轴承、电工、仪器、仪表、农机基础件和汽车配件10个行业。能生产319个品种和600多个型号、规格，产品技术性能好，质量达到国家要求标准。

宁夏的主要机械工业企业，大都是在60年代后期，由沿海地区迁来的。这些企业技术设备和生产工艺都比较先进，是全区机械工业的主体和骨干。

当时因贯彻执行“山、散、隐”建设方针，许多厂址都选在偏僻边远的贺兰山麓和固原山区以及沙漠边沿，建设条件十分艰苦，而且布局比较分散，难以进行生产协作，给生产和生活带来很多不便，也影响企业经济效益。

1978年以后，几个大中型企业都先后进行了技术改造，产品质量提高，生产能力进一步扩大。被誉为“腾格里明珠”的全国先进企业——大河机床厂，已成为全国立式钻床和珩磨机床的主导厂和出口基地；长城机床厂是全国液压仿形车床和旋转体加工自动线的主导厂。吴忠材料试验机厂、吴忠微形材料试验机厂、青山材料试验机厂，产品的品种和产量在全国占有相当比重，成为全国材料试验机生产基地；西北轴承厂是全国生产轴承的重点厂，经过配套完善和技术改造，已建成为年产100万套的大中型轴承、球面轴承、铁路轴承和特大型轴承的大型骨干企业。

（三）冶金工业。

1984年宁夏已有10个冶金企业，生产钢材、生铁、铝锭、金属制品及其他特殊钢材24个品种、200多种规格。冶金工业已具有一定的基础。

宁夏石嘴山钢铁厂，是自治区唯一的一个炼钢厂。1958年动工兴建，前后建了23年，“三上二下”，累计完成投资1.2亿元。石嘴山钢铁的建设由于受“左”的思想和路线干扰，长期经济效益不好。至1983年共向国家上缴税金4700多万元，企业经营亏损1700万元。广大干部、工程技术人员和工人，决心改变这种状况，在困难条件下，想方设法减少损失，没有铁矿炼钢铁就从区外调钢坯来轧材和生产金属制品、生产出了普通钢丝绳、密封钢丝绳、航空用钢丝绳、镀锌架空线、针布钢丝等区内外短线产品，生产20多个品种，并于1978年研究成功了采用辊式模法生产密封钢丝绳用异型钢丝。这种新工艺的研究成功。实现了原料“以圆代异”和生产工艺“以辊代模”，产品质量得到改善，生产流程缩短1/3，成本降低60%，荣获全国科学大会成果奖。从此这个钢铁厂经济效益有了好转。此外，银川铁合金厂、中卫铁厂等也都按照设计要求，生产了硅铁和生铁等合格产品，收到较好的经济效益，解决了自治区建设的部分需要。

宁夏有色金属工业具有一定生产能力。青铜峡铝厂是宁夏第一个大型的高耗能企业。1966 年动工兴建，1971 年建成投产，共完成投资 9400 万元，形成固定资产 8800 万元，生产能力为年产铝锭 3.2 万吨，产值 7800 万元。由于项目决策正确、生产条件落实，投产后重视企业管理和技术改造，因此，经济效益较好，共上缴国家利税 5650 万元，1983 年获净利润 531 万元。青铜峡铝厂是自治区冶金工业中生产条件好、增产潜力大、具有发展前途的企业。根据宁夏电力发展规划，近期和远期的电力工业都具有一定优势，在区内大力发展高耗能工业条件优越，国家已批准扩建青铜峡铝厂。第一期工程扩大能力 5 万吨，1984 年已做前期工作，1985 年开工建设，第二期扩建工程将于 1989 年后完成。青铜峡铝厂扩建后，生产能力将达到 13 万吨，既为国家增产铝锭，减少进口，又促进本区经济建设的发展。

宁夏有色金属冶炼厂、研究所是中国最大的钽、铌冶炼厂和最大的钽、铌研究所，同时还是全国唯一的铍材料研制基地。该厂、所承担着钽、铌、铍金属及其合金和化合物的生产和研制任务，1965 年从北京迁到宁夏。20 年中，完成了科研课题 220 项，其中 32 项受到全国科学大会、国防科工委、中国有色金属工业总公司和宁夏回族自治区的奖励和表扬。完成了新材料试制 1100 多项，其中有 39 项填补了国内空白。钽粉原有的生产工艺和设备是 1965 年从日本引进的，1974 年后采用了该厂和研究所首次在国内研究成功的成果，进行了三次大的改造，钽粉的年生产能力从引进时的 6 吨扩大到 20 吨，钽粉的比电容由引进时的 3500 微法 · 伏/克提高到 12000 微法 · 伏/克。这个厂、所在钽、铌冶炼和提纯，以及分析检验方面都有比较先进的技术和设备，具有制造钽（铌）电解电容器的有利条件。

（四）化学工业。

宁夏化学工业是从 60 年代初期开始发展起来的，1984 年拥有化工企业 33 个，其中银川化肥厂和银川橡胶厂为 2 个中型企业。全区化学工业固定资产 2.2 亿元，化学产品 88 种，主要产品的生产能力为：合成氨 9.1 万吨，化肥（100%）7.1 万吨、硫酸 3.1 万吨、民用轮胎 33 万套（综合规格）、航空轮胎 5 万套（综合规格）。其他还有聚氯乙烯、烧碱、油漆、运输带等，均有一定生产能力。

橡胶加工工业是自治区化学工业的主要组成部分。银川橡胶厂1965年开始建厂，翌年建成投产。设计能力为年产民用轮胎28万套，投资3200万元，经过工艺配套和技术改造，已形成年产民用轮胎40万套，航空胎5万套的生产能力。产品由建厂初期5个规格、7个品种，发展到20个规格、63个品种，其中有9种产品获化工部、自治区优质产品称号。该厂产品质量高、经济效益比较好，是全国16个重点轮胎厂家之一。1984年工业产值达1.01亿元，实现利润2400万元。投产18年，累计上交税利近6亿元。产品不仅畅销国内，并已打入国际市场。

80年代以来自治区除对现有化工企业进行全面技术改造外，还新建了一些大型骨干企业。正在兴建的年产30万吨合成氨的大型化工企业——宁夏化工厂，是由国家直接投资安排的重点建设项目。这是中国从国外引进的17个合成氨成套设备和技术项目之一，建设规模为年产合成氨30万吨，加工尿素52万吨，总投资5亿多元。宁夏化工厂建成后，将对发展自治区经济、开拓大西北，支援全国农业生产起到促进作用。

（五）建材工业。

宁夏建材原料的矿藏储量丰富，具有发展建材工业的优势。宁夏建材工业的建设是从1959年开始起步发展的。1960年生产出了水泥，1971年开始生产水泥制品，继而生产了平板玻璃和加气砌块等新型建筑材料。经过25年的努力，建材生产已遍及全区各地。1984年全区拥有各类建材企业154家，全区19个市、县就有15个水泥厂，生产能力达到年产57.2万吨。建材产品已有14类、50多个品种。新型建筑材料也有了发展，储量丰富的石膏矿藏得到了重视和开发。到1984年，全区水泥生产除高标号水泥需要从区外调入部分外，基本上能满足区内建设需要，其他主要建筑材料的自给率也有了提高。

宁夏建材工业起步晚，没有大型的骨干企业，技术装备和生产工艺也比较落后。80年代以后，建材工业已列为宁夏建设的重点。正在建设的年产硅酸盐水泥23万吨的宁夏水泥厂建成后，水泥就可完全自给，还可支援其他兄弟省区。同时将抓紧扩建加气砌块厂、永宁玻璃厂和中卫石膏矿，大力发展玻璃、建筑陶瓷、石膏和石膏制品，并加强建材科研工作，以适应经济建设发展的需要。

四、交通邮电建设

（一）交通。

宁夏解放后，对原有的兰（州）包（头）、西（安）兰（州）、平（凉）银（川）等公路进行了改造，截弯取直，加宽路基，提高等级，使旧路变新道。新建吴（忠）环（县）、宜（川）兰（州）公路等。1984 年全区有干线公路 12 条。1969 年自己设计、自己施工修建了跨径 40 米、长 452 米的叶盛黄河大桥。1983 年动工兴建的中宁黄河大桥，全长 927 米，跨径 40 米，1986 年上半年建成。这座大桥建成通车后，京（北京）拉（萨）公路干线将从这里通过，对于沟通宁夏与甘肃、青海、西藏等省区的交通，加强宁夏川区与南部山区的交通联系，起到重要作用。

在新建交通骨干公路桥梁的同时，还新建、改建永久式桥梁 370 多座，总长度 8000 多米。并根据山、水、田、林全面规划、综合治理的原则，实行民工建勤、民办公助方针，修建了乡村公路。1977 年全区修建了符合国家四级公路标准的乡村公路 1100 多公里。1984 年年底，自治区通车里程 6983 公里，为解放初期的 6 倍多，几乎所有的乡镇都通了公路。

国家投资修建的包兰铁路，是西北地区的交通大动脉，1958 年建成通车，横贯宁夏北部，境内铁路干线总长 3444 公里。同时根据本地区工业发展的需要，还建设了平汝支线 82 公里和专用铁路线 17 条，使铁路延伸到重点工厂和矿山。

宁夏的航空运输也相继得到发展，开辟了北京—银川—兰州、北京—银川及银川—西安的民用航空线，并开辟乌鲁木齐—银川—北京和银川—上海—广州航线，把银川和首都北京以及全国各省区紧紧地联结在一起。

（二）邮电。

解放前，宁夏各地通邮甚难，公文书信全靠骑马和邮递员徒步传送。自治区成立后，宁夏邮政电信事业的面貌发生了很大变化，邮电局（所）较解放初期增加了近 2 倍，邮电线路总长增加 8 倍多，电报和长途电话线路分别增长9倍和19倍。县县、乡乡、村村都通邮，有95%的乡村通了电话，有40%的县实现了投递摩托化。80年代以后，邮电通信现代化从无到有，逐步发展起来，除电信通讯使用微波线路外，还可以传输北京和外省、市、自治区的电视节目。设立了通往北京的专用线。1984年，以自治区首府银川为枢纽的四通八达的邮电通讯网已经建成，进一步加强了宁夏同全国各地的联系。

五、城市建设和文教卫生设施建设

30多年内，随着经济建设的飞速发展，宁夏的城市建设也已初具规模。位于“塞上江南”中部具有民族特色的自治区首府银川市、河东平原回民聚居的吴忠市、银川平原北端的“塞上煤都”石嘴山市、六盘山麓的古城固原、腾格里大沙漠南沿的中卫县城都各具特色。

从1950年到1984年，全区用于城市建设投资1.24亿元，初步形成了4个市、15个县城，拥有城市人口109万人，占全区总人口的27.3%。全区城市区域占地面积61平方公里，比1949年增长了12.2倍。建成职工住宅452万平方米，人均居住面积达到5.9平方米。建成沥青路面165公里，142万平方米。铺设上水管道275.8公里，下水管道106公里。新建自来水厂4座，日供水量4万吨，全区自来水供水能力达到6万吨（不包括厂矿自备水源），城市居民吃上了自来水，饮食用水的卫生条件大大改善。供电、通讯邮电网路遍布全区；有公共汽车109辆。城镇市政工程设施的发展，沟通了城乡联系，方便了群众生活。

自治区首府银川市，始建于唐高宗仪凤二年（公元667年）。解放前，街道狭窄，破烂不堪，市政公用设施一无所有。新中国诞生后，这座古老的城市焕发了青春，成为宁夏政治、经济、文化中心。各项建设事业迅速发展，城市面貌日新月异。随着市区人口不断增加，除逐步改造老城外，又新建了面积为20多平方公里的新城、新市区，基本形成了老城、新城、新市区三片功能各异、各有特色的市区。中共十一届三中全会以来，银川市的城市建设步子大大加快。1983年12月，国务院正式批准银川市总体规划，明确指出：“银川市的发展要采取合理利用和有计划的改造老城，逐步建设新市区的原则进行统一安排，在城市建设中，要注意发扬地方的建筑特色，把银川建设成为环境优美、市容整洁，经济繁荣的社会主义现代化城市”。遵照国务院的指示，银川市委和人民政府发动和组织全市人民学习福建三明市的建设经验，提出“人民城市人民建”的口号，采取“四自一联”的办法，有计划、有步骤地改造老城，扩建中山公园、集资新建唐徕、西夏公园、南关清真寺和具有民族特色的回民小吃一条街；扩建排水、拓宽道路、装修沿街建筑，使城市面貌大大改观。新建的工人文化宫、展览馆、青少年宫、影剧院、图书馆、医院、学校、体育场，活跃了城市人民文化生活，改善了医疗卫生条件，促进了社会主义精神文明建设。具有民族特色的各类城市建设，以及古建筑海宝塔、承天寺塔、鼓楼的修复相得益彰，银川已初具新型城市的雏形。城市面积由1959年的5平方公里扩大到1984年的30平方公里，工业产值由解放前不到1000万元，增加到5亿元。

位于自治区北面的石嘴山市，过去是一个小镇，石嘴山市所在地大武口区是有名的大风沙口。随着包兰铁路的通车，贺兰山宝库被打开，煤炭工业的兴起，将石嘴山、大武口、石炭井三片连成一体，形成塞上煤城。1984年城市人口23万，工业年产值达到4.5亿元，1979年以后，工业建设和城市建设都得到发展。市政府所在地大武口地区，规划得当，布局合理，街道宽畅，随着煤炭资源的进一步开发，这座塞上煤城将出现新的腾飞。

在中心城市的带动下，全区各市县城镇建设都有了很大的发展。新建的工厂、学校、医院、办公楼、居民住宅、旅馆、饭店、影剧院、商店和其他市政公共设施逐步配套完善，进一步活跃了当地经济，改善了广大人民的物质文化生活。

宁夏的文教卫生设施建设发展很快。特别是中共十一届三中全会以后，国家对发展少数民族地区的教育、卫生事业十分重视，明确发展方针，增拨建设投资，大大加快了建设步伐。截至1984年，教育事业累计完成基建投资1.46亿元。同期，卫生事业基本建设直接投资8458万元，并充分利用各种渠道的资金，加快医疗卫生设施的建设。建成或部分建成宁夏大学、宁夏农学院、宁夏医学院、宁夏工学院、银川师专、固原师专和宁夏教师进修学院等大专院校 7 所以及西北第二民族学院。建成中等专业学校 18 所，在校学生 6391 人；建成普通中学 437 所，在校学生 206300 人；建成小学 4436 所，在校学生 575209 人；适龄儿童入学率已达到 86.03%。有的县基本普及小学教育。

全区各种医疗卫生机构也从 1949 年的 106 个增加到 1984 年的 1064 个。其中医院 309 个，比 1949 年仅有 3 个简陋医院增加了 103 倍，建设了具有设备较完善的综合医院 57 个。门诊部（所）从 1949 年的 89 个增加到 688 个，增加 37.7 倍。1984 年年底全区各医疗机构拥有病床 86753 张，比 1949 年的 40 张增加了 216.9 倍，平均每千人口拥有病床由 1949 年的 0.03 张，增加到 1984 年的 2.18 张。

第五节　西藏自治区的建设

西藏位于中国的西南边疆。全区总面积 122.84 万平方公里，占全国总面积 1/8。全区平均海拔 4000 多米，是世界上面积最大、海拔最高的高原，素有“世界屋脊”之称。西藏地广人稀，高寒缺氧，交通不便，是一个自然条件、地理环境、经济结构、宗教信仰、生活习惯等方面都具有突出的民族特点和地区特点的自治区。1985 年年底，全区总人口 199 万人。其中藏族 192.29 万人，占全区总人口的 96.4%。乡村人口 178 万，市镇人口 21 万。西藏是勤劳、朴实、智慧、勇敢的藏族人民聚居的地区。

西藏的北面和东面与新疆、青海、四川、云南等省区相接，南边和西边与缅甸、印度、不丹、锡金、① 尼泊尔等国为邻。边境线总长约 3550 公里，全区山脉连绵，雪峰林立，藏北高原约占全区面积 2/3，平均海拔在 4500 米以上，高寒干燥，是西藏的主要牧区。

解放前，② 西藏长期停滞于中世纪的封建农奴制社会，生产力发展水平很低，经济基础十分薄弱。几乎没有工业，文化、教育十分落后。加之地广人

① 锡金，当时为独立国家，后被印度吞并。
② 西藏首府拉萨于中华人民共和国成立后的 1951 年和平解放。

稀，交通困难。形成了自给性封闭式经济。

一、西藏发展经济的优势和三十四年基本建设的主要成就

西藏是全国五大牧区之一。全区草原面积达 12 亿亩，可利用的 8 亿亩，天然草场资源丰富。到 1984 年年底，只利用了 6.4 亿亩，还有近 2 亿亩尚未开发。按已利用的 6.4 亿亩计，人均 330 多亩，为全国人均 4.3 亩的 77 倍，世界人均 11.4 亩的 28 倍。1984 年，牧业产值占工农业总产值的 34.73%，占农业总产值的 53.59%。1984 年全区牲畜总头数已达 2168 万头（只），其中牦牛 400 万头、绵羊 1100 万只。食草牲畜头数仅次于新疆、内蒙古，居全国第三位。

西藏全区有天然森林 9480 多万亩，全区人均森林面积 24 亩，相当于全国人均 2 亩的 12 倍，也高于世界人均 15.5 亩的 54%。森林积蓄总量为 14.36 亿立方米，按实际控制的 6.1 亿立方米计算，人均约 320 立方米。相当于全国人均 10 立方米的 30 倍。森林覆盖率高达 90% 左右的有墨脱、米林、察隅等地，木材资源丰富、比重大、质量好。

西藏有丰富的能源资源。水力、地热、风力、太阳能等资源非常丰富。水力资源蕴藏量达 2 亿多千瓦，居全国第二位。许多江河水流湍急，落差极大。雅鲁藏布江大拐弯处，在直线距离 40 公里的地段，落差竟达 2230 米，可建成装机容量 4000 万—6000 万千瓦的水电站。但这些地方地势险峻，高寒缺氧，开发建设很困难。地热资源居全国首位，已显露出来的地方有 600 多处。距离拉萨西北 90 公里的羊八井地热田共有 17.1 平方公里，是片高温蒸汽田。每年释放热量相当于 47 万吨标准煤的燃烧值。西藏的太阳能资源是中国最丰富的地区之一，居世界第二。大部分地区年日照时数达 3200 小时，每平方厘米年受热量达 190—200 千卡，仅次于非洲撒哈拉大沙漠。西藏又是大风区。风速平均每秒 3 米。一年有 200 天左右刮风。那曲和阿里地区，冬春风力都在 8 级以上。风力发电机运转 1 小时，用电瓶储存可供 38 盏 40 瓦的电灯用 4 小时。充分开发和利用西藏独特的能源资源，大力进行能源建设，从根本上改变西藏能源、燃料严重短缺的局面，对西藏经济的发展有着重大的意义。

西藏全区已探明的矿藏资源，主要有煤、油页岩、铁、铜、铀、锂、硼砂、石膏、硫磺、铬、盐、重晶石等40余种。铬矿石储量400多万吨，居全国第一位。

西藏和平解放后，特别是经过民主改革，废除了封建农奴的制度，建立了民族区域自治政权后，在中国共产党和中央人民政府的领导、关怀下，在兄弟省、市、自治区的大力援助下，经过基本建设战线广大职工战天斗地、风餐露宿的艰苦努力，西藏的基本建设取得了可喜的成绩。

1954年至1984年，全区累计完成基本建设投资28.28亿元，其中，中央直接拨款占90%以上。31年中，1970年至1984年完成投资22.08亿元（新增固定资产12.93亿元），占31年累计投资的78.1%。由于西藏特殊的自然、地理条件和历史情况，在西藏进行现代化建设有着特殊的困难。建筑材料要从外地运入；施工力量、技术人才也大部分要从外省市区调入。由于西藏高寒缺氧，劳动队伍不得不经常轮换流动，不少人为之付出了生命的代价；建材的长途运输也使建设成本极为昂贵。30多年来的基本建设促进了西藏工农业、交通运输事业、城市建设和科教文卫等各行各业的蓬勃发展。

（一）交通运输建设。

解放前的西藏没有公路，交通运输全靠肩背和牲畜驮运。从拉萨到雅安的牦牛运输，一年只能往返一次，同国内其他地区的联系更为困难。新中国成立后，人民解放军进藏部队遵照毛泽东主席关于“为了帮助各兄弟民族，不怕困难，努力筑路”等指示，数万人的筑路大军战斗在万里高原上。他们辟山开路，遇水搭桥，历经4年，于1954年12月同时修通了举世闻名的川藏（四川雅安—拉萨）和青藏（青海西宁—拉萨）两条公路。川藏公路全长2255公里，平均海拔在4000米以上。它翻越了二郎山、雀儿山等14座大山，跨越了大渡河、金沙江等河流，全路共架桥梁230余座，打通涵洞3600多道，共完成土石方2900多万立方米。青藏公路是中国最高的公路，全长2100公里，全线平均海拔在4500米以上。它经过了中国最大的咸水湖——青海湖，跨过了通天河四大支流——楚马尔河等25条河流，穿越了昆仑山、唐古拉山等15座大山，直通拉萨。这两条公路被藏族同胞赞颂为“幸福的金桥”。

在此同时，50 年代又建成了新藏公路。它北起新疆叶城，南到西藏普兰，全长 1400 公里，全线平均海拔 4000 米以上。这条干线继续南伸通往拉萨，北延与乌鲁木齐市相连，成为联接新疆、西藏的交通要道。1977 年开始又对青藏路加铺了黑色路面。1985 年，青藏路黑色路面全线通车。继川藏、青藏、新藏公路建成后，在区内还先后建设了 15 条公路干线，支线 300 余条。截止到 1984 年全区通车里程达 2. 2 万公里；除墨脱县外，73 个县都通了汽车。以拉萨、日喀则和昌都为中心的，包括拉萨—晋东、黑河—阿里、日喀则—普兰、黑河—昌都、林芝—泽当、山南—拉萨、泽当—错那、然乌—察隅等区内干线的公路网已初步形成。公路质量也在逐步提高。可晴雨通车的公路已达 20723 公里，占全部通车里程的 95. 86%。公路桥梁已建成 721 座。1965 年，建成了横跨拉萨河，连接川藏、青藏公路的永久性钢筋混凝土城市桥——拉萨大桥，全长 553 米，完成投资 854 万多元。这座公路桥是西藏同内地联系的纽带。1966 年，又建成了全国最长的公路大桥之一的曲水大桥，全长 738. 04 米，完成投资 354. 58 万元。在发展公路交通的同时，西藏还十分重视民用航空事业的建设，1956 年，突破“空中禁区”，北京至拉萨航线试航成功。1960 年，修建了当雄机场。1965 年，大型客机首次试航拉萨，正式开辟了民用航线。到 1984 年，先后开辟了拉萨—成都、拉萨—西安—格尔木两条民用航线，极大地改善了交通条件，更加密切了同内地的联系。

经过 30 多年的建设，西藏的交通状况有了明显的好转。但是还远远不能适应经济建设发展的需要。而且已建成的公路标准也不高，有的矿藏因交通不便无法开采。交通运输仍然是西藏自治区国民经济的薄弱环节，建设任务还很重。

（二）农牧业建设。

解放前，在封建农奴制度的长期统治下，西藏生产力发展缓慢，农牧业生产十分落后，更谈不上改良土壤，兴修水利。解放后，农牧业基本建设的重点首先放在以水利为中心的农田、草场建设上，以解决急待解决的牧区人畜饮水和草场灌溉问题。1952 年至 1983 年，国家用于农牧业基本建设的累计投资达 6. 6 亿元。在兴修水利上，坚持以引水为主，小型为主的方针，利用地表水和开发利用地下水兴建了一批骨干工程。逐步发展引、蓄、提、喷相结合的多种方式，扩大灌溉面积，使西藏的水利建设从单项治理发展到综合治理，由区域治理发展到流域治理。经过 30 多年的努力，截至 1984 年，全区已建成水库 29 座，总库容量 2780 多万立方米，引水渠道 21700 余条，总长约 6.6 万公里；水塘 8116 个；机井 580 多眼。同时大规模地进行了渠道配套、平整土地、土壤改良。1984 年全区可灌溉面积已达 225.34 万亩。占耕地面积的 65.7%，旱涝保收稳产田已达 69 万亩，占耕地面积的 20.2%；草场灌溉面积已达 230 多万亩。在此期间，各地、县、乡普遍建立了草场管理机构和草场网围栏。1984 年全区网围栏面积已达 80 多万亩。30 多年中，国家为了支援西藏农牧业生产的发展，大量发放无息和低息的农业贷款，无偿发放农机具，并且还把大量的农药、化肥、农牧业机具低价售给农牧民，以改善生产条件。1984 年全区粮食平均亩产已由 1952 年的 140 斤上升到 340 多斤，粮食总产也由 3.11 亿斤提高到 9.9 亿斤。牲畜年年末存栏头数由 1952 年的 974 万头，提高到 2168 万头。

（三）工业建设。

解放前，西藏没有现代工业，对丰富的自然资源没有进行普查和勘探，更没有开发，经济非常落后。解放后经过 30 多年的建设，现代工业企业从无到有，已建立了冶金、电力、煤炭、化工、机械、建材、森工、食品、纺织、皮革等工业，产品已达 70 多种，质量也在逐步提高。

水电建设。解放以来，西藏把工业建设的重点放在发展以水电为主的能源工业上。1956 年到 1984 年用于全区水电基本建设的累计投资达 4 亿多元。1956 年，在拉萨建成了第一座水电站——夺底电站，装机 660 千瓦。1960 年，建成了拉萨纳金水电站，装机 7500 千瓦，年发电量 2700 万度，完成投资 2198.5 万元。以后又建设了昌都、八一、六〇六、日喀则的唐河、山南的沃卡等水电站。与此同时，采取国家补助、地县筹集资金等多种办法，因地制宜大办小水电站，以解决边远地区广大农村的用电问题。到 1984 年全区共建成电站 690 余座，总装机容量达 11 万多千瓦，当年发电量 2.27 亿度。其中小水电装机容量近 4 万千瓦，约占全区已建水电站装机容量的35%。1984年全区大部分县都有小水电站，使祖祖辈辈靠酥油灯和松木照明的农牧民用上了电灯，同时也促进了工农业的发展和人民群众物质文化生活的改善。

地热资源的开发利用。1975年，在位于西藏念青唐古拉山脚，距拉萨西北90公里处，动工兴建了中国最大的地热电站——羊八井地热试验电站。1977年，第一台机组建成投产，装机1000千瓦；1982年安装了第二台机组，装机6000千瓦；1985年安装第三台机组，装机3000千瓦。

民族手工业的建设。西藏的民族手工业有悠久的历史和独特的工艺，雕刻、泥塑、彩绘、织毯、陶器等都具有浓厚的民族风格和艺术特色，同人民的生产、生活关系十分密切，是西藏工业的主要组成部分。在封建农奴制度的统治下，生产长期停滞不前，许多传统工艺濒于失传，而且在技术和生产上都很原始，发展极为缓慢。解放后，特别是中共十一届三中全会以来，国家对民族手工业在经济上采取了特殊政策，重视技术进步、改善生产条件，为恢复和发展民族手工业提供了重要保证。1953年，在拉萨新建了第一座现代化的生产民族特色产品的拉萨地毯厂。1966年该厂为全国人民大会堂西藏厅编织的巨幅地毯受到了各界人士的好评。1982年该厂又新建了总建筑面积为1700多平方米的车间，安装了一套年产20万斤毛条的全自动梳纺机，在其他车间也先后添置了平剪、络纱等设备。与此同时，1980年到1984年中央和地方还投资1000多万元用于扶持民族手工业的建设，先后新建、改建、扩建民族手工业企业厂房2.47万平方米，购置设备近800台，有重点地进行了技术改造和设备更新。

纺织工业的发展。由上海搬迁进藏的毛纺企业——林芝毛纺厂，于1967年正式投产。到1984年已拥有固定资产10107.9万元，职工1300多人，有呢绒、毛线、毛毯、地毯纱、卡垫等6个车间，产品达300多种。1984年产呢绒26万米，毛毯3万条，毛线180多吨，产值达1318多万元。1978年，这个厂生产的呢绒、毛毯、地毯纱在广交会上受到国外客商的好评，在国内市场上也深受消费者的欢迎。从1983年开始，狠抓技术进步，先后更新了一些陈旧设备，使全厂的技术装备有了很大提高，居国内同行业的中等水平。

煤炭工业建设。解放后，经过地质部门多年的努力，在西藏找到了许多中小煤田。累计探明煤炭储量 4748.9 万吨，多为分散的小煤矿。1971 年至 1984 年，用于煤炭工业的基本建设投资累计达 4277.74 万元。在工作条件、交通运输十分困难的情况下，建设生产煤的矿井有：阿里门士煤矿、日喀则东嘎煤矿、昌都马查拉和瓦达煤矿、那曲土门煤矿等。截止到 1984 年，全区累计采出煤 58.4 万吨，对西藏工业的发展起到了一定的作用。

森林工业建设。随着自治区国民经济不断发展的需要，西藏大力开发森林资源，建设森林工业基地。一是林场建设，也就是采伐基地建设；一是道路及职工住宅建设。先后建设了纪通、雪巴、红卫、梗樟、亚东、昌都等 10 个森工企业。从采伐、运输到加工，形成了一个以藏族工人为主体的林业职工队伍，已有 3600 多人。1984 年，木材年产能力达 18 万多立方米，年产值 1849 万元、森林工业后备资源的建设——迹地更新、次生林的抚育和人工造林，也取得了显著成就。1984 年更新造林能力已达每年 1.8 万亩。到 1984 年，累计造林 24.6 万亩。

采矿业的建设。解放前，西藏采矿业很薄弱，1935 年至 1941 年，国民党政府的康藏贸易公司在班戈湖进行过硼矿开采，年产量只有 100 吨。1952 年，藏北硼砂矿建成开工生产，年产量达 3 万吨。到 1984 年累计开采硼砂达 17.1 万吨。1967 年，建成年设计产量为 5 万吨的冶金矿山——东风铬铁矿，到 1984 年，已累计开采 30 多万吨。70 年代，国家投资在拉萨建设了第一个化工厂，设计年产铵油炸药 1000 吨，工业硫酸 120 吨，年产值 57 万多元。已探明的尚未开采的大型矿床——罗布萨铬铁矿，正在准备建设中。预计到 2000 年铬矿产量可达 10 万吨。

西藏的机械工业，因受原材料、能源、交通运输等条件的限制，主要是以修配为主。1957 年，拉萨汽车修配厂建成投产。到 1984 年已拥有年折合大修汽车 1900 多辆的能力，为交通运输业的发展起了良好的作用。

30 多年中，西藏工业的建设经历了一个从无到有、逐步发展的过程。到 1984 年，全区工业总产值已达 1.69 亿元，占当年工农业总产值 8.07 亿元的 20.1%。工业建设取得了一定的成绩，但也走过弯路。60 年代中期，建设中出现了脱离实际、贪大求洋、贪多求全的偏向。这期间，全区建设了一批效益极差的项目，如西藏无线电厂、西藏电池厂、玻璃厂、陶瓷厂等。这些项目耗能高，产品质量差，亏损严重，被迫下马，造成了较大损失。1979 年后，总结了过去的经验教训，对全区工矿企业进行了整顿，关、停、并、转了 30 多个企业，全区工业生产逐步走上了健康发展的轨道。

（四）教育、卫生设施的建设。

西藏解放前教育非常落后。从 1952 年开始投资兴办教育事业。1959 年至 1984 年，累计完成基本建设投资 6000 多万元。1956 年至 1961 年，西藏第一所中学即拉萨中学和西藏第一所培养师资的学校即西藏师范学院相继开学（1985 年，师范学院改建为西藏大学）。以后，又先后建设了自治区农牧学院、自治区卫生学校等。截止到 1985 年，全区有高等学校 3 所，即西藏民族学院、西藏农牧学院、西藏大学，在校生共 1370 多人；有中等专业学校 13 所，在校生 1826 人；普通中学 56 所，在校生 18887 人；小学 2475 所，在校生 125469 人。大部分中等专业学校校园宽敞，规划合理；中小学校的校舍基本上是按教学要求建设的。

医疗卫生条件的改善。解放前的西藏，缺医少药，瘟疫流行，人口大量死亡。解放后，针对这种落后状况，国家不仅在财力上给予帮助，而且还派来一批批援藏的医疗技术人员。1952 年到 1984 年，中央拨款用于西藏自治区卫生设施的基本建设投资达 3.36 亿元。并决定自 1980 年起，卫生事业费每年递增 7%。1984 年，国家投资、江苏省援助扩建自治区人民医院门诊、住院楼，建筑面积 1.7 万平方米，新增病床 400 张，投资 1680 万元，1985 年建成。为了改善民族医疗卫生条件，1983 年开始扩建自治区藏医院，新增病床 150 张，总建筑面积达 1.3 万平方米，投资 1000 万元，1985 年建成。截止到 1984 年，全区已有医院（医务所）928 个，全区 74 个县都建立了医院，全区 423 个区建立了卫生所，1700 个乡设有卫生室。全区共有病床 4619 张，平均每千人有医院床位 2.52 张，卫生防疫机构也发展到 64 个。全区的医疗卫生队伍也在不断壮大，1984 年已有专业卫生人员 8000 余人，卫生技术人员 6725 人，平均每千人 3.67 人，全区医疗卫生网已初步形成。

（五）建筑业的兴起。

解放前，西藏一些泥瓦木匠的“行会”组织，承担着房建修葺工作，既没有固定企业，也没有施工设备。解放后，西藏的建筑施工队伍从无到有，逐步壮大。50年代大规模的基本建设铺开以后，一批批工业先进地区的建筑业职工，响应中国共产党和人民政府支援边疆少数民族地区的号召，纷纷进藏，与自治区各族人民一起，组成了一支勘察、设计、建筑、安装队伍。1956年，成立了自治区建设处，下设3个直属国营建筑工程队。到1984年，已经增加到1个建筑公司、4个施工队，职工人数达4000多人。1956年，西藏第一个独立设计机构——西藏建筑勘测设计院（原地质、工业建筑设计室）成立。1984年全院职工近100人，年完成设计任务15万平方米，年产值100多万元，利润40多万元。到1985年已拥有区属建筑公司5个。各地区（昌都、日喀则、山南、那曲、拉萨）等都先后成立了建筑公司，拉萨地区的建筑队伍已达6000多人（包括自治区建筑公司系统），拥有各种设备580多台。除国营的建筑队伍外，各地区还组织了许多集体的建筑队伍。

1985年西藏自治区已经有了一支从勘察设计到建筑安装，包括房屋建筑、市政、水利、电力、交通等专业的建筑队伍。职工人数达9000余人；批准颁发勘察设计证书的单位有13个，设计系统职工800余人，每年完成50—60多万平方米的设计任务。同时，在发展民族风格的建筑产品上，做了大量探索，并取得了新的成绩。

二、“世界屋脊”上的43项重点建设工程

西藏自治区的基本建设，一直受到中共中央和国务院的关注。1980年胡耀邦总书记、万里副总理视察了西藏。1984年2月，中共中央书记处在北京召开了西藏工作座谈会。座谈会从西藏的实际情况出发，研究了西藏经济建设的方向，明确西藏的基本建设要以能源交通为重点，加快农牧业、加工业、开采业和旅游业的发展，并决定了由北京、天津、上海、江苏、浙江、山东、四川、福建、广东等九省、市负责援助西藏进行43个重点工程项目的建设。

43项重点工程都是按照1984年国内同类项目已达到的现代化的标准来要

求的。43 项总建筑面积达 23.6 万平方米，计划总投资达 39805 万元。这些项目包括工业、交通、能源、文化、教育、卫生、体育、旅游等行业，分布在拉萨、日喀则、山南、那曲、昌都、阿里等地、市。

中共中央和国务院十分关心 43 项重点工程的建设。国务院为此专门成立了西藏经济工作咨询小组，并先后派出 7 个工作组进藏解决工程建设上的关键问题。负责援建的九省市都由省、市主要领导人亲自负责，1984 年先后派遣了 500 名专家、8000 多名施工人员，长途跋涉，来到西藏，迅速开始设计施工。这次大规模的、现代化工程建设是西藏历史上前所未有的。

43 项重点工程也被称为“钥匙工程”。即从设计施工到配套建设，直至建成投产后的管理人员的培训，全部都由援建省、市包下来，建成后只要交给有关部门一把钥匙，便可投入使用。为了使“钥匙工程”保质保量，按时建成，各援建省、市调来了最强的建筑队伍，日夜不停，加紧施工。广东省提出以“深圳速度”完成工程任务，天津市提出以“引滦精神”搞好西藏项目的建设。到 1984 年年底，43 项重点工程已有 2/3 完成了基础施工。

西藏人民像 1951 年欢迎解放大军进藏一样，热情地为援藏建设人员敬献哈达，腾房让屋，增种蔬菜。农牧民们驾驶着拖拉机、马车上山伐木，下河滩运砂石，1984 年共为各工地送去砂石 4.5 万立方米。同时，还有 2000 多名藏族民工同内地来的汉族工人并肩战斗在各个建设工地上。

三、城市建设日新月异

（一）古城拉萨焕发了青春。

历史悠久的古城拉萨是西藏政治、经济和文化的中心。解放前，这里是西藏封建农奴制三大领主残酷剥削劳动人民的地方，当时城市人口只有 3 万人左右，均集中在八角街不到 3 平方公里的地方。没有工业，仅有几家织毯、普鲁及制造生活用具的手工业作坊。全市没有一条水泥马路，更没有自来水。房屋矮小、街道狭窄，全城只有几所为喇嘛设立的进行宗教活动的场所及由贵族和大商人开办的私塾，除门孜康和药王山两处为上层人治病的藏医院外，再没有其他医疗卫生设施。经过 30 多年建设，拉萨市的城市住宅、商业服务、文教卫生、市政公用设施等，都已有了翻天覆地的变化。

解放后，随着青藏、川藏公路的通车，拉萨开始修建电站、医院、商店等服务网点。1959 年民主改革后，国家从全国各地抽调干部、工人和技术人员支援西藏建设，修建了拉萨大桥，拉萨水泥厂，还发展了以汽车修配为主的机修工业。特别是 1965 年，为迎接西藏自治区成立，集中力量大搞城市建设，建筑了 10 多万平方米的沥青路面，修建了几公里的下水道，新建了宇拓路和康昂东路两条街道。在布达拉宫脚下又形成了一个新区，城市交通网也初步形成。1975 年到 1982 年，拉萨又修通了娘热路、金珠西路等 5 条沥青路，新建了格尔木到拉萨的输油管道，年输油能力达 23 万吨，并建立了 3.3 万立方米的地方油库，解决了交通运输燃料紧张的困难。1982 年在拉萨又建设了一座日供水量 1 万吨的水塔，解决了市区部分居民的吃水问题。

经过 30 多年的建设，拉萨的市容焕然一新，人口由 1952 年的 3 万人发展到 1984 年的 10.5 万人（城市人口 9 万），房屋建筑面积已达 215.31 万平方米，比 1952 年增加了 10 倍。全市商业服务网点已达 74 个，年零售额约 6000 万元以上。拉萨已建成大学 1 所，中专 8 所，中小学 25 所；设有医院 8 所、近 1000 床位；还建设了影剧院、文化宫、广播、电视等文化设施。市区内累计铺设了 48 公里沥青路面，并形成了东西约 30 公里，南北 4—8 公里的城市基本骨架。如今的拉萨，路面宽广，林荫夹道，楼房林立的宇拓路、北京路、康昂东路、金珠路、林廓路展现了拉萨新姿。随着城市建设的不断发展，拉萨将以崭新的面貌，吸引着中外旅游者。

（二）西藏第二大城市日喀则的变化。

日喀则是西藏高原上仅次于拉萨的第二大城市。它坐落在雅鲁藏布江和年楚河汇合处附近，已有 500 多年的历史。解放前，是历代班禅的驻锡地，后藏的政治、宗教中心。1951 年这里仅有人口 1.5 万多人，只有一些生产卡垫、藏靴、木碗、粉条的手工业作坊。街道肮脏狭窄，乞丐充斥街头。解放后，日喀则镇发生了很大变化，1984 年城市人口已发展到 2.4 万多人。城内街道铺设了沥青路面，两旁建起了商店、书店、银行、邮局、医院、学校和影剧院，城区周围办起了电力、机械、建筑、汽车修配、粮油加工、皮革、印刷等中小型企业。特别是1984年，国家投资建设了一批重点项目，其中有日喀则饭店、日喀则百货大楼、太阳能楼、日喀则门诊楼，共投资2800万元。

（三）新城镇的建设。

解放30多年来，在搞好原有城镇建设的同时还新建和扩建了9个镇，即八一镇、昌都、泽当、姐德秀、日喀则、江孜、帕里、下司马、那曲。坐落在尼洋河畔的八一镇是西藏解放后新兴的工业城镇。解放前，这里是一片荒野河滩。经过20多年的建设，这里已成为一个建筑面积100多万平方米，13197人的城镇。先后建设了毛纺、火柴、木材加工、粮油加工、汽车修配、电厂等企业单位。西藏最大的毛纺企业——林芝毛纺厂就坐落在这里。街道两旁建起了商店、书店、银行、邮局、学校等。八一镇，又是西藏比较优美的风景区，有苍松翠柏的茫茫林海，一向被誉为世界屋脊上的“江南”，每年夏季吸引着不少游人。

第十七章
经济特区的建设

中国的经济特区是在中共中央和国务院提出对外实行开放，对内搞活经济的方针后，借鉴世界一些国家和地区的经验而创建的。兴办经济特区，是为了更好地吸引和利用国外资金，引进先进的技术、设备和管理经验，增强出口创汇能力，发挥技术窗口、知识窗口、管理窗口、对外政策窗口的作用，促进全国经济技术的发展，为四个现代化建设服务。1979 年 1 月 31 日，中共中央、国务院决定，在与香港一水之隔的深圳蛇口兴建工业区，由交通部驻港机构招商局负责集资建设。同年，国务院批准广东、福建两省在对方经济活动中，实行特殊政策和灵活措施，并决定试办经济特区，先在深圳、珠海两市试办，待取得经验后，再考虑汕头、厦门经济特区的设置问题。1980 年 8 月 26 日，全国五届人大常委会批准并公布了《广东省经济特区条例》。同年 10 月，福建省厦门经济特区经国务院批准成立，从而完成了设置经济特区的立法程序。

四个经济特区(简称特区)从创建以来,在中共中央、国务院有关部门和各省、市、自治区的大力支持配合下,首先进行了交通、电讯、供电、供水等基础设施的建设,同时逐步开展了住宅、旅游、商业和工业等方面的建设,进展较大。与此同时,特区的区域面积也相继扩大。深圳特区的面积保持 327.5 平方公里;珠海特区由 6.81 平方公里扩大到 15.16 平方公里;汕头特区由 1.6 平方公里扩大到 52.6 平方公里;厦门特区由 2.5 平方公里扩大到全岛和鼓浪屿共 131 平方公里。至 1985 年年底 4 个特区总面积为 526.26 平方公里。

特区成立以来，已有 50 多个国家和地区的工商界、金融界人士前来考察和洽谈投资业务。投资客商已由初期的小商人和小企业主发展到大客商、大财团和跨国公司。项目投资额由初期的几万元发展到上亿元，投资方式由初期的对外加工装配和补偿贸易，发展到合资、合作和独资经营等多种形式，投资方向由初期的饮食、服务、住宅、旅游业为主发展到以工业为主。到1985年年底止，经济特区累计与客商签订合同协议共3317项、协议投资额59.55亿美元、实际利用外资14.67亿美元。经济特区的创办及其各项建设事业的迅速发展，充分显示了它的巨大作用和生命力。

第一节　深圳经济特区的建设

深圳市位于广东省南部珠江口东岸，地接香港、水连澳门，西北距广州约150公里，是广深铁路的终点。每年约有1000万人次从这里出入境，大量的进出口物资从这里通过，是中国南方重要门户。

深圳全市总面积2020平方公里，其中经济特区总面积327.5平方公里，东西长49公里，南北宽约7公里，是一条狭长形地带。特区东临大鹏湾，西连珠江口、深圳湾，南与香港新界接壤，北靠宝安县，管辖罗湖、上步、南头、蛇口、沙头角5个区。至1985年年底，共有人口47万，其中常住户口约占一半。特区边沿大队在香港新界有土地4000多亩，过境耕作的农民约2000人。罗湖为旅客进出口子，文锦渡为货物进出口子，另有7个过境耕作出入口。大鹏湾边的沙头角镇，与香港新界以一条闻名中外的“中英街”为界，街道两边居民可以自由来往。

深圳市是广东省侨乡之一，有海外华侨约12万多人，分布在54个国家和地区。另外，居住在香港的约有23万多人。每逢重要节日，许多同胞都要回来探亲，当地人多数与香港的居民有密切的经济联系。

特区地势东北高、西南低，大部分为山前波状台地，沿海一带为滨海平原，海域宽阔，海岸线长171公里，其中，约有1/3为深水岸线，有海湾20多处。大鹏湾、蛇口、妈湾、赤湾等海域，水深、不淤、不冻，是建设海港、发展海上运输的良址。特区境内小河密布、水库众多，自然环境优美。

深圳特区的总体规划按照地形特点划分为东、中、西3片，18个功能分区，采取组团式布置，区与区之间用园林绿化带连结，成为带状形的现代化城市。东片包括沙头角、盐田和大小梅沙，面积62.8平方公里，主要发展旅游、住宅、商业。中片包括莲塘、罗湖、旧城区、水库区、上步、福田、车公庙、香蜜湖、农艺院、科研园，面积140.23平方公里，为特区建设的重点地区。西片包括蛇口工业区，沙河工业区、后海、西丽水库、赤湾港区石油基地和南头、宝安县城综合发展区，面积124.47平方公里。

从1980年试办以后，深圳特区的建设取得了很大的成就。在全国已有的4个经济特区中，深圳是试办最早、面积最大、发展速度最快的经济特区。1979年，深圳城区面积约3平方公里，城镇人口2.3万多人，建筑物总面积只有29万平方米。城里街道简陋狭窄，市容陈旧破烂，马路总长只有8公里，连交通指挥岗和红绿灯都没有。最高楼房只有一幢5层楼，人均居住面积2.74平方米。当年完成基建投资4988万元，房屋竣工面积13万平方米。1979—1985年，累计完成基本建设投资63.6亿元，竣工房屋建筑面积929万平方米。（见表26）深圳城区已开发了47.6平方公里，并建成各种基础设施、

深圳建市七年基建投资构成表

表26　　　　单位：万元

项目 \ 年份	1979	1980	1981	1982	1983	1984	1985	1979—1985 合计
合计	4988	12487	27039	63265	88593	163670	276125	636167
1. 国家投资	2385	3300	2274	4738	4370	2106	4285	23458
占总投资比例%	47.8	26.4	8.4	7.4	4.9	1.3	1.6	3.7
2. 利用外资	547	5392	13533	19138	22212	26498	36065	123385
占总投资比例%	11	43.2	50	30.3	25.1	16.2	13.1	19.4
3. 国内贷款		703	3163	20291	33405	72175	56351	186088
占总投资比例%		5.6	11.7	32.1	37.7	44.1	20.4	29.3
4. 市、县财政拨款	625	964	3339	6396	7802	21294	45013	85433
占总投资比例%	12.5	7.7	12.4	10.1	8.8	13	16.3	13.4
5. 市企业自筹	207	812	1996	5000	9706	21748	73271	112740
占总投资比例%	4.2	6.5	7.4	7.9	11	13.3	26.5	17.7
6. 中央各部、省自筹	1224	1316	2444	5793	7024	14185	37842	69828
占总投资比例%	24.5	10.5	9	9.2	7.9	8.7	13.7	11
7. 内联企业自筹			290	1909		806	18214	21219
占总投资比例%			1.1	3		0.5	6.6	3.3
8. 其他投资					4074	4858	5084	14016
占总投资比例%					4.6	3	1.8	2.2

工业厂房、商业楼宇、住宅、旅游场所等基本配套；蛇口、上步、沙河 3 个工业区已初具规模，蛇口客货运码头和赤湾港万吨级泊位，以及南头直升飞机场都已先后建成使用。昔日破旧狭窄的边陲小镇，已变成了一个初具规模的新兴城市。1985 年与 1979 年相比，工业总产值从 1.75 亿元增加至 26.7 亿元，增长了 14.3 倍；在耕地减少的情况下，农业总产值仍增长 63.8%；财政收入增长 24 倍。随着经济的不断发展，人民生活水平有了显著提高，1985 年全民所有制职工月平均工资达 247.7 元，比 1979 年增长 1.9 倍；农民人均收入达 1194 元。

深圳建市七年各类房屋竣工面积统计表

表 27

房屋用途 \ 年份	1979 (m^2)	1980 (m^2)	1981 (m^2)	1982 (m^2)	1983 (m^2)	1984 (m^2)	1985 (万 m^2)	1979—1985 累计 (万 m^2)
合　计	130113	346303	545944	926662	1468645	2666305	320.94	929.34
1. 厂房		42649	38045	172617	255119	475044	79.77	178.1
所占比例%		12.3	7.0	18.6	17.4	17.8	24.9	19.2
2. 仓库		25786	41617	68430	100426	136335	17.7	54.95
所占比例%		7.5	7.6	7.4	6.8	5.1	5.5	5.9
3. 商业服务业用房		28776	27801	93654	140656	356122	39.46	104.17
所占比例%		8.3	5.1	10.1	9.6	13.4	12.3	11.2
4. 办公室		12423	13490	35183	62739	111893	19.32	42.89
所占比例%		3.6	2.5	3.8	4.3	4.2	6.0	4.6
5. 住宅	52617	178546	234067	455687	624207	1237560	139.31	417.59
所占比例%	40.4	51.6	42.9	49.2	42.5	46.4	43.4	44.9
6. 文化教育用房		17.171	25344	29664	34854	155314	9.15	35.39
所占比例%		5.0	4.6	3.2	2.4	5.8	2.9	3.8
7. 医疗用房		8979	6561	8276	39384	41464	5.03	15.51
所占比例%		2.6	1.2	0.9	2.7	1.6	1.6	1.7
8. 科研用房		4694	2300	3112	4185	1982	1.15	2.78
所占比例%		1.4	0.4	0.3	0.3	0.07	0.4	0.3
9. 其他	77496	27279	156719	60039	207075	150591	10.05	77.97
所占比例%		7.9	28.7	6.5	14.1	5.6	3.1	8.4

深圳特区只有几年的历史，这几年的城市建设，大致经历了抓城市规划、创造并完善投资环境、以工业为重点的建设和建设外向型经济 4 个时期。

一、根据城市的性质和任务，制订和不断完善城市建设规划

深圳原是一个市政简陋、经济落后的边陲小镇，因此，深圳特区的建设是从城市规划和城市建设开始的。中共深圳市委、市人民政府把制订和实施经济发展规划与城市建设规划紧紧结合在一起，在制订城市规划的时候，突破旧观念，多学科渗入，标准是高的，起点的要求也是高的。使城市规划服从和服务于经济发展目标，而经济发展目标则随着城市规划的完善、深化和城市建设的发展而得以逐步实现。由于紧紧抓住了以规划指导城市建设和经济发展这个重要环节，因而能够在短短的六年时间内，创造出一个日益完善的投资环境，促进了特区经济的迅速发展。

根据中共中央和国务院的指示，深圳特区要建成以工业为主，兼营商、农、牧、住宅、旅游等多功能、外向型的综合性经济特区；建设资金以引进外资为主；经济结构逐步发展为以客商独资和中外合资为主；产品以出口为主；经济活动实行在计划指导下以市场调节为主；成为技术、管理、知识和对外政策的窗口，以发挥对内对外“两个扇面”辐射的枢纽作用。因此，深圳的城市规划除了具有一般城市规划的特点外，还要符合特区的经济性质和特点。

在特区创办初期，曾经聘请了各方面的专家和顾问，对深圳的自然资源、地理环境作调查汇编，为特区的经济综合发展进行全面研究，其目的是为了给制订一个高质量的科学的现代化城市规划提供依据。但是，限于当时的条件和认识水平，仅能以发展来料加工工业为主出发，对城镇的发展作初步的规划。当时，规划城区面积为10.65平方公里，规划人口为20万—30万人。

1980年，全国人大通过颁布了《广东省经济特区条例》。特区建设出现了新形势，于是又组织了100多名专家，进一步修订城市总体规划，把城区范围扩大至60平方公里，规划人口为60万人。但这个规划仍较为粗糙。

1981年7月，中共中央明确指示，深圳经济特区要建成以工业为主，兼营商、农、牧、住宅、旅游等多功能的综合性经济特区。这不仅进一步明确了特区的性质，也进一步明确了深圳特区城市建设的基本性质。据此，又再

次组织各方面专家，对特区的城市基础、自然资源、经济结构、社会发展、环境影响、群众生活、人口规模等进行现状调查，并对经济和人口发展做出预测，在编制社会经济发展大纲的同时，进一步调整了城市规划布局，选定了以城市组团式结构作为深圳城市建设总体规划的基本布局。1982 年又邀请了内地和香港的经济和城市规划专家，就规划大纲的科学性和可行性进行评议，修订后上报省政府和国务院审批。1984 年，为了使规划更加完善，又委托中国城市规划设计研究院会同市规划局再次对总体规划作全面系统的编制，直到 1985 年年底始告完成。

在制订城市规划时，深圳力求吸收国内外规划的先进成果，结合特区的性质、任务和功能以及地理特点，尽量使规划搞得更加先进、科学、合理。

1. 选择合理的城市结构。深圳特区是一条狭长地带。根据这一地理和地形特点，把特区划分为几个组团结构，组团之间以绿化带相连接。各个组团内的生产、生活及消费设施都配套建设，形成相对完整、各有特色的综合性组团。这样的带形城市，便于按计划分期逐个组团发展，建好一片再建一片，又可按组团形成多个中心，避免块状城市中心区负担过重的状况。各组团由于具有相对独立完善的城市功能，使人流交通在一个范围不太大的区域内相对稳定，有利于高效便捷地组织城市活动，做到有利生产，方便生活。各组团均留有发展的余地，富有灵活伸缩的弹性，利于长远发展。

2. 确定科学的规划指标。在保证特区经济全面发展，以获得最佳效益的前提下，尽最大可能照顾到群众生活、物质消费、文化生活迅速增长的需要，采用较为先进合理的规划指标。深圳特区总面积 327. 5 平方公里，其中规划建设用地 122. 76 平方公里。规划工业用地 18. 48 平方公里，占 15. 1%；居住用地 22. 35 平方公里，占 18. 2%；交通用地 11. 33 平方公里，占 9. 2%；旅游用地 11. 7 平方公里，占 9. 5%。增大绿化面积是建设现代化花园城市的必要条件，规划要求特区内的绿化面积要达到 200 平方公里；在 122. 16 平方公里建设区域里，公共绿地也要达到 14. 21 平方公里，人均 17. 8 平方米。

3. 城市按功能适当区划。力求布局合理，相互协调，提高城市活动的综合效益。如让住宅区与工业区适当靠近，让仓库区尽量靠车站、码头，以减少人、物流的不合理流动。生活服务等消费性设施向社会化方向发展。按功能区划要求进行建设，维护城市的整体利益，不搞“小而全”的千家万户单门独院。深圳强调按功能区划进行建设，取得了一些成效。

4. 市政设施力求先进、配套。规划把电力、电讯线路埋设在地下。一俟全部管道贯通，即把地上架设的明线取消，使城市空间明净美观。排污系统的管道遍及每条道路，污水通向处理厂集中净化处理。垃圾除划定场地堆放外，还建设焚烧厂处理。液化气站、公共汽车站、邮电所、停车场（包括多层停车场）、菜市场等，也都按发展需要作了全面布置，使市政公共设施日臻完善。

5. 注意交通、通讯的发展。为适应和促进特区外向型经济发展的需要，总体规划布局特别注意了城市的对外交通和通讯问题。对外口岸规划为 6 个，原有的罗湖、文锦渡 2 个口岸经过改造，扩大了容量，并新开辟了沙头角、蛇口、小梅沙 3 个新口。皇岗——落马洲桥口岸尚在规划和建设中。连接内地的交通，也设立了 6 个联检设施和通道口，使深圳与内地的交通更为顺畅。

由于深圳经济发展与市场信息息息相关，发展对外通讯极为重要。按照规划，已建立了具有一定先进程度的对内对外通讯网，电话已可直拨美国、日本、新加坡等 13 个国家和地区的几十个城市。

6. 注意城市环境的利用与创造。严格按照总体规划布局的要求，坚决制止在城市组团之间的绿化隔离带上进行建筑；对原有的各种树木，特别是荔枝林，在不影响局部规划实施的前提下严加保护；城市干道两侧安排了 30 米宽的绿化带，还安排了若干城市公共绿地，修建了 6 个城市公园。为了保护环境，各工业区均依据所在地域的环境容量来安排各类工厂企业；对城市水源附近区域实行严格的保护措施；市政排水采用雨水、污水分流制，近期污水经污水处理厂处理后按标准向深圳河排放，远期考虑向珠江口和深海排放；生活燃料近期采用液化石油气，远期采用天然气，以最大限度地减少大气污染；对那些原有严重污染的工厂则责令停产或迁出。

7. 注意城市空间。规划得好的城市，应当既有规律而又富于变化，努力设计各种有秩序而又多样化的空间。深圳城市规划在这方面作了各种探索。

如深南大道两侧已建或在建的地段，规划调整为“收—放—收”的格局，以便形成各种不同的空间；在未建的地段，则构筑街旁小游园，丰富室外空间的内容，为市民共享，使这条横贯城市东西的干道街景富于变化。在住宅区的建设上，打破了过去常见的行列式布局，较多地考虑了人民居住的生活空间环境，如滨河新村、华新和下步庙住宅区、采用周边式布局手法，将住宅建筑围成三四个大空间，既互相独立，又互相渗透；还有花坛、草坪、雕塑、喷水池、游泳池、旱冰场等绿化、造景和娱乐设施；以连廊连接各幢住宅的二层住户，充分利用立体空间。解决了人车混行的矛盾，使居民更有安全感、安静感和舒适感；园岭住宅区的后期工程，多层与高层单体建筑相结合，高层居中，多层跌落，总平面呈放射状，形成了多种类型空间环境，加上立体绿化和连廊连接，使空间环境更加丰富多彩；怡景花园别墅住宅区，低层多层分片结合，住宅建筑随地势高低而筑，群体关系协调，加上低层住宅宅前宅后树荫花茂，使环境十分优雅。

8. 重视城市标志性建筑的单体造型。对于城市公共建筑的造型和建设，特别是那些具有城市标志性的建筑物，深圳持慎之又慎的态度，力求取得最能体现规划意图而又富有时代感和民族特色的方案。为此，这些建筑物的设计方案均实行公开招标，由几家实力雄厚的设计院甚至中国香港、国外的建筑师参与投标，由专家对所有方案进行评议，优者中标。由于建筑师解放思想，善于在吸取国内外现代先进建筑设计经验的基础上大胆创新，因而，在深圳出现了一批无论在造型手法上，还是在建筑平面构图上，空间组合上，都较为新颖、美观、大方、协调的、既有时代风格，又有民族特色的建筑物，如国贸大厦、体育馆、图书馆、科学馆、银湖旅游中心、东湖宾馆等，均受到国内外建筑家的好评，成为深圳有代表性的建筑。深圳地处亚热带，日照长、气温高，适宜以白色、乳黄色和淡绿色作为城市建筑的基本色调。由于色彩淡雅，加上城市绿化与建筑物相互映衬，丰富了城市的景观，给人耳目一新、朝气蓬勃的感觉。

9. 适应对内对外经济交流的发展需要。深圳是个开放的外向型城市，要发挥“四个窗口”及对内对外辐射的枢纽作用，势必成为国际和国内两个市场的交汇点。又由于实行外引内联的发展方针，深圳与外商和内地企业的交往日益增多。因此，规划从实际出发，采取兼顾不同对象的要求，有区别、多档次的做法，在城市建设上按照内外不同的要求来进行规划。无论住宅、宾馆还是商场、旅游设施、文化设施等，凡供应服务对象以外商为主的，一般采用国际通用的标准来进行建设，以适应他们的需要；凡以内地人员为主要服务对象的，就要提供价格低廉的服务场所，以适应他们的经济条件。这样，就在城市规划中体现了对内对外两个市场的需要。

10. 注意了精神文明建设的需要。现代城市作为政治、经济文化活动中心，早已超出单纯的生产或生活的狭隘观念。在城市规划与建设中，深圳尽量满足现代社会日益增长的物质和文化需要，使城市的功能得以全面发挥。在规划的编制过程中，注意了城市多功能要求的配套发展与建设，及早地根据各功能区的实际和人口密度的情况，安排了文化、教育、卫生、体育等公共设施，对这些项目的用地给予预先安排，以利分期分批建设。

二、全面开展基础设施建设，创造投资环境

深圳原来是一个小县城，街道狭窄，房屋多是平房，市政设施简陋，基础条件很差。特区创办初期，集中力量进行了大规模的基础设施建设，为创造投资环境，建立新型的特区城市奠定基础。

（一）市政公共设施建设。

城市道路：1979 年修建深圳的主干道——深南大道。1980 年削平罗湖区的一个小山头，将大片低洼地填至洪水线以上，成为城区第一片开发用地。1981 年建设人民南路、深南东路、上步中路 3 条干道，总长 5. 6 公里。改造火车站两侧的和平路、建设路，开发东门北、布吉、红岭中、笋岗、华强路等 24 条大马路，全长 36 公里。1983 增建红岭南、东门东、文锦、泥岗路等 114 条新路，全长 23 公里。至 1985 年年底止，在罗湖、上步区的开发中，共开挖土方 871 万立方米，填土 832 万立方米，修建宽 21 至 50 米的主干道（柏油路）75 条，总长 161. 3 公里，城内各小区道路总长 80 公里，建成 2 座跨越铁路线的立体交叉桥——笋岗桥和泥岗桥，主干道工程完成后，已形成了一

个总长 174 公里的四通八达的道路网，为深圳特区的开发建设打下了基础。

供水工程：创办特区初期，深圳只有一个日供 1.2 万吨的水厂。几年来，已投资 1.2 亿元用于供水工程建设。新建的第一水厂于 1982 年 5 月建成投产，日供水 6 万吨。第二水厂设计日供水能力为 12 万吨，于 1984 年 1 月开工兴建。在抓紧新厂建设的同时，老水厂进行了挖潜改造，日供水量由 1.2 万吨增加到 24 万吨。这期间，还修建了直径 200 毫米的供水干线 199 公里，使罗湖、上步两个区形成了功能配套的输水管网，为解决南头、沙头角两区的供水问题，日产 12 万吨的南头大冲水厂、沙头角水厂和下梅林水厂也已开始动工。

供电设施：特区创办以来，共建设 220 千伏变电站 1 座，110 千伏变电站 9 座，35 千伏变电站 7 座，10 千伏配电变压器 1895 台；架设 110 千伏输电线 6 条，109 公里，35 千伏线路 5 条，72.5 公里，10 千伏线路 1410 公里。1985 年供电量已达 5.84 亿度，比 1979 年的 0.33 亿度增长 16.7 倍。深圳与香港合办的东莞沙角 B 电厂正在建设，发电机装机容量 120 万千瓦；位于大鹏湾的广东核电站，装机容量 180 万千瓦，已于 1984 年 3 月开始兴建，正进入核岛施工阶段。随着这些电站陆续建成投产，深圳经济特区的用电将更加充裕。

排水及污水处理工程：为保证市区 31 平方公里内不受雨水淹漫，使罗湖、上步区污水排除畅通，排水系统采用雨水、污水分流制，铺设了雨水管道 84 公里，污水管道 105 公里。1982 年开始筹建污水处理厂，投资 2000 多万元，主要承担罗湖、上步区的生活污水处理。第一期工程日处理能力为 2.5 万吨，已于 1984 年建成。

城市防洪工程：第一期工程主要是新建笋岗滞洪区、整治布吉河和笔架山河，修建深圳河防洪堤，1981 年 8 月动工兴建，到 1984 年已建成笋岗滞洪蓄水区主坝 400 米，东西堤 3410 米，桥闸 1 座，深圳河防洪堤 4.5 公里。这些工程交付使用后，消除了布吉河两岸洪水的威胁。第一期工程结束后，还将对深圳河主干道进行整治和开发，更好地解决深圳的防洪问题。

（二）交通、电讯设施建设。

铁路：广深铁路改造工程（复线及其电气化）于 1984 年 2 月动工，1986

年将完成复线工程，1987 年将完成电气化工程。铁路客运量每年已达 1000 万人次，比五年前增长 5.5 倍，进出口货运量也增长了 1 倍。

港口：已建成赤湾、蛇口、东角头、梅沙码头，吞吐能力为 500 万吨。赤湾港是 1949 年后中国第一个由企业自筹资金兴建的大型港口。1982 年 8 月动工，用了不到 3 年时间，便在昔日荒芜的海湾建成一个初具规模的石油后勤基地和深水港。还有一批港口正在建设，如集装箱港口——妈湾港，拟建泊位 12 个，总投资 13 亿元。首期工程先建 1 个 5 万吨集装箱泊位，投资 1.5 亿元，已于 1985 年破土动工，大鹏湾深水港也正在进行建港前期工作。

航空：1983 年建成了全天候直升机场，并与美国直升机公司达成协议，承担接送美国、日本等国石油公司工作人员往返南海石油钻井平台等任务。还拟建设深圳国际机场。并已开通深圳—北京的客运航线，由北京中国航运服务公司和深圳中联航空服务公司联营，进出深圳的旅客可在距深圳较近的惠阳平潭机场上机下机。

电讯：建筑面积 1.45 万平方米的电讯大楼已经落成，1982 年从日本引进全数字程序控制交换机，装机容量 2000 门，已在 1983 年年初开通使用。1984 年又从瑞典引进 1.4 万门的长市合一的程控数字电话交换机，并于 1985 年开通。深圳至广州、香港，已实现全自动拨号。还建成了广州经深圳至香港 2700 路和深圳至珠海 960 路微波通讯系统。随着微波电路的开通，一些新的通讯项目，如用户电报、无线电传呼、移动电话、传真通讯等将陆续使用。1985 年深圳电话已可直拨美国、日本、新加坡等 13 个国家的 50 多个城市。

（三）高层楼宇建设。

深圳的高层建筑建设始于 1981 年。经过几年的建设，已有一批高楼大厦拔地而起，以其宏伟的规模，新颖的造型展示了新型特区城市建设的崭新面貌。

深圳的第一幢高层建筑是位于上步区的电子工业大厦，高 20 层，于 1983 年建成交付使用。第一幢外商投资的高层建筑是位于罗湖区的国际商业大厦，由 2 幢 20 层高的商业、办公楼组成，建筑面积 5 万平方米，总投资 8000 万港元，于 1983 年 4 月竣工交付使用。1981 年以来动工兴建的高层楼宇还有国贸大厦、友谊大厦、北方大厦、发展中心大厦、航空大厦等 133 座，到 1985 年已建成 42 座，建筑总面积约 45 万平方米。

这些高层公共建筑形式多样，设计精巧，讲究使用效果，设备齐全、先进。例如深圳国际贸易中心大厦，建筑面积 10 万平方米，主楼 50 层（未包括地下 3 层），高 160 米。分高低两个区段，顶层为旋转餐厅，楼顶设有直升机停机坪，主楼为办公用房，裙楼为商业服务、展销商场等。主楼垂直交通设有 12 台电梯，3 部观景电梯，裙楼设 12 台自动扶梯，用微电脑控制，大厦设有电脑自动控制管理中心，监控和保证水、电、空调、消防等各项设备的正常运转，这项工程建设速度快，达到国际同类建筑的先进水平。并经市验收委员会评为优秀工程，受到各方面的赞扬。（见表 28）

历年来深圳 18 层及 18 层以上高层楼宇建设情况表

表 28

年　份	累计总幢数	累计总投资（万元）	累计总建筑面积（万平方米）	其中					
				累计竣工			在　建		
				幢数	竣工总投资（万元）	竣工总面积（万平方米）	幢数	总投资（万元）	总建筑面积（万平方米）
1982	46	40114	60. 29	1	680	1. 45	45	39434	58. 84
1983	62	75510	101. 81	18	9133	17. 15	44	66377	84. 66
1984	90	140418	187. 79	34	18214	33. 76	56	122204	154. 03
1985	133	291180	326. 4	42	23460	44. 90	91	267720	281. 50

（四）文教卫生事业的相应建设。

特区创办以来，文教卫生事业得到很大发展，先后建成大专院校 2 所，中专 7 所，中学从 7 所增至 20 所，小学从 39 所增至 68 所，幼儿园达到 79 所，医院从 1 家增加到 14 家，病床从 245 张增加到 712 张。这个时期建设的主要项目有 8 个。

深圳大学。一所新办的综合性大学，规模为在校学生 4000 人，计划投资 8000 万元，建筑面积 23 万多平方米。第一期工程 5. 9 万平方米，于 1984 年 1 月动工，当年 8 月 31 日全部建成，9 月开学开始使用。建设速度之快在国内罕见。

深圳图书馆。建筑面积 1.3 万多平方米，规模为藏书 100 万册，阅览座位 830 个，设有声像视听室、缩微资料阅览室、书展厅、报告厅等。1983 年 11 月动工，已建成投入使用。

深圳体育馆。建筑面积 21198 平方米。1984 年 7 月 1 日动工，1985 年 11 月建成交付使用，已在亚乒赛等重大国际比赛中发挥作用。

新闻中心。建筑面积 5.7 万平方米，高 33 层。设有现代化通讯设备，有连接国内外电讯网络的通讯中心及资料储存系统，有供各种会议、展览和演出的场所，有广播、电视、图片冲印及各种刊物书籍的编辑出版系统，1984 年 11 月动工，计划 1987 年部分建成。

深圳博物馆。这座用泰山砖作装饰面的米黄色现代化楼宇，已矗立在荔枝公园南侧。

深圳科学馆。建筑面积为 1.15 万平方米，由展览厅、报告厅、电化教室、咖啡厅、休息室等组成。1984 年建成。

深圳歌剧院。建筑面积 3.26 万平方米，设有 1600 个座位，附设音乐厅、阅览室、美术展览场地、音乐茶座、购物商场，集文化娱乐于一体。该工程于 1984 年 2 月动工兴建，1987 年建成。

深圳电视台。建筑面积 1.8 万平方米，具备播、录、演、接收、发射等功能，已动工兴建。

（五）特区管理线建设。

深圳特区与非特区的管理线，全长 84.6 公里。建设投资 1 亿多元。建设内容包括：84.6 公里长的巡逻公路，南头、沙湾、布吉、白芒、盐田和背仔角等 6 大口岸联合检查站，13 个乡间小道的检查站，30 个营房点等。该工程于 1982 年开始动工，1984 年年底按期建成，1986 年 4 月启用。正式管理后，使特区可以对外实行更加特殊和灵活的措施，给外商提供安全良好和优惠的投资环境，使特区对外更具有吸引力，有利于特区外向型经济体制的建立。

三、有步骤地进行工业基本建设

创办特区头两年，由于基础设施正在建设，工业区用地尚待开发，因此，工业基本建设规模较小。随着特区基础设施建设的迅速发展，罗湖、上步新城区的逐渐形成，蛇口和上步、沙河、八卦岭等工业区相继开发，工业基本建设规模才逐步扩大。1985 年完成工业基本建设投资达 7.46 亿元，为 1980 年的 11.8 倍。

深圳历年来工业基建投资表

表 29 单位：万元

项目 \ 年份		1979	1980	1981	1982	1983	1984	1985	累计
完成基建总投资（万元）		4988	12487	27039	63265	88593	163670	276125	636167
其中	工业基建投资（万元）	1717	6281	13893	9839	17054	30492	74612	153888
	占总投资%	34.4	50.3	51.4	15.6	19.2	18.6	27	24.2

1. 蛇口工业区。位于特区西部的南头半岛，与香港新界元朗隔水相望，原是一片背山面海的荒滩野岭。由交通部香港招商局开发和经营，是特区境内开发较早的一个工业区。1979 年年初开始筹备，7 月份正式动工。蛇口的建设者们用一年多的时间开山辟地，平整出 1.3 平方公里建设场地，建起了港口码头，完成了道路、水、电、通讯等基础设施。接着开始建设标准厂房和专用厂房，住宅、宾馆、商场、酒家以及其他公用设施，迅速形成了良好的投资环境。1981 年起，一些外资和合资的工业企业投入生产。

蛇口工业区从创办开始，就以建立外向型工业经济为主要目标，在发展工业项目时，首先考虑产品外销的可能性，以及在国际市场的竞争能力。到 1985 年上半年止，已和客商签订协议 192 项，其中中外合资 102 项，外商独资 27 项，协议投资 25.2 亿港元，其中引进外资 11 亿港元，占 44%。投资兴办工业企业 85 家，已建成投产 40 家。

在引进外资的同时，还引进了一批先进技术和设备，有效地提高了工业生产的技术水平。蛇口的工业产品已有 100 多种进入国际市场，出口产品总值约占工业总产值的70%。

2. 上步工业区。位于特区的中心，面积1.1平方公里。由深圳市工业发展服务公司负责开发建设，主要安排发展电子和轻纺工业。该区于1982年9月开工，经过几年时间，建起一大批标准厂房和办公楼宇以及配套的仓库、宿舍、商场等工程。区内高楼成群，厂房鳞次栉比，马路纵横交错，呈现一派欣欣向荣的景象。航空大厦、爱华、华强两个电子公司的电脑大楼等正在兴建，一批新的设备正在安装。

上步工业区已有200多家企业投产，其中30多家是中外合资企业，100多家由航空工业部、电子工业部等10多个中央部门和有关省市兴办。该区已拥有电子企业80多家，1985年完成产值约占深圳特区工业总产值的1/3，产品开始进入国际市场。上步的针织服装、纺织器材、家具等产品也已开始出口，嘉年和旭日两家印刷厂的精美印刷品，在香港和海外都很受欢迎。

3. 沙河工业区。位于深圳湾畔，由广东省沙河华侨企业公司负责开发管理。特区创办初期，该公司就与港商合资兴建了光明华侨电子厂，同时以补偿贸易方式建起了汽车修配厂。随后，公司同华侨、外商合作，对工业区进行全面开发建设。到1985年年底，公司对外签订的合资、合作、来料加工、补偿贸易等协议30多项，协议投资额5亿多港元，引进设备300多台（套），新建工业企业20多家。电子、家具等产品开始进入香港和欧美市场。

4. 八卦岭工业区。位于特区的北端，占地面积1.07平方公里。由深圳工业发展服务公司开发建设。从1983年9月正式动工到1985年，已完成投资1.647亿元。25幢标准厂房和10幢专用厂房已交付使用。他们积极洽谈外引内联工作。到1985年年底，已确定在工业区设厂的有113家。

5. 南海石油后勤基地。为适应开发南海石油的需要，1983年12月成立了南海石油深圳开发服务总公司，负责南头基地的开发建设工作。第一期工程投资3亿元。自1984年3月动工以来，劈山填海，平整场地，修筑道路，并有一批标准厂房和住宅楼宇动工。占地70公顷的电子仪表工业区也已开始建设，有14个国家和地区的60多家客商和国内11家公司前来洽谈投资，并签订了一批合同和协议。

6. 水贝工业区。位于罗湖区北面，以发展机械、建材工业为主，占地0.8平方公里，开发资金由特区发展公司筹集。首期工程投资1300万元。1983年10月到1985年，已有4幢标准厂房和2幢大型仓库建成，深圳铝材工贸公司、京深星海乐器工贸有限公司、中国深圳技术软件技术有限公司、泰荷石棉水泥制品厂、香港汇奇化学有限公司、香港恒光国际光学公司、意大利玻璃纤维厂等一批企业在这里建厂。

7. 深圳科技工业园。位于深圳西部，面积3.2平方公里。由深圳市政府与中国科学院合办，利用外资引进先进技术和人才，实行科研、生产、教学相结合，以开拓新兴产业，开发和生产高技术产品为宗旨。着重开发微电子、光电子、精密机械、新型材料、精细化工和信息传感器等项目。1985年7月开工建设，计划两三年内基本完成。

8. 建筑材料工业。深圳改市前，原宝安县的建材工业基础差、底子薄，仅有3家小厂，年产水泥2万吨，石灰1.5万吨，红砖2000万块。1979年建材工业总产值为324万元，仅占全市工业总产值的5%。

特区成立后，城市基本建设日新月异，建材工业蓬勃发展。到1985年年底，已兴办各类建材生产企业240家，其中外商投资38家，占企业总数的15.83%。乌石古石场、广东浮法玻璃有限公司、深圳光华中空玻璃联合企业公司、远东大理石企业有限公司和深茂水泥厂等，经济效益显著，在特区建设中发挥了重要作用。

几年中，建材工业产量、产值逐年增长，花色品种多姿多彩。1985年与1979年相比，总产值已达7133万元，增长了22倍；水泥增长了4.81倍；红砖增长了1.65倍；金属门窗从无到有，发展到年产能力24.86万平方米；产品品种从单一的建材发展到高级和新型装饰材料等几十种，其中碎石、大理石、中空玻璃、塑胶管、建筑涂料、花岗石等建材产品已进入香港或国际市场。1985年实现利润967.38万元，彻底扭转了建市前建材工业亏损的落后状况。

通过工业区的开发建设，深圳工业生产已具有一定的规模。创办特区之前，深圳仅有24间支农和农副产品加工小厂，工业年产值只有6061万元。

建特区以来，到1985年年底，工业企业已达907家，工业总产值达26.74亿元。特别引人注目的，是电子工业的崛起。1985年，深圳特区电子工厂已有160多家，其中中外合资和外商独资企业占30%，能生产电子产品420多种，产值超过13亿元，产品大部分外销。特区工业区从来料加工为主逐步转向以移植和开拓自产产品为主，1985年工业产品已有800多种，其中有400多种已进入国际市场。来料加工产值占工业总产值的比重，由上年的9%下降到4.8%。与此同时，工业开始从内向型向外向型转变。“三资”工业企业的产值，1985年已占工业总产值的42.3%。

四、发挥深圳优势，建设多行业配套发展的综合性经济特区

（一）搞好商业基本建设，适应特区商业的迅速发展。

特区建立以前，深圳的商业服务设施相当落后。经过1980—1985年的建设，宾馆、旅店、招待所从1979年的8家增至110家，客房从536间增至4900多间，床位从1800个增至1.46万个，营业面积从1.7万平方米增至14.8万平方米；餐厅、酒家从15家增至188家，座位从1800多个增至2.8万多个，营业面积从4000平方米左右增至4.4万平方米。其中设备完善的高级宾馆16家，4500多床位；高级餐厅20家，8800多座位。特区的商业网点也相应发展到3100多个，有设备先进、装饰华丽、商品繁多的综合性大商场，有自助式超级市场，有看样定货的展销门市部，还有各类中小门市店。罗湖区已形成了繁华的闹市，上步、蛇口、南头、沙头角等地也出现了新的商业街区。

商业服务设施的建设，多是采取外引内联的方式进行的。市财贸部门引进了7个国家和地区的资金7亿多港元，兴办了50多家商业企业，还与中央有关部门及14个省市联营兴办了90多个商业企业，如市商业总公司与商业部合作经营中国友谊贸易中心，投资8000万元，营业面积7万平方米，吃、住、游乐、购物等服务项目齐全，是特区一家大型综合性商业企业。

与此同时，还兴办了一批仓储设施。位于笋岗仓库区的5000吨冷库主库占地面积2.2万平方米，建筑面积19880平方米，1983年1月动工，1984年

1 月交付使用，使深圳市肉类、果菜、蛋品和药材等货物储存和中转能力大为提高。1985 年 4 月，又开始建设清水河仓库区，包括冷库、多层提货仓、鲜活仓、屠宰场、加工厂房、办公楼等 10 多个项目，总投资预计 3 亿多元。该仓库区建成后，将使通过特区出口的货物吞吐量大大增加。

（二）按照贸工农的方向，调整和发展深圳的农业。

从 1979 年开始，深圳市逐步调整了农业布局和农业内部结构，大力发展鲜活农副产品生产。1983 年宝安县已有 6000 户农民投入开发性承包，到 1985 年已建立 5000 株以上荔枝水果基地 10 个，当年水果上市量达 7 万担；办了鸡场 182 个，养鸡达 610 万只；猪场 90 个，生猪饲养量 13.21 万头，上市总肉量达 12.2 万担；蔬菜种植面积 3.3 万多亩，总产量 67.2 万担，并在沿海地带与外商合办 2 万多亩水产养殖基地，开挖鱼塘 2.2 万亩。1985 年宝安县水产养殖面积已达 17.68 万亩，淡水鱼产量达 12911 吨。深圳市在搞好特区市场供应的同时，积极组织和扩大鲜活产品出口。1984 年全市农业产品出口创汇达 4 亿港元，比 1979 年增长 7 倍多。

深圳积极引进外资和新技术新设备，改造农业，发展农业。先后与外商、港商、华侨签订农业种养、农产品加工合同 470 多项，外商投资 2 亿多元。引进了封闭式工厂化养猪场，电脑自动控制饲料加工、网箱养鱼等设备；在良种方面，引进了荷兰、新西兰的奶牛，比利时的种猪，美国的肉食良种鸽和加州鲇鱼等，例如，光明华侨农场引进了日产牛奶 20 斤的新西兰良种奶牛 1750 头，还引进了瑞典的“鱼骨式”自动挤奶机，可供 24 头奶牛同时挤奶。这个农场生产的瓶装和纸盒装“维他纯鲜牛奶”，很受香港市民欢迎，已成为深圳市一个现代化农场和大宗畜产品出口基地。

（三）住宅建设与房地产业的兴起。

深圳市十分重视住宅建设，特区住宅建设投资和竣工面积逐年增加。到 1985 年年底，已建成住宅 2000 多幢，竣工的建筑面积 417.6 万平方米。特区职工和居民住房达到了较高的水平，有 8000 多位华侨、港澳同胞和国外人士在深圳购买了住房。

深圳历年来住宅竣工面积和人均居住面积表

表 30　　　　　　　　　　　　　　　　　　　　单位：万平方米

项目 \ 单位 \ 年份		1978	1979	1980	1981	1982	1983	1984	1985	累计
住宅竣工面积	万平方米	2. 13	5. 26	17. 86	23. 41	45. 57	62. 4	123. 76	139. 31	419. 70
人均居住面积	平方米	2. 74	3. 49	5. 6	6. 24	6. 5	10. 8	11. 8	8. 07	

深圳的住宅，大多是按小区集中开发建设的。到 1985 年止已开发了 15 个住宅小区，基本建成 10 个，建筑面积 93 万多平方米。新住宅区的规划设计，逐年都有改进和创新。规划方面，打破了排列式的单调设计，代之以多姿多彩的周边型、开放型布局，建筑群高低错落，有层次、多变化，建筑物造型新颖，区内有大面积的绿化空间。住宅区的生活设施完备，有商店、车场、邮政、银行、幼儿园、学校以及运动、游乐场等，使特区居民有了方便舒适的生活环境。

住宅小区的建设均由承包公司总承包，统一组织施工，建设进度较快。住宅的分配，凡是兴建单位投资或者集资参加统建的，交投资单位分配使用；商品住宅则由商品住宅经营单位出售出租。

特区住宅的商品化，使房地产业得以兴起。深圳房地产公司于 1980 年年初成立，大胆借鉴香港和国外房地产业的经验，结合特区的实际，引进外资，积极创业。6 年来，引进外资达 14 亿多港元，完成基建投资 13. 6 亿港元。他们将开发好的土地提供客商，由外商建成商品楼宇共 83. 5 万平方米，收取土地使用费 1. 3 亿多港元。同时与外商合资和合作经营，建成了大批商品楼宇和住宅。公司还自筹资金兴建了怡景花园等高级住宅区。1985 年已成为一个拥有资金 12 亿港元的经济实体。

（四）开发旅游资源，发展特区旅游业。

深圳的旅游业建设，从 1979 年兴办西丽湖度假村开始；接着在深圳水库、香蜜湖、银湖、小梅沙、石岩湖、深圳湾等处进行开发，建设旅游度假胜地。这些旅游点建设，主要是依托当地的自然景色，适当点缀以园林建筑，供旅客观赏；同时兴建宾馆、餐厅、商场、游乐场等，为游客服务。到1985年已建成旅游点9个，高级宾馆10家，餐厅、饮食店上百间，旅游专车350多辆。初步形成了深圳特区的旅游网。

1980年，到深圳旅游的中外游客只有7万人次，到1985年，累计接待游客555.4万人次，旅游收入5.03亿元。其中接待港澳台及国外旅游人数242.3万人次。外汇兑换券收入3.7亿元。

西丽湖度假村占地面积1.9平方公里，是深圳市最早兴办的一个旅游中心。市旅游公司靠短期贷款起家，简易上马，边营业，边积累资金，由小到大。第一期工程于1982年建成，第二期工程于1984年建成。1980年至1984年5年共投资1500万元，建成各类宾馆、别墅（床位1200个），各类餐厅（座位1500个）以及各种游乐设施，总建筑面积已达5万多平方米。

东湖宾馆，是深圳市园林公司同香港嘉年集团合作经营的一间度假式宾馆。宾馆建在深圳水库边，依山傍水，环境优美。园林面积达1.4万多平方米。1980年7月签订合同，1981年8月开始营业。1984年12月转由美国田纳西塑胶工程公司作为外资新股东，外商再投资3250万港元，合作经营这家宾馆。宾馆开业以来“淡季不淡”，平均住房率达到96%，其中国外客人占70%左右。

香蜜湖度假村，由特区发展公司与香港志强发展有限公司合资经营。第一期工程投资1亿港元，1981年年底动工，1983年建成。楼内设有中西餐厅、商场、电子游戏房、舞厅、俱乐部和5座共411个床位的高级宾馆。第二期工程“中国娱乐城”计划投资5亿港元，已于1984年7月动工。至1985年已完成投资2亿港元，引进日本和意大利最新游乐设备共20多项，1985年8月已正式对外营业。

银湖旅游中心，坐落在深圳市北郊笔架山下，占地10万平方米，由深圳市罗湖区集资兴办，投资1.5亿港元。1983年4月动工兴建，建筑面积达3万多平方米。第一期工程，建有9幢独立体式楼房，除主楼外，还有132套双人住房以及餐厅、会议厅、咖啡厅，第二期工程，建有7幢别墅式庭园，50套高级住房。该旅游中心的建筑风格恬淡幽雅，采用岭南庭园建筑的方式，尤其是别墅区的7座建筑，既具有民族传统的古朴典雅，又有国外现代的富丽豪华气派，实为卓越不凡的园林建筑。此外，还建有充满活力的体育康乐设施：游泳池、骑马场、儿童游乐场、舞厅、桌球室、激光射击场、健身室、芬兰浴室、保龄球场等。

深圳湾大酒店游乐场占地面积达20万平方米，投资1亿港元。引进多种游乐项目，有过山车、摩天轮、距地面3.2米高的单轨列车，还有大型秋千椅、太空船、碰碰车、弹跳床、立体电影院、各种电子游戏室等。酒店正中辟有游泳池，在24亩的人工湖上，可供垂钓、划艇及多种水上游乐项目，湖畔有荔园、竹林、松林，都是游客活动和休息的好去处。

石岩湖位于深圳西北角，距市区40公里，包括石岩湖和玉律温泉两个点。第一期工程于1983年年底完工，第二期工程于1984年年底建成。石岩湖水面有3600亩，水面宽阔、湖水清澈，湖岸绿树成荫、湖边有著名的玉律温泉，泉水常年水温63摄氏度，含有碳、锂、碘、硼等多种元素，对治疗风湿，皮肤病及神经痛有效，建有温泉浴室48间。这里还兴建了13栋豪华别墅（客房116个）及各种游乐设施。

西冲风帆游艇休憩区，以风帆游艇为主，计划投资4300万港元，分二期进行建设。第一期工程有海上防波堤和船艇停泊浮桥及浮墩，1982年9月底完工；第二期工程正在建设。

五、特事特办，探索基本建设管理新体制

深圳特区在基本建设工作中按照“特事特办，新事新办，立场不变，方法全新”的原则，大胆改革，开拓前进，探索自己的路子，促进了基本建设的蓬勃发展。

（一）依靠特殊政策，解决基本建设的综合平衡。

基本建设任务大，财力、物力、人力不足，是特区建设的突出矛盾。这个矛盾主要是靠一系列的特殊政策解决的。

为了大量引进外资建设特区，全国人大常委会批准公布的《中华人民共和国广东省经济特区条例》规定，对外国的公民、华侨、港澳同胞及其公司、企业在经济特区投资建厂或者与我方合资兴办企业和其他事业，实行优惠政策和保障措施。深圳特区认真执行条例的各项规定，具体制定了大大低于港澳地区的土地使用费标准，规定了低于香港高于内地的工资水平，增辟了入出境口岸，延长了海关通过时间等。并根据特区建设的发展和国际金融活动的变化，继续完善有关优惠政策和措施。这样，使外来投资者可以在特区获得稳定的利润，来投资的外商日渐增多，外资成了特区建设的一个重要资金来源。自创办特区以来，到1985年年底深圳完成的基建投资中，外资占19.4%，外资工程所需的大批设备和材料，也通过进口得到了解决。

为了支持经济特区的创建和发展，国务院和广东省对经济特区的财政采取了大包干的办法。财政收入五年不上交国家，全部自收自支，用于特区建设。1980年到1984年深圳用财政自筹投入基本建设的资金，占同期累计完成基本建设投资总额的31.1%。市政建设大胆使用银行贷款，特区信贷实行多存多贷的体制，同期深圳特区运用银行信贷筹集建设资金，解决了基本建设投资总额中的29.3%。特区的外汇收入全部留给特区，自收自用。特区内自用的生产设备和原材料的进口，由特区政府审批。1985年以前，国家对特区年度基本建设规模不下达控制指标，由特区根据实际情况确定，上报备案。国务院还规定投资规模轻工业3000万元以下，重工业5000万元以下的项目，建设条件和生产条件能够自行平衡的，特区可以审批。省政府还把特区内基建征地审批权下放给特区政府。因此，特区在基本建设计划安排和项目审批等方面都有充分的自主权。

深圳特区在国家投资和物资供应很少的情况下，基本建设完成投资额逐年大幅度增加。项目上马快，建设进展顺利，正是这些特殊政策产生了巨大的威力。

（二）在建设基础工程中实行“五统一”。

基础工程是创造良好投资环境的先决条件，也是完善投资环境的重要保证。基础工程涉及市政、供电、供水、电讯等部门，过去因为行动不一致，造成“挖路不止”，费时误事，严重浪费人力、物力、财力。深圳吸取了内地城市建设中的某些教训，采取了统一规划、统一征地、统一设计、统一组织施工、统一使用资金的“五统一”办法，把牵涉市政设施建设的任务统一起来，成立了可以协调各有关部门的基础工程工作组，由其中一家管到底。实践的结果，这个办法比较有效，路修到哪里，地下管道（包括电力、电讯管沟）就铺设到哪里，路灯就装到哪里，花草树木就种到哪里，大大加快了工程建设的速度。

（三）实行开发性建设。

深圳特区在建设中采取了建设项目由开发公司承担，通过贷款或集资形式筹措资金，按照城市总体规划的要求，进行建设和经营。深圳具有开发性质的公司有：城建开发（集团）公司、南海石油深圳开发服务总公司、东部开发（集团）公司、特区房地产公司、工业发展服务公司、信托投资公司等12家。

这些开发公司的共同特点，就是不向国家要投资，依靠一定数量的银行贷款，采用“滚雪球”的方法来逐步积累建设资金，完成开发任务。开发公司首先开发土地，提高土地使用价值，通过收取土地使用费来偿还开发费用。开发工作通常是综合进行的。地面的建筑工程也伴随着土地开发逐步铺开。在出售或出租地面建筑物时，也把土地使用费一并回收。第一批开发工程得到的资金，又作为第二批开发工程的投资，如此循环下去。由于在建设期间就能不间断地回收资金，建设工程也就不间断地连续进行下去。在经营开发性建设时也必然会获得合法的利润，这样，开发工作也就从小到大，不断发展。例如工业发展服务公司1982年向银行贷款1800万元，用于上步工业区12万平方米土地的开发（征地、“三通一平”等）和建设标准厂房。在开始兴建厂房时，他们就广为宣传该小区的良好投资环境，吸引客商前来订购厂房，签订合同时，规定签约后买方预付款40%，厂房盖到3层时再付50%，余下10%则在厂房交付使用时结清。公司把预售款用来搞基础设施和建厂房，结果，在一年的时间里，用1800万元贷款便完成了7500万元的工程。同样，房地产公司用3000万元贷款完成了罗湖小区8000万元的“七通一平”基础工程，他们一面回收土地使用费，一面把开发出来的土地作为投资，与客商合作经营房地产，四年来已完成2.62多亿元的工程。

开发公司的实践证明，采用这种开发方法有很多好处：一是有利于做到“规划一片，开发一片，建成一片，投产获益一片”；二是有利于引进外资项目；三是有利于城市基础工程建设的大规模进行；四是通过开发，为特区各行各业提供了生产、经营、居住、旅游、娱乐的基本条件，从而促进了特区经济的迅速发展。

（四）推行建筑产品商品化。

深圳特区建筑产品商品化是从1980年开始的。当时分别成立对外经营的房地产公司和对内经营的住宅公司，开展住宅建设和出售业务。当年对外售出住宅583套（建筑面积34000平方米），对内售出102套（建筑面积6900平方米）。1982年，又陆续成立了工业发展服务公司等单位，从生产和经营商品住宅扩展到商品厂房、仓库、商场、办公室等。据统计，1980—1985年，已建成的商品房有：162万平方米住宅，83.4万平方米厂房，14.1万平方米仓库，7.8万平方米商场，5.1万平方米写字楼（办公室），总计272.4万平方米，占全市六年总竣工面积916.34万平方米的29.7%。在各类建筑中，商品房所占的比例平均达到37.4%。

建材供应方面，打破独家垄断，实行多家经营、多家竞争，建立了一个多渠道、少环节的建材市场，较好地解决了特区的建材供应。自1979年建市至1985年年底止，全市共使用了钢材100.3万吨，木材27.7万立方米，水泥377.1万吨。这样大量的建筑材料，主要通过开放市场，多渠道解决，属于国家计划分配的，所占比重很小。（见表31）

为了适应建筑市场开放的新形势，1981年5月，深圳成立了市工程质量监督检验站，负责特区的重点工程、市政设施的质量监督和原材料检验工作。凡7层以上的高层建筑、特种建筑、重点工程，一律要委托质检站监督方能施工，原材料必须先经检验合格才能使用。1982年10月，特区还设立了基建合同预算审计站，负责审查与监督招标工程标底和工程预、结算，审查与监证承包合同，管理工程预算定额、材料预算价格、收费标准等，这两个独立的监督机构，在特区建设中都发挥了很好的作用。

各种供应来源的数量和比重
（1979—1985年）

表31

名称	计算单位	总计	国家计划分配	进口	国内市场采购及协作	特区生产
钢材	数量（万吨）	100.3	3.81	71.54	24.95	
	比重（%）	100	3.8	71.3	24.9	
木材	数量（万立方米）	27.72	3.72	11.21	12.79	
	比重（%）	100	13.4	40.4	46.2	
水泥	数量（万吨）	377.14	34.84	90.9	228.9	22.5
	比重（%）	100	9.2	24.1	60.7	6

第二节　珠海经济特区的建设

珠海市位于珠江口内伶仃洋的西岸。东与香港、深圳隔海相望，南与澳门陆地接壤。背靠富饶肥沃的珠江三角洲广大腹地，距离广州137公里，面临浩瀚无际的南海，距南海油田开发区前沿约80海里。全市水陆总面积7602平方公里，其中陆地面积1630平方公里。有大小岛屿144个，星罗棋布地镶嵌在近6000平方公里的海域里，海岸线（含海岛）共长690公里。市区地势由西北向东南倾斜，山地丘陵起伏，林木葱茏；沿岸港湾众多，沙滩平阔，景色秀丽。珠海属亚热带海洋性气候，常年四季如春，年平均气温摄氏22.3摄氏度，最高温度37.2摄氏度，最低温度2.5摄氏度。年平均降雨量1700—2300毫米。境内自然资源和非金属矿产资源均较丰富。

珠海也是中国著名侨乡之一，有近20万海外华侨、港澳同胞分布在世界50多个国家和地区，他们与国内关系密切。珠海与澳门陆地相接的拱北海关，是中国对外开放的重要口岸，每年进出口岸的中外旅客数以百万人次计，1985年达到1200万人次；内地与澳门的进出口货物，亦多半通过拱北海关。珠海历来有对澳门供应农副产品、鲜花和海鲜的传统。澳门饮用水和部分电力也是由珠海供应。

根据中华人民共和国第五届全国人民代表大会常务委员会第十五次会议决定，珠海经济特区于1980年年初开始筹办。当时划定的特区范围是：东北起大姑乪，西南至西银坑，沿海边成狭长地带，总面积只有6.81平方公里。1983年6月，为适应特区的发展和各功能区的合理布局，经国务院批准，把拱北和吉大两地划入特区，范围扩大为15.16平方公里。

珠海特区从开始筹办起，便注意因地制宜，积极引进外资，从兴办旅游业和商业开始，不断筹集资金，开展基础设施建设，创造投资环境。后又逐步把建设重点转向发展以先进技术为主的特区工业，使珠海特区办成一个以工业为主，兼营旅游、商业、外贸、房地产和农牧、渔业等综合发展的经济特区。

1980—1985年，完成基建投资14亿多元。其中市政设施建设占51%，旅游建设占16%，工业建设占13%，其他占20%。按资金来源分，国家投资占4.79%，自筹占40%，贷款占30%，引进外资占24%。珠海经济特区累计房屋施工面积416万平方米，竣工面积200万平方米。

一、制订现代化的特区建设规划

1981年4月，根据国务院批准的特区范围，珠海市人民政府组织力量，编制出6.81平方公里的总体规划。在国务院1983年6月批准扩大特区范围后，又编制了15.16平方公里的总体规划和《珠海经济特区社会经济发展大纲》，并邀请国内外有关专家进行了评议和审查。根据总体规划，再做出吉大、拱北两区的用地规划、竖向规划、排洪规划及各种工程管网的综合规划和设计。《珠海经济特区社会发展规划大纲》提出，特区经济发展的战略目标和步骤大体上分为三个阶段。第一阶段从建立特区到1985年，即“六五”计划期间，主要是建设一个良好的投资环境，同时引进一些外资和技术，探索开放、改革的经验。第二阶段从1986—1990年，即“七五”计划期间，目标是建立初级形态的外向型经济，或称外向经济的初期阶段。第三阶段从1991—2000年，是外向型经济的建成阶段。2000年以后，使外向型经济向高级形态发展。

根据特区经济发展的要求，特区城市建设规划也分近期和远期考虑。近期从1981—1990年。建设方面主要安排各项近期建设的用地与布局，搞好能源、对外交通设施及基础工程，协调工业、商业、贸易、旅游及农牧渔业的综合发展，尽快创造“外引内联”的良好投资环境。远期以1991—2000年为限，要全面实现特区规划的各项建设内容，把特区建设成为具有高度文明的、经济繁荣的、对外开放的现代化城市。

在珠海特区的城市规划构思方面，强调要有一个科学的城市结构与城市骨架，有合理的经济结构与人口密度，有高效能的基础设施，有高质量的生态环境，有点、线、面结合的绿化系统，建成一个海滨花园城市。

二、基础设施建设

特区兴办以来，珠海市在特区划定范围内劈山填地，先后平整土地近7平方公里，进行了内外交通、通讯、市政公用设施、住宅等一系列工程项目的建设，使特区的投资环境逐步形成和不断完善。

1. 九州港的建设。九州港是珠海特区新建的对外交通重要港口。港口建设工程于1981年8月15日破土动工。经过一年的建设，第一期工程建成了一个长188米的客运码头，可同时靠泊飞翼船或双体喷射船两艘；第二期工程包括货运码头、集装箱码头和长达580米的防波堤与护岸；服务中心、联检大楼、港务监督所、出入境商场、船员休息室等配套设施也都相继建成。两期工程共完成投资3347万元，竣工建筑面积9861平方米。九州港建成后，开辟了珠海至香港、珠海至深圳的客运航线，有4个泊位的货运及集装箱码头，为1000—1500吨货船提供了泊位。

1984年3月，九州港深水码头开始动工兴建，由珠海特区、南海石油联合服务总公司和香港佳豪有限公司合作建设。首期工程包括500米码头（可停泊1艘万吨级轮船和4艘5000吨级补给船只），开挖19.5公里长、底阔100米、水深-8米的航道，疏浚直径275米、水深-8米的港池，填海建造9.3万平方米的货物堆场，劈山修建13万平方米的仓储设施，以及6.8万平方米的生活配套区，整个工程投资6300万美元。通过国际性招标投标选定承包单位，至1985年年底止，80%的工作量已完成。

2. 直升机场建设。珠海直升机场是中国民航总局与珠海特区合作兴建的，占地面积11万平方米，建筑面积1.8万平方米，基建投资995万元。机场工程于1983年动工，第二年即建成投入使用。可停放30架直升机，已为南海油田开发提供了空中服务，并开通了珠海至广州的航线。

3. 城市道路和对外陆路交通建设。特区兴办五年，新建、扩建和改建的城市道路12条，总长约30公里，路面总面积近100万平方米。在建道路13条，特区道路骨架基本形成。这些道路设计标准较高，主车道4—4.5米，采用混凝土路面。道路施工中，同时铺砌了雨水、污水、自来水、电力、通讯等管道，并为煤气管道预留位置。各条道路两旁装上了各有特色的路灯，种上了不同品种的路树。主干道全长10公里、宽50米的九州大道和迎宾大道，从九州港到拱北，成了沟通珠海和澳门的陆上干线，亦为特区内吉大、南山、北岭、兰埔等工业区的开发创造了交通条件。为了改善特区对外公路交通，东线修建了景山路、滨港路，与至广州的公路接通；西线扩建改造了广珠公路翠古段，长达8公里、宽26米，质量达到一级公路的标准。珠海至广州之间4个渡口，已于1984年年底前先后建起4座宏伟的公路大桥。经过裁弯取直与拓宽改造的广珠公路，大大缩短了两地之间的运距，有利于提高运输效率，减少交通事故。

4. 电力建设。特区首先投资6000万元参加广东省集资办电，以增加广东大电网的电力供应。1983年9月，在特区外围的造贝村，建成了220千伏的珠海变电站。1985年2月，在特区内建成了110千伏的吉大变电站和5个与之配套的10千伏变电所。为保证特区建设有充足的电源，还在拱北夏湾兴建一座3.72万千瓦的柴油机发电厂和一座110千伏变电站。

5. 供水设施建设。特区供水设施从无到有地新建起来，并且尚在不断扩建中。日供水能力2万吨的拱北水厂，投资422万元，1981年兴建，第二年八月竣工投产。为适应特区日益发展的需要和扩大对澳门供水，拱北水厂于1985年年初又开始扩建，日供水能力增加到8万吨，年年底土建工程已基本完成。为了改善拱北水厂的水源，1984年开始筹建西江引水工程，并于1985年年底与珠江水利委员会和澳门自来水公司签订了合资开发的协议。该工程概算投资2721万元，预计到1987年年底即可竣工投产，首期日供水量23万吨，规划到2000年日供水量达12万吨，可满足珠海和澳门的供水需要。

6. 排水、排污建设。特区投资1528万元，重点整治了吉大区的南北白沙河和拱北排洪渠及排渍泵站，并分别在吉大和拱北兴建两座污水处理厂。两厂第一期工程日处理总量为3.8万吨，均采用二级生化处理。到1985年年底，吉大污水厂完成土建部分；拱北污水厂已破土动工；两厂分别可在1986年和1987年竣工交付使用。特区建设的排水、排污管网总长度达50多公里，都是结合修建道路同时完成。

7. 邮电通讯建设。特区1980年投资建设了珠海至澳门8公里长途电话地下电缆，使两地可以自动直拨电话。随后，又建成2000门集装箱程控自动电话，可与全国35个城市以及香港等地直拨电话。1984年开始兴建拱北电信大楼，投资630多万元，增加1万门自动电话，并可与世界各地直拨电话。同时，特区还开通了用户电报交换机，用户可以在自己的办公室直接收发全世界与珠海有通讯关系的国家与地区的电报信息。邮政方面开办了特快邮件传递业务和电子信函业务，大大加快了信函的传递速度，加强了特区与外界的信息交流，提高了办事效率。

8. 住宅建设。特区新建了银海新村、丽景花园、吉大新村、莲花新村、海滨新村、水湾新村、北岭新村等10多个住宅小区。这些住宅楼布局合理，环境舒适，设施配套，造型风格各有特色。已建成住宅总面积67万平方米，部分住宅向港澳出售。特区人均居住面积达到10.8平方米。

三、别具一格的旅游设施建设

珠海建设特区一开始，就十分重视旅游设施的建设。充分利用珠海特区风景资源，发展旅游事业，不单为外商提供良好的住食生活环境，也为城市建设吸收资金。从石景山旅游中心建设开始，随后，珠海宾馆、拱北宾馆、珠海度假村、九州城旅游购物村、珠海国际高尔夫球场及珍珠乐园、海滨公园及游乐场等一批新颖别致、设备先进、管理完善、服务优良的旅游项目先后动工兴建，并陆续竣工交付使用。至1985年年底，珠海特区的旅游企业建筑面积已达14万平方米，计有各类宾馆、旅店40多家，客房2000多套，床位5000多张。其中高级宾馆和酒家有15家，床位4000张，仅外商在这方面的投资就达1亿多美元。此外，还先后开辟了香炉湾、九州岛、白莲洞等风景区。由于大批旅游设施建成，珠海特区五年来吸引了274万多人次的海外和港澳人士前来旅游观光和洽谈生意。至1985年止，旅游业外汇收入折合人民币达46242万元。

1. 石景山旅游中心。位于景色优美的香炉湾风景区之石景山山麓，以六角形蜂巢式低层建筑物几何平面组合，不取高层建筑与山形争高低，亦不以艳墙彩瓦与山景夺色，而以素雅小体量的组合点缀麓沿，有着香洲山间民居韵味，与石景山奇石、大面积绿化、天然小湖以及雕塑群融为一体。旅游中心工程占地面积10万平方米，建筑面积10880平方米，总投资440万美元，由澳门珠海旅游有限公司与珠海市旅游公司合作经营。第一期工程于1980年2月至10月建成并开始营业，第二期工程于1982年4月动工，1983年春竣工。

2. 珠海宾馆。采用中国岭南园林建筑手法，揉合现代装修技术和设备，富有中国民族风格。宾馆由大堂、东西南北苑、6座园中园式的别墅、国际会议中心、乐满楼舞厅、中西餐厅以及游泳池、网球场等组成，并由回环的长廊相联接。中庭层层叠叠分布着4个人工浅水湖，形态各异的楼、台、亭、阁环湖而筑。院后侧是利用天然石雕凿成的花果山水帘洞，洞顶瀑布凌空飞泻而下，水帘洞下面流水潺潺，右侧引申出一幅长40米、高8米的摩崖石壁，把中国古典名著《西游记》中24个最精彩的故事雕刻在上面，给人以无限的遐想。

珠海宾馆工程占地8万多平方米，建筑面积22846平方米，总投资649万美元。1980年6月动工，1982年9月竣工，由珠海市旅游公司与澳门海澳发展有限公司合作经营。工程设计由广东顺德县建筑设计室承担，在1984年全国设计评比中，被评为国家优秀设计项目。

3. 九州城旅游购物村。坐落在石景山旅游中心与珠海宾馆之间。它是由城楼、殿堂、水榭、凉亭、牌楼、石坊等组成的建筑群，其中布置有30多个分门别类的商场。城楼设计仿照北京天安门，高16米、宽70米，蔚为壮观。城内各商场以回廊相连，随处可见古朴大方的园林秀色。

九洲城由澳门南通银行、中国银行、珠海旅游公司合资经营，工程投资800万元，施工期两年，于1985年春节正式开业。九洲城把旅游和商业有机地结合起来，被称为旅游购物乐园。

4. 珠海度假村。珠海度假村以西班牙建筑艺术形式为主，56幢红顶白墙、圆拱窗台的别墅，依山就势建在海边丘陵上。别墅均为独立复式的三房一厅，厨房、浴室、洗手间及专用车房等一应俱全。古堡式的乡村俱乐部用菱形花岗岩砌就，坐落在石花山下的海岸边。

珠海度假村由外商独资兴建，工程占地63万平方米，1981年5月动工，已完成建筑面积57131平方米，完成投资5760万元。45幢豪华别墅已交付使用，1984年10月开始营业。

5. 拱北宾馆。主楼构思源于秦代阿房宫，显示出中国古代宫殿建筑富丽堂皇的气派。首层为酒店大堂，右侧是豪华的可供500人宴席的南国酒楼，南侧面海的一排建筑是国际厅，设有波斯、罗马、埃及、巴黎、日本、英国等贵宾厅和中国民族特色的中餐厅。主楼二层为富有浓郁的宫廷气氛的丽宫餐厅；三楼为聚贤阁，拱形的天顶描绘沥金的“飞天”古画。楼后及地下部分还设有金属玻璃结构的舞厅、滑梯式泳池以及桌球室、桑拿浴室等康乐设施。

拱北宾馆由澳门拱北旅游发展有限公司与珠海市旅游公司合作兴建，工程占地面积3.4万平方米，建筑面积1.73万平方米，投资430万美元。1982年2月动工，1984年2月竣工并开始营业。

6. 珠海高尔夫球场。珠海国际高尔夫球场与珠海乐园共占地200万平方米，其中高尔夫球场总面积140万平方米，是中国第一个符合国际标准的球场。珍珠乐园则是经过精心设计的一组童话般的建筑，并配上20多项现代游乐设施。球场和乐园工程已经全部建成，投入使用。

四、把工业建设作为特区建设的重点

珠海特区经济建设的战略目标，是以工业为重点，走综合发展的道路，坚持发展低耗能、低耗料、高效益、无污染的电子、轻纺、食品和建材工业；坚持引进技术密集、知识密集的高、精、尖项目和技术先进的传统工业，真正发挥经济特区的“四个窗口”和“两个扇面”的作用。

珠海特区的工业建设是从小到大，逐步发展的。到1985年年底，工业建设投资近2亿元，已建成和正在开发建设的有南山工业区、吉山工业区、北岭工业区、兰埔工业区、夏湾工业区和湾仔工业区。

南山工业区是一个综合性工业区，占地面积23万平方米，基础设施于1984年6月破土动工后，只用了1年多时间，就陆续建成了标准厂房10.27万平方米，住宅2.58万平方米和仓库1.59万平方米，以及公用设施6000平方米。此外，还与外商合资兴建了两座专业厂房。整个工业区投资4130万元人民币、1250万港元。拥有现代化设备、年检修能力10万辆的三联汽车维修中心，投资1000万港元，只用了半年时间就建成投产；与外商合资的南洲纺织厂，总投资达1000万元，亦在较短时间内竣工交付使用。已在南山工业区设厂的，还有航模发动机厂、橡胶密封件厂、洪珠摩托车厂、精密工具厂、特种电线厂、玩具厂、塑料厂、石油化工站等。

吉山工业区是以标准厂房为主的工业区，适应各种电子、轻工、来料加工的工业。具有应变能力强、适应面广等特点。该工业区于1983年开始建设，到1985年年底已建成标准厂房18幢，总建筑面积7万多平方米，并配有提供办公和生活服务的综合楼。厂房建成后陆续交付使用。已有中瑞表业有限公司的镀金表壳厂、中兴磁带厂、幸福注射器厂、金海电子厂等10多个厂陆续投产，引进比利时设备的啤酒厂和引进西德、荷兰、意大利设备的京珠家具厂，也在吉大工业区兴建。

北岭工业区是一个技术先进工业区，由特区工业发展公司负责开发建设，香港光大集团负责引进，联合国国际技术组织的专家负责规划。开发面积1.58平方公里，分为电子、精密仪器、纺织、食品、科技和居住6个小区，1984年年底开始动工兴建。该工业区重点引进技术密集型工业。相当大的一部分建设项目具有80年代技术水平，建成后将填补国内空白，有些甚至是当前世界第一流的水平。如，正在兴建和筹建的磁碟厂、空压机厂、漆包线厂、注塑厂、容器厂、不锈钢管厂、光纤光缆厂、涤纶长丝厂、喷水织布厂、制药厂等。

第三节　汕头经济特区的建设

汕头经济特区位于汕头市东郊，于1981年年底开始建设。特区面积原为1.6平方公里；1984年年底经国务院批准，调整扩大为52.6平方公里。

汕头经济特区以汕头市作为依托。汕头市拥有389公里海岸线，海域广阔，是中国最早的对外通商口岸之一。汕头港距香港187海里，有通香港的定期客、货班轮。远洋货运航线通达欧洲、东南亚及日本等20多个国家和地区。每年进出港口的外轮约500多艘次。汕头市也是中国主要侨乡之一。潮汕籍的海外华侨、外籍华人约有600万人，分布在世界30多个国家和地区。此外还有100多万的潮汕籍港澳同胞。长期以来，潮汕地区就与海外有着千丝万缕的人文、经济、社会等方面的联系。广大潮汕籍华侨、港澳同胞一贯具有爱祖国、爱家乡、关心家乡建设的传统。1979年中国实行对外开放、对内搞活政策以来至1985年，潮汕籍的华侨和港澳同胞仅捐资给家乡兴办教育、文化、医疗等社会福利事业就有5亿多港元。

汕头地处亚热带，气候温和，日照充足，雨量充沛，土地肥沃，是著名的水果、蔬菜产区和水稻高产区。同时，潮汕地区有着优越的发展旅游业的资源和自然条件。汕头经济特区拥有妈屿岛、青云岩等旅游胜地。在40公里范围内，还有潮州古城、岩石风景区、东山湖矿泉疗养区，潮阳东岩、西岩、北岩、海门莲花峰等风景点。这些景观类型多样、特色各异，具有发展特区旅游业和吸引国内外各类型游客的良好条件。

1980年年初，根据中共中央、国务院文件的指示精神，成立了汕头经济特区筹备小组，负责选址和规划等建设前期准备工作。1981年11月，组建了汕头经济特区管理委员会，并设立了相应的工作机构。汕头经济特区的建设开始进行。

汕头特区建设始终坚持实事求是的方针，量力而行，逐片开发，做到“开发一片、建设一片、投产一片、获益一片”。经过1982年至1985年的建设，龙湖工业区和珠池农业区的建设已初具规模，初步形成了生产能力，获得较好的经济效益。到1985年年底，汕头特区累计基建投资1.83亿元，在这些投资中，资金来源构成是：贷款 10452 万元，特区自筹 2024 万元，财政拨款 3238 万元，利用外资 2589 万元。在基建总投资中生产性建设投资 12019 万元，占 65%，新增固定资产 11898. 3 万元。建筑面积达 42. 8 万平方米，已竣工面积为 22 万平方米，铺设道路 21. 15 公里。

在开展基础设施建设的同时，汕头经济特区积极开展外引内联工作，吸引投资。至 1985 年年底，已有来自美国、日本、欧洲、东南亚及港澳等数十个国家和地区的各界人士 1 万多人前来汕头特区参观、考察、洽谈投资。其中尤以东南亚各国华侨和港澳同胞为多。汕头特区已经签订引进外资、内联项目合同 247 项。协议投资总额共 20. 04 亿港元。签约项目中工业 116 项，协议投资额 6. 8 亿港元，分别占总数的 47% 和 34%；农业 21 项，交通 8 项，商业服务 67 项，其他 35 项。由于汕头特区建设不断发展，投资环境逐年完善，签约逐年增多。1982 年签订外引内联项目合同仅 9 项，1983 年 20 项，1984 年 58 项，1985 年增至 165 项，协议投资额 11. 3 亿港元。1985 年建设项目数和投资额均已超过前三年的总和。已经正式履行合同，建成投产、经营的企业有 143 家；其中工业企业 77 家，农业企业 13 家，交通运输企业 6 家，商业、服务业 28 家，其他类型 19 家。1985 年特区工农业产品出口总值 5590 万美元。

从 1984 年起，汕头特区建设的投资开始回收。至 1985 年年底，累计实现税利达 8234 万元，相当于过去几年基本建设总投资的 45%。

一、依托老市区，搞好交通、供电、洪水和电讯设施建设

交通、能源、电讯等基础设施的建设以及投资环境的不断完善，是经济特区建设中的重要问题。汕头经济特区根据自己所处环境及存在的实际困难，首先致力改善交通、能源、电讯等基础设施。

1980 年，特区就投资 300 万元兴建长 2. 3 公里、宽 44 米，连接特区和汕头市区的主要干道金砂路，并于 1981 年 3 月通车。为了改善特区的对外交通，汕头特区发挥海运优势，大力开拓海运事业。1983 年 6 月第一艘货轮“汕头号”开通了特区至香港的航线。1984 年，又与外商合资经营“龙湖号”

豪华客轮，行走汕头、香港之间。1984年7月，特区航运公司与香港华润仓储有限公司、经贸部外运公司合资兴建一座3000吨级泊位的集装箱和散装两用的港口码头，于1985年7月建成交付使用。与此同时，汕头机场也列为国家重点改造扩建项目，并通航大型客机。除开通至广州、北京等国内航线外，还将开通中国香港、泰国曼谷航线。汕头特区的公路运输比较发达，配备了各种类型的客、货车，组建了多家客、货汽车运输公司，开通了汕头至香港九龙、深圳、广州、厦门等长途和其他中、短途运输线路。

供电、供水方面，继1981年铺设了汕头市区变电站至特区的临时供电线路之后，于1984年动工兴建11万伏输变电工程，并于1985年5月建成投入使用。除了已集资支持市电力部门兴建1座10万千瓦火力发电厂外，还计划引进外资兴建大、中型火力发电厂，以彻底解决能源紧张状况。特区于1981年投资扩建了东墩自来水厂，初期增加自来水日产量2万吨，以满足特区生产、生活的需要。

特区除引进设备建设安装了程控电话外，还积极投资，协助汕头市邮电部门改造市区电话，引进安装1万门程序控制数字电话交换机和电传等电讯设施。在国家邮电部的重视下，汕头至广州的1800路微波通讯线路，汕头至厦门、汕头至广州的小同轴电缆载波工程已竣工交付使用。

二、量力而行，分期开发建设龙湖工业区

龙湖工业区是汕头特区开发建设的重点。建设中，按照特区发展总体规划实行分期分片进行的办法。经过一年多的开发，较快地为外商提供了一个较好的投资环境。

龙湖工业区在开发建设中，根据“先地下后地面”的科学施工次序，首先布置、预埋、铺设了工业区所需的电力、电讯、给水、排水、排污等管道，使各种管线形成完整的系统。各种地下管线完成之后，再铺设道路，杜绝了“挖路不止”的现象。1982年3月，龙湖工业区首期0.2平方公里动工建设；1984年，又开始了第二期0.24平方公里的建设。在两期开发的0.44平方公里面积铺设各种地下管线共15673米，修筑高级道路21.15公里。龙湖工业区

首期的轻工业通用厂房于1982年9月动工兴建，至1985年年底，已兴建通用厂房12幢，建筑面积14.29万平方米，已出租、出售的有10幢。通用厂房采用多种形式，如A型厂房为5层楼宇，每幢建筑面积1万平方米；C型、D型厂房为6层楼宇，每幢建筑面积为1.2万平方米。通用厂房采用较高的建设标准，楼板负荷量为每平方米900公斤，厂房配有货运电梯、装置铝合金门窗，适应空调及防火需要。

龙湖工业区在搞好生产基础设施的同时，注意进行生活服务配套设施的建设。在首期建设的0.2平方公里范围，配套建设了客商公寓、快餐食堂、商场、宾馆、仓库、候工楼、消防楼、管理大楼等设施。并在工业区的西南隅，建成一座以2层和3层楼房为主体的龙湖宾馆。这座现代化的园林式宾馆，占地1.4万平方米，建筑面积5200平方米，为前来特区投资兴办企业的客商提供环境优美、居住舒适的生活条件。为适应特区的发展，龙湖宾馆已开始第二期扩建工程。

龙湖工业区在建设通用厂房的同时，还注意了引进外资的工作。引进项目从小到大，从较初级到较高级，从劳动密集型逐步向技术、知识密集型发展。至1985年年底，龙湖工业区已办起了地毯、服装、电子、电动玩具、塑料制品、家具、铝合金制品、首饰、陶瓷、食品、汽车和摩托车维修、皮革制品、包装材料、建筑材料、中西药剂等45家工业企业。这些企业的产品多数出口，企业大部分获得较好的经济效益。其中有6个企业增添厂房、增加工人，扩大生产能力已达1倍。

三、发挥本地优势，兴办珠池农业区

大力发展特区农业，使之成为特区经济的重要组成部分，是汕头经济特区开发建设的一个重要目标。

1982年，汕头经济特区成立了特区农业发展联合公司，划出了滨海的一大片土地和滩涂，创办特区农业。在这片土地上，农业公司投资开展基础设施建设，兴办8场1厂，建立生产、试验基地。引进资金、技术、设备和优良品种，以及先进的管理方法，开始了全面的生产、经营活动。

农业区水产养殖基地，于 1982 年 10 月开始动工建设。第一期工程投资 100 万元，修筑海堤 4400 米，改造低洼海滩，清理了 30 多万土方和 3000 多石方，修建了规格化养殖池 90 个共 490 亩，对虾池 170 亩，精养蟹池 10 亩，自然纳苗池 1100 亩。同时，铺设了淡水管道、排废水道。水产养殖基地当年就开始放养鱼虾苗，几个月后便组织了首批产品出口。

农业区的农艺场，是利用原来汕头市郊农业科学研究所的基础建立的。该场从事引进花卉、蔬菜、水果的栽培试验。1982 年至 1985 年 3 年多来，引进了日本长冈交配一号甘蓝、胡萝卜、西兰菜、多倍体育种的巨峰葡萄、黄心榕、英国红花豌豆、美国杂交椒等优良品种，借助科学手段开展蔬菜反季节栽培、液体栽培等试验，取得了一定的成效。农艺场还聘请外国专家，采用科学方法试验种植世界最佳柑橘品种椪柤柑，使四年才结果的柑树，种植 18 个月就能收获果实。

农业区养鸡场于 1982 年 7 月建成新型鸡舍，引进美国 A 型肉鸡品种和配合饲料，摸索了一套可行的饲养技术，小鸡孵出后经过七周饲养，平均每只重 4.7 市斤，成活率达 97%，经济效益显著。现在这一饲养技术已在潮汕各地农村广泛推广应用。

到 1985 年年底，汕头经济特区与客商签订了农业水产业方面的项目合同 21 个，投资额 1.37 亿港元。在已经兴办的农业企业中，有从事龟、蛇等野生动物饲养加工的汕盛养殖公司，有从事水产养殖的龙珠水产有限公司、汕龙实业投资开发有限公司、东湖养鳗公司等，有从事引进品种进行种植试验和推广的中华特种农艺开发中心等。汕头特区的农业现已拥有各种种植、养殖的试验、生产基地 1 万亩。特区农业的发展，坚持种、养、加工、出口销售一条龙。贸、工、农综合经营道路，已建立了罐头加工车间和对虾急冻厂，生产的梭子蟹肉罐头已经出口。1985 年年底，还从日本引进了一条时产 200 公斤的烤鳗生产线，产品全部出口日本。汕头特区农业 96% 的产品都提供出口创汇。引进的部分优良品种，先进技术已开始向内地输送、推广。

第四节 厦门经济特区的建设

厦门市位于福建省东南部，北与泉州接壤，西南与漳州相邻，地处闽南三角区门户。市辖区域由厦门岛、鼓浪屿和内陆九龙江北岸的沿海部分组成，总面积1510平方公里，人口100万人。

厦门岛四面环海，1956年10月高集海堤建成后与大陆连接。厦门港海域面积300余平方公里，行政区内海岸线长154公里，主航道宽200米，水深12米以上。港外有大、小金门，大担、二担、青屿、吾屿等组成防波屏障，港内风平浪静，是一个天然良港。自明、清以来，一直是中国东南沿海对外交通和贸易的重要口岸。

厦门是中国著名的侨乡之一，文化教育事业比较发达，据统计，1985年厦门籍的华侨和外籍华人有20余万人，分布于东南亚各国和世界各地。厦门有厦门大学，以及厦门水产学院、集美航海专科学校、福建体育学院、厦门师范专科学校、鹭江职业大学等6所高等院校，有电子、财经、轻工、化工、旅游、工艺美术等10所中等专业学校，还有38所普通中学。高等院校在校学生8000多人，中专在校学生5000多人，中学生近5万人，还拥有各级科研机构20多所，各类科技人员2万余人。

1980年5月，中共中央和国务院决定在广东的深圳、珠海、汕头和福建的厦门各划出一定区域试办经济特区。同年10月，国务院批准在厦门岛西北部划出2.5平方公里设立经济特区（出口加工区，现为湖里工业区）。为了加快特区建设步伐，1984年3月，经中共中央和国务院决定，厦门经济特区的范围扩大到全岛（包括鼓浪屿），面积131平方公里，人口34万人，实行“更加开放、更加灵活、更加优惠”的政策。要把厦门建设成为“以工业为主，兼营旅游业、商业、房地产业的综合性、外向型的经济特区”。

一、特区基础设施的建设

厦门是个老城市，城市建设和公用设施有一定基础，但要作为对外开放的国际港口城市，积极引进外资，兴办现代工业、旅游业、商业、房地产业，原有的基础设施是远不能适应需要的。因此，首先要加快基础设施建设，尽快改善投资环境。在国务院和省政府的关怀下，在国内外广大投资者的热情合作下，特区从一开始就集中相当的人力、物力、财力投入基础设施建设，特别是特区范围扩大到全岛后，特区发展条件更为有利。1981 年到 1985 年 5 年来，特区基础设施建设重点抓了港口、机场、通讯、道路等工程项目，总投资额为 6.55 亿元，投资环境和经营条件已有很大改善。

1. 厦门国际机场的建设。厦门国际机场位于厦门岛的东北角海滨，距市区 12 公里，占地面积 159 万平方米。第一期工程包括停机坪、航站楼、通讯导航系统，以及供油、供电、供水系统等。1982 年 1 月破土动工，1983 年 10 月正式通航。实现了高速度、高质量、高效益，被评为部、省优质工程。总投资为 8600 万元。机场可起降波音 737、三叉戟、MD－80 等 7 种中小型飞机。通航以来，已陆续开辟了北京、上海、杭州、南京、西安、南昌、桂林、广州、福州、香港、马尼拉等航线，每周有 49 个航班、为特区建设提供了空中对外交通。1985 年年初，全国第一家地方航空公司——厦门航空公司成立。厦门国际机场第二期扩建工程在加紧进行中。二期工程完成后，将可起降大型客机，开辟更多的国内、国际航班，为与世界各地交往提供更多方便。

2. 东渡新港建设。东渡港位于厦门岛西部，距旧市区 3 公里，距老港区 5 公里。第一期工程由交通部投资 1.8 亿元，1979 年 10 月动工。开办特区后，从人力、物力上加强了港口建设，加快了建设进度。1984 年 12 月第一期工程全部竣工，建成 4 个泊位，第一号泊位为 1.5 万吨级兼作集装箱泊位，第二号为 5 万吨级散装泊位，第三号为 1 万吨级散装化肥泊位，第四号为 1.5 万吨级杂货泊位。码头装备有从日本引进的起重能力 305 吨集装箱起重机等现代化的机械设备，以及仓库、杂货堆场、集装箱堆场、供水、供电等配套设施，年吞吐量为 209 万吨。公路、铁路直达码头前沿和仓库区，运输十分方便。1985 年厦门港已和世界上 84 个国家和地区建立了贸易往来，有通往香港的定期货运船队，也有直达新加坡、日本、澳大利亚的不定期货轮。东渡第二期工程计划建 4 个深水泊位（集装箱、两个多用途及煤炭泊位），以及 4 个千吨级泊位，新增能力 550 万吨。1985 年 9 月，市政府正式成立了港口建设领导小组，项目建议书已经国家计委批准，正进入初步设计阶段。

3. 程控电话工程。这一工程总投资2130万元，其中电讯大楼和程控电话机房等土建工程投资580万元，建筑面积18650平方米。工程于1983年4月动工，1984年10月竣工，由日本引进万门程控电话和微波电讯设备，投资1100万元。1984年6月开始安装，同年年底投入使用。该工程的建成，使厦门市的电讯能力提高1.5倍，成为中国第二个可以与美国、日本、港澳地区以及国内很多大城市直接拨号联络的城市。

4. 给水工程。厦门原有自来水供水能力有限，为适应建设发展需要，决定进行扩建。第一期扩建工程总投资4243万元，其中新增日供水6万吨高殿水厂一座，投资1135.8万元；改造扩建旧市区供水系统，投资3107.7万元。扩建工程于1984年年底竣工，全市日供水能力达到12万吨，比原供水能力提高1倍多。但由于特区建设发展，仍不能满足需要，1986年第二期日供水12万吨的扩建工程将着手建设。

5. 道路工程。1984年动工兴建新区道路。新建的主干道有：湖滨南路、湖滨北路、湖滨中路、湖滨东路、湖滨西路等。1981年至1985年，共新建和拓宽干道50多公里，相当于1950年全市道路总长的5倍。新建干道坚持道路建设与绿化同步进行，效果良好。其中湖滨南路长4000米，宽44米，路面以条型花池和行道树组成多层次的绿化带，分机动车、自行车、人行道，干道交汇处设街心花园，增强绿化、美化效果。

6. 火车站改建工程。于1980年5月动工，1983年5月交付使用，总投资500万元，建筑面积8350平方米，整个车站包括站房、站台、内庭园、站外广场等。新车站设计比较新颖，站房明快大方，富有特色。

7. 污水处理工程。计划投资9500万元，在员当湖南北岸各建污水处理厂一座以及工业区污水处理厂，处理城市居民生活污水和工业废水。南岸12公里截污管道和4个污水泵站已建成，员当湖清污工程于1984年11月动工，清淤47万立方米，湖水污染得到初步治理。

8. 煤气工程。1983年确定建设城市煤气，成立煤气公司筹建处，计划建设日产10万标立方米增热水煤气厂和煤气输配工程。筹建工作正在紧张进行。煤气厂建成后，新市区使用管道煤气，老市区使用液化气。至1985年蠔头液化气灌瓶站已建成，已供应液化气3000多户。

二、新区开发建设

按照厦门市总体规划，从厦门的自然条件和城市现状的具体情况出发，特区的规划布局分为北部生产区，总面积21平方公里；中部为生活区，面积27平方公里；南部为风景区，面积20平方公里。对旧城采取“保留、改善、改造相结合”的方针，保留旧城特点和建设风貌，改善环境，改造破旧建筑和不合理部分。全面性的旧城改造近期内暂不进行，先集中力量开发完善新区。新区主要按上述三片开发建设，并已初具规模，配套设施日趋完善。

1. 湖里工业区。湖里工业区是厦门经济特区最早开办的出口加工区，占地2.5平方公里。这个区距东渡港3公里，距机场和铁路编组站2.5公里，距老市区7公里，交通便捷。按规划，这里要建成污染少的技术密集型的工业区。开发建设贯彻“先地下、后地上，先基础设施，后房屋建设”的原则，一开始，首先进行给排水、道路、供电工程建设。基础设施的建成，保证了工业区开发建设的顺利进行，自1981年10月破土动工，至1985年年底，累计完成投资额3亿元，竣工房屋面积55.68万平方米，包括通用厂房30幢，别墅区高级别墅22幢，以及40幢住宅、2个商场和多层货仓等配套服务设施。区内有厦门华侨电子企业有限公司、印华地砖厂、华美烟草有限公司、厦门磁带有限公司、厦门王安电脑国际有限公司、厦美微波有限公司、东南铝业有限公司等33家“三资”企业和6家内联企业，一个现代化的工业区已初步形成。

2. 员当新区。员当新区位于厦门岛中部，面积17平方公里。1985年已竣工的房屋建筑面积16万平方米，其中观音山、湖光、槟榔3个住宅小区已基本建成。正在建设的还有高12层的市政府大厦、高28层的国际金融大厦、高24层的金桥大酒店等十几幢高层建筑，以及100多幢独院式建筑——凤凰山庄、西堤华侨别墅和国际四星级标准的东方酒店等。这里将逐步形成厦门特区的金融中心。

3. 东区开发区。东区开发区位于厦门岛东部，濒临海滨，面积31平方公里。属总体规划生活区范围，已建成的莲花一村住宅小区，建筑面积12.6万平方米，56幢商品住宅富有闽南侨乡风格和时代特色。小区内道路、供水、供电、通讯、商业、托儿所、幼儿园、学校等生活服务设施配套齐全，从施工到交付使用仅用一年时间，取得较好的经济效益和社会效益。

建于东区一侧的富山国际展览城，首期工程建筑面积1.4万平方米。高18米、内有1万平方米的展览厅，现代化的电传、通讯设备，设计造型融古城堡的宏伟气派与现代建筑风格为一体，具有艺术特色。建成以来，已多次举办国际性展览会。

4. 风景旅游区的开发建设。幽美的自然环境，是厦门的一大优势。自开办特区以来，按照总体规划，加快了风景区的开发建设。原有的中山公园、万石植物公园、海滨公园、菽庄花园、日光岩公园、黄家渡公园，在保持原有风貌和与自然景观协调的基础上，或建造曲桥亭台，或增建水榭雕塑，充实园林内容，使园林景色更加绮丽多姿，各具特色。在鼓浪屿风景区，还新建了郑成功塑像园和毓园。五年植树造林310万株，公共绿地已达134公顷，平均每人绿地面积4.43平方米，进一步绿化美化了城市。

旅游服务设施方面，建成了具有国际三星级水准的悦华酒店，建筑面积7800平方米，由宾馆、酒店、别墅三部分组成，已接待95个国家和地区以及国内宾客2.4万多人。豪华的厦门华侨大酒家，建筑面积9300平方米。还有经过装修的鹭江宾馆、金宝大酒店、鼓浪屿观海园旅游村等高档次饭店，都分别设有音乐茶座、中式夜总会、酒吧间、宴会厅、中西餐厅、咖啡厅、迪斯科舞厅等服务设施，可为中外游客服务。

三、引进新技术，改造老企业

厦门原有企业616个，大多建于五六十年代，设备陈旧、技术落后，产品可供出口创汇的为数较少。开办特区吸收外资和引进先进的技术，使老企业在开放中“强筋壮骨”，开始向外向型转化。到1985年年底，直接用于老企业技术改造的投资近4亿元，其中外汇4800多万美元，采取合资、合作、买断、补偿和租赁等形式，引进各种先进技术设备2500多台（套），对150

多家老企业进行不同程度的技术改造。引进的技术设备，有一部分已被消化吸收、投入使用。据初步统计，全市重点消化创新的项目60多项，已完成通过技术鉴定或投产使用的有36项，这些消化创新项目都具有较先进的技术水平。通过技术改造的老企业，出口创汇稳定增长。1985年，全市国营企业税利和产值分别比1984年增长19.2%和39.5%，出口增长53%。

厦门感光材料厂采取同外商合资，投资5亿元，增建厂房7.6万平方米，引进美国柯达公司彩色感光材料生产线，将使中国彩色胶片、彩色相纸的生产达到国际先进水平。厦门电容器厂投资788万元，装修厂房2450平方米，引进先进生产线，除了能够生产一般的薄膜电容器外，还能生产用于交流直流中频、高频各电路中的无感电容器4000多万只。厦门自行车厂投资644万元，增建厂房5300平方米，引进电镀、喷漆两条生产线，使该厂自行车的电镀喷漆达到A级技术标准，跃居全国先进水平。厦门卷烟厂投资884万元，引进美国过滤嘴烟卷包、制丝、玻璃纸包装、卷烟包装联合机等技术设备，形成一条高级过滤嘴烟生产线，与美国雷诺士烟草国际（亚太）有限公司合作生产在国际上畅销的骆驼牌香烟。引进促进了企业向外向型转化。

1981—1985年，厦门经济特区累计完成基本建设投资17.8亿元，相当于前31年基本建设投资总和的2.4倍。由于特区建设迅速发展，厦门的工业企业已发展到770多家，形成了以机械、电力、纺织、轻工、食品、化工、电子、塑料、橡胶、医药、造船、冶金、建材、工艺品为主的，门类比较齐全的工业体系。1985年，工农业总产值达24.3亿元，比1984年增长40.5%，国民生产总值、社会总产值、工农业总产值、国民收入、预算内财政收入等，均比1980年增长1倍。

第三编
勘察设计和施工

新中国基本建设取得的巨大的成就，是同设计施工队伍的发展壮大和设计施工技术水平的不断提高分不开的。本编将从勘察设计和建筑施工两个方面，分别叙述基建队伍的成长过程以及技术水平和管理水平的提高过程。

第十八章
勘察设计事业的发展

旧中国从事基本建设工程勘察设计的只有少数土木、建筑事务所，人数不足1000人。1949年新中国成立后，随着经济建设规模的不断扩大，勘察设计事业不断发展，勘察设计队伍不断壮大。截止到1985年，全国国营勘察设计单位达到5300多个，职工总人数为46万人。各种专业比较齐全，既可承担国内各行各业的勘察设计任务，还能进入国际建筑市场，承担一部分工程项目的勘察设计。

第一节　良好的起点

从1949年新中国成立到1957年“一五”计划结束，是中国勘察设计事业发展的奠基时期。在这个时期里，为了适应日益繁荣建设任务的需要，国家从多方面采取措施，迅速聚集了一批勘察设计力量，初步建立起了集中、统一的勘察设计机构。

新中国成立后，国家决定用三年时间医治战争创伤，恢复国民经济。在这3年中，国家逐步地聚集勘察设计力量，并通过对原有的工业企业进行恢复和部分改建扩建来锻炼勘察设计队伍。到1952年，全国如期完成了恢复国民经济的任务，冶金、机械、纺织、轻工、化工、建材等工业企业的生产都得到了全面的恢复，经过初步的改建扩建，有许多企业的产量和技术都超过了历史水平。

但是，旧中国的工业生产基础十分薄弱，技术很落后，完全依靠这个基础不可能进行较大规模的经济建设。为了迎接从1953年开始的建设高潮，中国政府决定积极发展自己的勘察设计和施工力量。1952 年 10 月，政务院财政经济委员会召开会议，专门讨论基本建设工作。委员会主任陈云在会上指出：1953 年即将是大规模经济建设的一年，其任务较以往任何一年都要复杂繁重。我们基本建设中的主要矛盾是基本建设任务十分之大，而基本建设力量则十分薄弱，因此必须迅速使这方面的力量增长起来，迅速建立和充实基本建设机构——设计机构和施工机构，必须下定决心迅速调集人员建立各部专业的设计和施工组织，并充实它。同年 11 月，财政经济委员会通知东北人民政府计委和其他各大区财委：必须迅速建立集中、统一的设计机构。集中一切可能集中的力量，组织各级设计部门。根据这个要求，各主管部门和各地区迅速行动，一方面把私营的土木和建筑设计事务所收归国有，另一方面从国营工业企业中抽调一批有设计经验的技术人员，配备了一批管理干部，分配了一批大专学生，组成了机械、冶金、铁道等行业的勘察设计机构。例如，第一机械工业部成立了设计总局，下设 4 个设计分局和 6 个勘察队，有技术人员 2885 人。至 1952 年年末，全国的勘察设计职工达到 2.3 万人。

“一五”计划开始建设的 156 项骨干工程中包括煤矿和洗煤厂 27 个，电站和水利枢纽 25 个，钢铁企业 7 个，有色冶金企业 13 个，化工企业 7 个，机械工厂 26 个，制药厂 2 个，军事工厂 44 个，炼油厂 2 个，轻工业工厂 1 个。在这些项目的设计中，中国的勘察设计人员主要担负收集提供勘察资料，配合工艺设计、参加部分施工图设计的任务，并在苏联专家指导下工作。当时中国主要的设计机构都聘请了苏联专家，负责设计交底和解答技术问题，为中国的技术人员掌握这些项目的设计技术提供了方便的条件。

1956 年 2 月，国家建委召开了全国基本建设工作会议。会上讨论了《关于加强设计工作的决定（草稿)》。同年 5 月 8 日，国务院常务会议通过并发布了这个决定。决定肯定了“一五”计划前三年勘察设计工作的成绩，针对当时勘察设计队伍力量不足、技术水平和管理水平不高等问题，提出了有计划地培养、补充设计技术干部，按照专业化原则调整设计机构，加速编制和广泛采用标准设计等措施，要求全国的勘察设计力量在五年时间内能独立担负各行业的勘察设计任务。1956 年五六月间，国家计委、国家建委和国家经委联合召开全国第一次设计工作会议。国务院各部门负责干部，各大设计院的领导人和著名的建筑专家等共 900 人参加了会议，李富春、薄一波分别作了报告。这次会议的主要任务是动员全国设计人员总结“一五”计划的设计工作，进一步提高勘察设计工作水平。

经过“一五”计划，中国的勘察设计事业有了迅速的发展。到 1957 年年末，全国独立的勘察设计机构已发展到 198 个，职工总数达 15 万人，比 1952 年增加 5 倍多，初步建立起了集中、统一的勘察设计机构。国务院主要部门都建立了自己的勘察设计队伍。冶金、水电、建筑、铁道等部门的勘察设计力量都达到 1 万多人；机械、煤炭、石油、化工、纺织、轻工、交通、邮电和林业部门的勘察设计力量分别达到 2000 多人。全国勘察设计队伍按行政区分布，其中华北区 5. 1 万人，东北区 2. 2 万人，华东区 1. 7 万人，中南区 2. 9 万人，西南区 1. 8 万人，西北区 1. 5 万人。铁道部下属 4 个千人以上的大设计院，分布在西北、西南、华北和中南 4 个大区。建筑工程部下属 6 个工业建筑设计院，每个大区有 1 个。勘察设计队伍的技术水平也有了提高。技术人员虚心好学、刻苦钻研、边干边学，较快地掌握了各主要工业项目的设计技术。“一五”计划后期，中国自行设计的大冶特殊钢厂、寿王坟铜矿、淮南谢家集二号矿井等项目，都已经接近和达到 156 项工程的技术水平。

第二节　在曲折中前进

从 1958 年到 1976 年，勘察设计事业经历了曲折。这个时期中的“大跃进”运动和“文化大革命”给勘察设计工作带来严重的损害。但经过调整，并由于广大勘察设计人员的努力，仍然获得了发展。

在“大跃进”中，有两件事对勘察设计事业的发展影响较大。一是由于盲目追求建设的高速度，不讲科学，勘察设计工作的正常程序被打乱，不少项目不经勘察就搞设计，不经设计就施工，造成很大损失。二是勘察设计管理体制的下放。包括下放勘察设计机构，将国务院各主管部门一些直属勘察设计单位下放给地方领导；下放管理权限，一些原由中央统一管理的规章制度，包括预算、定额、费用的管理办法，以及重大项目的审批权限等，下放给地方管理。这些做法的后果是管理工作被削弱，勘察设计力量被分散，设计质量严重下降。加上当时不少建设项目是一哄而起，没有认真细致地做好建设前期工作，工程质量事故不断发生。1958 年，全国共发生房屋倒塌事故 98 起，其中一个比较突出的例子，就是正在建设的杭州半山钢厂发生了厂房倒塌事故。

1958 年 12 月 23 日，刚成立不久的中央基本建设委员会在半山钢厂召开了现场会议。国务院副总理兼建委主任陈云在讲话中强调了保证工程质量的重要性，再次重申没有勘察不能进行设计，没有设计不能进行施工。1959 年 3 月，陈云在《红旗》杂志上发表题为《当前基本建设工作中的几个重大问题》的文章，总结了经验教训。他指出："在建设项目确定以后，设计就成为基本建设中的关键问题了。企业在建设的时候能不能加快速度，保证质量和节约投资，在建成以后能不能获得最大的经济效，设计工作起着决定的作用。"这段论述精辟地阐明了设计工作在基本建设中的重要地位和作用。

从 1961 年开始，中国对国民经济进行调整，在基本建设方面相继制定和发布了《关于加强基本建设计划管理的几项规定（草案）》《关于编制和审批基本建设设计任务书的规定（草案）》《关于基本建设设计文件编制和审批办法的几项规定（草案）》三个文件，对基本建设的程序、设计的阶段划分和内容深度，以及设计文件的审批权限，都做出了明确的规定。与此同时，在勘察设计体制、管理制度、队伍建设等方面，采取了适当集中的措施，使受到削弱的勘察设计事业逐步得到了恢复和发展。截止到 1965 年，全国勘察设计职工总数达到 23 万人，比 1957 年的 15 万人增加了 50% 多。勘察设计队伍的技术水平也有所提高，独立自主地完成了一批大型项目的勘察设计任务。例如，黑龙江省的大庆油田和四川省的攀枝花钢铁基地的勘察设计，都有所创新，并具有较高的水平。

在全国城乡开展的社会主义教育运动中，毛泽东于 1964 年 11 月 1 日在国家经委的一份简报上批示："发动所有的设计院，都投入群众性的设计革命运动中去，充分讨论，畅所欲言。以 3 个月的时间，可以得到很大成绩。"设计工作革命运动领导小组随即成立，并对运动的开展提出三条要求：1. 彻底揭发和批判设计队伍中的资产阶级思想作风和设计工作中的重大问题；2. 审查正在和尚未施工的项目，对确实不合理的部分，及时进行修改；3. 总结经验、抓住突出问题，提出改革措施。按照这些要求，全国广大勘察设计单位开展了群众性的设计革命运动。1965 年 3 月召开了全国设计工作会议，在会议提出的《关于设计革命运动的报告》中，回顾了几个月来开展运动的情况，对进一步开展设计革命提了五项任务：一是用毛泽东思想挂帅，逐步肃清唯心论、形而上学和各种资产阶级思想；二是设计人员下楼出院，深入现场，调查研究，掌握第一手资料，搞现场设计；三是改革不合理的规章制度；四是整顿设计队伍，把坚持反动立场的分子改造过来，把年轻有为的设计人员提拔到领导岗位上来；五是健全领导班子，改变领导班子不齐、不力状况。《报告》还强调指出：设计革命的核心是采用发展新技术，设计革命的目的就是做出好设计。并规定用一年时间来完成上述任务。1966 年发生了“文化大革命”，设计革命实际只开展了一年多。在设计革命运动中，虽然提出了要以采用和发展新技术为核心的主张，但设计工作中的实际问题，单纯通过政治性的群众运动是无法解决的。特别是这次运动的第一项任务是批判资产阶级思想，在运动过程中，批判了不少技术骨干，挫伤了知识分子的积极性。同时，由于“左”的思想影响，在实施下楼出院和改革不合理的规章制度中，也掺杂了不少形而上学的东西。

在 1966 年开始的“文化大革命”中，勘察设计事业受到很大的冲击。勘察设计的科学性被否定了。例如，70 年代初进行的枝城至柳州铁路的勘测设计工作违反铁路勘察设计的科学程序而采用了“一次定测”方法，造成大量浪费。又如，在第二汽车厂的建设中设计了“干打垒”（土打墙）厂房，最后不得不推倒重来。“文化大革命”中，知识分子受到歧视和不公正的待遇，有的遭到批判斗争，这些做法挫伤了不少有技术专长的专家的积极性。与此同时，不合理地下放了许多勘察设计机构，有的部门和省甚至提出“拆庙搬菩萨”的错误口号，解散设计院，把一些设计人员下放到农村，或改行做其他工作。到 1970 年年底，全国勘察设计队伍由原有的 23 万人减为 18 万人。

广大勘察设计人员对“文化大革命”中的做法是不满意的。1972 年 2

月，国家建委召开了设计工作座谈会，会议根据广大勘察设计人员的要求，提出了《关于当前设计工作几个问题的意见》，主要内容有：必须坚持基本建设和设计工作程序；大胆使用知识分子；恢复总工程师制；设计单位对设计质量全面负责；保证必要的设计时间；三结合现场设计要力求实效，不搞形式主义；等等。这对于克服当时的混乱状态，稳定设计队伍，起了一定的作用。在“文化大革命”中，广大勘察设计人员始终热爱社会主义祖国，热爱勘察设计事业，在困难中仍然完成了大量的勘察设计任务。众所周知的中国成都至昆明铁路，主要是在这个时期完成设计和建成投入运营的。比较完整的核工业体系，卫星信号传送线路工程等，也是在这一时期设计建成的。

第三节　勘察设计工作的健康发展

1977 年至 1985 年，勘察设计事业进入了稳定健康发展的时期。这个时期，在开放、改革、搞活的方针指导下，进行了大量的调整、整顿工作，同时注意了吸收国外先进技术，提高设计水平，整个勘察设计工作蒸蒸日上。

（一）调整勘察设计机构的领导体制。

针对十年动乱中造成的管理体制紊乱、勘察设计人员大量散失的状况，1978 年 6 月，国家建委在上报国务院的请示报告中提出，将冶金、煤炭、化工、轻工、水电、城建、建工、建材等行业的 57 个骨干勘察设计单位，由实行地方或企业领导改为由部门直接领导，或实行以部门领导为主的双重领导。1979 年 3 月，国家建委再次发出通知，继续收回下放的冶金、化工、轻工、林业、建工等行业的 8 个骨干勘察设计单位。采取这项措施后，勘察设计力量得以相对集中，对保证重点建设项目勘察设计任务的完成起了积极的作用。

（二）建立资格认证制度。

1980 年和 1981 年，国家建委两次发布对全国勘察设计单位进行登记和颁发证书的文件。文件规定发给工程勘察设计证书的单位，必须是经过有关政府部门批准的有专门从事工程勘察、设计工作的固定职工组成的实体，并具备独立承担工程勘察、设计任务的能力。证书分为两个等级：能够承担大中型建设项目勘察设计任务的，发给国家建委印制的证书；能够承担小型建设项目勘察设计任务的，发给部门和省、自治区、直辖市印制的证书。到1981年年底，全国有3216个勘察设计单位获得了证书，这些单位有职工36万人。其中，发给国家建委印制的证书632个，职工28万人。这是中国第一次对工程勘察设计单位进行资格审查和证书管理。

（三）制定管理条例。

1983年10月，国家计委印发了《基本建设设计工作管理暂行办法》和《基本建设勘察工作管理暂行办法》。这两个文件对工程勘察、设计的工作原则，工作程序，计划管理，质量管理，技术开发和科学研究，经济分析和概算、预算工作，标准化工作，技术经济责任制，队伍建设，资格认证，管理机构职责以及横向联系和协作配合等12个方面，分别做了70条规定。这是中国第一个带有管理条例性质的全面指导勘察设计工作的文件，是汇集新中国成立30多年的勘察设计管理工作经验而制定的。

（四）开展评优活动。

1980年和1984年，在全国范围内进行了两次评选优秀设计的活动。第一次评选的主要范围是在70年代内完成设计并建成投产的项目。经过自下而上逐级推荐评选，共评出国家级优秀设计121项。第二次评选的范围主要是1980年至1984年设计并建成投产的项目，共评出国家级优秀设计123项。国家建委和国家计委隆重召开了表彰发奖大会，由国务院有关领导人发奖。这两次活动是对这个时期设计水平的检阅，促进了设计质量的提高。

（五）充实勘察设计队伍的装备。

在这个时期，广大勘察设计单位及其主管部门都很重视改善勘察设计手段，以适应现代化建设的需要。到1979年年底，中国工程勘察设计单位拥有国产TQ-16、DJS系列电子计算机100多台，占当时全国这类计算机总数的1/3。80年代初，又从国外引进了一批比较先进的计算机。到1985年，中国勘察设计单位装备了超级小型电子计算机100余台，微型电子计算机近1000台。同时，还相应地装备了比较先进的晒图机和复印机，以及先进的测量和勘察机具，有效地提高了勘察设计劳动效率和技术水平。例如，中国石化总公司北京设计院用计算机设计炼油常减压流程后，预热温度由原来的250摄氏度提高到 290 摄氏度，每小时回收热能 1000 万大卡，每年可节约燃料油 8000 吨。该院按此设计改造了 18 套常减压装置，每年可节约燃料油 10 万吨。

（六）打破封闭状态，学习国外先进技术。

这个时期，中国不仅引进了一批炼油、化纤、化肥、石油化工、钢铁、有色冶金、电力、煤炭、机械、轻工等行业的技术和设备，建成了一批骨干项目，而且勘察设计人员把引进国外先进技术和中国的国情结合起来，自行设计了具有先进水平的山东济宁三号矿井，新疆、宁夏 52 万吨尿素工程，吉林化工厂 11.5 万吨乙烯工程，青海龙羊峡水电站，大同至秦皇岛铁路等一批大型项目，有些工程的设计技术水平已经接近国际 70 年代末和 80 年代初的水平。

这个时期，中国的勘察设计队伍得到了迅速的发展。截止到 1985 年年底，全国勘察设计职工人数达到 46 万人，比 1965 年增加了 1 倍。在 5300 多个勘察设计单位中，有骨干勘察设计单位 500 多个。这些单位技术力量雄厚，专业配备齐全，有比较完善的质量、技术等管理制度，有比较先进、齐全的技术装备。他们承担的本行业大型工程项目的勘察或设计任务，建成投产后都取得了较好的效益。

第十九章
勘察设计技术水平的提高

新中国成立以来的30多年中，广大勘察设计人员坚持在实践中学习，边干边学，把革命精神和科学态度结合起来，把学习国外先进技术和开拓创新结合起来，不断丰富和提高勘察设计技能，逐步掌握了各类建设项目的勘察设计技术。本章将分别介绍各个行业的设计技术水平。

第一节　原材料工业的设计

原材料工业包括钢铁、有色金属、化学工业和建筑材料工业等，这些行业是工业的基础，属于优先发展之列。到1985年，原材料工业已经拥有一支比较强大的勘察设计队伍，有钢铁和有色金属设计人员4.3万人，化学工业设计人员2万人，建材工业设计人员5000人。这支队伍在不同时期都设计了一批具有较高水平的项目。

（一）冶金工业。

"一五"计划期间进行了鞍山、本溪等钢铁公司和抚顺铝厂的改造，武汉和包头钢铁厂、富拉尔基特钢厂、株洲硬质合金厂、白银有色金属公司等项目的新建。这些项目的设计，是以苏联专家为主进行的，中国设计人员负责配合设计。在这个时期，由冶金勘察设计单位独立设计的大冶特殊钢厂，与苏联援建的齐齐哈尔特殊钢厂水平相等。从1954年开始设计的株洲冶炼（铅锌）厂，经过扩建选用了世界第一流的大型沸腾炉、浸出槽、搅拌槽、锌电解液冷却器等大型设备，不仅达到了当时世界先进水平，而且有所创新。1959年以后，在没有外援的情况下，冶金勘察设计单位独立自主地设计了一批优秀项目。建在四川的攀枝花钢铁基地，是科研与设计结合，攻克技术难关，建成大型联合企业的一个典型。攀枝花钢厂的铁矿中含有大量的钒钛成分，在冶炼时渣、铁很难分离。世界上对这种铁矿的冶炼已进行过 100 多年的研究，但一直没有找到解决的办法。从 1958 年至 1962 年，冶金部组织了试验组，分别在承德、西昌、北京、昆明等地进行了 1200 多炉次的试验，取得了 3 万多个数据，终于解决了用高炉冶炼这种钒钛铁矿的渣铁分离问题。这个钢厂设计遇到的第二个难题，是要在只有 2.5 平方公里的一个山坡上建设一个大型钢铁联合企业。设计人员打破了过去在平地上建工厂的框框，依山就势，把建筑系数提高了将近 1 倍，比建设同类企业减少用地 30%。这个企业有年产 1350 万吨矿石的大型矿山和选矿厂，有 5×130 平方米的烧结机和 120 吨氧气转炉，有 1150 毫米初轧机和大型轨梁厂，都是中国自行设计和自己制造设备，并利用中国独创的技术条件和操作方法建成的。从 1964 年开始设计的金川有色金属公司是中国自行设计的第一个大型有色金属采选冶炼联合企业。在设计中采用了露天矿加强松动大爆破，高冰镍磨浮分离、40 平方米折带式过滤机、电解阳极泥提取铂族金属等技术，均达到先进水平，获得国家科学大会奖。这个项目扩建时，又在设计中采用了高浓度料浆管道自流输送和中性介质浮选等新工艺，提高了各种贵金属的回收率，有些技术具有国际先进水平，获得了全国优秀设计奖。70 年代后期和 80 年代前期，在吸取国外先进技术的基础上，冶金勘察设计单位设计了钢铁小方坯连铸工艺，并在邯郸钢铁总厂建成投产，达到了国外的先进水平。同时还自行设计了本溪钢厂的万能板坯初轧机、1700 毫米热连轧机和舞阳钢铁厂的 4200 毫米特厚板轧机，工艺技术都具有先进水平。

（二）化学工业。

在学习苏联经验的基础上，化工设计单位于 1957 年按不同化工产品和不同规模编制了一批定型设计。主要有：年产 800 吨、2000 吨、1 万吨，2.5 万—5万吨合成氨氮肥厂，年产 8 万吨的硫酸装置，年产 7500—10000 吨的烧碱装置，年产 3000—6000 吨的聚氯乙烯装置，年产 20 万—40 万吨过磷钙厂，年产 10 万吨钙镁磷肥厂和年产 2 万吨的电石厂。这些设计对于加快中小型化工企业的建设起了重要的作用。为了发展氮肥新品种，从1957年起，设计院与科研、生产、设备制造单位结合，试验合成氨－碳酸氢铵联合生产的碳化流程，经过多次试验获得成功，并获得了国家科委颁发的发明证书。1965年，化工设计单位又在设计中采用了氧化锌脱硫和净化原料气以及溶液全循环等新技术和工艺流程，把合成氨和尿素的生产技术大大提高了一步。60年代，化工设计单位还成功地开发了重水、液氢、偏二甲肼等国防化工的生产技术，填补了国内的空白，并达到了当时的世界先进水平。70年代初，开发了纯碱与氯化氨联合生产工艺，设计了四川自贡市鸿鹤化工厂的改建方案，解决了废渣污染环境和水平衡的关键问题，达到了先进水平。进入80年代以后，化工设计单位还与有关单位协作，开发了稳定同位素、利用钒钛铁矿制取人造金红石和金红石型钛白以及新型除草剂等技术，并已用于工程建设。

（三）石油化学工业。

从60年代开始，在炼油厂的设计中，采用了硫化床催化裂化、铂重态整、加氢裂化、尿素脱蜡和延迟焦化等五项技术，号称“五朵金花”，其中催化技术已接近世界先进水平。与此同时，还配合引进技术设计了兰州化学公司的砂子炉裂解装置及其配套的高压聚乙烯、丙烯腈和腈纶装置。在上海高桥化工厂设计了乙烯裂解装置和苯酚、丙酮等装置。进入70年代后，在消化吸收国外先进技术的基础上，自行设计了燕山工业化顺丁橡胶项目，填补了合成橡胶的空白。80年代，自行设计了新疆、宁夏52万吨尿素、吉林化工厂11.5万吨乙烯、上海吴泾30万吨合成氨、四川化工厂20万吨合成氨和北京第二化工厂聚氯乙烯气提装置等工程，节约了大量外汇，部分设计达到国际70年代末、80年代初的先进水平。

（四）建材工业。

在“一五”计划期间，购买了东欧国家湿法生产水泥设备自行进行设计，建成了年产45万吨的大同水泥厂和永登水泥厂。同时扩建和改造了秦皇岛和上海耀华玻璃厂。60年代和70年代，又从国外购买半干法和大型湿法水泥生产设备，技术水平有新的提高，能耗进一步降低。这个时期设计和建成的有邯郸、峨嵋、水城和永安水泥厂。同时还自行设计并建成了年产120万标箱的洛阳玻璃厂和株洲玻璃厂。70 年代和 80 年代，在水泥工业设计上，进一步注意采用先进技术，节约能源，提高经济效益和环境效益，引进了一批日产 3000—4000 吨的干法窑外分解生产线，建成了冀东、宁国、柳州等大型水泥厂。同时还自行设计建成了江西和上海川河等中型水泥厂，主要技术指标接近世界先进水平。在这个时期，玻璃设计技术也有较大提高，自行研究设计了洛阳、通辽、南宁等玻璃厂的大型浮法生产线，达到了较高的设计水平。

第二节　能源工业的设计

能源工业包括煤炭、石油和电力等工业，它是国家投资建设的重点行业。截止到 1985 年，从事能源工业勘察设计的队伍，有煤炭工业 1.3 万人，石油工业 1.8 万人，电力工业 4.7 万人。

（一）煤炭工业。

“一五”计划期间新建的 115 处矿井中，有 112 处是中国自行设计的。例如，1953 年设计的淮南谢家集二号井，设计能力年产 90 万吨，采取竖井开拓，集中布置运输大巷，主井装备 6 吨底卸箕斗，工作面采用截煤机，采区运输采用刮板运输机，均达到了当时比较先进的水平。这个项目从 1954 年开工兴建，只用 28 个月就建成投产，投产后当年超过设计能力，第三年产量达 201 万吨。进入 60 年代后，煤矿设计水平又有提高，已能独立设计年产 120 万—180 万吨的大型矿井和相应能力的选煤厂。1965 年设计的巴关河选煤厂，年处理能力 180 万吨，采用倾斜板沉淀槽、定压器等新设备，投资少，投产后一次运转成功，后来处理能力达到 260 万吨，获得国家优秀设计奖。又如山西云岗矿井，采取了一次设计、分期建设、分期投产的办法。该矿年生产能力为 270 万吨，第一期 150 万吨，1973 年投产；第二期 120 万吨，只用两年半就建成投产；到 70 年代末就收回了投资。这个矿井设计时论证充分，井型合理，使用了综合机械化采煤设备，辅助工程适当利用地形，受到了各方面的好评。从 1976 年以后，煤矿设计进入了一个新的发展时期。截止到 1985 年，共设计了年产 300 万吨或 400 万吨的特大型矿井 10 多个，并掌握了相应能力的选煤厂和露天煤矿设计技术。山东省兖州矿区兴隆庄矿井就是在这个时期设计和建成的。该井设计为年产量300万吨，充分吸取了国外的先进技术；密切结合中国的实际条件，采煤工作面平均日产煤量，全员效率和吨煤生产成本都达到了先进水平。

（二）石油工业。

新中国成立初期，中国石油年产量只有6.4万吨，1951年只有23名石油专业设计人员。“一五”计划期间，进行了新疆、甘肃、四川等地油、气田的设计，设计力量逐步发展。1959年，石油设计技术开始高速发展。当年集中了全国石油建设的精兵强将，会集黑龙江省的大庆地区，开始了大油田的建设。大庆油田位于高寒地区，原油具有凝固点高、粘度高和含蜡量高，不宜输送的特点。限于当时中国的经济技术条件，不能采用蒸汽加热输送的办法，这就给油田的开发设计带来了严重的困难。为了攻克这一技术难关，油田勘察设计人员不畏天寒地冻，顶风冒雪，坚持进行了10个月的现场勘察和科学试验，步行6000多公里，观测了1100多个点，取得了5万多个数据，进行了上千次分析，终于掌握了切合实际的土壤传热系数。与此同时，他们对207座加热炉进行了技术数据的测定，分析了2万多个数据。经过反复试验，终于创出了具有中国特色的单管密闭油气混合输送技术，解决了“三高”原油的输送难题。年产5000万吨原油的大庆油田建成后，中国人民依靠洋油的日子一去不复返了。石油勘察设计力量继续发展壮大，并先后设计开发了大港、胜利、吉林、辽河、江汉、长庆、南阳、华北等油田，设计技术提高到一个新的水平。中原油田濮城油气集输工程的设计，采用单管密闭、常温集输、投球清蜡等先进工艺，每吨原油耗气由过去20—35标立方米下降到10标立方米，实现了投资省、能耗低、效益好。随着石油生产的发展，中国长距离输油管道设计技术也有了较大的提高。70年代，中国自行设计和建成了全长1080公里的格尔木至拉萨的成品油管道，并成功地解决了顺序输送流程、通过常年冻土区、大间距等技术。在随后的一些管道设计中，又解决了跨越黄河的课题，采用“泵到泵”流程和“级差调节”的节能技术，使管道设计出现了新局面。

（三）电力工业。

截至1985年年底，全国有500千瓦以上的电厂4000多个，其中装机容量在10万千瓦以上的水力发电厂40多个，火力发电厂130多个。新中国成立以后，电力设计水平由低到高。经济恢复时期和“一五”计划时期，主要是设计和建造小型电厂，以后逐步发展到设计和建造大型电厂。1956年4月，国产第一台0.6万千瓦火电机组于淮南田家巷电厂投产；1958年8月，国产第一台1.2万千瓦机组在重庆电厂投产；1958年12月，第一台2.5万千瓦机组在闸北电厂投产；1959年11月，第一台5万千瓦机组在辽宁电厂投产；1967年2月，第一台10万千瓦机组于高井电厂投产；1969年9月，第一台12.5万千瓦机组于吴泾电厂投产；1972年12月，第一台20万千瓦机组在朝阳电厂投产；1974年11月，第一台30万千瓦机组于望亭电厂投产。进入80年代后，又开始设计60万千瓦机组的火电厂。至1985年，全国的29个省、自治区、直辖市除西藏自治区外，都拥有了装机容量10万千瓦以上的火电厂。中国的火电设计队伍已经熟练地掌握了设计大型火电厂的技术。在水力发电方面，50年代修建了新安江、新丰江、柘溪等大型水电站，并进行了古田溪、龙溪河、以礼河、猫跳河等中小河流的梯级开发，设计水平日益提高。新安江水电站，是中国第一座自行设计、自制设备、自行施工的大型水电站，装机66万千瓦。1957年开工，1960年第一台机组即开始发电。从50年代中期开始，为了治理黄河，在黄河中上游先后建成了三门峡、青铜峡、刘家峡、盐锅峡、八盘峡以及山西天桥水电站，总容量232万千瓦，装机容量128万千瓦。80年代初，万里长江第一坝——葛洲坝水电站开始发电。水库总容量15.8亿立方米，设计装机容量271万千瓦，这项工程的截流是在流量为每秒4670立方米、龙口最大流速为每秒7.5米的条件下进行的，截流的规模和难度都位于世界的前列。由于勘察设计人员进行了充分的勘察、试验和科学研究，做出了切合实际的设计方案，截流一次成功，达到了世界先进水平。黄河上游的龙羊峡水电站，坝高175米，库容268亿立方米。这项设计根据系统工程的原理，综合地、系统地考虑了黄河中、上游14个梯级和邻近汉江、白龙江流域的整体效益，经过库容调节、补偿、增加出力150万—200万千瓦，可节省投资30多亿元。

第三节　交通运输邮电的勘察设计

截至1985年，全国共有铁路勘测设计机构40多个，职工3.3万人；水运和公路勘测设计机构100多个，职工1.6万人；邮电设计机构53个，职工3800人。

（一）铁路。

50年代设计和修建的成（都）渝（重庆）铁路和宝（鸡）成（都）铁路，使铁路勘测设计队伍得到了锻炼，掌握了穿越崇山峻岭的铁路设计技术。与此同时，在万里长江上架起了第一座大型铁路公路两用桥——武汉长江大桥。这座桥在设计中采用的钻孔管柱基础工艺，当时为世界首创。60年代修建的成昆铁路和南京长江大桥，标志着铁道设计技术迈上了一个新的高度。1964年开始设计的成昆铁路全长1083公里，沿线地形复杂，其中有700多公里穿行于深、大断裂河谷中，有500多公里位于强震区；沿途还有许多滑坡、危岩落石、崩坍、岩堆、泥石流、岩溶、岩爆、瓦斯及强酸侵蚀等复杂地质现象，被人们称为“地质博物馆”。为避开严重不良地质区和选好铁路位置，铁路共跨越了安宁河、牛日河、旧庄河、龙川江等河流86次，桥隧总长约占线路长度的40%。在全线122个车站中，有42个站设在大桥上和大跨度隧道里。在这条铁路的勘察设计工作中，先后攻克了50多项技术难关，许多新技术是国内首创。60年代中期建成的南京长江大桥，全长6772米，正桥长1577米，钢梁10孔，最大跨度160米，是当时国内跨度最大的铁路、公路两用桥。大桥位于长江下游，江宽水深流急，水文地质条件复杂，通航要求高，技术难度大。为了做好这项设计，设计单位做出了40多个设计方案。在周恩来总理的主持下，进行了多方案比选，选出了最佳方案。南京长江大桥的建成，是中国建桥技术的一大发展，也得到了国际工程界的普遍赞誉。

80年代初设计的北京至秦皇岛铁路，第一次采用了先进的自耦变压器供电方式——CAT供电方式，在相同的列车负荷下，比常用的BT供电方式电压提高1倍，电流减少50%，减少了变电所数量和输电线长度，并解决了在高速度、大电流情况下机车易受烧损的关键问题，大大提高了电气化铁路设计的技术水平。

（二）公路。

1949 年至 1985 年，全国共建成公路 25 万公里，从东北的大兴安岭林区到西南疆的青藏高原，从城市到农村，都有公路相连。随着公路建设事业的发展，公路设计水平也有了很大的提高。获得全国优秀设计奖的天山公路，由北向南横穿天山，全长 531 公里，先后与 5 条公路交错相连。全线延绵于深山、峡谷、高山、冰川之间，沿途人烟稀少，气候恶劣，地质复杂，地形险峻。其中有一条隧道处于海拔 3400 米的高度上，另一条修建在海拔 3200 米高度上的隧道全长 1894 米。公路勘测设计人员在这种不利的地理环境下保证了较高的勘测设计质量，1977 年完成设计，1983 年 9 月竣工通车，公路建成之后效果良好。

（三）水运。

1954 年设计的湛江港一区一期工程，是新中国成立后兴建的第一个大型沿海港区，深水码头近 500 延长米。1957 年设计的天津新港一码头五号泊位，是国内第一座预制装配式钢筋混凝土高桩板梁式码头。进入 70 年代后，水运设计水平有了很大的提高。1974 年设计的大连鲇鱼港工程，有 10 万吨级和 5 万吨级泊位各 1 个，是国内第一座现代化集装箱泊位，其设计在总体、工艺、设备、水工、土建各方面都接近当时的世界先进水平。进入 80 年代，又设计和建设了自动化水平最高的秦皇岛煤码头二期工程两个 5 万吨级泊位，以及第一座 10 万吨级开敞式煤码头——石臼港煤码头等，在码头结构和使用最大的码头沉箱（直径 18 米）等方面，取得了新的成就。

（四）邮电。

邮电设计的发展可分为三个时期。50 年代为第一个时期，当时设计和建设的项目包括大中城市的自动市话网，北京至各省的 3 路架空明线和 12 路载波干线，北京国际短波工程等。其中具有代表性的设计是北京电报大楼。60 年代和 70 年代前期为第二时期，电信传送部分以发展对称电缆 60 路载波系统、60 路微波系统为主；长途电话以自动、半自动交换设备的研制为主。这个时期的代表性设计是北京长途电话大楼。70 年代后期至 80 年代前期进入一个新的发展时期，主要是市内电话和长途电话采用程控电话交换设备、程控自动转板系统、卫星通讯系统、长途通讯用光缆通讯系统、大容量数字微波系统、程控用户电报移动通讯等。这个时期长途电话增加 1.5 万多路，市内电话增加 100 多万门。其中上海—武汉光缆工程、北京—上海大容量数字微波工程等技术都有较大进步，缩小了与世界先进水平的差距。

第四节　建筑设计

新中国成立后，建筑设计专业有了很大发展，设计水平不断提高。在国民经济恢复时期，就自行设计建造了一批新的房屋建筑。上海曹杨新村住宅区，是集中修建劳动人民住宅的尝试，既较好地照顾了人民的生活习惯，又吸取了传统的住宅特征。北京西郊总后勤部及军训部一组建筑和武汉洪山礼堂等，借鉴了当时现代派建筑设计手法，同时又反映了中国的建筑风貌，重庆人民大会堂的设计，则是探索民族建筑风格的大胆尝试。北京的和平宾馆和儿童医院，是当时建筑界水平较高的旅馆和医院设计。

50 年代中后期，建筑设计水平达到新的高度。1959 年建成的北京十大建筑，包括人民大会堂、革命历史博物馆、军事博物馆、北京火车站、民族文化宫、民族饭店、美术馆、农业展览馆、工人体育场和华侨大厦，造型新颖、美观、各具特色，在使用现代技术和设计手法上，有较高的水平，并较好地体现了中国的民族形式，为开创中国建筑新风格做出了贡献。因此，许多人都把十大建筑看成是中国 50 年代建筑设计的杰出代表。

60 年代和 70 年代初，全国各地都建成了大量的房屋建筑，并出现了一批具有较高水平的建筑设计。例如广州矿泉别墅、北京首都体育馆、南京五台山体育馆、南京长江大桥桥头堡、广州星火燎原纪念馆、广州宾馆、杭州机场候机楼等，在建筑造型上都有自己的特色，在结构处理、空间利用以及室内装修等方面也有新的探索，取得了新的进步。其中首都体育馆是一项经济效益很好的设计。这个馆长 102 米，宽 92 米，设有 1.8 万个座位，是世界上数得上的大型体育馆。在设计过程中，设计人员十分注意节约投资，体育馆设计朴素大方、经济实用，仅投资 1570 万元，成为一个节省投资的典型。

70年代后期和80年代初期，住宅和其他民用建筑发展迅速。在这个时期里，每年要建设上亿平方米的城镇住宅，其中一些是10—20层的高层住宅建筑，还有大量的住宅小区。1982年北京市建筑设计院完成的大模板住宅建筑体系标准化设计，就是使用大模板这种新墙体材料进行住宅设计的一个代表。它适用于多层、高层、板式、塔式等各类住宅，是在大量住宅设计方案中经严格筛选出来的，平面紧凑，布局合理，在标准化的基础上力求多样化，得到各方面的好评。随着旅游事业的迅速发展，旅游旅馆等建筑在各大城市大量兴建。到1985年，已建成具有较高水平的旅馆325个。1980年由广州市建筑设计院设计的广州白天鹅宾馆，是一个有1760张床位、建筑面积92981平方米的大型旅游旅馆。它造型轻巧美观，建筑物与珠江的鹅潭融为一体，颇有天鹅叠翼的意象。这一建筑空间变化丰富，细部处理统一而具新意，成功地吸取了国外现代建筑处理和中国传统的庭园处理手法并有所创新，为中外专家所称道。同时期设计的上海龙柏饭店，建筑总体和单体布局合理，功能分区明确，建筑造型新颖，空间富于变化，很有民族特色，也是一项公认的优秀设计。

1980年以后，旅游旅馆、大厦、中心等高级建筑越来越多，大部分由中国自行设计，设计手法更灵活，造型日益多样化，在寻求民族形式同现代技术相结合上，做了许多有益的尝试。1983年设计的北京昆仑饭店，大胆地突破了常用的方形或长方形格式，采用了S形的造型，在内容空间和外部环境处理上都有所突破。其后相继出现的山东阙里宾舍、西藏拉萨饭店等，也以不同的形态，体现了民族特色和地方特色。在深圳市建筑的国际贸易中心，共53层，地面50层，高160米，是截至1985年中国建成的最高的建筑。这幢楼采用了钢筋混凝土结构，比采用全钢结构要节约造价30%多。中国矿业学院、新疆科技馆以新颖的造型和较低的造价，成为文教科技建筑的代表；武汉黄鹤楼和南京夫子庙商业区，则以其独特的民族色彩增添了城市的景观。在市政设施方面也有许多优秀设计，例如上海长桥水厂扩建工程、北京二环路立体交叉工程、无锡杜鹃园、引滦入津工程等，都在技术上有所创新或有较好的社会效益。天津中环路和北京田村山水厂的设计，分别由于规划合理和采用了臭氧活气炭过滤新技术而得到了好评。

第五节　加工工业和其他行业的勘察设计

机械工业拥有勘察设计队伍3万人。50年代，这支队伍主要承担苏联援建的机械工厂的配合工作，学习设计技术，同时还自行设计了一批机械工厂。其中大中型项目有70多项，设计技术比较接近苏联援建项目的水平。到了60年代，这支队伍设计了一批大型机械工厂，并积极采用先进技术，设计技术有了较大的提高。例如，这个时期设计的第二重机厂和重型矿山机械厂的30米井式热处理和一部分大型设备，都具有先进水平。60年代至70年代设计建成的第二汽车制造厂，由于采取“蜜蜂采蜜”的办法，集中了国内的先进工艺和设备，组织了300多条流水线和100多条自动线，设计水平比较接近当时世界的先进水平。70年代至80年代初，机械设计队伍除了继续设计一些新厂外，把主要力量转移到对已经生产的企业进行技术改造的设计上去。这个时期设计改建的沈阳和石家庄两个水泵厂、哈尔滨电缆厂、天津照相机厂，新建的南京电瓷厂火花塞分厂、杭州汽轮机厂、杭州制动材料厂、东方绝缘材料厂等，设计都达到了新的水平，取得了很好的经济效益。

中国的核工业、航空工业、电子工业、兵器工业、船舶工业和航天工业，都拥有一支技术力量比较强的勘察设计队伍，他们在各个不同的时期都设计了一批具有先进水平的项目，为中国的国防工业建设做出了重大的贡献。

纺织工业的设计技术发展较快。“一五”计划时期重点是棉纺厂的设计，共设计了68个棉纺厂，形成了北京、石家庄、邯郸、郑州和西安5个基地，同时还设计了5个印染厂。“二五”计划期间，设计工作向棉、毛、麻、印染全面展开，并帮助第三世界一些国家建设了各种纺织厂64个。1963年和1965年，分别从日本、英国引进了维尼纶厂和腈纶厂；1969年自行设计了湖北粘胶强力帘子布厂，填补了国内的空白。从1972年开始，着手建设一批大型石油化学纤维联合企业，包括上海石油化工总厂、河南平顶山锦纶帘子布厂、江苏仪征化纤联合公司、辽阳石油化纤总厂、天津石油化纤厂和四川维尼纶厂等。这些工厂从国外引进部分设备，由国内进行配套设计，都具有当时的世界先进水平。

广播电视方面，在50年代完成了第一至第四座短波发射中心和十几个省的发射台的设计，建成了中央人民广播电台的播音馆和十几个省的播音室，并于1959年至1960年建成了第一座电视中心。在60年代和70年代又设计了一批强功率中短波发射台，其中大连中波发射台因设计技术先进而获得部级优秀设计奖。这个时期还完成了彩色电视和各主要省市的电视台设计。进入80年代后，设计水平进一步提高。1980年设计的武汉电视发射台总高度220米，成为武汉的一景。1983年完成土建设计的中央彩色电视中心吸取了国外的先进技术，总建筑面积8.4万平方米，播出系统采用电子计算机程序控制，在世界上是比较先进的。

商业冷库设计技术也在不断提高，1955年设计和建成了冷藏能力1200吨的海拉尔肉联厂，1958年完成了9000吨的冷藏库的设计，并为广州、北京、沈阳等地所采用。60年代中期设计的山东青岛冷藏库，采用了隧道式快速冻结装置，冻结能力大、时间短，冻虾一天两周转，具有较高水平。70年代设计的济南肉联厂万吨冷库和九台山万吨冷库工程，是两项投资省、工期短的工程。80年代初投产的重庆肉联厂，吸取了多年来大型冷库建设经验。布置合理、紧凑，库温稳定，贮藏商品质量好，被评为全国优秀设计。

其他行业包括轻工、林业、医药、农业、科研、文教、卫生等，设计技术水平都有新的提高，并分别做出了一批优秀设计。

第二十章
勘察设计管理体制的改革

新中国的勘察设计管理体制是在“一五”计划时期形成的。随着城乡经济的不断发展和基本建设规模的不断扩大，原来体制中的某些环节同生产力的发展已不相适应。为此，从1979年起开始对勘察设计管理体制进行改革，先是搞试点、摸索经验，然后逐步推开。1984年11月，国务院批转了国家计委《关于工程设计改革的几点意见》，对设计改革的方向、目的和任务做出了规定。

第一节　实行勘察设计收费制和技术经济责任制

从“一五”计划时期开始，中国勘察设计单位的经费一直是由国家从事业费中拨给的，事业费按勘察设计单位的职工人数拨付，只同人员数量挂钩，而不同完成任务的数量和质量挂钩。这种供给制制度，在勘察设计队伍创建初期有其优越性。但随着队伍的不断扩大，却暴露出明显的弊端，完成任务越多的单位，经费越不够用；而完成任务少的单位，却可安闲度日。

1979年1月，国家建委召开全国勘察设计工作会议，与会代表讨论了这个问题。大家认为，按人头拨付事业费的制度，是勘察设计单位长期“吃大锅饭”的症结所在，应当把改革这项制度作为“突破口”，通过这项改革带动整个勘察设计管理体制的改革。会后，国家建委会同计划、财政等部门进行了协商。1979年1月，国家建委、国家计委、财政部联合发出通知，确定先在35个勘察设计单位进行由事业费改为勘察、设计收费制的试点。主要内容是：勘察设计单位承担任务，按国家规定的收费标准收取勘察设计费，不再吃事业费。勘察设计单位必须同委托任务的单位签订勘察设计合同，明确双方的职责。勘察设计单位因增收节支获得的盈余，60%留给勘察设计单位使用，大部分用于生产发展基金，小部分用于集体福利基金和奖励基金。奖金不得超过本单位两个月的标准工资。1980年，试点单位扩大到89个，这项改革得以在更大的范围内展开。

试点单位的改革实践取得了明显的成效。首先是改革后的勘察设计单位完成任务和收入直接挂钩，调动了勘察设计单位和广大职工完成任务的积极性。据各试点单位的统计，试点的第一年，平均完成任务比试点前增加50%，到试点的第四年，许多勘察设计单位完成的任务翻了一番。例如，煤炭系统共有勘察设计人员1.2万人，改革前，每年只能完成1500万吨综合能力的矿井设计任务。改革以后，人员基本没有增加，1984年却完成了3000万吨的任务。其次是打破了部门、行业界限，勘察设计单位不仅承担本行业的勘察设计任务，而且面向社会承揽任务，扩大了业务范围。例如北京钢铁设计研究总院，本行业的任务只占该院生产能力的30%—50%，他们主动承担了能源、交通、建材、轻纺、城建等行业的任务400多项，投资额10.5亿元，做到了任务饱满，人尽其才。

1983年3月，国家计委召开全国勘察设计工作会议，总结交流勘察设计改革试点的经验。会议肯定了改革的方向是正确的，并提出在全国范围内广泛地推广这项改革。1983年7月，国家计委、财政部和劳动人事部联合发出了《关于勘察设计单位试行技术经济责任制的通知》，要求全国广大勘察设计单位都要积极创造条件，推行收费制和技术经济责任制。这个通知吸收了改革试点中许多成功的经验，又对某些不够完善的规定做了修改和补充，进一步明确了改革的目的是调动勘察设计单位和广大职工的积极性，高质量、高水平、高效益地完成勘察设计任务；改革后勘察设计单位仍然要把完成国家计划任务，特别是重点建设项目的勘察设计任务放在首位；要把勘察设计单位的收入和完成任务的数量、质量结合起来；要积极提高技术水平，每个勘察设计单位可以在总收入中提取10%的基金来搞技术开发。《通知》还对勘察设计单位的责任、权利、义务和奖惩办法等做了规定，要求各个勘察设计单位都要加强管理，建立和健全本单位的技术经济责任制。

为了改善收费办法，国家计委组织国务院30个行业主管部门，对勘察、设计收费标准进行了修改，并分别于1984年4月和5月发布了《工程设计收费标准》和《工程勘察取费标准》。勘察设计改革试点期间，采用的是按单项工程投资额百分比收费的办法，设计项目的投资越多，收费就越多，不利于节省建设投资。修订后的收费标准，普遍采用了按实物工程量定额收费的办法。

到1984年年底，全国绝大多数的勘察设计单位都实行了技术经济责任制，改变了单位吃国家“大锅饭”和职工吃单位“大锅饭”的状况，使工程勘察设计改革迈出了关键的一步。

第二节　开展设计招标，鼓励竞争

在试行勘察设计收费制改革的同时，有些部门和地区开始进行设计招标的试点工作。1984年11月，国务院批转国家计委《关于工程设计改革的几点意见》中指出：“要积极推行设计招标承包制，打破地区、部门的界限，逐步改变用行政手段下达设计任务的办法，鼓励竞争。”根据这个文件的要求，进行设计招标投标的项目逐步增加。为了加强对这项工作的管理，国家计委和城乡建设环境保护部于1985年6月发布了《工程设计招标投标暂行办法》，对设计招标的目的、范围、程序、评标组织和评标定标的依据，以及管理和监督等，做出了具体的规定，从而促进了设计招标投标试点工作的开展。截至1985年，全国已有246个工程项目进行了设计招标，其中有投资额达10多亿元的大项目，也有一部分具有代表性的民用建筑项目。参加设计投标的单位，打破部门和地区的界限，竞相以优秀的设计和优良的服务去参加竞争。经过评标定标，择优录取，优化了设计方案，取得明显的效果。位于江苏省的徐六泾电厂设计招标，原来没有负责这一地区电厂设计的西北电力设计院中了标。他们的设计方案在总图布置上打破了长期以来锅炉房、汽轮机房和升压站布置的老框框，减少了大量管道，节约投资1600万元。电厂的用电率由一般的7%—8%降低到4.6%，达到了从国外引进电厂的水平。安徽顾桥煤矿的设计招标，由中国 4 个煤矿设计院参加投标。他们为了做出优秀设计方案参加竞争，首先在设计院内实行方案比选。江苏省煤矿设计院做出了各种局部的比较方案 296 个，煤炭规划设计院和安徽煤矿设计院也分别做了 107 个和 35 个单体方案。经过对这些方案的比选，取诸方案之所长，进行优化，最后做出来的总体方案达到了国内先进水平。铁道部为了解决桥梁建设中的难题，发动设计单位、大专院校和科研单位进行设计方案招标。投标单位提出了上百个设计方案。铁道部吸取这些方案中的优点，在技术上取得三个突破：一是突破了分期建桥时，两条线间距不宜少于 4 米修建的禁区；二是突破了双线桥都采用刚性桥墩的老框框，创作了一刚一柔的组合桥墩方案；三是用动态分析的观点，突破了分期建设浪费投资的旧观念。他们把这三个突破用于山西省浍河大桥设计，造价比原概算降低 20%。

第三节　推进横向联合和组建以设计为主体的工程承包公司

从 1979 年设计改革试点开始，一些勘察设计改革试点单位，为了把自己的技术优势和有关单位的技术专长结合起来，更好地为工程建设服务，开展了与科研、大专院校、生产、设备制造以及建筑安装单位的横向联合。例如，中国船舶总公司第九设计研究院在设计超净化车间上有技术专长，他们充分发挥自己的技术优势，与生产超净化设备的工厂以及安装公司进行横向联合。建设单位如需建设一个超净化车间，只要与这个联合体签订合同，他们就可全面负责建设，最后向建设单位提供一个达到生产能力的车间。这种联合体的出现，突破了长期以来设计单位单纯从事设计业务的固定模式，受到了建设单位的好评。与此同时，一些部门和地区着手进行以设计为主体的工程承包公司的试点。1982 年，化工部第四设计院对江西氨厂的改、扩建工程实行总承包，他们在设计中运用系统工程原理统筹安排，并采用了多项国内外先进技术，做出了最佳方案，并按此选购设备和控制资金使用，结果用低于同类项目的造价完成了这项建设任务。

1984 年，在总结试点经验的基础上，国家计委和城乡建设环境保护部发布了《工程承包公司暂行办法》，对开办工程承包公司的条件和公司的性质、任务、责任、权利、义务以及奖惩办法等，都做了规定。根据这个办法所组建的工程承包公司，是技术密集型、管理密集型和开发型的技术经济实体，一般是与劳务分开的。公司的主要任务是承包各类大中型的工业交通建设项目，包括可行性研究、勘察设计、设备材料采购、施工监理、生产人员培训、试车考核，直到竣工验收、交付使用。截至1985年年底，全国已有这类工程承包公司78个，其中国务院各部直属的31个，省（市）属47个。这些工程承包公司大多还处于边组建、边经营的状态，起步较早的公司，已经总承包了一批工程建设项目。其中较大的项目有：浙江石塘水电站、广西柳州公路大桥、北京燕山的苯乙烯和聚苯乙烯工程、大连聚丙烯工程、云南会泽铅锌矿和永平糖厂、山东寿光碱厂和广州白天鹅宾馆、花园酒店、中国大酒店等工程。石塘水电站的建设是由水电部华东水电工程咨询公司总承包的。这个工程原批准的初步设计概算投资为1.7亿元，总承包概算定为1.4亿元。这个公司的设计人员精心设计，做出了一个既满足生产要求、又能节约投资的方案，然后将土建、公路、设备制造、金属结构以及机电安装等工程进行招标，择优选择施工和制造单位。中标单位的造价比总承包的造价降低了15%，建设工期缩短了一年，施工高峰时期的劳动力减少42%。化工部成都化工设计公司，对四川富顺、乐山两个4万吨的联碱工程实行总承包，由于该公司对于生产联碱设备的各个工厂都很了解，并且及时掌握市场上的信息，在选购设备的过程中，他们采取货比三家、开展竞争的办法，在保证设备质量的前提下，选购的定型设备价格降低20%—30%，非标准设备价格降低20%—40%，节约了大量的投资。

第四节　适当发展集体所有制设计单位

中国的勘察设计单位主要是国营单位。在一些城镇，有些国营设计单位照顾不到的零星项目，往往无法进行建设。同时，由于国营设计单位一家独办，没有其他类型的设计单位进行比较，使国营设计单位缺乏不断改革进取的动力。

1984年，国务院批转国家计委《关于工程设计改革的几点意见》中提出，要适当发展集体和个体设计单位，通过试点，逐步推广。1985 年，国家计委和城乡建设环境保护部发出了《集体和个体设计单位管理暂行办法》，对集体、个体设计单位的性质、资格审查、经营管理、质量管理，以及对设计应负的责任，做出了规定。随后，经过省（市）主管部门的批准，陆续成立了一些集体和个体设计单位。截至 1985 年，全国共成立近 200 个集体设计单位。这些设计单位主要承担一些零星的建筑设计，也有一些是承担小型工业企业设计任务的。

成立较早的湖北省鄂城建筑材料设计科研所，是办得比较好的一个集体所有制设计单位。它的主要任务是承担县、社以下的小型建筑材料工厂的设计任务。1980 年以后，中国农村经济有了很快的发展，广大乡镇都需要建设一批小型的工业企业和民用建筑，急需发展建材工业。但是由于国营设计单位无暇顾及，农村建设发展的要求得不到满足。这个设计科研所的创业者，看到了这种社会需求，于 1983 年创建了这个设计科研所，陆续地聚集 100 多个技术人员。他们把发展农村建材工业作为本所的主要任务，要求做出的设计符合中国农村的实际，技术要成熟，造价要低廉。他们考虑到农民筹集一笔资金很不容易，提出了所设计的建材工厂不正式投入生产，就不收设计费。同时，他们还帮助农民培训生产和管理人员，负责到底。这种做法深得广大农民的欢迎，向他们委托设计任务的单位越来越多。这个设计所从建立到 1985 年承担了 50 多个小水泥厂的设计任务，服务范围遍及十多个省、自治区、直辖市，为发展农村建设做出了贡献。

随着中国城乡建设任务的扩大，在不断发展国营设计力量的同时，适当地发展集体所有制的设计单位，可以成为国营设计力量的一种补充；可以吸收社会上的一些技术人员，扩大设计队伍；同时也有利于通过竞争和比较，推动设计体制改革的发展。

第二十一章
施工队伍的形成和发展

第一节　旧中国的营造业和建筑工人

1911年辛亥革命以后，伴随着资本主义工商业的发展，旧中国的营造业也相应得到发展。到抗日战争前夕，仅上海一地具有相当能力和规模的营造厂商就有500家左右，从业的建筑工人有数万人之多。邻近上海的川沙、崇明、海门、启东一带以及扬州、宁波等地，也成为后来著名的建筑工人之乡。上海江海关大厦，就是由川沙县的泥瓦工匠杨斯盛承造的。其他沿海口岸，如广州、青岛、天津以及内地的大城市如南京、武汉、重庆等地，也有一些营造厂商随着工商业的发展而逐渐兴盛起来。南京市仅为1700户官僚资产阶级营建的高级住宅（花园洋房），面积就有近70万平方米，另外还有银行、车站、机关、学校和其他公私建筑。

从1937年抗日战争爆发到1949年新中国成立前夕，由于国民党政府的腐败统治和日本帝国主义的侵略掠夺，使中华民族处于天灾人祸、内忧外患的深重灾难之中。这一时期战乱频连，百业不振，民不聊生，自然也不可能有建筑业的发展，军事工程是强征夫役干的，民用建筑大多是竹、木、土、石的简易工程。营造业凋零衰败，每况愈下，营造厂商屈指可数，从业人数稀少零散。据国民党政府有关的历史资料反映，1942年全国经工商管理机构注册登记的私人营造厂商仅有44家，占当时工矿企业总数的1.3%，从业人数1839人，占工矿企业职工人数的0.27%。1945年抗战胜利后，土木建筑工程虽稍有增加，沿海各地的营造厂也曾一度兴盛起来，但仍未形成有影响的行业，当时最大的私营陶馥记营造厂也只有职工二三百人。到1949年，全国从事建筑施工的建筑工人不足 20 万人，而且大都集中在少数沿海的大城市，基本上是分散的个体劳动者，受包工头控制。

旧中国的建筑工人在洋奴买办、官僚奸商、封建把头的重重剥削下，劳动十分繁重，生活异常清苦，尽管每天要“从鸡叫干到鬼叫”，可仍然是终年朝不保夕，难得温饱。当年在“扬州帮”建筑工人中就流传着很多描绘他们生活的民谣，如：“瓦木油漆匠，装金带塑像，辛苦日夜忙，家无隔夜粮”，“有女不嫁瓦木匠，一年四季守空房，逢年过节回家来，还要给他补衣裳。”

第二节　私营营造业的改造和国营建筑业的兴起

1949 年新中国成立以后，国防建设、经济建设、文化建设不断增加，城乡人民生活日益提高，工业和民用建筑的需求与日俱增，建设规模相应扩大，濒于崩溃的营造业开始复苏。全国解放后的第一年，在水利治河工程上，修筑了 4.2 万公里的堤防，仅土方一项即完成 3.6 亿立方米，投入施工的民工达 469 万人。随后一些重要的交通工程和工业建设项目，如成渝铁路、天兰铁路、康藏公路、塘沽新港一期工程和鞍山的大型轧钢厂、无缝钢管厂等相继动工兴建，开始展现新中国社会主义建设的崭新面貌。

到 1952 年，建筑施工队伍已由 1949 年的 20 万人增加到 104.8 万人。这支队伍绝大多数是由分散的个体劳动者组织起来的，其中相当一部分人聚集在私营营造厂中。当时在施工方面尚未形成明确的施工管理体系。在筑路和水利工程上，基本上采用战时动员征集民工的办法，由主管部门配备少量专业队伍来组织施工。在矿山、冶金、电力等重工业建设工程上，多采用自营方式，逐渐发展各自的专业施工队伍。在一般通用工业厂房、公共建筑、职工住宅、文教卫生设施、商业服务等工程上，主要依靠私营的营造厂商来承包。

这一时期建筑施工队伍的特点是，除少数国营施工队伍外，多数建筑工人还由包工头控制，劳动条件很差，中间剥削严重。在建筑业复苏的过程中，不少私营营造厂商追逐利润的贪欲越来越强烈，他们采用腐蚀、贿赂和种种违法手段，进行偷工减料，偷税漏税，盗窃国家资财，使工程建设领域成为当时资产阶级向新中国政权猖狂进攻的重要场所。1952 年开展的“三反”、“五反”运动胜利结束了这场战斗，中国政府开始着手对资本主义营造商进行社会主义改造。

中国的私营营造业和其他资本主义工商业有着明显的不同特点，这就是营造业分散经营和个体劳动多，固定厂家和生产资料少。据 1956 年上海公私合营企业清产核资材料，营造业的私股资本额只有 408 万元，仅占全市私股资本总额的 0.4%。因此，对私营营造业的社会主义改造，没有采取一般资本主义工商业公私合营的办法，而是通过民主改革和反封建把头的斗争，逐步实行公有制，相继组建国营建筑企业和集体建筑合作社，把属于民族资本主义的营造业改造成为社会主义公有制的建筑业。这个改造同其他资本主义工商业的社会主义改造一样，进行得很顺利，到 1956 年即告全面完成。

在对私营营造业实行社会主义改造的同时，中央工业、交通各部门和各地区的主要城市，都相继组建了全民所有制的国营建筑施工企业，各地城镇集体所有制的建筑合作社也把分散流动的建筑工人组织起来，形成了较为稳定的施工队伍。到 1953 年年底，全国全民所有制和城镇集体所有制建筑施工企业职工达到 200 万人，1956 年年底职工总数达到 426.2 万人，占全国职工总数的 14.2%。其中全民所有制建筑施工企业职工总数为 300.2 万人，集体所有制建筑施工企业职工总数为 126 万人，分别占全国全民和集体职工总数的 12.3% 和 22.7%。

在国营建筑业迅速兴起的进程中，中国政府十分重视施工队伍的建设。1952 年 8 月，中央人民政府政务院和中央军委决定，将中国人民解放军 8 个陆军师集体转业，改编为建筑师，承担国家重点工程和工业基地的建设任务。这支兵改工的队伍，经过“一五”计划时期工程建设实践的锻炼，成为日后分布在中国施工战线上的重要骨干力量。为适应建筑施工流动、分散的特点，在劳动制度上采取了固定工、合同工、临时工相结合的方针。1952 年中央人民政府财经委员会决定，在建筑工人中招收固定工人，应尽量限于技术工人，固定工人的比例只能占 40%—50%，其他工人可以采取定期合同制工人和临时工人解决。这一方针对当时建筑施工队伍的健康发展起了重要的作用。

第三节　国营施工队伍的膨胀和调整

1958 年“大跃进”中，基本建设投资额成倍增长，施工队伍也相应地急剧膨胀。无论是大江南北、黄河上下，还是新区老城、边关海疆，到处都是繁忙的建筑工地，到处都有新一代的建筑工人。这一年国营施工队伍职工人数从 1956 年的 300 万人猛增到 640 万人，增长了 1 倍多，这一增长势头一直保持了三年，到 1960 年，全国国营施工队伍职工总人数已达到 693 万人，这是中国国营施工队伍发展的高峰期。

60 年代初，在贯彻执行“调整、巩固、充实、提高”方针的过程中，采取了下放中央各部所属国营施工企业和精简固定职工的措施。从 1961 年开始，全国国营施工队伍的调整工作全面开展。当时采取的办法，一个是“转”，即将一部分国营施工企业转为集体企业，一个是“减”，即将一部分固定职工精减下来，回到农业生产上去，一个是“放”，即将中央各部所属的一部分国营施工企业下放到地方管理。1961 年，国营施工队伍的职工人数从 1960 年的 693 万人缩减到 397 万人，其中约有 10 万人转入集体所有制建筑企业。1962 年再次精减压缩，共减少 152 万人，其中有 7 万人转入集体建筑企业，国营施工队伍职工人数缩减到 245 万人。两年内全国国营施工队伍一共转、减 448 万人，约为 1960 年的 2/3。

这次精简规模之大是史无前例的，但精简工作进行得很顺利。广大建筑职工积极响应中国共产党的号召，服从命令，听从指挥，愉快地走上新的岗位，表现出新中国建筑职工的高度政治觉悟。通过这次调整，一部分国营施工企业转为集体企业，推动了集体经济的发展。精简的建筑工人大部分回到农村，对兴修农田水利，举办乡镇企业，发展农村经济都起到了积极作用。中央各部下放的国营施工企业，支援了建筑力量比较薄弱的地区。当时建筑工程部所属的 31 个建筑工程公司，约 21 万多职工全部下放后，促进了中国建筑施工力量在地区上的均衡分布。

1963 年以后，随着国民经济形势的好转，国营施工队伍又出现了稳步增长的势头。1963 年有 21 万人加入这支队伍，使国营施工队伍职工总人数达到

266 万人。以后几年内陆续有所增长，到 1966 年年底，全国国营施工队伍人数达到 418 万人。

从 1964 年开始，中国开展大规模的三线建设，国营施工队伍实行战略大转移，调整服务区域。在这次战略转移中，有近 100 万人的国营施工队伍从沿海调到内地，从城市调到山区。在调遣过程中，广大建筑职工行动迅速，纪律严明，在很短时间内全部到达指定的区域。这个时期，西南、西北地区的内地省份施工队伍骤增，仅四川省的国营施工力量就高达 60 余万人。三线建设持续了近十年的时间，它是在特定的条件下进行的：一方面，许多建设项目定点在内地的偏僻地区，生活条件十分艰苦，施工环境很差；另一方面，三线建设时期，又正是“文化大革命”动乱时期，林彪、江青反革命集团的干扰破坏极为严重。在这种情况下，支援三线建设的广大建筑职工始终坚守岗位，不畏艰险，克服了生产和生活上的重重困难，较好地完成了各项施工任务，为三线建设做出了重要贡献。

“文化大革命”中，施工队伍建设受到严重损害。不少施工企业内部形成两派，相互打派仗，严重影响了职工队伍的团结。“四人帮”还煽动临时工起来造反，否定固定工、合同工、临时工相结合的用工制度，使一大批家居农村的合同工、临时工陆续转为固定职工。到 1971 年，全国全民所有制施工企业在没有新招收固定工的情况下，骤增了几十万转正的临时工、合同工。从此以后，国营施工企业形成了单一的固定工制度，造成队伍缺乏弹性和企业拖累过多的严重后果。

第四节　铁道兵和基本建设工程兵

在新中国的国营施工队伍行列中，有两支属于中国人民解放军建制的施工部队，一支是有 30 多年历史的铁道兵，另一支是有 17 年历史的基建工程兵。这两支施工部队承担了繁重的建设任务，建立了卓越的功勋。

早在 1948 年 7 月，东北人民解放军就组建了铁道总队，1949 年改称铁道兵团，当时只有 4 个支队 3.8 万余人。在 50 年代初期国家财政和设备、器材极端困难缺乏的条件下，这支部队与铁路建设职工一起修复了几千公里的铁路，显示了较强的施工能力。1954 年正式定名为中国人民解放军铁道兵，发展为 10 个工程师、1 个独立团。随着边疆铁路建设事业的发展，以后陆续扩大建制，1970 年形成了 15 个工程师和 3 个独立团的规模，总人数 40 万人。许多穿越崇山峻岭、急流险滩、沙漠戈壁、林海雪原的著名铁路，如成昆铁路、包兰铁路、兰新铁路、青海西宁至格尔木铁路、南疆铁路、沙通铁路以及北京地下铁道等，都是铁道兵广大指战员奋战的成果。1984 年年初，按照中国人民解放军全军整编的部署，撤销了铁道兵建制，划归铁道部，改组成铁道部工程指挥部，下辖 10 个铁路工程局，继续承担铁路的新建扩建和旧线改造任务。这支军转民的施工队伍，在较短的时间内实现了“三个转变”：即从军队生产型转变为企业经营型；从军队供给制转变为自负盈亏；从单一修路转变为多种经营，在企业化道路上迈出了新的步子。

中国人民解放军基本建设工程兵，是 1965 年从国务院各部门所属施工队伍中开始整编的一个新兵种。它是一支“劳武结合、能工能战、以工为主”的部队，于 1966 年 8 月正式成立。在短短几年中不断发展壮大，人数最多的高峰时期，拥有 32 个支队（师），156 个团，5 所技术学校，共 49 万多人，分布在全国 28 个省、市、自治区，分别担负了冶金、煤炭、石化、水电、交通、地矿和首都城市建设的任务。从祖国的北疆直至海南岛，从东海之滨直至天山深处，到处都有基建工程兵的足迹。在“文化大革命”十年动乱时期，基建工程兵的广大指战员克服困难，排除干扰，承担了大量施工任务，为基本建设的正常进行做出了特殊的贡献。按照国务院和中央军委的命令，1984 年撤销了基建工程兵建制，大部分集体转业为地方施工队伍，小部分划给中国人民武装警察部队。从创建到撤销的 17 年间，基建工程兵共完成大中型建设项目 160 多个，其中冶金方面有长城特殊钢厂、鞍钢和本钢改造、弓长岭大型选矿厂等；煤炭方面有贵州月亮田、老屋基、火铺，陕西桑树坪，江苏大屯，辽宁晓南，河南平顶山等大型、特大型煤矿；水电方面有四川映秀湾，安徽陈村、纪村，江西万安，河北潘家口水库等大、中型水电站；石油化工方面有湖北化工厂、化肥厂和大庆油田的部分建设项目；城市建设方面有北京地铁、首都机场跑道和停机坪、整形外科医院、新型材料厂以及十多所高等院校；公路建设方面有青藏、川藏、青新、天山公路等；其他还在水文地质方面完成了220平方公里的水文地质普查，探明了一批大中型铀矿、黄金矿床。基建工程兵为祖国的社会主义建设事业立下了汗马功劳。

第五节　集体建筑施工队伍的发展

在1952年到1956年的社会主义改造中，城镇集体建筑合作社先后组成并逐步发展成集体所有制的施工企业。到1956年，全国集体所有制施工企业已拥有126万人，占当时全国集体职工总数的22.7%。1961年和1962年，先后有17万人的国营建筑施工企业转为集体所有制企业，更壮大了这支队伍。在这以后较长一段时间里，对集体建筑队伍采取了限制发展的方针，队伍人数不仅没有增长，反而有所下降。70年代后期，集体建筑队伍重新得到发展。进入80年代之后，城乡建设任务迅猛扩大，集体建筑施工队伍得到了空前发展。

据统计，1966年城镇集体建筑施工队伍不足100万人，1975年也只有142万人，但以后每年都以10%的比例增长，到1979年已增至219万人。在“六五”计划期间，人数继续增长，到1985年已拥有335万人。在这支队伍中，涌现出许多先进典型，河南省漯河市东风建筑公司就是突出的一例。这个公司工人能进能出，干部能上能下，工资能升能降，经营管理搞得很活，经济效益比较显著。他们的经验在1981年召开的全国施工企业政治工作会议上介绍后，引起了强烈的反响，对改变职工吃企业“大锅饭”的状况起了积极的推进作用。随着农村经济结构的变化，原来农忙务农、农闲做工的一部分农民逐渐稳定地从事建筑施工，农村建筑队如雨后春笋般地发展。1970年全国农村建筑队伍90万人，1978年增加到180万人，进入80年代后，每年以百万人的规模增长。据农牧渔业部乡镇企业管理局统计，1981年到1985年的五年间，农村建筑队的人数从335万人上升到790万人。这支活跃在城乡建设工地上的农村建筑施工队伍，不仅肩负着社会主义新农村的繁重建设任务，而且对国家建设事业做出了有益的贡献，显示了它的强大生命力和重要作用。例如，江苏省的农村建筑队，在全国颇有影响。他们每年外出承包任务的人数达 25 万多人，北至大庆油田，南至深圳特区，东至沿海各港，西至青海、新疆，到处都有他们的市场。他们不仅能够承包一般民用建筑，而且能够承包工矿基地的配套工程。这支队伍机动灵活，吃苦耐劳，招之即来，来则能战，受到了各个建设单位的欢迎。

第六节　国营施工队伍的建设性整顿

从 1977 年到 1985 年这段时间，随着全国性的拨乱反正工作的进行和工作重点转到经济建设上来，在全国施工企业中开展了全面的建设性整顿工作，有效地促进了企业管理水平和队伍素质的提高。

（一）整顿工作从开展创全优工程活动入手。

1977 年北京市第六建筑工程公司针对十年动乱中所造成的破坏，响亮地提出了“为用户服务、对用户负责”的口号，创出了第一个全优工程，并发出了开展创全优工程活动的倡议。当时的国家建委、全国总工会和国家劳动总局及时总结了他们的经验，于 1978 年 11 月召开了北京、天津、唐山三市创全优工程竞赛大会，国务院副总理兼国家建委主任谷牧到会讲话，要求京、津、唐三市做出表率，提供经验，以便把创全优工程活动推广到全国去。此后，上海、南京、杭州三市，郑州、济南、合肥三市，武汉、长沙、南昌三市，沈阳、哈尔滨、长春三市等 4 个竞赛区相继组成，开展了竞赛活动。冶金、石油、化工、邮电等行业也先后开展了创全优工程活动。在竞赛活动中，广大施工企业把创全优工程同拨乱反正结合起来，加强了队伍的思想建设和组织建设，加强了企业的经营管理，涌现出一批像河北省邯郸市第二建筑工程公司那样的先进典型。

1981 年 9 月，由国家建委主任韩光主持，在唐山市召开全国施工企业政治工作会议，总结和交流了开展创全优工程活动的经验，表彰了邯郸市第二建筑工程公司在唐山恢复建设中所做出的贡献。会后，各地区、各部门开展了学“邯二”赶“邯二”的比学赶帮超活动，推动了全国施工队伍的整顿和建设。

为了表彰在竞赛活动中涌现出来的先进典型，1982 年 10 月，国家经委

（当时国家建委合并到经委）、全国总工会联合召开了全国先进施工企业、先进集体、先进个人代表大会，经国务院批准命名了 32 个全国先进施工企业、38 个先进集体、61 名全国劳动模范。

先进施工企业中，邯郸市第二建筑工程公司成绩最为突出。该公司经理朱林生，一心扑在事业上，身先士卒，带领全公司 2000 多名职工团结奋进，实干巧干，连续多年实现了全员劳动生产率超过万元，人均竣工面积超过 60 平方米，均为全国平均水平的 2 倍多。交工的建筑工程栋栋全优，工期比其他单位同类工程快 1 倍多。中央领导人先后亲临施工现场，视察工作，看望“邯二”职工，高度评价了他们取得的成绩。

隋世忠青年突击队是先进集体中的优秀代表。隋世忠是北京市第六建筑工程公司青年突击队队长，1982 年时仅 26 岁。这个突击队共有 20 多名队员，平均年龄 22 岁，技术等级 2. 2 级。他们响亮提出“要当干四化的龙，不做钱眼里的虫”的口号，全队月平均生产效率达到劳动定额的 160% 多，创造了平均每天喷灰 900 平方米的最高水平。

全国劳动模范许宁，是铁道部第二工程局科研所的工程师。他一心扑在工程爆破事业上，先后创造出“近人爆破”“静态爆破”技术，相继在铁路、水电、冶金等一系列工程施工中推广应用，取得了显著的成效。

全国劳动模范马钟珩，是闽江水电工程局的副局长、高级工程师，1982 年时已是 62 岁高龄。他先后参加过闽浙赣三省 9 个大中型水电站的建设，研究和应用了“混凝土大坝大体积浇筑法”“薄层浇筑法”和湿掺粉煤灰、高压水冲等施工技术，解决了水电建设中的许多难题，取得了施工进度快、质量好、投资省的效果。十年动乱期间他被错定为“反动学术权威”，1977 年 10 月恢复了他的技术领导职务。1982 年被选为中国共产党第十二次代表大会代表，中共福建省委候补委员。

全国劳动模范吴培珍，是四川省第八建筑工程公司二处一队灰砂班的班长。她 1958 年参加工作，转战 20 多个施工现场，总是干在前、走在后、出满勤、干满点，参加工作 24 年中，累计病休不到 1 个月，而医生开的病休假天数则是这个数字的 8 倍。她始终坚守岗位，辛勤劳动，被誉为建筑工人中的“女能人”、实干家。

（二）全面、系统地进行整顿。

1982年，中共中央发出了《关于国营工业企业进行全面整顿的决定》，整顿的内容包括健全企业领导班子，完善经济责任制，整顿劳动组织和劳动纪律等。按照这个决定，全国3071个国营施工企业也分期分批地开展了整顿工作。为把整顿工作搞好，各企业主管部门事先都做出了整顿规划，提出了明确的要求，并选派得力干部参与企业的整顿工作。经过整顿的企业，由上级主管部门按规定的标准进行验收，合格者发给证书，不合格者继续整顿。这项工作先后进行了三年，到1985年胜利结束。

在这次整顿期间，针对施工企业的特点，还着重进行了经营作风的整顿。国家计委（当时基本建设改由国家计委管理）于1983年3月召开了全国施工企业端正经营思想，改进经营作风座谈会，制定了《施工企业为用户服务守则》。《守则》规定：为用户服务、对用户负责，是社会主义施工企业经营管理的基本原则，是企业一切工作的出发点和落脚点；为用户服务、对用户负责要贯穿于施工的全过程，做到“施工前为用户着想，施工中对用户负责，交工后让用户满意”；为用户服务、对用户负责是企业职工职业道德的基本准则。要经常开展多种形式的思想教育，彻底克服“吃、拿、卡、要”等不正之风，树立为用户服务的思想，掌握为用户服务的本领，提高服务质量。

为把建设性整顿工作转到提高企业素质上来，国家计委于1983年12月发布了关于《提高施工企业素质的若干意见》，对企业素质的含意、提高素质的目标和措施作了明确的阐述。要求各施工企业在三个方面下功夫：1. 大力提高全员的政治思想、文化、业务和技术水平，建设一支领导班子强、思想作风好、技术水平高、劳动纪律严的职工队伍；2. 认真总结企业自身的经验，积极借鉴国内外的先进管理经验，建立一套适合企业特点的现代科学管理体系和规章制度，大力提高管理水平；3. 广泛采用和开发施工新技术、新工艺，不断推进技术进步，提高施工技术水平，使施工生产建立在先进的技术基础上。

经过这次全面的建设性整顿，全国国营施工企业的面貌发生了明显的变化。同 1980 年相比，1985 年完成施工产值增长 96%，全员劳动生产率提高 64%。

在这个时期，国营施工队伍得到加强，城镇集体施工队伍和农村建筑队蓬勃发展。到 1985 年，全国施工队伍总人数达到 1700 万人，国营施工企业 3385 个，职工 576.7 万人，城镇集体施工企业 7000 个，职工 335 万人，农村建筑队 82600 个，约 790 万人。国营施工队伍中，地方队伍 355.7 万人，中央各部直属队伍 221 万人，其中铁道 61.5 万人，电力 48.8 万人，冶金 23.2 万人，煤炭 20.3 万人。

第二十二章
施工管理体制和经营方式

第一节　多部门多层次的管理体制和经营方式

中国的国营施工企业是在50年代前期按照部门原则和地区原则分别建立和发展起来的。从纵向看，有国务院各部门直属的施工企业，有省、自治区、直辖市直属的施工企业，有省辖市、县直属的施工企业，有大型厂矿企业直属的施工企业，等等。从横向看，有城乡建设系统、交通运输系统、冶金工业系统、石油化工系统、电力系统、煤炭系统、农林系统的施工企业，等等。各类施工企业都隶属于不同的行政部门，由行政部门负责管理。这种多部门、多层次的管理体制，早在“一五”计划时期已经形成，以后虽经多次变革，但基本格局并没有发生多大变化。

由于施工企业隶属于不同的行政部门管理，因此在经营方式上也不尽相同，有“内包”“外包”“自营”等多种形式。从1950年起，中央各工业交通部门为了完成本部门的工程建设任务，着手组建自己的施工队伍，形成了各工业交通部门的“内包”施工企业。1952年8月，为了迎接“一五”计划的大规模建设，中央人民政府决定成立建筑工程部，并以中国人民解放军转业的8个师为基础，组成了一批独立的“外包”施工企业。负责承担机械工业、国防工业、轻工业、纺织工业等部门的工程建筑任务。省、市、自治区直属的施工企业主要承担本地区的民用建筑任务，也属于“外包”企业之列。这两种经营方式的企业在当时都发挥了积极的作用。“一五”计划时期156项重点工程中，有74项是由各工业交通部门的“内包”施工企业承建，82项是由建筑工程部所属的“外包”施工企业完成的。30多年来，“内包”方式和“外包”方式并存发展，但“内包”企业已逐步向“外包”企业演变。除以上两种方式外，大型厂矿为了承担企业的技术改造任务，还发展了自营施工队伍，到1985年年底这类自营式的施工企业已有679家，人数达到57万人，而且仍在发展。

施工企业和国家的经济关系在各个不同时期都有变化，经历了曲折发展的过程：

50年代实行承发包制。这个时期无论“外包”企业还是“内包”企业，基本上都是采用承包形式承揽工程任务的，即由建设单位（甲方）和施工单位（乙方）双方签订承发包合同，各自履行合同中规定的责任、权利和义务，共同对国家建设事业负责。

60年代中后期，取消了承发包制，改为经常费制。施工企业的工人工资、管理费和施工津贴等，均由国家直接拨款，同施工企业的经济效益完全脱钩。这种经常费制，不利于施工企业搞好经济核算。尽管只是在部分施工企业中实行，但却造成了浪费。

1973年以后实行取费制。针对经常费制带来的弊端，1973年1月31日，国家建委、国家计委和财政部联合发出《关于改变经常费办法，实行取费制度的通知》，规定凡是实行经常费的建筑安装企业，一律改为取费制度，国家财政不再直接拨款。当时规定施工企业的工资和管理费按完成建筑安装工作量的26%收取。这种取费制对于经常费制来说是一个进步。

70年代后期恢复承发包制，并于1980年开始实行利润分成。为了扩大国营施工企业的经营自主权，1980年4月7日，国家建委和财政部批复上海市人民政府《关于上海市建工局试行全行业利润留成的报告》，确定以1978年上交利润为基数，1980年到1982年3年期间，利润增长部分上交20%。自留80%。同年5月4日，国家建委、国家计委、财政部、国家劳动总局、国家物资总局联合发布了《关于扩大国营施工企业经营管理自主权有关问题的暂行规定》，确定施工企业实现的利润，按“五五”分成，超额部分按“二八”分成。这一措施有效地调动了施工企业的积极性，增强了企业的活力。至1983年改行税制。

在扩大国营施工企业经营自主权的过程中，产生和形成了多种形式的包干责任制。按照工程项目的性质划分，大体有以下三种形式：工业交通工程项目，一般实行按施工图预算加系数包干，也有的实行按设计概算包干；一般民用建筑包括公共建筑等，实行按平方米造价包干；城镇住宅小区，实行按综合造价包干。包干节约的投资由施工企业留用，超过的投资由施工企业自补。

第二节　招标承包制的兴起和对外承包

基本建设工程的招标承包首先是从广东深圳经济特区开始的。1980 年，深圳经济特区较大规模的基本建设任务吸引了北京、上海、天津、江苏、湖南、辽宁、吉林、四川、福建等省市施工队伍 10 万余人，香港几家建筑装饰公司也加入了这个行列。到 1984 年年底，深圳市形成了 132 个企业、13 万多人的施工力量。深圳特区建筑施工力量的集结为招标承包竞争创造了良好的条件。1981 年 7 月，特区开始试行招标承包制。第一个招标工程是国际商业大厦，由冶金部第一冶金建设公司中标承建，工期缩短 8 个月，工程造价节省 22%，工程质量优良。招标承包制的推行，促使施工企业加强管理，提高管理水平和技术水平，增强竞争能力。由中国建筑第三工程局一公司中标承包的国际贸易大厦，地上 50 层，结构工程施工工期平均五天一层，最快三天一层，成为国内“最高的楼宇、最快的速度”。到 1984 年深圳市已有 90% 的建筑工程实行了招标承包。

深圳的经验在全国引起了强烈的反响，各地和各个部门都先后开展了招标投标，招标工程已由一般民用建筑项目发展到工业、交通项目，由本地区、本部门的招标发展到跨部门、跨地区招标。根据国家统计局统计，1985 年全国实行招标的单位工程由 1984 年的 3074 项发展到 10514 项，占全部施工的单位工程比重由 1.9% 上升到 7.25%；实行招标的房屋建筑面积由 708 万平方米增长到 2500 万平方米，比重由 4.4% 上升到 13.6%。全国招标承包面虽然还不大，但其效果已很明显。一是工程投资节省、工期缩短。据对煤炭、水电、化工、铁道、交通、石化、有色金属 7 个部门调查，进行招标的 234 项工程，节约投资 4.3 亿元，占设计概算的 12.5%，工期也比计划工期提前。中国有色金属工业总公司实行招标的190项工程，节省投资5000万元，中标工期比计划工期提前了20%—30%。二是企业经营管理明显改善、竞争力增强。1984年全国有575个施工企业参加投标，1985年发展到900个，占全部企业的比重由20.5%上升到28%。参加投标的企业普遍注意精打细算，合理投入。如水电系统第一个实行跨行业、跨地区公开招标的浙江石塘水电站，有水电部两个直属工程局，江西、河北、湖南、云南4省的水电工程局和中国建筑第五工程局等7家企业参加投标，竞争激烈。开标结果，水电部第十二工程局以施工方案合理、施工设备费用少、报价低而中标。

招标承包工作尚处于起步阶段，有关的法规还不健全，有些部门和地区习惯于用行政手段分配施工任务，有些建设单位习惯于施工准备不足就盲目开工铺摊子，不愿按招标投标程序办事，有些国营施工企业包袱大、负担重，缺乏竞争能力，也不愿意承担投标风险，因此，实行招标的工程还比较少。

在开展国内招标的同时，中国一些利用国外资金的工程建设项目还采取了国际招标的方式。云南鲁布革水电站引水系统工程是实行国际招标的一项较大的工程。这项工程由水电部委托中国技术进出口公司在国际范围内进行招标。1982年开始进行招标准备，1983年11月开标，1984年4月评标结束，同年7月31日正式开工兴建。参加投标的共有13个国家的32家承包商，经过资格预审等程序的筛选，有7家承包商正式取得投标资格，最后由日本大成建设公司以先进合理的技术和管理优势获胜，中标标价比标底降低43%。该公司在组织现场施工时，采取了比较科学的管理方法和先进适用的施工技术，收到了效率高、消耗低、投资省的效果。他们的主要经验，一是工程现场施工按管理层和作业层两个层次进行，管理层由日本大成建设公司派出的30多人组成，人员精干，作业层就地招聘中国的劳务人员，按工程进度随时增减，做到用人少，效率高。二是注重投入产出，把效益观念和追求低成本的意识渗透到每一个环节。三是工资和奖金的分配同完成实物工程量紧密挂钩，起到了奖勤罚懒的作用。

从1979年起，在对外开放政策的指引下，中国对外承包事业获得了新的发展，到1985年年底，从事对外承包工程和劳务合作的公司已有65家，先后在88个国家和地区签订了2900多项合同，总金额达51亿美元，已完成的营业额为25亿美元。其中“六五”计划期间成交合同额48.84亿美元，平均年增长62%，完成营业额24亿美元，创汇5.7亿美元。1984年是对外成交额最高的一年，达17.3亿美元，比1983年增长88%。1985年在国际工程承包市场不景气的情况下，中国合同成交额仍达到12亿美元，完成营业额9亿美元，比1984年增长44.3%。1985年在国外参加建设的职工人数达6万人，比1984年增长25.5%。

第三节　改善管理制度，增强施工企业的活力

从1980年开始，针对施工管理制度上存在的一些弊端，逐步作了一些改革，除了前面叙述的招标承包制和包干责任制外，在劳动工资制度和其他方面也作了相应的改革。

（一）改革施工企业工资总额的核定办法，实行百元产值工资含量包干。

过去国家对施工企业工资总额是按企业职工人数核定的，企业多完成任务不增加工资，少完成任务不减少工资。工人多干不多得，少干也不少拿，使工资失去了调节生产的能动作用。1980年以来，结合施工生产特点，一些地区和部门进行了工资总额按企业完成施工产值多少浮动的试点，都取得了明显的效果。1984年9月，国务院做出规定，要求国营施工企业普遍推行百元产值工资含量包干办法。同1984年相比，1985年实行的企业由1071个发展到1770个，占全国国营施工企业的比重由41%上升到55.5%，取得的效果也好于1984年，全员劳动生产率和人均工资分别增长22%和13%，扭转了试行初期存在的人均工资增长高于劳动生产率增长的局面。随后，国务院又批转了国家计委等5个部门制定的《国营建筑施工企业百元产值工资含量包干试行办法》，对工资含量系数的核定、施工产值计算的依据以及同工程质量、工期、安全等指标挂钩考核等做出了规定，使得这项改革进入了健康发展的轨道。

（二）改革施工企业的用工制度，实行固定工、合同工和临时工相结合的用工办法。

“一五”计划时期，施工企业采用固定工和临时工相结合的用工制度，一

般比例都在6:4左右，形成了合理的劳动组合，工效高、包袱小、投资省。但后来在“左”的思想影响下，特别是在“文化大革命”中，把使用临时工做为一条“罪状”批判，使施工企业的固定工比重越来越高。这种单一的固定工制度，使施工企业的劳动组织失去了弹性，企业不能根据施工任务的变化灵活使用劳动力，任务大了要增加固定工，任务少了又不能辞退，给国家和企业增加了负担。1980年以后，各地相继作了一些改革，控制固定工的发展，招收一部分合同工和临时工。1984年，国务院在《关于改革建筑业和基本建设管理体制若干问题的暂行规定》中提出，国营建筑安装企业“除必需的技术骨干外，原则上不再招收固定职工”，加快了推行劳动合同制的步伐，出现了较为灵活的用工形式，使合同工的比重由1979年的20%上升到1985年的30%，有的地区达到了40%。

（三）划小施工企业内部核算单位，发展集体承包组织。

中国的施工企业，特别是国营大中型企业，一般都有几千人、上万人，有的多达6万人，管理层次过多，形成总公司套分公司、大公司套小公司的局面，不利于调动基层施工组织和直接生产工人的积极性。1980年以来，不少企业为了提高投标竞争能力，都划小了内部的核算单位，以发挥基层施工单位的积极性。中国石油化学工业总公司第四建设公司以稳定的后方基地为依托，采用精干的小分队的形式，在宁夏大化肥工程的安装工程中中标，不但使现场临时设施费用降低了20%，而且工效成倍提高。重庆市第一建筑工程公司实行的以单位工程为对象，以施工预算为依据，以成本票为核算形式的作业队栋号包干办法，已在全市70%的单位工程施工中推行。沈阳市建筑总公司将原来5个公司、24个施工队改组为80个混合包工队，实行集体承包，队负盈亏、按劳分配、民主管理，1984年有61个包工队的劳动生产率超过1万元。这项改革把施工队的责、权、利紧密结合起来，使企业和职工的生产积极性得到了更好的发挥。

（四）发展横向联合，建立多种形式的联合体。

在经济体制改革中，一些施工企业打破部门、地区界限和所有制界限，主动实行联合，形成了三种新的联合雏形：一是国营施工企业和集体施工企业实行联合，形成了以国营施工企业为主、集体施工队伍包括农村建筑队为辅的新型联合体；二是突破条块分割的界限，形成了不少跨地区跨部门的建筑安装联营组织；三是伴随基本建设管理体制改革的深入发展，出现了施工企业同设计单位的联合、土建施工单位同安装单位的联合、建筑安装公司同金属结构厂、混凝土构件厂的联合。这几种联合形式都是在开放建筑市场、实行投标竞争中，由企业自愿结合起来的。例如，中国有色金属工业总公司的 11 个建设公司，分别同江苏、宁夏、甘肃、广东、福建等地的国营、集体和农村建筑队约 3 万人结成了经济联合体，比较好地发挥了专业队伍技术装备力量强和地方队伍劳动力精壮的优势。北京市第一建筑工程公司和福建厦门市建筑工程公司组成京厦建筑公司，已成为厦门经济特区竞争能力较强的大户。在云南永平糖厂工程的设计招标过程中，施工单位主动找设计单位联合投标承包，形成了以省设计院、省安装公司、大理州建筑公司以及省设备成套局组成的联合体，以 1835 万元的投资额承包了该项工程，比同类糖厂节省投资 300 多万元。这个在竞争中形成的联合体已被批准为云南省设计施工综合承包公司。

第四节　开展“创优”活动和加强质量监督

1981 年，国家建委发布了《国家优质工程奖励暂行条例》，确定设立国家优质工程项目奖和优质工程企业奖，在全国开展了创“优质工程和优质企业”的活动。

国家优质工程项目奖分为金质奖和银质奖。凡对发展国民经济具有重大意义的工厂、矿山、道路、桥梁、港口、水坝、电站、大型公共建筑工程项目以及住宅建筑群等，设计达到“优秀设计”标准，施工质量全部达到优良标准的，由国家授予金质奖；设计达到“优秀设计”标准，施工质量全部合格，单位工程质量优良品率达到 90% 以上的，授予银质奖。从 1981 年到 1985 年，全国共创出国家优质工程项目 114 项，其中获金质奖的 6 项，银质奖的 108 项。按年份分，1981 年 4 项，1982 年 28 项，1983 年 30 项，1984 年 26 项，1985 年 26 项。这些工程都采用了比较先进的技术和工艺。工程质量好，建成投产后的综合效益比较显著，成为全国工程建设项目中的典范。

国家优质工程企业奖同样分为金质奖和银质奖。凡实行独立核算的施工企业，连续两年在报告期内竣工的单位工程，按“全优工程”六条标准一次验收达到100%，其他技术经济指标达到全国同行业先进水平的，授予国家优质工程企业金质奖；工程质量全部合格，按“全优工程”六条标准一次验收达到90%，其他经济技术指标达到全国同行业先进水平的，授予国家优质工程企业银质奖。广大施工企业为了“创银牌”“争金牌”，都把质量管理工作放在首位，涌现了一批又一批的质量管理先进企业。经过1981年到1985年的评选，全国共有8个施工企业获得国家优质工程企业奖和国家质量管理奖。他们是：河北省邯郸市第二建筑工程公司、北京市第一建筑工程公司、北京市第六建筑工程公司、上海市第一建筑工程公司、中国石油化学工业总公司第四建设公司、水电部上海电力建设第二安装公司、冶金部第二十冶金建设公司金属结构安装工程公司和第五冶金建设公司第三工程公司。这些企业的出现，标志着中国施工企业的质量管理发展到一个新的水平。

为推动工程质量管理工作的健康发展，加强对工程质量的监督检查，除在施工企业中推行全面质量管理，建立质量保证体系外，还着手建立了工程质量实行社会监督和第三方认证的制度。到1985年年底，国务院各工交部门和绝大部分地区都根据需要建立了工程质量监督机构。这些监督机构接受各建设单位的委托，承担质量监督检查任务，它们认真履行职责，严格掌握标准，在确保工程质量符合国家要求方面起了重要的作用。

第五节　中国施工企业管理协会

中国的施工企业分属于不同的部门和不同的地区，由于隶属关系不同，不同部门、不同地区的企业之间联系甚少，甚至在同一地区内不同行业的企业也难得在一起互通情况。在1981年召开的全国施工企业政治工作会议上，北京市第一房屋修缮公司、石油部第四工程公司等6个企业首次提出成立协会的建议。1982年10月，在荣获国家优质工程企业奖的6个施工企业座谈会上，与会企业又提出了同样的建议。根据施工企业的意愿，经国家计委同意，于1983年4月组成了中国施工企业管理协会筹备组。1984年2月19日，经国家计委批准，中国施工企业管理协会在北京召开了成立大会，通过了协会章程。协会是组织研究施工企业管理理论，总结交流和推广施工管理经验，促进企业之间相互协作的全国性的群众团体。协会的宗旨是遵循国家制定的路线、方针、政策，坚持理论联系实际，充分发动和依靠群众，面向企业，为施工服务。它的工作目标是，改善施工企业经营管理，提高施工企业素质和综合经济效益，努力实现施工管理现代化。

协会成立后，首先充实了自身的组织机构，在理事会下设秘书处，由“五部一室”组成，即联络部、研究部、咨询部、培训部、编辑部和办公室。在此基础上，本着“面向企业，为施工服务”的宗旨，积极配合政府有关部门，组织全体会员单位和有关专家、学者及实际工作者，研究、探讨适合中国施工企业特点的管理理论和管理制度，总结和推广国内外科学管理技术和方法，有计划地开展了人员培训、工程咨询和企业诊断等工作，并编辑出版了《施工管理简讯》和其他书刊资料。同时开展了施工管理方面的国际交流，先后同日本、英国等6个国家的行业组织建立了联系。截止到1985年年底，协会拥有会员企业223个，个人会员43人，专业协会和部门、地区协会25个。

中国施工企业管理协会通过卓有成效的工作，赢得了广大施工企业的信任和支持。1985年，中国施工企业管理协会被中国企业管理协会评为先进协会，获得“协会工作奖”。

第二十三章
施工技术进步和管理现代化

第一节　施工技术的新发展

从1949年到1985年的30多年间，在各类工程项目的施工中，施工技术不断得到发展，中国的施工技术在某些方面已属于先进水平。

（一）软土地基处理及地下施工技术。

建设工程的“庞然大物”能否屹立在软土层上，关键靠地基处理技术。上海宝山钢铁厂工程坐落在东南沿海长江口冲积平原上，软土层厚达60米左右，而这个地区的地下水位距地面仅0.5—0.7米，形成了地基施工“难关”。承担这一施工任务的冶金部所属施工企业，采用降低地下水位技术、钢管桩等多种桩基技术、大体积沉井和地下顶管新技术，攻克了难关。他们综合运用各种降水井点，创造了15.5万平方米的降水面积，创造了一年时间的降水周期，创造了深达20米的降水深度，为地基基础工程的施工创造了条件。在桩基方面，对打入地下60—70米长的钢管桩，采用了地下钢管内切割、桩帽自动焊接和短管再生等技术，有效地加快了打桩工程的进度。宝钢电厂的取水泵房工程需要下沉长宽各40米，埋深16米的大型沉井，重量大、刚度小、地基软弱、下沉系数大，终沉标高难以控制，承担这项任务的施工单位，采取地面三节制作办法下沉，结果一次下沉成功。电厂的3根进水钢管，直径3米，长180米，需要穿越长江大堤，施工技术人员采用顶管法施工，中心偏差仅3厘米，创造了地下顶管新纪录。

（二）爆破施工技术。

开山掘洞、整治河岸、拆除旧有建筑物等，都需要进行爆破。特别是在人口稠密的居民区和工业区内进行爆破，技术上难度更大。中国的工程技术人员发展了控制爆破、预裂爆破和燃烧剂爆破等技术。例如，1981 年在拟建的北京国际饭店的基地上对原有建筑物进行拆除时，首次采用了大规模的控制爆破，4 座大型混凝土整体框架、400 多根钢筋混凝土柱一齐向内倒下，2900 平方米钢筋混凝土楼板、2000 立方米的钢筋混凝土墙全部破碎，共拆除了 1.3 万立方米的钢筋混凝土建筑物，而周围的建筑物安全无恙。又如，江苏镇江地区的一条南通石臼湖、北通秦淮河的人工运河，河道狭窄，沿河两岸陡壁存有险石，危及航行安全，曾经多次采用炸药爆破，险石全部落入河中堵塞航道，不得已改用人工凿除，但要到公元 2000 年才能排完险石。1981 年 11 月，镇江地区水利局决定采用刚由爆破专家许宁试验成功的燃烧剂爆破技术，结果一举成功。

（三）吊装施工技术。

进入 70 年代后，中国开始在施工中采用整体吊装技术，把大量高空组装作业转为地面施工，使得操作方便、安全、质量好、速度快，成为管道、设备、钢架安装史上的一大飞跃。尤其是在大跨度网架和大型设备的整体吊装上已具有较高水平。例如，上海体育馆屋顶网架工程，覆盖面积 72252 平方米，重 600 吨，利用 6 根扒杆和卷扬机，整体起吊，高空旋转就位，整个过程只用了两个多小时。北京燕山石油化工公司 30 万吨乙烯装置中的丙烯分馏塔，高 83.5 米、重 510 吨，在地面组装成整体后，一次吊装成功，仅用了 67 分钟就全部就位。宝钢高炉中的大钟拉杆长 25.8 米，直径只有 24.5 厘米，重 10 吨，极易弯曲变形，采用两台 80 吨和 30 吨的轮胎吊配合一台攀登吊的方法，先把大拉杆从水平搁置状态转换成悬空垂直状态，再升至 70 多米高空安装就位，保证了垂直度。

（四）构筑物的整体位移和扶正技术。

煤炭矿井施工分为地下立井和地上井塔两部分，过去一般都是采取先地下建井，再地上建塔的施工方法，往往造成地下矿井施工、地面混凝土井塔施工和设备安装三个方面的脱节，使工期拉长。由于整体位移技术的发展，便产生了地下立井和地上井塔同时平行施工的新技术。这个方法是选择一块井口之外的地方，进行混凝土塔体的预制，并安装好塔内设备，这样可不影响井下施工。地上地下都完成后再把预制成的井塔移到建好的井口上，便建成了完整的矿井，可以大大缩短矿井建设的工期。这项技术首先在淮南矿务局实施成功，并获得国家科技进步二等奖。建筑物扶正技术也有新的突破。1976 年唐山地震后，陡河电站主厂房倾斜 78 厘米。施工单位采取整体牵引、分别拉系的方法，用 70 天时间将 1 万多吨重、37 米高的主厂房扶正完毕，比拆除重新预制吊装缩短工期七个月，节省资金 201 万元。

（五）钢模板的兴起和发展。

1980 年前，在混凝土工程施工中多是采用木模板，周转次数少，耗用木材多。“六五”计划期间开始发展钢模板代替木模板，并制定了有关的标准和规范。这个时期内，可调式组合钢模板、键槽模板、电动式自升模板等先后诞生。据不完全统计，全国组合钢模板的拥有量，1980 年为 180 万平方米，1983 年为 1100 万平方米，累计代用木材 230 万立方米，全国平均使用面从 6% 上升到 37%。全国 29 个省、自治区、直辖市和中央 10 多个工业部门的施工企业都不同程度地采用了钢模板。组合钢模板不仅广泛用于工业和民用房屋建筑，还用于冶金大型设备基础、水工混凝土坝、铁路桥涵等专业工程，取得了明显的经济效益。

第二节　施工技术装备和机械化水平

在国民党统治的旧中国，施工技术装备非常落后，工程施工多是手工操作，根本谈不上什么机械化。新中国成立后，随着工程建设规模的扩大，施工机械化水平逐步得到提高。

1956 年 5 月，国务院做出了《关于加强和发展建筑工业的决定》，指出：“重点工程，即重要的工业厂房、矿井、电站、大的桥梁、隧道、水工建筑等工程的建筑，必须积极地提高工厂化施工的程度，积极采用工厂预制的装配式的结构和配件，尽快提高机械化施工水平，特别是那些非人力所能代替的笨重劳动，或者是建设地区人口稀少、劳动力供应困难的工程，在这类工程的施工中应该在 5 到 10 年左右的时间内基本上实现工厂化和笨重劳动机械化。”在这一方针指引下，不少大中城市和工矿业基地建立了一大批混凝土预制构件厂、金属结构加工厂和木材加工厂等，同时建立和发展了建筑机械制造厂，在比较短的时间内，奠定了建筑工业化的初步基础，为加快工程建设速度提供了物质条件。

与此同时，在全国施工企业中广泛开展了群众性的技术革新和技术革命运动，依靠群众的智慧，改良施工机具。1958 年 6 月，建筑工程部和中国建筑工会在上海召开了技术革新现场会，提出“放下扁担，解放两肩”。尔后，运输车、提升架等改良机具逐步代替了人抬肩扛的水平运输和垂直运输。同时，小型机械也不断涌现，天津建筑工人研制的蛙式打夯机，灵巧方便效率高，构造简单易生产，被普遍采用。在群众性技术革新运动中创造的改良工具和小型机械，很适应现场施工的需要，有效地减轻了笨重的体力劳动，加速了施工机械化的进程。

工业交通建设项目、国防军工建设项目和大型公共建筑项目的发展，对施工技术装备和机械化水平提出了更高的要求。中国政府十分重视用先进的施工机械武装施工企业，特别是对那些承担国家重点工程的施工企业，采取了优先装备的措施，包括从国外进口必要的先进的施工机械设备，以保证它们的机械化施工程度得到提高。对其他承担一般工程建设项目的施工企业，采取了机械化、半机械化、改良工具和手工操作相结合的多层次的技术装备政策。这种装备政策是从中国的国情出发的，也是行之有效的。

经过 30 多年的努力，全国施工技术装备水平和机械化水平有了很大的提高。按动力装备率计算，1954 年每人平均只有 0.7 马力，按净值计算的技术装备率，每人仅有 300 元。到 1984 年，动力装备率达到 5.4 马力，相当于 1954 年的 8 倍，技术装备率达到 3232 元，相当于 1954 年的 10 倍多。据统计，1985 年全国综合机械化施工程度已达 47.8%，其中：土方工程达到 48%，起重吊装垂直运输达到 94%，预制和现场混凝土浇灌达到 69%。

施工技术装备水平的提高对顺利完成日益繁重的建设任务起了重要作用。但由于管理不善，仍有不少机械设备的效率没有得到充分发挥。从装备水平看，1984 年，中央各部直属施工企业的人均技术装备率达 3315 元，动力装备率7.1马力，而地方国营施工企业人均只有1713元和4.3马力，比中央部门低得多。但装备效率地方国营施工企业却高于中央各部直属的施工企业。据计算，全国平均水平的装备效率为1∶2.5，即1元装备费可完成2.5元的施工产值，地方施工企业的装备效率平均为1∶3，中央各部施工企业的装备效率平均只有1∶1.5，装备效率低，说明机械设备的作用没有得到充分发挥，这方面的潜力还很大。

施工机械装备水平是建筑安装生产力水平的重要体现。提高机械设备的完好率、利用率，更好地发挥机械设备的作用，是提高施工生产水平的重要一环。为了改变机械设备特别是中央各部施工企业机械设备利用率低的状况，有的部门实行了大型施工机械集中管理和租赁的办法。早在1975年，化工部就组建了重型机械化施工公司，集中管理473台机械设备，其中大型施工机械59台。该公司组建以来，先后参加了18个重点工程的建设。1979年，应水电部的要求，该公司调动9台大型施工机械支援长江葛洲坝水利枢纽工程，他们运用自己的大型车队运送大型施工机械，从北京出发，行程1610公里，仅用七天时间便到达现场，大大缩短了机械设备调动转移时间，大型机械实行“集中管理、统一调动”后，利用率得到提高，他们经管的机械设备平均利用率达到62.5%，比分散管理的同类大型施工机械的利用率提高22%—32%。

第三节　现代管理技术的应用和发展

进入80年代后，中国不少施工企业，尤其是一些大型国营施工企业，普遍注意了改善管理技术，提高经营管理水平，以适应现代化建设的需要，增强自身的竞争能力。他们一方面坚持和发扬传统管理方法中的优秀成果，另一方面积极采用现代管理技术，把管理工作推进到一个新的水平。

（一）网络计划技术。

早在60年代初期，中国著名数学家华罗庚就在中国的工程建设中推广应用网络计划技术，他把这种方法命名为“统筹法”。工程施工往往有几百道甚至上千道工序，工序搭接、工种配合工作相当复杂，加上施工过程中需要及时保证材料和设备的供应，如果哪一个环节计划不周，安排不当，就会前后工序脱节或几个工序同时挤在一个工作面上，无法进行作业，拖延施工进度，浪费人力物力。特别是大型工程项目，协作配合关系更是复杂。借助网络计划技术，可以把数以千计的各项工序统一在具有严密逻辑关系的网络图中，并运用数学图解理论，计算出完成任务的关键线路上各道工序的机动时间，这样就可以有效地调动力量、缩短工期、平衡资源。进入80年代后，网络计划技术的应用范围不断扩大，不论是单项工程还是整个工程项目，不论是民用建筑工程还是工业建设项目，都开始应用这种方法，并取得了明显的经济效果。上海宝山钢铁厂一号高炉基础施工，由于应用网络计划技术，工期缩短21%，成本降低9.8%。河南平顶山帘子布厂工程，采用网络计划技术，建设工期比合同工期缩短40%。网络计划技术自身也在实践中不断完善和发展，一些施工企业创造了新型网络图，如横道图与网络图相结合的时间坐标网络、分级网络、标准网络、流水网络、横道搭接网络等，使网络计划技术更加适合施工生产的特点。

（二）全面质量管理方法。

从1979年开始，全面质量管理这一现代管理技术被应用到施工企业中。先是在天津、哈尔滨、兰州等地和石油、化工等部门的施工企业中进行试点。这一方法是从工作的计划—实施—检查—对策全过程出发，运用数理统计方法，实行全过程、全企业、全员的质量管理，用工作质量保证工程质量。为推动这一方法的应用，国家建委于1981年年初发出通知，要求把全面质量管理作为企业管理的中心环节认真抓好。到1982年，全国已有354个施工企业开展了全面质量管理工作，举办各种学习班2833期，编写各种教材70种，参加学习和受到普及教育的有14万人，组织活动小组3190个，发表成果665项，汇编成果资料24种。1983年9月17日，国务院总理赵紫阳接见了参加全国质量管理小组代表会议的全体代表，并作了《加强全面质量管理，提高企业素质》的重要讲话，推动了质量管理活动不断向深度和广度发展。从1980年到1985年，全国施工企业共有169个质量管理小组获得“全国优秀质量管理小组”的光荣称号，其中1980年评出的天津市第二建筑工程公司蒙以生抹灰小组，是施工企业第一个荣获这个称号的质量管理小组。

（三）电子计算机管理技术。

施工企业应用电子计算机进行各项管理在1975年就已起步，进入80年代后应用步伐加快。天津市第三建筑工程公司从1975年开始运用电算技术编制单位工程预算成本，到1984年已有1216个单位工程的预算成本是用电算技术编制的。中国石化总公司兰州化建公司从1982年开始运用微机核算了230项工程的成本。水电部葛洲坝工程局在葛洲坝水利枢纽施工中，把微机应用于网络计划的计算和各种数据的加工处理，并用微机对混凝土生产中的物料称量、骨料配比等进行过程控制，生产7万立方米混凝土就能节约水泥2000多吨。这些先进企业的经验推动了微机运用的步伐。1984年8月，中国施工企业管理协会在兰州召开了施工企业应用微型计算机经验交流会，针对当时微机应用中存在的“四多四少”现象，即程序设计多，实际应用少，间断使用多，连续使用少，单项程序多，系统程序少，单干的多，协作的少，提出了统一规划、加强协作、培训人员、开发软件的发展方针和具体要求。为了努力开发微机应用软件，积极培训专业人才，广泛交流微机应用的信息和经验，中国施工企业微机应用开发服务中心于1984年10月成立，创办了《微机应用》期刊。据1985年微机应用开发服务中心对612个施工企业的调查，已有70%的企业装备了微机，共有各种微机842台，平均每家有1.37台，共有微机操作人员1533名。从应用范围看，微机已被运用于施工企业的施工预算、计划管理、财务管理、劳资管理、物资管理、质量管理、设备管理、人事管理等方面。

第四节　施工能力的全面提高

随着施工队伍的发展，施工技术的进步，施工管理体制的改革和经营管理水平的提高，全国施工企业的生产能力不断得到了增强。1985年年底，全国国营施工企业拥有固定资产净值235.8亿元，其中机械设备118.2万台，净值为140多亿元，总功率为2500多万千瓦。全年完成的施工产值达448.7亿元，全员劳动生产率为7630元，房屋建筑竣工面积达19296万平方米，工程质量优良品率为65.3%，实现利润总额达31.6亿元。

中国的施工企业在30多年的建设实践中积累了非常丰富的经验，形成了自己独特的风格，同发达国家相比，尽管在技术上、管理上存在差距，但他们能够做到勇往直前、攻无不克。不论是规模大、技术新、要求急的工业建设项目，还是穿越高山峻岭、地质条件十分复杂的交通建设项目，不论是水下地下等特殊工程项目，还是大型公共建筑项目，都能按照设计要求把它建设好。

第四编

基本建设管理

基本建设管理是一项综合性的、比较复杂的系统工程。新中国成立后，在大规模的建设实践中，逐步摸索和总结基本建设管理经验，按照各个不同历史时期的具体情况，制定和发布了一些管理制度和管理办法，对保证和促进社会主义基本建设事业的发展起了重要的作用。为使读者能够全面了解中国基本建设管理工作的历史演变过程和经验教训，本编将从基本建设的计划管理、项目管理、资金管理、物资管理、设备成套管理、标准定额管理和立法七个方面分章加以叙述。

第二十四章
基本建设计划管理

基本建设计划管理，是保证正确制定基本建设计划的重要手段，是国民经济计划管理的一个中心环节。它要达到的基本目的是：使基本建设计划的制定能够反映社会主义建设的客观规律，符合党的路线、方针、政策，促进经济的协调发展，努力争取最大的经济效益和社会效益。

30 多年中，中国的基本建设计划管理，随着国民经济的发展不断调整变化，逐步充实和完善，有着丰富的经验和教训。

第一节　基本建设计划管理的发展历程

中国的基本建设计划管理，是从学习苏联计划管理办法开始而逐步建立起来的。以后随着建设事业的发展，逐步摸索建立适合中国特点的管理办法。

一、基本建设计划管理的初创和形成

中华人民共和国的建立，为有计划地进行经济建设创造了必要的前提条件，推动了基本建设计划管理制度的逐步建立。

东北是最早建立基本建设计划管理的地区。1949 年东北地区即开始筹建经济计划机构，着手编制年度基本建设计划。1949 年东北地区国营工业基本建设投资计划为 6 亿元，基本上是恢复性工程，80% 以上的投资用于钢铁、煤炭、有色金属、电力、机械等重工业。1950 年 4 月，东北人民政府工业部在《基本建设暂行管理条例》中规定，基本建设工程必须按照计划、设计、材料、施工、工程验收与决算的程序办理；基本建设计划应根据确定的建设

方针及投资额来拟定，应保证当年的生产任务。最早提出了基本建设必须按程序进行、基本建设必须保证生产发展的原则。

1950 年至 1952 年，政务院和政务院财政经济委员会陆续就全国基本建设计划管理制定了一些规章、条例，规定了基本建设管理的一些基本原则和基本方法。

1. 明确基本建设的概念和内容。1952 年 1 月中财委颁发的《基本建设工作暂行办法》规定："凡固定资产扩大再生产的新建、改建、恢复工程及与之连带的工作为基本建设。"基本建设的内容包括：建筑工程，安装工程，机器设备及工具的购置，以及设计、勘探等其他基本建设工作。

2. 建立按企事业单位的隶属关系，分别由中央、地方分级安排基本建设的计划体制；明确规定一切企业或文化事业的投资，必须经过各该级人民政府或其财经、文教机关的批准；未经设计、未作施工计划和财务支拨计划，或已作未经批准者，财务部门应拒绝拨款。基本建设计划的重要环节是掌握工作量，不得以财务预算当工作量。

3. 确定了基建计划编制程序。先由政务院自上而下逐级颁发基本建设投资额的控制数字；再由各建设单位按隶属关系自下而上编制并报送计划草案；最后是自上而下逐级批准计划。

4. 建立建设项目的审批制度。按建设项目总投资的大小划分为"限额以上"和"限额以下"两种，实行分级审批的办法。限额以上项目的计划任务书由中财委或者由中财委报政务院审批。限额以下项目的计划任务书由中央主管部或大行政区审批；其中总投资小于 20 万元的建设项目，可不作计划任务书。

5. 建立计划指标体系。参照苏联经验，基本建设计划由基本建设工作总量（即投资总额）计划、基本建设工作总量构成和用途、基本建设投资区域分布、新增生产能力和新增固定资产计划、主要建设单位（即建设项目）一览表以及为将来年度基本建设的地质调查、设计及科学研究工作计划组成。

"一五"计划期间，为了加强计划管理、集中财力、物力、人力进行以苏联帮助中国设计的 156 个建设单位为中心的、由限额以上 694 个建设单位组成的工业建设，建立中国的社会主义工业化的初步基础，国家计委又逐步对基本建设计划管理做出许多补充规定，逐步形成一套比较完整的集中统一的管理制度。

1. 确立以中央部为主的计划编制程序。为了按行业统筹安排中央项目与地方项目，使地方计划同中央各部的计划结合起来，明确规定，基本建设计划由各部及各省（市）分别编制，但各省（市）上报计划时，要将其厅（局）的计划分别抄送中央主管部，各部要综合编制包括省（市）厅（局）的建设项目在内的全行业计划。1955 年 11 月，根据国家计委的建议，国务院又专门就国营企业在新建或扩建附属工厂时应充分利用原有地方工业生产能力做出指示，并要求注意同一地区各个企业之间的协作工作，以避免重复建设。

2. 明确编制计划的基本方法。1953 年 4 月，中共中央批转的国家计委《关于执行 1953 年度国民经济计划（提要）的报告》中提出："在计划方法方面，一个正确的计划的制订，必须：（1）对全国经济情况进行周密的调查统计；（2）掌握各种合理的技术经济定额；（3）根据合理的定额，进行多次的反复的平衡计算，使需要和可能相结合，以便计划正确反映国民经济有计划地（按比例）发展的法则；（4）使自上而下的颁发控制数字和自下而上的群众讨论相结合；（5）事先有充分的准备工作，尤其在计划的组织和方法上应有统一的规定。"

3. 为了解决国家重点建设的配套工程建设和新兴城市和工矿区的建设项目由谁负责的问题，1954 年、1955 年，国家计委、国家建委对厂外工程投资的划分（包括铁路专用线、铁路编组站、公路、港口码头、电讯、电站、输变电线路、江河综合利用、防洪、供水、供热、煤气、上下水道、城市道路、中小学校、医院、商店、影剧院、图书馆等等）作了专门规定。按照不同的使用情况和管理要求，分别确定了哪些由用户投资，哪些由主管部投资，哪些由城市投资，或由有关方面共同投资。如铁路专用线，30 公里以上的由铁道部投资建设；30 公里以下的，由企业主管部门投资建设。为企业专用的公路，由企业主管部门投资建设；为发展地区经济的公路，由交通部门投资建设。供水工程，属于一个部门专用的，由使用部门投资建设；属于城市公用的，由城市公用事业部门投资建设。新工业区的中小学校、商店和影剧院、图书馆，分别由教育部、商业部和文化部负责建设。对厂外工程投资划分的明确规定，防止了建设项目的漏列与重复，避免了相互扯皮，保证了配套工程与主体工程同步建设，有利于提高投资综合效益。

4. 建立比较完整的基本建设计划指标体系。年度的基本建设计划，分为基本建设、建筑安装、勘察设计和地质勘探 4 个部分。各部分的计划指标体系，在原有基础上作了适当修改、补充，以适应当时集中统一的管理体制的需要。

“一五”计划时期实行集中统一的基本建设计划管理制度，对于保证“一五”计划的胜利实现，起了重要的作用。五年内施工的限额以上项目 1384 个，其中有 595 个项目全部建成投产。一些新的工业部门，包括飞机制造、汽车制造、重型和精密机器制造业、高级合金钢和重要有色金属冶炼业等，从无到有建立了起来。但是，过于集中统一不利于发挥地方的积极性，不利于地方因地制宜地发展那些投资少、见效快的建设。因此，怎样根据中国地域广阔、人口众多的特点，探索更为合理的基建计划管理办法，成为广大人士十分关注的问题。

二、探索有中国特色的基本建设计划管理办法的不平坦历程

从 1958 年到 1978 年 20 年间，基本建设管理体制和管理方法，在“一五”计划期间已经形成的模式的基础上，作了多种改革的尝试。随着各个时期政治经济形势的变化，基本建设计划管理经历了权限的下放和上收、分散和集中的反复过程；有严重的教训，也有可贵的经验。这 20 年间，基本建设计划管理大体上经历了四个阶段：一是 1958—1960 年的放权；二是 1961—1965 年的整顿；三是 1966—1971 年的松弛；四是 1972—1978 年的重建。

（一）“大跃进”时期的大放权。

企事业单位大规模地急速下放。1958 年 4 月，中共中央、国务院关于工业企业下放的几项规定中提出，各工业部门以及部分非工业部门所管理的企

业，除了一些重要的、特殊的和试验性质的企业仍归中央继续管理以外，其余企业原则上一律下放给地方管理。同年6月，中共中央做出《关于企业、事业单位和技术力量下放的规定》，对各部门企业、事业单位的下放提出了具体要求。在不到半个月时间内，轻工部、纺织部、冶金部、一机部等9个工业部门确定下放并办完手续的单位就有880多个。中央各部门所属的企事业单位有80%多下放给地方管理。

简化、下放基本建设项目审批权限。1958年3月国家建委撤销，将原来由国家建委负责的初步设计审批，下放给国务院有关部和各省、自治区、直辖市管理。1958年9月，中共中央、国务院《关于改进限额以上基本建设项目设计任务书审批办法的规定》提出，今后中央对基本建设的管理，应集中主要力量对全国分地区、分事业的规划进行审查和研究。对于限额以上基本建设项目设计任务书应采取中央和地方分工负责审批的办法。还提出，设计任务书的内容应力求简化。

实行两本账的计划管理方法。1958年2月，中共中央转发了毛泽东的《工作方法六十条》，提出：计划实行两本账，第一本是必成计划，第二本是期成计划。地方也有两本账，地方第一本账是中央第二本账，是地方必成的；第二本账是地方期成的。两本账的办法主要是针对生产计划的，但实际上也用到了基本建设计划上来。

三年“大跃进”和大放权，造成了基本建设规模急剧膨胀，投资效益下降。一下子过多过急的放权，各项管理工作跟不上，也造成了基本建设管理中的混乱，结果不得不进行整顿。

（二）调整时期的大整顿。

1961年—1965年，国民经济进入了“调整、巩固、充实、提高”的调整时期。在国民经济的安排上，主要是坚决压缩基本建设，缩短工业战线，加强农业。在经济管理体制上，强调了经济管理的大权应当集中，各项生产、建设任务执行全国一盘棋、上下一本账的方针，国家计划必须保证全面完成。根据这一时期国民经济调整的需要，基本建设计划管理进行了大整顿，主要是恢复高度集中的管理体制。涉及基本建设计划管理比较大的整顿，有以下6

方面：

1. 企业体制上收，同时缩小企业的权限。1962 年 1 月，中共中央工作会议确定，产品在全国统一调度的重点工业企业，由中央直接管理；已经下放给地方的，必须在 1962 年逐步收回。这样，1958 年中央下放给地方管理的企业基本上都收了回来。1961 年，财政部确定调低国营企业利润留成比例。1962 年，财政部又确定除商业部门外不再实行利润留成办法。

2. 严格基本建设项目的审批。将“大跃进”时期下放了的建设项目审批权限重新上收。规定：不论中央还是地方的大中型项目①的设计任务书，均由国务院或国家计委审批。地方小型项目的设计任务书，涉及全国平衡的，应征得中央主管部的同意。

3. 加强计划管理，严禁计划外项目。1962 年 5 月国务院《关于加强基本建设计划管理的几项规定》中规定，坚决贯彻执行全国统一计划的原则，所有的基本建设投资和大中型建设项目（包括用自筹资金安排的基本建设）都必须经国务院批准，才能作为国家计划内的基本建设，不准再搞计划外的基本建设。对于国家计划外的基本建设，各级管理部门不得拨给资金、物资和劳动力。列入国家年度计划的建设项目必须有经过批准的设计任务书，大中型工业、交通和水利建设项目，还必须具备经过批准的初步设计。

4. 加强对自筹资金的管理。这一时期，特别是 1962 年、1963 年，国务院、国家计委、财政部对于用自筹资金安排的基本建设，在资金管理、使用方向上作了比较系统、完整的规定。对于自筹基建投资的计划管理，改变了“大跃进”时期国家不下达计划，由地方、部门、企业自行安排的做法，从 1962 年起由国家计委核定计划指标，单独下达。

5. 严禁楼馆堂所建设。1964 年国务院发出《关于严格禁止楼馆堂所建设的规定》，规定：从中央直到基层单位，不经批准，都不得以任何资金、任何名义，进行宾馆、招待所、别墅、大会堂、大礼堂、展览馆、剧院以及干部高级宿舍等等楼馆堂所的建设。同年，中共中央、国务院还规定了不准新建

① 相当于“一五”计划时期的限额以上项目。

和扩建纪念个人的建筑物，包括纪念碑、纪念馆、纪念亭等，更不准拨地建设烈士陵园。

6. 加强对计划执行情况的考核制度。为避免浮夸，规定了基本建设新增生产能力要求同时具备两个条件：一是建设项目设计规定的产品所必需的主体工程、附属工程、主体设备、配套设备均已基本建成，具备正常生产条件；二是经试验运转和验收鉴定，并移交生产部门。所增固定资产必须与新增生产能力同时计算。1964 年试行了以竣工投产或形象进度（即工程部位）作为考核计划完成标准的办法。

以上措施，对于迅速扭转“大跃进”带来的严重比例失调起了重要的作用。在重新建立高度集中管理办法以后，为了便于地方因地制宜地安排地方性强的项目，1965 年国务院决定将地方性强的农业、水利、交通、教育、城市建设等 18 个非工业部门的地方投资拨交省、自治区、直辖市安排。这对于发挥地方积极性，加强农业，改善“骨头”与“肉”的关系，起到了极为良好的作用。1962—1964 年，决定建立采掘、采伐工业维持简单再生产基金，从而改变了采掘采伐工业中维持简单再生产的开拓延伸工程也要靠基建投资的办法，简化了程序，保证了矿山、油田、林区的持续生产。这是财政制度和计划管理上的一项重大改革，有利于加强企业管理，防止采掘比例失调。

（三）计划管理的松弛和企业的再次下放。

在 1966 年开始的“文化大革命”中，过去制定的一些行之有效的计划管理办法，都被作为修正主义的条条框框、资产阶级的“管、卡、压”加以批判。在这种混乱情况下，基本建设计划管理处于软弱无力的自流状态。1970 年前后又一次在很短时间内，不加区别地将鞍钢、大庆油田、长春汽车厂、开滦煤矿、吉林化工公司等 2400 多个直属企业、事业单位下放给省、市、自治区管理，有的又从省下放给市、县管理。同时，基建规模再次膨胀，造成投资规模失控。

（四）重建计划管理秩序。

由于 1970 年出现基建规模大膨胀，1971 年又出现职工总数、工资总额、粮食销售量“三个突破”。为了加强计划管理，从 1972 年到 1978 年，国家计委、国家建委、财政部陆续采取措施重建基建计划管理秩序。

1. 1972 年 5 月，国务院批转了国家计委、国家建委、财政部《关于加强基本建设管理的几项意见》。文件针对当时存在的基本建设战线长、浪费大、制度松弛、贪大求洋等问题，提出了改进意见。要求所有基本建设都要纳入计划，不得擅自扩大建设规模；自筹资金要先收后用，不能挪用流动资金和银行贷款；建设单位要搞好财务管理等。

2. 进行建设项目排队。从 1973 年起，每年安排基本建设计划要进行施工项目排队。对国民经济不急需、建设条件不具备、效益不好的项目，不安排投资、物资和施工力量，以便集中财力、物力保国家重点项目、保即将投产能迅速发挥投资效益的项目的建设。

3. 对引进成套设备的化肥、化纤、轧机等重点项目，在计划安排上、国内材料和配套设备供应上、施工组织管理上，采取了一系列的行政措施，给予重点保证。由于措施得力，“四五”计划时期引进的 13 套化肥、3 套大化纤、1 套乙烯、1 套 1.7 米轧机等工程，基本上都能按期建成投产。这对于促进国民经济和技术水平的提高，改善人民生活，都起了重要的作用。

4. 适当扩大城市的权限。1978 年 3 月，第三次全国城市工作会议确定，从 1979 年起，在所有省会城市和城市人口在 50 万以上的大城市（不含京、津、沪），以及对外接待和旧城改造任务大、环境污染严重的遵义、延安、桂林、洛阳、苏州、无锡等 6 个城市，共计 47 个城市，试行每年从上年工商利润中提成 5%，作为城市维护和建设资金的办法，以缓解城市建设资金不足的问题。

1972—1978 年，虽然采取了许多措施重建基本建设管理秩序，但基本建设战线存在的战线长、力量分散、管理混乱的局面并没有得到根本的解决。

三、改革、开放阶段

1979 年 4 月，中共中央工作会议确定，实行“调整、改革、整顿、提高”的八字方针，从 1979 年起用 3 年时间进行调整，坚决地、逐步地把各方面严重失调的比例关系基本上调整过来，继续整顿好现有企业，积极而又稳妥地改革工业管理和经济管理体制，使整个国民经济真正纳入有计划、按比例健康发展的轨道。1981年年底，第五届人民代表大会第四次会议决定，“六五”计划期间，继续实行“调整、改革、整顿、提高”的方针，同时实行“对外开放，对内搞活”的方针。因此，1979年以来的基本建设计划管理，是在调整、整顿的基础上围绕“对外开放、对内搞活”的方针进行改革。

这一阶段基本建设计划管理，主要是适应新的经济形势，解决基本建设投资规模宏观控制、调整投资结构、提高投资效益的问题。计划管理的方法，除了继续运用行政手段外，开始运用经济手段，发展有计划的商品经济。基本建设计划管理方面进行的重大改进和改革有以下方面：

（一）适应财政体制的改革，进行基本建设计划管理体制的改革。

1980年，全国财政体制作了较大的改革，即由统收统支的办法改为中央、地方“分灶吃饭”的办法。为此，基本建设计划体制也相应作了较大的改革。实行这一体制改革后，地方基建与地方财政挂了钩，权、责、利挂了钩，真正体现了地方的事情让地方自己办，有利于发挥地方的积极性。

（二）适应多种资金渠道，编制综合基本建设计划。

1979年以后，随着扩大企业自主权，中央、地方财政“分灶吃饭”，银行开展基建贷款业务，以及多种方式利用外资等措施的实行，基本建设的资金渠道日益增多。为了适应新情况，全面反映全民所有制单位基本建设投资规模，搞好综合平衡，从“六五”计划的第一年即1981年起，编制了包括各种资金渠道在内的综合基本建设计划。综合基本建设计划共有6部分资金渠道，即，国家预算直接安排的投资、地方和部门的自筹投资、银行贷款投资、利用外资投资、以煤代油专项资金安排的投资、其他专项资金安排的投资。1984年对基本建设投资的管理，根据国家和地方、部门分别负责平衡的原则，按资金渠道划分为指令性计划和指导性计划。

（三）加强对投资总规模的宏观控制。

一是坚持计划的严肃性。国务院下达的基本建设投资计划的总规模和分地区、分部门的规模，包括各种资金渠道安排的基本建设，各省、自治区、直辖市和各部门都必须严格按计划执行，不准超过。对控制投资规模实行行政首长负责制，二是用行政的、经济的办法，加强对自筹资金的管理。各部门、各地区企事业单位用于基本建设的自筹资金，必须提前半年专户存入建设银行。当年下半年存入的资金当年不推动用。对自筹基本建设征收建筑税。部门、地区的自筹基建投资实际完成超过国家下达计划的部分，要加倍征收建筑税。三是加强银行贷款的管理。各级银行必须严格按照国家下达的基建计划发放基建贷款。银行必须将贷款余额增加数和贷款发放数，同时纳入信贷计划。严禁计划外贷款。各地区、各部门办的信托投资公司，除经国家批准者外，一律停办。

（四）采取经济手段，调整投资结构，加强重点建设。

为了解决投资使用分散问题，将一部分预算外资金变为预算内资金，以保证重点建设的需要，一是开征国家能源交通重点建设基金，规定：一切国营企事业单位、机关团体、部队和地方政府的各项预算外资金，以及这些单位所管的城镇集体企业交纳所得税后的利润，除了国家批准免征的项目外，一律按当年收入的15%计征能源交通重点建设基金。中央征收的部分，主要用于增加国家能源、交通重点建设的投资；地方留用的部分，只能用于地方与中央合资的或自己举办的能源交通基本建设，不得用于其他方面。二是开征建筑税。

（五）适应“对外开放、对内搞活”的政策，制定相应规定。

一是制定了利用外资项目和中外合资经营企业的管理办法，规定了建设项目审批程序。二是对于实行特殊政策和灵活措施的广东、福建两省，广东深圳、珠海、汕头和福建厦门4个经济特区以及14个沿海开放城市和海南岛的基本建设总规模的确定，建设项目的安排，利用外资的审批，规定了放宽的政策。三是适应国内搞活经济的需要，打破部门、行业、地区的界限，发展横向经济联系，制定了国内合资建设办法。

（六）按建设全过程，加强对建设项目的全面计划管理。

一是加强建设项目的前期工作，要求编制建设前期工作计划，严格按照建设程序办事，使建设项目的确定建立在充分调查研究、认真分析论证的基础上，选定了“六五”计划期间开展前期工作的279个重点项目，建立项目经理负责制，对前期工作全权负责。二是所有确定进行建设的项目，一律实行“五定”，即定建设规模、定投资总额、定建设工期、定投资效果、定外部协作条件。三是对建设项目实行“分档”管理，分为投产项目、续建项目、新开工项目、预备项目和建设前期工作项目五档，规定了各档项目列入计划必须具备的条件，计划安排的重点是投产项目和续建项目。四是对新上项目实行“先评估、后决策”的制度，建设项目的可行性研究报告，先委托有资格的工程咨询公司进行评估，然后再由国家计委决定是否列入计划。五是选择一部分重点建设项目，在计划安排上按合理工期组织建设，在投资、材料、设备上予以保证。六是编制配套工程建设计划，保证配套工程和重点项目同步建设，以提高重点项目投产后的综合生产能力。七是清理收尾项目，抓紧验收工作。

（七）实行基本建设投资由拨款改为贷款的办法。

为了使各级计划部门、建设项目主管部门和建设单位树立资金周转观念、利息观念和投入产出观念，实行了基本建设投资由拨款改为贷款（简称“拨改贷”）的办法。1979 年开始在少数行业和地区选择一部分项目进行试点；1982 年扩大范围。根据第六届人民代表大会第二次会议关于《政府工作报告》决议的精神，从 1985 年起，凡是由国家预算安排的基建投资全部由财政拨款改为银行贷款。

（八）加强经济效益的计划管理和考核。

一是建设项目在计划安排上强调分期建设。大中型项目在总体规划和总的建设方案确定后，实行分期、分段建设，分期、分段投产。二是把新增生产能力作为考核计划完成与否的主要指标之一。从 1981 年开始，每年将每种产品的新增生产能力计划分解到部门和省、市、自治区正式下达。三是建立经济技术指标考核制度。从 1984 年起，把基本建设经济效益计划正式纳入国家计划，进行考核。经济效益指标有：固定资产交付使用率、新增生产能力交付使用率、大中型建设项目投产率和房屋建筑面积竣工率等综合性指标，以及建筑业的工程成本降低率、全员劳动生产率等。

1979 年以后，基本建设计划管理是有成效的。1979 年至 1981 年，通过调整、整顿，压缩了基本建设总规模，清理在建项目，缩短了基建战线。从1981年开始的“六五”计划执行结果，全部建成投产的大中型项目个数，发电装机容量，原油开采等新增生产能力，以及建成的住宅建筑面积，都超额完成计划。固定资产交付使用率、大中型项目建成投产率、房屋建筑面积竣工率均比“五五”计划时期有所提高。但是，由于在基本建设宏观控制方面，各种管理办法还不配套，执行管理制度不严，在“六五”计划时期的某些年份，也发生了基本建设投资规模膨胀的问题，投资结构也没有从根本上得到改善。这些问题有待于投资管理体制按照发展有计划的商品经济、建设充满生机和活力的社会主义经济体制的总要求，从根本上进行改革，才能解决。

第二节　基本建设总规模的平衡和管理

基本建设总规模，即基本建设投资总额。在中国，基本建设投资的含义是与基本建设拨款不相同的。基本建设投资是指计划期内和计划期以前投入的建设资金在计划期内形成的工作量。它包括动用库存材料、设备完成的工作量，不包括为计划期以后年度作准备的材料、设备购置费。基本建设拨款则是指计划期内投入的建设资金量。基本建设拨款数额的确定，除根据计划期内基本建设工作量外，还要考虑减去动用的库存设备、材料费，加上为以后年度储备设备、材料的费用。

如何合理安排和管理基本建设总规模，既关系到以后经济发展速度和人民物质生活水平的提高程度，又涉及当前国家财力、物力、人力和市场的承受能力。建设规模过小，影响以后经济发展，对当前生产也不利。建设规模过大，国家财力、物力、人力不能承担，必然挤生产、挤维修、挤市场、挤生活，影响当前生活，反过来又只能压缩建设规模，停缓建设项目，降低经济发展速度。30多年中，几次基建规模大膨胀和大压缩，上下折腾，付出巨大的经济代价，影响国民经济的正常发展。因此，如何搞好基本建设总规模的平衡和控制，一直是基本建设计划管理的重大课题。

1956年在中国共产党第八次全国代表大会上，国家建委主任薄一波专门就合理确定积累与消费比例作了发言。鉴于1956年基建投资安排略大，下半年引起物资供应紧张，国务院提出要反对冒进，1957 年计划有意识地削减基建投资，降低发展速度。1958 年年初，毛泽东提出应加快建设进度，要反“反冒进”。从此，经济战线上“左”的指导思想占了上风，造成了几次基建规模大膨胀。

一、三次规模膨胀和两次失控

第一次是 1958 年。该年共完成基建投资 269 亿元，比上年增加 125.7 亿元，将近翻了一番。基本建设大中型项目 1587 个，比上年增加了 60%。1959、1960 年基建规模继续膨胀。1958 年至 1960 年大上基本建设的结果是职工人数猛增，企业经济效益大大降低，亏损严重，连年财政赤字。

第二次是 1970 年。该年完成基建投资 312.5 亿元，比上年增加 111.7 亿元，增加将近 60%。1971 年基建投资规模又继续增加。这两年，由于基建规模过大，造成国民经济中职工人数、工资总额和粮食销量“三个突破”。

第三次是 1978 年。该年的基建投资完成 501 亿元，比上年增加 118.6 亿元，增加了将近 1/3。一方面，国内到处上项目，铺的摊子已经不小；另一方面，又同国外签订合同，过多地引进了大型成套设备项目，给整个国民经济带来严重困难。

历史上这三次基本建设规模大膨胀，主要都是在“左”的思想指导下造成的，它的特点是：第一，计划安排上搞高指标、大规模，自上而下造成建设规模膨胀；第二，规模大主要是国家预算内投资增加过多，造成了财政赤字；第三，建设中重点过重，大项目过多，挤了非生产性建设及其他必需的一般建设。1979 年以后，明确了绝不能再搞脱离实际的高指标、大规模，注意了严格控制预算内投资。但是 1982 年以后，由于体制改革，预算外投资比重逐步加大，在宏观控制上的措施没有跟上，结果又造成了两次投资规模失控。

第一次是 1982 年。由于实行财政包干、扩大企业自主权和开展银行投资贷款业务，预算外资金大量增加，形成多种投资渠道，计划管理工作一时跟不上，因而导致投资规模失控。1982 年完成基建投资 555.5 亿元，比上年增加112.6亿元，增加25%，其中主要是自筹投资，增加了94%。由于基建规模失控又造成了三材供应紧张，投资效益下降。这一次的基建规模失控，由于农业连年丰收，轻工生产发展较快，市场供应良好，没有造成国民经济的重大困难，但是潜伏着危险性。

第二次是1984年下半年到1985年上半年。由于对经济体制改革中如何做到微观放活的程度与宏观控制能力相适应还缺乏经验，在计划管理上对自筹投资计划指标开了不纳入计划规模的五个方面的口子；对银行贷款的管理也放松了，1984年第四季度出现了各专业银行争相发放贷款的不正常情况；再加上材料、设备涨价，对基本建设的各种取费增加，造成了1984年、1985年连续两年投资规模严重失控。1984年完成基建投资743.2亿元，比上年增加149亿元，增加25%；1985年完成基建投资1074.4亿元，比上年增加331.2亿元，增加45%。这两年的基建规模失控带来的问题是：材料、设备供应日益紧张，议价钢材涨价40%—50%；重点建设得不到应有的物资保证；能源、交通更趋紧张，不少地区电力供应不足，相当一部分工厂“开三、停四”；银行信贷收支差额扩大。

二、控制基建规模的主要措施

由于前三次基建规模膨胀和后两次基建规模失控的情况不同，采取的措施也不同。

（一）纠正前三次规模膨胀的措施。

前三次基建规模膨胀的幅度大，而且主要是受“左”的思想影响，在计划上国家安排的投资过多，批准的项目过多。因此这三次采取的措施基本相同。

从计划上大幅度减少国家投资。第一次大膨胀后，1961年基建投资比上年压缩2/3。第二次大膨胀后，1972年基建投资比上年下降4%。第三次大膨胀后，1981年基建投资比上年减少20%。

清理在建项目，对在建项目实行关、停、并、转。第一次大调整，1962年在建大中型项目在1960年的基础上砍掉45%。第二次大调整，1972年大中型项目比上年减少9%。第三次大调整，施工的大中型项目由1978年的1723

个压缩到 1981 年的 819 个。

（二）解决后两次规模失控的措施。

1982 年和 1984 年下半年到 1985 年上半年两次规模失控，主要是自筹资金、银行贷款突破国家计划造成的。对此，主要采取了以下一些措施：

1. 严格控制自筹基建投资。自筹基建投资，主要来源于各部门、各地区、各企业的预算外资金。由于资金分散，安排的大都是小型项目，对自筹投资的控制，其难度比控制国家预算内投资大。因此，除在计划安排上加强财力、物力平衡外，还采用了行政的、经济的多种控制手段。

加强资金管理。自筹基建由计划、财政共同把关。资金来源是否正当由财政部门负责审查；工程项目是否急需，施工力量和材料供应是否落实，由计划部门负责审查。自筹资金必须专户存入建设银行，先存后用，由建设银行按计划监督拨款，建设银行以外的其他专业银行不得办理自筹基建的存款、拨款业务。1984 年后又进一步规定，自筹资金必须提前半年专户存入建设银行；当年下半年存入的资金当年不能使用；企事业单位在规定期限内没有按计划指标存够资金时，要核扣自筹基建计划指标。鉴于自筹基建搞了一些一般加工工业的重复建设和大量非生产性建设，1983 年对预算外资金开征了国家能源交通重点建设基金，对自筹资金安排的基建投资和更新改造措施项目的建筑工程投资，开征了建筑税。

规定和引导资金使用方向。规定自筹投资主要用于农业、文教卫生及与人民生活有关的职工住宅、城市建设等方面的建设。同时，鼓励地方自筹资金同国家合资建设能源、交通重点项目。自筹资金用于能源、交通等建设的，免征建筑税。对于地方超收留用的能源交通重点建设基金，规定只能专项用于地方能源交通建设。

用行政和经济手段控制规模。国家计划规定的基建规模，各部门、各地区都不许突破，突破的要扣下年度的自筹投资指标。1984 年还规定，对于各部门、各地区的自筹基建投资，全年实际完成超过国家计划规模的投资，要加收 10% 建筑税。自筹基建项目应缴纳的建筑税，要随同自筹资金同时存入建设银行，在年年初按全年计划一次交足。计划执行中，建设项目由部门、地方调整增加自筹投资计划指标的，必须相应缴纳建筑税。没有缴纳建筑税的项目，不准施工，银行不得拨款。

2. 加强银行贷款的管理。在价格没有理顺以前，银行基本建设贷款作为指令性计划管理，既要列入国家信贷计划，又要列入国家基本建设计划。专业银行必须严格按照国家宏观经济的要求和国家计划发放基建贷款。除国务院批准可办理基建贷款的专业银行和信托投资公司外，任何单位、任何公司均不得办理基本建设贷款。为有利于调整投资结构，银行对不同行业的贷款实行差别利率或贴息贷款。原有企业进行扩建，必须有30%的自有资金存入银行，才能申请贷款。银行贷款不得作为自筹资金的来源。

3. 严格新开项目的审批程序。强调加强建设项目的前期工作，严格列入计划的建设条件。列入长期计划的项目，必须具备经过批准的设计任务书。列入年度计划的项目，必须具备经过批准的初步设计，并且施工准备就绪，具备开工条件。

4. 继续采取过去清理在建项目的办法。为了避免大上大下造成损失，大批“半拉子”工程停下来还要花大量维护费的状况，决定采取“缓刹车”的办法，规模分几年压缩，主要停缓那些条件不具备尚未开工和刚刚开工的项目，对于那些已经建了一半的项目，则采取压缩一部分建设内容，促其早日投产、发挥效益的办法。实践证明，这样的办法损失较小。

以上这些控制基建规模的措施，都是规模已经膨胀或失控以后才去“救火”的办法。要从根本上控制基建规模，避免上马、下马的折腾，还有待于研究建立一套适应社会主义有计划的商品经济要求的投资活动自我约束机制和宏观调控机制，以及建立投资决策和使用的严格责任制度。

第三节　基本建设计划体制和分级管理

基本建设计划体制，主要包括计划决策体系、计划安排权限和计划编制程序三方面内容。这三方面是相互联系的，核心是计划安排权限。中国的基建计划总决策机构是全国人民代表大会和国务院；分决策机构有两个系统，一是各省、自治区、直辖市人民代表大会及其人民政府，二是国务院所属各部委及直属机构。决策机构的权力同计划安排权限是密切相关的。计划编制程序，属于计划方法，是同计划安排权限相适应的。30多年来，中国实行的基本建设计划体制，基本上是“统一计划，分级管理”的体制。

一、基本建设计划的分级管理

中国的基本建设计划的分级管理，是和不同历史阶段经济形势和财政体制密切相关的。分级管理的核心，是中央、地方和企业的权限如何划分。

（一）以中央为主的管理体制。

1950年，为了迅速克服财经上的困难，采取了统一财经工作，财政收支集中到中央的政策。全国各地所收公粮，除地方附加外，全部归中央财政部统一调度使用。基本建设计划的安排，工业、贸易、银行、铁路、交通运输、农林水利建设等投资基本上都由中央安排；各大行政区、省（市）的国营企业投资，由地方安排，但数量很小。因此，当时基本上未实行分级管理。

鉴于1950年实行财经统一以来，中央对地方工作管得多了一些，阻碍了地方“因地制宜”的作用，1951年决定把一部分国营企业、一部分财经业务划给地方管理，如地方工业、地方财政、地方贸易、地方交通事业等等。对于地方工业，1951年政务院规定，经营方向是：面向农村、为国家企业加工、主要利用当地原料、地方资源与人力能办到的中小型工业；经营范围是：不在电网内的电厂、小矿山、农具制造、建材、纺织、轻工、食品、造纸、日用化工，以及地方性公用事业等；地方工业的建设，应靠地方自己积累资金。但由于地方资金不多，在“一五”计划时期，相当部分的地方项目投资仍由中央部安排。

（二）建立由地方自行安排投资的管理体制。

“一五”计划时期，基本建设管理权限中央集中过多，不利于发挥地方积极性。1958年中央决定放权，方向是对的，但一下子放权过急、过多，管理工作没有相应跟上，造成了许多混乱，1960年后又把下放的权陆续收了回来。经过几年调整，国民经济重新走上健康发展轨道后，为了进一步调动地方积极性，才又决定将一部分地方性强的建设事项，交由地方自行安排建设。

1965年，将地方性强的18个非工业部门，即，农牧业、农业机械站和修配网、农垦、林业、水利、气象、水产、交通、商业、银行、高教、教育、卫生、文化、广播、体育、科学、城市建设的地方投资，每年由国家按照一定的基数，不分行业，切块给各省、自治区、直辖市，由地方统筹安排。中央各有关部门不再下达建设项目和分行业投资指标。这一切块投资，称为“由地方自行安排的投资”；1968年将供销划交地方后，又称为“地方十九个部门投资”。这是计划安排上留给地方的机动权。由地方自行安排的投资占总投资的比例，1965年为20%。采取这一适当分权的措施，有利于地方因地制宜安排工作，对于加强农业，改善“骨头”与“肉”的关系，起到了极为良好的作用。1965年11月国务院还规定：农田水利事业费和地方水利基本建设投资，可以合并使用，统筹安排。地方的工业小型项目，由中央各部商同地方具体安排；地方在完成国家计划规定的生产、协作任务的前提下，可以因地制宜地进行调整。中央部门安排的地方建设项目，在确保工程效益和工程质量的条件下，节约的投资归地方调剂使用。

（三）在划分中央、地方权限基础上建立分级管理体制。

建立这种分级管理体制，是在70年代开始的，不同阶段采取不同的办法。

“四、三、三”办法。根据1973年5月中共中央工作会议关于扩大地方计划安排权限的精神，1974年计划的制定，采取了“四、三、三”的办法，即：各部直属项目和军工项目由各主管部委商同地方安排，这部分投资占总投资40%左右；大多数部下放给地方的大中型项目和一部分比较重要的地方大中型项目，由国务院各部委提出建议，商同各省、自治区、直辖市进行安排。这部分投资占总投资30%左右；一般大中型项目和小型项目（包括部下放的小型项目），由各省、自治区、直辖市根据本地实际情况统筹安排，经过综合平衡，纳入国家计划。这部分投资占总投资30%左右。“四、三、三”的办法，在原来地方安排的“十九个部门投资”的基础上扩大了地方安排权限，这是个优点。但是这个办法，职责不十分清楚，中央部和地方的计划安排权限同建设项目的隶属关系和管理权限不完全衔接，有些地方性很强、本来由地方管理的项目，却由主管部提出了安排建议；有些由部代管、产品为全国服务的下放项目，却由地方统筹安排，而地方限于投资，往往安排不上，造成互相扯皮，衔接不好的现象。

地方投资“切块”办法。1975 年，在总结“四、三、三”办法的基础上，对于计划安排权限作了修改。除军工项目全部由军工各部安排外，其他项目改为按照隶属关系，由国务院各部委和地方分别提出安排意见，经过综合平衡，统一纳入国家计划。即，部直属项目、部下放的大中型项目和进口成套设备项目，由各部商同地方安排；地方项目和部下放的小型项目，由省、自治区、直辖市统筹安排；华北、江苏等体制改革试点地区，除部直属项目、进口成套设备项目外，所有地方民用项目，包括部下放的项目，均由地方统筹安排。对由地方安排的项目的投资，除进口成套设备项目的配套项目、电影电视照相专项建设、下放的高等院校以及边境邮电等投资，由各部提出建议商同地方安排外，均采取不指定用途“切块”分配，由地方统筹安排的办法。实行这种办法，中央部和地方的计划安排权限同建设项目的隶属关系基本上衔接，职责比较清楚，同时进一步扩大了地方权限。但是，这种办法仅实行了一年。1976 年，由于进口成套设备项目处于施工高峰，燃料、动力建设要加快建设，为了保证重点建设的需要，除了“地方十九个部门投资”由地方统筹安排外，又基本上恢复了中央投资、地方投资均由各部归口安排的老办法。

对地方项目划分为地方统筹项目和部商地方项目进行分级安排的办法。1977 年年底，制订 1978 年计划时，在总结 1975 年分权、1976 年收权经验教训的基础上，对地方基本建设计划分级安排权限重新作了研究。鉴于有一部分地方项目，它的产品主要是调出的，是为全国服务的，或者是为重点工程配套的，地方对这类项目没有切身利害关系，往往因种种原因而在计划上排不上队。为了使各部门和地方的计划衔接得更好，采取了以下办法：（1）产品主要是调出的（或主要是为全国服务的），或对国民经济有重大影响的地方建设项目，由有关部为主商同地方安排；（2）关系到两个或几个省区的项目和重点工程配套项目，也由有关部商同地方安排；（3）由各部委代管的下放直供项目和进口成套设备项目，仍由主管部商同地方安排；（4）产品主要是省区自用的（或主要是为地方服务的）地方项目，由地方统筹安排；（5）上海、北京、天津三大城市，多数产品一向是面向全国的，除了少数项目外，一般仍由地方统筹安排。根据这些原则，对各行业地方基建项目的计划分级安排提出了具体划分规定。这种对地方项目投资分为地方统筹安排的投资［即（4）（5）两项］和部商地方安排的投资［即（1）（2）（3）三项］两部分的做法，既考虑了建设项目的计划安排权限与隶属关系两者的一致性问题，又考虑了在特殊情况下两者不一致的问题，有利于解决“条条”与“块块”之间的矛盾。1978 年对地方基本建设项目实行计划分级安排的原则，一直沿用到“六五”计划时期。

以上这三种办法，是在财政体制“统收统支”情况下的分级管理，并没有解决地方基建与地方财政挂钩的问题，虽然同过去比较是个进步，但仍然是不彻底的。

（四）以中央、地方分级财政为基础的分级管理体制。

随着 1980 年财政体制由“统收统支”改为中央、地方“分灶吃饭”，基本建设计划体制也作了相应改变。但地方的基本建设安排权限，同 1978 年确定的范围基本相同，因此，实际上也是对 1978 年计划体制的完善。按照财政体制，各部委直属项目，部下放直供项目和部商地方安排的项目，投资由中央财政安排。地方项目的安排，按三种情况办理：（1）实行江苏式体制（“收支挂钩、全额分成、比例包干”体制）、四川式体制（“划分收支、分级包干”）和民族自治地方财政体制的共 24 个省、自治区，地方统筹项目（指主要为本地区服务的那部分地方项目）的投资，均由各省、自治区在确定的财政包干数内自行安排，不再通过中央财政预算拨款。（2）实行特殊政策的广东（“划分收支、定额上交”体制）、福建（“划分收支、定额补贴”体制）两省，所有地方项目（包括原部商地方项目）的投资，均由各省在确定的包干数内自行安排，不再通过中央财政预算拨款。（3）未实行财政包干的京、津、沪三市，地方统筹项目的投资，由地方统筹安排，但资金仍由中央财政预算拨给。实行这一体制，使中央、地方的基本建设安排同财政的分级管理相衔接，既解决了中央财政包揽一切的问题，又有利于发挥地方积极性。“六五”基本建设计划即是按这一体制安排的。

二、基本建设计划编制程序

基本建设计划编制程序，是指按计划安排权限，对基本建设计划的编制和审定的次序。30多年中，计划编制程序随着基本建设计划安排权限的变化而变化。

（一）计划控制数字制度。

计划控制数字，是在编制计划以前，国家主管计划的职能部门提出对计划的轮廓设想。计划控制数字是指导各级计划单位编制计划草案的依据。

新中国成立初期，基本上是以自上而下的基本建设控制数字代替基本建设计划。1951年中财委《关于做好一九五一年基本建设计划的指示》总结过去经验教训时指出：“由上而下的控制数字与由下而上的具体计划相结合，才能制定一个有政策有方针的能实行的现实计划。”1952年确定，基本建设计划控制数，为编制基建计划的一个程序阶段。

（二）“两下一上”的计划编制程序。

1952年中财委关于《国民经济计划编制暂行办法》和《基本建设工作暂行办法》中规定，基本建设计划的编制程序为“两下一上”，即：（1）自上而下颁发控制数字；（2）自下而上逐级编制并报送计划草案；（3）自上而下批准计划。并规定，基本建设计划按照建设单位的隶属关系，按中央（包括委托大行政区代管事业）与大行政区（包括地方事业）两个系统编制、综合及批准。大行政区或中央与地方共同投资的基本建设，其计划的编制与综合，按建设项目隶属关系办理。还规定，中央各主管部及大行政区财委逐级向下颁发的各行业控制数字，其总数不得超过政务院颁发的控制数字。

“一五”计划时期采取“两下一上”的程序，这是同计划安排权限的集中程度相适应的。

（三）“双轨制”计划编制程序。

“一五”计划时期，建设项目大部分是中央部直接管理的，地方项目很少。在实行“两下一上”的程序，自下而上编制计划时规定，省、自治区、直辖市的计划要按行业分别抄送各有关中央主管部，由中央主管部对地方计划进行审查，并综合为全行业的计划上报。这种计划编制程序，是以中央部为主的“单轨制”程序，不利于调动地方编制计划的积极性。

1963年起，特别是1965年由地方自行安排投资的管理体制建立以后，对于各部同各省、自治区、直辖市编制计划时的相互关系作了调整。计划草案按建设项目隶属关系，分别由各部和各省、自治区、直辖市负责编制。各部负责编制本部直属项目的基本建设计划。为了加强全行业的综合平衡，各省、自治区、直辖市在上报计划时，应同时按行业分别抄送中央主管部，各部应该按管理系统进行综合平衡，汇总全行业的基本建设计划。各省、自治区、直辖市负责编制地方所属项目的基本建设计划。为了加强地区的综合平衡，各部直属单位上报计划时，应同时抄送省、自治区、直辖市；各省、自治区、直辖市应该对该地区的部直属项目的安排提出意见，报送国家计委。这种编制计划的程序称为“双轨制”。“双轨制”的建立，有利于处理好“条条”与“块块”之间的关系。

1963年至1965年，虽然建立了“双轨制”的计划编制程序，但是由于处于经济调整时期，不可能像“一五”计划时期那样每年颁发下年度的基本建设控制数字，让部门和省区市据此自下而上地编制计划，因而在实际工作中很难真正坚持。

1974年后，在划分中央、地方权限基础上建立了分级管理体制，这在客观上要求进一步完善“双轨制”程序。当时实行的是上下结合的“双轨制”程序。编制计划分为四个阶段，实行“两上两下”。第一阶段，各部门和各地区自下而上提出年度基本建设计划的安排建议。安排建议要相互抄告，并报送国家计委。这是“一上”。第二阶段，国家计委在各部门和各地区提出的安排建议的基础上，经过初步综合平衡，提出年度基建计划草案的控制数字。由国家计委按照计划管理体制，将控制数字分别下达给各部和各省、自治区、直辖市，要求各部和各省、自治区、直辖市按此正式编制计划草案。这是“一下”。第三阶段，各部门和各地区按照计划管理体制的范围和控制数字正式编制和报送计划草案。这又是“一上”。第四阶段，召开全国计划会议，条块结合，进行全面综合平衡，确定全国基本建设计划草案，报国务院批准后下达；以后再经全国人民代表大会讨论通过，成为正式计划。这又是“一下”。以上是一般情况。有时也实行“两下一上”，省去第一阶段的自下而上提计划建议。这种上下结合的“双轨制”计划编制程序，一直沿用到“六五”计划时期。

第四节　基本建设项目的决策程序和审批权限

基本建设项目是构成基本建设计划的“基础部件”，是实现固定资产扩大再生产的基层单位。基本建设计划通过对建设项目的具体安排，反映出基本建设投资规模、固定资产和生产能力的增长、投资结构的调整、生产力地区分布的改善等。因此，基本建设项目的确定和安排，是基本建设计划管理的重要内容。

中国对建设项目的决策程序和列入计划的审批权限是根据建设项目的大小和重要性，按照分级管理的原则确定的。大中型建设项目（50 年代称为限额以上建设项目），不论隶属关系和资金来源，一般都由国家决策和批准列入计划；小型项目（50 年代称为限额以下建设项目）按隶属关系和计划安排权限，分别由各部门和各省、自治区、直辖市决策和批准列入计划。地方小型项目的决策和列入计划的审批，各省、自治区、直辖市对专（市、盟）、县（旗）有时也实行分级管理。

一、基本建设项目的决策程序

整个基本建设项目的工作程序分为两个大的段落，一个是项目决策阶段，一个是项目实施阶段。决策阶段的程序，从 50 年代开始，学习苏联经验，分为三个阶段：（1）根据发展国民经济长远规划和布局的要求，编制设计任务书（有一段时间称为计划任务书或设计计划任务书）。（2）根据批准的设计任务书进行设计。设计又可分为初步设计和技术设计两个阶段。1958 年以后，为了简化设计程序，除了特别复杂的项目编制技术设计以外，一般的只编制初步设计或扩大初步设计。（3）根据批准的设计绘制施工图。对于建设项目的决策来说，最重要的是编制和审批设计任务书。

建设项目决策阶段的工作称为建设项目的前期工作。前期工作的好坏，是决定建设项目能否取得好的投资效果的关键。几次“左”的思想泛滥和十年动乱期间，由于放松了决策程序的管理，随意上项目，给国民经济带来严重危害。1979 年以后，国务院一直强调要加强前期工作。吸取国外的经验，国家计委决定修订建设项目决策阶段的程序，在设计之前，要进行充分的可行性研究。在“六五”计划期间，建设项目的决策程序及审批分几个阶段。

1. 编制项目建议书。根据国民经济和社会发展的长远规划，结合矿藏、水利等资源条件和现有生产力布局，在广泛调查，收集资料，踏勘厂址，基本弄清建厂的技术经济条件后，由建设项目主管部门或地区提出项目建议书。大中型项目建议书须报送国家计委，经国家计委综合平衡、筛选后确定是否批准，其中重大项目需由国家计委报送国务院审批。项目建议书的批准，并不意味建设项目已确定。建设项目能否确定还有待于进行可行性研究和报批设计任务书。

2. 进行可行性研究。项目建议书批准后，要进一步做好市场调查，资源的补充勘探，工程地质、水文地质、气象、环保等资料的收集以及工程、工艺技术试验等工作，并按国家规定的内容，对建设项目进行可行性研究，主要是研究产品需求，工艺技术路线和设备的选择，对建设方案进行多方案的比较、论证、分析，研究建设项目在经济上是否合理，技术上是否先进，建设条件是否具备，资金是否落实。经过多方案比较，选择最佳方案，编写可行性研究报告。可行性研究是为项目的决策提供依据的。

3. 编制设计任务书。设计任务书是在可行性研究基础上编制的。大中型工业基本建设项目的设计任务书一般应包括：建设项目的目的和依据；建设规模，产品方案或纲领，生产方法或工艺原则；矿产资源、水利、地质和原材料、燃料、动力、供水、运输等协作配合条件；资源综合利用和环境保护、“三废”治理的要求；建设地区或地点，以及占用土地的估算；防空、抗震等的要求；建设工期；投资控制数；劳动定员控制数；要求达到的经济效益等。可行性研究报告要作为设计任务书的附件。

4. 设计任务书的审批。大中型项目，按隶属关系由主管部委或省、自治区、直辖市提出审查意见后送国家计委审批；其中重大项目由国家计委提出审查意见，报国务院批准。大中型项目设计任务书所附可行性研究报告，须经国家计委委托有资格的咨询公司提出评估报告。对于产供销由省、自治区、直辖市平衡，资金和建筑材料自行解决的大中型地方工业建设项目和一般非工业交通建设项目，国家计委可委托省、自治区、直辖市计委或主管部委审批。小型项目，按隶属关系分别由主管部委或省、自治区、直辖市计委审批。对于非生产性建设项目，不论大中型项目还是小型项目，凡资金、能源、材料、设备能自行解决的，原则上由各部门或各省、自治区、直辖市自行审批。

以上是一般决策程序。对于利用外资建设项目和个别实行特殊政策地区的建设项目，审批权限适当放宽。例如，对于广东、福建两省的大中型建设项目，凡是建设条件能自行平衡的，除按规定需报国务院审批的外，可由两省自行审批。对于国家决定进一步开放的沿海港口城市利用外资建设的生产性项目，凡属建设和生产条件不需要国家综合平衡，产品不要国家包销，出口不涉及配额，又能自己偿还的，项目的审批权限按城市作了放宽的规定。

二、基本建设项目决策的计划管理

建设项目决策阶段前期工作文件的审批，与建设项目能否列入计划关系十分密切，一般原则是，列入五年基本建设计划的项目，必须具有批准的设计任务书；列入年度基本建设计划的项目，必须具有批准的初步设计。已经批准设计任务书和初步设计的项目，能否列入五年计划或年度计划，什么时候开工建设，需要经过计划部门综合平衡，根据资金、材料、设备、施工力量、外部协作条件等的落实情况来确定。大中型建设项目列入计划的报批，按隶属关系和计划安排权限分别由各部和地方办理。各部和地方初步安排的大中型项目，都要随基本建设计划草案报送国家计委，经国家计委综合平衡和审查，将确属具备条件的项目统一纳入国家计划。小型项目的安排，按隶属关系和计划安排权限，分别由各部和各省、自治区、直辖市审批，并纳入各部和各地区计划。

“文化大革命”期间，放松了项目决策阶段的管理，有不少项目初步设计没有经过认真审查批准就开工建设。1982 年国务院规定，对所有在建项目一律实行“五定”，即，重新审查确定建设规模、定投资总额、定建设工期、定投资效果、定外部协作条件，并且实行严格的责任制度。这实际上是补做一次前期工作审查。凡未经“五定”的项目，一律不得列入国家年度计划，更不得擅自继续建设。

为了对建设项目决策阶段的工作进行有计划的管理，1982 年国家计委决定编制建设项目前期工作的年度计划和长期计划。把 279 个重大项目的前期工作列入国家“六五”计划中的前期工作计划，对其前期工作进度做出具体日程安排，并且决定建立前期工作项目经理责任制，从编制项目建议书、进行可行性研究到组织设计负责到底。列入建设前期工作计划的项目，初步设计经过批准后可转为预备项目；如果其他建设条件具备，经过国家计委批准还可转为新开工项目。

1985 年，国务院批准国家计委的建议，对建设项目的决策程序进行改革，实行“先评估、后决策”，以推进项目决策的民主化、科学化。具体办法是：各部门、各地区上报国家计委的大中型项目和限额以上技术改造项目的可行性研究报告，先由国家计委委托有资格的工程咨询公司进行评估论证，工程咨询公司提出评估意见后，国家计委再决定可否列入计划。对重大项目，国家计委多委托中国实力最强的中国国际工程咨询公司组织多学科的专家进行评估论证。小型项目的咨询，由各部门、各地区自行委托有资格的咨询公司进行。

第二十五章
建设过程中的项目管理

建设项目的管理主要包括两部分：一是建设项目决策阶段的管理，也称建设项目的前期工作管理，包括项目建议书、可行性研究报告、设计任务书、设计文件的编制和审批等等；二是项目实施阶段的管理，即建设项目已经审批列入建设计划后，在建设过程中的管理。第一阶段的管理和基本建设计划管理关系密切，已在第二十四章中一并加以论述，本章不再重述。

基本建设项目列入建设计划之后，如何具体组织实施，以保证工程质量、缩短建设工期、提高投资效益，是一件十分复杂的事情。它牵涉的内容很多，例如，资金必须保证按时供给，而且必须运用得好；物资供应必须及时保证，而且要避免造成损失浪费；设计、施工力量也需安排好、衔接好；此外还有征地、拆迁、物资的运输、保管以及相互配套协作关系的建立等等。哪一环搞不好，都将影响建设工期、工程质量和投资效益。关于设计管理、施工管理、物资管理、资金管理，本书都有专门章节加以论述，本章着重论述怎样围绕项目建设，把设计、施工、资金、材料、设备供应等工作联结在一起，以调动各方面的积极性，共同搞好项目建设。

第一节　建设单位的多种管理形式

建设单位是实施基本建设计划的主体单位。中国对于建设单位是以建设项目的总体设计来划分的。它可能只包括一个工程项目，如单独的房屋或构筑物；也可能由一个总体设计和总概预算所包括的几个工程项目所构成，如一个工厂，不仅包括主要的生产性工程，还包括许多附属配套工程，供水供电工程，环境保护工程以及铁路专用线，等等。按照国家计委的规定，建设单位一般应具有以下三个基本条件：（1）有一个总体设计；（2）在财务会计上实行独立核算，并可作为国家财务拨款的对象；（3）能独立对外发生财务关系和建立合同关系。有些非企业的独立工程，虽然不进行损益核算，但有总体设计，并于建设完成后能独立发挥效益的，也可作为建设单位（如有的水库工程）。有些企业或事业，其基层单位虽实行独立核算，但基本建设投资分散、细小、难于掌握，不便于国家作为财务拨款对象者，则以其主管机构作为建设单位。

30 多年中，建设单位的管理形式不断发展，大体上有以下几种。

（一）由生产企业自己组织力量建设。

这种方式在国民经济恢复时期比较多。那时的基本建设主要是为了恢复原有企业的生产，建设和生产紧密结合，同时各部门都还没有建立专门的设计施工机构，多由各工矿、交通企业抽调生产干部和技术人员组成恢复建设机构，自行组织技术人员进行设计，购置施工机械，采购材料并且自己组织施工力量进行施工。一部分工程量较大且有私人营造商的地方，一般由企业同私人营造商签订合同，委托施工；没有私人营造商的地方主要依靠本企业的干部、技术人员、工人或者再招收一部分进城的农民、城市失业工人，建立自己的施工队伍，自行组织施工。

从 1951 年开始，中央各主要工业交通部门逐步从生产企业集中一批技术人员，招聘少数技术骨干和管理人才，成立各自的设计院和建筑公司，承担本行业的建设任务。与此同时，政务院又决定从中国人民解放军中抽调 8 个师的建制集体转业，充实建筑施工队伍。1952 年政务院设置了建筑工程部。建筑工程部所属建筑工程公司主要承担加工工业和民用建筑的施工任务。此后，由生产企业自己设计、自己施工的形式逐步减少，只有一些规模较小的技术改造项目才由生产企业自己组织建设。

（二）独立的筹建处。

进入“一五”计划时期后，列入计划建设的新项目，一般都在上级主管部门的领导下，设立一个单独的筹建处，作为项目的建设单位。改建、扩建项目的筹建处，一般来说也同指挥生产的机构分开。小型项目的筹建处由原有企业领导，大型项目的筹建处直接由上级主管部门领导。筹建处的主要职责是：按照国家规定的基本建设程序，按有关规定委托设计单位编制设计文件，并报送有关部门审查批准；根据批准的初步设计向有关单位申请征用土地，办理土地征用手续；向有关部门申请分配或采购工程建设需要的设备、材料；根据上级批准的设计文件和基本建设计划，将建筑安装工程发包给一个或几个施工单位，并做好施工前的各项准备工作。筹建处是建设过程中的总负责者，负责在工程建设中协调安排好设备材料供应、设计和施工进度之间的相互衔接，以确保工程进度和建设总工期；对运进工地的材料设备的质量进行检验，对施工质量进行监督、以确保工程质量；协调解决建设过程中出现的问题，还要认真做好投产前的各项准备工作，包括组织原材料燃料的供应、生产人员的培训等等，以确保建成投产后能够迅速达到设计规定的生产能力，发挥投资效益。

设立和企业的生产指挥系统相脱离的独立的筹建处，对于保证大规模经济建设任务的完成起了重要的作用。设计、施工机构的独立，也有利于提高设计施工的技术水平和工作效率。为了加强对各个建设单位、设计单位和施工单位的领导，中央各部都设立专门的基本建设管理机构（基建司、局），按照国家批准的基本建设计划，审查批准建设单位的机构、人员和经费，统筹安排设计、施工任务、组织建设单位和设计、施工单位签订承发包经济合同，共同实现国家建设计划。

建设单位（简称甲方）、施工单位（简称乙方）、设计单位（简称丙方）是完成基本建设任务的三大主力军。在“一五”计划时期全国基本建设规模同国家的财力、物力、人力基本适应，甲、乙、丙三方的关系也比较协调，这是“一五”计划时期投资效益比较好的主要原因之一。1958 年以后，基本建设规模急剧膨胀，设计、施工力量和设备、材料供应全面紧张。在这种情况下，筹建处负责协调和保证建设任务的完成，出现很多困难，甲、乙、丙三方之间相互扯皮的现象日益增多。为了适应经济建设形势发展的需要，建设指挥部的管理形式开始建立。

（三）建设指挥部。

成立建设指挥部是在“大跃进”后，为了保证完成重点项目建设任务而产生的。开始，是由上级领导机关临时派人到重点建设项目的施工现场，协调解决建设单位、设计单位和施工单位之间的矛盾。后来由于设计、施工、材料设备供应等方面需要协调解决的矛盾经常发生，为了保证重点项目建设的进度，上级领导机关指派负责人到现场坐镇指挥，成立了现场指挥部。由于建设指挥部的指挥长多由上级机关领导人担任，有的重要项目甚至由主管部的副部长、省（市）的共产党书记或副省长、副市长担任。指挥部中甲、乙、丙三方都有负责人参加，形成了一个有权威的领导班子，因此能够迅速协调解决各方面的矛盾，保证建设进度，效果比较好。建设指挥部逐渐代行了筹建处的职能，建设指挥部的形式也很快得到普遍推广。1961 年 4 月国家计委正式发出《关于成立基本建设指挥部》的通知，规定重点项目都要组织建设单位、设计单位、施工单位成立基建指挥部，统一指挥重点项目的建设。

指挥部的形式不仅运用于重点项目，而且还运用到区域性的建设上去，如 1964 年开始的三线建设就采用了这种形式。1965 年成立的西南三线建设指挥部，由李井泉任主任，程子华、阎秀峰、钱敏、彭德怀任常务副主任。三线建设指挥部统一负责三线地区建设规划、统一组织力量选择厂址，统一指挥设计、施工和材料设备供应，对加快三线建设起到了重要作用。

指挥部的形式十分有利于组织各方面的协调动作，减少矛盾和扯皮；但也带来一些缺点，最主要的是过于偏重行政办法，不注意经济核算，不少指挥部甚至取消了承发包制度，施工单位花多少报多少，不注意节约，吃“大锅饭”的现象越来越严重。一直到 1979 年国家建委发出通知，要求恢复承发包制以后，这种现象才逐步改变，有些项目恢复了“一五”计划时期设立筹建处的做法，但许多项目特别是一些规模较大，现场有好几个施工单位、内外部协作配套比较复杂、难度比较大的项目，如引滦入津工程、宝山钢铁厂等，仍然采用指挥部的形式，以利于统一指挥和协调，但也相应注意了克服吃“大锅饭”的毛病，指挥部和施工单位之间采取签订承发包合同的方式，以促使施工企业加强经济核算，节省建设资金。

（四）工程承包公司。

上述几种建设单位的组织形式和管理制度在不同时期在组织项目建设上发挥过重大作用，但它们都存在着两个明显的缺陷。一是建设单位本身实质上采用行政管理办法，不注意经营管理，不注意经济核算，经费开支实报实销，吃“大锅饭”；二是建设单位的人员是在项目成立时从四面八方调来，不少人对基本建设工作不熟悉，在工作中边学边干，必然要走许多弯路。通过几年的工作，刚刚取得一些经验，项目建成了，筹建处或指挥部也就撤销了，人员一部分转入生产，一部分又调回原单位或其他单位。等到新的项目上马，又重新从四面八方调人，又有一批人重新边学边干，走弯路，用建设资金付学费，“只有一次教训，没有两次经验”。中共十一届三中全会以后，人们普遍希望改变这种状况，于是出现了工程承包公司。开始，有的部门在一个建设项目完成后，把建设单位的人员继续留下来承担另一个同类项目的筹建任务，如上海石化总厂一期工程指挥部，一期工程完成后，继续留下来筹建二期工程。以后由组织管理型改为经营管理型，独立核算，自负盈亏，形成了工程承包公司。如水电部的超高压输变电建设公司原来是平武（河南平顶山到湖北武昌）输电线路工程指挥部，平武工程建成投产后，水电部决定将指挥部组建成超高压输变电公司继续承担葛双（葛洲坝到双河）、葛武（葛洲坝到武昌）两条50万伏超高压输变电工程的建设，向水电部总承包。这个公司只有60多人，不直接搞设计，也不直接搞施工，主要是负责制定建设部署，和设计、施工单位签订承发包合同，组织设备材料的订货，进行工艺技术的指导和施工监督。他们先后承包的上述3条50万伏输变电线路建设工程，都做到了工程质量优良，提前竣工投产，而且节约投资1164万元。随着工程建设组织管理机构的固定化、专业化，培养了人才，积累了经验，提高了工作效率。他们编写了中国50万伏输变电工程建设的施工规范和工作条例，先后举办了主变压器、六氟化硫、断路器、新型继电保护和自动化设备、静止补偿装置、爆破压接、张力架线等18个技术培训班，参加培训的施工技术管理人员达1100多人次，为保证工程质量奠定了基础。除了从建设单位演变而来的工程承包公司以外，有的部门还组织了以设计单位为主体的工程承包公司。

工程承包公司的出现，改变了多年来“工程上马搭班子，工程完了散摊子”的临时机构造成的弊端。1984 年 6 月，国家计委等单位在全国建筑业和基本建设管理体制改革座谈会上肯定了这一经验，并根据这一经验，起草颁发了《工程承包公司暂行办法》，规定各工程承包公司要开展招标、投标竞争。为了鼓励工程承包公司的发展，规定新组建的工程承包公司三年内可以免交所得税。随着各种工程承包公司的发展，中国基本建设项目管理上的行政管理型将逐步转变为经营管理型，并逐步向着社会化、商品化、效益化的方向发展。

第二节　工程承包方式的建立和发展

一、建筑工程承包制的建立

“一五”计划开始以后，在基本建设项目管理上逐步建立了工程承发包制。但当时这种承发包制度，还只限于建筑安装工程的承发包。建设单位作为甲方，施工单位作为乙方，承发包建筑安装任务，甲乙双方通过承发包经济合同，明确各自的责、权、利关系。

甲乙方承发包制，按照隶属关系的不同，又分为内包和外包两种形式。像铁路、冶金、化工、煤炭、火电、邮电、交通等部门的建设项目，由于建筑安装工作量大，专业性和技术性强，而且这些部门都有自己直属的施工队伍，因此一般由主管部门指派本部门的施工单位承包。这种由本部门施工企业承包的办法，称为内包。还有一些部门，如机械、轻工、纺织等部门，自己没有直属的施工队伍，因此这些部门的建设项目的建筑安装任务需要委托建筑工程部或其他部门或地方所属的施工企业承包，这种跨部门跨地区的承发包，称为外包。

按照材料的供应方式不同，甲乙方承发包制又有包工不包料和包工包料两种形式，包工不包料是乙方只负责建筑安装工程的施工任务，施工所需要的材料的申请、订货、采购、运输、保管等则由甲方负责统一组织供应。包工包料是施工企业不但负责建筑安装，而且施工中所需要的材料，也统由乙方申请、订货、采购运输、保管。乙方可以在他所承担的工程之间进行调剂，节约归己。采用包工包料的办法，有利于材料采购和施工进度之间的衔接，有利于调动施工企业的积极性，减少物资流通的中转环节，促进材料节约、代用的广泛开展。1955 年到 1957 年包工包料的办法，得到了普遍推广。

许多大型项目，往往需要几个施工单位并肩作战，由此又产生了各种不同的承包方式。第一种方式是，建设单位分别向几个公司（如建筑公司、安装公司和土石方公司）签订承发包合同，施工过程中的协调工作由甲方负责；第二种方式是，由承包的各个建筑、安装公司等共同组成领导小组，协调施工过程中问题；第三种方式是，由一个建筑或安装公司总包，然后再分包给其他专业公司，由总包单位负责施工过程中的协调工作。实践的结果表明，前两种方式扯皮较多，第三种方式易于搞好施工现场的协作配合，加快工程建设。国家建委在调查研究、总结经验的基础上于 1955 年 4 月颁发了《一九五五年建筑安装工程包工暂行办法》，做出了以下规定：(1) 发包人应将批准的全部建筑、安装工程交给一个施工单位负责总承包，总承包人对所转包的工程必须与分包人签订分包合同。转包工程仍由总承包人对发包人负责。(2) 发包人应保证设计预算、工程项目单和基建财务计划等能及时提交给银行，按时拨款。对工程进度、工程质量和建筑材料进行监督检查并负责工程验收。(3) 承包人应根据批准的设计预算、施工详图及其说明书进行施工，保证工程质量，在合同规定的期限内，负责完成施工任务。(4) 工程所需的材料，应按国家颁布的设计预算定额实行包工包料（国外订购的材料及特殊材料由发包人负责供应）。(5) 全部工程竣工后，承包人应根据施工详图完成的工程数量和已批准的预算单价表所计算出的造价，编制施工技术资料、竣工图、决算、工程质量鉴定书等验收证件。承包人向发包人交工，按国家规定组织竣工验收，办理交接手续。(6) 由于承包人或发包人违反合同规定时，均应按合同（或协议）规定处以罚款。

实行承发包制后，建设单位和施工单位，形成了较为合理的分工协作关系，合同中明确规定双方的职责，这种做法调动了双方的积极性，对提高工程质量，缩短建设工期和降低工程成本有很大的作用。建设单位在监督施工单位进行施工的同时，也能集中力量抓生产准备和人员培训，建设项目一竣工就能投入生产，也能及时发挥投资效益。

“一五”计划时期，承发包责任制的广泛采用，对于保证156项重点建设工程的顺利进行起到了重要作用。但是，也存在一些问题，主要是在确定甲乙方承发包关系时，施工单位由主管部门指定，这样，建设单位就不可能择优挑选承包对象；在协调各方面关系时，也往往需要主管部门出面干预才行。

二、承发包制的衰落和复苏

60年代初期建设指挥部形式的出现，尤其在协调解决各方面的矛盾上，起了比较显著的作用，这使一些人误认为只要依靠行政办法就可以组织好重点建设，不再重视经济核算，结果导致了承发包制的衰落。1964年9月全国计划会议在总结三线建设组织形式的经验时，在肯定建设指挥部作用的同时把经济上实报实销吃“大锅饭”的弊端也作了肯定。结果，许多单位不再采用承发包方式，取消了甲乙方，由现场指挥部统一负责工程建设。1966年9月国家计委、国家建委、财政部又规定，取消施工单位在承包方式下规定的法定利润，施工队伍所需的经常费改由国家在基本建设总投资中直接拨款，不再分别向建设单位收取。这就进一步导致了企业吃国家的“大锅饭”，工程进度放慢，不讲增产节约，不讲经济核算。到1973年，上述三个部门重新决定改革经常费的办法，实行取费制，并正式通知从1973年起，凡实行经常费的施工企业，一律改为按预算定额、取费标准实行取费制。实行这种办法以后，由于没有恢复法定利润，施工成本降低甚微，而营业外支出相应增加，仍然调动不起企业的积极性，许多工程不讲经济效果，工期拖长，质量下降，造价升高，分不清经济责任。

长期正反两方面的实践逐步使更多的人深刻地认识到，搞建设必须坚持按照经济规律办事，在正确运用行政办法的同时，还必须采取经济办法，充分运用承发包合同制来组织工程项目的建设，促使企业加强管理，合理组织施工，提高工程质量，搞好经济核算，讲究经济效益，才能适应加速实现四个现代化的需要。国家建委于1979年4月颁发了《关于试行基本建设合同制的通知》，恢复了甲乙方承发包合同制，明确规定工程建设由建设单位和施工单位根据初步设计和总概算签订承发包合同，在合同中明确规定工程范围、施工期限、工程开工、中间交工、竣工日期、工程质量、工程造价、材料设备供应和拨款结算方式等内容。接着1980年5月颁发了《扩大国营施工企业经营管理自主权有关问题的暂行规定》，恢复了国营施工企业2.5%的法定利润，促使施工企业逐步办成自主经营、独立核算的物质生产单位，调动了企业和职工的积极性。

三、承包范围的扩大——建设项目投资包干责任制的试行

1979年恢复建设项目实行的承发包制，开始调动起施工企业的积极性；但要缩短整个建设项目的建设工期，提高投资效益，还必须调动起建设项目的总负责者——建设单位的积极性。在改革、开放、搞活方针的指引下，一些建设单位开始试行了建设项目投资包干经济责任制。

1958年年初，冶金工业部曾在石景山钢铁公司试行基本建设投资包干办法，并取得了较好的效果。1958年7月国务院也曾规定在保证不降低生产能力，不推迟交工日期，不突破投资总额和不增加非生产性建设比重的条件下，按核定的国家预算内基建投资，交由各有关建设部门和建设单位统一掌握，自行安排，包干使用。建设部门和建设单位在既定的投资总额和设计能力的范围内，有权因地因事制宜，修改设计定额，调整建设项目，在项目之间可调剂使用资金。资金如有节余，可留给建设部门和建设单位掌握使用，主要用于生产建设上。年度终了工程未完，投资结余可以结转下个年度继续使用，但是，由于当时整个基本建设规模急剧膨胀，设计、施工力量和材料设备供应极度紧张，后来不得不迫使大批建设项目下马，投资包干责任制，实际上没有推行下去。到了70年代初期国家计委、国家建委曾再次提出推行投资包干责任制。但是，由于“文化大革命”的影响和基本建设规模失控，投资包干责任制仍然未能推行开来。

1979年通过调整，基本建设规模开始得到控制。1980年国家建委再次试行建设项目投资包干责任制，选择投资、材料、设备有保证的，全国最大的重点建设项目——上海宝山钢铁总厂一期工程进行试点。为了把试点工作搞

扎实，从1980年下半年开始，在冶金部、上海市的领导和支持下，抽调了100多名专业人员，认真核实投资概算，并制定了责、权、利相结合的责任制度。从1981年起由上海宝山钢铁总厂工程指挥部对国内投资实行概算包干，然后，再由指挥部层层分解，分包到有关基层单位，节余分成。煤炭部从1981年下半年开始也组织一部分中小型矿井，实行了吨煤投资包干。唐山、常州、沙市、西安、太原、沈阳、吉林、昆明等一部分城市，也开始在民用建筑中试行按平方米造价或按小区综合造价包干。几方面投资包干责任制的试行，都取得了较好的成效。宝钢节约投资1.9亿元。5个试点的中小型矿井工期比同类矿井提前六个多月，吨煤投资减少5.27元。唐山市实行平方米造价包干，比同类民用建筑工期可以缩短10%左右，造价可以降低11%左右。

1982年9月国家建委召开了全国投资包干经验交流会，将投资包干责任制又向前推进了一步。1986年4月国家计委召开了全国建筑业和基本建设管理体制改革座谈会，总结交流前一段改革的经验，研究如何把改革全面推向前进，并制定了《基本建设项目投资包干责任制办法》，共有6章23条，比较全面地规定了投资包干责任制的原则、包干依据、包干内容、权益和奖罚、包干条款的监督检查等。在《办法》中明确规定：建设项目投资包干责任制是责、权、利相结合的经营管理责任制；所有基本建设项目都要积极创造条件实行投资包干责任制；实行投资包干的项目，必须按基本建设程序办事，实行项目包干责任制，必须执行国家计划和方针政策，正确处理国家利益、集体利益和个人利益三者之间的关系，切实贯彻按劳分配的原则；实行建设项目投资包干责任制的有关各方要通过协议或合同，明确规定"包"、"保"的内容、条件、责任和经济权益。1984年到1985年，推行投资包干的建设项目都取得了较好的效果。有色金属总公司从1984年起，对在建的18个大中型项目全面实行了投资包干，包干概算总计为72亿元，其中10个项目由建设单位与总公司签订了工程项目投资包干协议书。工程造价降低12%左右，工期可缩短20%—30%。到1985年，全国在建的659个大中项目中，已有300多个实行了各种形式的投资包干。投资包干责任制的做法，也有了一些发展，主要有以下五种：（1）概算投资包干。按批准的设计概算或修正概算为包干依据，由建设单位对主管部门包干。这种包干形式有利于控制投资，在总概算范围内统筹掌握，调剂使用，单项工程之间可以以余补缺，以丰补歉。(2) 收尾项目投资包干，按批准的设计概算或修正概算为计算基数，扣除已完投资额，剩余部分实行投资包干。这种形式有利于早建成、早投产、早发挥效益。(3) 项目包建制。这种包干形式在煤炭系统普遍得到推广，由矿务局对矿井实行包建。由地方煤炭总公司代表煤炭部与所属矿务局签订包建合同，实行“三包三保”，即矿务局对地方煤炭总公司包投资、包工期、包达产时间；地方煤炭总公司对矿务局保投资、保材料设备供应、保合理安排生产人员。(4) 产量包干制。这是一种把生产和建设相结合的包干形式。首先在胜利油田进行试点。胜利油田对石油部实行五包（包原油产量、包原油统配商品量、包外供天然气量、包新增石油地质储量、包新增原油生产能力），石油部对胜利油田实行五定（定包干时间、定包干区域、定三年投资，定包干分成比例、定分成资金使用）和三保（保统配与部管物资的供应、保原油的正常外运和销售、保用电指标）。胜利油田实行产量包干后，促进了生产和基建双丰收。1984 年原油产量 2300 万吨，创历史最高纪录，较上年净增加 464 万吨，新增原油生产能力 390 万吨，比上年增长 2.3 倍，上交财政利润 10.4 亿元，比上年增长 20%。(5) 年度计划投资包干。这种形式主要用于黄河治理工程，以年度计划安排的投资为包干依据。包干内容主要有实物工作量的大堤加培土方、险工加高改造、放淤固堤、涵闸虹吸改造等。完成年度基本建设计划规定的建设内容，达到质量要求，投资节约实行分成，超支不补。

四、有竞争的承包制——招标承包制

1980 年以前实行的承包制，包括建筑工程的承发包制、建设项目投资包干责任制和按项目承包供应物资责任制，都是没有竞争的承包责任制，没有压力，不能更有效地刺激企业努力改善经营管理、提高服务质量，充分发挥企业的活力。

参照国外的经验，深圳经济特区于 1981 年开始对工程建设实行招标承包制，改变过去用行政手段安排施工任务的老办法，促使施工企业之间开展竞

争，给建筑企业带来了更大的活力，带来了明显的经济效益。深圳国际商业大厦建筑面积5.2万平方米，实行招标承包，每平方米造价由500元降为390元，共节约投资530万元，占总投资2400万元的22.1%。到1985年，深圳市90%的工程都采用了招标承包制，实行这种办法的工程项目，不仅使工程质量得到了提高，而且一般可以缩短工期20%左右，工程造价可以降低8%—15%。

深圳特区工程建设招标承包制的经验很快在全国推广，国家计委和城乡建设环境保护部根据各部门、各地区试行招标承包制的初步经验，于1984年11月颁发了《建设工程招标投标暂行规定》，它的基本内容是：建设工程要积极实行招标投标责任制，鼓励竞争，防止垄断；项目主管部门或建设单位作为发包单位，通过投标评比，择优选定勘察设计单位，建筑安装企业或工程承包公司；凡持有国家和地方政府主管部门颁发的营业执照、资格证书的勘察设计单位、建筑安装企业、工程承包公司、城市建设综合开发公司，不管是国营还是集体企业，都应打破部门、地区界限，都可以参加投标；中标单位要在规定期限内与招标单位签订承发包合同，明确双方的责任、权力和奖惩条款；工程项目的主管部门和当地政府，对外地、外部门的中标单位应一视同仁，提供方便。《规定》还对招标工程必须具备的条件，招标的形式，招标的主要内容，评标定标和质量监督等作了具体规定。

招标承包制首先在建筑安装工程方面开展起来，1985年全国实行招标的工程有11191项，占全部工程数的7.28%，其中地方占8%，中央各部门占5.5%。工程造价一般比概算降低6%左右，工期缩短20%左右。

设计招标也逐步开展起来，据统计，到1985年年底全国有300多个项目实行了设计招标。凡是实行设计招标的工程，其效果都是比较好的。山东德州至东营铁路，全长220公里，实行了从可行性研究开始到技术设计的招标，有5个单位参加投标，铁道部第一勘察设计院以合理的设计方案、质量可靠取胜，使线路长度缩短5.4公里，节省投资2亿多元。

在建设项目决策方面也进行了项目定点招标的尝试。江苏连云港、山东寿光、河北南堡三大纯碱厂实行了定点招标，取得了较好的成果。“六五”计划中，这三大碱厂均列为前期准备项目，1984 年 11 月全国计划会议研究决定以定点招标的办法确定建设顺序。1985 年 6 月开标评审，根据各个项目的工艺技术方案，建设配套条件，投资筹集情况和经济效益，择优评出建设顺序为寿光、南堡、连云港碱厂，包建总投资比原概算减少了 3.75 亿元。

第三节　政府机关对重点建设项目的管理

中国实行社会主义制度，各级财政和全民所有制企业的投资都是全民的财产。对于工程项目的建设，除了指定银行在建设过程中进行监督与管理外，各级政府机关也要代表全民进行监督管理。政府机关的监督管理是按建设项目的隶属关系进行的，中央各部所属建设项目由各部基本建设司（局）进行监督管理，地方所属项目由地方各级人民政府基本建设委员会进行监督管理。全国重点建设项目的监督管理工作由国家建委负责（国家建委撤销后，由国家计委负责）。各级政府对建设过程中的监督管理，除了按国家规定的方针、政策、法规和计划进行检查管理以外，大量的工作还是帮助和协调解决建设单位本身不能解决的问题，以保证建设项目能顺利地按计划建成投产，发挥投资效益。它们既是检查管理的部门，又是为建设项目服务的部门。

一、重点项目的确定和按合理工期组织建设

重点建设项目是国家建设重点的具体化，它是根据不同时期经济发展中出现的薄弱环节，或加强对国民经济发展有重要战略意义的新兴行业的建设需要来确定的。“一五”计划开始，各级政府都十分注意重点骨干项目的建设，一般的做法是：指派较强的干部担任筹建处的领导；在资金、材料、设备的供应上优先保证；安排力量较强的设计、施工单位进行设计和施工；定期派人到现场检查、管理、协调解决施工过程中出现的矛盾和问题。1961 年，国家计委为了系统了解重点建设项目的建设进度和存在问题，决定选择一批重点建设项目派驻联络员，同国家计委直接联系，即所谓“联络员制度”。联络员由重点建设项目的厂长或副厂长（经理或副经理）担任，联络员的主要任务是检查有关基本建设的方针、政策和规定的贯彻执行情况；负责对工程

概算、建设内容、建设标准、建设进度、工程质量、安全措施等进行监督；负责按月向国家计委直接汇报建设项目的建设进展情况；反映工程建设中存在的问题，并提出保证按期建成投入生产应采取的措施，以及工程建设的经验等。1966 年国家建委进一步制定了《关于重点建设项目的管理办法》，规定国家建委直接抓的重点项目，由国家建委组织研究建设方案中的重大问题，组织大型设备预订货、协调有关协作项目的建设进度和本部门、本地区不能解决的重大问题，并规定联络员除每月一次书面报告外，重要问题要及时用电话、电报报告。

重点项目一般根据项目对国民经济发展的重要意义来确定，但在 1980 年和 1981 年调整中发现，有些对国民经济发展有重要意义的项目，建设条件尚不完全具备，或者配套项目不能同步建成，即使花很大力量把这些项目建成，由于配套项目跟不上，也不能很好发挥投资效果，因此重点项目不一定都要工期越短越好。经过国家建委和国家计委研究，决定把重点项目更名为按合理工期组织建设的项目。按合理工期组织建设的项目，不仅要考虑它对发展国民经济的重要意义，而且要考虑它的建设条件和配套条件，确定一个合理的工期，以便按合理工期组织建设。有些建设规模比较大的项目，可以分期建设、分期投产、分期受益。按合理工期组织建设的项目名单，由国家计委、国家建委分年确定。在确定这类项目名单时，规定必须重新核实建设项目和每个单项工程的建设规模、产品方案、工艺技术、工程内容、投资总额、主要协作配套条件、建设工期和竣工日期以及综合经济效益，并且认真计算未完工程分年度所需的投资、材料和设备，防止随意加塞内容、高估冒算，“重点建设重浪费”。对于确定的按合理工期组织建设的项目，国家计委规定：(1) 必须严格按照基本建设程序办事，新开工项目必须待施工条件具备、开工报告批准后，才能动工建设。(2) 各种渠道的资金必须按合理工期安排，保证建设需要。所需主要材料，物资部门实行配套承包供应或戴帽下达、单独核销的办法，保证供应。所需机电设备，除主管部门生产、供应的以外，机械工业部门要优先组织生产，按时保质保量成套供应。用于这批项目的资金和物资，任何单位都不得挤占和挪用。(3) 主体工程与配套工程，生产性与非生产性工程要统筹安排，做到同步建设、同步建成投产。（4）承担重点项目的勘察设计任务的单位，要严格实行技术经济责任制，按时提供准确的勘察设计文件，保证施工需要。承担重点项目建设的施工单位要严格履行合同，精心组织施工，确保工程质量，注意施工安全，保证按期竣工。（5）要实行投资包干责任制，由建设单位和主管部门签订投资包干协议，实行包建。有条件的项目，都要实行招标投标。（6）各有关部门和省、自治区、直辖市要加强对重点项目的领导，要组织强有力的现场指挥机构，及时帮助解决建设过程中出现的问题。

按合理工期组织建设的项目，一般都能缩短建设工期，保证工程质量，提高投资效益。因此，按合理工期组织建设的工程，在试点的基础上逐年扩大。由国家直接确定的按合理工期组织建设的项目，1982 年为 50 个，1983 年为 70 个，1984 年为 123 个，1985 年为 169 个。此外，各部门、各地区都有一批自己的按合理工期组织建设的项目。为了保证按合理工期组织建设的项目按期建成，各部门和各省、市、自治区计、建委都成立了重点项目调度机构，经常管理、检查，及时协调解决执行过程中发生的问题。特大的工程，如宝钢一期工程，由国务院派代表直接抓，国务院代表韩光每季到现场开一次办公会，帮助解决问题。

二、竣工验收

竣工验收是建设项目建设全过程的最后一个程序，它是全面检查、考核建成投产交付使用的工程是否合乎设计要求的重要环节，是投资成果转入生产或使用的标志。竣工验收对促进建设项目及时投产、发挥投资效果、总结建设经验，都很重要。

国家对建设项目的竣工验收管理十分重视。1952 年政务院财经委员会颁发的《基本建设工作暂行办法》就明确规定：各建设单位每项工程竣工时，依照技术设计随时会同专业银行验收并做出验收证件（特别是隐蔽工程部分），在全部工程完成或告一段落，并移交生产（或使用）部门开始使用时，应作总的正式验收交接。“一五”计划期间，国家计委、国家建委曾就基本建设项目的竣工验收工作做出几次专门的规定。“大跃进”以后，特别是“文化大革命”中，竣工验收工作严重松弛。1973 年国家建委根据国务院关于加强基本建设管理的指示，又重新颁发了《关于基本建设竣工验收暂行规定》，对竣工验收的范围、依据、标准、工作程序以及验收的分级管理做出了全面规定，主要精神是：（1）凡新建、改建、扩建和迁建的项目，按批准的设计文件规定的内容建完，具备投产和使用条件，都要及时组织验收，办理固定资产交付使用的转账手续。（2）竣工验收，依据上级批准的设计任务书、初步设计或扩大初步设计，施工图纸和设备技术说明书以及上级领导机关的有关建设文件，现行施工技术验收规范进行验收。（3）竣工验收应达到下列标准：生产性工程和辅助公用设施已按设计要求建完能满足生产要求；主要工艺安装配套，经联动负荷试车合格，构成生产线，形成生产能力，能够生产出设计文件所规定的产品；职工宿舍和其他必要的生活福利设施，能适应投产初期的需要。（4）一个单项工程或一个车间已按设计要求建完，即可由建设单位组织验收，验收时要组织施工单位和设计单位整理有关施工的技术资料和竣工图，据以进行验收和办理交接手续；整个建设项目全部建成时，以建设单位为主组织设计施工等单位进行初验，向主管部门提出竣工验收报告。大中型建设项目，各部直属的由主管部会同所在省、直辖市、自治区组织验收，地方项目由省、自治区、直辖市组织验收，特别重要的项目，由国家建委报国务院批准，组织验收委员会验收。竣工验收时，要有生产、施工、设计单位的领导干部、老工人和工程技术人员以及银行、统计等单位参加。（5）为了正确核定新增固定资产价值，考核分析投资效果，建立健全经济责任制，竣工验收时，必须编制竣工决算。

1979 年到 1981 年，国家建委在组织清理在建设项目的过程中发现，有不少项目早已建成投产，但长期不办验收手续，每年以收尾名义向国家要投资，继续吃“基建饭”。针对这种情况，1982 年国家经委、国家计委、财政部、建设银行联合发出通知，规定：凡按批准的设计文件规定的内容建成，经投料试车合格、形成生产能力并能正常生产合格产品的，都应立即验收投产。有些项目符合上述基本要求，只是由于少数非主要设备及某些特殊材料短期内不能解决，或工程虽未按设计文件规定的内容全部建完，但不影响投产初期正常生产的，亦应立即办理验收，移交固定资产。有些项目投产初期不可能达到设计能力规定的产量，不要因此拖延办理验收移交固定资产手续。从1983年1月1日起，凡达到验收条件，3个月内不办理验收和移交手续的，均取消企业和主管部门（或地方）的基建试车收入分成，由建设银行监督全部上交财政，并由建设银行冻结其基建拨款或基建贷款。并且规定，重要的大型项目由国家计委组织验收委员会验收，其中特别重大的项目，由国家计委报国务院批准，组织验收委员会验收。验收委员会要实事求是地处理建成验收项目的遗留问题。如少量尾工所需投资可以一次或分期划给生产企业负责包干实施，基建拨款仍由建设银行监督，允许结转使用。

第二十六章
基本建设资金管理

第一节　基本建设资金的管理体制

中国基本建设资金的管理体系，由各经济部门，建设单位，工交商企业，地质勘探、勘察设计、施工企业，物资供应、设备成套供应等企业的财务机构和中国人民建设银行等专业银行所组成。中国人民建设银行是国家管理基本建设资金的专业银行，担负着财政和银行的双重职能，是基本建设资金管理体系的中心环节。

新中国成立以后，为改变旧中国贫穷落后的面貌，国家为大规模的社会主义经济建设投入了巨额资金。从 1949 年至 1985 年，国家通过拨款和贷款供应的基本建设资金总数达 10788 亿元。

30 多年中，中国基本建设资金管理体制的形成和发展，是和历史发展各阶段的政治经济形势的变化相适应的。围绕各个时期国家的中心任务和建设事业发展的需要，基本建设资金管理体制和办法经历了曲折的演变过程。

50 年代前期，为了取得财政经济状况的根本好转和完成"一五"计划时期的建设任务，全国实行高度集中的财政收支管理制度。国家的收入统归国家财政预算，经济建设费用及其他开支都由财政列支。经济建设费中的基本建设投资，包括新建、改建、扩建和用于老企业的技术组织措施费、新种类产品试制费、劳动安全保护措施费、零星固定资产购置费（简称四项费用），都由国家财政预算安排列支。基本建设资金实行集中使用、无偿供给的管理体制。

1950 年，国家规定各企业部门的长期投资与短期周转资金必须严格分开。长期投资统一由财政部按计划拨付，并由财政部进行监督和管理，任何企业均不得把长期投资移作生产周转资金。短期周转所需资金，由银行以信贷方式供应。这为中国长期执行建设资金与生产资金、固定资金与流动资金分别管理、分别使用奠定了基础。

为了加强对基本建设资金的管理，保证资金的及时供应和合理使用，1954 年政务院决定设立中国人民建设银行（简称建设银行），作为办理基本建设拨款等业务的专业银行。

这一时期，适应国民经济单一计划调节、财政统收统支、基本建设集中管理的要求，资金管理办法和拨款规定要求很严格，执行起来有一些困难。例如，当时的拨款办法规定，建设单位必须具备工程项目已列入基本建设计划、工程技术设计及预算已经批准、工程用款已列入拨款许可通知三个条件才能拨款。这种规定考虑正常的基本建设管理程序较多，对一时难以克服的实际困难照顾得少。有些项目年度基建计划与技术设计预算虽未审批，但确实具备了施工条件，如果不拨款，势必影响建设进度。为此，从 1954 年起，一方面贯彻执行主管部门负责与财政监督相结合的精神，既保证资金的及时供应，又监督资金的合理使用；另一方面遵循统一领导与因地制宜相结合的精神，既要掌握原则，实行专款专用防止各种资金相互流用，又要照顾具体情况，从实际出发，解决问题，既坚持正常情况下的拨款规定，又补充规定了特殊情况下的处理办法。

恢复时期和“一五”计划时期实行资金集中统一管理的体制，对于医治战争创伤、争取国家财政经济状况的根本好转和集中主要力量进行以苏联援建的 156 个重点工程为中心的社会主义工业化建设，起到了重要的作用。恢复时期和“一五”计划时期基本建设资金的使用效果和社会效益都比较好。

1958 年开始，国家对经济管理体制进行了全面的改革探索，基本建设资金管理也受到很大影响。随着大部分建设项目下放给地方和部门管理，预算内基本建设拨款中地方所占的比重从“一五”计划时期的 21% 提高到 56.8%①，扩大了地方和部门对基本建设的管理权限。

① 此百分比为 1959—1963 年的平均数。

1958 年，石景山钢铁厂在老厂扩建中试行投资包干，同年 6 月，国务院颁发了《关于改进基本建设财务管理制度的几项规定》，提出国家预算确定的基本建设投资，由建设单位向国家包干使用。工程竣工后资金如有结余，可以留给建设部门和建设单位另行使用；年度投资有余，可结转下年继续使用。这就是“投资大包干”办法的问世。“投资大包干”是在投资领域中贯彻经济责任制的好办法，但在当时“左”的思想影响下，执行中偏离了经济责任制的方向，强调发挥部门、地区、单位的主动性和积极性，放松计划的宏观管理和综合平衡，强调包干结余留给建设部门和建设单位，没有强调投资超支不补，强调了群众监督，削弱了专业管理。结果，使这项责任制没有起到应有的作用。

“大跃进”时期，建设银行分行的建制撤销，建设单位、地质勘探单位、施工企业内部的财务核算制度大大削弱。“一五”计划时期建立起来的一套财务核算制度和成本计算规定被破除了。一些地区和单位出现了“门框账”，即把各种单据、发票钉在门框上代替账簿，“以表代账”，即用几张表代替账簿，“橡皮成本”，即成本核算范围和内容可大可小，有伸缩性等不正常情况。有的单位甚至连自己的银行存款都无账可查，只好到银行去抄数字。在一些地方和单位，基本建设财务资金管理一片混乱。

基本建设财务的专业管理和群众监督是不可分割的。这一时期批判了专业管理，片面强调群众监督。由于没有了专业管理的指导，群众监督也就成为一句空话，起不到应有的作用。

1961 年，中共中央和国务院提出国民经济执行“调整、巩固、充实、提高”的八字方针。为加强基本建设拨款管理和监督，1962 年，国务院决定恢复建设银行分行机构，加强了对拨款工作的领导。按照 1962 年中共中央政治局常委扩大会议发出的财政、银行“双六条”① 的精神，1963 年 12 月周恩来总理亲自批发了中共中央、国务院《关于加强基本建设拨款监督工作的指示》，

① 中共中央、国务院《关于切实加强银行工作的集中统一，严格控制货币发行的决定》和《关于严格控制财政管理的决定》，因两个《决定》的内容都是六条，故称“银行六条”和“财政六条”。

要求建设银行必须严格按照国家计划和基本建设程序监督拨款;必须认真审查基本建设预算,努力降低工程造价;必须加强基本建设储备资金的管理,充分动员内部资源;必须严格执行财政制度和结算纪律,等等。

这一时期，国家对基本建设资金实行“四按拨款”原则。“四按”，即按基本建设计划拨款、按基本建设程序拨款、按基本建设支出预算拨款、按基本建设工程进度拨款。它是经过了十多年拨款监督工作的实践，总结了“一五”计划和“大跃进”时期拨款工作的经验教训而逐步发展形成的，是中国相当长一段时间管理基本建设资金的一条重要经验。“四按拨款”原则是以行政办法为主的管理方式，它体现了社会主义实施计划调节条件下基本建设资金运动的客观要求。贯彻执行这项管理制度，对保证国家基本建设计划的实施，合理节约使用建设资金都起到了重要作用。

调整时期，建设单位、地质勘探单位、施工企业的财务管理、会计核算工作得到了恢复和加强。财务会计机构逐步建立、健全，财务会计制度逐步完善。全国开展了清产核资工作。基本建设战线通过清产核资，搞清了家底，扭转了财务混乱现象，清理了基本建设各项拖欠款，划清了基本建设投资同其他资金界限，储备材料、设备所需资金实行了定额管理。

基本建设资金来源的渠道，除原来单一的财政预算拨款外，新增加专项拨款和贷款渠道。为了弥补“大跃进”时期造成的设备更新欠账，国家决定从企业生产成本和利润中提取用于维持简单再生产的投资，同时决定由建设银行发放出口工业品生产专项贷款、小型技术组织措施贷款等中短期贷款，以支持企业改造老设备扩大生产能力。但通过这些渠道供应的资金比重很小，90%以上的资金仍然是通过国家预算统筹安排的。

在此期间还加强了资金管理工作，恢复和健全了各项管理制度，大幅度地压缩了基本建设投资规模，促进了国民经济调整任务的胜利实现。

1966年以后，基本建设资金管理受到严重冲击，基本建设出现了“长”（战线长）、“散”（资金散）、“乱”（管理乱）、“费”（浪费大）的被动局面，投资效果大幅度下降。基本建设资金管理的许多规章制度被当作修正主义、资本主义的东西加以批判。撤销建设银行，基本建设拨款由财政部门确定计划指标，业务统由人民银行办理。建设资金作为存款业务，有钱就收，要钱就给，“四按拨款”成为一纸空文。企业管理方面，基本建设财务和生产财务“一锅煮”；中央各部直属施工企业大部分实行按人头发放经常费。结果，“投资大敞口，拨款大撒手，施工吃大锅饭”，建设项目普遍超概算，基本建设拨款支出在1970年、1971年连续两年超过国家预算。

1972年，根据周恩来总理指示，强调基本建设要集中力量打歼灭战，注意提高投资效果。国务院决定重新恢复建设银行机构，加强财务拨款监督，“四按拨款”原则又逐步得到贯彻执行。

1973年，国家取消对施工企业的经常费制度，改为向甲方取费。国家要求施工企业加强经济核算，企业盈余上交财政，计划亏损按财务隶属关系报请各级财政部门审查后酌情弥补。施工企业的定额流动资金由同级财政通过建设银行核拨，超定额短期周转所需流动资金由建设银行发放贷款解决。

这一时期基本建设资金继续向多渠道发展。从1967年起，国家陆续将企业提取的折旧基金全部留给企业和主管部门，形成固定资产更新和技术改造资金渠道，与基本建设投资这一固定资产投资的主要渠道并立。财政上安排了“五小”工业补助、军工动员措施、新产品试制费和商业简易建筑费等专项资金。建设银行扩大了小型技措贷款、出口工业品生产专项贷款，增办了地方建材措施等贷款业务。此外，还对引进成套设备实行分期、延期付款，借用外资进行建设等。基本建设资金渠道由主要是国家财政拨款发展到国家预算基本建设拨款、各种专项拨款、建设银行贷款、借用外资以及用企业自筹资金搞基本建设等多条渠道。

1978年以后，基本建设资金管理工作步入了一个新阶段，资金管理办法和管理体制都有很大的改进。

为了压缩基本建设规模，国家加强了基本建设资金的宏观控制和管理，要求一切基本建设资金都必须纳入国家统一的基本建设计划，并由建设银行监督拨付；银行发放的中短期专项贷款，凡是属于基本建设性质的项目，必须纳入各级基本建设计划。

从1979年开始调整基本建设，为使国民经济按比例地发展，国家在控制建设规模的同时，集中资金保证重点建设，加快能源、交通、轻工等薄弱环节的建设。为了筹集资金，国家采取了发行国库券、征收国家能源交通重点建设资金、征收建筑税、引进外资等办法。

在调整取得一定成效的基础上，基本建设资金管理体制也作了一些改革。1979 年开始试行财政预算内基本建设投资拨款改贷款；1980 年起，建设银行和其他专业银行开始利用信贷资金发放基本建设等投资贷款；随着财政“分灶吃饭”和两步利改税方案的实施，预算外资金迅速增长。从而形成中国多层次的投资主体和投资决策体制，形成投资资金渠道的多源化。有计划商品经济原则正在日益渗入基本建设资金管理领域，商品货币关系和投资信用在投资领域中正在起着日益重要的作用。

第二节　基本建设预算管理

基本建设支出预算，是国家财政预算的重要组成部分。在以国家预算投资作为基本建设资金主要来源的一个长时期中，它规定着基本建设的投资方向和投资规模，是基本建设资金管理中一个很重要的环节。

一、基本建设预算管理体制

国家财政安排用于基本建设支出的资金，是通过编列财政预算实现的。按照统一领导、分级管理的原则，基本上由中央、地方两级财政分别通过预算进行安排。但在经济发展的各个时期，管理方式有所不同。

新中国成立初期，为了平衡财政收支，恢复国民经济，国家统一了财政经济管理。一切财政收支项目、收支程序都由财政部统一制定。各项财政支出，包括经济建设投资，都由财政部统一审核，逐级核拨。

“一五”计划时期，进行了大规模的经济建设。为充分调动地方的积极性，实行了“划分收支，分级管理”的预算管理体制。中央项目的基本建设投资列入中央预算，地方项目的投资列入地方预算。地方预算每年由财政部核定，基本建设支出由地方收入抵补，不足部分由中央财政调剂弥补。技术革新费用等也列入预算拨款。总之，恢复时期和“一五”计划时期用于基本建设的支出，都是通过中央和地方两级财政预算安排的。

1958年财权下放，实行“以收定支、五年不变”的财政预算管理体制。地方预算中基本建设投资除了自行安排的以外，还有一部分中央专案拨款的支出。后来取消了中央专案拨款，全部列入地方预算支出。企业所需四项费用也不再实行预算拨款，改为从利润留成中解决。地方和企业财权扩大后，虽然有利于调动地方和企业搞好基本建设事业的积极性，但为当时大搞高指标、浮夸风开了方便之门，投资规模如脱缰之马，失去控制。在调整时期，中央收回了大部分重点企业，地方基本建设支出又改为中央专案拨款，投资规模膨胀才得到遏止。

“文化大革命”中，基本建设预算管理体制变动频繁，预算管理极为混乱，每年只在预算中列支出数。国家权力机关没有、也无法进行审查批准国家预算和国家决算的工作。在十年动乱时期的头几年，基本建设投资实际上不受支出预算的约束，完成多少算多少。

中共十一届三中全会以后，随着国民经济的发展和经济体制改革的不断深入，基本建设预算管理体制也在变化和改革。中央项目的基本建设投资、中央企业的挖潜改造资金和新产品试制费列入中央预算；地方项目的基本建设投资、地方企业的挖潜改造资金和新产品试制费列入地方预算。与此同时，明确划分中央和地方的财政收支范围，地方财政按一定基数实行包干，五年不变。地方在划定收支的范围内，多收了可以多支，少收了就要少支，自求收支平衡，中央不再下达支出指标。预算管理由条条为主改变为以块块为主。这一改革，有利于调动地方当家理财的积极性，有利于地方统筹安排本地区经济发展规划，有利于地方对所属企业加强管理，提高经济效益。1979年试行基本建设投资由预算拨款改为银行贷款之后，在国家基本建设支出预算中单独列明用于“拨改贷”的投资，即年度拨款改贷款支出预算，从而形成在国家基本建设支出预算中基建拨款支出和贷款支出预算并存的局面。

二、基本建设支出预算管理

基本建设支出预算确定的投资，是国家每年从预算中供应基本建设资金的总额和对各部门和各省、自治区、直辖市分配基本建设资金的财政计划。它是国家预算支出最重要的组成部分。基本建设支出预算的制定，是以国家计划确定的投资规模和国家预算确定的基本建设支出为基础，结合对各部门、各地区基本建设资金的具体分配进行的。经过核定的基本建设支出预算的拨款指标，是各部门、各单位支用预算资金的最高额度。

基本建设支出预算分为中央基本建设支出预算和地方基本建设支出预算。1958 年前，中央和地方两级基本建设支出预算都由财政部门管理。1958 年以后，中央基本建设支出预算，即国家预算安排的中央各主管部门的基本建设支出，由建设银行总行负责管理；各省、自治区、直辖市基本建设支出预算，即国家预算拨款和地方财政机动财力安排的地方基本建设支出，由建设银行各省、自治区、直辖市分行进行管理。

基本建设支出预算的编制采取自下而上和自上而下相结合的程序。各部门、各建设单位在年度开始前要编制下年度基本建设财务计划，主要包括基本建设拨款计划，动员内部资源计划和为以后年度储备计划。建设银行总行和分行汇总这些计划后，经综合平衡，批准并下达给各主管部门和建设单位。其中基本建设预算拨款列入国家预算，形成基本建设支出预算。

基本建设支出预算的执行，采取分季确定基本建设拨款指标，分配、下达拨款限额的方法。基本建设拨款限额是各部门、各单位在一定期间向建设银行支用国家预算拨款的最高额度。限额拨款的具体程序是：财政部门（1958 年以后由建设银行）根据主管部门的申请，在核定的预算范围内，开出“限额通知书”核给用款单位在一定期间（一般为一个季度）的用款限额，用款单位可在这个限额内从开户的建设银行支用款项或向所属单位转拨限额。每月终了，建设银行再与财政部门办理资金结算。限额拨款既可避免资金的积压，又能充分发挥银行对资金使用的监督作用。例如，1980 年第一季度中央级建设单位的拨款计划为 54 亿元，建设银行根据实际工程用款需要只向财政部门领取资金 36 亿元，占限额的 66.73%，实际支用资金 29 亿元，占限额的 54.34%，从而避免资金积压 25 亿元。

为了保证国家基本建设支出预算的执行，建设银行不断改进业务资金的调拨方式。1956 年以前，基本建设资金采用由总行在各分支行及办事处之间进行调拨的办法。从 1956 年起，资金调拨办法改为“上存下支”，即所有国家预算内的基本建设拨款支出，各级人民银行一律凭建设银行签发的支票足额供应资金，建设银行总行、分行根据全国各分支机构的电传用款信息，向财政部门请领资金，及时足额存入人民银行总行、分行，保证上存大于下支。这种办法减少了资金调拨的在途时间，加速了资金周转，简化了调拨手续。在实行资金调拨时，全国匡算上报资金需要量和下拨资金平均需要 10 天，占用在途资金约 20 亿元。实行上存下支办法，就把这笔资金节约下来了。1980 年以后，银行体制进行了改革，专业银行已成为各自独立核算的经济实体，“上存下支”办法难以为继。从 1981 年起，又恢复了建设银行系统调拨资金的办法。

基本建设支出预算管理的最后一个环节是编制年度基本建设支出决算。每年年度终了，主管部门和建设单位都要编制年度基本建设财务决算。建设银行各经办行、处要帮助它们做好这项工作，并审查建设单位的决算。在此基础上，建设银行总行、分行汇总编制年度基本建设支出决算，全面反映基本建设支出预算的执行结果，作为国家财政预算执行情况报告的重要组成部分。

三、建设单位财务管理

建设银行对建设单位的财务管理是基本建设预算管理的基础。它主要是审批建设单位的年度财务收支计划，合理分配资金；结合日常拨款监督，管理资金的使用，审批年度财务决算；整顿和完善建设单位财务管理制度和机构。

1958 年以前，建设单位财务是由财政部门管理的，建设银行只负责按照计划和预算供应资金。1958 年改革基本建设财务管理制度后，建设银行开始管理建设单位财务，并在实践中不断总结和提高，形成了一套系统的管理办法。

审批建设单位年度财务收支计划，是分配建设资金的首要环节，建设银行把审批年度财务收支计划同协助建设单位合理安排建设项目、落实年度投资、进行施工排队、实施财政监督有机地结合起来，使建设单位的年度财务收支计划落到实处，并促进建设项目尽早投产发挥经济效益。建设银行大同二电厂办事处，在 1984 年落实投资中，发现二电厂一号机组投资安排不足，而其他暂不急需的单项工程投资多余 1480 万元。他们协助电厂调整了计划，将多余的 1480 万元资金调剂到急需的工程上，保证了一号机组当年 6 月底按时投产。

基本建设概（预）算是确定项目投资额的重要文件。只有保证项目概（预）算的准确，才有可能把项目投资控制在计划和预算之内。建设银行配合建设单位开展了工程概（预）算审查工作，剔除和消减了不必要的项目和高估冒算的金额，为国家节约了大量投资。

基本建设年度财务决算，是基本建设经济活动的年度总结。建设银行对建设单位年度财务决算的审查，就是把日常财务监督成果在审查年度决算时体现出来，堵塞“平时管了，决算跑了”的漏洞。据统计，通过审批基本建设年度财务决算，建设银行每年从决算中剔除的不合理开支约 5 亿—10 亿元，从而减少了国家财政支出，保证了国家决算中基本建设支出数字的基本准确。

第三节　基本建设拨款管理

用于基本建设的投资，特别是国家预算内投资，直到 1979 年以前，一直是采取无偿拨付的形式。因此，基本建设拨款管理在相当长的时间里是监督用款单位合理使用资金，按时完成相应的基本建设工作量的一种重要的手段。加强建设资金拨款管理，对保证建设资金的及时供应和节约使用，促进项目及早建成投产发挥效益，是极为重要的。

一、“四按拨款”的形成和发展

中国基本建设拨款工作始于 1950 年下半年。当时，交通银行华东区行营业部奉命在上海试办基本建设拨款，开始了银行对基本建设资金的拨付和管理。1950 年 12 月 1 日，政务院第六十一次政务会议通过了《关于预算制度、预算审核、投资的施工计划和货币管理的规定》，要求各企业基本建设投资之拨款，逐步交由银行监督，按计划拨款。同年 12 月 25 日，政务院财政经济委员会发布的《货币管理实行办法》中规定:“凡国家年度预算中对国家事业基本建设的投资，由中央财政部委托银行指定专业银行统一办理拨付，并负责监督使用。”人民银行总行根据这一规定精神，指定当时的交通银行作为办理基本建设拨款的专业银行。1951 年 5 月，交通银行印发了第一个拨款办法《交通银行办理基本建设投资拨款并监督其使用的临时试行办法（草案)》，规定交通银行根据中央人民政府政务院财政经济委员会核准主管部的月份用款计划与用途办理拨款。同时，还规定基本建设资金与生产资金严格划分，专款专用。同年 6 月 1 日，交通银行开始在关内各地区办理国家对工矿、交通、公用（包括市政建设)、农业、水利、贸易、地质勘探等事业的基本建设拨款。1951 年年底，在东北区财政部系统内，成立了东北区基本建设投资银行，负责办理东北地区的基本建设拨款。

为加强基本建设投资管理，1952 年 8 月 14 日，政务院财政经济委员会发布了《基本建设拨款暂行办法》，规定交通银行拨款的依据是:（1）工程项目已列入基本建设计划（或基本建设工程项目名称一览表)；（2）工程技术设计及预算已经批准；（3）工程用款已列入拨款许可通知。1953 年 1 月和 1954 年 3 月，又对拨款暂行办法进行了两次修改和补充。1954 年 3 月 30 日，财政部制定了《基本建设拨款实施细则》，明确规定交通银行的拨款依据是:（1）年度基本建设计划；（2）年度基本建设工程项目一览表；（3）年度基本建设劳动计划；（4）批准的技术设计文件；（5）工程预算；（6）年度基本建设财务收支计划。按照此项规定办理基本建设拨款工作，符合当时实行高度集中统一的财经管理体制，对完成当时的基本建设任务起到了好的作用。

1954 年建设银行成立后，基本建设拨款由建设银行经办。国家对建设银行拨款监督工作的要求也不断提高。1956 年 2 月 3 日，国务院颁发了《基本建设拨款暂行条例草案》，这是用国务院名义首次颁发的拨款条例。《暂行条例》的颁布，对于推动拨款监督工作具有重要意义。《暂行条例》明确指出：中国人民建设银行依据下列文件办理基本建设的拨款：（1）年度基本建设计划；（2）设计文件批准证明书和基本建设预算；（3）年度基本建设工程项目表；（4）基本建设拨款季度计划。对于建筑安装工程，按照完成的工程数量，根据建设预算规定的造价，凭建筑安装企业提出并经建设单位承认支付的工程价款账单办理拨款。《暂行条例》关于拨款的规定，已体现出“四按拨款”中按计划，按预算，按工程进度的精神。“一五”计划时期，由于认真执行国务院制定的方针政策，贯彻拨款工作的有关规定，拨款管理工作得到了加强，有力地支持和保证了以156项工程为重点的基本建设事业的健康发展。

1958年，拨款管理受到冲击。由于片面强调大搞群众运动，取消专业管理，建设资金敞口供应，使基本建设支出失去控制。1959年上半年的基本建设拨款支出为全年预算的56%，而历年的上半年支出只占40%左右。这就造成国家财政收支困难。

从1961年起，国民经济进行了调整。为加强基本建设管理，严格基本建设拨款监督，1963年12月2日，中共中央、国务院发出了《关于加强基本建设拨款监督工作的指示》，明确提出建设银行“要严格按照国家基本建设计划拨款，严格按照基本建设程序拨款，严格按照国家批准的预算拨款，严格按照工程进度拨款”。“四按拨款”原则于是形成。

在“文化大革命”中，资金管理的各项合理的规章制度遭到批判，基本建设资金使用再次失去控制。1970年和1971年连续两年拨款支出超过国家预算，1970年超支10.2亿元，1971年超支4.2亿元。建设规模失去控制。针对这一情况，1972年国家计委、国家建委、财政部颁发了《关于基本建设拨款管理的几项规定（草案)》，重申了“四按拨款”原则。这些措施在当时虽然起了一定作用，但无法从根本上扭转“文化大革命”中经济和管理方面的混乱局面。

1978年以后，固定资产投资管理和拨款工作进入了新的阶段。1978年5月29日，国务院102号文件批转了财政部《关于加强基本建设拨款管理工作的报告》，要求各级建设银行必须把基本建设和挖潜改造拨款全面管理起来，为国家“守计划，把口子”。建设银行拨款的范围扩大了。1979年11月8日，财政部、国家计委、国家建委又联合颁发了《基本建设暂行条例》，再次重申要“严格按照基本建设程序、国家基本建设计划、财政预算和建设进度办理拨款”。

二、基本建设拨款管理方式

基本建设拨款包括国家预算内投资拨款、自筹投资拨款，在拨款的内容上又分建筑安装工程拨款、设备拨款和其他基本建设拨款。在实际工作中根据各自的特点，采取不同的管理方式。建筑安装工程拨款是拨款中的主要部分，以下简述它的拨款管理方式。

在新建项目的全部投资中，建筑安装工程投资一般占60%左右。对这部分投资的拨款，除个别时期外，一直实行按工程进度拨款的原则，也就是说完成多少工程给多少钱。在经济发展的各个不同时期，由于施工方式和流动资金供应形式不同，拨款的具体管理方法也有差异。

采用承发包方式施工的建筑安装工程，建设单位和施工企业要签订合同或协议，规定甲乙双方的权利和义务。施工企业为承包工程储备材料所需的周转资金，一般由建设单位预付，其额度一般掌握在当年发包建筑工作量的25%和安装工作量的10%。预付的备料款，以抵充工程价款的方式陆续扣回。拨付工程价款，是按完成的工程数量和规定的预算价值办理。工程价款结算的原则是：（1）必须是计划内工程；（2）结算进度同实际工程进度相等；（3）拨付的工程价款应按经过审定的施工图预算计算。

在实际工作中，工程价款拨付一般采用以下几种形式：

第一，分旬（次）预支，按月结算。施工企业旬末或月中按当月计划工作量向建设银行预支工程款，月末施工企业根据当月实际完成的工程量和施工图预算所列工程单价和取费标准，计算已完工程价值，编制已完工程月报表，填列“工程价款结算账单”，经建设单位核实签证后，交建设银行审查办理结算。

第二，按施工段落进度预支，竣工后一次结算。根据建筑安装工程不同的性质和特点，把工程划分为几个施工段落，测算出每一施工段落造价占工程项目预算总造价的比重。施工企业完成一个施工段落，即可填制工程价款预支账单交建设银行审查办理拨款。整个工程完工，再办理竣工结算。

第三，投资少、施工期短的工程，采取分次或分月预支，完工后一次结算的简便方法。

采用自营方式建设的建筑安装工程拨款，也按照完成多少工程给多少钱的原则进行。一般采用分次（旬）预支，定期结算的办法。

建设银行在多年的拨款实践中，总结出不少经验。在保证施工用款的前提下，能少拨的就不多拨，能迟拨的就不早拨，能分次拨的就不一次拨，利用千百个项目用款的“时间差”，灵活调剂使用资金，节约国家资金。1960年下半年，财政收支紧张。为了尽量减少赤字，国务院要求建设银行在不调整基本建设计划的条件下，第四季度减少基本建设支出40亿元。建设银行各级行、处在机构被撤，人员残存无几的情况下，通过加强拨款监督，合理使用资金，结果使1960年的基本建设支出比原定预算减少28亿元。

三、自筹基本建设拨款管理

自筹基本建设投资是各部门、各地区、各单位用预算外资金进行的基本建设投资。自新中国成立直到60年代末，这部分投资占基本建设投资的比重不大。进入70年代后，自筹投资的绝对量和相对量都有了较大幅度增长。“四五”“五五”计划时期自筹投资在基本建设投资总额中分别占18.4%和18.9%。相应地，对自筹投资的管理工作也随之不断加强。

长时期内，自筹投资一直主要由建设银行办理拨款监督。60年代以前，经批准用于基本建设的自筹资金，在建设银行专户存储，先存后用。建设银行按计划和工程进度监督拨款。随着自筹投资的大幅度增长，对其管理也不断强化和重视。具体做法是：（1）建设单位向计委申请计划时，先报主管部门和财政部门审查资金来源是否符合国家有关政策规定，对符合规定的予以签证。（2）建设银行凭签证为建设单位开立自筹资金存款户，资金按规定数额存足后建行给予签证。（3）计委凭上述两方的签证，经过平衡后下达项目计划。（4）建委凭建设银行的存款证明和计委的项目计划向承建工程的施工企业发放“施工许可证”。（5）建行凭“施工许可证”为甲、乙双方办理合同，监督拨付工程价款。这项制度贯彻得好的地方，基本保证了自筹基本建设项目资金来源合理，投资落实，自筹投资规模得到一定的控制。

1979 年以后随着企业自主权的扩大和经济的开放、搞活，用于基本建设的自筹资金急剧增长。1984 年，国家为了加强对自筹资金的管理，要求从 1985 年起自筹基本建设投资必须在上半年存入建设银行，下半年才能用款；下半年存入的款项，要到下一年才能使用。在使用程序上坚持先存款后批计划，计划批准后才能用款的原则，建设银行也相应加强了对自筹资金交存的监督管理和拨款的审查。“上半年存、下半年用”的自筹资金管理办法，在实行中虽然对控制自筹投资规模起到一定作用，但也带来一些新的问题。这主要是每年的 6 月和 12 月，特别是月末几天，自筹资金存款急剧增长；而此后几个月内存款又大量支用，造成自筹投资存款大幅度浮动。为此，1985 年国家又规定，从 1986 年起，自筹基本建设资金要在建设银行存足半年才能使用。

第四节　基本建设信用资金管理

基本建设信用资金，是国家组织专业银行运用财政资金和社会闲散的沉淀资金，通过信用分配满足基本建设投资、企业固定资产更新改造和基本建设流动资金等需要的一种形式。新中国成立后，基本建设投资长期以财政拨款为主，运用信贷资金较少。信用经历了从数量小、种类少、期限短到数额较大、范围日益扩大、期限较长的发展过程。

1953 年，根据《基本建设拨款暂行办法》规定，专业银行（交通银行）开始用财政核拨的贷款基金，办理为期三个月的短期贷款，以解决施工生产中季节性储备材料和大修理基金临时周转的需要。财政部为此制定了《交通银行办理短期贷款实施细则》。

1962 年，适应当时国民经济调整的要求，财政部发出《关于建设银行短期贷款几项规定的通知》，扩大了短期贷款的范围，开办了水泥制品流动资金贷款、临时设备贷款、特种转账收购贷款、特种还欠贷款、特种付现收购贷款、特种储备贷款以及储备材料贷款等专项贷款。这些贷款有的是为了支持紧缺产品的生产而发放的；有的是一次性贷款，是为了解决“大跃进”时期遗留下来的严重资金拖欠问题；有的仅仅是办理转账借款手续。这些贷款的开办，对国民经济调整任务的完成起到了促进作用。例如，调整时期基本建设大幅度下马，按原来计划定货的大批设备材料无钱支付，造成企业之间拖欠资金的连锁反应，生产难以为继。建设银行用中央财政专案拨出的20亿元办理清理基本建设单位拖欠生产企业的贷款，疏通了资金周转渠道，促进生产建设事业的恢复和发展。

1964年和1965年，经国务院批准，建设银行先后开办小型技术措施贷款，出口工业品生产专项贷款。“文化大革命”中，两项贷款曾一度停办，1975年又先后恢复。1976年又新开办了地方建筑材料贷款。这些贷款，对于促进企业改造旧设备、运用新技术、缓解地方建材供应紧张等起到了一定作用。

中共十一届三中全会以后，信用在基本建设领域的作用与地位日益加强。1979年，国家预算内基本建设投资试行拨款改贷款，并于1985年全面推开。1980年起，国家开始利用银行信贷资金安排一部分基本建设贷款，并纳入国家信贷计划，其中大部分由建设银行办理。与此同时，建筑业流动资金贷款、信托委托贷款、更新改造贷款也都得到较快发展。信用在基本建设等投资领域中发挥的作用日益显示出来。

一、基本建设拨款改贷款

1979年年初，国家计委、财政部和建设银行向国务院提出报告，建议试行《基本建设拨款改由建设银行贷款的办法（草案）》。同年8月，国务院正式批转各地区、各部门试行。

试点工作首先在轻工、纺织、旅游等行业和北京、上海、广东3个省、市中进行，收到了初步成效。1981年，基建拨款改贷款（简称“拨改贷”）的面进一步扩大了。但直到1984年年底，实行“拨改贷”的建设项目仍仅占预算内投资的10%左右。1984年12月，国家计委、财政部、建设银行发出《关于国家预算内基本建设投资全部由拨款改为贷款的暂行规定》，决定从1985年起，凡是由国家预算安排的基本建设投资全部由财政拨款改为银行贷款，“拨改贷”从而得到全面推行。1985 年国家预算内投资 386 亿元，其中改为贷款的为 368 亿元，占 95.3%。

基本建设拨款改为银行贷款，是以城市为重点的经济体制改革的一个重要内容，是基本建设资金管理体制一项重要的改革。实行“拨改贷”的经验证明，建设资金由无偿使用改为有偿使用，有利于促进建设部门和建设单位慎重确定建设方案，充分考虑投资效果；有利于促进建设单位在建设过程中精打细算，节约使用建设资金，缩短建设工期；有利于促进建设项目及时投产，改善经营管理，尽快发挥投资效益。山东清河化工厂录音带车间，原计划建设年产盒式录音带 600 万盒的生产能力，投资 430 万元。实行贷款以后，厂里组织技术人员会同建设银行反复测算经济效果，将原定一次建成的方案改为“两步走”，即先建成 150 万盒的生产能力，投资 240 万元。第二步再根据产品销路确定续建规模，使建设方案更加合理、稳妥。

二、基本建设贷款

基本建设贷款是建设银行利用信用资金发放的用于基本建设的贷款，简称“建贷”。它是建设银行充分发挥银行职能、组织资金再分配的一种重要形式。建设银行以外的其他专业银行也发放一部分基本建设贷款。

1978 年以后，随着经济搞活，体制改革，国民收入的分配结构和资金关系发生了很大变化。国家预算直接掌握财力比重相对下降，部门、地区和企业留用的预算外资金逐年增多，城乡人民的工资收入和手持货币也有大幅度增加，银行吸存的资金越来越多，建设银行的存款也以较高的速度增长。1985 年年底的企业存款余额达到 494.24 亿元，为 1979 年年底 89 亿元的 5.5 倍。建设银行已具备利用存款发放基本建设贷款的条件。

根据国务院领导的指示，建设银行从 1980 年起开始用存款发放一部分基本建设贷款。这部分贷款是按照国家基本建设计划发放的，并纳入国家信贷计划。贷款对象主要是电力、节能、轻纺和建材等建设项目。1980 年发放 14 亿元；1981 年至 1983 年，每年发放 20 亿元左右。1984 年增加到 30 亿元，1985 年进一步增加到 98 亿元。到 1985 年年底，基本建设贷款余额达 175.9

亿元。

建设银行发放基本建设贷款，对于支持重点建设和技术改造，调整投资结构，搞活经济等起到了积极作用。如1984年建设银行重点支持了能源、交通运输等部门338个项目的建设，当年贷款56.7亿元，占当年发放贷款总额的66.8%。其中用于湖北葛洲坝电站、山东兖州矿区、上海宝钢及冶金配套、山西化肥厂等共46个国家重点项目的贷款达30多亿元。据统计，1985年竣工投产累计贷款在500万元以上的有61个项目，新增产值7.66亿元，新增利税2.23亿元。

三、委托、信托贷款

委托、信托贷款，是融通各地区、各部门和企业单位之间资金，组织利用社会闲散资金，加强资金横向流通的一种信用形式。委托贷款是建设银行接受地方财政、主管部门和企业单位的委托，用委托方的资金，按照双方约定的条件发放的贷款。信托贷款是建设银行吸存建设银行存款业务以外的社会闲散资金，以存定贷，发放的短期性贷款。

委托、信托贷款自1980年开办以后，发展很快。到1985年年底，贷款余额达到147.49亿元。这些贷款支持了地方市政设施和企业的技术改造，解决了部门和企业资金的临时周转需要，开辟了资金横向流通的渠道，对国家计划拾遗补阙，促进建设事业的发展，起到了较好的作用。但由于发展过快，管理办法未能相应跟上，1984年上半年也曾对国家的固定资产投资规模的扩大起了一些不良的作用。

上海市建设银行开展信托业务后，使上海的资金、技术优势与内地的丰富资源相结合，促进了合作地区的经济发展。到1985年，全市一些部门和企业已和全国16个省（区）开展了经济技术协作。参与合作的地区可为上海提供各类紧缺物资30种，年价值达8.5亿元。1983年运抵上海的补偿产品水泥、生铁和煤炭，分别弥补当年缺口的30%、25%和20%，对发展生产建设事业起到了积极作用。同时减少了进口，节约了外汇支出。仅水泥、玻璃等4项补偿产品就可节约外汇1.4亿美元，减少财政对进口差价补贴2.4亿元。

四、利用外资的管理

50 年代，利用贷款和记账外汇从苏联引进成套技术设备和单项装置安排了一批建设项目。这批项目建成以后都发挥了较好的经济效益。但在管理上，由于缺乏经验，没有把账目搞清楚，最后只好按苏联银行提供的数目还账。

1972 年从西方引进了一批成套技术设备进行建设的项目，在管理上就吸取了以前的教训，对外借款手续由外贸部门和中国银行办理，国内则由建设银行按外贸部门与外商签订的合同记账，分别列明分年到货数量和分年还款数额，做到了外贸、外商、主管部门和建设银行 4 家数字完全一致。

实行对外开放政策以后，利用外资的规模逐渐扩大，方式日益增多，管理得到加强。1979 年，国务院批转了《关于使用国外贷款引进技术和进口设备的基本建设项目在外汇、财政、基建计划上的处理办法》，对利用外资的管理办法作了具体规定。1981 年国务院又强调指出：“利用外资安排的基本建设要严格控制”，“凡属国家统借统还的项目，必须事先经过建设银行审查签订”，否则国家财政不负责还账。

1981 年 12 月，中国投资银行在北京成立。在利用外资管理上，中国投资银行根据中国经济体制和基建程序的规定，吸取世界银行项目管理的有益做法，研究制定了一套对贷款项目进行审查评估和全面系统监督管理的办法，为中国管好用好外资，选准项目，开创了一条新路子。

第五节　施工企业、地质勘探、勘察设计单位的资金财务管理

地质勘探、勘察设计、建筑安装是基本建设经济活动的主要环节。它们的资金财务管理，是国家整个基本建设资金管理工作的基础。把千万个从事基本建设经济活动的企事业单位的资金财务管好，国家的基本建设资金才有切实管好的保证。

一、施工企业资金财务管理

施工企业为进行施工生产活动，要具有包括固定资金和流动资金在内的

运营资金；施工生产的劳动消耗要通过成本预算加以反映，并同其工程结算收入相比较，以确定企业的盈亏；施工企业获得的盈利要在国家、企业和职工之间进行分配；施工企业为满足各项专业活动的需要，还要收取和提取相应的专用基金。这些活动构成企业财务资金管理工作。它是通过基层企业、企业管理部门的财务机构办理的。建设银行行使财政职能，对施工企业和企业管理部门的财务资金活动实行财务监督和管理。

施工企业的财务资金管理，在中央各部和地方各局所属的内包企业同建工系统所属对外承包企业之间有着不同的管理方法。前者在一个相当长的时期内多数同建设单位的财务资金合在一起计算管理，或实行同建设单位分别计算的内部核算办法，都不直接同国家财政（通过建设银行——下同）发生资金、盈亏的缴拨关系。1978 年以后，除了水电、煤炭等少数专业施工队伍仍实行内部核算外，大部分内包企业都改为实行承包制和独立核算，同国家财政挂钩。外包企业除了有一段时间受当时客观条件的影响没有进行经济核算制外，基本上实行资金财务独立核算，同国家财政发生财务关系。

“一五”计划时期是施工企业财务制度建立并逐步完善的阶段。这一时期施工企业财务资金管理的主要做法是：

1. 实行法定利润制度。从 1953 年起，国营施工企业按工程预算的直接费和间接费之和的 2.5% 计算法定利润，列入工程预算。实际成本低于预算成本的差额，则作为超额利润。

2. 实行核定定额流动资金制度。按企业正常生产所需由主管部门并经建设银行核定流动资金定额。其中自有流动资金部分，[①] 由国家财政核拨，储备材料所需资金向发包人预收。在执行过程中发生临时性季节性超额储备，向建设银行申请超定额流动资金贷款。

3. 实行甲乙方承发包制度。乙方按已完分部分项工程按旬（半月）向甲方收取工程款，在工程竣工时进行结算。

---

① 自有流动资金指施工企业为完成施工生产任务必须具有的周转材料，低值易耗品等工具性材料所需资金，不包括构成工程实体的各种材料的储备。

4. 施工企业利润、折旧基金全部上交，所需“四项费用”由财政核拨。

在1958年的“大跃进”及以后的几年调整中，施工企业财务管理制度发生了较大改变。一是取消了甲乙双方承发包制度，大多数改为现场指挥部形式组织施工生产。二是在所谓消灭资金“空运转”的理论影响下，取消施工企业法定利润①，实行按工程实际发生费用向甲方报销、吃“大锅饭”的办法。三是利润、折旧和固定资产变价收入不缴财政，抵拨“三项费用”。这些变化对施工企业财务管理带来极不利的影响。1966年起，中央各部直属施工企业大部分改为基建工程兵，取消了经济核算制，实行经常费拨款制度。国家不再下达利润指标，企业不用考核工程成本，材料费向建设单位报销；施工费用按材料费的20%向建设单位收取，经常费按人头计算向国家领取，年终按事业费办法报销。这种落后的供给制办法一直沿用到1973年才取消。

施工企业实行经常费制度，严重削弱了企业经济核算制，凡是实行经常费制度的企业无一例外全部亏损。经常费制度还造成固定资产造价计算不实。因为不实行工程预决算制度，建设单位接受的固定资产价值按照“实际材料费+施工费×（1+35%）”的公式计算，其结果是浪费越多，造价越高，固定资产价值就越大，使国民经济各部门的固定资产价值虚假不实。

1974年，为了扭转日趋混乱的经济形势，国务院领导提出了整顿国民经济的要求。国民经济的很多部门实行了一系列整顿和加强管理的措施。1975年国家建委、财政部在北京召开了全国施工企业加强经济核算会议，会议否定了不讲核算吃“大锅饭”的做法，要求恢复甲乙方承发包制度，讲究经济核算，实现盈利原则，按施工图预算结算。尽管受到“四人帮”的攻击，但会议对改变施工企业不讲核算的落后状况还是起到了一定的作用。结合当时对建设单位加强概算、预算、决算管理的要求，不少施工企业承包甲方工程实行按施工图预算结算的办法，成本、利润等概念又被提到企业管理的日程上来。

---

① 当时认为，施工企业向甲方收取利润缴国家，国家又投资给甲方，甲方又付给乙方，是一种资金“空运转”，浪费资金，所以取消了法定利润制度。

1978 年以后，施工企业批判了过去那种单纯作为基本建设附庸，单纯为基本建设提供劳动力的思想和做法，开始明确建筑业是国民经济的一个独立而重要的生产部门。1980 年 4 月，邓小平提出：“从多数资本主义国家看，建筑业是国民经济的三大支柱之一，这不是没有道理的。过去我们很不重视建筑业，只把它看成是消费领域的问题。建设起来的住宅，当然是为人民生活服务的。但是这种生产消费资料的部门，也是发展生产、增加收入的重要产业部门。”此后，施工企业财务资金管理进行了各方面的改革探索。

（一）施工企业流动资金管理的改革。

长时期内，施工企业自有流动资金由国家财政核拨，非自有流动资金由甲方采用预付备料款的方式供应。这种管理体制虽然曾起过一定的积极作用，但随着经济发展和管理体制改革的逐步深入，其弊病也逐渐暴露出来。这主要是施工企业所需的流动资金绝大部分都是无偿供应的，不利于从经济利害关系上促进企业节约使用流动资金；施工企业没有独立运用流动资金的权力，在流动资金上，过分依附于建设单位，吃的是“百家饭”，不利于促进施工企业加强流动资金管理，造成流动资金使用的很大浪费。1983 年汇总的国营施工企业财务决算材料表明，全国施工企业定额流动资金年平均实际占用余额占全年完成工作量近 40%，中央各部门所属施工企业为 39.9%。这就是说，在在建工程不表现为资金占用的情况下（在建工程是按照已完分部分项工程按月向甲方收取价款的），全国施工企业的定额流动资金一年只能周转两次多，运用效率是很低的。

为了改变这一状况，1979 年，陕西省建设银行会同省建工局和物资部门率先进行流动资金改革试点。物资供应由原来跟投资走改为供应给乙方，流动资金取消向甲方预收备料款，改变原来的自有流动资金制度为统一流动资金制度，并实行由建设银行给予备料贷款的办法。到 1983 年，流动资金平均占用减少了 30%，工程造价降低 5%，施工周期缩短 1/5，为财政节约资金上千万元。以后山东等地也进行了改革试点，并取得了一定成效。

为了改变施工企业工程款按实际进度向甲方报销的作法，从 1982 年开始，福建的安溪县，湖北的黄石市，河南的安阳市以及辽宁、宁夏等地的一些地区都先后在不同的范围内进行工程价款竣工后一次结算办法的试点。主要内容是取消乙方向甲方按旬预支，按月结算工程款；施工过程中的工程款由建设银行给予贷款；到工程竣工时，由乙方向甲方结算工程款，并归还银行贷款。试点大多取得初步成效。

根据各地试点情况，中国人民建设银行于1984年年底颁发《建筑业流动资金贷款办法》和《关于基本建设工程实行竣工结算的具体规定》，肯定了试点单位的做法，要求以更大的步伐在1985年推行。但由于流动资金管理体制与计划、财政、物资、信贷体制都有着紧密的联系，流动资金改革单独进行尚有困难。1985年，中国人民建设银行经同有关部门协商决定暂缓推行的步伐，仍作为试点摸索经验，时机成熟后再予推广。

（二）成本与利润。

施工企业是以单位工程为成本核算对象的。一个独立发挥生产能力或效益的单项工程，可以按能独立施工的要求划分为若干个单位工程。每一个单位工程编制一份预算，经建设银行审定后作为工程价款结算的依据。同时也是施工企业核算成本的预算成本。实际成本则是施工企业在施工过程中实际所花费的成本，预算成本大于实际成本的部分为降低成本额，即施工企业的超额利润。多数施工企业是按月、季进行已完工程实际成本的结算，并计算本期盈亏。竣工工程通过编制“竣工成本决算表”进行成本核算。少数单位实行按全部工程竣工后一次核算成本。

过去，施工企业或者将实现利润全部上交，或者不计盈亏吃经常费。从1978年起，国营施工企业实行较大幅度的利润留成制度，企业留利连同企业基金占实现利润的比重达80%以上。1980年恢复2.5%法定利润后，又规定三年内将全部法定利润留给企业。这些措施，有利于提高企业自我改造和发展，初步改变了长时期内施工企业发展慢、技术装备差、职工住宅欠账多的状况。1983年，施工企业实行了利改税，利润所得税率为55%。这个税率只在京、津、沪三大城市实行，其他地区都根据实际情况酌情减率征税。税后利润全部留给企业，用于建立企业基金、经常性奖金，也包括全优工程综合超额奖和超额计件工资等基金。1983年实行了1年。由于施工企业计件超额工资较多等原因，从1984年起奖金、超额计件工资再次被允许计入成本，与一般工交企业利改税办法相比，有较大的不同。施工企业税后留利的分配规定是职工福利基金不超过20%，生产发展基金70%—75%，后备基金5%—10%，新产品试制基金3%。实际执行情况，大部分企业用于生产发展的资金达不到规定的要求。

（三）专用基金。

施工企业的专用基金是解决施工企业固定资产再生产、技术装备、大型临时设施、劳动保护、职工福利等的专项资金。1978年以后，明确了建筑业是物质生产部门，施工企业是相对独立的商品生产者，各项专用基金的管理也作了相应的改革。

（1）实行折旧基金全额留成制度。从1978年起，施工企业的折旧基金全部留给企业，用于企业的更新改造，国家不再集中。1980年，全国建工系统留成的此项基金达3.32亿元，比1976年增加了53.7%。

（2）实行新的技术装备费管理制度。过去施工企业承担专业工程时，由建设单位在项目预算中列一笔施工机具购置费供施工企业使用，财产归施工企业。施工企业承担一般建设项目不收取技术装备费，而由计委另行直接给施工企业安排投资。从1980年起，正式规定地方施工企业按承包工程预算成本的3%向建设单位收取技术装备费，作为专用基金核算。用此项基金增加的固定资产作为增加国家基金处理。在稍后一些时间，中央各部直属施工企业对承担部外项目施工也实行了收取技术装备费的办法。

（3）实行劳保基金收费制度。“文化大革命”前，施工企业退休工人的工资及福利基金是由当地民政部门开支的，后来改由施工企业自己负担。在建筑产品价格与价值背离较大、法定利润只有2.5%的情况下，企业难以承担此项费用。1978年起，实行按劳保基金的预计支付额度测定费率向建设单位收取，多余或不足部分列入营业外收入或支出。

（4）实行大型临时设施特种基金制度。施工企业为从事施工活动在现场搭建的工人宿舍、办公室以及在后方基地建设的半永久性家属住宅，作为临时设施基金管理，财务上单独核算，不提折旧，报废后冲销大型临时设施基金。此项基金向建设单位收取，有余时可用于兴建永久性住宅，但应按固定资产核算管理。

二、地质勘探、勘察设计单位资金财务管理

（一）地质勘探单位经费拨款。

30 多年内，地质勘探单位一直实行经费拨款制，所需费用由国家预算列支。由于地质勘探与基本建设关系密切，国家规定：地质勘探费用，从分配资金、成立预算、办理拨款，到审批年度财务决算，都由建设银行进行管理。

地质勘探单位根据国家批准的年度地质勘探工作计划，编制年度财务收支计划和季度分月用款计划，由建设银行审批。

按照 1956 年《基本建设拨款暂行条例》规定，建设银行经办行在每季季末或每月月终，根据年度地质勘探计划和预算，按当季或当月完成的工作量给地质勘探单位拨款。不能按完成工作量拨款的，可以按各季（月）实际支出核实拨款。

1979 年起，在完成地质任务和节约地质勘探经费的前提下，地质勘探单位可以从节约的经费中提取企业基金。这一规定有利于促进地质勘探单位节约经费，全面完成地质任务。

1982 年 11 月，财政部、中国人民建设银行颁布了第一个《地质勘探拨款暂行办法》，规定：建设银行在财政确定的地质勘探拨款范围内，要分别对各部门建立年度地质勘探费支出预算。建设银行要按照地质勘探工作计划、预算、程序和工作进度拨款，监督资金合理使用。建设银行向地质勘探单位拨款的依据是：（1）经批准的年度地质勘探工作计划，包括矿产储量计划；（2）地质勘探设计批准文件及设计预算；（3）经建设银行有关行核准的主管部门、二级主管单位和基层单位的年度财务收支计划和季度分月用款计划；（4）劳动工资、奖金、主要材料、设备、仪器采购及更新改造等有关计划文件；（5）实行承包体制的经济合同副本。

为调动地质勘探单位的积极性，80 年代初期试行了“任务包干、预算包

干和节约分成”的办法。地质勘探单位按年年初确定的勘探任务和财务收支计划，包任务、包预算，执行中结余的经费，按一定比例留给包干单位使用。

（二）勘察设计单位由财政拨款到设计收费。

勘察设计单位长时期内是被当作事业单位看待的，它们进行勘察设计等业务活动所需费用，由国家财政的经济建设事业费中实报实销。1954 年，有的勘察设计单位曾实行按工程总造价计算收取勘察设计费的办法，但实行范围很小，持续时间较短，不久就又恢复了事业费拨款的办法。1979 年，国家计委、国家建委、财政部发出《关于勘察设计单位实行企业化取费试点的通知》，开始在 4 个部门 8 个省（市、自治区）的 18 个勘察设计单位实行企业化取费试点。1980 年又增加了 16 个试点单位。到 1984 年，城乡建设部系统 1176 个建筑勘察设计单位全部实现了事业单位向经营性企业转变，其他部门和地方的大多数设计单位也实行了按项目收取设计费的办法。这项改革的核心是取消勘察设计单位的事业费拨款，改为从基本建设投资中提取勘察设计费，勘察设计单位根据承包工程的行业、规模和工程内容繁简程度不同，按不同收费定额收费。设计费按设计进度分次拨付。一般的做法是：设计单位与建设单位签订合同后，收取设计费的 20%；初步设计交付后，收 30%；施工图交付后，收 40%；工业项目单项工程试车考核合格、民用建筑交付使用后，收足全部设计费。勘察费用一般分 3 次收取，即签订合同后，收 30%；勘察工作开工后，收 30%；勘察成果交付后全部收清。

1984 年国家计委根据设计的难易程度、规模大小和技术先进程度等，制订了具体的工程设计收费办法，为设计全面实行收费制提供了依据。与此同时，还广泛开展了设计的招标承包制；设计单位实行了向上、对外、对内的全面技术经济承包责任制；推动了设计单位向企业化、专业化和社会化方向发展。

第六节　管理投资的国家专业银行

建设银行是负责管理基本建设等资金的国家专业银行，兼负财政和银行双重职能。30 多年中，建设银行通过办理拨款、贷款、结算、管理基本建设预算和基本建设财务，支持和促进大量建设工程取得多快好省的优异成绩，为建设领域筹集和提供了大量资金，减少了建设过程中的损失浪费。据不完全统计，1949 年以后，建设银行通过审查建设概预算、审批财务决算、加强柜台监督、制止计划外工程、提出合理化建议等，为国家节约资金达 500 多亿元，约占投资总额的 5%。

一、建设银行的成立和发展

建设银行的前身是交通银行和东北区基本建设投资银行。中华人民共和国建立初期，根据政务院决定，财政部委托人民银行指定交通银行作为办理基本建设拨款的专业银行。1951 年，东北区财政部系统内成立了东北区基本建设投资银行。1953 年行政大区撤销时并入交通银行。

当时交通银行归人民银行领导。但有关基本建设拨款方面的问题要同财政部联系决定。为了严格财政资金管理和便于工作，政务院 1952 年 4 月决定将交通银行划归财政部领导。

1954 年 9 月 9 日，中央人民政府政务院第 224 次会议通过了《关于设立中国人民建设银行的决定》，决定“在中央人民政府财政部系统内设立中国人民建设银行”。同年 10 月 1 日，中国人民建设银行在北京成立，成为办理基本建设拨款、短期贷款、结算、实施财务管理和监督的国家专业银行。总行设在北京，在全国各地设有分支机构。

建设银行成立以后，发展很快，到 1957 年全国建设银行已有分支机构 700 多个，职工 1.7 万多人。

1958 年，国务院发布了《改革基本建设财务管理的几项规定》，建设银行并入各级财政部门，建设银行总行成为财政部的基本建设财务司（对外保留建设银行的名称），全国各省、自治区、直辖市分行绝大部分摘了牌子，全行职工减少到 7000 人。

1962 年，国务院决定恢复建设银行。为了加强基本建设拨款工作，1963 年周恩来总理连续作了五次指示，并亲自修改批发了中共中央、国务院《关于加强基本建设拨款监督工作的指示》，在调整经济、精简机构的情况下，批准建设银行增加编制 5000 人。到 1965 年，全国建设银行干部恢复到 1.7 万多人。

1970 年，在精简机构中，建设银行被合并到人民银行，建设银行干部由 1.7 万人锐减到 3700 人，拨款监督工作大大削弱。1972 年，国务院再次决定恢复建设银行，从人民银行分离出来，仍归财政部领导。

中共十一届三中全会以后，总结了建设银行“三起两落”的经验教训，国务院领导人指出：“搞社会主义建设，没有建设银行不行”，“建设银行工作，只能加强，不能削弱”。1979 年，国务院决定建设银行总行改为国务院直属单位，由国家建委、财政部代管，以财政部为主；省、自治区、直辖市分行改为厅、局级单位，由总行和省、自治区、直辖市人民政府双重领导，以总行为主。

1983 年，国务院批转了财政部《关于建设银行机构改革问题的报告》，明确指出：“中国人民建设银行是全国性的金融经济组织。今后建设银行的干部应按照中央关于干部管理权限的规定，由建设银行实行统一管理”。到 1985 年年底，全国建设银行已有 2800 多个分支机构，职工发展到近 6 万人。

二、建设银行的双重职能

建设银行管理基本建设资金，是通过建设银行所拥有的财政职能和银行职能双重手段实现的。中国是以生产资料公有制为基础的社会主义国家，国家用于基本建设的投资，很大部分是财政资金。近年来预算外投资的比重逐渐加大，但财政预算内的基本建设投资仍占一定比重。建设银行为了管理好财政资金，使其在基本建设过程中发挥更好的作用，由国家赋予财政职能，行使财政管理和财政监督手段。建设银行管理基本建设资金只履行财政职能是不够的。在基本建设过程中，要办理各种资金往来、结算、现金支付等，尤其在中共十一届三中全会以后，大力发展有计划的商品经济，在基本建设领域内广泛运用和发挥价格、信贷、利率、税收、利润等经济杠杆的作用，信用在投资领域中的地位和作用正在日益加强。

在中共十一届三中全会以前，适应国家单一计划调节、财政统收统支的体制，建设银行的双重职能以财政职能为主，银行职能没有得到充分的发挥。这次会议以后，随着经济体制改革的逐步开展和深入，建设银行的银行职能不断强化，银行的作用不断得到重视和发展。

建设银行的财政职能概括地说有以下五个方面：

1. 根据国民经济计划和国家预算审查核定各主管部门的年度基本建设财务计划、地质勘探拨款计划、施工企业年度财务计划，通过核定计划合理分配资金，保持经济结构大体合乎计划规定的要求。

2. 办理国家预算安排的基本建设拨款并对资金使用实施财务管理和财务监督。

3. 按照有关财经政策规定和国家计划审批各主管部门的基本建设、地质勘探和施工企业的年度财务决算。

4. 负责制订基本建设、地质勘探、施工企业的财务管理制度和拨款、贷款的具体办法。

5. 办理财政部门委托的其他工作。

建设银行的银行职能表现在以下几个方面：

办理信贷业务。

办理结算业务。建设单位和设计、施工企业在建设银行的结算，同一般购销双方在银行的结算，形式上相同，实质上很不一样。建设银行兼具财政职能，既管基本建设资金的拨付，又管施工企业的盈亏和流动资金。

办理资金调拨，保证工程用款。不仅在用款单位之间，也要在用款的时间先后上精心调度，使预定的资金能够满足各方面建设进度的需要。

办理信托、委托、租赁、发行债券、股票、开展咨询等业务。

1978 年以后，建设银行按照不断发展的客观形势的要求进行了一系列业务改革，包括：部分基本建设投资由无偿拨款改为有偿贷款；积极组织吸收存款，扩大信贷业务，支持国民经济发展；集中力量，保证国家重点建设，促进国民经济平衡发展；掌握投资信息，开展项目评估，提高投资效益；运用信用手段和银行业务支持、促进建筑业和基本建设管理体制的改革，等等。

三、建设银行对重点项目的管理

重点建设项目，是各个时期建设中一批规模宏大、技术设备先进、具有战略地位、关系到国民经济全局，或对国家的经济和社会发展起骨干作用的建设项目。重点项目是国家建设的重点，也是建设银行资金管理的重点。建设银行对重点项目的管理，有一个不断积累经验、不断提高管理水平的过程。中共十一届三中全会以后，国家进一步强调集中人力、物力、财力保证重点建设。建设银行对重点项目管理也有了新发展。（1）由单纯强调用行政手段加强重点项目管理发展到充分运用银行的经济杠杆作用大力支持重点建设。（2）把工作重点由促进重点项目按计划建成移交，完成基建任务，发展到参与项目的投资决策和建成后如何尽快发挥综合生产能力，实现预期的投资效益。（3）把严格控制基建规模同保证重点建设有机地统一起来。

第二十七章
基本建设的物资管理

基本建设的物资管理的基本任务，是在国家计划指导下，通过物资平衡、分配、保管、供应等环节，按时、按质、按量、按品种，齐备配套地、经济合理地满足基本建设的需要。它涉及基本建设物资在流通领域和施工生产领域的一系列分配、交换、使用等工作的管理，并且贯穿于建设过程的始终。基建物资一般要占工程造价的60%，它的管理得当与否，直接关系到基本建设的规模、速度、质量、成本和投资效益。因此，具有极其重要的作用。

基建用物资的品种约有 3 万种。本章所论述的是对基本建设影响最大的，在生产量和总消耗量及其在工程建设中具有较大比重和影响的基建物资的管理工作。

新中国成立以后，基建物资管理工作从无到有，从小到大。其间几经曲折，终于逐步形成了具有行业特点和一定规模的管理体制和经营体系；锻炼和培养了一支拥有 42 万人的工作队伍；建立和健全了一系列规章制度和办法，积累了正反两方面的经验和教训。

第一节　基建物资管理体制的沿革

一、基建物资管理体制的产生和由来

为大力发展生产，恢复经济，1949 年中央人民政府政务院财政经济委员会计划局内设立了建设处和物资分配处。1950 年中财委对钢材、木材、水泥等 8 种重要物资实行全国统一平衡，并在大区之间进行调度。1952 年扩大到 55 种，以保证当时恢复性建设工程物资的需要。基建所需物资除东北地区对

国营企业进行计划调拨外，其他地区大部分是由商业部门供应。

1951年和1952年，中财委相继发布了《关于五一年基本建设工作程序进行步骤的原则规定》和《基本建设工作的暂行办法》，提出基建计划要与物资供应相平衡，并对建设项目所需物资量的计算、供应、消耗定额等提出具体要求。中央各部、各省市和建设单位，国营施工企业逐步建立了材料供应机构和工作制度。这是中国基建物资管理工作的开端。

1953年，中国开始执行“一五”计划，在全国建立了国民经济的计划管理制度。开始实行国家对重要生产资料在全国范围内统一平衡分配制度。把各类物资管理权限划分为国家统一分配物资（简称统配物资）；政务院各部门统一分配物资（简称部管物资）和地方管理物资（也称三类物资），实行分类管理。需要单位按隶属关系逐级申请，经平衡分配，逐步下达指标。在物资分配方面，划分为申请单位和非申请单位，分别采取直接计划和间接计划两种分配方式；在物资供应上，分为计划供应和市场供应两种供应体系，并采取调拨价和市场牌价两种价格制度。

二、集中统一管理体制的形成

为保证重点建设，对国家确定的156项重点骨干项目和694个限额以上工业项目所需统配、部管物资，实行直接计划，担负这些项目建设的建设单位或施工企业列为申请单位；其所需物资按照一定的计划程序和方法，向国家申请，由国家计委或主管部制订分配计划，下达分配指标，由物资主管部门组织供应。非重点建设项目作为非申请单位，实行间接计划，其所需物资由地方和主管部门计划分配，或由商业部门组织市场供应。

“一五”计划期间，国家没有设立专门的基建物资工作机构。基本建设所需物资由各级物资综合分配部门按基建、生产、维修等各种使用方向进行综合平衡，统一分配，单独切块下达。

“一五”计划期间的建设项目，按有无施工力量，分别采取自营和承包两种办法管理，形成了一个多部门、多层次的行政管理为主的体制。拥有施工企业的主管部组织建设单位和施工企业，实行承发包制度，双方签订工程承包合同，物资实行内包。对于自身无施工力量的主管部，分别重点和一般工程，交由中央建筑工程部及省市所属施工企业承包。开始时，大部分项目只包工不包料，物资供应的责任在建设单位。往往因材料供应不及时等问题相互扯皮，致使许多建设项目无法按原有的投资计划完成建设任务。为此，1954 年，国家建委提出了《关于包料问题的意见》，要求建工部从 1955 年起实行包工包料，对承包工程所需的统配、部管物资、市场采购材料、地方统筹分配材料，从计划、订货、采购、提运到使用、调剂，均由施工部门承包负责。统配、部管物资申请计划由甲方编制，乙方参加，订货计划由乙方负责，物资供应直达施工企业。国外订购材料及国内特殊材料仍由发包部门负责订货、付款，双方共同验收，由承包部门负责运输、保管、使用，如由甲方原因造成材料积压而产生损耗，打入工程造价，乙方经营管理不善造成的损耗自行负责。财政拨给承包部门相应的材料周转资金，施工单位可以打破行业界限，集中统一使用材料，进行灵活调剂。这种办法称之为“材料跟着施工走”。包工包料制的推行，大大调动了建筑施工企业的积极性，企业的经济核算和经营管理普遍得到加强。物资的流通环节减少，社会库存下降，促使基建物资广泛地开展节约代用。在以后的执行过程中，又有些变通，逐步形成了一个适合当时情况的基建物资管理体制，一直沿用到 1959 年，取得了较好的社会经济效果。

三、基建物资管理体制急剧变动

在 1958 年开始的“大跃进”中，对物资计划、分配体制进行了盲目的、不适当的改变。1958 年中共中央北戴河会议决定，改变物资计划分配体制，实行在全国统一计划下，以地区管理和地区平衡为主的物资调拨制度，即中央除统一分配少数主要原材料外，其余材料均下放给省、市、自治区或专区、县（市）分配调度。供销工作也改由地方为主组织进行。这样，中央统配、部管物资较之 1957 年减少了 70%，原来的供应渠道大部分都被打乱。执行的结果是物资分散，调度不灵，难以保证建设项目的需要。

由于“大跃进”中基建规模不断扩大，物资供不应求，万元投资分配定额一降再降，计划被迫留有大量缺口。又由于基建计划下达迟，在提报物资计划时，还不能确定工程承包部门，在这样的情况下，原来在承包发包之间实行的包工包料制已难以为继。从1959年起，建设项目所需统配、部管的物资就改由建设单位向主管部门申请，分配指标按项目隶属关系下达，并由建设单位负责订货采购、供应施工企业使用，称之为“材料跟着投资走”，用简单的万元定额的方法分配物资。这种方法，在材料分配不足的情况下，依靠各部门、各地区自行努力和调剂，暂时缓和了基本建设所需物资某些局部的供需矛盾，但带来了物资分散、调度不灵、社会库存增大、环节增多、经济责任不清、国家年度投资计划完成的比例较小，社会经济效益差等等弊端。

四、在调整中探索和前进

1961年起，为配合调整任务，加强和改进物资管理工作，采取了一系列改革措施。中共中央于1960年5月和1962年5月两次批转了国家经委“关于改革物资管理体制的方案”。刘少奇多次听取汇报并作了指示。他指出：国家计划必须有物资做保证。许多生产资料可以作为商品进行流通，要建立独立负责管理和经营生产资料流通的物资部门，并按经济区域设置经营网点，实行集中统一领导，分级管理等等。周恩来、邓小平也先后在1963年1月和1965年9月两次听取物资部门汇报，并提出了意见。1960年国家经委物资管理总局成立。嗣后，相继于1963年和1964年成立国家物资管理总局和国家物资管理部。国家计委物资分配机构随之划归物资部。物资工作从此得到全面的加强。

从1962年起，基建物资管理权限，随同整个物资管理体制和基本建设管理体制的改变，又逐步集中在中央和大区的中央局。物资平衡分配实行“统一计划、综合平衡、条块结合、分级管理”的原则。除了“五小”企业的产品归地方分配外，基本建设所需统配、部管物资的各项资源，实行“统筹统支”的办法。与此同时，中央收回了基建项目的审批权。基建用主要物资指标，按照企事业的隶属关系，随着投资分配下达给各部门和各地区。过去实行的包工包料办法未能恢复，只有少数地区将材料指标划转施工部门。

五、在动乱中遭到的破坏

“文化大革命”的十年动乱，使基建物资管理遭到了严重的破坏。从中央到地方，从建设单位到施工单位，各级基建物资管理机构被缩减、合并；人员拆散，队伍严重削弱；基建物资统一计划、分级管理等重要原则，被当成修正主义批判；按定额、预算平衡分配，按消耗定额收发领料，按工程量核算核销，节奖超罚等一系列行之有效的工作制度被当成“管、卡、压”而破除。基建物资管理工作处于无政府状态。

1978 年以后，中国的基本建设和物资流通管理有了许多重大的改进。改革物资分配办法，在按合理工期组织建设的重点工程中，实行按项目核实分配、核算核销，改革材料供应方式，实行按项目配套承包。物资直接供应到施工现场等办法相继实行。

1972 年，国家建委成立了设备材料局，负责组织国家重点建设物资供应中的协调和调度工作。1978 年 12 月国家计委、经委、建委联合决定，1979 年 4 月在国家物资总局设置基本建设物资局，由国家建委和国家物资总局双重领导。其主要任务是：①根据国家长期建设计划，提出分年度基建物资平衡分配意见，编制计划草案；②根据国家确定的基建计划和分级管理的原则，按项目组织落实所需物资的供应；③对基建需要的短缺物资，及早提出组织国内生产或组织进口意见，经批准后，组织实现；④根据保重点、保投产的原则，组织计划执行中的调度、调剂工作。在此期间，大部分省、市、自治区也都相应在省、市、自治区一级建委或物资局设立了基建物资处。中央各主管工交部门有的设立了基建物资管理机构，有的配备了专人管理。少数省，如辽宁、山东、陕西，在地市一级也设有专门的基建物资管理机构。1982 年，为了加强对国家重点工程所需物资组织配套供应，经国家经委批准成立了“中国基建物资配套承包联合公司”，嗣后，在全国 24 个省、市、自治区，也相应成立基建物资配套供应公司，负责对所在地区的国家以及省、市重点建设项目的物资组织供应。在此期间，各个建设单位、施工单位都重视了物资管理机构的建设，基建物资管理得到全面加强。

1984 年 4 月，赵紫阳总理在全国人大二次会议指出：要改革建筑业和基本建设管理体制以及材料供应方式。同年 7 月，国家计委、城乡建设部和国家物资局等有关部门联合召开了全国建筑业和基本建设管理体制改革座谈会。会后，国务院颁发了《关于改革建筑业和基本建设管理体制若干问题的暂行规定》。《规定》中指出：基本建设所需材料，要逐步由物资部门直接供应给工程承包单位，由工程承包单位包工包料，由工程承包单位和中国基建物资配套承包联合公司签订承包合同，保证供应。对于其他建设项目所需主要材料，则由工程承包单位择优选择物资供应单位，或直接向生产企业订货。凡计划分配不足部分，允许采购议价材料，所增加的费用，在概算中予以考虑。《规定》还明确指出，各级基建物资承包供应单位，实行按项目承包供应责任制，是组织基建项目物资供应的一种主要形式。这些改革，使物资更好地起到了保证作用。

30 多年曲折的历程说明：基建物资管理体制得当，就能促进基本建设的顺利发展，提高基建投资的效益。这是由于基建物资管理不但具有一般生产资料管理的共性，而且具有消耗量大、面广、线长、点多、流动分散、阶段性、连续性、单件性、配套性、时间性等自身的特点。这就要求基建物资管理体制改革必须有利于加强对建设项目的综合平衡，全面配套；按施工进度拨料供应，实行包工包料，核算核销；相对集中物力，确保重点，确保收尾配套和投产。

第二节　基建物资计划供应的形成和发展

1953 年开始，在全国建立了国民经济计划管理制度，用统一的国家计划把国民经济的各部门、再生产的各方面联系起来，并使之有计划按比例地发展。按照统一计划、分级管理的原则，开始实行国家对主要生产资料在全国范围内统一计划、平衡分配的制度，把物资平衡分配供应计划作为国民经济计划的重要组成部分，以指令性的形式，要求各部门各地区认真编制和执行，因而形成了基建物资计划分配制度。

一、计划的编制

基建物资计划是依据基建计划任务而编制，并为保证建筑安装任务的完成提供物质条件的。“一五”计划时期编制年度计划的基建物资需要量是按建筑安装实物工程量核算，基层施工企业采用的定额，是已完成的建筑安装实物工程量单位消耗定额或实际消耗数。国家计委、主管部则根据基层核算资料，综合汇编成按基本建设投资和建筑安装工作量计算的万元消耗定额。这种做法有利于正确核算需要量，使万元定额和实物工程量定额紧密结合起来。在这个时期，由于各级施工生产技术部门和物资管理部门都能认真按计划办事，计划的准确性较高，较好地起到了保证作用。如五年内全国完成投资588.5亿元，年平均117.7亿元，这一时期固定资产交付使用率为83.7%，新增固定资产492亿元，相当于1952年年底全国拥有固定资产原值的2倍左右。这一期间消耗钢材560万吨，木材3940万立方米，水泥1989万吨，三大材年平均消耗分别为112万吨、788万立方米、397.8万吨。但由于经验不足，在个别工程中也曾出现过“宽打窄用”“有备无患”等错误做法，从而发生资金短缺、多余呆滞材料需要善后处理等问题，但未形成全局性问题。

“大跃进”时期，基建物资的分配按两本账编制计划，地方为了保证国家第二本期成计划得以完成，又编制了指标更高的地方的又一本计划。由于计划层层加码，分配指标多次调整，基建材料缺口大，供需矛盾十分突出。为了确保国家计划，1959年的物资分配改为归口安排，分户记账，统一下达，厅局订货，也就是，按行业、按用途分项核算，由中央部归口审查，分配部门负责综合平衡并统一向省、市、自治区下达分行业、分用途的分配指标。

1961年国民经济进入调整时期。陈云在中央财经小组会议上指出：材料的分配，要先把农业、市场这一头定下来，然后再看有多少材料搞多少工业。工业也要先照顾维修、配套，能够维持简单再生产。满足了当年生产的需要，再搞基本建设。从此，先生产、后基建、先简单再生产、后扩大再生产，就成为编制基建物资分配计划的一项重要原则，使计划水平较过去有了较大的提高。

由于大力压缩了基本建设战线，基建物资需求也随之大量下降。具体做法上，基建材料的平衡分配，实行“统一计划，综合平衡，条块结合，分级管理”的办法，简化了原来分户记账的指标，计划下达后各地区可结合库存情况具体安排各项用途。按万元定额核定的基建主要物资指标，随投资分配下达给各部门和各地区掌握使用，使基建物资供求逐渐趋于平稳。

十年动乱中，虽然经济形势失去控制，但是由于周恩来和邓小平先后主持中共中央和国务院的日常工作，在毛泽东的支持下，对“四人帮”的倒行逆施，进行了艰苦的斗争，对一些部门进行了整顿。基建物资战线上的广大职工出于高度责任感，在混乱中、在困难情况下仍坚持工作，集中力量保证重点项目物资供应，因而保证了一批项目的建成。

粉碎“四人帮”后的头两年，由于“左”的思想没有得到纠正，基本建设规模再次膨胀，积累率高达36.5%，大大超过了国家财力物力可以承受的程度，使物资供需矛盾十分突出，物资计划一变再变，计划缺口大量出现。中共十一届三中全会以后，采取坚决的措施，纠正“左”的错误，压缩了基本建设战线，扭转了基建物资长期供不应求的被动局面，为搞活流通创造了条件。

“六五”计划期间，基建用主要物资计划分配由国家物资总局基建物资局负责，根据国家计委批准的预算内投资计划提出分行业、分地区、分国家重点项目和一般项目的基建材料分配方案，其中国家重点工程以项目核实分配，核算核销；一般项目则是在保证重点后，按万元定额切块分配。

在此期间，基建物资分配水平有所改善，除对国家预算内投资作了安排，还对国内外贷款、专项资金等项目作了安排，并提高了对能源、交通、轻工、纺织、原材料工业、文教卫生、城市建设和商业外贸等国家重点建设的分配比重。五年中全国完成投资3410.09亿元，年平均682.02亿元，共消耗钢材4543万吨、木材5139万立方米、水泥19949万吨，三大材年平均消耗分别为908.6万吨、1063.8万立方米、3989.8万吨。

二、基建物资供应工作

组织供应是实现计划的手段。通过订货、采购、加工、调度调剂、运输及发放等具体方式，给建设项目供应实物。

统配、部管物资。全国集中订货是组织供应的主要方式。“一五”计划时期，将各种类型的建设项目划分为申请单位和非申请单位。申请单位所需的统配、部管物资根据国家分配计划，由各主管销售部门负责产需衔接，组织供需双方签订合同，按合同供货。非申请单位需要的物资，则由商业部门提出需要计划，国家根据总的平衡情况分给商业部一个总量实行市场供应，同时，商业部门还向公私合营企业和私营企业加工订货和收购一部分物资纳入市场供应。由于供应制度建立伊始，许多计划性差的申请单位也向市场采购。随着公私合营的实现和国营企业的发展，许多非申请单位也转变为申请单位，计划供应与市场供应单位的差别逐步消失，计划供应逐步代替了市场供应。

订货的程序是按分配指标确定的品种数量由申请单位提出订货明细表或订货卡片，再根据主管销售部门下达的产品调拨通知单或返回的订货卡片，组成代表团参加订货会议。开始时建设项目可以直接参加，随着各行业建设规模的迅速扩大，改由项目的主管单位代替基层订货，然后将签订的合同分发给建设项目执行。订货时整车货物尽可能直达施工现场，凡不够整车的货物由项目的主管单位统订分拨或由物资部门代办中转发货。

“大跃进”时期曾一度采取“地区平衡，差额调拨”的办法。由于当时生产布局不平衡，建设规模过大，实行这一办法后，普遍出现各地区留用的多，调出的少，全国生产建设所需物资，不但数量平衡不下来，品种规格上的矛盾，尤其无法解决。1959 年又改为由中央各部归口安排，统一下达，厅局订货的办法。但在实际供应上，分到订不到、订到拿不到的情况十分严重。木材、水泥交不了货到年年底一风吹；钢材交不了货的，则专门召开会议进行清理，以便抵扣下年分配指标。最后不得不分别轻重缓急，进行工程排队，组织交货供应。

基本建设长期存在“边勘测、边施工”、“基建任务计划在后，物资计划订货在前”的状况，物资计划频繁变化，多次出现“备而不用、用而不备”

的物资多余或不足现象。为了适应这种客观情况，基建物资部门始终注意了抓好调度调剂这一环。

1949 年中财委就开始清理和调配全国仓库储存的物资，并于 1950 年 3 月 16 日发布《关于全国仓库物资清理调配的决定》，提出了“彻底清理，限期完成，造报清册，统一调配，使库存物资器材及时地用于生产建设的需要”。

加强物资的调剂、调度是组织基建物资供应的一项有成效的工作。1959 年国家经委发出《关于加强物资调剂工作的通知》，要求各部门、各省市自治区抓物资调剂工作。1961 年，国家经委物资管理总局召开第一次全国物资调剂会，解决了许多部门、项目之间物资此缺彼窝的问题。自此以后，每年都召开全国性调剂会议，各省市自治区和各部门每年也分别召开区域性和专业性的调剂会。日常调剂业务由各地调剂办公室或生产资料服务公司随时办理。后因“文化大革命”中断了好几年。1975 年国家计委物资局召开了停顿八年之久的全国性金属材料调剂会，优先保证了成套进口设备建设项目和港口建设的少量急需材料。

1976 年国务院成立了清仓查库领导小组，组织领导全国清仓利库工作，清库、核库、利库工作深入展开。1979 年，针对基本建设计划调整幅度大、有些项目要停建或缓建，基建材料比较分散等问题，国家建委、国家物资总局联合发出《关于开展基建材料调度调剂工作的通知》。通知规定了基建材料调度调剂的范围、形式等原则，并决定建立基建材料的调度调剂制度。从此，在每年全国订货会议之后，召开调度调剂会议或专门解决国家重点项目缺口问题的调度会议。从 1983 年开始，国家计委每年向国家物资局拨付一定量的周转资金，以解决在年度计划下达之后国家追加投资所需材料的储存问题，这一措施增加了基建物资调度的能力，对保证国家重点建设需要起到了积极作用。

在中共中央确定实行“对外开放、对内搞活经济”以后，随着经济体制改革的深入，缩小指令性计划、扩大指导性计划，开放物资商品市场等措施的实施，各地逐步发展起来的基建物资市场日趋活跃。各级基建物资经营企业和建设、施工单位，从为基建项目服务，保证其物资需要出发，把组织计划外的资源作为自己的一项重要任务来抓，大力发展横向经济联系，广开资源渠道，采取补偿贸易、与生产企业和供应单位联营联销、扶持建材生产、组织进口、调剂串换、加工改制等办法，扩大了物资来源，搞活了物资流通，这对于弥补计划分配不足，特别是满足一些特区建设、外资项目、城乡自筹资金项目的需要起了积极的作用。随着有计划商品经济的发展，生产资料市场的范围和作用更为显著。

第三节 国家重点建设项目的物资供应管理

新中国成立以后，物资供应部门始终把保证国家重点项目的需要，作为自己的指导思想和行动准则，在实践上也采取了一些有效的办法和措施，起到了应有的作用。

一、“一五”计划时期156项重点项目的物资供应

“一五”计划时期，以156项为重点的一批工业建设项目，所需主要物资数量巨大、规格多、质量要求严，很多是国内不能生产的或紧缺的，694个限额以上工业建设项目，绝大部分安排在工业基础薄弱的内地；在山海关以内的重点项目的建设地点，全部摆在京广铁路以西，物资的使用地与产地相距遥远，运输补给线长，产需分布不平衡。为了集中物力，保证及时供应，国家对基建物资实行了高度集中管理，实行直接计划，由国家核定分配计划，下达分配指标，在供应上实行采取调拨价的计划供应。

统配物资计划按照建设项目主管部门有无施工力量，分别采取自营和承包两种办法分配管理。对于冶金、铁道、煤炭、水电等自身拥有专业施工力量的部门，国家按照他们编制的建筑安装工作量和物资申请计划，直接下达分配指标给建设主管部门，转给施工企业。对于其他自身没有施工力量的部门，交由中央建筑工程部承包，国家按其编制的建筑安装工作量和物资申请计划，分别下达分配指标给承包建设主管部门，转给施工企业。对铁路专用线、电力线路、通讯线路，则由铁道部、电力部、邮电部承包，所需物资也由承包部门申请和分配下达，并实行包工包料。

部管物资，由施工企业主管部门汇总上报各有关物资的主管工业部。由主管部平衡分配后，分部门、分地区下达计划指标，并报国家计委备案。

统配物资、部管物资的订货和采购按国家计委或主管部下达的分配指标，由各物资申请单位提出订货明细表或订货卡片，在各主管工业部的销售部门的限期内，由供需双方的主管部门签订总合同，然后采取集中或分散订货的方式，由供需企业签订供需合同，双方据以发货和收货。当时多采用订货会议集中订货方式，在合同上标注重点建设编号，以确保供应。地方管理的物资，由施工企业主管工程局（公司）材料供应处或材料厂，按省、市、自治区划分的物资分管权限，提出申请计划，经批准下达指标后，与有关生产企业签订供货合同。市场供应物资，由施工企业编制计划，自行办理。

二、三线建设中的物资供应

三线建设点多、线长、面广，建设地区交通闭塞，工业基础薄弱，大量物资要从其他地区调入。为保证这一批重点建设项目的供应，采取以“条条为主、条块结合”的物资管理体制，在方式方法上也作了一些重大的改革。

（一）按建设特点设置物资机构。

1965年9月以后，物资管理部在西南、西北、中南地区成立了物资供应总指挥部。西南、西北地区分别由物资部各派一名副部长担任总指挥长，中南的总指挥长由大区选派。各大区三线建委也成立了物资局。

总指挥部是物资管理部的派出机构，在中央大区局、大区三线建委和物资部的领导下进行工作。其主要任务是：统率本地区各级物资部门（包括物资一级站、各储运公司、各省区物资局、各地区物资局和所属公司），加强同各项目主管建设指挥部及各省、市、自治区有关单位的联系配合，做好本地区三线建设的物资供应、调度和管理工作。

地区物资局在总指挥部的领导下，打破了行政区划的限制。按经济区域建立。四川、云南、贵州3省划为10个物资供应片，设立了重庆、成都、自贡、渡口、贵阳、遵义、都匀、安顺、六盘水、昆明等10个地区物资局。陕西、甘肃、青海、宁夏4省划为7个物资供应片，设立西安、汉中、宝鸡—天水、兰州、酒泉—玉门、西宁、银川等7个地区物资局。湖北、湖南、河南3省划为7个物资供应片，设立宜昌、襄阳2个地区物资局，同时充实和加强了常德、邵阳、岳阳、南阳、洛阳5个地区物资局。这些地区物资局是各省区物资厅（局）的派出机构，在大区物资总指挥部和各省、自治区物资厅（局）的领导下进行工作。其主要任务是：①负责该地区三线建设和其他生产基建等物资供应，首先是保证三线建设的物资需要。②组织所属各公司编制三线建设物资计划，负责组织订货供应。③了解、核实和掌握三线建设项目物资的需要和使用情况，督促所属公司根据工程进度，按质按量组织供应。④深入现场调查研究，督促检查材料的节约代用，协助建设、施工单位搞好物资管理。⑤管好周转物资，组织物资调度调剂工作。

为了就地就近协助解决三线物资供应中发生的问题，物资部西南总指挥部，还在西南8个地区和铁路建设指挥部派驻工作组，组长由厅（局）级干部担任。部分地区工作组在当地党政领导下，还把该地区的物资、商业、供销社、地方建材、手工业以及建设主管部门组织起来，成立物资领导小组，提高配套供应能力。

此外，各大区建委物资局、各物资一级站、各储运公司、各省物资厅（局）、各省公司、各地区公司内，均设有专门的科（组），由专人办理三线建设的物资事宜。在确保三线供应的统一目标下，这种纵横向的物资供应机构的有机结合，充分发挥了组织作用。

（二）按项目专项安排物资计划。

三线建设项目所需物资的计划和供应，实行“指标专拨，物资专用，单列户头，参加订货”的办法。统配、部管物资计划按隶属关系申请和下达，项目主管部门将指标经物资部有关专业公司划拨给地区物资局，地区物资局作为单独户头，统一负责订货和组织供应，并按项目单独记账，单独管理。物资部门与建设单位制定了“双四条”分工职责。前者为：①统一订货，组织供应。②时间不及，提前借垫。③规格不齐，调剂串换。④少数急需，给予供应。后者是：①申请计划，划足指标。②品种规格，划拨齐全。③指标不够，积极申请。④如有短缺，挖掘潜力。

（三）按经济区划组织供应。

根据物资的合理流向，三线建设物资的供应打破行政区划、隶属关系和行业界限，由按经济区划设置的地区物资局集中设库，就地就近统一储存、统一调度、统一供应。地区物资局按照建设项目的轻重缓急分为歼灭战项目、重点项目和一般项目，采取了在建设项目之间、项目主管部门之间、地区物资系统之间，自下而上、自内而外的多层次、多方位的反复平衡，对建设单位暂时不用的物资，则实行“指标保留，余缺调剂，有借有还”的方法组织平衡调度，增强了调度调剂的灵活性，减少项目的库存积压，提高了配套供应的程度和能力，保证了重点和急需。

随着实践的发展，有的地区将“划转指标，统一供应”发展为“综合项目，实行五统一”的办法。1968 年 9 月国家将渡口工业区列为国家综合项目，包括攀钢在内的各建设项目的物资，均由物资部直接分配给渡口市，由渡口市地区物资局按“五统一”管理。至此，“划转指标、统一供应”的办法又前进了一步。

按经济区划组织供应，避免了实物流通中的相向、迂回和重复运输，减少了中间环节，加快了物资周转，从而降低了社会库存，节约了流通费用，加快了物资使用价值的实现。

（四）改善服务态度，改进工作方法。

为了及时掌握和切实保证建设项目需要，除大区物资总指挥部在各地区派驻工作组外，各地区物资局普遍组织了服务队，划片包干，深入现场蹲点，上门服务。对某些重要的或规模大、技术复杂的项目，则派遣驻在员，长期蹲点。其任务是掌握工程进度，核实物资需要，参与建设单位月、季、年度的物资计划编制，摸清库存平衡余缺，做好地区的调剂串换，解决项目临时急需，协助建设单位搞好物资现场管理。上门服务，开创了物资工作的新风尚，受到建设单位的好评。

在三线建设中，基建物资管理形成了一整套的做法，积累了不少有价值的经验，其中许多带有探索性的尝试，为以后的改革提供了有益的借鉴。

三、进口成套设备项目和港口建设的物资供应

1972 年和 1973 年经毛泽东主席、周恩来总理批准，先后从国外引进了一批成套设备，包括大型化肥、化纤、乙烯工程、一米七轧机、电厂等项目。1973 年，周恩来提出“三年改变港口面貌”，黄浦、湛江、上海、厦门、秦皇岛、连云港等地相继开始了紧张的港口建设。为了确保这批项目按期完成，国务院于 1974 年 1 月 22 日批转了《国家计委、国家建委、财政部关于做好进口成套设备项目建设的报告》，就建设这批项目的组织领导、基建计划、材料供应作了明确的规定。根据这些规定，国家计委、国家建委联合于 1974 年 6 月和 1975 年 11 月，相继专门就如何做好这批项目的基本建设物资的分配供应发出了通知。至 1978 年，20 多个引进成套设备项目和港口建设项目先后建成。其主要做法是：

1. 集中物力，确保重点。针对当时基建物资资源不足、使用分散的情况，对进口成套设备和建港项目所需重要物资，提出了按设计申请、分配的办法。在计划分配中，采取单独核算、专项安排、戴帽下达、单独核销。编制物资申请计划时，以国家批准的计划任务书、设计文件和国家基建投资计划为依据，按照建设内容、施工预算和工程进度分单项工程核算。进口项目建设物资单独报送订货卡片，单独签订订货合同。生产供应部门和交通运输部门，按照工程进度的需要，优先进行安排，按时、按量、按质完成交货和发运任务。物资分配部门指定专人负责，优先给以保证。国家分配的物资，专料专用，不得挪用，并实行核销制度。项目所属三类物资，由所在省市区纳入生产分配计划，切实安排生产，优先组织供应。这些有力措施，使“集中物力，确保重点”的方针真正落到了实处。

2. 组织协调，加强调剂。这批工程的建设为抢时间、争速度，采取了集中力量打歼灭战的大会战方式。为了保证供应，国家建委材料设备局、国家物资部综合计划局以及有关单位，形成了一个基建物资指挥、协调和调度中心，安排生产、组织进口、督促协调，解决建设项目物资供应中出现的疑难紧缺问题。如武钢一米七轧机工程所需钢材，数量大、品种规格复杂，要得又急。国家建委、物资总局和冶金部两次组织全国性的钢铁企业，进行专项

的配套订货；4 个引进电厂设备不能按时交货，辽河化肥厂供水急需大口径铸铁管等，有关部门都及时派出负责人赴上海、鞍钢，帮助落实，督促解决。燃化部、交通部和有关省、市，在 13 套大化肥和港口建设过程中，进行了大量的物资调剂、串换和借垫。

3. 整章建制，狠抓基础。从建设开工初期，这批项目就注意建立健全有关制度加强基础管理。燃化部建立引进化肥装置核算核销办法，制发统一报表、专项材料账卡，建立单项工程材料消耗情况统计制度，编制了单项工程目录，建立单项工程档案，坚持按单项工程施工预算核实需要量、分配量及掌握供应量。施工现场的收发、消耗，多数都有原始记录和统计台账。交通部制定了建港物资的计划编制、分配、订货和日常调度调剂办法，强调计划要准、供应要快、核销要实。电力部建立以施工图为依据的材料申请、供料和核销的办法。大多数项目恢复了“三算”制度，组成材料核销小组，对项目的物资消耗进行了核销。在当时的条件下，这些做法对于集中物力、保证重点、减少损失浪费起了良好的作用。

4. 条块结合，大力协同。在建设过程中，国家计委、国家建委、国家物资总局与建设主管部门，密切配合，及时采取措施，解决物资供应中出现的重大问题；各建设项目所在省市有关单位，如辽宁、四川、云南、湖北、上海、广东、江苏、山东、山西等省市区计、建委和物资局，有的组成重点项目办公室，有的派出工作组，帮助解决问题。如上海金山石化工程急需 16 锰铜钢板国内不生产，国外进口来不及，上海市就组织攻关，及时保证了供应；武钢一米七轧机工程需用特殊油漆，就组织由武汉钢铁研究院、油漆总厂等联合试制生产。对于工程急需的统配物资，国家分配一时来不及，各地也尽力给予大力借垫和支持。特别是项目所需二、三类物资及地方建材的组织和供应，地方的物资、商业、供销、建材部门更是齐心协力，全力以赴，不少省市拨出专项资金扩建地材生产能力，以保证项目需要。

四、从核算核销到配套承包供应

成套设备引进项目和港口建设的基建物资实行按项目设计申请、分配，专项安排，戴帽下达，单独订货，较客观地反映实际的需要，收到了良好的效果。在总结经验的基础上，从1980年起，逐步扩大了实行范围，并进一步完善，即按合理工期组织建设的重点工程，以项目概算为依据，核定三材总需要量，按年度投资计划安排的实物工程量和施工图材料预算，核定年度分配计划指标。在供应上实行单独订货、优先安排，按物资使用状况分类核销，即“单独核算、专项安排、单独订货、专项核销”，简称“核算核销”办法。这个办法，和改革供应方式出现的配套承包供应相结合，产生了很大作用，受到了有关主管部、各省市自治区的欢迎并迅速得到全面贯彻。

基建物资按项目配套承包供应，是把一个建设项目所需要的主要物资，由物资部门牵头，联合有关生产、供应、分配、运输、管理等部门，与用户签订协议，负责按建设进度，及时地、配套承包下来组织供应的方式。这个供应方式由陕西省物资部门率先试行。他们于1979年开始对基建物资管理体制进行了大胆的改革试点，即所谓“一联三改”。一联是：把原来基建物资的分头管理，改为集中领导下的联合管理。省计委（原建委）牵头，由物资局、建设银行、建工局（建筑总公司），组成基建物资管理体制改革领导小组，制定改革方案和办法，协调处理有关问题。三改是：一改物资随投资分配为物资部门集中管理，按项目核实，按施工进度直接配套供应到施工现场，由施工企业按施工图预算定额包干使用；二改建筑企业自有流动资金和工程备料款为全额贷款基金，由建行核定，定额内发放低息贷款，超定额按短期贷款办理；三改按实支付的“三差”（价格差、质量差、数量差）费用，为按工程预算增加固定系数包干。该省1979年至1984年对325个工程进行承包供应，使这批项目平均缩短建设周期20%，降低工程造价5%，建设单位材料库存下降37%，采购人员减少70%。此后，吉林、山西、山东、安徽等地相继推行。1982年，国家物资局联合国务院有关物资主管部门，经国家经委批准组建了“中国基建物资配套承包联合公司”，全国24个省、市、自治区也随后相继成立了相应机构。这项工作的主要特点是：

1. 配套。把建设项目所需各类物资的有关的生产、计划、供应、经营、运输等部门组织起来，不仅在物资数量上予以保证，而且在品种、规格、使用时间等方面予以配套成龙地组织供应。

2. 承包。即经济责任制。全面负责承包供应到现场，如延误或加速了工程建设，物资部门承担相应的经济损失或经济奖励。

3. 服务。配套承包要负责承包物资从订货到催货、催运、调剂串换、临时垫供以及派人到现场等系列化的供应、服务工作。

4. 联合。配套承包是打破部门、行业的界限的一种联合性供应。这种联合基本上有两个方位和两个层次。两个方位是物资部门与其他部门如生产、计划、运输、外贸、建材等部门的联合；物资部门内部各有关专业公司的联合。两个层次是国家物资部门与地方物资部门的联合；地方物资部门各专业公司的联合。

国家重点建设项目物资配套承包供应的主要对象是：经国家计委审定、建设资金纳入国家基建计划、列为按合理工期组织建设的项目；并有经过批准的设计任务书、扩充设计和总概算文件，有经过设计部门同意的材料表或初步设计中有三材总需要量及其计算依据的项目。供应的物资包括钢材、木材、水泥、铸造生铁、铸铁管、玻璃、沥青、油毡、石棉瓦、钢门窗、钢模板共11种。机电设备可按项目主管部门的需要委托，接受承包。属地方经营的卫生陶瓷、砖、瓦、砂、石、白灰等，可按项目所在地实际情况，商定承包。其物资计划则根据国家审定的项目内容、长远计划和年度建设计划，按项目单独核算、专项安排、戴帽下达、专项核销并纳入国家和有关部门的年度物资平衡分配计划，由项目主管部门向各有关物资管理部门提出申请。年度物资供应计划指标经国家物资局基建物资局、中国基建物资配套承包联合公司（以下简称配套承包公司）会同有关物资供应部门和项目主管部门共同核定，由项目主管部门向配套承包公司划转供应指标，并分别通知建设单位、各专业公司和地方配套承包机构。地方经营管理物资，由地方主管分配部门专项安排、戴帽下达。物资供应部门根据建设单位提出的订货货单，实行优先安排、单独订货、保证供应，在订货合同上加盖专用印章或合同编号前加注“C”字头，以示优先供应。有些省、市，按当地实际情况，对省、市确定的基建项目和重点技措项目所需统配部管物资、建筑五金、室内装饰材料等，不分计划内外市场物资，只要列入省基建计划，不论其资金来源如何，均实行承包供应，扩大了基建物资经营范围和经营效果。

到1985年止，全国省、自治区、直辖市一级的配套机构有26个，大体上分为三种类型。第一种是拥有一定资金和物资、独立核算、自负盈亏的经济实体，如陕西省、辽宁省、吉林省、上海市等，第二种是企业性联合体。联合体统一对外承担总包供应任务，具体供应业务则由有关专业公司执行。第三种是行政协调性质的办公室。这些机构业务发展较快。中国配套公司承包项目从1998三年的14个发展到1985年的69个，当年投资从23.6亿元增加到98.8亿元，三大材的供应量占全部重点项目分配量的平均比重分别为：钢材46.3%，木材40.85，水泥45.6%。承包项目当年投资占全部重点项目投资的平均比重为46.4%。1985年，省、市、自治区一级配套公司实行配套承包的地方项目达700个，年度投资额40亿元。吉林省1985年承包供应了省重点基建和技措项目投资的85%；陕西省对省属重点基建项目全部配套承包供应。

配套承包供应对于缩短建设工期，降低工程造价，节约费用，保证重点建设，提高社会经济效益，都有一定的效果。宁国水泥厂年产水泥150万吨，原定三年工期承包后二年建成，可增加产值1.5亿元。大同新电厂承包前材料成本降低率为3.9%，承包后提高到8.96%，钢材平均库存周转从2.7次提高到4.09次，周转天数从171天下降为88天。昆明三聚磷酸钠厂一期工程提前11个月竣工，节约材料费用129万元。上海石化总厂二期工程18个筹建单位已结算的单项工程共节约投资2700万元，为这些工程投资包干数的4%。

第四节　施工现场物资管理

施工现场物资管理不仅直接影响到施工企业本身的生产任务和经济效益，更重要的是直接关系到建设项目的质量、进度与成本。

一、现场物资管理组织体系

由于工业建设的复杂性和工程艰巨性有异，工程建设指挥组织形式不同，因此，施工现场的物资管理的组织体系，也有所区别。在一般的建设工地上，划分为建设单位（筹建处，基建办公室）和施工单位（工程公司)，有些项目则由建设管理部门和建设单位，施工主管部门和施工企业，以及当地政府机关等有关方面联合组成工程指挥部。1984 年，涌现了一批工程承包公司。为了保证物资供应，在这些建设机构内，一般都设立物资供应处（科）或面向项目的物资供应公司，其内部设立各专业科（组)、供应站、转运站、物资仓库等业务组织，全面负责建设项目所需统配、部管和地方管理物资的计划、订货、采购、提运到使用、调剂等工作。有的还负责成套设备订货、接运和供应。其工作重点是正确编制物资计划和加强供应使用管理。

二、施工现场的物资计划

物资计划是现场物资管理的主要环节。计划种类很多，内容复杂，各个主管部门的要求也有所不同。长时期内，年度基建计划确定迟，设计落后于施工，交图晚，漏项多，施工变更多，工期急，备料时间短；再加上合同供货不能按时到达等因素，给计划编制和执行带来了困难。为了搞好现场计划管理，各单位除了按规定进行工程量与定额核算等计划程序外，还联系实际，使物资与计划财务、施工技术、设计预算等部门密切协作，相互配合，总结了一些经验。如在“一五”计划时期，鞍钢三大工程建设者们采用了一套“编、审、修、平”的物资计划管理办法。编，就是在开工前、施工中、竣工前均要依据不同施工阶段的特点，编制物资计划；审，就是计划编完后，主管人员自审，有关科室互审，领导干部复审，力求物资计划齐全、准确、合理、及时，与施工进度一致；修，就是在计划执行过程中，随着工程项目、设计、施工、工程量的变化而不断地修正、补充，及时调整进料计划；平，就是不断地对材料资源与工程需要之间进行内部平衡分配。使国家分配订货和市场采购资源与工程进度需要保持平衡。推行这套办法，提高了计划管理效能和供应水平，有力地保证了三大工程建设的顺利建成。

随着基本建设的发展，特别是通过许多大型、特大型项目和国外引进项目的建设，建设单位、施工单位的计划管理和计划编制逐步总结了许多宝贵经验，如宝钢一期工程现代化程度高，所需材料量大、质高、新品种多。工程指挥部施工材料处调查了以往100多个竣工项目的材料消耗数据和工程实物量资料，经过综合分析并结合已有的部分设计文件和图纸，选定材料消耗定额，测算出工程实物量，以此为依据所计算的材料需用量基本符合工程实际。又如宁国水泥厂是年产150万吨的新建项目。由于设计文件特别是施工图纸跟不上，物资计划人员采取了到设计单位了解设计人员对施工图设计的构思和设想；去冀东、淮海水泥厂了解类似的单项、单位工程的实物量和材料需用量情况；向参加工程建设会战的单位和有实践经验的老同志请教；参照核算投资和概算中提供的部分主要材料数量测算等方法综合运用，提高了计划的质量。同时在计划执行中，加强统计分析及组织、指导、调节、检查、监督、反馈等各项工作，使计划水平不断提高。

三、建设工地的物资供应管理

建设项目的施工现场，是基建物资供应的第一线。有的建设工地，设计施工单位多达几十个，施工人员几万甚至几十万，各项工程齐头并进，各方面对物资供应不断提出新的要求，供应组织工作是十分复杂的。在长期的实践中，许多单位都摸索出了适合工程具体情况的组织资源、落实运输、正确发送、加强物资和资金周转、确保施工进度的办法，北京十大工程和大庆油田建设的物资管理就是成功的范例。

1958年北京开始建设的人民大会堂、革命博物馆和历史博物馆、军事博物馆、民族文化宫、北京火车站等十大工程，只用了一年多的时间，就于1959年国庆节前建成并交付使用。总计完成投资2.71亿元，建筑面积60.9万平方米，消耗钢材5.46万吨，木材11.5万立方米，水泥20.9万吨，玻璃3.6万标箱，砖19亿块，瓦82.9万块，石灰4.3万吨，砂47.5万立方米，石41.4万立方米等建筑物资。当时在首都国庆工程办公室统一指挥下，设材料组负责统一管理和组织供应这些物资。国家和北京市把它列为重点供应对象，指标戴帽下达。物资申请、分配、核算采用统一的设计定额，核料拨料采用同一的清算料价和计划统计制度。主要物资由各施工总包部门按照建安工作量，投资及设计预算定额向国庆办材料组提报计划，申请、分配供应；地方物资向北京市各物资专业公司申请、供应。施工现场的物资管理由各总包单位拟定办法执行，国庆办材料组督促检查。在编制好整体物资计划的同时，十大工程基建物资人员着重抓好季度和月度的分项工程物资计划管理，按照施工进度，及时配套地组织供应。特别注意做好所需物资的生产、运输、存放、使用的密切配合。这样，在物资运输存储受到严格限制的条件下，完成了物资供应任务。在当时的历史条件下，这是基建物资管理工作的一个成功范例。

大庆油田会战的物资管理工作，在大庆艰苦的创业史中占有不可磨灭的一页。他们在会战中，逐步摸索，不断总结，形成了一套适合当时情况的工业建设的物资管理办法。他们主要的经验是：

在油田内部集中统一的管理。以计划管理和物资调度为中心，实行“五统一”的管理，即统一计划、分配、订购、调度、管理。在物资核算和核销的基础上，实行“五对口”、“三落实”的计划管理办法，即工程建设的项目计划、设计文件、工程进度、投资和器材五对口，计划任务、建设指标和增产节约措施三落实。施工企业在按照“五对口”编报物资计划时，要做到“四有”，即计划有依据、核算有定额、定额有对比、费用有指标，算清“四笔账”，即上年度物资资源和使用方向，本年度物资资源和需要。

加强催交催运、调度调剂。在抓好内勤计划分配的同时，充实外勤订购工作，全力沟通全国各有关生产、协作单位、供应市场、交通运输等部门，力争分到的能订到，订到的能拿到，拿到的能运到，运到的能用上，不误施工。

实行“三配一调”送料制度，为施工前线服务。以调度室为主，负责配人、配料、配车，大宗物资在开工前成龙配套地送到井场工地；零星辅助材料按定额或施工预算小配套送料；查漏补缺出现的材料、货郎担送料；在车间、井队、班组设“针线笸箩”，定量储备常用工具和常耗材料，定期核销补充送料。

从大庆油田会战开始到油田建成投产，水电、交通、铁道、冶金、建材、林业、建工等各个部门，18 个省、市、自治区的4000 多个企业事业单位，支援了大量的物资。据统计，共消耗各种物资 5575.5 万吨，其中：钢材 862.7

万吨，木材 56. 96 万立方米，水泥 269. 4 万吨，机电设备 50. 8 万吨，化工材料 73. 5 万吨，地方建材 4077. 5 万吨。通过广大基建物资工作人员的努力，使这些物资的劳动转化提供了可能，对松辽荒原上迅速出现一座井架林立、油流滚滚、炼厂矗立、昼夜通明的石油城做出了贡献。

四、企业整顿促进了现场管理

1982 年，中共中央、国务院发出了《关于国营工业企业进行全面整顿的决定》后，全国各建设、施工单位，先后进行了以建立和完善经济责任制为中心的企业整顿工作，使施工现场物资管理做到了三个面向（面向生产、面向基层、面向群众）、五到现场（即计划、分配、送料、核销、管理到现场），贯彻了保重点、保竣工、保投产、兼顾一般的供应原则；明确了以降低工程成本，开展经济核算，提高经济效益为目标；建立了材料请领、运输、收发、保管、核算、合理使用、节约代用、修旧利废、降低物资消耗等各种办法和制度。

（一）健全现场物资管理的组织。一般采取了以施工队（工段、工区）为基础，进行综合管理和核算的办法。设立专职材料员和兼职的工人料具员（材料工具核算员或群管员），形成专群结合的管理网。在施工队设材料库，配合专职人员，负责本队施工的物资计划、供应、保管、核算业务；在作业班组有兼职材料工具员，负责本班组材料工具的领发、核算、保管及消耗记载。

（二）重视施工前的准备工作。根据施工项目的内容、范围、结构、施工方法、施工进度、质量要求，结合施工地点、地形、运输条件及对主要材料的要求，调查材料来源，组织材料运输，按施工平面布置图，规划出材料、工具的堆放区域，搭好材料仓库，按照进度分批组织材料进场。

（三）编好施工现场的用料计划。以年、季、月度工程数量、进度为依据，按单项工程施工图预算，编制出材料需用计划及核算表。根据物资的库存和储备情况，提出有时间、地点的明细申请计划上报。对当地可采购的用料，编制自购计划，经批准拨款后办理。

（四）加强用料的发放和核算。普遍实行按工程进度领料或由上级物资部门送料到现场，及时收料、点验入账。按施工技术部门核算的工作量，分别按消耗定额或施工图材料预算，计算出材料使用限额数量，填发工号材料限额卡片，工班小组凭限额卡片领料。实行内部承包，多数单位实行既包物资数量，又包材料价格费用，以内部有价证券结算，层层包干，节奖超罚。每一工号完工后，存料盘点，余料退库，按单项工程的实际消耗数量统计上报，及时办理核销。每月按完成工作量，公布节超状况及原因分析。工完后做到料净、场地清。

许多单位经过企业整顿建立了以经济责任制为中心的各项管理制度后，群众为国家管家理财的积极性提高了，为推行百元含量工资包干和材料费包干创造了条件，促进了文明施工，使现场管理也大有起色。

（五）开展了标准仓库活动，改变了仓库面貌。1982 年开展企业整顿以来，不少部门和地区，又颁布了仓库管理标准，开展标准仓库和优秀管库员等评比活动。许多单位增添了装、卸、运、储等设施，积极进行翻堆倒垛，清仓查库，分类分区合理摆放。按不同物资的性能要求进行科学保管保养，库内库外整齐清洁，防止了损坏变质。还坚持定期盘点，做到账、卡、实物、资金相符，原始凭证和资料齐全，场容库貌焕然一新。

五、物资的节约代用

新中国成立以来，认真贯彻勤俭建国的方针，物资的节约代用取得了较好的成绩。1979 年以后，国家有关部门重申了物资节约的重要意义，颁发了一系列政策和办法，使节约工作又有了新的发展。

（一）以钢代木，大力节约木材。

中国木材资源较少，加上采育严重失调，木材供需矛盾十分突出。为了解决这一问题，国家建委、国家物资局以及有关部门，大力组织和推广了以钢代木的工作。1981 年，制定颁发了定形组合钢模板的技术规程，召开了全国基本建设以钢代木经验交流会，介绍和推广了冶金、水电等部门和北京市、上海市在基本建设中使用钢模板、钢门窗和钢管脚手架的经验。与此同时，国家物资局基建物资局每年拨出大量钢材，用于安排钢模板、钢窗的加工制作，并对国家重点建设项目的需要，实行了统一加工、统一供料、统一分配的办法，从而大大推动了全国以钢代木工作的迅速开展。从 1979 年至 1983 年年底，全国拥有钢模量近 1100 万平方米，约 60 万吨，形成代木能力 170 万立方米，为国家节约投资 1.7 亿元。钢窗的使用已遍及全国，使用面积约有半数达到 50% 以上，其中北京、上海、陕西等省市基本钢窗化。四年内，使用钢模、钢窗、钢脚手架累计代用节约木材达 639.79 万立方米。

各建设、施工单位的领导和供应部门按照国家的要求，狠抓以钢代木的工作，普遍制定节约木材的具体计划和规定。通过采用以钢代木等措施，使木材的需求量逐年降低，大大缓和了木材供应的紧张状况。

宝山钢铁总厂一期工程建设中，组合式钢模板的试制成功和推广，改变了传统的落后的木模工艺，为中国基本建设在混凝土的施工上广泛使用钢模板开创了先例。该厂一期工程共节约木材 13 万立方米。葛洲坝一期工程在混凝土施工中，积极推广使用整体提升钢模板、钢木混合模板和混凝土模。在房屋建设中，积极推广使用钢门窗、钢脚手、钢支撑，共节约木材 3 万立方米。

在铁路工程中，已普遍使用水泥轨枕代替木枕；在输电线路工程中已普遍使用水泥电杆代替木杆，不仅节约了大量木材，而且大大延长了轨枕、电杆的使用寿命。

（二）大量节约水泥，提高混凝土质量。

在混凝土中掺用外加剂和粉煤灰，不仅可以提高混凝土质量，而且可以大量节约水泥。从 60 年代起，在一些工程建设中已采用了这两项技术措施。1980 年以来，在国家有关部门的大力组织下，这两项技术措施已在工业交通建设项目特别是在国家重点工程中逐步推广应用，并取得了明显的节约效果。

从 1979 年至 1981 年，宝钢一期工程使用木钙减水剂浇筑混凝土 103 万立方米，节约水泥 2 万多吨。从 1979 年至 1985 年 7 月，在混凝土中掺用磨细粉煤灰 1.2 万吨，节约水泥 7000 多吨。

1977 年至 1985 年年底，葛洲坝工程使用木钙减水剂 4700 吨，节约水泥 18.7 万吨，节省工程投资 918 万元。

铁道部第一工程局从 1983 年至 1985 年上半年，掺用减水剂 700 吨，节约水泥 7294 吨，从 1985 年至 1986 年一季度，共掺用粉煤灰 3854 吨，节约水泥 3318 吨。

北京市第三建筑公司，从 1980 年至 1984 年共使用粉煤灰 2 万多吨，共节约水泥 4000 吨、白灰 4000 吨，降低成本 18 万元。

在铁道、水电等建设项目中，采用水泥裹沙混凝土、碾压混凝土、半干硬性混凝土、片石混凝土和泵送工艺等施工新技术、新工艺，均收到了节约水泥的经济效果。

（三）金属材料的节约代用已逐步开展起来。

许多建设、施工单位在狠抓木材、水泥节约的同时，重视钢材节约，并采取了不少措施，如以塑料制品代替钢铁，用水泥管、塑料管代替铸铁管、钢管，以黑色金属、建筑材料代替有色金属，在加工构件中合理套裁减少损耗。对边角余料充分回收利用等。1983 年年底，全国有 100 万平方米的住宅使用聚氯乙烯排水管代替铸铁管，用塑料管代替钢管。

六、现代化科学管理方法的初步应用

运用现代化科学管理方法和手段，已在一些基层基建物资部门起步。山西铝厂在建设一期工程中，物资部门应用价值分析解决缺口材料和寻找代用材料，降低了采购成本。交通部第一航务工程局五处，在秦皇岛煤码头工程中，应用网络计划技术组织物资供应，取得了保证工期、节省储备资金和流通费用的成效。葛洲坝工程局物资局、二十冶物资处、陕西省基建物资配套承包公司、大庆油田等单位对基建物资采用电子计算机管理，建立了数据库，可进行用料计划汇总，随时进行收、发、存、需等动态的查询服务，还可随时打印出收、发、存、资源、物资催交和供应等常用业务报表和统计分析表，使工效、准确性大为提高。

第二十八章
设备成套的供应管理

设备的成套供应是基本建设工作的一个重要组成部分。一个建设项目，特别是大型工业项目，结构复杂，技术要求较高，需要大量的机电设备，为了使成千上万台设备能够按建设进度要求，按质、按量、按时成套供应，中国在1959年正式组建了全国设备成套工作机构。这个机构在生产、基建、科研、设计部门之间作为桥梁和纽带，使这些部门的工作紧密配合，对确保国家重点建设按时建成投产和国家基本建设顺利进行起着积极的作用。

第一节　设备成套供应的建立和发展

一、设备成套供应在生产建设大发展中建立

“一五”计划时期，中国机械工业还很薄弱，国家建设需要的设备，除个别电站、糖厂能组织成套供应外，国内只能制造一些配套设备。156项重点工程所需的主要设备均由苏联成套供应，国内只作了一些配套工作。1955年一机部在上海成立“上海电站设备成套供应公司”，组织了淮南电厂6000千瓦机组的成套供应。这是国内第一个组织设备成套供应的电站项目，机组运行良好。“一五”计划时期，电站新增能力217万千瓦，国内组织成套供应的只占7.2万千瓦。

随着“一五”计划的提前完成，国家生产和建设有了巨大的发展，特别是机械制造业的迅速发展，使得国内基本建设项目所需设备，有可能立足于国内制造。这样，设备成套工作及其专职成套供应机构自然地被提到了日程上。一个建设项目包括基本生产车间、辅助车间、厂内运输、公用系统，需

要的设备数量大、台件多、规格杂。例如安装一套2.5万千瓦火力发电机组需要设备5000余种，12000多台件，由全国50多个工厂生产。从安排计划、进行设计、生产准备到投料生产，需要一个相当长时间。而要使这些设备能够在规定的时间成套地组织到一起，形成完整的生产能力，需要做大量的技术组织工作。当时基本建设项目的建设单位大都是从各个部门临时抽调人员组成，对于如何按质按时成套地获取需要的大量设备，还缺乏经验。根据这种情况，中共一机部党组于1959年1月2日向中共中央写了《关于成立机电设备成套公司的报告》，提出：为了保证设备配套供应，除必须从基本建设上、计划安排上、产品分配上、生产组织上注意成套外，还须设立专门负责组织设备成套供应的部门。建议在一机部设立设备成套总公司，在上海、哈尔滨、天津、西安、重庆、汉口和广州等地，设立机电设备成套公司。另在机械工业较多的地区，如太原和沈阳设立分公司，各省、市、自治区根据各自需要设立设备成套的专职机构。中共中央当天批准了这个报告。接着，根据陈云建议，决定派出六个大区检查组到各重点地区检查在建项目因设备不成套不能按时建成的问题。同年1月20日，中共中央在批复一机部《关于加强设备成套工作的报告》中强调指出：设备成套是一件复杂工作，它已成为目前中国新建企业能否迅速投入生产的一个决定性的环节，各级党委，各有关国家机关党组都应当切实抓好这一工作。

经过积极筹备，第一机械工业部机电设备成套总公司在1959年2月正式成立。总公司下设电站、冶金、煤炭、石油、化工、建工六个专业设备成套处，综合处和办公室。人员编制定为100—150人。各省、市、自治区相继建立了设备成套公司。到1961年年底，全国各省、市、自治区除台湾、西藏外均设立了机械设备成套局，成套系统工作人员已达1400人，其中工程技术人员占总人数的35%。一个比较完整并拥有相当技术力量的设备成套工作网至此初步形成。

总公司在成套机构成立的第一年就承担了1721个基本建设项目的设备成套和补套，其中限额以上的重大项目800多个，包括包钢、武钢等特大项目。1960年组织了1168个项目的设备成套。1959年、1960年组织设备成套投产的项目新增能力：电站能力约500万千瓦，采煤能力5700万吨，轧机能力2400万吨，机车制造能力150台，机车修理能力200台。

二、在国民经济调整中发展

1961年国民经济进行调整，大批基建项目停建或缓建，大量的已订货或已交货的机电设备多余下来，分散积压在各单位。成套部门在确保国家重点建设项目设备成套供应的同时，主要承担了基本建设调整后的大量设备退货、调整、收购、储存、改制、利用等工作。自1961年下半年至1963年上半年，共收购了价值近20亿元的设备。收购后统一储存、保管，以减少散失和锈蚀，同时还根据社会的需要尽量调度和改制利用。机械工业经过调整、巩固、充实、提高，机械产品品种有增加，质量有提高；石油、化工机械、精密机床、工程机械、仪器仪表等薄弱、短线行业也得到加强。机械工业已发展成为具有一定规模、门类比较齐全的制造部门，可向国民经济各部门提供数量更多的机械设备，为组织成套供应提供了物质基础。随着国家基本建设投资规模的逐步扩大，成套工作也有了发展，通过设备成套机构组织成套供应的项目也逐年增加。1961年为100个，1962年为349个，1963年为1038个，1964年为1475个。

几年中成套部门组织了大量的单机配套、建设项目的设备成套和补套，使国家基本建设收到了较好的效果，设备成套工作逐步为社会各方面所了解和认识。第一，过去设备制造企业的主机与辅助制造力不配套，冷加工和热加工生产不配套；设备成套供应工作开展以后，促进了机械工业内部结构的调整，逐步提高了成套制造的能力。第二，过去许多企业在安排生产上往往容易重主机、轻配套，重关键设备，轻配套设备；通过组织成套供应，促进机械设备的生产面向使用部门，有目的地成龙配套地进行，尽可能符合建设事业的需要。第三，使各项建设事业需要的设备尽快地得到配套落实；凡设备不能配套落实的建设项目，可以及早反映到领导部门，或修改计划，或采取措施，有利于减少盲目性，避免损失。第四，成套供应是组织生产厂直接把设备发运到建设单位，中间没有中转环节，它比任何一类流通部门（无论批发还是零售）都能节约仓储、运输、管理费用。

为了加强对成套工作的领导，1962 年国务院决定成套总局（原成套总公司）受国家计委和一机部双重领导，成为国家总管基本建设成套设备供应的专职机构，各地成套机构也不断充实，到 1964 年已有 4452 人。这对成套供应工作的发展和提高起了重要的作用。

三、成套供应工作的破坏和恢复

1966 年“文化大革命”开始以后，设备成套机构受到了严重的冲击和破坏。1967 年设备成套总局党政领导被夺权，各地成套局也受到冲击，大部分被撤销，人员被下放到“五七”干校或调离。不久，电力、冶金、煤炭、石油等部，纷纷退出，自己组织本部门项目的设备成套供应工作。经国家计委同意，对 1970 年的成套项目，已安排了设备的移交给各部门；对 1971 年基本建设项目需要的设备，则将指标分给各部、各地，由各部、各地自行组织设备成套供应。

设备成套供应工作停顿以后，设备资源大大分散，国家重点建设项目的成套设备供应得不到保证，基本建设的计划进度受到严重影响，1971 年国家计委和一机部共同决定重新恢复集中统一的设备成套供应工作，选定了 1781 个一类项目（主要是大中型），654 个二类项目（主要是地方项目）作为国家成套项目实行成套设备预安排，保证了冶金、电站、石油、化工、煤炭等国家重点项目的需要。一机部在产品管理局内设民用项目处、军工处和综合处，负责全国基本建设项目设备成套供应工作。1973 年年初，在一机部成立了发电、矿山、冶金、石油、化工 4 个设备成套公司，每个公司的编制为 50 人。

从 1972 年起全国基本建设项目需要的成套设备，主要由一机部产品管理局会同 4 个成套公司和各省、自治区、直辖市负责设备成套的部门共同组织。基本做法是：根据国家计委一年一度确定的成套项目，按照成套供应的 82 种产品目录，由主管分配部门划拨指标分切到各行业、各项目，依靠每年召开 1—2 次订货会议，安排 1000 多个项目当年需要的设备。由于当时基本建设战线过长，成套项目定得多，可供资源少，再加上计划不稳定，设计多变，设备资源分散，结果真正设备成了套的项目较少。例如，1972 年计划成套项目 2435 个，设备只满足 49%；1973 年计划成套项目 1637 个，设备只满足 62%。

为了改变设备成套工作不能适应国家基本建设需要的情况，国家建委、一机部经过调查研究，在听取各方面意见的基础上，于 1974 年 6 月 24 日，联合向国务院提出《关于加强基本建设项目设备成套工作的意见》的报告。报告指出：几年来，基建战线过长，不少项目多年不能及时投产、发挥投资效果。其中，没有组织好设备成套供应和调剂调度工作，也是一个原因，按照现行物资管理体制，要把统配、部管设备和下放机械产品配齐成套，需要做大量的组织工作，需要有一个强有力的设备成套工作机构。

1974 年 9 月 27 日，国务院指出：随着国际国内大好形势的发展，基本建设任务日益繁重，对基本建设项目需要的设备，实行成套地安排制造、成套地组织供应，是保证基本建设项目按计划建成投产的重要环节，是多快好省地进行社会主义建设的一项重要措施。对改进订货，促进机械工业发展，具有重要作用。各地区、各有关成套部门要认真总结经验，进一步加强对设备成套工作的领导，按照精兵简政的原则，建立健全有关部门和省、市、自治区的设备成套工作机构，尽快地把工作开展起来。

根据国务院的批示，1975 年 1 月由一机部产管局的几个处与发电、冶金、矿山、化工石油 4 个设备成套公司合并组成机械设备成套总局，受国家建委、一机部共同领导。成套总局的任务是：根据国家确定的设备成套项目，组织设备成套机构参与设计审查，组织设备分交，安排设备制造，办理设备订货，做好调剂调度等。与此同时，各省、市、区也按照国务院批示陆续恢复了设备成套局（公司）；冶金、水电、五机部等部门相应地建立了设备成套工作机构。到 1975 年年底，全国各省、市、自治区都建立了成套局（公司），全国成套工作网重新建立恢复起来。

1975 年，由于全面贯彻整顿的方针，成套供应工作同其他工作一样，开始有了转机。1975 年共组织了国家指定的 1004 个建设项目的设备成套供应，其中重点项目 654 个。对保矿山、保 400 万千瓦电站建设、保油、保煤、保交通运输，以及保证国外引进项目（如十三套大化肥、三套化纤、武钢一米七轧机）建设等，都起了一定作用。特别是为港口建设组织设备成套供应，成效显著。基本上完成了周总理提出的三年改变港口面貌的任务。

1979 年国务院批准国家建委的报告，明确国家机械设备成套总局直属国务院，由国家建委代管，是组织国家重点建设项目设备成套的专职机构。1979 年 8 月国家建委、国家计委、国家经委联合颁发了《国家基本建设成套项目设备成套工作暂行条例》，明确规定：国家机械设备成套总局及其所属机构是负责国家基本建设成套项目设备成套工作的专职机构。在国家统一计划下，负责组织国家成套项目所需设备的成套生产和供应。《条例》还就国家成套项目的确定、设备成套范围、设备分交、成套设备供应计划、安排生产、成套设备调剂调度、经济合同以及地方成套项目作了具体规定。

第二节　设备成套供应办法的逐步形成

中国设备成套供应的办法是在实践和总结工作经验的基础上逐步形成的，主要有以下几个方面：

一、按项目需要，实行成套预订货

1959 年成套机构建立之初，物资分配是采取划指标的办法，即根据国家的生产和分配计划，把设备资源切块分配给各部，由各部自己具体装配到各个建设项目，然后集中到成套部门按分配的指标组织订货和供应。这是一种过渡的办法，缺点是资源不能集中使用。一方面重点项目的设备留有缺口，另一方面有些设备又有多余，分散在各部。1960 年 9 月，全国成套经理会议总结了实践经验，决定改进组织设备成套供应办法。1961 年，由国家确定一批重点骨干项目作为成套公司组织设备成套的对象。成套项目需要的设备，凡属国家统一分配的，由国家计委或物资局直接划给成套总局，并由机械制造部门提早安排生产、组织订货，保证供应。不属国家分配的，经过分交，明确供应单位，由有关部门纳入生产供应计划，优先保证。实行这种做法，对于合理利用设备资源，保证建设进度，起了重要的作用。在这个基础上，国家计委于 1961 年 4 月 11 日正式颁发了《关于组织建设项目设备成套预订货的规定（草案)》，对确定成套项目、组织设备分交、安排生产、组织订货等设备成套的基本方法做了具体规定。自 1962 年起，对于部分重要的建设项目所需的整套设备，实行成套预订货的办法。即在年度计划编制以前提前由各部门各地区提出建议项目，经国家计委审定后交由机械制造部门成套安排生产，并由设备成套机构成套的组织供应。成套预订货的办法在实践中取得了良好效果。如 1961 年 5 月动工建设的马鞍山车轮轮箍厂，是一个大型的现代化工程。设计规模为年产钢 48 万吨、车轮 45 万个（17 万吨)、轮箍 7 万个(3 万吨)。这个厂的设备全套由国内自行设计、制造，总重量共达 2. 4 万吨，数量大、品种多，技术复杂，大型、专用设备多。为了保证按时建成投产，成套总局按照工程设计和建设进度组织了设备成套生产和成套供应。1961 年 5 月正式开工，在短短两年多一点的时间内全部按照计划制造完成和成龙配套，满足了项目需要。轮箍工程于 1963 年 11 月胜利建成，接着，车轮工程于 1964 年建成，经过试生产，证明设备质量良好。

“成套预订货”不仅克服了以往订货中的繁杂手续，避免了年度分配和生产安排中可能产生的某些脱节现象，更主要的是把全套设备包下来，按计划提前做出安排，使设备制造厂得以早准备、早投料、早配套，适应了新产品、大型、专用设备设计和制造周期长的特点，从而保证了设备按照建设进度提供，满足建设需要。因此，成套预订货办法迅速得到了推广。一些跨年度建设的大中型项目，经过总体分交，也采用了这种办法，把项目需要的设备，一次全部安排生产，根据建设进度分年交货。

1965 年 11 月 20 日，国家计委、建委、一机部、物资局联合商定，并由国家计委、建委联合发出了《关于胜利炼油厂等七个项目实行成套设备一次安排生产、分年交货试点工作的通知》，强调以后重大建设项目全套设备，都要采取这种办法。对于列入“三五”计划的重大项目，要分批实行。这个办法主要是机电设备成套总局成为成套设备的总交货人。其具体做法是：成套总局依据建设项目经过批准的设计和国家规定的建设进度，把全部设备通过各设备制造部门（包括一机部和其他有关部）一次安排生产，分年交货；这些设备纳入国家生产、分配计划，不用办理指标的申请、分配手续，由成套总局报国家计委、物资局备案。

实践中，采用上述办法的还只是一些长远计划已经确定的少数重大项目。大部分项目还是实行年度订货的办法：即根据下一年度投资计划，确定工程进度和需要的设备，提前1—2个季度提出，在年度开始前先行订货。

二、不断调整成套设备供应范围，扩大服务领域

为了尽量减轻建设单位为设备采购奔跑的重担，确保国家重点，本着尽可能扩大供应范围的精神，国家建委于1959年6月20日颁发了《划分成套设备供应范围暂行规定》。规定由设备成套部门供应的设备范围是：国家统一分配由部管理的机电设备，一机部销售办事处统一销售的机电产品，一机部统一规划生产的电线、电缆、电瓷、高压阀门和高压管件，以及建设单位、施工单位不能自制的比较复杂的非标准设备。按照这个供应范围，拟定了第一个《成套设备供应范围总目录》。

随着生产不断发展，技术不断进步，建设项目对机械设备成套的要求越来越高。国家建委副主任谢北一多次邀请国务院有关部门研究、拟定扩大成套设备目录问题。1979年3月召开了成套工作会议，强调：要扩大成套设备范围，凡是成套供应设备的项目，工程设计上需要的设备，包括统配、二类机电产品，均由成套部门成套安排、成套供应；国内一时不能制造的，组织进口。经同各主管部门研究，1979年8月由国家建委颁发《国家成套项目设备供应目录》。成套供应的设备由156种扩大到200种，包括统配的66种，二类50种、各部门统配的83种。即使如此，在实践中，建设单位仍认为不能满足设计需要。随着经济体制改革，机械设备开始作为商品进入市场，给成套机构组织200种目录以外的设备提供了可行性。1980年设备成套总局提出，打破目录限制，凡是设计上需要的，用户委托的机械设备，均负责成套供应。供应的办法是：200种目录以内的设备，走计划安排的路子，成套安排生产，纳入国家计划，成套供应；目录以外的设备，利用市场经济，以服务的形式，代购代订，组织成套供应。这种办法有效地满足了建设需要，受到用户欢迎。

为了集中国家有限资源，确保国家重点建设，基本建设项目的设备成套供应实行分级管理，即对国民经济建设有重大影响的大中型建设项目，由国家组织设备成套供应，一般基本建设项目由各地、各部门自己组织设备成套。根据国家长远计划和各地、各部门的建议，每年下半年由国家计委同各部门确定下一年度成套项目。成套项目一经确定，由设备成套总局按照国家计划组织设备成套供应，直到项目建成。

1979年在贯彻国民经济调整“八字方针”中，设备成套总局提出了成套供应工作的三个转变，即：由过去坐机关、等计划（国家下达成套项目任务）、审查、把关、分配、订货，组织设备成套，转向为用户服务，走出机关，主动上门，承揽项目任务；由过去主要为国家重点建设项目组织设备成套，转向在保证国家重点的同时为中小型和技术改造项目服务；由过去主要为能源、冶金、交通、国防建设项目服务，转向同时为农业、城乡人民消费品工业、食品、建材以及与人民生活有关的项目服务。1980年实际组织成套设备供应的项目中，有小型项目74个，占项目总数的14%。1981年国家下达的新的成套项目37个，各成套局（公司）主动承揽的中小型项目达到593个，同时还为745个建设项目提供了零星设备补套服务。从此，成套机构服务的对象，已遍及全国各地区、各部门、各个行业的各类大中小型建设项目和技术改造项目。

三、形成全国成套网

全国各地成套局（公司）除自主地承担建设项目的设备成套供应外，还在成套系统中紧密配合、互相协作。

一个建设项目，不管在那个地方，都可以通过成套网在全国各地落实所需要的设备，并且在组织订货、安排生产、监督制造、催交调度、解决质量问题等方面依靠设备制造厂所在的省市成套机构（产区成套局）就地组织解决。这样就在全国形成一个紧密地有力地成套工作网。以马鞍山车轮轮箍厂为例。这个工程需要设备1.8万多台件，分别由11个主管部门，21个省市的192个工厂分工制造。又如9套大型冶金设备包括3万吨模压水压机、12500

吨卧式挤压机，2800 毫米冷热铝板轧机、2—80 毫米冷轧管机、80—200 毫米冷轧管机、2300 毫米冷轧板轧机、4200 毫米特厚板轧机及 2 套模拟机（3500 吨挤压机、1000 吨油压机），这些设备是压挤飞机翼板、导弹头、壁板、型材等有色金属，制造飞机导弹的大型铝板，其他尖端技术所需的各种薄壁高温钢管，不锈钢管，特薄的高温钢板和不锈钢板，以及坦克军舰用的装甲特厚板等所需设备。主机重量约 7 万吨（不包括车间配套），有几十个单位进行产品设计，全国 20 多个省市的几百家工厂承担制造。为了保证这些设备成套，各地成套机构分别就地就近深入各制造厂，了解生产进度，及时反映问题，帮助解决存在的困难，使上述项目需要的设备都按需要供到了现场。马鞍山车轮轮箍厂在 1963 年至 1964 年建成，九大冶金设备除 4200 毫米特厚板轧机于 1979 年投产外，其余都在 1970 年至 1971 年建成。

成套网在设备调度方面也起了重要作用。建设项目众多，在实际施工中不可能完全按照计划进度，设备交货也不可能件件都满足施工进度，一些工程进度加快要求设备提前，有的工程推迟要求设备延期交货。管理项目的地区成套局可以根据工程进度和需要情况，报告成套总局，总局再向有关产区成套局发出通知，在项目之间进行设备调度。这是建设单位自己单个订货所不易办到的。

四、派驻现场工作组

为了对组织供应的成套设备负责到底，成套机构认真贯彻以“项目管理为中心，产品管理为基础”的指导思想，向建设工地派驻现场工作组，及时了解设备的到货情况，办理催交调度，组织生产厂到现场处理设备质量、缺件和短少技术资料等问题，帮助指导安装，并协助建设单位解决临时提出的设备需要等项工作。同时工作组还及时向有关领导部门反映各类问题，特别是设备制造上的问题。

1964 年 4 月，为了确保大庆石化总厂尽快建成投产，石油部、一机部决定由黑龙江成套局和一机部专业局派人组成驻大庆工作组。7 个月中，工作组主要做了以下几项工作：

1. 解决设备缺口问题。通过核对当年需要的设备，清理出当年建设尚缺设备。利用各方面库存，共解决设备 90 多台，190 多吨。如急需流量计 30 多支，未订上货，利用库存进行改装，又缺配件，经工作组同大连仪表厂协商，生产了弹簧管、负压管等配件，保证了工程的需要。

2. 组织催交。由于建设进度提前，要求 284 台设备，736 只阀门、1300 米电缆提前供货。工作组亲自跑哈尔滨锅炉厂、第一重机厂、落实了焦炭塔等设备，跑上海、武汉等地落实常减压风机、水泵等设备。

3. 开展技术服务。先后组织了 60 多个工厂、研究单位 300 多人到大庆开展现场服务，解决了设备质量、缺件等 207 个问题，修整设备 491 台，提供多种配件 4300 多件，补充各类机床图纸和技术资料 41 份。工作组还帮助工地对到货设备进行验收，对 170 多台有不同问题的设备进行了妥善处理。

1964 年，整个油田会战在晚开工 1 个月的情况下，全年计划提前 1 个月完成，炼油厂的焦化装置提前 2 个月建成。

第三节　设备成套工作的改革

中共十一届三中全会以后，随着国家经济体制改革的深入和社会主义商品经济的发展，设备成套工作开始进行了相应的改革。核心是由计划分配、供应成套设备，转向用合同、承包等经济方法组织工程技术设备成套供应。

一、普遍实行经济合同制和承包制

过去，设备成套工作是在计划物资管理高度集中的体制下进行的。成套项目由国家确定，设备由国家计划分配，成套部门负责审查、把关，按照项目需要和国家分配的资源，安排生产、组织供货。在 1979 年召开的成套工作会议上研究了如何使成套工作逐步由行政办法过渡到经济办法，确定先在上海成套公司组织的金山水泥厂、上海棉纺八厂，云南成套局组织的三聚磷酸钠厂，江苏成套局组织的幕府山白云石矿，北京成套局组织的新型建筑材料试验厂等少数成套项目上试行负有经济责任的合同制。成套部门同建设单位签订合同，按照项目需要、按质、按量、按时供应设备，并向建设单位收取一定的服务费以支付有关试点项目的直接费用；不能按合同规定提供设备影响建设的，要承担一定的经济责任。1980 年经济合同试点进一步开展，有 24 个省、市、自治区成套局（公司）同 189 个项目单位签订经济合同。1980 年 12 月，总结了一年多试点的经验，拟定并颁发了《基本建设项目设备成套供应试行经济合同制办法》。与此同时，由财政部、建设银行、劳动总局和成套总局联合颁发了《关于基本建设成套项目中试行负有经济责任的合同制有关收费及财务问题的联合通知》。《通知》规定：凡是试行负有经济责任合同制的成套项目，在现行机电产品定价政策没有改变以前，成套部门（包括各地成套局和成套总局各专业公司、设备服务公司）应收取一定的业务费。收费本着“多服务，少收费，有利生产，方便用户”的原则，并根据不同的情况采取以下办法：国家成套项目委托成套部门供应的设备，其中设备价款由建设单位与生产厂直接结算的收费标准不超过设备总价的 3‰；设备价款由建设单位与成套部门、成套部门与生产厂三角结算的，收费标准不超过设备总价的 1%。具体收费标准，视设备供应多少、难易，由成套部门与建设单位在上述标准内协商议定。

经过几年的试点以及逐步推广，从 1984 年以后，各成套机构在所有成套项目上实行了负有经济责任制的成套设备供应办法。在普遍实行负有经济责任的成套设备供应的基础上，从 1985 年起，逐步推行了设备费包干，目标承包以及工程总承包（包括设计、设备采购、土建施工、设备安装等）。

为了推行承包制，1984 年 3 月 15 日，国家计委、国家经委、财政部、中国人民建设银行、机械工业部联合颁发了《按合理工期组织建设的大中型项目成套设备承包责任制试行办法》；1984 年 11 月，国家计委、城乡建设环境保护部、中国人民建设银行、机械工业部联合下发了《机械工业部成套设备承包暂行条例》；1984 年机械工业部印发了《机械工业部设备成套管理局开展设备成套技术服务试行办法》。

通过经济责任制和承包制的推行，显著地提高了成套工作效率和水平。主要表现在：

1. 扩大了成套供应范围，改变了过去按照成套设备目录供应设备的办法，做到了凡是用户委托、工程设计上需要的机电设备均负责成套地供应；国内一时不能制造的组织进口。

2. 进一步调动了成套部门的积极性，加强了责任心，设备按质、按量及时供应有保证，建设单位也可减少设备人员，减少开支，集中力量抓好建设，促使项目按时建成投产。

3. 提高了成套服务的范围和水平。成套部门不仅做好成套供应，而且积极做好前期工作，参与了解设计，为设计单位提供资料、信息、帮助搞好设备选型；做好设备供应后的现场服务，对设备负责到底。这样，使建设项目收到更好的经济效益。同时成套部门也逐步从分配供应到向技术服务型转变。

天津成套局对天津油漆厂丙烯酸树脂漆工程实行设备费包干，提供了成套设备，设备总价 770 万元，经过一年多的工作，设备费有节约，工程提前 8 个月于 1986 年 11 月建成投产。

甘肃省成套公司 1985 年对景泰水泥厂实行从设计、土建、施工、设备购置、安装试车，直到建成投产的工程总承包，实际上是“交钥匙”工程。总承包金额 810 万元，经过两年的艰苦工作，工程提前建成，与本省同类项目比较，投资节约 200 万元，工期缩短 8 个月。云南成套局承包缅甸朱邻糖厂，重机公司承包巴基斯坦水泥厂，也取得较好效果。

二、政企分开，组建专业成套公司

随着经济责任制的普遍推行，设备成套机构按照新的经济形势，进行了调整，除了设备成套管理局作为国家机械工业部的职能部门，负责管理全国设备成套业务外，同时，成立了 10 个专业成套公司，即中国重型机械工程成套公司、中国机床设备成套公司、中国电工设备工程成套公司、中国自动化控制系统总公司、中国农牧业机械公司、中国包装和食品机械公司、中国通用机械技术设计成套公司、中国石油化工设备成套公司、中国空分设备公司和中国机械设备成套工程公司。这十个专业公司系独立经营、有法人资格的经济实体。公司的经营宗旨是，全心全意为用户和生产服务，按质按量按时为基本建设项目提供成套设备，保证项目按时建成投产。各省、市、自治区成套局、公司（包括重庆市成套公司）的主要任务是承担地方项目的设备成套，并协同专业成套公司联合承包国家重点项目的设备成套。各地成套局、公司要积极创造条件从事业单位向独立经营的经济实体过渡。

三、开展成套设备供应的招标、投标

随着基本建设推行包干、招标承包制，成套部门也普遍开展了成套设备供应的投标、招标工作。1984年，上海成套公司组织了3个项目所需设备的招标，总概算2067万元，中标价1553万元，节约513万元，占总概算的24.8%。

哈尔滨电站公司向巴基斯坦古杜电厂投标，在激烈竞争中中标；自动控制总公司向北京水源九厂投标中标，承包了控制系统的全套设备。山东成套局对石臼港煤码头运输系统设备投标，也中了标。这些中标项目的设备供应均满足用户要求。具体做法是，各成套公司一方面投标，向国家、向用户承接成套设备供应任务，一方面对承包下来的设备用招标的办法择优选厂安排生产，组织供应。上海成套公司承包的益民啤酒厂等9个项目，对其中主要工艺专用设备用招标办法安排生产，不仅给用户提供了质量好的设备，保证了建设进度，而且节约投资570多万元。成套管理局同中国有色金属总公司联合组织山西铝厂二期工程所需6种47台压力容器的招标，向11个制造厂发出招标书，有10个厂投标，中国石化成套公司、永济化工厂中标，比标底减少308万元，降低28.5%。在组织设备成套工作中用招标的办法落实设备，既能促进制造厂提高质量、发展新技术、保证按时交货，又使用户择优选厂，价格合理，节省投资，有效地提高了社会经济效益。

四、开展横向联合，多渠道地组织设备资源

经济体制改革逐步深化，指令性计划产品逐步缩小，设备成套部门组织设备资源，除了靠指令性计划安排外，大部分设备要靠市场、靠向工厂订货。各成套机构广泛地开展了同设计部门、科研部门以及生产厂的联合。重机、

机床、石化、空分、电工、自控成套公司都同一大批厂联营，形成供应成套设备的联合体。各地成套局（公司）也把本地的机械设备制造厂联合到自己的周围，组织成套设备供应。浙江、四川、甘肃、山西等成套局（公司）还同设计、科研、建筑、安装部门联合，共同承包建设项目。开展横向联合使成套部门增强了活力，开拓了项目和设备资源。

第二十九章
工程建设标准与定额管理

工程建设标准、定额是对各类工程建设进行技术和经济管理的重要依据，是组织现代化建设的重要手段，是一项十分重要的基础工作。改建、扩建、新建基本建设项目以及技术改造项目，能不能做到技术先进、经济合理、安全适用，能不能做到质量优、工期短、造价低、效益好，与工程建设的各项标准、定额是否科学，是否切合实际关系十分密切。先进的标准规范和合理的经济定额能够有效地促进工程建设的技术进步，保证工程质量，降低工料消耗，节约建设投资，提高建设项目的经济效益和社会效益。

第一节　工程建设标准的管理

工程建设标准是整个标准化工作的一个重要组成部分,它具有自己的特点,这些特点是基本建设的性质决定的。制定各项标准时,既要注意节约投资,又要考虑长期的使用效果;既要考虑建设项目的经济效益,也要考虑社会效益和环境效益;既要保障人民生命和财产的安全,但也不能把安全标准定得过高。总之,工程建设标准必须科学、先进,同时又必须结合国情来制订,包括自然环境条件、经济实力和科学技术水平的实际状况,实事求是,从实际出发。

新中国成立以后，工程建设标准的制订和管理虽然有过曲折，但取得的成效是显著的。

一、工程建设标准管理机构的建立和工作的逐步开展

中华人民共和国成立初期，国民经济处于恢复时期，大规模的基本建设

还未开始，因此，还没有设立全国性的工程建设标准的管理机构。东北地区解放较早，根据当时基本建设任务的需要，东北人民政府工业部开始进行工程建设标准工作，在1952年颁发了《建筑结构设计暂行标准》和《工厂设计卫生标准》等。1954年国家建设委员会成立后，工程建设标准工作才有全国统一的管理机构。国家建委的标准定额局主管全国工程建设勘察设计方面的标准，建筑企业局主管全国工程建设施工及验收方面的标准，民用建筑局主管全国民用建筑方面的面积和质量标准，建筑材料局主管全国水泥等建筑材料方面的标准。

面对着大规模经济建设的紧急需要，国家建委组织有关部门编制了一些迫切需要的通用的标准规范，如照明、采暖、防空、给水排水的技术标准规范等，同时要求各部门组织力量编制各种专业的标准规范。由于当时许多重点建设工程都是由苏联专家设计的，因此，当时颁布的标准规范，相当一部分是借鉴苏联国家和各部门制订的标准规范。为了提高设计效率，国家建委特别强调标准设计的编制和采用，包括标准厂房、标准住宅的设计和采用。为此，国家建委在1956年10月专门颁发了《标准设计的编制、审批、使用暂行办法》。有的部门也颁发了工程建设标准的文件，如铁道部颁发了《定型设计及资料编制与管理暂行细则》。

1958年“大跃进”开始后，标准规范工作受到冲击，结果在建设中出现一些严重的质量、安全事故。1959年2月，国家建委立即抓安全、质量方面的标准定额的修订和管理工作，组织各部门制订了37项技术规范和法规，包括工业与民用建筑、结构、防火、卫生等方面的设计、施工及验收规范。以后，根据实际需要，每隔两三年都下达一批工程建设标准的制订、修订计划，由有关部门负责组织制订。

1961年4月和1962年12月，国务院相继发布了《工农业产品和工程建设技术标准暂行管理办法》《工农业产品和工程建设技术标准管理办法》。正式规定了全国标准化工作分为工农业生产和工程建设两个系统，分别进行分级管理。工程建设方面的标准规范，属于全国性的通用的标准规范由国家计委组织制订作为国家标准颁发，属于各行业专用的标准规范由有关部分别组织制订，作为部标准颁发。为了统一各部门制订标准的具体要求和规范，国家计委相继颁发了《关于设计、施工技术标准规范的幅面与格式的统一规定》《关于设计施工规范统一用词和用语的几点意见》《关于设计、施工规范中文字符号的采用和做好有关标准规范之间“对口”工作的通知》。从1958年到1966年，颁发了国家标准23项，部标准71项。

“文化大革命”开始以后，工程建设标准规范的制订和管理工作受到严重破坏。不少专门从事工程建设标准规范工作的机构被解散，许多工程建设标准编制组被取消，标准规范的制订、修订工作一度陷于停顿。针对这种情况，1972年国家建委颁发了《关于进一步搞好设计标准规范修订工作的几点意见》，明确指出：对原有的设计规范要用一分为二的观点进行科学分析，不能一概肯定或一概否定；既要着眼于国内经验的总结，又要认真分析国外的资料并结合国情吸收采用；对标准规范的质量要做到技术先进、经济合理、安全适用、确保质量。1974年国家建委提出了《关于批林批孔运动中设计标准规范编制、审批工作如何进行的请示报告》，肯定中国工程建设标准规范制订、修订工作，是在总结中国20多年以来的生产、建设实践经验和科学试验基础上进行的，并明确反对那种运动来了就不加分析地把标准规范的制订、修订工作束之高阁的消极态度，要求对标准规范的制订、修订工作应抓紧进行。这个报告经国务院领导批准后，国家建委召集各有关部门的会议，传达国务院领导的批示和报告的精神，从而使工程建设标准规范的制订、修订工作能够继续进行下去。

1979年7月31日，国务院再次强调要抓好标准化的管理工作，并颁发了《中华人民共和国标准化管理条例》，除了再次明确规定标准化工作分口和分级进行管理外，还规定了标准化管理部门的主要任务是：负责贯彻执行国家有关标准化的方针、政策，组织制订和修订标准，督促检查标准的贯彻执行，负责管理产品质量和工程质量的监督、检验工作，等等。为了贯彻《条例》的精神，在1980年1月国家建委颁发了《工程建设标准管理办法》，具体落实了《条例》中的有关规定，并结合工程建设的特点，将工程建设标准分为四级管理，除了国家标准、部标准、企事业标准外，增加了地区标准，由各省、市、自治区的基建综合主管部门进行管理。从此以后，工程建设标准规范的管理工作比较正常地、顺利地向前发展。为了加强对工程建设标准规范工作的领导和研究工作，1983 年经国务院批准，国家计委成立了基本建设标准定额局，负责统管全国的工程建设标准工作。与此同时，国务院各有关部门和各地区也都先后建立和健全了工程建设标准的管理机构，并相应充实了力量。到 1984 年年底，全国共有标准规范编制组、管理组 404 个，配有专职或兼职人员共 3154 人，承担标准规范专题研究工作的科技人员共 1 万多人。这支队伍包括了各行业各学科的知名专家、学者和专业技术人员，他们都具有较高的专业技术水平和较丰富的工程建设标准化工作经验，对工程建设标准规范工作的发展做出了积极的贡献。

二、工程建设标准质量水平的不断提高

50 年代初期，由于全国没有统一制订比较先进合理的工程建设标准，不少工程的设计和施工只能依据自己掌握的一些技术资料和不完全的技术标准进行，其水平一般偏于保守。据 1952 年东北人民政府工业部的调查，由于没有先进的统一的设计标准，设计上有许多不合理、不经济的地方。与当时比较先进国家的技术标准相比，在工程结构设计中，荷载取值平均要高 50% 左右；材料的容许应力要低 20% 左右；建筑物的地基承载能力只用到实际容许承载力的 70% 左右。国家建设委员会成立以后，迅速颁发了 25 项全国统一的标准规范。同时，由铁道、交通、重工、建工等部门分别制订颁发了 42 项部门的标准规范。这一时期制订颁发的标准规范，其内容主要是借鉴或参照苏联相应的标准规范。作适当补充修改而成。有的为争取时间，干脆借用苏联的标准规范。如 1955 年正式颁布的《混凝土及钢筋混凝土结构设计标准及技术规范》等一套结构设计标准，就是组织翻译出版后，建议各单位在进行设计时结合中国情况采用的。1956 年国家建委在《关于批准建筑安装工程施工及验收暂行技术规范的通知》中也指出：“本技术规范系采用苏联国家建设委员会 1955 年批准实施的《建筑安装工程施工及验收技术规范》的全部条文，酌加补充和注解而编成的”。这批标准规范的制订和颁发，满足了“一五”计

划期间基本建设的需要，保证了这些工程的质量，其经济效益和社会效益都是较好的。

1958年的“大跃进”曾一度影响标准规范工作的进程。1959年以后，由于各级领导的重视，标准规范的制订工作的质量和水平继续提高。这表现在：（1）标准规范的范围继续扩大，除了继续补充修订房屋建筑工程方面的标准，其他方面如邮电、电力、石油、林业等工程也编制了一部分专业方面的标准，象邮电方面的《市内电话网设计试行标准》；石油方面的《油库设计标准及技术规范》；电力方面的《电力工业设计技术规程》；林业方面的《森林铁路工程施工及验收暂行技术规范》；港口方面的《重力式码头建筑物设计规范》等等；（2）从借鉴国外标准为主到开始采用反映中国自己的生产、建设的实践经验和科研成果，来修订有关标准规范，使之更适合中国的实情。1961年9月国家计委在关于《建筑安装工程施工及验收技术规范修订原则》中明确规定：“补充修订工作必须在总结我国的建筑安装工程施工经验的基础上进行，同时结合我国条件吸收国外的先进经验。”1962年12月建筑工程部在《编修技术规范有关问题的处理办法（草案）》中，对修编规范如何采用新技术和传统技术问题时也曾规定：“本着自力更生，发愤图强和一切经过试验的精神，应以国内实践为基础，从总结自己的经验入手”。所以，60年代以后所颁发的工程建设标准规范，不仅仅是数量增加了，更重要的是标准的水平和质量提高了，标准更加符合中国情况了。

十年动乱后，国务院有关部门对工程建设标准工作的机构、制度、经费等采取了一系列的措施，制订、修订标准规范的数量大幅度增加，水平也得到显著的提高。截至1985年年底止，共颁发工程建设标准779项，其中：国家标准125项；部标准642项；地区标准12项。从1978年到1984年间，国家建委、计委先后组织有关单位，针对工程建设标准规范中存在的839项重大技术问题，开展了大量的科学研究和试验工作，其中，已取得科研成果的有278项。如中国建筑科学研究院负责主持研究的“建筑结构安全度及荷载组合”课题，针对当时的各种建筑结构设计规范采用的设计原则和方法不统一、各类材料与结构的安全度水准不一致、安全度的概念也比较模糊等问题，组织了6个设计规范的管理单位会同73个设计、施工、科研单位组成7个研究分组，围绕着基本理论和参数统计两个方面来进行。经过两年多的研究工作，在基本理论方面开始应用概率理论来分析解决结构安全度的有关问题，从而改变了过去主要靠经验来处理这一问题的局面。在参数统计方面，共进行了5400个构件试验和19000个材料试样试验，通过调查实测获取了83600个数据，为合理确定荷载和各种材料的设计指标取值积累了资料。从而把中国工程结构设计规范关于结构可靠度设计方法的水平提高到当前的国际水平上。另外，还把国外的先进技术，移植到中国的标准规范中来，例如，冶金部冶金建筑科学研究院，从1979年到1983年间，共取得消化引进技术成果23项，其中7项已纳入工程建设国家标准或部标准。如借鉴宝钢建设中引进的“振实砂桩地基”技术、“三重管施喷施工法”处理软土地基加固技术等进行消化研究，并取得了成果，纳入了《地基与基础施工验收技术规范》。

与六七十年代相比，这些标准规范水平有了显著的提高，在基本建设中获得了较好的经济效益和社会效益。例如1985年颁发的《铁路线路设计规范》，就是总结了陇海、宝天、兰新、兰青、宝成、成昆等铁路建设的经验，采用了限制坡度、最小曲线半径、缓和曲线等十多项科研成果，参考了美国、英国、联邦德国、日本、法国等国标准，特别是苏联的组合列车、重型轨道等方面的技术和经验而制定的。这本修订后的规范不仅更符合中国国情，而且在水平上有较大的提高。与按老规范设计相比，平均每公里可节约投资3%—4%。1984年石油部颁发的《油气集输设计规范》，总结了中国各大油田油气集输设计的实践经验，采用了不加热集油、原油压力密闭输送等八项研究成果，借鉴了美国、苏联等十多个国外先进标准和国外原油闭集输和处理新工艺。这本规范的颁发施行，使油田开发和地面集输流程的经济效益有显著的提高，同1980年以前的设计相比，原油损耗率由2%降到1%以下；天然气加工率由原来的20%提高到43.5%；原油密闭率由原来的40%提高到91%。

三、工程建设标准管理的科学化

随着新产业、新产品、新技术、新工艺、新材料的出现，需要制订的工程建设标准规范越来越多，过去已经制订的各种标准规范，也需要不断进行补充和修订。同时，工程建设标准涉及的面扩大了，项目增多了，标准之间的关系也日益复杂，这就给工程建设标准的管理工作提出了新的要求，要求工程建设标准的管理工作实行科学化、计划化。对此，国家计委采取了以下一些主要措施：

1. 研究制订科学的《全国工程建设标准规范体系表》。

为了适应形势的发展，从1983年开始，国家计委组织冶金、水电、化工、铁道、机械、煤炭等主要部门所属的设计院，在搜集整理大量资料的基础上，对全国各种工程建设标准规范的范围、各种标准规范之间的构成关系、主次关系、从属关系、分工关系进行认真的分析研究，着手编制全国工程建设标准规范体系表，力求在这个体系表内把所有的标准规范项目分层次地体现出来，以利于科学地指导全国工程建设标准工作，并根据当前和今后若干时期工程建设的需要，抓住重点，抓住急需，组织人力、物力，有计划有步骤地开展标准规范的制订、修订工作。改变过去不分轻重缓急、“有力量就干，无条件就算”的状况。经过一年多的努力，在1984年7月编制出了《全国工程建设标准规范体系表》，这对工程建设标准管理的科学化，起了极其重要的作用。

2. 把工程建设标准的制订、修订工作正式纳入国家计划。

工程建设标准的管理工作，不仅仅需要提高其科学性，还必须根据科学的体系表有步骤地安排必要的人力、物力和财力，以保证计划的实现。为此，国家计委确定，从1984年开始正式把工程建设标准规范的制订、修订计划，列入了国家的国民经济和社会发展计划，各部门必须按照计划规定的范围、进度，按时拿出成果。

根据国务院关于编制国民经济和社会发展第七个五年计划的指示，并遵照中共中央关于“七五”计划建议提出的国民经济发展方针，结合基本建设体制改革形势发展的要求，国家计委基本建设标准定额局在各部门申报“七五”计划期间工程建设标准的制订、修订计划项目建议的基础上，经广泛征求意见、综合平衡后，在1985年编制提出了《一九八六年至一九九〇年第七个五年工程建设标准规范制订、修订计划（草案）》，随同“七五”计划一起经国务院批准由国家计委正式下达。这个计划是根据《全国工程建设标准规范体系表》，并注意突出为能源、交通、通信和原材料工业等重点建设服务，为工程质量服务方面的项目。另外还注意了有关符号、术语、制图等基础标准和测试等方法标准，使标准规范构成趋于合理。这个“七五”计划共安排标准规范制订、修订的项目共1046项，各类标准所占的比例是：重点建设方面的标准约占74.7%；基础标准和测试等方法标准约占6.8%；有关城市建设和其他方面的标准约占18.5%。

3. 开展工程建设标准化的学术讨论。

工程建设标准是技术性、经济性和政策性很强的工作，而且涉及到多学科、多专业，是一门边缘学科。1979年成立了中国工程建设标准化委员会，它是全国工程建设标准化工作的学术群众团体。1981年11月在天津召开了第一次学术年会，会上共交流了57篇学术论文，为了更好地开展这方面的活动，在1982年又专门成立了学术委员会，于1983年和1985年召开了两次学术年会，又共交流了50多篇论文，除了继续对工程建设标准化的特点、作用、原理等进行探讨外重点是围绕工程建设标准工作的改革，针对当前依靠行政部门管理、强制性标准规范的管理体制，探索实行强制性与推荐性相结合，分别由行政部门管理与学（协）会负责推荐相结合的管理体制的可行性。

第二节　基本建设工程概预算及定额管理

对基本建设工程造价进行科学管理，是基本建设管理的一个重要组成部分。中国对工程造价的管理，主要是通过制订各种材料、人工、机械费用消耗定额，通过建立工程项目的概预算制度，用编制和审查工程概算、预算的办法来确定和控制造价的。

一、工程建设概预算及定额管理制度的建立

1951年至1952年，政务院财政经济委员会在《基本建设工作程序暂行办法》和《基本建设工作暂行办法》中就明确提出：工程建设概预算文件是设

计文件的重要组成部分，要求设计单位在初步设计和技术设计阶段都要编制初步设计概算和技术设计预算。

“一五”计划期间，国务院和国家建设委员会又相继颁发了《基本建设工程设计和预算文件审核批准暂行办法》《工业与民用建设设计及预算编制暂行办法》《工业与民用建设预算编制暂行细则》《关于编制工业与民用建设预算的若干规定》，进一步完善了工程建设概预算制度。这些规定要求：概预算文件都应由设计单位负责编制，以做到建设工程在技术上先进，经济上合理。凡实行三阶段设计的，初步设计阶段要编概算，技术设计阶段要编修正概算，施工图设计阶段要编预算，实行两阶段设计的，初步设计阶段要编概算，施工图设计阶段要编预算。初步设计概算作为确定建设投资的最高限额，是编制基本建设计划、签订包工总合同或年度合同的依据；施工图预算作为建设拨款和竣工结算的依据。

编制工程建设概预算要根据各种不同的建筑安装工程预算定额、概算定额、概算指标（即人工、材料、机械消耗定额等）及支付各项建设费用的标准和材料、设备预算价格进行计算。概预算是否能正确反映工程造价，在很大程度上取决于这一系列的定额、价格是否科学、合理。因此加强工程建设概预算管理必须首先加强各种概预算定额、设备材料预算价格的制订和管理。

为了加强对工程建设概预算及定额工作的管理，1953 年，在国家计划委员会设计工作局中设置了标准定额处；1954 年国家建设委员会成立后，专门成立了标准定额局，后又单独成立建筑经济局，专门管理概预算及定额工作。与此同时，国务院各有关部也相继建立和健全了概预算及定额管理机构。各设计单位也设有预算室、技术经济室等，并充实了专业人员。当时概预算人员约占设计人员总数的 8%—9%。

在“一五”计划时期，对于计算工程概预算所需要的各项定额和设备材料预算价格实行以全国统一集中管理为主的原则。适应于全国的一般工业、民用建筑工程的概预算定额等统称通用定额，由国家建设委员会统一制订、发布和管理；适用于全国的专业建筑安装工程的预算定额称为专业通用定额，如公路、铁路、邮电和各类设备安装工程价目表等，由国家建设委员会组织国务院有关部制订并发布，由有关部管理；适用于专业部门的定额，称为专业专用定额，由有关部负责制订、发布和管理。

自1954年至1957年，国家建设委员会先后制订、发布了各类定额、设备材料预算价格共11类、32册。主要有：《建筑工程预算定额》《建筑工程概算指标》《建筑安装工程间接费定额》《冬季施工增价定额》《工业与民用建筑中其他工程和费用指标》《建筑材料、设备和运输价格表》《建筑工程扩大结构定额》《建筑工程预算工程量计算规则》等等。同时，各有关部门也制订了各项专业定额，基本满足了当时编制概预算的需要。

概预算各项定额的制订和工程建设概预算制度的建立，使得“一五”计划时期重点建设项目的造价确定得比较合理，对控制工程建设投资，发挥投资效果起到了积极的作用。

二、“大跃进”和十年内乱中的冲击和破坏

在1958年“大跃进”和十年内乱中，基本建设工作不讲经济效益，甚至只讲算“政治账”，不讲算经济账，有些设计单位在初步设计时不编概算，使概算控制投资的作用消失，设计单位在施工图阶段普遍不编施工图预算，每月按施工图预算办理工程价款结算的办法被废弃，代之以按工程实际成本结算，由先算后干蜕变到工程干完后再算账。结果施工单位花多少就向建设单位报多少，建设单位花多少，就伸手向国家要多少。“设计无概算，施工无预算，竣工无决算”，“投资大敞口，花钱大撒手”，“吃大锅饭”之风盛行。

在十年内乱中，不少部门和设计单位的概预算工作机构被撤销，概预算工作人员改行，大量基础资料被销毁。这一局面一直到1976年“四人帮”被粉碎后才开始扭转，概预算及定额工作才重新得到整顿和恢复。

三、工程建设概预算、定额管理工作的整顿和恢复

从1977年开始，国家基本建设委员会着手对概预算和定额管理工作进行了整顿和恢复。一方面重新建立、健全工程建设概预算制度，一方面着手组织概预算定额的编制和修订工作。

（一）重新建立健全工程建设概预算制度。

1978 年，国家基本建设委员会发布了《关于加强基本建设概、预、决算管理工作的几项决定》，重申了设计要有概算，施工要有预算，竣工要有决算，指出“三算”的管理工作是基本建设管理工作的重要组成部分，要求认真整顿和加强“三算”的管理工作，加强责任制，提高“三算”的质量，以达到合理使用建设资金，降低建设成本，充分发挥投资效果的目的。同时针对“投资大敞口，花钱大撒手”的混乱状况，对基本建设各个环节提出了控制投资的要求，明确计划部门、建设单位、设计单位、施工企业、建设银行在概预算执行中的职责。对于概预算定额的管理，确定实行集中领导、分级管理的原则。分别由国家基本建设委员会、国务院有关部和省、自治区、直辖市基本建设委员会管理。

1982 年国家计划委员会又发布了《关于加强基本建设经济定额、标准、规范等基础工作的通知》，强调各有关部门和各省、自治区、直辖市管理基本建设的综合部门应建立、健全基础工作的管理和研究机构，加强工程建设概预算工作及其编制依据的管理；建立积累工程技术经济定额指标的工作制度等。

1983 年国家计划委员会发布了《关于改进工程建设概预算工作的若干规定》，对做好概预算工作提出了新的要求：

（1）扩大设计单位概预算人员的工作范围，除要求做好概算工作外，还要负责做好可行性研究和设计任务书的估算，配合其他专业设计人员共同做好建设项目经济效益的评价工作。

（2）发挥概预算人员在设计工作中的积极作用。要配合其他专业设计人员共同做好设计方案的技术经济比较工作，以选出最合理的方案。要及时了解掌握设计变更时造价增减的影响并提出合理使用建设资金的建议。

（3）恢复设计单位编制施工图预算，强调了施工图设计必须控制在批准的初步设计及其概算范围内进行。

（4）强调提出了概预算的编制要考虑建设期间价格变动的因素。

这些规定的发布，推动了概预算及定额管理工作的发展。

（二）统一规划，组织制订各类概预算定额。

1977 年国家基本建设委员会组织制订并发布了管道、电气、通风、刷油保温防腐蚀、自动化仪表、机械设备、容器、油罐、炉窑砌筑工程 9 本通用设备安装工程预算定额，制订了《一九七八至一九八〇年修订和编制一般通用、专业通用、专业专用建筑安装工程概预算定额和管理费定额的规划》，还颁发了《建筑安装工程费用项目划分暂行规定》。到 1983 年，全国制订修订工程建设概预算定额已达 142 种。

（三）建立健全管理机构，培养专门人才。

1983 年国家计划委员会成立基本建设标准定额研究所和基本建设标准定额局以后，国务院有关部门和各省、自治区、直辖市调整充实建立了定额管理机构 36 个，专业管理人员增加到 400 多人。为迅速充实概预算人员，不少部门选择有关大专院校、中等专业技术学校代培训或举办培训班培养专门人才；同时又有一批有实践经验的概预算人员陆续归队，专业人员得到了充实。

四、工程建设概预算及定额工作的改革

1984 年中共十二届三中全会做出了《关于经济体制改革的决定》以后，国家计划委员会即在长沙召开了全国工程建设标准定额工作会议，讨论研究了在新形势下如何改革和加强定额工作。会议决定在以下几个方面进行初步改革以适应整个经济体制改革的需要：

1. 改变现行预算定额项目划分过细的状况，适当综合扩大，以适应招标承包制的推行，满足编制工程标底的需要。

2. 改变当前抓预算定额多，抓概算定额、概算指标少的现状，要求各部门各地区抓紧编制概算定额、概算指标以适应基本建设投资包干的推行，满足编审初步设计概算的需要。

3. 制订各类建设项目的合理工期定额和投资估算指标，为编审项目建议书、设计任务书和进行技术经济论证提供较可靠的依据。

4. 改变现行概预算定额按一般通用、专业通用、专业专用的划分，按照定额的适用范围划分为全国统一定额和地区统一定额；改变按建设项目的隶

属关系确定定额适用范围的做法，实行不论哪个部门或地区的工程项目，执行相应的全国统一定额和地区统一定额的原则。

5. 改变目前间接费定额（包括施工企业管理费等）按企业隶属关系确定的办法，实行按不同类型的工程及施工企业等级进行制订。

6. 改变目前其他费用定额的费用种类多、政出多门的现状，统一定额项目、内容和计算方法。

根据全国工程建设标准定额会议讨论的意见，国家计划委员会于 1985 年印发了《关于改进工程建设概预算定额管理工作的若干规定》、《关于建筑安装工程费用项目划分暂行规定》和《关于工程建设其他费用项目划分暂行规定》。国务院有关部门制订了 1986 年至 1990 年《第七个五年工程建设概预算定额制订修订计划》，同时制订了《一九八六年工程建设标准规范和概预算定额制订修订计划（草案）》。

1985 年，在中国工程建设标准化委员会领导下，成立了中国工程建设标准化委员会概算预算定额委员会。第一届委员会共 75 人，包括国务院有关部、委，各省、自治区、直辖市主管定额工作的负责人，建设银行、设计、施工和高等院校等单位有关的工程师、经济师、教授等专家。

第三十章
基本建设的立法工作

基本建设法规，是经济法的主要组成部分，是国家领导建设、组织建设、管理建设和保障建设顺利进行的重要的法律手段。基本建设法规，包括中央和地方各级人民政府制定和颁布的有关基本建设经济和技术管理的法律、法令，章程、规范、条例和决议、规定等。它的基本目的是：（1）反映社会主义建设的客观规律；（2）贯彻党的建设路线、方针和政策；（3）协调建设过程中各种技术、经济和建设工程之间的关系；（4）有秩序地组织社会主义建设，保护和促进社会生产力的发展，巩固和发展革新的成果；（5）保护国家、集体和职工个人的合法利益，明确在建设中各方面的职权、责任和利益，调动各方面的建设积极性，充分发挥建设效益。基本建设法规的内容比较广泛，包括基本建设工作各个阶段的各个方面以及相互之间的联系和配合的准则。如：（1）建设项目的勘察设计、组织施工、竣工验收等工作阶段的工作内容、工作程序和相关的技术经济管理的标准、规范、定额；（2）计划、财务、信贷、物资、劳动力、储运等管理体制、协作配合和权、责、利关系；（3）建设单位、施工单位、协作配合单位的承发包合同制和经济责任制之间的关系等。基本建设法规的演变，在很大程度上反映了各个建设时期国民经济发展的特点和经历。

30 多年来，基本建设的立法工作，从无到有，经历过曲折，也发生过失误，但总的说来，由于依靠了社会主义制度和计划经济在管理体制上所特有的优越性，都进行了及时的纠正和不断的充实、创新和提高。从中国基本建设的立法工作的发展来看，大致上经历了三个大的阶段：一是从新中国成立到第一个五年计划时期，是基本建设立法工作的创建阶段；二是从 1958 年第二个五年计划开始到1978年年底，是基本建设立法工作的反复探索和调整整顿阶段；三是从中国共产党的第十一届三中全会以后，是基本建设立法工作不断充实、加强和改革、创新的阶段。

实践证明，进行大规模的社会主义建设，不仅要有符合客观经济规律的、正确的路线、方针和政策，而且还必须有能够切实反映客观规律要求的具有普遍约束力的法规，使各种经济活动有法可依、有章可循、有制度可遵守，这样才能保证和促进各项经济建设的顺利进行，才能获得最好的建设效益。

第一节　基本建设立法工作的创建

一、东北地区较早地进行了基本建设经济立法的准备工作

1950年3月，东北人民政府设立了人民经济计划委员会，随即制订了计划工作组织条例和基本建设的工作规程，这是中国较早的一个计划工作和基本建设工作章程。这个时期，东北地区生产企业恢复工作全面展开，重点建设开始进行，全民所有制的施工力量正在组建，私人营造商管理有待整顿。同时，在经济上、技术上和建设管理上比较系统地制订了一批规定、办法和条例。1950年年初，东北人民政府计划委员会、工业部等部门颁发了《基本建设暂行管理条例》《国营企业固定资产暂行管理规程》《关于加强和改善基本建设工作的指示》。这些条例中明确地规定基本建设工程必须按照计划、设计、材料供应、施工和工程竣工与决算的工作程序来进行，也规定了各个工作环节上的工作质量、工作进度、工作要求的具体内容和各有关计划、设计、施工单位的责任制度。

1951年到1952年年初又陆续颁发了《关于基本建设设计暂行管理条例》《关于基本建设设计工作的几项规定》《关于加强设计机构与充实设计人员的决定》《建筑物结构设计暂行标准》《关于基本建设工程管理的决定》《基本建设工程包工条例》《基本建设自营工程暂行管理办法》《关于加强基本建设设备管理的指示》《关于加强基本建设领导的决定》等等。在这些规定、指示和条例中，规定了进行基本建设的一些必须遵循的基本规程，反复强调和明确规定了在基本建设部门必须树立经济核算思

想、建立经济核算制度。例如：

建设都要纳入计划，工程计划必须根据批准的基本设计（即初步设计）、技术设计和工程总预算来编制；

新建厂矿企业必须按规定的时间限额来完成设计的编制和审批工作；

所有基本建设工程发包，都要按照颁布的《包工条例》的要求，保证工程质量、工程进度和验收标准，签订包工合同，明确权、责关系和奖惩条件，否则不准施工，同时规定包工总价或投资额超过规定限额的工程，须经部审查批准才能承包；

对固定资产投资与流动资金要区别管理。凡属长期投资须由财政部按计划拨付，并进行监督与管理；如果属于短期周转，一概由银行用贷款办法来解决，等等。

在这些法规中，对基本建设工作的范围、建设条件、限额标准、设计内容和阶段、工程程序、职责分工、包工合同、建筑企业管理等，都作了初步规定，为建立全国性的集中管理的基本建设体制和法规，进行了准备和基础工作。

二、第一个全国性的基本建设管理法规的颁布

在开始进行全面建设的第一个五年计划之前，中华人民共和国政务院于1950年12月在颁发的《关于决算制度、预算审核、投资的施工计划和货币管理的决定》中，就强调要加强投资的管理。1951年3月发布了《基本建设工作程序暂行办法》。具体地规定了基本建设工程规模的分类标准、列入年度计划的审查核准程序、设计工作的阶段和步骤；编制建设项目施工计划的设计依据和开工条件以及建设工程竣工投产和验收要求等。这个办法经过试行、补充、修订为《基本建设工作暂行办法》（以下简称《暂行办法》）。这是中国第一个全面的、纲领性的基本建设管理法。1952年1月9日由政务院财政经济委员会主任陈云签署命令颁布。

《暂行办法》对基本建设工作的原则范围、组织机构、设计工作、施工工作、监督拨款与检查工作、验收交接与工程决算、计划的编制与批准都作了

规定。它明确了社会主义固定资产扩大再生产的、新的法规制度和管理特点。强调了有计划的集中管理的重要性。

《暂行办法》明确了在社会主义计划经济的管理体制和现行生产建设管理分工情况下，基本建设的含义、内容和作用，通过它要反映出影响国民经济扩大再生产的建设规模、建设速度和建设特点。

《暂行办法》强调设计文件为基本建设工作的基本依据，所有建设单位，在施工以前必须按照规定的设计工作步骤与内容，完成必需的设计文件，否则不得施工；并且强调所有建设单位的设计任务书、初步设计和施工图要有详细的技术、经济论证和协作建设条件的依据。

《暂行办法》规定，基本建设工作要按程序办事，要执行以中央为主的对基本建设设计文件的审核和批准程序；建设项目没有批准的设计任务书，不能进行设计；没有批准的设计文件，不能进行施工；各项设计文件批准以后，建设单位不得擅自变更。

《暂行办法》规定，基本建设项目按“限额以上”和“限额以下”两种具体投资限额进行分类，并根据中央与地方分级管理的原则来进行管理。

《暂行办法》要求中央各主管部门根据需要与可能，逐渐成立独立的设计公司及建筑安装公司，负责基本建设之调查设计及建筑安装工作；施工时采用合同制（在合同内规定任务、明确责任、保证质量、确定费用及完成期限）与经济核算制。

《暂行办法》明确规定基本建设计划是国民经济计划的重要组成部分，必须符合于国家一定时期的政治、经济总任务及国家的长期建设方针；计划自上而下颁发控制数字，自下而上逐级编制和上报计划草案，然后自上而下的批准计划的编制程序。《暂行办法》还对基本建设的财务供应和资金监督，建设项目的施工管理和竣工验收、定期检查等所必须遵循的规程、制度和基本要求等，作了具体规定。

《暂行办法》是一部比较完整的法规，30 多年中一直作为中国基本建设计划管理、经济技术和施工管理的基本依据。《暂行办法》的颁布不仅对纠正当时基本建设工作中的缺点，提高工作效率十分必要，而且对解放初期集中人力和有限的财力、物力，开始有计划、有秩序地组织大规模的建设，起了重要的作用。

三、全面制订基本建设经济、技术管理方面的法规

1954 年 11 月成立了国家建设委员会。在薄一波主任直接主持下，系统地编制和颁布了一系列的勘察设计、组织施工、竣工验收的技术规范和操作规程；制定了各项建筑工程、建材产品的定额和标准。这些技术法规，成为组织现代化工程建设的手段，也是以后较长时期开展技术管理和经济管理的基础。同期还制订和颁发了一些综合性的管理办法、规定和条例，主要是：

为适应国家大规模的建设需要，处理好建设征用土地的问题，1953 年 11 月政务院通过并颁发了中国第一个《国家建设征用土地办法》。

为加强对建设项目设计任务书和工程预算工作的计划管理，1955 年国务院颁发了《基本建设工程设计任务书审查批准暂行办法》和《基本建设工程设计和预算文件审核批准暂行办法》，1956 年国务院又颁发了《基本建设拨款暂行条例（草案）》。同期，国家计委、国家建委、财政部为了认真贯彻执行《暂行办法》的各项规定，制定和颁布了一些具体的细则条例，如《工业及民用建设设计及预算编制条例》和《关于厂外工程投资划分的规定》等。

为加强技术管理，提高工程质量，加速编制和广泛采用标准设计，促进制订工艺标准时新技术的采用，1956 年 5 月国务院下达了《关于加强和发展建筑工业的决定》和《关于加强设计工作的决定》。

为改善施工管理和加强建筑安装工程的验收工作，保证工程质量和固定资产的及时动用，国家建委从 1955 年到 1957 年陆续颁发了《建筑安装工程包工办法》《建设工程验收规程》。同期，国家建委颁发了《标准设计的编制、审批、使用暂行办法》《勘察设计工作委托与承包暂行办法》。

在这个时期，为配合大规模部署建设项目和发展新城市、工业区的需要，针对当时城市建设无计划所造成的混乱现象，中共中央发出了《关于城市建设中几个问题的指示》，要求工业建设比重较大的城市要制订城市发展的总体

规划，加强对城市建设的领导。1956 年 5 月国务院颁发了《关于加强新工业区和新工业城市建设工作几个问题的决定》，要求正确地配置国家的生产力，对工业、动力、交通运输、农业、居民点、建筑基地等建设和各项工程设施要进行全面规划，要统一组织好厂外工程的协作建设。同时还规定，新工业城市和工人镇的住宅和其他生活福利及配套设施建设要逐步实行统一规划、统一投资、统一设计、统一施工、统一分配和统一管理的方针，对于民用建筑要正确地贯彻“适用、经济，并在可能条件下注意美观”的方针。

第二节　基本建设立法工作在曲折中前进

从 1958 年到 1978 年这 20 年间，基本建设经济立法工作，经历了两次大的整顿，在管理权限几次下放和上收的过程中，有挫折、有教训，也积累了丰富的经验。

一、“大跃进”时期对法规的破除和以后的恢复

“大跃进”时期，把一些必要的规章制度当作束缚生产力发展的“教条主义的条条框框”，使刚刚建立起来的一套比较完整的规章制度，受到了严重的冲击，有章不循、有法不依的状况普遍发生。在条件还不具备，事先对许多经济、技术问题考虑不周的情况下，管理权限的急剧下放和规章制度的任意破除，在建设方面造成了严重的恶果。1958 年 9 月恢复国家建委。同年 12 月在杭州召开了全国基本建设工程质量现场会议。会议总结了造成工程质量事故和工伤事故的原因，认为有些地方把必要的规章制度打掉了，放松了必要的管理工作，特别是技术管理工作，这是造成质量低，事故多，浪费大的一条主要因素。这个时期，有关部门集中力量抓了基本建设的设计和施工标准定额工作以及规章制度的修订工作。1959 年 5 月，国务院对在“大跃进”期间实行的投资包干办法作了补充、修订，规定：实行投资包干后，建设部门和建设单位必须执行统一的国家建设计划；节约下来的投资用于增加新的建设项目时，必须事先报告建设部门或计划部门；不能片面求多、求快、求省而忽视工程质量。但当时这些旨在整顿建设秩序的规章制度，没有起到应有

的作用，1960 年基本建设规模反而更加膨胀。1962 年周恩来总理在向第二届人大三次会议作政府工作报告时指出：几年来，由于指标过高、要求过急，在生产和建设中实行了一些不切实际的、违反科学的措施，废除了一些不应该废除的规章制度，给各项经济事业造成不小的浪费和损失。

鉴于“大跃进”时期建设中出现的问题，为了搞好综合平衡，控制建设规模，整顿建设秩序，提高投资效果，国务院和有关部门陆续恢复、修改和制定了一系列加强责任制度、整顿建设秩序、完善技术规程的建设法规，以保证调整任务的顺利进行。

在计划管理方面，1962 年 5 月国务院颁发了《关于加强基本建设计划管理的几项规定》，明确指出，所有基本建设投资和大中型建设项目都必须经过国务院批准，不准搞计划外的基本建设；用自筹资金，一般不得安排大中型建设项目；安排基本建设所需要的投资、材料和设备必须落实。为了进一步贯彻统一计划、分级管理的原则，既使国家更好地加强重点建设，又充分发挥地方建设的积极性，提高投资效果，1965 年国务院又颁发了《关于改进基本建设计划管理的几项规定》，决定将地方农牧业、农业机械站和修配网、农垦、林业、水利、气象、水产、地方交通、商业银行、文教卫生、城市公用工程等 18 个部门的建设安排权，下放给省、自治区、直辖市；在国家规定的总投资范围内，密切结合当地需要，因地制宜，统筹安排，中央各有关部门不再直接下达具体的建设项目和分行业的投资指标。

在建设项目管理方面，为了贯彻大中小型企业同时并举的建设方针，国务院颁发了《基本建设大中型项目划分标准的规定》。为了加强对建设项目的管理，国务院于 1962 年颁发了《关于编制和审批基本建设设计任务书的规定》《关于基本建设设计文件编制和审批办法的几项规定》，明确了编制设计任务书和设计文件的内容、工作程序和审批权限。同时，国务院还颁发了《关于严格执行基本建设程序、严格执行经济合同的通知》，再次重申所有基本建设都要按程序办事，设计任务书未经批准的，不准正式列入年度计划，设计文件未经批准的，一律不准施工。正在建设的所有计划外工程，一律停止施工，进行整顿。1961 年比 1960 年停缓建了 739 个大中型建设项目。为了做好大量停建工程的设备维护和材料保管工作，避免国家财产遭受损失，1962 年 5 月国务院还颁发了《关于切实做好停建项目维护工程的通知》。

在投资管理方面，为了有效地解决当时在一些建设项目中所出现的主体和辅助、主机和配套、生产工艺和公用设施等相互之间工程不配套、工期不衔接、投资不落实以及在建设中挤占其他资金等问题，进一步明确投资分工、改善建设工程的综合效益，1962 年 8 月国家计委颁发了《关于基本建设投资划分的规定》《关于协作配合工程的投资划分的规定》，1963 年 10 月，国家计委和财政部又联合发出了《基本建设投资和各项费用划分的规定》《关于使用各种专项资金安排基本建设投资的几项规定》。

在设计、施工管理方面，从 1961 年到 1965 年，国家计委、国家建委等陆续颁发了《建筑安装工程施工及验收标准规范修订原则》《关于重点建设项目的管理办法》《关于改变基本建设计划考核标准的规定》等。主要内容是，进一步健全技术规范、统一建筑标准、改变考核标准，改善施工管理，提高建设效益。

在财务管理方面，1963 年年末国务院颁发了《关于基本建设拨款的几项规定》。文件规定：基本建设必须严格执行国家的统一计划；认真执行基本建设程序；必须按照批准的设计文件施工；在国家批准的投资总额范围内，正确地编制预算和财务计划，作为拨款监督的依据；储备设备、材料所需的资金，实行定额管理；认真执行经济合同，计划外订购的设备，建设银行不得拨款；基本建设资金同其他资金必须划清界限，分别管理，专款专用，不允许用银行贷款作财政性支出去搞基本建设。

这个时期国务院还作了《关于严格禁止楼堂馆所建设的规定》，强调要发扬艰苦朴素的优良传统，要贯彻勤俭建国的原则；国家计委等有关部门，还发出《关于城市维护和建设问题的通知》等。

所有这些规定的实施，对基本建设贯彻执行“调整、巩固、充实、提高”的方针具有重要意义，对控制基本建设规模，缩短基本建设战线，切实纠正建设中的混乱现象起了积极作用。

二、十年动乱对法制建设的破坏和以后的整顿

1966年年初，国务院和有关部委根据要加快“三线”建设和逐步调整工农业生产力布局等建设重点的需要，曾经制订和颁布许多规定和办法，如中共中央和国务院先后批转的国家计委、国家建委、财政部等部门《关于在六省一市的建设工程试行省（市）建设公司负责制的若干规定（草案）》《关于老基地、老企业支援新厂建设的建议》以及有关加快三线建设的措施规定。但到6月初“文化大革命”在全国范围内展开以后，基本建设的各项规章制度和条例办法遭到了冲击，已经恢复和建立的一些规章制度又一次受到了严重的破坏，许多制度、法规基本上没有贯彻下去。到了“文化大革命”的后期，为了尽力扭转建设上的混乱状况，尽量减少造成的损失，国务院和有关建设管理部门，陆续制订了许多关于加强管理的办法和规定。例如，1972年年初国务院批转国家计委、国家建委、财政部《关于加强基本建设管理的几项意见》重申了以前的规定：大中型项目一般应按初步设计和施工图两个阶段进行设计，设计必须有概算，施工必须有预算，没有编好初步设计和工程概算的项目，不能列入年度基建计划；所有的基本建设都要纳入计划；不许乱挤资金、乱挤物资，搞自筹项目，建设项目厂址选择要贯彻搞小城镇的方针，要积极采用经过实践检验并证明是行之有效的新技术、新工艺，不能把建设厂当作试验厂来建设；非生产性建设要发扬延安精神，不搞高标准，等等。

1973年国务院又颁发了《关于基本建设拨款管理的几项规定》《关于基本建设项目竣工验收暂行规定》《关于改变经常费办法，实行取费制度的通知》。

1975年年初，国务院起草了《关于加快工业发展的若干问题》，提出了整顿工业和企业的办法和措施。同期，国家建委制定了《基本建设大包干试行办法（草案）》，对包干的内容范围和形式、包干的依据、包干单位需要的物资供应、经济核算以及基本建设计划和拨款等作了具体规定。同时还发出了《关于建立基本建设调度工作的通知》，以加强国家对重点建设工程进行情况的掌握和调度。《通知》规定，各省、市、自治区要每月定期向国家建委汇

报基本建设计划完成情况；国家建委要每月定期召开调度会议，及时研究解决当前建设中存在的重要问题。

这个时期，国务院还正式成立了环境保护领导小组，颁发了有关环境保护的规定，要求一切新建、改建、扩建的工业交通、科研等项目，要认真执行“三同时”的规定，否则不准建设。同时，还对整顿建设项目的设备成套工作、材料供应工作等作了规定。

所有这些对当时的建设起到了一定的促进、整顿和制约的作用。但由于当时处于“文化大革命”阶段，许多规章制度没有得到认真的贯彻执行。

1976 年粉碎了“四人帮”，为恢复和整顿基本建设立法工作创造了条件。1978 年中共中央做出了《关于加快工业发展若干问题的决定（草案）》（简称“工业三十条”），其中对整顿基本建设工作秩序提出了具体要求。《决定》指出：基本建设要打歼灭战。基本建设计划，必须按照国家的物力、财力和人力的可能加以确定，有多少钱、办多少事，少花钱多办事。要确保重点，兼顾一般，每个建设项目，都要搞好前后左右配套，要人、财、物力平衡落实。每个建设项目，都要认真讲求投资效果，缩短建设周期，降低工程造价。今后所有新建工程都要严格考核以下各项指标：新增生产能力、建设工期、实物工作量、工程质量、材料消耗、工程造价、形成固定资产的比例、建成投产后的投资回收年限、达到设计能力的时间。要严格按基本建设程序办事。要积极采用成熟的新技术、新工艺和新材料等。

这个时期，作为整顿基本建设管理、全面恢复基本建设秩序的法规性文件，是 1978 年 4 月按国务院的指示精神，由国家计委、国家建委和财政部联合颁发的关于加强基本建设管理的五个规定：《关于加强基本建设管理的几项规定》、《关于基本建设程序的若干规定》、《关于基本建设项目和大中型划分标准的规定》（附“关于楼堂馆所和一般房屋建筑的界限划分”）、《关于加强自筹基本建设管理的规定》、《关于基本建设投资和各项费用划分的规定》。这些文件对计划管理、建设项目的工作程序、基本建设项目的前期工作，用自筹资金安排建设等作了明确规定，还对基本建设投资、更新改造资金、大修理基金、生产费用、农田水利事业费、公路养路费、储备费等方面的资金使用的范围和界限进行了修订。

这个时期，还制定了一批技术管理的规定。1978 年、1979 年国家建委颁发了《设计文件的编制和审批办法》《施工企业经济核算暂行办法》《关于保证基本建设工程质量的若干规定》《关于加强建筑安装企业安全施工的规定》，印发了《关于 1979 年至 1985 年编制工程建设全国通用和部颁设计标准规范的规则》等。所有这些对于恢复科学管理，整顿建设秩序，明确职责关系，提高投资效果都起了重要的作用。

第三节　改革创新时期的基本建设立法工作

一、实现拨乱反正的一些立法措施

1979 年起，国务院陆续颁布了许多有关搞好综合平衡、调整建设规模、改进建设管理、加强经济核算、提高建设效益的规定。根据这些总的规定，国家计委、国家建委、财政部等经济综合部门也制定了一系列适应基本建设活动特点和客观规律的管理办法、规定和条例。这对控制基本建设投资增长过猛，压缩基建规模；清理在建项目，加强重点建设，调整投资结构以及保证国民经济稳定发展，具体地、落实国民经济战略性的大转移起了重要的作用。

（一）清理在建项目，缩短基建战线。

针对当时建设项目过多、建设工期过长、施工管理太乱、工程效益太差的被动局面，1979 年 4 月中共中央发出了《关于认真清理基本建设在建项目的要求》，同年 5 月成立了国务院清理在建项目办公室，并且相继做出了《关于认真做好清理在建项目的几项具体规定》《关于停缓建项目善后工作的若干规定》和补充规定。1981 年 3 月国家计委、国家建委和财政部联合发出《关于抓紧清理、压缩全国基本建设在建工程量的通知》要求认真抓好基本建设项目的竣工验收、交付生产和使用的工作，继续认真清理在建项目，同时根据当时不少新建的中小型项目中有相当一部分是属于重复建设、盲目建设的项目，在 1981 年 3 月又联合下达了《关于制止盲目建设、重复建设的几项规定》，提出 12 类不能进行建设的项目。12 类项目是：资源不清的项目、工程地质水文地质不清的项目、工艺不过关的项目、工艺技术十分落后消耗过高的项目、配套条件不落实的项目、污染环境而无治理方案的项目、“长线产品”的项目、重复建设的项目、“搞大而全、小而全”的项目、与现有生产企业争原料的项目、盲目引进的项目和“楼堂馆所”。同时决定要按这些内容清理在建项目，该停建的停建，该缓建的缓建，该缩小规模的缩小规模。到 1983 年上半年，全国累计停缓建了 697 个大中型建设项目，缩小了 300 多个大中型项目的建设规模，停缓建了 5350 多个小型建设项目。

（二）加强综合平衡，调整建设规模。

为了扭转较长时期存在的基本建设规模失控、资金使用分散、计划管理松弛状况，1982 年年初国务院相继颁发了《关于加强基本建设管理、控制基本建设规模的若干规定》《关于严格控制固定资产投资规模的补充规定》。《规定》提出：凡是基本建设工程，不论其资金来源如何，都要按照隶属关系和计划安排权限，由各级计委综合平衡以后，在核定的基本建设规模之内，纳入各级基本建设计划；全国固定资产投资的总规模统一由国务院确定，任何地区、任何部门都无权批准扩大投资规模和增加大中型建设项目；银行发放基本建设贷款，必须在信贷平衡的基础上进行；对控制基本建设总规模要实行各部委、各省市自治区和各银行首长负责制。文件严格规定了建设项目的审批权限和责任制度，强调要严肃基本建设纪律，任何个人不能擅自定项目，对造成重大损失的单位和个人要追究法律责任。

（三）加强建设项目的前期工作，搞好重点项目的可行性研究。

搞好建设项目的前期工作是编好长期计划的重要工作内容。1979 年 5 月，国家计委、国家建委发出《关于做好基本建设前期工作的通知》，重申要加强建设项目的前期工作。1982 年 9 月，国家计委下达了《关于编制建设前期工作计划的通知》，决定从 1983 年起，在全国开始正式编制前期工作的年度计划和长期计划，按照分级管理的原则，把重点前期工作项目正式列入国家“六五”计划。1983 年 3 月，国家计委发出了《关于建立前期工作项目经理的通知》，规定列入国家计划的 279 个重点前期工作项目都要建立项目的经理责任制。对每一个重点建设项目，从编制项目建议书、进行可行性研究到组织编制设计文件，项目经理对经济和技术问题要全面负责、要负责到底。1983 年 2 月，国家计委颁发了《关于建设项目进行可行性研究的试行管理办法》，以进一步提高建设项目前期工作的质量，推动可行性研究工作的开展。

（四）集中力量，保证重点建设。

对重点建设项目，除了国家计划在基本建设投资结构上进行重点调整，加快能源交通和原材料项目的建设以外，还作了两项重要规定，一是建立能源交通重点建设基金和开征“建筑税”；二是组织按合理工期进行重点项目的建设。

国务院 1982 年颁发的《国家能源交通重点建设基金征集办法》，决定从 1983 年 1 月起，一切国营企业、事业单位、机关团体、部队系统的和地方政府的各项预算外资金，以及城镇大集体企业交纳所得税后的利润，除了国家批准免征的项目以外，一律按当年实际收入额征集 10%，作为能源、交通重点建设基金。同年下半年，国务院又决定将征收比例由 10% 提高到 15%。1982 年还颁发了《关于地方超收留用的能源、交通重点建设基金使用和审批办法的具体规定》。另外，为了既有助于集中必要的资金保证国家重点建设，又有利于加强基本建设管理，控制固定资产投资规模，国务院确定建立建筑税制度，并于 1983 年 9 月颁发了《建筑税征收暂行办法》，对用国家预算外资金、地方机动财力和其他自筹资金搞基本建设，规定了征税的原则、办法和使用重点。

为了有效地组织重点项目的建设，1982 年 2 月，国家计委发出《关于按合理工期组织建设的通知》。1983 年 11 月，国家计委、国家经委、国家物资局、建设银行又颁发了《按合理工期组织建设的重点项目物资计划、供应和管理办法》，从分配原则、计划和供应方法、现场管理、责权利关系以及执行情况的检查等各方面对保证重点建设项目的物资供应作了具体规定。

（五）认真做好基本建设的基础工作。

工程建设的标准、规范和定额工作是政策性、技术性和经济性很强的技术经济立法工作。1982 年国家计委、国家经委联合发出《关于加强基本建设经济定额、标准、规范等基础工作的通知》，要求切实作好这项工作，加强工程建设的标准规范、标准设计和概算、预算的管理，尽快制订建设工期和设计周期的定额标准，建立和健全积累工程技术经济定额指标、基础资料的工作制度和管理机构等。同时，还制定了《工程建设标准规范管理办法》《全国工程建设标准设计管理办法》《关于加强基本建设概、预、决算管理工作的几项规定》等。到1985年年初，全国已经修订和发布了一批急需的标准、规范和定额，主要有125项国家标准、642项部颁标准，12项地区标准和142项工程概、预算定额。

1983年，国务院在《关于对建设项目超概算情况进行检查的通知》中规定，结合对在建项目的清理，对在建的大、中型建设项目定建设规模、定投资总额、定建设工期、定经济效益和定主要协作配合条件，凡未经过“五定”的（特别是总投资）项目，一律不得列入国家年度计划，更不得擅自开工建设。

1983年12月，国务院颁发了《关于严格控制城镇住宅标准的规定》，随后又批转了国家计委和城乡建设环境保护部联合发出的贯彻《规定》的《若干意见》，规定了城镇各类住宅建设的建筑标准、设备标准、装修标准以及分配住宅的标准等。

（六）搞好环境保护，防止公害污染。

在中国基本建设中，保护环境、防止污染工作过去较长时期是作为综合利用资源和合理选择厂址的一项具体内容进行的。1973年全国第一次环境保护工作会议以后，才把它作为国民经济和社会发展事业中一项统一领导、统一部署和有计划的综合性经济活动，并从计划管理和业务组织上采取了一系列措施来推动这项工作的开展。为了进一步加强基本建设项目的环境保护管理，根据1979年第五届人大常委会通过的《中华人民共和国环境护保法（试行）》和基本建设的有关规定，国家计委、国家经委、国务院环境保护领导小组在1981年制定了《基本建设项目环境保护管理办法》，要求新建、改建和扩建的项目防止污染和其他公害的设施，必须与主体工程同时设计、同时施工、同时投产（简称“三同时”）。在这前后还颁发了《关于基本建设、技措项目要严格执行“三同时”的通知》《关于加强乡镇、街道企业环境管理的规定》，强调凡不执行“三同时”的新建、扩建项目，不得列入计划；已建成的项目不予验收、不准投产；对于不执行“三同时”规定而造成环境污染的，要追究有关部门、单位或个人的经济责任和法律责任。1984 年 6 月，国家计委、城乡建设环境保护部、国家科委、国家经委等单位又发出了《关于环境保护资金渠道的规定的通知》，进一步落实了有关开展环境保护工作的资金来源等。

（七）解决好建设用地，处理好工农关系。

自 1953 年颁发《国家建设征用土地办法》以后，征地工作几经变化。在六七十年代，建设单位多征少用、早征晚用，造成土地资源的浪费；80 年代以后，又不断出现重点建设单位征地困难，条件不一，手续混乱的现象。随着农村经济的发展，农民建房规模迅速扩大，土地的使用和管理出现了新情况和新问题。对这些问题，有过调整性的措施和规定，但仍然没有理顺关系。针对这些，1982 年 5 月经人大常委会批准，国务院颁发了《国家建设征用土地条例》，明确了征地原则、征地程序、审批权限、征用土地的补偿标准和安置办法以及违法的制裁措施等。《条例》规定，要合理使用土地资源，提高土地利用率，凡有荒地可以利用的，不得占用耕地，凡有劣地可以利用的，不得占用良田；要保证国家建设所必需的土地，坚持节约用地原则，妥善安排好被征地单位群众的生产和生活，严格审核各项建设用地。同期国务院还颁发了《村镇建房用地管理条例》，规定村镇建房必须进行统一规划，建立审批制度，不许乱占滥用耕地，等等。

为了加强土地管理，1984 年 12 月国家计委、农牧渔业部和城乡环境保护部又制订了《关于征用土地费实行包干使用暂行办法》。《办法》规定，对依法批准征用的土地，由县、市人民政府统一负责组织征用，包干使用征地费用。

（八）加强技术改造，提高生产效率。

随着现有企业固定资产规模的不断扩大和更新改造任务的日益增加，处理好基本建设与现有企业的更新改造的关系，对于贯彻先挖潜、后新建，充分发挥企业潜力，合理安排好以外延为主的基本建设和以内涵为特征的技术改造，有着重大意义。有不少单位重基建、轻技改，在技改中又重扩建、轻更改，也有不少单位借技改内涵之名搞新建、扩建工程，扩大了基本建设规模，影响了简单再生产的正常进行。为此，1980 年 6 月国务院批转了国家计委、国家经委、财政部制订的《关于加强现有工业交通企业挖潜、革新、改造工作的暂行办法》，明确了挖潜、革新、改造的工作范围和目标要求，规定了它在国民经济调整时期的重点，强调挖潜、革新、改造必须要有规划、必须与经济管理改革结合进行、必须与推广国内先进技术和引进先进技术相结合。1983 年 6 月又颁发了《关于更新改造措施与基本建设划分的暂行规定》，明确规定了这两类建设工程的建设特点、建设要求、资金来源、管理分工和审批权限。

（九）加强经济效益的计划管理和具体考核。

基本建设是固定资产扩大再生产的活动，基本建设的投资结构、建设规模和固定资产的技术水平，在很大程度上决定着国民经济的发展速度、经济结构和社会效益。努力提高基本建设投资效果，对于国民经济的发展有着重大意义。为了加强对建设效果的计划管理，必须有正确的、科学的和比较完整的衡量和考核建设效果的标准和办法。根据国务院的指示精神，1982 年 2 月国家计委、国家建委发出了《关于缩短建设工期，提高投资效益的若干规定》。《规定》要求制定具体的合理的建设工期指标，坚决改变边勘察、边设计、边施工的做法；要求实行分期建设、分期收益的办法，建立投资回收期的考核制度；要求健全工期责任制。1983 年 5 月，国家计委发出《关于试编基本建设经济效益计划的通知》，提出了一批各部门、各地区在编制建设效益计划时必须进行核算和考核的综合的和专业的指令性和指导性两种效益指标。1983 年试编基本建设经济效益指标计划，1984 年正式编制了全国基本建设经济效益指标计划，并据以作为考核建设成果的综合效益指标。

二、体制改革的几项主要建设法规

1979 年开始，国务院有关部门结合经济体制改革的发展，考虑到基建战线上出现的新情况和新要求，陆续制订和颁发了一系列旨在促进改革的发展和巩固改革成果的建设法规。1984 年 9 月和 10 月，国务院连续批准颁发了《关于改进计划体制的若干暂行规定》和《关于改革建筑业和基本建设管理体制若干问题的暂行规定》，进一步提出了基本建设和建筑业今后体制改革的主要内容和主要方向。根据这两个决定的改革精神和具体要求，国务院有关部门又相应制订和颁发了一批与总的改革相配套的具体规定、条例和办法。这些法规体现了依靠经济办法来管理建设的特点；体现了宏观上管住、管好，微观上放开、放活，加强经济核算，提高投资效益，发挥企业活力的基本要求；体现了加强横向联系，发挥经济优势和对外开放的需要。

从 1979 年起陆续制订的有关基本建设体制改革方面的法规，归纳起来，主要有以下几个方面。

（一）改革建设资金的管理办法，全面实行银行贷款制度。

1979 年 8 月，国务院批转了国家计委、国家建委和财政部《关于基本建设投资试行贷款办法的报告》和《基本建设贷款试行条例》，1982 年国家计委、国家经委、财政部和建设银行又发出了《关于进一步实行基本建设拨款改贷款的通知和暂行办法》，充实和修订了扩大贷款的工作细则。基本建设投资实行银行贷款的办法开始试点、推广。1984 年 7 月，国务院领导人在听取关于基本建设管理体制改革汇报时指出，凡是需要国家投资的单位都要改为银行贷款，要使企业、单位通过贷款还本付息，树立利息观念，树立资金使用和周转的时间观念，树立投入产出观念，也就是要有明确的投资效益的观念，使企业、单位从经济角度来管理和使用国家投资。根据这一精神，同年 10 月在国务院批转的国家计委《关于改进计划体制的若干暂行规定》中明确规定：从 1985 年起，凡是由国家投资的建设项目都要按照资金有偿使用的原则由财政拨款改为银行贷款；根据建设项目的实际情况，对不同的建设项目实行差别利率和浮动利率等办法；根据不同情况，规定不同的还款期限，少数建设项目如果确无偿还能力的，经国家批准可以豁免。按照上述要求，国家计委、财政部和建设银行于 1984 年 12 月制定了《关于国家预算内基本建设投资全部由拨款改为贷款的暂行规定》，经过一段试行后，修改为《关于调整国家预算内基本建设投资拨款改贷款范围等问题的若干规定》，经国务院批准，于1985年12月颁布。到1985年年末，凡列入国家计划，由国家财政拨款的实行独立核算，有还款能力的建设项目基本上都实行了银行贷款。实行贷款促使建设单位慎重地选择建设方案，认真进行可行性研究，进一步加强经济核算。实行贷款的项目一般都收到了工期短、造价低、质量好、投资省的效果。

随着投资管理和承发包形式的变革，在基本建设资金管理方面进一步改善了工程结算制度和工资基金的管理办法。1984年12月建设银行发布了《关于基本建设工程实行竣工结算的具体规定》，将现行的主要按完成建筑安装投资额的多少、分旬预支、按月结算工程款的办法，改为在施工过程中施工企业所需资金作为流动资金先向银行贷款，待项目竣工验收以后，再与发包单位一次结算，按合同超支自付，节余归己。

（二）改革建设项目管理办法，推行各种形式的经济责任制度。

1980年，国家建委决定在一些建设单位和重点建设项目中开始进行投资包干的试点工作。在总结试点的基础上，经过对原规定的修订和补充，1984年9月国家计委、城乡建设环境保护部、劳动人事部、建设银行联名颁发了《基本建设项目投资包干责任制办法》，比较完整地规定了包干责任制的总原则、包干形式、包干依据、包干内容、权益和奖罚、包干条款的检查等。

为了在施工单位推行经济责任制，1981年2月，国家建委、财政部、劳动总局、建设银行颁发了《关于施工企业推行经济责任制若干规定》。为了在设计单位推行经济责任制，还先后颁发了《关于抓紧设计单位的整顿和推行技术经济责任制的规定》《关于国营勘察设计单位实行企业化的若干规定》《集体和个体设计管理暂行办法》等，决定实行设计单位企业化试点。并根据《关于勘察设计单位试行技术经济责任制的通知》的精神，颁发了具体的《工程设计收费标准》。

1984年下半年，国务院作出决定，在基本建设工作中，大力推行建设项目招标承包责任制。根据这一决定，1984年9月国家计委、城乡建设环境保护部等部门颁发了《关于建设工程招标暂行规定》《工程承包公司暂行办法》《城市综合开发公司组建条例》《工程设计招标投标暂行办法》等，这些法规明确了各类工程公司的任务、组织领导、经营方式和责权利的关系，明确了招标的工程项目必须具备的条件，招标的具体内容、评标定标和管理监督等办法。同期，还制定了《成套设备承包暂行条例》《基本建设材料承包供应办法》等。

（三）促进横向联系，开展合资建设。

为了适应对内搞活经济的需要，沟通部门、地区和条块之间的联系和经济上的协作，充分发挥和合理利用部门、地区和企业在人力、财力、物力和自然资源的各项条件以及技术、经济等方面的潜力和优势，促进和引导合资联营事业的发展，1982 年 10 月，国家计委、国家经委、财政部、人民银行、建设银行联合制订了《关于试行国内合资建设的暂行办法》，规定了合资的目的、重点、范围、权限、方式、收益和债务关系、法律责任、组织管理、计划安排、协作条件、检查和监督等具体内容和法规要求。《办法》强调了合资建设要坚持服从国家整体利益和统一计划的要求；要因地制宜、发挥优势；要平等互利、等价有偿；建设重点应当放在发展国民经济最急需的和供应市场与出口等短线缺门产品上。《办法》规定，合资建设不受部门、地区和所有制的限制。合资建设要尽可能地利用现有企业和已有的设施，要同工业改组、专业化协作、老企业技术改造和城市改造结合进行。

为了进一步促进合资建设的开展，国家计委、财政部、工商银行、建设银行、统计局等部门于 1984 年 12 月颁发了《关于国内合资建设暂行办法的补充规定》，对扩大合资建设的资金来源、核定建设规模、供应急需的物资、审批项目权限以及产品价格、收益分配等问题都作了鼓励合资建设的补充规定。

（四）制定利用外资法规，引进国外先进技术，促进“四化”建设。

中共十一届三中全会以后，国务院及有关部门按照平等互利的原则制订了利用外资引进先进技术的优惠政策，制订了一系列保障这一工作顺利开展的法律规定。其中一些是有关基本建设的。

1979 年国务院批转下达的《关于使用国外贷款引进技术和进口设备的基本建设项目，在外汇、财政、基本建设计划上的处理办法》，规定了使用贷款的原则、审批程序、计划管理、作价、还款期间的财务处理、财政银行监督等。这些规定明确了使用国外贷款必须根据国民经济发展的方针、政策和要求，有计划地进行；使用国外贷款除批准由国家统借统还外一般均由地方和部门自借自还；使用外资要按照规定的工作程序和报批程序进行。《办法》对“统借统还”项目和“自借自还”项目的还款期的财务处理办法分别作了具体规定。1980年9月颁发了《引进国外技术设备国内配套贷款办法》，为协作项目同步建设创造了条件。

为了促进经济的发展和科学技术水平的提高，1983年9月国务院发布了《中华人民共和国中外合资经营企业法实施条例》，共有16章，113条。它明确了合资建设企业的行业重点、经济效益和经营条件的具体要求，以及出资方式，计划、税务、财务会计、外汇、销售等管理原则、办法和组织机构，同时还规定，所有引进必须是适用的、先进的产品和在国内或国际市场上具有显著的社会效益、竞争能力的技术。

根据“大的方面管住管好、小的方面放开放活”的精神，在国务院批转的国家计委《关于改进计划体制的若干暂行规定》中，对进一步放宽部门和地方利用外资进行建设的决策权限又作了具体的放宽审批额度的规定。

国务院于1980年3月转发了城建总局、国务院侨务办公室《关于用侨汇购买和建设住宅的暂行办法》，鼓励和保障华侨、侨眷用侨汇购买和建设住宅，以利于加速改善侨眷的居住条件，方便归侨安居乐业。

（五）改革计划管理办法，简化审批程序，下放审批权限。

为改变长期以来集中过多、管得过死的计划管理办法，在国务院批转的国家计委《关于改进计划体制的若干暂行规定》中提出，改革的重点是简化程序，下放权限，减少环节，提高效率。文件规定：

今后地方、部门用自筹资金、国家统借地方自还和地方、部门自借自还的外资安排的建设，由地方、部门负责平衡，经国家计委核定计划额度后纳入国家计划，执行中允许在10%的范围内浮动，扩大指导性计划的范围和内容。由国家计委审批的大中型项目，今后只审批项目建议书和设计任务书（利用外资、引进技术项目的可行性研究报告代替设计任务书）。设计文件和开工报告国家不再审批，由各部门和各地区自行确定审批权限和工作要求。但设计概算不能超过设计任务书规定的投资额的10%，否则要对项目重新进行决策。今后列入长期计划或建设前期工作计划的大中型项目，必须有国家计委批准的项目建议书；列入五年计划的大中型项目，必须有国家计委批准的设计任务书。对生产性建设项目，凡按资金限额划分审批权限的，国家计委审批的最低限额由现在的1000万元提高到3000万元，其中总投资在2亿元以上的项目，由国家计委核报国务院审批。非生产性建设项目，凡资金、能源、材料、设备能自行解决的，原则上由各部或各省、自治区、直辖市自行审批，但其投资额须纳入基本建设投资计划总规模内。对部门和地方利用外资进行建设的决策权限，《办法》也作了进一步放宽的规定。

在计划管理方面，《办法》也作了一些新的规定。如：基本建设计划由中央与地方（或部门）两级管理，改为中央与省、自治区、直辖市和地、县等多级管理；对一部分人民生活急需的、建设条件比较简单的、用地方自筹资金建设的中小学校建设，县（包括县）以上医院、保健站、文化馆、体育馆等设施的建设，放宽了投资总规模的控制范围。在安排这些权限下放的同时，规定了各级责任和利益，使其责、权、利密切地挂起钩来。

结束语

有计划地进行基本建设，是社会主义国家特有的经济活动形式。新中国成立以来，基本建设在取得巨大的物质技术成就的同时，在马列主义、毛泽东思想指引下，通过不断的探索和实践，逐步总结和形成了在中国进行基本建设的一套重要原则和方针。这是中国在36年的基本建设中取得的精神财富。探索的道路是不平坦的，发生过严重的失误，经历了曲折的过程。直到中共十一届三中全会以后，基本建设的正确的原则和方针才得到了进一步的发展和运用。

第一，建设规模要同国力相适应。

新中国成立以后，经过三年经济恢复，从第一个五年计划开始进行了大规模的经济建设。当时，建设的指导思想明确，既要反对右的保守主义，也要反对“左”的冒险主义。因而在计划的执行过程中，能够不失时机地纠正个别年份出现的建设规模过大，各部门齐头并进，急于求成、盲目冒进等偏差。基本建设进展比较顺利。1957年1月，陈云在总结中国“一五”计划期间经济建设经验的基础上提出：建设规模的大小必须和国家的财力物力相适应。适应还是不适应，这是经济稳定或不稳定的界限。建设的规模超过国家财力物力的可能，就是冒了，就会出现经济混乱；两者合适，经济就稳定。

建设规模要同国力相适应，这是基本建设中最基本的一项原则。为了做到建设规模同国力相适应，必须正确安排国民经济中的一些重要比例关系，并高度重视投资的社会经济效益。但是，从1958年起，“急于求成”，片面追求建设的高速度，忽视效益的左倾思潮在建设的指导思想上占了上风。直到1979年，在长达22年的时间里，基本建设这项重要原则并没有得到贯彻。22年间，只要经济发展比较顺利，就会自上而下、脱离实际地安排大规模的建设。建设规模超过国力可能的情况反复发生。

1958 年至 1960 年，在不切实际的“赶英超美”的口号下，发动了三年“大跃进”，基本建设规模空前膨胀，大大超过了国力的可能。其结果不仅生产没有得到发展，社会生产力还受到了严重的损伤，致使以后用了三年调整、两年巩固，共计五年的时间才完全恢复到“大跃进”前的社会生产力水平并略有超过。

时隔不久，在加强战备、扩大国防军事工业建设规模的要求下，1970 年至 1971 年基本建设规模又一次脱离国力的可能急剧膨胀起来。由于这两年建设规模过大，使职工人数、工资总额和粮食销量三项经济指标都大大突破了计划安排，国民经济又一次陷入困境。

粉碎江青反革命集团后不久，1978 年，由于对“文化大革命”十年动乱造成的严重后果估计不足，在组织国民经济新的大跃进的要求下，一方面，国内到处上项目，另一方面，同一些国家仓促签订合同，过多地引进了大型成套设备项目。基本建设规模再度膨胀，给整个经济带来了严重困难。

1979 年，针对中国当时的经济形势，中共中央提出了对国民经济实行调整、改革、整顿、提高的“八字”方针，开始了中华人民共和国成立以后的第二次大调整。从 1979 年起，根据国家财力、物力的可能，全面清理并陆续停建缓建了一批在建项目。而建设的指导思想真正从“左”的错误束缚中摆脱出来，是在 1980 年冬天中共中央工作会议之后。当时，建设规模最大的宝钢也推迟了建设，延长了工期。当然这么做大大降低了这个现代化大项目的经济效益，是十分不利的。但从全局出发，也只能忍痛做出决定。1981 年基本建设是真正退够了，而且从此，从建设的指导思想上注意了对建设规模的控制，并强调了投资的社会经济效益。建设规模要同国力相适应这一重要原则已成为基本建设中的一条指导方针。但是，由于基本建设管理体制的改革刚刚起步，还处于探索阶段，在投资还是以无偿使用为主的情况下，部门、地方、企业片面追求速度、盲目扩大建设规模的欲望仍然强烈存在。加上微观放开以后，宏观管理未能相应跟上，因此，在贯彻建设规模要同国力相适应这一重要原则上又遇到了来自下面自发势力的影响，出现了 1982 年和 1984

年上半年的基本建设规模失控。

1982 年，随着企业自主权的扩大，银行投资贷款业务的开展，预算外资金大量增加，用于基本建设的自筹投资出现增长过猛的趋势。自筹基建投资 1982 年比 1981 年增长了 94%。当然，由于 1981 年是基本建设退够的一年，建设规模压到了谷底，1982 年的猛增，在一定程度上带有恢复的性质，但一下子增长过猛还是带来了钢材、木材、水泥供应紧张等一系列问题。针对这一情况，1983 年国家很快采取了坚决措施，清理并停建了大批计划外建设项目，对计划内建设项目也进行了进一步的清理，从而比较有效地控制了建设规模。促进了国民经济的稳定发展，带来了 1982 年直至 1984 年上半年经济发展的稳定、协调、繁荣局面。随着 1984 年城市体制改革的全面展开，出现了许多新情况、新问题。由于对投资的宏观管理措施未能相应跟上，1984 年下半年基本建设的投资规模又出现了超过当年总供给的可能的较大的增长。这种状况从 1985 年下半年起逐步调整过来。1982 年和 1984 年下半年两次出现的基本建设规模较大幅度地超过当年的计划安排，尽管也给国民经济各方面的发展带来了一定的问题，但和 1979 年以前不同，这两次失控主要与经济管理体制改革的不完善、不配套有关，是改革中出现的新问题。这已经引起了各方面的关注。

第二，地区建设要发挥优势、扬长避短。

由于自然条件的差异和历史上的原因，中国地区经济的发展严重不平衡。在中国这样一个地大物博、人口众多的国家里，要保证生产力和国民经济的高速度发展并取得较好的经济效益，必须搞好地区建设，使生产力在全国范围内的分布逐步趋向合理。基本建设，特别是重大项目的建设，对于改善地区经济和生产力的布局起着重要的作用。

中国开始进行大规模经济建设的时候，就注意到了有步骤地加强不发达地区的建设，改善生产力的地区布局。“一五”计划期间开始建设的 156 个重点项目以及与之配套的 694 个大中型项目，大部分布置在内地。从而在经济比较落后的地区开辟了一批崭新的重要工业基地，促进了当地经济的发展。但是，1958 年“大跃进”一来，各方面都急于要建立独立的工业体系，各地工业建设都“以钢为纲”，全面铺开，齐头并进，造成了严重的浪费和损失。1959年陈云针对这种情况提出：“在一个省、自治区以内，企图建立完整无缺、样样都有、万事不求人的独立的工业体系，是不切实际的”①，“各省、自治区应该从全局的观点出发，适应全国和当地工业建设的要求，根据自己的特点，正确规定本省、自治区的建设任务”。② 强调了在地区建设上要从本地区的实际出发，发挥自己的特长。但是，地区建设上的这项重要原则在以后较长的时间里，没有成为统一的指导思想。形势稍一好转又提出建立三线地区的战备体系，而且规模越搞越大。“三五”计划期间，三线建设投资占全国基本建设投资总额的52.9%，影响了国民经济的综合平衡和合理的地区布局。1970年又提出了建立工业省，强调省和自治区自给。不少省和自治区追求“以钢为纲”的“大而全”的工业体系，不少专区甚至县，则追求“小而全”的“五小”工业体系。

各省、市、自治区自成体系的建设，在安排上都是门类齐全、产业结构趋同。这么做，造成了两方面的损失和浪费。一是各地区的资源优势和经济优势得不到充分利用和发挥。二是在中国原有经济基础十分落后，各省、市、自治区经济发展极不平衡的情况下，单从主观愿望出发，勉为其难地去建立各自的完整体系，其结果只能是分散建设力量，推迟建设进度，妨碍整体部署，大量增加不必要、不合理的重复建设和无效投资。

资源的合理开发利用，产业结构的合理组成，是提高社会宏观经济效益的关键。1980年，中共中央明确提出，在地区建设上要贯彻“发挥优势，扬长避短”的方针，从根本上纠正了在地区建设上“左”的错误指导思想。进入80年代后，国家已抓紧了国土开发整治规划和区域规划的研究编制，行业规划也在研究中。在中共中央正确方针的指导下，各地区正根据本地区的实际情况，弄清本地区优势之所在，扬长避短，搞好本地区的发展规划以指导建设。

---

① 陈云：《当前基本建设工作中的几个重大问题》，《陈云同志文稿选编》人民出版社1980年11月第1版，第89页。

② 同上，第87页。

第三，项目建设要根据国情、国力积极引进先进技术，增强中国自力更生的能力。

独立自主、自力更生是中国革命和建设一贯的立足点。中国革命的胜利是在独立自主、自力更生基础上取得的，进行社会主义建设也同样要坚持独立自主、自力更生、艰苦奋斗的方针。但是，坚持自力更生并不等于闭关自守。在平等互利的基础上，尽可能多地利用国外的资金和先进技术，取长补短，加速中国建设事业的发展，这么做不但不会妨碍而且只会增强中国自力更生的能力。

新中国成立初期，为了尽快地建立起自己的基础工业，从苏联和东欧国家引进了技术和成套设备，以 156 项重点项目为中心，形成了当时工业建设的骨干，为以后的工业发展打下了初步基础。60 年代初期到 1966 年，从日本、西欧国家小量引进了一些中国需要的技术和装备，填补了一些空白，效果较好。70 年代初从日本、美国和西欧国家进口了一批技术先进的成套设备和单机。其中包括 13 套大化肥、4 套大化纤、3 套石油化工、1 个烷基苯厂和 43 套综合采煤机组等。这批项目的建成投产，不仅进一步扩大了中国工业生产能力，而且对提高中国现代化的生产技术水平也起到了良好的促进作用。事实证明，新中国成立以来的技术引进，对于改变中国工业落后的状况，缩小同发达国家的差距，是起了积极作用的。但是，到 1977 年为止，中国在开展国际经济技术合作方面步子迈得不大。基本上处于停滞状态。造成这种情况的原因，从客观上讲，是由于以美国为首的西方国家从新中国成立时起就对中国实行封锁禁运，直到 70 年代才逐步解除；1960 年苏联又背信弃义，撕毁合同，撤走专家，给中国的建设事业造成了严重的困难。这就使得中国在较长的一个时期内基本上处于被封锁、被孤立的境地，很难争取到有效的国际经济技术合作。从主观上讲，存在着对独立自主、自力更生方针认识上的片面性和狭隘性。“文化大革命”开始后，林彪、江青反革命集团积极推行闭关锁国政策，严重地干扰和破坏了中国和其他国家的国际经济技术合作。

粉碎江青反革命集团后，由于“左”的错误指导思想没有得到及时的纠正，1978 年 1 年就对外签订了金额达 78 亿美元的引进合同，相当于过去 29

年总和的112.4%。这给国民经济的发展造成了沉重的负担。

在总结中国30多年开展国际经济技术合作正反两方面的经验的基础上，1981年11月国务院明确提出，“坚持对外开放政策，增强我国自力更生的能力”是中国今后经济建设的十大方针之一。一切闭关自守、墨守成规的思想和行为都是错误的，一切单纯依赖外力、迷信外国的思想和行为也都是错误的。[①] 这就从指导思想上解决了来自“左”、右两方面的干扰。1979年以后，在中共中央和国务院正确方针的指引下，中国和其他国家经济技术合作的局面已逐步打开。在项目建设上利用外资的形式也已多样化。

30多年来，在引进国外技术和进口设备中，有成功的方面也有失误的事例。因此，在指导思想端正后，项目建设在坚持对外开放政策的同时，还必须强调一定时期内的引进规模要控制在同期外汇偿付能力的能承担的范围之内，引进的目的是为了增强本国自力更生能力等原则，应该主要引进技术和进口国内还不能制造的关键设备，不要都搞成套设备进口，不要重复引进，不要只进口设备不引进技术，不要在引进后不加消化地推广。同时，引进的重点要放在提高基础工业和基础设施的技术水平和增强这些部门的“短线”、关键产品的制造能力上。把有限的外汇用到国民经济发展最急需的方面，以取得最佳的社会经济效益。

第四，组织实施要建立基本建设各个环节不同形式的经济责任制，开展竞争，提高建设效率。

基本建设和生产不同，具有它本身固有的特点。一是需要在较长时间里占用较多的社会资金而不提供任何有用的效果；二是环节多，直接参与工程建设的就有资金管理部门、建设单位、勘察设计单位、施工单位、物资和设备供应单位等等；三是涉及面广，内部和外部的协作配合关系比较复杂。搞得不好，很容易敞口花钱，互相扯皮，造成建设周期长、浪费损失大、投资效果差，相对地降低了基本建设的效果。新中国成立初期，在缺乏组织管理基本建设经验的情况下，强调了管理上的集中统一。“一五”计划期间，随着

① 赵紫阳：《当前的经济形势和今后经济建设的方针》，人民出版社1981年第1版，第36页。

大规模基本建设的开始，首先在建设单位和施工单位的关系上，建立了承包制度。当时，这种承包制度是在国家统一分配投资、统一安排设计施工力量、统一调度设备材料的基础上建立的，无论建设单位还是施工单位都缺乏经济上责、权、利统一的责任制，建设投资实报实销。因此，尽管当时大家革命热情很高，干劲也大，但基本建设中就已经出现了大手大脚、宽打窄用等浪费现象。随着建设任务的加重，特别是在“左”的错误指导思想下，建设规模经常出现或多或少地超过国力可能的现象。各方面都绷得很紧，加上职责不清，扯皮的事情也就越来越多，严重地影响了工程项目的建设。60年代初期开始，逐步推广了由建设单位、施工单位、设计单位和地方及有关各部门组成工程项目的建设指挥部，进行多方协作，集中领导。指挥部的形式在加强领导上虽然起了一定作用，但仍然是用行政办法组织工程项目的建设，并不能从根本上解决“吃大锅饭”的问题。加上指挥部多数是工程上马搭班子，工程建完散摊子，只有一次教训，没有二次经验，工程建设中的经验不易积累，每个工程都有很大浪费。

中共十一届三中全会以后，随着长期束缚人们思想的理论“禁区”的被打破，在探索改革陈旧落后的基本建设管理制度和方法上，创造了许多符合中国实际情况的好办法，并围绕着建立、健全基本建设各个环节上的经济责任制展开了一系列的改革试点。其中比较重要的有：在国家和建设单位的关系上，实行多种形式的基本建设投资包干经济责任制，如按批准的设计概算包干、按施工图预算包干、按平方米造价包干、按单位生产能力投资包干等。不论采取哪种形式，投资一次包死，不留活口。节余的投资，按比例分成，投资超过，国家不补。实行投资包干，把各个环节、各个岗位的责任制从经济上有机地联系起来，责、权、利层层落实，使工程建设的好坏、进度的快慢，投资的节约和超过，与企业和职工的利益挂起钩来，从而加强了广大职工的责任感。从试点看，实行投资包干的项目，在改变敞口花钱、节省建设投资、提高综合效益方面，都取得了明显的效果。与此同时，有偿还能力的项目，按资金有偿使用的原则改财政拨款为银行贷款。这就使项目在建设过程中精打细算，能少要的资金就不多要，能迟要的资金就不早要，提高了资金的使用效益。在建设单位和施工单位的关系上，试行了工程招标承包经济责任制，改变了过去工程建设单纯靠上级指定施工单位，独家经营的状况，促进企业加强经营管理，降低了造价，提高了工程质量，取得了显著的效果。不少施工企业还试行了百元产值工资含量包干。勘察设计单位试行了技术经济承包责任制。物资供应上，对部分重点项目实行了配套承包的供应办法，使重点项目所需的物资，在数量上、规格品种上和供货时间上得到了保证。到 1985 年为止，上述一系列的改革试点都取得了较好的效果。但是，也存在着一定的问题。怎样更好地调动各方面的积极性，正在总结经验的基础上，进一步进行探索和改革。

附录一

基本建设主要统计资料

（1953—1985 年）

全民所有制单位固定资产投资总额

单位：亿元

年　份	总　计	基本建设投资	国家预算内投资	更新改造投资	其他固定资产投资
1953	91.59	90.44	75.49	1.15	
1954	102.68	99.07	83.43	3.61	
1955	105.24	100.36	93.66	4.88	
1956	160.84	155.28	147.12	5.56	
1957	151.23	143.32	131.48	7.91	
1958	279.06	269.00	216.44	10.06	
1959	368.02	349.72	272.07	18.30	
1960	416.58	388.69	301.75	27.89	
1961	156.06	127.42	93.87	28.64	
1962	87.28	71.26	60.25	16.02	
1963	116.66	98.16	84.69	18.50	
1964	165.89	144.12	123.96	21.77	
1965	216.90	179.61	163.09	37.29	
1966	254.80	209.42	188.30	45.38	
1967	187.72	140.17	124.86	47.55	
1968	151.57	113.06	103.79	38.51	
1969	246.92	200.83	181.60	46.09	
1970	368.08	312.55	272.73	55.53	
1971	417.31	340.84	282.77	76.47	
1972	412.81	327.98	264.41	84.83	
1973	438.12	338.10	282.20	100.02	
1974	463.19	347.71	289.76	115.48	
1975	544.94	409.32	335.58	135.62	
1976	523.94	376.44	310.93	147.50	
1977	548.30	382.37	312.35	165.93	

续表

年份	总计	基本建设投资	国家预算内投资	更新改造投资	其他固定资产投资
1978	668.72	500.99	417.37	167.73	
1979	699.36	523.48	418.57	175.88	
1980	745.90	558.89	349.27	187.01	
1981	667.51	442.91	251.56	195.30	29.30
1982	845.31	555.53	276.67	250.37	39.41
1983	951.96	594.13	345.76	291.13	66.70
1984	1185.18	743.15	403.95	309.28	132.75
1985	1680.51	1074.37	421.46	449.14	157.00

注：1979—1985年国家预算内投资中除包括国家投资外，还包括利用外资中的国家统借统还部分。

基本建设建筑安装工程和设备、工具、器具购置投资

时期（年份）	绝对数（亿元）		比重（以投资总额为100）	
	建筑安装工程	设备、工具、器具购置	建筑安装工程	设备、工具、器具购置
“一五”时期	366.76	178.06	62.3	30.3
“二五”时期	690.31	448.94	57.2	37.2
1963—1965	266.22	126.94	63.1	30.1
“三五”时期	553.08	322.86	56.7	33.1
“四五”时期	1013.45	631.05	57.4	35.8
“五五”时期	1465.72	710.20	62.6	30.3
其中：1978	300.85	165.78	60.0	33.1
1979	343.80	143.64	65.7	27.4
1980	381.07	136.53	68.2	24.4
“六五”时期	2364.08	672.29	69.3	19.7
1981	317.32	84.22	71.6	19.0
1982	397.35	101.67	71.5	18.3
1983	414.99	117.13	69.8	19.7
1984	507.71	151.88	68.3	20.4
1985	726.71	217.39	67.6	20.2

生产性和非生产性基本建设投资

时期（年份）	绝对数（亿元）			比重（以投资总额为100）		
	生产性建设	非生产性建设		生产性建设	非生产性建设	
		合计	住宅		合计	住宅
“一五”时期	394.50	193.97	53.79	67.0	33.0	9.1
“二五”时期	1029.66	176.43	49.56	85.4	14.6	4.1
1963—1965	335.05	86.84	29.09	79.4	20.6	6.9

续表

时期（年份）	绝对数（亿元）			比重（以投资总额为100）		
	生产性建设	非生产性建设		生产性建设	非生产性建设	
		合　计	住　宅		合　计	住　宅
“三五”时期	818.02	158.01	39.32	83.8	16.2	4.0
“四五”时期	1455.16	308.79	100.74	82.5	17.5	5.7
“五五”时期	1729.94	612.23	277.29	73.9	26.1	11.8
其中：1978	396.24	104.75	39.21	79.1	20.9	7.8
1979	365.14	158.34	77.28	69.8	30.2	14.8
1980	359.28	199.61	111.66	64.3	35.7	20.0
“六五”时期	1956.51	1453.58	726.99	57.4	42.6	21.3
1981	252.43	190.48	111.19	57.0	43.0	25.1
1982	302.90	252.63	141.05	54.5	45.5	25.4
1983	346.44	247.69	125.07	58.3	41.7	21.1
1984	443.40	299.75	134.50	59.7	40.3	18.1
1985	611.34	463.03	215.18	56.9	43.1	20.0

基本建设新建和改扩建项目投资

时期（年份）	绝对数（亿元）		比重（以投资总额为100）	
	新建项目	改、扩建项目	新建项目	改、扩建项目
“一五”时期	271.62	309.24	46.2	52.5
“二五”时期	694.86	443.06	57.6	36.7
1963—1965	220.54	179.42	52.3	42.5
“三五”时期	532.91	389.07	54.6	39.9
“四五”时期	1005.37	658.43	57.0	37.3
“五五”时期	1291.01	910.79	55.1	38.9
其中：1978	286.62	187.58	57.2	37.4
1979	279.67	210.38	53.4	40.2
1980	290.24	237.49	51.9	42.5
“六五”时期	1591.87	1622.96	46.7	47.6
1981	218.27	209.77	49.3	47.4
1982	269.90	264.95	48.6	47.7
1983	272.47	271.40	45.9	45.7
1984	349.81	354.95	47.1	47.8
1985	481.42	521.89	44.8	48.6

基本建设大中型和小型项目投资

时期（年份）	绝对数（亿元）		比重（以全部建设项目为100）	
	大中型项目	小 型 项 目	大中型项目	小 型 项 目
“一五”时期	302.79	285.68	51.5	48.5
“二五”时期	596.61	609.48	49.5	50.5
1963—1965	189.77	232.12	45.0	55.0
“三五”时期	464.67	511.36	47.6	52.4
“四五”时期	917.18	846.77	52.0	48.0
“五五”时期	1068.66	1222.31	46.6	53.4
其中：1978	243.94	233.92	51.0	49.0
1979	216.16	291.49	42.6	57.4
1980	215.98	330.67	39.5	60.5
“六五”时期	1359.02	1945.44	41.1	58.9
1981	169.18	267.57	38.7	61.3
1982	219.89	327.08	40.2	59.8
1983	262.46	318.99	45.1	54.9
1984	313.25	404.20	43.7	56.3
1985	394.24	627.60	38.6	61.4

注：1978年以后大中型和小型项目投资中不包括统一购置的机车车辆、船舶、飞机、地质勘探设备的投资。

国民经济各行业基本建设投资（一）

单位：亿元

时期（年份）	总　计	工　业	建筑业	地质勘探	农林水利气象
“一五”时期	588.47	250.26	21.54	14.36	41.83
“二五”时期	1206.09	728.30	16.30	14.25	135.71
1963—1965	421.89	210.18	8.91	1.68	74.46
“三五”时期	976.03	541.51	17.38	4.57	104.27
“四五”时期	1763.95	977.97	28.57	11.76	173.08
“五五”时期	2342.17	1231.71	43.43	29.53	246.08
其中：1978	500.99	273.16	8.84	11.65	53.34
1979	523.48	256.85	11.47	7.40	57.92
1980	558.89	275.61	11.31	3.03	52.03
“六五”时期	3410.09	1546.97	64.15	19.42	172.84
1981	442.91	216.01	9.21	2.50	29.21
1982	555.53	260.60	10.67	2.59	34.12
1983	594.13	282.28	10.53	3.36	35.45
1984	743.15	341.59	11.54	3.72	37.12
1985	1074.37	446.49	22.20	7.25	36.94

国民经济各行业基本建设投资（二）

单位：亿元

时期（年份）	运输邮电	商业饮食业服务业和物资供应	科研文教卫生和社会福利	城市公用事业	其　他
“一五”时期	90. 15	21. 40	44. 56	14. 43	89. 94
“二五”时期	163. 30	24. 12	46. 39	27. 55	50. 17
1963—1965	53. 78	10. 44	24. 05	12. 31	26. 08
“三五”时期	150. 01	21. 04	27. 44	17. 38	92. 43
“四五”时期	317. 59	50. 41	55. 45	33. 61	115. 51
“五五”时期	302. 45	87. 35	127. 82	95. 12	178. 68
其中：1978	68. 04	15. 29	21. 77	15. 39	33. 51
1979	64. 09	20. 57	33. 47	29. 91	41. 80
1980	62. 34	28. 57	44. 29	33. 81	47. 90
“六五”时期	455. 13	200. 16	353. 48	262. 19	335. 75
1981	40. 47	28. 01	43. 63	31. 85	42. 02
1982	57. 21	35. 97	50. 81	42. 22	61. 34
1983	78. 04	28. 92	59. 44	38. 02	58. 09
1984	108. 46	35. 17	78. 79	57. 36	69. 40
1985	170. 95	72. 09	120. 81	92. 74	104. 90

农业、轻工业、重工业基本建设投资

（按国民经济行业分）

时期（年份）	绝对数（亿元）			比重（以投资总额为 100）		
	农业	轻工业	重工业	农业	轻工业	重工业
“一五”时期	41. 83	37. 47	212. 79	7. 1	6. 4	36. 1
“二五”时期	135. 71	76. 59	651. 71	11. 3	6. 4	54. 0
1963—1965	74. 46	16. 47	193. 71	17. 7	3. 9	45. 9
“三五”时期	104. 27	42. 62	498. 89	10. 7	4. 4	51. 1
“四五”时期	173. 08	103. 03	874. 94	9. 8	5. 8	49. 6
“五五”时期	246. 08	156. 25	1075. 46	10. 5	6. 7	45. 9
其中：1978	53. 34	29. 30	243. 86	10. 6	5. 8	48. 7
1979	57. 92	30. 60	226. 25	11. 1	5. 9	43. 2
1980	52. 03	50. 89	224. 72	9. 3	9. 1	40. 2
“六五”时期	172. 84	234. 45	1312. 52	5. 1	6. 9	38. 5
1981	29. 21	43. 38	172. 63	6. 6	9. 8	39. 0
1982	34. 12	46. 45	214. 15	6. 1	8. 4	38. 5
1983	35. 45	38. 75	243. 53	6. 0	6. 5	41. 0
1984	37. 12	42. 43	299. 16	5. 0	5. 7	40. 3
1985	36. 94	63. 44	383. 05	3. 4	5. 9	35. 7

能源工业和运输邮电业基本建设投资

（按国民经济行业分）

时期（年份）	绝对数（亿元）		比重（以投资总额为100）	
	能源工业	运输邮电业	能源工业	运输邮电业
“一五”时期	73. 01	90. 15	12. 4	15. 3
“二五”时期	205. 68	163. 30	17. 1	13. 5
1963—1965	63. 79	53. 78	15. 1	12. 7
“三五”时期	155. 07	150. 01	15. 9	15. 4
“四五”时期	310. 89	317. 59	17. 6	18. 0
“五五”时期	489. 90	302. 45	20. 9	12. 9
其中：1978	114. 70	68. 04	22. 9	13. 6
1979	110. 98	64. 09	21. 2	12. 2
1980	115. 65	62. 34	20. 7	11. 2
“六五”时期	695. 73	455. 13	20. 4	13. 3
1981	94. 64	40. 47	21. 4	9. 1
1982	102. 23	57. 21	18. 4	10. 3
1983	127. 60	78. 04	21. 5	13. 1
1984	165. 96	108. 46	22. 3	14. 6
1985	205. 30	170. 95	19. 1	15. 9

国民经济各行业基本建设新增固定资产（一）

单位：亿元

时期（年份）	总　计	工　业	建筑业	地质勘探	农林水利气象
“一五”时期	492. 18	200. 64	19. 18	9. 92	34. 46
“二五”时期	861. 82	516. 60	14. 17	7. 92	84. 59
1963—1965	367. 79	186. 04	7. 93	1. 56	60. 64
“三五”时期	580. 13	316. 78	13. 64	3. 67	53. 80
“四五”时期	1082. 34	590. 90	22. 97	9. 68	92. 60
“五五”时期	1747. 31	913. 53	34. 96	26. 49	152. 77
其中：1978	372. 30	190. 57	7. 01	11. 28	31. 11
1979	438. 02	237. 51	9. 92	5. 99	38. 90
1980	442. 06	213. 38	8. 95	2. 53	35. 37
“六五”时期	2516. 04	1065. 56	57. 22	16. 89	140. 51
1981	383. 40	192. 61	7. 77	2. 25	23. 13
1982	413. 10	176. 21	8. 42	2. 24	23. 75
1983	453. 10	190. 55	9. 15	2. 74	36. 56
1984	533. 28	218. 86	17. 75	3. 53	27. 08
1985	733. 16	287. 33	14. 13	6. 13	29. 99

国民经济各行业基本建设新增固定资产（二）

单位：亿元

时期（年份）	运输邮电	商业饮食服务业和物资供销	科研文教卫生和社会福利	城　市公用事业	其　他
“一五”时期	75.60	19.82	40.17	12.94	79.45
“二五”时期	119.66	19.63	37.65	22.82	38.78
1963—1965	47.24	8.85	21.94	11.02	22.57
“三五”时期	91.36	13.72	18.11	11.59	57.46
“四五”时期	199.45	33.83	37.65	23.06	72.20
“五五”时期	258.16	66.10	94.40	68.50	132.40
其中：1978	70.29	11.79	15.84	10.54	23.87
1979	48.29	15.96	25.08	21.92	34.45
1980	61.72	22.29	34.19	26.48	37.15
“六五”时期	358.21	149.90	271.52	204.03	252.20
1981	32.77	22.79	35.95	31.85	34.28
1982	54.28	28.53	40.67	32.37	46.63
1983	59.02	25.13	46.61	31.50	51.84
1984	83.85	28.88	62.13	44.54	46.66
1985	128.29	44.57	86.16	63.77	72.79

工业各行业基本建设投资（一）

单位：亿元

时期（年份）	合　计	冶金工业	电力工业	煤炭工业	石油工业	化学工业
“一五”时期	250.26	46.61	29.78	29.68	11.98	13.61
“二五”时期	728.30	169.23	88.88	86.98	25.10	55.22
1963—1965	210.18	33.94	22.07	25.15	16.44	23.60
“三五”时期	541.51	98.79	68.60	46.65	38.84	62.20
“四五”时期	977.97	173.08	129.39	90.74	89.00	95.78
“五五”时期	1231.71	189.69	218.74	136.25	131.42	167.86
其中：1978	273.16	46.48	50.91	31.80	31.12	31.34
1979	256.85	34.72	50.99	31.86	27.07	29.46
1980	275.61	32.48	48.14	33.47	33.38	29.61
“六五”时期	1546.97	211.59	328.68	203.32	146.07	164.41
1981	216.01	27.35	40.14	23.15	27.95	19.02
1982	260.60	43.00	46.23	29.85	25.30	25.78
1983	282.28	42.47	57.46	40.07	29.02	30.07
1984	341.59	46.73	76.99	55.14	30.63	35.74
1985	446.49	52.04	107.86	55.11	33.17	53.80

注：本表为全民所有制范围。

工业各行业基本建设投资（二）

单位：亿元

时期（年份）	机械工业	森林工业	建材工业	纺织工业	食品工业	造纸工业
“一五”时期	38. 47	6. 16	6. 33	15. 98	10. 15	3. 79
“二五”时期	116. 87	17. 75	23. 72	19. 78	23. 48	9. 57
1963—1965	24. 42	14. 08	7. 16	7. 92	4. 00	1. 36
“三五”时期	74. 09	15. 55	14. 63	13. 72	9. 99	6. 98
“四五”时期	216. 76	25. 20	30. 25	31. 93	16. 12	7. 60
“五五”时期	178. 46	22. 25	46. 90	73. 23	27. 98	10. 48
其中：1978	40. 81	4. 37	9. 16	13. 38	6. 04	2. 07
1979	36. 24	4. 94	12. 44	14. 12	6. 06	2. 80
1980	37. 75	7. 05	11. 74	23. 30	8. 13	2. 91
“六五”时期	156. 18	34. 44	78. 51	96. 94	64. 01	10. 76
1981	24. 39	6. 63	8. 79	19. 86	9. 26	1. 91
1982	27. 12	7. 85	11. 67	21. 16	14. 07	1. 69
1983	26. 75	6. 42	14. 00	17. 08	11. 28	1. 71
1984	30. 43	7. 05	16. 67	18. 10	11. 91	2. 07
1985	47. 49	6. 49	27. 38	20. 74	17. 49	3. 38

工业各行业基本建设新增固定资产（一）

单位：亿元

时期（年份）	合　计	冶金工业	电力工业	煤炭工业	石油工业	化学工业
“一五”时期	200. 64	38. 13	24. 63	24. 33	8. 22	8. 75
“二五”时期	516. 60	121. 79	61. 89	61. 11	16. 18	33. 25
1963—1965	186. 04	31. 30	15. 43	24. 04	12. 63	23. 15
“三五”时期	316. 78	70. 93	44. 31	25. 94	24. 35	29. 79
“四五”时期	590. 90	85. 39	86. 04	52. 17	57. 49	47. 70
“五五”时期	913. 53	161. 65	148. 48	86. 91	90. 88	138. 31
其中：1978	190. 57	27. 48	35. 05	20. 67	22. 83	24. 84
1979	237. 51	62. 22	42. 27	20. 72	18. 08	26. 95
1980	213. 38	31. 29	29. 83	21. 78	20. 71	31. 14
“六五”时期	1065. 56	96. 75	244. 69	138. 92	103. 53	103. 83
1981	192. 61	14. 12	47. 84	21. 27	20. 38	21. 44
1982	176. 21	18. 62	31. 41	17. 09	18. 30	15. 19
1983	190. 55	13. 29	42. 34	28. 66	19. 62	21. 84
1984	218. 86	21. 79	43. 17	40. 00	23. 05	16. 47
1985	287. 33	28. 93	79. 93	31. 90	22. 18	28. 89

工业各行业基本建设新增固定资产（二）

单位：亿元

时期（年份）	机械工业	森林工业	建材工业	纺织工业	食品工业	造纸工业
“一五”时期	30.25	5.69	5.42	13.80	8.85	3.02
“二五”时期	87.76	13.12	17.87	14.67	19.32	6.64
1963—1965	21.54	12.02	6.65	8.35	3.31	0.89
“三五”时期	49.94	11.65	9.27	9.33	6.77	5.49
“四五”时期	150.21	19.35	19.75	10.18	11.22	6.13
“五五”时期	143.13	17.71	30.74	48.59	21.22	7.18
其中：1978	33.87	3.37	6.39	7.78	3.76	0.92
1979	31.83	3.81	7.95	12.25	3.82	2.17
1980	33.15	5.74	8.40	16.95	6.78	2.35
“六五”时期	131.21	27.96	52.76	72.71	51.47	8.10
1981	22.57	5.34	4.70	21.37	7.45	1.67
1982	27.32	6.15	7.19	16.48	11.67	1.09
1983	23.98	5.31	9.62	11.06	8.52	1.94
1984	25.21	5.88	10.33	11.61	11.39	1.59
1985	32.13	5.28	20.92	12.19	12.44	1.81

基本建设固定资产交付使用率和大中型项目建成投产率

时　期（年份）	新增固定资产（亿元）	固定资产交付使用率（%）	投产大中型项目个数（个）	大中型项目建成投产率（%）
“一五”时期	492.18	83.6	595	15.5
“二五”时期	861.82	71.5	581	8.1
1963—1965	367.79	87.2	355	10.4
“三五”时期	580.13	59.4	743	11.5
“四五”时期	1082.34	61.4	742	9.4
“五五”时期	1747.31	74.6	515	7.4
其中：1978	372.30	74.3	99	5.7
1979	438.02	83.7	128	8.2
1980	442.06	79.1	82	8.3
“六五”时期	2516.04	73.8	520	12.5
1981	383.40	86.6	79	10.6
1982	413.10	74.4	116	14.2
1983	453.10	76.3	91	11.2
1984	533.28	71.8	113	13.8
1985	733.16	68.2	121	12.6

注：1.“三五”时期新增固定资产统计不全，交付使用率偏低。

2. 各时期大中型项目建成投产率是平均每年数字。

基本建设竣工房屋造价

单位：元/平方米

年 份	全国平均	厂 房	仓 库	办公室	住 宅	学 校	医疗机构	其 他
1957	56	102	42	59	47	51	70	58
1962	74	117	57	73	56	83	91	64
1965	81	140	71	71	59	70	85	77
1978	104	153	92	98	89	79	103	100
1979	113	161	104	103	100	94	116	125
1980	123	173	111	118	113	106	134	137
1981	139	201	134	131	128	131	153	162
1982	147	206	136	142	135	138	167	176
1983	165	246	171	158	151	150	189	199
1984	187	282	182	185	160	163	224	246
1985	205	299	188	196	177	182	218	283

注：房屋造价不包括征地、拆迁和室外配套工程的投资。

基本建设全部建成投产大中型项目

（1985 年）

项目名称及新增生产能力	
电力工业	
内蒙古元宝山电厂	发电机组容量 60 万千瓦
内蒙古灵泉电厂	发电机组容量 5 万千瓦
内蒙古通辽电厂	发电机组容量 40 万千瓦
黑龙江牡丹江电厂	发电机组容量 20 万千瓦
浙江台州电厂二期工程	发电机组容量 25 万千瓦
福建永安电厂	发电机组容量 20 万千瓦
广东韶关电厂	发电机组容量 20 万千瓦
广西大化水电站	发电机组容量 40 万千瓦
四川渡口河门口电厂	发电机组容量 5 万千瓦
新疆红雁池电厂三期工程	发电机组容量 20 万千瓦
石油工业	
天津大港油田	石油开采 179 万吨
辽宁辽河油田	石油开采 510 万吨
吉林油田	石油开采 75 万吨
黑龙江大庆油田	石油开采 1680 万吨
江苏油田	石油开采 23 万吨
山东胜利油田	石油开采 1195 万吨
河南南阳油田	石油开采 66 万吨
河南中原油田	石油开采 522 万吨

续表

项目名称及新增生产能力	
湖北江汉油田	石油开采 14.5 万吨
甘肃玉门油田	石油开采 10 万吨
新疆油田	石油开采 244 万吨
长庆油田	石油开采 37 万吨
华北油田	石油开采 444 万吨
中原至洛阳输油管线	输油管线 282 公里　输送原油 200 万吨/年
中原至开封输气管线	输气管线 148.7 公里　输送天然气 1.15 亿立方米/年
铁　道	
山东兖石线	新建铁路 307.9 公里
广东岭八线	新建铁路 50 公里
陕西梅七线	新建铁路 70 公里
交　通	
山东石臼港煤码头	年吞吐量 1500 万吨
山东岚山港	年吞吐量 200 万吨
湖北沙洋大桥	独立大桥 1819 米
青藏公路	改建公路 966 公里
邮　电	
北京东单市话局	交换机 1 万门
广东广州市电话三分局	交换机 2.6 万门
广东广州市程控交换系统	线路 1000 路
四川成都电缆厂引进全塑电缆生产线	市话电缆 120 万对公里/年
京汉广中同轴电缆	中同轴电缆 3026 公里
津沪杭中同轴电缆	中同轴电缆 1770 公里
纺织工业	
湖南岳阳洞庭苎麻纺织厂	长麻纺 2 万锭　短麻纺 1 万锭　布机 869 台
轻工业	
北京荧光灯厂	日光灯 400 万只
山西杏花村酒厂一期工程	汾酒 3000 吨
内蒙古海拉尔乳品厂	奶粉 4400 吨
黑龙江青岗糖厂	机制糖 3 万吨
上海电池厂	纸板电池 7000 万只
浙江浙东啤酒厂	啤酒 1 万吨
安徽淮南造纸厂	机制纸 1.7 万吨
福建青阳糖厂	机制糖 2.6 万吨
江西万安糖厂	机制糖 1.2 万吨　酒精 1000 吨
江西信丰糖厂	机制糖 2.93 万吨　酒精 2400 吨
江西华风瓷厂	日用瓷 1600 万件
山东青岛啤酒厂	啤酒 5.4 万吨　日用玻璃 2 万吨

续表

项目名称及新增生产能力	
湖北大冶玻璃瓶厂	啤酒瓶 2 万吨
广东廉江安铺糖厂	机制糖 2.6 万吨
广东中山糖厂	机制糖 2.6 万吨
广东山竹沟糖厂	机制糖 1.3 万吨
广东临高龙力糖厂	机制糖 1.3 万吨
广东遂化北坡糖厂	机制糖 1.3 万吨
广西贵县糖厂	机制糖 2.4 万吨
云南朋普糖厂	机制糖 1.3 万吨
云南弄璋糖厂	机制糖 1.3 万吨
云南景坎糖厂	机制糖 1.98 万吨
云南瑞丽糖厂	机制糖 1.32 万吨
云南昆明三聚磷酸钠厂一期工程	洗衣粉 2.5 万吨
甘肃酒泉糖厂	机制糖 2.57 万吨
宁夏平罗糖厂	机制糖 1.85 万吨
新疆奇台糖厂	机制糖 1.1 万吨
新疆盐湖化工厂	无水芒硝 5 万吨
冶金工业	
辽宁抚顺钢厂	锻材 4 万吨
江苏南京幕府山白云石矿	白云石采运 150 万吨
江苏镇江船山石灰石矿	石灰石开采 80 万吨
上海张家洼冶金矿山公司	铁矿开采 250 万吨　铁选矿 189 万吨
有色金属工业	
安徽合肥铝厂碳素工程	石墨电极 0.3 万吨
广东有色金属公司加工厂	铝型材挤压加工 3000 吨
云南易门铜矿狮凤山新井田工程	铜采矿 39.6 万吨　精矿含铜 3600 吨
建材工业	
天津玻璃厂	平板玻璃 94 万标准箱
河南洛阳玻璃厂	平板玻璃 232 万标准箱
湖南株洲玻璃厂	平板玻璃 150 万标准箱
甘肃兰州玻璃厂	平板玻璃 150 万标准箱
新疆平板玻璃厂	平板玻璃 80 万标准箱
湖南东江水泥厂	水泥 25 万吨
天津加气混凝土制品厂	加气混凝土制品 20 万立方米
浙江杭州加气混凝土制品厂	加气混凝土制品 20 万立方米
化学工业	
北京焦化厂	精苯 1.68 万吨
内蒙古炭窑口硫铁矿	硫铁矿开采 45 万吨　硫铁矿选矿 40 万吨
四川化工厂	三聚氰胺 1.2 万吨

续表

项目名称及新增生产能力	
石油化工	
浙江镇海石化总厂化肥工程	合成氨 30 万吨　尿素 52 万吨
湖北荆门炼油厂	润滑油 10 万吨
机械工业	
北京液压工业公司	减速机 1000 台
辽宁沈阳变压器厂一期工程	50 万伏变压器 300 万千伏安
上海发电设备制造项目	火电设备制造 30 万千瓦　核电设备制造 30 万千瓦
河南洛阳轴承厂	轴承 1200 万套
湖南湘潭电机厂	百吨电动轮自卸车 20 辆
汽车工业	
湖北第二汽车制造厂	载重汽车 8.5 万辆　发电机组容量 10 万千瓦
地　质	
湖北武汉地质学院	学生席位 4300 个
水　利	
北京密云水库加固	发电机组容量 1 万千瓦
天津海河二线节制闸	节制闸 1200 秒立方米
河北引还入陡输水工程	排洪 2000—2500 秒立方米
河南、山东、河北卫河治理	排涝 700—1000 秒立方米
农　垦	
广东调丰糖厂	机制糖 1.3 万吨
商　业	
上海吴泾冷库二期工程	冷藏能力 2.6 万吨
上海江南啤酒厂	啤酒 2 万吨
物资储备	
河南鲁山石油库	石油库 12 万立方米
科　学	
北京半导体研究所	
城市建设	
北京市供水工程	日供水 17 万吨
辽宁大连供水工程	日供水 15 万吨

注：新增石油开采能力包括用油田维护和更新改造投资形成的。

基本建设新增主要产品生产能力（一）

时期（年份）	铁矿开采（万吨）	炼　铁（万吨）	炼　钢（万吨）	煤炭开采（万吨）	发电机组容量（万千瓦）	石油开采（万吨）
“一五”时期	1643.4	338.6	281.6	6376	246.9	131.2
“二五”时期	2186.0	1344.0	1273.0	14920	863.8	816.6
1963—1965	379.8	6.2	80.5	2392	215.3	674.6

续表

时期（年份）	铁矿开采（万吨）	炼 铁（万吨）	炼 钢（万吨）	煤炭开采（万吨）	发电机组容量（万千瓦）	石油开采（万吨）
“三五”时期	3590.1	1068.2	652.7	6806	860.4	2777.0
“四五”时期	4494.6	903.3	597.9	8121	1743.2	4104.2
“五五”时期	2097.0	360.0	588.0	6493	1929.0	3975.3
其中：1978	115.0	143.8	112.5	1151	504.8	999.6
1979	462.0	153.0	210.0	1393	465.1	800.0
1980	274.0		70.8	829	287.1	574.7
“六五”时期	1341.0	93.0	30.0	8127	2030.5	5025.3
1981	475.0			1373	263.7	518.9
1982	310.0	25.0	18.0	820	294.3	636.5
1983	30.0	17.0	6.0	1852	446.6	810.8
1984	46.0			2435	380.4	1321.9
1985	480.0	51.0	6.0	1647	645.5	1737.2

注：石油开采能力中包括用油田更新改造和其他投资增加的能力。

基本建设新增主要产品生产能力（二）

时期（年份）	天然气开采（亿立方米）	硫 酸（万吨）	合成氨（万吨）	化学肥料（万吨）	纯 碱（万吨）	烧 碱（万吨）	塑 料（万吨）
“一五”时期		29.2	13.7	9.24	19.2	8.1	
“二五”时期	14.1	124.6	42.0	66.88	36.9	26.8	3.75
1963—1965	11.9	63.7	78.6	125.71	16.6	5.7	0.20
“三五”时期	28.8	152.0	244.4	204.16	17.0	34.0	18.70
“四五”时期	103.2	219.4	429.2	372.38	16.4	30.2	7.50
“五五”时期	118.1	95.6	592.4	473.55	18.9	30.5	53.71
其中：1978	32.0	22.0	95.7	83.52	0.5	6.2	1.00
1979	18.3	11.1	93.9	82.21	11.5	6.5	11.15
1980	8.8	15.5	33.0	27.94	4.4	7.9	1.96
“六五”时期	27.2	24.9	172.6	161.97	9.6	3.1	4.49
1981	6.2	3.5	37.5	32.28		0.7	0.10
1982	6.3	9.7	72.5	65.31		0.9	2.00
1983	2.1		11.7	8.25		0.5	0.75
1984	2.7	4.5	7.7	12.52	2.0	0.6	0.11
1985	9.9	7.2	43.2	43.61	7.6	0.4	1.53

基本建设新增主要产品生产能力（三）

时期（年份）	木材采运（万立方米）	水　泥（万吨）	化学纤维（万吨）	棉纺锭（万锭）	自行车（万辆）	缝纫机（万架）	手　表（万只）
“一五”时期	409. 0	261. 3	0. 50	201. 0	50. 0	7. 4	
“二五”时期	649. 4	1173. 6	0. 87	295. 5	60. 2	40. 8	52. 0
1963—1965	274. 9	222. 1	4. 27	57. 8	35. 4	24. 7	39. 0
“三五”时期	415. 9	1533. 0	1. 23	322. 0	68. 0	40. 0	46. 0
“四五”时期	611. 6	1128. 3	12. 40	94. 3	67. 4	36. 0	307. 4
“五五”时期	361. 4	1119. 6	26. 26	190. 5	240. 5	259. 2	622. 4
其中：1978	77. 8	189. 1	2. 80	25. 0	38. 8	18. 3	28. 0
1979	89. 2	273. 8	8. 33	54. 0	29. 0	52. 7	89. 0
1980	49. 8	288. 8	6. 03	76. 1	113. 9	103. 8	255. 6
“六五”时期	202. 7	1327. 9	30. 82	156. 9	217. 0	127. 0	320. 0
1981	29. 8	154. 4	6. 73	51. 0	99. 0	61. 3	73. 0
1982	33. 3	236. 8	2. 91	51. 0	38. 0	40. 0	176. 0
1983	44. 7	345. 7	5. 13	31. 2		21. 0	68. 0
1984	54. 9	474. 0	2. 60	13. 1	50. 0	4. 7	3. 0
1985	40. 0	117. 0	13. 45	10. 6	30. 0		

基本建设新增主要产品生产能力（四）

时期（年份）	显像管（万只）	机制糖（万吨）	原　盐（万吨）	机制纸及纸板（万吨）	新建铁路交付营业里程（公里）	新建公路（公里）	沿海港口吞吐能力（万吨）
“一五”时期		62. 0	151. 3	24. 9	4162	83403	835
“二五”时期		109. 7	644. 7	112. 7	6120	37047	1599
1963—1965		22. 5	16. 3	9. 8	1099	12629	425
“三五”时期		20. 0	200. 0	90. 3	3894	31223	1191
“四五”时期		44. 4	150. 0	35. 0	4866	40065	4805
“五五”时期	15	72. 1	159. 7	34. 7	3776	40344	5321
其中：1978		12. 1	19. 7	3. 5	1296	10578	657
1979		22. 6	44. 4	11. 2	289	4956	336
1980	15	11. 3	52. 1	10. 7	1008	3036	524
“六五”时期	452	150. 5	147. 9	30. 6	2238	8352	9983
1981	162	17. 4	32. 4	4. 4		1554	336
1982	168	34. 6	30. 6	5. 9	31	751	2000
1983	50	33. 1	15. 0	9. 2	601	1462	1773
1984		36. 6	67. 4	7. 8	1247	1443	918
1985	72	28. 8	2. 5	3. 3	359	3142	4956

更新改造及其他投资

单位：亿元

时期（年份）	更新改造及其他投资	按资金来源分		
		国家财政拨款	地方、部门企业自筹和其他	银行贷款
“一五”时期	23.11	12.30	10.81	
“二五”时期	100.91	12.53	88.38	
1963—1965	77.56	53.06	21.20	3.30
“三五”时期	233.06	52.58	167.08	13.40
“四五”时期	512.42	64.57	425.99	21.86
“五五”时期	844.05	135.45	612.73	95.87
其中：1978	167.73	26.48	129.97	11.28
1979	175.88	43.64	112.38	19.86
1980	187.01	32.98	108.20	45.83
“六五”时期	1920.38	188.58	1212.28	495.14
1981	224.60	34.88	142.43	46.02
1982	289.78	32.95	190.09	64.03
1983	357.83	40.83	232.44	81.98
1984	442.03	58.10	277.25	103.90
1985	606.14	21.82	370.07	199.21

注：1981、1982、1983、1984、1985 年更新改造及其他投资中分别包括利用外资 1.27 亿元、2.71 亿元、2.58 亿元、2.78 亿元和 15.04 亿元。

国民经济各行业更新改造投资

单元：亿元

行业	1981 年	1982 年	1983 年	1984 年	1985 年
全国总计	195.30	250.37	291.13	309.28	449.14
农、林、牧、渔、水利业	5.04	8.40	6.13	5.24	6.07
工业	142.97	170.84	207.46	225.43	351.05
地质普查和勘探业	0.28	0.23	0.17	0.32	0.28
建筑业	2.22	4.35	4.29	4.88	6.97
交通运输、邮电通讯业	21.88	30.42	32.58	34.93	40.42
商业、公共饮食业、物资供销和仓储业	7.46	12.95	14.08	11.31	11.14
房地产管理、公用事业、居民服务和咨询服务业	6.63	9.29	9.97	12.79	20.46
卫生、体育和社会福利事业	0.73	1.38	1.72	1.90	1.78
教育文化艺术和广播电视事业	1.85	3.26	3.60	3.89	2.91
科学研究和综合技术服务事业	1.13	1.17	1.34	1.69	2.36
金融、保险业	0.65	1.37	2.07	1.37	0.97
国家机关、政党机关和社会团体	2.60	3.84	4.28	3.14	3.24
其他行业	1.86	2.87	3.44	2.39	1.49

更新改造主要产品新增生产能力

能力名称	计算单位	1985 年	1984 年	1983 年
铁矿开采	万吨/年	65.00	84.60	12.00
铁选矿：处理原矿	万吨/年	58.00	114.30	74.40
精矿粉	万吨/年	84.50	27.90	50.40
铁矿烧结	万吨/年	76.50	30.64	30.73
炼焦	万吨/年	26.33	12.75	12.60
炼铁	万吨/年	114.61	35.09	3.84
炼钢	万吨/年	213.32	106.67	68.96
初轧	万吨/年	63.43	86.50	16.00
一次精轧	万吨/年	72.66	86.55	107.85
二次精轧	万吨/年	29.10	22.52	31.86
电炉铁合金	万吨/年	5.36	1.29	1.02
铜选矿：处理原矿	万吨/年	1.80		21.29
铜精矿	吨/年	312	2866	6300
精矿含铜	吨/年	50	600	1264
煤炭开采	万吨/年	416.34	531.30	448.15
天然石油开采	万吨/年	9.88	16.00	269.03
硫酸	万吨/年	8.63	20.92	20.75
纯碱	万吨/年	12.91	7.01	10.75
烧碱	万吨/年	7.74	5.69	11.01
合成氨	万吨/年	41.60	52.61	46.28
化肥	万吨/年	25.66	29.82	34.69
乙烯	吨/年	31880	18300	2766
塑料	吨/年	43146	34400	38699
轮胎	万套/年	85.30	45.26	58.30
发电机组容量	万千瓦	16.53	22.31	21.02
水电	万千瓦	4.19	3.78	8.69
火电	万千瓦	7.89	12.18	7.01
余热发电	万千瓦	4.45	6.35	5.32
汽车制造	辆/年	41089	9100	11620
其中：载重汽车	辆/年	6765	5220	4265
拖拉机制造	混合台/年	23914	22200	5223
手扶拖拉机制造	混合台/年	44802	21600	11400
蒸汽锅炉	台/年（蒸发量：小时吨/年）	614	693	101
	36762	673324	52	
电动机	万千瓦/年	344.23	63.80	31.55
金属切削机床制造	台/吨/年	1409/3123	465/1190	605/959

续表

能力名称	计算单位	1985 年	1984 年	1983 年
重型机械制造	吨/年	4086	3140	748
民用船舶制造	载重：吨/艘/年	12900/58	4400/7	3380/58
胶　合　板	万立方米/年	4. 84	1. 10	9. 05
水　　　泥	万吨/年	957. 01	546. 35	530. 86
平板玻璃	万标准箱/年	97. 16	567. 80	220. 27
化学纤维	吨/年	43975	21. 988	23290
棉 纺 锭	万锭	41. 16	61. 29	68. 00
织 布 机	台	16178	21863	16942
印 染 布	万米/年	48969	46483	38195
毛 纺 锭	锭	46023	64888	90766
机 制 糖	年生产万吨/日处理原料：吨	36. 4/28586	28. 6/18844	18. 4/21275
卷　　　烟	万箱/年	164. 29	153. 20	196. 80
酒	万吨/年	91. 08	61. 69	53. 74
糖　　　果	吨/年	60360	40063	31261
奶　　　粉	吨/年	14699	11818	10703
肉类加工	吨/年	72614	78146	37128
原　　　盐	万吨/年	5. 04	11. 73	3. 62
机制纸及纸板	万吨/年	33. 63	25. 52	24. 27
肥　　　皂	万吨/年	4. 37	2. 38	2. 26
合成洗涤剂	万吨/年	8. 81	6. 23	4. 81
制　　　革	万张/年	473. 03	752. 30	213. 00
皮　　　鞋	万双/年	324. 3	350. 3	301. 1
日用搪瓷	万件/年	331. 0	368. 8	60. 0
日用陶瓷	万件/年	7655	5108	18. 759
热水瓶	万个/年	1409. 9	315. 0	1070. 0
灯　　　泡	万只/年	8639. 0	13883	8792
自行车	万辆/年	134	160	298
缝纫机	万架/年	26. 4	64. 0	124. 7
手　表	万只/年	838. 0	86. 0	184. 5
电　扇	万台/年	124. 31	88. 20	29. 50
电冰箱	万台/年	21. 3	10. 35	3. 40
电视机	万台/年	414. 02	148. 50	64. 12
显像管	万只/年	390. 4	71. 5	55. 0
录音机	万台/年	304. 68	57. 17	47. 17
洗衣机	万台/年	22. 00	16. 02	21. 33
新建铁路正线铺轨里程	公里	16. 80	11. 70	53. 94
新建铁路交付营业里程	公里	11. 3	3. 0	0. 5

续表

能力名称	计算单位	1985 年	1984 年	1983 年
新建复线正线铺轨里程	公里	100.6	8.2	51.7
新（扩）建港口码头	年吞吐量：万吨	352.4	536.9	468.0
	舶位：个	18	18	12
新建公路	公里	345.5	272.4	388.0
改建公路	公里	1283.1	624.7	269.0
市内电话交换机	万门	26.12	19.17	17.83
商业石油库	万立方米	20.78	16.27	5.62
物资储备石油库	万立方米	5.79	4.40	2.30
商业冷藏库	万吨	4.40	2.49	2.37
粮食仓库	万平方米/万公斤	12.99/30104	25.15/55651	36.51/95099
商业饮食服务网点	万平方米/处	73.80/984	44.66/600	70.33/1144
大专院校学生席位	个	2750	2350	3135
医院病床床位	个	4498	7640	9170
自来水供水能力	万吨/日	89.99	74.40	108.00
城市道路扩建长度	公里	172.80	225.23	130.65

更新改造施工、竣工房屋建筑面积

房屋用途	施工房屋面积（万平方米）		竣工房屋面积（万平方米）	
	1985 年	1984 年	1985 年	1984 年
全　国　总　计	8784.45	8105.88	4596.04	4454.66
厂　房	3711.65	2935.68	1750.77	1455.94
仓　库	686.40	644.40	400.68	385.35
商业营业用房	271.07	220.26	117.61	129.31
服务业用房	174.54	122.43	80.24	64.66
办公室	382.00	319.43	221.32	185.78
家属宿舍	2194.74	2388.73	1268.17	1373.17
集体宿舍	252.82	263.59	165.84	181.61
教育用房	232.91	295.69	129.47	177.68
文化体育用房	78.77	88.20	38.28	45.07
医疗用房	103.36	116.03	47.69	51.98
科学实验用房	108.49	93.41	46.32	42.26
其　他	587.69	618.03	329.62	361.85
其中：业务用房	137.95	161.08	70.46	85.95

其他固定资产投资及构成

	投资额（亿元）		比重（以全国总计为100）	
	1985 年	1984 年	1985 年	1984 年
全　国　总　计	157.00	132.75	100.0	100.0
一、按工程分				
其中：				
1. 油田维护及开发工程	93.33	61.05	59.4	46.0
2. 开拓延伸工程	10.90	13.85	6.9	10.4
3. 用公路养护费改建公路工程	11.34	9.33	7.2	7.0
4. 用简易建筑费建造的仓库工程	3.02	7.30	1.9	5.5
5. 零星固定资产投资	38.33	41.22	24.4	31.1
二、按构成分				
建筑安装工程	108.45	99.07	69.1	74.6
设备、工具、器具购置	42.89	29.00	27.3	21.8
其　　他	5.66	4.68	3.6	3.5
三、按用途分				
生产性建设	132.40	103.25	84.3	77.8
非生产性建设	24.60	29.50	15.7	22.2
其中：住宅	8.07	10.45	5.1	7.9

其他固定资产投资房屋建筑面积

单位：万平方米

	1985 年	1984 年	1985 年比 1984 年增减	
			绝对数	%
施工房屋面积	1979.83	2490.81	-510.98	-20.5
其中：住宅	681.25	814.41	-133.16	-16.4
竣工房屋面积	1602.52	2001.41	-398.89	-19.9
其中：住宅	586.68	652.28	-65.60	-10.1

主要统计指标解释

全社会固定资产投资 固定资产投资是社会固定资产再生产的主要手段。通过建造和购置固定资产的活动，国民经济不断采用先进技术装备，建立新兴部门，进一步调整经济结构和生产力的地区分布，增强经济实力，为改善人民物质文化生活创造物质条件，这对实现中国社会主义现代化建设具有重要意义。

固定资产投资额是以货币表现的建造和购置固定资产活动的工作量，它是反映固定资产投资规模、速度、比例关系和使用方向的综合性指标。全社会固定资产投资包括全民所有制单位投资、城乡集体所有制单位投资和城乡居民个人投资。按照中国计划管理体制，全民所有制单位固定资产投资总额分为基本建设、更新改造和其他固定资产投资三个部分；城乡集体所有制单位投资包括城镇集体所有制单位投资和农村集体所有制单位投资；城乡居民个人投资包括城市、县城、镇、工矿区所辖范围内的个人建房和农村个人建房及购买生产性固定资产（使用年限在二年以上，单位价值在 30 元以上的生产资料）的投资。

基本建设投资 基本建设是指国民经济各部门新建、扩建、改建和恢复工程以及设备等的购置活动。包括工厂、矿山、铁路、桥梁、港口、农田水利、商店、住宅、学校、医院等工程的建造和机器设备、车辆、船舶、飞机等的购置。

基本建设投资额是以货币表现的基本建设完成的工作量，是反映一定时期内基本建设规模和建设进度的综合性指标。它是根据工程的实际进度按预算价格（预算价格是编制施工图预算时所用的价格）计算的工作量。没有形成工程实体的建筑材料和没有开始安装的设备，都不计算投资完成额。

基本建设投资完成额与财政上的基本建设拨（贷）款和财务支出是含义完全不同的指标，基本建设投资完成额是按预算价格计算的工作量；“财政拨（贷）款”是银行根据国家计划拨（贷）给建设单位用于基本建设的资金，“财务支出”是建设单位实际支出的金额。使用时应加以区别。

更新改造投资 更新改造投资是指全民所有制企业、事业单位对其固定资产进行更新改造的工程和购置（不包括大修理和维护工程）。更新改造投资是以货币表现的更新改造完成的工作量。根据中国现行计划制度，基本建设和更新改造的划分是：（1）列入基本建设计划的项目作为基本建设投资，列入更新改造计划的项目作为更新改造投资；（2）更新改造计划与基本建设计划结合安排的项目和未列入计划的项目，根据工程性质分别作为基本建设投资或更新改造投资。属于对企业、事业单位原有设施进行技术改造或更新的项目和增建主要生产车间、分厂等，其新增生产能力或效益尚未达到大中型标准的项目，以及由于城市环境保护和安全生产的需要而进行的迁建工程，作为更新改造投资。

其他固定资产投资 其他固定资产投资是指全民所有制单位按规定不纳入基本建设计划和更新改造计划管理的固定资产投资，具体包括：用油田维护费和石油开发基金进行的油田维护和开发工程；矿山、森工等采掘采伐工业用维简费进行的开拓延伸工程；交通部门用公路养路费对原有公路、桥梁进行改建的工程；商、贸、粮、供销部门用简易建筑费建造的仓库；企业、事业、行政单位零星建造和购置固定资产其计划总投资在 2 万到 5 万元的单项工程和单台设备。

附录二

国家优秀设计项目和主要设计者

1985年以前，国家只举行过两次全国优秀设计评选活动。第一次在1980年，评选70年代的优秀设计；第二次在1984年，评选1980年至1984年的优秀设计。因此，本附录中没有包括1969年以前的优秀设计。

一、全国第一次评选的国家级优秀设计项目

冶金：

1. 攀枝花钢铁联合企业一期工程设计

   主要设计单位：冶金部重庆钢铁设计研究院、冶金部长沙黑色冶金矿山设计研究院、冶金部鞍山焦化耐火材料设计研究院。

   主要设计者：程历艰、董继堂、傅锡寿、赵树春、范玉陕、朱礼华、虞仁华、钟英飞、徐德瑞等。

2. 本溪钢铁公司扩建工程设计

   主要设计单位：冶金部钢铁设计研究总院。

   主要设计者：王定武等。

3. 西宁特殊钢厂迁建新建工程设计

   主要设计单位：冶金部包头钢铁设计研究院。

   主要设计者：胡勋宏、高守心、李伯华、王致中、赵景臣、徐绍炜、刘光川等。

4. 武钢活性石灰车间设计

   主要设计单位：冶金部鞍山焦化耐火材料设计研究院。

主要设计者：王家栋、荣子山、刘阿一、周永顺、刘彦东、傅朝圭
孙维年、林芳华、余大尹等。

5. 鞍钢铁矿石磁化焙烧还原竖炉革新设计和烧结厂第三烧结车间机尾电除尘工程设计

主要设计单位：冶金部鞍山黑色冶金矿山设计研究院，鞍山钢铁公司设计院。

主要设计者：刘启贤、朱锦华、和礼堂、韩国孝等。

6. 上海第三钢铁厂老车间技术改造设计

主要设计单位：上海冶金设计研究院。

主要设计者：陈敏德、周其发、王素华、于和祥、井仁勇、蒋慧玲
朱德澄、梁迫远、吕藩初、赵文秀、王淞影等。

7. 鞍山钢铁公司第二烧结厂三号烧结机车间设计

主要设计单位：马鞍山钢铁公司设计研究所。

主要设计者：廖均陶、李沃井、刘　斌、郁秉兴、唐荃治、陈百平
许如龙、张尚韦、张先仪、程传治等。

8. 江西省德兴铜矿采选厂设计

主要设计单位：冶金部长沙有色冶金设计研究院。

主要设计者：唐　宋、罗映甫（已故）、周元培等。

9. 郑州铝厂联合法生产氧化铝二期工程设计

主要设计单位：冶金部贵阳铝镁设计研究院，冶金部沈阳铝镁设计研究院。

主要设计者：程宗浩、陈　岱、罗于勤等。

10. 金川有色金属公司采选冶联合企业设计

主要设计单位：冶金部北京有色冶金设计研究院。

主要设计者：喇华佩、孙介福、董鸿翮、顾凌霄等。

11. 西南铝加工厂一步工程设计

主要设计单位：冶金部洛阳有色金属加工设计研究院。

主要设计者：夏　伟、胡献琨等。

煤炭：

12. 山东兖州南屯煤矿设计

主要设计单位：山东省煤炭设计院。

主要设计者：何国伟、江道罴、杨荫桓、柯象松、王荣相、王书甲 孙守业、杨玉明等。

13. 山西大同矿区云岗煤矿

主要设计单位：山西煤矿设计院。

主要设计者：王 彤、刘荣弟、何尔圣、张亚生、都辅成、陆寿源 孙秉武等。

14. 湖南煤炭坝煤矿五亩冲矿井设计

主要设计单位：湖南省煤矿设计院。

主要设计者：向北强、张国柱、邓芳昭等。

15. 河南平顶山矿区大庄煤矿设计

主要设计单位：煤炭部武汉煤矿设计研究院。

主要设计者：陈璟宪、田家荣、彭文芳、华俊根、陈 屏、强心诚 奚正柯等。

16. 四川渡口矿务局巴关河选煤厂

主要设计单位：煤炭部重庆煤矿设计研究院。

主要设计者：王成家、吴必昌、雷起升、黄菊祥、梁景虞、戚业忠 李 林等。

17. 年产 180 万吨选煤厂通用设计

主要设计单位：煤炭部选煤设计研究院。

主要设计者：纪金连、吴维馨、侯世成等。

石油：

18. 大连石油七厂多金属装置设计

主要设计单位：石油部北京石油设计院。

主要设计者：龚美珊、洪成福、罗家弼、何九栓等。

19. 大庆葡萄花油田油气集输系统工程设计

主要设计单位：大庆石油管理局科学研究设计院。

主要设计者：肖雨林、万　钧、孙科元、高淑兰、郝志清等。

20. 任丘油田南部油气集输及任一站工程设计

主要设计单位：华北石油勘探开发设计研究院。

主要设计者：李金丰、王遇冬等。

21. 格尔木至拉萨输油管线设计

主要设计单位：总后勤部营房部设计院

石油部第二炼油设计研究院。

主要设计者：杨承汉、董建民、苏允璋、李允杰、王树英、张彬文等。

22. 743 工程（四川火炬化工厂）设计

主要设计单位：化工部第六设计院。

主要设计者：孙酣经、孙　铭、李步年、吴镇南、叶鸿仪、李春萱等。

23. 齐鲁石油化学工业总公司第一化肥厂设计

主要设计单位：化工部、化工设计公司。

主要设计者：曲素琴、汪清裕、张　敏、李贤根、杨传寿等。

24. 天津化工厂电石车间设计

主要设计单位：化工部第一设计院。

主要设计者：郭振谷、胡道立、钱金元、曹关富、陈　言、项学秋等。

25. 四川省自贡鸿鹤化工总厂联碱工程设计

主要设计单位：化工部第八设计院。

主要设计者：周光耀、王曼玲、许银坤等。

26.（援）缅甸第一胶球厂设计

主要设计单位：化工部桂林橡胶设计研究院。

主要设计者：张壁林、邹其保、梁德平等。

27. 淮南化肥厂联醇装置设计

主要设计单位：化工部第三设计院。

主要设计者：吴建生、徐颐征、宋业铸、朱德宗、田伍登等。

28. 北京燕山石化总公司胜利化工厂顺丁橡胶聚合装置设计

主要设计单位：燕山石化总公司设计院。

主要设计者：胡再华、刘友希、陈士元等。

29. 北京燕山石油化学总公司前进化工厂对二甲苯装置

主要设计单位：燕山石化总公司设计院。

主要设计者：王宇力、韩蕴敏等。

30. 吉化公司全区污水处理工程综合污水处理场设计

主要设计单位：吉林化学工业公司设计院。

主要设计者：王善堂、张用鼎、马绍基、朱吉庆、赵伯和等。

电力：

31. 徐州电厂第一、二期工程设计

主要设计单位：电力部华东电力设计院。

主要设计者：钱焕琴等。

32. 荆门热电厂第一期工程设计

主要设计单位：电力部中南电力设计院。

主要设计者：张洪启等。

33. 浑江电厂第一、二期工程设计

主要设计单位：电力部东北电力设计院。

主要设计者：陈体椿等。

34. 天生港电厂第五期工程设计

主要设计单位：江苏省电力设计院。

主要设计者：韩　涛、周　钊、谢尚法、唐鸣千、黄克歧、凌顺朝等。

35. 十里泉电厂第三期工程设计

主要设计单位：山东省电力设计院。

主要设计者：朱炳衡、虞豪俊、纪树基等。

36. 陡河电站第一、二期工程设计

主要设计单位：北京电力设计院。

主要设计者：丁大中、乔芝馥、李中延等。

37. 330千伏刘天关输变电工程设计

主要设计单位：电力部西北电力设计院。

主要设计者：朱树德、吴松荣、孙林山、周国璋、浦文宗等。

38. 220千伏南京长江大跨越输电线路工程设计

主要设计单位：电力部华东电力设计院。

主要设计者：杨振谷、杨趣贤、侯穗生、赵君虎、庄德新。

39. 天津上古林220千伏变电所工程设计

主要设计单位：北京电力设计院。

主要设计者：兰增珏、张文举、王连成、于文华、魏文政、杨振国。

40. 刘家峡水电站设计

主要设计单位：原水电部北京勘测设计院。

主要设计者：陈益琨、石瑞芳、董策华、杨松柏、何　璟、李必如
罗　汀、付南山、裴秉镛、李仲春、康世荣等。

41. 池潭水电站设计

主要设计单位：电力部华东勘测设计院。

主要设计者：李圣铮、魏燕纯、余化龙、阙树清、陈志明、王俊国
付维扬、林国柱、徐序椿、楼光复、余铭正、李万荣
杨关兴。

42. 以礼河四级小江水电站设计

主要设计单位：电力部昆明勘测设计院。

主要设计者：吴奠清、曹克明、梁　炎、陈　雍、赵修忠、阙树清
王孔荣、张惠瑞、谢荣慈、林仁惠、罗锡龙、王业体
伍宏中等。

43. 丰满泄水洞工程设计

主要设计单位：电力部东北勘测设计院。

主要设计者：周德亮、管跃东、赵荫炳、郝至信、王文斌、荣显彬

郑连祜、岳竣亭、刘俊民、邓蕴聪、贾学广、彭海城
路长志、丁帮平、朱文岑、刘汉辰、黄　寿。

机械：

44.（援）朝鲜良策轴承厂设计

主要设计单位：一机部第十设计研究院。

主要设计者：朱连庆、徐恭祝、闵德元、吴世玉、宋忠魁、何振起
周福瑞、周柞宏、刘明邦、魏云鸿、吴培基。

45.（援）巴基斯坦重型机器厂设计

主要设计单位：一机部第一设计研究院
一机部设计研究总院设计处。

主要设计者：赵永年、张　琳、杜文龙、张为皓、严致和、盛朝武
蔡　镛、刘纯康、周　钺、全家良、许民鹓等。

46.（援）罗马尼亚人造宝石轴承项目设计

主要设计单位：一机部第二设计研究院。

主要设计者：王一鸣、连国兴、王悦武、李峻棣、张秋耀、朱天锡
杨蕃时。

47. 上海内燃机厂设计

主要设计单位：农机部第一设计研究院。

主要设计者：沈秉铨、方志豪、邬启良等。

48.（援）坦桑尼亚乌本戈农具厂设计

主要设计单位：农机部第二设计研究院。

主要设计者：葛敬唐、邓若旭等。

纺织：

49. 上海石油化工总厂一期工程的总体设计、自备热电厂、腈纶厂、塑料厂设计

主要设计单位：医药总局上海医药设计院、电力部华东电力设计院、

上海纺织设计院、上海工业建筑设计院、轻工部上海轻工业设计院。

轻工：

50. 福建清州造纸厂设计

主要设计单位：轻工部设计院。

主要设计者：林文桂、许乃文、李秉中、愈锡康、关侠良、窦洪业等。

51. 广东平沙农场亚硫酸法甘蔗糖厂设计

主要设计单位：轻工业部广州设计院。

主要设计者：陈庆瑞、沈锡昆、郁善藻等。

52. 青岛晶华（东风）玻璃厂设计

主要设计单位：轻工业部设计院。

主要设计者：吴其本、李启岫、印德成等。

53. （援）马里第二糖厂设计

主要设计单位：轻工业部广州设计院。

主要设计者：潘锦棠、周可芳、林泽彤、林国恒、黎炽铨、缪秀如等。

54. （援）马耳他巧克力有限公司设计

主要设计单位：轻工部上海轻工业设计院。

主要设计者：梁照为、周乃平、夏冠海、曹光祖、武以勋等。

建工：

55. （援）苏丹友谊厅工程设计

主要设计单位：上海市民用建筑设计院。

主要设计者：苏丹友谊厅工程设计组。

56. 广州矿泉别墅设计

主要设计单位：广州市规划局。

主要设计者：莫伯治、郑 昭、吴威亮、黄汉炎。

57. 南京五台山体育馆设计

主要设计单位：江苏省建筑设计院。

主要设计者：江一麟、张　培、安　炎、陆家明、赵　复、葛柄根
杜顺宝、魏兆骥、陆丽芬、任家骥、徐立人、黄慕贞
赵祥华、陈松华、李永森。

58. 杭州机场候机楼设计

主要设计单位：浙江省建筑设计院。

主要设计者：张细榜、沈济黄、董孝伦、宋德生、黄琴坡、孙世谦。

59. 北京 325 米气象观测塔设计

主要设计单位：中国建筑科学研究院标准设计研究所。

主要设计者：李瑞骅、奚瑞林、姜峻岳、董石麟、刘其祥、张运田
邓红林。

60. 成都城北体育馆设计

主要设计单位：建工总局西南建筑设计院。

主要设计者：黎佗芬、卢文忠、冯淑清、赵培生、周修华、余永凤
胡善培、王廉昌、陈家宁、朱思荣。

61. 北京动物园爬虫馆设计

主要设计单位：北京市建筑设计院。

主要设计者：张华郁、张德沛、丁用洪、周　彬、张锡虎、朱建华等。

62. 江西省第二人民医院总体设计

主要设计单位：江西省建筑设计院。

主要设计者：胡著瑜、胡国理、查南屏、恽同庆、吴广厚、邓之淑等。

建材：

63. 洛阳玻璃厂浮法玻璃生产线扩建工程设计

主要设计单位：建材部杭州新型建筑材料设计院。

主要设计者：闵参厚、陈正树、林言瑞、陈恭源、张叔平、吴俊生等。

64. 常熟砖瓦厂粘土空心砖车间设计

主要设计单位：建工总局西北建筑设计院。

主要设计者：吕万灵、何传义、强浩、何春熙等。

65. 贵州水城水泥厂设计

主要设计单位：建材部天津水泥工业设计院。

主要设计者：水城工程组。

66. （援）马耳他混凝土制品厂设计

主要设计单位：建工总局东北建筑设计院。

主要设计者：马士昌、张自康、叶福山等。

67. 金州石棉矿一期工程设计

主要设计单位：建材部苏州非金属矿山设计院。

主要设计者：顾倚鳌、方仁嘉、李广训、罗象儒。

城建：

68. 上海市长桥水厂扩建工程设计

主要设计单位：上海市政工程设计院。

主要设计者：孙振堂、陈宝书等。

69. 武钢二号水源泵站工程设计

主要设计单位：国家城建总局武汉给排水设计院。

主要设计者：陈伟生、雷年生、方展勇、沈炳荣等。

70. 白银地区饮用水深度净化工程设计

主要设计单位：国家城市建设总局兰州市政工程设计院。

主要设计者：翁元声、应仁俊、谢幼惠、田淑英、苏发怀、王建松、龙德琴、宋庆峰。

71. 四川维尼纶厂废水处理厂设计

主要设计单位：国家城市建设总局成都市政工程设计院。

主要设计者：卢复中、陈锡恭等。

72. 辽阳石油化学纤维总厂废水处理厂设计（国内设计部分）

主要设计单位：国家城市建设总局长春给排水设计院。

主要设计者：谢声源、徐景颖等。

73. 重庆长江大桥设计

主要设计单位：上海市政工程设计院。

主要设计者：杨祖东、徐兴玉、窦文俊等。

74. 北京市二环道路及主体交叉工程设计

主要设计单位：北京市市政设计院。

主要设计者：林治远、张钧任、王文俊、那　祥、强十州、潘家骅
罗　玲、张春英等。

75. 北京市煤气厂扩建工程设计

主要设计单位：国家城市建设总局天津市政工程设计院。

主要设计者：郑明纲等。

76. 京通铁路选线设计

主要设计单位：铁道部第三勘测设计院。

主要设计者：王键国、金宗铻、范振业、刘立强、谢春霆等。

77. 郑州枢纽扩建三期续建工程设计

主要设计单位：铁道部第四勘测设计院。

主要设计者：庄尔先、张振武、王振团。

78. 九江长江大桥双壁钢围堰大直径钻孔基础设计

主要设计单位：铁道部大桥工程局。

主要设计者：陈　新、粟　杰。

79. 桂林站站房设计

主要设计单位：柳州铁路局勘测设计所。

主要设计者：董来安、陈文雄。

80. 钢丝网水泥水柜倒锥壳水塔设计

主要设计单位：铁道部第一勘测设计院。

主要设计者：胡应志、何立达。

81. 兰宜公路陕西段设计

主要设计单位：陕西省公路勘察设计院。

主要设计者：徐　通等。

82. 拉僧庙—查汗淖公路设计

主要设计单位：内蒙古交通勘测设计科研所。

主要设计者：孙寿坤、邵富林、付家祺、武俊跃、左元弟、丁文成
蒋长华、崔义恒。

83. 宜宾马鸣溪金沙江公路大桥设计

主要设计单位：四川省交通厅勘察设计院。

主要设计者：关祥云、任尹一、张炳林。

84. 湖南长沙湘江大桥设计

主要设计单位：湖南省交通规划勘察设计院。

主要设计者：唐永兴等。

85. 济南黄河公路大桥设计

主要设计单位：山东省交通规划设计院。

主要设计者：李守善、万珊珊、宋肇书、陈余芳、邹祖德等。

86. 河北滦县新滦河大桥设计

主要设计单位：交通部公路规划设计院。

主要设计者：周上君、陈民善、马　进、黄　静、鲁习烈　陆　楸。

87. 浙江嵊县清水大桥设计

主要设计单位：浙江省交通设计院。

主要设计者：黄湘柱、张继尧、王家骏、吴德忠、乌剑峰、龚梅珍。

88. 葛洲坝三江公路大桥设计

主要设计单位：交通部第二公路勘察设计院。

主要设计者：王镛生、陈　涛、钱天赐、黄素梅、苏惠芷、罗焕炎
任天秀。

89. 云南怒江红旗桥设计

主要设计单位：云南省公路规划设计院。

主要设计者：胡　云、杨维桂、王文娟。

90. 文冲船舶修造厂第二期工程设计

主要设计单位：交通部水运规划设计院

交通部第四航务工程勘察设计院。

主要设计者：孙绍先、赵祝华、姜世杰、黄树权、王金潮、杨振寰
吴正权、王文平、谢济梁。

91. 大连鲇鱼湾油码头工程设计

主要设计单位：大连工学院。

主要设计者：钱令希、邢至庄、邱大洪、洪承礼、曲延彬、侯克俭
蒲力生等。

92. （援）马耳他三十万载重吨干船坞工程设计

主要设计单位：交通部第一航务工程勘察设计院。

主要设计者：周振球、李德镍、邢　复、姚慕期。

邮电：

93. 北京长途通信枢纽工程工艺设计

主要设计单位：邮电部设计院、北京市长途电信局。

主要设计者：季正益、杜宝良、部熙章、朱一鸣、裘祖聿、姜日生等。

94. 京沪杭中同轴电缆载波干线工程设计

主要设计单位：邮电部设计院。

主要设计者：徐松茂、管鸿泰、李维勤、魏守华、肖运忠、王文辉
赵守山、吕尚都、虞治伦、杨和贞、何起韩等。

林业：

95. 湖南省沅水、潇水钢筋混凝土吊排船设计

主要设计单位：湖南省林业勘察设计院。

主要设计者：姜家珍、邹国芳、司徒瑞辉、肖锐钊、张栋春。

96. 福建省永定县林产化工厂松香车间设计

主要设计单位：林业部林产工业设计研究院。

主要设计者：吴允恭、郑德民、陆　珉、孙乐智等。

水利：

97. 长江葛洲坝大江截流工程设计

主要设计单位：水利部长江流域规划办公室。

主要设计者：王家柱、司兆乐、郑守仁、傅正义、陈尚德、王世华
王克明、高黛安、竺为季、张　星、黄志强、陈　斌
杨子仲、廖泸光、张盛京、杨明渊、王冠群、刘　宁。

98. 江苏江都抽水站设计

主要设计单位：江苏省水利勘测设计院。

主要设计者：胡同生等。

99. 湖南欧阳海灌区工程设计

主要设计单位：湖南省水利水电设计院。

主要设计者：季兴发、张敦周、毛远俊、袁彰志、吴象贝、雷世达
周绍先、邹荃竣、文述生、谭新贤等。

100. 陕西宝鸡峡引渭灌溉工程设计

主要设计单位：陕西省水利水电勘测设计院。

主要设计者：贾毓敏、毛光启、周子慎、蒋镇国、周维夫、赵伸义
龙定臣、王毓亭等。

101. 广东泉水水电站双曲薄拱坝设计

主要设计单位：广东省水利电力勘测设计院。

主要设计者：刘瑞祥等。

102. 吉林星星哨水库设计

主要设计单位：吉林省水利勘测设计院。

主要设计者：冯墨良、王瑞华、丛　蔚等。

103. 四川三岔水库设计

主要设计单位：四川省水利水电设计院。

主要设计者：郭景星等。

104. 浙江里石门水库拱坝设计

主要设计单位：浙江省水利水电勘测设计院。

主要设计者：金文志、高兆俭、周仁志、孙申登、林淑贞、丁邦满。

105. 湖北高潭口电力排灌站设计

主要设计单位：湖北省水利勘测设计院。

主要设计者：陈炎炉、陈吉社、冯训文、欧阳昭、吴湘漪、袁振缨、田重臣等。

106. 青海水电站前池虹吸式进水口设计

主要设计单位：青海省水利局设计院。

主要设计者：张江甫、王荣之、何口川、丁明正、陈道正、郭怀芳、芦俊福等。

商业：

107. 重庆肉联厂一期扩建9000吨冷藏库设计

主要设计单位：商业部设计院。

主要设计者：谢临深、徐　维、谌敦猛、龚建业、周维才、李培武、管德裕、俞建华、屠若斐。

108. “冷88型”500吨冷藏库标准设计

主要设计单位：商业部设计院。

主要设计者：陈春家、郭予信、张瑶冰、余银林、张伯尧、杨辉爵、李　韧、赵兰香。

109. 武汉市第六冷冻厂5000吨冷藏库设计

主要设计单位：湖北工业建筑设计院。

主要设计者：王建勋、李彩文、张元丽、彭　溢、涂元宜、张炳廉、韩建海、钱如雄。

110. （援）马里共和国库鲁玛米厂、塞瓦雷米厂设计（简称第一、二米厂）

主要设计单位：粮食部科学研究设计院。

主要设计者：吕文岩、陈济年、朱耀玲、张振熔、薛焕曾、钱家驹、贾沛义、欧阳元、韩　慧、黄思浩、金洪宝等。

111. 上海航道局草镇船厂桩基浮箱式干船坞设计

主要设计单位：六机部第九设计研究院。

主要设计者：张永龄、孙鹏飞、刘志权、沈国兴、方思久、赵安仁
徐毓秀、刘秋江。

军工：

112. 821 工程一分厂设计

主要设计单位：二机部第二研究设计院。

113. 745—8 工程设计

主要设计单位：二机部第四设计研究院。

114. 四三〇厂斯贝发动机试车台设计

主要设计单位：三机部第四规划设计研究院。

115. 一〇二九研究所微波暗室设计

主要设计单位：四机部第十一设计研究院。

116. （援）朝三九项目设计

主要设计单位：四机部第十设计研究院。

117. （援）罗 R701、R7010 项目设计

主要设计单位：五机部第五设计院。

118. 四三一厂总体工程设计

主要设计单位：六机部第九设计研究院。

119. 上海航道局草镇船厂桩基浮箱式干船坞设计

主要设计单位：六机部第九设计研究院。

120. 七一〇二洞室工程设计

主要设计单位：七机部第七设计研究院、七一〇二厂。

121. 三二〇一项目 7 号工程设计

主要设计单位：国防科委工程设计所。

科学院：

122. 中国科学院云南天文台设计

主要设计单位：中国科学院北京建筑设计院。

主要设计者：郑文秀、郑世昌、翟玉明、石景和、徐长生等。

二、全国第二次评选的国家级优秀设计项目

商业：

1. 上海吴泾26万吨冷库工程

主要设计单位：上海第二商业局设计室。

主要设计者：林泽桂、林 修等。

2. 吉林通化地区冷库

主要设计单位：吉林省商业厅设计室。

主要设计者：王介天、陶乐然、李朝华、赵庆来、刘长军、田志中。

3. 河南洛阳冷库

主要设计单位：河南省商业设计室。

主要设计者：王声焰、徐 煌、张菁华、霍延祥、郭 群、李守道、李玉兰、吴洎燕、徐雷民、崔少雪、沈思浩、吴德裕、吴敬彬。

4. 广东省南海县大岗鸡场（华海牧工商联合公司）

主要设计单位：机械工业部第五设计研究院。

主要设计者：周国才、杨问雄、高如莲、刘志芬、陈坤英、陈荣川、钟 英、沈金山、张明宇、郑光辉、时尽忠、李 云。

林业：

5. 雅砻江牛坪子收漂工程

主要设计单位：四川省雅砻江木材水运局工程勘察设计队。

主要设计者：杨开凡、彭树光、李万荣、吴清立、杨德清。

6. 吉林省白河林业局兴隆林场

主要设计单位：吉林省林业勘察设计院、白河林业局设计室。

主要设计者：王德祥、温汉群、胡景祥、柳广德等。

7. 广西梧州松脂厂、歧化松香皂工程（国内部分）

主要设计单位：林业部林产工业设计院。

主要设计者：王宽裕、张可略、蒋国兴、罗正荣等。

水利水电：

8. 乌江渡水电站

主要设计单位：水利电力部中南勘测设计院。

主要设计者：刘信真、王三一、宋振伯、钟金涌、周成木、周祖一
沈肇卿、朱天华、林录文、何耀堃、吕樟顺、李挺生
杜修心、曹乐观、郑蝶卿、黄世祥、刘邦良、肖明生
邓正湖、孟庆和、孙恭尧、徐建立。

9. 葛洲坝二江工程（二江泄水闸、二江电站）

主要设计单位：长江流域规划办公室。

主要设计者：张邦圻、蒋季铠、武斌生、付继涛、徐麟祥、张鸣冬
欧阳崇云、杨　清、黄国强、李开曙、谭连培
唐士云、金　峰、方镇国、王久仪、刘　浩、朱　熙
朱文华、陈万阳、郑允中、胡家驹、袁达夫、袁逸群
黄启智、鲍后辉。

10. 湖南镇水电站

主要设计单位：水利电力部华东勘测设计院。

主要设计者：吴熊飞、徐厚德、潘明升、吕谷生、刘忠国、朱玉祥。

11. 潘家口水利枢纽（一期工程）

主要设计单位：水利电力部天津勘测设计院。

主要设计者：曹楚生、李成乾、魏恒德、潘合兴、朱永华、朱立章
葛志孝、李启业、张立生、吴芝辉、余毓洁、杨来春

王宗斌、王立言、蔡体安、刘树秋、张天存、罗纯通
曾肇京、何兆斌、潘东海、陈志达、赵先平、张继超
李通文、牛世豫、郭兴州、张兴仁、陆宗盘、陈效能
窦国珍、高雪涛、马毓涛、苏复兴、谢达生。

12. 湖北省凡口抽水站

主要设计单位：湖北省水利勘测设计院。

主要设计者：刘鸿梓、冯训文、袁振缨、舒继承、苏贵林、田德鸿
刘恭顺。

13. 谏壁抽水站工程

主要设计单位：江苏省镇江市水利勘测设计室。

主要设计者：吴光铣、祁则恭、蔡祖康、张家玺、丁学明、范晋儒
沈有铭等。

14. 江西省赣抚联圩红旗大型电排站

主要设计单位：江西省水利规划设计院。

主要设计者：林仲清、廖近仁、王翠芬、应华银、胡炳昊等。

15. 湖南省铁山灌区大坝工程

主要设计单位：湖南省水利水电勘测设计院。

主要设计者：章凌武、陈次武、谢尤龙、何惠俊、辜思明、余际可。

火电：

16. 荆门热电厂二期工程

主要设计单位：水电部中南电力设计院。

主要设计者：张洪启、周林贵、胡方荪、邓其敏、邹华铮、钟屏生
黄锦松、王泽宏、王秋芳、沈竞先、柳关江、刘廉成
刘承基、杨瑶芬。

17. 山东黄岛电厂一期工程

主要设计单位：水电部西北电力设计院。

主要设计者：李学纪、王鑫建、殷祖铭、王章景、刘尔英、周　闯

朱成文、马骈文、苏为丹、郁宝兴、凌雅明、张西焕
刘美珠、金清和、庄应芬、包庄娣等。

18. 牡丹江发电厂新建工程

主要设计单位：东北电力设计院。

主要设计者：沈增荣、李最白、王春发、王爱琴、蔡广森、王瑞星
徐书俭、沈　帼、王家栋、王恩慧、张文镇、仲照谋
童井桥、张承龙、范秀兰、刘玉山、张淑珍、赵文华。

19. 陕西秦岭电厂二期工程

主要设计单位：水电部西北电力设计院。

主要设计者：邓其贵、季佐彬、刘淑华、李增俊、孙仲猷、戚秀珍
卢本道、陈逢瑾、姜耀帮、马积章、胡爱莲等。

20. 台州发电厂新建工程

主要设计单位：浙江省电力设计院。

主要设计者：吕用政、姜德骥、范承颜、周波平、邱毓琦、成　娟
杨国兴。

21. 益阳石煤发电厂工程

主要设计单位：湖南省电力勘测设计院。

主要设计者：蔡进宏、曹昭寿、李少丞、沈郭明、李先鼎、罗本武
孙仁典等。

22. 西藏羊八井地热试验电站 2×3000 千瓦机组扩建工程

主要设计单位：西南电力设计院。

主要设计者：周令兴、袁世荣、田家隆、王全素、凌胜海、吴安富
蒋勋烈。

送变电：

23. 平武五十万伏输变电工程

主要设计单位：中南电力设计院、河南省电力勘测设计院。

主要设计者：顾明华、曾俊昌、李世杰、丁益福、章龙才、曹建勋

张明奎、易奕陵、刘建文、严子林、赵元琴、刘学明
钱　昭、黄炳炎、曾世民、甘文龙、董克礼、罗曼融
陈万钧、汤　池、陈　纲、袁家晖、孔静云、王志中
王群华、朱明璋、寥名信、高仁荣、许侠生、邹金良
何国英、陈焕仙、李叙华、王仲民、尹祖渊、蔡世泉
李在桂、孙五一、陈清林、秦年华、呙荣祥、易秋原
胡光朴、朱天游、徐悌朝、余为祉、冯绍正、白定仙
谢文琪、谢克源、安继文、卢万先、马尚武。

城乡建设（城建）：

24. 上海市嘉定县城厢镇规划

主要设计单位：上海市城市规划设计院、嘉定县建设局规划室。

主要设计者：胡兆能、陈贵镛、谭企坤、张长兔、刘惟华、徐彩峰
徐雅珍、李　侗、潘厚琪。

25. 辽阳石化总公司居住区总体规划

主要设计单位：中国建筑东北设计院。

主要设计者：费成信、王俊彪、李书林、马玉和、李兴源、张绍良等。

26. 水上水厂

主要设计单位：中国市政工程西北设计院。

主要设计者：许振婉、贾万新、刘文林、裘本昌、戴之荷、顾辉芬
谢幼惠、杨喜明、蔡　兴。

27. 杭州赤山埠水厂

主要设计单位：上海市政工程设计院。

主要设计者：钟淳昌、孙振堂、薛弘毅、吴月华。

28. 武汉市武昌余家头水厂

主要设计单位：中国给水排水中南设计院。

主要设计者：陆奔骊、沈月明、王鸿宾、夏运陪、滕西萍。

29. 引滦入津工程

主要设计单位：水利电力部天津勘测设计院、中国市政工程华北设计院、中国市政工程西南设计院、中国市政工程西北设计院、中国给水排水东北设计院、天津市水利勘测设计院。

30. 上海泖港大桥

主要设计单位：上海市政工程设计院。

主要设计者：张乃华、林元培、侯引程、王静梅。

31. 天津市海河公园总体规划及秋景园设计

主要设计单位：天津市园林局设计处。

主要设计者：天津市园林局集体创作。

32. 无锡鹃园（云锦园）

主要设计单位：无锡园林局规划设计室。

主要设计者：李　正、许志勤、黄茂如。

建工：

33. 白天鹅宾馆

主要设计单位：广州市设计院。

主要设计者：佘畯南、莫伯治、蔡德道、黄汉炎、赵　永。

34. 扬州市鉴真纪念堂

主要设计单位：扬州市建筑设计室、清华大学建筑系。

主要设计者：何时建、张致中、孙吉祯、莫宗江、吴焕加、徐秦来。

35. 大模住宅建筑体系标准化设计

主要设计单位：北京市建筑设计院。

主要设计者：第八设计室。

36. 龙柏饭店

主要设计单位：上海工业建筑设计院。

主要设计者：倪天增、张乾源、胡其昌、凌本立、张耀曾、王世慰

王　凤、田文之、罗新扬。

37. 武夷山庄

主要设计单位：福建省建筑设计院、南京工学院建筑研究所。

主要设计者：杨子伸、赖聚奎、宋文涛、柯丽云、郑崇棋、张金土。

38. 3262 工程—长波发射台

主要设计单位：中国建筑西北设计院。

主要设计者：孙一民、刘振华、师佩莲、方轩昌、胡志刚、付尚文。

39. 某宾馆改扩建工程

主要设计单位：广东省建筑设计研究院。

主要设计者：郭怡昌、陈　欣。

40. 苏州刺绣研究所接待馆

主要设计单位：苏州市建筑设计院。

41. 四川乐山大佛寺楠楼宾馆

主要设计单位：中国建筑西南设计院。

主要设计者：沈　庄、章光斗、黄学武、姚贤桂、赵建德。

42. 上海电影技术强吸声录音技术楼

主要设计单位：上海市民用建筑设计院。

主要设计者：徐文江、郭小苓、刘呈莺。

43. 上海宾馆

主要设计单位：上海市民用建筑设计院。

主要设计者：汪定增、张皆正。

44. 上海温水游泳馆

主要设计单位：上海市民用建筑设计院。

主要设计者：魏敦山、胡珊珊、朱亨绂、林颖儒等。

冶金：

45. 吉林赤卫沟金矿金泥氰化工艺及含氰尾矿浆处理工程设计

主要设计单位：长春黄金设计院。

主要设计者：赵宝山、礼彦超、张海文、尚世荣。

46. 邯郸钢铁总厂小方坯连铸工程设计

主要设计单位：冶金部北京钢铁设计研究总院。

主要设计者：周　曙、黄锡槐、王浦江、任淑兰、梁各科、郝　漪
易本熙、陈增琪、董瑞金、张智芳、杨鸿泰、潘传兴
姜建顺、王乃英、杨家燕、师立熟等。

47. 鞍钢化工总厂五炼焦一号焦炉扩容改造工程设计

主要设计单位：鞍山焦化耐火材料设计研究院。

主要设计者：沈学贤、郑文华、杨开连、王振环等。

48. 徐州钢铁厂镀锌焊管工程设计

主要设计单位：包头钢铁设计研究院。

主要设计者：员成玺、徐爱力、靳云博等。

49. 上钢五厂二车间电炉改造工程设计

主要设计单位：上海冶金设计研究院。

主要设计者：邬显行、汤来宁、俞云卿、周家桢、郑元林、方崇厚
席振球。

50. 首钢炼铁厂四高炉改建性大修工程

主要设计单位：首钢设计院。

主要设计者：曾继奋、谈德章、赵景先、陈明时。

51. 马钢第一烧结厂石灰回转窑工程设计

主要设计单位：马鞍山钢铁设计研究院。

主要设计者：付辅珠、顾辛渔、于自源、吴履容、俞梦来、施益新
熊柳彬、王义绵、韦和时、赵熙初、张兴齐、黄棣洪等。

52. 鞍钢九高炉热风炉改造工程设计

主要设计单位：鞍钢设计院。

主要设计者：肖亦芹、宋振武等。

53. 首钢烧结厂一烧车间大修改造环保治理工程

主要设计单位：首钢设计院。

主要设计者：赵炳华、岳景秀、刘雨晖、付振贤、王占廷、薛汉清。

机械：

54. 南京电瓷厂火花塞分厂

主要设计单位：机械部第七设计研究院。

主要设计者：黄乃良、陆廷顺、王双龙、秦昌炽、胡宝珊、肖毓骥、邬杨明、陈　琴、何　医、孙成德、刘民龄、严敏芳、勒志强、楼宏眉、沃联德、喻善斌、陈志爱。

煤炭：

55. 辽宁铁法矿务局小南矿井设计

主要设计单位：东北内蒙古煤炭工业联合公司、沈阳煤矿设计院。

主要设计者：郭　健、腾维国、丁成国、王家典、丁鸿年、何景林、曹明仁、乔燕祥、刘云山、彭庆书、赵淑珍、李泗甲、梁尤智、李长琴、崔文焕、邓爱媛、朱葵棣、尚国新、刘　茵、侯启勋、金玉丰、张森培、方宗仁、王幼令、李顺姬、赵本义、裴庆忠。

56. 山东省兖州矿区兴隆庄矿井

主要设计单位：山东省煤炭设计院。

主要设计者：何国伟、张百川、江道黑、杨荫桓、王书甲、耿广胜、奚正模、王荣相、刘贤一、柯象嵩、陈永宽、郁操政、陈宝壁、李法言等。

57. 河南省义马矿务局耿村矿井

主要设计单位：河南省煤矿设计研究院。

主要设计者：冯明扬、高国安、韩跃华、郭均生、苑国宾、李　真、张元诚、阎振业、熊康士、杜金山、石爱华、王寿南、郑君智、周允诚、付　彬、张惠民、许玉春、杨宏光、李英骥、杨福恒、何智修。

石油：

58. 大庆油田北三区产能建设一期工程

主要设计单位：大庆油田科学研究设计院。

主要设计者：张念玲、孙科元、高淑兰、万　钧、常　银、曾武毛
梁洪印、易均全。

59. 欢喜岭油田地面建设工程

主要设计单位：辽河油田设计院。

主要设计者：高勤学、杨玉槐、王大儒、易永章等。

60. 佛荫至两路口输气管线工程

主要设计单位：四川石油管理局勘察规划设计院。

主要设计者：王志昌、刘绍寅。

61. 王场油田轻油回收站

主要设计单位：江汉石油管理局设计院。

主要设计者：郭拨常、李光武、王玉山、许昌新、张贵林、唐孝芳
谭敦英、王元照、郭　然。

62. 辛一污水处理站改造工程

主要设计单位：胜利油田设计规划研究院。

主要设计者：温国章、彭忠勋、彭扬彪、朱　玉。

63. 濮城油田油气集输工程

主要设计单位：中原油田规划设计院。

主要设计者：申汉才、杨昌霭、张为公、王子重、林延宗、顾　林
黄德春、吴江肃。

化工：

64. 吉林化学工业公司有机合成乙烯、芳烃抽提装置

主要设计单位：吉化公司设计院。

主要设计者：陈博华、刘加声、杨长令、唐景维、蔡东朱、孙广选

张治孝、吴甄权、李文昶、王洪义、徐孝礼、李永善
陈贤范。

65. 南京油脂化工厂年产1000吨化纤钛白工程

主要设计单位：化工部第三设计院。

主要设计者：汪宝康、田王登、梁文显、赵文燮等。

66. 北京化工二厂聚氯乙烯汽提装置

主要设计单位：化工部第八设计院。

主要设计者：陈清颐、张　威、谭佛生、张连如、王思生、谭明身
吴国庭、宋惠黎、范嗣聪、王家惠。

67. 吉化公司肥料厂合成气装置

主要设计单位：吉化公司设计院。

主要设计者：钱祖怡、邵宝兴、姚立中、李昌瑞、李明子、崔伯英
殷国光等。

68. 上海吴淞化肥厂变压吸附法回收氨厂弛放气中氢装置工程

主要设计单位：化工部西南化工研究院。

主要设计者：曾　阳、鱼金萍、钟才友、姚惠民、付毕平、张蔼琦
（七室部分同志、开发室部分同志）。

69. 联碱由9万吨/年挖潜改造到13.5万吨/年

主要设计单位：鸿鹤化工总厂设计研究所。

主要设计者：韦思虎、许昌黎、黎京畦、兰仲书、谢明谋、杨淑惠
董世才、董泽文、任康林等。

纺织：

70. 平顶山锦纶帘子布厂总体设计土建和公用工程设计

主要设计单位：纺织部设计院。

主要设计者：许立群、严长清、朱昕如、李德新、陈明明、宫本良
周承伦、郜竞人、魏夏香、孙学轼、顾淑明、朱宝山
满铁铠、赵静一、张　纯等。

71. 北京第二印染车间

主要设计单位：纺织部设计院。

主要设计者：吴国钧、夏祥生、李可权、李益箴、区顺巧、吴春莹
李道本、马秀英、阙好英。

72. 上海市第十织布厂工程

主要设计单位：上海市纺织建筑工程公司设计室。

主要设计者：钱恭定、邬烈星、方菊芬。

73. 天津市华欣毛纺织厂

主要设计单位：天津市纺织工业设计院。

主要设计者：安绍松、陈惠玲、王肇祥、韦醒忠、于荣谦、韩德金
宋绛雄、董　惠、刘兴华、金石麟、李培明、王维华
唐月波、陈孟芝等。

74. 上海第八棉纺厂第三纺纱工场

主要设计单位：上海纺织工业设计院。

主要设计者：陈南长、陆廷玮、陈士民、张学启等。

75. 湖南省益阳苎麻纺织印染厂

主要设计单位：湖南省轻工设计院。

主要设计者：彭雨田、胡笃乾、谢新轩、王茂斌、赵良付、邱世昌
汪清沅、罗培训、陈全平、陈赵泰、陈允文、王瑞棠
林瑞芳。

轻工：

76. 青岛啤酒厂糖化车间

主要设计单位：轻工部设计院。

主要设计者：赵青华、翁乃勇等。

77. 上海水表二厂扩建工程

主要设计单位：轻工业部上海轻工业设计院。

主要设计者：李明良等。

78. 上海感光胶片厂片基车间扩建工程

主要设计单位：轻工业部上海轻工业设计院。

主要设计者：章曾炜（施尧民代）等。

79. 沅江造纸厂扩建工程

主要设计单位：轻工部长沙设计院、湖南省轻工业设计院。

主要设计者：王大琪、张奇士等。

铁道：

80. 汉江斜腿钢构薄壁箱形钢梁桥工程

主要设计单位：铁道部专业设计院。

81. 预应力混凝土岔枕

主要设计单位：铁道部专业设计院。

主要设计者：黄惠达、陈永强、康　健等。

82. 津浦线南京东至滁县段自动闭塞变更间隔时分工程设计

主要设计单位：铁道部通号公司研究设计处。

主要设计者：孟庆忠、郭丽熙、李奇才、秦荣英、秦凤玲。

83. 南口机车车辆机械厂轴承生产系统

主要设计单位：铁道部建厂工程局设计处。

主要设计者：周德方、吴鸿祥、周根祥、姚嘉城、穆学明、林启况、汪锡培、刘忠良、李有怀、牛进才、刘鑫华、赵希曾、朱韵梅、卫　栋、常栋梁、陈　涵、周曼华、马桂选、俞天明。

84. 石太线阳泉至太原段铁路电气化工程设计

主要设计单位：铁道部电气化工程局电气化勘测设计院。

主要设计者：章尧民、李子旺等。

85. 小夹角斜框架立交桥工程设计

主要设计单位：铁道部第一勘测设计院。

主要设计者：曹　干、董郁生等 25 人。

交通：

86. 天津新港第三港池集装箱泊位

主要设计单位：交通部第一航务工程勘察设计院。

主要设计者：孟昭华、元　林、郑学良、杨玉祥、杨　宇、马继祥
廖水玉、付长宏、李淑君、钟宝卿、袁静娟。

87. 宁波港北仑矿石中转码头工程

主要设计单位：交通部第三航务工程勘察设计院。

主要设计者：黄希桢、顾才良、戴秉忠、费寿根、王明华、徐国强
王忠传、林南光、朱一屏等。

88. 冶金部第一冶金建设公司八大家码头工程

主要设计单位：交通部第二航务工程勘察设计院。

主要设计者：朱士粱、赵永俭、何德安、张福刚、刘姜玲、王荣行
丘　宴、段玲玲、阎　浩、张桂珍等。

89. 江西省樟树港四码头工程

主要设计单位：江西省交通规划勘察设计院。

主要设计者：张文涛、吴森林、文滨珊、吴学勇、刘陈鞠、陈　农
章志忠。

90. 天山（独山子—库车）公路

主要设计单位：交通部第一、二公路勘察设计院。

主要设计者：胡宗俊、王秉径、邵子健、郭汉斌、唐家余、唐应国
刘洪标、侯　康、谈金鑫、黄裕林、孙汝彰、陆延祥
魏德宽、顾子刚、廖道伦、丁少先、何国金。

91. 四川省泸州长江大桥

主要设计单位：四川省交通厅公路规划勘察设计院。

主要设计者：臧棣华、刘泽英、彭宝华、张忠诚、吕隆光、胡玉山
赵光华等。

92. 葛洲坝水利枢纽工程黄栢河公路大桥

主要设计单位：湖北省公路局勘测设计处。

主要设计者：李　谦、徐显才、丁忠华、刘运英、陈霞芬、董正义
杨淑庄、刘墩朝、谢　晔、郑茂森等。

93. 广西华兰至扶隆公路

主要设计单位：广西壮族自治区交通勘测设计院。

主要设计者：王彬霖、吴绍清、黄芯、李铧、欧享德。

广播电视：

94. 上海市台播音室改建

主要设计单位：广播电视部设计院（原中央广播事业局设计室）。

主要设计者：孙玉文、刘　征、董西里、罗德均、许鸿业、薛韵琴
徐祖煦、王山岭。

建材：

95. 河北省冀东水泥厂国内配套工程设计

主要设计单位：天津水泥工业设计院。

主要设计者：李济荪、赵子祥、田世忠等。

医药：

96. 佳木斯市化学制药厂100吨/年维生素丙车间

主要设计单位：黑龙江省化工设计院。

主要设计者：黄克举、欧阳新等。

97. 上海醋酸纤维素厂年产2500吨裂化法酸酐生产装置

主要设计单位：国家医药管理局上海医药设计院。

主要设计者：董　庆、甘　宽、庄允明、戴季煌、鲍爱元。

石化：

98. 兰州炼油厂50万吨/年同轴式提升管催化裂化装置

主要设计单位：中国石化总公司洛阳设计研究院。

主要设计者：陈道一、熊湘洛、谢林章。

99. 吉化公司有机合成厂丁二烯抽提装置

主要设计单位：兰化公司化工设计院。

主要设计者：陈振京、贺　丁、程振华、徐国义、荣跃琤、朱俊源、廖保民、张秋霞、周毓德、周肇敏、柯光金。

100. 茂名石油公司高含氨污水处理装置

主要设计单位：中国石化总公司洛阳设计研究院。

主要设计者：王慧芳、林本宽、李菁菁、曾祥鲁、徐秀明、沈静文、施文志、万景春等。

101. 齐鲁石化公司胜利炼油厂 2 万标立方米/时制氢装置

主要设计单位：齐鲁石化公司设计院。

主要设计者：陈超仁、沈承芳、杜柏和、方承惠、张庆存、王嵩岐、孙同珠、陈学凯、邢先启、胡毅刚、董建松。

有色金属：

102. 磐石镍矿扩建工程

主要设计单位：北京有色金属设计研究总院。

主要设计者：王之汉、芦荣富、富乃英、陈楚材、苏跃广、顾　霄、刘春泉、欧阳兆祯、张振民、关　威、王国瑞、杨伽茵、周裕歧、李通南、王之梁、李树昌、刘忠儒、刘延富等。

103. 天津市铝合金厂铝型材工程

主要设计单位：洛阳有色金属加工设计研究院。

主要设计者：迟　新、吕义科、范明生、马玉芳、丁昌元、李洪琪、杨庆田、唐世浩、陶维澄、王树本、张常文、张占魁、顾超君、胡　寿。

104. 云南锡业公司第一冶炼厂烟化炉处理富锡中矿措施工程

主要设计单位：昆明有色冶金设计研究院。

主要设计者：田焕然、王文禧、朱延札、李华如、苏若立、胡海鹏
王承忠、赵国华、和积武、吕延超、段文杰、陈昆俊
韦艳新、杨崇文、严寿康、王邦达、杨承业。

军工：

105. 空军36厂1号装配厂房

主要设计单位：航空部第四设计院。

主要设计者：略。

106. 陕西彩色显像管厂厂区设计（国内部分）

主要设计单位：电子部第十设计研究院。

107. 七四二厂引进工程国内设计部分

主要设计单位：电子部第十一设计研究院。

108. 电子部雷达工业管理局机关人防综合建筑设计

主要设计单位：雷达工业管理局设计室。

109. 八〇五厂218酸性废水处理工程

主要设计单位：兵器部第五设计研究院。

110. 深圳穿坝输水工程

主要设计单位：船舶总公司第九设计研究院。

111. 江南造船厂三号船坞改扩建工程

主要设计单位：船舶总公司第九设计研究院。

112. 上海石化总厂腈纶厂余热发电站

主要设计单位：船舶总公司第九设计研究院。

113. 北京450天线场

主要设计单位：航天部第七设计研究院。

114. 三〇七厂巨浪总装车间

主要设计单位：航天部第七设计研究院。

115. 七二〇一工程三号试验发射阵地

主要设计单位：国防科工委工程设计研究所。

116. 七二〇一工程五号技术阵地

主要设计单位：国防科工委工程设计研究所。

117. 二四〇二船坞工程

主要设计单位：海军工程设计研究局。

118. 一九七（一期）主体工程

主要设计单位：海军工程设计研究局。

119. 四九八〇工程

主要设计单位：沈阳军区后勤部营房勘测设计所。

120. 现代生物中心发育生物所工程

主要设计单位：中国科学院生物发育研究所
中国科学院建筑设计院。

主要设计者：文业清、顾国瑞、徐国宽、钟延冠、徐长生、郑增文等。

121. 高能物理所高能加速器预制研究所和建造工程

主要设计单位：中国科学院高能物理研究所
中国科学院建筑设计院

主要设计者：郑世昌等。

122. 国家植物标本馆工程

主要设计单位：中国科学院建筑设计院、中国科学院植物研究所。

主要设计者：曹一民、徐协海、刘家驹、陈益饮、徐长生、吕韩华
彭秀荣、陈震林、王秀兰等。

附录三

国家优质工程和获奖单位

中国从1981年开始设国家优质工程奖，对新中国成立以来自行设计、施工的工业、交通建设项目及大型公共建筑工程进行评选。从1981年到1986年全国共评出国家优质工程114项，其中金质奖8项，银质奖106项。

1981年国家优质工程项目

一、国家优质工程金质奖：

长江葛洲坝水利枢纽大江截流工程

受奖单位：长江流域规划办公室

葛洲坝工程局

二、国家优质工程银质奖

1. 唐山陡河电厂一、二期工程

受奖单位：唐山陡河电厂工程指挥部

北京电力设计院

国家建工总局第二工程局第一建筑工程公司

西北电力建设局第一工程公司

北京电力建设公司

2. 石油七厂多金属催化重整工程

受奖单位：大连石油七厂

北京石油设计院

石油部第三工程公司

大连市第三建筑工程公司

3. 南京五台山体育馆工程

受奖单位：江苏省建筑设计院

南京市第三建筑工程公司

1982 年国家优质工程项目

一、国家优质工程金质奖：

江苏江都抽水站

受奖单位：江苏省水利勘测设计院

江苏省电力设计院

江都水利工程管理处

江苏省水利建筑工程公司

水电部第十二工程局

二、国家优质工程银质奖

1. 浙江里石门水库拱坝工程

受奖单位：浙江省水利电力勘测设计院

浙江省水利水电工程局

2. 洪湖高潭口电力排灌站

受奖单位：湖北省水利勘测设计院

湖北省水利局工程一团

湖北省荆州地区水利局

3. 湖南省欧阳海灌区枢纽拱坝工程

受奖单位：湖南省水利水电勘测设计院

湖南省水利水电工程公司

4. 平（顶山）—武（昌）500 千伏输变电工程

受奖单位：水利电力部超高压输变电建设公司

水利电力部中南电力设计院

河南省电力勘测设计院

吉林省送变电工程公司

西北电力建设局甘肃送变电工程公司

河南省电力工业局送变电建设公司

河南省电力工业局第一火电建设公司

湖北省电力工程公司

5. 广东广新二回黄浦大跨越工程

受奖单位：广东省广新二回路输变电工程指挥部

广东省电力工业局电力勘测设计院

广东省电力工业局输变电工程公司

6. 济南黄河公路大桥

受奖单位：济南黄河公路大桥会战指挥部

山东省交通厅规划设计院

山东省交通厅工程大队

7. 重庆长江大桥工程

受奖单位：重庆长江大桥建设指挥部

上海市政工程设计院

重庆长江大桥城建施工指挥部

8. 湘桂铁路柳黎复线红水河大桥

受奖单位：铁道部科学研究院

铁道部柳州铁路局勘测设计所

铁道部柳州铁路局工程处

9. 桂林车站站房工程

受奖单位：铁道部柳州铁路局勘测设计所

铁道部柳州铁路局工程处

10.（北）京、沈（阳）、哈（尔滨）微波干线换装工程

受奖单位：北京长途电信局

河北省邮电管理局

辽宁省邮电管理所

吉林省邮电管理局

黑龙江省邮电管理局

邮电部设计院

邮电部第二工程公司

11. 秦皇岛至沈阳对称电缆六十路载波通信干线工程

受奖单位：河北省邮电管理局

辽宁省邮电管理局

邮电部北京设计所

邮电部第一工程公司

12. 新疆独山子炼油厂六十万吨/年提升管催化裂化工程

受奖单位：北京石油设计院

独山子炼油厂催化工程会战指挥部

13. 河北省沧州化肥厂合成氨、尿素装置工程

受奖单位：河北省沧州化肥厂

化工部第六设计院

化工部第十三化工建设公司

河北省第四建筑工程公司

14. 四川化工厂三十万吨/年合成氨、四十八万吨/年尿素装置工程

受奖单位：四川化工厂

化工部第八设计院

四川省第六建筑工程公司

四川省第一建筑工业设备安装公司

四川省第一建筑机械化施工公司

15. 泸州天然气化工厂三十万吨/年合成氨、四十八万吨/年尿素装置工程

受奖单位：泸州天然气化工厂

化工部第八设计院

四川省原第五建筑工程公司

化工部第七化工建设公司

四川省交通厅第三航道工程处

四川省第一建筑机械化施工公司

16. 云南天然气化工厂合成氨、尿素装置工程

受奖单位：云南天然气化工厂

化工部第八设计院

云南省第七建筑工程公司

云南省第二建筑安装公司

云南省建筑机械化施工公司

云南省化学工业建设公司

17. 重庆肉联厂扩建冷库工程

受奖单位：重庆肉类联合加工厂

商业部设计院

四川省第九建筑工程公司

重庆市工业设备安装公司

18. 四川绵阳肉联厂扩建冷库工程

受奖单位：绵阳冷库扩建工程筹备处

四川省商业厅设计所

四川省第六建筑工程公司

四川省商业厅安装公司

19. 上海市薛家浜万吨冷库工程

受奖单位：上海市第二商业局设计所

上海市第三建筑工程公司

上海市薛家浜冷库筹建处

上海市基础工程公司

上海市机械施工公司

20. 四川东方绝缘材料厂聚丙烯薄膜工程

受奖单位：东方绝缘材料厂

机械工业部第七设计研究院

四川省第六建筑工程公司

四川省第一建筑工业设备安装公司

21. 高通量工程试验反应堆

受奖单位：西南反应堆工程研究设计院

第二研究设计院

国营二十七建筑工程公司

国营二十三安装工程公司

22. 上海电视一厂彩色电视总装配线工程

受奖单位：上海电视一厂

上海市工业建筑设计院

上海市第七建筑工程公司

上海市工业设备安装公司

上海市机械施工公司

23. 云南光学仪器厂引进生产线工程

受奖单位：云南光学仪器厂

兵器工业部第六设计研究院

云南省第九建筑工程公司

云南省第二建筑安装公司

24. 北京建国门外交公寓建筑（三期工程）

受奖单位：北京市建筑设计院

北京市勘察处

北京市第一建筑工程公司

25. 中国人民解放军海军一八九四工程

受奖单位：中国人民解放军三八〇〇二部队

中国人民解放军三八三九七部队设计处

中国人民解放军三八三九六部队

中国人民解放军三八三九一部队

中国人民解放军三八二一二部队

26. 中国人民解放军总后勤部五三〇工程

受奖单位：中国人民解放军总后勤部五三〇工程部

石油部第二炼油设计研究院

中国人民解放军总后勤部基建营房部设计院

中国人民解放军五九二一〇部队

中国人民解放军五九二四四部队

中国人民解放军总后勤部五三〇工程部通信工程大队

27. 中国人民解放军南京部队四八二一工程

受奖单位：中国人民解放军上海警备区后勤部营房设计室

中国人民解放军上海警备区后勤部营房处

1983 年国家优质工程项目

一、国家优质工程金质奖

1. 大屯选煤厂工程

受奖单位：煤炭工业部选煤设计研究院

大屯煤电公司建筑工程处

宁夏煤炭基建公司安装处

大屯煤电公司徐沛铁路管理处

2. 汉江斜腿钢构薄壁箱型钢梁桥工程

受奖单位：铁道部专业设计院

铁道部第二勘测设计院

铁道部科学研究院

兰州铁道学院

铁道部第一工程局

铁道部宝鸡桥梁工厂

二、国家优质工程银质奖：

1. 大庆油田北三区产能建设一期工程

受奖单位：大庆石油管理局基本建设处

大庆石油管理局科学研究设计院

大庆石油管理局油田建设第一公司

2. 大连石油七厂六十万吨/年润滑油糠醛精制装置工程

受奖单位：大连石油七厂

辽宁省工业安装公司第二工程处

大连市第三建筑工程公司

3. 江苏淮（阴）—泰（州）220千伏输变电线路工程

受奖单位：扬州供电局

水利电力部华东电力设计院

江苏省送变电工程公司

4. 石泉水电站工程

受奖单位：水利电力部西北勘测设计院

水利电力部北京勘测设计院

水利电力部第三工程局

5. 山东十里泉发电厂四期工程

受奖单位：山东十里泉发电厂

山东省电力设计院

山东省电力建设第二工程处

6. 京广复线衡韶段坪石车站扩建北运转场工程

受奖单位：广州铁路局勘测设计所

广州铁路局基建工程处

7. 邯（郸）—长（治）铁路浊漳河大桥工程

受奖单位：铁道部第三勘测设计院

铁道部第三工程局第一工程处

铁道部第三工程局铺轨架桥工程段

8. 镇江市蓄电池厂起动（Q）型电池车间“防尘灭毒”技术改造工程

受奖单位：镇江市蓄电池厂

机械工业部第七设计研究院

镇江市建筑工程公司

9. 福建省连城县曲溪至东溪段林区公路

受奖单位：福建省林业勘察设计院

福建省龙岩地区林业工程公司

10. 七一九工程

受奖单位：第四设计研究院

江西省赣州地区建筑工程局

国营二十五工程公司

国营七一九矿

11. 北京市南城污水干线（6—24 号）工程

受奖单位：北京市市政设计院

北京市第三市政工程公司

12. 新建八达岭过境公路工程

受奖单位：交通部第二公路勘察设计院

北京市公路管理处

北京市公路工程公司

北京市新建八达岭公路工程延庆县指挥部

北京市新建八达岭公路工程昌平县指挥部

13. 天津市十一经路立交桥工程

受奖单位：天津市市政工程勘察设计院

天津市第一市政工程公司

天津市第三市政工程公司

14. 上南新村居住小区一、二街坊住宅工程

受奖单位：上海工业建筑设计院

上海市第六住宅建筑工程公司

15. 上海龙柏饭店工程

受奖单位：上海工业建筑设计院

上海市第五建筑工程公司

上海市工业设备安装公司

上海市基础工程公司

16. 南京烷基苯工程

受奖单位：南京烷基苯建设工程指挥部

轻工业部设计院

南京第二建筑工程公司

基建工程兵00229部队

17. 无锡市清扬新村住宅小区工程

受奖单位：无锡市住宅统建办公室

无锡市建筑设计院

无锡市建筑工程公司

18. 浙江大学图书馆工程

受奖单位：浙江大学建筑设计院

浙江省第一建筑工程公司

浙江省工业设备安装公司

19. 山东莱阳肉联厂五千吨冷库工程

受奖单位：商业部设计院

山东省烟台地区建筑工程公司

山东省烟台地区安装公司

20. 洞庭氮肥厂二十四万吨/年合成氨、三十八万吨/年尿素装置工程

受奖单位：湖南省洞庭氮肥厂

南京化学工业公司设计院

湖南省化学工业设计院

湖南省第五工程公司

化学工业部第四化工建设公司

湖南省机械化施工公司

21. 南岳电视调频发射塔工程

受奖单位：湖南省衡阳地区八〇一台

广播电视部设备制造厂

湖南省衡阳地区建筑勘测设计院

湖南省广播电视局

湖南省衡山县建筑工程公司

22. 广西来宾红水河公路大桥工程

受奖单位：广西区交通勘测设计院

广西区公路工程公司

23. 广西合（山）—柳（州）220 千伏输电线路工程

受奖单位：广西电力工业局勘测设计院

广西送变电建设公司

24. 葫芦口水库枢纽工程

受奖单位：四川省长沙坝葫芦口水库管理局

四川省水利水电勘测设计院

自贡市、威远县葫芦口水库现场指挥部

25. 贵州省余庆县团结水库工程

受奖单位：遵义地区水电勘测设计队

余庆县水利电力局

26. 博斯腾湖扬水站西泵站工程

受奖单位：新疆巴音郭楞自治州开都河流域规划治理委员会指挥部

新疆区水利水电勘测设计院

新疆生产建设兵团农二师水工团

新疆水利发电设备安装公司

新疆区水利厅第一工程处

27. 交通部的工程（略）

28. 交通部的工程（略）

1984 年国家优质工程项目

一、国家优质工程金质奖：

1. 引滦入津工程

受奖单位：天津市引滦工程指挥部

中国人民解放军 52859 部队

中国人民解放军 89208 部队

中国建筑第六工程局

天津市建筑工程局

天津市市政工程局

天津市水利局

交通部第一航务工程局

天津市公用局

中国石油化工总公司第四建筑公司

水利电力部天津勘测设计院

中国市政工程华北设计院

中国市政工程西南设计院

中国市政工程西北设计院

北京市机械施工公司

天津市电力工业局

天津市邮电管理局

石油工业部管道局电力通信工程公司

中国给水排水东北设计院

2. 白天鹅宾馆工程

受奖单位：广州市珠江外资建设公司

广州市设计院

广州市第二建筑工程公司

二、国家优质工程银质奖：

1. 陕西秦岭电厂二期工程

受奖单位：秦岭电厂建设指挥部

水电部西北电力设计院

西北电力建设局第一工程公司

西北电力建设局第四工程公司

陕西省第三建筑公司三处

2. 上海宝山钢铁总厂自备电厂工程

受奖单位：上海宝山钢铁总厂工程指挥部电力分指挥部

水电部华东电力设计院

上海电力安装第一工程公司

上海电力安装第二工程公司

上海电力建筑工程公司

上海市基础工程公司

第十九冶金建设公司特种工程公司

武汉钢铁公司金属结构厂

3. 浙江台州发电厂一期工程

受奖单位：浙江台州发电厂筹建处

浙江省电力设计院

浙江省火电建设公司

浙江省第二建筑工程公司

浙江省机械化施工公司

4. 乌江渡水电站工程

受奖单位：水电部中南勘测设计院

水电部第八工程局

5. 鄂湘联网（凤凰山—咸宁—岳阳—长沙）220 千伏输电线路工程

受奖单位：湖北省电力工程公司

湖北省咸宁地区电力局

湖南省送变电建设公司

湖北省电力勘测设计院

湖南省电力勘测设计院

湖北省电力工程公司电力三处

6. 河南沁河杨庄改道工程

受奖单位：水电部黄河水利委员会河南河务局

河南黄河河务局规划设计室

安阳黄河修防处

新乡黄沁河修防处

机械工业部机械化施工公司

7. 江苏省谏壁抽水站工程

受奖单位：江苏省镇江市水利勘测设计室

江苏省水利建筑工程公司

江苏省江都水利工程管理处

江苏省镇江市水利工程处

8. 浙江杭嘉湖南排长山闸工程

受奖单位：浙江省水利水电工程局

浙江省水利水电勘测设计院

浙江省水利水电工程局第一工程处

9. 胜利油田滨一区水力活塞泵站系统工程

受奖单位：胜利油田滨南采油指挥部

胜利油田设计规划研究院

胜利油田油田建设第二指挥部

10. 大庆高台子油田产能建设工程

受奖单位：大庆石油管理局基建工程部

大庆石油管理局油田建设设计研究院

大庆石油管理局油田建设公司

11. 兰州炼油厂五十万吨/年同轴式提升管催化裂化装置

受奖单位：中国石油化工总公司兰州炼油厂

中国石油化工总公司洛阳设计研究院

兰州化学工业公司化工建设公司

12. 胜利炼油厂加氢精制及配套工程

受奖单位：齐鲁石油化工公司胜利炼油厂

齐鲁石油化工公司设计院

中国石油化工总公司北京设计院

中国石油化工总公司第十建设公司

中国石油化工总公司第二建设公司

山东淄博建筑工程公司

13. 广西梧州松脂厂岐化松香皂工程

受奖单位：广西梧州松脂厂

林业部林产工业设计院

梧州市第一建筑工程公司

广西区第一安装工程公司

14. 石太线阳泉—太原段电气化工程

受奖单位：铁道部电气化工程局电气化勘测设计处

铁道部通信信号公司研究设计处

铁道部第三勘测设计院

铁道部电气化工程局第一工程处

北京铁路局太原工程处

15. 广州机械保温车辆段工程

受奖单位：广州铁路局基本建设处

广州铁路局勘测设计公司

广州铁路局工程公司

16. 广（州）深（圳）公路中堂大桥

受奖单位：广东省交通科学研究所

广东省公路勘测设计院

广东省公路工程处

17. 河南平顶山锦纶帘子布厂工程

受奖单位：河南平顶山锦纶帘子布厂

纺织工业部设计院

河南省第五建筑工程公司

河南省工业设备安装工程公司

河南省纺织工业厅机械安装公司

18. 湖北省计量局第二期工程

受奖单位：湖北工业建筑设计院

湖北省建筑工程总公司第六工程公司

湖北省建筑工程总公司工业设备安装公司

19. 上海市吴泾2.6万吨冷库工程

受奖单位：上海市第二商业局吴泾冷库筹建处

上海市第二商业局设计室

上海市第七建筑工程公司

20. 河南省洛阳肉联厂冷库工程

受奖单位：河南省洛阳肉类联合加工厂

河南省商业设计室

河南省第六建筑工程公司

商业部洛阳制冷机械厂

21. 苏州市彩香村居住小区工程

受奖单位：苏州市彩香村建设指挥部

苏州市建筑设计院

苏州市建筑工程局

22. 常州市清潭三村工程

受奖单位：中国房屋建设开发公司常州市公司

常州市规划处

常州市建筑设计院

常州市建筑工程公司

23. 辽化体育馆工程

受奖单位：辽阳石油化学纤维工业总公司

中国建筑东北设计院

辽宁省朝阳地区第二建筑工程公司

24. 化学工业部的工程（工程名称略）

受奖单位：南京化学工业公司

化学工业部第一设计院

南京化学工业公司基本建设公司

1985 年国家优质工程项目

一、国家优质工程金质奖（无）

二、国家优质工程银质奖：

1. 唐山陡河电厂三期扩建工程

获奖单位：水利电力部华北电业管理局唐山发电总厂

水利电力部华北电力设计院

中国建筑第二工程局第一建筑工程公司

水利电力部华北电业管理局天津电力建设公司

铁道部第十八工程局第二工程处

2. 长江葛洲坝水利枢纽二江工程

获奖单位：水利电力部驻葛洲坝代表处

水利电力部长江流域规划办公室

水利电力部长江葛洲坝工程局

3. 浙江省台（州）—临（海）—温（州）220 千伏送电工程

获奖单位：浙江省温州电业局

浙江省电力设计院

浙江省送变电工程公司

4. 唐山韩城 220 千伏变电站工程

获奖单位：水利电力部华北电业管理局唐山供电局

水利电力部华北电力设计院

河北省唐山市第一建筑工程公司

北京送变电公司

5. 上海宝钢受电变电所工程

获奖单位：上海宝山钢铁总厂能源部

冶金部武汉勘察设计院

冶金部重庆钢铁设计研究院

冶金部第十九冶金建设公司上海分公司

6. 山东东平湖水库石洼分洪闸改建工程

获奖单位：水利电力部黄河水利委员会山东河务局

山东黄河河务局规划设计院

清华大学水利工程系

山东省黄河位山工程局

山东黄河河务局梁山建筑安装队

7. 大庆油田葡三联产能建设工程

获奖单位：大庆石油管理局基建工程部

大庆石油管理局油田建设设计研究院

大庆石油管理局油田建设公司

8. 茂名加氢裂化工程

获奖单位：中国石油化工总公司茂名石油工业公司

中国石油化工总公司洛阳设计研究院

中国石油化工总公司茂名石油工业公司建筑安装公司

中国石油化工总公司第三建设公司

中国石油化工总公司第四建设公司

石油部第六工程公司

广东省湛江市第一建筑工程公司

广东省电力局第一工程局

广东省火电安装公司

9. 天津石油化工公司芳烃联合装置，对苯二甲酸二甲酯装置，聚酯装置

获奖单位：中国石油化工总公司天津石油化工公司
中国天津化学工程公司
中国石油化工总公司第四建设公司
天津市第二建筑工程公司
天津市第四建筑工程公司

10. 吉林化学工业公司有机合成厂乙烯、丁二烯芳烃抽提工程

获奖单位：吉林化学工业公司有机合成厂
吉林化学工业公司设计院
中国石油化工总公司兰州石油化工设计院
吉林省第二建筑公司
吉林化学工业公司建设公司
化工部第十三化工建设公司

11. 吉林化学工业公司污水处理厂综合污水处理场工程

获奖单位：吉林化学工业公司污水处理厂
吉林化学工业公司设计院
吉林市第一建筑工程公司
化工部第十三化工建设公司
吉林化学工业公司建设公司

12. 成昆铁路利子依达隧道工程

获奖单位：铁道部成都铁路局
铁道部第二勘测设计院
成都铁路局工程总院

13. 宁波港北仑矿石中转码头工程

获奖单位：浙江北仑港建设指挥部
交通部第三航务工程勘察设计院
交通部第一航务工程局第一工程公司
交通部第一航务工程局第四工程公司

交通部第三航务工程局第四工程公司

14. 上海宝山钢铁总厂原料码头工程

获奖单位：上海宝山钢铁总厂工程指挥部

交通部第三航务工程局第一工程公司

交通部第三航务工程局第二工程公司

15. 长江葛洲坝黄柏河公路大桥

获奖单位：水利电力部长江葛洲坝工程局

湖北省交通规划设计院

湖北省公路管理局工程处

16. 沈阳—长春—哈尔滨长途电缆技术改造工程

获奖单位：黑龙江省邮电管理局

吉林省邮电管理局

辽宁省邮电管理局

邮电部北京设计所

邮电部第四工程公司

17. 烟台合成革厂工程

获奖单位：烟台合成革厂

山东省化工规划设计院

山东省工业设备安装公司

烟台市建筑工程公司

莱芜钢铁厂基本建设处

18. 陕西彩色显像管总厂工程

获奖单位：陕西彩色显像管总厂

电子工业部第十设计研究院

陕西省第二建筑工程公司

陕西省第十一建筑工程公司

陕西省设备安装工程公司

19. 国营四五〇七厂磁盘机生产线引进工程

获奖单位：国营四五〇七厂

电子工业部综合勘察院

电子工业部第十设计研究院

湖南省第七工程公司

湖南省工业设备安装公司

20. 天津市体院北三区、十区住宅工程

获奖单位：天津市建设开发公司

天津市建筑设计院

天津市第一建筑工程公司

天津市第六建筑工程公司

天津市河西区城市建设管理局

21. 广东省珠海市珠海宾馆

获奖单位：广东省珠海市旅游总公司

广东省顺德县第二建筑设计室

广东省顺德县建筑工程公司

22. 上海市游泳馆工程

获奖单位：上海市体育运动委员会

上海市民用建筑设计院

上海市第八建筑工程公司

上海市工业设备安装公司

上海市机械施工公司

上海市基础工程公司

23. 天津市纪庄子污水处理厂工程

获奖单位：天津市排水管理处

中国市政工程华北设计院

天津市第三市政工程公司

天津市第四市政工程公司

天津市市政器材公司

天津市第一市政工程公司

24. 北京市三元立交桥工程

获奖单位：北京市市政工程局

北京市市政工程设计院

北京市第一市政工程公司

北京市第四市政工程公司

北京市第五市政工程公司

北京市市政机械公司

25. 国营二八二厂“302”工程

获奖单位：国营第二八二厂

兵器工业部第六设计研究院

26. 中国人民解放军沈阳军区四九八〇工程油料库工程

获奖单位：中国人民解放军八一九三六部队

中国人民解放军沈阳军区后勤部营房勘测设计所

中国人民解放军八一八八二部队

中国人民解放军沈阳军区后勤部工程安装队

1986 年国家优质工程项目

一、国家优质工程金质奖：

1. 上海宝山钢铁总厂（一期）工程

获奖单位：上海宝山钢铁总厂工程指挥部

上海宝山钢铁总厂

冶金部武汉勘察研究院

冶金部重庆钢铁设计研究院

冶金部鞍山焦化耐火材料设计研究院

冶金部长沙黑色冶金矿山设计研究院

冶金部建筑研究总院

冶金部北京冶金设备研究所

冶金部自动化研究所

上海市政工程设计院

上海冶金设计研究院

中国船舶工业总公司第九设计研究院

上海宝山钢铁总厂工程指挥部五冶分指挥部

上海宝山钢铁总厂工程指挥部十三冶分指挥部

上海宝山钢铁总厂工程指挥部二十冶分指挥部

上海宝山钢铁总厂工程指挥部建工分指挥部

上海宝山钢铁总厂工程指挥部城建分指挥部

上海宝山钢铁总厂工程指挥部电力分指挥部

上海宝山钢铁总厂工程指挥部邮电分指挥部

上海市基础工程公司

冶金部宝钢冶金建设公司

2. 魏荆输油管线汉江复线（跨越）工程

获奖单位：石油工业部河南石油勘探开发公司

石油工业部四川石油勘察设计研究院

四川石油管理局油气田建设工程公司

二、国家优质工程银质奖：

1. 江西九江火力发电厂一期工程

获奖单位：江西省九江火力发电厂

江西省电力设计院

江西省火电建设公司

江西省第二建筑工程公司

2. 安徽省长龙山—芜湖南—宁国 220 千伏输电工程

获奖单位：安徽省芜湖供电局

安徽省电力设计院

华东送变电工程公司

3. 福建省福鼎南溪水库

获奖单位：福建省福鼎县南溪水库管理处

福建省水利水电勘测设计院

福建省宁德地区水利电力工程局

福建省福鼎县南溪水库工程指挥部

4. 河南省商丘地区虬龙沟流域综合治理工程

获奖单位：河南省商丘地区水利局

河南省商丘地区水利局勘察设计队

河南省商丘地区水利局工程队

河南省虞城县水利局

河南省夏邑县水利局

河南省永城县水利局

5. 北京市延庆县白河堡水库工程

获奖单位：北京市延庆县白河引水管理处

北京市水利规划设计研究院

北京市延庆县白河引水工程指挥部

北京市延庆县水利工程队

北京市水利机械施工处

北京市水利基础处理总队

6. 新荷线跨京广立交特大桥

获奖单位：郑州铁路局工程承包公司

铁道部第一勘测设计院

铁道部第三工程局第六工程处

7. 青藏铁路察尔汗盐湖铁路工程

获奖单位：铁道部工程指挥部

铁道部科学研究院

铁道部第一勘测设计院

铁道部工程指挥部科学技术研究所

铁道部第十七工程局第四工程处

8. 沈阳铁路枢纽沈阳西（裕国）编组站

获奖单位：铁道部沈阳铁路局

铁道部第三勘测设计院

沈阳铁路局沈阳工程处

9. 广东省一〇七国道清远北江大桥

获奖单位：广东省交通厅北江大桥工程指挥部

交通部公路科学研究所

广东省公路勘察规划设计院

广东省交通科学研究所

广东省公路工程处

10. 北京—武汉—广州中同轴电缆载波工程

获奖单位：北京市电信管理局

河北省邮电管理局

河南省邮电管理局

湖北省邮电管理局

湖南省邮电管理局

广东省邮电管理局

邮电部电缆建设工程处

邮电部设计院

邮电部北京电信工程公司

邮电部第一工程公司

邮电部第二工程公司

邮电部第三工程公司

邮电部第四工程公司

邮电部中国通信建设总公司

11. 浙江绦纶厂五千吨绦纶长丝工程

获奖单位：浙江绦纶厂

浙江省轻工业设计院

纺织工业部纺织设计院

浙江省第三建筑工程公司

浙江省工业设备安装公司

浙江省机械施工公司

浙江省绍兴市第二建筑工程公司

浙江省绍兴市第三建筑工程公司

12. 七四二厂彩电线性集成电路引进工程

获奖单位：国营第七四二厂

电子工业部第十一设计研究院

电子工业部综合勘察院

江苏省无锡市建筑工程公司

中国电子系统工程公司第二安装公司

13. 河南省新乡市食品公司一千五百吨鲜蛋冷库

获奖单位：河南省新乡市食品公司

河南省商业设计室

河南省新乡市第一建筑工程公司

河南省第五建筑工程公司

14. 大冶熔炼反射炉电收尘系统工程

获奖单位：中国有色金属工业总公司大冶有色金属公司

北京有色冶金设计研究总院

中国有色金属工业总公司第五建设公司

15. 地质矿产部郑州矿产综合利用中间试验基地工程

获奖单位：地质矿产部矿产综合利用研究所郑州分所

河南省冶金建材规划设计院

长沙黑色冶金矿山设计研究院

河南省第五建筑工程公司

16. 洛阳市友谊宾馆新楼工程

获奖单位：洛阳市友谊宾馆

机械工业部第四设计研究院

河南省第六建筑工程公司

17. 北京医学院附属口腔医院门诊及病房楼

获奖单位：北京医学院附属口腔医院

北京市建筑设计院第四设计所

北京市第三建筑工程公司

18. 北京市田村山净水厂工程

获奖单位：北京市自来水公司

北京市市政设计院

北京市第四市政工程公司

19. 天津市中环线（西半环）道路工程

获奖单位：天津市道路桥梁管理处

天津市市政工程勘测设计院

天津市第一市政工程公司

天津市第二市政工程公司

天津市第三市政工程公司

天津市第五市政工程公司

天津市市政工程器材公司

20. 五八五所 451 工程

获奖单位：核工业部五八五所

核工业部第七研究设计院

核工业部国营二七建筑工程公司

核工业部二三建设公司

核工业部国营五二三厂

21. 沅江机械厂扩建工程

获奖单位：兵器工业部国营第八六一厂

兵器工业部勘测公司第一分公司

兵器工业部第六设计研究院

湖南省第七工程公司

湖南省工业设备安装公司

22. 中国人民解放军三五五五一部队营房新建工程

获奖单位：中国人民解放军成都军区守备第五团

中国人民解放军昆明军区后勤部设计勘测所

23. 中国人民解放军南京部队四八六三工程

获奖单位：中国人民解放军八三五三二部队

中国人民解放军南京军区后勤部营房设计勘测所

中国人民解放军浙江省军区后勤部营房设计室

浙江省宁海县坑道工程公司

24. 中国人民解放军空军五七二一厂扩建工程

获奖单位：中国人民解放军第五七二一工厂

航空工业部第四规划设计研究院

河北省建筑设计院

河北省第四建筑公司第四分公司

河北省安装公司第一工程处

25. 西藏体育馆

获奖单位：西藏自治区体育运动委员会

浙江省建筑设计院

浙江省第四建筑工程公司

浙江省工业设备安装公司

附录四

国家基本建设管理机构和任务的历史演变

从1953年开始，中国进入了大规模的有计划的经济建设时期。为了加强对基本建设的领导和管理，1954年11月8日正式成立了国家建设委员会。但随着国家机构的改革和经济的发展，国家管理基本建设的组织领导机构和任务也几经变化。

第一届国家建设委员会
（1954年11月—1958年2月）

1949年10月21日，中央人民政府政务院财政经济委员会成立，陈云同志任主任，薄一波、马寅初、李富春同志任副主任。财经委员会的计划局设有基建处，主管全国的基本建设、城市建设和地质工作。

1954年9月21日，一届人大一次会议通过了中华人民共和国国务院组织法，其中规定设立国家建设委员会（简称国家建委）管理基本建设事业。同年11月8日，国家建设委员会正式成立，薄一波任主任，王世泰、孔祥祯、孙志远、安志文、谷牧任副主任。1956年8月，王鹤寿任主任，王世泰、安志文、刘星、李斌任副主任。

国家建委下设办公厅、重工业局、轻工业局、机械工业局、燃料工业局、交通局、农林水利局、建筑组织局、建筑材料局、科学工作局、劳动工资局、标准设计局、建筑经济局、城市建设局、民用建筑局、设计组织局、编译出版局、综合研究室、区域规划局、人事行政局等20个厅、局，以及建筑科学院、标准设计图书馆、建设月刊编辑部、基本建设出版社等直属单位。

国家建委总的任务是根据国务院和国家批准的计划，组织以工业为重心的基本建设计划的实现，从政治上、组织上、经济上、技术上采取措施，保证国家基本建设特别是“156”个单位工程建设的进度、质量，并力求经济节省。具体任务是：

（1）审核基本建设工程的初步设计和总概算文件（受国务院的委托，可批准部分初步设计和总概算文件），审核、推广工业和民用建筑的标准设计；

（2）审核厂址和城市规划；

（3）检查基本建设进度，组织重大协作，以保证国家建设特别是“156”个单位工程建设计划的实现；

（4）检查工程质量，组织重大工程的验收；

（5）研究建筑经济问题，拟定降低工程造价的措施；

（6）研究改善建筑事业和建筑艺术；

（7）研究改善设计机构、施工机构、城市建设机构和建筑科学研究机构的组织与工作；

（8）研究和推广苏联基本建设方面的先进经验和科学技术成就；

（9）制定有关设计、施工和城市建设方面的定额、标准和规范；

（10）制定有关基本建设的规章、办法和条例；

（11）研究并提出有关基本建设技术政策方面的问题；

（12）检查国家颁布的设计、施工方面的指示、决定的执行情况。

1958 年 2 月 6 日周恩来总理提请一届人大五次会议决定调整国务院所属组织机构议案中提出：“我国社会主义的建设已经胜利地进入第二个五年计划的时期，国家管理体制已经有所改变，许多原由中央集中管理的企业和事业单位已经或者即将逐步下放给地方管理。为了适应这一新的情况和贯彻整风的精神，国务院所属组织机构有必要进行适当的调整，进一步明确分工，加强统一管理，提高工作效率，以利于贯彻执行又多、又快、又好、又省的建设社会主义的方针”，因此经 1958 年 2 月 11 日一届人大五次会议通过，撤销了国家建设委员会，并将其所管理的审查基本建设项目的初步设计、区域规划等工作交由国家计划委员会管理，基本建设进度和组织协作、包工计划等工作交由国家经济委员会管理，建筑科学研究、城市建设计划交由建筑工程部管理。

第一届国家建委共存在三年零三个月，即从 1954 年 11 月 3 日至 1958 年 2 月 11 日。

第二届国家基本建设委员会

（1958 年 9 月—1961 年 1 月）

1958 年 9 月 19 日中共中央通知，成立中共中央基本建设委员会。1958 年 10 月 12 日全国人大常委会根据国务院提出的建议，决定成立中华人民共和国基本建设委员会。第二届国家基本建设委员会具有双重性质，既属中共中央，又属国务院，陈云任主任，宋邵文、程子华、刘岱峰、柴树藩、杨作材任副主任。

二届国家建委下设办公厅、研究室、综合局、设计施工局、材料局、重工局、机械局、设备成套办公室、交通局、燃料局、城市规划局、轻化工局、农业财贸文教局等 13 个厅、局，以及附属单位城市设计院。

二届国家建委总的任务是根据国家批准的国民经济计划，负责组织以工业交通为中心的基本建设计划的实现，加强基本建设项目的管理，组织成套设备的供应，采取一切有效措施，保证多快好省地完成国家的基本建设任务。具体任务是：

（1）抓基本建设项目的进度，尤其要抓重点项目和国民经济中的薄弱环节项目的建设进度；

（2）管理基本建设的设备成套供应工作和有关基本建设用的钢材、木材和水泥的调剂工作；

（3）管理设计工作，组织设计审批和总结设计工作经验；

（4）管理建筑安装工作，主要检查建筑安装力量和工程质量。

1961 年 1 月 27 日，中共中央决定：根据形势发展的需要，并为了加强领导，国家基本建设委员会与国家计划委员会合并。1961 年 1 月 30 日，二届人大常委会第 35 次会议听取和讨论了国家计划委员会副主任王光伟的说明后，通过决议，决定撤销国家基本建设委员会，其业务合并到国家计划委员会。

1964 年 5 月 8 日，国务院批转《国家经委在基建管理工作方面的任务和机构设置问题的报告》，决定基本建设管理工作由国家经委负责，其主要任务是：检查基建计划的执行情况，交流、总结和推广先进经验；研究设计、施工和城市规划方面的方针政策性问题和体制问题，审批设计、施工和城市规划方面的规章制度；参加重大项目的选厂工作，组织重大项目的国家验收；审查一部分重要城市的规划设计。在国家经委内设立基建办公室和设计施工局、设备材料局、城市规划局等四个局室，专管这些方面的工作。

第二届国家基本建设委员会存在二年零四个月，即从 1958 年 9 月 19 日至 1961 年 1 月 30 日。

第三届国家基本建设委员会

（1965 年 4 月—1982 年 5 月）

根据毛泽东主席备战、备荒、为人民的指示，为了立足于战争，积极备战，加快大、小三线建设，1965 年 3 月 24 日经中共中央书记处讨论决定成立国家基本建设委员会，并于 4 月 12 日正式办公，谷牧任主任，孙敬文、宋养初、刘裕民、谢北一、吕克白、赵北克、顾明任副主任。

三届国家建委下设办公厅、综合局、设计局、施工局、设备材料局、城市规划局、政策研究室、中共党组办公室、一局（国防工业）、二局（冶金、化工、建材、地质）、三局（煤炭、石油、电力、水利）、四局（一机、八机、轻工、纺织）、五局（铁道、交通、邮电、森林工业）、六局（战备搬迁）等 14 个厅、局。

书记处会议决定，三届国家基本建设委员会由中共中央和国务院直接领导，是中共中央、国务院在基本建设战线的参谋部、指挥部，必须以毛泽东思想为指针，抓住主要问题，向中共中央提供基本建设战线的作战方案。总的任务是：

（1）组织国家基本建设计划的实现；

（2）切实抓好西南、西北战略基地和一、二线后方基地的建设及重点项目其他的建设；

（3）组织和领导设计、施工等方面的革命化运动，改革和制订基本建设方面的规章制度；

（4）组织和领导基本建设方面的科学研究工作和群众性的技术革命、技术革新运动，并积极采用先进技术；

（5）总结基本建设方面的经验，并及时组织交流推广；

（6）管理城市建设和城市规划方面的工作。

但三届国家建委成立不久，1966 年便开始了“文化大革命”，十年动乱中国家建委的组织机构几经折腾，大体可分为以下几个时期：

一、国家基本建设委员会实行军管时期（1968 年 2 月—1970 年 6 月）

根据毛泽东 1967 年 3 月 3 日关于军队要协同地方管工业的指示，三届国家建委于 1968 年 2 月 6 日实行军事管制，李良汉任军管会主任，严宗三、孙明任副主任。1968 年 3 月 1 日，经李富春副总理批准，在军管会的领导下，成立一个由军管会、领导干部和群众代表三方面共 9 人组成的业务小组，军管会副主任严宗三为第一组长，原国家建委副主任谢北一为第二组长，原国家建委副主任吕克白为副组长。

经军管会批准，建委各厅、局亦成立由领导干部和群众代表组成的革命领导小组，取代原厅、局长的职权。

1966 年 2 月 18 日中共中央通知决定成立中共中央基本建设政治部，由国家建委代管。根据中共中央书记处的指示，拟把全国施工队伍逐步整编为中国人民解放军基本建设工程兵，以建立一支非常无产阶级化、年轻、精干、机动灵活、劳武结合、能工能战的基本建设队伍，更好地适应边备战边建设的需要，1966 年 7 月 16 日经中共中央军委同意，国家建委中共党组向中共中央写了请示报告，提出，在国家建委暂设中国人民解放军基建工程兵整编办公室，以做好整编试点的各项工作，由国家建委代管。报告得到了批准。

为了响应毛泽东关于广大干部下放劳动的“五七”指示，1969 年 8 月 26 日国家建委在江西省潘江县成立“五七”干校，干部纷纷下放干校，国家建委的日常业务工作基本上陷于停顿。

二、国家建委、建工部、建材部合并时期（1970 年 7 月—1979 年 3 月）

（一）革命委员会阶段（1970 年 7 月—1973 年 8 月）

根据周恩来总理 1969 年 6 月 24 日关于合并机构问题的指示，国家建委（包括基建政治部）、建工部、建材部于 1970 年 5 月合并办公。1970 年 7 月 1 日，国家建委革委会正式成立，并启用“中华人民共和国国家基本建设革命委员会”新印章，原国家建委军管会主任李良汉为革委会主任，原建工部军管会主任张国传、原建材部军管会主任李大同、原建材部部长赖际发、原国家建委副主任谢北一为革委会副主任。

1973 年 5 月 15 日和 1973 年 7 月 5 日，中共中央先后发文任命谷牧为国家基本建设革委会主任，张国传、赖际发、宋养初、谢北一、李大同、任朴斋、白问银、刘让腾为副主任。

国家基本建设革委会下设办事组、政工组、综合组、设计施工组、对外组、建材工业组、中共核心小组办公室，以及建研院、建材院、对外公司、建筑工业出版社、建材公司、建筑展览馆、中国建筑学会、第三和第四工程局等 19 个企事业单位，还代管基建工程兵整编办公室和国务院港口建设领导小组办公室。

（二）革命委员会撤销阶段（1973 年 8 月—1979 年 3 月）

1973 年 8 月 14 日国务院颁发“中华人民共和国国家基本建设委员会”新印章，原“中华人民共和国国家基本建设革命委员会”印章同时作废。

谷牧任国家基本建设委员会主任。1975 年 10 月中共中央发电任命韩光、宋养初、刘让腾、赖际发、彭敏、谢北一、张百发、李人林、李大同、任朴斋、白向银、吕克白、李景昭为副主任。1978 年 5 月 7 日中共中央发电任命李超伯为国家基本建设委员会副主任。

国家建委下设综合局、城市规划局、设计局、建筑工程局、建材工业局、外事局、中共核心小组办公室、政工组、办事组、科教局、成套设备进口办公室、设备材料局、抗震办公室、增加第一、第二、第五工程局等企事业单位，增加了国务院环境保护领导小组办公室、国家测绘总局等代管单位。

三、与建材部、建工总局、城建总局分设时期（1979 年 3 月—1982 年 5 月）

1979 年 9 月 30 日成立国家建材工业总局，由国家建委代管，原建材系统的直属企事业单位均由建材总局直接领导。1979 年 3 月改为建材工业部，直属国务院，宋养初任部长（兼国家建委副主任）。

1979 年 3 月 12 日成立国家建筑工程总局（原建工系统的直属企事业单位均由建工总局直接领导），直属国务院，由国家建委代管。

1979 年 3 月 12 日成立国家城市建设总局，直属国务院，由国家建委代管。

根据中共十一届三中全会的精神，为适应工作着重点转移，集中力量抓好基本建设项目的建设和管理工作，1979 年 7 月国家建委的机构设置进行了调整，调整后设有办公厅、综合局、燃料动力局、重工业局、化工轻工业局、交通非工业局、国防军工局、施工局、设计局、设备材料局、建筑机械局、政策研究室、抗震办公室、人事教育局、中共机关党委、中共纪律检查组、农村房屋建设办公室、国土局等 18 个局、室，以及基本建设经济研究所、印刷厂等四个企事业单位，代管基建工程兵、国务院环办、国家测绘局、国家机械设备成套总局、国务院清理基本建设在建项目办公室，国家建工总局和国家城建总局。

1980 年 12 月 9 日中共中央任命韩光为建委主任；1981 年 6 月 10 日中共中央任命肖桐、王德瑛为建委副主任。

这以后国家建委的主要领导为：韩光任主任，宋养初、彭敏、李人林、谢北一、张百发、吕克白、李景昭、李超伯、赵武成、肖桐、王德瑛任副主任。

1982 年 3 月 8 日，五届人大常委会第 22 次会议通过了关于国务院机构改革问题的决议，原则批准国务院机构改革初步方案。方案中提出："撤销现有国家基本建设委员会，它主管的业务分别划归新组建的城乡建设环境保护部、国家经委和国家计委。"经过一段准备，1982 年 5 月 4 日，五届人大常委会第 23 次会议通过了《关于国务院部委机构改革实施方案的决议》，正式将国家基本建设委员会撤销。国家建委的国土局划归国家计委，主管基本建设计划执行的综合局、设计局、重工局、燃动局、化轻局、交通及非工业局、国防军工局以及施工局的大部分，划归国家经委。

第三届国家基本建设委员会存在 17 年零 1 个月，即从 1965 年 4 月 12 日至 1982 年 5 月 4 日。

国家经委基本建设办公室
（1982 年 5 月—1983 年 3 月）

根据 1982 年 5 月 22 日国家经委决定，原国家建委所属的综合局、设计局、施工局、重工局、燃动局、化轻局、交通及非工业局、军工局所主管的业务工作，全部合并到国家经委，由国家经委基本建委办公室继续承办，彭敏任办公室主任，王德瑛、李云洁、江罗维任副主任。

基本建设办公室下设综合组、设计组、施工组、重工组、燃料动力组、化工轻工组、交通及非工业组、军工组、秘书调研组、咨询组，以及事业单位设计施工技术标准定额研究所。其主要任务和职责是：

基本建设办公室是国家经委管理基本建设的办事机构。它的主要任务是，组织贯彻执行党中央、国务院有关基本建设的方针、政策，研究拟订基本建设方面的规章制度，督促检查各部门、各地区做好基本建设前期工作和基本建设计划的执行，协调解决计划执行过程中遇到的重大问题，组织国家重点建设项目的竣工验收，努力提高基本建设的投资效益。主要职责是：

（1）督促检查各部门、各地区做好建设前期工作，审批大中型项目的厂址、初步设计和开工报告；

（2）参与编制基本建设计划，督促检查计划的执行情况；

（3）协调解决大中型项目建设中相关配套项目的同步建设和计划执行中出现的问题；

（4）研究拟订基本建设方面的法规和管理条例；

（5）组织拟订勘察设计和施工方面的管理制度和国家技术经济标准、规范、定额；

（6）组织国家重点建设项目的竣工验收；

（7）统筹协调全国勘察设计和施工队伍；

（8）组织实施基本建设管理体制的调整、改革工作；

（9）总结推广基本建设方面的经验；

（10）承办委领导交办的其他事项。

主管的基本建设业务和有关局所从国家经委划归国家计委（1983年3月—1984年10月）

1983年3月2日，根据国务院的通知精神，国家计委、国家经委联合发文，决定将国家经委主管的基本建设业务划归到国家计委，国家经委基本建设综合局、设计管理局、施工管理局、重点建设一局、重点建设二局、设计鉴定局、基本建设标准定额研究所、中国国际工程咨询公司（由基建办公室所属的组、所经调整而更名的），并入国家计委，改为国家计委基本建设综合局（包括非工业项目建设）、设计管理局、施工管理局、重点建设一局（煤炭、石油、电力、水利、化工、轻纺、军工）、重点建设二局（铁路、交通、民航、邮电、森林工业、钢铁、有色、建材）、设计鉴定局及基本建设标准定额研究所和中国国际工程咨询公司两个事业单位。

1984年10月15日，国家计委决定调整以上主管基本建设业务的局的设置和分工：

（1）基本建设综合局：主管大型骨干项目和配套项目计划执行调度的综合工作、北京建房工作；

（2）重点建设一局：主管煤炭、电力、石油、水利方面大型骨干项目的建设工作；

（3）重点建设二局：主管铁路、交通、邮电、民航方面大型骨干项目的建设工作；

（4）重点建设三局：主管钢铁、有色、化工、石化、建材方面大型骨干项目的建设工作；

（5）设计管理局：主管279个大型项目的建设前期工作；

（6）施工管理局（工作不变）；

（7）标准定额局（工作不变）。

为了加强基本建设的纵向和横向领导，国务院各有关部门一般都设有基本建设司（局），各省、市、自治区人民政府一般都设有基本建设委员会。三十多年来，除了十年动乱以外，大多数部门的基本建设司（局）大都没有撤销过，保持了机构的稳定性和工作的连续性，而大多数省、市、自治区人民政府的基本建设委员会，为保持上下"对口"，则同国家基本建设委员会一样，也历经了几次变化。1982 年这次国务院机构改革，由于中共中央指示地方的机构设置不一定要上下一致，所以国家基本建设委员会撤销后，北京、天津、上海、广东、江苏、山东、黑龙江、福建、湖南、广西 10 个省、市、自治区，基本上保留了原建委的机构和工作任务；辽宁、湖北、浙江、安徽、江西、河南、陕西、云南、宁夏、新疆 10 个省、自治区，基本建设综合管理工作和人员并入计委，另设城乡建设环境保护厅，主管城乡建设、环境保护和建工工作；吉林、山西、甘肃、河北、内蒙古、青海、贵州、四川 8 个省、自治区，原建委的工作任务与职能变化不大，或稍有局部调整，但改名为城乡建设环境保护厅，对上，既同城乡建设环境保护部对口，又同国家计委对口（因城乡建设环境保护部不管基本建设）。